LA ENCICLOPEDIA DE LAS
MOTOCICLETAS

LA ENCICLOPEDIA DE LAS
MOTOCICLETAS

EDITOR GENERAL: ROGER HICKS

EDIMAT Libros

www.edimat.es

EDIMAT LIBROS, S. A.
Calle Primavera, 35
Polígono Industrial El Malvar
28500 Arganda del Rey
MADRID-ESPAÑA

© para lengua castellana EDIMAT LIBROS, S. A.

Editorial and design by
Amber Books Ltd
Bradleys Close
74-77 White Lion Street
London
N1 9PF

Publicado por primera vez en 2001
bajo el título
The Encyclopedia of Motorcycles

ISBN: 84-9764-437-9

Título original: The Encyclopedia of Motorcycles.
Autores: Roy Bacon, Roger Hicks, Mac McDiarmid, John Tipler, Mick Walker.
Editor general: Roger Hicks.
Editor del proyecto: Conor Kilgallon.
Diseño: Graham Curd.
Traducido por: Javier Alfonso López.
Corrección técnica: Juan Manuel Reyes Fernández, José Luis Fernández de Castro.
(Asociación Mutua Motera)

CONTENIDOS

La Aprilia 6.5 apareció por primera vez en 1995. Curiosamente, fue diseñada por Philippe Starck, más conocido por sus diseños de muebles. Sus líneas innovadoras supusieron una gran publicidad para la compañía italiana.

Una FB Mondial GP racer de los cincuenta. La mayoría de las motocicletas de esta época empleaban carenado aerodinámico completo para mejorar su funcionalidad. Ésta fue la máquina del campeón de 250 cc.

CONTENIDOS

Máquinas de competición P & M de épocas pasadas. Aunque se trataba de motocicletas lentas, la competición era ya intensa. Esta foto data de 1913.

INTRODUCCIÓN

Tradicionalmente, en la ópera se avanza dos pasos para después retroceder uno. La evolución de las motocicletas parece haber seguido esa misma cadencia: además de numerosos desplazamientos laterales, un buen número de espectaculares pero inútiles saltos en el aire, y frecuentes pausas cuya finalidad no era otra que la de esconder la cabeza en la tierra con la esperanza de que los progresos tecnológicos de algún otro fabricante cayeran en el olvido.

Quizá todo esto se deba a que las motocicletas no pertenecen por completo al ámbito de lo racional, y apelan más a nuestros sentidos que a nuestro intelecto. ¿Quién puede resistirse a la sensación de deslizar los dedos por la suave y lustrosa pintura de un depósito de gasolina? ¿Cómo olvidar el olor de una motocicleta, esa mezcla de hierro caliente, aleación ligera, gasolina, aceite y goma? ¿Qué persona que haya montado una de estas máquinas no recuerda el calor del sol, o el frío casi líquido de las primeras sombras de la mañana, la euforia de la aceleración y la velocidad, el repentino y sobrecogedor temor de una posible caída?

Lo que no deja de sorprender es que todo esto que nosotros aceptamos como algo normal y cotidiano ha tardado décadas en desarrollarse. Ya en 1904, las motocicletas Indian estaban provistas de acelerador en el manillar; sin embargo, su uso no se generalizó hasta bien entrada la década de 1920, y a las puertas de la Segunda Guerra Mundial todavía se fabricaban motocicletas en las que la velocidad era regulada por esa especie de palanca que todavía hoy vemos en las máquinas cortacésped.

Otros elementos, en cambio, son tan corrientes que no podríamos imaginar una motocicleta sin su presencia. Pensemos, por ejemplo, en el embrague. Sin él, la única forma posible de arrancar una motocicleta sería empujándola hasta que el motor se pusiera en marcha y tratar de saltar después para caer, con más o menos gracia, en el asiento. Y en cuanto detuviéramos la motocicleta, el motor se calaría. Sin embargo, nuestro «motor libre» (como también fue llamado el embrague) no sólo era desconocido en los primeros tiempos: incluso después de su invención, siguió siendo con frecuencia un elemento opcional.

En parte, todas estas variaciones a lo largo del tiempo se deben a que no resulta especialmente difícil construir una motocicleta, sobre todo si uno puede adquirir por separado las piezas necesarias. En términos comerciales, las barreras no son ni mucho menos insalvables, y casi cualquiera puede intentar fabricar una.

TRATAMIENTO

En esta obra, hemos intentado ser objetivos en la atención dedicada a cada uno de los fabricantes. Algunos, como BMW,

Harley-Davidson y Honda, son tan importantes y poseen tantos modelos que nos hemos visto obligados a concederles todo el espacio posible. Desde ese nivel hacia abajo, nos encontraremos con marcas que, a pesar de resultar románticas, interesantes o atractivas, gozaron de una vida más corta, o crearon muchos menos modelos, como la firma Brough Superior o la Vincent. Para ellas, el espacio dedicado es ligeramente menor. Todavía más breves serán las entradas para los fabricantes que o bien lanzaron unos cuantos diseños técnicamente interesantes pero convencionales (como Scott o Hesketh), o crearon toda una amplia gama de modelos bastante menos cautivadora (como CZ o Francis-Barnett). Después de éstos, encontraremos los que tan sólo merecen una página o media, bien porque desaparecieron hace mucho o porque sus modelos eran francamente mediocres o sencillamente extraños. La motocicleta Megola, sin embrague y con motor radial de cinco cilindros, es quizá el mejor ejemplo de un diseño extravagante. Por último, hay unos dos mil fabricantes a los que sólo podemos dedicar unas palabras; estos aparecerán descritos en las columnas que se encuentran en cada una de las páginas de la derecha.

DATOS TÉCNICOS

Tal vez el lector opine que podríamos haber tratado los datos técnicos de un modo diferente. Si es así, estará en lo cierto. El problema es que junto a datos fácilmente verificables (es sencillo, por ejemplo, decir cuántos cilindros tiene una determinada motocicleta), hay otros que son, en el mejor de los casos, discutibles y, en el peor, un fraude del propio fabricante. Entre las cosas discutibles está el peso o la velocidad máxima. Al mencionar el peso de un modelo, ¿se incluye el depósito lleno de gasolina y las herramientas? La diferencia puede ser fácilmente de 15 o 20 kilos. Ahí donde el radar indica a un crítico una velocidad de 210 km/h, otro se fija en el cuentakilómetros y afirma haber visto 221 km/h.

Por razones obvias, no hemos podido pesar nosotros mismos cada una de las motocicletas, como tampoco hemos medido su velocidad máxima ni su potencia, de modo que las cifras que se utilizan en este libro proceden necesariamente de fuentes muy diversas. Eso nos obliga a considerarlas como una buena orientación, y no como verdades científicas irrefutables. Otro aspecto en el que impera la confusión es el relativo a las fechas. Es corriente que una compañía se haya constituido en un año determinado pero haya lanzado su primera máquina en una de las grandes exposiciones celebradas al año siguiente, y que comenzara a comercializarla ese mismo año, o tal vez el

Edward Butler patentó en 1884 su Petrol Cycle, convirtiéndose en el primer hombre en construir un vehículo provisto de un motor de combustión interna.

siguiente, y fuera a pique unos años después. Es evidente que a un cese de negocio no se dedica la misma publicidad que a una apertura, y, además, la producción de una firma determinada puede ser esporádica en los años siguientes a su fundación. En algunos casos, una empresa puede comenzar a fabricar motocicletas muchas décadas después de haberse constituido; por ejemplo, los fabricantes de las Sunbeam, Marston Ltd, comenzaron su andadura en el mundo de los negocios allá por 1790. Por tanto, conviene considerar las fechas que facilitemos como aproximativas.

Derivado de este problema es el uso de un mismo nombre por parte de dos compañías. La nueva firma puede o no declararse legítima heredera del nombre original, pero si ha tenido lugar un cambio completo en la dirección, las instalaciones y los modelos, para nosotros se tratará de una nueva compañía. Indian y Henderson-Excelsior son un buen ejemplo. En cambio con Hesketh, donde las mismas personas han realizado los mismos modelos en las mismas instalaciones, no hemos tomado en consideración la pregunta de si la compañía que producía las motocicletas se llama Hesketh, Hesleydon o Broom Engineering.

La Brough Superior se fabricó en Inglaterra entre las dos guerras mundiales, y se convirtió en el modelo más aclamado de la época. Todavía hoy es una leyenda.

EL DISEÑO DE LAS MOTOCICLETAS

Un vehículo de dos ruedas es necesariamente inestable: tiene que mantenerse en movimiento para no caerse. Incluso mientras se está desplazando es relativamente fácil que se desvíe de la trayectoria que pretendemos seguir. Un centro de gravedad demasiado alto haría aumentar el riesgo de vuelco; si las ruedas son demasiado pequeñas, no se agarrarán adecuadamente al suelo.

Los neumáticos grandes son más cómodos y proporcionan una mayor superficie de contacto, pero también son más propensos a desviarse en el caso de tropezar lateralmente con una piedra o un saliente de la carretera. Un bastidor provisto de suspensión es sin duda más cómodo que uno rígido y además ayuda a mantener las ruedas en constante contacto con el suelo, pero si no está bien diseñado puede hacer que la rueda se desvíe.

Una moto grande y pesada resulta más cómoda cuando circulamos en línea recta o en carreteras malas, pero una más pequeña y ligera suele tener una mejor respuesta. A mayor potencia, mayor es la diversión (algo que nunca debemos descuidar), pero la relación potencia-peso es más fácil mejorarla reduciendo el peso que aumentando la potencia.

A medida que se incrementa la velocidad, aumenta también la inestabilidad. En gran parte, este es el resultado de la tendencia al autocentrado de los neumáticos, unida al efecto giroscópico del giro de la rueda, aunque también aquí el diseño es importante. Moderadamente, el avance del eje de la dirección y el lanzamiento hacen más fácil la conducción, pero si se aumentan excesivamente pueden hacer que la moto sea ingobernable.

También puede crearse cierto conflicto entre la ensambladura de la moto y la facilidad para realizar en ella reparaciones (o incluso las más sencillas tareas de mantenimiento). La secuencia de operaciones que tienen sentido cuando se ensambla un modelo en una cadena de montaje puede resultar un desastre a la hora de manipularlo. Un ejemplo clásico de esto es el viejo Beetle de Volkswagen, en el que había que desmontar todo el motor para poder cambiar las bujías. Todos estos factores también hay que tenerlos en consideración.

Además, no debemos olvidar la durabilidad. Algunos fabricantes crean máquinas que duran para siempre. Otros, en cambio, utilizan estructuras de acero que tienden a oxidarse, circuitos eléctricos que se funden o cilindros Nikasil que duran mucho, pero no pueden repararse y finalmente hay que cambiar cuando se gastan. Los viejos diseños suelen tener un peor rendimiento y menor potencia al freno que los nuevos, pero son más sencillos de entender. En resumen, todo se reduce una serie de equilibrios, y cada motorista (así como cada fabricante) se inclina por unas soluciones determinadas.

PREHISTORIA: ANTES DE 1901

Las primeras motocicletas eran propulsadas por vapor, y la más antigua de las que se conserva (en realidad, la primera de cuya existencia tenemos pruebas claras e inequívocas) es una «carraca» francesa Michaux de 1869 con un motor de vapor Perreaux montado inquietantemente debajo del asiento. Poco después, en los Estados Unidos, S. H. Roper fabricó un modelo parecido. En 1884, otro americano, L. D. Copeland, de Filadelfia, fabricó una bicicleta movida por vapor y unos 200 triciclos, también de vapor. Uno de los pocos modelos de vapor que gozaron de algún éxito comercial fue el Dalifol de 1894, también de origen francés, provisto de un motor monocilíndrico con válvulas laterales y doble acción.

En 1896, Gottlieb Daimler construyó la primera motocicleta con motor de combustión interna. La patente de Edward Butler de 1884 precedió a la de Daimler (1885), y en 1887 fabricó un triciclo con motor de combustión interna, que finalmente sería desguazado y convertido en chatarra en 1896.

La primera motocicleta de motor de gasolina que tuvo éxito comercial parece que fue la Hildebrand & Wolfmuller de 1892. La Holden, patentada en 1896, en realidad se construyó entre 1899 y 1902.

La Werner, realizada en París a partir de 1896, tenía un motor del tipo De Dion Bouton de 217 cc con ignición por tubo incandescente, montado sobre la dirección del bastidor y con correa de transmisión a la rueda delantera. En su primer diseño, el motor había estado colocado sobre la rueda trasera, a la que se conectaba por medio de una cadena y rodillo de fricción, pero la disposición no resultó satisfactoria. Aunque la Werner fue muy popular, su alto centro de gravedad y neumáticos estrechos la hacían vulnerable a lo que entonces se llamaba el «temible deslizamiento lateral». Al caer la motocicleta, el tubo incandescente solía prender fuego al combustible derramado, dando lugar a una costosa conflagración.

Ignición por varilla incandescente e ignición eléctrica

La ignición por varilla incandescente es exactamente lo que su nombre indica. La varilla calentada por medio de un quemador externo, asoma al interior del cilindro. La mezcla de combustible y aire, cuya temperatura ha aumentado por efecto de la compresión, se enciende por la acción de la varilla incandescente. Este sistema sólo es adecuado para máquinas con un régimen de motor bajo y compresión muy modesta.

El sistema Ruhmkorff de bobina y batería ya era conocido en fecha tan temprana como 1860, y Butler utilizó en 1887 un generador electrostático de fricción. Después de 1895, la elección era entre el sistema de ruptor diseñado por De Dion Bouton y la magneto (inicialmente la versión Simms-Bosch de baja tensión, hasta 1902, en que Bosch perfeccionó la magneto Boudeville de alta tensión de 1898).

La firma Suzuki, fundada en 1952, se ha convertido en uno de los mayores fabricantes mundiales de motocicletas. Esta T20 Super Six fue su primera auténtica deportiva.

Las Werner tuvieron tanto éxito que se empezaron a fabricar bajo licencia o simplemente copiadas. A pesar de ello, hubo muchos que prefirieron la opción de añadir un motor a una bicicleta corriente. En muchos casos, el motor se colocaba en el tubo inferior del cuadro, justo delante del soporte de los pedales, o en el interior del cuadro. El centro de gravedad quedaba mucho más bajo que en la Werner, lo que hacía más improbable el temido resbalón lateral. Fue esto precisamente lo que dio lugar a la Nueva Werner.

EL NACIMIENTO DE UNA INDUSTRIA: 1901-1915

Con razón, la Nueva Werner de 1901 se ha considerado a veces como la primera motocicleta moderna. El motor está colocado en el lugar adecuado, integrado en el armazón, y todo el conjunto puede reconocerse como el antepasado de la máquina que pilotamos hoy día. Por supuesto, carecía de embrague, y sólo tenía una marcha, algo a lo que no se tardaría en poner remedio.

Una característica notable era el carburador por pulverización, que incorporaba gasolina pulverizada a la corriente de admisión. Este sistema era mucho más fiable que los de vaporizador de superficie o los de mecha, utilizados en muchas de las primitivas máquinas, donde se hacía pasar la corriente de aire sobre la superficie del combustible o a través de una mecha empapada en él, con el fin de crear la mezcla de aire-gasolina. Hacia 1903, varios tipos de carburadores habían reemplazado por completo a los vaporizadores de superficie.

La transmisión era todavía directa y sin embrague, pero muy pronto Phelon y Moore introdujeron la primera transmisión intermedia, seguida de un cambio de dos velocidades en 1905. La transmisión intermedia de 1901 accionada por cadena permitía el uso de una polea mucho mayor, lo que reducía notablemente el riesgo de resbalón cuando la transmisión final se hacía por correa, aunque P & M utilizaron una transmisión enteramente a cadena.

Funcionamiento de las válvulas

Los primeros motores utilizaban principalmente una válvula de escape de accionamiento mecánico y una válvula de admisión «automática» o «atmosférica» que se abría por efecto del vacío y volvía a su posición mediante un pequeño muelle. Aunque este sistema era adecuado para motores con bajo régimen de revoluciones, para lograr regímenes más altos eran necesarias válvulas de admisión de funcionamiento mecánico. Normalmente, se trataba de válvulas laterales, aunque otras estaban situadas en la culata y se accionaban por medio de varillas llamadas empujadores. Un diseño típico, vigente durante muchas décadas, fue el de la válvula de admisión montada en la culata y una válvula de escape lateral. Las válvulas automáticas prácticamente habían desaparecido hacia 1910, aunque al principio las válvulas accionadas mecánicamente sólo se ofrecían opcionalmente y con un precio más alto.

Muy pronto se impuso la constante demanda que los motociclistas hacían de una mayor potencia, lo que se logró de diferentes modos. Los motores empezaron a ser más rápidos, proporcionando un mayor número de carreras de potencia por minuto. También se hicieron mayores, lo que añadía potencia a cada impulso, y la relación de compresión también se aumentó, proporcionando mayor potencia a un volumen de gases dado. Las válvulas dispuestas en la culata permitían una combustión más eficiente y mayor potencia por carrera, así como un llenado y vaciado del cilindro más rápidos. Además, se aumentó el número de cilindros en el motor.

Este aumento en el número de los cilindros proporcionaba otras cosas además de potencia: hacía aumentar la fiabilidad. Si uno de los cilindros de un motor bicilíndrico en V dejaba de funcionar, uno podía estar seguro de que al menos el segundo cilindro le haría llegar hasta casa. Además, con ello se lograba que la transmisión de la potencia desde el motor fuera más suave: en lugar de una carrera de potencia cada dos revoluciones, un motor bicilíndrico podía conseguir una con cada revolución, y dos carreras con un motor tetracilíndrico. Esto no sólo hacía que el motor funcionara con mayor suavidad, sino que también reducía la presión sobre la transmisión al proporcionar un mayor número de impulsos de menor potencia; además, el mejor equilibrado y menor alternancia de masas individuales permitía que el motor trabajara a velocidades mayores.

Honda revolucionó el transporte sobre dos ruedas con la C50 Super Cub. Barata y fiable, se ha convertido en la máquina más vendida de todos los tiempos.

Las legendarias Harley-Davidson personifican el estilo de vida propugnado en *Easy Rider*. Ninguna otra motocicleta o firma cuenta con seguidores tan fanáticos.

La opción clásica era el motor de dos cilindros en V, pues era la que se adaptaba con mayor facilidad al bastidor de la motocicleta. La variedad de tamaño de estos motores bicilíndricos en V era enorme, y entre ellos se incluían verdaderos monstruos como el JAP de 1908, un bicilíndrico en V a 90° con 16 CV. Se trataba de un motor cuadrado con cilindro de 120 mm y el impresionante cubicaje de 2.714 cc.

También se fabricaron algunos bicilíndricos en paralelo (incluyendo el Werner de 1905 de 3,25 CV), aunque este diseño no llegó a ser verdaderamente popular hasta más de treinta años después. Se prefería el motor de dos cilindros opuestos horizontalmente, por lo general con disposición longitudinal, más que transversal. La firma Douglas se hizo famosa por este diseño del motor, que proporcionaba un perfecto equilibrio primario. Hubo también algunos motores tetracilíndricos, entre los que destaca el FN de 1905 de 363 cc y con transmisión por eje. Hacia 1908, Scott lanzó un modelo con caja de cambios de dos velocidades accionada con el pie, embrague, refrigeración líquida, arranque por pedal y horquilla telescópica (todo lo cual ya suena bastante moderno).

En otras palabras, antes de la Primera Guerra Mundial, ya se conocían la mayoría de los componentes de la motocicleta moderna, y a las puertas de la guerra estos componentes se habían logrado combinar para lograr máquinas avanzadas.

PERFECCIONAMIENTO: 1915-1929

Fue en los frentes de la Primera Guerra Mundial, ámbito en que la fiabilidad se convertía en un asunto de vida o muerte, donde todas estas ideas innovadoras y fiables (embragues, cajas de cambio, arranque por pedal, encendido por magneto de alta tensión) fueron rápidamente adoptadas por ambos bandos. No fue una época caracterizada por diseños novedosos, aunque Harley-Davidson e Indian sí introdujeron cambios significativos durante la guerra.

Cuando llegó la paz en 1918, se había aprendido mucho sobre los vehículos de motor y, como resultado, a comienzos de la década de 1920 cada vez más vehículos iban incorporando sistemas de transmisión enteramente a cadena y cajas de cambios de tres y hasta cuatro velocidades, pedal de arranque y el pedal de cambio de

velocidades con tope de fin de carrera introducido por Velocette en 1925, cuyo uso se generalizó en los diez años siguientes para todas las primitivas máquinas.

Las firmas americanas, en cambio, siguieron fieles a los antiguos diseños, ya que con el auge de los automóviles las motocicletas quedaron un tanto relegadas. Si durante las dos primeras décadas del siglo XX los americanos habían estado en vanguardia del diseño de motocicletas, a finales de la década de los veinte sus modelos ofrecían cada vez un aspecto más anticuado.

Los motores monocilíndricos siguieron siendo los más corrientes entre la mayor parte de los fabricantes, aunque se presentaron rápidos y poderosos nuevos motores bicilíndricos en V, como el Brough Superior de 1921, y grandes bicilíndricos en V con válvulas laterales, utilizados para mover los pesados sidecares. BMW presentó en 1923 sus famosos motores de dos cilindros calados horizontalmente y en línea transversal, deudor de la ABC construida en Gran Bretaña por la compañía Sopwith entre 1918 y 1921. Los motores de cuatro cilindros no tuvieron mucho éxito, salvo en los Estados Unidos, donde el público se podía permitir máquinas grandes y pesadas para recorrer largas distancias.

LOS AÑOS DE ESPERA: 1929-1949

Durante los años de la Depresión, el mercado de las motocicletas se resintió más en la base que en el sector más caro y elitista de la industria. Millones de personas perdieron sus empleos, pero la clase media había resultado mucho menos afectada. Entre los raros compradores, los motoristas de la clase media adinerada, había todavía una continua demanda del modelo Brough Superior y otras motocicletas para «gente elegante».

Es esto, probablemente, lo que explica algunos novedosos diseños como la Ariel Square Four de 1929 con motor de 597 cc, la Matchless Silver Arrow de 400 cc o la Silver Hawk de 593 cc. Sin embargo, incluso BMW, que ahora consideramos una marca de lujo, se vio obligada a hacer recortes. Los bastidores de acero estampado de Star, que salieron al mercado en 1929, tenían un aspecto bastante utilitario y es probable que pronto hubieran sido sustituidos de haber sido más favorable la situación económica.

La BSA Rocket 3 fue construida en 1968, momento en que la industria británica dominaba el mundo de las motocicletas. Su declive fue rápido y doloroso.

Con todo, hubo también grandes inversiones en el mundo de la competición, en parte como muestra de orgullo nacional y también como modo de escapismo: el motorista con su vieja máquina sentía con orgullo las victorias de su marca.

Aparte de las sobrealimentadas BMW, tanto para las carreras como para batir cualquier récord, es posible que las innovaciones más interesantes procedan de Italia. Una de estas máquinas fue la Moto-Guzzi de 499 cc y motor bicilíndrico en V a 120°, que ganó la Senior TT de 1935, alcanzando una velocidad de 136,6 km/h. La otra fue la Gilera de 494 cc y cuatro cilindros transversales, que en 1938 cubrió una distancia de 195 km en una hora. De no ser por la Segunda Guerra Mundial, los motores tetracilíndricos transversales podrían haber triunfado mucho antes.

El mercado, sin embargo, siempre ha preferido poner su confianza en modelos menos llamativos. A comienzos de los años treinta, fueron muy populares los modelos ultraligeros de dos tiempos, y después de 1936 se dio incluso un paso hacia atrás con el autociclo sin marchas, que suplía este defecto con la incorporación de pedales.

Entre los motores de cuatro tiempos, primero se impusieron los monocilíndricos, aunque poco a poco fueron ganando terreno las culatas desmontables y las válvulas colocadas sobre la culata, e incluso los árboles de levas sobre la culata. Con todo, las válvulas laterales siguieron gozando de gran popularidad ahí donde la sencillez y el par motor conta-

La atractiva Ducati 996R era un paso más en la evolución del modelo 916, considerada por muchos como la mejor superbike de los años noventa.

ban más que los caballos de potencia. Gracias a un proceso de interminable perfeccionamiento se logró que los monocilíndricos alcanzaran rendimientos increíbles: en 1939, las Norton de 500 cc lograban 48 CV a 6.500 rpm utilizando una gasolina de bajo octanaje y una relación de compresión de 7,5:1.

Los bicilíndricos siguieron apostando por la disposición en V en la banda más ancha del mercado, ya fuera en su vertiente deportiva (una Brough superior con motor JAP de 1.000 cc logró un récord mundial de velocidad con 274 km/h) o como vehículo de trabajo de un repartidor tirando de un sidecar, como la Royal Enfield

de 1.140 cc. BMW siguió perfeccionando su motor de dos cilindros opuestos horizontalmente y hasta Douglas probó la disposición transversal del motor en su Endeavour, aunque la disposición de dos cilindros en paralelo comenzó por entonces a insinuar el éxito que tendría en años venideros. El ejemplo más recordado de ese anticipo fue la Speed Twin de 1937 fabricada por Triumph.

Durante este período, el pedal del cambio con tope de fin de carrera se hizo prácticamente universal, salvo en América y en las cajas de cambios de cuatro velocidades. Los frenos también se fueron perfeccionando, aunque la parte trasera de la moto seguía siendo rígida en beneficio del ahorro, el peso y la maniobrabilidad.

LOS AÑOS DE ORO DE GRAN BRETAÑA: 1949-1969

Después de la Segunda Guerra Mundial, Europa, extenuada, volvía a ponerse en pie. La situación era bastante mejor en los Estados Unidos, pero aquí las motocicletas se consideraban más como un vehículo recreativo que como un medio de transporte, lo que significaba que el mercado era proporcionalmente mucho menor.

En Gran Bretaña, incluso los grandes fabricantes tardaron varios años en volver a coger el ritmo de producción. El momento crítico fue el año 1949, cuando las firmas Norton y Triumph introdujeron nuevos e importantes modelos de motocicletas: la Dominator 500, primer modelo de esta compañía con motor bicilíndrico en paralelo, y la Thunderbird 650 de Triumph.

Los mejores monocilíndricos de esta época dorada estaban hipertrofiados: máquinas como la «cammy» de Norton, la BSA DBD34 Goldie, o las Velocette inglesas. Los motores bicilíndricos en paralelo eran tan buenos ya en el momento de su aparición que sólo necesitaron algunas pequeñas, aunque constantes, mejoras.

En la Europa continental, inicialmente se dio más importancia a los medios de transporte más baratos, lo que suscitó el interés por el ciclomotor (por entonces no eran necesarios exámenes ni seguro alguno para manejar vehículos de poca potencia), estableciendo una cultura de las dos ruedas que todavía hoy está vigente. Aunque los italianos pronto volvieron a fabricar motores potentes tanto de uno como de más cilindros, y a pesar de que algunos fabricantes del viejo continente (como BMW) siguieron creando modelos basados en diseños pasados de moda, la verdadera razón por la que Gran Bretaña se mantuvo a la cabeza de esta industria durante tanto tiempo fue la falta de competencia.

Cuando se trataba de transportes para el gran público, los italianos estaban más en contacto con el mercado, con sus económicos y cerrados escúter. Por supuesto, los japoneses estaban logrando insólitos rendimientos de motores técnicamente muy avanzados; la cuestión es que, por el momento, no vendían muchos fuera de su país.

SUPERBIKES Y MÁS ALLÁ: DE 1969 EN ADELANTE

La Honda CB750 F1 marca el comienzo de nuestra era. Su motor de cuatro cilindros en línea se volvió tan común entre las motocicletas de gran potencia que durante un tiempo pasó a ser considerada la «motocicleta japonesa universal». Ese primer motor tetracilíndrico moderno, de grandes dimensiones y potencia, y fabricado en serie puede parecernos hoy algo muy modesto, con sus 67 CV a 8.000 rpm. Modesto, hasta que nos paramos a pensar en la competencia.

Los bicilíndricos en línea británicos habían llegado casi al límite de sus posibilidades; los bicilíndricos en V americanos eran máquinas enormes y caras; las máquinas italianas eran comparables a las motocicletas británicas, pero muchas costaban una verdadera fortuna, tenían un comportamiento poco fiable, o ambas cosas. La única firma capaz de aportar algo nuevo a los diseños fue BMW, pero tuvieron que pasar dos décadas para que sus modelos dejaran de considerarse pesados y lentos.

La CB750 dio nueva vida al mercado de las motocicletas. Era como un modelo con las prestaciones de una Vincent, pero a un precio sorprendentemente asequible. Es cierto que todavía podía

ponerse en duda la manejabilidad de las máquinas japonesas, pero se convirtió en una prueba de virilidad el ser capaz de dominar monstruos tan aterradores como la Kawasaki H1 Mach III de 498 cc (1969), o su heredera de 748 cc, o la Z1 de 82 CV y motor transversal de cuatro cilindros (1972). Los amantes de la velocidad solían preferir un poco menos de potencia y algo más de agarre.

Sin olvidar esta carrera por conseguir mayor cantidad de caballos, Honda (sobre todo) había llevado a cabo una campaña publicitaria para hacer sus motocicletas más socialmente aceptables; para ello se valieron del lema: «La gente más agradable se conoce sobre una Honda.» Esta no era la imagen que el público tenía, por ejemplo, de las Harley-Davidson, las Norton o las Triumph.

Y por si esto fuera poco, en gran parte del mundo comenzaba a respirarse un ambiente de prosperidad.

Estos tres factores (superbikes, la campaña sobre «la gente más agradable» y la nueva prosperidad social) se combinaron para dar lugar a una nueva era de motocicletas muy rápidas y muy fiables.

La potencia (y con ella los precios) se disparó en las cotas más altas del mercado. Los diseños más extravagantes proliferaron incluso en la fabricación en serie: motores transversales de seis cilindros fabricados por Benelli, Honda y Kawasaki, tretracilíndricos en paralelo y motores de cuatro cilindros en V (también Honda), tetracilíndricos en línea (BMW), tricilíndricos de cuatro tiempos (BSA, Triumph y Laverda), y hasta seis cilindros en paralelo (de nuevo Honda). La clase de un litro, olvidada por mucho tiempo fuera de los Estados Unidos, de nuevo se convirtió en una clase estándar, y de ahí se pasó a los 1.100, 1.200 e incluso 1.500 cc. Durante algún tiempo, se estableció voluntariamente un límite en los 100 CV, pero con frecuencia era rebasado y pronto cayó en el olvido. Las velocidades máximas dejaron de tener sentido: aparte los límites de tráfico, resultaba difícil encontrar un lugar donde sostener una velocidad de 240 km/h. Pero todos estos excesos trajeron sus frutos.

Estos frutos se resumen básicamente en el perfeccionamiento general de la motocicleta y de su uso.

La idea de cubrir una motocicleta no es nueva, pero el singular estilo del escúter C1 de BMW de 125 cc, lo ha convertido en un moderno vehículo urbano de dos ruedas.

ABC

LA ALL BRITISH (ENGINE) COMPANY se fundó cerca del circuito de carreras de Brooklands, en Weybridge, Surrey, Inglaterra. Al principio, esta compañía se dedicaba a la fabricación de motores para aeroplanos, pero en 1912 se pasó a las motocicletas. Granville Bradshaw, que a lo largo de los años se vincularía a muchos otros proyectos, era su diseñador principal, y aceptó el encargo de fabricar algunos componentes especiales para Les Bailey que encajaran en su Douglas 350 cc. Se trataba de los cilindros, el conjunto de válvulas en la culata, los pistones y las bielas. El resultado fue que a finales de ese año la motocicleta logró batir el récord del kilómetro en su clase en el circuito de Brooklands con una marca de 116 km/h.

Al mismo tiempo, ABC anunció una nueva motocicleta con motor longitudinal de 494 cc, con dos cilindros opuestos y válvulas en la culata. Para lograr esta disposición, uno de los cilindros empleaba una biela corriente, mientras que el otro se valía de una biela bifurcada en dos. Esto significaba que el cigüeñal estaba provisto de tres muñequillas. Contaba también con un volante externo y transmisión por engranajes

Dibujo de la famosa ABC bicilíndrica, que tuvo un lanzamiento muy prometedor gracias a lo avanzado de su diseño, pero que fracasó debido, sobre todo, a su alto coste.

conectado con el árbol de levas y la magneto. Tanto en el cigüeñal como en el árbol de levas se empleaban cojinetes de bolas y de rodillos.

Antes de 1913 ya se habían construido unas cuantas motocicletas ABC, y dos de ellas tomaron parte en la carrera Senior TT, aunque ambas se retiraron, igual que otras máquinas que utilizaban el motor ABC. A comienzos de 1914, la marca logró una publicidad más favorable cuando Jack Emerson estableció un nuevo récord de los 500 cc en el circuito de Brooklands pilotando una ABC.

El Skootamota fue uno de los muchos escúter de después de la Primera Guerra Mundial diseñado por Bradshaw. Era mejor que la mayoría, con ruedas más grandes y un diseño más práctico.

Poco después, la compañía inglesa presentó dos modelos, TT y Touring. En ambas motocicletas se empleó el motor de dos cilindros opuestos (también llamado plano), aunque la versión TT utilizaba un sistema de válvulas en la culata, mientras que la Touring tenía válvula de escape en la culata y válvula de admi-

sión lateral. La transmisión se realizaba enteramente por cadena, con caja de cambios Armstrong de tres velocidades, que solía estar colocada en el cubo de la rueda trasera, pero que ABC utilizó como caja de transmisión intermedia. El bastidor era convencional, aunque en ambas ruedas se empleaban muelles de láminas, sistema que Bradshaw utilizaría en posteriores diseños en los años siguientes.

Antes del estallido de la Primera Guerra Mundial, la empresa se trasladó a Walton-on-Thames, Surrey, donde a causa de la guerra la producción estuvo casi enteramente dedicada a fabricar motores para el ejército. A pesar de eso, la firma encontró tiempo para hacer unas cuantas motocicletas, y entre 1915 y 1916 estos modelos estuvieron provistos de caja de cambios de sectores ABC de cuatro velocidades y bastidor elástico. En aquellos días, pasaban por ser modelos muy sofisticados.

En 1919, apareció la definitiva motocicleta ABC, aunque otra compañía se encargó de su fabricación: la Sopwith Aviation, con sede en Kingston-on-Thames, Surrey. El diseño era también de Bradshaw, y estaba provisto de un motor colocado transversalmente sobre el bastidor, con dos cilindros opuestos con 398 cc de cilindrada y válvulas en la culata. Disponía además de caja de cambios de sectores y cuatro velocidades. Este motor era ligero y moderno, con carrera corta de los pistones, cilindros de acero torneado en los que se colocaron pistones con cabeza de hierro fundido y balancines descubiertos. Dentro del cárter estaba alojado el cigüeñal al que se unían las bielas provistas de cojinetes de rodillos. El pie de cada biela estaba uni-

do a un pistón corto hecho de aleación ligera, y la magneto estaba situada encima del cárter. El encargado de proporcionar la mezcla aire-combustible era un único carburador cuyo colector recibía la temperatura del escape.

El motor iba alojado en un bastidor tubular de doble cuna ensanchado para formar unas barras de protección; éstas servían de soporte a las protecciones para las piernas, que se prolongan hasta los estribos. La rueda delantera, sostenida por paralelogramos, estaba provista de un muelle de láminas; en la trasera, la horquilla basculante disponía de dos muelles de láminas, uno a cada lado de la rueda. El diseño era tan innovador que ABC recibió una avalancha de pedidos. Sin embargo, diversos problemas técnicos, como el problemático mecanismo de distribución de las válvulas, retrasaron su salida al mercado y encarecieron el proceso de fabricación.

Mientras, ABC también fabricó el Skootamota, uno de los varios escúter que aparecieron justo antes de la Primera Guerra Mundial, y probablemente uno de los mejores. Este modelo, diseñado también por Bradshaw, tenía un bastidor tubular simple, sin ninguna clase de suspensión y rueda con radios de alambre de 40,6 cm y frenos externos de cinta. El motor aparecía colocado encima de la rueda trasera y estaba inspirado en el bicilíndrico plano de la guerra, que había quedado reducido a un monocilíndrico de 124 cc, aunque ahora

ra el cilindro estaba orientado hacia atrás, en lugar de hacia delante, y la magneto se presentaba sujeta a la parte delantera del cárter. En un principio, la válvula de escape estaba por encima de la de admisión, aunque pronto se colocaron ambos en la culata. La transmisión era de cadena a la rueda trasera. El depósito de combustible quedaba encima del motor; el sillín estaba colocado sobre una barra vertical dispuesta justo delante del motor. Esta motocicleta fue lanzada por ABC, aunque su fabricación corrió a cargo de Gilbert Camping, de Albermarle Street, Londres, hasta 1923.

Aunque el Skootamota se vendió bien durante el efímero boom de los escúter, Sopwith atravesó una seria crisis y en

Versión de 1919 de la ABC con motor de dos cilindros opuestos, caja de cambios con cuatro velocidades y suspensión por muelle de láminas en ambas ruedas.

1921 liquidó el negocio después de haber fabricado unas 3.000 máquinas. La desaparición de Sopwith significó el fin de la firma ABC, que dejó de fabricar motocicletas en 1923.

Sin embargo, el motor ABC de dos cilindros opuestos siguió vivo, fabricado bajo licencia a comienzos de los años veinte por la francesa Gnome & Rhone, que puso a la venta una versión mejorada de 494 cc y otra de 398 cc hasta el año 1925.

ABC TWIN   1920

Aunque la ABC de antes de la guerra tenía un motor de dos cilindros opuestos, su disposición era longitudinal con respecto al eje de la moto. Después de la Segunda Guerra Mundial, la compañía se propuso crear un diseño más avanzado, por lo que dispuso un motor

transversal, lo que favorecía el equilibrio y reducía las vibraciones.

A esto añadió una distribución por válvulas sobre la culata, con un motor de carrera corta y caja de cambios de cuatro velocidades. Estaba provista de suspensión trasera, algo que BMW no

Esta ABC de 1920 sufrió pocas alteraciones: dos cilindros, bastidor de doble cuna muy ensanchado, frenos de tambor en ambas ruedas y transmisión por cadena.

pondría en práctica hasta 1938. Los tubos del bastidor de doble cuna estaban muy separados, de modo que hacían las veces de barras de protección; también añadía estribos para apoyo de los pies. Su comportamiento suave y fiable propiciaba que a veces se corriera demasiado con ella, lo que perjudicaba el buen funcionamiento de los empujadores de las válvulas.

La ABC Twin funcionaba bien siempre que fuera tratada con cuidado, pero su manejo era complicado y su precio bastante elevado.

Motor: 2 cilindros opuestos, 398 cc, distribución OHV (68,5 × 54 mm), refrigeración por aire
Caja de cambios: cambio manual, 4 vel.
Transmisión secundaria: cadena
Peso: 110 kg
Velocidad máxima: 100 km/h

ACE

ACE SE FUNDÓ EN FILADELFIA a finales de 1919 y sólo fabricó un tipo de motocicleta: una tetracilíndrica en paralelo con motor longitudinal. Diseñada por William Henderson, que en 1912 había empezado fabricando máquinas parecidas a ésta por cuenta propia, esta motocicleta refleja su deseo por crear una moto ligera. La nueva ACE había de

Detalle de la Ace Four de 1924, en el que se muestra claramente la suspensión por horquilla de resortes, que por entonces era típica de los Estados Unidos. También se aprecian las palancas del embrague y el cambio de velocidades.

ser ágil, manejable y ofrecer mejores prestaciones que las versiones antiguas y más pesadas. El diseño básico fue el mismo de las viejas Henderson, aunque ahora con motor longitudinal y caja de cambios de tres velocidades y transmisión secundaria por cadena. La cilindrada del motor era de 1.220 cc, con válvula de admisión en culata y válvulas de escape laterales accionadas por árbol de levas situado en el lado derecho. El cárter estaba dividido horizontalmente por tres puntos de apoyo para el cigüeñal, y la lubricación se hacía tanto por salpicadura como por bomba. Un único carburador estaba colocado en la parte trasera del colector de admisión, y el encendido corría a cargo de una magneto situada a la izquierda.

Un embrague multidisco se encargaba de transmitir la potencia a la caja de cambios manual. El conjunto reposaba en un bastidor tubular y horquilla de resortes, típicamente americanas. Como era por entonces costumbre en los Estados Unidos, esta motocicleta disponía tan sólo de un freno, situado en la rueda trasera, pues se creía que el mal estado de las polvorientas carreteras que había fuera de las ciudades hacía peligroso el uso del freno delantero. El modelo estaba pintado de azul oscuro.

Pronto se comenzó a fabricar en serie, y ganó la atención del público cuando en 1922 Cannonball Baker estableció un nuevo récord en la ruta Los Ángeles-Nueva York. Lamentablemente, ese mismo año quedó marcado por la trágica muerte de William Henderson, ocurrida mientras probaba uno de sus modelos. Fue sustituido por Arthur Lemon, que continuó perfeccionando la Ace, cuyo buen funcionamiento, potencia y estabilidad la convirtieron en una máquina muy solicitada.

A finales de 1923, la Ace se hizo famosa tras batir otro récord de velocidad. Con una máquina más esbelta, ligera y potente que el modelo de serie, se logró una velocidad de 208 km/h y 171 km/h con sidecar. Los cambios introducidos en el nuevo modelo afectaron a los pistones (ahora perforados), bielas y engranaje de la distribución del encendido; además, se diseñó un depósito de gasolina más estrecho y controles más recogidos. Aunque el récord no se reconoció internacionalmente, quedó claro que la Ace era una motocicleta muy rápida y especial.

Ejemplo de las primeras Ace Four fabricadas por William Henderson, con el motor longitudinal a la marcha y la caja de cambios integrada. El de la fotografía es un modelo de 1924.

A pesar de este éxito, la firma atravesó dificultades económicas y la producción tuvo que detenerse a finales de 1924. Poco después reanudó su actividad, coincidiendo con el traslado de sus instalaciones. Sin embargo, en 1927, fue adquirida por la Indian, que siguió fabricando el modelo Ace hasta 1928, cuando la reemplazó por su propia tetracilíndrica.

ADLER

FUNDADA POR HEINRICH KLEYER con el nombre de Adler Fahradwerke AG en 1886 para la fabricación de bicicletas, esta compañía comenzó esta faceta con la de fabricación de máquinas de escribir en 1895. Ese año cambió su nombre por el de Adler Werke. Cuatro años después, en 1900, Adler (águila, en alemán) se unió a los pioneros de la industria automovilística cuando apareció el primer coche. Dos años más tarde, decidió probar con las motocicletas.

Con sede en Frankfurt, Adler utilizó para sus primeros modelos los motores franceses De Dion, aunque pronto desarrolló sus propios monocilíndricos y bicilíndricos en V. Sin embargo, su sección dedicada a la fabricación de motocicletas no adquirió un perfil relevante,

Una de las primeras Adler (águila) monocilíndricas de cuatro tiempos, fabricada en 1906. Como ocurre con algunas de las motocicletas de aquellos años, la transmisión final se realizaba por correa, no por cadena.

y desde finales de 1907 hasta finales de los años cuarenta, la firma se concentró en la fabricación de vehículos a pedal, coches y máquinas de escribir. Su primer diseño novedoso de una motocicleta apareció tras cuatro décadas, en 1950. Era la M100, obra de Hermann Friedrich, director e ingeniero jefe de Adler. Se trataba de una sencilla monocilíndrica de dos tiempos y 98 cc (50 × 50 mm), de uso urbano, concebida principalmente para tratar de llenar el vacío que en la Alemania de la posguerra encontraban los que necesitaban un medio básico de transporte privado.

Obviamente, la humilde M100 nunca pretendió ser una máquina de gran rendimiento (su velocidad máxima estaba en torno a los 71 km/h), pero ofrecía las mismas prestaciones que cualquiera de sus competidoras, además de un robusto bastidor tubular de doble cuna y amortiguación en ambas ruedas, que hacían de ella una motocicleta muy cómoda. En la rueda delantera llevaba instalado un curioso sistema que combinaba la horquilla de resortes y un mecanismo de hoja accionado por un muelle helicoidal interno. En la rueda trasera se utilizaba una suspensión accionada por émbolos.

En 1951, aparecieron tres hermanas mayores de la M100: las monocilíndricas M125 y M150, y la bicilíndrica M200, esta última a finales de año. La M125, con 123,5 cc (54 × 54 mm) alcanzaba una velocidad de 89 km/h y utilizaba un bastidor similar al de la M100, mientras que la M150, de 147 cc (59 × 54 mm) compartía componentes con la M200 de dos cilindros, sin duda la reina de la gama. En aquellos días, todavía eran raras las bicilíndricas de pequeño cubicaje, por lo que estas máquinas llamaron poderosamente la atención del público. La M200 resultó un modelo de

Presentada a finales de 1953, la NB201 tenía un motor monocilíndrico dos tiempos con 199 cc (65 × 60 mm). También estaba provista de suspensión trasera por émbolos.

gran importancia para Adler, pues sería el paso intermedio hacia su serie más famosa, la M250, en la que se inspiraron compañías como la Ariel inglesa y la japonesa Yamaha para sus modelos futuros.

Tanto en la M150 como en la M200, el sistema de suspensión era semejante al empleado en modelos inferiores, aunque los muelles utilizados en la suspensión delantera eran más robustos. Ambos modelos no sólo compartían componente básicos como el bastidor, las horquillas, la suspensión trasera (todavía de émbolos), las ruedas de 41 cm y frenos sobre el cubo de la rueda (realizado enteramente de aluminio), sino también la política de diseños modulares más económicos, incluida buena parte de los componentes más pequeños. Ambos modelos compartían incluso el mismo grupo de engranajes del cambio. Los

datos sobre rendimiento no son muy diferentes a 95 km/h o a 100 km/h, aunque el motor bicilíndrico tenía mayor aceleración, a pesar de ser considerablemente más pesado, debido a su motor más complejo.

En 1952 llegó la nueva M250, que llegaría a ser el modelo más vendido de Adler. Todos los motores de la firma fabricados después de la guerra compartían una peculiar transmisión. Los bicilíndricos utilizaban un embrague montado sobre el cigüeñal fuera de la transmisión primaria, realizada por medio de engranajes de dentadura helicoidal. En cambio, los modelos de 98 y 123 cc utilizaban una configuración todavía más curiosa. En estos modelos, el motor estaba desplazado hacia la derecha del vehículo, con el embrague y la caja de cambios situada a la izquierda. La transmisión hacia la rueda trasera se realizaba por medio de una rueda dentada colocada junto al embrague, entre le motor y la caja de cambios y concéntrica al cigüeñal. Esta disposición era única de Adler.

El rendimiento de Adler en competiciones deportivas demostró que eran máquinas fiables, con resultados sorprendentes en pruebas de resistencia de 24 horas, en la ISDT (carrera internacional de los seis días, «International Six Days Trial») y acontecimientos como el rally Luttich-Monaco-Luttich, donde la firma alemana consiguió éxitos memorables. El desarrollo continuo dio lugar a nuevas horquillas delanteras en los modelos de 150, 200 y 250 cc, así como una versión deportiva del modelo de dos cilindros, la MB250S.

Adler fue absorbida por el gigante eléctrico Grundig en 1958. La fabricación de motocicletas se interrumpió definitivamente a finales de ese mismo año.

Esta Adler Special, construida en la década de los sesenta, presentaba mejoras respecto a la versión estándar, como el motor refrigerado por agua, carburador Dell'Orto y horquilla delantera Ducati.

ACCOSSATO
Italia (Moncalieri, cerca de Turín) 1973-desconocido. Esta compañía realizó una producción muy limitada de motocicletas enduro monocilíndricas de dos tiempos caracterizadas por un gran rendimiento. Entre sus modelos se incluía la CE 80 (1985), de 21 CV a 12.000 rpm, con refrigeración líquida.

ACHER
Francia 1926. Esta firma fue la fabricante de un motor bicilíndrico de dos tiempos, 500 cc y refrigeración líquida.

ACHILLES
Austria-Hungría, posteriormente Checoslovaquia 1906-1912 (Ober-Politz a.d. Nordbahn). Esta compañía tenía la patente de motores monocilíndricos y bicilíndricos en V, ambos de cuatro tiempos, fabricados por Fafnir y Zeus.

ACHILLES
Alemania 1953-1957. Fundadora de la Achilles austro-húngara, se trasladó a Alemania después de la Segunda Guerra Mundial. La nueva firma comenzó con máquinas de dos tiempos, utilizando motores Sachs de 147 y 174 cc. Posteriormente fabricó un modelo con motor monocilíndrico de dos tiempos y 48 cc.

ACMA
Francia (Fourchambault) 1948-1962. Fabricó bajo licencia escúter Vespa con motores de 123, 147 y 173 cc.

ACME
Inglaterra 1902-1922. Hasta 1918, esta firma utilizó motores Minerva. Después construyó sus propios monocilíndricos de 348 cc y bicilíndricos en V de 997 cc. En 1922 se fusionó con Rex.

ACS
Francia 1980. Fabricante de motocicletas de competición, comenzó con un modelo de motor tricilíndrico de cuatro tiempos y 999 cc, con una potencia al freno de 150 CV a 11.000 rpm.

ACSA
Italia (Bolonia) 1954. Un ciclomotor de 75 cc que resultó ser un completo fracaso comercial.

ADLER M250

La primera bicilíndrica que Adler lanzó en la era moderna fue la M200, de 1951, precursora de su modelo más famoso, la M250, de 1952. En el corazón de la M250 latía un motor de 247 cc (54 × 54 mm) de dos tiempos, con dos cilindros en línea. En el modelo original, generaba 16 CV a 5.590 rpm, con una compresión de 5,75:1.

Externamente, se distinguía de la M200 en sus frenos de tambor, 180 mm mayores, y en pequeños detalles como silenciadores o indicadores. Todas las Adler de dos cilindros utilizaban embrague montado en el cigüeñal, fuera de la transmisión primaria, movido por engranajes de dentadura helicoidal.

La M250, que lucía suspensión trasera por émbolos y delantera por horquilla de resortes, comenzó a labrarse un nombre en el mundo de la competición. Una M250 ganó la carrera de 24 horas de Warsage para motocicletas de serie, venciendo al resto de modelos de 350 cc. En la ISDT de ese mismo año, cuatro Adler bicilíndricas tomaron par-

Lanzada en 1952, la bicilíndrica M250 de dos tiempos con 247 cc fue un modelo que marcó una tendencia, alcanzando grandes éxitos en la competición.

te en la salida, y las cuatro terminaron la carrera (tres oros y un bronce). El año siguiente fueron cinco los oros conseguidos en la misma prueba. En octubre

de 1953, en la Exposición de Frankfurt se pudo contemplar una M250 personalizada, con una carrocería obra de Freiss, y una MB250S, versión deportiva con 18 CV y diversas modificaciones, como los tubos de escape muy altos.

El modelo estándar también cambió con el paso de la serie M a la serie MB250. El consumo de la bicilíndrica de dos tiempos en situaciones de alto rendimiento era elevado: un promedio de 4 litros a los 100 km.

A mediados de los años cincuenta, Adler ofrecía dos modelos de serie para competición. Propulsadas por el famoso motor MB250, una de ellas era copia de los modelos presentados a los ISDT; la otra, una genuina motocrós con 20 CV.

Motor: 247,3 cc (54 × 54 mm), 2 cilindros en línea, refrigeración por aire
Potencia: 16 CV a 5.590 rpm
Caja de cambios: 4 vel., cambio de pedal
Transmisión secundaria: cadena
Peso: 140 kg
Velocidad máxima: 114 km/h

ADLER RS250

Además de la excelente serie M/MB250 de bicilíndricas para carretera, Adler fabricó un pequeño número de modelos de competición: motocicletas pensadas para carreras de larga distancia, como los ISDT, y auténticos modelos de motocrós o modelos para carreras RS (Renn Sport), refrigeradas tanto por aire como por agua.

Los primeros en poner en competición el suave motor Adler de 247,3 cc (54 × 54 mm) con modelos puestos a punto para la ocasión fueron Walter Vogel, Hubert Luttenberger y los hermanos Kramer. Sin embargo, el prime-

La RS (Renn Sport) de carreras con refrigeración por aire estaba basada en el modelo de carretera M/MB250. Finalmente, esta máquina se fabricó con dos tipos de refrigeración: por aire y por agua.

ro en utilizar un modelo específicamente diseñado para las carreras fue Hans Hallmeier, con la bicilíndrica M250 en 1953, en el circuito de Hannover. La velocidad de la Adler y su capacidad de aceleración llamaron la atención de la prensa. Como resultado, Adler fabricó una partida de modelos de carreras para

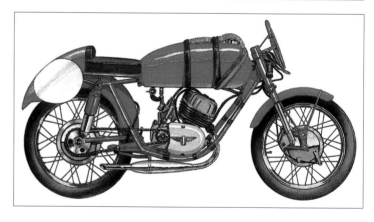

la venta directa al público, basados en la M250 de carretera. El prototipo debutó en el circuito de Dieburg en 1954, pilotado por Herbert Luttenberger. Aparte de su potencia de 24 CV, en la que se había trabajado especialmente, lo más llamativo del nuevo modelo, en palabras de Jan Friedrich Drkosch fue el ligero bastidor tubular de acero, y la suspensión, que en la rueda trasera estaba montada sobre horquilla basculante y horquillas con eje hidráulico basculante en la delantera. El motor RS era básicamente obra de Kurt Grosman, que dedi-

El piloto inglés Richard Williats a los mandos de su RS250 en Castle Coombe, abril de 1963. Esta motocicleta estaba impulsada por un motor de serie.

có un gran esfuerzo para diseñar un buen sistema de escape de gases, experimentando con varias longitudes en los colectores de admisión y escape y con cámaras de expansión. Los carburadores British Amals fueron especialmente importados. La RS250 de 1954 alcanzaba los 193 km/h, una marca nada despreciable si pensamos que se trataba de una máquina con un motor fabricado en serie.

Motor: bicilíndrico en línea, 247,3 cc (54 × 54 mm), refrigeración por aire (también por agua en algunos de los ultimos motores)
Potencia: 24 CV a 7.800 rpm
Caja de cambios: 4 vel. cambio de pedal
Transmisión secundaria: cadena
Peso: 102 kg
Velocidad máxima: 103 km/h

AERMACCHI

ITALIA 1950–1978

VARESE, UNA PEQUEÑA CIUDAD a pocos kilómetros de la frontera con Suiza, ha sido un importante centro de la industria aeronáutica desde 1912, momento en que la compañía de Nieuport-Macchi fue fundada allí por Giulio Macchi. La firma creció enormemente durante la Primera Guerra Mundial y en los años posteriores continuó dedicándose a la industria aeronáutica, aunque cambió su nombre por el de Aeronautica Macchi, pronto abreviado en Aermacchi.

Por entonces, la empresa de Varese se convirtió en uno de los más importantes participantes en la legendaria carrera de hidroaviones Scheiner Trophy, en cuya edición de 1934 alcanzó un nuevo récord de velocidad con 708 km/h con el hidroavión MC72.

Incapaz de mantener la producción aeronáutica después de acabada la guerra, Aermacchi decidió comenzar la fabricación de un vehículo de tres ruedas. Después de esta primera tentativa, la firma se unió al *boom* de las motocicletas que a finales de la década de 1940 se había extendido por toda Italia. La compañía comprendió que para lograr su objetivo de fabricar una máquina atractiva, ligera y de calidad, era necesario contratar los servicios de un dise-

Una 250 Ala Verde de 1963 pilotada en el circuito de Vandvoort por el holandés Jaap de Jong.

ñador con experiencia. Apostaron por Lino Tonti, que ya había trabajado en Benelli y también había participado en el diseño de motores de avión durante la guerra.

El primer diseño de Tonti fue una moto ligera nada convencional, con el bastidor al aire y motor integrado de dos tiempos y 123 cc (52 × 58 mm). Este motor oscilaba solidario con la suspensión de la rueda trasera. Se vendió un número razonablemente alto de este

Pilotada por Massimo Pasolini, esta Aermacchi de 75 cc batió varios récord de velocidad en abril de 1956. Algunos fabricantes pelearon para conseguir la supremacía en esta clase de máquina.

modelo, que logró además varios éxitos en competiciones de larga distancia, como los ISDT. Pronto siguieron a éste otros modelos, y en 1955 Tonti diseñó un par de modelos totalmente aerodiná-

ADER
Francia 1901-1906. Fabricante más conocido por un motor bicilíndrico en V de carrera larga y montado transversalmente a la marcha, que desarrollaba una potencia de 4 CV. También diseñó un monocilíndrico con la mitad de potencia.

ADM
España 1987. Realiza modelos de dos tiempos y pequeña cilindrada, incluidas motocicletas de carreras hasta 125 cc.

ADONIS
Francia (Neuilly-s-Seine) 1949-1952. Esta compañía fabricó ciclomotores y escúter de 48 y 75 cc con motores VAP.

ADRIA
Alemania 1912-1929. Comenzó fabricando un pequeño ciclomotor, pero hacia 1921 presentó un modelo de 276 cc con una sola velocidad, seguido en 1923 de otro modelo de 282 cc y tres velocidades. Todos sus diseños tenían transmisión por correa.

ADS
Bélgica 1949-1954. Esta firma ensamblaba pequeñas motocicletas de 98 cc con motores Sachs y Ilo monocilíndricos de dos tiempos.

ADVANCE
Inglaterra (Northampton) 1906-1912. Toda una gama de modelos monocilíndricos y bicilíndricos en V realizados por Smart y Gainsforth en los que montaban motores de fabricación propia.

AEL
Inglaterra (Birmingham) 1919-1924. Esta pequeña compañía (realmente era una distribuidora) se dedicaba al ensamblaje de motocicletas de entre 147 y 348 cc con motores Blackburne, JAP y Villiers.

AEOLUS
Inglaterra (Londres) 1903-1905. Modelo de muy corta vida impulsado por eje en la rueda trasera, con motor monocilíndrico de cuatro tiempos y 492 cc fabricado por la firma del mismo nombre.

AEOLUS
Inglaterra (Birmingham) 1914-1916. Esta compañía fabricó motocicletas provistas de su propio motor monocilíndrico de dos tiempos y 269 cc. De esta firma nacería después la Bown.

micos y listos para batir cualquier récord, con motores de 48 y 74 cc, ambos provistos de árbol de levas montados sobre la culata y accionados mediante cadena. Estas dos máquinas batieron varios récord mundiales. Poco después, sin embargo, Tonti dejó Aermacchi para unirse a FB Mondial.

Tonti fue reemplazado por Alfredo Bianchi, que había trabajado para Alfa Romeo y Parilla. También había fabricado sus propios motores Astoria y motocicletas completas en la década de los años treinta.

Su primera tarea consistió en diseñar un nuevo modelo para fabricar en serie, llamado Chimera, que estuviera listo para la Exposición de Milán, a finales de 1956. Esta máquina constituiría la base de toda una generación de motocicletas Aermacchi que se iba a fabricar durante los quince años siguientes, con sus válvulas accionadas por empujadores y motor monocilíndrico horizontal.

Una característica de la Chimera eran los múltiples paneles que recubrían buena parte de sus componentes mecánicos. Cuando apareció en Milán, era una moto de 175 cc, pero al poco tiempo se presentó una versión de 246,2 cc (66 × 72 mm). El uso de paneles para ocultar la maquinaria no tuvo mucho éxito, a pesar de su aire futurista, lo que dio lugar a una nueva versión «naked» (desnuda). En 1958 tomó parte en las competiciones italianas con una 175 puesta

a punto, hasta que en 1959 fue fabricada la primera versión enteramente pensada para la competición, la llamada Ala d'Oro. Esta moto desarrollaba una potencia de 20 CV y alcanzaba una velocidad de 161 km/h, lo que la convirtió en el principal rival de Morini Settebello en la categoría Junior nacional.

Un año después se presentó una versión de competición de 250 cc, que par-

El sello de Aermacchi: el cilindro horizontal con las válvulas en la culata; este detalle pertenece al motor de una Ala Verde.

ticipó en la carrera TT holandesa de 1960, pilotada por Alberto Pagani. Impresionados con la exhibición de velocidad de estos prototipos, la dirección de la firma (que ahora era propiedad conjuntamente de los italianos y de la firma americana Harley-Davidson) decidió poner a la venta una pequeña remesa de réplicas para el público en el año 1961. Además, a Pagani se había unido el piloto Gilberto Milani para correr para la firma en las carreras italianas y en las principales citas de Grand Prix.

En la gama de modelos de 1960 había un total de ocho modelos de serie: la Chimera 175 y 250, la Ala Bianca 175, la Ala Azzura 250 (todas ellas motocicletas de turismo), la Ala Rossa 175 y Ala Verde (deportivas) y finalmente la Zeffiro 175 y 150 (escúter provistos de ruedas de gran diámetro). La más competitiva de todas era la Ala Verde, que podía alcanzar, según decían sus fabricantes, los 138 km/h con todo el equipo de carretera y un silenciador estándar Silentium.

La década de los sesenta conoció un prodigioso aumento de la producción, la mayor parte de la cual se exportaba a los Estados Unidos. Mientras, las versiones Ala d'Oro de carreras (a las que se unió una 350 a partir de 1963) fueron constantemente mejoradas después de que en 1962 aparecieran algunos problemas graves de fiabilidad en el modelo. Aun-

Una Aermacchi 350 Ala d'Oro en acción durante una de las carreras en que compitió en los años noventa.

que la Aermacchi monocilíndrica plana con empujadores en las válvulas nunca logró ganar un Gran Premio, el modelo sirvió para llenar el vacío entre la desaparición de las motocicletas pesadas británicas monocilíndricas de competición (las Norton, AJS y Matchless) y el advenimiento de las modernas motocicletas de dos tiempos y altas prestaciones de la década de los setenta.

Antes de que Aermacchi decidiera dar el salto a los motores de dos tiempos, sus monocilíndricas de carreras con válvulas en la culata habían ido aumentando progresivamente de tamaño entre los años 1968 y 1971, pasando de 382 a 402 cc.

En 1967 llegó la nueva gama de máquinas de dos tiempos fabricadas en Varese: la M125 Rapido de carretera. En julio de ese mismo año, hizo su debut deportivo una versión de competición con un motor especialmente desarrollado por el ingeniero alemán Peter Durr.

Las Aermacchi de carreras de dos tiempos se fueron desarrollando a partir de esta versión. La primera vez que el mundo del motor asistió a la presentación de un modelos bicilíndrico completamente innovador fue cuando el piloto Renzo Pasolini exhibió el prototipo en el autódromo de Módena, en febrero de 1971.

Esta recién llegada no era, en cambio, obra de Bianchi o Durr, sino del hombre que les sucedió como ingeniero jefe, William Soncini. Había comenzado su trabajo en 1969, cuando la dirección de la firma americana Harley-Davidson sugirió la necesidad de incorporar una 250 cc de carreras para competir con la TD2 de Yamaha.

Desde 1972 hasta el cierre de la empresa en 1978, Aermacchi trabajó con el nombre AMF Harley-Davidson.

La Ala d'Oro se construyó con una gama de motores que iban desde los 246 hasta los 402 cc.

Aermacchi Chimera

1956

Motor: monocilíndrico plano, 172 cc, OHV, 60 × 61 mm, refrigeración por aire
Potencia: 13 CV a 7.000 rpm
Caja de cambios: 4 vel., cambio en el pedal
Transmisión secundaria: cadena
Peso: 122 kg
Velocidad máxima: 110 km/h

La primera tarea de Alfredo Bianchi cuando a principios de 1956 reemplazó a Lino Tonti como diseñador jefe fue la de crear un modelo para la fabricación en serie.

La Chimera fue la estrella de la Exposición de Milán de 1956, con su aspecto ultramoderno, aunque aquella promesa temprana terminó siendo un gran fracaso de ventas. El costoso revés del salón de muestras, decidió a Bianchi a desnudar la moto y crear dos de los modelos deportivos más famosos de Italia, la Ala Verde y la Ala d'Oro, algo que sin la Chimera nunca hubiera ocurrido. Ésta se convirtió, por tanto, en uno de los modelos de transición más importantes en la historia de la firma italiana.

El empleo de paneles de acero y aluminio fue característico de la Chimera, como también lo era la facilidad con que estos paneles podían desmontarse. Otro detalle típico era el amortiguador trasero casi horizontal, aunque éste desaparecería en los modelos de carreras.

A pesar de su apariencia futurista, los paneles de la Chimera ocultaban un motor bastante convencional: un cilindro horizontal de 172,4 cc (60 × 61 mm) y válvulas en la culata, cojinetes de rodillos en la cabeza de la biela, encendido por batería, lubricación por colector dentro del cárter, embrague multidisco, transmisión primaria por

La Chimera (sueño) fue la estrella de la Exposición de Milán de 1956, pero las cifras de ventas no estuvieron a la altura de las expectativas.

engranajes y caja de cambios de cuatro velocidades. Con una relación de compresión de 7:1, su potencia máxima era de 13 CV y alcanzaba una velocidad de 105 km/h. Aunque muchos diseñadores italianos pensaban que los árboles de levas sobre la culata eran un elemento imprescindible, Bianchi dotó a la Chimera de válvulas accionadas por varillas empujadoras, pues así era más sencillo el mantenimiento y, además, porque creía que la disposición del mecanismo de distribución de válvulas sobre la culata no era realmente necesaria para sus máquinas. Durante los quince años siguientes, su Aermacchi con motor monocilíndrico horizontal demostró ser una máquina tan rápida como las más complejas y caras.

AERMACCHI 125 ALA D'ORO

Aunque Aermacchi logró hacerse un nombre gracias a sus modelos de carretera y deportivos de un solo cilindro horizontal con válvulas en culata, también fabricó un número considerable de máquinas de dos tiempos.

Una de las más famosas fue una motocicleta de carreras derivada de la M125 Rapido de 1967. Se trataba de

Aermacchi también construyó modelos de dos tiempos. Uno de los más famosos fue la motocicleta ligera 125 Ala d'Oro de competición, de 1968-1970.

un modelo con motor de 123 cc (56 × 50 mm) diseñado por el ingeniero alemán Peter Durr. Este prototipo original de carreras desarrollaba una potencia de

20 CV, el doble que la de su hermana de carretera.

Las intensivas pruebas llevadas a cabo en el circuito de Monza, Italia, en junio de 1967 demostraron que el prototipo (que todavía tenía una caja de cambios de cuatro velocidades) completaba las vueltas más rápido que las mejores Honda y Bultaco. Esto les llevó a programar el debut del modelo en una carrera que había de celebrarse el mes siguiente en el recién inaugurado circuito de Zingonia, cerca de Bérgamo. Alberto Pagani terminó la carrera en tercera posición, detrás de dos modelos diseñados especialmente para la competición, pero muy por delante no sólo de las Honda y las Bultaco, sino también de las Motobi y las Morini.

Al año siguiente, el modelo se modificó a fondo, incorporando un bastidor tubular de doble cuna especialmente diseñado, un cilindro completamente nuevo y una nueva transmisión de cinco velocidades. La Aermacchi 125, rebautizada como Ala d'Oro en honor a las cuatro tiempos de carreras de la firma, era aún más competitiva, con una potencia de 22 CV. La compañía también experimentó con un sistema multiplicador de velocidad (semejante al de la moto de carreras Kreidler 50 cc de 1962), con una relación de transmisión de nada menos que 10 velocidades: cinco accionadas con el pedal y las otras cinco con el puño.

En 1969, la Ala d'Oro obtuvo excelentes resultados en el nivel más alto de la competición. Incluso se logró un Gran Prix (algo que la monocilíndrica horizontal no había conseguido) cuando Dodds hizo una magnífica carrera en pésimas condiciones de lluvia, ganando la carrera de 1970 celebrada en Alemania Occidental en el temible circuito de Nürburgring.

Motor: 123 cc, monocilíndrico, 2T, 56 × 50 mm, refrigeración por aire
Potencia: 22 CV a 8.000 rpm
Caja de cambios: 5 vel., cambio pedal
Transmisión secundaria: cadena
Peso: 80 kg
Velocidad máxima: 201 km/h

AERMACCHI 350TV

Motor: monocilíndrico horizontal, 344 cc, 74 × 80 mm, válvulas en culata, refrigeración por aire.
Potencia: 29 CV a 7.500 rpm
Caja de cambios: 5 vel., cambio pedal
Transmisión secundaria: cadena
Peso: 140 kg
Velocidad máxima: 160 km/h

La 350TV, aparecida en 1971, fue la definitiva Aermacchi de carretera con motor monocilíndrico horizontal y válvulas en culata. Aunque no fue la última de la gama, sin duda fue la mejor de todas. La absorción completa de Aermacchi por Harley-Davidson que tuvo lugar al año siguiente significó el fin de las motocicletas ligeras de la firma, ya que los nuevos dueños americanos promovieron la fabricación de motocicletas de turismo como la 350SS y su hermana de enduro, la SX.

No hay duda de que la TV se benefició de la experiencia en competición que había adquirido la firma, que influyó directamente en el desarrollo de muchas de sus características. Entre ellas, la precisión de su dirección y la increíble eficacia de su sistema de frenos, la suspensión Ceriani, la caja de cambios de cinco velocidades y el embrague en seco, además del motor de 344 cc (74 × 80 mm). Funcionando con una relación de compresión de 9:1, desarrollaba una potencia de 29 CV a 7.500 rpm.

De la carburación se encargaba un carburador Dell'Orto de corredera, tipo VHB 30A, con la clásica bocina cromada de los motores deportivos italianos. Entre otras características, destaca su sistema eléctrico de 6 V (en realidad, el

La 350TV, que hizo su debut en 1971, fue la definitiva Aermacchi de turismo con válvulas en culata. En ella se emplearon todos los avances logrados en el programa de competición de la firma italiana.

mayor defecto de esta motocicleta), un alternador de 60 W, un piñón de ataque de 14 dientes, una corona de 32 dientes en la rueda trasera, un único tubo colector de escape que parte de la culata del cilindro y en seguida se bifurca en dos tubos (cada uno con su silenciador Lafranconi), y cambio en el pedal derecho; manillar de una pieza tipo Ace con instrumentación Veglia a juego y la posi-

bilidad de elegir entre tres colores (naranja, verde o azul) para el depósito, los paneles laterales y los guardabarros.

En la carretera, la 350TV era una auténtica deportiva ligera italiana, con su línea elegante, suave cambio de marchas, frenos de tambor (doble zapata en la rueda delantera), llantas de aluminio, depósito de líneas curvas y sillín de competición. El tradicional bastidor autoportante

de Aermacchi permitía al piloto hacer uso de toda la potencia de la máquina, mientras que, visualmente, este tipo de bastidor abierto proporciona una visión completa del compacto motor integrado.

Este modelo se vendió principalmente en la Europa continental, y dejó de fabricarse a finales de 1972, con la absorción de Aermacchi por parte de Harley-Davidson.

AERO CAPRONI ITALIA 1947–1964

AERO CAPRONI SE ORIGINÓ a partir de un grupo de empresas industriales fundado en 1908 por el conde Gianni Caproni. Durante los años de entreguerras, el grupo Caproni se convirtió en uno de los complejos industriales más grandes de Italia, dedicado a la fabricación de aeroplanos y coches, además de motores para la industria aeronáutica y naviera.

Después de la Segunda Guerra Mundial, el boom de las motocicletas en Italia instó a Caprioni a fabricar sus propios modelos, lo que también supuso una buena forma de reconvertir sus industrias bélicas y adaptarlas a una producción más propia de los nuevos tiempos de paz. Una de estas fábricas fue la antigua planta aeronáutica de Trento, en el noreste del país, que fue rebautizada con el nombre de Aeromore SpA. Sus productos, motocicletas y camiones ligeros de tres ruedas, se comercializaron con el nombre Capriolo.

La primera motocicleta de la firma fue un modelo de 73 cc (47 × 43 mm) con distribución por árbol de levas en el cárter y cigüeñal longitudinal a la marcha. Además, estaba provista de una caja de cambios de cuatro velocidades y bastidor de acero estampado de sección cuadrada.

Este modelo tuvo mucho éxito y dio lugar no sólo a toda una gama salida de la fábrica de Trento, sino que además sirvió para que otro de los grupos industriales de Caproni, Caproni-Vizzola, entrara de lleno también en la producción de motocicletas. Esta compañía comercializó sus modelos con su nombre original, pero compró los motores, sobre todo a la NSU alemana, hasta que en 1959 interrumpió definitivamente su producción.

En la planta de Trento, se desarrolló y perfeccionó el motor Capriolo, convirtiéndose en la base de toda una gama

Construida por Aero Caproni y distribuida con el nombre comercial Caprioli, esta 125 de lujo utilizaba un motor propio con árbol de levas en el cárter, que se convirtió en la base de toda una gama de motocicletas ligeras.

de motocicletas ligeras de 98 y 124cc. La compañía también fabricó un motor de dos cilindros opuestos (tipo boxer) de 149cc con transmisión secundaria por árbol (cardan), que fue presentado en la Exposición de Milán de 1953.

Los modelos Capriolo también tuvieron un extraordinario rendimiento en la modalidad enduro, sobre todo en los ISDT, en la que la marca de Trento proporcionaba sus modelos a la escuadra italiana.

Tras la caída de las ventas domésticas, la exportación de Aeromore comenzó a resentirse, hasta que en 1964 se cerró la fábrica de Trento.

AIGLON

UBICADA EN ARGENTEUIL, Aiglon fue una de las primeras firmas francesas que adoptó el nuevo diseño Werner. Además de bicicletas, esta compañía fabricaba coches y motocicletas, en las que utilizaba los nuevos motores de combustión interna, que además mejoraba. Su primera motocicleta utilizaba el bastidor y la horquilla de una bicicleta, transmisión por correa y unos frenos totalmente inapropiados. Las primeras máquinas se propulsaban con un motor Mirus de 2 CV. En los años anteriores a la Primera Guerra Mundial, siguieron a éstas nuevos modelos que podían presumir de avances tales como embrague, velocidades, transmisión por cadena, una suspensión propiamente dicha en la rueda delantera y frenos de tambor. En 1922, Peugeot absorbió la fir-

ma y trasladó la fábrica a Mandeure, Doubs. Allí fabricó toda una gama de modelos que llevaban el nombre de Aiglon, tanto de 2 como de 4 tiempos.

Francia había sido pionera en el transporte con motor en vehículos de dos, tres y cuatro ruedas, y fue la indiscutible dominadora en los primeros años de

Aunque comercializada con el nombre Aiglon, desde principio de los años veinte, esta máquina era en realidad una Peugeot. Estos cambios de nombre fueron una costumbre de la firma durante muchos años.

los motores de combustión. Cuando, en los años veinte, otros países se fueron poniendo al día, los franceses se vieron obligados a consolidarse y concentrarse en el mercado nacional. A pesar de todo, continuaron fabricando motocletas únicas incluso después de la Segunda Guerra Mundial. Gracias al apoyo de Peugeot, la marca Aiglon pudo sobrevivir hasta 1954, momento en que la industria pasó a ser dominada por unas cuantas firmas importantes.

AJS & MATCHLESS

INGLATERRA

ESTAS DOS MARCAS APARECEN AQUÍ combinadas porque, aunque empezaron siendo firmas independientes, estuvieron unidas durante algunos años bajo el nombre AMC, y después terminaron con la colaboración. Posteriormente, se asistió al resurgimiento de ambas. Desde mediados de los años treinta hasta finales de los años sesenta, estas dos firmas se fueron fusionando progresivamente, hasta que al final sus productos sólo se

distinguían por el logotipo y los colores. Sin embargo, en sus años finales, volvieron a separarse.

Pero fue muchos años antes, a finales de 1900, cuando Joe Stevens y cuatro de sus hijos se introdujeron en el mundo del motor y pasaron la década siguiente suministrando a otras firmas los motores que ellos mismos fabricaban en Wolverhampton. En 1910 la primera máquina AJS hizo su debut, utilizando

las iniciales del hermano mayor, Albert John. Se trató de un modelo convencional con un motor de 292 cc y válvulas laterales, con transmisión directa por correa o bien con dos velocidades y por medio de cadena. En 1912 la cilindrada del motor se amplió a 315 cc, y a éste se le uniría poco después un bicilíndrico en V de 631 cc, que se vendió muy bien para uso con sidecar. La cilindrada de los modelos fue aumentando y las trans-

misiones se mejoraron considerablemente. El éxito comercial dependió en gran parte de los logros de los modelos en competición. Esto quedaría patente en la TT Junior de 1914, donde sus motocicletas ligeras y perfectamente ajustadas ocuparon la primera y segunda posición, y otras dos en sexta.

La demanda de los modelos AJS aumentó, pero durante la Primera Guerra Mundial la gama tuvo que reducirse, quedando únicamente el modelo bicilíndrico para usos militares. En 1920, la firma volvió nuevamente a la competición TT Junior, ahora con motores de válvulas en culata. Con seis motocicletas inscritas en la carrera, eran favoritos, pero cinco de los pilotos se retiraron antes de completar la mitad del recorrido. Afortunadamente, el sexto terminó la carrera llegando el primero por un amplio margen, a pesar de haber tenido que empujar la máquina en las últimas millas. Todavía se logró una clasificación mejor en la TT de 1921, donde sus modelos mejorados ocuparon los cuatro primeros lugares en la categoría Junior, y uno de ellos incluso logró vencer en la Senior. En 1922, la Junior TT volvió a ser para ellos, aunque en los restantes años de esa década sólo conseguirían quedar segundos y terceros.

Durante la Primera Guerra Mundial, los bicilíndricos en V de AJS desempeñaron su papel, a menudo en modelos con sidecar, entre los que se incluye éste, provisto de ametralladora y en el que la posición del artillero es precaria.

La Matchless Silver Arrow tenía un motor bicilíndrico en V de ángulo muy cerrado y suspensión en ambas ruedas; en cambio, sus limitadas prestaciones hicieron que se vendieran pequeñas cantidades entre 1930 y 1933.

En 1923, por fin se añadió a la gama un modelo de carretera de 349 cc provisto de válvulas en culata. Por entonces, sus modelos deportivos se habían ganado el nombre de «Big Port». A los motores monocilíndricos, con capacidades de 350 y 500 cc y válvulas laterales o sobre la culata, se uniría un bicilíndrico en V y 799 cc. A esto se dedicaron hasta 1927, cuando sus actividades se ampliaron a la fabricación de carrocerías para el coche Clyno Nine. Los motores de carreras fueron reemplazados por unas nuevas unidades con el árbol de levas colocado en la culata. Estos nuevos motores tenían una capacidad de 349 y 499 cc, y en ellos el árbol de levas era accionado por medio de cadena provista de tensor, con la transmisión encerrada en su cubierta de aluminio y que se prolongaba hasta la magneto. Estos modelos disponían de caja de cambios de cuatro velocidades, aunque por lo demás seguían fieles al clásico diseño AJS que, aunque tenía un gran potencial, necesitaba aún desarrollarlo.

Los modelos con árbol de levas aparecieron con la serie de 1928, que incluía motores con 249 cc y válvulas laterales destinados al otro extremo del mercado. Fue en el año 1928 cuando la firma diseñó un modelo experimental

tetracilíndrico en línea OHV (con válvulas en culata), aunque todo quedó en un ensayo. A comienzos de 1929, el Clyno estaba terminado, con lo que llegó el contrato para la fabricación de carrocerías. AJS comenzó a fabricar chasis para vehículos comerciales, y en 1930 añadió a su producción el coche AJS Nine.

Mientras, las motocicletas adoptaron depósitos más ergonómicos y los motores bicilíndricos en V aumentaron su capacidad hasta los 998 cc. La serie se fue restringiendo en 1930, pero se incluía un modelo de 249 cc OHV, y los motores comenzaban a inclinarse, como empezaba a ser costumbre.

Finalmente, la firma consiguió un primer puesto en la TT de 1930 de motos

ligeras. En 1931 AJS pasaba por apuros, por lo que amplió la serie de modelos para interesar a más público. Entre los nuevos modelos se encontraba uno con motor transversal de dos cilindros en V, válvulas laterales y 498 cc, tres velocidades, bastidor doble y transmisión por cadena. A pesar de ser suave y silenciosa, esta motocicleta pasó inadvertida.

A lo largo de 1931, los problemas financieros de la firma se agravaron y AJS cerró para poder pagar a los acreedores. Era el final de Wolverhampton, pero no del nombre AJS. El nombre fue comprado por Matchless, que trasladó

Las famosas iniciales de Albert John Stevens que adornaron durante muchos años los depósitos de AJS.

ALBA
Alemania (Stettin, hoy en Polonia) 1919-1924. Esta firma fabricaba sólidas motocicletas básicas con motores de cuatro tiempos y 198 cc. Ofrecían la opción de escoger entre transmisión de cadena o de correa.

ALBATROSS
Inglaterra 1954. Fabricante de un interesante escúter con motor Villiers de dos tiempos y 224 cc, y transmisión de cuatro velocidades.

ALBERT
Alemania (1922-1924). Uno de los innumerables fabricantes alemanes surgidos a mediados de los años veinte. Produjo una motocicleta de dos tiempos y 183cc.

ALBERTUS
Alemania 1922-1924. El motor patentado de dos tiempos se realizaba en las cilindradas de 113, 142 y 176 cc, y podía pasar de gasolina a diésel una vez estaba caliente.

ALDBERT
Italia (Milán) 1953-1959. Especializada en motos deportivas ligeras de dos tiempos, como la Gran Sport de 175 cc, que se decía alcanzaba los 160 km/h. También fabricó ciclomotores de 49 cc y modelos con motor de cuatro tiempos de entre 173 y 246 cc.

ALECTO
Inglaterra (Londres) 1919-1924. Esta compañía construía sus propias máquinas de 295 y 345 cc, al principio con transmisión con correa, y después (a partir de 1921 para motores de 345 cc) por cadena.

ALERT
Inglaterra (Coventry) 1903-1906. Smith y Molesworth, los fabricantes, empleaban motores belgas Saroela.

ALEU
España (Barcelona) 1953-1956. Fabricaba sus propios motores de dos tiempos en 198 y 247 cc, con transmisión de tres velocidades.

ALFA
Alemania 1925-1928: El antiguo ingeniero de BMW Alexander von Falkenhausen fabricó motocicletas con motor Villiers de dos tiempos de 172 cc y bicilíndricas de 334 cc, aunque nada consta de su rendimiento.

ALFA
Italia 1923-1927. Esta pequeña empresa comenzó con motores Norman de 125 y 175 cc antes de pasarse a los 350 cc. Al parecer, utilizaba motores Blackburne y Bradshaw.

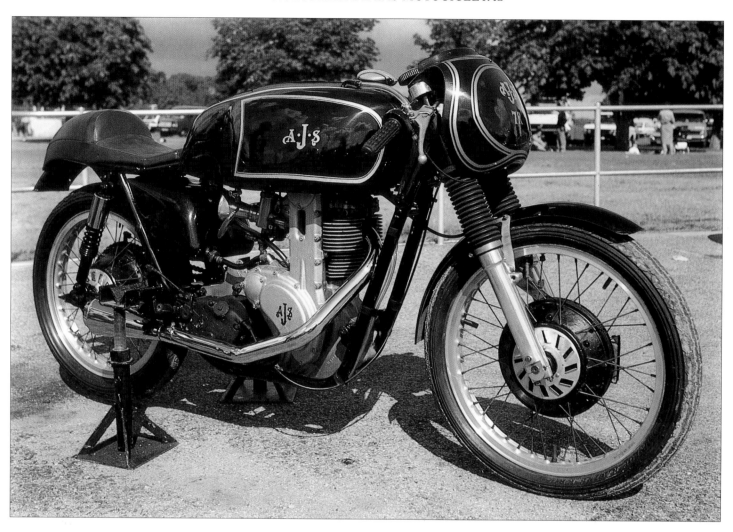

la producción a Plumstead, uniéndose así con una de las compañías más veteranas en la industria de la moto.

Matchless era una de las firmas inglesas más importantes. Había sido fundada por los hermanos Harry y Charlie Collier, comenzando con la fabricación de bicicletas, a las que en 1899 añadieron un motor montado sobre la rueda delantera. Después de algunos experimentos comenzaron a utilizar un motor MMC de 2,5 CV, que colocaron colgado del bastidor tubular. Los dos hermanos participaron con gran éxito en las primeras competiciones deportivas y a mediados de los años diez ya estaban utilizando motores Antonine, JAP y White & Poppe, además de ofrecer modelos con suspensión trasera.

Ambos hermanos pertenecían al equipo británico que se presentó a la International Cup Race de 1906, que dio lugar a la primera carrera TT de 1907, ganada por Charlie. Él mismo quedó segundo en la edición del año siguiente; Harry ganó la de 1909, y Charlie volvió a hacerlo en 1910, otorgando a la firma tres de las cuatro primeras carreras TT. En los años siguientes sólo alcanzaron la segunda y tercera posición.

La gama Matchless fue ampliada y mejorada, utilizando varios motores que gradualmente pasaron a ser bicilíndricos en V hasta que finalmente sólo utilizaron este tipo de motores de la casa JAP y MAG. Acabada la Primera Guerra Mundial, los clientes tuvieron la opción de elegir entre dos motores, bastidor rígido o suspensión trasera, con tres velocidades y transmisión por cadena. Las motos se vendían solas o con sidecar, siendo esta última la más demandada.

En 1923 se añadió a la gama un motor Blackburne monocilíndrico con 348 cc. Al año siguiente se presentó un modelo con motor de 350 cc y árbol de levas en la culata (ohc), con el eje conductor vertical colocado detrás del cilindro, y un 591 cc Matchless con sistema ohv. En 1925 un motor Matchless bicilíndrico en V reemplazó a los motores JAP y MAG, y además se añadieron varios monocilíndricos a la gama, que no volvería a tocarse hasta la década siguiente.

En 1930 se introdujo una innovación con el diseño de la Silver Arrow, una toring suave y silenciosa con motor bicilíndrico en V con ángulo muy cerrado, 394 cc y válvulas laterales. Todo el sistema de distribución de las válvulas se encontraba encerrado, el depósito de gasolina estaba fijado delante del cárter, y disponía de tres velocidades y suspensión trasera. Sin embargo, las prestaciones del modelo no eran muy atractivas. A la Arrow siguió en 1931 un modelo más radical, la Silver Hawk con motor tetracilíndrico en V muy cerrada, 592 cc y árbol de levas en la culata (ohc) accionado por eje. Además, estaba provista de un bastidor elástico, y estuvo en catálogo durante muchos años, a pesar de la depresión económica.

La gama combinada de los modelos AJS y Matchless tardó un año o dos en consolidarse, y en 1933 comenzaron a utilizarse motores AJS en la mayoría de los modelos, montando los bicilíndricos en V en motocicletas AJS. La verdadera colaboración entre ambas firmas comenzó en 1935, cuando Matchless introdujo su modelo G3, que sería utilizado durante muchos años en dos o tres tamaños distintos y llevando el logotipo de ambas marcas. El G3, dispuesto verticalmente sobre un bastidor rígido, tenía 348 cc y sistema ohv, y se valía de una caja de cambios Burman de cuatro velocidades con transmisión secundaria por cadena.

La AJS 7R tenía la transmisión por cadena propia de los modelos anteriores a la Segunda Guerra Mundial y sistema ohc. Por lo demás, era una moto de carreras novedosa y fiable.

La magneto iba colocada detrás del cilindro, con la dinamo debajo, recibiendo la cadena de transmisión desde el cigüeñal. Ambos dispositivos eléctricos eran de la casa Lucas, y de la mezcla se encargaba un carburador Amal.

En 1935 se unió al G3 el modelo 16 de AJS, que se distinguía del primero por la magneto, que estaba colocada delante del cilindro. Al año siguiente aparecieron versiones de 245 y 497 cc, que en el catálogo recibieron el nombre de G2 y G80 para Matchless, y modelos 12 y 18 para AJS. Este formato, con variantes deportivas y de competición, se fue imponiendo gradualmente a la gama de motores monocilíndricos con un par de versiones provistas de válvulas laterales, además de los grandes bicilíndricos en V diseñados para motos con sidecar. Durante este período, el motor Matchless bicilíndrico en V fue utilizado por otras marcas, entre ellas la Morgan, que fabricaba coches.

En 1949, AJS y Matchless seguían firmes a su idea del motor bicilíndrico vertical, y con el tiempo ampliaron la capacidad de sus motores de 498 cc hasta los 646 cc, este último montado en la motocicleta de enduro G12CS de la fotografía, presentada hacia 1960.

En 1936 AJS presentó un modelo muy llamativo tanto para carretera como para competición, que montaba un motor de cuatro cilindros en V y 495 cc, inicialmente refrigerado por aire y más tarde por agua.

En 1939, la fábrica se adaptó a las necesidades bélicas. Así, el modelo G3 pasó a llamarse G3L en 1941, y se le añadió horquilla telescópica delantera, lo que dio lugar a una máquina ligera de mejores prestaciones que la mayoría de las motocicletas militares.

La gama de motocicletas de la posguerra constaba de dos monocilíndricas para cada marca: los modelos AJS 16M y 18, de 348 y 497 cc respectivamente, y los G3L y G80 Matchless, con idénticas cilindradas. Todos los diseños estaban basados en la Matchless bélica y de antes de la guerra, con sistema ohv y motor montado verticalmente en el bastidor, cuatro velocidades, cambio en el pedal, horquillas telescópicas y bastidor rígido. Las diferencias más significativas se limitaban a la magneto, anterior en modelos AJS y posterior en modelos Matchless, así como en la inscripción en la cubierta de la distribución, el logotipo de los depósitos o los colores de las líneas que los decoraban: oro para AJS y plata para Matchless, ambos sobre el fondo completamente negro. El único síntoma claro de lealtad a la firma fue el hecho de participar en las competiciones con dos equipos diferentes.

A comienzos de 1946, apareció una pequeña gama de modelos de competición con la letra C añadida al código del modelo. Los cambios fueron mínimos, con una rueda delantera de 54 cm, guardabarros de aleación y unos neumáticos adecuados. Por aquellas fechas, la producción era una prioridad de las firmas, por eso se introdujeron muy pocos cambios en los modelos ya existentes en el catálogo durante los dos años siguientes. Si bien, ambas marcas tomaron parte en numerosas carreras.

La AMC monocilíndrica con 348 y 497cc tuvo su origen en los días prebélicos, pero ya en 1955 este modelo AJS 16MS estaba provisto de suspensión trasera y horquilla telescópica.

ALFA-GNOM
Austria (Wiener Neustadt) 1926-1928. Moto deportiva monocilíndrica de 598 cc. Fabricada por Franz y Antón Rumpler. Esta misma firma construyó la FAR.

ALGE
Alemania 1923-1931. Motorenfabrik Alfred Geissler fabricó una dos tiempos de 173 cc y varios modelos de cuatro tiempos con 200, 250, 350 y 498 cc de cilindrada. También utilizó motores Blackburne y Villiers.

ALIPRANDI
Italia (Milán) 1925-1930. Empleó motores patentados de 175 y 350 cc de las marcas Moser, JAP y Sturmey Archer.

ALLDAYS/ALLDAYS ONIONS
Inglaterra (Birmingham) 1900-1915. Después de comenzar con los triciclos con motor de De Dion Bouton en 1898, esta firma se introdujo en el mercado de los biciclos en 1903 con la Matchless (ninguna relación con la otra firma) a la que instaló un motor de fabricación propia. En 1915, la compañía fue rebautizada con el nombre Allon.

ALLEGRO
Suiza (Neuchatel) 1925-1927 y desde finales de los años cuarenta hasta comienzos de los cincuenta. La primera serie constaba de modelos de dos tiempos con motores Villiers de 147, 175, 247 y 350 cc, y motores MAG o Sturmey-Archer de 250 y 350 cc. Sus modelos de posguerra eran ciclomotores y motocicletas ligeras de entre 50 y 200 cc.

ALLELUIA
Francia, desde los años veinte hasta los cincuenta. En los años veinte, esta firma fabricó motos ligeras de 175 cc. En los años cincuenta, se servían de ciclomotores fabricados por otras marcas, a los que añadían su logotipo.

ALLON
Inglaterra 1915-1924. Sucesores de Alldays, fabricaron grandes bicilíndricas en V de 798 y 988 cc, monocilíndricas de 499 y 539 cc, y una dos tiempos de 292 cc.

ALLSTATE
Austria 1953-1963. Se trataba de escúter y ciclomotores Steyr-Puch con la marca «Allstate», fabricados para Sears, que en los Estados Unidos se llamaba Roebuck.

Esta G80 Matchless con motor de un cilindro conservaba gran parte de su primitiva línea, aunque la magneto ya había sido desplazada delante del cilindro, copiando a las AJS.

Coleman, que pilotaba una versión especial de tres válvulas.

En 1949 la firma aumentó la gama de modelos de carretera, añadiendo modelos con suspensión trasera provista de horquilla basculante, que se identificaban por medio de una letra S en el código. Ambas marcas participaron en el diseño de los modelos AJS 16MS y 18S, además de las Matchless G3LS y G80S. Fue ese mismo año cuando AMC se unió a la tendencia de los bicilíndricos verticales con el modelo de 498 cc AJS20 y la Matchless G9. Los motores eran de estilo británico, salvo por un tercer cojinete del cigüeñal, situado en el centro. La principal variación consistía en el asiento doble y los silenciadores con conducto divergente difusor, que sólo se encontraban en la Matchless.

En 1950, los modelos de competición estaban provistos de motores de aleación ligera y al año siguiente se añadieron las versiones 16MCS, 18CS, G3LCS y G80CS. Más pensadas para carreras de motocrós que para auténticas pruebas de trial, el eje trasero de AMC de estos modelos era más grueso.

Esta fue la tónica durante varios años, con muy pocos cambios importantes, aunque la magneto de la Matchless fue finalmente desplazada delante del cilindro en 1952. Ese año se inclinaron los cilindros de la Porcupine en ángulo de 45°, lo que dio lugar a los modelos E95, y se proporcionó a la 7R un motor con tres válvulas, conocido como "triplek-nocker". Ese año, Norton fue adquirida por AMC, aunque todavía permanecieron en Birmingham durante una década. En 1953, se añadió la bicilíndrica G45

a la línea Matchless, un genuino modelo de carreras formado por el motor de la G9 montado en una 7R.

En 1956 se rehízo toda la gama de carretera: los modelos con bastidor rígido fueron desechados; los de trial sólo se fabricaron en 348 cc, con su propio bastidor, y en los de motocrós se acortó la carrera del pistón y se les proporcionó un motor de aleación. Las monocilíndricas y bicilíndricas recibieron bastidor y componentes nuevos, y se añadió un nuevo motor bicilíndrico de 593 cc que ofrecía mayor potencia. Los modelos que incorporaron este motor se llamaron Modelo 30 y G11. En 1958 aparecieron nuevas versiones con motores mejorados y bastidor de motocrós: recibieron el nombre de 30CS y G11CS. Añadiendo el depósito de gasolina estándar a estos modelos, resultaron la 30CSR y G11CSR, pronto conocidas como «Café Racer». Ese mismo año se incorporó el sistema eléctrico con alternador a los modelos de carretera.

En 1958 apareció la motocicleta deportiva de carreta que durante largo tiempo habían deseado: la Matchless G50. Se trataba simplemente de una 7R cuyo motor se había ampliado hasta los 496 cc, razón por la que nadie entendía que hubieran tardado tanto en fabricar. Menos interés despertó la llegada ese mismo año de los modelos 14 y G2; monocilíndricas de 248 cc ohv, muy ligeras y con diseño monocasco. En 1959 llegaron nuevas versiones de la CS, además de una bicilíndrica de 646 cc con tres variantes.

Los modelos de carretera de los años sesenta se fabricaron con bastidores de doble cuna, motores de 348 cc (con

Una AJS deportiva de 1933 con motor bicilíndrico en V sobrealimentado. Por entonces, esta firma ya había sido absorbida por Matchless.

AJS volvió a la competición en 1947 con un modelo bicilíndrico de 497 cc que llegó a conocerse como Porcupine (puerco espín) debido a las enormes aletas de refrigeración. La Porcupine sufrió algunos altibajos en el mundo de las carreras, pero todo empezó a ir bien en 1949 cuando Les Graham ganó el título mundial de 500 cc. Durante mucho tiempo sólo fue una versión de fábrica, pero en 1948 se unió a ella la versión de posguerra inspirada en el antiguo modelo de árbol de levas, la 7R de 348 cc que pronto sería conocida como Boy Racer, que reunía las características del modelo de serie y las de los diseños personalizados.

La 7R conservó la transmisión por cadena y el árbol de levas único colocado en la culata, pero desplazó la magneto, colocándola detrás del cilindro para dar al motor un aire nuevo. El diseño estaba muy cuidado, y el mecanismo de distribución de las válvulas quedaba encerrado, lo que permitía mantener dentro todo el aceite necesario para lubricarlo. Por lo demás, tenía una caja de cambios de cuatro velocidades, horquilla telescópica en la rueda delantera,

suspensión trasera por horquilla basculante y cubos cónicos con grandes frenos de tambor. En el circuito de gran premio este modelo obtuvo algunos éxitos, entre ellos una primera posición en el TT Junior de 1954 lograda por Rod

28

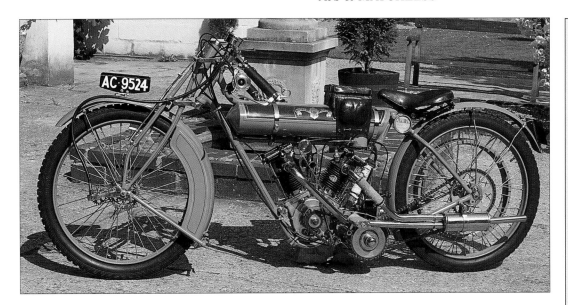

nombre clave 8 y G5) basados en los de los modelos ligeros, motores más altos y horquillas delanteras mejoradas. A medida que las ventas iban cayendo, cada vez se introdujeron menos cambios en los modelos, aunque se presentó una versión deportiva del modelo con 248 cc en 1961, cuando la CS bicilíndrica de 646 cc fue definitivamente abandonada.

En 1962 se revisó el motor de la 350 y también se añadió una versión CSR de 248 cc. La 500 bicilíndrica desapareció junto con la 650 de lujo, pero se lanzaron dos modelos Matchless para la venta en Estados Unidos. El primero fue el G15/45, con motor bicilíndrico de 750 cc que básicamente estaba instalado en la estructura de una CSR con algunos componentes estándar. El segundo fue la G50CSR, con el bastidor de una CRS y el motor de una G50 y provista de una dinamo para poder instalar luces.

A finales de 1962, AMC trasladó la producción de Norton a Plumstead, lo que tendría gran influencia en los posteriores avances. La gama de la firma se redujo en 1963, cuando la 7R y la G50 dejaron de fabricarse, y nuevamente en 1964, cuando los modelos de carretera fueron provistos de horquillas y cubos

Norton. En 1965 se incluyeron dos nuevas bicilíndricas de 745 cc: la 33 y G15, tanto en la versión estándar como en la CSR. Ambas incorporaban el motor Norton Atlas. Tan sólo el bastidor y el depósito pertenecían a AMC.

Los días de AMC se acercaban a su fin debido a problemas financieros. 1966 fue el último año en que la empresa conservó su forma original. A partir de entonces, la mayor parte de la gama desapareció. Todavía apareció un último modelo nuevo en 1966: la Matchless G85CS de motocrós, con bastidor de doble cuna, que se siguió fabricando hasta 1969. Los modelos estándar y CSR de la AJS 33 sobrevivieron hasta 1967, comercializados por el nuevo propietario, mientras que a la Matchless G15 se unió una nueva versión CS y ambas continuaron en el mercado hasta 1969. Ese año se abandonó definitivamente la producción y la vieja fábrica fue demolida, aunque no desaparecieron ninguno de los dos nombres.

El nombre AJS fue revivido a finales de 1967 por Norton Villiers para un par de modelos de competición con motor Villiers Starmaker de dos tiempos y 247 cc. Ninguna de las dos logró lo que se esperaba de ellas, pero en 1969 el mode-

Una motocicleta Matchless de 1913. Este modelo corrió ese mismo año en la TT de la isla de Man, propulsada por un motor de la firma suiza MAG-Motosacoche bicilíndrico en V de 496 cc.

lo de motocrós se convirtió en la Y4 Stormer, y se unió a ella el modelo 37 A-T de trial con 246 cc. De éstas, sólo la Stormer se siguió fabricando hasta 1970 en varios estilos y formas.

Con la creación de la NVT en 1973, la pequeña firma fue adquirida por Fluff Brown, que creó la serie FB-AJS, en producción hasta 1981. En 1987, con el nombre AJS, volvieron a fabricar motocicletas completas: los modelos SJS Stormer en 247, 368 y 400 cc, como en el pasado.

Mientras tanto, el nombre Matchless volvió al mercado bajo la dirección de Les Harris, creador de la Triumph Bonneville. Les Harris añadió una monocilíndrica, la G80 con motor austriaco Rotax de 494 cc ohc de cuatro válvulas, bastidor británico, y con horquillas, frenos delantero de disco, eje trasero, sistema de escape y carburador de fabricación italiana. A pesar de su imagen clásica, no se alcanzó el volumen de ventas esperado, de modo que entre 1990 y 1993, este modelo sólo se fabricaba por encargo.

AJS Big Port

1923

El nombre «Big Port» apareció en 1922 cuando Tom Sheard ganó la TT Junior montando un modelo ohv con un tubo de escape inusualmente largo. «Big Port» no fue un nombre salido de la fábrica, sino acuñado por los propios aficionados, entusiasmados con el modelo.

Se trató siempre de una motocicleta de línea clásica con un rendimiento mucho mejor de los que su aspecto podría hacer pensar. Su aparente fragilidad no era sino ligereza, lo que aumen-

taba sus prestaciones. El diseño del tanque plano la hacía más esbelta y por tanto más fácil de manejar en las curvas, mientras que su modesta potencia combinada con su poco peso le proporcionaba una buena aceleración. Estas características la hacían mantenerse por delante de la mayoría de competidores simplemente manteniendo la velocidad constante. En ciudad, su ignición retardada la hacía entretenerse, pero una vez en carretera, se ponía en cabeza ante la

sorpresa de todos. La Big Port sólo se fabricó durante unos años, pero dio a la AJS 349 cc su reputación como una de las mejores motocicletas de su clase.

Motor: monocilíndrico vertical, 348 cc ohv (74 × 81 mm), refrigeración por aire
Potencia: no especificada
Caja de cambios: cambio en el puño
Transmisión secundaria: cadena
Peso: 95 kg
Velocidad máxima: 135 km/h

AJS S3 V-TWIN

1931

La idea de que una motocicleta silenciosa y suave se vende bien ha sido puesta a prueba en los buenos y los malos tiempos por muchas firmas, y tanto AJS como Matchless siguieron esta línea a principios de los años treinta. La idea apenas tuvo éxito, pues no es lo que los amantes del motociclismo demandan, salvo el público mayoritario que tuvo que aguardar a la llegada de los ciclomotores y escúter.

AJS eligió un motor transversal de dos cilindros en V y 498 cc. Para que las válvulas estuvieran más accesibles se colocaron fuera de los cilindros, de modo que había dos árboles de levas accionados por cadena. El cigüeñal transmitía el movimiento del motor al embrague por medio de un eje, y de ahí a los engranajes cónicos de la caja de cambios de tres velocidades. La transmisión secundaria se realizaba por cadena.

El resto de componentes de la moto eran convencionales, pero el bastidor tubular de doble cuna se abría para alojar el motor. Horquilla de paralelogramos deformables, ruedas de radios de acero, frenos de tambor, depósito colocado sobre la parte superior del bastidor y cuadro de instrumentos completaban el modelo. Se trataba de un diseño muy cuidado, pero no era el mejor momento para una turismo de lujo. Este modelo desapareció antes del traslado a Plumstead.

Motor: bicilíndrico transversal en V, 498 cc, (65 × 75 mm), refrig. por aire.
Potencia: no especificada
Caja de cambios: tres velocidades, cambio en el manillar
Transmisión secundaria: cadena
Peso: 150 kg
Velocidad máxima: 110 km/h

AJS PORCUPINE

1947–1954

Motor: Dos cilindros en línea, dohc, 497,5 cc (68 × 68,5 mm), refrig. por aire.
Potencia: 54 CV
Caja de cambios: cuatro velocidades, cambio en el pedal
Transmisión secundaria: cadena
Peso: 140 kg
Velocidad máxima: 210 km/h

La Porcupine fue siempre una motocicleta deportiva de competición, y nunca estuvo pensada para el uso privado. Se diseñó durante la guerra como una bicilíndrica plana con sobrealimentador y refrigeración por aire. Se trata de una monocasco muy compacta con el centro de gravedad bajo. Como los sobrealimentadores se prohibieron después de la guerra, tuvo que revisarse la culata para adaptarla a un doble carburador.

El modelo bicilíndrico de 497 cc estaba provisto de doble árbol de levas y transmisión por engranajes a la magneto y la bomba de aceite. Tenía un cigüeñal con una muñequilla principal colocada en el centro y multitud de detalles internos, aunque su característica externa más notable eran las prominentes aletas de refrigeración de los cilindros, que dieron al modelo su curioso nombre (puerco espín). La transmisión de la caja de cambios de cuatro velocidades se hacía por medio de engranajes, y la transmisión secundaria era por cadena. El bastidor, tubular de tipo cuna.

La Porcupine nunca estuvo a la altura de las expectativas, aunque en 1949 ganó con Les Graham el primer campeonato del mundo de 500 cc. Después llegaría el domino de las featherbed de Norton y Geoff Duke. En 1951, la Porcupine perdió sus prominente aletas. En 1952, el motor se inclinó y el modelo pasó a llamarse E95. Así continuó hasta 1954.

Después de la guerra, AJS compitió con la Porcupine de dos cilindros, modelo que tomaba su nombre de las puntiagudas aletas de refrigeración de sus primeros motores. Tras su éxito en 1949, el modelo fue muy revisado en los años siguientes.

AJS MODEL 18
1959

Después de la guerra, las versiones que AJS hizo de la serie G3 de monocilíndricas siempre tuvieron la magneto delante del motor, detalle que copió la Matchless a partir de 1952. Por lo demás, las dos eran muy similares, si exceptuamos los logotipos y los colores. Ambas incorporaron sistemas eléctricos por alternador en 1958, junto al uso de un cárter de aleación para la transmisión primaria de cadena, en lugar del antiguo modelo de acero estampado que daba problemas de estanqueidad.

Después de 1958, el motor sólo experimentó una modificación importante, que afectaría al diámetro del cilindro y a la carrera del pistón en su interior, que no volverían a tocarse hasta 1964. El aspecto externo se modificó en 1960, con un nuevo bastidor con doble tubo inferior. En 1964, se incorporó a todas las monocilíndricas deportivas horquillas Norton Roadholder y cubos Norton, elementos que ya no cambiarían. Al modelo 18 se unió el 16, con motor de 348 cc. Ambos eran sólidos y fiables, de bajo consumo, manejables y de excelente frenada.

Motor: monocilíndrico vertical, ohv, 497 cc (82,5 × 93 mm), refrig. por aire
Potencia: no especificada
Caja de cambios: 4 velocidades, pedal de cambio
Transmisión secundaria: cadena
Peso: 179 kg
Velocidad máxima: 140 km/h

Mientras que los modelos de carretera ya habían perdido la magneto en 1960, las versiones enduro, como esta 18CS lo mantuvieron, así como el carburador abocinado.

MATCHLESS SILVER HAWK
1931–1935

Mientras que la Silver Arrow era una turismo tranquila, la Silver Hawk fue concebida como un modelo deportivo. Se lanzó en Olimpia, a finales de

Motor de la Matchless Silver Hawk con su árbol de levas en culata, motor de cuatro cilindros en V e impresionante línea en el lateral derecho, donde vemos la particular M del logo sobre el depósito de gasolina.

1930, al mismo tiempo que la Ariel Square Four y, desafortunadamente, en tiempos de la gran depresión económica. En esencia, el motor de la Hawk, con sus 592 cc, era un par de Arrows, pero en lugar de un bicilíndrico con válvulas laterales, incorporaba un motor tetracilíndrico en V con árbol de levas en la culata accionado por eje y engranaje cónico en el lado derecho: algo digno de contemplarse. El carburador estaba en la izquierda y no tenía un aspecto tan impresionante, en tanto que los dos tubos de escape se proyectaban hacia atrás por el lado derecho de la moto. La dinamo y el distribuidor del encendido estaban conectados oblicuamente con el eje vertical que partía del árbol de levas, y el depósito de aceite del sistema de lubricado estaba atornillado a la parte delantera del cárter.

La caja de cambios de cuatro velocidades estaba accionada por una cadena doble con tensor Weller, mientras que la transmisión secundaria se realizaba por cadena. El motor y la caja de cambios iban montados en un bastidor elástico Matchless con horquilla de paralelogra-

Aunque eran tiempos difíciles, se presentaron dos tetracilíndricas ohc en la exposición de 1930, una de las cuales fue la Silver Hawk, con un motor en V muy cerrada.

mos deformables, ruedas con radios de acero y frenos de tambor de 20,5 cm. En 1934, su motor fue utilizado por OEC para uno de sus modelos, y en 1935, la Silver Hawk dejó de fabricarse.

Motor: 592 cc ohc, 4 cilindros en línea (50,8 × 73 mm), refrigeración por aire.
Potencia: no especificada.
Caja de cambios: 4 vel., cambio en el manillar
Transmisión secundaria: cadena
Peso: 170 kg
Velocidad máxima: 135 km/h

MATCHLESS G3

1935–1940

Este modelo de 1935 fue el precursor de la serie de monocilíndricas de Matchless y AJS que sobrevivieron hasta 1966. Con ella se estableció el diseño del motor vertical, la caja de cambios de cuatro velocidades accionada por pedal,

el bastidor tipo cuna y las ruedas con radios provistas de frenos de tambor. Durante la guerra se le añadieron horquillas telescópicas, y posteriormente un sistema eléctrico por alternador, pero la línea siguió siendo la misma.

La primera G3 de 348 cc fue construida al estilo Clubman, con los muelles de las válvulas al aire y tubo de escape de gran diseño, conforme al gusto de la época. Era bastante convencional, con árbol de levas desmontable,

transmisión de cadena a la magneto situada tras el cilindro y dinamo debajo de él, en una posición bastante inaccesible. Sistema eléctrico de la firma Lucas, el carburador de Amal, panel de instrumentos encima del depósito, y un depósito separado de aceite en el lado derecho, debajo del sillín. El bastidor era tubular de doble cuna y se utilizó hasta 1940, fecha en que se pasó a utilizar un solo tubo para sostener el motor.

Poco después llegaron las horquillas telescópicas, lo que dio lugar a la versión G3L. Antes de eso se añadieron las versiones de 245 y 497 cc, además de varios modelos de competición y deportivos tanto con el logo de Matchless como con el de AJS. Todas ellas eran magníficas motocicletas con un gran acabado, pero estuvieron en el mercado durante demasiado tiempo. En cambio, bien puede decirse que pocas máquinas han logrado sobrevivir tanto como la G3.

Motor: 348 cc, ohv, monocilíndrico vertical (69 × 93 mm), refrigeración por aire
Potencia: no especificada
Caja de cambios: 4 vel., cambio en pedal
Transmisión secundaria: cadena
Peso: 143 kg
Velocidad máxima: 120 km/h

La G3 de 1935 fue la base de toda una gama de modelos de antes y después de la guerra, tanto para Matchless como para AJS. Al principio, se fabricó con tres motores de diferente cilindrada, aunque después de la guerra sólo se realizó en dos versiones.

MATCHLESS G50

1958–1963

No fue hasta 1958 cuando AMC fabricó una 7R para la clase de 500 cc, modelo que había sido demandado desde que apareció por primera vez. Antes de la guerra se había fabricado en ambos tamaños, pero después de la guerra se

limitaron a ofrecer una G45 que no era más que un motor G9 en un bastidor 7R. Aunque nunca fue del todo satisfactorio, el cambio de la G45 a la G50 parecía tener más sentido. La G50 conservaba la carrera del motor de la 7R, pero

ganaba en capacidad al añadir un cilindro más ancho. El diseño era el mismo, con un solo árbol de levas accionado por cadena desde el piñón del tren de engranajes hasta la magneto. Ambas transmisiones estaban encerradas por una

cubierta de aleación, y como la distribución de las válvulas no iba al aire, se podía hablar de un motor estanco al aceite. Era una máquina fácil de mantener, y utilizaba la misma caja de cambios de cuatro velocidades y resto de

Cuando apareció la 7R en 1948, los aficionados en seguida reclamaron una versión de 500 cc, pero tuvieron que esperar una década hasta que apareció la nueva Matchless G50.

componentes que la 7R, lo que suponía una gran ventaja para los propietarios que corrían en ambas categorías. Esto significaba también que los cambios en

la carrocería eran fácilmente aplicables a ambas máquinas, cuyo aspecto ayudó a animar el mundo de las carreras y añadió variedad a la escena.

Esta motocicleta estuvo en el mercado hasta 1963, en que AMC dejó de fabricarla. El año anterior habían lanzado el modelo G50CSR, en el que se combinaba el motor de la G50 con los elementos de las CSR y faros para poder

participar en la Daytona 200. El modelo resultó un éxito, pues acabó en segundo lugar a escasos tres metros del ganador.

Motor: 496 cc, ohv, monocilíndrico vertical (90 × 78 mm), refrig. por aire
Potencia: 51 CV a 7.200 rpm
Caja de cambios: 4 vel., cambio en pedal
Transmisión secundaria: cadena
Peso: 130 kg

MATCHLESS G12CSR   1959–1966

AMC se unió a la moda de los bicilíndricos verticales en línea en el año 1949, cuando AJS presentó el modelo 20, de 498 cc, y Matchless el G9, con silenciadores y asiento doble. Ambas tenían

Una vez que AMC empezó a fabricar bicilíndricos verticales, éstos pronto fueron aumentando la capacidad hasta los 650 cc. El resultado fue la G12, disponible en CSR (foto) y la serie 31 de AJS.

motor ohv, cuatro velocidades, horquilla telescópica y suspensión trasera. En 1956, se unió a éstas una versión de mayor tamaño con 593 cc, y dos años más tarde aparecieron las versiones CS y CSR. La primera estaba diseñada para uso mixto, tanto en carretera como para motocrós, con faro opcional y de fácil instalación. La segunda era una máquina deportiva diseñada para alcanzar altas velocidades, que combinaba un motor CS y componentes deportivos para su

uso en carretera. Aunque las letras CSR (Competition Sprung Roadster) hacían referencia a su carácter deportivo cómodo, no tardaron en conocerse como «Café Racer» (motos deportivas con la cúpula muy baja, en que el piloto tiene que echarse hacia delante en postura aerodinámica).

La bicilíndrica de 593 cc tuvo una vida muy corta, pues en 1959 apareció una versión estándar de 646 cc, con versiones CS y CSR, además de modelos deportivos de 498 cc. Las bicilíndricas de mayor tamaño demostraron ser más rápidas y populares, y pronto aparecieron en una amplia gama de opciones. Esta variedad resultó ser una pesadilla para la fábrica. La G12CSR sobrevivió hasta 1966, y a ella se uniría un año antes la serie G15, que montaba motor bicilíndrico Norton Atlas de 745 cc. Junto a estos modelos, se fabricaron sus equivalentes AJS.

Motor: 646 cc, bicilíndrico vertical, ohv, (72 × 79,3 mm), refrigerado por aire.
Caja de cambios: 4 vel., cambio de pedal
Transmisión secundaria: cadena
Peso: 173 kg
Velocidad máxima: 180 km/h

AMMON
Alemania (Berlín) 1921-1925. En sus peculiares bastidores de acero estampado, montaba motores de diversos orígenes, incluyendo BMW, Bekamo, Baumi y Paque de cuatro tiempos.

AMO
Alemanio (Munich) 1921-1924. Su dos tiempos de 146 cc tenía menos de 1 CV. Al parecer, el motor que utilizaban no era de fabricación propia.

AMO
Alemania (Berlín) 1950-1954. Esta firma fabricó dos ciclomotores de dos tiempos con motores Westendarp & Pieper de 48 cc.

AMR
Italia (Carsarza Ligure) 1970-1983. Motocicletas para competición de motocross con motores Sachs de entre 125 y 350 cc, montados en bastidores de gran calidad.

AMS
España (Málaga) 1954-1965. Comenzó en 1954 con motores de dos cilindros en línea Hispano-Villiers de dos tiempos y 125, 148 y 247 cc.

ANCON
Argentina 1958. Motocicletas ligeras con motor Sachs de dos tiempos y 100 cc.

ANCORA
Italia 1923-1940. Esta compañía empezó a fabricar motos de carretera, deportivas y de competición con motores Villiers de dos tiempos y 147 cc, y después con motores de otras capacidades hasta 247 e incluso 350 cc. La fábrica fue comprada por Humberto Dei en 1936, y en 1940 la gama de motores iba de los 60 a los 175 cc, éstos últimos montados en motocicletas provistas de una magnífica suspensión.

ANDRE
Francia años veinte. Esta compañía fabricaba motocicletas ligeras con variedad de motores: una 175 cc de dos tiempos y modelos de 249 y 337 cc de cuatro tiempos.

ANDREAN
Francia 1924. Monocilíndrica de cuatro tiempos y 225 cc con sistema ohv, capaz de desarrollar 10 CV.

AJW

La AJW Wolfhound de 1976 utilizaba componentes italianos, incluido un motor Minarelli de dos tiempos. Este modelo fue una de las últimas creaciones de AJW durante su breve renacimiento.

AJW (ARTHUR JOHN WHEATON), editor de profesión, entró en el mundo de las motocicletas a mediados de los años veinte. Al principio, la compañía sólo fabricó motocicletas ligeras, pero hacia 1930 ya producía 11 modelos: desde la BF con motor Villiers de 172 cc hasta un modelo con motor Anzani de dos cilindros en V con capacidad de 994 cc y válvulas en culata.

AJW fabricaba sus propios bastidores, pero el resto de componentes, incluidos los motores, eran de otras firmas. Los modelos más famosos fueron las Black

Foxes de 172 y 196 cc y las Silver Foxes de 347 y 343 cc. Entre los modelos de mayor tamaño destaca la double Port 500, con un motor JAP de 498 cc.

Con los años treinta llegó la gran depresión económica. AJW no sólo sobrevivió al período sino que lanzó nuevos modelos cada año, aunque las

AJW fabricó una serie de bicilíndricas en V propulsadas por motores JAP o Anzani. Este modelo de 1.000 cc es de finales de los veinte, periodo de gran expansión de la compañía.

cifras de ventas nunca pudieron compararse con las de sus poderosos rivales.

En esta década aparecieron modelos como la Foxes, Vixenette, Vixen y Flying Vixen. Durante muchos años, los comerciantes londinenses Pride y Clarke fueron los únicos agentes de AJW. Pero esta relativa prosperidad terminó a finales de los años treinta, cuando hubo que recortar drásticamente la gama de modelos. En 1938, sólo se vendía la

Flying Fox con motor 488 cc ohv de JAP, aunque entre 1939 y 1940 se lanzaron otros dos modelos con motor Villiers de 249 cc.

Después de la guerra, J. O. Ball compró la compañía, continuando con la producción en 1948. Había por entonces dos modelos disponibles, uno de los cuales era una motocicleta de carreras propulsada por motor JAP. A comienzos de los años cincuenta, se fue limitando la producción de deportivas con motor JAP hasta que finalmente desaparecieron todas, salvo el modelo de carreras.

En los setenta, la firma importó ciclomotores Giueletta con el depósito y el logo AJW. La firma desapareció en 1980.

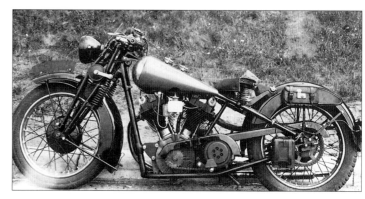

ALCYON

LLAMADA ASÍ POR EL PÁJARO mitológico, esta antigua firma francesa fue fundada por Edmond Gentil en Courbevoie, Seine, Francia. Gentil compró después

varias pequeñas firmas más, entre las que destacan Amor, Labor, La Française, Lapize, Olympique y Toman. Estas compañías terminaron por fusionarse

para pasar a formar parte de su recién creada empresa Gentil et Cie.

Para la fabricación de su primer modelo, la compañía siguió el nuevo estilo

Werner, y utilizó un motor ZL de Zurcher et Loti. En 1914, Alcyon ya fabricaba bicilíndricas en V, después de haber fabricado varios modelos integrados de un solo cilindro. Durante los años veinte, Alcyon produjo motocicletas de estilo británico con motores de válvulas laterales y en culata, cajas de cambios independientes, bastidores rígidos y frenos de tambor. A estos diseños se añadieron las horquillas delanteras que basculaban en su parte inferior al comprimir un muelle situado delante de la pipa, detalle típico del talento francés para el diseño. Con el tiempo, el depósito de todos sus modelos pasó a estar encima del bastidor.

Durante los años treinta, la compañía volvió a la fabricación de modelos con la caja de cambios integrada en el motor, así como magníficos diseños

Desde sus comienzos pioneros, Alcyon incorporó a sus modelos una curiosa horquilla delantera controlada por un sencillo muelle unido a la parte delantera de su pipa. Por lo demás, este modelo tiene las características típicas de la época.

Digne des plus beaux décors...

Catálogo de Alcyon de mediados de los años cincuenta. La motocicleta que aparece en la foto era uno de los modelos típicos de la firma, con su línea estilizada, el motor parcialmente oculto y las características más innovadoras del período.

los años cincuenta, sus motocicletas tenían suspensión delantera con sistema de resortes Earles y de horquilla basculante en la rueda trasera. Hubo también un cierto uso de paneles laterales para cubrir el motor, lo que era del todo innecesario, dado que el modelo de mayor cilindrada tenía tan sólo 250 cc. Como ocurrió con la mayor parte de las firmas francesas de la época, Alcyon también fabricó un buen número de ciclomotores, escúter y pequeñas motocicletas hasta su cierre definitivo en 1957.

deportivos provistos de horquilla delantera con paralelogramos, que terminarían por reemplazar a los anteriores diseños.

Después de la guerra, Alcyon adquirió los motores de firmas como AMC, aunque el diseño de los bastidores y las horquillas estuvo siempre a la última. En

ALLRIGHT

ALEMANIA 1901–1927

CON SEDE EN COLONIA, la firma Köln-Lindenthaler Motorenwerke AG fabricó motocicletas con varios otros nombres además de Allright. En Gran Bretaña, sus modelos fueron al principio importados por la Trading Co. de Londres, y llevaban el logotipo de Vindec Special a partir de 1903, aunque en 1909 ese nombre cambió por el de VS para evitar la confusión con la empresa Vindec británica de los hermanos Brown. Naturalmente, la importación de las motocicletas alemanas se interrumpió en las islas en 1914.

Otros nombres comerciales utilizados por la firma fueron Roland y Tigre (hasta 1907), pero detrás de las distintas denominaciones se escondía la misma máquina, construida en el estilo propio de la época. Los motores procedían de

Arriba: Una de las primeras Allright, hacia 1906, con horquilla delantera fabricada por Truffault, frenos de cinta, transmisión directa por correa y pedales, rasgo típico de aquella época.

Abajo: Una Allright de 1924 con motor británico JAP ohv, caja de cambios independiente y transmisión secundaria por cadena, y el típico depósito plano de la época.

ANDREES
Alemania (Düsseldorf) 1923-1929: Esta firma empezó fabricando motos deportivas propulsadas por una variedad de motores de cuatro tiempos: Blackburne, bicilíndrico plano Bradshaw, y bicilíndricos en V de JAP y MAG. Al añadir en 1928 un motor propio de dos tiempos y 198 cc, se forzaron al máximo las posibilidades de la firma.

ANGLIAN
Inglaterra 1903-1912. Además de sus propios motores Anglian de 2,5 CV, estas primitivas máquinas disponían también de motores de 2,5 CV fabricados por De Dion Bouton, MMC, Fafnir y Sarolea, y posteriormente de JAP y Blumfield.

ANGLO-DANE
Dinamarca 1912-1914. Como el nombre sugiere, esta firma ensambladora utilizaba motores ingleses (JAP y Villiers).

ANKER
Alemania (Bielefeld, después Paderborn) 1949-1958. Esta firma montaba motos ligeras con motores Sachs e Ilo de entre 98 y 250 cc.

ANTOINE
Bélgica (Lieja) 1900-1910. Esta compañía fabricaba monocilíndricas de entre 3 y 4 CV, y bicilíndricas de 4,5 y 5 CV, primero con motores de Kelecom y después con los suyos propios.

ANZANI
Francia 1906. Aunque esta empresa se conoce más como proveedora que como propietaria de motocicletas, el propio Anzani fabricó en 1906 una insólita motocicleta propulsada por hélice cuando era presidente de la Unión de Aeroclubs franceses.

APACHE
Estados Unidos (Denver) 1907-1911. Braun & Bleck fabricaron una motocicleta de 597 cc y un cilindro, con válvula de admisión por encima de la de escape y motor «al revés» con el tubo de escape partiendo del lado posterior del motor.

APEX
Alemania (Colonia) 1925-1926. Sus modelos eran deportivas de dos tiempos con motores Blackburne de 247 y 348 cc.

FN, Kelecom o Minerva, y en 1905 también de Fafnir. Al bastidor, del tipo bicicleta, se le dotó de una horquilla delantera de Truffault. Ambas ruedas estaban provistas de frenos de cinta. La rueda trasera llevaba transmisión directa por cadena. Después de los monocilíndricos llegaron los motores de dos cilindros en V fabricados por JAP, MAG y Peugeot, pero hasta comienzos de la Primera Guerra Mundial no dejaron de utilizar transmisión por correa. La producción continuó después de la guerra, con modelos de uno y dos cilindros con componentes y transmisiones muy mejoradas. En 1923, Allright adquirió la firma Cito, añadiendo a la gama de motocicletas la KG con transmisión por eje en 1924. La firma dejó de fabricar motocicletas en 1927.

ALPINO

MUCHOS FABRICANTES DE MOTOCICLETAS tuvieron que dejar el negocio durante la Segunda Guerra Mundial, pero Alpino en realidad comenzó su producción (si bien en número limitado) durante los años del conflicto, lanzándose a una producción masiva justo después de la guerra. Su primera motocicleta de posguerra fue la Alpino 1945, un motociclo monocilíndrico de dos tiempos y 48 cc con transmisión por cadena y caja de cambios de dos velocidades. La transmisión podía realizarse sobre cualquiera de las dos ruedas. En 1948, la compañía lanzó el modelo S, de 48 cc y caja de cambios de tres velocidades, que alcanzaba una velocidad máxima de 40 km/h. También comercializó el Modelo ST, de 60 cc.

Este motor de 60 cc apareció también montado en un ciclomotor, que parece haber sido la base para una motocicleta ligera de 98 cc. En 1951, esta máquina se había convertido en una 125 cc con tres velocidades y cambio en el pedal, en lugar del modelo anterior que tenía el cambio en el manillar. Ese mismo año, la compañía presentó el escúter F48, de 48 cc, provisto de un bastidor innovador y suspensión en ambas ruedas.

A finales de 1953, Alpino había desarrollado toda una gama de modelos: la básica Alpetta R48, que carecía de engranajes y tenía transmisión por fricción; el ciclomotor F48, que, extrañamente, tenía un motor de 49 cc; el modelo Roma, con el mismo motor que la anterior pero dos velocidades y cambio en el manillar, y el escúter F48. Además, había desarrollado dos motocicletas ligeras de 75 cc y 125 cc.

Aunque Alpino sólo fabricó motocicletas de pequeña cilindrada, sus modelos eran muy rápidos. Andrea Bottigelli alcanzó los 128 km/h con una 75 cc especialmente preparada. Otros pilotos (Tamarozzi, Cagnazzi, Pennati y Sozzani) también batieron récords, los 82 km/h en una Alpino de 50 cc. Aunque puede considerarse todo un logro, le faltaba la emoción de las grandes cilindradas. Poco después apareció un modelo de carreras de 75 cc ohc y cuatro tiempos, aunque el único modelo de carretera que la firma fabricó con motor de cuatro tiempos fue la 175 de 1955, que alcanzaba los 100 km/h, toda una marca para su tiempo. Otro modelo de carreras de 1956 con motor de 75 cc llegó casi a los 120 km/h, gracias en parte a su caja de cambios de cuatro velocidades.

Un año más tarde, incluso el sencillo ciclomotor T48 estuvo provisto de un motor de cuatro tiempos con caja de cambios integrada de tres velocidades. En 1959, la compañía lanzó un escúter con ruedas grandes y 75cc, además de un mini-escúter de 50 cc.

AMAZONAS

CON DOS O TRES EXCEPCIONES, en Brasil no se fabricaban motocicletas y ciclomotores: se importaban. Amazonas fue una de esas excepciones, utilizando un motor de coche Volkswagen como medio de propulsión. Esto no resulta tan sorprendente, ya que durante los años cincuenta la compañía alemana había establecido una fábrica en Brasil en la que se fabricaban los eternos Beetle.

Los motores del Beetle estaban por tanto al alcance de la mano, y Amazonas utilizó las versiones de 1.285 cc y 1.584 cc en sus máquinas. Este motor

La gigantesca Amazonas brasileña con su enorme motor tetracilíndrico de Volkswagen, cinco velocidades, incluida la marcha atrás, y todo el conjunto de transmisión a la rueda trasera.

era un tetracilíndrico refrigerado por aire con árbol de levas accionado por engranajes colocado debajo del cigüeñal, que transmitía el movimiento a las válvulas inclinadas por medio de balancines. El sistema de encendido de las bujías era por batería, a través de un distribuidor. Utilizaba la caja de cambios original de

cuatro velocidades (más la marcha atrás). También conservaba el embrague monodisco, convertido en cambio de pedal de una manera un tanto tosca, la transmisión con piñón y corona VW, y de ahí a la rueda trasera por medio de una larga cadena. Todo el conjunto del motor se encajaba en un enorme bastidor de doble cuna. Se dispuso una horquilla telescópica en la rueda delantera

Versión policial de la Amazonas con equipamiento extra, radio, sirena, luces de destellos, maletas y todo lo necesario para realizar el trabajo.

y una ruda suspensión de émbolos en la rueda trasera. El diseño se completaba con ruedas de aleación con grandes neumáticos más propios de un coche. Se trataba de una máquina enorme en tamaño y peso.

El rendimiento era muy pobre, considerando el tamaño del motor, y la manejabilidad, con las inadecuadas ruedas de coche, cosa de valientes. Los controles, salvo el embrague, eran demasiado duros. A pesar de todo esto y de su considerable precio, esta motocicleta se mantuvo en el mercado a lo largo de toda una década.

AMBASSADOR

INGLATERRA 1946–1964

SITUADA EN ASCOT, BERKSHIRE, Inglaterra, la firma Ambassador fue fundada por Kaye Don, antiguo piloto de Brooklands, decidido a expandir su negocio de posguerra. Su primer prototipo era totalmente distinto a los diseños de las demás firmas. Por su aspecto, parecía una motocicleta de antes de la guerra, con sus horquillas de paralelogramos deformables, pero el motor, construido por JAP y utilizado también por AJW, era de dos cilindros verticales en línea, 494 cc y válvulas laterales, con el carburador situado en la parte de delante, justo entre los tubos de escape.

La primera motocicleta ligera llegó en 1947. Se trataba de una máquina sencilla con motor Villiers 5E de 197 cc, caja de cambios de tres velocidades, bastidor rígido autoportante y horquilla delantera de paralelogramos. Era todo lo necesario para satisfacer las demandas de transporte de la época, pero en 1949 la compañía mejoró el modelo añadiéndole un moderno motor 6E. Al año siguiente apareció una versión con horquilla telescópica, la Embassy, y en

1952 se lanzó un nuevo modelo, la Supreme, con suspensión trasera por émbolos.

A ésta siguió la Self Starter, provista de motor de arranque Lucas situado en la parte de delante, justo debajo del depósito y con transmisión al motor por medio de correa. Con gran optimismo, teniendo en cuenta el pequeño motor de la máquina, Ambassador también lanzó un modelo sidecar, horquillas de paralelogramos tipo Webb, si bien castigaba excesivamente el motor. Durante la guerra se mejoró toda la gama de modelos. Esto significó dotarla de un nuevo motor 8E de 197 cc, aunque en términos reales, esto apenas significaba una mejora con respecto al 6E. Al año siguiente, la compañía reconoció finalmente la necesidad de

Ambassador construyó toda una gama de modelos valiéndose de motores Villiers. En la Supreme de 1956 se colocó uno de 249 cc. Más tarde llegó esta Super S.

La versión de 1960 de la Super S tenía laterales que cubrían la parte trasera. La versión con encendido eléctrico se conoció como Electra 75.

proporcionar a sus modelos un motor más potente, lo que llevó a montar un Villiers 1H de 224 cc y cuatro velocidades en la Supreme. También se mejoró la suspensión trasera con una horquilla basculante.

El mismo tipo de bastidor se utilizó para la Envoy de 197 cc de 1955. Este modelo, junto con la Supreme y la Popular de 147 cc, completaban la gama de la compañía. Dos modelos, la Three Star Special y la Super S reemplazaron a la Supreme. A ellos se unieron en 1961 un bicilíndrico con motor de arranque eléctrico y un escúter de 174 cc.

En 1962 hizo su efímera aparición un ciclomotor con motor Villiers de 50 cc, pero a finales de ese mismo año Kaye Don se retiró y la firma fue vendida a DMW.

Los nuevos propietarios renovaron toda la gama, pero a pesar de eso la producción se interrumpió en 1964.

AMERICAN IRONHORSE ESTADOS UNIDOS AÑOS NOVENTA

La Bandit, la más pesada de la gama. El nombre duro y rebelde del modelo no va muy bien con la corpulencia de la máquina.

pero la Bandit, con sus enormes guardabarros y sus maletas rígidas provistas de llave, alcanza la increíble cifra de 351 kg.

Dado que el peso total máximo permitido para una motocicletas son 500 kg, esto le deja tan sólo un margen de entre 159 y 232 kg para combustible, piloto, pasajero y equipaje. La solución fue proporcionar a los modelos depósitos relativamente pequeños, lo que limita su autonomía a 240 km.

La Outlaw es considerablemente más ligera que la Bandit, gracias a unos guardabarros más pequeños y la ausencia de alforjas. Su característica más distintiva es el color de la pintura.

CON MOTORES S & S estándar de 1.573 cc y de 1.750 y 1.850 cc opcionales, las motocicletas fabricadas por la firma americana IronHorse de Fort Worth, Texas, están cortadas por el mismo patrón que las Harley-Davidson. Sin embargo, como todas las llamadas «clónicas», poseen interesantes características que las diferencian de las Harley, a las que inicialmente emularon, y de cualquier otra marca.

En el caso de la IronHorse, ésta incluye suspensión trasera con barra de torsión y gran cantidad de recubrimiento

electrolítico: los discos de freno no son buenos candidatos para el cromado. Aunque las ruedas delantera y trasera son de un tamaño estándar de 46 cm, existe la posibilidad de cambiar la delantera por otra de 53 cm.

Los nombres de los seis modelos que la firma tenía en el año 2000 son: Slammer, Stalker, Outlaw, Thunder, Classic y Bandit, lo que da idea del sector del mercado al que van dirigidas estas máquinas. Sin embargo, por su estilo y peso, hay pocas diferencias entre los seis modelos. La Slammer y la Classic pesan 268 kg,

AMERICAN QUANTUM CYCLES ESTADOS UNIDOS 1997

LA JOVEN Y MODERNA compañía American Quantum Motorcycles tiene su sede en Melbourne, Florida. Actualmente, esta firma fabrica tan sólo dos modelos, Liberty y su hermana de la clase turismo, la Pioneer, lanzada en diciembre de 1999.

American Quantum Motorcycles describe su modelo Pioneer como «un modelo plataforma» que permite al cliente diseñar su propia moto mediante la selección de numerosas opciones. Estas opciones se seleccionan a través de salas de muestras que algunos comerciantes ofrecen en Internet. El resultado es la creación de una motocicleta de fábrica personalizada que se adapta a los

deseos individuales del cliente. En cierto modo, esta futurista estrategia de ventas es más interesante que la propia moto.

Detalles como las alforjas de fibra de vidrio no disimulan el hecho de que no es más que otra Harley bicilíndrica en V, pero con cuatro válvulas en la culata.

La capacidad del motor es de lo más corriente (1.440 y 1.573 cc) e incluso el diámetro del cilindro y la carrera del pis-

Aunque la compañía es una genuina fabricante más que una simple ensambladora, sus modelos se parecen mucho a las Harley-Davidson.

tón aparecen expresados en pulgadas: 35/8 × 45/8 in (es decir, 92 × 117,5 mm) en el caso de la 1.573 cc.

Los frenos son de disco de cuatro pistones, uno en cada rueda, lo que sorprende en una máquina de semejante tamaño y peso.

A pesar de eso, con una oferta de acciones inicial de 8 millones de dólares a comienzos de 1999, además de una red de 61 distribuidores en el año 2000, esta compañía constituye una genuina fabricante de motocicletas, más que una simple ensambladora de clónicas.

ANCILLOTTI

ITALIA 1967–1985

Ancillotti se especializó en la fabricación de motocicletas de enduro de calidad. Esta FH250 fue uno de los modelos de finales de los años setenta, y marcó una década de éxitos para la compañía.

EL FUNDADOR DE LA COMPAÑÍA Enrico Ancillotti era un entusiasta de todas las formas de motociclismo deportivo, sobre todo motocrós, así que a finales de los años sesenta decidió convertir su hobby en un negocio. El resultado fue

Además del motocrós y el enduro, Ancillotti también fabricó motocicletas para pruebas de trial de un día, como esta CT125 de 1981. Los motores siempre se compraban a otras compañías.

una empresa de gran éxito que se mantuvo a lo largo de dos décadas hasta que la recesión de las motocicletas que tuvo lugar a comienzos de los ochenta le llevó a la bancarrota.

Como ocurre con muchas pequeñas marcas italianas, los modelos de Ancillotti utilizaban motores diseñados y construidos por otras firmas, confiando ese trabajo a fabricantes especializados como Hiro, Franco Morini o la compañía alemana Sachs. Todos ellos eran de dos tiempos, generalmente con admi-

sión a través del pistón. Los modelos de motocrós, enduro y trial fueron los principales productos de Ancillotti, pero para alcanzar un nivel óptimo de ventas, la compañía tenía que construir máquinas capaces de ganar carreras.

En esto, Ancillotti tuvo éxito desde un principio, aunque la mayor parte de sus ventas se hicieron sólo dentro de Italia.

Para explotar el mercado italiano, relativamente pequeño, la compañía tenía que fabricar motocicletas para todos los niveles de destreza, desde pilotos novatos hasta campeones nacionales. Las creaciones de Ancillotti ocuparon siempre un lugar de privilegio.

El motocrós fue un deporte muy popular a finales de los años sesenta y comienzos de los setenta, sobre todo en Italia. Ancillotti prosperó enormemente.

Sin embargo, a comienzos de los ochenta, como muchas otras marcas similares, tuvo que cerrar el negocio.

ARDEN
Inglaterra (Coventry) 1912-1920. Esta firma ensambladora utilizó varios motores (incluido uno propio, lo que no es frecuente), pero sobre todo Villiers de 269 cc.

ARDENT
Francia (Cannes) 1950-1957. Esta firma fabricó ciclomotores de 48 y 49 cc y (desde 1953) un escúter de 65 cc.

ARDILLA
España (Barcelona) 1951. Moto ligera de motor de dos tiempos y 125 cc capaz de desarrollar 4,5 CV.

ARDITO
Italia (Stradella, Pavia) 1951-1954. Después de empezar con motocicletas ligeras de entre 48 a 125 cc y ciclomotores, S.I.M.E.S. se pasó en 1953 a un modelo deportivo con 100 cc de dos tiempos o 175 cc de cuatro tiempos, así como un miniescúter de 49 cc.

ARES
Alemania (Zittau) 1922-1928: Construida por Heros.

ARGENTRE
Francia (París) 1927-1932. Esta firma ofrecía entre un motor de fabricación propia de dos tiempos y 250 o 350 cc, o un JAP de 350 cc.

ARGEO
Alemania (Berlín) 1924-1927. Esta compañía fabricaba sus propios monocilíndricas de dos tiempos y 198 y 246 cc con bastidor convencional.

ARGUL
Alemania 1923-1926. Argul utilizó motores de dos tiempos DKW y Bubi, y Alba de cuatro tiempos, que montaba en sus propios bastidores.

ARI
Alemania 1924-1925. Esta firma montaba motores DKW de 146 cc en sus propios bastidores.

ARIZ
Italia (Milán) 1952-1954. Ciclomotor al que se colocaba el motor Mosquito de Garelli, que se adquiría por separado, accionado por rodillo de fricción.

ARLIGUE
Francia 1950-1953. Firma ensambladora que utilizaba motores patentados, sobre todo Ydral y AMC (Francia).

APRILIA

APRILIA FUE FUNDADA EN 1956 por Alberto Beggio, padre del actual presidente de la compañía, Ivano Beggio. Inicialmente, la firma estaba concentrada en actividades propias de la industria de la bicicleta, pero en 1960 Aprilia construyó su propio motociclo, un ciclomotor. Aunque la principal fuente de ingresos de Aprilia todavía procedía del impulso a pedal más que de los caballos de vapor, en 1975 era evidente que las bicicletas se estaban pasando de moda y que las ventas iban decreciendo. El momento decisivo en la historia de Aprilia llegó cuando un grupo de trabajadores de la fábrica de Naole, cerca de Venecia, decidieron respaldar un proyecto para la construcción de una nueva serie de motocicletas diseñadas para carreras de motocrós en lugar de bicicletas. Fabricadas en una variada gama de tamaños, los nuevos modelos estaban propulsados por motores Minarelli, Sachs, Hiro y, finalmente, Rotax. La

Arriba: Utilizando un motor Suzuki RGV bicilíndrico en V modificado, la Aprilia RS250 se ha convertido en una de las motocicletas deportivas favoritas. El de la fotografía es un modelo de 1996.

Abajo: Tablero con pantalla de cristal líquido de una Aprilia RS250 de 1999. El cuentarrevoluciones está montado en el centro, subrayando el carácter competitivo de esta máquina.

asociación de Aprilia con Rotax ha continuado hasta hoy día.

Las Aprilia de motocrós ganaron el campeonato italiano de 125 y 250 cc en 1976 y 1977. Esto animó a la firma para entrar en el mercado de las enduro y, posteriormente, las de trial, encargando al famoso piloto Sammy Miller la asesoría en el prototipo de trial.

En 1981, la compañía fabricaba 4.500 motocicletas al año, pero el verdadero logro llegó un año después, cuando apareció la Roadster ST 125. Con motor Rotax de dos tiempos y refrigeración líquida, suspensión trasera con monoamortiguador y un diseño vanguardista, se convirtió de la noche a la mañana en un rotundo éxito. Esto convenció al presidente de la compañía, Ivano Beggio, de que Aprilia debería estar vendiendo más motocicletas de carretera. Hasta ese momento, Aprilia sólo había vendido, aparte de las enduro, cross y trial, máquinas ultraligeras de 50 cc y una serie de ciclomotores.

Para lograr su nuevo propósito, la dirección de Aprilia se dirigió al mercado más juvenil, estudió los gustos de los jóvenes, los colores de moda, la música que escuchaban y hasta sus películas y programas favoritos. Por ejemplo, mientras otros fabricantes italianos se quejaban de la ley de 1986 que obligaba al uso del casco, Aprilia comenzó a comercializar los suyos propios con diseños y colores rabiosamente modernos, de manera que convirtió un problema inicial en una ventaja a su favor. Otro factor que explica los progresos de Aprilia durante los años ochenta fue la edad media de sus empleados, por debajo de los treinta años; incluso el presidente de la compañía tenía poco más de cuarenta. El resultado final fue que Aprilia se convirtió en un símbolo de la juventud italiana.

La compañía buscó también entrar en los sectores especializados del mercado. No había por entonces una «gama

La por mucho tiempo esperada RSV Mille (1.000 cc) con motor bicilíndrico en V a 60° dohc fue finalmente presentada en la Exposición de Milán de 1997.

Aprilia lleva años fabricando y comercializando motocicletas custom, como esta Red Rose Classic de 1992, con las que satisfacer un mercado totalmente diferente de clientes.

ARMAC
Estados Unidos 1911-1913. Esta firma fabricó un motor monocilíndrico de 4 CV, montado en muchos modelos diferentes (14 en total).

ARMIS
Inglaterra (Birmingham) 1920-1923. Esta compañía utilizó una amplia gama de motores fabricados por otras firmas (JAP, MAG y Precision) de entre 298 y 645 cc.

ARMOR
Francia (París) 1910-1957. Filial de Alcyon, Armor empezó fabricando motos ligeras con motor de dos tiempos de 98 cc, y de cuatro tiempos de 173 cc. A finales de los años veinte, añadió a su gama una cuatro tiempos de 498 cc. La compañía cerró en 1934. Después de 1945 fabricó máquinas de 48, 98, 125 y (en 1953) 250 cc, volviendo finalmente a fusionarse con Alcyon.

ARMSTRONG
Inglaterra (Londres) 1902-1905. Primera firma en llevar el nombre Armstrong. Utilizaba motores Minerva de 211 cc con bastidores Chater-Lea.

ARMSTRONG
Inglaterra (Londres) 1913-1914. No está relacionada con la anterior. Esta Armstrong utilizaba motores Villiers de dos tiempos y 269 cc.

ARMSTRONG
Inglaterra 1980-1987. Esta compañía fue dueña por algún tiempo de Cotton y CCM.

ARNO
Inglaterra (Coventry) 1906-1915. Motocicletas de color amarillo brillante con motores de 250, 350 y 500 cc.

ARROW
Estados Unidos (Chicago) 1909-1914. Motocicletas ligeras con su propio motor de 1 o 1,5 CV, dependiendo de la fuente.

ARROW
Inglaterra (Birmingham) 1913-1917. Utilizaba motores Precision y Levis de dos tiempos y 211 cc.

ya existía (desde 1989 con cilindros en V, en lugar de disponerlos en línea), sino además entrar en los campeonatos del mundo en las categorías de 125 y 500 cc. En 1988 llegó la Climber de trial, de 276 cc (76 × 61 mm) monocilíndrica con válvulas rotativas y refrigeración líquida, algo novedoso en este sector.

En 1985, Loris Reggiani era el piloto oficial de Aprilia en Grand Prix, y ayudó a la compañía a desarrollar máquinas que serían capaces de ganar títulos mundiales nueve años después, cuando Max Biaggi se hizo con la corona de 250 cc. Biaggi y su compañero italiano, Valentino Rossi, fueron múltiples campeones mundiales pilotando Aprilias.

Otra faceta del éxito de Aprilia ha sido su dedicación a las series de un solo modelo (generalmente RS125 o RS250) que tomaban parte en campeonatos celebrados por toda Europa.

De vuelta a la carretera, Aprilia fabricó su primer escúter moderno, la Amico de 50 cc, en 1990. Nuevamente, el modelo resultó ser un éxito y dio a la firma una importante ventaja en el *boom* de los escúter que se produjo a finales de los noventa. Otros modelos importantes por esas fechas fueron la Extrema (réplica de un modelo de carreras), la Red Rose (una custom con motor de 50 o 125 cc) y la Pegaso, con 652 cc y cinco válvulas.

intermedia» de motocicletas: hacía tiempo que había desaparecido la figura del ciclomotor como medio de transporte diario. Los modelos de carretera estaban divididos en tres diferentes categorías de mercado: réplicas de motos de carreras, las motocicletas de rally estilo París-Dakar, y las custom. Aunque su participación en el terreno del motocrós había terminado a comienzos de los años ochenta, la tradición deportiva de la marca le había hecho seguir participando en competiciones de trial, rallies, y, desde mediados de los ochenta, también en circuito. Incluso se vendían al público réplicas de sus modelos más famosos.

En 1986, la cifra de producción había alcanzado las 40.000 unidades anuales, 18.000 de las cuales pertenecían al importante segmento de las 125 cc, que había hecho de Aprilia la tercera firma italiana en número de ventas. Supuso todo un logro para una compañía de la que apenas nadie había oído hablar diez años atrás.

El siguiente reto fue abrirse camino en los mercados extranjeros. Consciente de que para ello había que lanzar nuevos modelos, Aprilia adoptó un plan quinquenal que costó sesenta mil millones de liras y cuyo objetivo era ampliar la gama de modelos hasta incluir en ella 25 máquinas con capacidades de hasta 1.000 cc.

Por si este objetivo no era bastante atrevido, la compañía planeó también fabricar no sólo la bicilíndrica de competición de 250 cc Grand Prix que

Arriba: A finales de los ochenta, Aprilia competía por el primer puesto en el mercado italiano. Esta AFI Replica de 125, lanzada en 1988, fue parte de esa competición.

Abajo: Una Tuareg Wind de 1989 con motor de cuatro válvulas y 600 cc fabricado por la firma austríaca Rotax. Este modelo sería el precursor de la Pegaso (derecha).

Luego llegó una aventura compartida con Rotax y BMW para fabricar la Funduro F650, monocilíndrica de cuatro válvulas. Entre 1992 y 1999, se vendieron en todo el mundo 60.000 unidades de este modelo.

Aprilia contrató los servicios del mago de la puesta a punto de motores, el holandés Jan Wittereen, que mejoró los motores de las 125 y 250 cc de carreras de la firma. También diseñó un modelo mayor con dos cilindros en V, la RS400V GP, que vio la luz en 1994. A mediados de los años noventa, se añadieron la RS 250 con motor Suzuki R6V y el escúter Leonardo con motor de cuatro válvulas y en las cilindradas 125, 150 y 250 cc.

En 1996, las cifras de producción sobrepasaron las 100.000 unidades, convirtiendo a Aprilia en una de las primeras marcas europeas. En 1997, después del lanzamiento de la superbike RSV Mille, Aprilia podía decir por fin que su gama contaba con modelos desde 50 hasta 1.000 cc. Con la compra de Moto Guzzi en 2000, Aprilia se convirtió en el mayor fabricante de motocicletas de Europa.

Una RS250 de 1994 demostrando sus habilidades. Esta motocicleta, con manejo y frenada como los de una máquina de carreras, cuenta con muchos admiradores.

APRILIA 650 PEGASO   1992

La Exposición de Milán de 1991 vio la presentación al público de la monocilíndrica de cinco válvulas de Aprilia, la Pegaso. Fue una de las primeras motocicletas modernas, junto con varios modelos tetracilíndricos de Yamaha, en utilizar tecnología de cinco válvulas en un modelo de serie.

Como ocurrió con la Honda Dominator, los diseñadores de Aprilia querían una motocicleta que, conservando su aspecto externo más trail, fuera en realidad una gran moto de carretera. La idea se demostró de un gran sentido común, pues en realidad, ¿cuántas motos de trail se usan en el barro?

Al transformar el antiguo motor de cuatro válvulas (colocado en la Pegaso original y en su hermana mayor, Tuareg Wind) en uno con tecnología cinco válvulas, la cilindrada pasó de 562 a 652 cc (100 × 83 mm). Se modificó tanto el diámetro del cilindro como la carrera del pistón, y en cuanto al sistema de válvulas, se pasó de una disposición sohc a dohv, con los árboles de levas accionados por medio de cadena, en lugar de correa. Esto no sólo proporcionó mayor potencia total al motor, sino que además aumentó su par motor. Las válvulas (tres de admisión y dos de escape) tenían disposición radial. Otro aspecto muy mejorado fue el paso de un bastidor de acero a uno de aleación ligera.

La Pegaso de 652 cc y cinco válvulas hizo su debut en la Exposición de Milán de 1991. Es una auténtica obra maestra.

La puesta al día realizada en 1995 había incluido un faro más potente, además de ciertos ajustes en el bastidor, cambios en el color de las llantas (de plateado a bronce) y en la suspensión. En 1996 apareció un nuevo tubo de escape de acero inoxidable.

Hacia finales de ese mismo año, Aprilia lanzó la Pegaso 3, provista de un bastidor totalmente nuevo, posición de conducción modificada y novedades en la fundición de los árboles de levas, el sistema de escape y el motor.

Como resultado de estas mejoras, la Pegaso se convirtió en una seria turismo, por lo que Aprilia decidió dotarla de algunos accesorios, como maletas laterales, baúl superior, patín de apoyo central y hasta un amortiguador trasero regulable (opcional) capaz de satisfacer las diversas demandas del usuario.

Finalmente, en 1999, llegó la Pegaso Cube. Excepto por unos cuantos cambios cosméticos, era la misma máquina: prácticamente perfecta.

Motor: monocilíndrico vertical, dohc, 652 cc (100 × 83 mm), refrig. líquida
Potencia: 55 CV a 8.000 rpm
Caja de cambios: cambio en el pedal, 5 vel.
Transmisión secundaria: cadena
Peso: 155 kg
Velocidad máxima: 177 km/h

APRILIA RS250

La imponente RS250 es una bicilíndrica en V de 250 cc. Se trata de uno de los mejores modelos de Aprilia. Esperada durante mucho tiempo, esta máquina se ha convertido en un éxito de ventas de la compañía con sede en Naole.

Utilizando un motor japonés Suzuki RGV retocado por Aprilia, esta bicilíndrica en V con motor de dos tiempos hizo su debut en 1994.

La prensa especializada y los compradores se mostraron entusiasmados desde el principio.

Aunque la RS250 era casi perfecta desde el principio, ha experimentado algunos cambios para irse poniendo al día. Entre ellos se incluye la instalación de un nuevo encendido CDI y el cambio en el surtidor de los carburadores dobles Mikuni de 34 mm en la versión de 1996, lo que añade suavidad a la conducción.

El motor de 250 cc está listo una vez

Un clásico en el diseño de motos deportivas, la RS250 es una obra maestra de la ingeniería Aprilia.

se ha calentado hasta la temperatura de 45 °C. Arranca con viveza a 6.000 rpm, entra vertiginosamente en las 8.000 rpm y realmente comienza a volar al alcanzar las 9.000 rpm. Este impulso se aumenta hasta las 12.000 rpm, momento en que entra en la zona roja, donde acaba sencillamente la potencia.

El sonido del tubo de escape se transforma de un civilizado murmullo en el profundo y áspero bramido de competición que indica una aceleración capaz de levantar la rueda delantera en primera, lo que ocurre sin necesidad de que patine el embrague.

El bastidor de viga de aluminio de esta superbike de Aprilia proporciona tal estabilidad y facilidad de manejo que, comparadas con ella, otras deportivas más grandes parecen torpes y demasiado pesadas. La suspensión delantera con horquilla invertida y la trasera con

monoamortiguador proporcionan una mezcla de flexibilidad, magnífico control y reacción.

Sólo algunos detalles, como la posición de los espejos, falta de barniz en los gráficos o el pequeño tamaño de la llave de la gasolina, estropean un tanto la reputación de la RS250. Esta bicilíndrica en V con motor de dos tiempos es una auténtica clásica en el diseño de motos deportivas.

Motor: Dos cilindros en línea, dohc, 497,5 cc (68 × 68,5 mm), refrig. por aire.
Potencia: 54 CV
Caja de cambios: cuatro velocidades, cambio en el pedal
Transmisión secundaria: cadena
Peso: 140 kg
Velocidad máxima: 220 km/h

APRILIA MOTO 6.5

Aprilia ha contado con muchas clases de diseñadores de motocicletas, pero hasta que la firma contrató los servicios del francés Philippe Starck, ninguno que fuera diseñador de artículos de cocina y

muebles. Cuando la Moto 6.5 de Starck se puso en venta en 1995, sin duda generó una gran atención. Su diseño era de un estilo nada convencional y aunque no fue del gusto de todos, lo cierto es que

La Moto 6.5, diseñada por Philippe Starck, fue una de las ideas originales que llegaron finalmente a la cadena de producción. Aunque no fue un éxito de ventas, generó mucha publicidad.

incluía numerosos detalles nuevos. El radiador de esta monocilíndrica de cinco válvulas, 649 cc (100 × 82,7 mm) dohv y refrigeración líquida envuelve el motor en lugar de sobresalir de él, e imita la forma del depósito, ovalado y profundo. La rueda trasera convencional, con radios transversales, es de 43 cm de diámetro, y completamente distinta a las radiales deportivas de bajo perfil que encontramos en la mayoría de los modelos de los años noventa.

Es sorprendente que una compañía como Aprilia, con sus antecedentes en competición, su alta tecnología y el rendimiento de sus modelos de dos tiempos, considerase la idea de fabricar una motocicleta con un aspecto tan radical. Pero mientras que los diseños ideales de algunos creadores nunca llegan a las líneas de producción, la Moto 6.5 fue un producto fiel a la idea original de Starck. Los conocimientos y la experiencia de Aprilia en la competición se depositaron en esta máquina, haciendo de ella una motocicleta muy fácil de controlar.

Aunque últimamente este modelo no ha sido un gran éxito de ventas, la Moto 6.5 se ha convertido en un punto de referencia de la marca Aprilia.

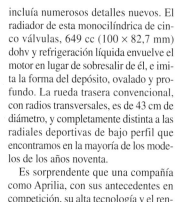

Motor: monocilíndrico vertical, 649 cc (100 × 82,5 mm), refrigeración líquida, 4 V.
Potencia: 45 CV a 8.000 rpm
Caja de cambios: cambio en el pedal, 5 velocidades.
Transmisión secundaria: cadena
Peso: 150 kg
Velocidad máxima: 164 km/h

APRILIA RSV MILLE 1998

La superbike RSV Mille fue lanzada en medio de un resplandor de gloria en la Exposición de Milán de 1997. Su llegada permitió a Aprilia convertirse en la única marca europea con una gama completa de motocicletas desde 50 hasta 1.000 cc.

Esta moto es producto del sorprendente crecimiento de la firma. A finales de 1996, la facturación de Aprilia era de ochocientos mil millones de liras (un 35 por 100 más que en 1995), y vendía la escalofriante cantidad de 231.000 vehículos, un 45 por 100 de los cuales se exportaban fuera de Italia. En la pista, había ganado ocho campeonatos del mundo (hasta finales de 1997), lo que ayudaba a promocionar la imagen de Aprilia por todo el mundo, igual que Honda había hecho a comienzos de los sesenta.

También permitía a la compañía aplicar los conocimientos técnicos adquiridos en los programas de competición a sus modelos de serie.

El chasis de la nueva superbike era excelente, pero la mayor sorpresa llegó con la calidad del motor. Tratándose de una firma acostumbrada a utilizar motores mucho más pequeños, el nuevo motor de 1.000 cc demostró ser magnífico. Y no sólo eso, sino que tenía un

La RSV Mille ha sido un gran éxito, tanto en la carretera como en los circuitos. Puede alcanzar los 264 km/h.

carácter propio. Muchos otros fabricantes, como Ducati, Honda y Suzuki, seguían calando sus cilindros en un ángulo de 90°. Aprilia, en cambio, dispuso los suyos en un ángulo de 60°, lo que permitía crear un diseño más compacto y ligero. Para combatir la vibración extra que producía un ángulo de cilindro más cerrado, se introdujeron dos ejes de balance.

La RSV Mille también utiliza un sistema de engrase por cárter seco. Esto permitió a la compañía reducir drásticamente el tamaño del depósito de aceite que de lo contrario iría colocado debajo del cigüeñal, de manera que el motor podía ocupar una posición más cercana al suelo. Esto hace que descienda el centro de gravedad de la motocicleta, de manera que la máquina es más fácil de manejar y ofrece mejores prestaciones.

Motor: Bicilíndrico en V a 60°, dohc, 997 cc (97 × 67,5 mm), refrig. líquida.
Potencia: 128 CV a 9.500 rpm
Caja de cambios: cambio en el pedal, 6 velocidades.
Transmisión secundaria: cadena
Peso: 189 kg
Velocidad máxima: 266 km/h

ARDIE ALEMANIA 1919–1958

CON SEDE EN NURNBURG, Ardie tomó el nombre de su fundador Arno Dietrich, antiguo diseñador jefe de la primitiva firma. Las primeras Ardies aparecieron en 1919: monocilíndricas de dos tiempos y 305 y 348 cc que utilizaban pistones de tipo deflector. Tras la muerte de Dietrich en accidente de carreras, en 1922, la firma pasó a manos de la fábrica Bendit, y desde 1925 utilizó motores JAP en sus motores, con capacidades que iban desde los 246 hasta los 996 cc, aunque los modelos que mejor se vendieron fueron los de 490 cc.

Dotado de un talento innovador, Ardie utilizaba bastidores de duraluminio y accesorios de lujo en sus motocicletas. A mediados de los años treinta,

Una Ardie monocilíndrica de 500 cc de 1931, con válvulas laterales. Muchos de los primeros modelos utilizaban motores británicos JAP antes de que fueran sustituidos por motores Kuchen y otros.

ASTON
Inglaterra (Birmingham) 1923-1924. Esta firma construyó su modelo de dos tiempos y 142 cc, y ofreció modelos de 1, 2 o 3 velocidades, la mayor parte de los cuales tenía transmisión por correa.

ASTRA
Italia (Milán) 1931-1951. Astra fabricó sobre todo máquinas basadas en la firma Ariel con motores de entre 123 y 498 cc.

ASTRAL
Francia (Putteaux-s-Seine) 1919-1923. Esta compañía fabricaba motocicletas de dos tiempos y de 98 y 122 cc.

ASTRO
Italia 1950. Motociclos de 47 cc con transmisión por fricción.

ATALA
Italia 1925-1934. Fundada en 1906 como fabricante de bicicletas, durante una década ofreció motocicletas con motores Blackburn y JAP de 174, 246 y 498 cc montados en sus propios bastidores.

ATALA
Italia (Padua) 1954-desconocida. Motocicleas ligeras de entre 49 y 124 cc.

ATLANTA-DUO
Inglaterra (Portsmouth) 1935-1937. Buena protección aerodinámica y sillín cómodo (Dunlopillo) caracterizaban a estas máquinas provistas de motor JAP: monocilíndricas 248 y 490 cc OHV, y bicilíndricas de 746 cc con válvulas laterales.

ATLANTIC
Francia 1929-1932. Esta firma montaba motores patentados por otras compañías (dos tiempos de 98 cc, y cuatro tiempos de 347 y 479 cc) en sus propios bastidores.

ATLANTIC
Alemania 1923-1925. Motocicletas propulsadas por motores monocilíndricos de 193 cc y válvulas laterales, fabricadas en la vieja fábrica de Hansa.

ATLANTIK
Alemania 1925-1926. Esta compañía fabricó un pequeño número de motos de dos tiempos con motor de 150 cc (o posiblemente 173 cc).

ATLANTIS
Alemania (Kiel) 1926-1932. Inicialmente utilizaron sus propios motores de dos tiempos, pero luego la firma se pasó a los motores patentados de varios fabricantes famosos. Según las fuentes, la capacidad de sus motores era de 348 a 990 cc, o de 250 a 600 cc.

los motores JAP fueron reemplazados por los Bark, Kuchen, Sachs y Sturmey Archers. Con el fin de reducir costes, la firma volvió a los bastidores tubulares de acero. En 1938, Richard Kuchen diseñó una monocilíndrica en V ohv de

348 cc con motor transversal a la marcha, que nunca llegó a las cadenas de producción. Después de la Segunda Guerra Mundial, la compañía fue adquirida por la organización Durkopp de Bielefeld, controlada por Bertel. Al contrario que la mayoría de las marcas alemanas, y gracias a su director técnico Dip. Ing. Noack, Ardie fabricó sus propios motores: una gama de motores bicilíndricos transversales de dos tiempos con cilindradas entre 122 y 344 cc.

A partir de 1953, Ardie también fabricó ciclomotores. Después de alcanzar un récord de ventas en 1955, la compañía entró en declive, como muchas otras firmas alemanas del sector, hasta que en 1958 fue definitivamente liquidada.

ARIEL

COMO MUCHAS DE SUS CONTEMPORÁNEAS de Coventry, en las Midlands inglesas, la firma Ariel empezó fabricando bicicletas. En 1870, el fundador de la compañía, James Starley, junto con William Hillman, inventó la rueda de radios de metal, que les permitía fabricar bicicletas más ligeras y a la vez más robustas. Este nuevo sistema fue llamado Ariel, el espíritu del aire.

En 1896, la compañía de Starley se fusionó con la Westwood Manufacturing Company para fabricar componentes de motocicleta en las mismas instalaciones de Selly Oak, Birmingham, que más tarde albergarían el enorme complejo industrial de Ariel. El primer vehículo a motor diseñado por la firma inglesa, un cuadriciclo, llegó dos años más tarde. Era una especie de bicicleta de cuatro ruedas propulsada por un motor de Dion conectado al eje trasero. A tan inestable invención siguió una versión de tres ruedas notablemente mejorada con el motor montado en la batalla (entre ambos ejes).

En 1902, la Starley & Westwood Company fue absorbida por la empresa Components Ltd, en poder de los Sangsters, más ambiciosos y dotados de mayores recursos. Los Sangsters se con-

virtieron en figuras clave en la industria motociclista británica y por entonces ya se habían embarcado en la fabricación de coches. La primera motocicleta salida de la fábrica de Selly Oak utilizaba un motor Kerry, y demostró ser lo bastante fiable como para ser seleccionada por la British Auto Cycle Union para participar en las International Cup Races

de 1905, acontecimiento donde destacó un modelo de 6 CV realizado por J. S. Campbell y que alcanzó una velocidad de 66 km/h. Poco después, Ariel se pasó al motor de 4 CV White and Poppe, con válvulas laterales, que más tarde fabricaría bajo licencia.

Charles Sangster diseñó la Arielette, una sofisticada dos tiempos con embra-

Uno de los primeros vehículos a motor fabricados por Ariel fue el cuadriciclo con motor de Dion «Quadricycle», pronto reemplazado por este triciclo, mucho más estable.

gue y arranque de pedal, y que habría comenzado a fabricarse en serie de no ser por la Segunda Guerra Mundial. Los primeros veinte años de Ariel produjeron una serie de máquinas sin demasiado interés, principalmente monocilíndricas con válvulas laterales y bicilíndricas en V, de 498 y 669 cc respectivamente, y una 998 cc con válvula de admisión por encima de la de escape y dos cilindros en V.

A comienzos de los años veinte, el repertorio de las Ariel se extendía desde una 586 cc monocilíndrica con motor Blackburne hasta una bicilíndrica en V con motor MAG y 992 cc, pero la calidad de sus productos empezaba a quedarse atrás en comparación con sus rivales. Fue entonces cuando el joven Jack Sangster demostró que, además de poseer un gran instinto comercial, sabía distinguir el talento cuando lo veía. En los últimos tres años había reclutado a tres de los mejores diseñadores de motocicletas de la Bretaña: el diseñador jefe Val (Valentine) Page, Bert Hopwood y, en 1927, el gran Edward Turner.

Después de separarse de JAP, la primera contribución de Page fue un par de monocilíndricas, una 500 cc ohv y una 557 cc con válvulas laterales. A pesar de utilizar una tecnología bastante convencional, ambas se mostraban bastante fiables y su aspecto externo era elegante y deportivo, algo que pronto se convirtió en norma de la casa.

La contribución más duradera de Turner a la firma fue la inmortal Square Four. Turner siempre fue más partidario de las multicilíndricas que de las monocilíndricas, por lo que su primera creación había sido una 479 cc ohc mientras trabajaba como ingeniero independiente en un taller de Dulwich, en el sur de Londres. Había tratado de

A finales de los años cincuenta, las bicilíndricas de Ariel eran poco más que unas BSA con distinto logo, como esta Huntmaster 650 cc de 1958, que no es más que una Golden Flash de BSA disfrazada.

vender su diseño a varios fabricantes hasta que Jack Sangster supo apreciar su verdadero valor. En 1930, su prototipo de 500 cc, alojado en un bastidor «Sloper», fue la sensación de la Olimpia Motorcycle Show.

Aunque la Square Four no fue un éxito comercial, Turner sucedió a Page como diseñador jefe. Se encargó de revitalizar la gama Ariel, especialmente la Red Hunter de 50 cc, y más tarde las monocilíndricas de 350 y 250 cc.

Después de la Segunda Guerra Mundial, Ariel fue absorbida por el grupo BSA. Con Page nuevamente encargado del diseño, se dio forma a su última generación de modelos. Como era predecible, éstos fueron bicilíndricos en

línea ohv. La primea de estas nuevas motocicletas, la sólida pero insulsa KH 500 cc, apenas se vendió y tuvo que ser retirada en 1957. A partir de entonces, las aspiraciones de Ariel con respecto a los modelos bicilíndricos se pusieron en la serie Huntmaster de 650 cc de 1954, básicamente era una BSA A10 renacida.

Si Ariel todavía conservaba una identidad propia, ésta se encontraba en el mundo del trial, donde las hazañas de Sammy Miller con su monocilíndrica de 500 cc (registrada como GOV 132) se hicieron legendarias.

Las otras aportaciones de Page a las cuatro tiempos fueron las versiones con cuatro tubos de escape de la Square

Durante la Segunda Guerra Mundial, Ariel suministró al ejército británico miles de estos modelos militares W-NG de 350 cc. Cuando llegó la paz, muchas de ellas se vendieron como material sobrante por unas cien libras.

Four. Mucho más importantes fueron sus dos tiempos. Presentados en 1958, los modelos bicilíndricos Leader y Arrow, de 250 cc, fueron un intento atrevido por cambiar la imagen utilitaria de los motores de dos tiempos. Estos fueron realmente los últimos esfuerzos de la compañía. La planta de Selly Oak fue cerrada en 1960, y la identidad de Ariel se diluyó en el imperio BSA.

ARIEL RED HUNTER 1939

Considerada por muchos como una de las mejores motocicletas de los años treinta, la Red Hunter monocilíndrica de 500 cc (también se fabricó una bicilíndrica) nació en 1932. Utilizaba un motor derivado del monocilíndrico de Val Page OHV, colocado en un elegante chasis. Sus instrumentos estaban cuidadosamente distribuidos sobre el depósito de manera parecida a como lo hacen

Presentada en 1932 como una 500 cc, la Red Hunter sobrevivió hasta bien entrados los años cincuenta, habiendo incorporado por el camino horquilla telescópica. Esta versión de 350 cc se consideró falta de potencia.

ATLAS
Inglaterra (Coventry) 1913-1914. Máquinas deportivas con motores JAP de 492 cc y Blumfield de 496 cc.

ATLAS
Inglaterra (Birmingham) 1922-1925. Aston Motor & Engineering fabricó esta dos tiempos de 142 cc.

ATLAS
Alemania 1924-1929. Diseñada para terreno escarpado, estas motocicletas montaban sus propios motores monocilíndricos de dos tiempos y 350 cc (posiblemente también de 250 cc).

ATTOLINI
Italia 1920-1923. Destacable sólo por la suspensión trasera, la monocilíndrica de dos tiempos utilizaba motor Villiers de 269 cc y transmisión por correa.

AUBIER DUNNE
Francia 1926-años cincuenta. Comenzó con una dos tiempos de 175 cc antes de pasarse a una cuatro tiempos en 1929 (bicilíndrica en línea con motor integrado y 500 cc). Los modelos de posguerra incluían versiones ligeras de 100 y 175 cc.

AUGUSTA
Italia (Turín, luego Bolonia) 1926-1931. Esta firma inicialmente fabricaba monocilíndricas ohc de 348 cc, más tarde monocilíndricas de 123 y 174 cc. Eran máquinas rápidas, de manejo suave, pero no muy fiables.

AURORA
Inglaterra (Coventry) 1902-1907. Fueron máquinas pioneras con motores patentados de Condor (Reino Unido), Coonet, MMC, Whitley y posiblemente alguno más.

AURORA
Isla de Man (Douglas) 1919-1921. Una de las dos firmas de la Isla de Man (la otra fue Peters Ramsey) esta tenía motor de dos tiempos y 318 cc, fabricado por Dalm.

AUSTEN
Inglaterra (Londres) 1903-1906. Firma ensambladora que utilizaba motores Kelecom de 2,5 CV, y probablemente otros.

las Harley-Davidson de hoy. Cuando en 1939 estalló la Segunda Guerra Mundial, el modelo era mejor que nunca, con su sistema único de suspensión trasera. Esta suspensión permitió a la Hunter sobrevivir con pocos cambios hasta ser reemplazada en 1954 por modelos provistos de brazo basculante. En las irregulares carreteras de aquellos días, cualquier forma de suspensión trasera se consideraba una bendición. En el

Una original Red Hunter anterior a la Segunda Guerra Mundial. El modelo de la fotografía, de 497 cc, data de 1937. Dos años más tarde las válvulas se cubrieron por completo.

corazón de la Red Hunter estaba el sólido motor ohv de Val Page, que en 1939 desarrolló un sistema para ocultar totalmente las válvulas, evitando así las manchas de aceite que tanto se habían criticado en modelos anteriores. La presencia de un gran volante unido al cigüeñal proporcionaba una transmisión de la potencia suave, aunque la carrera no era

tan larga como para evitar las vibraciones. Después de la Segunda Guerra Muncial, la Red Hunter no fue modificada durante mucho tiempo, salvo por la incorporación de horquilla telescópica delantera. Una versión de 350 cc que utilizaba el mismo sistema de transmisión por engranajes, resultó muy baja de potencia.

Motor: 497cc (81,8 × 95 mm), monocilíndrico ohv, refrig. por aire.
Potencia: 26 CV a 5.000 rpm
Caja de cambios: 4 vel., cambio de pedal
Transmisión secundaria: cadena
Peso: 165 kg
Velocidad máxima: 135 km/h

ARIEL KH TWIN   1948

Inspiradas por el éxito de la Triumph Speed Twin de Edward Turner en 1937, todas las grandes firmas británicas presentaron su propio modelo bicilíndrico en línea durante los años que siguieron a la guerra. La versión de Ariel, llamada KH, era una máquina de 498 cc casi idéntica a todas las demás: cuatro velocidades, sistema ohv con dos válvulas por cilindro. Los primeros modelos tenían los cilindros y las culatas hechos de hierro fundido, aunque a partir de 1954, las culatas empezaron a fabricarse de aleación ligera. Ese mismo año, un bastidor de doble cuna con horquilla basculante trasera sustituyó al diseño tradicional.

El diseñador de la KH fue Val Page, que, irónicamente, también había diseñado la primera bicilíndrica en línea de Triumph, el desafortunado modelo 6/1 650 cc de 1933.

Al igual que ésta fue reemplazada por la Speed Twin de Turner, la mediocre KH no pudo competir con las otras bicilíndricas de Triumph, BSA y sus rivales.

Aunque se trataba de una máquina sólida y fiable, la bicilíndrica de Ariel tenía un aspecto poco elegante y además era lenta: hasta 16 km/h más lenta que su contemporánea, la Triumph T100. Este modelo dejó de fabricarse en 1957.

Motor: bicilíndrico en línea, ohv, 498 cc (63 × 80 mm), refrigeración por aire
Potencia: 25 CV a 5.750 rpm
Caja de cambios: 4 velocidades, cambio en el pedal
Transmisión secundaria: cadena
Peso: 188 kg
Velocidad máxima: 132 km/h

La KH de 498 cc diseñada por Val Page fue la respuesta de Ariel a la demanda de bicilíndricas. Presentado en 1948, la fabricación de este modelo se prolongó hasta 1957. La de la foto es una máquina de 1952 con culata de hierro fundido.

ARIEL SQUARE FOUR   1954

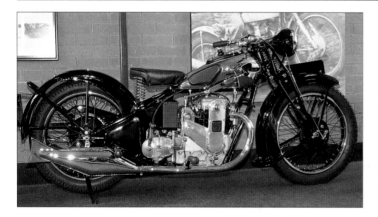

La imperecedera Four de Edward Turner fue sin duda una de las motocicletas británicas más imponentes jamás construidas. Con dos grupos de cilindros verticales instalados en el interior de un cárter común, la Square Four utilizaba una pareja de cigüeñales transversales a la marcha engranados por su parte central. Las válvulas estaban controladas por un solo árbol de levas situado en la culata y accionado por transmisión de cadena,

y los cárteres secos estaban divididos horizontalmente por el cigüeñal, una sofisticada práctica muy común en la actualidad, introducida por Turner. En su modelo original de 497 cc, el motor demostraba ligereza y solidez, pero según se aumentó su capacidad a 596 cc y posteriormente a 996 cc, su carácter cambió por completo.

Con todo, la «Squariel», como cariñosamente se conocía a este modelo,

El diseño original en aleación ligera que Edward Turner hizo del modelo Square Four ohc de 500 cc de 1932 fue un anticipo de los grandes mastodontes de 1.000 cc que aparecerían unos años después.

tenía un punto débil. La culata presentaba una tendencia a deformarse, ya que los cilindros posteriores ocupaban el lado más caluroso, bloqueada su ventilación por la pareja delantera.

Aunque una versión sin sobrealimentador logró vencer en el Maudes Trophy cubriendo una distancia de 1.126 km en 668 min, el sobrecalentamiento y el poco eficaz conducto de admisión cruciforme supusieron una limitación al rendimiento del motor.

En 1937, apareció una serie revisada de tetracilíndricas. Disponibles en 597 (la 4F) y en 997 cc (la 4G), estas motocicletas estaban provistas de empujadores en las válvulas en lugar del sistema ohc, cárteres divididos verticalmente, en parte para adaptarse al uso de sidecar, y volantes mucho más pesados. La 4G

desarrolla una potencia de 38 CV a 5.500 rpm.

En 1939 se añadió suspensión trasera por émbolos. Después de la guerra, desapareció la versión de 600 cc, y en 1948, la de 1.000 cc tenía horquilla telescópica y se había aligerado en unos 15 kg gracias principalmente a que la culata y el bloque de los cilindros se realizó en aleación ligera.

En 1954 llegó la versión final de la Square Four, la MKII «cuatro tubos» de Val Page. Por estas fechas, su potencia había aumentado hasta los 45 CV, pero esto significaba que el motor trabajaba a un régimen demasiado alto.

Se conservó en este modelo la suspensión trasera por émbolos, en un momento en que las horquillas bascu-

Motor: : Cuatro cilindros en paralelo, ohv, 997 cc (65 × 75 mm) refrigeración por aire.
Potencia: 45 CV a 5.500 rpm
Caja de cambios: 4 vel., cambio de pedal
Transmisión secundaria: cadena
Peso: 220 kg
Velocidad máxima: 166 km/h

lantes eran la tónica en modelos de ese precio.

La útlima Square Four salió de la fábrica de Selly Oak en 1958, aunque un modelo muy revisado, la Healye 1000, se fabricó en Redditch a mediados de los años setenta. En 1962, el grupo BSA desarrolló un prototipo para reemplazar a la Squariel, muy parecido a la Leader, con un motor de cuatro cilindros ohv y 696 cc, aunque nunca llegó a las líneas de producción.

ARIEL LEADER AND ARROW 1958

Con su bastidor de viga de acero estampado y motor bicilíndrico de dos tiempos con embrague integrado, la Ariel Leader de Vel Page de 1958 no se parecía a ninguna motocicleta vista hasta el momento. El diseño de su estructura totalmente cerrada proporcionaba una línea simple y fácil de mantener limpia. Muy ligera y ágil, con un comportamiento muy dinámico, era limpia, fun-

La Leader (como el modelo de 1962 que vemos en la fotografía) y la versión deportiva derivada de ella, la Arrow, fueron diseños de dos tiempos muy innovadores.

cional y a la vez radical. El motor, inspirado en el bicilíndrico de la firma alemana Adler, utilizaba una transmisión de 4 velocidades con cadena a la rueda trasera. La transmisión de la potencia del motor era suave y fiable, aunque era necesario añadir el lubricante a la gasolina. Además de las características estándar del modelo, existían múltiples opciones disponibles.

En 1959, se unió a la Leader una versión deportiva, la Arrow, más rápida y de aspecto más convencional. Conservaba el bastidor de la anterior, con el depósito debajo del asiento, igual que sucede con la Honda Gold Wing. La

Arrow pesaba 27 kg menos que la Leader, y su versión más moderna y deportiva (la Golden Arrow) desarrollaba 4 CV más, lo que le permitía alcanzar una velocidad punta de 126 km/h. También había una versión de 197 cc. Los modelos de carreras derivados de éstas lograron una moderada aceptación.

Motor: bicilíndrico en línea, dos tiempos, 249 cc (54 × 54 mm), refrigeración por aire
Potencia: 16 CV a 6.400 rpm
Caja de cambios: 4 vel., cambio de pedal
Transmisión secundaria: cadena
Peso: 163 kg
Velocidad máxima: 113 km/h

ARISTOS

LA ARISTOS, DISEÑADA por Johannes Passler, fue mostrada por primera vez en el Berliner Salon alemán de 1923, y parece que se vendió durante varios años después de aquella fecha. Es la más conocida de un trío de motocicletas (Sterna y Menos eran las otras dos) de aspecto muy parecido y todas ellas pintadas con un llamativo diseño a rayas. Tanto la Sterna como la Menos se consideran a veces como meras versiones de la Aristos, aunque otros dicen que se fabricaron antes que ésta, por lo que el tema siempre ha estado rodeado de cierta confusión. Lo que parece cierto es que el diseño de todas ellas está inspirado en un modelo anterior de la firma Mars.

Realizadas con bastidor de acero estampado, en lugar de la habitual estructura tubular soldada, su fabricación era más barata, al tiempo que resultaban más fuertes y proporcionaban un aislamiento más completo de todas las par-

tes mecánicas, así como una mayor protección para el conductor. Lamentablemente, en aquellos días estos bastidores con frecuencia eran fabricados por empresas interesadas en lanzar diseños radicales, pero casi siempre carentes de una solvencia económica y organización que les permitiera desarrollar sus dise-

ños de manera satisfactoria. El radicalismo en el diseño de los bastidores solía ir acompañado de un mal entendido radicalismo en otras facetas.

La Aristos no fue una excepción a todo esto. Su motor bicilíndrico plano de 614 cc montado longitudinalmente a la marcha y provisto de válvulas latera-

El inconcebible diseño a rayas con que estaba pintado el bastidor de la Aristos nos recuerda un traje de baño del período eduardiano.

les estaba refrigerado por agua, gracias a dos radiadores, uno a cada lado de la rueda trasera. Ésta demostró ser una ubicación excelente para que se llenaran de barro, pero que en nada favorecía la refrigeración del conjunto, incluso cuando estaban limpios. La altura del asiento era excesivamente baja, poco más de 50 cm, lo que proporcionaba un centro de gravedad muy bajo, pero también transmitía al piloto una inevitable sensación de vulnerabilidad. Esto, unido al diseño de los estribos, hacía que la posición de conducción fuera ridículamente incómoda. Al menos, la transmisión (tres velocidades y cambio en el manillar y cadena en la secundaria) era razonablemente convencional.

ARMSTRONG

HARRY HOOPER, PRESIDENTE de Armstrong Equipment (gigante industrial especializado en suspensión para vehículos de motor, con sede en Humberside, norte de Inglaterra), pretendía aumentar la gama de productos de la firma. Vio que las motocicletas eran un candidato adecuado para tal ampliación de actividades, y lanzó una oferta para adquirir la cooperativa Triumph Workers, en 1980. La oferta no tuvo el éxito que él esperaba, pero sólo un mes más tarde, Armstrong se hacía con el control

de Cotton, que recientemente había entrado en proceso de liquidación.

Antes de la defunción de Cotton, su jefe, Terry Wilson, había entrado en relación con Rotax, fabricante de motores, y con el especialista en sistemas de suspensión de Bolton, Mike Eatough, con el fin de fabricar una motocicleta de carreras de 250 cc con dos cilindros en línea y motor de dos tiempos. Después de una ardua pelea para hacerse con el control de la compañía, Armstrong decidió seguir adelante con este programa de

Armstrong CM36 350 cc de 1982. Dos cilindros en línea. 90 CV. Sus componentes eran de alta calidad, en muchos casos realizados por otras marcas.

desarrollo, por lo que contrató los servicios de Barry Hart, antiguo diseñador de Spartan, al que dio el puesto de ingeniero jefe. La experiencia de Hart en motores de dos tiempos, unida al poder económico de Armstrong, aseguró que el nuevo proyecto fuera un éxito desde

un principio: Steve Tonkin no sólo ganó la TT Junior (250 cc) de la Isla de Man en 1982, sino que además logró su tercer campeonato británico ese mismo año. Emocionado con el éxito, Armstrong anunció su intención de entrar en el mercado de las motocicletas de carretera, y planeó la realización de motos de 250, 300, 350, 500 y 750 cc.

Saludando el éxito de su modelo de carreras de 250 cc, Hart diseñó una bicilíndrica de 350 cc totalmente nueva. Esta máquina, también con disposición de cilindros en línea pero con cárter horizontalmente dividido, utilizaba cilindros de aluminio de 64 mm con camisa interior de cromo duro. Conservaba la carrera Rotax, pero los nuevos pistones estaban fabricados por Omega; también incorporaba encendido electrónico Motoplat y carburadores Mikuni de 36 mm. La potencia era impresionante: 86 CV, con posibilidad de aumentar hasta 90 CV en el momento en que empezó la producción (1982).

Como el desarrollo de la CM 36 de 350 cc bicilíndrica continuó y su rendimiento fue aumentando, el equipo estaba convencido de que tenían en sus manos una motocicleta de carreras destinada al primer puesto. Lamentablemente, sus sueños de triunfo en los grandes campeonatos se frustraron cuando la FIM (Federación Internacional de Motociclismo) decidió suprimir la clase 350 cc en la temporada 1982. Armstrong continuó con la 250, pero nunca llegó a ser tan buena como la 350 cc. En 1984, se lanzó una GP de 250 cc con bastidor de doble cuna realizado en fibra de carbono. Esta motocicleta sería pilotada por Niall Mackenzie y Tony Head, y la responsabilidad de dirigir el equipo recaería en Chas Mortimer, antiguo piloto de Grand Prix.

Un año más tarde, Armstrong anunció el lanzamiento de una nueva 500 cc de tres cilindros, nuevamente obra de Barry Hart. Este nuevo motor utilizaba un cilindro de 62,5 × 54 mm, y desarrollaba 120 CV a 11.000 rpm. Otras características de esta tricilíndrica eran: caja de cambios de seis velocidades, alimentación por láminas y válvulas parcializadoras en las lumbreras de escape. Pero durante las pruebas la 500 cc no colmó las esperanzas que se habían puesto en ella, por lo que Barry Hart abandonó la compañía.

Mientras tanto, Armstrong fabricó modelos de motocrós, enduro y hasta trial. Presentaron ofertas en busca de contratos con el ejército, pero la firma canadiense Bombardier ganó el concurso para el suministro de modelos militares. Este fracaso significó el fin de Armstrong.

Armstrong pensaba que contaban con una máquina capaz de batir todos los récords mundiales. Pero en 1982 la clase 350 cc fue suprimida.

ASCOT PULLIN INGLATERRA 1928–1930

CYRIL PULLIN, FUNDADOR de la compañía, había sido el piloto ganador de la TT Senior de la Isla de Man celebrada en 1914, tras lo cual decidió dedicarse al diseño de motocicletas.

Su Ascot Pullin, presentada a finales de 1928 como «The New Wonder Motor Cylce», tuvo una vida muy corta, pues sufrió importantes problemas técnicos en 1929.

La innovadora Ascot Pullin trató de conseguir demasiado de un solo golpe: motor con caja de cambios integrada, bastidor de acero estampado y muchos otros detalles novedosos.

El modelo era rabiosamente innovador, comenzando con su motor de caja de cambios de tres velocidades integrada sobre el cárter, con 496 cc ohv, disposición horizontal. El encendido era por magneto accionada por engranajes y el lubricado se hacía a través de cárter seco.

Este motor estaba instalado en un bastidor construido en acero estampado, con horquilla del mismo material, y los mecanismos ocultos tras paneles laterales. Las ruedas de radios contaban con freno de disco, pero auxiliados por un sistema hidráulico. Podía dotarse de todos los accesorios propios de una turismo, hasta limpiaparabrisas. Lamentablemente, este modelo no era fácil de manejar y además demostró ser bastante lento. Como consecuencia, se vendieron pocas unidades.

Pullin anunció entonces el lanzamiento de una motocicleta provista de sidecar. En su fabricación se utilizarían laterales de acero estampado y estribos del mismo material, soldados en un solo conjunto, dando lugar a un bastidor autoportante. Se añadía a la motocicleta un sidecar provisto de suspensión en la rueda y freno con sistema hidráulico. Este detalle no tuvo mucho éxito, por lo que desapareció al poco tiempo.

La horquilla delantera de la Ascot Pullin, fabricada en acero estampado, se diseñó de acuerdo con el bastidor. También puede apreciarse el tablero, situado sobre el manillar, todo ello parte del equipamiento completo con que contaba este modelo.

A finales de 1929, se llamó al síndico de quiebras y Ascot Pullin fue finalmente cerrado un año más tarde, en 1930.

ASTORIA

ITALIA 1934–1936 y 1947–1957

DURANTE LOS AÑOS TREINTA, se modificó el sistema impositivo de Italia con el fin de incentivar el uso de motocicletas. El nuevo sistema permitía que los motores se ampliaran de 175 a 250 cc, y los fabricantes se lanzaron a producir motocicletas ligeras y baratas más potentes. Astoria decidió no perder la oportunidad, y su primera respuesta llegó en 1934. En su primer año, la compañía utilizó motores Ajax ohv de 249 y 499 cc, importados de AMC (que no eran otros que los AJS británicos con un nombre diferente). Ambos motores eran de diseño convencional, con encendido por magneto, lubricación por cárter seco, calados verticalmente en el bastidor y caja de cambios no integrada en el motor, horquillas de paralelogramos, frenos de tambor y depósito sobre el bastidor completaban la ficha de estos modelos. Cuando en 1935 aumentaron los aranceles sobre la importación, la firma comenzó a utilizar motores fabricados en Italia, pero la producción se interrumpió en 1936.

El nombre Astoria volvió a aparecer después de la guerra, fabricando en un principio máquinas de 500 cc que utilizaban material sobrante de su antigua fábrica. El transporte era por aquellas fechas una necesidad muy demandada, por lo que se utilizó todo aquello que pudiera servir a tal fin, sin importar la edad, capacidad o condición.

Una vez en marcha, la firma se pasó a otros motores, sobre todos pequeños motores de dos tiempos y 250 cc, aunque también utilizaron algunos de cuatro tiempos con distribución ohv. Fieles a la tradición italiana, estas máquinas tenía la caja de cambios integrada con el motor, y pronto contaron con suspensión tanto delantera como trasera.

AUTOMOTO

FRANCIA 1901–1962

Motor de una Automoto de 1932, el año después de que Peugeot se hiciera cargo de la firma, aunque todavía utilizaba su propio motor de 500 cc.

ESTA COMPAÑÍA COMENZÓ fabricando el coche Chavanet en 1898, pero pronto se pasó a las motocicletas en 1901, adoptando el nombre Automoto. En un principio, utilizaba su propio motor, copiado del De Dion, pero más tarde empezó a fabricar motores inspirados en muy diversas firmas. Los modelos fabricados por Automoto eran propios de una industria en sus inicios, pero pronto evolucionaron. Después de la Primera Guerra Mundial, Automoto fabricó una serie de modelos que, aunque muy pesados, respondían a la demanda de motocicletas sólidas y duraderas. Los motores fueron Peugeot de dos tiempos, de entre

Una de las primeras Automoto con avanzado motor refrigerado por agua, horquillas rígidas, transmisión directa y freno delantero.

175 y 350 cc, tanto con válvulas laterales como con distribución ohv. Estaban provistos de cajas de cambios con dos o tres velocidades, y se montaban en bastidores rígidos con horquillas de paralelogramos, ruedas de radios y frenos de tambor.

La firma continuó fabricando durante los años veinte, adaptándose a los nuevos avances, pero en 1931 fue absorbida por Peugeot. Aunque Automoto siguió produciendo sus prosaicos modelos en el estilo de la década, algunos de ellos incorporaron un motor Peugeot. La gama incluía un ciclomotor de 100 cc.

Después de la guerra, la compañía utilizó motores franceses AMC e ingleses Villiers, junto con algunos de otros países europeos. Ampliaron la clase de los ciclomotores incluyendo máquinas de 51 y 125 cc, y comenzaron una nueva categoría de ciclomotores limitada a los 50 cc. El resto de modelos con más de 125 cc fueron clasificados como motocicletas. Pocas excedían los 250 cc, debido al sistema impositivo francés.

AVRO

INGLATERRA 1905–1926 y 1957

A.V. ROE, FAMOSO por la fabricación de aeroplanos, quiso dotar a sus motocicletas de una protección especial contra las inclemencias meteorológicas, propósito que persiguió a lo largo de medio siglo.

En fecha tan temprana como 1905, diseñó una motocicleta con guardabarros de enorme tamaño, y en 1913 había completado el diseño de un vehículo en el que el conductor ocupaba una posición baja, con una pierna a cada lado del motor bicilíndrico plano Douglas. También utilizó horquillas Druid, volante para el control de la dirección, suspensión trasera, una gran distancia entre ejes (183 cm), y balancín para mantener vertical la moto una vez detenida.

Hasta 1922 Roe no volvió a llamar la atención del público, fecha en que fabricó el Avro Mobile, con asiento bajo, posición del conductor totalmente protegida, motor Barr & Stroud de 349 cc, caja de cambios Albion de tres velocidades y transmisión por cadena. El bastidor era de plancha de acero acanalada,

en tanto que el chasis estaba provisto de suspensión delantera y trasera controladas por muelles, tracción al cubo, ruedas de plato de 30 cm y frenos de tambor. Las líneas envolventes de esta especie de coche de dos ruedas fueron modificadas posteriormente, dándole un aspecto más parecido al de un escúter de los años cincuenta. Esta máquina tenía capó y parabrisas, un asiento en lugar de sillín y una especie de maletero en la parte trasera. Sin embargo, hubo que renunciar en parte a la idea original de un espacio que envolviera totalmente al conductor.

El Avro Mobile se probó en 1926, fecha en que el diseñador era Sir Alliott Verdon-Roe, que ese mismo año introdujo el Ro-Monocar, con motor Villiers de 343 cc, caja de cambios de tres velocidades y transmisión por eje a la rueda trasera. Con este modelo, retornó a la idea del espacio envolvente, por lo que el resultado fue algo semejante al Avro Mobile. Poco después, esta máquina recibió el nombre de Saro Runabout,

Avro Mobile de los años veinte, en el que se aprecia la protección del conductor que su diseñador buscó desde 1905, pero que nunca tuvo éxito.

para promocionar la nueva compañía Saunder-Roe. Posteriormente, la firma lanzó otro modelo parecido al Avro.

Ninguno de estos diseños tuvo éxito, pero en 1957 se realizó un nuevo intento, con el Avle Bicar, provisto de motor Velocette 192 cc LE, caja de cambios y freno al eje trasero. El concepto LE de válvula lateral, motor de dos cilindros opuestos con buen equilibrio y mínimas vibraciones, junto con un escape extraordinariamente silencioso, caja de cambios integrada en el conjunto del motor y transmisión por eje iban de maravilla con el espíritu distintivo de Verdon-Roe. Sólo se fabricó uno de estos modelos, y Verdon-Roe tuvo que admitir que los motociclistas gustaban de la sensación del viento en la cara. Sin embargo, BMW introduciría cuarenta años más tarde un escúter con techo.

BAILEY FLYER

ESTADOS UNIDOS 1913–1917

LOS PRIMEROS TIEMPOS del motociclismo trajeron consigo cierto número de máquinas insólitas, la mayoría de las cuales tuvieron una vida muy corta. La Bailey Flyer fue una de estas y, como ocurrió con tantos otros pequeños fabricantes, el destino de la motocicleta y el de la firma dependieron de factores externos.

McLeod Manufacturing de Portland, Oregón, comenzó la fabricación del modelo, pero el proyecto sería posteriormente asumido por Bailey-Flyer Autocycle Company, de Chicago, Illinois. Esta máquina era poco usual porque estaba propulsada por motor bicilíndrico plano con válvulas en F (una en la culata y la otra en el bloque del cilindro) y 1.000 cc, dispuesto longitudinalmente a la marcha. El diseño del

motor ya era famoso gracias a su magnífico equilibrio y escasas vibraciones. La compañía inglesa Douglas lo utilizaba en casi todos sus modelos, y Harley-Davidson e Indian también lo emplearon en algunos de los suyos, al igual que BMW, que durante seis décadas debió a él su reputación. Lo que

Las innovaciones promovidas por las firmas pequeñas no suelen tener éxito, como ocurrió con la Bailey Flyer. El resto de la motocicleta era bastante convencional, pero su extraño diseño perjudicó a las ventas.

realmente distinguía a la Bailey Flyer del resto era la transmisión por eje a la rueda trasera, que precisaba de dos conjuntos de engranajes cónicos. La caja de cambios era de dos velocidades, con el embrague situado en el cubo de la rueda trasera, ubicación que también utilizó la firma austriaca Puch en algunos modelos.

La entrada de los Estados Unidos en la Primera Guerra Mundial significó el fin de la producción, y después de la guerra la firma simplemente desapareció.

BARIGO

FRANCIA 1982

FRANCIA NO DEJÓ de fabricar motocicletas de gran tamaño durante la posguerra; tan sólo dedicaron mayor atención a los modelos pequeños. Con el tiempo, las grandes máquinas se convirtieron en productos de gran calidad vendidos en mercados muy minoritarios, como ocurrió con Patrick Barigo, que compró la firma austriaca Rotax y, al principio, se concentró en modelos de enduro, travesía en desierto y eventos de Super Motard.

El nombre Rotax estaba muy extendido entre los fabricantes de modelos *off-road*. Su motor de 500 cc, un cilindro, cuatro tiempos y refrigeración por agua estaba provisto de distribución

dohc y dos carburadores alimentados por cuatro válvulas. Pronto se aumentó su capacidad a 598 cc y se le proporcionó una caja de cambios de cinco velocidades.

Barigo montaba componentes de la mejor calidad en bastidores ligeros y a la vez sólidos, que ofrecían un cómodo manejo de la máquina. Esto, combinado con la docilidad de la máquina, hacían de la motocicleta una excelente elección para cubrir grandes distancias, como por ejemplo el duro rally París-Dakar.

En la década de los noventa, la compañía añadió un modelo de carretera, basado en una moto de competición, si

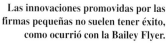
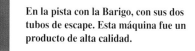

Las innovaciones promovidas por las firmas pequeñas no suelen tener éxito, como ocurrió con la Bailey Flyer.

En la pista con la Barigo, con sus dos tubos de escape. Esta máquina fue un producto de alta calidad.

bien modificó el diseño para adaptarlo a las nuevas prestaciones. Se cambiaron las llantas, los neumáticos y la suspensión, pero se conservó el bastidor de aleación, la horquilla invertida, la altura libre inferior y la chapa protectora del cárter de aceite. Se mejoraron las luces, intermitentes, el carenado de la cúpula y los espejos, además de cambiar el diseño general.

Barigo todavía sigue fabricando ambos modelos.

BARR & STROUD

INGLATERRA 1921

MÁS CONOCIDA COMO FABRICANTE de motores para muchas firmas, Barr & Stroud diseñó una motocicleta completa para utilizarla como banco de prueba de sus diseños. Esta máquina se distinguía de la mayoría porque utilizaba válvulas de camisa que combinaban los movimientos de oscilación y de rotación para alinear las lumbreras que controlan la mezcla que entra y sale del cilindro. La capacidad del motor era de 348 cc y la camisa del cilindro se movía arriba y abajo y de un lado a otro gracias a una espiga unida al engranaje desmultiplicador que se mueve solidario con el cigüeñal. Otros engranajes llegan hasta la magneto, montada en la parte posterior.

El motor Barr & Stroud también se diferenciaba de los motores convencionales en que el cilindro y la mitad superior del cárter estaban hechos de una sola pieza fundida, con la culata independiente en la que se sitúan el conducto de admisión en la parte posterior y de escape en la anterior. La bomba de aceite estaba situada sobre la tapa de la distribución, en tanto que el aspecto externo parecía semejante al de otros motores contemporáneos.

Para su uso en carretera, el motor se instalaba en un bastidor AJS completo con horquilla Brampton Biflex, caja de cambios de tres velocidades y transmisión por cadena. Esta disposición dio excelentes resultados en 1921. Más tarde se unirían a este modelo un monoci-

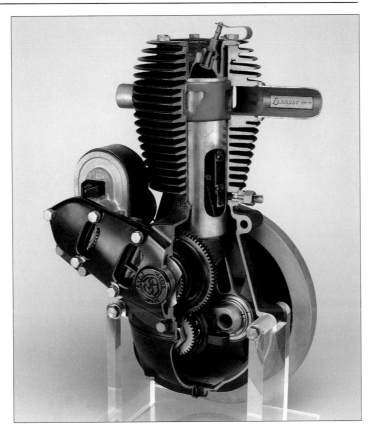

líndrico de 499 cc y un bicilíndrico en V de 999 cc, pero con el tiempo los problemas del uso de las válvulas de camisa marcaron el final de su vida comercial. El original todavía sobrevive.

Corte transversal de un motor Barr & Stroud en que se muestra la válvula de camisa que controlaba el flujo y lo novedoso de su diseño.

BARRY

GALES 1904–1905 y 1910

ESTA ORIGINAL MÁQUINA fue construida en Barry, sur de Gales, e hizo su efímera aparición a finales de los años cuarenta en la Stanley Show de Londres. Lo más sorprendente de sus diseños era su motor rotativo de dos cilindros planos y alrededor de 200 cc con cigüeñal fijo, alrededor del cual giraba el resto del motor. Esto permitía que los cilindros y las culatas carecieran de aletas de refrigeración, pero también aumentaba la complejidad del sistema de inducción y encendido.

Los dos cilindros estaban provistos de válvulas laterales que funcionaban mecánicamente y bujías accionadas mediante bobina de inducción y batería. La mezcla llegaba a través de un carburador al interior del cárter, y de allí a un depósito del que partían unos conductos que la introducían en los cilindros. De la cámara de escape partían otros dos conductos que la conectaban

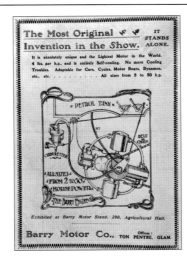

con los orificios de escape. El motor estaba encerrado en una cubierta de aluminio y montado en un robusto bastidor de bicicleta con dos tubos inferio-

Anuncio de 1905 en que se muestra el motor rotativo de Barry, y donde se da idea de su peculiar diseño. Se construyeron algunas motocicletas con este motor, y el diseño conduciría finalmente al motor radial.

res entre los cuales giraba al motor. Horquillas rígidas, pedales y transmisión secundaria por correa completaban esta máquina.

A comienzos de 1905, se probó una posición más baja para el motor y se perforaron los laterales de su cubierta. Con todo, seguía siendo un motor de lo más original. En 1910, muy mejorado, fue patentado por W. A. Richards y C. R. Redrup. Este último se dio a conocer posteriormente por un motor radial.

BAT

"BEST AFTER TEST" (MEJOR DESPUÉS DE PROBARLA) decía el lema, pero parece que el nombre proviene del fundador de la compañía, Samuel Bastón, aficionado al ciclismo durante muchos años, antes de interesarse por las motocicletas. Estudió su construcción, patentó algunos importantes avances en 1901, construyó una motocicleta completa para demostrarlos y después presentó sus ideas a distintos fabricantes.

Ninguno pareció interesado, de modo que en 1902 Batson creó su propia fábrica en Pengue, en el sur de Londres. En las pruebas, su nueva máquina, pilotada por F. W. Chase, no tardó en batir algunos récords; de ahí el lema. Este modelo montaba un clásico motor De Dion. Opcionalmente, podía añadírsele un bastidor auxiliar con amortiguación. Al año siguiente, se cambió el motor por un MMC (sin pedales), que finalmente también sería sustituido por un motor Minerva con refrigeración por agua.

T. H. Tessier se unió a la firma en 1903 y batió muchas marcas montando motocicletas BAT. En 1905, compró la compañía y se pasó a los motores JAP, Stevens y Soncin. Para su uso en carretera, fabricó monocilíndricas y bicilíndricas en V, con bastidor rígido o con subchasis en el que colocaba el sillín y los estribos.

Tessier comenzó utilizando motores JAP exclusivamente, y compitió en la primera TT de la Isla de Man, celebrada en 1907, aunque tuvo que retirarse. Al año siguiente, Harry Bashall terminó segundo en su BAT en la categoría de bicilíndricas. Esa fue la mejor posición de la firma en esa prueba.

En 1908, la BAT se hizo famosa por su comodidad y velocidad, encontrando el éxito en la pista de carreras de Brooklands, un circuito muy apropiado para sus características. La gama de las BAT se amplió al añadirse un modelo ligero de 2,5 CV además de varias monocilíndricas de mayor cilindrada, todas provistas de accionamiento mecánico de las válvulas de admisión. Las bicilíndricas todavía utilizaban el anticuado sistema automático de válvulas de admisión. Se añadieron al catálogo versiones de carreras, además de modelos con sidecar y también un cuadriciclo en forma de motocicleta con sidecar, pero con dos ruedas directrices delanteras.

Para aliviar problemas de producción, en 1910 la compañía redujo la gama a tres únicos modelos: un monocilíndrico de 3,5 CV y dos bicilíndricos. Se incluía una caja de cambios P & M de dos velocidades, pero en 1912 fue sustituida por una con eje intermedio, arranque a pedal y embrague en el cubo de la rueda trasera. Las monocilíndricas desaparecie-

ron en 1913, cuando el modelo TT fue dotado de distribución ohv, y el modelo de 8 CV de transmisión enteramente a cadena. Un año antes de la Primera Guerra Mundial aparecieron más modelos, todos bicilíndricos en V.

Durante la guerra se vendieron algunas máquinas a Rusia, pero finalmente la fábrica dejó de producir motocicletas y se pasó a las vainas de proyectiles.

BAT volvió en 1919 con motocicletas bicilíndricas en V de 6 y 8 CV, con tres velocidades y transmisión por cadena, pero todas las unidades se fabricaron con restos de antes de la guerra. Se

Un típico modelo BAT de 1913 con motor JAP bicilíndrico en V de 770 cc, horquilla de paralelogramos y transmisión a elegir: con cadena o correa. El depósito de gasolina era cilíndrico.

añadió una bicilíndrica en V de 4 CV, y en 1922, los hijos de Tessier se hicieron cargo de la empresa. A las bicilíndricas se unió una monocilíndrica de 2,5 CV. La compañía compró Martinsyde en 1925, y sus bicilíndricas en V se añadieron a la gama de BAT en el que sería su año final.

BATAVUS

La estética del último ciclomotor de Batavus, fabricado en 1976, resultaba tan tosca como poco convincente la geometría de su bastidor, a pesar de que la posición de conducción era buena.

DICEN ALGUNOS que la bicicleta es la reina de las carreteras holandesas. La Batavus era, en sus orígenes, una firma que fabricaba bicicletas. La compañía Rijwiel-en-Motorenfabriek Batavus, con sede en Heerenveen, comenzó vendiendo bicicletas en 1904, y fabricando sus propios modelos en 1914.

Su primera motocicleta llegó en 1932, propulsada por un motor Villiers de dos tiempos y 98 cc. Los siguientes modelos utilizaron motores Sachs, Ilo y Villiers de 74, 98, 100 y 150 cc.

Después de la Segunda Guerra Mundial, la firma volvió a la frabricación de pequeñas motocicletas, en las que montaban motores Ilo y Villiers de 148 y 200 cc, pero desde 1950, Batavus también fabricó ciclomotores. Sus modelos

de motocrós y enduro utilizaban motores Sachs.

En 1969 Batavus estaba en pleno auge, y adquirió la fábrica holandesa de ciclomotores Magneet, además de hacerse con el control de las marcas de ciclomotores Phoenix, Fongers y Germaan en 1970. Magneet había sido una fábrica de bicicletas que comenzó en el mundo de las motocicletas produciendo ciclomotores; Fongers era casi tan antigua como Batavus, y fabricaba motocicletas con motores FN; Germana fue fundada en 1935, y fabricaba motocicletas ligeras con pequeños motores Villiers, Ilo, Csepel y Sachs, y a finales de los años cincuenta diseñó bajo licencia la Achilles Capri, comercializándola con el nombre Germaan Capri.

Sin embargo, en 1976 el mercado de los ciclomotores había tocado fondo, y Batavus detuvo la producción ese mismo año. El líder del mercado indio TVS continuó fabricando ciclomotores Batavus bajo licencia a partir de 1976.

BEARDMORE PRECISION INGLATERRA 1920–1925

DURANTE LA PRIMERA GUERRA MUNDIAL, F. E. Baker Ltd. de Birmingham, famosa por sus motores Precision, desarrolló una avanzada motocicleta de dos tiempos y 349 cc, con caja de cambios integrada de dos velocidades. El modelo se lanzó en 1919 y se le puso el mismo nombre que al motor, pero a principios de 1920, se convirtió en la Beardmore Precision, tras la asociación con el gigante industrial William Beardmore.

El motor de Frank Baker estaba en la línea de los convencionales de dos tiempos, aunque el sistema de lubricación por bomba, en que la cadena de transmisión de la magneto se encargaba también de la distribución del aceite, era totalmente novedosa. El sistema de engranajes también era imaginativo: las ruedas dentadas situadas a cada lado del cigüeñal estaban conectadas por cadenas a otras ruedas de menor tamaño montadas en el eje intermedio. La selección del engranaje adecuado se realizaba a través de embragues de segmentos extensibles. Tanto el motor como los engranajes estaban todos integrados en su alojamiento de aluminio.

Este motor se montaba sobre unos componentes hechos de una mezcla de acero estampado y diseño tubular; el depósito de gasolina hacía las veces de tubo superior del bastidor, y los pesados guardabarros se curvaban para unirse al

Las primeras motocicletas Beardmore tenían un motor de dos tiempos y 349 cc, y la caja de cambios estaba integrada en el motor. Esta es una versión Sport de 1921.

El modelo Beardmore Precision C se distinguía de la mayoría de las motocicletas en que su caja de cambios de tres velocidades estaba integrada en el motor.

bastidor y servir de apoyo a ambas ruedas. La delantera tenía suspensión con horquilla basculante, y la trasera con brazos en voladizo; ambas estaban provistas de muelles de láminas.

Poco convencional era sinónimo de raro, y este modelo no contó con el favor del público, sobre todo porque a esta máquina de 349 cc le faltaba potencia. En 1921 se probó con una versión desprovista de la suspensión trasera, antes de la llegada de un modelo de 598 cc con válvulas laterales y una verdadera caja de cambios integrada de tres velocidades. Se le dotó de un bastidor elástico y mayor potencia, pero no se logró

solucionar el problema estético. A continuación se presentó un modelo con un motor Barr & Stroud con válvulas de camisa, 348 cc y caja de cambios de tres velocidades, y la posibilidad de elegir el tipo de transmisión. En 1922 la firma presentó a la Senior TT de la Isla de Man un equipo formado por tres motocicletas equipadas con motor de 496 cc y válvulas de camisa.

Todas ellas se retiraron de la competición, pero a finales de ese año, apareció un modelo réplica con bastidor rígido o elástico y una horquilla de paralelogramos mejorada. Este modelo se presentó en la exposición de 1922, junto a otro de dos velocidades, 348 cc y válvulas de camisa. Una versión deportiva de este último llegó en 1923, seguida por otra de 246 cc con válvulas de camisa y bastidor tubular.

En 1924 se fabricaron los modelos de 246, 348 y 596 cc con válvulas de camisa, fecha en que Frank Baker dejaba la firma, y aparecían modelos experimentales de carreras para la TT: una 250 cc ohv con válvulas accionadas por muelles de láminas, y una monocilíndrica ohc de 350 cc con cuatro válvulas, dos carburadores y árbol de levas accionado por el eje. Ninguna de las dos obtuvo el éxito esperado, pero la 250 cc ohv, con muelles helicoidales en las válvulas se añadió en 1925 al catálogo de la firma. Esta, junto con su predecesora de válvulas de camisa y los modelos de 348 y 596 cc, fueron las últimas creaciones de la marca. Durante algunos años, Beardmore trabajó con coches; Baker pronto fundó una nueva firma que llevaba el nombre de su apellido.

BEESTON

HARRY LAWSON ERA UN HOMBRE de negocios que hizo dinero durante el *boom* de las bicicletas y después se pasó a los vehículos de motor decidido a hacerse con derechos de patente que le permitieran controlar la industria. Creó firmas y compró otras. Beeston era su segunda emisión de 1896.

La primera máquina de la compañía fue un triciclo, con un motor copia de De Dion de 1,25 CV montado detrás del eje posterior, al que transmitía su movi-miento mediante engranajes. Tenía un carburador de superficie e ignición por tubo incandescente (al principio). Al triciclo siguió pronto un cuadriciclo, bási-camente la misma máquina, pero con un sistema de horquilla delantera y asiento colocado entre las dos ruedas. Después la firma fabricó una motocicleta con motor De Dion de 1,75 CV situado por delante de la rueda trasera. El depósito de gasolina estaba situado encima del motor, y la parte delantera del bastidor

La propulsión del triciclo Beeston la proporcionaba un motor copia del De Dion, montado detrás del eje trasero y con transmisión por engranajes.

estaba tomada de una bicicleta conven-cional pero con un tubo superior des-montable que la convertía en un mode-lo para señoritas.

En 1897, este diseño alcanzó los 43 km/h en una pista de pruebas, pero la firma tenía poca fe en las motocicle-

tas y prefirió concentrarse en los vehí-culos de tres ruedas. Una de estas máquinas participó en la carrera Eman-cipation hasta Brighton celebrada en 1896, y a principios de 1898 el modelo fue mostrado al Príncipe de Gales en Sandringham y conducido por el Duque de York.

A pesar de todo, el triciclo nunca fue popular, y la firma Beeston cerró en 1901.

El Beeston, como ocurría con otros modelos primitivos, era básicamente un triciclo de faena al que se había añadido un motor, una tosca transmisión, un depósito de combustible y un sistema de encendido.

BEKAMO

ESTAS MOTOCICLETAS se construyeron en Berlín utilizando un avanzado motor de 129 cc y dos tiempos, provisto de pis-tón de aspiración en un segundo cilin-dro situado en la base del cárter. En algunas versiones, este pistón controla-ba la fase de admisión además de aumentar la compresión del cárter.

Estas máquinas fueron diseñadas por Hugo Ruppe, que anteriormente había trabajado para DKW. Al principio, los bastidores se hacían de madera, sistema que pronto fue cambiado por el tubular con horquilla de paralelogramos. La transmisión secundaria era por cadena, y algunos modelos tenían también sis-tema de refrigeración provisto de una caperuza sobre el cilindro, encargada de dirigir hacia él el flujo de aire. Bekamo

permitió que otras firmas fabricaran sus modelos bajo licencia, entre ellas Böh-me, Eichler, MFZ, TX y Windhoff, mientras ellos vendían directamente sus modelos a otras compañías.

En 1925, la compañía se quedó sin fondos, pero por esas fechas se unió a otra planta de Bekamo en Checoslova-quia a la que había proporcionado moto-cicletas completas y motores. Estos motores se montaban en bastidores de TX, con un tubo superior de grandes dimensiones que hacían también las veces de depósito de gasolina y aceite.

Bekamo utilizó un avanzado motor de 129 cc y dos tiempos, con pistón de aspiración. El motor fue utilizado bajo licencia por otras firmas.

Hasta 1925, la planta checa de Rumburk consistía tan sólo en una cadena de mon-taje para la Bekamo, utilizando una ver-sión del motor de 124 cc, pero cuando

la planta de Berlín cerró, todas las ins-talaciones fueron trasladadas a la fábri-ca checa, donde se continuó con la pro-ducción hasta 1930.

BENELLI

ITALIA 1911

EN 1911, TRES HERMANOS abrieron un pequeño taller en la ciudad adriática de Pesaro. Con estos humildes orígenes nacería una de las marcas italianas más famosas y duraderas.

En un principio, el taller se concentró en reparaciones mecánicas generales de automóviles, motocicletas e incluso armas de fuego. Pero pronto los hermanos Benelli comenzaron a fabricar sus propios productos. Empezaron fabricando componentes para coches y aviones, proceso que se aceleró con el estallido de la Primera Guerra Mundial.

Al terminar la guerra en 1918, la familia decidió aplicar su talento en un nuevo campo. En Italia, igual que en el resto de Europa, rápidamente se produjo una creciente demanda de medios de transporte baratos. Benelli fabricó un motor de 98 cc y dos tiempos que luego se montaba en una bicicleta convencional.

Igual que con el francés Velosolex, este motor estaba montado en la parte anterior del tubo de dirección, encima de la rueda delantera. Sin embargo, el motor demostró ser demasiado potente para el bastidor de una bicicleta, por lo que la compañía diseñó un bastidor más robusto. Así nació la

Una motocicleta Benelli 125 Trail fabricada hacia 1978. El propulsor era un motor monocilíndrico de dos tiempos.

primera motocicleta Benelli. Lanzada al mercado en 1921, esta máquina estaba provista de horquilla de paralelogramos, encendido por magneto, una caja de cambios de dos velocidades y transmisión secundaria por cadena.

En este momento, cinco de los hermanos Benelli estaban trabajando en el taller familiar, y el más joven, al que llamaban Tonino, estaba seguro de convertirse en una estrella de las carreras. Comenzando en 1923 con el Gran Prix de Monza, Tonino fue encadenando una victoria tras otra. Cuando se retiró de la competición se convir-

La 245 (pronunciada Two Fifty-Four) de 231 cc, incorporaba un sistema de escape de cuatro en dos. También se fabricaba con llantas de aleación.

tió en el piloto de pruebas de la fábrica, pero en 1937 murió en un accidente durante una prueba.

A mediados de los años treinta, Pesaro había ido creciendo hasta convertirse en una de las cinco grandes ciudades (la pentarquía) de la industria motociclista italiana (con Garelli, Moto Guzzi, Gilera y Bianchi).

El éxito deportivo de Benelli había comenzado en realidad con el lanza-

B.A.M.
Alemania (Aachen) 1933-1937. La Berliner-Aachener Motorenwerk era la puerta de entrada de las motocicletas belgas FN en el Tercer Reich. Todos los modelos eran monocilíndricas: 198 cc de dos tiempos, 346 cc con válvulas laterales y 500 cc con válvulas laterales y válvulas en culata.

BAMAR
Alemania 1923-1925. Esta firma ensambló un pequeño número de motocicletas utlizando motores de otras compañías, como Alba, Baumi, DKW, Gruhne y puede que alguna otra.

BAMO
Alemania 1923-1925. El nombre responde a las iniciales de Bautzener Motorradfabric Staubingen & Klingst. Esta firma ensamblaba motocicletas con motores DKW de 148 y 173 cc.

BANSHEE
Inglaterra (Bromsgrove) 1921-1924. Banshee utilizó varios motores patentados, entre ellos Blackburne de 347 y 497 cc, Bradshaw refrigerado por aceite de 346 cc, Barr & Stroud de 347 cc con válvulas de camisa, y Villiers de 269 cc.

BARDONE
Italia (Milán) 1938-1939. Bardone fabricó pesadas monocilíndricas con motor integrado de 499 cc y distribución ohv.

miento de una monocilíndrica de 172 cc (62 × 57 mm) ohc. En 1932 apareció una versión con distribución dohc y motor cuadrado de 60,5 × 60,5 mm, y en 1935, otra con carrera más larga (62 × 78 mm) y 248 cc.

A mediados de 1938, casi todas las principales fábricas europeas del continente, además de la inglesas AJS y Velocette, habían adoptado el sistema de sobrealimentación como una forma de incrementar el rendimiento en los circuitos de carreras.

Benelli no fue una excepción y no sólo transformó los monocilíndricos dohc de 250 cc existentes (el irlandés Ted Mellors ganó en 1939 la TT de motocicletas ligeras de la Isla de Man con una versión sin sobrealimentador) sino que fabricó un magnífico tetracilíndrico 250 cc capaz de desarrollar 60 CV. Lamentablemente, estalló la guerra, y la FIM prohibió los modelos con sobrealimentador, lo que supuso el fin de tan prometedor proyecto.

La guerra también destruyó las instalaciones de Benelli, y privada de sus cadenas de producción, la marca no pudo volver rápidamente al mercado, al contrario que algunas firmas rivales como Moto Guzzi y Gilera. Además, se produjo una discusión familiar que provocó la marcha de uno de los hermanos, Giuseppe, con sus dos hijos, Marco y Luigi, que fundaron la compañía Motobi. A pesar de todo, en

Una 250 cc ohc de carreras, semejante a la que Ted Mellors montó cuando ganó la Lightweight TT de 1939, logrando una velocidad media de 118 km/h.

1946 los demás hermanos sacaron sus modelos deportivos anteriores a la guerra de donde habían estado ocultos y se dispusieron a plantar cara a su antiguo rival, Guzzi. En 1948, el antiguo piloto de Benelli Dario Ambrosini volvió a unirse a la compañía de Pesaro como primer piloto después de haber pasado una temporada con Guzzi.

En 1949, la FIM creó las series de Campeonatos Mundiales. Benelli y Ambrosini se presentaron a la serie de 250 cc de ese mismo año, logrando acabar la carrera.

Al año siguiente tuvieron más suerte y ganaron el campeonato quedando los primeros en todas las carreras menos una. Pero en 1951, después de ganar la primera carrera en Berna y

Una Benelli 175 Sport de 1932, con motor de 172 cc ohc, y cuatro velocidades. Alcanzaba los 120 km/h.

terminar segundo en la TT, Ambrosini tuvo un accidente mortal en los entrenamientos de la GP francesa. Benelli se retiró de la competición, a la que no volvió oficialmente hasta 1959.

El motor de la Benelli 250 cc ohc de 1939. Se trataba de una máquina sorprendente, también construida con capacidad de 250 cc.

En el campo de las motocicletas de serie, la fábrica de Pesaro sólo volvió a la normalidad a partir de 1950. En la Exposición de Milán de ese año mostraron diseños anteriores a la guerra, como las monocilíndricas de 500 y 250 cc de cuatro tiempos, y una nueva 98 cc de dos tiempos. Un año después, la 98 cc se convirtió en 125 cc llamada Leoncino, fabricada tanto en dos como en cuatro tiempos. Poco después, una de las 125 cc de dos tiempos se hizo famosa al lograr la victoria en la prueba Giro d'Italia de 1953, montada por Leopoldo Tartarini (más tarde jefe de Italjet).

Otra Benelli importante de comienzos de los cincuenta fue la Leonessa, de 250 cc ohv y dos cilindros en línea. Junto con la Leoncino, esta máquina se fabricó con gran éxito durante toda la década.

En 1959, ocurrieron dos hechos importantes. Benelli volvió a la competición con una versión actualizada de un modelo monocilíndrico con distribución dohc (con Geoff Duke, Dickie Dale y Silvio Grassetti) y, en segundo lugar, comenzó la fabricación de una monocilíndrica de 172 cc (62 × 57 mm) ohv totalmente nueva, disponible en versión Sport o Turismo.

Motocicleta de carreras Benelli de 1939, con un innovador motor tetracilíndrico refrigerado por agua, 250 cc, dohc y sobrealimentador. Cuando la FIM prohibió después da la Segunda Guerra Mundial el uso de sobrealimentadores, este modelo se quedó obsoleto.

En 1961, Benelli celebró su 50 aniversario. Tras la muerte de Giuseppe Benelli, Motobi y Benelli se fusionaron, aunque de un modo un tanto confuso, lo que permitió a los modelos de Motobi seguir fabricándose durante muchos años.

El año 1960 vio la llegada de la segunda tetracilíndrica de Benelli, probada por Bruno Spaggiari ese año, aunque no sería hasta 1962 cuando la 246,3 cc (44 × 40,5 mm) estuviera lista para competir.

Dos años más tarde, esta máquina ganaba su primer GP, con Tarquino Provoni ahora en el equipo. Entre tanto, la compañía había estado muy ocupada fabricando una versión de 343 cc (51 × 42 mm) de mayor tamaño para la clase 350. Un poco después, en 1967, hizo su debut un modelo de 491 cc. Pero ninguna de estas máquinas de carreras, una de las cuales llevó al australiano Kel Carruther al campeonato del mundo de 250 cc en 1969, pudieron evitar el declive comercial de Benelli, y a finales de 1971, la firma fue adquirida por el industrial argentino Alejandro de Tomaso.

En esa época, Benelli tenía una mezcla de modelos de serie, incluida toda una gama de mini-bikes, varios modelos con motor de un cilindro horizontal ohv inspirados en máquinas Motobi, y la relativamente nueva Tornado, bicilíndrica en paralelo de 643 cc (84 × 58 mm) y cinco velocidades, que alcanzaba los 169 km/h.

Lo primero que hizo Tomaso al hacerse cargo de la compañía fue revisar de arriba abajo toda la gama de modelos. Sólo se continuó con la fabricación de las mini-bikes y la Tornado, y dos modelos nuevos de 124 cc (42,5 × 44 mm) y 231,4 cc (56 × 47mm) de inspiración japonesa, ambas bicilíndricas y de dos tiempos. También se fabricó una trail monoci-

BARNES
Inglaterra (Londres) 1904. Barnes era una firma oscura que utilizaba motores patentados por MMC, Minerva y probablemente otros.

BARON
Inglaterra (Birmingham) 1920-1921. Compañía ensambladora que utilizaba motores Villiers de 269 cc y Blackburne de 348 cc.

BARONI
Italia 1958. Officine Meccaniche Moto Baroni fabricaba ciclomotores y motos ligeras de 50 cc y 175 cc.

BARRY
Checoslovaquia 1932-1939. J. Friedrich Drkosch fabricó una moto de carreras monocilíndrica de 248 cc ohv. El lanzamiento en 1938 de una motocicleta ligera de 100 cc y dos tiempos se vio sorprendido por el estallido de la Segunda Guerra Mundial.

BARTALI
Italia (Florencia) 1953-1961. En 1953, Bartali fabricó una dos tiempos de 158 cc, y en 1955 se lanzó la versión deportiva, además de un modelo de carreras. En 1956, Bartali fabricó un ciclomotor y una cuatro tiempos de 175 cc, y en 1957, se lanzó a la producción de una dos tiempos de 124 cc. En 1958, apareció una versión de motocrós. Sin embargo, su programa pecó de ambicioso.

líndrica de 120,6 cc (56 × 49 mm). La influencia de las motos japonesas continuó con la presentación del prototipo 750 Sei (de seis cilindros) a finales de 1972. Muchos creyeron que con este modelo Benelli iba a desbancar a las marcas japonesas. Lamentablemente, aún tardaría dos años en fabricarse, y en cantidad muy limitada.

Por entonces se le unieron otros dos modelos tetracilíndricos: una 500 y, finalmente, en 1975, una 350 cc. Un año más tarde, aparecería la máquina definitiva de la era Tomaso: la 254. Pero esta motocicleta, igual que la bicilíndrica de dos tiempos y 250 cc, tenía una cilindrada demasiado limitada: 231 cc (44 × 38 mm). Junto con un modelo similar que llevaba la marca Guzzi, la 254 fue la primera motocicleta moderna de 250 cc fabricada en serie.

Al final de la década se añadieron al catálogo de Tomaso otras multicilíndricas: una 654 (603,94 cc, 60 ×

La 254 de 1980. Su motor estaba fabricado por Guzzi, dado que ambas marcas pertenecían por entonces a De Tomaso.

38 mm) y la seis cilindros 900 Sei (906 cc, 60 × 53,4 mm).

La recesión de comienzos de los ochenta afectó severamente a Benelli, y a finales de la década, la compañía volvió a ser vendida. La nueva firma sólo estaba interesada en máquinas de 50 cc para el mercado nacional, por lo que los nuevos propietarios no tardaron en vender otra vez la empresa a finales de los noventa.

La nueva Benelli destinó cuantiosos recursos para el desarrollo de nuevos modelos. Primero llegó una familia de escúter modernos. Después el

La 750 Sei (es decir, de seis cilindros) hizo su debut en 1972, pero aún tardaría otros dos años en llegar a las cadenas de fabricación. No apareció en el mercado hasta 1974.

anuncio en 1999 de una superbike de cuatro cilindros, a la que acertadamente pusieron el nombre Tornado, y que iba a aparecer a comienzos del año 2000.

BENELLI 250 SUPER SPORT

1936

Motor: 247 cc (67 × 70 mm) ohc, monocilíndrico vertical, refrig. por aire
Potencia: 16 CV a 6.500 rpm
Caja de cambios: cambio en pedal, 4 velocidades
Transmisión secundaria: cadena
Peso: 136 kg
Velocidad máxima: 113 km/h

A mediados de los años treinta, la compañía de Pesaro desarrolló una suspensión trasera por émbolos, que apareció por vez primera en 1936 en la nueva 250 Super Sport, y posteriormente en los modelos 250 y 500.

En la Exposición de Milán de principios de 1938, Motor Cycle describió la

A mediados de los años treinta, Benelli desarrolló una suspensión trasera de émbolos. Esta innovación hizo su debut en la nueva 250 Super Sport de 1936.

monocilíndrica 250 como «muy inglesa en su aspecto»; y tenía razón. Con un cilindro de 67 × 70 mm que le daba una capacidad de 247 cc, el motor contaba con árbol de levas (accionado por engranajes) en el lado exterior, con platinos y encendido por dinamo. En el más puro estilo italiano, la caja de cambios estaba dotada de un pedal oscilante en el lado exterior. La 250 solía estar provista de muelles de horquilla en las válvulas, lo bastante suaves como para poder cambiarlos con la mano. El motor tenía culata con dos lumbreras de escape, y en algunos modelos el sistema de escape incorporaba una palanca para impedir el funcionamiento del deflector, dando al conductor la posibilidad de regular el ruido del escape (suave en ciudad o el ensordecedor escape deportivo en campo abierto). El aceite de la lubricación se alojaba en una prolongación acanalada del cárter. En algunos modelos, se montaba de éste un pequeño sistema de refrigeración por aceite, colocado entre los dos tubos delanteros del armazón. Las Benelli ohc se consideraban más deportivas que las Bianchi o las Gilera de carretera.

BENELLI 500 GRAND PRIX 1970

La primera Benelli tetracilíndrica, un modelo de carreras con sobrealimentador y refrigración por agua, llegó en 1940. Después llegó la guerra, y obedeciendo la decisión de la FIM de prohibir los sobrealimentadores, el modelo nunca llegó a competir.

En 1960, de la fábrica de Pesaro salió otra tetracilíndrica, de nuevo un modelo de carreras, pero con refrigeración por aire y, obviamente, sin sobrealimentador. Igual que su predecesor, el nuevo motor tenía un diseño clásico, con los cuatro cilindros dispuestos en línea y transversales a la marcha. Estaba provisto de doble árbol de levas en el cárter, con transmisión por engranaje central y transmisión primaria también por engranajes entre la primera y la segunda pareja de cilindros para reducir la anchura del conjunto. Este motor de 246,32 cc (44 × 40,5 mm) originalmente desarrollaba una potencia de 40 CV a 13.000 rpm. El encendido era por batería, aunque este sistema fue pronto sustituido por el de magneto, colocada en la parte delantera de los cárteres.

El embrague empleaba un sistema multidisco en seco colocado en el lado derecho del motor, que integraba la caja de cambios de seis velocidades. Se experimentó mucho con el sistema de lubricación. Al principio, el depósito del aceite estaba montado en la parte trasera, después se colocó delante del depósito de gasolina, y por fin terminó debajo del cárter.

Esta máquina, que apareció por primera vez en el circuito de Imola en la primavera de 1962, era rápida, pero fue preciso perfeccionarla aún más, proceso que continuó hasta finales de 1963, cuando Benelli contrató a Tarquino Provini, de Morini. El modelo de 1964 era mucho más ligero y tenía siete velocidades, a pesar de lo cual Provini fue derrotado en el campeonato italiano senior por el piloto que le reemplazó en Morini, el joven Giacomo Agostini.

Un año más tarde, la tetracilíndrica fue mejorada con un nuevo cigüeñal, culatas y caja de cambios. La potencia del nuevo modelo era de 52 CV a 16.000 rpm. En 1965, la compañía lanzó un modelo con motor mayor: 322 cc (50 × 40 mm). A partir de éste, se desarrolló otro de 343 cc (51 × 42 mm), con cuatro válvulas por cilindro.

Provini se retiró a causa de una lesión, y su puesto fue ocupado por Renzo Pasolini en 1967. En septiembre de 1968, en el circuito de Monza, Benelli sacó a la pista un par de tetracilíndricas de 494,6 cc (54 × 54 mm) pilotadas por Pasolini y Mike Hailwood.

La gloria que la compañía buscaba llegó en 1969, cuando el australiano Kel Carruthers ganó el título mundial de 250 cc. Después de este éxito, Benelli no pudo volver a poner en competición su tetracilíndrica, ya que las reglas de la FIM ahora sólo permitían un máximo de dos cilindros y seis velocidades.

Los modelos 350 y 500 protagonizaron la década de los setenta. Su primera aparición llegó de la mano de Walter Villa con una renovada tetracilíndrica de 350 en el GP italiano de Monza de 1973.

La 500 Four Grand Prix fue el modelo más avanzado de las tetracilíndricas de carreras de Benelli. En la imagen, un modelo de 1970.

Motor: 494,6 cc (54 × 54 mm) dohc, cuatro cilindros en línea, refrig. por aire
Potencia: 82 CV a 11.000 rpm
Caja de cambios: cambio en pedal, 6 velocidades
Transmisión secundaria: cadena
Peso: 120 kg
Velocidad máxima: 264 km/h

BENELLI 900 SEI

La 900 Sei fue el último grito de Benelli en motocicletas de 6 cilindros. Se fabricó entre 1980 y 1987.

zando un modelo todavía mayor, la 900, de 906 cc con un cilindro de 60 mm y una carrera de 53,4 mm. No se trataba simplemente del mismo modelo con mayor carrera del pistón y algunos cambios cosméticos: era una máquina totalmente nueva. El motor era mucho más potente, con elementos novedosos en el cigüeñal y la caja de cambios, no muy fiables en el modelo anterior. El aspecto externo de la motocicleta era también muy diferente, con un escape de seis en dos, un nuevo carenado, y una velocidad máxima de más de 209 km/h. A pesar de todo, dejó de fabricarse en 1987.

En 1971, la familia Benelli vendió su empresa al industrial argentino Alejandro de Tomaso. Este cambio de propietario fue el comienzo de una nueva etapa en las motocicletas urbanas Benelli. En su intento por desbancar a los japoneses y conseguir, a la vez, un golpe de efecto publicitario, de Tomaso creó su buque insignia: una seis cilindros. Era una 750 diseñada para mostrar al mundo de lo que Benelli era capaz. La Sei (Seis) era un modelo de lujo en el más puro estilo italiano. Su motor de seis cilindros y árbol de levas único era una elección lógica, casi obvia; como una copia de los modelos de cuatro ruedas y doce cilindros fabricados por Ferrari, Lamborghini y Maserati. Igual que ellos, la 750 de Benelli era cara, pero le faltaba estilo. En realidad, aparte de sus seis tubos de escape que prácticamente rodeaban la rueda trasera, el diseño de la Sei era bastante conservador, quizá incluso soso.

El diseño del motor se debía más a Tokio que a Turín, a pesar de lo cual el prototipo causó sensación cuando fue lanzado en 1972. Su velocidad máxima rondaba los 185 km/h, y en la fábrica decían que desarrollaba una potencia de 71 CV a 8.500 rpm con su motor transversal de 748 cc (56 × 50,6 mm).

Para cuando la Sei 750 llegó a la cadena de producción en 1974, Honda había desarrollado su propia seis cilindros, la CBX. Benelli respondió lan-

Motor: 906 cc (60 × 53.4 mm), 6 cilindros ohc, refrigeración por aire
Potencia: 80 CV a 8.400 rpm
Caja de cambios: cambio en el pedal, 5 velocidades
Transmisión secundaria: cadena
Peso: 220 kg
Velocidad máxima: 215 km/h

BENELLI 900 TORNADO

La 900 Tornado utiliza el nombre de un famoso modelo de Benelli de comienzos de los años setenta. Pero mientras que aquella primera Tornado incorporaba un motor bicilíndrico en paralelo, con distribución ohv y 650 cc, el corazón del nuevo modelo puede presumir de una mayor capacidad y un cilindro más.

Aunque la primera Tornado de serie tiene 898 cc (85,3 × 52,4 mm), Benelli ya está pensando en lanzar toda una gama de motores de diversas capacidades.

Los cilindros están calados verticalmente, y las doce válvulas (cuatro por cilindro) están inclinadas en un ángulo de 15°, y se accionan por medio de una cadena a la izquierda del bloque cilindro.

El cigüeñal está colocado a 120° para proporcionar una explosión natural que permita una óptima transmisión a la rueda trasera tanto en uso deportivo como en ciudad. Para contrarrestar la vibración del cigüeñal, se ha colocado un eje de equilibrado que rota en sentido contrario. El sistema integrado de encendi-

Una Benelli para el siglo XXI. La 900 Tornado utiliza refrigeración líquida y motor de 3 cilindros con distribución dohc. Los faros y el carenado de la cúpula son ultramodernos.

do e inyección se ha desarrollado para utilizar tres o seis inyectores.

La ausencia de un radiador montado en la parte delantera ofrece al equipo de diseño mayor libertad para colocar una caja del filtro del aire de 13 litros de capacidad sin que el volumen del depósito de gasolina se vea afectado.

Al no haber radiador delantero, también la distribución de pesos se ve beneficiada. Además, el propio motor forma parte de la estructura del bastidor, contribuyendo a aumentar la rigidez del conjunto.

El propio bastidor está hecho de acero al cromo molibdeno en la parte delantera y de aluminio fundido en la trasera, proporcionando el punto de fijación para el monoamortiguador trasero. Dispone además de ángulo de dirección regulable. Entre otros detalles se incluyen: rue-

das de 43 cm, triple disco, llantas de carreras con cinco palos en disposición helicoidal, brazo basculante de aluminio y embrague multidisco en aceite con sistema antibloqueo. También hay una caja de cambios de seis velocidades tipo cassette.

Motor: 898,4 cc (85,3 × 52.4 mm), 3 cilindros dohc, refrigeración líquida
Potencia: 140 CV a 11.500 rpm
Caja de cambios: 6 velocidades
Transmisión secundaria: cadena
Peso: 185 kg
Velocidad máxima: 280 km/h

BERNADET

FRANCIA 1930–1934 y 1947–1959

El escúter Bernardet de después de la guerra fue diseñado con un estilo poco común, con este peculiar faro. Fue fabricado con distintos motores, el mayor de los cuales tenía 250 cc.

cilindrada, el Violet de 250 cc con motor de dos tiempos y dos pistones compartiendo una misma cámara de combustión, suspensión trasera y rueda de repuesto. En 1951, el modelo añadió un guardabarros delantero fijo con el faro sobre la pantalla. Dos años después, la firma fabricó la versión Texas de la 250 cc con alforjas estilo americano y asientos con flecos.

En 1954, Bernardet presentó la Cabri, de 50 cc (más tarde 85 cc), a la que siguió el modelo Guépar, pero en 1959 la compañía quebró.

LA FIRMA BERNADET, dirigida por tres hermanos, no eligió un buen momento para comenzar su andadura (la terrible depresión económica de los años treinta), pero ofreció una gama de modelos desde 100 hasta 500 cc, en los que utilizaba motores franceses de Chaise y Train.

El último escúter de los hermanos, presentado en 1947, disponía de un motor Ydral de dos tiempos y 125 cc, caja de cambios de cuatro velocidades instalada junto a la rueda trasera y carecía de suspensión. Su imagen se completaba con un diseño totalmente cerrado y una pantalla protectora (APRON). En 1950 apareció un modelo de mayor

La versión Texas del escúter Bernadet 250 con sus alforjas, borlas y asientos con flecos al estilo americano, aunque la posición de la rueda de repuesto denota que su uso era el de un escúter convencional.

BERNEG

ITALIA 1955–1961

BERNEG FUE UNA DESTACADA pero efímera compañía, y su historia es un buen ejemplo de que los diseños avanzados no alcanzan el éxito por sí mismos. Un buen sentido comercial y apoyo económico son también decisivos. De lo contrario, Berneg bien podría haber rivalizado con Honda, que hizo su nombre con los mismos elementos: fabricando bicilíndricos en paralelo cuando nadie estaba dispuesto a fabricar otra cosa que no fuera un monocilíndrico, y utilizando avances como la distribución de árbol de levas en el cárter, aleaciones ligeras y relaciones de transmisión bien esco-

gidas, todo ello para lograr motocicletas pequeñas, ligeras y potentes.

El nombre de la compañía vino de Paride Barnardi y Corrado Negrini, que unieron sus fuerzas en Bolonia a comienzos de los años cincuenta. Su primer modelo, la Irídea (que se dice diseñada por Alfonso Drusiani), era una bicilíndrica en paralelo de cuatro tiempos y 158 cc, con distribución ohc accionada por una cadena de doble hilera de rodillos, y culata de aleación ligera. La transmisión primaria (por cadena) se unía a una caja de cambios de cuatro velocidades accionada con pedal, y de ahí partía

una segunda cadena hasta la rueda trasera. El bastidor tubular incorporaba una horquilla telescópica y suspensión trasera. El modelo rebasaba los 100 km/h.

Se fabricó durante dos años, seguido en 1957 por el modelo Fario, de 174 cc (185 cc según otras fuentes). Mecánicamente, era muy parecido a la Irídea, y apareció en dos versiones: el modelo básico, que alcanzaba los 105 km/h, y el Gran Turismo, capaz de llegar a los 120 km/h. A finales de 1959, se fabricó un modelo Sport todavía más rápido, pero en 1961 la compañía se declaró en quiebra.

BAUGHAN
Inglaterra (Stroud) 1928-h. 1936. Esta compañía fabricaba motocicletas de trial con motores Blackburne de válvulas laterales, ohv y en las cilindradas 247, 347 y 497 cc. También realizaba modelos con sidecar (sin diferencial).

BAYERLAND
Alemania (Berlín/Munich) 1924-1930. Motores JAP de entre 248 y 490 cc propulsaban los modelos de esta compañía. Por ejemplo, la motocicleta de carreras pilotada por Sepp Gigenbach fue una ganadora con motor JAP de 996 cc.

BAYERN
Alemania (Munich) 1923-1926. En un principio, Bayern utilizaba motores SMW construidos bajo licencia por Bosch-Douglas. Después de 1924, cambiaron a los bicilíndricos en V de MAG, con cilindradas de 498, 747 y 988 cc.

BB
Alemania (Stettin, hoy Polonia) 1923-1925. BB era una firma ensambladora que utilizaba monocilíndricos de válvulas laterales y 197 cc fabricados por Alba.

BB
Italia (Parma) 1925-1927. Ugo Bocchi fue el diseñador de esta monocilíndrica plana de dos tiempos y 123 cc.

B.C.R.
Francia (Le Frentin Bicebre) 1923-1930. En los primitivos bastidores elásticos que esta compañía fabricaba se montaba una sorprendente gama de cilindradas de motores de JAP y Chaise, de dos y cuatro tiempos.

BETA

FUNDADA POR GIUSEPPE BIANCHI en Florencia en 1948, esta compañía creció rápidamente dado que la demanda de motocicletas después de la guerra fue muy grande. A comienzos de los años cincuenta, Beta contaba con una impresionante gama de nueve modelos, incluyendo el Mercurio y el Orione. Ambas máquinas presentaban distribución ohv,

Esta Beta en estilo más vanguardista salió al mercado en 1998 provista de monoamortiguador trasero.

153 cc (58 × 58 mm) y 199,5 cc (64 × 62 mm) respectivamente. Beta también fabricó la moto MT (Milano-Taranto) 175 de semicompetición, que utlizaba una versión especialmente preparada del motor de la turismo TV, de 172 cc (59,5 × 62 mm), de dos tiempos, capaz de alcanzar los 132 km/h.

Beta logró sobrevivir a los años sesenta, un período en que muchas de las pequeñas marcas italianas desaparecieron. Durante la década siguiente, las ventas aumentaron, a lo que con-

En la última década, Beta ha sido una de las grandes firmas mundiales en el sector del trial, especialmente con el piloto inglés Dougie Lampkin.

tribuyó la entrada de la firma en el sector de las motocicletas *off-road*, en el que construyó varias máquinas especializadas de motocrós, enduro y trial. Pero en ningún momento se olvidaron de los modelos de carretera y, en fecha tan temprana como 1974, Beta ofreció una trail de dos tiempos y cinco velocidades.

A finales de los setenta llegó un nuevo modelo de 125 cc, ofrecida en versión turismo o deportiva.

Entre las características de la versión deportiva se inlcuían llantas de aleación, doble disco de freno en la rueda delantera, manillar muy bajo de competición y tubo de escape de gran tamaño. Después de exportar sus modelos a un buen

número de países, incluidos los Estados Unidos y Gran Bretaña, Beta se ha transformado en los últimos años hasta convertirse en un importante fabricante de motocicletas *off-road*, ganadora de varios campeonatos del mundo en el apartado de trial con el piloto británico Dougie Lampkin.

BIANCHI

DURANTE LOS TIEMPOS PIONEROS de la industria motociclista italiana hubo un hombre que destacó por encima de todos: Edoardo Bianchi. Nacido en julio de 1865, Bianchi se crió en un orfanato de Milán, y desde muy temprano mostró unas sorprendentes cualidades para la ingeniería.

En 1885, a la edad de veinte años, abrió un pequeño taller en el que fabricaba bicicletas. En 1888, se trasladó a unas instalaciones mayores, donde fabricó el primer vehículo italiano (una bicicleta) con ruedas neumáticas. Su negocio se expandió a gran velocidad durante la década de 1890, momento en que el ciclismo estaba tan de moda en Italia como en cualquier otro lugar de Europa.

En 1897, probó a montar un motor de Dion monocilíndrico en un triciclo. Aunque el experimento acabó en llamas, puede decirse que fue el primer ingeniero italiano en fabricar un vehículo motorizado.

En 1901, apareció el primer prototipo de motocicleta, que se puso en venta al año siguiente. Esta versión de serie fue el primer vehículo Bianchi fabricado enteramente con piezas fabricadas en sus instalaciones de Milán, incluido el motor de 2 CV realizado bajo licencia de De Dion.

El famoso logotipo de Bianchi. En la primera mitad del siglo XX, Bianchi fue una de las firmas italianas más importantes, antes de irse desvaneciendo en la década de los sesenta.

En 1905, la compañía, que por entonces ya fabricaba automóviles, fue constituida en sociedad anónima con el nombre de Edoardo Bianchi & Co, y la facturación fue aumentando vertiginosamente de año en año.

Ayudó mucho a este éxito la apertura en 1902 de una nueva planta de grandes dimensiones en Via Nino Bixio, Milán, donde se fabricaban los mejores modelos, incluido un mococilíndrico muy mejorado con lujos tales como encendido por magneto, horquilla delantera provista de paralelogramos y transmisión de correa. En 1905, apareció una nueva versión con horquilla Traffault, y en 1910, un modelo totalmente nuevo de 500 cc, que hizo de Bianchi la envidia del resto de fabricantes italianos.

Durante la Primera Guerra Mundial, Bianchi concentró su producción en motores para la aviación, pero también fabricó motores bicilíndricos en V de 649 cc, además de una motocicleta diseñada expresamente con fines militares: la C75, que se fabricó en gran número. Cuando terminó la guerra, se aumentó la cilindrada de la bicilíndrica en V hasta los 741 cc.

Sin embargo, hasta 1920 Bianchi no se tomó un interés especial en las competiciones de velocidad. Ese año, Carlo Maffeis, montando una 500 cc bicilíndrica en V con distribución ohv, estableció el récord mundial del kilómetro

Uno de los modelos más vendidos por Bianchi entre 1914 y 1919 fue esta 498 cc ioe (válvula de admisión encima de la de escape) monocilíndrica. Después, la compañía comenzó a fabricar modelos mucho más rápidos.

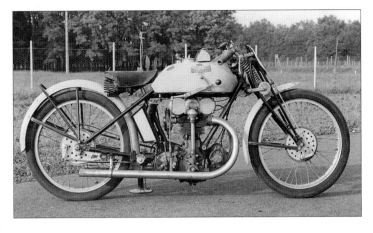

con un registro de 124,9 km/h en una carretera cercana a Gallarate. Incluso entonces, el esfuerzo no partió de la fábrica en sí, sino que fueron el propio Carlo y sus hermanos, Miro y Nando, los que prepararon el motor en su propio taller. A mediados de los años veinte, se hizo necesario que Bianchi respondiera a la amenaza que para sus ventas suponían marcas como Moto Guzzi y Garelli. El resultado fue una motocicleta de clase 350 totalmente nueva diseñada por Mario Baldi.

El diseño de Baldi contaba con un cilindro de 74 mm de diámetro y 81 mm de carrera, que proporcionaban una capacidad de 348 cc. Tenía distribución dohc accionada por un eje con engranaje cónico y engranajes de dentadura recta. Los árboles de levas y los muelles helicoidales de las válvulas estaban totalmente encerrados en un compartimento estanco al aceite, algo difícil de ver en aquellos días. Denominada Frecia Celeste (Flecha Azul), era tan rápi

La Freccia Celeste (Flecha Azul) de Bianchi, dohc 348 cc monocilíndrica dominó las carreras italianas a finales de los años veinte. Su primer piloto era el legendario Tazio Nuvolari.

da como fiable, y ganó la prueba de larga distancia Milán-Taranto, la Lario, y el Grand Prix italiano de Monza.

El legendario Tazio Nuvolari, que había comenzado con Garelli, fue contratado por el equipo Bianchi, entre cuyos pilotos se encontraban Varzi, Arcangeli y Moretti. Nuvolari pilotó primero la Bianchi en el GP italiano de 1925, que ganó alcanzando una velocidad récord, a pesar de haber comenzado el último en la parrilla de salida, haber arrancado con empujón, y ¡llevar una pierna escayolada! Hasta finales de 1930, la dohc de Bianchi dominó las carreras italianas.

También se debe a Baldi el diseño de una nueva sobrealimentada de carreras de 492,69 cc (52 × 58 mm) de cuatro

BD
Checoslovaquia (Praga) 1927-1929. Breitfeld & Danek fabricaron monocilíndricas de gran calidad con caja de cambios integrada en el motor, ohc de 490 cc, y posteriormente de 350 cc. La producción continuó después de 1929, pero con el nombre Praga y con transmisión por eje.

BEADING ENGINE CO.
Estados Unidos (Farmington, Michigan) 1949. Esta compañía fabricó un motor auxiliar.

BEASLEY
Inglaterra 1955. Esta motocicleta de carreras tenía motor bicilíndrico de 125 cc y dohc.

BEAUFORT
Inglaterra (South Twickenham) 1923-1926. La Argson Engineering Company fabricaba vehículos para minusválidos, y también utilizó motor monocilíndrico de dos tiempos y 170 cc en un modelo de motocicleta.

BEAU-IDEAL
Inglaterra (Wolverhampton) 1905-1906. Beau-Ideal era una firma ensambladora que utilizaba motores Clement, JAP y Minerva.

BEAUMONT
Inglaterra (Leeds) 1919-1923. Esta firma usaba motores Wall de dos tiempos y 269 cc y Blackburne de 349 cc y válvulas laterales. Puede que también construyeran varios prototipos con motor radial Redrup de tres cilindros, así como un bicilíndrico plano transversal a la marcha.

cilindros, que hizo su debut en 1939. Debido a la guerra y la prohibición de la FIM de usar máquinas con sobrealimentador, este modelo de Bianchi nunca llegó a desarrollar todo su potencial. Después de la guerra, Bianchi concentró sus esfuerzos en vender su gama de motocicletas de transporte diario, de dos y cuatro tiempos, en un mercado doméstico donde apenas había transporte público. Y aunque la compañía tomó parte en competiciones de trial y de larga distancia, no volvería a participar en una prueba de Grand Prix hasta finales de los años cincuenta.

Su vuelta fue protagonizada por Lino Tonti, que había trabajado anteriormente con Aermacchi, FB Mondial y Paton. Diseñó inmediatamente un nuevo motor de 250 cc para motos de carreras, tanto en pista como motocrss. Fabricadas tanto en 174 (65 × 52,6 mm) como 248 cc (77 × 53,4 mm), estas máquinas monocilíndricas con doble árbol de levas demostraron ser más eficaces en la tierra que sobre la pista de asfalto.

Tonti diseñó entonces toda una serie de bicilíndricas en paralelo dohc con motores entre 249,45 hasta 498,06 cc entre 1960 y 1964. Esta máquinas fueron pilotadas por varios corredores, entre ellos Derek Minter, Bob McIntyre y Reno Venturi, con distinta suerte.

Pero este fue el final de la firma, que dejó de fabricar en 1967. Hoy el nombre Bianchi sobrevive como fabricante de bicicletas, y pertenece al gigante industrial Piaggio.

Los miembros del equipo Bianchi junto a sus máquinas (¡obsérvese el sidecar!), en línea antes de tomar parte en la ISDT de 1935.

BIANCHI FRECCIA CELESTE RACER

1925

La Bianchi Freccia Celeste (Flecha Azul) de un cilindro fue diseñada por Mario Baldi y dominó las competiciones italianas entre 1925-1930. El diseño de Baldi contaba con un motor de 348 cc (74 × 81 mm) y dohc accionado por un eje con engranaje cónico y engranajes de dentadura recta. Algo curioso en aquellos días fue que los árboles de levas y los muelles helicoidales de las válvulas estaban totalmente encerrados en un compartimento estanco al aceite.

La lubricación se realizaba por medio de un colector de aceite situado fuera del cárter, provisto de una bomba de aceite accionada por engranajes. El depósito de aceite estaba situado debajo del asiento. A los árboles de levas en la culata les llegaba una cantidad de aceite suplementaria a través de un pequeño depósito situado encima del depósito de la gasolina. El embrague multidisco en seco transmitía la potencia del motor a una caja de cambios de tres velocidades semiintegrada en el cárter, y el cambio de velocidades se realizaba mediante una palanca accionada con la mano.

El éxito de este modelo se debió a su fiabilidad, velocidad y al equipo de Bianchi, del que Tazio Nuvolari formaba parte.

El equipo Bianchi en el GP italiano de Monza de 1928. De izquierda a derecha, los mejores pilotos de la firma: Nuvolari, Zachetta y Moretti.

te. Una prueba de la dureza y resistencia de la máquina es el hecho de que ganara las tres principales pruebas de velocidad italianas: la Milana-Taranto de larga distancia, la Lario (del tipo TT), y el Grand Prix de Italia.

Nuvolari había comenzado su carrera con una Garelli de dos tiempos, pero fue reclutado para el equipo Bianchi, junto con Achille Varzi y Amilcare Moretti. Nuvolari hizo su debut con Bianchi en el Grand Prix de Italia de 1925, donde tuvo

que ocupar una posición al final de la parrilla de salida con una máquina de las que sólo arrancaban empujando. Además, se veía limitado por una escayola , fruto de un accidente de coche sufrido en el mismo circuito la semana anterior. Con gran decisión, Nuvolari pilotó su Freccia Celeste, adelantó al resto de competidores y ganó la carrera batiendo un récord de velocidad, habiendo corrido más rápido que la mayoría de los modelos rivales de 500 cc.

A partir de ese momento y hasta finales de 1930, la monocilíndrica dohc de Bianchi dominó por completo las 350 cc en Italia. Nuvolari volvió a ganar el GP de Italia en 1926, 1927 y 1928. En 1929, fue el primer hombre en completar una vuelta al circuito de Monza a 145 km/h.

Motor: Monocilíndrico vertical dohc, 348 cc
Caja de cambios: 3 o 4 velocidades
Peso: no especificado
Velocidad máxima: 150 km/h

BIANCHI TONALE
1954

La Tonale hizo su aparición en 1954. Estaba diseñada por Sandro Columbo. Su principal modelo de serie fue una deportiva 175 (174,7 cc) con cilindro de 60 mm de diámetro y 61,8 mm de carrera, que desarrollaba alrededor de 8 CV, alcanzando una velocidad máxima de 112 km/h. Partiendo de este diseño aparentemente modesto llegaría toda una gama de motocicletas más especializadas para carretera, motocrós y récords de velocidad.

La versión de competición se fabricaba con dos capacidades: la estándar de 175 y la mayor, de 220 (219,6 cc, 65 × 66 mm). En este último modelo, el original sistema de válvulas en culata accionadas por cadena fue reemplazado por un engranaje triple conocido como «tre bottoni» (tres botones). Fabricada desde 1954 hasta 1956, la 220 era capaz de rodar a 160 km/h.

Los modelos Cross 175 y 200 eran motocicletas especialmente diseñadas para motocrós a partir del modelo Tona-

le. Como sus hermanas de carretera, éstas fueron construidas a mediados de los años cincuenta, y no hay que confundirlas con las posteriores *off-road* diseñadas por Lino Tonti.

Poco después de la Exposición de Milán de 1957, Bianchi ocupó la primera página de algunos periódicos tras batir algunos récords de velocidad en el circuito de Monza con una Tonale 175 provista de un aerodinámico carenado de aluminio. Este modelo, que alcanzaba una velocidad de 193 km/h, estaba basado en el modelo estándar Tonale, pero utilizaba un buen número de componentes especiales tomados de las versiones de competición. Empleando alcohol como combustible, con una relación de compresión de 10:1, su potencia máxima era de 17 CV a 8.000 rpm.

Gracias al carenado integral, extraordinariamente estrecho, el ángulo de viraje de la dirección era muy pequeño, de manera que para trasladar la motocicle-

Diseñada por Sandro Columbo, la Tonale hizo su debut en 1954. El de la fotografía es un modelo 175 de 1962.

ta había que hacerlo manualmente con una barra de metal que encajaba en el carenado. Dos entradas de aire se encargaban de la refrigeración del motor. El peso, con el carenado incluido, era de 120 kg. Las ruedas llevaban neumáticos de 43 cm, y sólo la trasera estaba provista de freno.

La 175 Tonale fue uno de los modelos más vendidos de Bianchi, hasta que la fábrica cerró en 1967.

Motor: Monocilíndrico sohc 174 cc (60 × 61,8 mm), refrigeración por aire
Potencia: 8 CV a 700 rpm
Caja de cambios: cambio en el pedal, 4 velocidades
Transmisión secundaria: cadena
Peso: 116 kg
Velocidad máxima: 111 km/h. El modelo de carreras de 219 cc alcanzaba los 161 km/h

BE-BE
Alemania (Berlín) 1923-1927. La Berlin-Burger-Eisenwerk fabricó su propia dos tiempos de 112 cc.

BECCARIA
Italia (Mondovi) 1924-1928. Beccaria y Revelli fabricaron motocicletas de escaso interés con motores Villiers de dos tiempos y 350 cc, y motores Blackburne ohv de válvulas laterales; las cajas de cambios las fabricaba Sturmey-Archer.

BECCARTA
Italia 1925-1928. Esta firma tiene una historia muy parecida a la de Beccaria. Puede que su nombre se deba sólo a un error de imprenta.

BECKER
Alemania (Dresde) 1903-1906. Firma pionera que utilizaba motores bicilíndricos en V de Fafnir y sus propios monocilíndricos.

BEFAG
Alemania 1922-1924. La Badischen Albertus Fahzeugwerke fue una de las varias firmas que fracasaron con el motor Julius Lowy que, en teoría, podía funcionar con diésel después de haber sido calentado con gasolina. El motor tenía una capacidad de 113 y 176 cc.

BEHAG
Alemania 1922-1925. La Bremener Eisenhandels AG, firma que trabajaba el hierro y el acero, fabricó un limitado número de motocicletas con motores JAP de válvulas laterales y 348 y 490 cc. Es muy probable que también fabricaran una dos tiempos dieñadas por ellos mismos.

BIANCHI RASPATERRA MOTOCRÓS

1960

Fabricada con motores de tres cilindradas (250, 350 y 400 cc) la serie Raspaterra de motocicletas de motocrós fue obra de Lino Tonti, y está estrechamente ligada a la motocicleta militar MT61 318 cc del mismo período.

Los tres modelos de Raspaterra eran muy similares exteriormente, con su motor monocilíndrico y doble árbol de levas accionado por engranaje cónico. Los dos de mayor tamaño eran los más populares. El de 400 cc (82 × 74 mm) era simplemente una versión con mayor diámetro del de 350 cc (77 × 74 mm). Los tres modelos estaban provistos de tubos de escape tipo megáfono con conos invertidos. Aunque eran motores muy revolucionados, también ofrecían buenas prestaciones a regímenes bajos.

La versión 250 fue la primera en aparecer, cuando el piloto de pruebas de la fábrica (que también formaba parte del equipo de motocrós), Vincenzo Soletti, la utilizó en varias ocasiones con excelentes resultados. Entre las características del modelo destacaban: cárter Ekektron, ignición de doble bujía, y (en la versión de 250) un motor que podía tra-

El piloto de la firma Bianchi, Carlo Caroli, sobre su Raspaterra de un cilindro durante el Grand Prix de Motocrós de Suiza celebrado en 1960.

bajar con fiabilidad a 10.000 rpm, algo poco común en esa época para una moto de *off-road* de cuatro tiempos. Las actuaciones de Soletti le valieron el campeonato italiano de motocrós de 1959 en la clase 250 cc, hazaña que realizó montando una Bianchi dohc.

Las motos de motocrós alcanzaron varias victorias en Europa. Se envió un modelo 400 a Terry Hill (uno de los principales espónsor de carreras del momento) a Belfast, Irlanda del Norte en marzo de 1960. Esta moto se usó en determinados eventos tanto de motocrós como pruebas sobre pista de hierba.

Motor: monoc. 400 cc dohc, refrig. por aire
Potencia: 22 CV a 6.000 rpm
Caja de cambios: 4 vel., cambio en pedal
Transmisión secundaria: cadena
Peso: 180 kg
Velocidad máxima: 129 km/h

BIANCHI 350 DOHC TWIN RACER

1961

Diseñada por Lino Tonti, esta bicilíndrica en paralelo dohc comenzó su andadura en 1960 con una cilindrada de 250 cc, que poco después se aumentó a 350 cc.

El concepto que Tonti tenía de una bicilíndrica incluía un motor con caja de

Creada por Lino Tonti, la Bianchi bicilíndrica dohc ganó el título italiano en 1964.

cambios de seis velocidades integrada, montado en un bastidor ligero formado por un conjunto de tubos de pequeño diámetro y un tubo de sección ovalada desde la pipa hasta hasta el centro del bastidor.

El motor incorporaba un cigüeñal integrado, y los árboles de levas eran accionados mediante un conjunto de engranajes. Las cajas de los árboles

de levas, el embrague y el cárter inferior estaban hechos de aleación ligera. El cárter, el cuerpo de los cilindros y las culatas, de aleación de aluminio. Cada culata contenía dos bujías cuya chispa saltaba al mismo tiempo gracias a un par de bobinas Bosch de 6 voltios situadas detrás de la pipa.

El modelo con motor de mayor capacidad debutó con Brambilla en el Grand

Prix de Italia de Monza en 1960, y demostró ser sin duda mucho más competitiva que se hermana de 250.

En 1961, a Brambilla se unieron los pilotos escoceses Bob McIntyre y Alistair King. La primera parte de la temporada se vio perseguida por la escasa fiabilidad de las máquinas, pero en la TT de Holanda la bicilíndrica de Bianchi pudo pelear con la MV pilotada por Hocking, que acabó ganando por un escaso margen.

McIntyre fue contratado por Honda en 1962, pero en febrero de 1963, el ex piloto de MV, Remo Venturi, firmó por Bianchi. Con una versión de 500 cc de la bicilíndrica, el éxito llegó finalmente a Venturi con la MV Agusta en las series del campeonato del mundo; la bicilíndrica de 500 con sus 72 CV a 10.200 rpm ganó el campeonato italiano en la categoría Senior de 500 cc.

Bianchi dejó da fabricar motocicletas y abandonó las carreras en 1965.

Motor: 350 cc, bicilíndrico paralelo dohc
Potencia: 51 CV a 11.000 rpm
Caja de cambios: 6 velocidades, cambio en pedal
Transmisión secundaria: cadena
Peso: 127 kg
Velocidad máxima: 210 km/h

BIG BRUTE

CANADÁ 1990

ES ANTIGUA LA COSTUMBRE de colocar motores absurdamente grandes en bastidores Norton Wideline Featherbed. Por el contrario, existe la posibilidad de fabricar una motocicleta alrededor de un motor Chevrolet (generalmente de bloque pequeño) V8. Ésta es la premisa sobre la que se fundó Big Brute. Esta máquina fue fabricada en Onta-

rio, Canadá, por API-Racing Inc. La compañía se ganó su fama preparando motores Chevrolet para dragster y vehículos similares. Después se decidió a entrar en el negocio de las motocicletas.

La ZZ4 de aluminio tiene árboles de levas radicales, grandes válvulas, una relación de compresión 10:1, y un

Una Big Brute Special, aunque para ser precisos, todas las Big Brutes han sido siempre máquinas muy especiales.

Anuncio veraz: estas máquinas son, sin duda, grandes bestias. La marcha atrás se hace necesaria en máquinas como éstas.

cigüeñal y unos pistones ultra modernos capaces de desarrollar 355 CV a 5.250 rpm, con una cilindrada de 5,7 litros. También se pueden adquirir diversos sobrealimentadores, así como motores de mayor cubicaje: hasta 8,25 litros.

Con sus 477 kg, la V8 Big Brute hace honor a su nombre. Incluso el modelo «baby» de 6 cilindros, con su más de 210 CV sin sobrealimentador y sus 448 kg es más de dos veces el peso de una motocicleta «normal». La transmisión automática de dos velocidades es todo lo que uno podría razonablemente pedir en una máquina de tal potencia. Las dimensiones de la rueda trasera de la Avon 230 son 38 × 20

cm, con sección redonda, dice bastante sobre la maniobrabilidad del modelo, aunque los fabricantes recomiendan una rueda de sección cuadrada para aumentar la tracción, sobre todo con el modelo de 8 cilindros en V.

No es sorprendente, por tanto, que los folletos promocionales se centren más en el impresionante y llamativo aspecto de sus modelos que en su manejabilidad, ligereza o sentido práctico. Se trata, en efecto, de una motocicleta dragster con los cambios necesarios para convertirla en un vehículo que la ley permita usar en carretera.

A pesar de su gigantesco tamaño, esta máquina es sorprendentemente

sencilla de manejar. La altura del asiento puede elegirse entre 66 o 71 cm, y la altura libre inferior es de 13 cm.

La rueda delantera tiene doble disco de freno, y uno en la trasera, lo que significa que la moto frena tan bien como anda. Después de todo, tampoco pesa mucho más que algunas grandes turismo.

Algo más problemática es la información que uno puede conseguir sobre su rendimiento. Por ejemplo, el depósito puede tener (según la fuente consultada) 23 o 26,5 litros.

Con todo, no es sorprendente encontrar información contradictoria sobre una moticicleta personalizada que

igual puede utilizarse como dragster que como turismo.

Por supuesto, esta máquina se vende principalmente como motocicleta de largas distancias. Lo que está claro es que un modelo así llama la atención ya sea en movimiento o parado. Tiene mucha más potencia de la que su dueño pueda necesitar, y, desde luego, no se concibió simplemente como un medio de transporte.

Desde un punto de vista más mecánico, posee uno de los mejores motores de ocho cilindros en V que se fabrican. Con todo, debido a su tamaño y potencia, la Big Brute ocupa una parcela muy minoritaria en el mercado de las motocicletas.

BIG DOG

«NO SOMOS UNA INDUSTRIA tecnológica. Somos la industria motociclística.» Estas palabras del director ejecutivo de Big Dog, Sheldon Coleman, resumen perfectamente la filosofía de la compañía. Se dedican a fabricar motocicletas y no les gusta que nadie les diga cómo tienen que hacerlo. Curiosamente, este Sheldon Coleman es el mismo hombre de la Coleman Company, una compañía de la Fortune 500 conocida por sus artículos de acampada de primera clase.

Como otros fabricantes americanos de motocicletas basadas en la Harley-Davidson, Big Dog logró salir adelante gracias a la incapacidad de Harley-Davidson para satisfacer la incipiente demanda de comienzos de los años noventa. Había al alcance de la mano numerosos componentes de alto rendimiento y piezas especiales para hacer que este tipo de motocicletas corrieran más, fueran más ágiles en las curvas, mejorasen determinados aspectos estéticos u ofrecieran una posición de conducción más cómoda. Además, era relativamente sencillo montar motocicletas completas a partir de estas piezas sueltas que se ofrecían en el mercado.

En Big Dog se dieron cuenta en seguida de que podían fabricar sus propios diseños y seguir usando un anticuado motor bicilíndrico en V con los cilindros calados en ángulo de 45°. Los motores de 1.750 cc procedían de S & S y TP Engineering, a los que se añaden cajas de balancines y empujadores fabricados por Big Dog. En realidad se trata de un mismo producto con diferente logo, pero no es muy distinto de lo que George Brough hacía con los motores JAP y Matchless, que luego colocaba en sus inmortales Brough Superiors.

Los folletos publicitarios describen los modelos como «fabricados por Big

La firma Big Dog evitó dar a sus modelos nombres desagradables. Esta «Bulldog» es muy civilizada si la comparamos con modelos semejantes de otras marcas a los que han dado nombres como «Violator».

Dog», lo que no significa que están totalmente realizados en la fábrica que la firma tiene en Wichita, Kansas.

Otros componentes son opcionales, como la caja de cambios TP Engineering/Andrews con transmisión primaria de cadena lubricada por baño de aceite, el carburador S&S, los amortiguadores Works Performance, las pinzas de frenos de disco Performance Machine, o las ruedas de 40 cm, las horquillas delanteras y algunos otros componentes

fabricados por Big Dog. Como sucede con la mayoría de sus competidores, Big Dog concede gran importancia a la pintura de sus modelos, especialmente al hecho de que cada cliente puede elegir el color o diseño que prefiera. Cuenta además con algunos toques geniales, como un dispositivo electrónico que enciende tres veces las luces de freno la primera vez que se active éste, de manera que no pasa inadvertido a quien circula detrás de nosotros.

La Big Dog Vintage Sport, con el motor montado sobre tacos de caucho, es representativa de los seis modelos (Wolf, Bulldog, ProSport, Husky y Pitbull) y pesa 260 kg sin combustible. Lo sorprendente es que no se menciona para nada en las especificaciones del

fabricante la verdadera potencia de su motor prácticamente cuadrado (101 × 108 mm) con relación de compresión 9,6:1. En teoría, igual que en un Rolls Royce, la respuesta del motor es «suficiente» porque los motores de gran tamaño pueden ponerse a punto para desarrollar mucha potencia sin esfuerzo excesivo. La posición baja que ocupa el asiento y los apoyos de los pies recalcan la imagen de motocicleta de poca velocidad, y aunque los datos de las revistas especializadas hablan de cifras de tres dígitos, también es cierto que se menciona una velocidad de crucero de entre 113 y 130 km/h.

Se trata, en definitiva, de una máquina intrínsecamente americana dirigida a los fanáticos de las Harley-Davidson.

BIMOTA

ITALIA 1973

BERGFEX
Alemania (Berlín) 1904-1909. Esta compañía instalaba motores Fafnir y Minerva de uno o dos cilindros, de entre 4 y 5 CV, en bastidores propios de gran calidad.

BERGO
Alemania 1924: Firma ensambladora de breve vida que utilizaba motores DKW de 145 cc.

BERINI
Holanda (Rotterdam) 1949-1981. Berini comenzó con un motociclo de dos tiempos y 25,7 cc, que más tarde ampliaría a 32 y 48 cc. En 1955, se pasó a la fabricación de ciclomotores, y en 1959 añadió a su catálogo el modelo M13, semejante al Solex, con motor de 32 cc montado sobre la rueda delantera. Once años más tarde, en 1970, contaban con una gama de nueve modelos, por entonces provistos
de motores Anker y Suzuki.

BERLICK
Inglaterra 1929. Estas máquinas de tres velocidades y motores Villiers de dos tiempos y 247 cc tenían, sorprendentemente, tracción por eje.

BERLIN
Alemania del Este (Berlín-Ludwigsfelte) 1958-1965. Esta compañía utilizaba motores MZ de 150 cc tanto en sus motocicletas como en sus escúter.

EL PRINCIPIO ADMIRABLE que late en todas las motocicletas Bimota es el de combinar la facilidad de manejo, el diseño de su bastidor italiano y la suavidad de su suspensión con la potencia y fiabilidad de la tecnología tetracilíndrica japonesa.

Incluso cuando los japoneses comenzaron a fabricar máquinas que rivalizaban con las europeas en términos de manejabilidad durante los años ochenta, Bimota logró salir adelante. La parcela de mercado que ocupa está destinada a los motoristas que buscan modelos deportivos exclusivos, a menudo provistos de las últimas innovaciones tecnológicas, fabricados con los mejores materiales y componentes que pueden encontrarse en el mercado.

El fundador de la compañía fue Massimo Tamburini, en otros tiempos ingeniero de calefacciones centrales, que ya había adquirido reputación como fabricante de motocicletas especiales con un modelo de carreras con motor Honda de 750 cc. Una combinación de su apellido y los de sus socios comerciales, Bianchi y Morri, dio como resultado el nombre de la firma: Bimota.

Como era de suponer, la marca puso todo su empeño en los modelos de carreras, y Tamburini diseñó un modelo inspirado en la Yamaha TTZ350 bicilíndrica de dos tiempos, capaz de vencer el campeonato del mundo de 350 cc

en 1980. En otra disciplina, Charlie Williams demostró que Bimota podía ser igual de eficaz en competiciones de resistencia.

Esta idea condujo a la fabricación de bastidores de carretera que se comercializaron como kits separados y que podían montar motores japoneses. Bimota lanzó su primera motocicleta de carretera completa en 1977, la SB2 propulsada por un motor Suzuki GS750. Este modelo era considerablemente más ligero que la Suzuki estándar GS750 y unos 32 km/h más rápido, aparte de ser más fácil de manejar. Esto se debió en parte a la suspensión trasera con monoarticulador, que está varios años por delante de su tiempo, así como al hecho de haber desplazado el depósito de gasolina debajo del motor, lo que hacía descender el centro de gravedad de la máquina.

El siguiente modelo fue la KB1, con bastidor ligero de gran rigidez, que podía montar motor Kawasaki inte-

Bimota YB11 montaba el motor tetracilíndrico de la Yamaha YZF 1000 Thunderace ligeramente modificado.

La DB1 de Bimota, de 1986, resultó ser la salvación de la compañía. Su motor era un bicilíndrico en V de Ducati, lo que unió a Bimota con la firma de Bolonia.

La competición está en la sangre de la firma Bimota, y Virginio Ferrari ganó el título de Fórmula 1 en 1987 pilotando una YB4 con motor Yamaha FZ750. La de la izquierda es una YBS, deportiva derivada de la anterior.

Mientras, Bimota siguió participando con gran entusiasmo en el mundo de la competición. Su mayor éxito fue la victoria en el campeonato Fórmula 1 de 1987, cuando Virginio Ferrari montó una YB4 con motor Yamaha FZT750.

En 1990, Tamburini dejó la firma para unirse a Cagiva, y Pierluigi Marconi se convirtió en ingeniero jefe. Mantuvo la reputación que la empresa tenía de fabricar lo inesperado: el resultado de sus nuevos proyectos en la década pasada fue el modelo Tesi, que comenzó a fabricarse en 1991. Su característica más destacable se encuentra en la dirección, que actúa sobre el centro del cubo de la rueda, mientras que la suspensión queda encomendada

La innovadora Bimota YB9 con bastidor ligero de viga de aleación destinada al mercado convencional de las motocicletas deportivas.

grado de 903 o 1.015 cc dohc y cuatro cilindros. Su monoamortiguador trasero estaba dispuesto horizontalmente, también incorporaba geometría de dirección variable. Esto se conseguía mediante un sistema de cojinetes de la excéntrica en la parte inferior y superior de la pipa, que permite ajustes de entre 9,9 y 11,9 cm.

Este tipo de innovaciones del chasis dieron a Bimota la fama de marca puntera que ofrecía máquinas de gran calidad y elaboración artesanal. El resultado inevitable fue que las Bimota se convir-

tieron en máquinas con un proceso de fabricación muy costoso, lo que se reflejaba en el precio final. Como suele ocurrir con las firmas que se centran en un sector minoritario del mercado, Bimota se encontró más de una vez endeudada, y durante la crisis de comienzos de los ochenta, encontró la salvación con el modelo DB1, con motor bicilíndrico en V de Ducati. Aunque se trata de un modelo bastante convencional, su receta italiana resultó un gran éxito.

Abajo, derecha: La KB1 estuvo disponible desde 1979 con dos motores tetracilíndricos dohc de Kawasaki montados en un bastidor ligero de gran rigidez que ofrece además geometría de dirección variable.

Echando un vistazo detrás del carenado de plástico, encontraremos el bastidor de viga de aluminio de esta Bimota deportiva con asiento doble, el modelo Bellario.

a un doble brazo basculante provisto de monoamortiguador. El principio de este sistema, común con otros en los que la dirección actúa sobre el cubo de la rueda, es que la dirección de la motocicleta se ve favorecida al separar las fuerzas de la frenada y la suspensión, algo que las convencionales horquillas telescópicas no pueden hacer. Pero la Tesi planteó varios problemas desde un principio, y los potenciales compradores, desanimados por su alto precio, prefirieron decidirse por el modelo convencional SB6 con motor Suzuki GSX-

R1100. Esto no desalentó a los ingenieros de Bimota, que siguieron en la misma línea innovadora, y durante los años noventa, la marca invirtió en el desarrollo de una nueva bicilíndrica en V de 500 cc. Este modelo vio la luz en 1997, provisto de motor de dos tiempos bicilíndrico en V con inyección directa montado en un bastidor ligero, y capaz de desarrollar 110 CV. Este modelo en la línea radical de Bimota encontró varios problemas con la inyección de combustible, por lo que se retiró del mercado.

Después de eso hubo otras seis máquinas en el catálogo de la firma, aunque todas ellas con motor de Suzuki, Yamaha y Ducati. La compañía se recuperó con el modelo Mantra, una naked que se apartaba ligeramente de la filosofía de Bimota de máquinas con carenado integral. A finales de 1998, Bimota fue adquirida por Francesco Tognon, cuya fórmula consistía en devolver a Bimota a su línea original. El resultado fue la DB4, que combinaba el motor Ducati 900SS con el chasis ultraligero de la Mantra.

BIMOTA TESI 1990

La Tesi apareció por primera vez como un prototipo presentado a la exposición de Milán de 1982, y llegó a las pistas de carreras en 1984. Sus características eran bastante radicales, en el más puro estilo Bimota. Las primeras versiones utilizaron un motor Honda V4 montado en bastidor de fibra de carbono (tecnología punta en un momento en que ni siquiera los coches de Fórmula utilizaban ese material en sus carrocerías). La dirección de la primera Tesi esta controlada por un sistema hidráulico.

En 1990, cuando la Tesi comenzó a fabricarse en serie, el chasis pasó a ser de aleación de aluminio y constaba de un par de planchas atornilladas alrededor de la parte superior de un motor Ducati bicilíndrico en V de 904 cc y 8 válvulas e inyección. Por encima, un bastidor auxiliar compuesto de tubos de

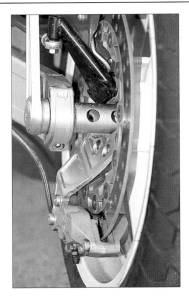

pequeño diámetro, que servían de soporte al depósito de la gasolina, el asiento, el carenado y el manillar. La Tesi poseía un brazo basculante hecho de aleación tanto en la parte trasera como en la delantera, lo que proporcionaba al modelo una extraña simetría. El basculante de doble brazo de la parte posterior era bastante convencional, con su tensor de cadena excéntrico situado en el lado derecho; en cambio, el bas-

La mayor característica de la Tesi 1D era su suspensión frontal por medio de un brazo basculante y su manillar.

Bimota surgió con el prototipo Tesi en 1982 empleando el motor de la Honda V4; pero la versión 1D que aparece aquí corrió con un motor bicilíndrico en V de 904 cc.

BERNARDET
Francia (Chatillon-sous-Bagneux) 1930–1934: Bernardet fabricó un número limitado de máquinas de poca popularidad con motores de entre 100 a 500 cc compradas a Train y Chaise.

BERNARDET
Francia (Chatillon-sous-Bagneux) 1949–1957: Estos escúter se equipaban con motores de entre 100 a 500 cc comprados a Train y Chaise.

BERNEG
Italia (Casalecchio di Reno, Bolonia) 1954–1961: De aspecto lujoso, con veloces cilindros paralelos en la leva superior, inicialmente de 158 cc (100 kph, 62 mph) y más tarde con un motor de 185 cc en 1957, capaz de alcanzar los 150 km/h en la modalidad Gran Turismo.

BERO
Alemania 1924–1925: Esta compañía construyó máquinas en un número limitado dotadas de motores DKW de 145 cc.

BERTAUD
Francia 1963: Esta firma produjo ciclomotores modernos y relativamente potentes de motores de dos tiempos de 50 cc. La Júpiter de cuatro velocidades podía alcanzar los 85 km/h.

BERTIN
Francia (St. Laurent Blangy) 1955–1958: Ciclomotor con motor de 49 cc de dos tiempos.

culante delantero daba a la Tesi un aspecto realmente extraño. La rueda delantera giraba alrededor de un cubo hueco de gran diámetro que contenía un eje conectado a cada uno de los lados del brazo basculante. En el centro del eje había una pieza vertical unida al cubo por medio de rodamientos, que proporciona el movimiento de la dirección, y un brazo de dirección (también en el cubo) conectado con el manillar por medio de un mecanismo articulado. Hasta cierto punto, es la anchura de la horquilla delantera que emerge del carenado inferior la que determina el ángulo de viraje.

Los frenos delanteros actúan mediante una compleja barra de reacción. La amortiguación corre a cargo de monoamortiguadores situados en la parte central, por encima del bastidor. La ventaja que ofrecen sobre las horquillas telescópicas convencionales consiste en que éstas se contraen en el momento de la frenada, de modo que los impactos con la carretera no se absorben con tanta eficacia, y la geometría de la dirección varía con los movimientos de la máquina. El sistema de la Tesi transmite las fuerzas directamente hacia atrás, hasta el bastidor, mientras que la pipa de una dirección normal tiende a transmitir las severas fuerzas de frenado a lo alto del bastidor. La idea de sus diseñadores fue que la Tesi pudiera tener una estructura más pequeña y, por tanto, más ligera.

Motor: Ducati bicilíndrico en V, 8 válvulas, inyección de gasolina, 904 cc
Potencia: 118 CV
Caja de cambios: 5 velocidades, cambio en pedal
Peso: 188 kg
Velocidad máxima: 266 km/h

BIMOTA YB10 SUPERLEGGERA

1996

LA FIRMA CARROCERA ITALIANA Touring de Milán, creadora de algunas de las carrocerías de coches más exquisitas desde los años treinta hasta los cincuenta, utilizó el término «Superleggera» para referirse a un diseño realizado con un método exclusivo que valiéndose de tubos y planchas de aluminio da lugar a la estructura más ligera posible. Por la misma razón, Bimota bautizó con el término «Superleggera» a su modelo YB10, aunque, en justicia, podría haberlo aplicado a buena parte de sus modelos. El lema comercial de Bimota ha sido siempre fabricar motocicletas más ligeras, cortas y rápidas que permitiera el renombre y las limitaciones de la competición. Como los que fabricaba la Touring de Milán, los chasis de Bimota son manejables. La YB10 apareció a mediados de 1996, con el motor Yamaha bicilíndrico de cuatro tiempos y 1.002 cc y refrigeración líquida. Este motor de 20 válvulas se acompañaba de componentes de alta calidad, como horquilla y suspensión Paioli, pinzas de cuatro pistones en los frenos de disco Brembo y llantas Antera. Con una maniobrabilidad y rendimiento sorprendentes (en teoría, la moto más potente fabricada en esas fechas), era dos terceras partes más cara que la Yamaha FZR1000 Thunderace. Su extraordinaria calidad de fabricación se aplicaba desde el bastidor de viga de aleación hasta el carenado de una sola pieza y guardabarros de fibra de carbono, aunque el piloto tenía que vérselas con algunas particularidades del diseño, como la posición algo retrasada de los pedales, que hacía la conducción algo incómoda. En las carreteras rápidas y con curvas, la YB10 desarrollaba una potencia de vértigo.

Bimota lanzó su superligera YB10 en 1996, propulsada por un motor Yamaha ThunderAce de 1.002 cc, y revestida con un carenado integral de una sola pieza y guardabarros de fibra de carbono.

Motor: Bicilíndrico de cuatro tiempos, 20 válvulas, 1.002 cc, refrig. líquida.
Potencia: 131 CV
Caja de cambios: pedal
Transmisión secundaria: cadena
Peso: 183 kg
Velocidad máxima: 282 km/h

BLACKBURNE

INGLATERRA 1913-1922

No se trata de una Blackburne sino de una Cotton modificada para carreras de velocidad que muestra claramente el especial diseño de su bastidor y el motor Blackburne de 500 cc.

LA BLACKBURN (SIN LA «E») entró en el mercado a comienzos de 1913 con el nombre De Havilland, y fue fabricada en privado hasta que se puso a la venta para el público. Su motor contaba con una válvula de admisión colocada en la culata, cuyo empujador discurría a través de un tubo situado en el tracto de admisión, un volante externo y transmisión secundaria por correa.

Construida por Burney & Blackburne en Hertfordshire, tenía un motor de 499 cc con válvulas laterales y cigüeñal de una sola pieza. Éste, junto al volante de gran tamaño, daba uno de los motores más suaves de la época. La transmisión secundaria se realizaba por correa, y disponía de horquilla Saxon y silenciador en forma de botella.

A finales de 1913, la firma se trasladó a Tongham, en Surrey, y su nombre se había alargado: Blackburne. El modelo monocilíndrico presentaba mejoras en la transmisión y horquilla Druid. También fabricaban un modelo TT de una sola velocidad. Ambos siguieron fabricándose hasta 1916.

Después de la Primera Guerra Mundial, la Osborn Engineering Company (OEC) de Gosport, Hampshire, se hizo cargo de la producción, fabricando tres modelos en 1919: un monocilíndrico de tres velocidades, otro de 2,5 CV con dos velocidades y un bicilíndrico en V de 8 CV. El bicilíndrico fue el único que

sobrevivió hasta 1922. Los dos nombres de la compañía se fundieron en 1923 dando lugar a OEC Blackburne (hasta 1925), fabricando motores para otras marcas antes del cierre definitivo de la firma en los años treinta.

Un clásico motor Blackburne como los utilizados por muchas firmas en los años de entreguerras. En este caso, se trata de un monocilíndrico vertical de 348 cc ohv, con magneto y bomba de aceite externa.

BLACK PRINCE

INGLATERRA 1919-1920

DISEÑADA POR E. W. CAMERON, con sede en Doncaster, Yorkshire, esta avanzada máquina utilizaba un motor Union de 292 cc, o un bicilíndrico plano de 396 cc de dos tiempos con una sola bujía que estaba instalada en un tubo conectado con las dos cámaras de combustión. Este tubo contenía una válvula automática de seta encargada de controlar el paso de la mezcla desde el cárter, común para ambos pistones. El resto del motor estaba montado longitudinalmente a la marcha. El modelo estaba provisto de embrague y dos velocidades que transmitían el movimiento del motor a la rueda trasera por medio de un eje.

Aunque nunca llegó a fabricarse en serie, el resto de la motocicleta era igualmente innovador. El bastidor de acero estampado contaba con dos laterales unidos en el cabezal y se extendían envolviendo completamente el motor y prolongándose hasta formar el guardabarros trasero. El depósito de la gasolina se colocba en la parte superior. La suspensión corría a cargo de una horquilla con barras paralelas tipo H & D provistas de muelles helicoidales en la rueda anterior, y de horquilla basculante con muelles en la rueda trasera.

La Black prince era una máquina asombrosa, igual que el funcionamiento de su motor. En 1920, Cameron se suicidó, y con él murieron todas las perspectivas del modelo, así como de un nuevo triciclo, el Black prince Runabout.

El recubrimiento total del motor no era la única característica llamativa del frustrado proyecto Black Prince. Tenía además motor bicilíndrico plano de dos tiempos y transmisión secundaria por eje.

BERTONI
Italia 1954. La Bertoni fue una motocicleta ligera deportiva con motor de dos tiempos y 160 cc, que tuvo muy corta vida.

BERVA
Hungría 1958. Este ciclomotor de 48 cc y dos tiempos tenía suspensión en ambas ruedas.

BERWICK
Inglaterra (Tweedmouth) 1929-1930. Motocicletas de dos tiempos y transmisión por eje que utilizaban motores monocilíndricos Villiers de 246 y 346 cc.

BESSONE
Argentina años sesenta. Esta compañía fabricaba bajo licencia motocicletas ligeras con motores DKW de 125 cc y escúter de 125 y 150 cc con motor DKW. En 1963 fabricó un escúter de diseño italiano de 150 cc.

BETTOCCHI
Italia (Portea Terme) años cincuenta. Bettocchi instalaba motores Demm en sus propios bastidores y vendía los modernos con el nombre de Beccaccinos.

BEUKER
Alemania (Bocholt, Westfalia) 1921-1929. Además de bicicletas y ciclomotres de dos tiempos, Beuker también fabricó motocicletas de dos tiempos, comenzando con una 231 cc, más tarde 145, 173 y 246 cc. Todas eran de diseño anticuado, sencillas y robustas.

BMW

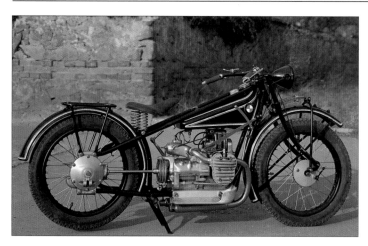

LA BAYERISCHE MOTOREN WERKE casi nunca ha fabricado modelos de moda que batan recórds de ventas, y ha habido momentos en su historia en que la fabrica ha estado al borde de la quiebra, pero BMW siempre ha sido fiel a su propia filosofía y, en consecuencia, ha fabricado algunas de las mejores motocicletas conocidas.

La filosofía de su diseño es sencilla: la compañía no fabrica modelos unidi-

La R42 de 1926 desarrollaba un 40 por ciento más de potencia que la original R32, a pesar de que sus motores con válvulas laterales tenían la misma capacidad.

mensionales. A pesar de los éxitos obtenidos batiendo varios récords de velocidad en los años treinta y de ganar numerosas carreras, la firma nunca se ha preocupado de fabricar la moto más

rápida del mundo, aunque sus máquinas más rápidas no se han quedado cortas. Sus modelos no son nunca los más ligeros o más precisos en carretera, pero su maniobrabilidad sorprende a sus detractores, que dicen de ellas que son motocicletas para gente seria y mayor. Como motocicletas de turismo, pueden recorrer largas distancias, muy rápido, no importa en qué tipo de carreteras, con o sin curvas. Con excepción de las

La R11 (1929-1933) introdujo el bastidor de acero estampado «star», y tenía un motor de 745 cc con 18 CV, más del doble de la potencia generada por la original R32.

La R12 (1935), versión mínimamente actualizada de la R11, conservaba motor de 745 cc y 18 CV. En 1937 fue reemplazada por la R6, con la misma potencia pero sólo 600 cc.

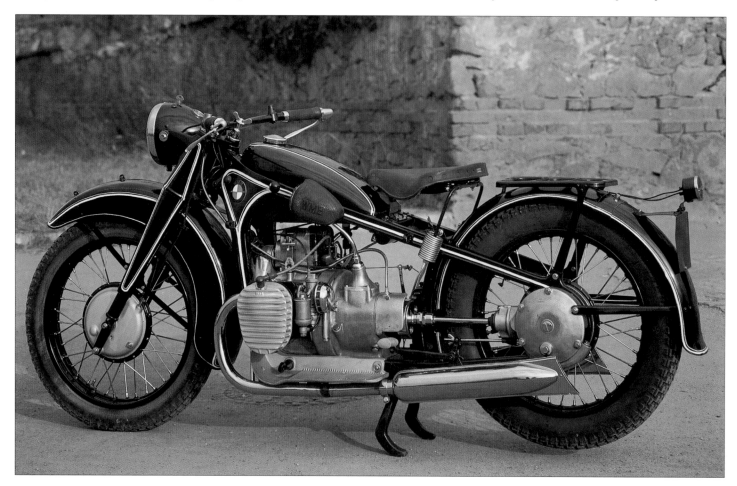

La R20 fue la monocilíndrica más pequeña de BMW, con sólo 192 cc, pero desarrollaba casi tanta potencia como la bicilíndrica plana (boxer) de 1924: 8 CV en lugar de 8,5.

turismo RT de estilo americano, sus modelos no son grandes, pesados poco manejables o vulgares. Desde el punto de vista mecánico, no son tremendamente complicadas pero tampoco tienen la tosquedad de un tractor. BMW se asocia, por supuesto, con el motor bicilíndrico plano transversal a la marcha. Este diseño fue el primer gran éxito de la firma, y sus clientes se niegan a que desaparezca.

La compañía se formó por una amalgama en 1918 de la Bayerische Flugzeugwerke y la Gustav Otto Flugmaschinesfabrik, ambas dedicadas a la industria aeronáutica. Cuando después de la Primera Guerra Mundial calló la demanda de sus productos, la idea de fabricar motocicletas pareció la más acertada. Después de dos intentos en falso (la Flink monocilíndrica de dos tiempos y la M2B15 bicilíndrica plana diseñadas para el montaje en cadena), Max Friz, uno de los fundadores de la Flugzeugwerke, diseñó la R32, con dos cilindros planos y motor transversal.

Aunque las restricciones en la industria aeronáutica se relajaron notablemente en 1924, la R32 se vendió lo bastante bien como para justificar un mayor desarrollo en el campo de las motocicletas. Los progresos fueron extraordinariamente rápidos. Primero, en 1925, el motor incorporó válvulas en la culata, lo que dio lugar al modelo R37, con casi el doble de potencia con la misma cilindrada: 16 CV a 4.000 rpm. Sólo se fabricaron 175 de estos

Los sidecar Steib con nariz de bala fueron un clásico acompañamiento de las BMW, como las horquillas Earles (como la que vemos en este R60) eran el acompañamiento típico de los sidecar Steib.

BEZDEZ
Checoslovaquia 1923-1926. Esta firma fabricaba ciclomotores y motocicletas con sus propios motores de 145 cc, de cuatro tiempos y dos vávulas.

BFG
Francia 1978-1983. BFG (Boccardo, Favrio y Grange) fabricaron un pequeño número de Superbikes con motor Citroen de coche, de 1.299 cc, y caja de cambios de cinco velocidades.

BH
España 1956-1960. Esta compañía fabricaba ciclomotores de dos tiempos y 49 cc.

B & H
Inglaterra 1923. Esta firma se especializó en la fabricación de motores, pero también produjo algunas motocicletas completas con motor de 996 cc y válvulas laterales.

BICHRONE
Francia (París) 1902-1907. Esta firma fabricaba motocicletas completas con motres bicilíndricos en V de dos tiempos, con 2,25 y 2,75 CV, además de proporcionar motores a otros fabricantes.

BIKOTOR
Inglaterra 1951. Motociclo de 47 cc y dos tiempos que pesaba tan sólo 5 kg.

Arriba: la R90S, lanzada en 1973 (el de la foto es un modelo de 1975) fue la primera superbike de BMW; potente, con estilo y su exclusiva pintura realizada con pulverizador de aire a presión.

Derecha: BMW fabricó una 1.000 cc (realmente 980 cc) en 1976; este modelo de carreras de 1978 conserva las clásicas cajas de balancines redondeadas.

rápidos modelos bicilíndricos que pesaban 134 kg, y la R32 fue reemplazada en 1926 por los modelos R42 y R47. Ambos conservaban el motor cuadrado de 68 × 68 mm, el primero con válvulas laterales y 12 CV, y el segundo con válvulas en la culata y 18 CV.

Siguieron a éstos motores de mayor cilindrada y mayor potencia, y los años treinta fueron para BMW una época de récords y victorias. En 1932, por ejemplo, Ernst Henne aumentó el récord de velocidad en motocicletas a 244 km/h, y sus modelos de carreras de 500 cc alcanzaron en 1939 los 70 CV, aproximadamente la misma potencia de la R1000RS de veintisiete años después, en una máquina que tan sólo pesaba 139 kg.

Durante la Segunda Guerra Mundial, BMW volvió a fabricar motores para aviones de la Luftwaffe y la magnífica R75 para el ejército alemán. Las restricciones de después de la guerra significaban que las monocilíndricas (introducidas por vez primera en 1925) volvían a ser el soporte de la firma, al menos durante un tiempo, al que siguió un largo período de letargo en el que parecía que BMW podía incluso abandonar el negocio de las motocicletas.

Sin embargo, la suerte de la compañía renació con la nueva serie «stroke», con sus modelos completamente rediseñados, y, en particular, con dos modelos clave: la R90S y la R100RS. Después

Como las mayoría de los fabricantes, BMW tuvo que adaptarse al mercado de las «motocicletas-juguete». Esta Cruiser de 1997 es un buen ejemplo de ello.

La F650 (en la foto aparece un modelo de 1994) fue construida por Aprilia con motor monocilíndrico Rotax, algo que horrorizó a los verdaderos fanáticos de BMW.

llegó la «Brick», con motor longitudinal de cuatro cilindros en línea y refrigeración líquida, que BMW imaginaba podría reemplazar al inmortal «boxer». Hubo también un modelo K75 o «brick tres cuartos», que en realidad era el mismo motor de 1.000 cc al que se había quitado un cilindro, dando lugar a una 750 cc.

Pero el motor bóxer no iba a desaparecer, y en 1992 llegó la nueva generación de bóxer con distribución ohv y cuatro válvulas por cilindro, que pronto se diversificó en distintas versiones más de lo que lo hiciera el «brick», a pesar de que éste último llegó a tener una capacidad de 1.200 cc para conservar la ventaja de una mayor potencia.

Para ampliar el mercado, BMW también lanzó el modelo Funduro 650 cc y el escúter C1 de 125 cc, que fueron totalmente incondicionales de la marca. La F650 por su transmisión por cadena y por estar fabricada por Aprilia con motor Rotax, lo que no ha impedido que desde su aparición haya sido una de las motos más vendidas de su categoría. Y el C1 por no reunir las condiciones de una auténtica motocicleta.

En resumen, podemos decir que independientemente de quién o cómo se ataque a BMW, la marca alemana siempre consigue vender lo suficiente para que sus modelos sean competitivos y produzcan beneficios.

El modelo C1 125 cc fue el nuevo concepto de escúter de BMW, lanzado justo cuando las Lambrettas y Vespas comenzaban a ponerse nuevamente de moda.

BIM
Japón (Tokio) 1956-1961. Esta firma japonesa fabricaba copias de BMW con motores de 250, 350, 500 y 650 cc.

BIMA
Francia 1952-desconocida. Inicialmente fabricó un motociclo, y posteriormente un ciclomotor de 49 cc con cilindros horizontales. Una marca registrada Peugeot.

BIMM
Italia (Montemurlo) 1968-1979. Esta firma, que en 1979 se convirtió en Bimotor, fabricaba motocicletas de trial y motocrós con motores de dos tiempos Minarelli de 49 y 123 cc.

BIMOFA
Alemania 1922-1925. Motores Hansa de válvulas laterales propulsaban los modelos diseñados por Gustav Kunstmann.

BIMOTOR
Italia 1979-desconocida. BIMM cambió su nombre por Bimotor en 1979, y siguió fabricando las mismas motos de trial y motocrós de dos tiempos.

BINKS
Inglaterra (Nottingham) 1903-1906. Una de las primeras motocicletas con cuatro cilindros en línea, y probablemente la primera en disponerlos transversalmente a la marcha. El motor de 385 cc, con válvulas laterales y cuatro tiempos, también se dispuso longitudinalmente. Binks fue conocido posteriormente como fabricante de carburadores.

BMW R32

1923

Reza el viejo dicho que «bien está lo que bien parece», y BMW lo demostró con la elegante R32. Los frenos son bastante primitivos, por supuesto, y todos los componentes están más a la vista de lo que suelen estar hoy, como el eje cardán y la transmisión Speedo. El uso de depósito sobre el bastidor ya se había exten-

La Ancestro: motor cuadrado de 68 mm y 494 cc, y tan sólo 8,5 CV a 3.200 rpm. Con todo, una bicilíndrica plana con transmisión por cardán que la identifica como una auténtica BMW.

dido, pero esta máquina continúa fiel al antiguo diseño y muestra un depósito

plano con una de las líneas más limpias que se pueden encontrar. En general, la calidad de fabricación y el inmaculado acabado reflejan el pasado aeronáutico de BMW.

La R32 pronto evolucionó, convirtiéndose en la R37, seguida de los modelos R42 y R47, siguiendo un patrón incomprensible en la numeración de los modelos que se prolongaría hasta la aparición de la serie «stroke» en 1969. Las bicilíndricas también se desarrollaron a partir de la R39 monocilíndrica de 1925, que era literalmente medio motor boxer, con motor cuadrado de 68 mm, pero con válvulas en la culata. De camino hacia los modelos con bastidor de tipo «star», BMW lanzó la R52 y la R57 en 1927, muy mejoradas con respecto a los modelos R42 y R47, y posteriormente la R52, provista de válvulas laterales, primer modelo en que se modificó el diámetro del cilindro y la carrera (63 × 78 mm), lo que aportaba mayor flexibilidad, aunque todavía desarrollaba 12 CV, mientras

que la R57 alcanzaba los 18 CV. Posteriormente, en 1928, BMW presentó otros dos modelos de alta cilindrada. El R62 con válulas laterales utilizaba una larga carrera de 78 mm y un diámetro de 78 mm, logrando una capacidad de 745 cc y 18 CV, con un gran par motor, a 3.400 rpm. La deportiva R63 con válvulas en la culata poseía la antigua carrera de 68 mm y un pesado cilindro de 83 mm, que resultaba en una capacidad de 734 cc, con 24 CV a 4.000 rpm.

En tan sólo cinco años, BMW había triplicado la potencia del modelo original.

Motor: bicilíndrico plano transversal, motor cuadrado de 68 mm, 494 cc, válvulas laterales, refrigeración por aire
Potencia: 8,5 CV a 3.300 rpm
Caja de cambios: 3 velocidades, palanca manual
Transmisión secundaria: cardán
Peso: 120 kg
Velocidad máxima: 90 km/h

BMW R17

1935

La R17 fue el modelo más desarrollado de cuantos estaban provistos del peculiar bastidor «star». Contaba con horquilla telescópica, caja de cambios de cuatro velocidades y una versión más potente del motor con diámetro mayor que la carrera (83 × 68 mm). Dos carburadores Amal le ayudaban a desarrollar una potencia de 33 CV.

La horquilla telescópica permitía que las ruedas delantera y trasera tuvieran el mismo tamaño y fueran intercambiables, característica de BMW que perduró hasta 1969.

El armazón de acero estampado tipo «star» había aparecido por vez primera en 1929 con las R11 y R16. La R11 utilizaba el motor 745 cc con válvulas laterales, que desarrollaba los mismos 18 CV de antes, mientas que el R16 poseía un motor de 734 cc con válvulas en culata y una potencia de 25 CV. Al mismo tiempo que el R17 reemplazó al R16, el R12 sustituyó al R11: el mismo motor de 18 CV con válvulas laterales y un solo carburador.

Cuando BMW volvió al uso de bastidores convencionales en 1936 con su

modelo R5, también se encargó de rediseñar el motor, con doble árbol de levas, que permititía el empleo de empujadores más rígidos, cortos y ligeros. Esto redundó en una mayor potencia del motor: 24 CV a 5.800 rpm

Con su nuevo bastidor, la R5 pesaba 165 kg, 18 kg más ligera que la R17, por lo que tan sólo era un poco más lenta que ésta y mucho más precisa en carretera.

Un pedal de cambio con tope de fin de carrera la hizo más manejable a gran velocidad que la R5. La R6 de 1937 era un modelo inspirado en la R5, provisto de válvulas laterales y con un diámetro

Con sus impresionantes 33 CV, la R17 era la BMW más rápida provista de bastidor «star», aunque el peso de este bastidor era un factor en contra.

de cilindro de 70 mm y una carrera de 78 mm. Desarrollaba la misma potencia (18 CV) que las R11 y R12, pero con un motor de 600 cc en lugar de uno de 734 cc. La R51 y la R61 de 1938 eran similares a las R5 y R6, pero con suspensión trasera y, en el caso de la R61, ligeramente más lenta debido a una menor relación de compresión y 11 kg más de peso.

Ese mismo año, los entusiastas de las deportivas celebraron la llegada de la R66, 597 cc y 30 CV a 5.300 rpm, con un peso total de 187 kg y una velocidad máxima de unos 145 km/h. También en 1938 apareció la R71, con 745 cc y válvulas laterales, pero ahora con 22 CV a 4.600 rpm gracias al doble árbol de levas y los dos carburadores.

Motor: bicilíndrico plano transversal, 494 cc (83 × 68 mm), válvulas laterales, refrigeración por aire
Potencia: 33 CV a 5.000 rpm
Caja de cambios: palanca manual, 4 velocidades
Transmisión secundaria: cardán
Peso: 183 kg
Velocidad máxima: 140 km/h

BMW R75

1941

La R75 es una de las más gloriosas creaciones de todos los tiempos. Desde un principio, fue diseñada como un vehículo para el transporte de pertre-

chos, con un diferencial bloqueable que permitía la transmisión a la rueda del sidecar, y una ametralladora montada sobre éste. A pesar de la necesidad que

la Wehrmacht tenía de una máquina todoterreno que igual pudiera desenvolverse en el norte de África que en las nieves del frente ruso, el diseño

estaba provisto de válvulas en culata, en lugar de laterales. En realidad, BMW no volvería a realizar otro modelo con válvulas laterales hasta la R71.

La R75 militar demostró ser un modelo muy poco práctico comparada con el Jeep americano, pero sesenta años después todavía se fabricaban modelos rusos y ucranianos inspirados en ella.

incluso con los frenos hidráulicos detenerla no era tarea fácil. El Jeep de los Aliados era un vehículo muy superior en todos los sentidos, aunque según se dice, la legendaria XA de Harley-Davidson con motor bicilíndrico plano nació de la admiración de los americanos por la R75.

Motor: Bicilíndrico plano transversal, ohv, 745 cc (78 × 78 mm), refrigeración por aire
Potencia: 26 CV a 4.000 rpm
Caja de cambios: palanca manual, 8 velocidades más marcha atrás
Transmisión secundaria: eje cardán
Peso: 420 kg
Velocidad máxima: 95 km/h

Al reducir la relación de compresión hasta alrededor de 5,6:1, la potencia del motor era tan sólo de 26 CV. Sin embargo, hacía que la máquina fuera extraordinariamente dócil, con una caja de cambios que ofrecía cuatro velocidades y una marcha atrás, y una caja de derivación con doble relación, de modo que, en total, disponía de 8 marchas

hacia delante y dos marchas atrás. Lamentablemente, resultaba difícil de conducir. Un piloto realmente experimentado podía atravesar (como podría hoy en día) los terrenos más difíciles, pero para sacar todo el provecho a la máquina era preciso que el pasajero del sidecar ayudara al piloto con el cambio de velocidades. Con 420 kg de peso, e

BMW R24 1949

Cuando BMW volvió a fabricar motocicletas después de la Segunda Guerra Mundial, la cilindrada de los motores estaba limitada a 250 cc, por lo que tuvo que confiar en un modelo monocilíndrico, la R24. Aunque las monocilíndricas son mucho menos conocidas que las de dos cilindros, y nunca tan rápidas, también cuentan con fieles seguidores. Todos los motores tenían la alta calidad y cuidadoso acabado que había caracterizado a los bicilíndricos de la época, y, hasta cierto punto, no eran sino medio motor bicilíndrico girado 90°, y con transmisión por cardán.

La primera motocicleta monocilíndrica de BMW, la R39, se fabricó desde 1925 hasta 1927, con un motor cuadrado de 68 × 68 mm y 247 cc. Como todas las monocilíndricas de BMW, tenía las válvulas en la culata. Desarrollaba una potencia de 6,5 CV. Después llegaría

Las monocilíndricas tradicionales de BMW se fabricaron con la misma calidad que las bicilíndricas: cuando BMW volvió al mercado de las monocilíndricas en los años noventa, lo hicieron guiados por la idea de producir una máquina más barata.

una serie de versiones con distintas capacidades, y una numeración de los modelos que era poco menos que incomprensible: R2 (198 cc, 6 CV, 1931-1936), R4 (398 cc, 12 CV, 1932-1938), R3 (305 cc, 11 CV, 1936), R5 (340 cc, 14 CV, 1937-1940) y R20 (192 cc, 8 CV, 1937-1938).

Los monocilíndricos posteriores volvieron a los 68 × 68 mm, y con un sistema de numeración más lógico: R23 (10CV, 1938-1941), R24 (12 CV, 1949),

R25 (12-13 CV, tres modelos, 1950-1955) y el último, R27 (18 CV, 1960-1967).

Motor: Monocilíndrico vertical ohv, 247 cc, cuadrado de 68 × 68 mm, refrigeración por aire
Potencia: 12 CV a 5.600 rpm
Caja de cambios: 4 velocidades, cambio de pedal
Transmisión secundaria: cardán.
Peso: 130 kg
Velocidad máxima: 95 km/h

BMW R69S 1960

La R69S fue la motocicleta de carretera fabricada en serie más rápida de la firma antes de la era «pre-stroke», y la última máquina que los ultraconservadores aceptaron como una genuina BMW. Estaba, indudablemente, construida con gran gusto, bastante más que

el de algunos modelos posteriores, pero su diseño dejaba bastante que desear. En efecto, parecía mirar hacia atrás, a los días en que BMW fabricaba rápidas turismo, pero, por otra parte, apunta hacia el futuro, las próximas R90S y R100S.

Supuso el desarrollo definitivo de una clase nacida en 1951, el año en que BMW volvió a la producción de bicilíndricas con el modelo R51/2: motor cuadrado de 68 mm, válvulas en culata y 24 CV a 5.800 rpm. En 1951 llegaron dos modelos muy parecidos, la

BINZ
Alemania 1954-1958. Esta firma alemana fabricaba escúter con motores Ilo de 47 cc y Sachs de 49 cc; después, en 1956, fabricó una motocicleta ligera con motor Sachs de 150 cc.

BIRCH
Inglaterra (Nuneaton) 1902-1906. Después de un comienzo fallido en 1901 con un motor monocilíndrico de transmisión directa montado en la rueda trasera, las motocicletas Birch, de Nuneaton, incorporaron el cárter fundido y tubo cilíndrico en la parte inferior del bastidor, con transmisión directa por correa desde sus motores de 2, 2,5 y 3 CV.

BIRD
Estados Unidos, alrededor de 1970. Esta compañía fabricaba mini-bikes con motores Tecumseh de cuatro tiempos y 120 y 148 cc.

BIRMA
Francia (Lyon) 1949-finales de los años cincuenta. Esta compañía se dio a conocer como fabricante de motos ligeras con motores Aubier Dunne de 98 cc.

BISMARCK
Alemania 1904-1956. En un principio (1904-1908), esta compañía fabricaba grandes bicilíndricos en V con capacidades de hasta 1.300 cc, con motores de Anzani, Fafnir y Minerva. Desde 1908 hasta 1931, fabricó autociclos de 75 y 98 cc. Después de 1945, la firma fabricó motos ligeras con motores Ilo y Sachs de dos tiempos y cilindradas de 98, 147 y 173 cc.

La R69S (este es un modelo de 1960) es considerada por muchos como la apoteosis de la clásica BMW con horquilla Earles.

diversas. Por lo demás, la eterna R50 de 494 cc no era sino una R51/2 con un par más de caballos, y se siguió fabricando hasta 1969. La R60 tenía 28 CV y una capacidad de 590 cc, mientras que la versión deportiva de la R67/3 provista de horquilla Earles, el modelo R69, tenía también 35 CV pero esta vez a 6.800 rpm.

La R69 se convirtió en una R69S, y la R50 se transformó en la R50S de 1960-1962, esta vez con 35 CV de su motor cuadrado de 68 mm y una velocidad máxima de 160 km/h, aunque la R50 siguió fabricándose y sobrevivió a la R50S.

Motor: Bicilíndrico plano transversal OHV, 590 cc (72 x 73 mm), refrig. por aire
Potencia: 42 CV a 7.000 rpm
Caja de cambios: 4 velocidades, cambio de pedal
Transmisión secundaria: cardán
Peso: 202 kg
Velocidad máxima: 175 km/h

R51/3 y la R67, esta última con 590 cc, 72 × 73 mm y más potencia (26 CV) a pesar de la relación de compresión de 5,6:1. La R67/2 ofrecía 28 CV en lugar de 26; la R67/3 era similar a la anterior; y la versión deportiva R68 (1952-1954) con 35 CV a 7.000 rpm lograba una velocidad máxima de 161 km/h.

En 1955, BMW adoptó la inconfundible horquilla Earles que todavía cautiva a los fanáticos de los sidecar, y para la que otros tienen opiniones muy

BMW R90S

1973

La R90S fue la versión super-sport de la serie /6, y la primera «superbike» de altas prestaciojes fabricada por BMW. Dejar a un lado Bings por Dell'Ortos contribuyó a sacar un poco más de potencia al motor de alta compresión y gran diámetro de cilindro, y 67 CV eran más que suficientes para alcanzar los mágicos 200 km/h, con el piloto agazapado detrás de la (sobre todo cosmética) cúpula «bikini».

Las prestaciones eran, en cambio, sólo la mitad de la historia de este modelo. Lo que realmente ayudó a vender la máquina fue su aspecto, la pintura casi milagrosa realizada con pistola a presión y que se extendía por el depósito y el carenado y que daban a la motocicleta un aspecto de velocidad, incluso cuando estaba parada.

En realidad, el rendimiento era un tanto engañoso, y a la velocidad máxima, se producía cierto zigzagueo que enturbiaba también las prestaciones de la serie /5. En la práctica, en cambio, pocos pilotos solían superar los 161 km/h en los Estados Unidos, un mercado muy importante para esta máquina, por lo que este detalle no importaba demasiado. De todos modos, la serie /7 atajó el problema con considerable éxito.

Los otros modelos de la serie /6 fueron la R90/6, la R75/6 y la R60/6. Imperdonablemente, la R90/6 sin carenado sólo estaba provista de un disco en el freno delantero, a pesar de que el segundo disco (opcional) demostraba ser totalmente necesario. En realidad, también lo era en la R75/6.

Las máquinas de la serie /6 eran las sucesoras lógicas de la original serie «stroke», esos modelos de la serie /5 de 1969 con cuatro velocidades y frenos de tambor. De ellas heredaron el nuevo

La R90S (éste es un modelo de 1975) fue más popular en el estilo «Bol d'Or» de naranja sobre amarillo. Hoy día, los modelos de este color son más caros que con la pintura gris sobre gris.

motor con cigüeñal de una sola pieza (en vez de ensamblado), el cilindro de 70,6 mm de diámetro, y el árbol de levas único situado sobre el cigüeñal. La R50/5 de 498 cc tenía un cilindro con mayor carrera que diámetro (tan sólo 67 mm); en la R60/5 de 599 cc, el diámetro (73,5 mm) era mayor que la carrera, igual que la R75/5 de 745 cc, con un diámetro de 82 mm. Las potencias de estos modelos eran respectivamente de 32, 40 y 50 CV, permitiéndoles alcanzar unas velocidades máximas de 157, 167 y 175 km/h.

Cuando apareció la serie /7, la falta de una máquina con menor cilindrada se remedió con los modelos R45 y R65, que no tenían denominación "stroke" por no pertenecer a la misma serie. La R45 fue un modelo particularmente interesante, pues en realidad tenía un motor de 473 cc y podría haberse llamado R50. Se fabricó con dos potencias: 27 y 35 CV, en parte por razones de impuestos y seguros. La R45 y la R65 fueron buenas motocicletas pequeñas, pero nunca llegaron a tener mucho éxito entre los particulares .

Motor: Bicilíndrico plano transversal ohv, 898 cc (90 × 70,6 mm), refrigeración por aire
Potencia: 67 CV a 7.000 rpm
Caja de cambios: cambio de pedal, 5 velocidades
Transmisión secundaria: eje cardán
Peso: 205 kg
Velocidad máxima: 200 km/h

BMW R100RS   1976

Para muchos, las primera serie R100RS fue el no va más en motor bóxer, y probablemente la mejor turismo deportiva jamás fabricada. Ha habido otras más veloces, pero ninguna podía llegar tan lejos tan rápidamente. El depósito de 24 litros permitía una autonomía de 280 km a todo ritmo y con pasajero, y más de 440 km si se conducía con suavidad. La velocidad de crucero era de al menos 185 km/h, y con el piloto agazapado detrás de la cúpula, esta velocidad podía llegar con facilidad a 209 km/h.

El motor era el bicilíndrico plano con empujadores más potente de la serie «stroke» en motocicletas de carretera (cuando se relanzó la R100RS, su motor había bajado hasta los 60 CV), y su carenado estaba diseñado en un túnel aerodinámico para proporcionar al modelo una velocidad punta muy alta y buena protección contra el viento y las sacudidas. Y, por supuesto, su aspecto era (y aún es) imponente.

Las otras motos de la serie /7 eran la R100/7, la versión «naked»; la R100S, sucesora de la R90S; la R100RT, con pantalla, ideal para turismo a velocidades moderadas en grandes carreteras; y la R75/7, más tarde llamada R80/7 (también fabricada en versión

La R100RS (el de la foto es un modelo de 1977) era la bóxer imperecedera. Se dejó de fabricar al aparecer la Brick, pero fue reintroducida a petición del público.

R80RT) para aquellos que podían pasarse sin potencia extra. Más tarde, todavía llegarían las poderosas R80GS y R100GS *off-road*, como se describe a continuación.

Motor: bicilíndrico plano transversal ohv, 980 cc (94 × 70,6 mm) refrigerado por aire
Potencia: 70 CV a 7.250 rpm
Caja de cambios: cambio de pedal, 5 velocidades
Transmisión secundaria: cardán
Peso: 210 kg
Velocidad máxima: 200 km/h

BMW R80GS   1980

Sin ningún modelo con el que compararla, la R80G tiene un aspecto modesto. Sólo al sentarse encima se da uno cuenta de lo grande que es.

Y quizá aún más importante, resultaron ser sorprendentemente buenas en trazado urbano, y con potencia de sobra, buenas suspensiones y tamaño suficiente como para encontrarse a gusto en la carretera.

Por estas razones, la GS fue durante un período muy largo la motocicleta para todos los gustos.

Sorprendentemente, incluso siguió existiendo una versión GS con el nuevo motor bóxer ohc: la R1100GS con 80 CV, un aumento del 60 por 100 con respecto a la original R80GS y 10 CV más que la original R100RS.

Motor: bicilíndrico plano transversal ohv, 798 cc (85 × 70,6 mm) refrigerado por aire
Potencia: 50 CV a 6.500 rpm
Caja de cambios: 5 velocidades, cambio de pedal
Transmisión secundaria: cardán
Peso: no especificado
Velocidad máxima: 185 km/h

Es difícil olvidar la primera vez que uno ve una R80GS. Aparte de su tamaño y el descomunal depósito de gasolina, la suspensión monobrazo supuso toda una sorpresa. Al principio, podría parecer que una motocicleta *off-road* de este tamaño no resultaría muy atractiva; después de todo, es muy grande y pesada, y tiene mucha más potencia de la que habitualmente se necesita en caminos de tierra. Pero la R80GS y la posterior R100GS fueron excelentes en terrenos desérticos, como demostraron varias veces en el París-Dákar.

BISON
Austria (Liesing) 1924-1926. Esta firma austriaca fabricó un pequeño número de bicilíndricas planas con motores longitudinales Bosch-Douglas (293 cc), Coventry-Victor (678 cc) y posiblemente otros.

BITRI
Holanda 1955-1960. Bitri fue uno de los primeros fabricantes holandeses de escúter de 147 cc.

BJR
España (Algemesí) 1939-1961. En 1929, BJR fabricó muy pocos escúter, pero reanudó la producción en 1955 con su primer modelo de 125 cc (MX125), y luego una 175 cc de dos tiempos (VZ175).

BLACKFORD
Inglaterra (Londres) 1902-1904. Esta compañía colocaba motores Minerva de 211 cc en bastidores de Frank Blackford.

BLAIR
Irlanda (Belfast) 1970. Esta compañía se dio a conocer por un motor de carreras bicilíndrico de dos tiempos y 246 cc, construido en la Queen´s University de Belfast e instalado en un bastidor Steely, de ahí que también se conociera como QUB-Steely.

BLANCHE HERMINE
Francia 1950-1953. Esta firma ensamblaba modelos de 100 cc.

BMW K1

La K1 estaba tan lejos de las BMW de los años sesenta como pueda imaginarse: muy rápida y llamativa, con su carrocería azul y dibujos amarillos. Algunos la tacharon de excesivamente grande y pesada para ser una verdadera deportiva; algo cuestionable si sus detractores hubiern tenido la ocasión de pilotarla hasta el límite de sus posibilidades.

Estaba inspirada en la original «brick» de 1983, que tenía 90 CV y la misma capacidad. El motor tetracilíndrico en línea montado longitudinalmente ya era bastante sorprendente. Los diseñadores colocaron el motor tumbado, con el cigüeñal en un lado y los árboles de levas en el otro. Esta disposición fue un toque maestro, aunque la decisión de hacerlo pudo haber estado influida tanto por el deseo de buscar un diseño completamente nuevo en BMW como por cualquier otra consideración de orden práctico.

La «brick» se fabricó sin carenado (K100), con un carenado tipo turismo (K100RT) y con carenado deportivo (K110RS). Esta última podía alcanzar los 225 km/h, y la K100 sin carenado era tan rápida como la R100RS. En 1985 se presentó el motor tricilíndrico

de 741 cc y 74 CV, con ejes de balance para enmascarar las inevitables vibraciones que resultan de haber eliminado un cilindro. Al igual que su hermano mayor, este motor sirvió de base a varios modelos: la K75C, con un pequeño carenado, la K75, una versión 'nacked', la deportiva K75S y la K75RT, con carenado y equipamiento de gran turismo.

La «brick» de gran tamaño se mejoró considerablemente, como tenía que ser. Los primeros modelos lanzaban demasiados gases al arrancar, y el depósito de gasolina podía quemar al tacto como resultado de la transmisión de calor del sistema de refrigeración. El tubo de escape cuatro en uno fue, con razón, tachado de antiestético, y además amarilleaba con el uso. El

La K1 de 1989 fue la versión veloz de la original «brick» de 1983, con la potencia voluntariamente limitada a 100 CV. Una pintura de vívidos colores ayudaba a destacar sus formas angulares.

modelo contaba, sin embargo, con numerosas y excelentes características. La K100LT de 1987 era una gran turismo con frenos ABS; en 1992, la K1100RT y RS aparecieron con sus 1.092 cc; y la K1200RS de 1997 decidió no tomar en cuenta el límite voluntario de los 100 CV al igual que otros fabricantes. Podía presumir de sus 130 CV, caja de cambios de seis velocidades y una velocidad máxima que pocos tenían la audacia de comprobar. En muchos sentidos, era más una versión práctica de la K1. La K1200LT es una impresionante gran turismo con 98 CV y 385 kg de peso.

Motor: Tetracilíndrico en línea longitudinal, dohc, 16 válvulas, 987 cc (67 × 70 mm), refrigeración líquida
Potencia: 100 CV a 8.000 rpm
Transmisión secundaria: cardán
Peso: 234 kg
Velocidad máxima: 233 km/h

BMW R1100S

La R1100S fue la versión super-sport con cuatro válvulas por cilindro y boxer con inyección, que apareció por primera vez en 1992. Aunque Krauser ya había fabricado culatas de cuatro válvulas en los antiguos boxer, nunca habían contado con gran aceptación. Las nuevas motos no sólo contaban con culatas de cuatro válvulas instaladas de fábrica, sino también un único árbol de levas en la culata de cada cilindro, accionado por cadena.

Igual que otros fabricantes de otras grandes bicilíndricas, BMW decidió utilizar el sistema tradicional de refrigeración líquida, sino sacar provecho de las propiedades refrigerantes del aceite lubricante. Mientras que los refrigerantes de aceite (y los colectores de aceite profundos y de gran capacidad) eran muy comunes en los antiguos motores boxer (para ayudar en la refrigeración a alta velocidad en los días calurosos), la

Como Harley-Davidson, BMW estaba estancada en una única forma de disponer el motor. Pero, al contrario de lo que hizo la firma americana con sus bicilíndricas en V, BMW hizo un verdadero intento por rediseñar su bicilíndrico plano.

refrigeración por aceite era una parte integral de los nuevos motores bóxer desde el principio.

El cambio más radical no fue, sin embargo, el diseño del motor, sino la suspensión delantera con el sistema patentado «telelever» que eliminaba eficazmente el hundimiento de las frenadas y los bandazos imprevistos de la dirección en cualquier circunstancia. Este sistema se aprecia más claramente en los modelos sin carenado, y a simple vista no parece otra cosa que un guardabarros que se ha prolongado hacia atrás hasta llegar al motor. Un monoamortiguador situado detrás de la direc-

Vista de lado, la R1100S parece elegante y compacta, a pesar de su enorme motor. Sólo cuando nos ponemos de frente, se ve hasta qué punto sobresalen lateralmente los cilindros.

ción se encarga de la amortiguación y la suspensión. Por supuesto, el sistema funcionaba a la perfección, pero además (lo que no es intrascendente en un mercado conservador) no resultaba demasiado chocante.

La posición un poco alta de los cilindros, sin embargo, resultaba extraña a los aficionados acostumbrados al clásico modelo BMW, y aunque pueda haber dado confianza a más de un novato que temía golpear los 'pucheros' contra el suelo en las curvas, lo cierto es que en los modelos antiguos muchas partes tocaban el suelo antes que las cubiertas de las válvulas: las barras paragolpes, por ejemplo, siempre fueron una idea un tanto dudosa, pues a menudo estorbaban cuando el piloto trataba de darle a la moto un poco más de alegría.

La nueva serie bóxer pronto encontró más variedad (e interés por parte del

público) que las «bricks»: una *off-road* R1100GS (de «sólo» 80 CV) y una R850R (69 CV) en 1994, y una R1100R y una R1100RT turismo en 1995. Más tarde, en 1996, llegó la R1200 custom, con una versión de 1.170 cc del bicilíndrico de mayor tamaño, que desarrolla 61 CV que se transmiten con gran suavidad, aunque esto pudiera parecer extraño a los motoristas más tradicionales. A destacar también la R1100S, una estilizada deportiva.

Motor: bicilíndrico plano transversal cuatro tiempos, ohv, 8 válvulas, 1.085 cc (99 × 70 mm), refrigeración aire/aceite
Potencia: 98 CV a 7.500 rpm
Caja de cambios: 5 velocidades, cambio de pedal
Transmisión secundaria: cardán
Peso: 229 kg
Velocidad máxima: 225 km/h

BOAR — ESTADOS UNIDOS   AÑOS NOVENTA

BOAR MOTORCYCLES, de Nápoles, Florida, es una de las muchas firmas ensambladoras que fabrican modelos a imitación de las Harley-Davidson con componentes patentados por otras compañías. Las partes principales incluyen bastidores Kenny Boyce, componentes RC, frenos y ruedas de la serie Elite, y motores Sputhe. La opción básica es una 1.550 cc, pero también puede adquirirse una 1.700 cc, e incluso puede encargarse con motores tan grandes como el enorme 2.179 cc de Total Performance Prepared Motor.

Más atención se pone en los numerosos componentes pulidos y el uso generalizado de acero inoxidable, que en el rendimiento de la máquina; por ejemplo, los discos de freno, de acero inoxidable, cuando muchos propietarios de BMW bicilíndricas los cambiaban por otros de hierro fundido que proporcionan una mejor frenada.

El depósito es de aleación ligera y las ruedas son las tradicionales de 48 cm (delante) y 46 cm (detrás). Los asientos de cuero Connolly sólo soportan una leve lluvia.

Como ocurre siempre con las grandes custom americanas, hay una curiosa mezcla de elementos antiguos y modernos, incluido el cableado «libre de mantenimiento y con autodiagnóstico», y una pantalla digital.

El modelo básico de Boar, con sus 245 kg, puede ser adecuado para uso turístico intensivo sin pasajero, o bien para un uso más moderado, con distancias más cortas, y con pasajero. Para largas distancias con pasajero, está el modelo Classic, de 286 kg de peso en seco.

BLEHA
Alemania (Neiheim-Ruhr) 1923-1926. Esta compañía utilizaba motores DKW de dos tiempos y 247 cc y su propio motor de cuatro tiempos, válvulas laterales y 247 cc, montados en bastidores de fabricación propia.

BLERIOT
Francia 1920-1923. Esta compañía aeronáutica fabricaba bicilíndricas en línea de 498 cc, con válvulas laterales y distribución ohv.

BLOTTO
Francia (Dijon) 1951-1955. Se trata de una firma ensambladora que utilizaba motores patentados de dos tiempos y entre 123 y 348 cc.

BLUMFIELD
Inglaterra (Birmingham) 1908-1914. Máquinas de muy corta vida, aunque eran lo bastante grandes como para competir en las carreras TT. Algunas tenían refrigeración por agua.

BM
Francia 1954. Propulsadas por su propio motor bicilíndrico plano de 250 cc, puede que nunca llegara a la línea de fabricación.

BM
Italia 1928-1931. Motores JAP con válvulas laterales ohv de 490 cc propulsaban estas motocicletas de carreras de tres velocidades.

BM
Italia 1950-comienzos de los ochenta. Sorprendente variedad de ciclomotores, minibikes, motos ligeras, escúter y motocicletas hasta los 250 cc con motores de Ilo, NSU, Minarelli y puede que otros, además de sus propios monocilíndricos ohc.

BOHMERLAND

BOHMERLAND, QUE SE comercializó con el nombre de Cechie en las áreas donde se hablaba alemán, fabricó algunas de las motocicletas más inverosímiles jamás concebidas. Varias se conservan hoy en el Museo Tecnológico Nacional de Praga.

Salvo las últimas, todas sus motocicletas eran monocilíndricas de cuatro tiempos: un motor de 598 cc ohv con los empujadores y la distribución de las válvulas al aire, todo traqueteando delante de la ingle del piloto, ya que la parte superior del motor quedaba por encima del asiento, que a su vez estaba por debajo del punto más alto de las ruedas. Cuando se presentó, el motor desarrollaba una potencia de 16 CV a 4.000 rpm, aunque posteriormente se logró un rendimiento de 25 CV a un régimen tan bajo como 3.600 rpm. La transmisión contaba con tres velocidades, el cambio se realizaba con la mano y la transmisión secuandaria era por cadena; sorprendentemente, todo el conjunto funcionaba con gran agilidad.

El bastidor enormemente largo de la versión Touring (velocidad máxima

121 km/h) permitía la instalación de dos asientos traseros detrás del conductor, y el pequeño depósito de gasolina de la parte delantera se complementaba con otros dos depósitos en forma de torpedo, uno a cada lado de la rueda trasera. La versión Jubilee (129 km/h) tenía un

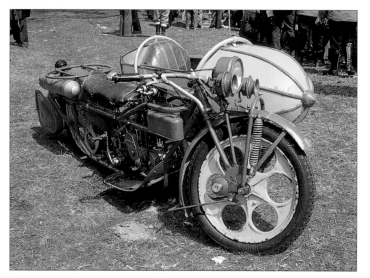

bastidor bastante más corto y un depósito más convencional, y la variante Racer de este modelo (148 km/h) se desenvolvía con soltura en terreno escarpado.

A diferencia del curioso bastidor y el arcaico motor, las llantas eran de alea-

Se fabricaron muy pocas Bohmerland y, sorprendentemente, muchas de ellas han sobrevivido en museos y colecciones privadas.

ción y tenían un aspecto muy moderno. Sin embargo, la atención se desviaba en seguida a la suspensión delantera (en la rueda trasera no había ningún tipo de suspensión), un diseño bastante singular. Todas las ventas se hacían directamente desde la fábrica.

En 1938, se anunió una nueva Bohmerland de 350 cc, supuestamente de cuatro tiempos y distribución ohv, aunque algunas fuentes aseguran que se trataba de un modelo de dos tiempos. Se fabricaron muy pocas unidades de este nuevo modelo antes de que la Segunda Guerra Mundial acabara con la producción y con una Checoslovaquia independiente.

Si consideramos que muchas Bohmerland fueron diseñadas para llevar a tres personas, provistas de sidecar, estas motos tenían más asientos que muchos coches pequeños.

BOMBARDIER

BOMBARDIER SNOWMOBILE GROUP de Canadá no sólo fabricó la primera moto nieve, sino que también diseñó otros medios de transporte. Durante un tiempo, la firma fabricó motocicletas que comercializaba con su propio nombre y

también con el nombre Can-Am. En ambos casos, los motores utilizados eran los austriacos Rotax, ya que esta empresa pertenecía al grupo canadiense.

También utilizaron el nombre de la compañía para comercializar varios

ciclomotores de 50 cc y motocicletas fabricados por Puch (otra firma austriaca), que vendían a través de sus puntos de venta.

En 1978, el grupo buscó el modo de aumentar las ventas adaptando uno de

sus modelos de campo al uso militar. Escogieron para ello su modelo de enduro de 247 cc. Se trataba de un monocilíndrico con válvulas de disco, refrigeración por aire y el carburador colocado detrás del cilindro para reducir en lo posible la anchura del diseño. El carburador estaba unido a un largo conducto de admisión fundido al bloque principal, y que también llevaba la mezcla hasta la válvula de disco y el cárter. Los gases del escape entraban en un sistema que, pasando por encima del motor, terminaba en un amortiguador de chispas. El motor estaba conectado a una caja de cambios de cinco velocidades integrada, y la transmisión secundaria se efectuaba mediante una cadena descubierta (quizá uno de los detalles más flojos, por tratarse de un modelo militar).

El bastidor y la suspensión eran los típicos de aquella época en cualquier modelo de campo, con mucha altura libre inferior bajo el bastidor de doble tubo. Éstos discurrían pegados a la base del motor hasta el bastidor auxiliar. El movimiento de la horquilla trasera estaba controlado por un sistema de doble muelle-amortiguador. En la parte delantera, se disponía una horquilla telescópica. La rueda delantera medía 53 cm, y la trasera, 45 cm, y ambas disponían de freno de tambor. La máquina iba provista con todo el equipo de carretera preciso: rejilla portaequipajes trasera, alforjas y

La parte trasera de la Bombardier muestra sus raíces *off-road* y su práctico diseño para terrenos difíciles.

Este modelo fue fabricado en Canadá y suministrado al ejército británico. Su diseño estaba basado en uno de los modelos de campo de la firma.

luz trasera extra. Toda la máquina estaba pintada de caqui. A pesar del uso para el que estaba diseñada, se conservaron a ambos lados los portadorsales para competición.

La Bombardier se vendió en pequeñas cantidades al ejército canadiense, y fue probada con resultados satisfactorios por el cuerpo de Marines de los Estados Unidos en 1981.

Al otro lado del Atlántico, el modelo fue utilizado por las Fuerzas Armadas británicas, y construida por lo que quedaba del grupo BSA, utilizando componentes británicos. Esta versión no

presentaba grandes diferencias con respecto a la original canadiense, y también fue utilizada por el ejército belga.

BMG
Hungría 1939-1944. Motocicletas ligeras de dos tiempos con motor monocilíndrico propio de 98 cc

BMG
Italia 1950. El ciclomotor Bicomosquito Garelli utilizaba un motor Garelli construido bajo licencia por Industrie Mecchaniche Meridionali, y montado en un bastidor de Metalmecánica Meridionale de Pomigliano d'Arco.

BMM
Italia (Zola Pedrosa) 1983. Fecha sorprendentemente tardía para el lanzamiento de una bicicleta con motor auxiliar de 48 cc.

BMP
Italia 1920-1925. Fabricaba motocicletas con sus propios motores de dos tiempos, 240 cc y cuatro velocidades.

BMP
Francia (París) 1933. Buraglini, fundada en 1911, fabricó motocicletas con motores JAP y Rudge Python en 1933, y puede que durante algún tiempo después.

BNF
Alemania (Bielefeld) 1903-1907. La mayoría de las motocicletas de esta marca pionera eran propulsadas por motores Fafnir monocilíndricos y bicilíndricos en V.

BOASSI
Italia 1950. Esta firma fabricó la «Gazella», una bicicleta con motor auxiliar de 60 cc con una velocidad, y de 65 cc con dos velocidades.

BOND INGLATERRA 1950–1953 y 1958–1962

MÁS CONOCIDA POR SUS COCHES de tres ruedas, la firma Lawrence Bond fabricó muchos otros diseños, entre ellos motocicletas y escúter. Su primera motocicleta fue una extraña máquina aparecida en 1950. Tenía un curioso bastidor de

aleación fabricado de chapa metálica dispuesta alrededor de un gran tubo cónico de sección ovalada en cuyo extremo posterior se incrustaba un enorme guardabarros que le daba solidez. Toda la superficie del bastidor estaba

ribeteada. El guardabarros delantero era también de gran tamaño y ocultaba prácticamente toda la rueda. Los neumáticos eran de 10 × 40 cm, las llantas estaban formadas por varias piezas, y como ninguna de las dos ruedas estaba provista de suspensión, las llantas (formadas por varias piezas) tenían que vérselas con los baches del terreno. De la viga principal del bastidor colgaba un motor Villiers 1F de 99 cc, flanqueado por dos protecciones para las piernas con esribos integrados. En 1950, las horquillas de tubos fueron reemplazadas por horquillas telescópicas, y en 1951 se ofreció brevemente un motor JAP de dos tiempos y 125 cc, con caja de cambios inegrada y tres velocidades. Ese mismo año, se encargó de la producción Ellis, de Leeds, Yorkshire, donde se continuó fabricando el modelo hasta 1953.

Entre tanto, Bond diseñó la BAC, más convencional, propulsada por un motor Villiers de 99 o 125 cc y dos tiempos. Estos modelos aparecieron en 1951, y en 1952 se unió a ellos el escúter Gazelle, con motor Villiers 10D de 122 cc y caja de cambios con tres velocidades. Aunque su línea era la propia de un escúter, se distinguía en que el motor estaba oculto por una rejilla hecha de barras de acero. El depósito de gasolina estaba colocado sobre el guardabarros trasero, detrás del asiento. La rueda delantera estaba provista de horquilla telescópica. En 1953, sólo el modelo

Gazelle estaba en el catálogo de la firma, y podía elegirse con dos motores: el 10D o el 1F, pero a finales de año también éste había desaparecido.

En 1955, Bond diseñó otro escúter, el modelo Serpa, que utilizaba un motor Villiers 1F de 99 cc montado en un bastidor de fibra de vídrio. Su lanzamiento tuvo lugar en el aparcamiento del Earls Court Exhibition Centre de Londres, pero nunca pasó de ser un prototipo.

El nombre Bond siguió sonando como fabricante de vehículos de tres

La Minibyke tenía ruedas de plato y fue uno de los muchos vehículos diseñados por Lawrence Bond. Sus coches de tres ruedas son, quizá, los más conocidos.

Este perfil de la Bond Minibyke permite apreciar el bastidor de viga y los gigantescos guardabarros. Aunque solían llevar motor Villiers, el modelo de la foto tiene un motor JAP de 125 cc.

ruedas. La firma se trasladó a Preston, Lancashire, antes de la fabricación de otro escúter, en 1958. Aunque era un modelo clásico, el diseño de su bastidor de fibra de vidrio resultaba demasiado pesado. Llevaba un motor Villiers 31C de 148 cc con tres velocidades y arranque eléctrico Siba. Este modelo y uno posterior con motor Villiers 9E, 197 y cuatro velocidades, fueron rediseñados en 1960, y se fabricaron hasta 1962, año en que Bond concentró todo su interés en la fabricación de coches.

BORDONE
ITALIA 1935–1965

BORDONE, DE MILÁN, COMENZÓ en 1935 como fabricante de vehículos de reparto de tres ruedas, utilizando motores de 250 y 350 cc y bastidores tubulares. Después de 1936, la compañía mejoró los motores y se pasó a los bastidores de acero estampado.

El Modelo NB, que fue su única verdadera motocicleta, se llamó así por el fundador de la firma, Nicola Bordona, y se diseñó en los años inmediatamente anteriores a la Segunda Guerra Mundial. El motor monocilíndrico de cuatro tiempos, con válvulas en culata y 500 cc, era

un diseño de aspecto modernista y unía su caja de cambios de cuatro velocidades a la rueda trasera mediante transmisión de cadena. El bastidor tenía suspensión en ambas ruedas, con horquilla trapezoidal en la delantera y el tradicional basculante en la trasera.

Parece que la producción estuvo limitada al primer año de guerra, aunque es posible que después de ella se fabricaran algunas máquinas más. En 1957, Bordone lanzó de reparto de tres ruedas con motor de 350 cc y distribución ohv.

BOSS HOSS
ESTADOS UNIDOS 1990

EL MERCADO AMERICANO SIEMPRE se ha caracterizado por vehículos de gran cilindrada, pues las grandes distancias del país exigían motores con gran capacidad que pudieran funcionar durante muchas horas sin fatiga. Para algunos, las máquinas que ofrecía el mercado no eran suficiente, así que aparecieron los modelos custom construidos a medida de sus propietarios. Un resultado de esta tendencia fue utilizar motores de coche, que proporcionaban gran potencia, combinados con una transmisión también de coche y dos ruedas traseras, es decir, un triciclo.

Boss Hoss surgió en este contexto, aunque se diferenciaba en que ofrecía

modelos únicos pero fabricados en serie. La compañía utilizó un gigantesco motor Chevrolet V8 de 5,7 litros con cambio automático y transmisión por correa, todo ello montado en un gigantesco bastidor tubular de cuna con horquilla telescópica y basculante en la parte trasera. Las llantas, de aleación, sostenían una rueda delantera enorme y una trasera descomunal, con frenos de

La idea de utilizar un motor V8 de gran capacidad ha sido siempre una tendencia de los amantes de las motocicletas custom. En esta línea, Boss Hoss es una firma con todas las de la ley y gran éxito comercial.

disco para conseguir detener tan considerable peso.

Se vendió muy bien, y posteriormente se lanzó una versión más pequeña con motor V6 y otra todavía mayor V8 con 8,2 litros y 500 CV con cambio automático de dos velocidades más marcha atrás. Algunos propietarios le añadían un par de ruedas traseras o cambiaban el motor para conseguir aún más potencia.

Otro ejemplo de la Boss Hoss, esta con motor Chevrolet V6 de 4,3 litros. En cuanto a la pintura, los clientes pueden elegir el acabado que prefieran.

BRADBURY

INGLATERRA 1901–1924

SITUADA EN LA FÁBRICA de Wellington, en Oldham, Lancashire, esta firma, como tantas otras, comenzó colocando motores Minerva en el tubo inferior del cuadro de una bicicleta estándar. A finales de 1902, la compañía lanzó el diseño Birch, donde el cárter estaba soldado alrededor de los dos tubos del bastidor. Por lo demás, las máquinas fabricadas por Bradbury seguían el patrón de la nueva Werner, y eran los típicos modelos primitivos con transmisión directa por correa, pedales y horquillas de paralelogramos.

El modelo principal, con un motor de 2,5 CV, recibió el nombre de Peerless, pero hubo también una motocicleta ligera con motor Clement-Garrand inclinado sobre el tubo inferior del bastidor. El motor se unía mediante cadena a un árbol intermedio. La transmisión desde éste a la rueda trasera se hacía también por cadena. El resto de la máquina no era más que una bicicleta de uso diario.

En los años siguientes, el diseño del modelo principal mostró un cárter unido en una sola pieza con el bastidor. La firma ofrecía motores con varias potencias, además de bastidor diseñado para un doble asiento provisto de manillar.

Una primitiva Bradbury típica de su época, con un bastidor que en realidad es el cuadro de una bicicleta, la horquilla de paralelogramos y la transmisión por correa.

También fabricó un triciclo con dos ruedas delanteras, con motor de 4 CV y refrigeración por agua, dos velocidades y transmisión por cadena.

En 1909, la firma lanzó un modelo de 3,5 CV, con la única novedad de una horquilla accionada por muelles. Más tarde llegó la posibilidad de elegir el tipo de transmisión, y en 1914, un modelo bicilíndrico en V con 6 CV de potencia, caja de cambios con tres velocidades, transmisión enteramente a cadena y freno de tambor trasero.

A finales de 1913, se sumó una tercera con motor bicilíndrico plano y 3,5 CV, con la magneto montada encima del cárter, caja de cambios de tres velocidades, transmisión primaria a cadena y la posibilidad de escoger cade-

Detalle de una Bradbury de 1912 con el cárter de su motor de 554 cc con válvulas laterales soldado al tubo del asiento y al tubo inferior del bastidor.

na o correa para la transmisión secundaria. Este modelo también tenía freno posterior de tambor, y se siguió fabricando hasta 1915 junto con los otros dos.

Sólo el monocilíndrico, con varias opciones de transmisión, y el bicilíndrico en V se vendieron al público hasta 1916, pero ambos siguieron fabricándose durante la Primera Guerra Mundial para uso militar. Esta línea continuó hasta 1919, y se añadió a la gama un monocilíndrico con 2,5 CV, dos velocidades y transmisión con una combinación de cadena y correa. En 1920, había tres modelos, los monocilíndricos de 2,5 CV y el bicilíndrico en V de 6 CV con tres velocidades y transmisión enteramente a cadena. En 1922, el más pequeño ofrecía varias posibles transmisiones, pero en 1923 sólo se vendió con tres velocidades y cadena.

En 1924, los modelos fueron rediseñados y aumentados de capacidad, el monocilíndrico pasó a 572 cc y el bicilíndrico en V a 872 cc. La firma también fabricó un modelo de carreras con motor Blackburne ohv con 348 cc. En 1924, llegó la bancarrota y se detuvo la pro-

BOCK & HOLLANDER

Austria (Viena) 1905-1911. Más conocida por sus vehículos de cuatro ruedas y coches Regent, esta firma también fabricó monocilíndricas y bicilíndricas en V de 3,5 y 6 CV. Finalmente, fue absorbida por WAF, fabricante de coches.

BODO

Alemania (Thale) 1924-1925. Durante algunos meses, Fritz Kindermann ensambló motocicletas ligeras de dos tiempos con motores DKW y Villiers.

BOGE

Alemania 1923-1927. Fabricaba motocicletas con motores monocilíndricos Blackburne ohv y de válvulas laterales, de 246 y 346 cc, y posiblemente con sus propios motores también. La firma logró algunos éxitos en competición, pero terminó siendo conocida como fabricante de amortiguadores.

BOGEY

Alemania 1929. Un motor poco común de 350 cc con válvulas accionadas por engranajes y un pistón provisto de «nariz» para aumentar la relación de compresión

BOHME

Alemania 1925-1930. Los motores monocilíndricos de dos tiempos de Martin Bohme, con capacidades de 123, 129, 173 y 246 cc, tenían pistones escalonados, estilo Dunelt. Los bastidores rígidos tubulares contaban con un elegante tubo superior y depósito de gasolina montado sobre él.

BOLIDE

Francia (Pantin) 1902-1910. Esta firma pionera utilizaba sus propios motores de 1,5 CV. Es probable que la producción continuara hasta 1915.

BONANZA

Estados Unidos, años setenta. Esta firma fue la fabricante de minibikes con motores de dos tiempos y 100 cc, y de cuatro tiempos con 127, 148, 172 y 200 cc

BRIDGESTONE

HOY DÍA, BRIDGESTON es un nombre más asociado a la fabricación de neumáticos que de motocicletas completas, pero a pesar de que las motocicletas sólo representaban un 10 por 100 de los ingresos totales, fueron una parte importante de la producción de posguerra, por lo que a prestigio se refiere. Su gama comenzó con un sencillo ciclomotor de 49 cc y dos tiempos, y poco después, monocilíndricas de 98, 175 y 250 cc. Pero su modelo más logrado y también más recordado fue el último, la 350GTR bicilíndrica.

Concebida esencialmente para el mercado americano (sólo un 33 por 100 fueron importadas por el Reino Unido) la 350GTR fue toda una revelación cuando se presentó en 1966. Nunca hasta entonces una dos tiempos había tenido tales características, por no hablar de su aceleración, capaz de humillar a las bicilíndricas de 650 cc. Aunque su diseño era muy parecido al de la Suzuki Super Six, que apareció por esas mismas fechas, los detalles de la Bridgestone eran incluso más avanzados. Como la Suzuki, el cárter dividido horizontalmente mostraba una transmisión de seis velocidades.

En lo que más se diferenciaba la Bridgestone era en el uso de alimentación mediante válvulas de disco. Una dos tiempos «normal» utiliza el movimiento ascendente y descendente del pistón para controlar el flujo de mezcla que entra y sale de los cilindros a través de las lumbreras. Como esto inevitablemente conduce a una distribución simétrica de las lumbreras, en motores muy preparados esto puede dar lugar a un flujo escaso e incluso que la mezcla tienda

a volver hacia el carburador. Este problema se soluciona rompiendo la simetría mediante un sistema de admisión por válvula rotativa (básicamente un disco interpuesto entre el cárter y el carburador). El sistema sería perfeccionado por el ingeniero Walter Kaadem, encargado de los modelos de carreras de MZ. Después Suzuki empezaría a utilizar

En 1968, Bridgestone dejó de fabricar motocicletas para concentrase en los neumáticos, que ahora suministra a los equipos de Grand Prix de coches y motocicletas.

esta tecnología en 1961. La GTR incorporaba dos de estas válvulas (una por cada cilindro) unidas a cada lado del cigüeñal. Junto a cada una de ellas, un carburador Mikuni de 26 mm.

Dado que los carburadores dispuestos en los lados hacen que el motor sea demasiado ancho, el alternador se montó a la espalda, de modo que se reducía la anchura a unos límites aceptables. Esta disposición la adoptarían los modelos multicilíndricos japoneses de cuatro tiempos dieciséis años después. En lugar de los tradicionales cilindros de hierro, se utilizaron cilindros endurecidos al cromo, lo que permitía reducir la holgura de los pistones. Se empleó un embrague en seco de competición y también (aunque esto no era una novedad) la «Jet Lub» como sistema de lubricación, basada en una bomba de aceite bajo el carburador derecho, versión del sistema utilizado por primera vez por la Yamaha YA6 en 1964. El depósito de gasolina contaba con una mirilla de inspección del nivel y otra que permitía al piloto controlar el nivel de aceite de la caja de cambios, algo que luego sería normal en modelos posteriores, pero que por entonces suponía toda una novedad.

La GTR incluso permitía elegir el cambio de marchas a la derecha o la izquierda, ya que tanto el pedal del cambio como el del freno podían intercambiarse. Incluso podía arrancarse la máquina a pedal. Gracias a que su motor estaba montado sobre tacos de goma, la GTR era además el modelo más suave

Con su sistema de inducción por válvulas rotatorias de disco, transmisión de seis velocidades, lubricación Jet-Lube y cilindros endurecidos al cromo, la GTR fue la dos tiempos de carretera más avanzada de su época.

y silencioso de su clase. Los 37 CV ofrecían una aceleración propia de un motor de dos tiempos de alto rendimiento. Su suspensión, más flexible que la de la mayoría, la hacía muy manejable, y los frenos de tambor eran también impresionantes. La calidad con la que estaba fabricada le valió a este modelo muchos halagos.

Lamentablemente, el precio de la GTR también estaba inflado. En 1968, su precio de venta era de 340 libras esterlinas, unas 60 libras más cara que una Super Six y sólo 29 más barata que la 650 cc Trimph Bonneville. Este detalle, y algunas dudas sobre la durabilidad de algunos de sus componentes, redujo las cifras de ventas drásticamente. Bridgestone abandonó repentinamente la fabricación de motocicletas para concentrarse en los neumáticos, que siempre han sido el corazón de su industria.

Motor: bicilíndrico en línea, dos tiempos, 345 cc (61 × 59 mm) refrigeración líquida
Potencia: 37 CV
Caja de cambios: 6 velocidades, cambio en el pedal
Transmisión secundaria: cadena
Peso: 150 kg
Velocidad máxima: 153 km/h

BRITTEN

NUEVA ZELANDA 1992–1999

BRITTEN ES UNA PRUEBA de que incluso hoy las barreras a la hora de diseñar y fabricar una motocicleta con éxito, incluso una campeona de carreras, son muy pequeñas. No son raros los modelos fabricados artesanalmente por especialistas a partir de componentes ya existentes, pero la Britten no sólo contaba con su propia parte ciclo en fibra de carbono, sino también con un potente motor propio. Aunque se fabricaron muy pocas unidades, la Britten era una máquina fascinante, tan lejos de un clon de la Harley-Davidson como uno pueda imaginar.

El único modelo que llegó a la línea de producción fue la V1000, aunque en el momento de escribir esta reseña, la firma estaba trabajando en al menos un nuevo modelo, además de otros proyectos ajenos al mundo de las motocicletas. Y eso, a pesar del fallecimiento del fundador de la compañía, John Britten, ocurrido en 1996.

De las 10 V1000 que se llegaron a fabricar, algunas pertenecen a colecciones privadas y museos, y nunca han llegado a competir; otras están todavía en uso, y una, la última que se fabricó, se encuentra en Las Vegas, todavía en su cajón de embalaje, donde, al parecer, su comprador sigue preguntándose si dejarla o no allí, como una cápsula del tiempo. Estas máquinas han llegado hasta

Totalmente desnuda, resulta evidente para cualquiera la impresionante complejidad tecnológica de esta bicilíndrica de 8 válvulas, con su sofisticado escape.

Alabama y Michigan, en los Estados Unidos; Milán, en Italia, y Holanda.

El bicilíndrico en V de 999 cc (98,9 × 65 mm) y refrigeración líquida posee doble árbol de levas accionado por correa y cuatro válvulas por cilindro, una relación de compresión de 11,3:1, bielas y válvulas de titanio (40 mm la de admisión, 33 mm la de escape), y la opción de escoger entre camisas húmedas de fundición de hierro o camisas secas revestidas de carburo de silicio.

La lubricación se realiza por colector dentro del cárter, con alimentadores hasta las cabezas de las bielas, muñequillas de los pistones, los resaltes de levas y los árboles de la caja de cambios. El suministro de combustible era por inyección secuencial, con dos inyectores por cilindro, con gestión del motor programable e historial completo para leer cómo se ha comportado el motor durante su funcionamiento. La caja de cambios estándar era de cinco velocidades, aunque había la opción de una con seis velocidades.

El bastidor es de estructura autoportante; y gran parte del chasis, de fibra de carbono y Kevlar. Incluso las ruedas, ambas de 43 cm, eran de un compuesto de fibra de carbono. Los discos de freno están realizados en hierro fundido, e incorpora dos de 320 mm en la rueda delantera y uno de 210 mm en la trasera. El hierro fundido proporciona mayor poder de frenada y mejor dispersión del calor que el acero inoxidable. El radiador estaba montado debajo del asiento.

Esta máquina desarrollaba una potencia de 166 CV a 11.800 rpm, con un

Con 166 CV a 12.500 rpm, la Britten V1000 era probablemente la bicilíndrica en V de 1.000 cc más potente jamás construida, con o sin sobrealimentación.

límite de revoluciones de 12.500. Esto supone un régimen de vueltas descomunal para una bicilíndrica en V. La potencia es dos veces la de una Hesketh estándar, que tiene un motor superficialmente parecido. Potencia más que de sobra para una máquina de tan sólo 138 kg, capaz de alcanzar los 303 km/h.

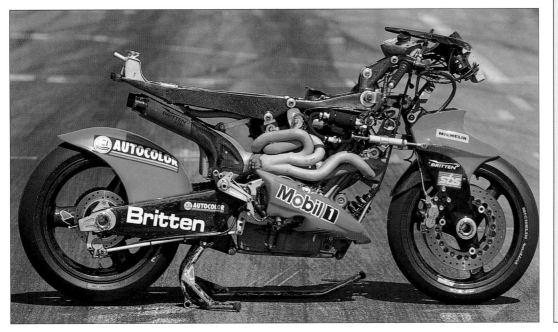

BROUGH

WILLIAM BROUGH NUNCA fue tan famoso como su hijo George, pero fue él quien dio vida a la leyenda de la Brough asociada con la Superior. En 1898, William fabricó un pequeño coche, y en 1902 apareció la primera motocicleta de la firma, con motor suspendido del tubo superior del bastidor, transmisión a correa y horquilla de ballesta reforzada. En 1906, y con sede en Basford, Nottingham, William había logrado mejorar mucho el modelo original, y el modelo de 1908 poseía un motor de 3,5 CV montado verticalmente y horquilla con muelles. Esta máquina pronto se vio acompañada de otro modelo

con 2,5 CV y un tercero, bicilíndrico en V de 5 CV. En 1910, Brough fabricó un motor experimental muy avanzado con válvula rotatoria sobre el cilindro y una válvula de camisa que protegía la bujía excepto en el momento de producir la chispa. Estas válvulas eran accionadas mediante engranaje cónico, eje y engranaje cilíndrico de dentadura recta. El motor estaba suspendido en un bastidor auxiliar con la magneto delante. También tenía transmisión por correa y horquilla con muelles, pero nunca llegó a fabricarse en serie.

En 1911, Brough se pasó al motor bicilíndrico plano, con buen equilibrio

y mínimas vibraciones. En 1912 apareció un modelo mayor de 6 CV y motor bicilíndrico en V. El motor de 3,5 CV fue ampliado y se le añadió una caja de cambios de dos velocidades. También hubo un modelo bicilíndrico en V de 8 CV, el Brough Monocar, así como un modelo para señoritas, con 3,5 CV.

George Brough se presentó a la TT de la Isla de Man en la clase Senior en 1913, pilotando un modelo con motor bicilíndrico plano, aunque después participó con una bicilíndrica ABC. A finales de ese mismo año, la firma anunció un modelo bicilíndrico plano de 3,5 CV con válvulas laterales y empujadores y

El motor bicilíndrico plano más grande de Brough tenía 810 cc y era capaz de propulsar un sidecar, como vemos en esta clásica fotografía, con su característico tanque plano.

balancines al aire, la magneto UH sujeta con una abrazadera a la parte superior del cárter, y caja de cambios de dos velocidades en la parte inferior del bastidor. En 1915, la gama de Brough se había reducido al monocilíndrico plano, del que aparecería una versión mayor en 1916. En 1923, se produjo el lanzamiento de un modelo con 810 cc, que se fabricó hasta 1925.

BROUGH SUPERIOR

SEGÚN SUS PROPIOS RECUERDOS, George Brough (1890-1970) tenía unos diez años cuando pilotó por vez primera una motocicleta, una original Werner. Más tarde, en su adolescencia, se convertiría en un famoso piloto con sus bicilíndricas planas, las Brough originales construidas por su padre, con quien se asoció enonces para seguir fabricándolas.

Las motocicletas de su padre no eran, sin embargo, ni lo bastante lujosas ni lo bastante rápidas para su gusto. En 1919, fundó su propia compañía de motocicletas en Nottingham, y en 1921 fabri-

có la primera motocicleta que llevaba el nombre Brough-Superior (idea que le sugirió un amigo para distinguir la firma nueva de la antigua).

A pesar del halo de misterio que rodea el nombre, Brough-Superior no era, en muchos aspectos, distinta de otros fabricantes de motocicletas que montaban motores y componentes ya fabricados.

En cambio, había dos aspectos que hacían de Brough-Superior una compañía única. En primer lugar, la intención de George fue siempre fabricar motos

en un número pequeño, de la más alta calidad, tanto en mecánica como en acabados, y luego venderlas a un precio razonablemente alto. Aunque compraba los motores hechos, pagaba por un acabado especial y un riguroso control de calidad de los mejores diseños de Jap, MAG, Matchless y otras fábricas.

En segundo lugar, Brough era un consumado *showman*, como demuestra el propio nombre que puso a su empresa. Esto también se manifestaba en el aspecto de sus modelos, y en cómo los promocionaba. El acabado estándar era

excepcional (tanto que Rolls-Royce aprobó tácitamente el lema «las Rolls-Royce de las motocicletas», que al parecer se acuñó en la revista *The Motor Cycle*.

Se cree que un par de representantes de Rolls-Royce visitaron la fábrica que Brough tenía en Nottingham y quedaron impresionados al ver a un hombre con guantes blancos poniendo toda su atención en el acabado de un depósito de gasolina; ambos admitieron que las Brough se fabricaban con tanto esmero como sus Rolls-Royce. Lo que nadie les

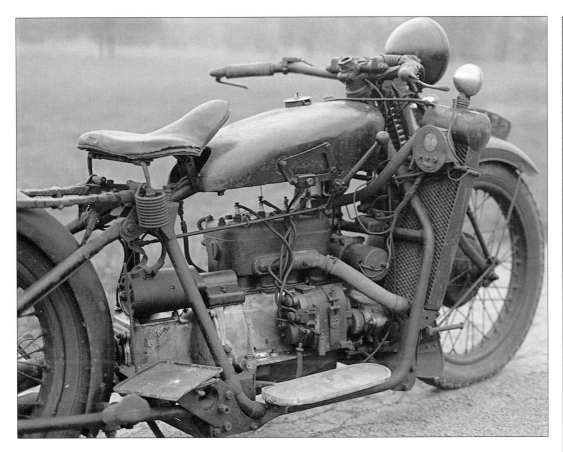

Además de las bicilíndricas en V, por las que es más conocido, George Brough también fabricó una amplia gama de otros modelos, sobre todo tetracilíndricos refrigerados por agua.

dijo es que el depósito en cuestión estaba destinado a un modelo de exposición.

Además de su aspecto y acabado, fueron máquinas muy populares y cosecharon grandes éxitos, tanto en manos del propio Brough como de Eric Fernibough, Freddie Dixon, E. C. E. Baragwanath, Bert Le Vack y muchos otros pilotos. Es más, fueron las escogidas por muchos personajes famosos, como T. E. Lawrence, o Lawrence de Arabia, que fue dueño de siete Broughs (seis de ellas modelos SS100) y que de hecho murió mientras pilotaba una, y ya tenía encargada la octava.

Aunque la reputación de la firma se mantenía gracias a los modelos bicilíndricos en V, George Brough también se hizo famoso por sus prototipos y diseños especiales, a menudo con extraños motores como tetracilíndricos refrigerados por aire. En realidad, la única tetracilíndrica que llegó a la línea de producción fue la Broguh-Austin, refrigerada por agua.

Las primeras máquinas tenían motores JAP de 986 cc, pero como las Brough eran motocicletas hechas a medida, se podía disponer de una variedad de motores, bien solicitado particu-

larmente o bien por la oferta del catálogo: válvulas laterales, empujadores y árboles de levas en el cárter, incluyendo cuatro árboles de levas, y ocho válvulas. A lo largo de los años, se incluyeron otras capacidades: 680, 750, una efímera 500, y la mayor, de 1.096 cc con válvulas laterales, pensada para modelos de gran turismo, preferiblemente con sidecar. El Austin de cuatro cilindros antes mencionado era de 800 cc.

Es discutible el grado hasta el que los motores y otros componentes (cajas de cambio Sturney-Archer, horquillas Castle, amortiguadores de transmisión Enfield y bastidores Draper) eran modificados o construidos especialmente para George Brough. La mayor parte de estos fabrica-

Aunque los modelos de 1.000 cc son «les imortelles», Brough también trabajó con muchas otras cilindradas, como el motor de 750 cc de esta Mk II de 1920.

nes realizaban motores y otros componentes para modelos «especiales» o de carreras, y la calidad que Brough requería (aparte de poner su logotipo en la carrocería) no pueden haber sido, en la mayoría de los casos, exclusiva.

En 1923, cuando la compañía sólo llevaba un par de años fabricando motocicletas, lanzó el modelo SS80 con una

La SS80 no alcanzó el respeto (ni el precio) de la SS100, pero es, de cualquier modo, una máquina magnífica y que todavía hoy nos sorprende por la facilidad de su conducción.

garantía escrita de que el modelo había sido cronometrado a 129 km/h en 400 metros.

En 1924, la misma garantía se amplió hasta los 161 km/h con el modelo SS100.

Según la propia publicidad de Brough, las pruebas se realizaban en «una carretera privada de 1,3 millas (2,8 km)», y no en Brooklands, como solía decirse.

La SS100 se convirtió en el buque insignia de la firma, y se le fueron aña-

diendo nuevos y más potentes motores y toda suerte de innovaciones hasta que la fabricación de motocicletas se interrumpió bruscamente con el estallido de la Segunda Guerra Mundial. Durante el conflicto, la Brough Superior se vio envuelta en diversas clases de producción bélica, pero al terminar la guerra, no se volvió al negocio de las motocicletas.

Se dijo entonces que George Brough no confiaba en poder comprar motores de la calidad que él demandaba para sus modelos.

Si bien esta historia está muy a tono con la leyenda de Brough Superior, no es difícil rebatirla. Más bien, Brough entendió que los días de las firmas ensambladoras habían terminado, salvo en la parcela más baja del mercado de las motocicletas.

Los modelos diseñados y fabricados por una misma fábrica, como la Serie A Rapide de Vincent-HRD, tenían mucho más futuro que los modelos montados a base de componentes de diversos orígenes, sin importar lo caros o impresionantes que esos componentes pudieran ser.

La Serie A Rapide había sido probada en 1939 por la revista *Motor Cycling* en carretera alcanzando los 177 km/h, una velocidad que la SS100 con motor Matchless hubiera encontrado difícil de batir.

También se ha sugerido que la Segunda Guerra Mundial abortó el lanzamiento de la Brough Superior Dream (o Golden Dream), que era como dos bici-

En la fecha en que esta motocicleta se fabricó, 1934, las Brough Superior se consideraban las mejores motocicletas del mundo, además de las más rápidas.

líndricas planas de BMW una puesta encima de la otra y provista de cigüeñales dentados como los de la Square Four.

Es cierto que se fabricaron unas cuantas unidades (tal vez cinco) pero uno tiene la sospecha de que en realidad se trataba, como ocurría con la mayoría de sus «modelos especiales», mera propaganda, y que el modelo nunca estuvo listo para la producción en serie.

Quizá lo más fascinante acerca de las Brough Superior es que una máquina fabricada en cantidades tan pequeñas, y durante sólo dieciocho años, sean todavía hoy toda una leyenda. En total, se fabricaron una 4.000 Brough, de las cuales un 10 por 100 eran modelos SS100, pero si uno pregunta a un amante del motociclismo qué tres modelos le gustaría tener, es casi seguro que en la lista habría lugar para una Brough Superior SS100.

La calidad del acabado de todas las Brough Superior era excelente, como demuestra este inmaculado depósito de 1927.

BOWDEN
Inglaterra 1922. Esta compañía parece haber sido una ensambladora sin ninguna relación con la firma citada anteriormente. Fabricaba un modelo de 116 cc.

BOWN
Inglaterra (Birmingham) 1922-1924. Esta firma era una ensambladora que utilizaba motores JAP y Blackburne 248 y 348 cc, aunque posteriormente utilizó un motor Villiers 147 cc.

BOWN
Gales (Tonypandy) 1950-1958. Esta compañía fabricaba ciclomotores, autociclos y motos ligeras con motor Villiers de 125 cc, y más tarde de 123 cc; también motores Sachs de 49 y posiblemente 98 cc. Su famosa marca comercial era «Aberdale».

B&P
Italia 1926. Della Ferrara proporcionaba los motores de dos tiempos de esta línea de autociclos y motos ligeras, de tan corta vida.

BPR
Suiza 1929-1932. Estas motocicletas usaban motores monocilíndricos de Moser y Motosacoche de 347 y 497 cc. Los empleados de la firma habían trabajado anteriormente para Moto-Reve y Motosacoche.

BPS
Francia 1973-desconocida. Estas motocicletas ligeras francesas estaban clasificadas como motos de cross y trial, y eran propulsadas por motores de entre 49 y 123 cc, patentados por Franco-Morini, Sachs, Aspes y Minarelli.

BROUGH SUPERIOR   1921

SEGÚN SE DICE, EL DEPÓSITO de la original Brough Superior fue el primero en estar colocado sobre la barra superior del bastidor, aunque esta afirmación es discutible.

El motor era un JAP con cilindros de 90 mm de diámetro. Contaba con un sistema de lubricación por aceite perdido, bien a través de bomba de mano o bomba de pedal (todas las máquinas estaban

Aunque 35 CV pueden parecer pocos hoy en día, era casi cuatro veces la potencia de la primera BMW bicilíndrica plana, y bastante más que la de muchos de los coches pequeños de la época.

provistas de ambos sistemas), y tenía un único árbol de levas y sólo un muelle por válvula. Los pistones estaban fabricados de aleación ligera con dos segmentos de compresión y uno de rascado. Este modelo daría lugar al SS80, con doble árbol de levas y dobles muelles en las válvulas.

En 1927, la SS80 tenía 25 CV en su versión estándar o 30 CV en la versión especial. Además del modelo original Brough Superior con válvulas en culata, hubo también una versión con motor JAP provista de válvulas laterales (988 cc, 85,5 × 85 mm) y la llamada Mark II, con motor MAG de 72 × 90 mm y válvula de admisión encima de la

de escape. Las posibilidades de elegir no eran pocas, sobre todo cuando a estas tres se unió el modelo con 999 cc (motor cuadrado de 86 mm) con motor Barr & Stroud de válvulas de camisa.

Motor: bicilíndrico en V, ohv, 986 cc (90 × 77,5 mm) refrigeración por aire
Potencia: 35 CV aproximadamente
Caja de cambios: 3 velocidades, palanca manual
Transmisión secundaria: cadena
Peso: 190 kg
Velocidad máxima: 121 km/h aproximadamente

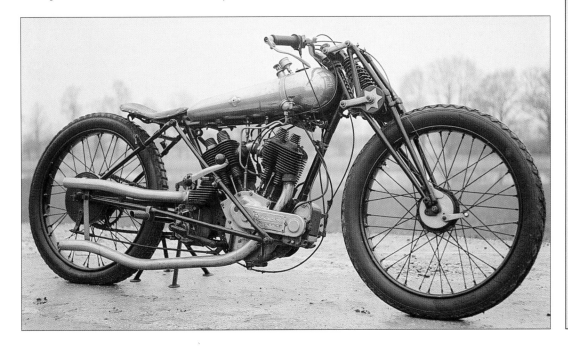

ORIGINAL SS100

1924

Lawrence, Shaw, Ross, Aurens... Se diga lo que se diga de Lawrence de Arabia, la imagen de este romántico entre los románticos siempre estará unida a la más romántica de las motocicletas: la SS100. La de la foto le perteneció.

litros/100 km de la conducción más rápida, hasta los 5,6 litros/100 km cuando la velocidad era más moderada. Hoy día, cuando la forma normal de aumentar la relación potencia/peso es añadir más potencia, estos datos nos recuerdan que no hay que desdeñar el rendimiento de los modelos más ligeros. Y la ligereza de la SS100 era sorprendente.

La SS100 continuó incorporando mejoras. En 1926, Brough introdujo la Alpine GS, con un motor JAP de 995 cc (80 × 99 mm), con triple muelle en las válvulas y más potencia que la versión estándar. También se presentó el modelo Pendine, al que acompañaba una garantía de haber rebasado los 177 km/h. Su nombre se debe a Pendine Sands, un enclave famoso en Gran Bretaña por ser el lugar donde se han batido grandes récords, antes de que la gente pudiera cruzar el Atlántico para correr en las salinas de Bonneville, en Estados Unidos.

Motor: Bicilíndrico en V, 988 cc (85,5 × 86 mm) ohv, refrigerado por aire
Potencia: 45 CV a 5.000 rpm
Caja de cambios: 3 velocidades, palanca manual
Transmisión secundaria: cadena
Peso: 180 kg
Velocidad máxima: 160 km/h

La SS100 era esencialmente una versión de la SS80 con doble árbol de levas y doble muelle en las válvulas, y fabricada a finales de 1924, se lanzó como un modelo de 1925. Eran obvios los habituales ajustes realizados en el carburador, pero también se aumentó apreciablemente el rendimiento al aligerar el sistema de distribución de las válvulas para permitir un régimen más alto de vueltas. Sorprendentemente, al añadir una bomba de aceite mecánica se restó algo de potencia al motor. El consumo de aceite de la SS100 se calculaba en la alarmante cantidad de un litro cada 500 km.

De pronto, volvía a tener sentido el gran tapón de relleno del aceite. El consumo de gasolina iba desde los 4

BROUGH SUPERIOR 500

1931

La Brough más pequeña suele describirse como un intento de fabricar una máquina más pequeña y barata que respondiera a los tiempos de la depresión económica. Si ésta fue la razón, la verdad es que tuvieron una forma muy curiosa de hacerlo. Las versiones con válvulas laterales de la 680 (descritas más adelante) pueden reclamar con derecho el paradójico título de ser las Brough Superior de los pobres.

La 500 se vendió como una rápida pero dócil moto turística de 19 CV, que podía convertirse en un modelo de carreras de 31 CV con sólo quitar los faros y eliminar los platos de compresión de debajo de los cilindros; así podía rebasar los 145 km/h. Si se volvían a poner las luces y los platos de compresión, y su velocidad máxima descendía hasta los 137 km/h, la máquina era más manejable y totalmente legal para su uso en carretera. Otra razón que desmiente que la 500 fuera un modelo económico es la caja de cambios de cuatro velocidades, en lugar de tres.

La Overhead 680 (presentada en 1926) había sido el modelo más pequeño, con 70 × 88 mm (674 cc) y 25 CV, de sobra para alcanzar los 128 km/h, pues era relativamente ligera. Este modelo fue la base sobre la que se diseñó la Black Alpine 680, con su acabado negro porcelana y bastidor elástico Draper, toda una tourer de tamaño medio.

El éxito de la Overhead 680 alentó la introducción de una 680 con válvulas laterales en 1927, nuevamente con motor JAP, y su versión económica, la 5-15. Aunque la 680 con válvulas laterales sólo desarrollaba 17,5 CV, esta potencia todavía era bastante para alcanzar los 128 km/h, casi las mismas prestaciones que la moderna Enfiel Bullet 350. También hubo una 750 con válvulas laterales, y una transmisión todavía más suave.

Motor: Bicilíndrico en V, ohv, 498 cc (62,5 × 80 mm), refrigeración por aire
Potencia: entre 19 y 31 CV
Caja de cambios: 4 velocidades
Transmisión secundaria: cadena
Peso: no especificado
Velocidad máxima: 145 km/h

BROUGH-AUSTIN

1932

La humilde Austen Seven suministraba el motor en que se basó la Brough-Austin, de 750 cc y refrigeración por agua, hasta que se aumentó su capacidad a 800 cc (lo que tal vez se hizo para distanciarse de su proletario ancestro). La característica más llamativa de la Brough-Austin no era su prominente radiador, estratégicamente colocado para mantener las manos templadas, sino la inverosímil colocación de la transmisión en la rueda trasera. Quizá el modelo estaba pensado para ser usado con sidecar, aunque hay documentos que afirman que al menos una vez se utilizó sin él, lo que debe de haber sido

A pesar de su reputación, con sólo 23 CV y un peso completo de 356 kg, la Brough Superior con motor Austin de 800 cc era una moto muy lenta.

toda una experiencia. Igual de sorprendente es que la Brough-Austin llegara a fabricarse. Sólo se sabe de la existencia de diez unidades, de las cuales han sobrevivido más de la mitad.

Motor: Tetracilíndrico en línea, 800 cc (57,9 × 76 mm), refrigeración líquida
Potencia: 23 CV a 4.600 rpm
Caja de cambios: 3 velocidades y marcha atrás
Transmisión secundaria: eje
Peso: 356 kg (completa)
Velocidad máxima: 97 km/h

New SS100   1933

El desarrollo de la SS100 continuó desde 1925 hasta su desaparición en 1940. La New SS100 de 1933, lanzada en la temporada 1934, era una máquina increíble. Aunque los 74 CV que se atribuyen a su motor JAP de dos cilindros en V a 50° fueran una exageración, su rendimiento y prestaciones siguen siendo impresionantes.

El motor estaba provisto de dos carburadores, doble magneto (una para las luces) y una relación de compresión de 8:1 (en una fecha en que lo normal era 6:1), aunque, al parecer, en la versión de carreras la relación llegaba a ser de 12:1. Se llegó a conocer a esta máquina como «la dos de todo». Sólo se fabricaron ocho unidades.

Las versiones de principios de 1928 de la SS100 ya habían ofrecido suspen-

sión trasera opcional (los modelos con rueda trasera rígida eran los más buscados por los más tradicionalistas, pues eran más sencillos, ligeros y controlaban mejor el movimiento de la rueda trasera), y el año después de que la New SS100 apareciera, el palanca manual fue reemplazado por un pedal de cambio de velocidades con fin de carrera. Otro año después, una caja de cambios Norton de cuatro velocidades sustituyó a la vieja Sturmey-Archer de sólo tres.

Desde 1935 (aunque lanzada en la temporada de 1936) se utilizó el motor

La New SS100 de 1933 era muy parecida a esta de 1932, pero con 74 CV, que ofrecía unas prestaciones que hubieran sorprendido a cualquiera en 1973 (no digamos en 1933).

Matchless de 990 cc (85,5 × 85,5 mm) con los cilindros calados a 50°, para las 100 unidades de SS100. Era más fiable, pero menos potente, por lo que alcanzaba tan sólo 161 km/h. La última versión de la SS100 se fabricó hacia 1940, (si exceptuamos un prototipo desarrollado en 1944 con dos cilindros en V calados a 90 °) y su motor estaba montado a la manera convencional, es decir, simétrico alrededor del eje principal.

Motor: bicilíndrico en V, ohv, 996 cc (80 × 99 mm) refrigeración por aire
Potencia: 74 CV a 62 rpm
Caja de cambios: palanca manual, 3 velocidades
Transmisión secundaria: cadena
Peso: no especificado
Velocidad máxima: 200 km/h

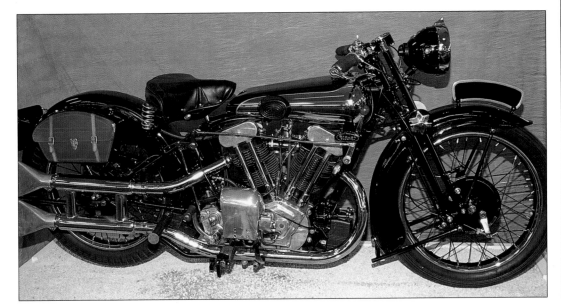

BSA

LA QUE TERMINARÍA convirtiéndose en la mayor fabricantes de motocicletas del Reino Unido (y durante un tiempo, de todo el mundo) comenzó su andadura en 1854 como una asociación de catorce armeros nacida para suministrar armas al ejército británico durante la guerra de Crimea. Incluso hoy, una pila de tres rifles sigue siendo el famoso logotipo de la heredera de la antigua compañía, BSA Regal.

Un año después de su fundación, BSA se trasladó a la fábrica de Small Heath, junto a la Great Western Railway. En 1861, se convertiría en la Birmingham Small Arms. Muy automatizada para la época, esta compañía comenzó fabricando piezas de bicicleta durante la década 1880-1889, antes de fabricar, en 1903, su primer vehículo de dos ruedas, propulsado por un motor Minerva. Sie-

te años más tarde, apareció el primer modelo fabricado enteramente por BSA, una monocilíndrica de 499 cc, con 3,5 CV y válvulas laterales, que ya iba pintada con los colores verde y crema que distinguirían a la fábrica de Small Heath. Tras ésta, llegó en 1913 el Modelo H, de dos velocidades, transmisión enteramente a cadena y válvulas laterales, seguido por el Modelo K.

La Olimpia Show de Londres de 1919 lanzó la primera bicilíndrica en V de cierto interés, el llamado Modelo E, de 770 cc, diseñado especialmente para uso con sidecar. Como muchos otros fabricantes, BSA también produjo sidecar para enganchar a sus monocilíndricas.

Si la bicilíndrica en V fue el modelo típico de BSA durante los años veinte, la década de 1930-1939 se caracterizó por las máquinas de un solo cilindro,

como la Sloper de 50 cc o la Empire Star de carreras, y todas las versiones derivadas de ellas. Aunque menos conocidos que los de Morgan y Raleigh, la BSA también fabricó una gama de triciclos propulsados por motores de dos y cuatro cilindros.

La diversificación siempre fue el sello de la casa BSA, lo que tal vez no sorprenda si recordamos sus orígenes. Durante la Segunda Guerra Mundial, cuando BSA fabricó 126.000 motocicletas militares M20 con válvulas laterales, el grupo era dueño de 67 fábricas implicadas en actividades industriales. Incluso durante la Primera Guerra Mundial, BSA ya era un importante conglomerado industrial que fabricaba coches Daimler y suministraba no menos de 1,5 millones de fusiles al ejército. Para satisfacer tan ingente demanda, se eri-

Durante los años cincuenta, la vieja y sólida BSA M21 con válvulas laterales y sidecar de caja, y el saludo amable del operario de AA (la Automobile Association británica) eran parte del paisaje automovilístico británico.

gió una fábrica especial, conocida como «el edificio 1915». Fue en estas instalaciones donde nacieron las generaciones de motocicletas «Beezer».

A mediados de los años cincuenta, BSA había adquirido Triumph, Ariel, Sunbeam y muchas otras marcas, convirtiéndose en la compañía de motocicletas más grande del mundo. Y sin embargo, su modelo más vendido, la humilde Bantam de dos tiempos, era básicamente un diseño de la DKW alemana de antes de la guerra. Irónicamente, esta firma alemana había sido durante los años veinte el mayor fabricante de motos del mundo.

Por entonces, el resto del grupo BSA estaba concentrado en la producción de las series B y C de monocilíndricas con válvulas laterales, así como una serie de bicilíndricas en línea con distribución ohv inspirada en el éxito de Triumph con su Speed Twin de antes de la guerra. De las monocilíndricas, algunas no pasaban de ser máquinas modestas, aunque la más potente de ellas, la Gold Star, se convertiría en una leyenda. La serie de bicilíndricas comenzó en 1946 con la A7 de Val Page de 500 cc, que más tarde aumentaría su cilindrada y se convertiría en la A10 de 650 cc. En 1962, las series 7/10 de bicilíndricas (la mejor de las cuales era probablemente la Rocket Gold Star, que llegaba a alcanzar los 185 km/h) dieron paso a las bicilíndricas A50 y A65, la última de las cuales siguió fabricándose hasta la desaparición de la firma.

Durante la década siguiente, BSA no supo reaccionar con rapidez ante el impulso de las nuevas motocicletas técnicamente muy avanzadas y baratas que procedían de Japón. Forma parte del mito del motociclismo la idea de que la industria británica careció de las instalaciones necesarias para la investigación y el desarrollo, pero lo cierto es que durante este mismo período, BSA se jactaba de tener un sofisticado departamento de desarrollo propio de la «era espacial» en Umberslade Hall, y tal vez la línea de producción más automatizada del mundo, aparte de Japón. Pero, a pesar de todo este potencial, la compañía no supo encontrar una política de dirección coherente, y se fueron encadenando los fracasos de modelos que intentaban reemplazar a la venerable Bantam. Entre ellos cabe destacar la Dandy y la Beagle (ambas de transporte urbano), un escúter de 250 cc y el catastrófico triciclo Arial-3 (un modelo diseñado independiente-

mente que se estrelló mientras realizaba una demostración de sus cualidades ante los directores de BSA, que, a pesar de eso, decidieron comprarlo).

A comienzos de los años setenta, las pérdidas del grupo eran casi tan altas como cuantiosos habían sido los beneficios en la década anterior. Aunque el modelo Rocket-3/Triumph Trident ofrecía un rayo de esperanza, el esfuerzo por intentar competir con los japoneses terminó por quebrar la compañía. Su último intento fue la desafortunada BSA Fury/Triumph Bandit. En 1972, la empresa quebró.

Manganese Bronze, por entonces propietaria de Norton, adquirió el grupo BSA, principalmente por sus divisiones de carrocerías de coche y productos sinterizados. La huelga de trabajadores de Meriden desbarató un plan de rescate de la división de motocicletas. De esta huelga nació la Triumph Cooperative, que contaba con el apoyo gubernamental.

Después del colapso de BSA, Norton Villiers Triumph se encargó de lo que quedaba de la fabricación de motocicle-

La B40 fue una monocilíndrica ohv de 343 cc inspirada en la B31. La de la foto es la versión militar en «estilo trial», con la que han aprendido a montar en moto toda una generación de soldados británicos.

tas, ahora en Shenstone, al noreste de Birmingham, mientras que la fábrica que BSA tenía en Small Heath y la planta de Norton en Wolverhampton fueron cerradas. De aquí nació la Norton Motors (el proyecto del motor rotativo), que cambió varias veces de propietario antes de acabar (por incumplimiento de contrato) en manos de la familia canadiense Aquilini (junto con los derechos del nombre comercial BSA).

Las otras dos partes de la original NVT, BSA Co. y Andover Norton, fueron liquidadas, vendiendo las participaciones de las compañías a sus directivos. La BSA Co. de Bill Colquhuon fabricó motocicletas militares con motor Rotax, además de modelos «Bushman» basados en diseños de Yamaha, que se vendían en los mercados del Tercer Mundo. La Andover Norton de Mike Jackson fabricó repuestos de las motocicletas Commando y AP, además de otros productos. En 1991, ambas empresas se fusionaron dando lugar a un nuevo grupo BSA, que fue finalente absorbido por una empresa con sede en Southampton en 1994, fecha en que pasó a llamarse BSA Regal. El grupo tiene participaciones en diversas industrias ligeras, y en 1996 reveló un nuevo modelo BSA, la Gold SR, provista de un motor Yamaha SR400 y un chasis inspirado en la Gold Star.

En 1972, cuando todavía se fabricaban estas Lightning de 650 cc, el grupo BSA se encontraba en serias dificultades económicas, siendo incapaz de competir con Honda y su CB750-4.

BREUIL
Francia 1903-1908. Esta firma fabricaba monocilíndricas y bicilíndricas en V con sus propios motores, además de los Peugeot, Aster, Zurcher y otros.

BRIBAN
Francia, años cincuenta. Esta compañía comenzó con un motociclo de 50 cc, luego de 98 y 123 cc, y finalmente se pasó a los escúter de 123 cc con ventilador interno.

BRIGGS & STRATTON
Estados Unidos 1919-1920. Este famoso fabricante de motores fijos construyó el motociclo Briggs & Stratton Flyer. Un modelo tenía tracción a la rueda trasera; otro estaba incorporado a una rueda delantera intercambiable.

BRILANT-ALCYON
Checoslovaquia (Zuckmantel) 1932. La fábrica Fuchs construyó un pequeño grupo de máquinas de dos tiempos y 98 cc con licencia de Alcyon. Se les dio el nombre de «motocicletas del pueblo».

BRITISH-RADIAL
Inglaterra (Londres) 1920-1922. Un modelo tricilíndrico con válvulas laterales y motor Redrup montado en ángulo de 120°. Los bastidores eran de Chater-Lea. Se fabricaron muy pocas unidades.

BRITISH-STANDARD
Inglaterra (Birmingham) 1919-1923. Esta compañía de Birmingham era una ensambladora que utilizaba una variada gama de motores patentados: Villiers, TDC JAP, Bradshaw, Blackburne y Barr & Stroud. Las cilindradas iban de 147 hasta 548 cc.

BSA SIDEVALVE V-TWINS

1919–1939

Las grandes bicilíndricas en V con válvulas laterales consolidaron la temprana reputación de BSA. Este modelo de 1919 aparece sin sidecar, aunque solían ir acompañadas de él. Obsérvese el endeble freno delantero.

La gama de bicilíndricas en V de BSA que comenzó en 1919 con el Modelo E de 770 cc fue muy duradera. De hecho, se extendió hasta el estallido de la Segunda Guerra Mundial y es poco lo que distingue el último modelo del primero. Uno de los últimos, en 1938, fue el G14 de 986 cc. Al igual que en el res-to, las válvulas estaban dispuestas lateralmente, con los cilindros separados a 50°. Esta disposición ofrecía un diseño compacto a expensas de una intensa vibración y del calentamiento del cilindro trasero.

La lubricación seguía siendo por aceite perdido, alimentada por un depósito de 2,3 litros, desde el que una bomba manual hacía llegar aceite a los cilindros y el cigüeñal. El aceite no quemado se recogía en el cárter antes de pasar a través de una válvula para lubricar la cadena de la transmisión primaria y acabar, finalmente, en la carretera. Además de esta bomba, el motorista tenía que lidiar con los dos puños giratorios. El de la derecha era el acelerador convencional, mientras que el de la izquierda controlaba el avance del encendido de las bujías.

Con una ridícula relación de compresión de 4,4:1, la potencia del modelo era más bien modesta, aunque muy manejable, lo que le hacía ideal para el acoplamiento de un sidecar. El chasis, construido alrededor de una enorme columna central de acero forjado, era robusto.

A pesar de su tosquedad, se consideraban vehículos de lujo, sobre todo si tenemos en cuenta que añadir un sidecar elevaba el precio del vehículo, haciéndolo tan caro como un coche pequeño.

Motor: Bicilíndrico en V, válvulas laterales, 986 cc (80 × 98 mm), refrigeración por aire
Potencia: 25 CV a 3.800 rpm
Caja de cambios: 4 velocidades, palanca manual
Transmisión secundaria: cadena
Peso: 191 kg
Velocidad máxima: 121 km/h

BSA SLOPER

1926–1935

Obsérvese el cambio de velocidades manual, típico de esa época. En 1932, una transmisión de cuatro velocidades reemplazó a la antigua caja de cambios de tres velocidades.

Lanzada en agosto de 1926 con el nombre de Modelo S, la Sloper representaba el espíritu de las motocicletas británicas de antes de la guerra. Llamada así por la inclinación de su motor, la Sloper tenía un magnífico aspecto, era fiable, silenciosa y relativamente ágil. Con una cilindrada de 493 cc, su motor de larga carrera no permitía ver los empujadores y balancines (aunque los muelles de las válvulas sí quedaban al aire), por encima del sólido y espacioso cárter en el que se encontraba la sencilla bomba de aceite con engranaje de dos ruedas.

El motor contaba con una carrera de pistón muy larga, y los enormes volantes dentados transmitían la potencia con gran suavidad. El bastidor de doble tubo estaba provisto de horquilla de paralelogramos en la rueda delantera, mientras que en la trasera no había ningún tipo de suspensión.

Se fabricaron al menos seis diferentes modelos de Sloper, con cilindradas que iban desde los 349 hasta los 595 cc; dos de ellos con válvulas laterales y los otros cuatro con distribución ohv. En su versión estándar, el modelo de 500 cc y válvulas en la culata alcanzaba los 112 km/h. Para la mayoría de los modelos, BSA ofrecía un «kit de carreras», que constaba de un pistón de alta compresión y una bujía especial.

En 1932, la transmisión original de tres velocidades fue reemplazada por una caja de cambios con cuatro velocidades.

Motor: monocilíndrico ohv, 493 cc (80 × 98 mm) refrigeración por aire
Potencia: hasta 25 CV a 4.800 rpm
Caja de cambios: 3 velocidades (posteriormente 4), palanca manual
Transmisión secundaria: cadena
Peso: No especificado
Velocidad máxima: 116 km/h

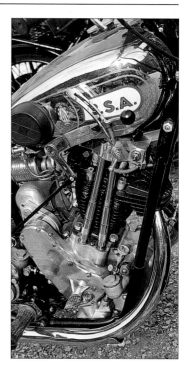

Con un aire que recuerda a las posterores Panthers, la Sloper fue una de las monocilíndricas británicas más apreciadas de antes de la guerra.

BSA Empire Star/Gold Star 1936

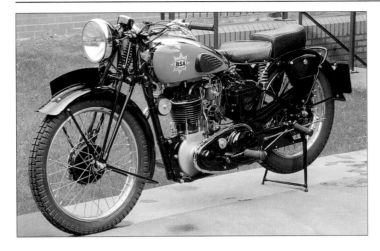

La Gold Star original era una motocicleta deportiva de antes de la guerra, derivada de la Empire Star. La Gold Star de carreras podía alcanzar una velocidad de 160 km/h.

BSA, igual que Triumph, nunca tuvo entre sus objetivos la competición, política que se veía reforzada cada vez que uno de sus modelos salía a la pista. En 1913, seis modelos fabricados en serie participaron en la TT de la Isla de Man; sólo uno de ellos logró terminar, y lo hizo en un descorazonador séptimo lugar.

Ocho años más tarde, otros seis volvieron a competir, con resultados todavía peores. Por eso resultaba sorprendente que dos de sus modelos más celebrados hubieran logrado su reputación sobre la pista de carreras.

Uno de ellos era, por supuesto, la Gold Star de después de la guerra. Sin embargo, durante los años treinta sería un modelo totalmente distinto el que lograra esa misma reputación y un éxito también parecido. Esta máquina estaba inspirada en la Blue Star de 1931 de Herbert Perkins, y el modelo fue desarrollado por D.W. Munro y bautizado con el nombre Empire Star, de 1936. El modelo logró recorrer los 805 km del circuito de Brooklands realizando un impresionante promedio de 118 km/h. Incluso la junta directiva de BSA se sen-

tía entusiasmada, y el motor siguió desarrollándose bajo la dirección de Val Page. El resultado de sus esfuerzos mostraba una nueva distribución en las lumbreras y el encendido, y conjunto de distribución totalmente oculto, en el estilo que sería típico de los monocilíndricos BSA de la posguerra. Con una relación de compresión muy alta, la máquina desarrollaba 34 CV. Su debut en la competición tuvo lugar en junio de 1937, en la Wal Handley de Brooklands, donde consiguió la victoria con un promedio de 164 km/h. La recompensa fue la medalla Gold Star de Brooklands, de ahí el nombre de la nueva versión de carretera, de 148 km/h (llamada M24) que apareció en el catálogo de 1938.

Motor: monocilíndrico ohv, 496 cc (82 × 94 mm), refrigeración por aire
Potencia: no especificada
Caja de cambios: 4 velocidades, pedal
Transmisión secundaria: a cadena
Peso: 159 kg
Velocidad máxima: 129 km/h

BSA Bantam D1 1946

La Bantam, como este modelo D1 de 1949, se convirtió en un récord de ventas y en el modelo más lucrativo de la historia de BSA.

cleta en pequeñas pruebas de trial y todo terreno. Además, dio lugar a una categoría propia de motos para pista de tierra.

Fue presentada en junio de 1946 como la D1 de 123 cc (en un principio

Motor: monocilíndrica de dos tiempos, 123 cc (52 × 58 mm), refrig. por aire
Potencia: 3 velocidades, pedal
Caja de cambios: cuatro velocidades, cambio de pedal
Transmisión secundaria: cadena
Peso: 102 kg
Velocidad máxima: 89 km/h

Durante los años cincuenta, la humilde pero enormemente célebre Bantam se convirtió en una de las más omnipre-

sentes motocicletas británicas, utilizada por la policía, el servicio postal, los trabajadores que a diario se desplazaban a sus puestos y hasta los granjeros de ovejas en Australia. También demostró su valor en la competición, convirtiéndose en una popular motoci-

El motor de la Bantam era en esencia un RT125 de la firma alemana DKW, un monocilíndrico de dos tiempos sencillo pero fiable.

BRM
Italia 1955-1957. Esta firma, al parecer, fue fundada por Vittorio Bellentani, director técnico de Ferrari, y su hermano Ricardo. Fabricaba motociclos y ciclomotores de 48 cc.

BROCKHOUSE
Inglaterra 1948-1955. Esta compañía fabricó el famoso escúter plegable Corgi. También colaboró a comienzos de los años cincuenta con Indian, a quienes suministraban el modelo monocilíndrico Brave, con 248 cc y válvulas laterales.

BRONDOIT
Bélgica 1924-1929. Esta compañía comenzó con un modelo de 250 cc y dos tiempos, al que añadió una versión de 350 cc en 1927. Más tarde, en 1928, fabricó un modelo con motor MAG de 500 cc ohv de cuatro tiempos.

BROOKLANDS
Inglaterra 1981-1986. La Brooklands fue un intento de fabricar una deportiva moderna con la línea de una Max Norton. Su motor eran un austriaco Rotax con árbol de levas en la culata.

BROWN
Inglaterra (Londres) 1902-1919. Esta firma fabricaba monocilíndricas con sus propios motores de 348 y 498 cc, y bicilíndricas en V de 498 cc. Después de 1919, cambiaron su nombre por el de VINDEC.

BROWN-BICAR
Inglaterra 1907-1913. Este modelo utilizaba motores monocilíndricos de 3 CV y bicilíndricos de 5 CV. Aunque no fue un gran éxito, también se fabricó en los Estados Unidos bajo licencia.

sólo para la exportación) a un mercado que buscaba desesperadamente un medio de transporte barato, por lo que tuvo un éxito inmediato, convirtiéndose en el modelo de BSA más vendido. Lógicamente, en aquellos días nadie

mencionó el hecho de que básicamente era una DKW RT125 de antes de la guerra, cuyo diseño cayó en manos aliadas como parte de las compensaciones de guerra. La primera dos tiempos de Harley-Davidson y el primer modelo

Yamaha estuvieron basadas en este mismo diseño. La primera Bantam tenía una cilindrada de 123 cc, con caja de cambios de tres velocidades, horquilla telescópica y rueda trasera sin suspensión. Pronto se añadió una suspensión

trasera de émbolos, y en 1955, un brazo basculante. También se lanzó una versión de 148cc, a la que siguió en 1960 una de 172cc. La última Bantam fabricada fue el modelo D14 Super de 1968, que tenía 172 cc.

BSA GOLD STAR DBD34

1957–1963

La «Goldie», como la llamaban afectuosamente, no sólo fue la última motocicleta de carreras fabricada en serie por BSA, sino también la monocilíndrica de carretera más sugerente de los años cincuenta. El nombre preferido de BSA fue heredado del modelo M24 Gold Star, fabricado antes de la guerra, aunque las versiones de posguerra eran básicamente unas B31/32 con las válvulas en la culata y B33/34 de carretera. ¡Y qué motocicleta!

La Goldie 350 apareció en 1947 con el nombre B32GS y ofrecía varias opciones de motor, para adaptarse a diferentes actividades deportivas: motocrós, trial o carretera. La 500 cc con suspensión trasera por émbolos llegó en septiembre de 1949. El nombre de los modelos cambió las letras B por ZB (1949), BB (1953), CB (1953-1955), DB (1955-1956) y DBD (1957-1963). En todos los casos, los números del motor de la Gold Star iban siempre seguidos por las letras GS.

Los modelos de 500 cc fueron noticia al ganar 11 medallas de oro en los ISDT de 1949. En 1950, se les proporcionó suspensión trasera por brazo basculante, y unos años después era tal la supremacía de estos modelos en las Clubmans TT que pusieron en peligro la continuidad de las propias carreras. La Goldie se estaba haciendo demasia-

La más deseada, y sin duda más ruidosa, de todas las monocilíndricas británicas: la inmortal Gold Star DBD34.

do rápida. En 1955, por ejemplo, de las 68 primeras posiciones de llegada, 63 fueron modelos Gold Star.

Aunque contaba con diferentes versiones, la Goldie DBD34 más popular tenía un enorme carburador GP Amal, sin filtro de aire ni cuentarrevoluciones, y con una excesiva tendencia a ensuciar las bujías. En carretera, desarrollaba en torno a los 38 CV a 7.000 rpm, tal vez 5 CV más en condiciones de competición, comparados con los 25 CV de la 350.

BSA interrumpió la producción de la Gold Star en 1963, cuando declaró que su poco civilizada monocilíndrica era demasiado cara de fabricar. En su lugar fabricaron una monocilíndrica de 250 cc, la C15, para pruebas de trial y motocrós.

Motor: monocilíndrico ohv 499 cc (85 × 88 mm) refrigeración por aire
Potencia: 38 CV a 7.000 rpm
Caja de cambios: 4 velocidades, pedal de cambio
Transmisión secundaria: a cadena
Peso: 191 kg
Velocidad máxima: 177 km/h

BSA A7 STAR TWIN

1950–1961

BSA descubrió su primera gran bicilíndrica de posguerra, el Modelo A7 de 495 cc, en la Exposición de Motocicletas de París, celebrada en 1946. Aunque fue recibida con entusiasmo, esta máquina no fue un éxito. Su rendimiento se demostró decepcionante, con tendencia al autoencendido cuando el motor era sometido a un gran esfuerzo, debido en parte al uso de cilindros y culatas de hierro fundido.

El encargado de perfeccionar el motor fue Bert Hopwood, una de las figuras más creativas en el diseño británico de posguerra, y el hombre responsable de la imperecedera Dominator de Nor-

Cuando se fabricó esta Shooting Star, en 1956, estaban de moda los instrumentos integrados en la carcasa del faro.

ton. En 1950, Hopwood rediseñó la BSA 495 cc bicilíndrica, convirtiéndola en la A10 Golden Flash de 646 cc. Aunque su aspecto externo era muy parecido al de la antigua A7, el uso de aleaciones ligeras y numerosos cambios internos hacían de ella una máquina más perfecta. Esas innovaciones se añadieron después a una versión revisada de la A7, la Star Twin. En 1952, se unió a ella un modelo más modesto, la A7SS Shooting Star, aunque ninguna de las dos podía rivalizar con el rendimiento de las bicilíndricas que Triumph fabricaba por entonces.

Ese mismo año, la Star Twin realizó un tremendo esfuerzo en el Maudes Trophy, una carrera que ponía a prueba la resistencia de los modelos. En los ISDT de Austria (la prueba internacional de los seis días, conocida hoy como

ISDE) tomaron parte tres Star Twin, que consiguieron el ansiado trofeo después de haber recorrido cada una de ellas 7.885 km. Esta sorprendente gesta dio al motor de la Star fama de resistente, resistencia que en adelante compartirían prácticamente todos los modelos bicilíndricos de BSA.

Motor: bicilíndrico en línea, ohv, 495 cc (62 × 82 mm), refrigeración por aire
Potencia: 26 CV a 5.750 rpm
Caja de cambios: 4 velocidades, pedal de cambio
Transmisión secundaria: cadena
Peso: 170 kg
Velocidad máxima: 137 km/h

La Shooting Star, también llamada A7SS, fue la respuesta de BSA al modelo Thunderbird de Triumph. Sin embargo, carecía del encanto de esta última, y no se vendió bien.

BSA A65 SPITFIRE 1965–1968

Influido por la política de Triumph, a las A50/A65 de BSA con caja de cambios integrada en el motor siguieron en 1962 las A7/A10 con cada de cambios no integrada. Además, las nuevas bicilíndricas Small Heath contaban con mejor sistema eléctrico, pesaban unos 14 kg menos que sus antecesoras, y eran considerablemente más baratas que sus competidoras de Triumph. Contaban con un diseño de líneas limpias y bien definidas, tanto que algunos llegaron a considerarlo soso. Pero la primera A65 sólo desarrollaba 38 CV, y no tardaron en aparecer problemas en los cojinetes del cigüeñal y la bomba de aceite.

En términos de rendimiento, el modelo a batir por entonces era la Bonneville T120 de Triumph, mientras que Norton era quien marcaba la pauta en cuanto a manejabilidad.

Pero también BSA había fabricado algunos modelos a la altura de sus rivales, como la A10RGS Rocket Gold Star de dos cilindros, aunque se trataba de máquinas muy especializadas y fabricadas en reducido número. Hasta 1965, con la llegada de la Spitfire, BSA no entró realmente en la liza de las bicilíndricas deportivas. Desarrollada a partir de la Lightning A65L con doble carburador, la Spitfire lucía un acabado rojo

La Spitfire (el de la foto es un modelo de 1966) fue tal vez el mejor ejemplo de bicilíndrica en paralelo fabricada por BSA, con 650 cc y caja de cambios integrada en el motor.

brillante, llantas de aleación, una caja de cambios con relaciones muy próximas, pistones de alta compresión y menos peso.

La primera Spitfire, con carburadores Amal GP y árboles de levas de competición, podía presumir de una potencia de 55 CV, si bien a expensas de una considerable vibración del motor. En las versiones siguientes no se buscó tanto la potencia, con lo que se lograron modelos menos ruidosos. Los carburadores se cambiaron por Amal Concentric y se redujo la relación de compresión. En cuanto al chasis, estaba más en la línea de las BSA bicilíndricas tradicionales.

La última versión de la Spitfire fue la MkIV de 1968, frenos de tambor de doble leva y un optimista velocímetro de hasta 240 km/h. Aunque en 1970 apareció una serie revisada de bicilíndricas, se trataba de modelos anticuados, y no se vendieron bien.

Motor: bicilíndrico en paralelo, ohv, 645 cc (75 × 74 mm), refrigerado por aire
Potencia: hasta 56 CV a 7.250 rpm
Caja de cambios: 4 velocidades, cambio de pedal
Transmisión secundaria: cadena
Peso: 193 kg
Velocidad máxima: 177 km/h

BSA ROCKET-3 (A75)

Cuando en 1968 se lanzó la BSA/ Triumph tricilíndrica, la publicidad insistía en que «De hoy en adelante, el mundo de las motocicletas nunca volverá a ser el mismo». Y tenía razón, pero fue Honda, más que BSA/Triumph, la que más prosperó. La tricilíndrica era en determinados aspectos mejor máquina que la tremenda CB750 presentada un año después, al menos en cuanto a maniobrabilidad. Sin embargo, nunca logró igualar a la sofisticada y brillante tetracilíndrica de Honda.

En un principio, el grupo BSA (que había adquirido Triumph/Ariel en 1951) fabricó dos versiones, la Triumph Trident T150 y la BSA Rocket-3. Esta última utilizaba cilindros inclinados hacia delante en un bastidor de doble cuna, mientras que la Triumph tenía un motor vertical montado en un bastidor del tipo 650 con un solo tubo inferior.

A pesar de su aspecto imponente, el motor no era más que un recurso provisional propuesto por dos de los más innovadores diseñadores de la industria británica del momento. Bert Hopwood y Doug Hele habían ideado el motor algunos años antes: básicamente un Triumph Tigers con un 50 por 100 más de potencia y un cárter corriente. A la larga, Hopwood se fue inclinando por un motor modular no muy diferente al que sería adoptado por la compañía Bloor/Triumph veinte años después.

Entre tanto, tendrían que apañarse con el tricilíndrico ohv para competir con los multicilíndricos que se estaban fabricando en Japón; y no fue nada mal.

El mejor modelo era por lo menos tan rápido con la Honda. La primera Trident probada ante la prensa, probablemente un modelo «especial», registró una velocidad de casi 210 km/h, y otras lograron alcanzar cerca de los 190 km/h. En cuanto a la maniobrabilidad, sin duda era mejor que la de Honda, aunque se veía un poco comprometida por el gran peso de la moto. El motor tricilíndrico, a pesar de estar basado en un diseño que se remontaba al año 1937, era poco menos que última tecnología. Las válvulas se abrían por medio de empujadores, en unas fechas en que los árboles de levas en la culata comenzaban a ser comunes. El cárter era de apertura vertical, como el de los modelos de dos cilindros, y la

La BSA Rocket-3 era esencialmente una bicilíndrica Daytona con el mismo cárter y un cilindro más. Se distinguía de la tricilíndrica Triumph en los cilindros, inclinados hacia delante.

transmisión primaria se realizaba por cadena. El embrague con muelle de diafragma era muy novedoso, no así la caja de cambios de cuatro velocidades. En términos generales, a pesar del estilo Ogle Design (con silenciadores «Raygun» y depósito «Bread-bin») la motocicleta era más un producto de los sesenta que de la inminente década de los setenta.

En las primeras versiones, la transmisión no era muy avanzada, como tampoco lo eran los frenos de tambor de doble leva, que sufrían para detener los 209 kg de la tricilíndrica. El sistema de arranque era por palanca, al contrario que la Honda. Irónicamente, BSA adquirió una de las primeras Hondas CB750 para su estudio. Cuando la cadena de la transmisión se rompió después de menos de 160 km, consideraron que la máquina no suponía una amenaza. A pesar de que su precio de venta era más alto, la tricilíndrica no era tan sofisticada como su rival Honda.

Para cuando empezaron a llegar los avances más sofisticados, BSA se encontraba ya cerca de la quiebra, y sólo las tricilíndricas Triumph fabricadas por Meriden pudieron beneficiarse de ellos. En 1973 apareció un disco de freno Lock-Heed para la rueda delantera, pero por entonces la tricilíndrica contaba ya con cinco años de antigüedad. También en 1973, un intento de incrementar las ventas llevó a la compañía a lanzar la Triumph X-75 Hurricane (aunque los

Aunque diseñadas como motocicletas de carretera, las tricilíndricas de BSA y Triumph destacaron en los circuitos de carreras, donde los modelos con bastidor Rob North como el de la fotografía superaron a todos los participantes.

prototipos tenían el logo de BSA), una de las más atractivas motocicletas de carretera fabricadas. Sin embargo, a pesar de su impresionante aspecto, el proyecto fracasó. Todavía dos años después se presentó la Triumph T160, con encendido eléctrico y más potencia, generada por un motor inclinado hacia delante, al estilo del antiguo modelo Rocket-3.

Fue en la pista de carreras donde la tricilíndrica logró sus grandes éxitos. Para los aficionados británicos a las carreras de la década de los setenta, la tricilíndrica con bastidor Rob North representaba el futuro sobre las dos ruedas. En Daytona (1971) se lograron la primera, segunda y tercera posiciones, por no mencionar innumerables victorias en pruebas más cortas, así como los triunfos de la legendaria Slippery Sam en las TT.

Motor: tricilíndrico transversal, ohv, 740 cc (67 × 70 mm), refrigeración por aire
Potencia: 58 CV a 7.250 rpm
Caja de cambios: 4 velocidades, cambio de pedal
Transmisión secundaria: cadena
Peso: 209 kg
Velocidad máxima: 190 km/h

BSA FURY
1970

A finales de los años sesenta, las máquinas japonesas dominaban por completo el mercado de las motocicletas ligeras y medias, y BSA tenía claro que para competir con ellas hacía falta algo más sofisticado que monocilíndricas ohv.

Presentada por primera vez ante los medios en noviembre de 1970, la Fury había sido diseñada por el mismo Edward Turner creador de la Triumph Speed Twin treinta y tres años antes. La bicilíndrica de 350 cc sería el primer modelo británico de carretera con distribución ohc, y se decía que desarrollaba 34 CV a 9.000 rpm. Con transmisión de cadena en el árbol de levas, este modelo era, en muchos sentidos, de inspiración japonesa. El colector del lubricante, en cambio, estaba fuera del cárter y éste era de apertura vertical, en la más pura tradición británica.

El fracaso de BSA al no poder llevar a la cadena de fabricación su Fury y la casi gemela Triumph Bandit significó el fin del grupo BSA.

La Fury (y su hermana, la Triumph Bandit) se venderían al precio de 380 libras esterlinas, con una versión provista de arranque eléctrico que valdría 21 libras más. Pero había un problema. Aunque se recibieron pedidos, el desarrollo fue incompleto y la fábrica no estaba lista para comenzar la producción. Fue un embarazoso y caro desastre que llevó al grupo BSA un paso más cerca de la bancarrota.

Motor: bicilíndrico paralelo, dohc, 349 cc (63 × 56 mm) refrigeración por aire
Caja de cambios: 5 velocidades, pedal
Transmisión secundaria: cadena
Peso: no especificado
Velocidad máxima: no especificada

BUCHET
FRANCIA 1900–1911

BUCHET FUE UNA FIRMA PIONERA que, en sus primeros días, fabricaba motores para coches, motocicletas y aviones, además de un pequeño número de vehículos completos con dos o tres ruedas. Ya en 1900, sus modelos tomaban parte en competiciones locales, y ese mismo año Marcellin ganó con una Buchet de 6 CV la Circuit du Sud Ouest en la categoría de motocicletas, celebrada en Pau en el mes de febrero. Cuando se celebró la París-Toulouse-París en julio de ese año, su motocicleta contaba con un motor más potente de 8 CV, pero no logró terminar la prueba.

Estos modelos participaron también en competiciones en circuitos de Bank Cycle, donde también se utilizaron para ayudar a marcar el ritmo a los ciclistas. Un resultado de estas actividades fue una máquina especial fabricada para Maurice

Una de las primeras Buchet de 1903 diseñada para circular a la velocidad de una bicicleta. La de la foto muestra el manillar muy prolongado y el asiento, bajo.

BUCKER
Alemania (Oberursel im Taunus) 1922-1958. Compañía ensambladora que antes de la Segunda Guerra Mundial producía modelos de cuatro tiempos con motores, entre otros, de Barck, Blackburne, Cockerell, Columbus, JAP, MAG y Rinne, con cilindradas entre 98 y 996 cc. Después de la guerra, utilizó motores de dos tiempos Ilo y Sachs. Los últimos modelos fueron una monocilíndrica de 197 cc y una bicilíndrica de 244 cc, ambas con motor Ilo.

BUGRE
Brasil (Sao Paulo) 1954. Esta firma brasileña comenzó con ciclomotores de 48 cc, y después fabricó el primer motor de motocicleta producido en Sudamérica, un monocilíndrico de dos tiempos y 124 cc, que luego se amplió hasta los 175 cc.

BULLDOG
Inglaterra 1920. Esta compañía ensambladora utilizaba un motor Villiers de 269 cc.

BULLERI
Italia (Pisa) 1931. Esta firma fabricó una bicilíndrica de dos tiempos, al parecer en número muy reducido.

BULLO
Alemania (Bremen) 1924-1926. Se trata de una motocicleta eléctrica con una batería de 120 amp/h y motor de 0,7 CV. Se fabricaron muy pocas unidades.

BULOW
Alemania 1923-1925. Estas motocicletas ligeras disponían de su propio motor de dos tiempos con 2,5 y 3 CV.

Fournier. Contaba con un enorme motor vertical de dos cilindros y, según decían las fuentes de la época, una capacidad de 2.340 cc. Este motor tenía el carburador colocado detrás de la válvula de admisión automática, mientras que la válvula de escape estaba colocada en la parte posterior. La transmisión era directa, por cadena, a la rueda trasera, con una especie de embrague en la rueda dentada del motor para ayudar en el encendido. Este motor se colocaba en un bastidor semejante al de una bicicleta, con la particularidad de que el tubo superior se curvaba formando una campana para dejar sitio a la parte superior del motor. Además, la rueda delantera contaba con horquilla Truffault.

En 1903, cuando parecía claro que la eficacia, y no el tamaño, era la clave del

éxito, Bouquet ganó la malhadada carrera París-Madrid en la clase motocicletas, montando una Werner de 3,5 CV. La carrera tuvo que ser detenida en Burdeos debido a las múltiples colisiones entre los coches, que por entonces se habían vuelto demasiado grandes y peligrosos. Fournier siguió utilizando con éxito esta motocicleta, que se distinguía por su gran tamaño.

De todos modos, su capacidad se quedó pequeña al lado de un triciclo fabricado en 1904, que tenía un motor bicilíndrico vertical de unos 4,5 litros y transmisión directa, montado en el eje trasero. Por entonces se le conocía como la «Bete de Vitesse», aunque pocos pilotos estaban preparados para manejarla, y mucho menos para competir con ella.

Como era de esperar, enormes motores fueron sustituidos por otros más pequeños y eficaces. El estilo de bicicleta se conservó, como se podía apreciar en la posición totalmente recta que debía adoptar el piloto sentado en la parte posterior, lugar que le ofrecía la mayor protección.

Buchet siguió fabricando motocicletas durante algunos años, pero en 1910 se pasó al mercado de los coches, mucho más lucrativo, y dejó de fabricar motocicletas al año siguiente.

Primer plano de una Buchet de 1903 donde se aprecia el rebaje practicado en el depósito para dar cabida al balancín de la válvula de escape. La admisión era automática.

BUELL

ESTADOS UNIDOS 1983

HOY PARTE DEL IMPERIO Harley-Davidson, esta compañía con sede en Milwaukee fue creada por el ex piloto de carreras Eric Buell, que comenzó fabricando una línea con gran carácter de modelos especiales de carreras en 1983. El primero de éstos, la RW750, tenía un motor de cuatro cilindros, dos tiempos y 750 cc, capaz de alcanzar los 290 km/h. Cuando normativas de competición prohibieron esta clase de motores, Buell comenzó su primer proyecto con motor Harley-Davidson, la RR1000 Battlewin.

Todas las máquinas de Buell mostraban un diseño de bastidor muy innovador, sobre todo comparadas con las conservadoras Harley-Davidson. Desde el principio, utilizó en todas sus máquinas chasis ligeros con avanzados sistemas de frenos y suspensión trasera con monoamortiguador.

Entre 1987 y 1988, se fabricaron unas 50 Buell-Harleys con motores XR-1000 ohv, antes de centrar su atención en el nuevo motor Sporster 1.200 cc Evolution, que se instaló en el modelo RR1200. Desde entonces, todos los

modelos Buell han llevado versiones de ese mismo motor bicilíndrico en V y 1.200 cc.

Tras el modesto éxito de la RR1200 (de la que se fabricaron 65 unidades), llegó en 1989 la primera Buell con asiento para el pasajero, la RS1200. Dos años más tarde, apareció una versión deportiva con un solo asiento, la RSS1200. Por entonces, las horquillas telescópicas invertidas y los discos de freno de gran eficacia eran la tónica en todos los modelos de la firma, que finalmente empezaba a gozar de cierto nombre en el vasto mundo de las motocicletas. A finales de 1992, Buell había fabricado casi 450 motocicletas y su mecánica y diseño gozaban de una sólida reputación.

Aparte de utilizar motores Harley-Davidson, Eric Buell tenía otros vínculos con la gran compañía de Milwaukee. Buell había colaborado con los diseños de Harley-Davidson desde finales de los

Con sus maletas, cúpula y un asiento más cómodo, la S3T Thunderbolt es el único modelo turismo que Buell tiene en su gama.

La RS1200 y la RR1200 con un solo asiento fueron las primeras Buell en utilizar motores Sportster Evo de Harley-Davidson. Desde entonces, son los que se han empleado en todos sus modelos.

años setenta, cuando ayudó en la creación del modelo Sturgis, con tracción a correa.

En febrero de 1993, Harley-Davidson compró el 49 por 100 de las acciones de Buell. La fusión proporcionó a Buell acceso a los fondos de desarrollo y los conocimientos técnicos de Harley-Davidson. Por el contrario, ofrecía a Harley la posibilidad de aumentar su catálogo y acceso a la ingeniería creativa de Buell. Desde el momento de la fusión, los modelos de Buell se han comercializado junto con las principales máquinas de Harley-Davidson, utilizando motores fabricados en la planta que la empresa tiene en Capitol Drive, Milwaukee.

La actual generación de modelos Cyclone, Thunderbolt y Lightning Buell fue lanzada por vez primera en los Estados Unidos en 1994, y desde entonces ha ido adquiriendo una magnífica reputación, a pesar de que hubo que retirar varias unidades entre 1998 y 1999. En 2000, se añadió a la gama un nuevo modelo: la Blast. Siguiendo el ejemplo de Harley-Davidson, Buell ha creado su propio club de propietarios, el BRAG (Buell Riders Adventure Group).

A pesar de tener motores muy parecidos, las Buell no podrían ser más distintas a las Harley-Davidson de lo que lo son. Buell no fabrica modelos gran turismo, ni custom, ni modelos en la línea de la Electraglide de Harley. Todos los modelos Buell son motocicletas deportivas, trail o «streetfighters»: Harleys con mucho carácter. La receta de su diseño ha tenido mucho éxito: en 2000, salió de la cadena de producción la motocicleta Buell núm. 25.000, una Cyclone M2.

BUELL M2 CYCLONE 1996

Al contrario que las Harley-Davidson convencionales, las Buell como esta M2 Cyclone se prestan a excelentes caballitos.

La Cyclone, modelo básico de la gama Buell cuando se lanzó en 1996, está propulsada por un motor Sporster bicilíndrico en V de 1.200 cc. Su potencia es de nada menos que 86 CV, más que la de cualquier Harley convencional. Una banda de par motor endiabladamente ancha sube hasta 12 kgm a 5.400 rpm. El enorme motor bicilíndrico está montado con el sistema Uniplanar de Buell, por medio de varillas de conexión, lo que permite reducir la vibración. La transmisión secundaria es por correa dentada reforzada Kevlar, parecida a la utilizada en la mayoría de las Harley, un sistema que el propio Eric Buell ayudó a diseñar.

Los componentes del bastidor de la Cyclone no son tan exóticos como los de sus hermanas, en especial las convencionales horquillas telescópicas Showa, en lugar de las horquillas invertidas de sus contemporáneas S1 Lightning y S3 Thunderbolt. En la parte trasera, igual que otros modelos, un único amortiguador White Power bajo el motor. El bastidor es de tipo perimetral, hecho de acero al cromo-molibdeno de excelente calidad, y vestido con una mínima carrocería. Aunque sólo dispone de un disco de freno en la rueda delantera, el área de fricción es muy grande, con pinzas de seis pistones. Ambas ruedas tienen llanta de aluminio, con diseño de triple palo.

Con un bastidor que apenas pesa 12 kg, la Cyclone es 35 kg más ligera y más de 10 CV más potente que la 1200S Sportster. En cuanto a altura libre, maniobrabilidad, velocidad máxima y aceleración, la Cyclone es todo lo opuesto a una Harley.

Motor: bicilíndrico en V a 45 °, ohv, 1.023 cc (88,9 × 96,5 mm), refrig. por aire
Potencia: 86 CV a 6.000 rpm
Caja de cambios: 5 velocidades, pedal
Transmisión secundaria: correa dentada
Peso: 197 kg
Velocidad máxima: 202 km/h

BUELL X1 LIGHTNING 1999

Cuando se lanzó en 1999, la X1 Lightning reemplazó a la serie S Lightning en lo más alto de la gama Buell. Se trata de una poderosa deportiva «streetfighter», que comparte nombre con un avión-cohete experimental que vuela a 4.800 km/h, y cuya maniobrabilidad y potencia se han aumentado enormemente si la comparamos con las Harley.

El motor de la X1 es una versión Thunderstorm preparada del tradicional Sportster bicilíndrico en V 1.023 cc, provisto de pistones de mayor compresión, válvulas de mayor tamaño y lumbreras rediseñadas para mejorar el flujo de la mezcla. Los volantes son más ligeros, lo que mejora la selección en los engranajes y hace más viva la respuesta del motor. Lo más sorprendente de este modelo es la sofisticada inyección de gasolina Dynamic Digital, controlada por ordenador, que logra del bicilíndrico su mejor rendimiento en cualquier circunstancia. El resultado es uno de los motores más ágiles fabricados por Harley, y tal vez el más potente. También se han mejorado en este modelo el consumo de combustible y la emisión de gases.

Como todos los Harley bicilíndricos, el motor de esta Buell es de una gran flexibilidad y potencia. La velocidad máxima ronda los 220 km/h, aunque esto varía, ya que algunos mercados reciben modelos modificados para adaptarse a las limitaciones acústicas locales.

El chasis es multitubular en acero, con un subchasis, de aleación de aluminio y suspensión japonesa Showa de alta calidad en ambas ruedas. La horquilla invertida permite regular la precarga del muelle, así como la compre-

La X1 Lightning está en lo más alto de la gama Buell. Buell, la mitad de cuyas acciones pertenecen hoy a Harley-Davidson, representa la vertiente deportiva de la gama de Milwaukee.

Motor: longitudinal bicilíndrico en V, ohv, 1203 cc (88,9 × 96,5 mm), refrigerado por aire
Potencia: 95 CV a 6.000 rpm
Caja de cambios: 5 velocidades, pedal
Transmisión secundaria: correa dentada
Peso: 199 kg
Velocidad máxima: 217 km/h

sión y la extensión, igual que el mono-amortiguador trasero. El freno de disco delantero luce un disco de 340 mm al que abraza una enorme pinza de deis pistones del tipo «Performance Machi-

ne». En la rueda trasera se monta un único disco de 230 mm con pinza de un solo pistón.

La distancia entre ejes es tan sólo de 1.410 mm, y el avance de dirección

de 89 mm, lo que confiere a la X1 una facilidad de giro superior a la de cualquier Harley, aunque la estabilidad también es sorprendentemente buena. El asiento, ligeramente acolchado y la

ergonomía general del diseño no está a la altura de la ElectraGlide, pero a la clase de propietarios a quien va dirigida la X1 no les parece eso un inconveniente.

BUELL BLAST

Añadida al catálogo de Buell en 2000, la Blast es una motocicleta para los recién llegados al motociclismo, un área que Harley-Davidson siempre había encontrado difícil (su anterior modelo para neófitos había sido la Sporster 883 cc, fabrica en Milwaukee). La potencia de esta motocicleta la proporciona un motor de dos válvulas y 492 cc, que

desarrolla un par de 4,6 kgm al modesto régimen de 3.500 rpm, ideal para motoristas inexpertos. Como sus hermanas mayores, utiliza transmisión de cinco velocidades y correa dentada, además del sistema Uniplanar de amortiguación de las vibraciones.

La suspensión delantera y trasera está encargada a una horquilla convencional

y un monoamortiguador trasero, ambos de la marca Showa, 101 mm de desplazamiento en cada extremo de la moto. Cada una de sus ruedas está provista de cinco radios, e incorporan un freno hidráulico de disco, 320 mm en la delantera, 220 mm en la trasera.

El chasis es tubular, de acero, con viga central y depósito de aceite integrado.

Motor: monocilíndrico ohv, 492 cc (88,9 × 79,4 mm), refrigerado por aire
Potencia: 34 CV a 6.500 rpm
Caja de cambios: cinco velocidades, pedal
Transmisión secundaria: correa dentada
Peso: 163,3 kg
Velocidad máxima: 167 km/h

BULTACO

LA PERSONA QUE DIO SU NOMBRE a una de las más famosas marcas españolas fue Francisco Bultó, fundador de la compañía que se estableció en 1958 en las proximidades de Barcelona. Bultó había roto su sociedad con Montesa, firma de la que había sido cofundador, a causa de la negativa de la marca a participar en competiciones.

La nueva firma de Bultó, por tanto, fabricó una serie de motocicletas de carreras de dos tiempos y pequeña cilindrada durante toda la década siguiente.

Entre las motos de carretera de Bultaco estaba la rápida Metralla de 250 cc, que presumía de una velocidad máxima superior a los 160 km/h. Pero igualmente celebradas fueron las máquinas

Una Bultaco de trial en su ambiente natural. Entre las estrellas que destacaron sobre estas máquinas cabe mencionar a Sammy Miller e Yjrio Vesterinen.

de trial fabricadas por esta marca, y cuando Sammy Miller ganó la prueba de los seis días escocesa, la Scottish Six Days Trial, de 1965, la Bultaco de dos tiempos ya estaba en camino de ocupar una posición dominante en la modalidad *off-road*.

La Bultaco de dos tiempos relevó en el liderato de la clase 250 cc a la firma sueca Husqvarna, y cuando en 1975 comenzaron las pruebas inaugurales del campeonato del mundo, Bultaco reinaba en solitario en la categoría. En reali-

dad, se iba a convertir en la marca ganadora durante los cinco años siguientes. Paradójicamente, transcurridos estos cinco años, sería la antigua compañía de Bultó, Montesa, la que empezó a fabricar motocicletas de competición, como la Cota 172 y 250.

En el terreno de la competición sobre asfalto, Angel Nieto y Ricardo Tormo ganaron nada menos que cuatro títulos mundiales de 50 cc, todos ellos con Bultaco, hasta 1981.

Sin embargo, las huelgas industriales resultaron ser la ruina de Bultaco. Lamentablemente, sus días estaban contados, y la fabricación de motocicletas de competición avanzadas terminó poco después de estas victorias.

La Frontera 350 cc de 1977 era una típica Bultaco de enduro, con sus elevados guardabarros que enfatizan aún más el largo recorrido de su suspensión.

BULTACO ALPINA

La reputación de Bultaco ya estaba reconocida cuando nació el interés por el motociclismo *off-road* a comienzos de los años setenta. De hecho, los modelos de Bultaco tuvieron mucho que ver con el *boom* de la moto de campo.

Aprovechando este movimiento creciente, Bultaco sacó el modelo Alpina, dirigida al público amateur que quería probar las sensaciones de competición. Este modelo tenía más de trial que de

La Alpina de Bultaco fue un modelo muy completo de mediados de los setenta, más pensado para satisfacer las demandas de los competidores amateur de trial que las necesidades de los pilotos profesionales de enduro.

enduro, pero, en cualquier caso, no dejaba de ser una buena máquina de campo. Entre sus características se incluía guardabarros de aleación de gran calidad,

sistema de silenciador, doble amortiguador trasero, cubo del freno de aleación, frenos de tambor con zapata delantera, y estriberas retrasadas.

Motor: monocilíndrico, 244 cc
Potencia: 19 CV
Caja de cambios: 5 velocidades, pedal
Peso: 109 kg
Velocidad máxima: no especificada

BULTACO SHERPA

1964

La Bultaco Sherpa fue diseñada por Sammy Miller, una de las figuras en el mundo del trial, e introducida a finales de 1964.

Como indica su nombre, la Sherpa estuvo siempre a la cabeza de su categoría, demostrándose casi invencible en tierra, hasta el punto de dejar obsoletas a la mayor parte de las motocicletas del trial.

La Sherpa se las arregló para proporcionar una combinación hasta entonces insuperable de respuesta al acelerador, par motor y aptitudes en todos los terrenos.

Muy pequeña y ligera, montaba componentes ya usados por Bultaco, inclui-

Motor: bicilíndrico plano, ohv, 398 cc
(68,5 × 54 mm), refrigerado por aire
Caja de cambios: 4 velocidades, cambio manual
Transmisión secundaria: cadena
Peso: 110 kg
Velocidad máxima: 100 km/h

do el motor de dos tiempos, 244 cc y 18 CV, ruedas y horquilla, los guardabarros de aluminio, el tambor de freno de aleación y un cubre-cárter.

El modelo era tan elemental y estaba tan bien resuelto que, según se dice, sólo se necesitaron doce días de prueba para

pasar del prototipo a la cadena de producción.

La Sherpa fue desarrollada por el experto en trial Sammy Miller en 1964, y representó la expresión más básica de la máquina de trial.

BURNOR
Argentina años sesenta: Esta compañía ensambladora utilizaba en sus máquinas motores de dos tiempos de 150 cc.

BUSI
Italia (Bolonia) 1950-1953. Athos Busi comenzó en los años cuarenta como fabricante de bastidores, y más tarde fabricó motocicletas deportivas de dos tiempos con varias cilindradas, desde 125 hasta 200 cc.

BUSSE
Alemania 1923-1926. Pequeña empresa ensambladora que al principio utilizaba motores Grade, y posteriormente DKW de dos tiempos y 175 y 206 cc.

BUYDENS
Bélgica 1950-1955. Esta compañía fabricaba motocicletas ligeras de 125 cc, primero con motores Ydral y luego Sachs.

BV
Checoslovaquia (Prostejov) 1923-1930. Karel Blazer (B) y Jaroslav Vemola (V) fabricaron motocicletas con sus propios motores: un dos tiempos de 173 cc, un monocilíndricos de 346 cc con válvulas laterales, un 496 cc monocilíndrico ohv (y ohc para modelos de competición), y un bicilíndrico en V con válvulas laterales y 746 cc.

BVR
Inglaterra 1985-1991. BVR (Brian Valentina Racing) fue un fabricante de motocicletas de competición y de carretera con motores monocilíndricos de 5 válvulas. Su producción era muy limitada.

BYVAN
Inglaterra 1949: Máquinas totalmente cerradas con un diseño nada convencional. El motor horizontal de dos tiempos y 148 cc estaba montado sobre tacos de goma en la horquilla delantera, con la transmisión dividida en dos partes y cadena hasta la rueda trasera.

BULTACO METRALLA

La Metralla fue una deportiva con mucho estilo aparecida a mediados de los años sesenta, y al contrario que las sofisticadas japonesas deportivas de 250 cc, esta ligera moto española consistía básicamente en un motor de motocrós montado sobre un chasis y una parte ciclo de carreras. Esta fórmula demostró tener mucho éxito cuando las Metralla de Bultaco ocuparon los tres primeros puestos en las carreras TT de la Isla de Man de 1967 en la categoría de modelos de serie de 250 cc.

Aunque la Metralla contaba con un bastidor y componentes de un modelo de carretera, un motor de motocrós, demostró ser muy eficaz sobre el asfalto.

El monocilíndrico de dos tiempos se alimentaba con mezcla y carecía de elementos para aumentar su rendimiento, tales como válvulas rotativas o láminas. Estaba provista de un cambio de seis velocidades, escape con cámara de expansión, transmisión por cadena oculta y freno de tambor de doble leva con entrada de aire. Este excelente diseño estuvo en producción durante más de una década.

Motor: monocilíndrico, 244 cc, dos tiempos
Potencia: 25 CV
Caja de cambios: 5 velocidades, pedal
Transmisión secundaria: cadena
Peso: 123 kg
Velocidad máxima: 137 km/h

BUTLER

EN 1884, EL INGLÉS EDWARD BUTLER patentó el primer vehículo propulsado con motor de gasolina, un triciclo. Este modelo apareció un año antes que el fabricado por Karl Benz y que la motocicleta de Gottlieb Daimler fabricada en Alemania. El diseño de Butler tenía dos ruedas delanteras con ejes de mangueta y una sola rueda trasera. Hay que considerar que en aquellos días aún no habían evolucionado los vehículos de dos ruedas y este era, por tanto, el diseño más común en los triciclos.

El motor constaba de dos cilindros dispuestos horizontalmente, uno a cada lado de la rueda trasera y funcionaba con el ciclo de dos tiempos de Clerk y bomba de compresión. Las bielas discurrían por guías en el extremo de los pistones y se curvaban para unirse al cigüeñal. La primera fase de la compresión tenía lugar en la parte delantera del cilindro; a continuación, la mezcla entraba en la cavidad que quedaba bajo el cilindro, y de ahí pasaba a la cámara de combustión.

El diseño original de Butler del año 1884 iba un año por delante de sus contemporáneos alemanes. El modelo era muy avanzado, salvo por la transmisión directa.

Este motor estaba refrigerado por agua, lo cual resulta sorprendentemente avanzado. El guardabarros trasero hacía las veces de depósito y radiador; tenía encendido eléctrico en lugar de tubo incandescente; válvulas rotativas accionadas por cadena desde la rueda de transmisión permitían la admisión de la mezcla al interior de los cilindros y el escape de los gases fuera de ellos. Para la alimentación del carburador, también contaba con cuba de nivel constante provista de flotador. Se utilizaba un mecanismo de dos pequeñas ruedas para levantar la rueda trasera antes de arrancar el motor; una vez encendido, se dejaba descender nuevamente la rueda. Butler también diseñó una máquina con un motor con cilindros verticales, pero nunca llegó a construirse.

Tres años después, Butler patentó su modelo, parecido al original, al que dio el nombre de «Petrol-Cycle», y en 1888 se fabricó la primera unidad. El motor tenía un funcionamiento de cuatro tiempos, un carburador de goteo y un engranaje epicicloidal reductor en la transmisión para permitir que el motor funcionara a mayor régimen.

El Butler era un diseño brillante y se realizaron con éxito varias demostraciones, pero la circunstancias conspiraron en su contra. La restrictiva legislación británica ponían grandes trabas a las pruebas de modelos, salvo que se hicieran en terreno privado, lo que alejaba a los patrocinadores. Las patentes fueron compradas por Harry Lawson, pero se perdieron cuando todas sus empresas fueron a la bancarrota, de modo que no fueron nunca explotadas.

Esta máquina volvió a ponerse en funcionamiento en 1896, cuando algunas de las restricciones británicas desaparecieron,

En 1888, Butler había revisado ya su primer diseño, y se le puede ver aquí en su Petrol-Cycle, como se llamó a su creación de 1887.

pero el proyecto fue abandonado. Gran parte del trabajo de Butler se olvidó, pero algunos materiales se encontraron muchos años después, y entonces quedó claro el potencial de sus ideas así como la falta de apoyo que éstas encontraron. Con más ayuda, su trabajo habría podido desarrollarse, y este hombre inteligente habría recibido el crédito que merecía. Butler murió en 1940 a la edad de noventa y tres años.

CAGIVA

ITALIA 1978

FUNDADA EN SEPTIEMBRE DE 1978, la firma Cagiva ha crecido rápidamente para convertirse en una de las primeras marcas en la industria motociclista europea, aunque para ello ha tenido que sortear diversos problemas.

La familia Castiglione compró a BMW la vieja planta a orillas del lago Varese, antigua sede de Aermacchi. Le dio el nombre Cagiva, que es una amalgama de CA (por Castiglione), GI (de Giovanni, padre de los hermanos Claudio y Gianfranco que hoy dirigen la empresa) y VA (de Varese).

Cuando se les preguntó por qué la familia había adquirido la planta, dicen que Gianfranco Castiglioni respondió: «Porque nos encantan las motos, claro.» Sin duda, nadie podría haber acusado a los Castiglioni de falta de interés por el negocio, pues el nombre Cagiva ya se había visto en las transformadas Suzuki RG500 de Franco Bonera y Marco Lucchinelli, patrocinadas por los hermanos, antes de convertirse ellos mismos en fabricantes. Este entusiasmo les llevaría a invertir enormes sumas de dinero hasta principios de los años noventa. En realidad, desde finales de los setenta hasta su retirada final al terminar la temporada de 1992, Cagiva hizo todo lo posible por ganar un título mundial de 500 cc, pero a pesar de contar con pilotos de la categoría de Randy Mamola y Eddie Lawson, el sueño no pasó de ser eso, un sueño.

Sin embargo, Cagiva tuvo la satisfacción de ganar el mundial de motocrós en 125 cc en más de una ocasión. En este sector de las motocicletas deportivas, en el otoño de 1978, la firma autorizó el desarrollo de una máquina con refrigeración líquida. Llamada WMXX 125, esta motocicleta de

Nuevas máquinas salen constantemente de las cadenas de montaje de Cagiva. Desde su creación en 1978, esta compañía ha crecido hasta convertirse en uno de los fabricantes italianos más importantes.

124,6 cc (56 × 50,6 mm) estaba provista de admisión por válvula de láminas, refrigeración por aire y agua, seis velocidades, cubiertas del motor realizadas en magnesio, entre otras características técnicas. Pero lo que realmente la hacía diferente era su motor de refrigeración líquida, pues era el primer modelo de serie de motocrós en incorporar esta innovación, que pronto fue copiada por los japoneses. El resto de la gama Cagiva durante los dos primeros años consistió en diseños anticuados que antes se habían comercializado con el nombre Harley-Davidson. Todos ellos eran monocilíndricos

de dos tiempos, incluidas dos 250 de motocrós y enduro.

Durante los primeros tiempos, no hay duda de que Cagiva contó con la ventaja de poder aprovecharse del stock de componentes y modelos Aermacchi/HD que quedó en las instalaciones tras la adquisición. Uno de estos modelos, la SST125, se convirtió en la motocicleta más vendida del mercado italiano en la cilindrada de 125 cc entre los años 1979 y 1982. Dotándolas de llantas de aleación, un encendido mejor y finalmente, en 1982, encendido electrónico, Cagiva fue capaz de vender una gran cantidad de estas motocicletas de calle de 123 cc (56 × 50 mm) en el mercado nacional.

Pero Cagiva no se durmió en los laureles. Al contrario que la mayoría de los fabricantes italianos a comienzos de los ochenta, que parecían haber quedado atrapados en el tiempo, la fábrica de Varese lanzó toda una gama de nuevos modelos desde finales de 1981, tanto en dos como cuatro tiempos. Para dar idea del éxito general de esta política, mencionemos que Cagiva vendió 6.000 unidades en 1979, 13.000 en 1980, y triplicó las ventas en 1982, con 40.000 unidades. Esto también se dejó ver en la plantilla de la empresa: los 130 trabajadores de 1978 pasaron a ser 300 en 1978, de los cuales 50 estaban dedicados a investigación y desarrollo a finales de 1982. En 1981, se fundó en Venezuela la pri-

Una de las duras Cagiva 125 WMX de motocross de 1986. Esta máquina utilizaba admisión por válvula de láminas, un motor de dos tiempos y seis velocidades.

CABTON
Japón 1954-1961. Mizuho (o Mizubo, según la fuente) fabricaba monocilíndricas de dos tiempos de 125 y 50 cc, así como bicilíndricas en línea ohv de entre 250 y 650 cc, todas ellas comercializadas con el nombre Cabton.

CACHARO
España 1919. Sorprendentemente antigua bicilíndrica de 750 cc con transmisión a correa.

CAESAR
Inglaterra 1922-1923. Esta compañía ensamblaba motocicletas ligeras equipadas con los omnipresentes motores Villiers de dos tiempos y 269 cc.

CALCATERRA
Italia (Milán) 1926-1927. Esta firma fabricaba modelos ligeros de dos tiempos y 175 cc.

CALCOTT
Inglaterra (Coventry) 1909-1925. Calcott comenzó en 1904 como fabricante de coches, pero amplió la producción en 1909 con motocicletas provistas de motores monocilíndricos White y Poppe de 292 cc, y sus propios motores de 250 y 292 cc. En 1923, también fabricó una tetracilíndrica de 1.460 cc con embrague de cono de fricción, tres velocidades y transmisión por eje.

CALVERT
Inglaterra 1899-1904. Firma pionera que utilizaba sus propios motores de 2,25 y 3,25 CV, además de motores Minerva.

CAMBER
Inglaterra 1920-1921. Estas máquinas utilizaban motores de precisión con válvulas laterales y 492 cc fabricados por (o para) la que fue una importante firma comercial.

CAMBRA
Alemania (Berlín) 1921-1926. Esta firma alemana fabricaba sus propios motores de válvulas laterales y 180 y 198 cc, pero por lo demás no pasó de ser una empresa efímera con sede en el Berlín de la posguerra.

La elegante Planet era una máquina tan rápida como segura, gracias a la mecánica de Mito.

La Cagiva Gran Canyon de 1998 utilizaba un motor Ducati 900SS con inyección de gasolina, que le proporcionaba potencia de sobra para esta clase de trucos.

cilindros, y conseguir eso a partir de las piezas en *stock* les hubiera llevado años de esfuerzos y miles de millones de liras. En lugar de eso, los Castiglione recorrieron Europa en busca de una sociedad que acelerase el proceso y que no sólo aumentase la gama de modelos, sino que también abaratase los costes de producción.

Finalmente encontraron el socio que buscaban en la firma Ducati, con sede en Bolonia, y en junio de 1983 los directivos de ambas compañías celebraron una rueda de prensa conjunta. En ella anunciaron que Ducati suministraría a Cagiva motores durante los siete años siguientes. En realidad, no habían pasado ni dos cuando Cagiva absorbió a Ducati.

El siguiente objetivo era Norteamérica, pero aquí Cagiva, y hasta Ducati, tuvieron problemas. En el caso de Cagiva fue la falta de reputación; para Ducati el problema consistió en una mala red de distribución. Los Castiglione resolvieron el problema adquiriendo la famosa firma sueca Husqvarna en 1986. En adelante, todas sus motocicletas tendrían motor Cagiva, con el logotipo de Husqvarna y estarían fabricadas en Italia.

Al año siguiente, 1987, Cagiva adquirió una compañía más que añadió a su grupo Moto Morini. En la 50 Muestra de Milán, celebrada en noviembre de 1987, las cuatro marcas:

Ducati, Husqvarna, Moto Morini y, por supuesto, Cagiva, dominaron la exposición con un pabellón gigantesco y una posición de privilegio. El catálogo Cagiva ya era impresionante por sí mismo. Incluía una Cocis 50 cc llamada así en honor del legendario jefe indio americano, y una Tamanaco de 125 cc. Ambos modelos utilizaban refrigeración líquida de alta tecnología, válvulas de láminas, motor monocilíndrico estilo París-Dakar, doble faro, disco de freno en ambas ruedas, suspensión trasera con monoamortiguador, y un llamativo acabado multicolor. Después aparecieron los modelos Cruiser, Blues y Freccia. Todas ellas utilizaban el mismo motor de la Tamanaco de 124,6 cc, 56 × 50,6 mm, pero se distinguían de ella en el uso para el que estaban diseñadas y en la puesta a punto del motor. La Cruiser era una motocicleta trail, la Blues una custom y la Freccia una deportiva con un diseño inspirado en la Ducati Paso, con un carenado integral de plástico.

Después estaba un cuarteto de motos trail con motores monocilíndricos de 343 o 452 cc y cuatro válvulas, que había sido diseñados a partir del motor de dos válvulas de la Ala Rossa. Completaban la línea de motos de calle dos modelos con motor Ducati bicilíndrico en V: la Elefant de 350 cc y la Lucky Explorer de 750 cc.

Finalmente, aparecían un par de auténticos modelos de motocrós, la WMX125 y la WMX250, esta última

La V-Raptor (delante) y la Raptor (fondo) usaban el motor TL1000 de Suzuki, un bicilíndrico en V.

mera compañía extranjera, que comenzó a fabricar Cagivas para el mercado sudamericano a partir de kits que se enviaban desde Varese. A éste siguieron otros proyectos en ultramar, incluidas negociaciones con el gobierno de la Unión Soviética sobre la posibilidad de exportar los conocimientos técnicos de Cagiva igual que Fiat había hecho en el sector de los coches.

En la Muestra de Milán de 1981, la compañía exhibió su primer modelo «propio», la Ala Rossa. Se trataba de una trail monocilíndrica de 343 cc, 82 × 65 mm, con distribución ohc accionada por cadena. También había una 250 con refrigeración líquida, que en realidad era una 190 cc (67 × 54 mm), de motocrós, así como una trail 125 completamente novedosa.

Sin embargo, los hermanos Castiglione tenían planes todavía más ambiciosos. Soñaban con una cadena de producción que fuera desde el más pequeño ciclomotor hasta la más po-

tente superbike. Para que su sueño se convirtiera en realidad, necesitaban modelos de mayor cilindrada y varios

ahora con motor de 247cc (70 × 64,8 mm).

Curiosamente, desde finales de los ochenta, en que se vio la primera roadster del mundo con siete marchas (la Freccia), Cagiva pareció empezar a perder ritmo, a pesar de que a veces daban con un modelo que resultaba ser un éxito, como la Mito Sportster de 1991 y la trail Gran Canyon 900 de finales de los noventa. Las razones fueron muchas y variadas, desde el éxito disfrutado por Ducati hasta las enormes pérdidas que la compañía ha afrontado en momentos en que las motocicletas pierden interés para algunas generaciones.

Un folleto publicitario de 1987 de las Cagiva WMX125 y 259 de motocrós.

WMX125 Motocrós   1980

Famosa por ser la primera máquina de motocrós con refrigeración líquida, la WMX Water-cooled Moto Cross apareció en forma de prototipo durante 1978, pasando a la cadena de producción en abril del año siguiente. No hay duda de que por entonces era la motocicleta de campo más competitiva del mundo dentro de su clase, pero también es cierto que era la menos conocida. Además, la WMX 125 no le debía nada a lo que Cagiva había heredado cuando compró la fábrica a Harley-Davidson en el verano de 1978. Era una Cagiva de arriba abajo.

Su motor era un monocilíndrico de 124,63 cc (56 × 50,6 mm) refrigerado por agua; tenía cubierta externa y el carburador de magnesio. Otras características a destacar son: admisión por válvulas de láminas, caja de cambios de seis velocidades y carburador Dell'Orto de 34 mm. El cilindro de aluminio contaba con un revestimiento de nikasil, mucho más robusto que el sistema de cromo, más barato, cuyo uso estaba generalizado. El encendido se realizaba por medio de una unidad electrónica japonesa Nipón Denso. La potencia desarrollada por el motor era de 30 CV. Suficiente, de hecho, para que un piloto holandés batiera el récord mundial de velocidad de 125 cc sobre su WMX en 1981.

El bastidor utilizaba tubos de cromo-molibdeno, mientras que de la suspensión se encargaba una horqui-

lla Marzocchi de 35 mm (en seguida sustituida por un modelo de 38 mm) con las botellas de magnesio. En la rueda trasera había dos amortiguadores Corte Cosso.

Otros ejemplos de la calidad y solidez de su diseño eran el ligerísimo radiador de aluminio y el robusto basculante de duraluminio fabricado en los Estados Unidos.

Desde mediados de 1981, las aletas de ventilación de la culata y el cilindro dieron paso a la refrigeración líquida, y a partir de 1983, Cagiva se rindió a lo inevitable y colocó un único amortiguador trasero, innovación que se comercializó con el nombre de sistema «Soft Damp». Por estas fechas, con 35 CV de potencia y un carburador de 36 mm, la Cagiva era una motocicleta de primera categoría, y en 1983 la firma comenzó a interesarse por los campeonatos del mundo. En 1985, Cagiva ganó el título

mundial de 125 por vez primera, lo que significó un gran golpe publicitario.

En 1986, apareción una versión de serie llamada «World Champion Replica». El modelo era realmente lo que decía ser y, aparte de las medidas originales de su cilindro y su carrera, el motor era virtualmente el campeón mundial del año anterior.

Después de esto, Cagiva adquirió la firma Husqvarna y la WMX125 se convirtió en una Husky, más que una Cagiva.

Motor: monocilíndrico, válvulas de láminas, 124,6 cc (56 × 50,6 mm), refrigeración por agua
Potencia: 37,5 CV a 11.500 rpm
Caja de cambios: 6 velocidades, pedal
Transmisión secundaria: cadena
Peso: 88 kg
Velocidad máxima: 128 km/h

La versión de 1983 del modelo de motocrós WMX125 con refrigeración por agua, sistema que marcó una tendencia. En 1986, Cagiva fabricó una versión de serie de esta motocicleta, una auténtica réplica.

500GP C9 1983

La Cagiva C9 500GP de 1983, pilotada por Virginio Ferrari. Cagiva pasó quince años tratando de ganar el campeonato mundial de 500 cc, sin éxito.

Marino en Imola, a finales de la temporada, cuando Virginio Ferrari consiguió finalmente clasificarse, pero por fin Caviga había conseguido participar en un Gran Premio de 500 y terminar.

Ese invierno, el equipo de desarrollo diseñó una motocicleta completamente nueva, más en la línea del diseño Gran Premio, con motor de cuatro cilindros, válvulas rotativas y cigüeñal de contrarrotación. Con unas medidas de motor de 56 × 50,6 mm que se han mantenido constantes a lo largo de los años en todas las Caviga GP, este modelo desarrollaba una potencia de 124 CV a 11.600 rpm.

En 1983, el diseño de tetracilíndrico en línea estaba empezando a cuajar. Con Ferrari de nuevo en el equipo (no corrió en 1982) comenzó a planearse la base de una Cagiva ganadora para un futuro cercano.

Los hermanos Castiglioni, Claudio y Giafranco, pasaron una década y media intentando ganar el campeonato mundial de 500 cc. Al final, este sueño no se cumplió, pero tuvieron al menos la satisfacción de ver a su piloto, Eddie Lawson, ganar por primera vez durante el Grand Prix de Hungría de 1992. Una victoria de Gran Premio no significaba que Cagiva hubiera logrado su objetivo, pero al año siguiente, estuvieron a un paso de la gloria. Entonces, ¡se terminó el dinero!

La primera Cagiva 500GP era en realidad una Suzuki RG500 de cuatro cilindros en línea modificada, que fue pilotada en 1978 por Marco Lucchinelli, antes de que los hermanos se hicieran con la fábrica de Varese ese verano. La primera aspirante «real» corrió en 1980 y ya se trataba de una auténtica Cagiva.

Entre bastidores, hombres como el ingeniero Ezio Mascheroni y el antiguo piloto de Aermacchi, Gilberto Milani, fueron piezas clave en el equipo de desarrollo de la Cagiva 500 de competición. En 1980, la primera medida de Caviga fue contratar a Virginio Ferrara, campe-

ón mundial en 1979. La motocicleta debutó en el Gran Premio de Alemania. El motor de cuatro cilindros dispuestos transversalmente estaba montado en un bastidor Nico Bakker.

Pero en 1981, se diseñó un motor totalmente nuevo y que era el primer Cagiva al 100 por 100. De nuevo se trataba de un tetracilíndrico en línea dispuesto transversalmente, pero sus válvulas rotatorias estaban colocadas detrás de los cilindros y accionadas por medio de engranajes cónicos y correas dentadas. No fue hasta el Gran Premio de San

Motor: 4 cilindros en línea, 498,4 cc (56 × 50,6 mm), refrigeración líquida
Potencia: 125 CV a 11.200 rpm
Caja de cambios: 6 velocidades, pedal
Transmisión secundaria: cadena
Peso: 120 kg
Velocidad máxima: 290 km/h

ELEFANT 900 1992

La Elefant fue el modelo con más éxito de las Cavigas provistas de motor Ducati, tanto en cifras de ventas como por el hecho de haber estado en fabricación durante más de una década. Se fabricó en las cilindradas de 350, 650 y 750 cc.

Las primeras versiones, que fueron las de 350 y 650 cc, llegaron a finales de 1984. La 350 estaba dirigida principalmente al mercado italiano. La 650 sería sustituida a partir de 1987 por la 750.

Para muchos, la 750 era la versión más equilibrada, aunque la definitiva 900, con su doble disco delantero y horquilla invertida, era la de aspecto más imponente, además de ser la más potente de todas.

La Elefant cosechó numerosos éxitos en pruebas como el Rally París-Dakar, ganando esta agotadora carrera en más de una ocasión, gracias a una combina-

ción de motor bicilíndrico en V, maniobrabilidad, aplomo, fiabilidad y, por supuesto, la habilidad de su piloto, Edi Orioli. El último éxito en competición de la Elefant fue en el París-Dakar de 1994, con un primer y segundo puesto de Orioli y su compañero de equipo, Franco Meoni.

Uno de los principales patrocinadores del equipo Cagiva fue la marca de cigarrillos Lucky Strike, y durante varios años, los modelos estándar de la Elefant 750 y 900 cc se fabricaban con los colores de la marca de tabaco, logo incluido.

En sus últimos días, el equipo de carreras de la Cagiva Elefant tuvo a

La Elefant fue la Cagiva con motor Ducati que más éxito tuvo. Ganadora del rally París-Dakar, la de la fotografía es una versión de serie de 900 cc.

Camper como patrocinador principal, y el color de la pintura de la máquina cambió al rojo intenso.

Finalmente, a finales de 1997, la Elefant fue sucedida por un modelo más ligero y moderno, la Gran Canyon, que incorporaba el motor de la Ducati 900SS, con inyección en lugar de la pareja de carburadores Mikuni de la Elefant.

Motor: bicilíndrico en V, desmodrónico 2 vávulas, 904 cc (92 × 68 mm), refrigeración por aire
Potencia: 68 CV a 8.000 rpm
Caja de cambios: 5 velocidades, pedal
Transmisión secundaria: cadena
Peso: 204 kg
Velocidad máxima: 190 km/h

MITO EVO   1994

La Mito de Cagiva tiene el honor de ser la primera roadster de serie con caja de cambios de siete velocidades. Presentada en 1991, la Mito , junto con la Extrema de Aprilia (posteriormente rebautizada como RS125) se convirtió en la última 125 deportiva de los años noventa que podía usarse fuera de los circuitos. Ofrecían una combinación de maniobrabilidad, frenada y estilo propios de una moto de competición, con una velocidad máxima de 160 km/h. Ambas motocicletas eran capaces de plantar cara a los modelos japoneses, incluida la Suzuki RGV y la Yamaha TZR.

El motor de dos tiempos, 124,6 cc, 56 × 50,6 mm, válvulas de láminas y refrigeración líquida estaba desarrollado a partir del motor de la Freccia, que se había fabricado a finales de los años ochenta, pero con muchas de las características más modernas de los motores de dos tiempos, como la lubricación por bomba y válvula de escape. El arranque se realizaba mediante un botón, y el encendido era electrónico.

La primera serie de la Mito que duró hasta mediados de 1994 se reconoce de inmediato por los dos faros redondos, la horquilla convencional y el diseño, distinto al de la definitiva Mito, la EVO (Evolution) que apareció a mediados de 1994.

La Mito Evo fue creada por Massimo Tamburini, antiguo jefe de Bimota y diseñador de la Ducati 916 y la MV Augusta F4.

La Mito Evo (Evolution) se presentó en 1994. Superaba los 160 km/h utilizando un motor de tan sólo 125 cc. Además, tenía 7 velocidades.

tiempos. Pero si uno se olvidaba de que estaba pilotando un modelo de pequeña cilindrada y un solo cilindro, por lo demás, la motocicleta era un verdadero placer. Y en la versión SP, la Mito era una ganadora desde el primer momento, como se encargaría de demostrar Dean Jonson en su Mike Walker Racing Mito SP en las series del campeonato British Super Team de 1995.

La Evo fue obra de Massimo Tamburini, antiguo copropietario de Bimota y diseñador de la serie 916 de Ducati y la nueva MV Augusta F4.

En realidad, la Mito Evo compartía estilo con la 916, con su faro cuadrado, horquilla invertida, etc. Quizá lo único que podía decepcionar a los dueños y admiradores del modelo fuera que el motor, al arrancar, tenía más el zumbido de una dos tiempos que el rugido de la Ducati de dos cilindros en V y cuatro

Motor: monocilíndrica, 124,6 cc (56 × 50,6 mm), refrigeración líquida.
Potencia: 30 CV a 10.000 rpm
Caja de cambios: 7 velocidades, pedal
Transmisión secundaria: cadena
Peso: 117 kg
Velocidad máxima: 164 km/h

CARCANO
Italia (Milán) 1899-1902. Primitiva bicicleta motorizada con un clásico cuadro de bicicleta en forma de rombo. Desarrollaba una potencia de 0,75 CV, y la transmisión a la rueda trasera se realizaba por correa.

CARDA
Italia (Bolonia) 1950. Modelo con motor montado sobre la rueda trasera y transmisión por cadena.

CARDAN
Francia 1902-1908. Un motor De Dion-Bouton con transmisión por eje a la rueda trasera. Este es el original eje Cardan.

CARFIELD
Inglaterra 1919-1924. Esta compañía montaba motores ya fabricados en bastidores elásticos, comenzando con un motor Villier de dos tiempos y 269 cc; después, un Villiers de 350 cc, y un bicilíndrico en V de 688 cc de la firma Conventry Victor.

CARGNELUTTI
Italia 1926. Modelo de cuatro tiempos y 125 cc con un sistema único de válvulas accionadas por engranajes.

CARLEY
Francia 1950-1953. Miniescúter francés con motor horizontal de dos tiempos y 49 cc, con transmisión por fricción.

CARLTON
Escocia (Glasgow) 1922. Motocicleta ligera con motor monocilíndrico Villiers de dos tiempos y 269 cc

CARLTON
Inglaterra 1938-1940. Fundada por el piloto y récordman de volocidad D. R. O'Donovan de Norton, esta compañía fabrica motocicletas ligeras con motores Villiers de 125 cc.

CARNITI
Italia 1953. Un inverosímil motor tricilíndrico de dos tiempos y 186 cc, con un inconcebible sistema de transmisión por rodillos de goma era el encargado de propulsar esta larga máquina de extraño aspecto. La compañía que la fabricó era más conocida por la fabricación de lanchas motoras

CALIFORNIA CUSTOMS ESTADOS UNIDOS   AÑOS NOVENTA

PUEDE PARECER QUE EN LOS Estados Unidos hubo tantas firmas ensambladoras durante los años noventa como en la Alemania de los años veinte, con la diferencia de que las compañías modernas disponen de su página web y su media de vida es mucho más larga.

Como ocurre con otras tantas firmas dedicadas a la fabricación de modelos custom, los nombres de algunos modelos de California Customs, con sede en Mountain View, California, son bastante lamentables. Sin duda, nadie con un poco de sensibilidad compraría una motocicleta que se llama Violator. Los que se encuentran cómodos con algo así es más probable que se dediquen a robar motocicletas, antes que a comprarlas a un elevado precio.

Los otros modelos del catálogo del año 2000 eran: Nomad, Dominator (inextricablemente unida a la firma Norton para cualquiera que sepa algo de motocicletas), Eliminator, Intimidator y Terminator. Todas ellas, propulsadas por los habituales motores S & S. Las dimensiones exactas del motor son 92 mm de diámetro y 117,5 mm de carrera, lo que da un volumen de 1.526 cc. El carburador también es de S & S. Los bastidores

La Nomad era una típica California Customs, que se distinguía principalmente por un nombre menos ofensivo que el de sus hermanas.

son rígidos, o imitaciones del Softail de Harley-Davidson, o convencionales. Algunos motores van montados en ellos sobre tacos de goma. La transmisión la monta California Customs a partir de una caja de cambios Delkron con engranajes Jims, y ambas transmisiones, primaria y secundaria, a correa.

Los frenos son de un solo disco de acero inoxidable pulido, con cuatro pistones, lo que da idea de que estas máquinas no están hechas para una conducción rápida y agresiva. Los asientos Corbin estándar son, por lo general, de una gran comodidad. Se trata, por tanto, de máquinas concebidas para recorrer largas distancias a velocidades moderadas, algo que le

impone la limitación de depósito de 18 litros, y los controles, que ocupan una posición muy adelantada. Los tubos de escape sin silenciador alimentan en los motoristas sus tendencias más antisociales, si bien de un modo un tanto descafeinado.

Como era de esperar, las especificaciones del fabricante facilitan toda suerte de detalles, como las medidas de la horquilla delantera, pero omiten otros datos muy valiosos para la mayoría de los motoristas, como el peso, potencia, aceleración y velocidad máxima, lo que deja bien claro el sector del mercado al que estos modelos van dirigidos.

Posiblemente, el modelo más interesante de la gama sea la Nomad. Esta tourer de impresionante aspecto diseñada en colaboración con Corbin está provista de maletas laterales rígidas y totalmente integradas en la carrocería, que además pueden cerrarse con llave, fabricadas por Corbin.

Aun así, los fabricantes tuvieron que afanarse para dejar claro que las maletas y el pequeño carenado del manillar podían desmontarse en cinco minutos para dejar al descubierto una verdadera *custom boulevar cruiser*.

CALTHORPE INGLATERRA 1909–1947

CREADA POR LA MINSTREL & REA Cycle Co. de Birmingham, esa compañía ya era conocida como fabricante de coches cuando hizo su aparición en el mundo de las motocicletas en la Stanley Show de finales de 1909. Igual que los coches, sus motocicletas estaban provistas de un motor White & Poppe de 3,5 CV, con una magneto Simms accionada por cadena, carburador Amac, transmisión por correa y horquilla Druid.

En 1911, emplearon motores Precision y comenzaron a añadir modelos a su catálogo, incluida una motocicleta ligera. Más tarde llegaría un modelo con refrigeración por agua, y en 1914, la Calthorpe Minor, con motor de 1,25 CV y caja de cambios de dos velocidades alojada en el cárter. En 1915, hubo también un modelo de 2,75 CV cuatro tiempos y otro de 2,5 dos tiempos, ambos con cajas de cambios Enfield de dos velocidades, y que siguieron en producción hasta la Primera Guerra Mundial. En 1922, se unió a estos modelos uno con motor de dos tiempos, 350 cc y caja de cambios Bur-

man de tres velocidades, y al año siguiente, una versión con sidecar. Al mismo tiempo, el cuatro tiempos se cambió por un motor Blackburne de

249 cc y válvulas laterales, y adoptó una caja de cambios de dos velocidades. El motor de dos tiempos y 245 cc añadió una tercera velocidad a su caja

A mediados de 1939, Calthorpe presentó tres modelos que utilizaban motor monocilíndrico Matchless; el de la foto es un 500 cc.

de cambios en 1924, fecha en que la versión de 350 cc desapareció y empezaron a usarse motores JAP y Villiers de 147 cc.

En general, estos modelos se fueron mejorando gradualmente. En 1925 apareció un modelo completamente nuevo, la Sports con motor fabricado por la propia Calthorpe de 348 cc, con caja de cambios Burman de tres velocidades, bastidor ligero y horquilla Druid. En 1926 se unió a la Sport la versión Super

Calthorpe vendió durante muchos años una sencilla motocicleta ligera, que tras la Primera Guerra Mundial fue provista de caja de cambios con dos velocidades, aunque conservó la transmisión por correa.

Sport. En 1927 la firma presentó otro modelo nuevo de 498 cc, un solo cilindro y distribución ohc.

Calthorpe sólo utilizó sus propios motores en 1928 con el modelo de 348 cc en sus dos variantes, pero el modelo con árbol de levas en la culata fue retirado, y en 1929 llegó su modelo más conocido, la Ivory Calthorpe. En su fabricación se empleó el motor de 348 cc ohv, desplazando la magneto detrás del cilindro y rediseñando el bastidor y otros componentes. Se le añadió además un depósito montado sobre la barra superior y guardabarros de color hueso. El modelo antiguo siguió en catálogo durante un año más, en parte por si el modelo nuevo no triunfaba, y también para dar salida a los modelos en stock.

En 1930, sólo se comercializaba ya el modelo nuevo.

La máquina de 1930 se distinguía por su cilindro inclinado, algo muy corriente por entonces, y aparecía en los catálogos con el nombre Ivory II. No tardó en convertirse en la Ivory III. En 1932 apareció la Ivory IV, con 494 cc, junto con la Ivory Minor de dos tiempos y 247 cc, que se fabricó durante un año. En 1933, sólo quedaba en catálogo el modelo de 494 cc, la Major, pero en 1944 apareció una nueva versión de 247 cc. Llegó después otra de 348 cc y versiones de competición, que llegarían hasta el final de la década.

En 1937, la marca sólo se comercializaba a través de Pride & Clarke de Londres. Fue por entonces cuando cambió su color, llamándose Red Calthorpe, pero las ventas no fueron un éxito, por lo que la compañía tuvo que ser liquidada. Bruce Douglas, de la firma de Bristol que llevaba el mismo nombre, la adquirió y trasladó la producción a Bristol. En 1939, anunció una gama de tres modelos con motores Matchless, pero se fabricaron muy pocas unidades antes de que la fábrica tuviera que adaptarse a la producción bélica durante la Segunda Guerra Mundial. En 1947, el nombre de Calthorpe reapareció como Calthorpe-DMW, en un modelo con motor Villiers de 122 cc. De aquí nacería la gama DMW de 1950.

CAN-AM CANADÁ 1973–1987

ERA UNA FILIAL del Bombardier Snowmobile Group, creador de la moto de nieve e involucrado en el desarrollo de medios de transporte alternativos. El grupo también era dueño de la austriaca Rotax, que fabricaba motores de dos y cuatro tiempos con varias cilindradas tanta para esta firma como para muchas otras en Europa y todo el mundo.

Al principio, la gama Can-Am estaba formada por motocicletas trail y enduro, y más tarde también auténticas máquinas de motocrós. Las primeras tenían 175 y 250 cc, un solo cilindro, válvulas de disco, motor de dos tiempos y caja de cambios integrada con cinco velocidades. Normalmente, el carburador de esta clase de máquinas habría sobresalido del motor, pero esto las habría hecho demasiado anchas para su manejo fuera del asfalto; por tanto, Can-Am decidió montarlo detrás del cilindro, con un largo tubo de admisión que

proporcionaba la mezcla a la válvula de disco. El motor se acomodaba en un bastidor tubular provisto de una horquilla telescópica de gran recorrido en la parte delantera y dos amortiguadores también de gran recorrido en la rueda de atrás. Las ruedas eran de radios, con frenos de tambor y neumáticos de campo; tenía velocímetro, un espejo e intermitentes, pero también placas para el número de competición a cada lado, para mostrar de lo que era capaz.

En 1978, a estos dos modelos se unió una versión de 366 cc caracterizada por

La Can-Am 250 cc Qualifier se diseñó como una seria máquina de enduro, desarrollada a partir de antiguos modelos trail. De ella nacería toda una serie de máquinas de motocrós.

CARPATI
Rumanía (Bucarest) 1960-desconocida. Esta compañía fabricaba el escúter Carpathi de 67 cc y dos tiempos.

CARPIO
Francia 1930-1935. Esta firma ensamblaba motocicletas ligeras provistas de distintos motores de 98 y 125 cc fabricados por Aubier-Dunne y Stainless.

CARREAU
Francia (Puteaux) 1903-1910. Firma pionera que utilizaba un motor de tan sólo 1 CV.

CAS
Checoslovaquia (Praga) 1921-1924. Su escúter estaba basado en el Autoped americano, pero a diferencia de éste, contaba con asiento y motor bicilíndrico plano de 129 y 149 cc. También fabricaba motos ligeras con motores de dos tiempos de 173 y 225 cc. Todos sus modelos tenían ruedas de plato.

CASALINI
Italia 1958. El escúter David de 50 cc tenía suspensión delantera y trasera. Esta compañía se dio a conocer más tarde por la fabricación de ciclomotores y triciclos de reparto.

CASOLI
Italia (Milán) 1928-1933. Esta compañía fabricaba motos deportivas con motores Villiers de dos tiempos y 172 cc y también con motores de fabricación propia.

CASTADOT
Bélgica (Lieja) 1900-1901. Esta firma fabricó un pequeño número de motocicletas con motores Swiss Zedel de 1,5 CV.

tener válvulas de láminas y usar mezcla de gasolina y aceite, en lugar del inyector de aceite utilizado en modelos más pequeños. La gama empezó a tener un aire mucho más serio con la utilización de amortiguadores traseros inclinados, horquilla delantera Marzocchi de mayor recorrido y seis velocidades para los modelos de 175 y 250 cc, aunque el modelo de 370 cc siguió con las cinco velocidades. De esta forma, convertidas en auténticas máquinas de enduro, recibieron el nombre de Qualifier. Con la línea enduro llegó una serie de motocrós de dos modelos, comercializados como 250 MX-5 y 370 MX-5, con motores de esas cilindradas. Tenían más potencia, un mayor recorrido de la suspensión y ninguna concesión a otro propósito que lograr el menor tiempo posible en cada vuelta de la carrera.

La gama se amplió en 1980 para incluir un modelo motocrós 125 cc, mientras que la Qualifier se presentó en

versiones de 175, 250, 350 y 400 cc. En realidad, la 350 tenía el motor de una 250 a la que se había aumentado la capacidad del cilindro hasta los 277 cc y colocado en un bastidor de una 400. En los años ochenta, se endureció la legislación estadounidense sobre emisión de gases, de manera que Can-Am volvió a utilizar motores Rotax de cuatro tiempos y un solo cilindro, con sus cuatro válvulas y árbol de levas en la culata. Durante esta década, la firma estuvo demasiado ocupada fabricando motos de nieve para preocuparse de que sus motocicletas fueran competitivas, por lo que la producción se interrumpió en 1987.

Un modelo Can-Am de motocrós fabricado expresamente para la competición, con su suspensión de gran recorrido, necesaria para tener éxito en estas pruebas.

CANNONDALE
ESTADOS UNIDOS 1998

EL HECHO DE QUE UN FABRICANTE de bicicletas pasara de pronto a producir motocicletas no era fenómeno raro a finales del siglo XIX o principios del XX; pero sí resulta llamativo que esto ocurra en la última década del siglo XX. A pesar de eso, los fabricantes de bicicletas de montaña Cannondale comenzaron a producir una motocicleta *off-road* que hizo su debut en competición a comienzos de 1999.

Desde el principio, Cannondale contrató a los mejores especialistas. El resultado fue una máquina que desde el primer día demostró ser totalmente competitiva.

El motor que propulsaba la motocicleta, y el quad que vendría más tarde, tenía 432 cc, dohc, cuatro válvulas, refrigeración líquida y caja de cambios de cinco velocidades. Su diámetro era de 95 mm y la carrera, de 66 mm. Muy poco convencional, el motor monocilíndrico tomaba el aire a través del bastidor, gracias a un ingenioso diseño de la pipa que no sólo permitía el paso de

un aire más limpio, sino también más frío, y por tanto denso, lo que redunda en una mejor alimentación del cilindro. Se decía que el largo conducto de admisión mejoraba la respuesta del acelerador a velocidades bajas, lo cual parece

El sentido práctico es lo que caracteriza a estas motocicletas del antiguo fabricante de bicicletas de montaña, Cannondale, con sus monocilíndricas de 432 cc y sistema único de refrigeración líquida.

muy verosímil. Aún más raro, la culata del cilindro estaba montada «hacia atrás», con la admisión en la parte delantera y el escape en la parte posterior. Al parecer, el problema para enfriar la válvula de escape con este tipo de disposición se resolvió adoptando un sistema de refrigeración líquida y con pruebas realizadas en el túnel de viento durante todo el proceso de diseño. Se decía que la ventaja de esta culata «invertida» era la posibilidad de recolocar el cilindro, y por tanto bajar el centro de gravedad, acortando así la longitud del tubo de escape en casi 30,5 cm, lo cual creaba una banda de potencia más ancha y hacía al tubo de escape menos propenso a sufrir daños en caso de accidente (por no mencionar que el piloto tenía menos posibilidades de resultar quemado con el tubo en caso de caída). Es una opinión generalizada que una culata invertida no promete nada bueno, pero cuando se trata de avances tecnológicos, suele ser una buena idea ir contra lo establecido.

La alimentación se realizaba por inyección electrónica y puede dar una idea del nivel de desarrollo alcanzado. No en balde, es una motocicleta de producción limitada, en la que incluso se midió el grado de flexibilidad del bastidor a base de tomar un gran número de pequeñísimas medidas de deformación. Dependiendo del equipamiento, esta motocicleta pesaba entre 110 y 113 kg, teniendo en cuenta que la versión completa estaba totalmente equipada, con faros e instrumentos. De las dos versiones más ligeras, una no tenía instalación

Al contrario que la mayoría de los fabricantes cuyos modelos han llevado la bandera de las barras y estrellas, la Cannondale no era una clónica hipertrofiada de Harley-Davidson. En realidad, sus máquinas, igual que sus bicicletas, eran totalmente innovadoras y competitivas.

para los faros, mientras que en la otra podía instalarse una bobina de encendido para carreras *off-road*. Los neumáticos, grandes y delgados al estilo *off-road* hacían que el manejo fuera más preciso, a lo que también ayudaban el modesto ángulo de dirección y la escasa distancia entre ejes.

Lo más fascinante de Cannondale está en su afán de ir contra corriente. La mayoría de los nuevos fabricantes americanos se dedican a producir copias de calidad de las Harley-Davidson bicilíndricas en V, pero Cannondale rompió el molde con una original y competitiva motocicleta .

CARABELA

MÉXICO 1964–1985

LA COMPAÑÍA MEXICANA Acer Mex creó la marca Carabela en 1964 con ayuda técnica de la italiana Minerelli, que también le proporcionó técnicos en los inicios del proyecto.

Sin embargo, los mexicanos no se contentaron con importar componentes extranjeros, por lo que, con el paso de los años, fueron fabricando cada vez más componentes en sus propias instalaciones.

A mediados de los años setenta, contaban con toda una gama de modelos, desde 60 hasta 450 cc, entre los que también había vehículos de tres ruedas. Los motores todavía se seguían importando (Minerelli y Jawa), así como los carburadores japoneses Mikuni.

En un principio, la línea de motocicletas Carabela estaba diseñada y construida pensando en el desplazamiento diario al trabajo. Sin embargo, a comienzos de los años setenta se hizo un gran esfuerzo para ampliar la producción al campo de las máquinas deportivas, con la introducción de modelos *off-road* para competiciones de motocrós y enduro. Estos modelos tenían

motores de 125 y 200 cc de dos tiempos (el de 125 cc, de unos 20 CV).

Los dos recién llegados a la gama fueron los responsables de una nueva política de exportación de Carabela, sobre todo al mercado norteamericano. En 1974, se añadió al catálogo un modelo de motocrós de 250 cc totalmente nuevo. Esta motocicleta era ciento por

La Carabela 100 Marquesa MK2, fabricada a finales de los setenta. La firma fue finalmente absorbida por el gigante japonés Yamaha a mediados de los ochenta.

ciento mexicana, incluido el motor. Con el nombre de MX5 Moto Cross, el modelo disponía de cinco velocidades, bastidor de doble cuna y doble amortiguador trasero muy inclinado. La potencia del motor era de 34 CV a 8.500 rpm. El modelo se exportó a los Estados Unidos, junto con una mini-racer con carenado y llantas de aleación, que fue utilizada por Carabela para promocionar en México una serie de un solo modelo de carreras.

Carabela fue absorbida por Yamaha en 1985.

La marca mexicana Carabela comenzó en 1964, y a mediados de los setenta ya fabricaba motocicletas como esta 3.5 Sport, de 350 cc, que se exportó a los Estados Unidos.

CASTELL
Inglaterra (Londres) 1903. Marca pionera que utilizaba motores Sarolea y Minerva, y probablemente alguno de fabricación propia.

CASWELL
Inglaterra (Londres) 1904-1905. Esta firma instalaba motores Minerva de entre 2,5 y 3,5 CV en sus propios bastidores, muy básicos, de cuadro de bicicleta.

CAYENNE
Inglaterra 1912-1913. Modelo técnicamente interesante con dos cilindros en V, 497 cc, ohv y refrigeración por agua. Estaba provisto de un pequeño radiador.

CAZALEX
Francia 1951-1955. Motocicletas ligeras y autociclos con motores de entre 49 y 125 cc.

CAZANAVE
Francia 1955-1957. Esta compañía comenzó como fabricante de ciclomotores, pero después fabricó motocicletas ligeras de dos tiempos y 110 y 125 cc.

CBR
Italia (Turín) 1912-1914. Signore Cigala, Barberis y Ruda prestaron sus iniciales a estas máquinas, la primera de las cuales tenía transmisión por correa y 250 cc de cilindrada. Se pasaron a la transmisión por cadena al año siguiente, y añadieron motores de dos tiempos y 3 CV. Después emplearon motores mayores, de hasta 8 CV.

CC
Inglaterra (Blackpool) 1921-1924. Charles Chamberlain tenía en su catálogo máquinas de entre 147 y 1.000 cc con motores JAP y Blackburne, pero puede que el único modelo que llegara a vender fuera uno con motor Villiers de 269 cc.

CEDOS
Inglaterra (Northampton) 1919-1929. Inicialmente fabricaba máquinas con motor de dos tiempos y 211 y 249 cc montado en bastidores abiertos. Más tarde, monocilíndricos ohv con motores Blackburne y Bradshaw, y finalmente una motocicleta con motor JAP de 1.000 cc con depósito sobre la barra superior, al estilo Brough Superior

CARNIELLI

ITALIA 1931–1975

ESTE FABRICANTE HABÍA SIDO en sus inicios una firma de bicicletas, y de ahí pasó a la producción de vehículos motorizados. Este proceso comenzó a principios de los años treinta bajo la dirección de su propietario, Teodoro Carnielli.

Sus máquinas también se comercializaron con el nombre Vittoria, ciudad de Veneto donde la compañía tenía su sede. Utilizaban motores importados, los más pequeños, Sachs alemanes de 100 cc y dos tiempos, colocados en un ciclomotor, pues en aquellos días casi todas las firmas italianas ofrecían en sus catálogos las formas más básicas de motocicleta.

Carnielli también adquiriría motores de cuatro tiempos de las británicas JAP y Rudge. Estos motores iban desde el básico 175 cc de las motos ligeras hasta los 500 cc de los modelos más grandes, pasando por motores de 250 y 350 cc. Como era característico en aquellos días, la caja de cambios no estaba integrada en el conjunto del mo-

tor, la transmisión era enteramente a cadena, el bastidor rígido y horquillas de paralelogramos. La suspensión trasera llegó con el tiempo, y en 1939 pocas marcas italianas no la incorporaban en sus modelos de una u otra forma; la mayoría de ellas optaban por el tipo de horquilla basculante.

Después de la Segunda Guerra Mundial, la firma fabricó motocicletas ligeras, además de escúter. Estos modelos se fabricaron utilizando diversos motores de poca capacidad que proporcionaban compañías como Sachs, Ilo, Victoria y NSU. Lo curioso es que esta compañía prefirió comprar motores alemanes antes que otros producidos en Italia o fabricados por ella misma. Utilizaron el poco corriente NSU de 98 cc ohv, que a pesar de su tamaño era de cuatro tiempos.

En años posteriores, la firma introdujo un ciclomotor plegable que se vendió con el nombre Graziella, y que estaba provisto de un motor Sachs de 50 cc,

una sola velocidad y embrague automático. Este ciclomotor plegable tenía ruedas de 20 cm, y de transportar. Hasta lo promocionaron como «la motocicleta que podía guardarse en el maletero».

El ciclomotor plegable Graziella, propulsado por un motor de 50 cc. Esta diminuta máquina se promocionó como la motocicleta fácil de transportar y guardar.

CASAL

PORTUGAL 1964–AÑOS NOVENTA

ÉSTA FUE UNA DE LAS POCAS FIRMAS de motocicletas portuguesas, y quizá la más importante, dado que con el tiempo suministraron sus motores a otras compañías. En sus comienzos, sin embargo, utilizaron motores Zundapp, y sus modelos tenían el aire de la marca alemana, con una gama que comprendía ciclomotores de 50 cc además de motocicletas. Con el tiempo, llegaron los motores de fabricación propia, con dos o cuatro velocidades, aunque siguieron conservando la línea Zundapp.

A comienzos de los años setenta, la gama había crecido, incluyendo mode-

los de 75 y 125 cc con cinco velocidades. Algunos de esos modelos se diseñaron para uso *off-road*. Todos seguían los patrones estéticos del momento, con suspensión en ambas ruedas hasta en los ciclomotores más básicos provistos de una velocidad y transmisión automática. Hubo ciclomotores deportivos de dos y tres velocidades, y una versión *off-*

road, y hasta un ciclomotor deportivo con cinco velocidades. Los dos últimos estaban provistos de bastidores de doble tubo.

Con el paso de los años, este tipo de máquina se convirtió en la columna vertebral de su producción, pues colocaba sus productos en el mercado doméstico y el del país vecino, España, en un momento en que el ciclomotor era casi una forma de vida en ambos países.

En 1982 apareció un modelo con refrigeración por agua, que combinaba 50 cc con seis velocidades y un diseño de carreras al que no faltaban ni las llan-

tas de aleación. Casal siguió fabricando los otros modelos de su gama, revisando periódicamente el catálogo para ponerlo al día. Uno de los últimos modelos fue un ciclomotor con bastidor abierto entre el asiento y la pipa de dirección. De esta guisa, la firma continuó hasta finales de los noventa, pero no más allá.

La elegante Casal Mágnum muestra su bastidor de viga, llantas de aleación y línea moderna. Su motor bicilíndrico de dos tiempos tiene integrada la caja de cambios.

Un modelo típico de Casal, con pequeña cilindrada y bastidor monocasco. Tiene motor de 50 cc y dos tiempos, en el que se integra la caja de cambios; ruedas de radios de acero y frenos de tambor.

CCM

INGLATERRA 1971–1980 y 1987

LAS INICIALES CCM SIGNIFICAN CLEWS Competition Machines, una firma fundada por Alan Clews en un local de Bolton, Lancashire. Alan ya tenía en su pasado varios éxitos con motocicletas de campo, y en 1971, cuando BSA cerró una de sus tiendas, adquirió un cargamento de piezas de competición. Esta fue la base de sus primeras máquinas, una serie a la que llamó Clews Stroka.

La Stroka funcionó bien; pronto se produjo una demanda por parte de otros pilotos, y en mayo de 1972, se fabricaron las primeras máquinas CCM, basadas en la BSA B50 con motor de un cilindro. Los modelos podían ser de 499 cc o de 608 cc, con parte de las aletas del cilindro recortadas, además de otros muchos cambios. Estas grandes cuatro tiempos tuvieron éxito durante los años setenta y a finales de esta década se unió a ellas un modelo de trial de 345 cc que utilizaba un motor basado en un BSA B40 modificado. Más tarde llegaron los modelos de campo de dos tiempos con motores italianos Hiro de 125 y 250 cc.

La presión financiera provocó que CCM fuera absorbida por Armstrong en 1980 y, aunque las máquinas conservaron el nombre en 1981, al año siguiente se comercializaron con el nombre de Armstrong CCM. Durante ese año, el motor se cambió por el austriaco Rotax de un cilindro y cuatro

tiempos, pues Armstrong tenía conexiones con esa firma. Durante algunos años, el modelo se siguió fabricando con este motor.

Sin embargo, en 1987, Alan Clews pudo volver a comprar su antigua firma, y en los años que siguieron la hizo crecer vendiendo repuestos y máquinas Armstrong para satisfacer una enorme demanda. CCM volvió al terreno de la competición en 1989, con una gama todavía basada en los motores Rotax. Para trial había un motor de dos tiempos, pero los modelos de motocrós utilizaban un monocilíndrico grande de cuatro tiempos con capacidades de 500, 560 o 590 cc.

Así entraron en la nueva década y en 1997 añadieron a la gama una supermoto de carretera. Basada en la máquina de motocrós, utilizaba un motor Rotax de 598 cc y cuatro válvulas para ofrecer un modelo excelente, si bien algo caro. Al mismo tiempo, el modelo de cross estaba disponible en versiones Enduro o Rallye Raid, ambos con el motor Rotax de 560 cc, de modo que todos ellos tenían la misma base.

Entre los planes para el futuro se incluía un modelo trail con un enorme motor bicilíndrico en V de 934 cc

Detalle de la nueva CCM con sus dos tubos de escape saliendo del único cilindro.

Una moderna CCM con motor Rotax, suspensión de gran recorrido y formato enduro, todo ello modificado para su uso en carretera.

fabricado en Suecia por la firma Folan, provisto de doble árbol de levas en el cárter, refrigeración por agua y especificaciones de la más alta calidad, entre las que se incluía: seis velocidades, bastidor tubular, modernos sistemas de suspensión, ruedas de radios y frenos de disco, todo en un conjunto espectacular que todavía anunciaba sorprendentes novedades. Sin embargo, el empuje inicial de la firma para el futuro depende enteramente de los modelos monocilíndricos, tanto de carretera como *off-road*.

CENTAUR
Alemania 1924-1925. Esta firma instalaba motores Gruhn de 1,5 CV y válvulas laterales en sus propios bastidores.

CENTAUR
Inglaterra (Coventry) 1901-1915. Esta firma fabricaba un monocilíndrico de 500 cc y válvulas laterales y un bicilíndrico en V de 350 cc, también con válvulas laterales. Sus primeros modelos tenían el silenciador integrado en el bastidor.

CENTER
Japón 1950-1962. Monocilíndricas deportivas ohv.

CENTRUM
Suecia 1933. Esta firma instalaba motores CZ con cajas de cambios de tres velocidades en bastidores con horquilla telescópica.

CENTURY
Inglaterra (Londres) 1902-1905. Esta firma era una ensambladora que utilizaba motores Minerva y MMC. Al parecer, los radios de la rueda delantera tenían una disposición muy peculiar.

CF
Italia 1928-1971. Castelli y Fiorani (C y F) fabricaban monocilíndricas ohc de 173 y 248 cc. Fusi adquirió la compañía en 1937. Entre 1928 y 1971, la producción se vio interrumpida varias veces. Los últimos modelos que fabricó eran ciclomorores.

CFC
Francia (Boulogne) 1903-1906. La Compagnie France du Cycles montaba un motor de 1,75 CV en sus bastidores con forma de cuadro de bicicleta.

CHAMPION
Estados Unidos (St. Louis) 1911-1913. Esta compañía fabricaba bajo licencia el modelo Militaire refrigerado por aire. Tenía ruedas con radios de madera y ruedines auxiliares.

CHAMPION
Japón (Tokio) 1960-1967. Marca comercial de Bridgestone para los ciclomotores de dos tiempos y motocicletas ligeras entre 50 y 175 cc.

CECCATO

CECCATO ES UNA COMPAÑÍA de gran calidad técnica, con sede en Bolonia. Durante el período que siguió a la Segunda Guerra Mundial, la firma también diseñó, fabricó y comercializó una impresionante gama de motocicletas de pequeña cilindrada.

Los modelos más famosos fueron las deportivas de 75 y 100 cc, propulsadas por un motor monocilíndrico ohc con caja de cambios integrada y árbol de

La Ceccato de 75 cc con carenado aerodinámico batió el récord de velocidad a mediados de los años 50.

levas accionado por engranajes que discurren junto a las aletas de refrigeración del cilindro. La 75 cc tuvo especial éxito en pruebas de larga distancia en carretera, como el Giro d'Italia. Propulsada por un motor de 74,75 cc, 45 × 47 mm, esta motocicleta ganó en la carrera

Milano-Taranto de 1956, pilotada por Vittorio Zito, mientras que la versión con motor de mayor capacidad (98 cc) desafió a Ducati y Laverda en la categoría de 100 cc.

El famoso diseñador de Ducati, Fabio Taglioni, trabajó para Ceccato antes de

El motor monocilíndrico dohc de Ceccato se fabricaba con dos cilindradas: 75 y 100 cc.

unirse a F. B. Mondial y, finalmente, a Ducati en abril de 1954. En Ceccato, diseñó una irrepetible dohc, pero el proyecto quedó aparcado en 1952.

Además de su excelente gama de monocilíndricas de cuatro tiempos, que también incluía modelos más baratos con distribución ohv, Ceccato también fabricó en 1952 una bicilíndrica plana de dos tiempos y 200 cc.

A comienzos de los años sesenta, las ventas de motocicletas en Italia cayeron en picado, por lo que Ceccato abandonó la producción y se concentró en otras actividades industriales.

CEMEC

ESTA FIRMA FUE FUNDADA después de la Segunda Guerra Mundial con el nombre de Centre de Montage et de Réparation, o CMR, y tomó como modelo el motor BMW bicilíndrico boxer (plano) y fabricando sus motocicletas a partir de componentes nuevos y antiguos. Cemec decidió fabricar dos tipos: la R12 y la R71, ambos utilizando básicamente el mismo motor de 745 cc, bicilíndrico boxer, con caja de cambios de cuatro velocidades integrada en el motor y transmisión por eje a la rueda trasera. Este motor era del tipo utilizado por BMW, con un cárter común y una culata para cada uno de los cilindros, engranajes en la parte delantera para mover el árbol de levas y el sistema eléctrico, las

Basada en la BMW bicilíndrica boxer con válvulas laterales, pero de fabricación francesa, la Cemec se vendió en el mercado civil, pero sobre todo a las fuerzas policiales.

válvulas en el lado superior de los cilindros y un único carburador.

Era en el chasis donde ambos modelos se diferenciaban, ya que la R12, que

databa de 1935, retuvo el anticuado bastidor de acero estampado sin suspensión trasera. Cuando incorporó la horquilla telescópica, ésta conservaba

el viejo estilo de acero estampado y la pintura del pasado. El cambio de marchas manual se colocó a la derecha del depósito. Por contraste, la R71, apare-

cida en 1938, contaba con bastidor tubular, horquilla telescópica más moderna, suspensión trasera por émbolos y depósito de gasolina sobre el tubo superior, en lugar de estar colocado entre las barras de acero estampado del bastidor.

Durante 1948, el nombre de la firma se cambió por el de Cemec, pero las máquinas siguieron siendo las mismas, aunque, con el paso de los años, se fueron fabricando cada vez más componentes en Francia. Mientras, BMW luchaba por volver a ponerse en pie, pero al principio se limitó a la producción de pequeñas motocicletas. A la monocilíndrica de 60 cc siguió una bicilíndrica boxer de 125 cc, y luego otra monocilíndrica de 250 cc, antes de que apareciera, en 1950, la primera bicilíndrica de posguerra. Todas ellas utilizaban piezas Cemec.

Año tras año, la Cemec se hizo más y más francesa y, llegado el momento, también produjo máquinas en la línea de la R51, con su distribución ohv, motor de 494 cc, horquilla telescópica y suspensión trasera por émbolos. Además, fabricaron un modelo semejante basado en el 736 cc ohv de la R17,

De estilo muy francés, esta fotografía muestra a una bailarina hablando con un gendarme junto a su Cemec bicilíndrica plana en junio de 1954. No es que el atuendo fuera el más adecuado para montar en moto, pero...

pero sin el bastidor rígido de este modelo, de modo que el resultado fue una combinación de la R51 con la R71 y la parte superior de la R75.

Cemec suministró muchas de sus bicilíndricas boxer a la policía francesa, tanto local como nacional, pero su contrato con el ejército fue tan sólo para revisar otras marcas. Dado que entre ellas estaba la Gnome et Rhone bicilíndrica plana, el ejercicio demostró ser de gran utilidad. De esta forma, la firma llegó hasta 1955, fecha en que cambió su nombre por Ratier.

CHAISE

FRANCIA 1920–1939

ESTA FIRMA ERA UNA PROVEEDORA de motores de muchas otras compañías francesas, igual que JAP y Villiers lo eran en Gran Bretaña. Su nombre se fue haciendo conocido entre muchas marcas, con un catálogo de motores que incluía un tetracilíndrico ohc con caja de cambios integrada. Sin duda, se trataba de una compañía emprendedora y técnicamente avanzada, pero a la vez podía suministrar motores de menos calidad a las marcas que así lo solicitaban.

Su gama principal se basaba en monocilíndricos de cuatro tiempos de 250, 350 y 500 cc, pero también fabricaban motores de dos tiempos de 175 y 250 cc, además de los diminutos de 100 cc. Los motores de 350 y 500 cc se fabricaban con distribución ohv, aunque también había un monocilíndrico ohc, este último con árbol de levas accionado por eje y engranajes helicoidales. La magneto, la dinamo y el cuentakilómetros estaban accionados por engranajes, y la caja de

La Chaise tetracilíndrica apareció a finales de 1930 en la Exposición de París. El motor es de cuatro cilindros en V muy cerrada, con 750 cc y transmisión secundaria por eje.

cambios de tres velocidades estaba integrada en el motor y unida a él mediante transmisión primaria de engranajes. El aceite quedaba contenido en un colector dentro del cárter, de modo que, al tratarse de un motor unitario, era mucho más sencillo para las compañías instalarlo en sus propios bastidores.

Chaise también fabricó un motor monocilíndrico de dos tiempos y 100 cc para utilizar en ciclomotores, con culata desmontable, descompresor en la parte superior y la bujía insertada desde la parte de atrás. Fundido en el lado derecho del cilindro estaba el soporte para el carburador. El cárter iba cerrado por una puerta en colocada en el lado derecho, que incluía un cojinete del cigüeñal. La transmisión primaria se realizaba por medio de engranajes situados en el lado izquierdo, que conectaban con un eje intermedio unido a la magneto, enfaldillada en la parte posterior del cárter interior, mientras que la polea de la transmisión secundaria iba colocada en el eje.

La Chaise tetracilíndrica apareció a finales de 1930, junto con otra marca

francesa, la Train, en la Exposición de París, y, a pesar de la depresión económica, un mes después, en la Exposición de Londres, harían su aparición otros modelos de cuatro cilindros fabricados por Ariel y Matchless.

El motor Chaise 750 cc montaba sus 4 cilindros en V en un ángulo muy cerrado, con cigüeñal compuesto, con la cigüeña del cigüeñal en ángulo con el cilindro, de modo que el funcionamiento sea uniforme. A cada lado de las válvulas situadas en la culata había un árbol de levas, con empujadores dispuestos a los lados del motor y hasta los balancines, de manera que todo el sistema de distribución quedaba al aire.

La magneto y su distribuidor iban a un lado del cárter, accionados desde la parte delantera del cigüeñal, y con un ventilador de refrigeración centrífugo que dirigía el aire hacia la parte superior del motor por medio de un hongo de ventilación. Los conductos de escape se combinaban en una única salida posterior, y el motor incorporaba una caja de cambios de tres velocidades.

Hasta 1939, Chaise suministró sus motores a gran parte de la industria francesa.

Una French Dollar de 1929 con motor Chaise ohc de 350 cc y caja de cambios de tres velocidades integrada en el motor.

CHATER-LEA INGLATERRA 1900–1936

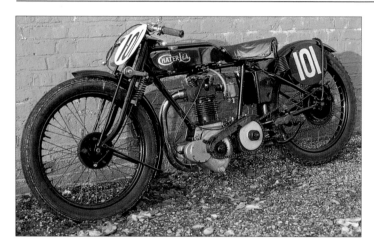

ESTA FIRMA, CON SEDE EN Golden Lane, Londres, y posteriormente en Banner Street, fue fundada por William Chater-Lea en 1890. Comenzó como proveedora de componentes a otras firmas. Sus primeras motocicletas aparecieron en 1900, fabricadas básicamente previo encargo y utilizando una gran variedad de motores. En pocos años ya contaban con un modelo principal diseñado para uso con sidecar. Un modelo robusto propulsado por un motor JAP bicilíndrico en V con 6 CV de potencia, caja de cambios de dos velocidades, transmisión a cadena y horquilla delantera de paralelogramos . También contaban con un monocilíndrico de 2,5 CV con motor JAP y transmisión por correa.

En 1909, comenzaron a usar cajas de cambios de tres velocidades con embrague en el sidecar, y posteriormente añadieron motores alternativos de dos cilindros en V y nuevos modelos monocilíndricos. En 1913, volvieron a un modelo, el bicilíndrico de 8 CV con side-

car, pero añadieron un motor de 269 cc y dos tiempos, con caja de cambios de dos velocidades y transmisión secundaria por correa. La compañía reanudó su actividad en 1920, después de la Primera Guerra Mundial, con el motor de 269 cc y dos tiempos, pero añadieron un motor JAP bicilíndrico en V de 976 cc en 1921, un al año siguiente un monocilíndrico con válvulas laterales y 488 cc, diseñado por la propia Chater-Lea. Al año siguiente se sumaron a éstos otros nuevos modelos con motores de 346 cc y válvulas laterales y 246 cc y válvulas en la culata. En 1924 llegaron motores de 348 cc y válvulas laterales y Blackburne ohv; mientras, sus propios motores aumentaron de capacidad, alcanzando una cilindrada de 545 cc, y el gran

Dougal Marchant en Brooklands en 1924, con su Chater-Lea provista de motor Blackburne modificado con ohc. Con esta máquina batiría el récord mundial de velocidad.

Una Chater-Lea de mediados de los años veinte, modificada, desprovista de carenado y puesta a punto para las competiciones de mediados los veinte, actividad para la que estaba muy bien equipada.

bicilíndrico en V entró en su último año. Durante este período, el nombre de la compañía sonó muy alto en Brooklands, donde Dougal Marchant batió varios récords. En 1924, fue el primero en rebasar los 160 km/h en una 350, utilizando un motor Blackburne ohc modificado.

En 1925, en el catálogo de la firma sólo había tres monocilíndricas, pero 1926 trajo una nueva 348 cc ohc con un sistema de levas de ranura. Estaba provisto de un eje vertical con engranaje cónico desde el cigüeñal, y balancines que transmiten el movimiento del árbol de levas hasta las válvulas levantándolas. También había otros dos modelos deportivos de 348 cc que utilizaban motores Blackburne o JAP, y el modelo de válvulas laterales y 545 cc.

Sólo los modelos que utilizaban motores Chater-Lea de 348 y 545 cc siguieron en catálogo hasta 1928, fecha en que la firma se trasladó a Letchworth Garden City, Hertfordshire. En 1929 apareció una motocicleta ligera con motor Villiers de 247 cc, junto con el modelo Dirt Track, pero únicamente los tres modelos de carretera llegaron a los años treinta. El modelo de dos tiempos dejó de fabricarse; en 1931, sólo quedaban los modelos Camshaft y Side-Valve, hasta que el primero desapareció en 1935 y el segundo, un año después, tras lo cual la firma se concentró en actividades industriales de carácter general.

CIMATTI

ITALIA 1937–1984

LA MARCA CIMATTI, FUNDADA por Marco Cimatti (medalla de oro en los JJOO de 1932 en ciclismo) comenzó su producción de bicicletas en 1937 en la pequeña ciudad de Porta Lame. Pero aunque prosperó como fabricante de bicicletas, la fábrica fue destruida durante la Segunda Guerra Mundial. Firme en su propósito, Marco Cimatti reanudó la producción en 1949, extendiendo su campo de interés al mundo de las motocicletas. Esto ocurría en un período en que los proveedores eran dueños del mercado y prácticamente cualquier motocicleta encontraba compradores.

Aun así, Cimatti concentró sus esfuerzos en diseños pequeños y baratos, incluso ciclomotores. Esta política le reportaría beneficios en la década de los cincuenta, cuando muchas marcas rivales que ofrecían modelos más grandes y caros comenzaron a sufrir serios problemas financieros. Por contraste, marco Cimatti vio cómo su compañía crecía y prosperaba.

En 1960, la fábrica se trasladó a Pioppe di Salvaro, en los Apeninos. En los años sesenta salió de sus talleres una enorme gama de ciclomotores baratos y prácticos. Además, ganó el campeonato de Italia de trial en la categoría de 50 cc tres años seguidos: 1966, 1967 y 1968.

Cimatti también fabricó algunos modelos con motores más potentes, con el modelo Sport Lusso de 100 y 175 cc para uso urbano, y la Kaiman Cross Competizione para carreras de motocrós.

A comienzos de los años setenta, hizo su aparición una nueva máquina de motocrós de 125 cc con caja de cambios.

La marca italiana Cimatti, fundada por un campeón de ciclismo, se concentró en modelos de 50 cc y dos tiempos, como esta Kaiman Cross de 1977.

En los años setenta, las motocicletas con ruedas pequeñas eran muy populares entre el público italiano. Esta moto de 50 cc fue el producto de Cimatti dirigido a ese sector del mercado.

bios de cinco velocidades; también se fabricó una versión roadster. Sin embargo, todos los modelos de Cimatti utilizaban motores de dos tiempos fabricados por Minerelli y Franco Morini. Enrico Cimatti, hijo del fundador de la firma, dirigió una campaña de exportación dirigida principalmente al mercado de Estados Unidos, Francia, Noruega y Túnez. En 1977, la producción alcanzaba las 50.000 unidades al año. Por esas fechas, Cimatti comenzó a reducir el número de trabajadores debido a la creciente automatización del proceso de fabricación. Este hecho, combinado con una política de reducción de la gama para concentrarse básicamente en el sector de 50 cc, parece haber sido lo que trajo grandes beneficios a la marca.

Luego llegaría la recesión de comienzos de los ochenta, y la demanda disminuyó alarmantemente. Cimatti se cerró en 1984.

CLÉMENT & CLÉMENT-GLADIATOR FRANCIA 1898–1935

El modelo Berceuses de Clément, fabricado entre 1928 y 1932, también se comercializó con el nombre de Gladiator. Estaba provisto de suspensión trasera por monoamortiguador y generalmente utilizaba motor JAP.

ADOLPHE CLÉMENT HIZO su fortuna en la industria de las bicicletas antes de crear en 1896 Clément-Gladiator-Humber con intención de fabricar coches y motocicletas. La relación con Humber pronto murió, pero los otros dos nombres continuaron en el negocio, bien por separado, bien asociados.

El primer modelo Clément fue un triciclo fabricado en 1898 con motor De Dion. Sin embargo, en 1901, la compañía estaba ya fabricando una motocicleta propulsada por motor Clément, con 142 cc, cuatro tiempos, válvulas en la culata y admisión automática, montado inclinado sobre el tubo inferior del cuadro de una bicicleta y con transmisión a correa y rodillo de tensión a la rueda trasera. Conocida como Autocyclette, su potencia de 1 CV le permitía alcanzar una velocidad de unos 48 km/h.

El interés de Clément por las máquinas le arrastró hacia el campo de la competición. Dado que la tendencia de la época consistía en aumentar el tamaño del motor para conseguir más potencia, esto daba lugar a motocicletas de carreras monstruosamente grandes. Clément estaba decidido a tomar parte en una de esas carreras con una máquina capaz de dejar atrás a todas las demás. El resultado apareció en 1903, con un motor de cuatro cilindros en V y unos 1.200 cc. Este es probablemente el primer motor tetracilíndrico de carreras de la historia, y estaba instalado en un bastidor muy largo provisto de una horquilla robusta y transmisión a la rueda trasera por medio de una correa dentada desde el eje secundario. El sistema de frenado consistía en una especie de disco en la rueda delantera.

Poco después, el modelo reapareció con un nuevo y más largo bastidor, transmisión por cadena y sólo freno trasero. Pero en septiembre de 1903 se estaba utilizando una motocicleta con motor bicilíndrico que marcó la tendencia a seguir en el futuro. Con todo, la tetracilíndrica se utilizó un año después, y con ella Marius Thé ganó el campeonato del mundo en pista, que en 1904 se celebró en París.

Sus modelo de carretera eran mucho más convencionales, con una gama de monocilíndricas y bicilíndricas en V, válvulas laterales, encendido por magneto, cajas de cambios de dos o tres velocidades y horquillas elásticas. Eran modelos típicos de la época, algunos con transmisión a cadena y otros a correa, freno trasero sobre la llanta y depósito de gasolina plano. En fecha tan tardía como 1914, aún no utilizaba bastidores inclinados, y el tubo superior se prolongaba para colocar sobre él el asiento del piloto. La firma continuó en competición, con una gran victoria en la clase de 350 cc en el Grand Prix de Francia de 1913.

En 1919 se creó aún más confusión con el nombre de la firma con la aparición de la marca Louis Clément, que presentaba un interesante modelo de dos cilindros en V con transmisión por eje tanto al árbol de levas en colocado en la culata como a la magneto. El modelo disponía además de ruedas de plato y transmisión secundaria por cadena oculta.

Clément continuó con su amplia gama de modelos, algunos con motor británico JAP y válvulas tanto laterales como en culata. También contaba con un pequeño modelo con motor de cuatro tiempos y 87 cc, con dos velocida-

El modelo bicilíndrico en V de Clément con 4 CV, transmisión enteramente a cadena y freno trasero en la llanta, todavía no incorporaba un bastidor inclinado, de ahí la posición retrasada del asiento.

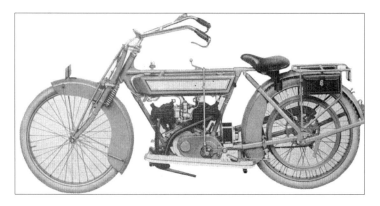

des, transmisión a cadena y arranque a pedal. A finales de los años veinte, uno de los modelos Clément-Gladiator incorporaba suspensión trasera por horquilla basculante al estilo monoamortiguador. Vendida también con el nombre de Gladiator, esta máquina se conoció como «Berceuse» (canción de cuna), y si bien el cambio a la suspensión trasera suponía todo un avance, también propició que el diseño de los tubos del bastidor fuera un tanto caótico. La crítica de la Exposición de París también

comentó que la caja de cambios Sturmey-Archer estaba colocada cabeza abajo, con el filtro del aceite en la parte de abajo, mientras que la batería estaba colocada debajo de la caja de cambios, muy cerca del suelo.

En 1931, todos sus modelos tenían la suspensión trasera igual que antes, y la potencia la proporcionaban motores JAP. El modelo que no encajaba en la línea de la marca fue un ciclomotor con motor francés, pero ninguna firma podía evitar incluir en su catálogo una

de estas populares máquinas. Como ocurrió a la mayoría de las compañías, la depresión económica de aquellos años afectó a Clément. La caída en las ventas y la reducción en los precios hacían cada vez más difícil introducir cambios significativos o nuevas ideas. En su lugar aparecieron pequeños cambios y alteraciones cromáticas que realzaban las distintas características de año en año, igual que los fabricantes experimentarían décadas después con el diseño gráfico.

CLÉMENT-GARRARD INGLATERRA 1902–1905

EN 1902, CHARLES GARRARD, de Birmingham, importó el compacto motor Clément, de fácil instalación en una bicicleta convencional. Tenía 143 cc, con válvula de escape por encima de la de admisión, cárter pequeño y gran volante exterior. De esta forma, podía colocarse inclinado sobre el tubo inferior del cuadro, dentro del mismo, y unido a la rueda trasera por medio de una correa con una polea tensora.

Para el nuevo modelo de motor se utilizaron bastidores Norton. En 1903, junto al monocilíndrico, apareció un motor bicilíndrico en V con 3 CV. Este motor estaba pensado para los tándem, aunque Garrard lo empleó también en competición.

En 1904 se ofreció un nuevo diseño, con el motor montado verticalmente justo detrás de la rueda delantera, con el peso colgando del tubo inferior. Casi todo el cuadro estaba ocupado por el depósito de la gasolina y sus compartimentos. El modelo incorporaba suspensión delantera por horquilla de paralelogramos, caja de cambios de dos velocidades y transmisión secundaria a cadena. El bicilíndrico en V tenía un formato semejante, con el bastidor modificado para poder alojar el motor. En 1904, la firma desapareció.

Arriba: La Clément–Garrard de 1902 tenía el motor colocado en el interior del cuadro, transmisión directa a correa y bastidor fabricado por la firma Norton.

Abajo: En este modelo Clément-Garrard de 1903 puede apreciarse la larga transmisión desde el motor bicilíndrico en V hasta la rueda trasera. Obsérvese el segundo par de pedales.

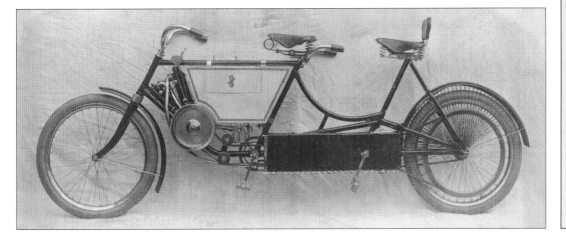

CL
Alemania 1951. Fabricante de un miniescúter con motor de 34 cc.

CLAES
Alemania 1904-1908. Esta empresa montaba motores Fafnir de 3,5 CV y 5 CV en bastidores fabricados por una famosa firma de bicicletas. Sus modelos también se vendieron con el nombre Pfeil.

CLAEYS FLANDRIA
Bélgica 1955-desconocida. Esta firma fabricaba ciclomotores (1955), un escúter (1956) y una motocicleta ligera (1957), todos ellos con motor Ilo de dos tiempos.

CLARENDON
Inglaterra (Conventry) 1901-1911. Esta compañía inglesa fabricaba bicicletas, coches y motocicletas, estas últimas con motores monocilíndricos de 3 CV y válvulas laterales. Los motores los fabricaba ella misma o los importaba de distintas firmas.

CLAUDE DELAGE
Francia (Clichy s/Seine) 1925. Esta firma montó un reducido número de coches y motocicletas en los pocos meses que estuvo activa. No tiene ninguna relación con los coches Delage.

CLESS & PLESSING
Austria (Graz) 1903-1906. Estas pioneras máquinas estaban propulsadas por motores fabricados por la propia firma, inicialmente con transmisión por eje, después a correa. Los motores fabricados posteriormente incluían un monocilíndrico de 3,5 CV y un bicilíndrico en V de 5 CV. Los modelos también se comercializaron con el nombre Noricum.

CLEVELAND
Inglaterra (Middlesborough) 1911-1914. Estas máquinas deportivas tenían motores Precision, y probablemente otros.

CLUA
España (Barcelona) 1954-1964. Desde un principio, sus modelos de 125 y 175 cc de dos tiempos incorporaban cajas de cambios de cuatro velocidades y novedosas suspensiones. Más tarde llegó un ciclomotor de 49 cc.

CLEVELAND

EN 1915, LA CLEVELAND Motorcycle Manufacturing Company comenzó a fabricar motocicletas monocilíndricas de dos tiempos y 222 cc, con cigüeñales longitudinales a la marcha y transmisión a cadena. La capacidad del motor se amplió hasta los 269 cc. Estas motocicletas fueron muy populares.

La Cleveland Lightweight se fabricó entre 1915 y 1927, y aunque en su aspecto no se distinguía demasiado de una bicicleta, es probablemente el modelo de dos tiempos que más éxito ha tenido en los Estados Unidos. La capacidad de su único cilindro se aumentó de 222 cc a 269 cc en 1919, y el cigüeñal se montó longitudinalmente, con la transmisión secundaria girada 90° mediante piñones cónicos. Tenía una caja de cambios de dos velocidades operada por palanca de mano, y transmisión a cadena con ruedas dentadas de idéntico tamaño. Entre sus características técnicas también se incluía una horquilla basculante en la rueda delantera.

En 1922, Cleveland adquirió la Reading Standard Company, y dos años más tarde presentó una motocicleta monocilíndrica con válvulas laterales y 350 cc. Aunque el diseño de su bastidor era semejante al de los modelos anteriores, no se vendió tan bien como aquéllos.

El primer modelo tetracilíndrico de Cleveland apareció en 1925. Su motor estaba basado en la Fowler Four, diseño originado en L. E. Fowler. En términos de ventas, no fue un éxito, así que en 1926, con el fin de cambiar de perspectiva, Cleveland la sustituyó por otra con un motor de 737cc diseñado por Everitt DeLong.

Lanzada en 1929, la Tornado contaba con un motor de 1.000 cc, con válvula de admisión por encima de la de escape, de manera que ésta última estaba montada en el lateral del motor, con la de admisión (accionada mecánicamente) situada por encima. El enorme motor de la Tornado tenía colector de aceite dentro del cárter, de apertura horizontal. También disponía de pistones de aleación para aligerar el conjunto, y válvulas de mayor tamaño para mejorar el rendimiento. Utilizaba una caja de cambios de tres velocidades con transmisión secundaria

Una motocicleta ligera de 269 cc de 1919, que se convirtió, probablemente, en el modelo de dos tiempos más famoso fabricado en los Estados Unidos.

La Cleveland tetracilíndrica de 600 cc. Este modelo de 1925 no fue un éxito, y la depresión económica obligó al cierre de la compañía.

por cadena, y horquilla de resortes, y el soporte la motocicleta se encontraba plegado en el extremo del bastidor rígido en el que se apoyaba el guardabarros trasero.

Sin embargo, la Tornado no tuvo tanto éxito como la Cleveland tetracilíndrica de 1925, a pesar de estar fabricada con componentes de gran calidad.

La razón fue que el rendimiento de la Tornado no logró estar a la altura de sus competidoras de cuatro cilindros y mayor capacidad procedentes de Ace y Henderson. La respuesta de Cleveland fue ir aumentando gradualmente la cilindrada de su modelo: primero a 737 cc y después hasta los 1.000 cc en 1926.

Lamentablemente, como ocurrió con muchas otras firmas americanas de la época, Cleveland no sobrevivió a los embates de la crisis económica de la Gran Depresión, y tuvo que cerrar tras la caída de Wall Street en 1929.

No hubo ninguna relación entre la Cleveland americana y la marca inglesa del mismo nombre que funcionó entre 1911 y 1924, y que fabricaba motocicletas monocilíndricas de 3,5 CV con motores Precision.

CLYNO

INGLATERRA 1909–1923

En este anuncio se presentaban dos modelos Clyno, una moto ligera monocilíndrica de dos tiempos y 2,5 CV, y una bicilíndrica en V de 8 CV con sidecar.

LOS PRIMOS FRANK Y AILWYN SMITH comenzaron fabricando poleas regulables para motores de motocicleta. Tenían su base en Thrapston, Northamptonshire e hicieron su presentación en la Stanley Show de finales de 1909, donde llevaron dos modelos: una monocilíndrica de 3 CV y una bicilíndrica en V de 6 CV, ambos con motores Stevens, transmisión a correa, sus propias poleas ajustables y horquillas elásticas. En 1910, Clyno trasladó sus talleres a la antigua fábrica de

Stevens en Pelma Street, en Wolverhmampton. En 1911, la bicilíndrica tenía la opción de dos velocidades y transmisión a correa, que se aumentó hasta cuatro velocidades en 1912 utilizando dos cadenas en la transmisión primaria. En 1913 sólo quedaba el bicilíndrico en V, con tres velocidades y transmisión a cadena, pero al año siguiente se le unió una motocicleta ligera de 269 cc y dos tiempos, con dos velocidades.

En 1915 hizo su fugaz aparición un modelo de dos tiempos y mayor capacidad: una segunda versión del bicilíndrico V, destinado al uso militar y diseñado para llevar una ametralladora.

Su fabricación continuó hasta 1916 y algunos unidades se exportaron a Rusia, seguidas de una segunda entrega con motor JAP y 8 CV.

En 1919 apareció un modelo bicilíndri-

co en V de dos tiempos y 925 cc, con suspensión trasera por muelle de ballesta, diseñado para utilizar con sidecar. Pero su producción se retrasó hasta 1922 debido a una reorganización financiera de la compañía. A finales del año siguiente, la empresa detuvo la producción de motocicletas para hacer sitio a sus cadenas de producción de coches.

Detalle de una Clyno bicilíndrica en V de 6 CV de 1912, con tres velocidades y transmisión totalmente a cadena. Era un modelo diseñado para usar con sidecar.

CM

ITALIA 1930–1957

LA MARCA CM TENÍA SU SEDE en Bolonia. Fue creada por el famoso piloto e ingeniero Mario Cavadagna, ayudado por Oreste Drusiani, hermano de Alfonso, creador de las FB Mondial de 125 cc que en los años cincuenta ganaron varias carreras de Grand Prix.

Cavedagna vendió la empresa en los años treinta. Los nuevos propietarios siguieron fabricando los modelos ohc con cilindradas de entre 173 y 496 cc y uno nuevo de 496 cc ohv monocilíndrico. Había también una 348 cc ohc de carreras que, pilotada por Guglielmo Sandri, alcanzó importantes éxitos.

Después de la Segunda Guerra Mundial, se seguían fabricando la 500 ohv monocilíndrica y una impresionante monocilíndrica de 250 cc con árbol de levas en el cárter accionado por cadena. A partir de 1944, apareció una nueva gama de monocilíndricas de dos tiempos de entre 123 y 173 cc.

En la Exposición de Milán de 1952, CM presentó una bicilíndrica en línea totalmente nueva, con 248 cc de capacidad y cilindros ligeramente inclinados. Esta deportiva demostró unas excelentes prestaciones, con una velocidad máxima de 128 km/h, lo que era una magnífica velocidad para una 250 de carretera.

Se fabricó también una versión limitada, especialmente preparada para aconteci-

En la Exposición de Milán de 1949, CM presentó una espectacular gama de motocicletas, algo que hoy día no podríamos esperar de una firma tan pequeña como aquella.

mientos como la carrera Milano-Taranto y el Giro d'Italia, que además estaba perfectamente equipada para competiciones en circuitos cortos. Durante la Milano-Taranto de 1956, CM logró una sexta posición general, además de vencer en las categorías de 125 y 250 para modelos de serie.

COBRA

ESTADOS UNIDOS AÑOS NOVENTA

LA PROPIA PUBLICIDAD DE COBRA resumía perfectamente las características de sus máquinas: «La primera y única motocicleta de cross fabricada en los Estados Unidos. Nuestros componentes son 98 por 100 fabricados en América, hemos ganado los Amateur National Championship desde 1994, y nuestro motores se diseñan y producen en nuestros propios talleres.»

El mercado elegido por la nueva firma de New Middletwon, Ohio, era en realidad una parcela más bien restringida: motocrós junior, o carreras para niños.

Pero se lanzaron sobre su objetivo con gran entusiasmo, originalidad y habilidad, lo que les llevó a cosechar el éxito. Si otros fabricantes hubieran aplicado la visión y diligencia de Cobra en lugar de clonar gigantescos modelos de Harley-Davidson, las motocicletas americanas podrían haber recuperado el lugar preeminente que disfrutaron durante unos años antes de la Primera Guerra Mundial.

El éxito de esta compañía se basó en dos modelos muy parecidos, la CM50 refrigerada por aire, y la King Cobra, con refrigeración líquida, ambas diseñadas para niños de siete y ocho años. Ambas eran motocicletas «reales», con bastidores tubulares endurecidos al cromo-molibdeno, pedal de arranque y componentes fabricados por la propia firma, como horquilla hidráulica delantera de 140 mm de recorrida en la CM50 y 230 mm en la King Cobra, amortiguadores hidráulicos con cámara neumática y depósito separado, etc.

Aunque las Cobras eran «juguetes» caros (2.775 dólares la CM50 y 3.350 dólares la King Cobra, en el 2000), y aunque la habilidad del piloto cuenta tanto como la propia moto, no hay duda de que un niño aficionado a las motocicletas puede recibir pocos regalos más deseables que éste.

COCKERELL

ALEMANIA 1919–1924

COMPARADA CON SU HETERODOXA motocicleta Megola, con su motor rotativo de cinco cilindros colocado en la rueda delantera, el modelo fabricado por Fritz Cockerell que llevaba su propio nombre era una máquina bastante convencional. Se fabricó en Munich duran-

Las motocicletas Cockerell tenían sus motores de dos tiempos colocados horizontalmente, de modo que prácticamente podían ocultarse por completo, como en un escúter, mientras que la línea seguía siendo la de una motocicleta.

El prototipo de Cockerell de 1927, con cuatro cilindros, refrigeración por agua, transmisión a cadena y horquilla de paralelogramos. Uno de los muchos diseños nacidos del ingenio de Fritz Cockerell.

te algunos años, y se utilizó un pequeño motor monocilíndrico de dos tiempos con varias capacidades: 110, 145 y 170 cc. con el cilindro colocado horizontalmente.

El diseño era el clásico de triple lumbrera en motores de dos tiempos, pero estaba fabricado con gran calidad técnica, al contrario que otros de aquellos años. El motor descansaba muy bajo en su bastidor de cuna provisto de horquilla de paralelogramos. La transmisión era sencilla, con una polea para la transmisión secundaria a correa. Ligeras y bien fabricadas, tuvieron mucho éxito en las competiciones alemanas, a las que se presentaban con motores refrigerados por agua. Cockerell vendió la firma a Abaco, de Nuremberg, en 1924, pero continuó diseñando motores de dos tiempos, que iban desde el más pequeño instalado en un cuadro de bicicleta hasta los grandes tetracilíndricos. Éste último tenía los cilindros dispuestos longitudinalmente a la marcha y transmisión secundaria por cadena, falso freno en la llanta de la rueda trasera y freno de tambor y horquillas de paralelogramos en la rueda delantera. Su capacidad era de unos 750 cc y se fabricó en 1927. También diseñó motores diesel y motores para coche.

COMET

ITALIA 1952–1957

A PESAR DE QUE ESTA MARCA con sede en Bolonia duró menos de cinco años, fue una de las compañías más innovadoras de su tiempo. «Uno de los modelos más interesantes que hemos visto», fue la crítica que la revista *Motor Cycling* hizo del modelo Moto Comet de 175 cc en su número dedicado a la Exposición de Milán de 1952. Diseñada por el legendario ingeniero de FB Mondial, Alfonso Drusiani, la tecnología de esta motocicleta despertó un gran interés.

El motor era bicilíndrico vertical, con cilindros y culata de aleación ligera, con distribución ohc accionada por cadena colocada entre los cilindros. La transmisión primaria era por cadena y la del árbol de levas, por engranajes. La caja de cambios de cuatro velocidades estaba integrada en el motor, y conectada al distribuidor. El magnífico diseño de este modelo técnicamente avanzado se completaba con una horquilla telescópica en la parte delantera y amortiguadores hidráulicos en la horquilla basculante de la rueda trasera.

En la Exposición de Milán de 1953 se presentó una versión deportiva de este modelo. En esa misma exposición, al año siguiente, la compañía lanzó un modelo Comet experimental de mayor cilindrada. La cuatro tiempos de 250 cc de Alfonso Drusani utilizaba el principio del carburador con válvula de corredera manual o campana y tres orificios. Disponía de tres cilindros, el principal en el centro y a cada lado uno de menor tamaño, con engranajes comunes para el cigüeñal.

También hubo una nueva Comet de 250 cc con motor bicilíndrico vertical, y una versión de competición monocilíndrica de 175 cc con distribución ohc y volante exterior.

En la Exposición de Milán de 1954, Comet presentó este modelo deportivo MT (Milano-Taranto) monocilíndrico ohc de 175 cc, diseñado por Alfonso Drusiani.

CONDOR

SUIZA 1901–AÑOS SETENTA

JUNTO CON MOTOSACOHE Y UNIVERSAL, Condor fue una de las grandes firmas en la industria motociclista suiza durante la primera mitad del siglo XX. Cuando Condor fabricó su primera motocicleta en 1901, la compañía, con sede en Courfaibre, ya estaba perfectamente asentada en la industria de las bicicletas. Su primera motocicleta fue un modelo ligero de 1,5 CV. Al principio, sus modelos utilizaban motores fabricados por otras firmas. Primero fueron motores Zedal.

Después llegaron otros monocilíndricos y bicilíndricos en V.

COLELLA
Italia (Roma) 1981- desconocida. «Mini-ciclomotor» de tan sólo 1.100 mm de longitud, que pesaba 37 kg y estaba propulsado por un motor de 49,9 cc de dos tiempos diseñado por la propia compañía.

COLIBRI
Austria 1952-1954. Este escúter austriaco llevaba un motor DKW de 123 cc.

COLIBRI
Alemania (Munich) alrededor de los años cincuenta. Esta firma fabricó un ciclomotor con el nombre de Colibrí.

COLIBRI
Suecia 1920. Firma de oscura historia cuyos modelos eran propulsados por motores de 96 cc y cuatro tiempos, diseñados por la propia firma.

COLOMB
Francia 1950-1954. Esta firma era una ensambladora de ciclomotores y motocicletas ligeras.

COLONIAL
Inglaterra (Nuneaton) 1911-1913. Esta firma fabricó unas cuantas motocicletas con sus propios motores monocilíndricos de dos tiempos y 450 cc.

COLUMBIA
Estados Unidos 1900-1905. Esta firma norteamericana instalaba motores monocilíndricos y bicilíndricos en V de Pope en bastidores muy simples basados en el cuadro de una bicicleta.

COLUMBIA
Francia 1922-1926. Fabricante de monocilíndricas con válvulas laterales y cilindradas de 198 y 250 cc.

COLUMBUS
Alemania (Oberursel-Frankfurt/Main) 1923-1924. Esta firma alemana fabricaba monocilíndricas ohv de 250 cc y bicilíndricas de 600 y 800 cc. También fabricó un ciclomotor de 49 cc ohv. La compañía cambió su nombre por el de Horex cuando fue absorbida por la fábrica Kleeman.

Durante la Segunda Guerra Mundial, Condor, como todos los demás fabricantes suizos de motocicletas, no vio interrumpida su producción por el conflicto que fuera de sus fronteras estallaba en toda Europa. Incluso se vio beneficiada por la guerra, pues cesaron las importaciones de modelos alemanes, italianos y franceses.

En 1947, Condor lanzó la EC580, la primera motocicleta que utilizaba un motor diseñado y fabricado en sus propias instalaciones. Era un bicilíndrico en V opuesto a la marcha, con válvulas laterales, 597 cc y transmisión secundaria por eje. Su capacidad no tardó en aumentarse hasta los 750 cc, y junto a las versiones civiles, aparecieron otras destinadas al ejército. En 1950, Condor presentó una bicilíndrica de dos tiempos y 349 cc, y en 1956 lanzó un prototipo con motor Masserati de 248 cc ohc y un solo cilindro. La A250, monocilíndrica ohc con transmisión por eje, llegó en 1959.

Aún más tarde, la compañía fabricó una 340 cc ohv con motor Ducati, que sería utilizada por la fuerzas armadas durante los siguientes veinte años.

La firma suiza Condor fabricó su primera motocicleta en 1901. Después pasaron a una amplia gama de modelos para uso tanto civil como militar.

CONFEDERATE MOTORCYCLES EE.UU. AÑOS NOVENTA

Las motocicletas Confederate (la de la foto es una Grey Ghost) tienen un aspecto muy característico que las aleja de muchos otros modelos inferiores inspirados en las Harley-Davidson.

AUNQUE RESULTA MUY IMPROBABLE, dicen que el logo de Confederate Motorcycles de Nueva Orleáns, Louisiana, trataba de imitar letra gótica tan admirada por los nazis. Los nombres de algunos de los colores de los modelos del 99 (Rebel Black, Combat Grey, Boold Red) pasan de lo sublime a lo más trivial con ejemplos como Candy Blue, y uno no puede dejar de suponer que nombres como Officer Yellow tienen que ser una broma de la época de Vietnam. En 2000, se añadieron otras nuevas opciones cromáticas, incluyendo los metalizados de múltiple capa. Los bastidores se pintan con pistola electrostática, a juego con el resto de la pintura, y tienen la típica distancia entre ejes de 165 cm, con un ángulo de inclinación de 30 °.

Como es habitual, el motor estándar es un S & S, de 113 pulgadas cúbicas, dos válvulas por cilindro, empujadores y, por supuesto, la potencia no se especifica. Con un diámetro de cilindro de 101,6 y una carrera de 114,3 mm, la verdadera cilindrada del modelo es de 1.853 cc. El motor se describe como «diseñado, fabricado y equilibrado a mano», lo que no debe extrañarnos a juzgar por algunas otras características del modelo.

La firma prometió para el 2000 un motor de «gran potencia», pero como nunca se ha especificado la potencia real de sus modelos, es difícil hacer comparaciones con máquinas anteriores. Aproximadamente, un motor de este tamaño y configuración debería desarrollar entre 80 y 90 CV. Lo que no se piensa muy a menudo, en cambio, es que cuando se prueban en el dinamómetro, no es raro que unas máquinas tan grandes y simples como estas pueden dar una potencia que varía hasta un 10 por 100 de un motor a otro. Estas variaciones dependen sobre todo del grado de temperatura y la humedad.

La transmisión primaria a la caja de cambios Andrews de 5 velocidades es por correa. La horquilla invertida es de Paioli; y aunque sólo hay un disco en el freno delantero, su diámetro es de 320 mm, con una superficie de frenado hecha de hierro dúctil, con una pinza de seis pistones. Los broches de presión son de acero niquelado o de acero inoxidable del utilizado en la industria aeronáutica. En los modelos del 2000, el depósito de la gasolina dejó de fabricarse en aleación ligera, y pasó a ser de fibra de carbono. Las ruedas delantera y trasera de 43 cm son de Marchesini, y los neumáticos radiales, de Pirelli. El tubo de escape es del tipo dos en uno con cámara de expansión; la distancia libre al suelo es de 16,6 cm. Aunque se afirma que las motocicletas Confederate estaban hechas, al contrario que las de algunas marcas rivales, para rodar, la limitada capacidad de sus depósitos (14,5 litros) sugiere que no muy lejos.

Los dos modelos, el NBF Hellcat y el REL America GT, se distinguen principalmente en el doble asiento de la última. Ambas pesan 227 kg en seco, con un peso máximo permitido de exactamente el doble. La Confederate, en opinión de algunos, es un impresionante clon de Harley-Davidson.

La Hellcat con asiento sólo para el piloto es una mezcla de línea retro con una ingeniería moderna, sobre todo en la horquilla, los frenos y otros componentes que afectan a la maniobrabilidad de la motocicleta.

CORGI

INGLATERRA 1948–1954

Dibujo de una Corgi, que estaba basada en un modelo de los años de la guerra, la Belbike, pero utilizaba un motor Excelsior en lugar del Villiers, ambos de 98 cc.

reposapiés plegables. No se le añadió arranque por pedal hasta 1948, junto con un sencillo embrague de dos uñas, que se accionaba abatiendo hacia arriba el apoyo del pie derecho. Ese año apareció el modelo con sidecar.

El año 1949 trajo la opción de dos velocidades y horquilla telescópica; ésta se hizo estándar en 1952.

Fue un máquina muy útil durante sus primeros años, pero los criterios cambiaban con rapidez. Dejó de fabricarse en 1954, con la llegada de los ciclomotores.

ESTA MÁQUINA SE DISEÑÓ a partir del modelo Welbike utilizado en la guerra por los paracaidistas que debían dispersarse rápidamente después del salto. Se trata de un modelo plegable fabricado por Excelsior con ruedas de radios de acero, motor Villiers de 98 cc, una sola velocidad y arranque por empuje.

Después de la Segunda Guerra Mundial, la Corgi se distinguió por usar un motor Excelsior Spryt de 98 cc. Anunciada por primera vez en 1946, llegó al público en 1948 con su motor montado en el bajísimo bastidor doble con horquilla rígida y transmisión por cadena. Tenía un pequeño depósito de gasolina, ruedas de plato, y manillar, asiento y

En su día, la Corgi ofrecía un medio de transporte sencillo pero práctico, hasta que los modelos fueron mejorando y aparecieron los ciclomotores.

COSSACK

URSS 1974–1977

EL NOMBRE COSSACK SE APLICÓ a una amplia gama de motocicletas soviéticas fabricadas por diferentes firmas y comercializadas en Gran Bretaña por la compañía Satra Belarus desde Byfleet, Surrey.

Los tres modelos que se ofrecían, en su intento por entrar en el lucrativo mercado británico, eran la Voskod, una monocilíndrica de 175 cc de dos tiempos y doble lumbrera de escape; la Jupi-

El nombre Cossack se utilizó para comercializar en el mundo occidental motocicletas soviéticas durante la década de los años setenta. En la fotografía, un modelo llamado Ural, con sidecar.

COLUMBUS
Estados Unidos 1960. Esta firma fabricó la Rocket, pequeño escúter con un motor monocilíndrico de 2,5 CV.

COM
Italia 1926-1928. Esta compañía fabricaba motocicletas ligeras con motores de 123 y 173 cc.

COMERY
Inglaterra (Nottingham) 1919-1922. Firma ensambladora inglesa que utilizaba motores Villiers y Blackburne.

COMESA
España 1957. La Comesa era una FB-Mondial fabricada bajo licencia.

COMET
Inglaterra (Londres) 1902-1907. Esta marca pionera se caracterizaba por utilizar motores Minerva y bastidores basados en los de BSA.

COMFORT
Italia (Milán) 1923-1927. Este ensamblador de gran calidad utilizaba motores Bradshaw ohv (más tarde Barr & Stroud) con cajas de cambios Sturmey y Archer.

COMMANDER
Inglaterra 1952-1953. La General Steel and Iron Company fabricó la Commander, un modelo indiscutiblemente feo estilo años treinta. Su motor Villiers de 99-123 cc estaba oculto bajo una carcasa cromada.

ter, fabricada por IZH, bicilíndrica de dos tiempos y 350 cc, y la Ural, bicilíndrica boxer ohv, basada en un anticuado diseño de BMW.

Bajo la supervisión el antiguo director comercial de Lambretta UK, Alan Kimber, Satra Belarus realizó un gran esfuerzo e invirtió una considerable cantidad de dinero en una campaña de publicidad con anuncios a toda página en casi todas las revistas de motocicletas del Reino Unido.

Pero Satra tuvo que enfrentarse a dos grandes problemas:

En primer lugar, sucedía que la tecnología de las motocicletas (igual que ocurría con el coche ruso Lada) estaba al menos dos décadas anticuada.

En segundo lugar, la capacidad de frenada de sus modelos era muy inferior a la de los modelos japoneses y europeos del momento, y esto en medio

de las condiciones del tráfico británico, cada vez más abarrotado. En un intento por cambiar las cosas, se mejoraron los forros de los frenos (todos los modelos tenían frenos de tambor) utilizando frenos de ferodo de fabricación británica. Incluso así, la frenada siguió siendo un problema de estas motocicletas.

En cuanto al problema de la tecnología anticuada, esto sólo era una ventaja en el mercado ruso, pues no sólo eran de peor calidad las carreteras rusas que las occidentales, sino que además era preciso que el propietario del vehículo fuera capaz de realizar él mismo pequeñas reparaciones, si era preciso, al borde mismo de la carretera.

Cuando Satra dejó su actividad comercial, una nueva compañía, Neval, se encargó de comercializar las motocicletas soviéticas en el Reino Unido.

La Ural utilizaba un motor basado en el bicilíndrico boxer ohv de BMW de antes de la guerra. Este modelo fue popular con sidecar.

COTTON

LA FIRMA COTTON TENÍA SU SEDE en Gloucester. En el período de entreguerras, los modelos de Cotton fueron famosos por su bastidor triangulado diseñado por Francis Willoughby Cotton, basado en un diseño de tubos rectos que se vio por primera vez hacia 1913.

Su experiencia como abogado sirvió a Cotton para evitar cualquier intento de sus rivales por copiar los diseños que hacían sus máquinas tan manejables. El bastidor estaba basado en cuatro tubos rectos que iban desde la pipa hasta la rueda trasera, un diseño que permitía la

colocación de casi cualquier motor, lo que daba a Cotton un gran margen de elección.

Los motores iban desde Villiers de 269 cc y dos tiempos hasta los de cuatro tiempos y gran cilindrada, con una variedad de transmisiones, dos o tres

velocidades y transmisión secundaria por correa.

Fue una Cotton 348 cc la motocicleta con que hizo su debut en TT Stanley Woods, y terminó en quinto lugar, incluso después de haber tenido numerosos problemas.

En 1923, la gama se amplió con una 247 cc de dos tiempos y otros modelos con distribución ohv o con válvulas laterales, todos ellos con caja de cambios Burman de dos o tres velocidades. La fama llegaría ese año, cuando Stanley Woods ganó su primera TT con una Cotton. En los dos años siguientes, las máquinas Cotton lograron numerosas victorias y, para remate, alcanzaron los tres primeros puestos en la categoría Lightweight de 1926.

Ahora que la marca se había hecho un lugar entre los mejores, el catálogo de Cotton se amplió y se hizo más variado, mejorando con el paso de los años y siguiendo las tendencias que iban apareciendo. Los motores venían de JAP y Blackburne principalmente, pero también utilizaban Villiers, Sturmey-Archer y Rudge. En 1930 llegaron los primeros depósitos colocados sobre el tubo superior en los modelos ohv, característica que se aplicó a la totalidad de la gama en 1932. Ese mismo año aparecieron dos nuevos modelos de 150 cc con motores Villiers y JAP.

El hecho de tener un catálogo variado que atendía a todos los sectores del mer-

Derek Huxley despega del suelo con una Cotton 250 cc durante la carrera de Fórmula III de 1978 celebrada en la isla de Man. Esta máquina tenía un motor Rotax.

cado, sirvió a Cotton para superar los tiempos difíciles de los años treinta. En 1937, todas las motocicletas salvo una, utilizaban motores JAP. Así llegó la compañía al final de la década, junto con una moto ligera con motor Villiers de 122 cc. Después de la Segunda Guerra Mundial, se mantuvo sin introducir modificaciones y con componentes tan anticuados como las horquillas de paralelogramos , que se mantuvieron hasta 1952. Pocas máquinas se fabricaron durante éste período de sequía, que terminó en 1954 cuando Pat Onions y Monty Denley se pusieron al frente de la compañía y cambiaron a los motores de dos tiempos.

La nueva gama utilizaba un variedad de motores Villiers, además de dos bicilíndricos de Anzani, y tenían nombre como Vulcan, Cotanza, Trials, Herald y Messenger, con cilindradas que iban desde los 197 hasta los 342 cc. En 1959, comenzaron a cerrarse ligeramente en su parte posterior, y todas ellas utilizaron horquillas de paralelogramos Armstrong. En los años sesenta llegaron las monocilíndricas con motores Villiers de 246 cc y nombre como Scrambles o Double Gloucester. En 1963, los motores utilizados en la Cobra y en la Telstar de carreras fueron Villiers Starmaker. Por entonces, la firma ponía el énfasis en los modelos deportivos y de competición, pero la variedad que ofrecía no

Una Cotton 350 cc de mediados de los años veinte. Se aprecia su bastidor triangulado que daba a la motocicleta una gran maniobrabilidad, con cualquier motor que se le colocase.

logró frenar el descenso de las ventas hasta 1968, en que Villiers dejó de fabricar motores.

Entonces Cotton volvió a los Minarelli de 170 cc, y ofreció toda una gama de modelos de competición, pero también utilizó motores del tipo Villiers fabricados por DMW. Después comenzó la colaboración con CCM y Armstrong, que llevó a la Cotton-EMC de carreras de 1979 (con motor Rotax) y a otros modelos de motocrós, hasta que finalmente sólo utilizaron Armstrongs, momento en que Cotton tuvo que cerrar.

En 1991, Fluff Brown realizó un intento por revivir la compañía, y desde entonces AJS Motorcycles, de Andover, Hampshire, ha fabricado réplicas de las Cotton de los años sesenta. Estas máquinas son la Cobra y la Telstar con motor Stamaker, y la Trials Special, con el mismo motor o un 37 A. Gracias al boom nostálgico de los años noventa, estas máquinas han tenido una gran demanda.

COVENTRY EAGLE INGLATERRA 1899–1940

CON SEDE EN COVENTRY, esta firma tenía sus orígenes en la industria de las bicicletas antes de pasarse a los triciclos a finales del siglo XIX. Sus productos solían estar formados por componentes comprados a otras firmas que después ensamblaban. Pero todas las piezas se escogían con gran cuidado, y el resultado era siempre satisfactorio. La primera gama incluía un modelo con motor MMC colgando del tubo inferior del bastidor. Durante los primeros años del siglo XX, Coventry Eagle ofreció una gama de monocilíndricas con bastidor de bucle, horquilla elástica y transmisión secundaria por cadena.

Durante algún tiempo, esto era todo lo que la firma podía ofrecer, pero en 1914, apareció una pequeña gama que utilizaba motores Villiers, JAP y Abingdon de varias cilindradas. Esto continuó después de la Primera Guerra Mundial con muchos cambios en la gama de monocilíndricas, bicilíndricas y mode-

Durante los años treinta, Coventry Eagle fabricó una serie de modelos Silent Superb que empleaban motores Villiers provistos de grandes y elegantes tubos de escape.

los con sidecar, aunque no se incluyeron motores de dos tiempos hasta después de 1925.

El modelo más conocido del período de posguerra se llamaba Flying Eight. Estaba desarrollado a partir del motor bicilíndrico en V con 976 cc que JAP fabricaba en 1923. En sus distintas formas, esta bicilíndrica deportiva se convirtió en una de las motocicletas más memorables, y podía encontrarse con motores JAP ohv o de válvulas laterales. Con los primeros y provista de caja de cambios Jardine, era el segundo modelo más caro del mercado.

La política de «solo cuatro tiempos» terminó en 1928 cuando la nueva gama de motores Villiers de 147 y 172 cc con doble lumbrera de escape aparecieron montados en un chasis de acero estampado, resultado de doce meses de intenso trabajo. Los bastidores hechos a partir de láminas de acero prensadas no eran raros en Europa en aquellos años, pero Coventry Eagle fue la primera gran compañía de Gran Bretaña en adoptar esta práctica, que tan buenos resultados le daría durante los diez años siguientes.

Pocos cambios en los bastidores llegaron con la serie de 1929 formada por cinco nuevos modelos, que traía motores Villiers de 196 cc y JAP de 197 con válvulas laterales. Dado que la Flying Eight seguía su ascenso imparable, la firma decidió lanzar una gama utilizando el mágico nombre: modelos que uti-

Desde comienzos de los años veinte, el mejor modelo de Coventry Eagle fue la Flying Eight. Este modelo de 1928 tenía un motor JAP bicilíndrico en V ohv de 976 cc.

lizaban motores JAP de 344 y 490 cc ohv y con doble lumbrera de escape, y que recibieron el nombre de Flying 350 y Flying 500. Ambas tenían un nuevo bastidor de cuna simple y horquilla de paralelogramos fabricada por Webb, las mismas que habían llevado todos los modelos de cuatro tiempos de 1929.

La mayor parte de la gama llegó hasta 1930, año en que se añadieron a ella nuevos modelos con cárter seco Sturmey-Archer, cilindros inclinados, capacidades de 348 y 495 cc, y bastidores tubulares convencionales.

Después de 1931, las bicilíndricas dejaron de fabricarse, y sólo quedaron los motores de dos tiempos, que continuaron en producción durante algunos años más. La serie Silent Superb tenía un sistema de esca-

pe grande y elegante. La más básica de estos modelos de dos tiempos era la Marvel de 98 cc. Otros nombres eran Wonder y Eclipse, la mayoría de ellas con bastidor de acero estampado.

Aunque las cuatro tiempos con motor JAP volvieron al catálogo de Coventry Eagle por una temporada o dos, la siguiente gran sorpresa de la firma fue la serie Pullman de 1936. Tenía un nuevo tipo de bastidor de acero estampado que ofrecía cierta protección y cerraba el conjunto del motor y la rueda trasera. La suspensión trasera funcionaba a base de amortiguadores de ballestas colocados en los lados del bastidor.

En 1937, la compañía reintrodujo las monocilíndricas de cuatro tiempos utilizando motores Matchless de tres cilindradas. Esta serie, junto con una gama variada de modelos de dos tiempos desde el pequeño autociclo hasta la Pullman, se las arreglaron para llegar al final de la década.

En 1940, la gama de la firma estaba muy recortada. Se fabricaron muy pocas máquinas antes de que la producción se detuviera por completo. Coventry Eagle no volvería a funcionar después de la Segunda Guerra Mundial.

En algunos modelos de la serie Flying Eight de Coventry Eagle se utilizaron motores con válvulas laterales. Este modelo de 1925 tiene tubo de escape dos en uno.

CRESCENT

SUECIA 1937–1974

Crescent estuvo asociado durante muchos años con NV, antes de convertirse en el grupo MCB (Monark Crescent Bolagen) en 1960. Esta F50 GLX es un modelo de 1964 con 50 cc.

DURANTE MUCHOS AÑOS, CRESCENT estuvo asociada con otra marca sueca, NV. Durante ese tiempo, los modelos de NV llevaban el logotipo de Crescent. Más tarde, en 1960, la rival Monark adquirió NV y Crescent para formar el grupo MCB (Monark Crecent Bolagen). Sería acertado comparar esa operación con la que dio lugar al grupo británico formado por AMC (Associated Motor Cycles) AJS y Matchless. Ambos grupos fabricaban modelos de marcas diferentes en las mismas instalaciones. En el caso de MCB, éstas estaban en la ciudad sueca de Varberg, en la costa oeste del país.

La Crescent más famosa y elegante fue la 500 de 1967, una tricilíndrica de dos tiempos. Su motor 498 cc (60 × 58,8 mm) estaba diseñado y fabricado por la propia Crescent y había sido pensado para uso marítimo, en su división de fuerabordas. Este fue uno de los primeros intentos de colocar un motor de barco en una motocicleta de carreras, idea copiada por Konig, de Berlín.

En su versión de competición, el motor Crescent tenía una potencia de 64 CV a 7.500 rpm. Los pistones eran ligeramente abovedados, y había tres lumbreras de transferencia en cada cilindro. La bomba de agua funcionaba accionada por correa desde el cigüeñal.

La estrella sueca del sidecar, Rudi Kurth y su pasajera inglesa Dane, tuvieron éxito con el modelo Cat-Crescent, y su mejor posición fue cuartos en el Gran Prix de Finlandia de 1973.

El grupo MCB dejó de fabricar motocicletas y triciclos a finales de 1974.

CROCKER

ESTADOS UNIDOS 1934–1941

ESTA MARCA FUE CREADA en Los Ángeles por Al Crocker, que después de haber pasado años dirigiendo agencias de la firma Indian, comenzó a fabricar bastidores de competición para los motores Indian en 1931. De ahí pasó a fabricar máquinas completas, cuyo primer ejemplo es una motocicleta de 500 cc ohv de estilo británico, que concluyó en 1933. La motocicleta funcionaba relativamente bien hasta que comenzó el dominio de los motores JAP, momento en que Crocker decidió probar la distribución ohc, pero no era el diseño más adecuado para modelos de carreras, y sus motocicletas sólo se fabricaron durante un par de años.

Después de este intento, Crocker se pasó a las motocicletas de carretera, y a comienzos de 1936 lanzó una bicilíndrica en V dirigida a lo más alto del mercado en todos los aspectos y fabricada enteramente a mano. En este modelo empleó distribución ohv, motor a 45°

En esta foto se aprecia la distribución de las válvulas en una Crocker bicilíndrica en V. Posteriormente, el sistema quedaría oculto al pasar de ohv a ohc, lo que mejoró su aspecto.

CORONA

Alemania (Brandenburgo) 1902-1924. Hasta 1907, Fahrradwerk & Metallindrustrie fabricaron motocicletas de poco interés con motores Zedel y Fafnir monocilíndricos y bicilíndricos en V de 2 y 2,5 CV, pero también se conocían por un modelo tándem. La siguiente serie (1922-1924) tenía motor monocilíndrico con válvulas laterales y 346 cc de dudosa procedencia, además de ofrecer bicilíndricas con motor BMW boxer de 493 cc.

CORONA-JUNIOR

Inglaterra 1919-1923. El monocilíndrico de dos tiempos y 450 cc de esta compañía se caracterizaba por la longitud de su carrera (100 mm).

CORRE

Francia (Neuilly) 1901-1910. Esta firma colocaba motores Peugeot, Zuercher y Zedel en sus máquinas. La firma es más conocida por sus automóviles.

CORYDON

Inglaterra (Croydon) 1904-1908. Los hermanos Bradbury fabricaron una monocilíndrica de 2,5 CV y bicilíndricas en V de 3 y 3,5 CV.

COSMOS

Suiza 1904-1907. Esta firma fabricaba bastidores parecidos a cuadros de bicicleta en los que luego se colocaban motores Zedel y Fafnir.

COTTEREAU

Francia (Dijon) 1903-1909. Cottereau era más conocida por sus automóviles, aunque también fabricaron motocicletas con motores propios y otros de Minerva y Peugeot.

COULSON

Inglaterra Londres (después Birmingham) 1919-1924. También conocida como Coulson-B, esta firma fabricaba motocicletas con motores Blackburne de 347 y 497 cc. Más tarde, emplearon motores de dos cilindros JAP de 497 cc y distribución ohv. Finalmente, un Bradshaw de 346 cc refrigerado por aceite.

con transmisión primaria por engranajes a la caja de cambios de tres velocidades, bastidor tubular, horquilla de paralelogramos, ruedas de radios de acero y frenos de tambor. El depósito era de aluminio.

El lugar preeminente de Crocker en la gama alta del mercado duró poco, pues ese mismo año apareció la Knuckleahead de Harley-Davidson, que ofrecía lo mismo pero con cuatro velocidades y a un precio más asequible. Crocker

todavía contaba con alguna baza. Trató de jugar con la capacidad del motor, aumentando tanto el diámetro como la carrera del cilindro, que pasó de 61 a 81 pulgadas cuadradas. Pero la producción era muy reducida debido al

alto precio, y el proyecto fue un fracaso económico.

Todo terminó en 1941, después del lanzamiento de su último modelo, la Scootabout, cuya producción también fue muy limitada.

CSA

ESTADOS UNIDOS 2000

ES DISCUTIBLE SI CSA DEBERÍA o no considerarse independiente de Confederate Motorcycles, pero se concibió como una «segunda línea» de Confederate, de igual calidad, pero distinto precio.

Al comienzo sólo hubo dos modelos, y su precio era de 19.800 dólares. Para el año 2000, se pensó en un lote de producción de 500 unidades. Ambos modelos se anunciaban con el eslogan «cualquier color que usted desee, con tal de que sea negro».

El motor era de la firma S & S, de características similares a las de los modelos Confederate, pero sólo de 100 pulgadas cúbicas, en lugar de 113. El motor cuadrado de 101,6 mm desplaza un volumen real de 1.647 cc. Muchos otros componentes eran parecidos a los de los modelos originales: horquillas invertidas Paioli, caja de cambios Andrews de cinco velocidades, etc. El peso de la PLC Wildcat se rebajó en 13,6 kg, quedando en 214 kg,

mientras que conserva su capacidad de carga de 227 kg.

Según criterios europeos, sigue sin ser una motocicleta ligera, pero no está nada mal para una máquina con un motor tan grande.

El otro modelo, la JPB Confederado, tiene el mismo peso que los primeros modelos, es decir, 227 kg, pero su capacidad de carga se ha aumentado hasta la impresionante cifra de 318 kg. Para frenar esta máquina, doble disco

delantero de 220 mm hechos de hierro dúctil, con pinzas de cuatro pistones.

En lugar de las ruedas Marchinesi de 43 cm con neumáticos Pirelli que montan los modelos Wildcat y Confederate, la Confederado tiene rueda de radios de acero inoxidable y llantas de aleación ligera y neumáticos radiales Avon, 40 cm en la rueda delantera y 38 cm en la trasera. El depósito de gasolina sólo tiene capacidad para unos modestos 15 litros.

CURTISS

ESTADOS UNIDOS 1902–1912

CON SEDE EN HAMMONDSPORT, New York, esta marca fue creada por Clen Curtiss, famoso pionero de la aviación que fabricó motores con uno, dos, tres y hasta ocho cilindros, este último, para un avión experimental. Su compañía comenzó con monocilíndricas fabricadas a la antigua usanza, con transmisión directa, horquilla con tirantes y válvula de admisión automática. Estas primitivas máquinas fueron las únicas rivales que encontró la firma Indian. En 1904, se unió a estas monocilíndricas una bicilíndrica en V de 60° con cilindrada de 42 pulgadas. El propio Curtiss pilotó una versión de

La famosa Curtiss V-8 con transmisión directa por eje, que se decía que alcanzaba los 220 km/h.

Primer plano del sorprendente motor de la Curtiss V-8. La motocicleta tenía que ser remolcada a 64 km/h para poder arrancar el motor.

carreras de este modelo, con el que batió un récord en Ormond Beach, Florida, al recorrer 16 km a más de 107 km/h. Ese año, sus modelos incorporaron puño giratorio, lo que era un avance sobre las Indian.

En 1905, Curtiss presentó una monocilíndrica vertical de 21 pulgadas en un bastidor de rombo y una bicilíndrica en V de 42 pulgadas en un batidor de bucle, ambos motores con válvula de admisión sobre la culata y la de escape en el lateral. En 1907, Curtiss pilotó una versión puesta a punto de la bicilíndrica, logrando alcanzar una velocidad de

124 km/h, pero tuvo que ser remolcada hasta los 64 km/h para poder arrancarla. Se dice que en la distancia de la milla

logró los 219 km/h, pero esta velocidad nunca fue reconocida como récord, ya que la máquina sólo corría en una dirección. En otro intento, la junta cardánica se rompió y la potencia del motor dobló el bastidor.

El diseño en F, con una válvula en la culata y la otra en el bloque, siguió utilizándose en las Curtiss, y la bicilíndrica en V tenía la peculiaridad de que los árboles de levas estaban desplazados con respecto a los cilindros: uno estaba por delante del cilindro delantero, el otro, detrás del trasero. Este motor, y gran parte de la máquina, también se comercializó con el nombre Geer, una marca que ponía su distintivo en modelos fabricados por otras sin alterar apenas elemento alguno. En 1909, Curtiss fabricó una tricilíndrica de enorme capacidad (más de 100 pulgadas cúbicas), con el cilindro central en posición vertical y los otros dos inclinados hacia delante y hacia atrás. Se aseguraba que este monstruo con transmisión por correa podía alcanzar los 141 km/h con su bastidor rígido y horquilla de paralelogramos. Desde 1910, los modelos de carretera se comercializaron también con el nombre Marvel, de la misma ciudad de Nueva York, con anuncios donde se destacaba el hecho de utilizar motores Curtiss. En 1912, la marca Curtiss desapareció del mercado de las motocicletas cuando Glenn volvió su atención hacia el campo de la aeronáutica, donde se había hecho mundialmente famoso.

CUSHMAN ESTADOS UNIDOS 1936–1965

ANTES DE 1937, el principal ámbito de actividad de esta firma con sede en Lincoln, Nebraska era la fabricación del motor Husky, con válvulas laterales, para aplicaciones industriales. Por entonces, comenzaba a cobrar fuerza en los Estados Unidos la idea del escúter como medio de transporte de dos ruedos, lo que movió a Cushman a participar en este negocio utilizando para ello su motor Husky. Su modelo Auto-Glide estuvo en fabricación hasta la Segunda Guerra Mundial, y durante el conflicto, estas máquinas se suministraron al ejército y fueron empleadas en acción por los paracaidistas. El *boom* de los escúter que se produjo después de la guerra hizo prosperar a Cushman, pero igual que otras muchas marcas occidentales, Cushman encontró imposible competir con la fabricación en serie de los rivales japoneses, modelos como la Honda 50 Cub, provista de grandes ruedas. Por eso, Cushman decidió cambiar de terreno y dedicarse a fabricar buggies de golf.

Mientras que las Vespas de comienzos de los años sesenta representaban el modelo más elegante de escúter clásico, los modelos que Cushman presentaba a finales de los años treinta eran insólitamente cómicos, cuando no descaradamente austeros. La fabricación de estos proto-escúter comenzó en 1937. El bastidor básico del Auto-Glide era de acero con perfil en U, mientras que el motor era una sencilla unidad Husky con válvulas laterales. No disfrutaba de los beneficios de suspensión alguna ni de caja de cambios.

Como era costumbre, el acelerador estaba controlado por un puño giratorio, mientras que el embrague y freno trasero funcionaban con pedal. El motor quedaba expuesto en un lado de la carrocería, con la palanca de arranque

El modelo Eagle de Cushman, de 1958, representaba una alternativa en la locura americana por los escúter que se produjo a mediados de los años cincuenta. Tenía el diseño de una motocicleta, pero sus diminutas ruedas eran más propias de un escúter.

sobresaliendo por un lado. No disponía de freno delantero.

Cushman siguió produciendo escúter durante toda la Segunda Guerra Mundial; muchos de ellos fueron a parar a las fuerzas armadas de los Estados Unidos, aunque la mayor parte de la producción estuvo destinada al mercado civil.

La serie 30 apareció en 1942, seguida de la 32 en 1945.

Este modelo tenía horquilla delantera elástica y el sistema Floating Drive, que consistía en un sistema automático de embrague y transmisión. Aunque se trataba todavía de una máquina realmente rudimentaria, su chasis rediseñado incorporaba un compartimiento para el equipaje, y luces delante y detrás en la versión estándar. El motor de 244 cc de la Auto-Glide 32 quedaba oculto tras un panel de persiana.

Su capacidad se fue aumentando hasta 246 cc, lo que le daba unas prestaciones muy altas. Más tarde, en 1946, la serie 50 reemplazó a la serie 30.

Estaba de moda entre la fraternidad británica mod de comienzos de los años sesenta despojar de todo aditamento a los populares modelos italianos, como reacción contra los adornos cromados. Una vez desnudos, nada se parecía tanto a estos modelos como la Cushman Highlander.

Cushman había ofrecido una versión desnuda de su Auto-Glide al ejército de los Estados Unidos durante la Segunda Guerra Mundial para ser utilizada por

los paracaidistas tras las invasiones aéreas.

Cuando volvió la paz, Cushman siguió fabricando este modelo para el mercado civil. Estaba basado en la Auto-Glide convencional, pero sin el chasis, y el asiento y el depósito de la gasolina estaban montados en la sencilla estructura tubular.

A partir de 1949, este modelo se conoció como Highlander, y posteriormente se le añadió una horquilla delantera de paralelogramos nada bastante peculiar.

Entre las modas que recorrieron los Estados Unidos durante los años cincuenta estuvo la de las motocicletas con ruedas pequeñas.

Estas máquinas combinaban las ruedas pequeñas y los motores de los escúter con algunos elementos de las «chopper». Los principales defensores de esta moda fueron la Mustang y la Powell A-V-8, mientras que el modelo Cushman, de aire bastante casero, recibió el nombre de Eagle.

Este modelo se presentó en 1949 y, sorprendentemente, se vendió tan bien que la producción de este cacharro, por lo demás bastante básico, duró hasta 1965.

La Cushman Eagle estaba propulsada por un motor de 319 cc y 8 CV, con transmisión de dos velocidades. Este modelo tan básico se fabricó desde 1949 hasta 1965.

CWS

POLONIA 1929–1939

LA CWS M III ES UNO de los grandes proyectos de la historia que fue destruido por la invasión nazi de la Europa del este.

El impulso del diseño procedía del ejército, que ofreció un premio de 4.200 zloty por una máquina que pudiera usarse en carretera y campo, y a la que también pudiera añadirse un sidecar. El nombre M III fue, al parecer, una pequeña exageración, pues el original no fue más que un prototipo insustancial, igual

que la segunda versión, aunque hubiera sido una máquina ideal para un país en proceso de rápida industrialización y recientemente independizado.

El motor bicilíndrico en V calado a 45° desalojaba un volumen total de 995,4 cc, con una relación de compresión de tan sólo 5:1, de modo que casi podía funcionar con jarabe para la tos. El motor, el pesado bastidor tubular y la mayor parte de sus componentes estaban fabricados en Polonia, aunque unos cuantos elementos, como el sistema eléctrico Bosch fueron adquiridos fuera. La máquina desarrollaba una potencia de entre 20 y 22 CV a 4.000 rpm, pero su curva de potencia plana significaba que incluso a 3.000 rpm podía disponer de 18 CV. El arranque estaba diseñado pensando en los gélidos inviernos.

Esta M55 de 1929 parece haber sido uno de los prototipos que precedieron a la M III antes mencionada. Se cree que el gran motor bicilíndrico en V era similar a éste.

de Polonia. Al parecer, era comparativamente sencillo, incluso a una temperatura de –39º. Otra cosa es encontrar a alguien capaz de pilotar una motocicleta a esa temperatura.

A partir de la limitada información disponible, parece que los controles eran del tipo Indian, con el acelerador a la izquierda y un sistema mecánico de avance-retardo del encendido en el lado derecho. Ambas ruedas tenían frenos de tambor, incluida la del sidecar. Había también un freno de estacionamiento. El acabado de fábrica era negro con detalles en oro y crema, o caqui con líneas en color oro, aunque el ejército, que compró la mayor parte de la producción, volvió a pintarlas con colores de camuflaje.

La transmisión primaria era por medio de engranajes y tremendamente robusta, con un embrague multidisco, cinco discos de acero y seis de cobreamiento, accionado por un pedal en el lado izquierdo y una caja de cambios de tres velocidades a la derecha. La transmisión secundaria era a cadena. Esta imponente máquina pesaba 270 kg en versión sin sidecar. Con sidecar, su peso era de 375 kg, es decir, un diez por ciento más ligera que la legendaria BMW R75, pero también con un diez por ciento menos de potencia. Esta comparación resulta particularmente útil ya que desde 1938 en adelante se realizaron experimentos llevando la transmisión hasta la rueda del sidecar,

aunque los prototipos nunca llegaron a las cadenas de fabricación. La velocidad máxima de este modelo era de unos 100 km/h, un poco mayor que la de la BMW.

El ejército polaco calculó que era superior a la de las máquinas americanas que habían estado utilizando hasta que CWS comenzó a fabricar; fuentes independientes afirman que su opinión no se debía a una cuestión de patriotismo. Entre 1933 y 1939, se fabricaron unas 3.400 máquinas, pero cuando los alemanes y los rusos destruyeron la mayor parte de la industria polaca durante la Segunda Guerra Mundial, la CWS M III fue, inevitablemente, una de las bajas.

CYCLEMASTER

INGLATERRA 1950–1960

ESTE COMPONENTE SE VENDIÓ como una rueda trasera completa, que podía intercambiarse con una rueda de bicicleta convencional. Lo fabricó EMI en Hayes, Middlesex, a partir de un diseño holandés, y constaba de un gran cubo central al que iban unidos el resto de los componentes.

El motor era de dos tiempos, de 25 cc, con válvulas de disco. El cigüeñal estaba unido por medio de cadena al embrague, y éste a su vez al cubo de la rueda, también mediante cadena. El depósito de la gasolina estaba colocado por encima del motor, detrás de él, formando un conjunto compacto.

En 1952, la capacidad del motor se aumentó hasta los 32 cc, y al año siguiente, la firma ofreció una máquina completa, la Roundsman, diseñada para ser utilizada como vehículo de reparto, y provista de una gran cesta colgada de la rueda delantera.

En 1955, la compañía se trasladó a Chertsey, en Surrey. Una vez en su nuevo emplazamiento, decidieron ir un paso más allá, fabricando la Cyclemate, con el motor delante de la pipa de dirección de una bicicleta Norman. A pesar de estar obsoleto, este motor gozó de gran popularidad y se vendió hasta 1958. El modelo Cyclemate también fue muy bien recibido, y se vendió hasta dos años después, 1960.

Cuatro años antes, en 1956, la firma lanzó el escúter Piatti, que tenía un

motor de dos tiempos y 124 cc, con tres velocidades e integrado en la rueda trasera, con la instalación articulada, lo proporcionaba la suspensión trasera. El bastidor estaba hecho de acero estampado, con un chasis envolvente que ocultaba los mecanismos, de tal manera que, para su mantenimiento, era necesario tumbar la máquina de lado. Con todo, el modelo no se vendió bien, y sólo estuvo en catálogo hasta 1958.

La rueda Cyclemaster reemplazaba a la rueda convencional de la bicicleta para proporcionar una transmisión con un motor de 25 cc, más tarde de 32 cc, dos tiempos, embrague y dos cadenas de transmisión.

CYCLONE

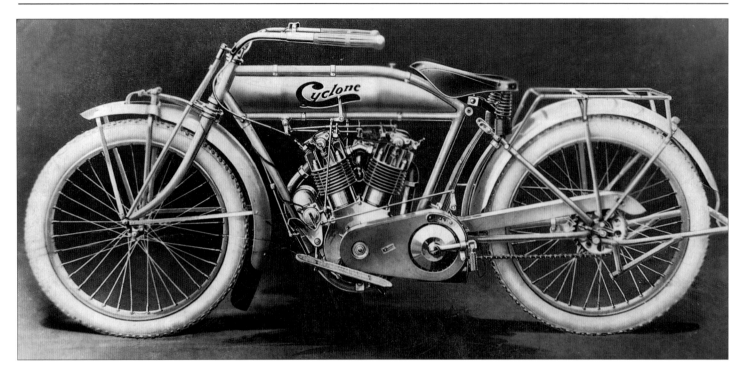

CON EL ACABADO SIEMPRE en color amarillo, la Cyclone sólo se fabricó durante tres años, pero era una de las máquinas más adelantadas de su tiempo. En la fabricación de su motor se utilizaron técnicas poco conocidas durante varios años, y sus modelos de carretera contaban ya con suspensión en la rueda trasera por medio de un mono-amortiguador de ballesta. El motor bicilíndrico en V tenía una capacidad de 61 pulgadas cúbicas, con distribución ohc accionada por eje y engranajes cónicos, igual que la magneto, en una época en que lo corriente eran los motores con diseño en F. Todos sus componentes eran de la mejor calidad. Rodamientos de bolas y de rodillos, volantes forjados de una pieza o culatas con espigas de tubo son sólo algunos ejemplos de la avanzada tecnología de esta máquina.

Una Cyclone de 1914. Esta máquina era propulsada por un motor de 996 cc. Al principio, la firma tuvo éxito en las pistas de carreras, pero fue quedando relegada con la llegada de nuevas marcas al mercado.

Perfil de la avanzada Cyclone, con su gran motor bicilíndrico en V ohc, transmisión enteramente a cadena, bastidor de bucle y suspensión en ambas ruedas.

El bastidor de bucle provisto de horquilla de paralelogramos aloja el motor, unido por cadena a un eje intermedio, del que partía otra cadena hasta la rueda trasera, de modo que se trataba de un modelo con una sola velocidad. En versiones para carreras de campo, el modelo no disponía de suspensión, y la transmisión era directa a la rueda trasera. Las versiones de competición en carretera era muy rápidas, capaces en 1914 de completar vueltas a 177 km/h en circuitos peraltados. Incluso en las pistas ovaladas de tierra, llegaron a registrar velocidades de 144 km/h.

Un diseño tan complejo tendía a sufrir multitud de pequeños problemas técnicos que limitaban sus posibilidades de éxito, pero estas motocicletas eran capaces de plantar cara a los mejores modelos del momento. La producción se interrumpió después de 1915.

CZ

ESTA FIRMA FUE FUNDADA en 1922 en Strakonice, Bohemia, después de la Primera Guerra Mundial. Por entonces, estaba dedicada a la fabricación de armamento. Su nombre tomó las inicia-

les de Cesk-Zbrojovka, que significa «armas checas». Sin embargo, no fue hasta 1932 cuando la compañía comenzó la producción de motocicletas. En 1945, esta firma y la Jawa fueron nacio-

nalizadas, momento en que se fusionaron, aunque ambas conservaron su propio logo.

La primera CZ fue poco más que una clip-on, es decir, un motor monta-

do con abrazaderas en el cuadro de una bicicleta convencional. Su motor tenía 60 cc, dos tiempos y estaba sujeto en la horquilla delantera, con transmisión directa a la rueda. Pronto fue sustituida

por un modelo de mayor tamaño con 76 cc y el motor instalado en un cuadro de bicicleta modificado, con transmisión a cadena, arranque a pedales y horquilla delantera de paralelogramos muy ligera. Para darle un poco más de potencia en las cuestas, se amplió su capacidad a 98 cc, y posteriormente se incorporó una caja de cambios de tres velocidades.

En 1934, CZ pasó a fabricar un modelo monocilíndrico de 175 cc, con dos tiempos y caja de cambios de tres velocidades, con bastidor de acero estampado y horquillas de paralelogramos deformables. Este modelo fue la base para sus posteriores motocicletas de carretera.

El primer modelo fue en seguida acompañado de toda una gama, primero con motores monocilíndricos de 250 cc, y después con bicilíndricos de 175 cc, cuatro velocidades y cambio en el pedal. Después de éstos, llegaron un monocilíndrico de 350 cc, al que pronto se incorporó un sidecar.

La fábrica resultó muy dañada durante la Segunda Guerra Mundial, pero en 1946 CZ reanudó su producción con sus modelos de 175 y 250 cc, además de un nuevo modelo de 125 cc con diseño totalmente novedoso. El diámetro y la

Entre los modelos de la gama CZ de los años setenta estaba esta bicilíndrica de dos tiempos y 250 cc, muy parecida a la 175 cc monocilíndrica, con caja de cambios integrada y suspensión moderna.

Esta primitiva CZ tenía un pequeño motor colocado en un cuadro de bicicleta modificado con horquilla ligera y transmisión simple. Esta clase de máquina ofrecía un medio de transporte barato y sencillo.

carrera del cilindro eran los mismos, la culata estaba hecha de aluminio, y diseño del motor unitario, con volante, magneto y caja de cambios incorporada en el motor. Utilizaba dos tubos de escape, y el pedal del cambio y el de arranque, con ejes concéntricos, se encontraban en el lado izquierdo de la moto.

Poco después, la firma comenzó a labrarse un nombre en el mundo de la competición, y el equipo de 125 cc levantó la copa de subcampeones en los ISDT de 1947, donde el primer puesto fue para el equipo checo de Jawa. CZ volvió a levantar la copa en 1949 y en varias ocasiones más durante los años cincuenta, lo que animó a la firma a dar un paso en el campo del motocrós, donde no tardó en ganar varios campeonatos del mundo en las clases 250 y 500 en la década de 1960.

CZ tampoco era desconocida en las pruebas sobre asfalto, donde sus monocilíndricas de cuatro tiempos con uno o dos cigüeñales se vieron por vez primera a finales de los años treinta, y continuaron corriendo durante los años cincuenta y los sesenta, aunque no lograron los mismos éxitos que en tierra, pues el liderazgo era claramente de las marcas italianas. Los modelos con que participaron fueron una bicilíndrica de 125 cc y una monocilíndrica de 350 cc, pero su motor más complejo fue el de una tetracilíndrica en V de 350 cc con doble árbol de levas en culata y 16 válvulas. A pesar del esfuerzo que se puso en este proyecto, el modelo nunca llegó a las líneas de producción en serie, y fue reti-

CSEPEL
Hungría (Csepel) 1932-1951. Los motores de dos tiempos y 98, 123 y 146 cc fabricados por la propia firma propulsaban estas motocicletas salidas de la acería Manfred Weiss. En 1951, el nombre Csepel desapareció de los modelos, que en adelante llevaron el logo de Panmonia y Danuvia.

CUB
Estados Unidos años cincuenta. Pequeño escúter automático de dos velocidades que apenas alcanzaba los 40 km/h.

CUDELL
Alemania 1898-1905. Estas máquinas pioneras estaban propulsadas por motores De Dion Bouton de 402 y 510 cc.

CURWY (CURSY)
Alemania (Frankfurt a. d. Oder) 1923-1931. Serie de mediocres monocilíndricas ohv y de válvulas laterales con cilindradas de 350 y 498 cc, además de un modelo ohc de 348 cc. El nombre inicial cambió a Cursy en 1927.

CYC-AUTO
Inglaterra (Londres) 1934-1956. Autociclo con motor Scott de dos tiempos y 98 cc. La Bantamoto de 1956 era un ciclomotor de dos tiempos y 38 cc.

CYCLE-SCOOT
Estados Unidos (Nueva Jersey) 1953-1955. Escúter con motor de cuatro tiempos y 2,5 CV.

CYCLE-STAR
Holanda (Rotterdam) 1953. Este ciclomotor tenía un motor de dos tiempos y 38 cc montado debajo de los pedales, y transmisión por fricción a la rueda trasera.

A lo largo de los años, CZ ha mostrado una variada gama de modelos de motocrós, desde 125 hasta 400 cc. La compañía se aprovechó de su experiencia en este terreno, donde había ganado varios títulos mundiales.

rado en 1972. Mientras tanto, la firma continuó fabricando su gama de sencillos modelos de carretera, todos ellos de dos tiempos y cilindradas de 175 y 250 cc, un bicilíndrico de 350 cc y más tarde una 125.

Se mantuvieron firmes al diseño de los primeros años de posguerra, con motor unitario, horquilla telescópica y, con el tiempo, suspensión trasera por horquilla basculante.

Una peculiaridad fue la adopción de un único pedal tanto para el arranque de la moto como para el cambio de marchas.

Para el arranque, se elevaba hasta la posición habitual; para el cambio de marchas, volvía a su posición horizontal. Además, al accionar la palanca de cambios, también se accionaba el em-

brague, de modo que la palanca manual no hacía falta para cambiar. Este sistema obligaba al piloto a adaptarse, y además, el uso combinado hacía que la palanca fuera un poco dura para el cambio de marchas, aunque ideal para arrancar.

En 1946 se terminó el diseño de un escúter. A las primeras versiones se unió después, en 1958, la Cezeta, que utilizaba motor de 175 cc. Durante los años setenta, se añadieron a la gama versiones de motocrós y enduro basadas en los

modelos de carretera, y estas máquinas se vieron muy beneficiadas por la experiencia en los ISDT. A partir de este proyecto nacieron modelos trail y también ciclomotores.

La línea básica de monocilíndricas de 125, 175 y 250 cc no cambió mucho su diseño a lo largo de los años, por lo que el tiempo les fue dando una aire tradicional.

Llegó después la 350 cc bicilíndrica, pero finalmente gran parte de la gama adoptó el logotipo Jawa y dejaron de fabricarse en el característico estilo CZ, a pesar de que la compañía seguía manteniendo el nombre Jawa-CZ.

Las máquinas CZ eran sencillas, fiables y muy prácticas. No ofrecían grandes sensaciones al piloto, salvo en las versiones de competición, pero cosecharon numerosos éxitos *off-road* y

Cagiva adquirió CZ en 1993 y resultado de la absorción fue este modelo. Es, sin duda, una máquina Cagiva, nacida en la extensa gama de la firma italiana, con el logo de CZ.

mostraron interesantes innovaciones en la pista de carreras. Durante 1993, el grupo italiano Cagiva compró una participación mayoritaria en CZ y siguió fabricando la 125 y un modelo mayor, la 180 cc monocilíndrica durante algunos años, hasta que la producción se interrumpió definitivamente.

Durante los años treinta, CZ volvió al uso de bastidores de acero estampado y horquillas parecidas a las de otras firmas europeas. La de la foto es un modelo de 350 cc de 1939.

CZ175 1976

Este modelo básico se mantuvo en producción durante muchos años, pues sus orígenes se remontan a antes de la guerra. Su línea actual apareció en 1946 como una 125 cc, cilindrada que pronto cambió a 150 cc, luego a 175 y aun más. En la versión 175 también se fabricaba para la modalidad de enduro.

La 175 monocilíndrica tenía un sencillo motor de dos tiempos con caja de cambios de cuatro velocidades integra-

Durante muchos años, el modelo básico de CZ fue esta 175 (en la foto, un modelo de los años ochenta), que también ofrecía motor de 125 cc. Ofrecía un medio de transporte barato.

da en el motor y el pedal de dos usos. Conservó el mismo diámetro de cilindro y carrera a lo largo de sus años de vida, con cilindro de hierro fundido y culata de aleación ligera. Con el tiempo, se le incorporó lubricación por bomba de aceite. El carburador estaba detrás del cuerpo del cilindro, alimentado con un filtro de aire, y el escape se curvaba hacia abajo por el lado izquierdo, terminando en un largo silenciador.

El conjunto del motor esta alojado en un bastidor tubular con horquilla telescópica en la rueda delantera y horquilla basculante en la trasera, ruedas de radios de acero, frenos de tambor y llantas de aleación, dependiendo esto último del año

de fabricación. Una de sus ventajas fue la utilización de una carcasa para la cadena de la transmisión secundaria, que así quedaba protegida de las inclemencias del tiempo. En los años setenta, se añadieron intermitentes a la CZ175, además de equipo eléctrico completo. Se convirtió en una motocicleta sencilla de uso doméstico.

Motor: monocilíndrico vertical, dos tiempos, 172cc (58 × 65 mm), refrigeración por aire
Potencia: 15 CV a 5.600 rpm
Caja de cambios: integrada, 4 vel., pedal
Transmisión secundaria: cadena encerrada en carcasa
Peso: 112 kg
Velocidad máxima: 115 km/h

CYCLETTE
Francia años veinte. Autociclo con motor de 91 cc, en dos versiones: la convencional (Gentlemen's) y la de bastidor abierto (Ladies').

CYCLEX
Francia 1946. Motociclos, uno de 48 cc con un peso de 10 kg, y el otro un bicilíndrico de 98 cc de 16 kg de peso.

CYCLOLUX
Francia años cincuenta. Se trata de un ciclomotor con un motor de 49 cc, transmisión por fricción y dos tiempos.

CYCLON
Alemania 1901-1905. Después de unos años fabricando motocicletas con motores De Dion-Bouton, Werner y Zedel, esta firma se pasó a los triciclos (el Cyclonette).

CYCLONETTE
Bélgica 1958-finales de los años sesenta. Esta máquinas eran en realidad ciclomotores con motor Zundapp de 49 cc.

CYCLOP
Alemania 1922-1925. Esta firma ensambladora alemana utilizó una gran variedad de motores de dos y cuatro tiempos de diversos, y a menudo oscuros, orígenes, como Kurier, Bubi, Teco y Namapa entre otros.

CYCLOTRACTEUR
Francia 1918-1922. Pionero ciclomotor de 100 cc que probablemente fue uno de los últimos en utilizar un motor con válvula de admisión automática. El motor estaba montado encima de la rueda delantera, y la transmisión era por fricción.

CYKELAID
Inglaterra 1919-1926. Se trata de un motor de dos tiempos y 131 cc montado sobre la rueda delantera. La transmisión era a cadena. La misma firma también fabricaba motocicletas completas.

CYMOTA
Inglaterra 1950. Motor de 45 cc completamente cerrado que se montaba sobre la rueda trasera. La transmisión era por fricción.

CYRUS
Holanda (Vento) 1952-1971. Ciclomotor con bastidor de acero prensado y diversos motores, como Anker, Fichtel y Sachs, Ilo y Villiers. Otras fuentes dicen que empezó en 1931.

DAELIM

JAPÓN NO FUE EL ÚNICO PAÍS asiático que fabricó motocicletas después de la guerra, aunque casi siempre han sido los japoneses quienes han dado el primer paso y han proporcionado la tecnología necesaria. Los trabajos de premontaje para Japón se han realizado en todo el sureste asiático, y las filiales a menudo eran empresas que vendían al mercado nacional los productos japoneses.

Una de tales compañías era Daelim, que fabricaba sus propias máquinas, todas motocicletas ligeras, principalmente monocilíndricas de dos tiempos con caja de cambios integrada en el motor. Estas motocicletas se vendían localmente, pero eran desconocidas más allá del ámbito nacional.

A finales de los años setenta, la firma coreana estableció un vínculo comercial más fuerte con Honda, que les concedió toda una gama de motocicletas de pequeña cilindrada para construir.

Los escúter aparecieron con motores que utilizaban los mismos sistemas ohc que las motocicletas. La mayor parte tenían bastidor de espina central, sencilla suspensión en ambas ruedas, frenos

El ciclomotor Daelim Liberty, típico producto de la firma surcoreana, basado en un antiguo modelo de Honda. El modelo de la foto cuenta con cambio automático de velocidades.

de tambor y ruedas con radios de acero, estilo que mantuvieron durante una o dos décadas. No había necesidad de introducir constantes modificaciones en un mercado así; lo único necesario era proporcionar un medio de transporte barato y fiable.

También se fabricaban monocilíndricas de dos tiempos, todas ellas basadas en los modelos Honda, de manera que algunas tenían caja de cambios de cinco velocidades, y otras frenos de disco en la rueda delantera.

Hoy día, estos modelos nos recuerdan cuánto ha evolucionado el diseño industrial. Puede que se trate de máquinas anticuadas y básicas, pero es cuanto se necesita en ese mercado.

La motocicleta ligera Daelim VS125 revela claramente su origen: la Honda CB125 monocilíndrica, una elección muy adecuada para el mercado nacional coreano.

DALIFOL

LOS PRIMEROS EJEMPLOS de transporte autopropulsado utilizaban el vapor y la tecnología de combustión externa. No fue hasta 1885 cuando apareció por vez primera un motor de combustión interna, pero el vapor siguió compitiendo con la nueva tecnología hasta el cambio de siglo. Hubo motocicletas propulsadas por vapor, fabricadas por Michaux-Perraux, Parkyns-Bateman y Copeland, en Francia, Gran Bretaña y los Estados Unidos, todas ellas fabricadas utilizando como base la bicicleta.

El motor que empleaban era de doble acción, un solo cilindro con una válvula lateral conectado directamente con un cigüeñal que se unía directamente al cubo de la rueda trasera, pues no había necesidad de embrague, engranajes ni relación desmultiplicadora. La gran ventaja de este sistema era un máximo par

motor a cero rpm pero, a pesar de la sencillez del mecanismo, el sistema precisa de muchos elementos auxiliares, tarda mucho en ponerse en funcionamiento y necesita una constante reposición de agua.

La caldera de vaporización era un tambor redondo de acero con un horno de coque debajo, alimentado por una tolva desde un tanque montado dentro del bastidor. El agua de la caldera se almacenaba en un depósito de 22 litros que formaba el guardabarros trasero, y la alimentación, que se efectuaba por medio de una bomba, controlaba la

La energía del vapor se consideraba alta tecnología en el siglo XIX, y era empleada tanto por coches como por motocicletas en los primeros días, aunque Dalifol llegó un poco después.

potencia de salida, que podía variarse con una válvula de ajuste.

Se cree que Dalifol tomó parte en la London to Brighton Emancipation Run; entre los participantes se encontraba también una bicicleta de vapor francesa, y uno de los modelos registró una velocidad de 40 km/h en 1895.

DARDO

ESTA MARCA DE TURÍN nació en un momento en que los motores con caja de cambios integrada estaban ganando terreno en toda Italia, mucho antes de que su uso se generalizara en otros países. Una razón de esto es que los fabricantes italianos tenían que moverse en un mercado relativamente pequeño y por tanto necesitaban innovar para captar nuevos clientes para sus máquinas. Dardo eligió esta política y llamó la atención del público ofreciendo motocicletas propulsadas por pequeños motores de dos tiempos que tenían el cilindro colocado en posición horizontal. Las cilindradas de 125 y 175 cc se fabricaron para satisfacer las demandas de dos clases fundamentales en el mercado italiano, y en ambos motores, la caja de cambios tenían dos velocidades.

El resto de estas máquinas de sólida fabricación no era muy diferente del resto de modelos, con su sencillo bastidor rígido, horquillas de paralelogramos deformables y el diseño propio de la época. Una vez asentada, Dardo continuó durante algunos años con esta política y amplió la gama, añadiendo un modelo de cuatro tiempos, que tenía un motor de 175 cc con distribución ohv. El cilindro estaba colocado, como en los modelos de dos tiempos, horizontal. Esta disposición estaba inspirada en una antigua tendencia de la famosa firma Moto Guzzi y más tarde de Aermacchi.

Como ocurría con otros fabricantes, Dardo descubrió que fabricar y vender motocicletas era un negocio plagado de problemas, tanto técnicos como comerciales. Con gran sensatez, abandonó el mercado en el momento preciso, justo antes de la gran depresión.

DAX

EN 1932, PIERRE DE FONT-RÉAULX y Robert Dahan formaron Dax y mostraron su primer modelo en la Exposición de París de ese mismo año. Su diseño era compacto, con un motor integrado de 350 cc ohv con válvulas provistas de muelles de horquilla, magneto montada en la parte posterior, cárter húmedo, transmisión primaria por engranajes y caja de cambios progresiva. Este motor de gran diseño y ejecución se montaba en un bastidor rígido convencional con horquillas de paralelogramos deformables, frenos de tambor y depósito sobre el tubo superior.

A la 350 se unió en 1935 una 500, la Rafale, y la Baby, un ciclomotor con unas características únicas. En la fabricación de la Baby no se escatimó ni un detalle, empezando con la doble lumbrera de escape, cuatro tiempos, motor integrado de aleación ligera, distribución ohv con muelles de horquilla en las válvulas y encendido por magneto. La

transmisión primaria se realizaba por engranajes y la caja de cambios podía elegirse con dos o tres velocidades. El batidor era rígido, provisto de horquilla delantera de paralelogramos deformables. En la carretera, esta motocicleta era más rápida que cualquier otro ciclomotor convencional.

Una típica Dax, la 350 cc monocilíndrica de 1934 con su motor ohv y caja de cambios integrada.

El modelo Dax Baby era un ciclomotor con motor de cuatro tiempos y 100 cc.

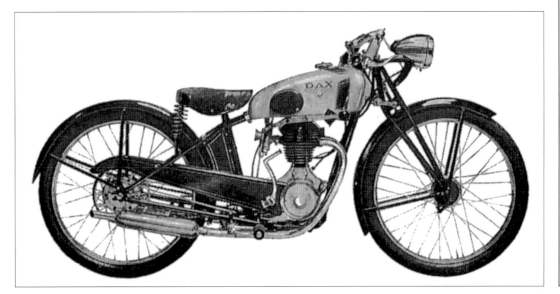

DAK
Alemania (Pinneberg) 1923-1925. Dak compraba a Ilo sus motores de dos tiempos con pistón deflector y cilindradas de 117 y 147 cc. La empresa se creó en 1923 por una asociación de varios fabricantes alemanes de coches.

DALESMAN
Inglaterra 1969-1974. Máquinas ligeras de competición que tuvieron mucho éxito. Algunas de ellas llevaban motores Puch de 98 y 123 cc. Otras montaban motores Sachs de 123 cc.

DALL'OGLIO
Italia h.1926. Guido Dall'Oglio, fundador de GD, dio su nombre a un motor monocilíndrico horizontal de 125 cc con culata de bronce. Este motor italiano contaba con transmisión de dos velocidades.

DALTON
Inglaterra (Manchester) 1920-1922. Esta compañía era una pequeña ensambladora que utilizaba motores Blackburne de 348 y 688 cc, y bicilíndricos planos de 688 cc de Coventry Victor. Algunas de sus motocicletas tenían ruedas de plato.

DANE
Inglaterra 1919-1920. Firma inglesa ensambladora que ofrecía modelos de dos y cuatro tiempos en una gran variedad de capacidades, desde 350 cc hasta 1.000 cc. Los motores eran de Precision. Entre ellos había algunos ohv. Sin embargo, no se sabe con seguridad qué motores llegó a fabricar y comercializar.

DAYTON

MARCA DE CORTA VIDA, se dedicó a ensamblar motocicletas utilizando motores y componentes que compartía con otras compañías, de modo que sus productos eran muy parecidos.

La Davis Sewing Machine Co. de Dayton, Ohio, comercializó una máquina con un motor bicilíndrico en V convencional de diseño en F, una sola velocidad y un tosco bastidor provisto de horquilla delantera. El modelo se modificó en 1913, al cambiar el motor antiguo por un Spacke De Luxe de dos cilindros en V fabricado en Indianápolis, montado en un bastidor de bucle con horquilla de resortes, aunque conservó la velocidad única.

En 1914, utilizaron una horquilla basculante y caja de cambios de dos velocidades. La horquilla se revisó en 1915, año en que el encendido eléctrico pasó a ser opcional en el modelo. En este peculiar motor Spacke, la válvula de admisión en la culata y la de escape en el lateral del cilindro eran accionadas por levas de ranura movidas por un eje con engranaje hiperboloide que discurría a lo largo del motor. Este mismo

tipo de engranajes accionaban también la magneto, colocada al otro lado del motor. Además de su extraño mecanismo de distribución de válvulas, el motor Spackle tenía una leva maestra, articulada directamente sobre el cigüeñal, en el cilindro trasero, y una leva esclava en el delantero.

La Dayton sufrió varios cambios radicales durante su corta vida, con tres diferentes sistemas de suspensión delantera y dos motores.

DE DION-BOUTON

UNA DE LAS PIEDRAS angulares de la industria del motor, De Dion-Bouton, fue fundada en 1895 por el Conde Albert de Dion y Georges Bouton. Antes de fabricar vehículos de motor, esta compañía realizó motores de vapor y lanchas también propulsadas por vapor. Su primer motor de gasolina data de 1889. A este motor siguieron pruebas con neumáticos Michelin en 1892. En 1894, empezaron a utilizar el eje De Dion que separaba el motor de la suspensión (y que todavía hoy se sigue empleando), y al año siguiente se vendió el primer triciclo de la compañía. Aunque era más difícil de manejar que un vehículo de dos ruedas, el diseño del triciclo presentaba ventajas evidentes a la hora de montar un motor y un sistema de transmisión, ya que se disponía de una plataforma entre las dos ruedas traseras. También se evitaba el riesgo de vuelco al que eran tan propensas las primeras motocicletas. El modelo De Dion-Bouton de 1895 utilizó el propio motor de la compañía, de 211 cc con válvula de admisión atmosférico/auto-

Albert De Dion y Beorges Bouton (a la derecha), pioneros de la industria del motor.

El triciclo De Dion-Bouton de 1893. Esta máquina pionera tenía el motor montado en la parte trasera, sobre el eje de las dos ruedas. El diseño de esta compañía fue muy innovador.

mática, un sistema primitivo en que la válvula de admisión se mantenía cerrada por un muelle débil y se abría por la presión atmosférica que se creaba cuando el descenso del pistón producía el vacío en el cilindro. El motor estaba montado verticalmente, detrás del eje trasero. La horquilla de la rueda delantera no tenía ninguna clase de suspensión. El modelo disponía de pedales y cadena convencionales, y el depósito de gasolina estaba montado

El triciclo De Dion-Bouton era robusto y bien equipado. La baja posición que ocupa el motor proporcionaba al conjunto un centro de gravedad muy bajo. El depósito estaba detrás del conductor.

sobre el triángulo del bastidor tubular que unía las ruedas traseras. La factura del vehículo era de gran calidad, y fue muy copiado, con y sin autorización.

Al mismo tiempo, el conde De Dion fundó el Automobile Club de France, y poco después el barón Van Zuylen invirtió unos 400.000 francos en la compañía. Tras el incendio de 1899, los bastidores los adquirieron en Clément, pero en 1901 se fue abandonando progresivamente la producción de triciclos cuando De Dion-Bouton comenzó a fabricar vehículos de cuatro ruedas.

Fue por entonces cuando los vehículos propulsados por vapor empezaron a ser sustituidos, y empezaron a realizase pruebas con la energía eléctrica. De

Dion-Bouton había fabricado más de 15.000 triciclos, y todavía continuó suministrando motores a varios fabricantes. En 1909, comenzó a producir motocicletas, aunque esta fase sólo duró cinco años.

La segunda fase de De Dion-Bouton va de 1926 a 1930, pero esta nueva firma no guardaba ninguna relación con la antigua empresa, y se dedicaba únicamente a la producción de motocicletas con motores de 173 cc en adelante. Tras una breve incursión en el terreno de los automóviles después de la Segunda Guerra Mundial, la firma de A. Chichery utilizó el nombre De Dion-Bouton para identificar a una gama de escúter, ciclomotores y bicicletas fabricadas entre 1955 y 1966.

DEI

ITALIA 1906–1914 y 1934–1966

MUCHOS DE LOS QUE FUNDARON fábricas de motocicletas, sobre todo en los primeros días, habían fabricado y vendido bicicletas con anterioridad. Humberto Dei no era una excepción. Entró en el mercado de los vehículos a motor con un modelo propulsado por un motor monocilíndrico de cuatro tiempos montada en el cuadro de una bicicleta, con transmisión por correa a la rueda trasera. Como sucedió en muchos casos, la producción se interrumpió con el estallido de la Primera Guerra Mundial.

El nombre Dei no volvió a aparecer hasta los años treinta, con la fabricación

de motocicletas ligeras con motor Sachs de 75 y 100 cc. A medida que avanzaba la década, y cuando se eliminaron los impuestos que gravaban los modelos de mayor capacidad, Dei fue aumentando la cilindrada de sus motocicletas con motores Villiers de dos tiempos de 250 cc y JAP de cuatro tiempos y 500 cc. Sin embargo, la ventaja de la nueva situación se veía contrarrestada por el aumento de los aranceles. Todos sus modelos estaban en la línea más convencional de la época; los más grandes de cuatro tiempos tenían caja de cambios separada del motor y suspensión

trasera, como era lo habitual en los modelos italianos.

Justo antes de la Segunda Guerra Mundial, la firma añadió a su gama una motocicleta que utilizaba motor Sachs de 100 cc y un ciclomotor de 60 cc. Después de la guerra, Dei se vinculó a la firma Garelli, y su pequeño motor Mosquito de 38 cc fue utilizado, primero en bicicletas y después en un ciclomotor.

La relación con Sachs continuó para suministrar a sus motocicletas motores de hasta 150 cc, todos ellos de dos tiempos, con las mismas características que el resto de motores de la época.

DELLA FERRERA

ESTA FIRMA FUE FUNDADA en 1909 en Turín por Federico della Ferrera y sus hermanos. En la fabricación de sus máquinas utilizaron materiales de la mejor calidad. Al poco tiempo, se convirtió en una de las firmas italianas mejor organizadas, fabricando modelos monocilíndricos de 350 y 500 cc con válulas laterales o en la culata.

No todos los modelos Della Ferrera tenían caja de cambios integrada, como demuestra esta primitiva máquina, con válvulas laterales y depósito plano.

Igual que muchos otros fabricantes italianos, Della Ferrera pronto participó en competiciones. Este interés le llevó al diseño de un modelo bicilíndrico en V de 50 cc ohv y otro de cuatro válvulas en culata, también de un cilindro, fabricados ambos en 1914. Las dos motocicletas lograron varios éxitos en competiciones italianas, y los modelos de serie se beneficiaron enormemente de la experiencia. En 1914, la monocilíndrica típica tenía motor con encendido por magneto, con un eje intermedio y una polea de relación variable para la transmisión por correa a la rueda trase-

Las firmas italianas en seguida emplearon el motor integrado con la caja de cambios. Esta Della Ferrera ohv monocilíndrica de principios de los años treinta estaba basada en toda una década de experiencia.

ra. El motor estaba montado en un clásico bastidor de rombo con horquilla de paralelogramos deformables.

Después de la Primera Guerra Mundial, la compañía incluyó en su catálogo monocilíndricas y bicilíndricas en V a 45°. Las monocilíndricas tenían una cilindrada de 498 cc ohv o 636 cc

con válvulas laterales. Los modelos más grandes tenían caja de ambios con cuatro velocidades, y todos contaban con transmisión a cadena. Las bicilíndricas en V inlcuían modelos de 494, 598, 746 y 1.004 cc, el más pequeño con distribución ohv, los otros tres con válvulas laterales. La bicilíndrica de mayor capacidad tenía caja de cambios de cuatro velocidades integrada en el motor; algunos modelos estaban provistos de suspensión trasera, y todos tenían horquilla delantera de paralelogramos.

En 1921, Federico tomó la bicilíndrica en V de 494 cc como base para diseñar una máquina que batiera récords de velocidad, subiera pendientes y consiguiera éxitos en competición. Colocó un árbol de levas y balancines encima de cada culata, con las válvulas muy separadas para crear una cámara de combustión hemisférica. Los árboles de levas eran accionados por cadena directamente desde el extremo derecho del cigüeñal, con una tercera rueda dentada que conectaba con la magneto, colocada en la parte delantera del cárter. La desmultiplicación se conseguía por medio del tamaño de las ruedas dentadas, y todas las cadenas estaban al aire. También la transmisión primaria estaba al aire e iba desde el extremo izquierdo del cigüeñal, a través de una polea tensora hasta la caja de cambios de tres velocidades. Motor y caja de cambios se montaban en un bastidor rígido con horquilla de resortes. Esta máquina registró un

Detalle del depósito plano de una Della Ferrera, donde puede verse el nombre de la firma sobre el depósito y la horquilla delantera que permitía la oscilación tanto vertical como horizontalmente.

A finales de los años treinta, las motocicletas Della Ferrera habían incorporado horquilla basculante en la suspensión trasera, como vemos en esta Turismo de 1935 con 499 cc, válvulas laterales y caja de cambios integrada.

récord de 140 km/h, y obtuvo muchos éxitos en carreras italianas durante los años veinte.

La gama de monocilíndricas y bicilíndricas se fue perfeccionando a lo largo de la década. En muchos modelos se utilizó el motor integrado, válvulas laterales y ohv, dependiendo del modelo y de su finalidad. La caja de cambios tenía tres o cuatro velocidades, y eran del tipo progresivo, con la cadena de la transmisión secudanria colocada en el lado derecho de la motocicleta. En la rueda delantera siguieron montándose horquillas de paralelogramos y horquillas basculantes en la rueda trasera en muchos modelos, lo que no era común en aquella época. Ambas ruedas incorporaban frenos de tambor, que fueron aumentando de tamaño con los años. A finales de la década se

Una Della Ferrera de los años veinte con caja de cambios no integrada, transmisión enteramente a cadena y horquilla delantera especial con acción basculante. No tiene suspensión trasera.

empezaron a montar depósitos sobre el tubo superior del bastidor. A principios de los años treinta, difíciles para la industria en muchos países, los problemas de Italia se reflejaron en sus motocicletas y en el sistema impositivo. Antes, la clase de 175 cc era la más popular, pero cuando desapareció el impuesto que gravaba los modelos de gran capacidad, fueron reemplazadas por las 250 cc, sobre todo a partir de 1934. Al mismo tiempo, los gravámenes sobre las importaciones aumentaron, lo que afectó a las firmas europeas que exportaban sus modelos. Esto se

hizo todavía más evidente en 1935, cuando, con el fin de proteger la industria italiana, subieron aún más los aranceles hasta el punto de que las firmas que utilizaban motores y otros componentes fabricados en Gran Bretaña, empezaron a depender de los proveedores nacionales.

Esto continuó a lo largo de toda la década y Della Ferrera fue perdiendo entidad hasta verse convertido en un pequeño fabricante con sólo tres modelos. El más pequeño de éstos tenía un motor ohv de 174 cc con caja de cambios de tres velocidades integrada, y montado verticalmente en un bastidor rígido. El otro modelo ohv tenía un motor de 348 cc, con motor inclinado en el bastidor y caja de cambios integrada con cuatro velocidades, suspensión en ambas ruedas, con horquilla basculante en la trasera. Estos dos modelos se llamaban SSL. El tercero y de mayor capacidad tenía un motor de 499 cc con válvulas laterales.

La firma tuvo que adaptarse a la producción bélica durante la Segunda Guerra Mundial, pero no pudo volver al negocio de las motocicletas al terminar el conflicto, y entró en bancarrota.

DELLA FERRERA RECORD MODEL   1921

Esta plusmarquista bicilíndrica en V estaba basada en un modelo de carretera con los cilindros calados a 45°. Se trataba de un modelo convencional pero tenía un motor cuadrado (igual diámetro que carrera) de 68 mm, algo que resultaba muy peculiar en aquella época, cuando los cilindros acostumbraban a tener una carrera muy larga. Estas medidas le daban una capacidad de 494 cc, y el cárter era de apertura vertical con un cojinete del cigüeñal en cada una de las dos mitades.

Los cilindros estaban descentrados para que pudieran encajar la dos grandes cabezas de las bielas una al lado de

la otra en las muñequillas del cigüeñal, y montados en el cárter mediante cuatro espárragos. Las culatas, a su vez, iban fijas a los cilindros por medio de otros cuatro espárragos. Las válvulas estaban colocadas en una posición inclinada, y estaban provistas de muelles helicoidales. Las cuatro cadenas del sistema de distribución de válvulas quedaban al aire, pero esto no suponía un problema en una máquina que no estaba diseñada para el uso diario, sino para batir récords. Las ruedas del modelo eran de 6 × 66 cm. El propio Della Ferrera lo pilotó en un intento de récord que alcanzó una velocidad próxima a

los 145 km/h, primer registro para una marca italiana. Sin embargo, una Indian había conseguido rodar a más de 165 km/h en 1920, en Daytona, y esta marca estaba reconocida como el récord del mundo. A pesar de todo, la de Della Ferrera era sin duda una máquina rápida.

Motor: bicilíndrico en V ohv, 494 cc (68 × 68 mm), refrigerado por aire
Potencia: 20 CV a 5.300 rpm
Caja de cambios: 3 velocidades, manual
Transmisión secundaria: cadena
Peso: no especificado
Velocidad máxima: 140 km/h

DELTA-GNOM

ESTA FIRMA SE FUNDÓ después de la Primera Guerra Mundial para satisfacer la demanda de transporte. Comenzó con un motor de dos tiempos colocado sobre el cuadro de una bicicleta convencional. Pronto el motor aumentó su capacidad y fue colocado en una sencilla motocicleta provista de bastidor ligero y transmisión a correa. En 1925, ya utilizaba un motor propio de 250 cc y dos tiempos.

Al año siguiente llegó su primer modelo de cuatro tiempos que utilizaba un motor JAP monocilíndrico de válvulas laterales, e inmediatamente, motores bicilíndricos en V. El resto de los componentes eran más bien comunes, con cambio manual para la caja de cambios, bastidor de rombo, horquillas de paralelogramos deformables, transmisión a cadena y ruedas con radios de acero y frenos de tambor. En 1927 la firma fabri-

có su propio motor de 500 cc ohv, pero la producción se detuvo después de 1928. Se reanudó en 1932 con una línea casi igual a la anterior, utilizando motores JAP. La diferencia es que ahora los modelos lucían el depósito sobre el tubo superior del bastidor, frenos más grandes y sistema eléctrico mejorado. En 1938, se

Delta-Gnom comenzó con motores de dos tiempos, y en 1925 fabricaron su primer 250 cc. El de la foto es un modelo de 1929.

La Delta-Gnom de 1929 con motor de 498 cc ohv diseñado por Hans Pitzek, que sustituyó durante algún tiempo al tradicional JAP.

racionalizó la producción de componentes, pues la fábrica estaba bajo el control de los alemanes y se utilizó para cubrir la demanda bélica de su ejército.

La marca Delta-Gnom volvió después de la guerra, pero sólo para fabricar un pequeño número de modelos de dos tiempos con motores de Ilo, Puch y Rotax.

DEMM

AUNQUE EN LOS ÚLTIMOS AÑOS se asocia el nombre Demm con ciclomotores, esta empresa con sede en Milán, que era propiedad de Daldi y Matteucci, en realidad fabricaba una enorme gama de motocicletas ligeras hace tres décadas.

Por ejemplo, a mediados de los años cincuenta, Demm ofrecía una 175 de extraordinaria factura, la TL Turismo Lusso y la TV Turismo Lusso, con distribución ohc accionada por engranajes y piñones cónicos que discurrían por fuera del cilindro y casi se perdían entre las aletas de refrigeración.

La potencia desarrollada por su motor de 60 mm de diámetro por 61 mm de carrera era de 10,5 CV para la TV y 9 CV para la LV, ambas a 7.000 rpm. La transmisión primaria se realizaba por engranaje helicoidal. La caja de cambios tenía cuatro velocidades, con el pedal de cambio colocado a un lado del motor integrado.

También durante ese período la firma ofreció dos modelos de 125 cc: la Nor-

male Lusso de dos tiempos, y la Turismo ohc. Ambas compartían el mismo tipo de chasis, diseñado para reducir costes. Demm ofreció también una gama de motocarros, camionetas de tres ruedas, pero, curiosamente, el motor que las propulsaba era completamente dis-

tinto al utilizado en las motocicletas: un dos tiempos de 175 cc con refrigeración por ventilador.

En 1956, en el autódromo de Monza, Demm batió 24 récords en las clases 50, 75 y 100 cc con los pilotos Fausto Pasini y Franco Mauri. Demm también

suministró motores a otras marcas rivales, sobre todo a Testi, con quien mantuvo una relación de muchos años.

Durante la década de los años setenta, la Heron Corporation, importadora de Suzuki se encargó de las importaciones de máquinas Demm. Sólo se comercializó un modelo, la Dove. Anteriormente, en los años cincuenta, la organización Nannucci, de Londres, se había encargado de la importación de las máquinas Demm. Durante esos años, en el catálogo de la firma había un modelo de carreras de 49 cc que se vendía al precio de 125 libras esterlinas.

Demm finalmente quebró con la recesión económica de principios de los años ochenta.

Demm fabricó una variada gama de ciclomotores (como éste de los años sesenta) y motocicletas ligeras desde 1953 hasta 1982, batiendo 24 récords mundiales a mediados de los años cincuenta.

DERBI

ESPAÑA 1949

COMO SUCEDE CON MUCHAS otras marcas de motocicleta, Derbi tiene sus raíces en el mundo de las bicicletas, donde comenzó en 1922 y se mantuvo discretamente durante algunos años. Fundada en 1944 por Simeón Rabasa Singla en Mollet, cerca de Barcelona, a finales de los años cincuenta fue rebautizada con el nombre Nacional Motor, S. A.

Esta firma entró en el mercado de los vehículos de motor en 1949 utilizando las iniciales de su fundador, SRS, para dar nombre a un modelo de 49 cc y dos tiempos que tenía dos velocidades y prestaciones muy básicas. En 1950, la firma lanzó la primea auténtica motocicleta utilizando el nombre Derbi (que procedía de DERivados de BIcicletas). Esta máquina tenía un motor de diseño Jawa monocilíndrico de 250 cc, doble lumbrera de escape, con caja de cambios integrada en el motor y cuatro velocidades. Estaba montado en un bastidor de cuna, con horquilla telescópica y suspensión trasera por émbolos, todo con un estilo muy avanzado para la época.

La serie Derbi Senda se fabricó para carreras de enduro, utilizando en sus modelos las más altas calidades y la mejor tecnología, característica de esta compañía.

La 250 pronto fue seguida de otros modelos, todos con motor de dos tiempos, caja de cambios integrada y cilindradas de entre 90 y 100 cc, y posteriormente de 125 cc, ésta última con suspensión trasera por hoquilla basculante. En 1953 se añadió a la gama un escúter de 98 cc, tres velocidades y suspensión trasera por émbolos, seguido en 1955 por una versión de 125 cc. Ambos se fabricaron hasta 1957. Ese

Derbi incluyó en su catálogo modelos réplica durante los años noventa. Utilizando su gran experiencia, el resultado fueron máquinas con altísimas prestaciones.

año apareció el modelo más grande, una bicilíndrica de 350 cc con cuatro velocidades y un estilo y prestaciones que en adelante irían asociados al nombre Derbi.

DAX
Francia (Clichy) 1932-1939. Esta firma fabricaba máquinas de gran calidad con originales diseños de 100 y 175 cc de dos tiempos. También trabajó con motores de cuatro tiempo ohv y varias cilindradas: 125, 175, 250, 350 y 500 cc. Fue una de las primeras en utilizar cajas de cambios accionadas por pedal.

DAY-LEEDS
Inglaterra (Leeds) 1912-1914. Job Day e Hijos fabricaron un motor monocilíndrico de 500 cc con válvula de admisión sobre la de escape. Algunas fuentes sugieren que la compañía de Leeds pudo haber seguido fabricando este motor hasta 1917.

DAYTON
Inglaterra (Londres) 1913-1920. Charles Day utilizó en nombre Dayton para sus motores de 123 cc. Después fabricó un modelo ligero con motor Villiers de 269 cc.

DAYTON
Inglaterra (Londres). Inicialmente escúter con motores Villiers de 198 cc, más tarde de 175 y 259 cc.

DECA
Italia 1954-1957. En un principio, esta firma fabricaba un ciclomotor de 48 cc y cuatro tiempos. Desde estos humildes comienzos, la firma pasó a la producción de motocicletas ligeras de 100 cc que podían alcanzar los 90 km/h. También fabricó motores de 48 cc. Sin embargo, la compañía terminó por desaparecer, a pesar de haber anunciado dos nuevas máquinas de 100 y 125 cc en 1958. Su nombre se encuentra algunas veces escrito DE-CA.

Una moto ligera Derbi de los años setenta, la Antorcha Tricampeona de 50 cc. Esta máquina podía adquirirse con tres o cuatro velocidades.

De esta forma llegaron hasta los años sesenta, momento en que dejaron los modelos con cilindradas altas para concentrarse en los de entre 50 y 125 cc, sobre todo la más pequeña, de la que había por entonces una gran demanda. Con el fin de promocionar la marca, Derbi se lanzó al mundo de la competición tanto en circuito como en pruebas *off-road* de enduro y motocrós. Desconocida hasta entonces fuera de España, Derbi adquirió fama mundial en 1962 con su participación en el primer campeonato mundial de 50 cc celebrado en España, en el circuito de Montjuich, en Barcelona. José Busquets pilotó una Derbi de ocho velocidades con válvulas de disco, y tras una apretadísima carrera terminó en segundo lugar detrás de Kreidler, y muy por delante de Honda.

Derbi también tuvo mucho éxito en pruebas *off-road* tanto en carreras nacionales como en pruebas celebradas en Francia. En los campeonatos del mundo siempre fue una marca a tener en cuenta en la clase 50 cc, aunque no participase en muchas pruebas. En 1964, una de sus motocicletas fue pilotada por Angel Nieto, que parecía destinado a ir siempre un paso detrás de Agostini, tanto en triunfos como en títulos mundiales.

Fruto del programa de competición de la marca fue la presentación de una 50 cc de carreras, un modelo sencillo

Para conducción *off-road*, Derbi incluyó en su catálogo la Derbi Diablo 50 cc, basada en un modelo de carretera con los cambios necesarios en las ruedas y otros elementos.

con refrigeración por aire, dos tiempos y cinco velocidades, pero competitiva en el ámbito local. A partir de este modelo se crearon otras dos motos deportivas de carretera, de 50 y 75 cc, que tenían el motor suspendido de un bastidor de espina central, cuatro velocidades, una línea elegante y buenas prestaciones, todo ello resaltado por un atractivo asiento de competición. Ambos modelos disponían de «kit» de competición, lo que permitió a muchos jóvenes españoles hacer sus pinitos en el mundo de las carreras. La fabricación de ciclomotores continuó a buen ritmo gra-

cias a los cambios en la legislación española que permitían a los jóvenes el uso de estas máquinas. Por entonces hizo su aparición un modelo de trial de 75 cc para los entusiastas del *off-road*; fue todo un éxito. Derbi se había convertido en una importante fabricante, la más grande de España, con una gama muy sencilla, en líneas generales, pero fiable, barata y muy bien fabricada.

Para las carreras, Derbi diseñó una bicilíndrica en V de 125 cc con un cilindro encima del otro en un ángulo muy cerrado y válvulas de disco, pero nunca llegó a ser un modelo competi-

tivo. Algo muy distinto ocurrió con los modelos de 50 cc. Son legendarias las peleas entre Derbi, Suzuki y Kreidler, luchando siempre por los primeros puestos en carreras de Grand Prix en los años 1967 y 1968, año en que Barry Smith ganó la TT para la firma española.

Pero los momentos más gloriosos llegaron en 1969 cuando Angel Nieto ganó el título del mundo en 50 cc, repitiendo el triunfo en 1970, año en que se presentó una nueva bicilíndrica de 125 cc refrigerada por agua. Con esta motocicleta Nieto ganó el título de 125 cc al año siguiente.

En 1972 repitió la gesta, ganando al mismo tiempo el título de 50 cc por tercera vez. Derbi también presentó una 250 cc en algunas carreras de 1971, pero los resultados no fueron tan satisfactorios como en las categorías menores, a pesar de haber ganado el premio de Austria de 1972.

La firma se retiró de la competición a finales de 1972 cuando celebraba su 50 aniversario, con un plan de abrir una nueva fábrica. En 1973 ofrecieron una réplica Angel Nieto de 50 cc, pero este modelo decepcionó en sus prestaciones, a pesar de su elegante línea.

Los ciclomotores siguieron llevando el peso de la producción de la firma, y se ofrecían en formas muy variadas, pero el año 1976 trajo una nueva bicilíndrica, al principio en 187 cc, pero después con una cilindrada de

El estilo y las buenas prestaciones lo son todo en las clases inferiores, y Derbi tenía ambas cualidades, como muestra esta réplica de un modelo de carreras fabricada en 1991.

par. Las ruedas eran de 10 pulgadas de diámetro. Después de éste, la firma siguió ofrenciendo escúter de varias capacidades.

En 1984, Derbi volvió al Grand Prix, compitiendo en la clase 80 cc que había sustituido a la de 50 cc en las pruebas oficiales. En 1986, su piloto, Jorge Martínez «Aspar», ganó el título mundial, seguido de Manuel Herreros.

Estas dos primeras posiciones se repitieron al año siguiente. Aspar volvió a ganar en 1988, año en que también se hizo con el título de 125 cc. En 1989, Herreros se hizo con el título de 80 cc. Ese fue el último año de Derbi en la clase, con un palmarés de 10 títulos mundiales.

Derbi siguió fabricando su gama de máquinas de dos tiempos y pequeña capacidad, con que tan buenos resultados económicos había tenido.

199 cc. Tenía 6 velocidades, prestaciones muy corrientes y un buen diseño. En los años ochenta, este modelo aumentó su cilindrada a 217 cc. En 1982, la firma volvió al mercado de los escúter con una 80 cc con válvula de láminas, con el motor montado horizontalmente y un convertidor del

DERBI CROSS 1975

La clase 50 cc fue una fortaleza inexpugnable en la que reinó Derbi durante muchos años.

La firma fabricó modelos de carretera, trail, motocrós y carreras en pista.

La Derbi Cross tenía 48,8 cc, refrigeración por aire, dos tiempos y cilindro de aleación con caja de cambios integrada y accionada por engranajes helicoidales. En la rueda delantera exhibía

El motor de la Derbi Cross tenía la caja de cambios integrada, diseño basado en los modelos de carretera, pero instalado en un bastidor tubular de espina central con el tubo de escape levantado .

DECLARET
Inglaterra (Stevenage) 1962. Esta firma inglesa con sede en Kent, en el sur de Inglaterra, fabricaba diversos ciclomotores.

DE-DE
Francia (Courveboie) 1923-1929. Esta firma francesa tuvo una vida muy corta. Es responsable de un pequeña producción de modelos, primero de 100 y 125 cc, después de 175 cc. Después fabricó otros modelos con motores JAP de 250, 350 y 500 cc.

DEFA
Alemania 1921-1924. Esta firma se dedicaba a la fabricación de bastidores y también fabricó una motocicleta completa con motor de 198 cc y válvulas laterales.

DEFY-ALL
Inglaterra 1921-1922. Fabricaba bastidores poco convencionales en los que se montaban toda clase de motores. Los motores los adquiría de Villiers (269 cc) y también de Blackburne (350 y 500 cc).

DELAPLACE
Francia 1951-1953. Esta compañía instalaba motores Ydral de 173 y 247 cc en varios bastidores fabricados por ella.

DELIN
Bélgica (Leuven) 1899-1901. Esta firma belga fabricaba máquinas De Dion-Bouton bajo licencia. Más tarde, ya al final de su corta vida, la compañía cambió a los motores Fafnir.

una estilizada horquilla telescópica, y en la trasera, suspensión por horquilla basculante controlada por dos amortiguadores.

Las ruedas de radios de acero tenían llantas Akron de aleación de aluminio, y frenos de tambor en ambas ruedas. Esta máquina tenía un sistema de esca-

pe de alta calidad, buena distancia al suelo y guardabarros flexibles y bastante alejados de los neumáticos de trail para su uso *off-road*.

La Cross compartía muchas de las características de otros modelos Derbi de 50 cc, como la Tricampeona, aunque ésta tenía un bastidor de espina

central de acero estampado, el tubo de escape más bajo, tres o cuatro velocidades y equipamiento completo para su uso en carretera. En ambos casos, los modelos ofrecían unas excelentes prestaciones y un gran estilo, y se vendieron muy bien gracias a los éxitos que la firma lograba en competición.

Motor: monocilíndrico vertical, 48,8 cc (38 × 43 mm), refrigerado por aire
Potencia: 4 CV a 5.700 rpm
Caja de cambios: integrada, 4 velocidades, pedal
Transmisión secundaria: cadena
Peso: 52 kg
Velocidad máxima: 76 km/h

DERBI WORKS 125 — 1970

Muy competitiva en la clase 50 cc de los campeonatos del mundo desde su aparición en 1962, la primera Derbi

Works de carreras tenía motor refrigerado por aire, válvulas de disco y ocho velocidades. En su primera participa-

Angel Nieto consiguió cinco títulos mundiales para Derbi en las categorías de 50 y 125 cc.

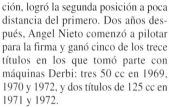

ción, logró la segunda posición a poca distancia del primero. Dos años después, Angel Nieto comenzó a pilotar para la firma y ganó cinco de los trece títulos en los que tomó parte con máquinas Derbi: tres 50 cc en 1969, 1970 y 1972, y dos títulos de 125 cc en 1971 y 1972.

Todas las máquinas de 125 cc tenían motor de dos cilindros refrigerados por agua y caja de cambios de 6 velocidades. Los tubos de escape provistos de cámara de expansión discurrían por debajo del motor, que estaba montado en un bastidor tubular con suspensión convencional, ruedas con radios de acero y frenos de tambor con doble leva en ambas ruedas.

Esta máquina se presentó en el Gran Prix de Bélgica de 1970, a mitad de temporada, y ganó en aquella ocasión y en tres otras pruebas, terminando en segundo lugar del mundial. Su piloto era Angel Nieto, que ganaría el título los dos años siguientes. Por entonces, los originales 34 CV habían pasado a, según decían, 40 CV. Sin embargo, a final de año la firma se retiró de la competición hasta la década de los ochenta.

Motor: bicilíndrico en línea inclinado, 123,97 cc (43,4 × 41,9 mm), refrigerado por agua
Potencia: 34 CV a 14.500 rpm
Caja de cambios: integrada, 6 velocidades, pedal
Transmisión secundaria: cadena
Peso: 85 kg
Velocidad máxima: 225 km/h

DERNY — FRANCIA 1939–1958

ESTA FIRMA FABRICÓ VARIAS máquinas poco comunes, muy al estilo francés y presentadas por vez primera en forma de ciclomotor en dos versiones: de un solo ocupante y tándem. En ambos casos, el pequeño motor estaba unido al tubo inferior del bastidor, y el combustible se encontraba en un depósito cilíndrico montado sobre la pipa. La inclinación del motor variaba: en el modelo de un solo ocupante, el motor estaba montado casi verticalmente, mientras que en el

tándem, su posición era en ángulo. Los tubos del bastidor estaban diseñados para adaptarse a la forma del motor.

La transmisión de ambos modelos comenzaba con una cadena hasta un eje intermedio situado encima del eje de pedal delantero, del cual salía otra cadena hasta la rueda trasera del primer modelo. En cuanto al tándem, la segunda cadena llegaba hasta un segundo eje intermedio situado sobre el eje del pedal trasero, y de ahí hasta la rueda trasera

por medio de una cadena. El modelo utilizaba un cuadro de bicicleta convencional, horquilla y frenos de tambor, y estaba reforzado para soportar el peso extra. Después de la guerra, estos dos modelos entraron en catálogo con los nombres Bordeaux-Paris y Cyclotandem, y los motores eran de Zürcher.

La firma presentó en la Exposición de París de 1952 un escúter nada convencional, con motor de dos tiempos y 125 cc, refrigerador por ventilador y

montado a la izquierda de la rueda delantera. Tenía caja de cambios de tres velocidades situada detrás de la rueda unida al motor con cadena al aire, y una segunda cadena transmitía el movimiento a un rodillo que presionaba el neumático. Es seguro que todo este peso debió de tener un efecto determinante en la cubierta de la máquina. Además, todo el conjunto del motor iba encerrado por una carcasa en la que se montaban dos faros, uno en cada esquina. La parte trasera de la motocicleta, incluida la rueda, estaba cubierta, y el asiento iba montado encima de esta carcasa. Aún más estrambóticas eran las ruedas estabilizadoras colocadas a cada lado. Como es de suponer, el modelo no tuvo una vida muy larga.

En 1956, la firma lanzó el modelo Taon, que permitía escoger entre dos motores: un Lavalette de 70 cc con caja de cambios de tres velocidades provista de preselector de velocidad, o el francés AMC de 125 cc de dos tiempos con cilindro horizontal y caja de cambios integrada de tres velocidades. En ambos casos, el motor iba suspendido de un sencillo bastidor rígido con doble tubo desde la pipa de dirección hasta la rueda trasera. La suspensión de la rueda delantera montaba una horquilla de resorte con bandas de goma, y el depósito de gasolina se prolongaba hacia delante envolviendo la pipa de dirección y sirviendo de soporte del faro.

En 1957, la Taon sólo se fabricó con el motor AMC, y al modelo estándar se unió la versión Sport con una larga horquilla de resortes en la rueda delantera y una horquilla basculante en la trasera. La Sport cambió su estilo colocando un asiento para dos plazas. Sin embargo, a pesar de lo novedosa, la marca desapareció en 1958.

DEVIL MOTO ITALIA 1953–1957

LA CARRERA DE DEVIL MOTO fue corta pero brillante. Empezó en 1953 con motocicletas ligeras de dos tiempos y 125 y 160 cc, además de un vehículo de reparto de tres ruedas con 250 cc, producto casi obligatorio para todas las firmas italianas de ese momento, que podía transportar hasta 500 kg. Esta agradecida pero escasa gama no cambió mucho durante 1954, pero al año siguiente Devil comenzó a ampliarla.

La Sport Extra de dos tiempos y 160 cc desarrollaba 7,5 CV y alcanzaba los 110 km/h, lo que no estaba nada mal para mediados de los años cincuenta.

La Develino 48 cc era un ciclomotor poco interesante, a pesar de sus dos versiones, estándar y deportiva, pero pronto llegaron una monocilíndrica de cuatro tiempo y 175 cc y otra de dos tiempos y 160 cc, esta última mejorada en 1956 con el lanzamiento de la versión Sport. Por no eclipsar al modelo de 175 cc, se presentó una versión Sport ese mismo año, con doble árbol de levas en la culata, 15 CV a 7.800 rpm y una velocidad máxima declarada de 135 km/h. Estas prestaciones se adelantaban en dos o tres décadas a las de una 175 cc, y por entonces eran comparables a las de muchas monocilíndricas de 350 cc.

Este extraño logo utilizaba la V para formar los cuernos del demonio, lo que llevaba a pensar que también la W era parte del nombre.

La Sport con dohc derivó a su vez en una versión de competición con nada menos que 20 CV a 11.000 rpm, caja de cambios de cinco velocidades, y una velocidad máxima de 180 km/h. Sin embargo, este modelo no tuvo mucho éxito, y la firma no logró causar en el mercado el impacto que había esperado. Después de 1957 no volvió a oírse nada de la prometedora Devil Moto.

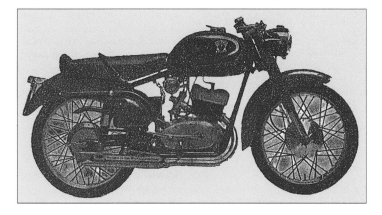

DIAMANT ALEMANIA 1903–1908 y 1926–1940

DIAMANT TUVO UNA BREVE historia fabricando motocicletas y triciclos con doble rueda delantera que fueron muy famosos en los años diez, al principio utilizando motores Fafnir y más tarde sus propios motores monocilíndricos y bicilíndricos en V. La producción se detuvo durante casi dos décadas, pero la firma volvió a aparecer en 1926 con una gama muy convencional propulsada principalmente por motores Kühne. Al principio fue un motor de 346 cc ohv, seguido por un 496 cc con válvulas laterales y ohv, fabricado por JAP. Todos ellos se montaban en un bastidor convencional con la caja de cambios separada del motor, transmisión enteramente a cadena, horquilla de paralelogramos en la rueda delantera y ruedas de radios de acero.

Diamant se fusionó con Elite, una marca de coches, en 1927, y al año siguiente ambas se asociaron con Opel, proyecto que dio lugar a la motocicleta EO. A partir de 1928, la fábrica Diamant fabricó motores Peugeot, pero sólo durante dos o tres años.

La EO, con su bastidor de aleación ligera en la línea de Opel, se fabricó durante dos años, empezando en 1930, y montaba motores Küchen de 348 y 498 cc ohc, con el árbol de levas accionado por eje y engranajes cónicos.

La producción se interrumpió y volvió a reanudarse en 1937 con una gama de modelos ligeros con motores Sachs de entre 75 y 125 cc. Todos ellos eran de líneas convencionales con dos o tres velocidades, bastidor y horquilla sencillos, frenos de tambor y encendido semejante al de otras marcas alemanas fabricadas para el mismo mercado. Estas motocicletas continuaron en el mercado hasta 1940, pero no reaparecieron después de la Segunda Guerra Mundial.

DELOMA
Alemania (Magdeburg) 1924. Fue una de las máquinas fabricadas a mediados de los años veinte que utilizaban el motor Julius Lowy de dos tiempos, lo que no cambió en nada sus prestaciones o su popularidad, pues al final desapareció igual que el resto de modelos.

DE LONG
Estados Unidos h.1901. Máquina pionera que ofrecía un particular sistema de encendido por batería.

DELTA
Alemania 1924. Esta máquina se caracterizaba por estar totalmente cubierta. También por su motor monocilíndrico de 499 cc y dos tiempos, con diseño de tres lumbreras. Una característica externa que la distinguía del resto de modelos de competición era su bastidor elástico de muelles de ballesta semielípticos.

DE LUXE
Estados Unidos (Indianápolis) 1912-1915. La F. W. Spacke Machine Company suministraba motores (de uno y dos cilindros) para esta motocicleta. También fabricaban algunos otros componentes mecánicos fabricados por Excelsior (por entonces una de las filiales de Schwinn, el imperio de las bicicletas).

DE LUXE
Inglaterra (Birmingham) 1920-1924. Estas máquinas montaban motores Villiers de dos tiempos y 269 cc y Barr & Stroud de cuatro tiempos y 350 cc. Los modelos de 350 cc se ofrecían con chasis de sidecar gratis.

DIAMOND

LA DIAMOND FUE CREADA POR D. H. & S. Engineering en su fábrica de Wolverhampton, pero cuando anunciaron su serie de motocicletas a mediados de 1908, se convirtieron en Dorsett, Ford & Mee, o D. F.&M, y su producción fue comercializada por la Victoria Trading Co. de Londres. Los cuatro modelos tenían motores belgas FN, pero no incorporaban la transmisión por eje que a menudo se asocia con esta firma. Había dos monocilíndricas dde 2,5 y 3,5 CV, y dos bicilíndricas en V de 3,5 y 5 CV con el cilindro trasero calado verticalmente. Todos los modelos contaban con magneto Bosch y carburador FN. Estos modelos eran muy largos y bajos para su tiempo, y todos salvo el más pequeño, incorporaban horquillas con suspensión.

La transmisión de todos ellos era directa, por correa, y el acabado en un gris purpúreo.

A finales de 1912, la firma anunció un modelo más avanzado e interesante con 2,75 CV. Tanto la distribución de las válvulas como la transmisión se salían de lo corriente. La distribución tenía vál-

Desde 1919, Diamond utilizó una gran variedad de motores patentados por otras compañías. Este modelo de 1921 tenía un motor JAP con válvulas laterales de 1,5 CV, con caja de cambios de dos velocidades y cadena oculta.

THE 2¾ h.p. DIAMOND MOTOR CYCLE
THE SENSATION OF THE M.C.C. LONDON-EXETER-LONDON TRIAL.

The Ideal All-Weather Machine.
LET US MAIL YOU OUR LATEST CATALOGU of
THE MACHINE WITH SO MANY ADVANTAGES.
AGENTS WANTED.
PARTICULARS OF THE MAKERS:— The D. F. & M. ENGINEERING Co., Ltd., Sedgley St., Wolverhampton.

vula de admisión en culata y de escape en el cuerpo del cilindro, ambas en la parte delantera del motor. El árbol de levas se prolongaba hacia delante por el lado derecho del motor, y era accionado por un engranaje cónico colocado al final del cigüeñal, que se prolongaba hasta la magneto, colocada en la parte delantera del cárter, y estaba totalmente cubierto.

La rueda dentada cónica del cigüeñal también accionaba un un segundo eje que conectaba a través de un embrague cónico con una caja en la que dos pares de engranajes cónicos hacían las veces de un cambio de dos velocidades.

La transmisión secundaria era por medio de cadena cubierta. El resto del modelo era bastante convencional, salvo por los brazos de la horquilla trasera, que se prolongaban en línea recta pasando uno a cada lado del cárter, justo debajo del cilindro, para unirse un poco más adelante con el tubo inferior del bastidor. Además, disponía de hoquilla Druid.

A comienzos de 1913, la magneto se giró, quedando alojada transversalmente en el bastidor, lo que obligó a introducir otro engranaje cónico. Por lo demás, el modelo permaneció igual hasta 1915, cuando se presentó una nueva

La interesante Diamond de 2,75 CV salió al mercado an 1912 con un peculiar sistema de accionamiento del árbol de levas, magneto y caja de cambios de dos velocidades, todo ello cubierto bajo una carcasa.

máquina con motor Villiers de dos tiempos, 269 cc y caja de cambios de dos velocidades. Su transmisión secundaria era por correa. Al año siguiente, se unió a éste un nuevo modelo con motor JAP de 2,5 CV.

Después de la guerra, la firma trasladó sus instalaciones a un nuevo emplazamiento, también en Wolverhampton, y allí continuó con estos dos modelos, tomando parte en las TT durante varios años, aunque sin éxito. La gama se fue aumentando con nuevos motores Villiers, Blackburne y JAP, además de un Barr & Stroud, y finalmente un Bradshaw refrigerado por aceite. En 1927, la compañía volvió a utilizar sólo motores de dos tiempos, y después de 1928, la producción se interrumpió temporalmente.

La firma reanudó su actividad en 1930 con un modelo monocilíndrico de dos tiempos y 247 cc al que pronto se unieron otros, incluidos dos JAP con distribución ohv.

Todo siguió así durante un par de años, pero en 1933 sólo quedaba un modelo con motor Villiers de 148 cc.

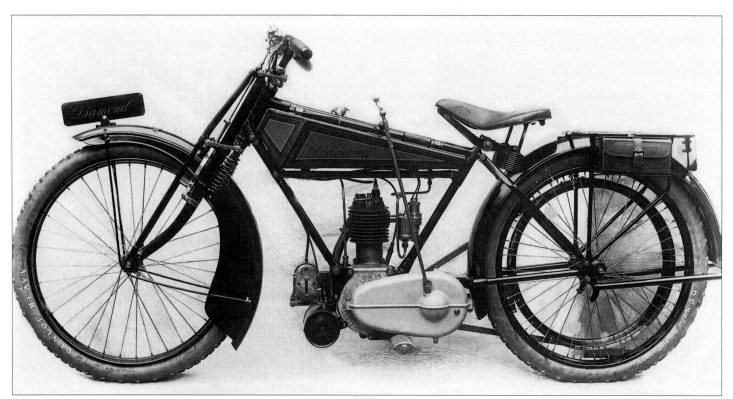

DKW

ALEMANIA 1919–1966

EN MUCHOS ASPECTOS, DKW se considera a la altura de los grandes fabricantes de motocicletas alemanes, como BMW y NSU. Durante muchos años, esta compañía fue líder mundial en diseño de motores de dos tiempos, utilizando una tecnología que ella misma había desarrollado.

La historia de DKW comenzó un 30 de julio de 1898 con el nacimiento de Jorgen Stafte Rasmunssen en Nakskow, Dinamarca. El joven Rasmussen se trasladó a Dusseldorf, Alemania, en 1904, y más tarde, en 1907, a Zschopau, veinte kilómetros al sur de Xhemnitz, en Sajonia. Aquí, Rasmussen desempeñó varias tareas como ingeniero, y en 1919 fundó su propia compañía, la J. S. Rasmussen.

La saga de cómo la compañía llegó a adoptar las iniciales DKW es toda una leyenda. En 1963, celebrando su 85 cumpleaños, Rasmussen presentó tres explicaciones. La primera era Dampf Kraft Wagen, que procedía de su primer motor, uno de vapor para coche. Las iniciales se le quedaron grabadas, y cuando, en el periodo de entreguerras, los modelos de competición de la marca estaban barriendo a sus rivales en el circuito de Avus, en Berlín, se acuñó el segundo eslogan: Der Knabishe Wunsche (el sueño de colegial). Por si esto no fuera bastan-

La SM (Steel Model) de DKW tenía un motor de 175 cc y dos tiempos, y fue una máquina extraordinariamente popular con un diseño muy innovador.

te, el lanzamiento de un pequeño coche en 1928 sugirió el tercer juego de palabras: Das Kleine Wunder (el pequeño milagro). Esta tercera versión es la que todo el mundo acepta como verdadera.

La compañía comenzó su andadura en 1920, año dedicado al desarrollo y la investigación. El año siguiente fue un hito en su historia, con la introducción del motor de 122 cc diseñado por Hugo Ruppe. Este motor podía montarse en el cuadro de una bicicleta convencional, uniéndolo a la rueda trasera mediante una correa de cuero.

A mediados de 1922, se habían vendido unas 25.000 unidades de estos motores en miniatura, y el diseño de dos tiempos comenzaba a ganar una reputación de excelente fiabilidad.

Este éxito fue seguido de cerca por la Golem, un modelo con aire de escúter y 122 cc, y el modelo Lamos de

El escúter Lamos de 142 cc era un modelo con diseño avanzado cuando apareció en 1922, pero lamentablemente para DKW, fue un fracaso de ventas.

142 cc, lanzados ambos en 1922. Aunque los dos modelos ofrecían una comodidad «de sillón», no se vendieron bien. Sin desanimarse por estos reveses, Rasmussen y Ruppe presentaron una nueva serie, que, ahora sí, fueron verdaderos éxitos de ventas. La primera de estas motocicletas, la avanzada SM (Steel Model) destacaba el diseño pionero de que DKW era capaz. La SM monocilíndrica de 173 cc fue un modelo que marcó tendencias, debido a su bastidor de acero estampado. Aunque en seguida fue copiada por otros fabricantes, DKW siempre se las arregló para ir por delante de la competencia. En 1927, la firma había absorbido a otras 16 compañías, y

DENE
Inglaterra 1903-1922. Esta compañía fabricó un número relativamente pequeño de motocicletas, teniendo en cuenta lo dilatado de su permanencia en el mercado. Sus modelos estaban provistos de motores patentados de otras firmas, como Fafnir, Precision, Green-Precision (sus motores refrigerados por agua), Abingdon y JAP.

DENNELL
Inglaterra (Leeds) 1903-1908. Además de utilizar motores JAP, Minerva y NSU, Herbert Dennell fabricó un modelo tricilíndrico con motor JAP refrigerado por aire con 660 cc y cilindros en línea y transmisión a correa. También fabricó un tetracilíndrico con motor de Franklin & Isaacson.

DERBY
Inglaterra (Londres) 1902-1910. Este oscuro y primitivo fabricante utilizaba motores MMC.

DERONAX
Bélgica finales de los años cincuenta. Estas mediocres máquinas fabricadas en los competitivos años cincuenta utilizaban motores Ilo de dos cilindros con cajas de cambios de dos velocidades.

DERONZIERE
Francia (Lyon) 1903-1914. Esta firma utilizaba motores Peugeot y Zedel en sus primeros años, además de montar sus propios modelos de 282 cc con válvulas de admisión automática en algunos de ellos.

DESPATCH-RIDER
Inglaterra (Birmingham) 1915-1917. Este infructuoso asalto al mercado militar utilizó un motor Villiers de dos tiempos y 269 cc. También se dice que en la fabricación de estas máquinas se utilizaron motores Peco de 210 cc.

Este modelo de 1928 se fabricó en un momento de rápida expansión de DKW. En 1930, la compañía podía presumir de ser el mayor fabricante de motocicletas del mundo.

daba trabajo a 15.000 personas. Tres años después, con una expansión incluso más rapida, DKW podía con razón afirmar que era el fabricante de motocicletas más grande del mundo. Sin embargo, este nivel de crecimiento tuvo también efectos secundarios: el principal, las grandes pérdidas y gigantescas deudas bancarias. Rasmussen fue capaz de resolver este problema con un método comercial que caracterizaría a la industria del motor durante el resto del siglo XX. Se trataba de agrupar compañías mediante fusiones y adquisiciones.

En el caso de DKW, esto ocurrió en 1932, cuando se fusionó con Horch, Audi y Wanderer para convertirse en Auto Union AG, dirigida por Carl Hahn. La nueva marca adoptó como logotipo cuatro círculos plateados entrelazados, los mismos que casi setenta años después podemos ver todavía en los coches Audi. Pero, a diferencia de hoy, esta amagama de cuatro compañías no fue simplemen-

el mercado doméstico como en las exportaciones.

La fabricación de motores DKW se había visto enormemente favorecida con la adopción en 1929 del sistema de

Una DKW 500 Sport de 1929. Esta máquina desarrollaba 18 CV, pesaba 170 kg, y podía alcanzar la sorprendente velocidad de 120 km/h.

te un ejercicio de combinación de logos. Las otras tres compañías se concentraron en la fabricación de coches, en tanto que DKW continuó como fabricante de motocicletas, y uno de los mejores, además.

Una vez que la gran depresión comenzó a remitir, DKW se encontró en una magnífica posición para sacar partido de la situación favorable tanto en

barrido de bucle inventado por Schnuerle, que representó un gran avance para los motores de dos tiempos, que anteriormente presentaban grandes problemas con la eliminación de los gases quemados. Por esta razón DKW había resucitado el antiguo diseño Bichrome, utilizando un pistón independiente como bomba de carga, que proporcionaba a la mezcla cierto grado de sobrecarga a presión atmosférica normal. Con todo, el sistema Schnuerle con sus pistones de cabeza plana, demostró muy pronto ser más efectivo que este sistema o cualquiera de los diseños

anteriores que incorporaban un pistón con una corona en el centro, formando un deflector asimétrico.

El principio de Schnuerle ofrecía mayor potencia y flexibilidad, y una quema de los gases más uniforme, todo ello conseguido mediante lumbreras de admisión en ángulo, que permitían que la mezcla introducida durante el tiempo de admisión continuara hasta el cilindro, atravesara la cámara de combustión y saliera por el otro lado del cilindro, tomando el camino de escape de los gases. Fueron necesarias muchas pruebas antes de decidir la forma y colocación exacta de las lumbresras.

A finales de los años treinta, DKW era prácticamente imbatible en carreras de Grand Prix con sus máquinas de 250 y 350 cc que además habían batido varios récords. Aparte de las carreras, DKW culminó con mucho éxito competiciones como las International Six Day-Trials, ganando numerosas medallas de oro.

El éxito generalizado de DKW quedó patente en la Exposición de Berlín de 1938, la más grande organizada hasta entonces, donde las ventas alcanzaron niveles récord y DKW reflejó la prosperidad de que gozaba por entonces Alemania. El futuro se prometía brillante, aunque no podía decirse lo mismo de la situación política.

En 1939, con el comienzo de la guerra, DKW, como la mayor parte de las fábricas de motocicletas, fue obligada a adaptar su producción al esfuerzo bélico. Entre 1939 y 1945, DKW fabricó motocicletas militares, entre ellas la NZ250 y 350. Pero de entre todas las motocicletas que llegaron con la guerra, sería el modelo más pequeño de DKW el que tendría más

Una DKW 250 cc con motor monocilíndrico con doble lumbrera de escape, fabricada en 1938. Este fue un período de grandes triunfos para la compañía, tanto en carretera como en pista.

influencia en el desarrollo de la firma después de la guerra. Se trataba de la RT125 diseñada por Hermann Webber, que en el perído de posguerra se convirtió en el modelo más copiado de la historia.

En cuanto a DKW, su fábrica de Zschopau se encontraba en el sector oriental comunista cuando Alemania fue dividida al final de la guerra. Por consiguiente, DKW tuvo que montar una nueva fábrica en el oeste, en Ingolstadt a orillas del Danubio, en Bavaria Superior.

Tras reanudar la producción, el primer modelo de serie, una RT125, se terminó en 1949. La «nueva» fábrica DKW ya tenía una versión de carreras compitiendo en 1947, junto con una 250 anterior a la guerra, provista de sobrealimentador.

Pero la verdadera novedad en el ámbito de la competición fue el lanzamiento de una tricilíndrica de 350 cc, que llegó en 1952. Este modelo estuvo compitiendo hasta finales de 1956, cuando la compañía dejó las carreras.

La línea de motos urbanas de los años cincuenta incluye los modelos RT125, RT175, RT200, RT250 y RT350. Todas ellas eran monocilín-

Como todas las DKW, esta GS 350 de 1938 es un modelo de dos tiempos. Fue diseñada especialmenete para pruebas de larga distancia, como los famosos ISDT.

dricas de dos tiempos, salvo la 350, que era bicilíndrica.

En octubre de 1954 se fabricó la DKW número 250.000 del período de posguerra, salida de la fábrica de Ingolstadt. Durante este período, se produjeron también 122.000 coches en esas mismas instalaciones.

Para DKW, como para la mayoría de la industria motociclista de la Alemania occidental, 1956 fue un año aciago.

Aunque en julio de ese año se había lanzado un nuevo ciclomotor, el Hummel, la planta de Ingolstadt estaba pasando por graves dificultades. Fue el sector de las cuatro ruedas lo que mantuvo a flote la compañía. En noviembre de 1958, la mala situación

DKW también cosechó grandes éxitos en los años treinta con sus modelos de competición (por supuesto, de dos tiempos) provistos de sobrealimentador. El de la fotografía es un modelo de 350 cc de 1939.

financiera obligó a Express, Victoria y DKW a fusionarse, dando lugar a la Zweirad Union. El plan fue concebido por Franz Flick, propietario de Daimler Benz, que había adquirido el ochenta y ocho por ciento de las acciones de Auto Union.

Después de la fusión de 1958, el nombre de DKW sólo fue utilizado en un mero ejercicio de ingeniería de marcas.

DE TOGNI
Italia (Milán) 1932-años cuarenta. Puede decirse que era un «sillón» montado en el bastidor de una motocicleta. El modelo estaba provisto de estabilizadores y tenía la potencia de una DKW de 175 cc, razón por la que se le dotó de una caja de cambios de tres velocidades. Acabada la Segunda Guerra Mundial, De Togni comenzó a fabricar vehículos ligeros de reparto con motor Sachs.

DETROIT
Estados Unidos, h.1903. En estas primitivas máquinas, el tubo superior del bastidor era a la vez el depósito de gasolina, y el tubo inferior hacía las veces de silenciador. Una de las versiones arrancaba con encendido por magneto, mientras que la otra disponía de encendido por batería.

DFB
Alemania 1922-1925. El motor de 159 cc que fabricaba esta compañía se vendía por separado o como parte de una motocicleta completa.

DFR
Francia (Neuilly) 1921-1933. Desert et De Font Reault comenzó fabricando motocicletas con motores Train de dos tiempos y Bradshaw de cuatro tiempos y refrigeración por aceite, con transmisión primaria a cadena y secundaria a correa. Posteriormente, hacia 1925, empezó a producir un modelo monocilíndrico de dos tiempos y 250 cc con bomba de carga, y posteriormente, un 350 cc con motor MAG. Después, se pasó a modelos de dos tiempos con 175 y 250, y modelos de cuatro tiempos y 350 cc con distribución ohv. La firma también compitió con un modelo sobrealimentado con motor Bradshaw, que obtuvo algunos éxitos entre 1925 y 1927. Unos años después, la compañía fue absorbida finalmente por Dresch hacia 1930.

SS250 RACER

1935

La Exposición de Berlín de 1935 vio el debut de la SS250 de DKW, un modelo de carreras que se vendía directamente al público. Esta motocicleta, heredera de la poderosa tecnología de la firma, utilizaba motor de doble pistón compartiendo una misma cámara de combustión, y refrigeración por agua.

No hay verdadero aficionado a las cuatro ruedas que no haya oído hablar de los legendarios logros del equipo de carreras «Silver Arrow» de Auto Union de la segunda mitad de los años treinta. Durante ese período, la carrera de DKW en el deporte de las dos ruedas fue casi tan exitosa, tanto en Alemania como fuera de ella.

En 1925, DKW participó en competición con modelos de 175 y 250 cc, por supuesto, de dos tiempos, con refrigeración intermedia y sistema de sobrealimentación Bichrome. Sin embargo, hasta 1931 en que apareció el monocilindro de doble pistón diseñado por Hermann Webber, la marca no lograría los éxitos deseados.

August Prussing, que trabajaba en la sección de competición de DKW con Webber, también contribuyó en el diseño. Durante los años siguientes, la práctica totalidad de los grandes pilotos alemanes montaban estas «Deeks»,

Una SS250 de carreras de 1935, rápida motocicleta monocilíndrica de doble pistón. Se vendía directamente al público y estaba basada en modelos que habían logrado grandes éxitos para la marca.

incluido Fleischmann, Klein, Muller, Ley, Rosemayer, Wunsche, Kluge y Winkler. La primera generación de monocilíndricas con doble pistón eran

máquinas de 250 cc en las que el pistón de sobrecarga estaba colocado en la parte anterior del cárter. Los modelos basados en este peculiar diseño alcanzaron un número sorprendente de victorias y récords durante los años treinta, década de oro de DKW.

La fama en pista de DKW no tardó en extenderse fuera de Alemania, y sus modelos batían con frecuencia a las grandes motocicletas de 305 cc. DKW

llegó incluso a intentar el asalto al gran bastión del motociclismo británico, la TT de la isla de Man.

En 1938, Ewold Kluge, que después de liderar la TT de 1937 había tenido que retirarse, se convirtió en el primer alemán en ganar un TT, montando una DKW 250.

Al año siguiente, 1939, DKW no sólo poseía el departamento de carreras más grande del mundo, con más de 150 máquinas, sino que contaba además con algunos modelos extraordinariamente competitivos, entre ellos, la 250US, que era una sobrealimentada bicilíndrica de doble pistón, que desarrollaba nada menos que 40 CV a 7.000 rpm, y un modelo similar de 350 cc con una potencia de 48 CV. A estas máquinas correspondió el dudoso honor de producir el ruido más ensordecedor del mecado, con un tubo de escape que impedía oír al resto de las motocicletas del circuito.

Motor: monocilíndrico de doble pistón, 248,4 cc, dos tiempos, refrigeración líquida
Potencia: 30 CV a 7.000 rpm
Caja de cambios: pedal, 4 velocidades
Transmisión secundaria: cadena
Peso: no especificado
Velocidad máxima: 170 km/h

RT125

1939

Durante los años treinta, DKW había crecido rápidamente hasta que, a punto de que en vísperas de la Segunda Guerra Mundial, la compañía era reconocida como el líder mundial en motores de dos tiempos, tanto en carretera como en pista.

Desde mediados de los años treinta, DKW fabricó motocicletas de carreras de 250 cc extraordinariamente rápidas, provistas de sobrealimentador, doble pistón y doble cilindro. En 1939, el departamento de modelos de competición de la fábrica de Zschopau (Sajonia) daba trabajo a más de 150 técnicos, lo que le convertía en el más grande del mundo.

Toda esta suma de conocimientos técnicos y avances tuvo su influencia en los modelos que realmente alimentaban la firma.

La DKW RT125 original, diseñada por Hermann Meier, hizo su debut en 1939. El de la foto es un modelo de 1950, práticamente igual al original.

El principal ejemplo de esto lo encontramos en el modelo más famoso e influyente de DKW, la RT125. Diseñada por Hermann Weber, esta motocicleta ligera contaba con un motor totalmente nuevo de 122 cc, dos tiempos y caja de cambios integrada de tres velocidades, con cambio en el pedal. El diámetro y carrera del pistón era de 52 × 58 mm.

La RT125 encontró en seguida un comprador en la Wehrmacht (ejército alemán), que utilizó el modelo recién llegado para una variada gama de tareas. El núcleo del modelo lo constituía su motor, con culata de aleación y cuerpo del cilindro de hierro fundido.

A finales de 1938, el coronel Oberst von Schell (más tarde general) racionalizó la industria motociclista alemana.

A Oberst von Schell se le concedió un control absoluto que sólo es posible bajo un régimen totalitario. Junto con otros vehículos, los tipos de motocicletas fueron reducidos de 150 a 30.

Pero el diseño de la RT125 era tan bueno que en cuanto se hubo completado el programa de pruebas, se ordenó nuevamente su fabricación. Su ligereza, excelentes prestaciones y durabilidad

hicieron que se fabricara en gran número para las fuerzas armadas alemanas durante toda la guerra.

Una vez terminado el conflicto, se convirtió en la motocicleta más copiada de la historia. La británica BSA Bantam, la americana Harley-Davidson Hummer, la soviética Moske, la italiana Morini e incluso la novedosa Yamaha YAI (Dragón Rojo) mostraban claramente su deuda con el diseño DKW.

El diseñador de la RT125, Hermann Weber, murió en un campo de prisioneros soviético.

Motor: monocilíndrico de dos tiempos, 122,2 cc (52 × 58 mm), refrigeración por aire
Potencia: 4,75 CV a 5.000 rpm
Caja de cambios: 3 velocidades, pedal
Transmisión secundaria: cadena
Peso: 68 kg
Velocidad máxima: 76 km/h

RT250   1952

Además de competiciones de asfalto, DKW también tomó parte en carreras de trial de larga distancia, tanto antes como después de la Segunda Guerra Mundial.

La RT250 debutó en los International Six Days Trials de 1952. Estaba basada en el diseño de la RT200 con caja de cambios de tres velocidades integrada en el motor, que se había comenzado a fabricar en serie el año anterior, pero con una capacidad aumentada a 70×64 mm (244 cc). Con una relación de compresión de 6.3: 1, esta 250 desarrollaba 11 CV a 4.000 rpm. El carburador era del tipo Bing AJ2/26/15. Entre otros detalles de sus características técnicas, cabe destacar los neumáticos de 48 cm, la horquilla telescópica delantera, suspensión trasera por émbolos, y (al contrario que las demás DKW) transmisión secundaria a cadena totalmente oculta. La velocidad máxima era algo superior a 96 km/h.

Con la RT250, DKW podía ofrecer tres monocilíndricas de carretera: las otras dos eran los modelos RT125 y RT200. Y a pesar de que la RT125 siguió siendo la más vendida, las otras dos con mayor capacidad también se vendieron bien y, lo que tal vez es más importante, demostraron ser motocicletas fiables y duraderas.

En 1954 aparecieron otros dos modelos RT: la monocilíndrica RT175 y la primera bicilíndrica de carretera fabricada por DKW después de la guerra, la RT350. La RT250 se había actualizado, y contaba con más poten-

La RT250 llegó en 1952. No sólo demostró ser una magnífica motocicleta urbana, sino que también ganó medallas en los ISDT. Fue éste un período de desarrollo para la compañía.

cia (12 CV a 4.560 rpm), un depósito con mayor capacidad, ruedas más anchas y 4,8 km/h más de velocidad máxima, y la caja de cambios de 4 velocidades de la RT350.

En cuanto a la nueva bicilíndrica, ésta era, al contrario que la RT250, un modelo elegante, con un aire de calidad, nitidez de líneas y excelente acabado.

Una característica técnica interesante de la RT350 era su freno trasero accionado por sistema hidráulico, cuyo cilindro director estaba alojado en el lado izquierdo de la caja de herramientas. En el mismo momento en que la RT350 comenzaba a ser producida en serie, DKW volvía a la producción de coches, al principio con un modelo tricilíndrico de dos tiempos y 900 cc. En 1954, el personal de la compañía se había duplicado desde 1950. Este crecimiento propició la vuelta de DKW a las competiciones de Grand Prix.

Motor: monocilíndrico, dos tiempos, 244 cc, refrigeración por aire
Potencia: 11 CV a 4.000 rpm
Caja de cambios: 3 velocidades; a partir de 1954, 4 velocidades, pedal
Transmisión secundaria: cadena
Peso: 134 kg
Velocidad máxima: 100 km/h

350 THREE-CYLINDER RACER   1955

Concebida en 1952, la DKW de Grand Prix tricilíndrica con refrigeración por aire llegó a su mayoría de edad en la temporada 1955. Esta tricilíndrica relanzó la marca DKW.

de carretera, seguidas a comienzos de los años cincuenta por modelos de dos y tres cilindros completamente nuevos. Sería con estos últimos con los que la renacida DKW conseguiría sus mayores éxitos.

El debut de la 250 bicilíndrica llegó en abril de 1952, en Hockenheim. La tricilíndrica de 350 debutó un mes después.

Por entonces, la responsabilidad de los modelos de competición había recaído en el joven ingeniero Erich Wolf, que anteriormente había puesto a punto motores de la marca austriaca Puch y de los primeros diseños DKW, antes de unirse a los famosos especialistas de dos tiempos.

En los años treinta, DKW había mostrado al mundo que sus modelos de dos tiempos podían liderar las competiciones en circuito. Después de la Segunda Guerra Mundial, y recolocada en sus instalaciones de Ingolstadt, en el oeste, DKW trató de repetir sus glorias pasadas.

Sus primeros esfuerzos se concentraron en versiones especiales de la RT125

En las dos temporadas siguientes, Wolf no alcanzó el éxito esperado, de manera que se puso el proyecto en manos de otro ingeniero, Hellmut Georg. Al mismo tiempo, Robert Eberan von Eberhorst, antiguo ayudante del legendario Ferdinand Porsche fue puesto al frente de la división de carreras de DKW.

Juntos, Georg y Von Eberhorst convirtieron la tricilíndrica de 349,4 cc (53 × 52,8 mm) en un modelo de primera clase. Al principio, conservaron el diseño original de Wolf y la disposición básica de dos cilindros verticales y uno horizontal. Sin embargo, en el modelo de Wolf de 1952 todo estaba diseñado para aligerar peso, lo que hacía a la motocicleta poco fiable. Por eso Georg mejoró no sólo los componentes del motor, sino también el chasis, los frenos y la suspensión. El resultado fue una mayor potencia y durabilidad.

Otra característica importante de la puesta a punto que Georg hizo del modelo fue el sistema de escape, que, por vez primera, hizo uso de cámaras de expansión.

Durante dos temporadas, 1955 y 1956, la tricilíndrica modificada de DKW podía aspirar seriamente al campeonato del mundo de 350 cc, y aunque al final fue derrotada por la monocilíndrica de Moto Guzzi, el resultado fue muy ajustado.

A finales de 1956, la dirección de DKW decidió suspender sus intentos en las pruebas de Grand Prix. Sin embargo, su primer piloto, August Hobl, proporcionó a los aficionados un buen recuerdo cuando consiguió el subcampeonato en el Campeonato del Mundo de 350 cc.

Motor: tricilíndrico, dos tiempos, 348,48 cc (53 × 52,8 mm), refrigerado por aire
Potencia: 46 CV a 9.700 rpm
Caja de cambios: 5 velocidades, pedal
Transmisión secundaria: cadena
Peso: 145 kg con carenado
Velocidad máxima: 225 km/h

DMW

INGLATERRA 1950–1967

DAWSON'S MOTORS OF Wolverhampton (DMW) comenzó en el negocio de las motocicletas antes de la guerra, y después de ella estuvo brevemente unido con la firma Calthorpe. Sin embargo, su producción de motocicletas no comenzó realmente hasta 1950, cuando se puso en funcionamiento sus instalaciones de Valley Road Works en Sedgley, Worcestershire. Con el paso de los años, DMW utilizó motores Villiers en casi todos sus modelos. Su primera gama constaba de tres modelos: 1F (de 99 cc), 10D (de 100 cc) y 6E (de 197 cc). Los tres tenían horquilla telescópica MP, fabricada por la propia compañía, y los dos modelos de mayor cilindrada disponían de suspensión trasera por émbolos.

En 1951, se añadieron dos modelos De Luxe con bastidores hechos de tubos de sección cuadrada. El modelo de 99 cc desapareció después de ese año, y en

DMW incluyó en su catálogo una amplia gama de modelos de competición y carretera. Ésta es una MK15 de 1962 con motor Villiers 32A de 246 cc.

1952 se incorporó un modelo de 197 cc Competition. Desde entonces, se utilizaron tubos de sección cuadrada y también de sección redonda en los bastidores, y unos años más tarde, aparecieron los de plancha de acero.

DMW sorprendió a todos cuando en 1953 introdujo varios modelos con motores de 125 y 170 cc con distribución ohv fabricados por AMC (la francesa Ateliers de Mécanique du Centre), en lugar de los motores británicos de la firma de Plumstead. Este lazo con la empresa francesa dio lugar a otros dos modelos, uno con 249 cc ohc y el otro de carreras con motor de 125 cc dohc llamado Hornet.

La relación entre ambas firmas no duró mucho, y pronto DMW volvía a su gama de motores de dos tiempos que incluía motos de trial y de campo, además de modelos de carretera. A éstos se unió el modelo Leda con motor 29C de 147 cc y el Cortina con motor 1H de 224 cc, mientras que la fabricación de los modelos de competición obedecía a una razón concreta, y éstos tenían cada vez menos que ver con los anteriores.

En 1957, apareció el escúter Bambi, con motor de 99 cc 4F colocado debajo del bastidor autoportante de chapa. A los modelos de carretera se unió el Dolomite, que utilizaba un motor bicilíndrico 2T de 249 cc. Este mismo motor se instaló en un modelo de campo en el año 1958. Más sensato fue el uso que en 1959 se hizo del motor 32A de 246 cc para pruebas de trial, y el 33A para enduro y cross, mientras que se añadió la versión 3T de 324 cc de la Dolomite.

En los años sesenta, la Bambi dejó de fabricarse, y en 1961 apareció un nuevo concepto de motocicleta, la Deemster. Esta híbrida entre escúter y motocicleta pretendía ofrecer una mezcla de protección contra las inclemencias y buena manejabilidad, y era propulsada por un motor 2T de 249 cc. El resto de la gama se siguió mejorando, y a finales de 1962, DMW tomó el control de la firma

Esta DMW de 1953 tenía un motor Villiers de 197 cc, suspensión trasera por émbolos y bastidor tubular de sección cuadrada.

La DMW Hornet sólo estuvo en el mercado entre 1954 y 1955, y utilizaba un motor francés de 125 cc dohc fabricado por AMC. Estaba diseñada únicamente para carreras en pista.

fabricar una bicilíndrica de 500 cc utilizando dos de estos motores.

La gama se redujo en 1966, cuando a la Deemster se le montó un motor Velocette bicilíndrico boxer de 247 cc y dos tiempos, además del habitual 2T. Sin embargo, sólo el modelo de carreras Hornet, y la Highland Trials, con bastidor Cotton y motor 37A continuó hasta 1967.

En 1967, la firma dejó definitivamente de fabricar motocicletas, aunque se siguieron construyendo partes de las mismas y máquinas de pruebas. En los últimos años de 1970, fabricaron algunas máquinas de empuje de 246 cc que suministraron a Cotton and Dot, aunque esto no duró mucho tiempo.

DIESELLA
Dinamarca 1954. Esta máquina Danesa era un ciclomotor con motor de dos tiempos y 50 cc, montado debajo de los pedales. En versiones posteriores, el motor iba colocado detrás del asiento, con transmisión por fricción a la rueda trasera.

DIETERLE-DESSAU
Alemania 1921-1925. Esta compañía fabricaba motores de dos tiempos y 350 cc, pero sufrió el inestable clima de entreguerras de la República de Weimar. Finalmente, la compañía desapareció a causa de la inflación, igual que tantas otras de aquel período.

DIFRA
Alemania (Frankfurt a.d. Oder) 1923-1925. Estas motocicletas ligeras tenían motor Namapo de 198 cc.

DIHL
Alemania (Berlín) 1923-1924. Esta firma alemana al principio fabricaba un modelo parcialmente cerrado con motor de dos tiempos y 269 cc. Más tarde pasó a fabricar motocicletas ligeras con motores de 125 y 150 cc.

DIK-DIK
Italia 1950. Vanzango fabricó este motor de 43 cc con transmisión por fricción a la rueda trasera. El depósito de gasolina estaba colocado sobre el guardabarros trasero, con el motor más o menos colgando debajo de éste, en el lado derecho, y un pequeño silenciador. Permitía una velocidad máxima de 35-40 km/h.

DILECTA
Francia 1920-1939. Esta firma ensamblaba motocicletas con motores de muy diversas procedencias. Entre sus proveedores estaban Soyer, Aubier-Dunne, Chaise, JAP y Villiers.

DOT INGLATERRA 1907–1978

ESTA FIRMA FUE FUNDADA por Harry Reed. Tenía su sede en Hulme, Manchester, y todavía seguía allí 90 años después, aunque ya no se dedicaba a la fabricación de motocicletas. El nombre Dot significa (eso se decía) «Devoid Of Trouble» (sin problemas), y el primer modelo Dot tenía motor bicilíndrico en V con 3,5 CV y transmisión por correa. Su depósito de gasolina tenía forma de torpedo y ayudaba a dar al modelo una línea muy baja.

Para promocionar su firma, Reed participó, con bastante éxito, en las competiciones celebradas por todo el país.

El momento culminante de esos primeros años llegó en 1908, cuando ganó la TT en la categoría de bicilíndricas. Después de eso siguió compitiendo durante muchos años, y en 1924 quedó segundo en la TT para sidecar.

La gama de modelos de carretera era la típica de la época, con una variedad de motores Peugeot, JAP y Precision, tanto de uno como de dos cilindros, a los que se fueron añadiendo mejoras en la transmisión. En 1915, ya sólo utilizaba motores JAP con cajas de cambios Albion o Jardine de dos, tres o cuatro velocidades.

Durante su larga historia, Dot utilizó durante varios años el motor Bradshaw de 348 cc refrigerado por aceite. Este modelo es de 1928 y su línea es la clásica de aquellos años.

Después de la guerra apareció una pequeña gama formada por un modelo de un cilindro y dos bicilíndricos, pero en 1923 se aumentó cuando a los modelos con motor JAP se unió otro con motor de 348 cc ohv Bradshaw refrigerados por aceite. Este último, junto con un Blackburne de la misma capacidad enriquecieron la gama de 1924. Después

La mejor máquina de Dot todvía se pilota hoy en carreras de modelos antiguos. Ésta tenía un motor JAP de 350 cc ohv con caja de cambios de tres velocidades.

se sumarían un nuevo modelo con motor bicilíndrico en V de JAP y distribución ohv y otro de las mismas características fabricado por Anzani.

La gama se redujo a tres modelos de 350 cc en 1925, y poco más había al año siguiente, cuando Harry Reed dejó la firma y ésta pasó a otras manos. Los nuevos propietarios ampliaron la gama de modelos e incluyeron uno de dos tiempos y 172 cc, y de 147 y 247 cc al año siguiente. Estos modelos continuaron en producción junto con varios de 350 cc y cuatro tiempos hasta que llegó la gran depresión y la gama se redujo drásticamente, para desaparecer a finales de 1932, fecha en que la compañía volvió a cambiar de propietario.

Sin embargo, este no fue el final de Dot, pues tras la Segunda Guerra Mundial la firma comenzó a fabricar una camioneta de tres ruedas propulsada por un motor Villiers de 122 cc. En 1949, apareció una motocicleta de carretera con motor Villiers de 197 cc, y de este único modelo nació toda una gama, sobre todo de competición. Volvió a aparecer un modelo de carretera

en 1951, que difería del resto en su motor Brockhouse de 248 cc y una sola válvula. La Mancuinian de 1956 utilizaba motor Villiers 9E, y en 1959 se presentó una bicilíndrica de dos tiem-

pos con motor RCA de 349 cc, aunque pronto fue retirada del mercado.

La gama se fue completando con modelos de trial y campo con varias combinaciones de suspensión delantera

y sistemas de escape. Al principio, tan sólo se utilizaba el motor Villiers de 197 cc, pero en 1953 llegó una versión de 246 cc con un motor Villiers Starmaker.

Para aumentar la gama, la firma añadió en 1957 los ciclomotores Dot-Vivi, aunque todos eran importados y con motor Victoria. A partir de 1959, la firma comercializó los Do-Guazzoni, de dos tiempos procedentes de Italia, con motores de 98, 125 y 174 cc, pero en 1962 ya habían sido retirados. En los años sesenta la gama se tuvo que reducir, pues las condiciones económicas habían empeorado para la compañía, y a partir de 1968 los modelos sólo estaban disponibles en forma de kit, para aprovecharse de una laguna impositiva y reducir gastos. Además, el suministro de motores Villiers se agotó y Dot tuvo que volver a utilizar en sus últimos años el motor italiano de 170 cc que fabricaba Minarelli. Esta combinación se fabricó en número reducido hasta 1977, y después se pasó a un motor semejante al Villiers fabricado por DKW, pero todo el esfuerzo no sirvió de nada frente a la competencia de las máquinas españolas de trial. A partir de entonces, la firma abandonó definitivamente la producción de motocicletas y se concentró en fabricar parachoques para coches.

Una clásica Dot con motor JAP de 350 cc todavía en competición. Estas carreras son muy populares y gozan del apoyo de los pilotos y el público.

DOUGLAS

INGLATERRA 1907–1957

DOUGLAS ERA UNA PRESTIGIOSA compañía que participaba en carreras TT, donde consiguió importantes victorias tanto en categoría solo como con sidecar, y batió récords del mundo en varias ocasiones. Fue una de las motocicletas de mensajería más famosas durante la Primera Guerra Mundial. El rey Jorge VI compró una de estas máquinas cuando todavía se le conocía como príncipe Alberto, lo que le valió a Douglas el apelativo de «Proveedor Real». Durante muchos años, los modelos de campo más avanzados eran «Douggies». Una Douglas fue la primera 500 cc en sobrepasar los 160 km/h en suelo británico un día de marzo de 1922. Es probable que sus últimos modelos de 350 cc fueran los más rápidos en su cilindrada que podían encontrarse en el mercado. Todos estos hechos indican claramente el glorioso pasado de la firma. Lamentablemente, hay otro conjunto de hechos que hablan de los malos momentos que la compañía pasó en los años cincuenta.

William Douglas, de Greenock, que había comenzado en 1922 creando una fundición en Bristol, entró en el negocio de las motocicletas en 1907 para tratar de reanimar su compañía, que pasaba por problemas económicos. El negocio estuvo a punto de hundirse en 1925 al tener que hacer frente a una enorme deuda impositiva, fue amenaza-

El modelo Brookland estaba basado en la 733, de la famosa serie de campo. El parentesco es obvio si nos fijamos en el tamaño de las ruedas y la forma del manillar.

do por un incendio en 1927, vendido por disensiones familiares, y, en 1931, convertido en Douglas Motors 1923 Ltd. Después quebró en 1933 y la empresa fue reconstituida como William Douglas Bristol Ltd. Estaba a punto de fracasar definitivamente cuando la British Aircraft Company la adquirió, en 1936, convirtiéndose en Aero Engines Ltd. Después de la Segunda Guerra Mundial, con un nuevo nombre (Douglas Kingswood Ltd.) adoptado en 1946, sufrió un pro-

blema de liquidez y se declaró en suspensión de pagos, situación de la que fue rescatada por Charterhouse Investment Trust en 1948, cambiando su nombre por Douglas Sales and Service. En 1956 fue absorbida por Westinghouse Brake and Signal, y como resultado, toda la producción de motocicletas se interrumpió en 1957. Lo más sorprendente es que Douglas siguió siendo después de esto un exitoso importador de escúter, pero esa

El motor bicilíndrico en línea de esta Douglas de 1911 estaba claramente inspirado en la Fée de John Joseph Barter de 1905, máquina que no tuvo mucho éxito.

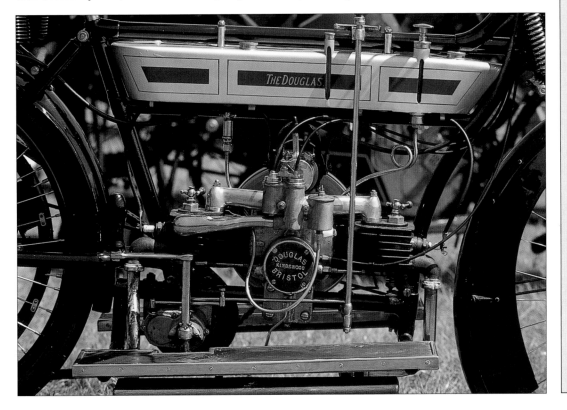

Esta T35 Mk 3 de 1949 era una motocicleta sorprendentemente avanzada, pero demasiado cara y no demasiado fiable (dos inconvenientes típicos de Douglas).

es otra historia. El primer modelo de la firma fue el Fee o Fairy, un bicilíndrico bóxer longitudinal a la marcha, sin gran interés, diseñado por John Joseph Barter, de Bristol, y fabricado para él por Douglas. No se vendió bien, así que

cuando su Light Motors Ltd. fundada en 1905 comenzó a hundirse, Barter (que debía de tener el verbo fácil) convenció a Douglas para que le contratasen como director de una nueva división de motocicletas. La nueva máquina fue un modelo similar al anterior, pero con 340 cc en lugar de 20 cc, también bicilíndrica bóxer longitudinal. Esto ocurría en mitad de la primera crisis de la joven industria, en 1907, y las ventas se habían reducido en un veinticinco por

ciento. Ese año, Douglas vendió unas veinte unidades, y menos de 100 al año siguiente. Hasta 1910, con la adopción de una caja de cambios de dos velocidades, las ventas de Douglas no comenzaron a despegar.

Incluso entonces, las máquinas se iban quedando cada vez más atrasadas, con válvulas de admisión automáticas, hasta que en 1912 se inrodujo el «motor libre» o embrague, aunque al principio sólo era una opción. A pesar de todo, la

transmisión secundaria por correa seguiría utilizándose aún durante varios años más. El modelo de 1914, que nos da una idea de la clase de motocicletas que se utilizaban para hacer los repartos, ayudó a consolidar la posición del fabricante.

El comienzo de los años veinte fue quizá la época más gloriosa de la compañía. En 1921, aparecieron la S1 de 494 cc, con motor cuadrado de 68 mm, y la S2 de 733 cc, que era un modelo con el mismo diámetro del cilindro pero una carrera más larga de 83 mm. Después, en 1923, llegó la RA ohv, una de las Douggies con más éxito.

A finales de los años veinte y comienzos de los treinta, recorría Gran Bretaña una fiebre por las motocicletas de campo. Gracias a esta nueva moda, las Douglas adquirieron gran fama, debido sobre todo a su bajo centro de gravedad y una buena distancia libre inferior (aunque las monocilíndricas de Rudge, más cortas y ágiles, acabarían sustituyéndolas).

Sin embargo, como solía ocurrir, llegaron un poco tarde y escasos de fondo, y volvieron a quebrar.

La adopción del motor transversal a la marcha en la Endeavour de 500 cc de 1935 despertó nuevamente el interés del público, aunque no las ventas, y tras otra

Las motocicletas Douglas tuvieron mucho éxito en las competiciones de velocidad debido a su bajo centro de gravedad y buena distancia libre inferior.

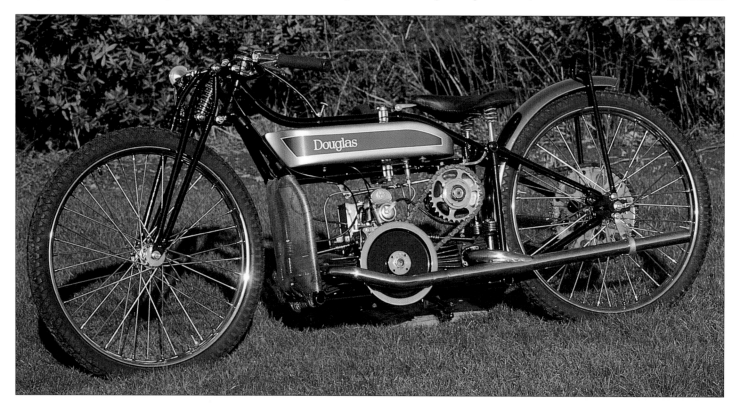

reorganización financiera, se realizaron algunas modificaciones en la parte delantera del modelo. Por fin en 1946 se anunció para la temporada siguiente la prometedora T35. Pero esto no fue más que el comienzo del fin. Las siguientes Douggies eran meras variaciones de la T35. Por entonces, la firma decidió empezar a fabricar Vespas bajo licencia, y la producción de auténticas motocicletas fue languideciendo hasta desaparecer por completo.

DOUGLAS DESPATCH RIDER BIKE 1914

Cuando acabó la Primera Guerra Mundial, las Douglas se convirtieron en motocicletas de reparto muy apreciadas: ligeras, fiables y manejables. Esta en una bicilíndrica de 350 cc de 1918.

En 1914, Douglas había abandonado definitivamente el uso de pedales en sus modelos. Por entonces, la compañía había renunciado a todos sus elementos más primitivos, aunque a veces con cierta renuncia. Sin embargo, fabricaba un modelo cuya transmisión combinaba los sistemas de cadena y correa.

La 350 cc se fabricó en grandes cantidades (más de 25.000 para la fuerzas armadas durante la Primera Guerra Mundial). A pesar de contar con embrague y caja de ambios, le faltaba la potencia de las Triumph de 550 cc monocilíndricas, también muy utilizadas por entonces, y las bujías, que ocupaban una posición

muy baja, eran especialmente susceptibles a los cortocircuitos cuando la motocicleta pasaba por charcos profundos. Sin embargo, en terreno seco, sobre hierba o cualquier superficie razonablemente sólida, todos los que la utilizaban podían confiar en su fiabilidad. La compañía ganó con ella mucho dinero.

En 1916 se lanzó una 593 cc con cilindro de gran tamaño (74,5 × 68 mm), diseñada para uso con sidecar; fue interesante por el diseño de su cámara de combustión, provista de una sección en que la mezcla es más comprimida por el pistón que en el resto.

Motor: bicilíndrico boxer longitudinal, 348 cc (60,8 × 60 mm), válvulas laterales, refrigeración por aire
Potencia: no especificada
Caja de cambios: palanca manual, 2 velocidades
Transmisión secundaria: correa
Peso: no especificado
Velocidad máxima: 80 km/h

DOUGLAS RA 1923

La RA con distribución ohv, diseñada por Les Baley a partir de un modelo anterior, era una versión modernizada de las bicilíndricas precedentes. El motor ocupaba una posición muy baja, con el fin de conseguir un punto de gravedad más bajo y una mejor estabilidad. En ella se utilizaron numerosos componentes fabricados en aleación ligera para reducir el peso. El nombre RA parece que procede de un nuevo sistema de frenos desarrollado por la Research Association británica en una era en que la mayoría de los fabricantes prestaban mucha más atención a correr que a parar. Incluso la versión de 500 cc pesaba solamente 116 kg, de manera que una combinación de este primitivo freno de disco colocado en ambas ruedas y el escaso peso del modelo hacían de él una máquina rápida de arrancar y detener.

Lo que se aprendió de la RA fue aplicado después en la EW con válvulas laterales de finales de 1925, que se presentó en 1926. Al principio, tenían un proble-

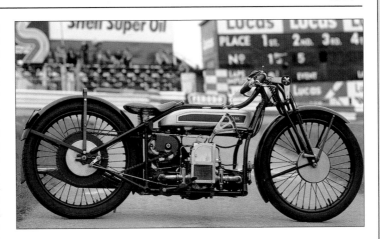

La RA tenía distribución ohv, motor colocado en una posición muy baja y unos frenos muy mejorados: una combinación impresionante.

ma de escasa fiabilidad, al ser fabricada con gran ligereza para cumplir con las normas impositivas británicas.

Motor: bicilíndrico boxer longitudinal, válvulas laterales, 348 cc (60,8 × 60 mm), refrigerado por aire
Potencia: no especificada
Caja de cambios: palanca manual, 3 velocidades
Transmisión secundaria: cadena
Velocidad máxima: no especificada

DOUGLAS D31

1931

La D31 del año 1931 era una sport-turismo actualizada. Su modelo estándar 600 correspondiente era la E31. Con cilindrada de 500 cc se llamaba C31, mientras que la A31 y B31 eran versiones de 350 cc, la primera de ellas con un peso menor a 91 kg, y la B31 con un peso superior a los 91 kg.

Esta máquina respondía al tipo Douglas más tradicional, hasta el punto de ser técnicamente primitiva, a pesar de su manejabilidad. Su gran volante exterior

aseguraba que el modelo tenía una transmisión suave y con buen par motor incluso a bajo régimen de revoluciones, aunque estos atributos eran más interesantes para el piloto de sidecar que para el motorista deportivo (de ahí la versión E31). Al menos, contaba con lubricación por depósito fuera del cárter, característica que se había añadido en 1929.

Desde una perspectiva moderna, es difícil entender lo que la gente veía en esta gama de motocicletas anticuadas, tan

lejos de la herencia TT de la marca, que, a su vez, cada vez estaba más enraizada en el pasado. Puede que esta fuera una de las razones que llevó a William Douglas a vender la compañía al grupo de inversores que creó Douglas Motors Ltd. en 1932. Dos años después, cuando el nuevo consorcio fracasó, después de vender parte de la maquinaria para conseguir algo de liquidez, William volvió a comprar la compañía y cambió su nombre por el de William Douglas Bristol Ltd.

Motor: bicilíndrico bóxer longitudinal, válvulas laterales, 596 cc (68 × 82 mm), refrigerado por aire.
Potencia: no especificada
Caja de cambios: tres velocidades, palanca manual
Transmisión secundaria: cadena
Peso: no especificado
Velocidad máxima: no especificada

DOUGLAS ENDEAVOUR

1934

La Endeavour, primera bicilíndrica transversal de Douglas, tenía una línea muy atractiva, bastante parecida a la de BMW, hasta en su embrague de coche y transmisión secundaria por eje. Sin embargo, nunca alcanzó el mismo grado de éxito que la máquina alemana a causa de la inestabilidad financiera de la compañía, y por la reputación que Douglas tenía de poca fiabilidad (aunque este aspecto había sido enormemente mejorado en los años anteriores). Principalmente, no tuvo éxito porque era demasiado cara (72 libras esterlinas). Sumidos en plena depresión económica, un precio como aquel no incentivaba las ventas, de modo que las bicilíndricas con el motor montado longitudinalmente siguieron siendo el soporte económico de Douglas.

La variedad de máquinas fabricadas en los años treinta fue sorprendente, con

bicilíndricas longitudinales de válvulas laterales y 350, 500, 600, 750 y 1000 cc, algunos modelos ohv, una gama de monocilíndricas de dos tiempos con motor Villiers, incluida una 150 cc Bantam fabricada antes de que BSA tomara prestado el nombre, y, por supuesto, la Endeavour de motor transvesal, basada en un prototipo de 250 cc llamado Golden Star.

Esta podría haber sido otra edad dorada para Douglas, con sus nuevos modelos, sus problemas de fiabilidad ya resueltos, y William Douglas otra vez

El motor transversal se refrigeraba mucho mejor que las versiones longitudinales (sobre todo el cilindro trasero de éstas) y permitía una integración perfecta de la caja de cambios en el motor.

La Endeavour 500 cc de 1934 fue la primera bicilíndrica transversal fabricada por Douglas, pero todavía conservaba algunas de las características más clásicas de la firma: era cara y no muy fiable.

con las riendas de la compañía entre 1933 y 1935, pero, como siempre, la falta de capital significó el hundimiento de la firma. Gordon England, de la Briths Aircraft Company absorbió la compañía y fue reduciendo la producción.

Motor: bicilíndrico plano transversal, 498 cc
Potencia: no especificada
Caja de cambios: 3 velocidades, palanca manual
Transmisión secundaria: cadena
Peso: no especificado
Velocidad máxima: 97 km/h

DOUGLAS 80 PLUS — 1949

La 80 Plus desarrollaba una potencia de 24,8 CV, y era ligeramente más lenta que la 90 Plus, de 25,2 CV. Sin embargo, con una cadena bien ajustada podía llegar a ser más rápida.

La 80 Plus era la descendiente de la T35 bicilíndrica transversal, modelo totalmente nuevo de después de la guerra, provista de suspensión por barra de torsión, y famosa por su diseño progresivo y bastidor propenso a las roturas. La T35 se convirtió en el modelo más rápido de la marca en la versión Mark III, y en 1949 fue bautizada oficialmente como 80 Plus y 90 Plus, con llantas de aleación, doble carburador, culatas con grandes aletas de ventilación y otros detalles. La serie Mark continuó hasta el modelo Mark V. Los dos árboles de levas estaban montados en la parte superior del bloque del cilindro, para hacer las vari-

llas empujadoras fueran tan cortas, ligeras y rígidas como fuera posible y evitar así las vibraciones (no hay que olvidar que el motor desarrollaba su máxima potencia a 7.500 rpm). Según se dice, todos los motores se probaban una vez terminados, y si el dinamómetro mostraba más de 25 CV, se grababa en él un «90», y si era menos, un «80». Estos números hacían referencia a su velocidad máxima que probablemente alcanzarían las motocicletas en que fueran después montados, que eran la dorada metalizada 90 Plus o la granate 80 Plus. La 90 Plus estaba disponible con todas las características de una moto de carreras y sin coste extra. Sus frenos eran parte de su herencia de modelo de competición, muy grandes para su época y para el peso de la motocicleta, con un tam-

bor de 22 cm en la rueda delantera y 17,7 cm en la trasera, aunque la delantera llevaba una única zapata, a pesar de estar provista de aletas de ventilación.

El asiento estándar era un Feridax de gran tamaño con sitio para el ocupante, aunque también se podían instalar asientos con muelles, de aspecto más atractivo. También se podía instalar una horquilla de resorte Radiadraulic, aunque el modelo estándar venía con suspensión por barra de torsión, que se utilizaba sin ninguna clase de amortiguador. El manejo de la motocicleta era muy preciso, excepto en el caso de encontrarse con que la sucesión de baches coincidiera con la frecuencia de torsión de la barra en el extremo trasero, pues entonces la máquina comenzaba a saltar como un conejo.

La 80 Plus y los modelos emparentados era una mezcla de lujos (como las maletas laterales de aleación) y desastres mecánicos (como pérdidas de aceite). Además, su precio era excesivo: costaba más que una Triumph bicilíndrica de 500 cc.

Motor: bicilíndrico plano transversal ohv, 348 cc (60,8 × 60mm), refrigerado por aire
Potencia: 25 CV aproximadamente a 7.500 rpm
Caja de cambios: 4 velocidades, pedal
Transmisión secundaria: cadena
Peso: 179 kg
Velocidad máxima: 137 km/h

DOUGLAS DRAGONFLY — 1955

La Dragonfly (conocida como Dart cuando sólo era un prototipo) fue la última máquina fabricada por Douglas. Como siempre, la compañía se las arregló para anticiparse cuando después de lograr crear unas grandes expectativas entre el público que acudió a la Earl's Court Show de 1955, tardaron nueve meses en ponerse a fabricar el modelo. Para cuando llegó a la cadena de producción, la firma estaba ya empleando la mayor parte de su tiempo fabricando escúter Vespa bajo licencia, por lo que la sección de motocicletas de la compañía estaba muy abandonada.

Además del motor y la transmisión, la mayor parte de los componentes de la Dragonfly se compraban a otras firmas. Paradójicamente, vista en conjunto, parecía tener un diseño más unitario que las de la serie Plus. El único carburador hacía que la potencia no fuera muy grande, pero su conducción era suave y ágil. Como siempre, el modelo era excesivamente caro. Es decir, en líneas generales era una verdadera Douggie.

Esta Dragonfly de 1957 fue el último modelo de serie fabricado por Douglas, y se ha convertido en una pieza muy buscada por los coleccionistas. La transmisión por cadena era una elección un tanto extraña para una bicilíndrica bóxer transversal.

Motor: bicilíndrico plano ohv, 348 cc (60,8 × 68 mm), refrigeración por aire.
Potencia: 17 CV a 6.000 rpm
Caja de cambios: pedal, 4 velocidades
Transmisión secundaria: cadena
Peso: 178 kg
Velocidad máxima: 116 km/h

DOBRO-MOTORIST
Alemania (Berlín) 1923-1925. Este modelo era famoso por tener un silenciador unido directamente al cilindro de su motor DKW de 145 cc. También hay que mencionar las líneas nítidas de su bastidor triangular. Por entonces, había también una versión con motor JAP de cuatro tiempos y 350 cc.

DOGLIOLI & CIVARDI
Italia (Turín) 1929-1935. Se trata de la típica firma ensambladora italiana del período, que utilizaba motores ingleses de compañías como Norman, New Imperial, JAP, Rudge y otros, con cilindradas que iban desde los 175 hasta los 500 cc.

DOLF
Alemania (Frankfurt y Main) 1922-1925. Estas motocicletas de dos tiempos y 114 cc eran sorprendentemente rápidas, en parte debido a sus 8 lumbreras de transferencia y válvula rotativa. Eran capaces de desarrollar una potencia de 3 CV, lo que debía de ser una cifra nada despreciable para una pequeña dos tiempos en aquellos días.

DOLLAR
Francia (Joinvelle-le-Pont) 1925-1939. Esta compañía francesa con sede en Joinville-le-Pont, era una emprendedora fabricante de motocicletas. Sus modelos estaban propulsados por motores de 1, 2 y 4 cilindros, que bien eran construidos por ellos mismos o suministrados por la firma Chaise. Algunas de sus máquinas tenían transmisión por eje, otras, distribución ohc. Esta compañía también se dedicó a la fabricación de modelos de dos tiempos. La historia de esta firma puede haber sido más corta de lo que tradicionalmente se ha pensado, y una fuente menciona que su cierre tuvo lugar en 1928.

DRESCH

HENRI DRESCH FABRICÓ toda una gama de modelos que iban desde el más pequeño de 100 cc hasta las grandes máquinas de 750 cc. Algunos tenían motores patentados por otras firmas como Chaise, JAP o MAG, mientras otros incorporaban motores producidos por la propia Dresch. En la clase más pequeña, los modelos adoptaron durante algún tiempo la transmisión directa a correa, con el diminuto motor casi perdido en el bastidor, y depósito de forma tubular. En modelos posteriores, el propio tubo superior se convirtió en el depósito de gasolina, mientras que el inferior hacía las veces de silenciador. Pero la transmisión a correa se mantuvo, aunque ahora disponía de un eje intermedio.

Las grandes novedades llegaron en 1930 con un modelo de 500 cc con dos cilindros en línea, cuatro tiempos y válvulas laterales. La potencia se transmi-

La innovadora Dresch bicilíndrica con su transmisión por eje, caja de cambios de tres velocidades y bastidor hecho de acero estampado.

tía desde el cigüeñal hasta el embrague, y de ahí a la caja de cambios de tres velocidades y palanca manual, con transmisión por eje hasta la rueda trasera. El bastidor era de acero estampado, y con horquilla de paralelogramos deformables en la rueda delantera.

Este mismo modelo también se fabricó con motor de un solo cilindro y 250 cc de capacidad. En 1933, apareció una bicilíndrica ohv.

Junto con estas máquinas, la gama estaba formada por modelos más prosaicos de 250, 350 y 500 cc de un solo cilindro y diseño más convencional, pero animadas con el clásico estilo francés. En los años treinta, la industria de la motocicleta sufrió un retroceso, y los

diseñadores se apartaron de los modelos con grandes cilindradas. La mayoría de las compañías utilizaban los mismos motores que otras fabricaban. Como

ocurrió a muchos otros fabricantes, Henri Dresch no pudo reanudar la producción de motocicletas después de la Segunda Guerra Mundial.

DRYSDALE

Unos frenos gigantescos (doble disco en la rueda delantera, por supuesto) denotan que esta Drysdale es una máquina diseñada para correr, más que para ser exhibida.

sin poner innecesariamente en peligro la integridad de su diseño. Inevitablemente, la decisión de utilizar componentes de otros modelos implica encontrarse con determinados problemas, como por ejemplo el milímetro de separación en la parte superior de los ocho carburadores planos Keihin.

Como Philip Vincent, Ian Drysdale estaba preocupado por el problema de la facilidad para efectuar reparaciones, y quería que sus compradores fueran capaces no sólo de montar sus motocicletas, sino además de adquirir piezas nuevas durante el mayor tiempo posible, incluso si la compañía dejaba el negocio.

Sin embargo, los carburadores Keihin estaban destinados a ser sustituidos por un sistema de inyección de gasolina, considerablemente más sencillo de instalar.

Culatas Yamaha FZR400, un alternador Kawasaki ZZR 250, caja de cambios Yamaha/Kawasaki, embrague Suzuki/Yamaha, circuito de aceite Honda CB 100 y bomba de agua Kawasaki ZZR 1100, con cárteres de aleación ligera y cigüeñal maquinado en una pieza. Los radiadores que en el modelo original estaban colocados debajo

LA DRYSDALE 750-V8 TIENE una capacidad inverosímil (hubiera parecido más razonable que una superbike como esta eligiera una cilindrada de un litro o más) con una disposición de cilindros totalmente atípica. Aunque procede de un país más caracterizado por su entusias-

mo que por sus originales contribuciones al mundo de las motocicletas (no sorprenderíamos a nadie si dijéramos que Dandenong no tiene la misma reputación en fabricación de motos que ciudades como Coventry, Birmingham o incluso Stevenage).

Australia puede presumir de Phil Irving, de Melbourne y después de Stevenage, que es uno de los grandes diseñadores de todos los tiempos.

Tomando «prestadas» distintas partes de otras motocicletas, Ian Drysdale fue capaz de tomar cierto número de atajos

DOMINISSIMI
Italia (Pordenone) 1924-1928. Los hermanos Dominissimi fabricaron cuatro modelos durante los cuatro años en que estuvieron en el negocio de las motocicletas durante los años veinte. Sus modelos tenían motores de 172 y 248 cc fabricados por DKW.

DONISELLI
Italia (Milán) 1951-1973. Este fabricante de bicicletas de reparto se pasó a la fabricación de motores auxiliares y vehículos ligeros para reparto de mercancías, y posteriormente al sector de los ciclomotores. Después de esto, comenzó a fabricar escúter de 50 cc. Todas sus máquinas tenían motores fabricados por otras compañías, como Ilo y Alpino.

DOPPER
Holanda 1904. Un primitivo motor de 269 cc y distribución ohv propulsaba esta pionera máquina.

DORION
Francia (Boulogne) 1932-1936. Esta firma francesa era una ensambladora que utilizaba motores Aubier-Dunne de dos tiempos.

DORMAN
Hungría 1920-1937. Ensamblador que utilizaba motores patentados de compañías como Villiers, JAP y MAG. Su producción fue muy limitada.

DORNIER
Alemania 1949-1957. Esta famosa compañía aeronáutica fabricó el ciclomotor Pearle con bastidor de aluminio. También fabricó vehículos de tres ruedas, pero finalmente volvió a sus raíces, reanudando la producción de aviones a finales de los años cincuenta.

del asiento demostraron ser totalmente inadecuados para refrigerar el sistema, de modo que fueron recolocados en un lugar más convencional, uno arriba y el otro abajo, en paralelo. Esta nueva disposición permitía una refrigeración óptima incluso para las altísimas temperaturas del caluroso verano australiano.

Drysdale también optó por un cigüeñal de un solo plano, lo que asegura el

Aunque la Drysdale 750 V8 está basada en la utilización de múltiples componentes fabricados por otras firmas, no se puede negar que es una magnífica, fascinante y rapidísima motocicleta.

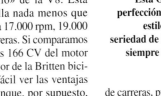

famoso «murmullo» de la V8. Esta máquina desarrolla nada menos que 120 kW, 161 CV, a 17.000 rpm, 19.000 en modelos de carreras. Si comparamos estos datos con los 166 CV del motor casi un tercio mayor de la Britten bicilíndrica en V, es fácil ver las ventajas del diseño V8, aunque, por supuesto, las posibles pérdidas y fricciones son siempre mayores en un motor de ocho cilindros.

El depósito de 20 litros apenas es adecuado para una turismo de larga distancia, pero tiene capacidad suficiente para dar a la moto suficiente autonomía.

La intención de los diseñadores de la Drysdale V8 era crear una motocicleta que, teniendo la calidad de un modelo

Esta GP Racer 2002 ilustra a la perfección la interesante mezcla del estilo más espectacular con la seriedad de la innovación técnica que siempre caracteriza a los modelos Drysdale.

de carreras, pudiera circular legalmente por carretera.

Es fruto, por un lado, de la pasión por las más rápidas motocicletas italianas (Moto Guzzi, obviamente, como pionera de la tecnología V8, y también Bimota y Ducati) y por otro, de la fiabilidad de las máquinas japonesas, área en que los italianos no están al nivel de los asiáticos. Esta V8 es un intento por combinar lo mejor de ambos mundos.

Su diseño hace parecer modesta a una MV Agusta, tanto en concepto como en ejecución, pero, en el momento de escribir esta reseña no es aún posible determinar si esta máquina será un éxito o no pasará de ser una brillante idea.

Aparte de fabricar la V8, Ian Drysdale fue un pionero en la tecnología de la transmisión a las dos ruedas, y hasta en sistemas de dirección en ambas ruedas utilizando dirección hidráulica. Su firma «Ausdale Engineering» también ha estado relacionada con proyectos tales como adaptación de vehículos todo terreno para discapacitados, fabricación de equipos de filmación, plataformas elevables para cámaras, sistemas de rastreo y otros.

DUCATI

DUCATI COMENZÓ FABRICANDO equipos eléctricos en los años veinte. Su primer contacto con el mundo de las dos ruedas llegó en 1945, una vez concluido el convenio de licencia para fabricar el Cucciolo, un pequeño motor auxiliar de cuatro tiempos y 48 cc.

Después del éxito del Cucciolo, la primera motocicleta completa de Ducati, con una versión de 60 cc del Cucciolo, llegó en 1950.

En mayo de 1954, Fabio Taglioni se unió a la firma como jefe de diseñadores. Su primera creación fue la monocilíndrica Gran Sport ohc de 98 cc (49 × 52 mm), a la que apodaron Marianna. Construida con gran solidez, ofrecía a sus potenciales compradores una máquina competitiva para carreras de larga distancia como la Milano-Taranto y el Giro d'Italia. Capaz de alcanzar los 136 km/h, la Marianna dejó clara su madera de líder en su debut, el Giro de 1955.

Se logró una versión de mayor cilindrada ampliando el diámetro del cilin-

La ST2 (Sport Touring 2-Valve) bicilíndrica en V de Ducati hizo su debut en 1997. Esta máquina hizo aún más atractiva la marca italiana.

dro a 55,5 mm, lo que proporcionaba una capacidad de 124,5 cc. Las características del diseño del motor, que se mantendrían en modelos sucesivos, incluían el motor integrado, árbol de levas en culata, transmisión primaria por engranajes y lubricación por colector dentro del cárter.

La GS 125 cc dio paso al modelo Formula 3, con más potencia y mecanismo de distribución de válvulas oculto. Al mismo tiempo, se diseñó un nuevo

Tras la famosa victoria de Mike Hailwood en la TT de 1978, Ducati fabricó la Hailwood Replica, en producción entre 1979 y 1985.

motor 125 cc con doble árbol de levas en culata para una serie limitada de máquinas de Grand Prix, que hicieron su debut en la primavera de 1956.

Sin embargo, sería la versión desmodrómica, con su mecanismo de apertura y cierre de válvulas, lo que realmen-

te puso el nombre de Ducati en el mundo de las carreras. Taglioni trabajó en este diseño durante la primavera y comienzos del verano de 1956 antes de que el piloto de la fábrica, Dianni Degli Antonio, dio al prototipo un victorioso debut en el Gran Prix de Suecia del mes de julio.

En el apartado de los modelos de serie, la 175 (62 × 57,8 mm y 174 cc) fue el primer modelo de serie en utilizar el diseño monocilíndrico con distribución ohc accionada por engranajes. Este modelo se presentó en la Exposición de Milán en noviembre de 1956.

Durante el año 1958, no sólo se fabricaron nuevas versiones de los modelos de carretera, incluyendo la 125 y una nueva 200 (67 × 57,8 mm, 203 cc), sino que además el piloto de Ducati Alberto Gandossi terminó en segundo lugar en los campeonatos mundiales de carretera en la clase 125 cc.

Al año siguiente, 1959, Mike Hailwood ganó su primer Gran Prix montando una de las monocilíndricas 125 Desmo de Taglioni.

Pero a finales de ese año, la fábrica sufrió el primero de sus reveses económicos.

La Desmo de 1974 fue el no va más en la línea de las monocilíndricas diseñadas por Taglioni.

En la primavera de 1961, comenzó a fabricarse la primera monocilíndrica de gran tamaño, 74 × 57,8 mm, 248 cc. Durante más de una década, la producción de Ducati iba a estar dominada por las distintas versiones de este modelo, culminando en la Mach 1 de 1964 y la Mark 3D de 1968, ambas de altas prestaciones.

Suele considerarse la Mach 1 como la primera 250 de serie del mundo capaz de alcanzar los 160 km/h, mientras que la 3D se haría famosa por ser la primera roadster desmodrómica. Otros logros notables de los años 60 fueron la 350 (6 × 75 mm 340cc) y la 450 (86 × 75 mm 436 cc), además de la llegada de las monocilíndricas «Widecase» en 1968.

Pero ni siquiera esto, unido a las victorias en carreras tan prestigiosas como las 24 Horas de Barcelona, pudo salvar a la compañía de otro período de apuros económicos, cuyo momento más crítico llegó en 1969, con la destitución del Dr Montano y una generosa inyección de capital por parte del gobierno italiano.

La Monster, que debutó en 1993, se ha convertido en un éxito clamoroso. La de la foto es una Moster Dark 600, de 1998.

En 1970, con Arnaldo Milvio y Feredmano Spairani como directores nombrados por el gobierno, Taglioni recibió autorización para diseñar un modelo totalmente nuevo de 80 × 74,4 mm y 748 cc, con diseño en L, bicilíndrico en V.

Utilizando la misma fórmula que con las monocilíndricas, incluidos los árboles de levas accionados por engranajes cónicos, el primer modelo entró en producción en 1971: el GT.

En abril de 1972 llegó uno de los éxitos más grandes de Ducati, cuando Paul Smart y Bruno Spaggiari ganaron la primera Imola 200, enfrentándose a lo más selecto del mundo de la competición, incluyendo Agostini y MV.

Un año más tarde llegó el debut victorioso de la nueva 860 (86 × 74,4 mm 864 cc), cuando la pareja formada por los españoles Benjamín Grau y Salvador Canellas ganó las 24 Horas de Barcelona, batiendo además el récord de velocidad.

La primera versión de carretera, la 860 GT, llegó a finales de 1974.

Tras un desafortunado intento por parte de la dirección de ampliar la gama con una serie de fracasos de ventas, la firma decidió volver a las pistas a finales de años setenta con máquinas como

la Drama, la Super Sport y la MHR. Esta última llegó como resultado del victorioso regreso de Mike Hailwood a la TT de la isla de Man en 1978, cuando pilotó una 860 ganando para Ducati el primer título mundial. A comienzos de los ochenta llegaron otros cuatro campeonatos del mundo, todos con el piloto inglés Tony Rutter. Su motor era la versión TTF2 de la Pantah con árboles de levas accionados por correas diseñada por Taglioni, que había comenzado a fabricarse en serie en 1979 con el nombre 500SL y 74 × 58 mm, 499 cc.

Pronto aparecieron nuevos modelos de competición Pantah con mayor cilindrada, incluidas las TTF2. El primero de ellos, la 600SL (80 × 58 mm 583 cc) se puso en venta en 1981, seguido por una 350 (66 × 51 mm, 349 cc) en 1983 y una 650 (82 × 61,5 mm, 649,5 cc).

La 748R de 2000 puesta a prueba.

En 1983, Ducati accedió a suministrar motores a su rival Cagiva y, tras nuevos problemas económicos, Cagiva se hizo dueña de Ducati el 1 de mayo de 1985. Esta adquisición anunciaba una nueva era de progresos. Massimo Bordi sustituyó a Fabio Taglioni como diseñador jefe de la fábrica, ayudado en el aspecto estético por Massimo Tamburini.

Una nueva 750 de 88 × 61,5 mm y 748 cc, la F1, hizo su debut justo antes de que Cagiva asumiera el control de Ducati, y a ésta se unió la nueva deportiva 750 Paso y la custom Indiana, ambas a comienzos de 1986. La Paso había aumentado su cilindrada hasta los 904 cc (92 × 68 mm), capacidad que también se utilizó en la nueva 900 Supersport, que llegó con el nuevo catálogo de 1990.

Entre tanto, el año 1986 había visto la aparición de la primera superbike con cuatro válvulas por cilindro, doble árbol de levas, refrigeración líquida e inyección de combustible. Se trataba todavía de una bicilíndrica en V, y las primeras versiones llegaron en 1988 con el nom-

Una 916 Senna de 1996, bicilíndrica en V, 916 cc, con accionamiento desmodrómico de las válvulas.

bre de modelo 851. En los años noventa se produjo una gran explosión de creatividad. Ducati ganó nada menos que ocho de los diez títulos WSB (World Super Bike): Carl Fogarty ganó cuatro, Dough Polen dos, y Raymond Roche y Troy Corser, uno cada uno. No hay duda de que estos éxitos en las pistas ayudaron a Ducati a alcanzar récords de ventas.

Los modelos más importantes de los años noventa fueron, indudablemente,

La 750 F1 de 1985, con su motor bicilíndrico en V a 90º, 748 cc y transmisión por correa. Es la creación final del legendario diseñador de Ducati Fabio Taglioni.

los de la serie SS (modelos de cuatro válvulas 851, 888, 916 y 996) y la gama Monster.

La nueva gama SS llegó en 1991, y comprendía versiones de 350, 400,

600, 750 y 900 cc. En un principio, disponían de horquillas invertidas, suspensión trasera por monoamortiguador y carburadores Mikuni, pero a partir 1998, la máquina de mayor cilindrada incorporó inyección de combustible y un nuevo diseño.

Los modelos de cuatro válvulas estaban a la vanguardia de las prestaciones, y ofrecían no sólo los últimos avances tecnológicos y el diseño más innovador, sino también rendimiento sorprendente que podía competir con las mejores propuestas japonesas.

La Monster fue obra de Miguel Angel Galluzi, y con su afortunada combinación de funcionalidad y aspecto agresivo atrajo a un nuevo tipo de cliente a la marca Ducati. En cuanto al motor, era igual al de la serie SS.

En 1996, la ST Sport Touring de dos válvulas hizo su presentación. El aspecto de este nuevo modelo dotó a Ducati de un atractivo aún mayor. En 1998 se añadió una versión de cuatro válvulas.

La sociedad inversora americana TPG (Texas Pacific Group) adquirió un 51 por 100 de las acciones de Ducati en 1996, haciéndose con el resto dos años más tarde. En marzo de 1999, Ducati entró en bolsa como sociedad anónima.

DUCATI 175 — 1957

Presentada por vez primera en la Exposición de Milán en noviembre de 1956, la 175 fue el primer modelo de serie fabricado por Ducati que se ofrecía con árbol de levas en culata y accionamiento por correa. Su motor había sido desarrollado directamente a partir de un diseño de Fabio Taglioni, el modelo de carreras de 1955 Gran Sport Marianna de 98 cc.

La 175, con sus 174,5 cc (62 × 7,8 mm) se ofrecía en una variada gama de versiones, que incluía: la S (sport), T (Turismo), Americano (Custom), Fórmula 3 (de carreras) y Motocrós (Dirt).

Con diferencia, la versión más popular fue la Sport, con una velocidad máxima de 84 km/h, más rápida que muchos modelos de 500 cc que se vendían en aquella época. Su consumo era también sorprendente: 2,78 litros/100 km a ritmo moderado.

El modelo se completaba con un chasis que le proporcionaba una maniobrabilidad parecida a la de un modelo de carreras, lo que, combinado con un peso en seco de 103 kg y grandes frenos de aluminio, dotaban a esta motocicleta de unas prestaciones en cuento a manejo y frenada superiores a las de cualquier otra de su clase.

Motor: monocilíndrico 2v sohc, 174,5 cc, 62 × 57,8 mm, refrigerado por aire
Potencia: T: 11 CV a 7.500 rpm; S: 14CV a 8.000 rpm; F: 16 CV a 9.000 rpm
Caja de cambios: cuatro velocidades, pedal
Transmisión secundaria: cadena
Peso: no especificado
Velocidad máxima: T: 121 km/h; S: 135 km/h; F: 161 km/h.

Una Ducati 175 TS (Turismo-sport) de 1958. Esta máquina fue el primer modelo de serie monocilíndrico de Ducati con árbol de levas accionado por engranaje cónico.

DREVON
Francia 1946-1953. Motocicletas ligeras francesas con motores fabricados por las firmas Ydral y Aubier-Dunne.

DRS
Italia 1967. Esta 125 de carreras de Grand Prix se fabricó en número muy reducido. El motor era monocilíndrico horizontal de dos tiempos, con cilindro refrigerado por agua y culata refrigerada por aire. Se dice que desarrollaba 22 CV a 19.800 rpm.

DS
Suecia (Demora) 1924-1928. Esa bicilíndrica en V, con 742 cc y muy corta vida disponía de motor MAG. En el momento de diseñarla, se pensó en el mercado militar sueco. A lo largo de los años, el mercado militar sueco se ha encargado de patrocinar buen número vehículos poco comunes, tanto de dos como de cuatro ruedas.

DSH
Austria 1924-1932. Tres austriacos, Herren Doller, Seidl y Hauler, prestaron sus iniciales al nombre de esta compañía. La firma empezó en 1924 fabricando motocicletas de carretera sin demasiado interés. Estas máquinas disponían de motores importados de Gran Bretaña (Villiers, JAP y posteriormente MAG). La firma obtuvo algunos éxitos en competición con sus modelos de carreras. Sin embargo, el trágico fallecimiento de Rupert Karner en una DSH 350 cc en la TT de Hungría de 1928 detuvo bruscamente la evolución de la firma, y marcó el comienzo de una laguna en su producción. Las cosas no volverían a su curso normal hasta que Franz Doller se propuso reanimar la marca a finales de 1929.

DUCATI MACH 1

La Mach 1 250, de 1964, fue la primera motocicleta de serie con 250 cc y 160 km/h de velocidad.

En la guerra de los modelos de serie de 250 cc y 160 km/h, la pelea la libraban los japoneses contra los italianos, lo que en la práctica significaba la lucha entre dos motocicletas: la Suzuki Super Six y la Ducati Mach 1. El modelo italiano fue el primero en salir al mercado, en 1964, en Gran Bretaña, en la víspera del London's Earls Court Show, y causó sensación.

Estaba inspirada en el modelo Diana de 248 cc, presentado en la Bologna Motor Show de 1961, y que incluía un motor monocilíndrico ohv con caja de cambios integrada, árbol de levas accionado por engranaje cónico y lubricación por colector dentro del cárter.

A diferencia de su predecesora, la Mach 1 ofrecía cinco velocidades, pistón forjado Borgo de alta compresión y tres segmentos, válvulas de mayor tamaño, muelles más potentes, un enorme carburador de competición Dell'Orto SS1 de 29 mm, reposapiés traseros, característico acabado en rojo y plata, y cuentarrevoluciones Veglia de competición de fondo blanco.

Después de probar una Mach 1 en la publicación *Motorcycle News*, Pat Braithwaite escribía: «El avión de caza a reacción Mach 1 te hace atravesar la barrera del sonido. La nueva Ducati Mach 1, que se presentará en 1965, te

hará atravesar la barrera. Y sólo es una 250.» Era una moto de competición pensada para su uso en carretera, como dan a entender los siguientes comentarios: «Saca su lado más rápido. Sus relaciones de transmisión están próximas a las de un modelo de carreras... reduce dos veces y túmbate para sentir una dirección y un agarre insuperables.»

Muchas Mach 1 terminaron en los circuitos de carreras. El precio de uno de estos modelos en 1966 era de 350 libras esterlinas.

Motor: Un solo cilindro vertical, 248 cc, refrigeración por aire
Potencia: no especificada
Caja de cambios: integrada, 5 velocidades
Transmisión secundaria: cadena
Peso: 128 kg
Velocidad máxima: 161 km/h

DUCATI 750 IMOLA

Los motores bicilíndricos en V existen desde hace muchos años, pero pocas veces se han visto con la configuración en forma de L que el diseñador jefe de Ducati, Fabio Taglioni, escogió cuando en 1970 diseñó el prototipo 750 GT. A pesar de las ventajas del diseño, que incluía una V a 90° que proporcionaba gran suavidad en la transmisión de la potencia, una excelente refrigeración y un centro de gravedad bajo, la necesidad de colocar el cilindro horizontal dentro del bastidor podía dar lugar a una distancia entre ejes demasiado grande y problemas de maniobrabilidad.

Sin embargo, Moto Guzzi y Aermacchi ya habían demostrado que un motor horizontal, aunque fuera de un solo cilindro, no tenía por qué ser una desventaja, y Taglioni resolvió el problema en parte al colocar el cilindro delantero entre los dos tubos inferiores del bastidor. El resultado fue un conjunto cómodo de manejar. Se convirtió en la clási-

Una Imola 750 con culatas desmodrómicas del tipo empleado por Smart y Spaggiari. Con ellas, la marca logró el primer y segundo puesto en Imola, en abril de 1972.

ca motocicleta deportiva y de competición.

En abril de 1972, con una versión Desmo de la Ducati 750 2V, los pilotos Paul Smart y Bruno Spaggiari batieron a las mejores motocicletas del mundo de las carreras: Honda, Triumph, BSA,

Moto Guzzi y a las campeonas del mundo MV Agusta y su piloto estrella Giacomo Agostini. Sorprendentemente, Ducati ganó la primera Imola 200.

Salvo por sus culatas Desmo, carburadores más grandes de 40 mm y triples frenos de disco, el modelo de carreras

que tomó parte en la prueba de Imola era muy parecido a la 750 GT, con la que compartía su cilindrada de 748 cc, con 80 mm de diámetro y 74,4 mm de carrera. Más tarde Ducati ofreció una réplica del modelo Imola: la 750 SS. Aunque era un modelo que podían conducirse legalmente fuera de los circuitos, en el fondo seguía siendo una moto de carreras.

Motor: : bicilíndrica en VF, 2v, sohc Desmo, 748 cc (80 × 74,4 mm), refrigeración por aire
Potencia: 70 CV a 9.000 rpm
Caja de cambios: 5 velocidades, pedal
Transmisión secundaria: cadena
Peso: no especificado
Velocidad máxima: 233 km/h

DUCATI NCR 900

Fundada en 1967, su nombre está tomado de las iniciales de sus fundadores (Nepoti, Caracchi y Rizzi).

Esta firma estuvo oficialmente unida a Ducati a partir de 1972.

La colaboración entre ambas compañías duró hasta que Giorgio Nepoti y Rino Caracchi se retiraron en 1995. El tercer fundador se había retirado poco después de la asociación con Ducati. Durante esos años, NCR colaboró con

Taglioni, Farne y el resto del departamento de investigación de Ducati, y muchas de las proezas de la firma se deben a esta colaboración, incluyendo la triunfal vuelta de Mike Hailwood a la TT de la isla de Man de 1978.

Steve Hailwood había sido contratado por el director de Sports Motocycles, Steve Wynne.

Su máquina pertenecía a una pequeña remesa fabricada por NCR en 1978. Aun-

que estaba basada en la 900 SS, el modelo de competición presentaba algunas diferencias con respecto a los de serie.

Elementos como el cárter fundido en arena o el embrague en seco procedían de los modelos diseñados por NCR para carreras de larga duración.

También contaban con carburadores Dell'Orto modificados por Malossi, con mayor capacidad, y el bastidor estaba fabricado por Daspa, de Bolonia. Aun-

que semejante a los modelos de serie, esta motocicleta era considerablemente más ligera. La suspensión trasera era británica, de Girling.

El 2 de junio de 1978, Mike Hailwood se tomaba la salida junto a otros cien competidores, incluyendo el siete veces campeón mundial Phil Read, que pilotaba una Honda tetracilíndrica.

Cuando terminó la agotadora prueba, Hailwood y Ducati se habían converti-

do en los campeones de Formula 1. Éste era, en realidad, el primer título de Ducati después de muchos intentos.

Motor: bicilíndrico en V, 2v, sohc Desmo, 863,9 cc (86 × 74,4 mm), refrigeración por aire
Potencia: 90 CV a 8.000 rpm
Caja de cambios: pedal, 5 velocidades
Transmisión secundaria: cadena
Velocidad máxima: 241 km/h

Una NCR 900 de dos cilindros en V, modelo de competición de 1978, parecida a la que pilotaba Mike Hailwood.

DUCATI PANTAH   1979

A mediados de los años setenta, la dirección de Ducati decidió que la firma necesitaba una motocicleta media con motor de dos cilindros en línea con la que enfrentarse a las máquinas japonesas. El diseñador jefe, Fabio Taglioni, estuvo en contra de la idea desde un principio. En lugar de eso, prefería fabricar una versión más pequeña de su bicilíndrica en V a 90 ° dispuesta en forma de L.

Como Taglioni había pronosticado, la bicilíndrica en línea fue un fracaso de ventas, y finalmente le concedieron luz verde para poner en marcha su proyecto en V.

El resultado fue la Pantah, padre de toda la familia Ducati de hoy, con su sistema de distribución desmodrómico accionado por correa. La Pantah apare-

ció como prototipo en 1977, y llegó a las cadenas de producción dos años después. El modelo de 1979 recibió el nombre de 500 SL, con unas dimensiones de diámetro y carrera de 74 × 58mm. En Ducati se decía que la máquina alcanzaba los 50 CV a 9.050 rpm.

Entre otras característica, el modelo incluía encendido eléctrico, caja de cambios de cinco velocidades, llantas de aleación de 18 pulgadas, triple disco Brembo de hierro fundido con pinzas de dos pistones, y postura de conducción pro-

La Pantah 500SL de 499 cc llegó en 1979. Fue la primera Ducati de serie con transmisión por correa en los árboles de levas. Era obra de Fabio Tanglioni.

pia de un modelo de carreras. El medio carenado venía con el modelo estándar, igual que el asiento individual convertible en doble.

Curiosamente, la 500 SL no se importó en Gran Bretaña hasta 1980, y una versión «Mark II» debutó en 1981.

También en 1981, se unió a la 500 una 600, todavía con el código SL, que fue el primer modelo Ducati fabricado en serie que dispuso de embrague hidráulico.

En 1983, se añadió a la gama una 350 SL. De ese mismo año son la turismo 350 XL y la 600 TL. Finalmente, también de 1983, llegó la 650 SL, última de la gama. La producción se interrumpió en 1986.

La otra Pantah era la 600 TT F2 de competición. Esta versión incorporaba un bastidor especial fabricado por Verlicchi, con suspensión trasera por monoamortiguador. El piloto inglés Tony Rutter ganó nada menos que cuatro títulos mundiales a comienzos de los años ochenta con la TT F2, lo que convertía a este modelo en el más aclamado hasta que en los años noventa llegaron las carreras de World Super Bike.

Motor: bicilíndrico en V, 2v, desmo, sohc, 498,9 cc (94 × 58 mm), refrigeración por aire
Potencia: 45 CV a 9.500 rpm
Caja de cambios: pedal, 5 velocidades
Transmisión secundaria: cadena
Peso: no especificado
Velocidad máxima: 193 km/h

DUCATI 851

Una 851 KI, de la que se fabricaron 200 unidades en 1988.

con un total de 500 unidades. En seguida se conocieron como Tricolore, por el diseño verde, blanco y rojo.

En 1988, Marco Lucchinelli ganó la primera prueba de la World Super Bike WSB en una versión de carretas de la 851 en Donington Park, Inglaterra. Poco después, la fábrica lanzó una versión de competición pensada para el gran público. Las primeras maquinas se vendieron en 1990. Igual que la máquina de Lucchinelli, éstas tenía una cilindrada de 888 cc (94 × 64 mm). El francés Raymond Roche ganó en 1990 el primer título WSB para Ducati. La serie 851 dejó de fabricarse en 1993, siendo reemplazada por la 916.

Durante tres décadas, el talento del diseñador jefe, Fabio Taglioni, había llevado a Ducati a lo más alto. A él se debía una enorme gama de modelos: monocilíndricas, bicilíndricas e incluso alguna tetracilíndrica, tanto para carretera como para las pistas de competición.

Pero el maestro no quiso reconocer el potencial de diseño de culatas con cuatro válvulas. Esta omisión supo rectificarla debidamente el sucesor de Taglioni, Massimo Bordi.

El primer prototipo de bicilíndrica en V con refrigeración líquida, doble árbol de levas en culata, inyección de gasolina y cuatro válvulas por cilindro apareció en 1986 en la prueba de resistencia de las 24 horas de Bol d'Or, celebrada en Francia en 1986. Los hermanos Castiglioni, que se habían hecho cargo de la dirección de Ducati en mayo de 1985, aportaron los fondos necesarios para crear una nueva familia de motocicletas. El modelo de serie de la Superbike con 851 cc (92 × 64 mm) se presentó al público en la Exposición de Milán celebrada en noviembre de 1987.

Las Superbikes comenzaron a venderse a comienzos del año siguiente tanto en la versión Strada como en la Kit,

Motor: bicilíndrico en V, 4v, desmo, dohc, 851 cc (92 × 64 mm), refrigeración líquida
Potencia: Strada: 88 CV a 9.250 rpm; Kit: 100 CV a 10.500 rpm; Racing 888 cc 120 CV a 11,500 rpm
Caja de cambios: pedal, 6 velocidades
Transmisión secundaria: cadena
Peso: no especificado
Velocidad máxima: Strada: 241km/h, Kit: 254 km/h, Racing: 273 km/h.

DUCATI SUPERMONO

En el verano de 1993, casi dos décadas después de que la última monocilíndrica con árbol de levas accionado por correa saliera de la cadena de montaje de la fábrica de Bolonia, apareció el modelo de carreras Supermono.

Gran parte del diseño de su motor lo debía al bicilíndrico en V de la 851/888, incluyendo las cuatro válvulas por cilindro, inyección electrónica Weber/Marelli, seis velocidades, embrague seco y sistema desmodrómico de accionamiento de las válvulas.

Massimo Bordi, que había sustituido a Fabio Taglioni como diseñador mecánico jefe, probó por primera vez el motor de su Supermono *doppia bielleta* (doble biela) en el banco de pruebas

La primera serie del modelo de carreras Supermono, fabricado a mano, apareció en 1992, y utilizaba tecnología de la bicilíndrica en V de 888 cc. El motor tenía una cilindrada de 549 cc.

Una motocicleta de carreras Supermono Serie 2. El diámetro de su cilindro era mayor, lo que daba al motor una capacidad de 572 cc. El diseño de la estética de la Supermono correspondió a Pierre Terblanche.

en 1990. Este prototipo tenía una cilindrada de 487 cc (95,6 × 66 mm), y las pruebas señalaban una potencia de 62,5 CV. Llegó después una versión de 502 cc (95,6 × 70 mm), que elevaba la potencia 70 CV. Finalmente, Bordi y su equipo se decidieron por 549 cc (100 × 70 mm). Con la nueva cilindrada, la potencia era de 75 CV, medida en el eje de la caja de cambios. La segunda biela, en realidad, hacía las veces de

un eje de balance convencional. Si el motor era cosa de Bordi, el diseño del chasis correspondía a Claudio Domenicalli. El bastidor tubular de acero estaba fabricado en las instalaciones de Cagiva a partir de un nuevo material de alta resistencia al que denominaron ALS 500, que proporcionaba la misma solidez que el familiar acero al cromo-molibdeno 25 Cr M4, pero con un precio más bajo.

La firma de Verlicchi con sede en Bolonia fabricaba el basculante monobrazo de aluminio, que pivotaba sobre el cárter, como las bicilíndricas en V. La firma Ohlins, especialista en suspensión, se encargaba de proporcionar la horquilla invertida delantera y el monoamortiguador trasero.

El tercer responsable a quien se debe el modelo Supermono fue el surafricano Pierre Terreclanche, que diseñó las hermosas líneas de esta motocicleta.

A finales de 1994, se presentó una Serie 2 Supermono, conocida como 102 (haciendo referencia a los 102 mm de diámetro del cilindro, que proporcionaba al motor una capacidad de 572 cc).

Motor: monocilíndrico, 4v, dohc, desmo, 549 cc (100 × 74 mm), refrigeración líquida
Potencia: 75 CV a 11.000 rpm
Caja de cambios: pedal, 6 velocidades
Transmisión secundaria: cadena
Peso: 123,5 kg
Velocidad máxima: 241 km/h

DUCATI 916 — 1994

Durante casi tres décadas, el talento diseñador de Fabio Taglioni había llevado a Ducati hasta el lugar que ahora ocupaba. A él se debía la creación de las monocilíndricas, y más tarde las bicilíndricas en V que habían hecho famosa a la compañía. Pero Taglioni había decidido ignorar las posibles ventajas de la tecnología de cuatro válvulas. Esto correspondería a su sucesor, Massimo Bordi.

El primer modelo de Bordi con cuatro válvulas por cilindro se presentó en la Bol d'Or de 1986. Aunque hubo de retirarse después de cumplir ocho de las veinticuatro horas de la prueba, quedó

La Ducati 916, diseñada por Massimo Tamburini fue probablemente la motocicleta más emocionante de los años noventa.

claro el gran potencial de la nueva máquina. Cuando Cagiva se hizo dueña de Ducati en 1985, el cambio de propietario supuso una inyección de fon-

ña de Ducati en 1985, el cambio de propietario supuso una inyección de fon-

Una 996R de 2001 con motor bicilíndrico en V de 998 cc e inyección de gasolina. Fue el último modelo de la serie 916.

1994, el modelo Corsa Racing aumentó su capacidad a 926 cc.

Pero la gran noticia fue la llegada de la innovadora 916, cuya cilindrada coincidía con el número de modelo. Este aumento de cilindrada a partir de los 888 cc se logró pasando de un diámetro de 64 mm a uno de 66 mm. No sólo su potencia (110 CV) era mayor que la de la 888, sino que se mejoró considerablemente el par motor.

Pero era el equilibrio del diseño de Massimo Tamborini lo que hacía de esta motocicleta algo único. Poseía un sistema de entrada de aire a presión, desarrollado originalmente para la Cagiva 500 de Grand Prix, basculante monobrazo, dirección regulable patentada, y por si no fuera bastante, una línea que dejaba anonadados a sus rivales.

Motor: bicilíndrico en V a 90°, 4v por cilindro, dohc, 916 cc, refrig. líquida
Potencia: 110 CV a 9.000 rpm
Caja de cambios: 6 velocidades
Transmisión secundaria: cadena
Peso: 194 kg
Velocidad máxima: 259 km/h

dos para el desarrollo del proyecto y la producción del modelo 851, que llegó en 1988, el mismo año en que Marco Lucchinelli ganó la primera carrera WSB (World Super Bike) en Donningston Park. Comparada con la estándar de 92 × 64 mm (851 cc), la máquina de Luchinelli tenía una cilindrada de 888 cc, con 94 mm de diámetro y 64 de carrera.

Ducati fabricó a partir de entonces muchos modelos deportivos y de competición con sistema de cuatro válvulas, incluido el SP (Sport Production). La 851 dejó de fabricarse en 1993, y en

DUNELT

ESTA FIRMA ERA UNA FILIAL de Dundor & Elliot, productor de acero de Sheffield, pero tenía su sede en Birmingham. La primera motocicleta Dunelt apareció en el Olympia Show de 1919, pero tardó todo un año en pasar a las cadenas de montaje. Su motor se distinguía de otros por ser un monocilíndrico de 499 cc de dos tiempos, con pistón de doble diámetro, lo que mejoraba la compresión del cárter a costa de aumentar la longitud y el peso del pistón. El montaje era muy delicado.

El resto del motor seguía un diseño más o menos estándar. El cilindro se montaba en el bastidor ligeramente inclinado. Tenía caja de cambios de tres velocidades con transmisión secundaria a cadena. Gracias al diseño del motor y el enorme volante exterior, la Dunelt tenía la fuerza de un motor de vapor desde las velocidades más bajas, pero su aceleración era muy gradual. Esto la hacía ideal para su uso con sidecar, y de esta forma apareció en varias versiones.

En 1923, se añadieron otras tres versiones, y ocho más al año siguiente, incluyendo una camioneta, un camión y diversos vehículos de reparto. En 1925, todos los modelos contaban con trans-

En los años treinta, Dunelt adoptó el uso de motores Villiers de dos tiempos, y el de la fotografía es un ejemplo de 1932 de V2 con 346 cc y caja de cambios de tres velocidades.

misión a cadena y lubricación mecánica por medio de una bomba Pilgrim. Ese año trajo también otras variantes: un vehículo de bomberos y camionetas de reparto de leche provistos de lo que parecía un depósito sobre el tubo superior del bastidor, pero que en realidad eran dos depósitos de gasolina unidos por el centro y un depósito de aceite integrado en uno de ellos.

Esta larga lista de modelos de 499 cc se

aumentó en 1926 con otro de 249 cc, con un motor de parecidas características. Sus prestaciones eran tan buenas como las del modelo de mayor cilindrada, y en 1927 se añadió una versión deportiva. Al año siguiente llegó la versión de luxe para el modelo de 499 cc. En 1929 había tres versiones del 249 de dos tiempos, y a ellas se unió el primer Dunelt de cuatro tiempos con motor Sturmey-Archer ohv de 348 cc.

En 1929, la firma ganó el prestigioso Maudes Trophy utilizando una motocicleta de 350 cc ohv. El éxito se repitió al año siguiente con un modelo de 495 cc ohv. Los años treinta verían el fin de los motores de dos tiempos y 249 cc, pero en 1930 todavía apareció un modelo con motor de 249 cc ohc con leva de ranura.

El motor con árbol de levas en culata resultó ser muy ruidoso; por eso, en 1931, la gama constaba de modelos con motor Sturmey-Archer de 297 y 598 cc con válvulas laterales y de 495 cc con distribución ohv, además de uno con motor Villiers de 346 cc. Todos ellos tenían nombre de pájaro, como Cygnet (pollo de cisne), Drake (pato) o Heron (garza). A finales de 1931, el

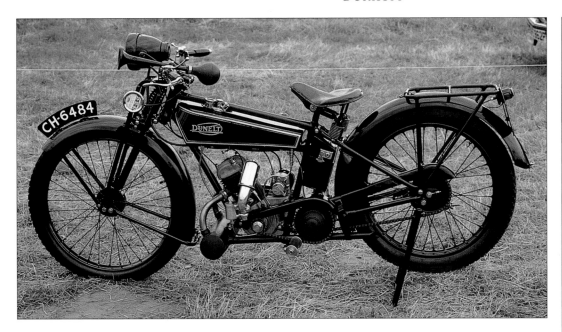

Hasta 1930, una de las características de las Dunelt de dos tiempos fue el pistón de doble diámetro. El de la fotografía es un modelo de época, de los fabricados entre 1919 y 1930.

proceso de fabricación se pasó de Birmingham a Sheffield, y las máquinas comenzaron a llevar el nombre de Sheffield-Dunelt durante uno o dos años.

Prácticamente con la misma gama, se volvió a los códigos de modelo en 1932, con la incorporación de una motocicleta ligera con motor Villiers de 148 cc. En 1933, se añadieron dos modelos: uno con motor Villiers de 249 cc y un segundo con motor Python de 248 cc ohv. En 1924, había Villiers de 148 y 249 cc, y Python de 248 y 495 cc. Pero el tiempo se acababa para Dunelt. Con la gama reducida en 1935 a tan sólo dos Villiers y modelos JAP ohv de 245 y 490 cc, la fábrica tuvo que cerrar. El nombre volvió a aparecer brevemente en 1957, cuando trató de lanzar un ciclomotor de 50 cc.

DURKOPP

ALEMANIA 1901–1960

RECORDADA MÁS POR su contribución al *boom* de los escúter en los años de posguerra, la marca Durkopp fue una de las verdaderas pioneras de la industria motociclista alemana.

Fundada en Bielefeld en 1867 por Nikolaus Durkopp, esta compañía fabricó bicicletas a partir de 1889, y motocicletas en fecha tan temprana como 1901. En 1905, no sólo fabricaba monocilíndricas y bicilíndricas en V, sino también un modelo tetracilíndrico en línea con refrigeración por aire.

Durkopp dejó de producir motocicletas justo antes de estallar la Primera Guerra Mundial, pero volvió al negocio en los años treinta, con bicicletas propulsadas por motores auxiliares de 60, 75 y 98 cc montados en el cuadro. Las «verdaderas» motocicletas no llegaron hasta 1949, con modelos propulsados por motores Sachs de 98 cc y Ardie e Ilo de 123 cc.

En 1951, la marca de Bielefeld lanzó una nueva máquina de 150 cc con motor Durkopp, seguida inmediatamente por modelos de 175 y 200 cc.

A partir de entonces, no volvieron a utilizarse otros motores que los que ellos mismos fabricaban.

De la fábrica que la marca Durkopp tenía en Bielefeld salieron casi 25.000 unidades del escúter Diana entre 1954 y 1960, año en que Durkopp dejó de fabricar motocicletas.

En 1954, Durkopp presentó el escúter Diana de 194 cc. Era un producto de altísima calidad que ofrecía una línea elegante a la vez que una rapidez y maniobrabilidad comparables a las de cualquier otro escúter del mercado. El modelo Diana fue la piedra angular de Durkopp en el negocio de las dos ruedas a mediados de los años cincuenta, y ayudó a la firma a sortear la depresión económica que siguió, cuando todos los demás modelos tuvieron que ser retirados.

Pero, al contrario que muchos otros fabricantes de motocicletas, Durkopp era además un próspero grupo industrial y no dependía exclusivamente de las motos.

Las distintas versiones del modelo Diana dejaron de fabricarse en 1960. Para entonces, habían salido de las cadenas de montaje de Durkopp 24.963 unidades.

DUX
Inglaterra (Coventry) 1904-1906. Esta compañía fue una de las primeras en asentarse en Coventry, Inglaterra. Utilizaba bastidores Rex y motores de uno y dos cilindros fabricados por Minerva, MMC y Sarolea, entre otros.

DUX
Unión Soviética (Moscú) 1908. Esta compañía soviética, establecida en la primera década del siglo XX, fue probablemente la primera en fabricar motores de motocicleta en este país. Fabricaba el motor Moto-Reve, de dos cilindros.

DUZMO
Inglaterra 1919-1923. Estas máquinas inglesas estaban diseñadas como motos deportivas. Eran monocilíndricas ohv de 500 cc, y en su diseño participó el famoso piloto de carreras Bert Le Vack.

DWB
Alemania 1924-1926. Esta compañía alemana, establecida durante los años veinte, fue la sucesora de Juho. DWB siguió fabricando el mismo motor de 195 cc y válvulas laterales. Durante su breve período de producción, DWB también fabricó un motor de dos tiempos y 269 cc.

DYNACYCLE
Estados Unidos 1900-1904. Máquinas procedentes de los Estados Unidos. Demostraron una gran durabilidad en comparación con otras del mismo tipo. Las Dynacycles tenían un motor de cuatro tiempos y 100 cc.

DYSON-MOTORETTE
Inglaterra 1920-1922. El modelo inglés Dyson-Motorette desarrollaba una potencia de 1,5 CV.

EADIE

MUCHO ANTES DE QUE ALBERT EADIE fabricara su primera motocicleta, ya era famoso por su bicicleta con freno de contrapedal. Con el tiempo, creó una fábrica dedicada a la producción de máquinas de coser y piezas para rifles, además de bicicletas. Uno de sus nombres comerciales era Roayl Enfield, adoptado después de conseguir la adjudicación de un contrato para la fabricación de armas, que finalmente llevaría a la firma de motocicletas con el mismo nombre. En 1898, Eadie fabricó un triciclo, copia exacta del diseñado por De Dion, utilizando el motor de aquella firma, que iba colocado detrás del eje trasero. Esta posición hacía que el vehículo careciera del equilibrio de otros modelos.

Las motocicletas de Eadie no tardaron en aparecer: modelos que utilizaban el cuadro de una bicicleta convencional. En ella se colocaban motores de firmas como De Dion, MMC y Minerva; éste último solía colocarse colgando del tubo inferior. Lo normal por entonces era el uso de horquillas rígidas, transmisión directa por medio de correa, con la opción de una polea regulable y engranajes en el cubo de la rueda trasera. Como proveedor de componentes, Eadie conocía las nuevas tendencias en ingeniería, y las aplicaba a sus propias máquinas.

Las máquinas Eadie pronto dejaron el mercado a medida que la marca Royal Enfield se hacía dominante.

Sin embargo, Albert continuó siendo una figura importante dentro del mundo de las motocicletas. A comienzos de 1907, su compañía se fusionó con la BSA, y pasó a formar parte de la junta directiva de esa firma, implicándose personalmente en 1910 en el diseño de su primera motocicleta.

EGLI

EL PILOTO DE CARRERAS e ingeniero Fritz Egli saltó a la fama en todo el mundo en la década de los años sesenta con el Egli-Vincent, un modelo con el clásico motor bicilíndrico en V montado en un bastidor de competición, que ofrecía una maniobrabilidad considerablemente mejor que el primitivo chasis de Vincent. A pesar de que los únicos motores de que podía disponer eran modelos que estaban al menos doce años anticuados, la Egli-Vincent resultó una motocicleta competitiva, y siguió siéndolo durante algunos años.

Izquierda: Una Egli-Kawasaki, provista de un motor Kawasaki 900 montado en un bastidor ligero y de gran maniobrabilidad.

Abajo izquierda: La respuesta de Suiza a Buell: un motor bicilíndrico en V convencional montado en un bastidor diseñado para detenerse, correr y negociar curvas.

Abajo: La Egli de los más puristas: una magnífica Egli-Vincent. Se dice que es el motor bicilíndrico en V más hermoso de todos los tiempos montado en uno de los mejores bastidores de su época.

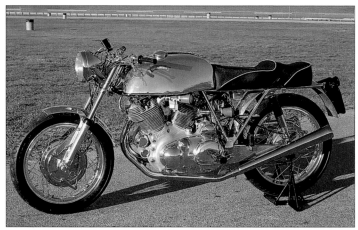

El secreto de Egli en esta máquina y las que la seguirían estaba en reducir al mínimo el peso con el uso de aleaciones ligeras y un ingenioso diseño. Además de esto, Egli podía sacar el máximo rendimiento de cualquier motor. Su Honde Red Baron podía presumir de tener seis cilindros transversales con una cilindrada de 1.200 cc y un peso de tan sólo 215 kg (lo que no es exactamente una moto ligera, pero no hay que olvidar su capacidad). Su Egli-Kawasaki también

tenía una cilindrada de 1.200 cc y pesaba aún menos que la anterior: 205 kg.

Egli fue uno de los primeros en utilizar los compuestos reforzados de la marca Kevlar y también un pionero en sus experimentos con sobrealimentadores. Llegó a diseñar un modelo basado en una tetracilíndrica de Kawasaki, con una cilindrada de 1.425 cc que desarrollaba una potencia a la rueda trasera de 300 CV. Su experiencia con las potencias más altas le valió varios encargos

de Pirelli para investigación en el campo de los neumáticos.

En el momento de escribir esta reseña, Egli todavía estaba aplicando su magia en el diseño de una amplia gama de motocicletas: modelos tan dispares como la poderosa V-Max o la modesta Enfield Bullet. No puede decirse que sus creaciones sean baratas, pero lo cierto es que hay pocos, si es que hay alguno, que pueda compararse con él en experiencia y conocimiento práctico.

ELMECA-GILERA ITALIA 1960–1980

Tras su retirada de las pruebas de Grand Prix a finales de los años cincuenta, la famosa marca Gilera buscó en las competiciones de trial una manera de hacerse publicidad.

Después de que Piaggio adquiriera Gilera en 1969, el interés de esta firma por las motocicletas de campo continuó, y gran parte de los esfuerzos de desarrollo se realizaron conjuntamente con la firma Elmeca, en Cafesse, cerca de Turín.

Esta compañía era una reputada especialista en modelos *off-road*, y también había colaborado con Gilera antes de que Piaggio la absorbiera. En realidad, las versiones personalizadas de las motos de trial se vendían con el nombre comercial Elmeca-Gilera.

Gilera se retiró a finales de 1974, y a partir de ese momento Elmeca fabricó bajo licencia varios modelos inspirados en diseños de Gilera, hasta que en 1980 Gilera volvió a asumir el control. Pero hasta ese año, Elmeca desempeñó un papel importante en el deporte *off-road*, no sólo en el mercado nacional italiano, sino en todo el escenario europeo.

Elmeca supo utilizar el excelente motor de dos tiempos con válvula rotativa introducido por Gilera en 1968. La compañía fabricó varias versiones: 100, 125 y 175 cc.

En la temporada de 1973, estaba lista otra versión actualizada de 54 × 54 mm (123,5 cc). El éxito estaba muy próximo, con una primera victoria en las series del campeonato europeo de los dos días en la modalidad de enduro. Las máquinas Elmeca-Gilera también fueron utilizadas ese año por el equipo nacional italiano en el Silver Vase Trophy de los ISDT (International Six-Days Trial).

En 1974, se desarrolló una nueva 175 con diámetro de 61 mm y carrera de 59,5 mm. Como su hermana menor, poseía admisión por válvula rotativa y seis velocidades

Las versiones de serie de estas máquinas conservaron su carácter competiti-

Durante dos décadas, la firma Elmeca mantuvo una estrecha relación con Gilera, fabricando modelos especiales de campo como esta Regolarita 125 de 1976.

vo hasta que fueron dejadas atrás por una nueva raza de motos de enduro, como las SWM y las KTM, que llegaron a partir de 1977.

Entre 1976 y 1979 se fabricó una Elmeca-Gilera de 125 para motocross. Este modelo utilizaba una versión puesta a punto del motor de la Elmeca-Gilera de enduro, del que tan sólo se diferenciaba de los modelos originales de Gilera por tener una carrera del pistón más corta (53,6 mm en lugar de 54 mm). Esta carrera más corta daba al motor una capacidad de 122.7 cc y una potencia de 24 CV.

Montando una de estas máquinas, Darío Nani ganó el título italiano de Motocross de 1978.

EMC

JOSEPH EHRLICH LLEGÓ al Reino Unido procedente de Austria en 1937, y en 1939 ya estaba probando en la pista de Brooklands un motor de 240 cc que él mismo había fabricado, montado en una Francis-Barnett. Optó por un motor monocilíndrico de dos tiempos con dos pistones compartiendo una misma cámara de combustión, con admisión lateral y escape en la parte posterior.

Ehrlich lanzó una EMC de 345 cc en 1947 con el mismo tipo de motor y un cilindro provisto de peculiares aletas de refrigeración de altura alterna. La lubri-

EMC de 1947 con motor monocilíndrico de dos pistones, 345 cc y 2T, caja de cambios Burman de 4 vel. instalada en bastidor rígido de doble tubo y horquilla telescópica.

cación se realizaba añadiendo aceite a la gasolina para el modelo turismo, y por medio de bomba de aceite Pilgrim en el deportivo. La caja de cambios era de cuatro velocidades instalada en un bastidor rígido de doble tubo con horquilla Dowty Oleomatic. Aunque Ehrlich aseguraba un consumo de 2,75 l/100 km, los propietarios de esta motocicleta aseguraban que estaba cerca de los 5,5. Siguió fabricándose hasta 1953.

En 1951, Ehrlich fabricó una 125 cc de carretera-competición con un motor monocilíndrico de doble pistón fabricado por Puch. En 1952 apareció un modelo de carretera con motor JAP de dos tiempos y 125 cc, que se presentó en el Earls Court de Londres. La firma desapareció en 1953, pero Ehrlich se involucró en 1982 en el diseño del modelo

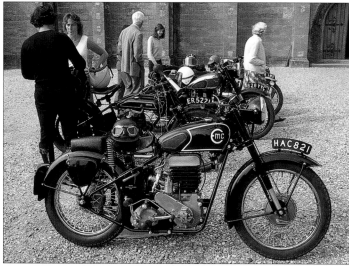

Waddon, que se convirtió en EMC en 1983, todavía con el motor Rotax de dos cilindros, dos tiempos y caja de cambios integrada. Esta moto ganó la TT Junior de 250 cc en los años 1983, 1984 y 1987.

El monocilíndrico de la EMC con admisión trasera y bomba de aceite accionada a cadena desde la rueda dentada que también accionaba la magneto.

ERCOLI CAVALLONE

EL MOTOR BICILÍNDRICO EN V se hizo popular cuando los diseñadores entendieron que resultaba sencillo añadir un segundo cilindro a un motor monocilíndrico y hacer que el conjunto del motor encajara perfectamente en un bastidor de rombo. Desde entonces, esta disposición no nos ha dejado.

El ángulo entre los cilindros ha variado a lo largo de los años, aunque algu-

nas firmas como Harley-Davidson se han mantenido fieles a su primera elección. El ángulo utilizado tiene un importante efecto en el equilibrio del motor, y mientras que el ángulo de 90° presenta numerosas ventajas, también se han empleado ángulos entre 45 y 120°. Otro elemento positivo y que influye en las ventas es el uso de dos carburadores, así como el ruido característico del escape

producido por este tipo de motores. Casi todos los motores bicilíndricos en V son de cuatro tiempos, pero también ha habido algunos de dos tiempos, y el de Ercoli Cavallone es uno de ellos. El diseño detallado del motor seguía la práctica convencional de los dos tiempos con la admisión controlada por el movimiento del pistón en el interior del cárter, la transferencia a través de las

lumbreras al interior del cilindro y el escape por el lateral del cilindro. El motor tenía integrada la caja de cambios, pero aparte de este detalle y el uso de dos tiempos, el resto de la motocicleta era de lo más convencional, como cualquier otro modelo de su tiempo.

Como ocurrió con tantos otros proyectos innovadores de aquella época, se vendieron muy pocas unidades.

ESO

LA HISTORIA DE ESO comenzó en 1949, cuando dos veteranos competidores checos de los días de la posguerra, Vaclav Stanislav y Jaroslav Simandl, volvían a

casa desde Inglaterra tras competir en los ISDT. Además de participar en las carreras, ambos habían estado buscando repuestos para sus motocicletas. En

aquellos días, si uno quería participar en carreras de velocidad no tenía otra opción que utilizar el famoso motor monocilíndrico de 500 de la firma JAP

con válvulas en la culata. Stanislav había conseguido comprar una biela para su motor JAP, pero todavía necesitaba un nuevo árbol de levas, de modo que su amigo Simandl se ofreció a fabricarlo. Cuando Stanislav se rió de aquella oferta, Simandl fue un paso más allá, asegurando que era capaz de fabricar no sólo un árbol de levas, sino un motor completo, y que sería, añadió, mejor que el JAP. Debido a la gran demanda, no sólo fabricó uno, sino ocho de esos motores, cuatro de los cuales estaban hechos con piezas de repuesto.

Por lo que se refiere a la carrera de Simandl como diseñador, aquello fue el final, pero el interés mostrado tanto por la Comisión Deportiva de Checoslovaquia como por Motokov propiciaron el desarrollo del proyecto. Una de las primeras decisiones comerciales fue la de mostrar el nuevo motor en Suecia a finales de 1949. El motor original Eso (499 cc) estaba basado en el JAP, que por aquellos días contaba ya con veinte años de vida. Su éxito le valió nuevos pedidos y un lugar en la competición en pista y en pruebas de campo.

A comienzos de los años cincuenta, Eso creció con rapidez, y su evolución dio lugar a un nuevo modelo con carrera corta del pistón: el S-45 (llamado así porque las pruebas demostraron que su potencia era de 45 CV) con unas dimensiones de 88 × 81 mm (497 cc), que demostró ser ideal para las largas pistas de tierra de Europa, donde lo más importante era la velocidad punta.

En 1954, Jaroslav Cervinka ocupó el puesto de diseñador jefe. Posteriormente, Jaroslav se haría famoso como el creador del motor Jawa de cuatro válvulas especial para circuitos de tierra.

El paso siguiente fue la fusión de Eso con Jawa, aunque hasta enero de 1964 Eso no perdería su propia identidad.

Durante las siguientes décadas, el motor Jawa se convirtió en el dominador de los circuitos de tierra.

La marca ESO fue fundada por Valva Stanislav y Jaroslav Simandl en 1949. Esta S45 para competición en circuito se fabricó en 1959 y utilizaba un motor ohv de 499 cc.

EXCELSIOR

ESTADOS UNIDOS 1907–1931

LA EXCELSIOR MOTOR Manufacturing & Supply Company de Chicago, Illinois, fue uno de los nombres importantes en el ámbito de las motocicletas durante muchos años. No hay ninguna relación entre esta firma Excelsior y la compañía del mismo nombre, también asentada en Chicago, que fabricaba las máquinas De Luxe bajo distintos nombres. Tampoco tenía ninguna relación con la vieja Excelsior británica. De hecho, para evitar posibles confusiones, las motocicletas que Excelsior exportaba al Reino Unido se comercializaban allí con el nombre American-X. En 1925, cambiaron su nombre por el de Super-X, y empezaron a utilizarlo tanto en el extranjero como en los Estados Unidos. La primera motocicleta Excelsior era un producto de aquellos años, con una capacidad de 30 pulgadas cúbicas, un cilindro con las válvulas dispuestas en F (la válvula automática de admisión montada en la culata y la de escape en el cuerpo del cilindro, bastidor en forma

En 1915, la Excelsior bicilíndrica en V de 61 pulgadas cúbicas contaba con tres velocidades y transmisión enteramente a cadena, en consonancia con sus principales rivales americanas. Siguió utilizando la culta con diseño en F.

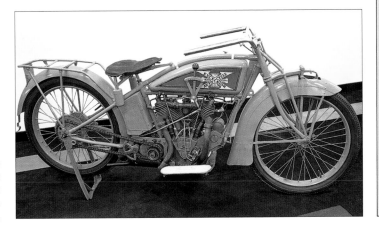

EGA

Alemania 1922-1926. La fábrica de herrajes Gaggenau produjo estos modelos de dos tiempos con pistón deflector y triple lumbrera, de 246 y 346 cc.

EICHLER

Alemania 1920-1925. La mayor fabricante de motocicletas ligeras, Eichler, utilizaba motores DKW (entre 119 y 173 cc) y Bekamo de 129 y 149 cc. También fabricó los escúter Golem y Lomos, con motor DKW de 145 cc.

EISLER

Checoslovaquia (Biskovice) 1920-1926. Esta firma suministraba su motor de 148 cc, que podía instalarse en el cuadro de una bicicleta.

ELAND

Holanda 1955-1960. Motocicletas ligeras con motores Sachs de 123 y 158 cc.

ELFA

Alemania 1926-1939. La Saxon Elstwerdaer Fahrzeugwerk instalaba motores DKW de dos tiempos y 198 y 298 cc, y motores Kuchen de cuatro tiempos y 346 y 497 cc en sus propios bastidores. En los años treinta, también fabricó autociclos con mtores Fithcle y Sachs de 100 cc.

ELI

Inglaterra 1911-1912. Estas máquinas estaban propulsadas por motores Precision de 3,5 CV.

ELIE-HUIN

Francia (Clermont-Ferrand) finales de los años cincuenta-comienzos de los años sesenta. Estas máquinas sorprendentemente modernas utilizaban motores Ydral, AMC y otros de entre 125 y 250 cc.

ELITE

Alemania (Brand-Elisdorf) 1926-1940. Sus motocicletas tenían motores Kuhne de 348 y 498 cc ohv. En 1929, Opel absorbió la compañía, y la producción continuó con motores Sachs de 100 cc.

ELLEHAM

Dinamarca (Copenhague) 1904-1909. Este modelo, la primera motocicleta danesa, era propulsado por un complejo motor bicilíndrico de 734 cc fabricado por la propia firma.

ELMDON

Inglaterra (Birmingham) 1915-1921. Esta firma comenzó fabricando a pequeña escala máquinas con motores Villiers de 269 cc.

Primer plano de una Excelsior de 1914 con motor de 61 pulgadas, con los cilindros calados a 45° y la magneto colocada delante de ellos, todo ello montado en un robusto bastidor.

La horquilla de resorte controlada por muelle de ballesta se convirtió en una de las características más distintivas de Excelsior en 1914, junto con las dos velocidades. El mecanismo de los pedales, por el contrario, seguía presente en sus modelos.

de rombo con horquilla delantera de resorte y transmisión directa a correa.

En 1910, apareció una bicilíndrica en V con 50 pulgadas cúbicas, con los cilindros calados en un tradicional ángulo de 45° y con válvulas de admisión mecánicas. Al año siguiente, cuando Ignaz Schwinn se hizo cargo de la compañía, se unió a este modelo una versión de 61 pulgadas. A partir de 1913, sólo figuraba en el catálogo de la firma el modelo bicilíndrico en V, pero en 1914 se le incorporó una caja de cambios con dos velocidades, y horquilla delantera con muelle de ballesta. En 1915, la transmisión pasó a ser con caja de cambios transversal de tres velocidades; la primaria quedaba situada en el lado izquierdo, junto con el arranque por palanca, y la secundaria a la derecha.

En 1914 unió al bicilíndrico en V una motocicleta ligera, aunque en realidad se trataba de la British Triumph Junior fabricada bajo licencia. Tenía un motor de dos tiempos y 225 cc, con un gran volante anterior y una caja de cambios de dos velocidades accionada por cadena e integrada en el motor. La transmisión secundaria se realizaba por medio de correa. Poseía encendido por magneto, sin embrague ni arranque de palanca, y todo el conjunto del motor se mon-

taba en un bastidor de bucle con horquillas basculantes. Las bicilíndricas en V llevaron a Excelsior a competir con la firma Indian a partir de 1911, y al año siguiente una de estas máquinas alcanzó los 160 km/h en una pista con suelo de madera California. A este siguieron otros éxitos, todavía con motores con culata en forma de F, y teniendo siempre como rival a las Indian de ocho válvulas. En 1915, figuraban en los catálo-

En 1914, el logotipo de la marca Excelsior había adoptado esta forma, en parte para distinguirse de la marca británica del mismo nombre. Más tarde continuó así para sus modelos Super-X.

gos con el nombre de «Big Valve», debido al considerable tamaño de sus válvulas.

Después de la Primera Guerra Mundial, junto al bicilíndrico en V de 61 pulgadas apareció una versión de 74 pulgadas. Ambos adoptaron el sistema de horquilla delantera de resorte con muelle de ballesta y el acabado azul oscuro de la Henderson de cuatro cilindros después de que Schwinn comprara esa compañía en 1917. La fabricación de la tetracilíndrica se convirtió entonces en la prioridad de la compañía, compitiendo en esa cilindrada con la Harley y las Indian bicilíndricas.

La bicilíndrica siguió con su diseño de culata en F, con el carburador alojado entre los cilindros y la magneto en la parte delantera del cárter. A la horquilla delantera de resorte se añadió un único muelle oculto, situado delante de la pipa de dirección, y se pasaron los frenos al cubo de la rueda trasera. Las Excelsior bicilíndricas continuaron de esta guisa hasta 1925, fecha en que fueron sustituidas por la Super-X.

Hasta el año 1920, el interés de la firma por el mundo de la competición le había llevado a fabricar algunos modelos de dos cilindros en V con árboles de levas situados en las culatas. Éstos estaban en la línea de las Cyclone, con ejes accionados por engranajes hasta los árboles de levas y magneto en la parte delantera, pero no eran copias de éstas. Lamentablemente, uno de los pilotos murió durante unas pruebas en su primera salida, lo que provocó la retirada del equipo, el interés por la competición languideció y el potencial de aquel diseño nunca llegó a explotarse. Excelsior

El último año de la primera Excelsior con caja de cambios no integrada fue 1924, pero los pedales indican que se trata de un modelo más antiguo.

presentó un nuevo modelo en 1925, la Super X, con motor integrado, dos cilindros en V de 45° y cambio de tres velocidades. La transmisión primaria se realizaba por medio de un tren de engranajes helicoidales, de modo que el motor seguía girando en su dirección habitual, lo que era importante a efectos de lubricación. Los engranajes estaban encerrados en una carcasa de aluminio fundido con baño de aceite, y la caja de cambios conservaba la posición transversal, de modo que la transmisión secundaria seguía en el lado derecho, y la palanca de arranque fue desplazada a la derecha.

El motor de la Super-X mantuvo la culata de válvulas dispuestas en F, magneto en la parte delantera y carburador único alojado entre los cilindros. El motor se colocaba en un bastidor de doble cuna. Se volvió a la horquilla delantera de resorte. El resultado era una máquina de gran plasticidad y al modelo de serie pronto siguió una versión de competición con un motor ohv, aparecida en 1926, que obtuvo varios éxitos. Después, el interés de la firma se desplazó a las pruebas de ascenso.

El estilo de la Super-X se revisó en 1929, dotando al depósito de la gasolina de una forma más aerodinámica y colocándolo sobre el tubo superior del bastidor, como ya era costumbre en Europa. A comienzos de 1931, Ignaz Schwinn detuvo la producción de todos los modelos Excelsior y Henderson y decidió ocuparse de sus otros intereses comerciales, entre los que estaba la bicicleta Schwinn.

En 1998, se hizo un intento por revivir el nombre de la firma. Sin embargo, el nombre Excelsior y la Super-X se recordará siempre como la marca que desafió a las Harley-Davidson y las Indian en su propio terreno.

EXCELSIOR SUPER-X

1925

La Excelsior se vendió en el Reino Unido con el nombre de American-X a partir de 1921, para distinguirla de la marca británica del mismo nombre.

El nuevo modelo de 1925 continuó con nombre Super-X. Este modelo permitió a la marca entrar en la categoría de los 750 cc. El modelo conservaba aún la culata con válvulas dispuestas en V, de modo que había un solo balancín en cada una de las culatas, con el colector de admisión y el carburador situados entre ellos. Los dos colectores de escape se unían, descendiendo en un único tubo.

La transmisión primaria se realizaba por medio de un tren de engranajes encerrado dentro del conjunto del motor, lo que proporcionaba un diseño más limpio y uniforme. La cadena de la transmisión secundaria discurría por el lado derecho de la motocicleta, y el conjunto del motor iba alojado en un bastidor de doble cuna y gran solidez con un solo tubo superior en el que se colocaban los dos depósitos, el izquierdo para gasolina y aceite, y el derecho sólo para gasolina, de ahí los tres tapones en la parte superior. La palanca manual del cambio de velocidades estaba colocada en el lado izquierdo, junto al elegante

Una versión de 1931 de la Super-X, presentada por vez primera en 1925, con motor integrado, transmisión primaria por engranajes, horquilla de resorte y motor con culata en F.

depósito, que disponía además de un panel de instrumentos montado en la parte superior. La Super-X también se comercializó en una versión Super Sport. Después, la atención de la compañía se volvió a las pruebas de ascenso, donde este modelo también consiguió grandes éxitos.

Motor: Bicilíndrico en V, válvula de admisión sobre escape, 746 cc, 76,2 × 81,75 mm, refrigeración por aire
Potencia: no especificada
Caja de cambios: integrada, 3 velocidades, palanca manual
Transmisión secundaria: cadena
Peso: 150 kg
Velocidad máxima: no especif.

ELSA
Italia (Brescia) 1920. Este motor de dos tiempos y 75 cc era muy avanzado para su época, y permitía alcanzar una velocidad de 50 km/h.

ELSINORE
Japón (1973). Esta filial de Honda ofrecía motocicletas de motocross con motores de 123 y 248 cc.

ELSTAR
Inglaterra 1968-1971. Estas máquinas de competición utilizaban motores de diversas marcas.

ELSTER
Alemania (Mylau) 1924-1926. Además de monocilíndricos con motor de 198 cc diseñados por ella misma, la firma Elster utilizó motores de 175 y 206 cc fabricados por DKW. Todos ellos eran de dos tiempos.

ELSWICK
Inglaterra (Barton on Humber) 1903-1920. La conocida firma de bicicletas también fabricó motocicletas con motores Precision de 348 y 498 cc.

ELVE
Bélgica 1958-1963. Esta firma fabricaba ciclomotores con sus propios motores y también otras de 49 cc de Sachs.

EMA
Alemania (Aalen) 1922-1926. Eduard Molitor Motorenfahrzeugbau utilizaba motores DKW de 148 cc.

EMBLEM
Estados Unidos 1909-1925. Una firma pionera en asientos para dos ocupantes. Sus máquinas tenían motor de dos cilindros en V y 1.245 cc. La monocilíndrica de 1915 tenía 653 cc.

EMMAG
Hungría 1924-1927. Esta firma fabricaba un motor de dos tiempos y 495 cc, refrigerado por aire, además de un bicilíndrico de dos tiempos y 670 cc con refrigeración por agua.

EMPO
Holanda 1955-h.1970. Esa firma fabricaba ciclomotores con motor TWN de 47 cc.

EMURO
Japón 1953-finales de los años cincuenta. Esta firma fabricaba monocilíndricos de dos tiempos con cilindradas entre 90 y 250 cc.

EMW
Alemania del Este (Eisenach) 1945-1956. El único modelo de esta compañía fue un monocilíndrico ohv de 346 cc con transmisión por eje, que era casi una copia de la BMW de 1934.

EXCELSIOR

EL QUE SUELE CONSIDERARSE como más antiguo fabricante de motocicletas del Reino Unido comenzó su vida con el nombre de Bayliss, Thomas & Company, produciendo bicicletas en Coventry, la capital británica de este tipo de industria y centro de la emergente industria motociclista del país. Hacia 1896, esta firma se convirtió, con toda probabilidad, en la primera fabricante de vehículos de dos ruedas propulsados por motor, inicialmente monocilíndricos de 1,25 CV de la firma Minerva.

En 1902, empezaron a utilizar motores MMC. Se ofreció a los clientes la posibilidad de probar libremente las máquinas, comienzo de una política atrevida y, posteriormente, orientada a la competición, con que la que el nombre de esta compañía siempre estaría asociada. En 1903, Harry Martín se convirtió en el primer hombre en romper la barrera del minuto/milla al cubrir la distancia de 1,6 km en 59,8 segundos en el Phoenix Park de Dublín, pilotando una Bayliss Thomas.

En 1910, con la producción de motocicletas funcionando a pleno rendimiento, se adoptó el nombre Excelsior Motor Company Ltd. El logotipo de Excelsior, que mostraba a un alpinista ondeando una bandera ya aparecía en las bicicletas que la compañía fabricaba a partir de 1874. Sin embargo, para evitar confusiones con dos compañías que tenían el mismo nombre (una alemana y otra norteamericana), las Excelsior británicas que se comercializaban en Europa conservaron el nombre Bayliss Thomas hasta los años treinta. Durante los años veinte, también se fabricaron coches con esta misma marca.

Después de la Primera Guerra Mundial, el control de la compañía pasó a manos de R. Walker and Sons, y la producción de motocicletas se trasladó a Tyseley, Birmingham, en Inglaterra. Los Walker diseñaron toda una gama de modelos con cilindradas de 98 hasta 1.000 cc, la mayoría con motores Blackburne, JAP y Villiers. Casi todos

Considerada como la primera firma británica que fabricó motocicletas, Excelsior estuvo produciendo máquinas durante setenta años. El logotipo de la compañía data de 1874.

Las máquinas fabricadas por Excelsior estaban muy bien diseñadas. Las carreras en pista fueron una de las prioridades de la compañía, pero sus éxitos en competición no se tradujeron en éxitos de ventas.

sus modelos eran monocilíndricos, incluida una monstruosa máquina con motor Condor de 850 cc. También se fabricaron algunos bicilíndricos en V con motor Blackburne. Las carreras eran una de las prioridades de la compañía. El mayor éxito llegó con la victoria en la TT para motocicletas ligeras de 1929, con Leslie Crabtree como piloto de la marca. La demanda del público hizo que no tardara en aparecer la B-14, réplica para carretera del modelo que pilotaba Crabtree, y que se convirtió en el principal modelo de Excelsior. Igual que New Imperial, Excelsior tuvo la mala suerte de alcanzar su momento de auge en plena Depresión. Dos años más tarde, en Tat, Hungría, la compañía estuvo a punto de conseguir el récord mundial de velocidad cuando su Silver Comet alcanzó los 262 km/h. Esta asombrosa marca se consiguió con un motor sobrealimentado JAP bicilíndrico en V de 1.000 cc, desarrollando una potencia de 100 CV a 5.400 rpm.

Todavía más éxito tuvo la legendaria «Mechanical Marvel» con motor Blackburne diseñada por Ike Hatch, con la cual Syd Gleave ganó la TT de 1933 en la categoría de motocicletas ligeras con una vuelta más rápida de 116.87 km/h. Llamada así por su complejidad, esta motocicleta monocilíndrica de 250 cc tenía dos carburadores, dos árboles de levas accionados por varillas empujadoras y culatas con cuatro válvulas dispuestas radialmente.

Estos éxitos no se reflejaron en un incremento de las ventas debido sobre todo a la recesión económica tras el desplome de la bolsa en Wall Street. De igual forma, la complejidad de la Mechanical Marvel impidió que no hubiera posibles réplicas. En lugar de eso, Excelsior se planteó la creación de una nueva gama de modelos ohc: la llamada serie Manxman. También fue sorprendente, a su manera, la serie de monocilíndricas de 249 cc y dos tiempos con refrigeración líquida que vio la luz en 1933 y que culminó con el modelo D9 Viking.

El éxito comercial fue moderado y la principal fuente de ingresos de la compañía siguió siendo las modestas dos tiempos. Habiendo lanzado la Autobyke con motor Villiers de 98 cc, precursora del ciclomotor que llegaría en 1937, la firma seguía con su línea discreta cuando terminó la Segunda Guerra Mundial.

Excelsior también fabricó un modelo de dos tiempos y 98cc, la Sprite, para la compañía Corgi, y la «Welbike» militar para su uso durante la guerra.

La Consort de 98 cc tan sólo disponía de dos velocidades, 2,8 CV y una precaria suspensión. La Talisman, sin embargo, estaba hecha de otra pasta, pero a pesar de todo fracasó. A comienzos de los años sesenta, la Monarch de 148 cc, que era un intento por conseguir algo de dinero en el mercado de los escúter, tampoco tuvo éxito, y Excelsior quebró finalmente en 1965. La fábrica se vendió al grupo Britax.

EXCELSIOR MANXMAN 250 ROADSTER 1936

Una Excelsior Manxman de 348 cc modernizada y con bastidor elástico compitiendo en el circuito de Cadwell Park, Inglaterra.

La Manxman estándar, con bastidor rígido. Esta monocilíndrica de cuatro válvulas estaba diseñada sólidamente y ofrecía tres cilindradas: 250, 300 y 500 cc.

Esta máquina apareció porque a sus creadores (Hatch y Walker) les horrorizaba la idea de que un modelo tan complicado como la Mechanical Marvel fuera a parar a manos privadas. En lugar de eso, Hatch, que era el diseñador mecá-

nico de Blackburne, ideó un modelo más sencillo y elegante con un solo cilindro y árbol de levas en la culata accionado por un sistema convencional de engranajes.

La Manxman se presentó primero con 248 cc en el London's Olympia Motorcycle Show de 1934. En 1936, apareció la versión de competición con cuatro válvulas. Con ella, Excelsior logró el segundo lugar en la TT para motos ligeras de 1936 y 1937.

Motor: monocilíndrico ohc 246 cc (63 × 79 mm), refrigerado por aire
Potencia: 16 CV a 5.000 rpm
Caja de cambios: pedal, 4 velocidades
Transmisión secundaria: cadena
Peso: 135 kg
Velocidad máxima: 121 km/h

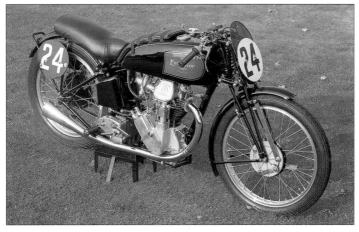

EXCELSIOR TALISMAN 1949

Aunque siempre fue un fracaso de ventas, el modelo Talisman, presentado a finales de 1949, era una máquina mucho más sofisticada que la mayor parte de las dos tiempos que se fabricaban por entonces. El motor bicilíndrico tenía un cigüeñal armado de 180° que se convertiría en estándar en las máquinas japonesas que arrasaron el mercado veinte años después. Sin embargo, el modelo todavía no disponía de caja de cambios integrada en el motor. En lugar de eso, la Albion de cuatro velocidades iba colocada detrás del motor.

Desde el principio, la Talisman incorporó horquilla telescópica en la rueda delantera y amortiguación por émbolo en la rueda trasera. En 1953, llegó la Talisman Sport, provista de un verdadero brazo oscilante en la parte trasera, dos carburadores Amal y aletas de mayor tamaño en la culata, para favorecer la refrigeración. En 1959, la capacidad aumentó hasta 328 cc en la Special Talisman, que además lucía la parte de atrás cerrada, a la moda de los tiempos.

Motor: bicilíndrico en paralelo, dos tiempos, 244 cc (50 × 62 mm), refrigeración por aire
Potencia: 12 CV a 4.000 rpm
Caja de cambios: pedal, 4 velocidades
Transmisión secundaria: cadena
Peso: 113 kg
Velocidad máxima: 105 km/h

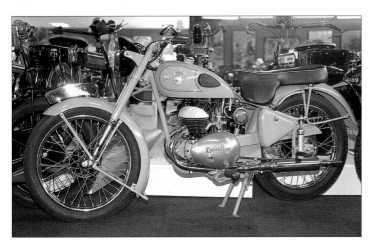

A pesar de sus características avanzadas, la Talisman bicilíndrica de dos tiempos no fue un éxito de ventas. La de la fotografía es una primitiva 244 cc.

EMWE
Alemania 1924-1925. Fabricaron un motor de 293 cc monocilíndrico y bastidor de acero estampado, todo fabricado en casa.

ENAG
Alemania (Nurenberg) 1924-1925. Erle y Nestler AG fabricaron un modelo con motor de dos tiempos y 348 cc y refrigeración líquida en los cilindros. Sus primeras máquinas tenían transmisión a correa, que posteriormente se cambió por cadena.

ENDRICK
Inglaterra (Birmingham) 1911-1915. Motores Peco de 346 y Precision de 496 cc propulsaban las máquinas de esta firma.

ENDURANCE
Inglaterra (Birmingham) 1909-1924. C.B. Harrison fabricaba motocicletas de dos tiempos, primero con motores Villiers de 269 cc y posteriormente con los suyos propios de 259 y 297 cc.

ENERGETTE
Inglaterra 1907-1911. J. L. Norton diseñó la Energetter, un modelo bicilíndrico en V con un motor Moto-Reve de 274 cc fabricado bajo licencia.

EOLE
Bélgica h.1900-1907. Una de las primeras motocicletas belgas. Utilizaba motor Fafnir.

EOLO
Italia (Milán) 1950. Los ciclomotores Eolo de 1953 tenían un motor monocilíndrico horizontal de 46 cc y dos tiempos, y estaban fabricados por ICEM.

ERIE
Estados Unidos (Hammondsport) 1905-1911. Esta firma ensambladora utilizaba motores Spacke, Minerva y Curtiss.

ERIOL
Francia 1932-1939. Estos autociclos tenían motores de dos tiempos y 98 cc.

ERMAG
Alemania 1921-1930. Esa firma fabricó varios modelos monocilíndricos provistos de pistón con la base más ancha que la cabeza, dos tiempos y distribución ohv, y con válvulas laterales. Las capacidades eran de 246, 497 y 547 cc.

ERNST-MAG
Alemania (Brelau) 1926-1930. Estas máquinas deportivas y de competición utilizaban motores monocilíndricos y bicilíndricos en V con capacidades de 350, 500, 750 y 1.000 cc, todos fabricados por MAG.

EXCELSIOR-HENDERSON

A PRIMERA VISTA, la Excelsior-Henderson de Belle Plaine, Minnesota, no es más que otro clon de Harley-Davidson.

Cuando se observa con más detenimiento, resulta estar tan lejos de las máquinas de Milwaukee como pueda estarlo una bicilíndrica en V dirigida al mercado americano. No hay tampoco que olvidar la enorme diferencia de que Excelsior-Henderson se diseñó desde un principio para ser producida en gran número, unas 20.000 unidades al año, más que una máquina minoritaria dirigida a un sector del mercado muy especializado y personalizado.

Desde un punto de vista técnico, la principal diferencia entre una Excelsior-Henderson y cualquier clónica era el motor.

En lugar del clásico diseño, Excelsior-Henderson ofrecía un bicilíndrico en V de 50°, 93 × 102 mm (1.386 cc) refrigerado por aire, un moderno diseño con las dos bielas trabajando una al lado de la otra en el cigüeñal forjado.

El ángulo de los cilindros (5° más que en la Harley) facilitaba la refrigeración.

Es más, la culata de cada cilindro tenía dos árboles de levas accionados por cadena, y cuatro válvulas, aunque el funcionamiento de las válvulas era hidráulico, lo que no es de esperar en una distribución ohc. La inyección de gasolina es algo en que se pensó desde el principio para este modelo, y el mayor ángulo de los cilindros facilitó su instalación.

Con estas características, la potencia que desarrolla el modelo (potencia al freno, como se decía en los años sesenta) es sorprendentemente baja, pues potencias de 45-50 CV/litro ya se habían conseguido en muchas motocicletas,

¿Qué es la Excelsior-Henderson? ¿Un desafortunado intento de modernizar un diseño anticuado o una ingeniosa actualización de un modelo clásico? ¿O ambas cosas? ¡Que cada uno piense lo que quiera!

incluso bicilíndricas en V, a finales de los años veinte.

Hay muchas otras innovaciones mecánicas, algunas técnicamente interesantes, otras impuestas por los condicionantes estilísticos del mercado americano de las grandes «cruisers», y otras que participan de ambas cosas. Por ejemplo, las cadenas de los árboles de levas van ocultas dentro del cuerpo sobredimensionado del cilindro, lo que resulta muy limpio desde un punto de vista estético, pero que

técnicamente no tiene gran mérito. En realidad, es una invitación a que el sistema se deforme si se hace girar al motor a un régimen de revoluciones muy alto, aunque dada la escasa potencia de éste, desde luego no estamos ante una máquina de la que pueda esperarse ese tipo de funcionamiento. Además, las pruebas indican que se producen vibraciones anormales en la franja de las 2.200 rpm y de nuevo al rebasar las 3.500 rpm hasta que el limitador de revoluciones salta y corta el encendido al llegar a 5.500 rpm.

Otra característica interesante es el embrague hidráulico, que reduce el mantenimiento y en teoría hace que la operación de embragar y desembragar sea más sencilla, pero que, lógicamente, resulta más caro, pesa más y, en el caso de que sea necesaria alguna operación de mantenimiento, resulta mucho más complicada. Para poder superar la normativa de California sobre emisiones, la Excelsior-Henderson sólo tenía que añadir un cartucho EVAP, dos válvulas y algunos tubos más.

También la línea es única. El objetivo al diseñarla era recrear la estética de las viejas Excelsior, hasta el (en apariencia) bastidor rígido en la parte trasera, que, por descontado, dispone de un monoamortiguador. Incluso se ha recreado la manera como la horquilla de los modelos antiguos atravesaban el guardabarros delantero, una solución que tenía más éxito en los

años treinta, cuando horquillas y neumáticos eran más delgados.

Muchas otras características de esta motocicleta son estrictamente convencionales, como la caja de cambios de cinco velocidades, unida a la rueda trasera por medio de correa. También dispone de reposapiés, al estilo de las cruiser americanas. En conjunto, a los ojos europeos esta máquina resulta demasiado pesada, con sus 314 kg. La rueda delantera sólo dispone de un disco de freno de 29 cm (con pinzas de cuatro pistones), otra característica muy americana. En cualquier otra parte del mundo, lo normal sería colocar dos discos de menor diámetro. Por raro que parezca, el disco de freno trasero es del mismo diámetro que el delantero.

La velocidad máxima de esta máquina no se especifica en las características técnicas, y en caso de hacerlo, la información sería puramente teórica, por los problemas de vibración.

A pesar (o tal vez a causa) de sus innovaciones técnicas, la nueva bicilíndrica en V es una máquina enorme, y da la sensación de un gigantesco motor al que va unido una motocicleta.

EXPRESS

EXPRESS-WERKE AG se fundó en Neumarkt, Nurenberg, en 1882 con el propósito de fabricar vehículos a pedal. Años más tarde, en 1903, la firma se convirtió en una de las pioneras de la industria motociclista alemana. El primer modelo ofrecido por Express fue uno de sus vehículos de dos ruedas al que se había añadido un motor Fafnir. A lo largo de los 55 años siguientes, la compañía prosperó, consolidando un lucrativo negocio, aunque nunca llegó a ser una de las firmas líder en la industria doméstica, a la altura de BMW, DKW o NSU.

En 1904, Express fabricó su primer modelo de carreras. Se trataba de una bicilíndrica en V con un poderoso (para aquella época) motor de 8 CV.

Después de la Primera Guerra Mundial, Express volvió al negocio de los vehículos a pedal, pero en 1933 intentó nuevamente volver al ámbito de las motocicletas, presentando una gama de dos máquinas ligeras con motor de dos tiempos. Con la llegada de la Segunda Guerra Mundial, Express se centró una vez más en las bicicletas, convirtiéndose en el principal proveedor del ejército alemán durante todo el conflicto.

Después de la guerra, Express se puso otra vez en funcionamiento, y en 1950 ya fabricaba vehículos a pedal y una nueva gama de motocicletas ligeras propulsadas por motores Fitchel y Sachs.

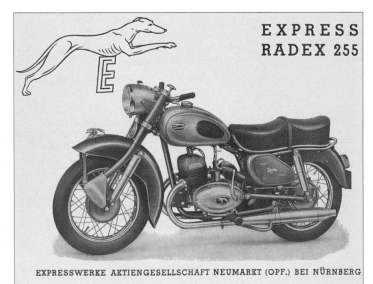

EXPRESSWERKE AKTIENGESELLSCHAFT NEUMARKT (OPF.) BEI NÜRNBERG

Durante la primera mitad de la década, Express producía al máximo de su capacidad, incluso trabajando las 24 horas del día para satisfacer la demanda que la población alemana tenía de medios de transporte. Esto permitió a la compañía desarrollar toda una gama de sofisticados modelos de hasta 250 cc.

Durante la recesión de 1956 y 1957, Express logró seguir vendiendo sus productos, mientras que otros nombres famosos se derrumbaban.

La firma Express, fundada en 1882, fabricó su primera motocicleta en 1903. Esta Ardes 255 de 1954, con motor Sachs de dos tiempos, presentaba una atípica horquilla de resorte.

A comienzos de 1958, la firma celebró su 75 aniversario, y no había ningún indicio que hiciera pensar en problemas económicos. A pesar de eso, en noviembre de ese año Express se fusionó con DKW y Victoria para formar la Zweirad Union.

EYSINK

DURANTE SUS 75 AÑOS DE VIDA, esta compañía pasó completamente desapercibida.

D. H. Eysink la fundó en 1886, y a la vuelta del siglo comenzó a interesarse por los automóviles y las motocicletas. En vísperas de la Primera Guerra Mundial, sus modelos de 365 y 425 cc monocilíndricos eran utilizados por el ejérci-

to holandés. Había también monocilíndricas de 366 y 409 cc, además de una bicilíndrica en V de 774 cc.

En 1921 llegó la primera bicilíndrica bóxer de 702 cc, y su gama del año 1926 exhibía una gran variedad de motores patentados por otras firmas, con cilindradas de entre 147 y 1.150 cc. Después de la guerra, los más utilizados por

Eysink fueron los motores Villiers. Eysink fue el único fabricante de motocicletas holandés que compitió en las pistas de carreras antes y después de la Segunda Guerra Mundial, además de participar en una TT de la Isla de Man en el año 1934.

En 1948, la clase 125 cc entró a formar parte de la TT holandesa, prueba en la que triunfó una motocicleta Eysink. En 1949, se creó una prueba oficial de ámbito mundial que incluía la clase 125 cc. En 1955, terminaron los días de competición de la marca holandesa.

La compañía fabricó escúter de 98 y 250 cc, y, hasta finales de los años setenta, ofreció bicicletas para dos personas y ciclomotores deportivos.

La firma holandesa Eysink tuvo una vida de más de 75 años. Durante ese tiempo, fabricó una amplia gama de motocicletas de carretera y competición. La de la foto es uno de sus primeros modelos.

ESCH-REKORD
Alemania (Colonia) 1927-1930. Estas motocicletas de carreras utilizaban motores JAP (entre otros), de entre 350 y 500 cc.

ESCOL
Bélgica (Chatelet) 1925-1938. Los hermanos Escol utilizaban motores Villiers de 147 cc, y JAP y Python de 250, 500 y 600 cc; también usaban sus propios motores de dos tiempos y 250 y 350 cc.

ETOILE
Francia 1933-1939. Máquinas de dos tiempos con motores Aubier-Dunne de 98 y 198 cc.

EUROPA
Alemania (Munich) 1931-1933. Estas motocicletas ligeras eran propulsadas por motores Schliha de dos tiempos y 147 y 198 cc, y Villiers, también de dos tiempos, de 98 y 147 cc.

EVANS
Estados Unidos 1919-1933. Esta firma comenzó con una motocicleta con motor de dos tiempos y 91 cc, pero se hizo famosa con una de 119 cc, comercializada en Alemania con el nombre Stock.

EVART-HALL
Inglaterra (Londres) 1903-1905. Esta firma comenzó fabricando monocilíndricas con bastidor basado en el cuadro de una bicicleta. Después diseñó una tetracilíndrica en paralelo, longitudinal y refrigerada por aire, que estaba diseñada por Charles Binks.

EVYCSA
España (Barcelona) 1954-1960. Esta firma comenzó fabricando una moto ligera con varillas impulsoras y válvulas en la culata, de 173 cc, más tarde completada con versiones provistas de motor Fita-AMC de cuatro tiempos y 169 y 250 cc.

EXCELSIOR
Alemania (Brandenburgo) 1901-1939. Esta compañía era una famosa fabricante de bicicletas. Después comenzó a fabricar motocicletas con motores monocilíndricos ingleses de válvulas laterales y distribución ohv de 198, 246 y 346 cc. Más tarde utilizó motores Bark de 198 cc (dos tiempos) y entre 196 y 496 cc (válvulas laterales).

FAFNIR

EN LOS AÑOS ANTERIORES a la Primera Guerra Mundial, Fafnir fue uno de los principales proveedores de motores para otras firmas, además de fabricante de sus propias motocicletas durante un breve período de tiempo. Esta compañía puso sus motores en el mercado en fecha muy temprana, 1900. Más tarde adquirió una licencia de Werner para

fabricar motores basados en los suyos. El diseño de los motores Fafnir, fabricados por la Aix-la-Chapelle, eran el corriente en aquellos días: cilindro y culata unidos en una sola pieza, válvula automática de admisión, válvula de escape dispuesta en el lateral del cilindro, cárter de apertura vertical y carburador de líquido pulverizado o goteo. En 1903, había dos motores diferentes en su catálogo: el de 289 cc y 2,25 CV y el de 353 cc y 3CV, ambos diseñados para funcionar con un régimen de revoluciones de entre 1.800 y 2.000 rpm

Las motocicletas, igual que los motores, eran muy convencionales. Por esas mismas fechas, las válvulas automáticas de admisión se modificaron, añadiendo árboles de levas, varillas empujadoras y balancines. La firma pronto dejó de fabricar motocicletas, para concentrarse únicamente en los motores, que suministraban a firmas del mercado nacional

La motocicleta Fafnir era uno de tantos entre los modelos de aquellos años, con su transmisión por correa desde la polea ajustable provista de embrague. El motor tenía válvula de admisión en la culata.

y también exportaban a otras firmas europeas. De esta forma, pudieron dedicar todo su tiempo y energía a perfeccionar sus motores, sin distraer la atención en otros componentes de la motocicleta. En su gama había monocilíndricos y bicilíndricos, ambos con distintas cilindradas y con refrigeración por aire o agua, siendo este último sistema

Fafnir sólo fabricó motocicletas completas durante algunos años; después se centró exclusivamente en fabricar motores que suministraba a otras firmas.

el más utilizado en motores de dos cilindros. Fafnir continuó con su producción de motores hasta 1914.

FANTIC

FUNDADA EN 1968 por el italo-holandés Henry Keppel Hasselink, Fantic Motor ha crecido con rapidez, convirtiéndose en uno de los pequeños fabricantes más importantes de Italia, dedicada especialmente a las máquinas *off-road*, y más

Esta extraña máquina es una Fantic Koala, con motor de dos tiempos, chasis de plástico y neumáticos de baja presión.

en concreto, a modelos de trial. Su primer modelo fue una pequeña motocicleta para niños, la Bronco TXI, propulsada por un motor Aspera de cuatro tiempos. Poco después llegó el prototipo de un triciclo con el mismo motor. A éstos siguió una sucesión de modelos, incluido el Caballero (enduro), Chopper (custom) y Super Six GT (roadster). En pruebas de campo, la enduro RC125

ganó numerosas competiciones y medallas, tanto para la firma como en manos de pilotos particulares durante los años setenta. Después de estos éxitos, Fantic fabricó una versión de motocross con refrigeración por aire, dos tiempos y doble amortiguador. En el ámbito de las carreras de trial de un día, la fábrica de

Desde finales de los años setenta, Fantic ha fabricado motocicletas de trial que han obtenido numerosos éxitos. Un ejemplo típico es este modelo 307 de 1991.

Bargazo Como dejó su huella. Desde finales de los años setenta, las motocicletas Fantic han dominado esta faceta del motociclismo deportivo, con una larga lista de títulos en campeonatos nacionales e internacionales.

A comienzos de los años noventa, Fantic absorbió a la firma Garelli; en los años veinte y treinta, esta última había sido una de las grandes fabricantes italianas de motocicletas (junto con Benelli, Bianchi, Gilera y Moto Guzzi) y todavía en 1987 Garelli había sido campeona del mundo de 125 cc.

FÉE

INGLATERRA 1905–1907

ESTA MARCA FUE LA predecesora de la famosa motocicleta Douglas, y creó la tradición del motor bicilíndrico bóxer. Creada por Joseph Barter, de Bristol (cuya primera máquina había aparecido en 1902, llevando su propio nombre), este modelo tenía motor monocilíndrico diseñado por él, con la polea de la transmisión a correa en el árbol de levas, lo que daba a la transmisión mayor longitud y evitaba posibles resbalones de la correa.

Barter quedó impresionado por la ausencia de vibraciones de los motores Lancaster de coche, lo que le llevó al diseño del bicilíndrico bóxer, o plano. Esta empresa le puso en contacto con la firma Douglas, que suministraba las piezas fundidas. Su motor bicilíndrico plano tenía una cilindrada de 269 cc, con válvula automática de admisión y válvula de escape en el lateral del cilindro, un carburador de superficie al principio y un distribuidor del encendido. En el extremo izquierdo del cigüeñal estaba montado el volante externo, de grandes dimensiones y con un peso de 2,7 kg, de un total de 6 kg que pesaba el motor. Éste estaba montado en la parte superior de un cuadro de bicicleta provisto de horquilla rígida. El motor accionaba mediante cadena un eje intermedio montado bajo el tubo inferior del cuadro. Este eje incorporaba un embrague, y la transmisión secundaria se realizaba por correa; y el sistema de frenado era sobre la llanta.

La crítica en 1905 dijo de este modelo que era una motocicleta silenciosa, con pocas vibraciones y unas prestaciones ideales para desplazamientos urbanos cortos. A finales de 1905, se formó Light Motors, y el nombre del modelo cambió por el de Fairy. Posteriormente, Douglas se quedó con el diseño.

FERRARI

ITALIA 1951–1959

AUNQUE CON SEDE EN la misma provincia que Marenello, cerca de Módena, la fábrica de motocicletas de Ferrari estaba desvinculada con su prima, la fabricante de coches. Lo que unía a ambas, aparte del nombre, era la altísima calidad mecánica de sus diseños.

Ferrari Moto fabricaba modelos de dos y cuatro tiempos. En la Exposición de Milán de 1952, la firma presentó una bicilíndrica en paralelo con distribución ohc accionada por cadena. El diseño del motor, con sistema de lubricación por colector dentro del cárter, era especialmente cuidadoso. La caja de cambios se accionaba con pedal y disponía de cuatro velocidades. Caja de cambios y embrague estaban integrados en el motor. Su cilindrada era de 199 cc, y desarrollaba en torno a los 14 CV. El motor estaba montado en un moderno bastidor con brazo basculante y horquilla telescópica con los muelles sumergidos en aceite.

En 1953 se añadió una versión de menor capacidad: la 200 Ferrari, de 175 cc. Atendiendo al número de ventas, los modelos más importantes para Ferrari fueron los de motor de dos tiempos. Todos ellos contaban con sistema de admisión mediante lumbrera que se abre con el movimiento del pistón y un solo cilindro, y las cilindradas eran de 98, 124 y 148 cc. A pesar de su famoso

Ferrari Moto, que no estaba relacionada con la firma fabricante de coches, produjo modelos de gran calidad durante los años cincuenta. En la foto se muestra una monocilíndrica de dos tiempos y 148 cc de 1955.

nombre y su llamativa pintura roja, las motocicletas Ferrari nunca se vendieron en gran número. Su precio era considerablemente superior al de sus rivales, lo que unido a la falta de una apropiada red de distribución, supuso el fin de las motos Ferrari. En 1959, tras una rápida caída en las ventas de los modelos de dos tiempos, Ferrari Moto tuvo que cerrar.

FEW PARAMOUNT

LA FIRMA DE F. E. WALLER, de antes de la guerra, fabricaba cubiertas para los muelles de las válvula, utilizando el nombre comercial FEW, que la firma conservó cuando comenzó a fabricar motocicletas en 1920. A finales de ese mismo año, la firma anunció un modelo de dos cilindros en V con motor JAP, transmisión directa a correa, bastidor

La Paramount Duo adoptó el diseño totalmente cerrado, con asiento anatómico muy bajo y motor oculto. Al contrario que otros modelos con el mismo diseño, éste llegó a tener éxito.

bajo y horquilla Saxon. Se mencionaba también un sistema de transmisión por frotamiento, pero no se ofrecía ningún detalle. Sin embargo, aunque llegó a realizarse un prototipo para mostrar a los posibles compradores, nunca se fabricó el modelo.

El nombre volvió en 1926, con un modelo novedoso que adoptaba el formato de «coche sobre dos ruedas», con el motor y la transmisión ocultos tras planchas metálicas. Este modelo estaba propulsado por un motor JAP de válvulas laterales, bien el 976 cc bicilíndrico en V o el 600 cc monocilíndrico. También disponía de caja de cambios de tres velocidades.

Se fabricaron tres versiones: la Paramount Special, la Paramount Duo, y otra versión de esta última con el motor de un solo cilindro. Las tres tenían un bastidor bajo con tubos que subían hasta sostener la pipa de dirección y la horquilla de paralelogramos deformables. Los paneles laterales se prolongaban a modo de protección para las piernas, hacia abajo hasta convertirse en reposapiés de aleación, y hacia atrás, pasando por encima de la rueda trasera y sirviendo como portaequipajes.

Uno de los primeros intentos de Few Paramount por entrar en el mercado de las motocicletas fue este modelo de 1920 con motor JAP bicilíndrico en V de 6 CV y transmisión directa a correa.

El modelo cambió poco durante 1927. El modelo monocilíndrico fue rebautizado con el nombre Paramount Popular, y se le colocó un motor Blackburne de 499 cc.

Como solía ocurrir por entonces con este tipo de diseños, se fabricaron muy pocas unidades, y ni siquiera se vendieron todas.

FIGINI

LUIGI FIGINI FUE un pionero que se estableció en Milán con Lazzati. Juntos, trabajaron como una sola firma, aunque después cada uno fabricaba máquinas a las que ponía su propio nombre. Lazzati colocaba motores De Dion en un cuadro de bicicleta provista de horquilla reforzada. Figini prefirió tomar otro camino.

El primer modelo de Figini llegó antes de que los hermanos Werner hubieran decidido desplazar su motor desde la pipa de dirección al interior del bastidor. Su diseño se distinguía de este último en que el motor actuaba como parte inferior del tubo del asiento, uniendo éste con el eje del pedal. Este diseño

Desde el principio, la Figni estaba fabricada con el motor formando parte del tubo del asiento. Posteriormente, se hizo descender más el motor, y se quitaron los pedales para hacerle sitio.

precedió al de la famosa Indian americana de 1901. El motor de la Indian estaba colocado sobre el eje de los pedales, mientras que el motor Figini se prolongaba más abajo, actuando como enlace con el tubo inferior. Su cárter estaba colocado lo bastante bajo como para que el eje de los pedales lo atravesara por su parte delantera superior. Lazzati dejó el negocio en 1904; Figini, a finales de esa década.

FN

FN, O LA FABRIQUE Nationale d'Armes de Guerre, apareció en 1889 cuando se fundó la compañía con sede en Herstal con el propósito de competir con la rival Sarotea en el mercado de las armas. Igual que su rival, FN amplió su producción a las bicicletas a pedal antes de pasar a las bicicletas provistas de motor.

La bicicleta estándar FN estaba equipada con un esbelto depósito de combustible colocado bajo la barra, que alimentaba un motor de 133 cc provisto de transmisión secundaria a correa y un enorme volante externo. El modelo continuó desarrollándose durante los tres años siguientes, pero en 1904 quedó

eclipsado cuando FN presentó otro diseñado por Paul Kelecom, con motor tetracilíndrico con 363 cc, que fue públicamente aclamado. La gama de tetracilíndricos diseñados por Kelecom se fabricó durante dos décadas, con variedad de cilindradas, pero cuando su creador dejó FN en 1926, sólo se ofrecieron bicilíndricas y monocilíndricas. Sin duda, los modelos monocilíndricos formaban la espina dorsal de la producción de FN durante la mayor parte de su vida, y no fueron sólo los tetracilíndricos los que se beneficiaron de la transmisión secundaria por eje. Por ejemplo, en 1909, hizo su debut una nueva 249 cc

F. N. 250 CC 2 TEMPS, LUXE-CARÉN

FN comenzó fabricando armas en 1889, después bicicletas, y en 1901 empezó a fabricar motocicletas. Este modelo con motor Ilo es de mediados de los años cincuenta.

monocilíndrica con válvula de admisión sobre la de escape, que disponía del mismo bastidor con doble tubo que la tetracilíndrica y con el cigüeñal montado longitudinalmente a la marcha. Más tarde, la capacidad de este modelo se amplió hasta los 293 cc, y todavía se fabricaba a comienzos de los años veinte. Una característica inconfundible era el uso de embrague multidisco y caja de cambios de dos velocidades. La horquilla de resortes era muy parecida a la de la gama Kelecom de cuatro cilindros. La versión de 283 cc pesaba 85 kg y alcanzaba una velocidad máxima de 85 km/h.

Otro modelo de los primeros de FN fue un monocilíndrico que batió el record de velocidad en 1926. Utilizaba un motor de 342 cc (74 × 80,5 mm) ohv y estaba basada en un modelo estándar de FN de mediados de los años veinte,

extraordinariamente feo pero muy robusto. Este último rasgo posibilitaba que la monocilíndrica de 350 soportara no sólo el mal uso, sino también la puesta a punto necesaria para convertirla en una máquina capaz de batir marcas de velocidad. Tres pilotos (Flintermann, Lowinfosse y Sbaiz) se presentaron con la FN monocilíndrica al circuito de Monza, Italia, donde el 2 de agosto de 1926 batieron varios récords de velocidad y resistencia. Ocho días más tarde, el equipo belga volvía al autódromo de Monza para aspirar a un premio más, el nuevo récord del mundo de

las 24 horas. Como era de esperar, lograron su propósito cubriendo una distancia de 2.526 km a una velocidad media de algo más de 105 km/h.

Esto no sería más que el comienzo de una larga serie de récords de FN. El inglés Wal Handley, con una 350 monocilíndrica puesta a punto, logró una nueva marca de velocidad en la distancia de 5 km, con una velocidad media de 177 km/h. Más tarde, en 1931, Milhoux y Tacheny también lograron sorprendentes registros en las pruebas de resistencia para la clase 500 cc. Finalmente, en 1935, Milhoux y Charlier lograron nuevos récords para las categorías de 500, 750 y 1.000 cc en la última ocasión en que la marca FN logró batir una marca de velocidad.

Por entonces, la TT de la isla de Man se consideraba el acontecimiento deportivo más importante en el mundo del motociclismo, pero tras el magnífico tercer puesto conseguido por R. O. Clarks en la clase Twin Cylinder de 1908, la compañía belga no volvió a tener un éxito parecido en este prueba. En 1909, una monocilíndrica de FN tuvo que retirarse; años después, en 1914, FN acabó en la posición trigésimo tercera y trigésimo sexta de la clase Senior. Finalmente, en 1931, su único participante (de nuevo en la Senior) también se retiró. Poco antes de la Segunda Guerra Mundial, FN, con rivales como Gillet-Hers-

Durante los años cincuenta, FN lanzó una gama de monocilíndricas de cuatro tiempos con válvulas laterales o distribución ohv, como mostraba este catálogo de la época.

FB-MONDIAL:
Ver **MONDIAL**.

FAMO
Alemania 1923-1926. Tenían motores de 127 cc de dos tiempos montados en batidores de rombo.

FAR
Austria 1924-1927. FAR fabricaba máquinas con motores Blackburne monocilíndricos de 346 y 496 cc.

FARNELL
Inglaterra (Birmingham) 1901-1905. Utilizaba motores Minerva en cuadros de bicicleta reforzados.

FAVOR
Francia (Clemont-Ferrand) 1919-1959. Esta firma utilizaba motores monocilíndricos JAP de 350 cc, después de entre 100 y 250 cc de dos tiempos, y después de 1945, Aubier-Dunne de dos tiempos y AMC de cuatro tiempos y 250 cc.

FAVORIT
Alemania (Berlín) 1933-1938. Favorit empezó con una bicilíndrica en V con motor JAP de válvulas laterales y 996 cc, pero después utilizó motores de dos tiempos y 100 y 125 cc.

FB
Inglaterra (Birmingham) 1913-1922. Fowler y Bingham fabricaron modelos de dos tiempos y 206, 269 y 411 cc.

FB
Alemania (Breslau) 1923-1925. FB comenzó con motores de dos tiempos y 269 cc, después utilizó un dos tiempos de 250 cc, y 348 y 496 cc monocilíndricos de JAP y Blackburne.

FEDERATION
Inglaterra (Birmingham) 1919-1937. (También llamada Federal.) Tenían motor Villiers de 2T (147-250 cc) y JAP de 4T (250-500 cc).

FEILBACH LIMITED
Estados Unidos (Milwaukee) 1912-1915. Esta firma se caracterizaba por el uso de motores bicilíndricos en V (990 y 1.130 cc) y monocilíndricos (550 cc).

FERBEDO
Alemania (Nurnberg-Doos) 1954. Este escúter con motor Zundapp de 49 cc lo fabricaba Berrhauser.

FERRARIS
Italia (Milán) 1903. Modelo con cuadro de bicicleta reforzado y motor Peugeot.

FHG
Alemania 1927-1929. La Pleus, que importaba motores AJS, comercializaba el modelo FHG de 173 cc y dos tiempos.

Este modelo de cuatro cilindros data de 1908. Su motor de 498 cc desarrollaba 9 CV, suficiente para que esta máquina de neumáticos blancos alcanzara una velocidad de 45 km/h.

líndricos con distribución ohv, transmisión secundaria por cadena, motor integrado con caja de cambios y lubricación por colector dentro del cárter. Muchos utilizaban un diseño de horquilla delantera con sistema de resortes, en la que los muelles casi horizontales se tensaban por el movimiento vertical de la rueda delantera. A partir de 1953, la gama FN incorporó en todos sus modelos la horquilla telescópica con muelles en aceite. El modelo monocilíndrico de cuatro tiempos causó un gran impacto en los primeros años del motocross (comienzos de los años cincuenta), pero a partir de 1956, la firma se dedicó de lleno a las motocicletas ligeras con motor de dos tiempos. El último modelo que apareció antes de que se cerrara la fábrica a mediados de los años sesenta fue un ciclomotor.

El piloto belga Auguste Mingles con la FN 500 cc que le convirtió en campeón mundial de motocross dos años seguidos, en 1953 y 1954.

Durante casi siete décadas, FN fabricó una enorme gama de modelos, incluyendo monocilíndricos, bicilíndricos (foto) y tetracilíndricos. En ellos se usaron motores de dos y cuatro tiempos.

tal y Sarotea, diseñó y fabricó varias motocicletas militares, entre las que destacaba una bicilíndrica plana de 1.000 cc de descomunales proporciones. FN también fabricó un vehículo de tres ruedas utilizando el motor de dos cilindros plano M12 como base, igual que el

motocarro italiano, que era una combinación de la parte delantera de una motocicleta (incluido el motor y la dirección) con la parte trasera de un coche. En el caso de FN, ésta consistía en un cuerpo abierto con dos hileras de asientos y caja de cambios de cuatro velocidades y marcha atrás. Después de la guerra, la firma ofreció el mismo modelo, modificado para servir como vehículo de reparto.

Otros modelos de FN utilizados por el ejército fueron el M11, M71 y M86. Todos ellos utilizaban motores monoci-

FN Four Cylinder 1904

FN FUE UNA PIONERA en el uso del motor de cuatro cilindros. Sin embargo, el suyo no fue el primero, pues tal honor corresponde al diseño de la británica Holden, realizado en 1897. A pesar de eso, la marca belga logró un gran reconocimiento con su tetracilíndrico.

La serie de modelos tetracilíndricos de FN llegó gracias al talento de sus diseñador jefe, Paul Kelecom, que en 1904 fue el responsable del desarrollo de un modelo totalmente nuevo de 363 cc (45 × 47 mm) con cuatro cilindros en línea. El motor estaba refrigerado por aire y disponía además de algo que por entonces era todo un lujo: transmisión secundaria por eje.

Otros detalles del extraordinario diseño de Kelecom eran: encendido por magneto, válvulas automáticas de admisión y bomba de aceite accionada manualmente. La velocidad máxima del modelo rebasaba los 64 km/h. Pero la

FN fue una pionera en el diseño de los motores de cuatro cilindros. El gran piloto británico R. O. Clark utilizó con gran éxito una de estas máquinas en carreras de pista y pruebas de larga distancia.

gran ventaja de esta motocicleta (y su mejor argumento a la hora de las ventas) fue la prácticamente nula vibración de su motor.

Para promocionar el nuevo diseño, FN organizó una gran gira por todas las grandes europeas, entre ellas Londres y París. A esta última llegó a finales de 1904, justo a tiempo para firmar un contrato de ventas por adelantado, con la promesa de entregar las motocicletas en 1905.

En los años siguientes, se fue aumentando la capacidad del motor tetracilíndrico, y en 1907 tenía una cilindrada de 493 cc (498 cc en el mercado americano). Para entonces, se le había dotado de un embrague, caja de cambios y un adecuado sistema de frenos, además de horquilla elástica.

En el terreno de la competición, el inglés R. O. Clark se presentó con una de estas tetracilíndricas a la TT de la isla de Man de 1908, donde consiguió una tercera posición en la categoría de multicilíndricas. Clark recorrió 255 km en cuatro horas y once minutos rodando a un promedio de 58 km/h. También es interesante señalar que la FN era la motocicleta más económica de cuan-

tas participaron, con una relación de 32 km/litro, lo que resultaba impresionante.

R. O. Clark era un piloto muy completo, y se presentó a varias competiciones utilizando la misma máquina. Participó, por ejemplo, en las MCC (Motor Cycling Club) de larga distancia que cubrían el trayecto Londres-Edinburgo-Londres. En ésta ganó la medalla de oro en 1908. También tuvo una actuación muy destacada en la prueba que se realizó sobre el primer circuito de carreras que se construyó, el de Brooklands, en Surrey.

El diseñador Paul Kelecom dejó FN en 1926, y poco después quedó interrumpida la producción de su modelo tetracilíndrico.

Motor: 4 cilindros en línea, válvula de admisión sobre escape, 363 cc (45 × 47 mm), refrigerado por aire.
Potencia: no especificada
Caja de cambios: una sola velocidad
Transmisión secundaria: eje
Peso: no especificado
Velocidad máxima: 68 km/h

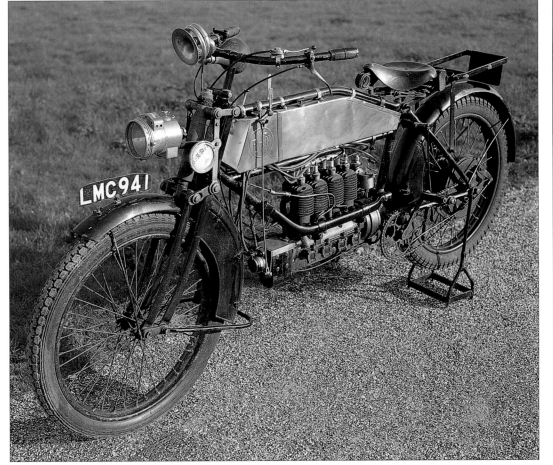

FIAM
Italia 1923-1925. Motor auxiliar de 110 cc.

FIAMC
Italia (Parma) 1952-1953. Esta firma fabricaba un motor de 125 cc para motocicleta y escúter.

FIDUCIA
Suiza 1902-1905. Estos primeros modelos suizos estaban propulsados por motores de 450 cc fabricados por la propia firma.

FIMER
Italia 1952-1957. Escúter de 125 cc y 2T, del que más tarde apareció una versión «Luxus» y una motocicleta ligera con idéntica capacidad.

FINZI
Italia 1923-1925. Bicilíndrica plana que más tarde se transformó en bicilíndrica en V de 36° de 598 cc ohv transversal a la marcha.

FIORELLI
Italia 1951-1968. Esta firma fabricó un modelo de 125 cc, dos tiempos y tres velocidades, seguida de los modelos Sport y Touring, y en 1957, otro modelo de 175 cc. Más tarde llegarían los ciclomotores de 49 cc.

FIT
Italia 1950-1954. Esta firma ensamblaba motores Ilo de 123 y 147 cc.

FIX
Alemania (Bremen) 1922-1926. La Lloyd Maschinenfabrik GmbH era dueña de esta firma, que utilizaba sus propios motores de dos tiempos y 150 cc, y de 250 y 350 cc con válvulas laterales.

FKS
Alemania (Berlín) 1922-1926. Comenzó con un motor monocilíndrico de 2T y 147 cc montado sobre la rueda delantera, que posteriormente pasó al interior de bastidor. Después llegó un modelo bicilíndrico plano de dos tiempos y 298 cc.

FLANDERS
Estados Unidos 1911-1914. El escape en la parte posterior del motor no logró mejorar la refrigeración de este modelo monocilíndrico de 500 cc.

FLINK
Alemania 1920-1922. Este precursor de BMW fabricaba un modelo monocilíndrico de dos tiempos y 148 cc con motor Kurier.

FLM
Inglaterra 1951-1953. Esta firma fabricaba motocicletas ligeras con motores Villier y JAP de 123 y 198 cc.

FRANCIS-BARNETT

La motocicleta de la fotografía, que no hay que confundir con la exitosa Cruiser de los años treinta, es la Cruiser 84, lanzada a finales de los años cincuenta y con un motor de 250 cc.

1927, las versiones de 172 cc alcanzaron el máximo en trucos publicitarios en Ben Nevis y Snowdon, con 22 y 120 minutos respectivamente. Una de las máquinas, con promedio de 69 km/l, se anunciaba con el eslogan «Más barata que suelas para zapatos».

Dos de los modelos más conocidos de los años treinta (la Cruiser de dos tiempos y la Stag de cuatro) utilizaban bastidores soldados más convencionales. Desde su aparición en 1933 hasta el año 1940, la Cruiser, diseñada por Bill King, tuvo un enorme éxito, en parte por el carácter práctico de su diseño tipo escúter, que la convirtió en la única motocicleta totalmente cerrada que llegó a prosperar en el mercado británico. El año 1938 trajo la Snipe de 125 cc y motor con caja de cambios integrada, así como un ciclomotor de 98 cc asistido por pedales: el Powerbike.

Dada la gran gama de modelos de que disponía, unido a los antecedentes militares de Gordon Francis, lo lógico era que esta compañía contribuyera activamente a la producción de guerra de Gran Bretaña. En realidad, el diseño de una versión militar de la Snipe estaba ya muy avanzado. Sin embargo, en 1940, la fábrica fue destruida durante los mismos bombardeos que arrasaron a la cercana Triumph. Todavía quedaba alguna capacidad productiva en las instalaciones de Earlson. Pero hasta que la fábrica de Lower Ford Street fue nuevamente abierta en 1945, la firma no volvió a producir motocicletas.

«FANNY-B», COMO PRONTO se conoció a esta marca, fue fundada por Gordon Francis, hijo de Graham, cofundador de la compañía de motocicletas Lea-Francis. En 1919, fundó junto a su suegro, Arthur Barnett, la Francis and Barnett Ltd. (Graham Francis aportó parte del capital necesario, lo que le dio un puesto en la junta directiva). Poco después, cuando la producción de las máquinas Excelsior se trasladó a la fábrica Monarch, en Birmingham, la nueva compañía se instaló en las instalaciones de Excelsior en Lower Ford Street, Coventry, ahora abandonadas. En marzo de 1920, apareció el primer modelo de la compañía, con motor JAP de 292 cc y válvulas laterales, con dos velocidades y transmisión secundaria a correa. Pronto siguió otro modelo semejante con cilindrada de 346 cc. Después de estos dos, aparecieron otros modelos monocilíndricos ohv con válvulas laterales, y cilindradas de hasta 350 cc.

Primitivo modelo Francis-Barnett de los años veinte, utilizaba un motor JAP de un solo cilindro. Tenía transmisión secundaria a correa, y se llegó a ofrecer con cilindradas de hasta 350 cc.

Sin embargo, la compañía se recuerda sobre todo por sus modelos de dos tiempos, que comenzaron a producirse a finales del boom motociclista de comienzos de los años veinte. Todas estas máquinas estaban propulsadas por motores Villiers, y la mayoría eran de un solo cilindro, aunque también se diseñó una bicilíndrica de 344 cc, la Pullman, que causó gran sensación en 1927, pero

que no prosperó por problemas de refrigeración. En el modelo Empire, monocilíndrico de 250 cc, se utilizó un chasis totalmente novedoso.

La necesidad de recortar gastos trajo la introducción de los bastidores Fanny-B. El primero de ellos, niquelado y con motor Villiers de 147 cc se presentó en la Olympia Motorcycle Show de Londres, a finales de 1923. Durante 1926 y

Después de la guerra, la gama sólo estaba compuesta por modelos de dos tiempos, con motores Villiers que iban desde los 98 hasta los 248 cc. En junio de 1947, la compañía se unió a James en el imperio AMC. Una década después, rompió su relación con Villiers que, a pesar de sus defectos, le estaba proporcionando éxitos en las pruebas de campo. Aparte del color (el de las Francis-Barnett era rojo, y el de las James era verde), los modelos de ambas marcas apenas se distinguían, y ambas se hundieron en 1964, junto con la Matchless. La última Fanny-B, la Sports Fulmer 90, de 150 cc y aspecto futurístico, tenía armazón de acero estampado, horquilla de resortes y línea estilizada, y tuvo el honor de ser la última motocicleta fabricada en Coventry.

«Fanny-B» fue el sobrenombre con que se conocía a esta firma. Aunque sus primeros modelos eran de cuatro tiempos, en los años siguientes, la firma estuvo siempre asociada con los motores de dos tiempos, más económicos.

FRANCIS-BARNETT BLACK HAWK

AÑOS TREINTA

La Black Hawk era un modelo más de los que Francis-Barnett fabricó antes de la guerra: un bastidor extraordinariamente duro al que se acoplaba un motor monocilíndrico Villiers de 196 cc, muy económico pero no podía ofrecer grandes prestaciones. Este modelo disponía de una caja de cambios de cuatro velocidades opcional.

Estos bastidores, de formas triangulares hechas a base de tubos rectos unidos por pernos, se anunciaban con el eslogan «Construidos como un puente». Eran muy rígidos y relativamente ligeros para su época, y sobre todo, muy sencillos de montar (al menos para los operarios de las fábricas donde se producían. Uno de los anuncios sugería que podían desmontarse y guardar en una bolsa de golf, aunque sólo alguien muy

La Black Hawk estaba propulsada por un motor Villiers de 196 cc. Sin embargo, lo más importante de este modelo era su bastidor a base de triángulos formados por tubos atornillados.

optimista se atrevería a intentarlo). Los primeros bastidores utilizaban horquilla delantera con muelles de ballesta, pero cuando salió al mercado, la Hawk estándar ya disponía de horquilla de paralelogramos deformables provistos de muelles helicoidales. La idea de este diseño la tuvo Gordon Francis durante la Primera Guerra Mundial cuando, siendo oficial, se había quedado sorprendido por la fragilidad de los bastidores convencionales.

Motor: monocilíndrico, 2 tiempos, 196 cc (61 × 67 mm), refrigeración por aire
Potencia: no especif.
Caja de cambios: 3 vel., palanca manual
Transmisión secundaria: cadena
Peso: no especif.
Velocidad máxima: 77 km/h

FRANCIS-BARNETT STAG

En 1935 llegó por sorpresa una Fanny-B de cuatro tiempos y 250 cc: la Stag. El motor era monocilíndrico ohv, fabricado por Blackburne, diseñado por Harry Hatch y unido a una caja de cambios Albion no integrada. El clásico bastidor Francis-Barnett fue sustituido en este modelo por uno soldado, hecho con tubos de acero forjado con sección en forma de H. Esta máquina robusta y muy apreciada por el público ofrecía buenas prestaciones y un motor muy económico.

Cuando se presentó en 1935, la Stag sorprendió a todos por su motor de cuatro tiempos. El motor Blackburne ohv estaba diseñado por Harry Hatch.

Motor: monocilíndrico, 248 cc ohv (68 × 68 mm), refrigerado por aire
Potencia: no especif.
Caja de cambios: 4 velocidades, pedal
Transmisión secundaria: cadena
Peso: 113 kg
Velocidad máxima: 97 km/h

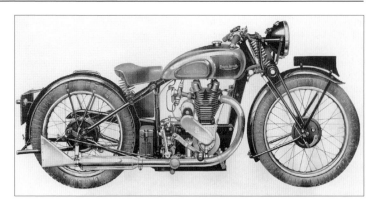

FRANCIS-BARNETT MERLIN

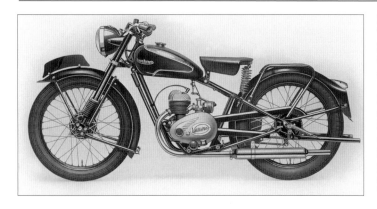

Las ventas de la Merlín con motor Villiers de 122 cc se vieron muy limitadas por la competencia directa de la Bantam de BSA, que fue la máquina más vendida de todos los tiempos en el Reino Unido.

Lanzada al Mercado a finales de los años cuarenta, la Merlin de 122 cc era una Fanny-B más de posguerra. Comparada con su contemporánea, la BSA D1 Bantam, la Bantam presentaba un diseño limpio y bien fabricado, si bien un tanto anticuado. La potencia la recibía de un motor Villiers bicilíndrico de dos tiempos, el 9D

de los años veinte, con pistones de cabeza plana y barrido en U invertida. La velocidad máxima estaba por debajo de los 80 km/h. Un buen detalle era el depósito de aceite de emergencia.

Motor: monocilíndrico, 122 cc (50 × 62 mm), 2 tiempos, refrigeración por aire
Potencia: 3,2 CV a 4.400 rpm
Caja de cambios: 3 velocidades, pedal
Transmisión secundaria: cadena
Peso: 79 kg
Velocidad máxima: 71 km/h

FRERA

FUNDADA POR LEONARDO FRERA en Tradate, Varese, esta firma se convirtió en una de las más grandes de Italia hasta que comenzó la Depresión de 1930, un año después de que la firma fuera adquirida por Emilio Fossio. La producción se interrumpió en 1936, pero en 1931 Leonardo Frera, hijo del fundador, estableció su propia compañía, de muy corta vida, aunque el nombre original sobrevivió hasta después de la Segunda Guerra Mundial.

La primera Frera tenía un motor de 500 cc con válvula automática de admisión, montado sobre el tubo inferior de un sencillo bastidor en U invertida. La magneto, accionada por engranaje, estaba colocada detrás del cilindro. Contaba con transmisión por correa, y horquilla elástica. Pronto la firma se presentó a competiciones italianas, en las que obtuvo varios éxitos, y la gama se fue aumentando con nuevas máquinas que iban desde los 300 cc hasta una

Una Frera de 1909, ejemplo típico de los modelos de la marca. Sus diseños continuaron durante muchos años, con diferentes tamaños y cilindradas.

bicilíndrica en V de 1.140 cc con válvulas de admisión en culata. La transmisión pasó de ser directa con correa a introducir una caja de cambios de tres velocidades y transmisión totalmente a cadena, siempre oculta. La horquilla delantera siguió siendo accionada por muelles helicoidales, con un movimiento oscilante en la corona inferior, mientras que el bastidor era rígido. Muchas máquinas Frera sirvieron durante la Primera Guerra Mundial, con modelos de un solo ocupante y también con sidecar (éstos a menudo hacían las funciones de ambulancia).

Después de la guerra, la firma incluyó en su catálogo modelos monocilíndricos de 500 y 600 cc, además de la bicilíndrica en V de 1.140 cc, todos ellos con tres velocidades y horquillas elásticas. A estos tres se unió un modelo de dos tiempos y 269 cc, que también se fabricó con tres velocidades. De todos ellos se fabricaron muchas unidades. En el terreno de la competición,

había motores de cuatro válvulas de 350 y 500 cc, además de uno bicilíndrico en V de 750 cc. Todos ellos tuvieron mucho éxito en las famosas carreras Milán-Nápoles de 1919 y 1925, que precedieron a la prueba Milán-Taranto de unos años después. Estos modelos llevaron a la firma al final de la década, y con ella llegó el cambio de propietario. Después, Frera perdió gran parte de su mercado debido a la competencia de Moto Guzzi.

La producción de Frera se interrumpió en 1936 a pesar del magnífico modelo aparecido en 1935, con 500 cc ohv con árbol de levas en la culata y muelles de las válvulas ahorquilladas.

El nombre volvió al mercado en 1949, cuando se convirtió en otra firma italiana que ofrecía una pequeña gama de pequeña cilindrada y dos tiempos. Había muchas firmas como esta en Italia, que utilizaban motores patentados por otras firmas, aunque unas cuantas fabricaban los suyos propios. Frera

hizo ambas cosas. El tamaño del motor iba de los 50 cc del ciclomotor hasta los 150 cc, con caja de cambios integrada en el motor. El bastidor, la horquilla delantera y los frenos eran los clásicos de aquella época: horquilla telescópica en la rueda delantera y basculante en la trasera: además, las ruedas pronto incorporaron frenos de tambor de gran diámetro y llantas de aleación. La curva de la parte posterior del bastidor desde el basculante de la horquilla hasta la parte superior de los amortiguadores era la típica de aquellos días.

Comúnmente, los modelos de 125 y 150 cc (y algunos de mayor cilindrada) aparecían en los catálogos con diferentes versiones: Turismo, Lusso, Sport, Rapido y Competitio para carreras de Formula, todos ellos basados en el modelo básico.

Según fue decayendo el mercado, las firmas más pequeñas fueron desapareciendo, y Frera fue una de ellas.

FUSI

ITALIA 1932–1958

Una de las máquinas Fusi de 1939 con motor ohv inclinado. Esta motocicleta estaba muy bien diseñada y presentaba una línea elegante.

ACHILLE FUSSI NO EMPEZÓ a poner su propio nombre en las máquinas que fabricaba hasta 1936. Hasta ese año, sus modelos llevaban el nombre de RAS, y se fabricaban en Milán. Cuando se presentó la ocasión, Achille adquirió la compañía CF, y fue entonces cuando su nombre comenzó a aparecer en los depósitos de gasolina.

Mientras funcionó como RAS, Fusi utilizó motores JAP importados de Gran Bretaña, con cilindradas de 175-500 cc. Todos era monocilíndricos, y la mayoría presentaban distribución ohv. Estos motores se montaban en bastidores convencionales de aquellos años.

A partir de 1936, empezó a utilizar el nombre Fusi y fabricó un motor de 250 cc con leva de ranura tomado de la CF, mientras que el resto de la gama

siguió utilizando motores JAP fabricados en Italia bajo licencia. No tardó en aparecer la suspensión trasera, el modelo de 175 desapareció, y en 1939 apareció una gama de cuatro modelos, tres de los cuales tenían motor de 247 cc inclinado en el bastidor. De ellos, dos eran cuadrados (con igual diámetro y carrera), con cuatro velocidades y suspensión trasera, mientras que el tercero tenía la carrera más larga que el diámetro del cilindro, válvulas laterales, tres velocidades y bastidor rígido. La cuarta máquina tenía un motor de 499 cc ohv montado verticalmente en el bastidor, cuatro velocidades y suspensión trasera.

Después de la Segunda Guerra Mundial, la firma siguió produciendo durante algún tiempo el modelo de 250 cc con leva de ranura, y añadió una línea de pequeños modelos de dos tiempos con motor Garelli. Estos modelos aparecieron en varios tamaños, con caja de cambios integrada en el motor y bastidores con suspensión en ambos extremos. Su diseño era el clásico de aquellos días.

Una Fusi con motor de 250 cc y leva de ranura montado en un bastidor anterior a la guerra, con suspensión trasera por horquilla basculante típicamente italiana.

FORTUNA
Alemania (Nuremberg) 1921-1928. Modelos de dos tiempos con diseño de triple lumbrera, con 150, 175 y 200 cc, con volante externo.

FORWARD
Inglaterra 1909-1915. Bicilíndricos en V de pequeña capacidad (350 y 500 cc) con bastidores muy ligeros.

FOX
Francia 1931-finales de los cuarenta. Motocicleta ligera de 100 cc.

FRANCAIS DIAMANT
Francia 1931-1935. Este pequeño fabricante producía modelos de 2T y 4 T con 100 y 500 cc.

FRANCE
Francia 1931-1935. Motocicletas ligeras de dos tiempos con motores propios de entre 98 y 245 cc.

FRANCHI
Italia (Milán) 1950-1958. Franchi fabricaba motocicletas ligeras a partir de 1950 con motores Sachs de 98 y 150 cc; en 1954 fabricó un ciclomotor con motor Sachs de 49 cc, y la Gran Sport de 125 y 175 cc

FRANZANI
Alemania (Nuremberg) 1923-1932. Utilizaba un motor de dos tiempos y 283 cc, y posteriormente motores JAP de entre 198 y 490 cc, y Kuchen de 497 cc.

FRECCIA AZZURA
Italia 1951-1952. El escúter original Freccia Azzura (Flecha Azul) tenía un motor bicilíndrico de 125 cc y tres vel. El de 1952 era un motor Sachs de 147 cc y cuatro vel.

FRECO
Alemania (Hanover) 1923-1925. Sus máquinas deportivas y de competición tenían motores Blackburne de 173 y 247 cc, pero las motocicletas ligeras estándar tenían motores DKW de dos tiempos y 145 y 173 cc, o Runge de válvulas laterales y 197 cc.

FREJUS
Italia (Turín) 1960-1968. Ciclomotores y motocicletas ligeras con motores Rex, Sachs y Minarelli de entre 48 y 198 cc.

FREYER & MILLER
Estados Unidos (Cleveland, Ohio) 1902-1905. Monocilíndrico de gran tamaño con el motor colocado detrás del tubo del asiento.

FRISCHAUF
Alemania (Offenbach) 1928-1933. Esta firma ensambladora utilizaba Motores JAP y Blackburne de 198 cc, y un Kuchen de 497 cc con distribución ohc.

GALBUSERA

ITALIA 1934–1955

GALBUSERA COMENZÓ utilizando motores fabricados por la italiana Miller con licencia de la británica Rudge. El nombre con que se comercializaban estos motores era Python. Galbusera empleó motores de 175, 250, 250 y 500 cc, todos con cuatro válvulas en culata. El más pequeño estaba diseñado especialmente para el mercado italiano, y los demás no eran muy distintos de los que se veían en el país por

aquellos días. En la Exposición de Milán de 1938, la firma causó sensación con dos modelos con motores de dos tiempos fabricados por Maram-Toya. Ambos eran multicilíndricos, con los cilindros calados en V de 90°. El más pequeño era de 250 cc y contaba con cuatro cilindros, mientas que el mayor (de 500 cc) tenía ocho cilindros dispuestos en una V de cuatro cilindros en cada lado.

Ambos contaban un sobrealimentador centrífugo delante del cigüeñal, alimentado por un único carburador con entrada vertical. La caja de cambios de cuatro velocidades estaba integrada en el motor; la transmisión secundaria era por cadena, y el motor estaba colgado del bastidor.

Prosaico modelo monocilíndrico con válvulas laterales, procedente del catálogo de Galbusera de los años treinta. Nada que ver con os fantásticos modelos V4 y V8 de 1938.

Después de la Segunda Guerra Mundial, la actividad de la firma se centró en las motocicletas ligeras, para las que utilizaban motores Sachs de entre 75 y 175 cc, aunque también algunos restos de motores de cuatros tiempos. Aunque su línea era la clásica italiana de aquel período, la firma no logró sobrevivir.

Una de las primeras Galbusera provista de motor ohv con cuatro válvulas fabricado en Italia por Miller bajo licencia de la británica Rudge. Se ofrecía con distintas cilindradas.

GALLONI

ITALIA 1920–1931

LA MAYORÍA DE LAS MARCAS comienzan con motores monocilíndricos y de ahí pasan a los bicilíndricos, pero Alberto Galloni, de Borgomanero, lo hizo al revés, presentándose en el mercado después de la Segunda Guerra Mundial con una gama de bicilíndricas en V. Galloni las diseñó con capacidades de 494 y 744 cc, válvulas laterales y encen-

Una Galloni bicilíndrica en V de 1922 con tres velocidades, horquillas elásticas, bastidor rígido y frenos más que insuficientes.

dido por magneto. Todas las motocicletas tenían caja de cambios de tres velocidades y transmisión a cadena, además de horquilla de paralelogramos deformables, con la diferencia de que las Galloni utilizaban un método de suspensión trasera patentado por la propia firma.

A las bicilíndricas en V no tardó en unirse una gama completa de monocilíndricas de 250, 350 y 500 cc, con válvulas laterales. Los componentes eran semejantes a los de las bicilíndricas, con caja de cambios de tres veloci-

dades no integrada y transmisión enteramente a cadena, pero su bastidor era rígido.

Con las monocilíndricas y las bicilíndricas, el catálogo de la firma era completo y atendía a todos los sectores del mercado, del que Galloni fue una de las marcas líder durante algunos años.

Durante los años veinte, estas máquinas siguieron las líneas y características que marcaba la moda, pero

Galloni fabricó motores bicilíndricos en V desde el principio, entrando en el mercado con su modelo de 494 cc y una versión de mayor capacidad fabricada a partir de ese mismo diseño.

hacia finales de la década, otras compañías comenzaron a ponerse en cabeza. Finalmente, en 1931, la fábrica cerró.

GARABELLO

ITALIA 1906–1929

FRANCESCO GARABELLO FUE un pionero en los comienzos de la industria de las motocicletas en Italia. Con intención de mejorar el diseño de la motocicleta, se encontró con problemas y planteó soluciones que más tarde beneficiarían a otros fabricantes. Garabello, como tantos otros innovadores, no alcanzó grandes beneficios económicos con su trabajo, pero lo que le movía era la idea de progreso, y al parecer, el dinero era sólo una cuestión secundaria para él. Sus primeras motocicletas tenían motores monocilíndricos de varias cilindradas, con transmisión por correa a la rueda trasera. Este dotado ingeniero decidió que el diseño tradicional de un bastidor y horquilla propios de una bicicleta tenía que mejorarse. Acabada la Primera Guerra Mundial, se dispuso a incorporar esos avances en sus nuevos diseños.

Su nuevo modelo de los años veinte era totalmente distinto, y estaba propulsado por un motor tetracilíndrico de

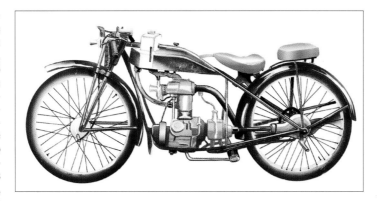

Una innovadora Garabello con refrigeración por agua, un cilindro y 175 cc de capacidad. El cilindro cuenta con válvula rotativa accionada por eje. La transmisión secundaria se realizaba por eje.

1.000 cc con válvulas laterales refrigerado por agua. Conectó el motor a una caja de cambios que se unía mediante un eje a la rueda trasera. Este diseño se colocaba en un bastidor robusto provisto de horquilla de paralelogramos deformables.

El modelo de cuatro cilindros resultaba muy caro para el mercado italiano, por lo que se fabricaron muy pocas unidades. Pero Garabello no se daba por vencido, y a finales de la década lanzó un diseño todavía más innovador. Tenía un solo cilindro de 175 cc con válvula rotativa accionada por eje en la culata, refrigeración por agua y transmisión secundaria por eje. Este modelo también resultó demasiado caro de fabricar, y su fracaso contribuyó al derrumbe de la compañía.

La Garabello tetracilíndrica en línea de principios de los años veinte tenía refrigeración por agua, válvulas laterales y 1.000 cc de capacidad, además de transmisión secundaria por eje.

GARANZINI

ITALIA 1921–1931

ORESTE GARANZINI PILOTABA motocicletas de carreras (fue campeón italiano de 350 cc en 1921) y fue el responsable de la importación del modelo inglés Verus (rebautizado para el mercado italiano como «Veros»). También era diseñador de motocicletas por cuenta propia. La primera máquina que llevó su nombre fue una monocilíndrica con motor de 349 cc y válvulas laterales, que se vendió en dos versiones: la Sport de dos velocidades y la Luxus de tres velocidades, provista de ruedas más grandes

El estilo de los diseños italianos no se ve en esta Garanzini de 1927, que todavía conservaba el depósito plano dos o tres años después de que el depósito sobre el tubo superior fuera la norma.

y baño de aceite para la transmisión secundaria por cadena. En 1922, comenzó a llamar a sus motocicletas Garanzini-JAP, e incluso JAP-Garanzini, y utilizó en ellas un motor JAP de 350 cc y válvulas laterales. Más tarde, ofreció modelos con motores Blackburne de

cuatro tiempos y varias cilindradas, y Villiers de dos tiempos de 147 y 248 cc. Continuó pilotando en el circuito de Monza en 1923, donde montó un modelo con motor JAP de 350 cc, con 4 válvulas en culata y caja de cambios de tres velocidades.

En 1925, Garanzini presentó un modelo monocilíndrico de 250 cc ohv, otro de 350 cc con válvulas laterales, tres de 350 cc (dos con válvulas laterales y uno con distribución ohv) y 500 cc, y bicilíndricas de 615 cc. Todos tenían su horquilla patentada.

En 1926, se presentaron los modelos New Standard, Sport y Super-sport, con cilindradas entre 250 y 680 cc. La 250 CTO tenía árbol de levas en la culata accionado por eje y con una potencia de 12 CV a 7.000 rpm. Ese mismo año, en

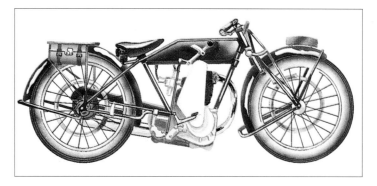

el circuito de Monza, Garanzini presentó una 175 cc ohc. En 1927, una de 350 con un motor JAP modificado, una 500 cc con válvulas laterales o distribución ohv, y una 680 con motor JAP; en 1929 llegaron los motores Villiers de dos tiempos y los JAP de cuatro tiempos. La producción se interrumpió en 1931.

GARELLI ITALIA 1919

ADALBERTO GARELLI NACIÓ en Turín en 1886. En 1908, a la edad de veintidós años obtuvo el título de ingeniero, y a partir de 1909 se dedicó al estudio y perfeccionamiento del primer motor de dos tiempos fabricado por el grupo Fiat. Pero Fiat no compartió el entusiasmo de Garelli por los motores de dos tiempos, y dejó el trabajo en 1911. Después diseñó un prototipo de motocicleta (una 350 cc con dos pistones compartiendo la misma cámara de combustión) antes de unirse a Bianchi en 1914 como jefe de su división de motocicletas. Su siguiente parada la hizo en Stucchi, otro importante fabricante de motocicletas en aquellos días. Con ellos estuvo durante tres años (1915-1918) durante los cuales ganó el concurso organizado por el ejército italiano para la fabricación de una motocicleta militar con una versión especial de su monocilíndrico

La Garelli monocilíndrica de 350 con doble pistón y dos tiempos impactó tanto en competición como en los modelos de serie.

de 350. Finalmente, terminada la Primera Guerra Mundial, en 1919, pudo realizar su sueño personal y estableció su propia fábrica en Sesto San Giovanni, cerca de Milán.

Desde entonces hasta 1926, la Garelli monocilíndrica de 350 tuvo un enorme impacto tanto en las cadenas de montaje como en las pistas de carreras, lo que ayudó a consolidar los cimientos de la joven compañía. A partir de 1927, Garelli fue perdiendo fuerza en el mercado de las motocicletas y en 1928, gran parte de la capacidad productiva de su fábrica estaba dedicada a los equipos militares, hasta tal punto que en 1936 la marca dejó de aparecer

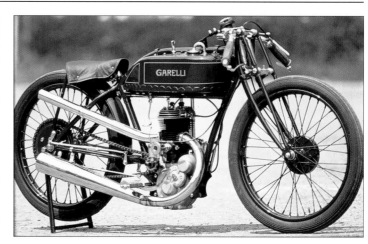

en el catálogo anual de los fabricantes de motocicletas.

No fue hasta pasada la Segunda Guerra Mundial, y con ella la demanda de material militar, que el nombre de Garelli reapareció, primero con un motor llamado Mosquito, diseñado para ser instalado en bicicletas convencionales. Fue tal el éxito de Garelli con este diseño que a mediados de los años cincuenta volvió a la producción de motocicletas completas.

Los primeros contactos con la organización Agrati llegaron a finales de los años cincuenta. Estos contactos llevaron en 1961 a la fusión de ambas empresas, con la formación del grupo Agrati-Garelli. Esta fusión no sólo fortaleció a ambas, sino que además permitió a Garelli volver a sus orígenes deportivos, tratando primero de batir récords, a lo que ayudó el diseño de una motocicleta deportiva de 50 cc a la que llamaron Junior. William Soncini fue el ingeniero encargado de fabricar dos modelos, uno de 50 y el otro de 75 cc, para intentar batir el récord en Monza. Ambas máquinas estaban totalmente provistas de carenado aerodinámico y fueron pilotadas, en pésimas condiciones meteorológicas, en noviembre de 1963. El equipo Garelli obtuvo varios récords, de

En los años setenta y comienzos de los ochenta, uno de los modelos más vendidos de Garelli fue el ciclomotor Katia de dos tiempos y diminutas ruedas.

GARELLI

Arriba: La Cross 5V de 1978 utilizaba un motor monocilíndrico de dos tiempos con cinco velocidades. Para su fabricación, se utilizó aluminio tanto en el cilindro como en la culata.

Debajo: Garelli saltó a la competición de trial en 1982 con el modelo 323, que tenía un motor de 321 cc con un diámetro y carrera de 80 × 64 mm.

Parte inferior: La 1985 GTA 124 con refrigeración líquida, un solo cilindro, motor de dos tiempos y suspensión trasera con monoamortiguador.

los cuales, el de las 24 horas en la clase 50 cc todavía está intacto, a pesar de los numerosos intentos por batirlo.

En los años setenta, Garelli se colocó a la cabeza de la producción y desarrollo de ciclomotores con modelos tan conocidos como Rekord, Tiger Cross y Katia, por nombrar tres de ellos. Hacia finales de los años sesenta, un nuevo y más joven equipo directivo tomó el mando de la compañía.

El resultado fue una gama de modelos más amplia, más publicidad y la vuelta a las competiciones GP. Desde 1982 hasta finales de 1987, Garelli mantuvo el título del mundo en la categoría de 125 cc.

A mediados de los años ochenta, apareció un nuevo modelo de carreras de 250 cc con motor bicilíndrico en V, además de un modelo de trial de 320 cc. De esta última máquina, a la que se llamó 323, se fabricaron muy pocas unidades. Su cilindrada era de 321,53 cc (80 × 64 mm).

Aunque a la Exposición de Milán de 1985 Garelli presentó toda una gama de nuevos modelos, incluidas un par de motocicletas trail completamente nuevas y el renacido motor Mosquito, los problemas financieros de la firma comenzaban a agudizarse.

Con las ventas cayendo en picado, el grupo de Agrati tuvo que ocuparse

GAMAGE
Inglaterra h.1905-1924. Esta empresa de Londres comercializaba con su nombre motocicletas fabricadas por distintas firmas, entre ellas: Radco, Wulfruna y Omega. Su gama incluía modelos de dos tiempos con válvulas laterales y cilindradas de 250, 350 y 500 cc.

GAR
Alemania 1924-1926. Empresa que fabricaba series muy limitadas de modelos monocilíndricos ohv de 499 cc diseñados por Rempp.

GARAVAGLIA
Italia 1904. En este monociclo, tanto el piloto como el motor monocilíndrico estaban contenidos en una rueda de 2 m.

GARIN
Francia (Lyon) 1950-1953. Esta firma fabricaba ciclomotores y motocicletas ligeras de 98 cc.

GARLASCHELLI
Italia (Milán) 1922-1927. Angelo Garlaschelli fabricaba modelos de dos tiempos y 65 y 123 cc, y válvulas laterales o distribución ohv.

GASSMAN
Alemania comienzos de los años cincuenta. Escúters y motocicletas ligeras.

GASUDEN
Japón finales de los años sesenta. Estas máquinas eran en realidad Fujis comercializadas con otro nombre.

GATTI
Italia (Módena) 1904-1906. Inicialmente, se trataba de un motor De Dion Bouton de 1,75 CV montado en el cuadro reforzado de una bicicleta. Después utilizaron bastidor de moto.

GAZDA
Austira 1924-1927. Esta firma empezó con un peculiar diseño de un motor de 147cc. De ahí paso a la fabricación de una motocicleta de dos tiempos y 246 cc. Antón Gazda fue el inventor del manillar Gazda con resorte de ballesta.

GAZELLE
Holanda (Dieren) 1903-1958. Fabricante de bicicletas, en sus días pioneros, esta compañía colocaba motores en algunos de sus modelos. La producción de motocicletas comenzó en 1932, con motores Ilo y más tarde Villiers de entre 60 y 250 cc. Después de la guerra fabricó ciclomotores, y desapareció en 1958.

cada vez más en sus bicicletas Torpedo. La antigua filial británica, Agrati Sales of Nottigham, también cerró durante este período. Cuando se celebró la 50 Exposición de Milán, en noviembre de 1987, parecía claro que Garelli tenía serios problemas económicos, y tras una remodelación en la dirección, la familia Agrati dejó la firma.

Ni siquiera esto ayudó a mejorar la situación. En vísperas de la Exposición de Milán de 1991, Garelli fue absorbida por una empresa mucho más pequeña, la Fantic, aunque el nombre Garelli se conservó.

GARELLI 350 SPLIT-SINGLE 1919

La famosa fábrica Garelli, fundada por Adalberto Garelli, pronto comenzó a crecer y se hizo famosa en los años veinte por sus excelentes modelos monocilíndricos de dos tiempos con doble pistón compartiendo una sola cámara de combustión. Del modelo original diseñado en 1913 había dos versiones: la de serie y la de carreras. Pero para el momento en que comenzó la fabricación (1919), muchos detalles del diseño original habían cambiado.

La idea de un motor monocilíndrico con dos pistones en la misma cámara de combustión se le ocurrió a Garelli en 1912. Consistía en dos cilindros fundidos en un mismo bloque, los cuales compartían una misma cámara de combustión y funcionaban en paralelo, conectados ambos mediante una larga muñequilla y una única biela. Cada uno de los pistones tenía una capacidad de 174,6 cc, lo que daba una cilindrada total de 349 cc. En 1914, deseoso de probar su creación, Adalberto Garelli se convirtió en el primero en ascender en motocicleta el puerto de Mocenisio, en el norte de Italia.

Pero fue en la competición donde su monocilíndrica lograría desarrollar todo su potencial. Ya en su debut en la Milano-Napoli logró una victoria, a la que seguirían muchos otros éxitos deportivos, entre otros, el del circuito de Lario, en 1921, la Grand Prix internacional de Monza de 1922, y la primera victoria lograda por una motocicleta italiana en el extranjero: en el circuito de Estrasburgo, también en 1922. El primer campeón nacional italiano fue Ernesto Gnesa, que ganó su título montando una Garelli en el circuito de Monza (1922).

Además de las carreras, la monocilíndrica de dos pistones de Garelli se embarcó en varios intentos por batir récords mundiales. El 7 de septiembre de 1922, Visioli y Fergnani batieron ocho récords del mundo. Se realizó un segundo intento en el otoño de 1923 con Gnesa, Sbaitz, Fergnani y Maghetti. Su éxito fue memorable: nada menos que 76 récords del mundo fueron batidos, algunos en largas distancias y pruebas de larga duración (hasta 12 horas). El promedio de las velocidades conseguidas fue de 106 km/h. Todavía habría un tercer intento en 1926, cuando 14 corredores pilotaron por turnos tres motocicletas Garelli. El resultado fue la increíble marca de 138 horas, con velocidades de hasta 131 km/h.

Una Garelli 350 fue la primera motocicleta del mundo provista de depósito separado para el aceite de la lubricación.

El fundador de la compañía, Adalberto Garelli, sobre una de sus máquinas monocilíndricas de dos pistones, dos tiempos y 350 cc. A este modelo debe Garelli su reputación.

El aceite se mezclaba con la gasolina automáticamente.

Otro hito en la tecnología de los dos tiempos fue el uso de un tubo de escape con cámara de expansión. El modelo final de 1926 desarrollaba una potencia de 30 CV a 4.500 rpm, con una velocidad máxima de 141 km/h.

Motor: monocilíndrico de doble pistón, vertical, dos tiempos, 349 cc (2 × 174,6 cc), refrigeración por aire.
Potencia: 20 CV a 4.500 rpm
Caja de cambios: 2 velocidades, palanca manual
Transmisión secundaria: correa o cadena
Peso: 97 kg
Velocidad máxima: 141 km/h

GARELLI MOSQUITO 1950

El primer producto de Garelli después de la guerra fue el Mosquito, un motor que podía fijarse en cualquier cuadro de bicicleta convencional. Diseñado por Adalberto Garelli con ayuda del ingeniero Gilardi, el Mosquito fue, igual que la 350 monocilíndrica, un éxito inmediato. En realidad, hablar de éxito sería quedarse corto. Durante el tiempo en que estuvo en producción, se vendieron más de dos millones de estos motores en todo el mundo.

En su presentación original, el Mosquito tenía una cilindrada de 38,5 cc, con volante externo, transmisión por rodillo, una potencia de 4-5 CV, relación de compresión de 5,5:1 y una velocidad máxima de 32 km/h. Como era de esperar, se trataba de un motor de dos tiempos, pero con el cilindro dispuesto horizontalmente, y un peso de algo más de 4 kg. En cuanto al consumo, era capaz de recorrer 64 km con sólo un litro de combustible. El Mosquito era muy sencillo de instalar en cualquier

bicicleta convencionales, y la potencia se transmitía a la rueda trasera por medio de un rodillo de fricción.

En 1952, se fabricaron más de 400.000 unidades. Al año siguiente, la versión original fue reemplazada por el nuevo 35B, y en 1955 se produjo el cambio más radical, cuando la cilindrada del motor se aumentó hasta los 49 cc y se adoptó un embrague Centrimatic.

Este tipo de embrague fue el precursor de todos los embragues centrífugos utilizados en los ciclomotores totalmente automáticos y en los escúter de hoy en día.

Otro hito de Garelli fue el Mosquito. Este motor podía fijarse en el cuadro de cualquier bicicleta convencional.

Este éxito prolongado llevó a Garelli a diseñar el Velomosquito (una máquina completa y uno de los primeros auténticos ciclomotores diseñados) en 1955, y al año siguiente, el 315, una versión del Mosquito con tres velocidades. El Mosquito animó a Garelli a diseñar toda una línea de ciclomotores, escúter y motocicletas ultraligeras.

Motor: monocilíndrico, 2 tiempos, 49 cc (40 × 39 mm), refrigeración por aire
Potencia: 1,5 CV a 5.000 rpm
Caja de cambios: una velocidad
Transmisión secundaria: cadena
Peso: 40 kg
Velocidad máxima: 52 km/h

GARELLI 125 CC TWIN GP RACER 1982

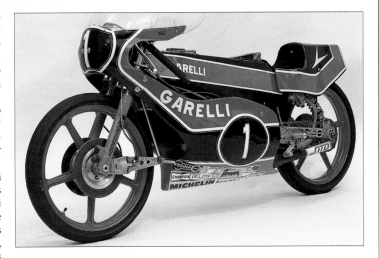

En 1982, Garelli preparó su regreso triunfal a los circuitos. El resultado fue la consecución del primer campeonato del mundo para la marca italiana. Participó en dos clases: 50 y 125 cc, pero sería en esta última donde conseguiría su gran éxito.

En realidad, Angel Nieto y Eugenio Lazzarini no sólo terminaron primero y segundo respectivamente, sino que además Garelli se llevó el premio al mejor fabricante.

Durante muchos años, la FIM había limitado las 125 al uso de dos cilindros y seis velocidades. De manera que si comparamos la Yamaha 125 con 4V de 1968, uno de los modelos más exóticos de la categoría GP de todos los tiempos, los 47 CV desarrollados por los dos cilindros de la Garelli nos parecen sorprendentes.

El motor de 124,7 cc con válvulas de disco y refrigeración líquida había sido diseñado por el famoso ingeniero Jorge Moller, especialista en motores de dos tiempos, para la compañía Minarelli, bajo cuya bandera había ganado su primer Grand prix en 1978, con el piloto Pier-Paolo Bianchi.

Cuando Garelli utilizó este mismo diseño, éste disponía de seis transfers y una lumbrera de escape por cilindro, además de un par de carburadores Dell 'Orto con el cuerpo de magnesio.

Otras características de la Garelli 125 GP de 1982 son el bastidor monocasco provisto de dos amortiguadores traseros rellenos de gas, brazo basculante de alu-

La Garelli 125 cc GP, que debutó en 1982, ganó 5 títulos mundiales. Su motor de dos cilindros y válvulas de disco desarrollaba una potencia de 49 CV a 12.000 rpm

minio, horquilla delantera Marzocchi de 32 mm con botellas de magnesio.

A su bajísimo peso en vacío (tan sólo 78 kg) contribuyen el hecho las llantas de magnesio Campagnolo y el pequeño tamaño de la motocicleta, sin olvidar la estrecha sección de los neumáticos de 17 pulgadas.

El éxito de la 125 GP bicilíndrica no puede subestimarse si recordamos que después del éxito de Nieto en el 82, esta motocicleta volvió a ganar el título mundial en cuatro ocasiones más (hasta que

en 1988 la FIM cambió la normativa y obligó al uso de monocilíndricas en esta categoría). Garelli fabricó una monocilíndrica pero nunca llegó a repetir las gloriosas victorias de su hermana bicilíndrica.

Motor: bicilíndrico paralelo, dos tiempos, válvulas de disco, 124,7 cc (44 × 41 mm), refrigeración líquida
Potencia: 47 CV a 12.000 rpm
Caja de cambios: seis velocidades, pedal
Transmisión secundaria: cadena
Peso: 78 kg
Velocidad máxima: 233 km/h

GAS GAS ESPAÑA 1992

La Endurocross 250 de Gas Gas, pilotada por Petteri Silvan a través del terreno para el que fue diseñada.

ESPAÑA PARECE TENER una curiosa afinidad por las motocicletas de campo, y la marca de Gas Gas parece ser una compañía decidida a seguir con esa larga y exitosa tradición.

La mayoría de los modelos eran sólo aptos para su uso *off-road*, pues no disponían de asientos convencionales. La serie de modelos de trial no tenían ninguna otra pretensión, pues ni siquiera incorporaban acolchado alguno en la zona del asiento, pues estaban diseñedas para ser pilotadas de pie, y la serie de enduro no puede decirse que fuera mucho más cómoda. Tan sólo la Pampera disponía de lo que podríamos llamar asiento.

Por la misma razón, no todos los modelos estaban equipados con faros. En realidad, en algunos de ellos ni siquiera era posible instalarlos. Fue su alto grado de especialización lo que dio el éxito a estas motocicletas, con varios campeonatos del mundo.

La Pampera policial. Es de admirar la decisión de dotar a las fuerzas policiales de motocicletas *off-road* verdaderamente competitivas.

do del modelo, con pinzas de cuatro pistones; en la rueda trasera, el diámetro del disco era de entre 130 y 220 cc, también con cuatro pistones. Dado que la máquina más grande y pesada, la Pampera, pesaba tan sólo 95 kg, la frenada en estos modelos no planteaba el menor problema.

No todos los motores ofrecían datos sobre su potencia. Para dar un ejemplo representativo: la Enduro EC200 declaraba una potencia de 38 CV a 9.000 rpm; la EC250, 49,84 CV a 8.669 rpm; la EC300, 50,6 CV a 7.340 rpm. Esta forma tan ridículamente precisa de ofrecer los datos de potencia y revoluciones

nos hace sospechar que el fabricante se está burlando de esos clientes que insisten en conocer datos que, en el fondo, no son tan importantes como la respuesta a esta simple pregunta: ¿ganan carreras? Y las ganan.

Este modelo de 1999 es una muestra del deseo de Gas Gas por combinar un aspecto ultramoderno con unas prestaciones de campeón.

Tanto la refrigeración líquida como por aire tienen sus partidarios. Por eso Gas Gas ofrecía ambas opciones. La de la foto es un modelo de trial Contact con refrigeración líquida.

Estos motores de dos tiempos tienen una enorme gama de cilindradas, que además van cambiando constantemente para hacer sus máquinas más competitivas.

¿Cuántos fabricantes han ofrecido dos clases de refrigeración (líquida y por aire) para la misma cilindrada? Su motor estándar, en cambio, a pesar de las múltiples posibilidades, era de refrigeración

líquida.

Las cilindradas para los modelos del año 2000 eran: 125 (124,6 cc), 200 (162,7 cc para Trial y 199,4 cc para Enduro), 249 (247,7 cc), 250 (249,3 cc), 280 (272, 2 cc), 300 (294,7 cc), 321 (327,7 cc) y 370 (333 cc). Los diámetros del cilindro pueden variar con gran facilidad, pero las longitudes de carrera con únicamente de: 50,4 mm, 50,6 mm, 60 mm, 61 mm, 65 mm y 72 mm. Se empleaban cajas de cambios de 5 y 6 velocidades, siempre con transmisión a cadena y discos de frenos protegidos, tanto en la rueda delantera como en la trasera. En la rueda delantera, el disco era de entre 185 y 260 mm, dependien-

GD

ITALIA 1923–1939

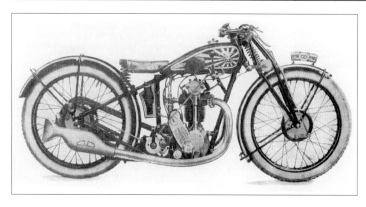

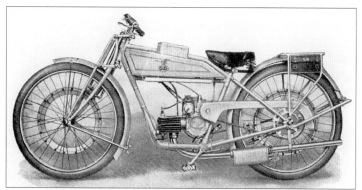

GUIDO DALL'OGLIO PRESTÓ sus iniciales a esta compañía que más tarde se conoció con el nombre de GD-Ghirardi, cuando su fundador se asoció con Ghirardi. En 1926, Dall'Oglio también fabricó una motocicleta con su apellido (véase arriba). Pero el modelo que hizo famosa a esta marca fue una monocilíndrica horizontal de 125 cc y dos tiempos, que alcanzó varios éxitos en competición (el GP de Monza, por ejemplo), y fue pilotada por grandes corredores: Alfonso Drusiani, Frederico Castellani, Gugliemo Sandri y Amilcare Rosetti. Sorprendentemente, su caja de cambios

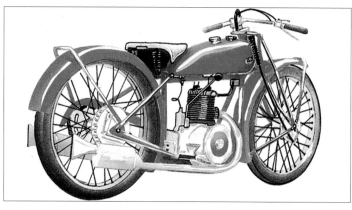

Arriba izquierda y derecha: La diferencia entre el modelo de 1931 con depósito sobre la barra, cuatro tiempos y ohc (izquierda), y el de 1929 con depósito plano es evidente. El primero es prácticamente una motocicleta moderna, mientras que el último se parece más a uno de los primeros modelos. Pero, fue este último, el que dio fama a la compañía.

Esta bicilíndrica plana de dos tiempos y 250 cc era ligera y potente, dos características que compartían la mayoría de los modelos de Guido Dall'Oglio.

era de tan sólo dos velocidades. En 1928, se unió a la gama una 250 cc bicilíndrica en paralelo, todavía de dos tiempos, a la que siguieron un modelo de 175

y otro de 350 cc, ambos ohc de cuatro tiempos. Un año después llegó el modelo de dos tiempos y 100 cc. Para entonces, los días de gloria de esta compañía

ya habían pasado, y los años treinta fueron un período de declive. Se cree que la firma dejó la producción en 1939, aunque otra fuente menciona el año 1943.

GEELY MOTORCYCLES CHINA 1997

TAMBIÉN CONOCIDA como China Geely Motorcycles, esta empresa es de esos grandes fabricantes de los que muy poca gente ha oído hablar. Esta firma con sede en la ciudad de Taizhou, en la provincia de Zheijang, entre Shanghai y Hangzhou, se ha beneficiado del enorme mercado nacional del país.

Geely intentó dar respuesta a la gigantesca demanda de transporte generada en China creando una sorprendente gama de escúter y motocicletas de 50, 80, 90, 100, 125, 150 y 250 cc; en total, más de 60 modelos. Es difícil creer que pudiera resultar rentable para una compañía fabricar tal variedad de tamaños y modelos, pero si miramos en las cifras de los siguientes ejemplos, veremos que Geely no sólo es una marca prolífica, sino también enormemente rentable.

El buque insignia de la compañía en el año 2000 era el escúter JL250T-3, con motor de 250 cc y una potencia declarada de 18 CV a 9.500 rpm. La velocidad máxima que alcanza el modelo era de 85 km/h. Su peso era de 130 kg, y podía transportar fácilmente hasta 140 kg.

En el otro extremo de la gama se encontraba la JL50QT, con un motor de 50 cc que desarrollaba tan sólo 3,25 CV a 7.500 rpm, tenía un peso de 98 kg y podía desplazar únicamente 80 kg, alcanzando una velocidad máxima de 40 km/h.

El motor de la JL50QT-27 era más modesto (3 CV a 6.000 rpm), pero con un peso total de 65 kg podía alcanzar fácilmente los 50 km/h. Sin embargo, en

Aunque superficialmente se podría pensar que este modelo es sólo fachada, la JL150 ofrecía 12 CV y la posibilidad de transportar casi su propio peso.

sus especificaciones se decía que tenia una carga máxima de 80 kg.

Entre estas dos cilindradas se encontraba, por ejemplo, el motor de 100 cc del modelo JL100T y el JL100T-7, con una potencia de 8 CV a 7.500 rpm.

Esta máquina pesaba 98 kg y el fabricante aseguraba que podía transportar hasta 140 kg, mientras que ofrecía (se supone que cuando no estaba completamente cargada) una velocidad de 70 km/h.

Entre las motocicletas, la JL150 tenía, supuestamente, un motor de 150 cc que desarrollaba una potencia de 12 CV a 8.500 rpm, y una velocidad máxima cercana a los 90 km/h. Su peso era de 146 kg, por que podía transportar algo menos de su propio peso: los habituales 140 kg.

Además de una legión de motocicletas, China Geely (increíblemente) también ofrece coches. Nuevamente, la gama de modelos es enorme con vehículos que van desde los más modestos y económicos hasta camiones ligeros, microbuses y autocares. Por si esto no fuera bastante, la compañía también proporciona instalaciones educativas.

La 100T no es precisamente una motocicleta de carreras (costó que alcanzara los 49 km/h), pero en cambio es capaz de transportar casi una vez y media su propio peso.

GENTIL
Francia (Neuilly) 1903-1904. Inicialmente, un autociclo con el motor delante de los pedales; después se convirtió en un autociclo de 98 cc con un motor mayor de dos cilindros en V.

GEORGES RICHARD
Francia (1899-1905). Esta marca pionera utilizaba motores Buchet, Minerva, Peugeot y Zedel. Más tarde se dio a conocer por sus coches Unic.

GEORGIA KNAPP
Alemania finales del siglo XIX. Este modelo ofrecía transmisión directa desde un motor montado sobre la rueda delantera.

GEPPERT
Alemania (Magdeburgo) 1925-1926. Esta firma ensambladora utilizaba motores DKW de 147 cc y Grade de dos tiempos.

GERALD
Francia (París) 1927-1932. Firma ensambladora que utilizaba motores de dos tiempos y 175 cc de Aubier-Dunne, además de JAP ohv de 250 cc, y Chaise ohc de 350 y 500 cc.

GERARD
Inglaterra (Birmingham) 1913-1915. Este modelo estaba propulsado por el omnipresente motor Villiers de 269 cc.

GERBI
Italia 1952-1953. Estas máquinas eran motocicletas ligeras con motores Sachs de 98, 125 y 175 cc.

GERHART
Estados Unidos (Summerdale Station) 1913-1915. Esta firma fabricaba tetracilíndricos que no tuvieron mucho éxito.

GERMAAN
Holanda 1935-1966. Antes de la Segunda Guerra Mundial, esta compañía fabricaba motocicletas ligeras a partir de bicicletas utilizando motores Fichtel & Sachs, Illo y Villiers de entre 98 y 174 cc. Más tarde utilizó motores Czepel e Ilo de hasta 350 cc.

GERMANIA
Alemania (Dresde) 1901-1908. Seidel & Neumann fabricaban máquinas de escribir además de motocicletas con licencia de Clement. Se trataba de monocilíndricas y bicilíndricas en V de entre 2,5 y 4 CV.

GEROSA

ESTA FIRMA ESTABA UBICADA en Brescia y fabricó una gama de motocicletas de estilo típicamente italiano durante más de dos décadas. Al principio, fabricaba sus propios motores de 125 y 175 cc ohv con caja de cambios integrada. El motor se sujetaba en un bastidor tubular provisto de horquilla telescópica en la rueda delantera y horquilla basculante en la rueda trasera. Las ruedas de radios de acero estaban provistas de cubos con frenos de tambor, y llantas de aleación en las versiones más deportivas.

El estilo italiano propició que se diseñaran distintas versiones a partir de este modelo básico: Turismo, Lusso y Rapido, como ocurría con tantas otras firmas italianas. Esta diversidad encajaba a la perfección con el mercado italiano, reducía costes y permitía a los compradores elegir la máquina que más se ajustaba a sus necesidades, permitiendo que el pre-

cio fuera más o menos uniforme en toda la gama.

Finalmente, Gerosa se dio cuenta de que fabricar sus propios motores resultaba

demasiado caro para un mercado como el italiano, por lo que recurrió a los de Minarelli. Esto permitió abaratar la producción, pero también le hizo perder parte de estilo

Como ocurrió con muchas firmas italianas, Gerosa utilizó motores Minarelli en sus últimos modelos, pues los motores de fabricación propia resultaban demasiado caros.

individual, de manera que sus modelos se volvieron un poco más parecidos a los de tantas otras firmas pequeñas que vendían su línea de motos ligeras por toda Italia.

La nueva gama siguió siendo muy parecida, pero los motores pasaron a ser de dos tiempos y, por uno de los extremos, la cilindrada descendió hasta los 50 cc, tanto para ciclomotores como para motocicletas.

Como muchos otros fabricantes de motocicletas, Gerosa encontró cada vez más problemas para competir con las firmas grandes, a pesar de contar con la protección de los gravámenes sobre las máquinas importadas. Finalmente, se vio obligada a cerrar.

GILERA

GIUSEPPE GILERA NACIÓ en un pueblo a las afueras de Milán el 21 de diciembre de 1887. Desde muy joven, se sintió fascinado por todas las formas de transporte mecánico. A la edad de quince años, el joven Gilera entró a trabajar en la fábrica Bianchi de Milán, donde adquirió una preciosa experiencia. Después pasó a Moto-Reve y más tarde a la famosa firma de Bucher y Zeda, donde adquirió un bagaje de conocimientos que resultarían vitales en los años venideros.

La LTE militar se fabricó entre 1936 y 1944. Tenía un motor monocilíndrico con válvulas laterales y 490 cc (84 × 90 mm). Disponía también de suspensión Gilera en la rueda trasera.

Ya por entonces, el joven ingeniero se sentía atraído por el mundo de las carreras, donde ya había logrado reconocimiento participando con éxito en pruebas de ascenso. Sin embargo, las competiciones ocupaban un segundo lugar, pues su mayor deseo seguía siendo fundar su propia fábrica de motocicletas. En 1909, a la edad de veintidós años, ya estaba listo para dar el salto. Su primer modelo fue una cuatro tiempos de 317 cc (67 × 90 mm). Tanto la válvula de admisión como la de escape se accionaban mecánicamente, lo que no era frecuente en aquella época. Después llegó una bicilíndrica en V, y después la famosa gama de monocilíndricas de 500 cc.

Después de la Primera Guerra Mundial, la demanda de motocicletas iba en aumento, y Giuseppe Gilera decidió crear una nueva fábrica en Arcore, entre Milán y Lecho (sólo a unos kilómetros de Monza Park, donde se estaba construyendo el famoso autódromo). Su primer modelo en las nuevas instalaciones fue la Turismo de 3,5CV, del año 1920, que tenía una capacidad de 498,76 cc (84 × 90 mm) admisión sobre escape y un solo cilindro.

A partir de 1925 se ofreció un motor de 346,3 cc (70 × 90 mm) y también una versión deportiva de ambos modelos. En 1929, todos los modelos fueron reemplazados por una nueva versión ohv basada en el mismo motor, la llamada

La primera motocicleta de Gilera fue una monocilíndrica de cuatro tiempos y 317 cc (67 × 90 mm) con el cilindro colocado verticalmente y transmisión secundaria a correa. Se fabricó en 1909.

Gran Sport, que sólo se fabricó hasta finales de 1931.

Durante los años veinte y principios de los treinta, Gilera no sólo se convirtió en una de las fábricas más grandes de Italia, sino que alcanzó considerable reputación por sus victorias en acontecimientos deportivos, como carreras de trial y larga distancia. El hermano de Gilera, Luigi, también desempeñó un papel importante en la buena marcha de la firma, y sobre todo en el

La Saturno, con un motor monocilíndrico ohv de 500 cc, fue probablemente el modelo más famoso de Gilera. En la foto, una motocicleta de 1953.

apartado de los vehículos de tres ruedas, utilizando sidecar con motor Gilera en diversas competiciones durante muchos años.

Sin embargo, el objetivo final de Gilera eran las pruebas de Gran Prix, y a comienzos de 1936, la oportunidad de disponer de la futurista tetracilíndrica Rondine pareció un regalo del cielo. Pri-

Esta TGI de 1977 para carretera tenía un motor monocilíndrico de 122,5 cc (54 × 48 mm) con admisión por la lumbrera del pistón y caja de cambios de cinco velocidades.

Piero Taruffi fotografiado en 1954 a bordo de este diseño de dos cuerpos, la Gilera Tarf, pensada para batir récords de velocidad. El motor del modelo era un Gilera de cuatro cilindros y 500 cc.

ni), y fue después modificado, con distribución dohc y refrigeración líquida. Al cabo de un año, la máquina había sido totalmente actualizada por el equipo de Piero Remor, Piero Taruffi y el propio Giuseppe Gilera. Su bastidor original, de acero estampado, había sido sustituido por un diseño tubular con suspensión trasera por horquilla basculante.

Desde entonces hasta el estallido de la Segunda Guerra Mundial, la tetracilíndrica sobrealimentada de 492,7 cc (52 × 58 mm) siguió batiendo récords del

mero había aparecido a comienzos de los años veinte con un solo cilindro, ohc y refrigeración por aire. Este modelo se llamó GRB (Gianini Remor Bonmarti-

GERRARD
Inglaterra 1914-1915. Probablemente un error de imprenta: querría decir Gerard (véase arriba), o tal vez la abreviatura, unida al error de escritura, de Clement-Garrand (véase arriba).

GERVO
Alemania 1924-1925. Esta firma fabricaba motocicletas ligeras con motores DKW de dos tiempos y 173 cc además de motocicletas ligeras de 198 cc de características no especificadas.

GH
Checoslovaquia 1924-1925. Gustave Heinz montaba motores Villiers de 172 cc en sus motocicletas.

GHIARONI
Italia años setenta. Efrem Ghiaroni fundó una fábrica de bicicletas en 1966, y después comenzó a producir ciclomotores como el Bimbo Bip Bip y el Camel, ambos con motor Morini.

GIACOMASSO
Italia (Vignola) 1926-1935. Esta firma empezó fabricando un modelo de dos tiempos y 175 cc, más tarde (1927) un Moser de la misma capacidad y ohv. Después (1933) bicilíndricas con motores del propio Felice Giacomasso de 489 y 595 cc.

GIANOGLIO
Italia 1932. Esta firma fabricaba autociclos de 70 cc.

GIANT
Japón 1924. Murato Iron Works fabricó la primera motocicleta japonesa de después de la Primera Guerra Mundial.

GIGANT
Austria (Viena) 1936-1938. sus Gigants de 500, 600 y 750 cc estaban propulsadas por motores JAP de válvulas laterales y ohv. Los modelos de carreras utilizaban motores JAP y Husqvarna.

GIGUET
Francia (St. Denis) 1903. Esta fue una firma pionera que utilizaba motores Minerva y De Dion Bouton.

GIMA
Francia (Puy de Dome) 1947-1956. Eran motocicletas ligeras de 108 a 250 cc con una variedad de motores fabricados por otras marcas.

GIMSON
España 1956-1964. Fabricante de bicicletas que también produjo ciclomotores de 49 y 65 cc.

mundo de velocidad y comenzó a ganar carreras de Grand Prix, convirtiéndose en uno de los competidores más temidos de Europa. Por entonces, junto con Moto Guzzi, Gilera se había convertido en el fabricante de motocicletas más importante de Italia. Además de sus afamadas monocilíndricas ohv, con una gama que iba desde la 175 Siro hasta los modelos de la serie V de 500, Gilera también fabricó su motocarro, que apareció en 1936 y se seguiría fabricando hasta 1963.

Durante la guerra, Gilera siguió los pasos de su gran rival británica, Norton. Cuando la firma de Bracebridge Street, Birmingham, comenzaba a competir con la monocilíndrica dohc con sobrealimentador (pero mandaba a la guerra a la robusta 16H de válvulas laterales), Gilera fabricó la igualmente anodina LTE para la guerra. Pero la compañía italiana también fabricó un modelo mucho mejor: Marte, que a pesar de estar diseñado con sidecar tenía un rendimiento muy superior, además de transmisión secundaria por eje. Se trataba de un modelo único en aquellos días de guerra, pues la potencia iba a dos ruedas: la trasera de la motocicleta y la rueda del sidecar, y además ofrecía suspensión trasera.

Después de la guerra, Gilera volvió en seguida a recuperar su ritmo normal de producción, ofreciendo la Saturno de 498,77 cc y la Nettuno, de 247 cc (68 × 68 mm). La mayor de ellas fue diseñada por Giuseppe Salmaggi en 1939 y se convirtió en uno de sus mo-

En la Exposición de Milán de 1991, Gilera lanzó su futurista 125 CX. La suspensión en ambas ruedas era por horquilla monobrazo.

La Nordwest 600 llegó en 1991 y fue muy aclamada. Incluso se compitió con algunas de ellas en carreras de monocilíndricas.

delos más importantes de todos los tiempos.

También durante 1939, Gilera había aprobado la fabricación de un modelo más pequeño tetracilíndrico, un 250. Su desarrollo se fue dilatando hasta llegar el mes de junio de 1940, cuando Italia entró en la guerra. Aunque la máquina estaba terminada y se habían realizado las pruebas pertinentes, el destino del modelo quedó sellado por la combinación del conflicto y la prohibición de la FIM de utilizar sobrealimentadores en las carreras de después de la guerra. Sin embargo, la tetracilíndrica jugó un papel muy importante en el diseño de una 500 de carreras con cuatro cilindros que el ingeniero Remor diseñó en los años posteriores a la guerra.

Esta nueva 496,7 cc (52 × 58 mm) se completó en 1947, aunque no estuvo lista para la acción hasta 1948. La recién llegada era totalmente distinta a los diseños de antes de la guerra, a excepción de la disposición transversal de los cilindros. Su motor, cuya alimentación y refrigeración no recibía ninguna ayuda extra tenía una potencia de 48 CV a 8.500 rpm (en 1948); su velocidad máxima era de 200 km/h.

En 1949, primer año de los nuevos campeonatos del mundo de la FIM, el primer título fue para Les Graham, que pilotaba una AJS; el piloto Nello Pagani, de Gilera, quedó en segundo lugar. La polémica llegó cuando el diseñador jefe de Gilera, Remor, dejó la firma para unirse a sus rivales de MV Agusta. Cuando el piloto Arciso Artesiani y el

jefe de mecánicos Arturo Magni hicieron lo mismo, Gilera se apresuró para volver a contratar a Taruffi, a quien ésta ofreció el cargo de director del equipo.

La Avanzada 125 GFR SP de 1992 podía alcanzar los 160 km/h y fue una seria rival de las Aprilia y Cagiva.

Giuseppe Gilera también ascendió a los antiguos ayudantes de Remor, Columbo y Passoni, a la dirección del departamento técnico. Se presionó al renovado equipo de diseño para que comenzara cuanto antes con su trabajo, pero incluso con las presiones del momento, la nueva escuadra logró un sonoro triunfo, ganando en 1950 el título del mundo de 50 cc con Humberto Masetti, que había sido designado sustituto de Artesiani. El momento de gloria de las tetracilíndricas de Gilera todavía estaba por llegar. Esto ocurriría con la incorporación del inglés Geoff Duke al equipo a principios de 1953.

Gilera también compitió en otras categorías además de la 500, como en 125 y 350. Al terminar la temporada 1957, motivos económicos obligaron a Gilera a abandonar las pruebas de Grand Prix. Lo mismo tuvieron que hacer FB Mondial y Moto Guzzi.

Aunque Gilera volvió a la escena GP a mediados de los años sesenta (por los

esfuerzos de Scuderia Duke (1963)), los éxitos del argentino Benedicto Caldarella (1964), y los logros con sidecar de la estrella suiza Florion Camathias (1964), la firma italiana nunca volvería a alcanzar el nivel de éxitos logrados en los días dorados de los años cincuenta. En lugar de eso, se concentró en pruebas de trial y posteriormente motocrós para lograr publicidad, y se vio atrapada en la caída generalizada de ventas que golpeó a la industria motociclista italiana en la década de los años sesenta.

Además de su gama de monocilíndricas con válvulas en culata y caja de cambios integrada (con cilindradas comprendidas entre 98 y 202 cc), Gilera también tenía una bicilíndrica 300 (305,3 cc), todas ellas diseños de los años cincuenta, pues las series Saturno-Nettuno habían dejado de fabricarse a finales de la década.

Gilera también intentó presentar nuevos modelos, incluido un ciclomotor, un par de escúter y un cuarteto de modelos de cuatro tiempos y mayor capacidad: la B50 500 ohv bicilíndrica (sólo un prototipo); las dos bicilíndricas de 350-500 cc dohc (también prototipos); y una tricilíndrica de 750 cc con un diseño parecido al de la Honda CB750 tetracilíndrica.

Sin embargo, todas estas innovaciones no sirvieron de nada y finalmente, en noviembre de 1968, se recibió al síndico de quiebras en la planta de Arcore, donde 280 de los 550 empleados estaban trabajando a jornada reducida.

Unos meses más tarde, el gigantesco grupo Piaggio se hizo con el control de Gilera. En cuanto a Giuseppe Gilera, su retiro resultó muy breve, pues el 21 de

noviembre de 1971, justo antes de cumplir ochenta y dos años, fallecía la gran figura del motociclismo italiano.

Bajo la administración de Piaggio, la marca Gilera renació en los años setenta, convirtiéndose otra vez en la gran fábrica de frenética actividad, tanto en la línea de la producción en serie, con toda una nueva gama de modelos (de dos y cuatro tiempos), como en el mundo de la competición, con medallas de oro en los ISDT y participaciones en los campeonatos del mundo de motocrós.

Gilera fabricó un pequeño número de la versión de competición de su modelo Nuovo Saturno entre 1991 y 1993. Estas motocicletas tomaron parte en las European Supermono.

Durante los años ochenta, Gilera estaba a la vanguardia de la industria motociclista italiana, con una gama totalmente nueva de modelos de dos tiempos y pequeña capacidad (hasta 350 cc), y algunos cuatro tiempos, comenzando con la nueva trail Dakota 348,9 cc (80 × 69,4 mm) que debutó en la Exposición de Milán de 1985. A este modelo siguió toda una familia, entre ellos la Nuovo Saturno y la Nordwest. Tampoco se olvidaron de las dos tiempos, con la GFR 250 (para carreras GP), la Crono (réplica del modelo de carreras) y la futurista CX 125. Sin embargo, justo antes de la inauguración de la Exposición de Milán de finales de 1993, Piaggio anunció que iba a interrumpir la producción en la fábrica de Arcore. Para la mayoría de los observadores aquello significaba el final de Gilera, pero no fue así. La firma ha sobrevivido y hoy parece dispuesta a llegar a lo más alto con sus superbikes de cuatro cilindros.

Gilera fabricó un pequeño número de la versión de competición de su modelo Nuovo Saturno entre 1991 y 1993. Estas motocicletas tomaron parte en las European Supermono.

GILERA SATURNO

La original Saturno es probablemente el modelo de serie más famoso de Gilera. Fue obra del ingeniero Giuseppe Salmaggi, que volvió de Bélgica, donde había estado trabajando para Sarolea. Esta marca, junto con FN, eran las dos principales fabricantes del país.

La Saturno fue uno de los modelos que tomó su nombre de la astronomía. Otros fueron Nettuno o Marte. La Saturno debutó en la primavera de 1940 como modelo de competición y ganó dos carreras en los campeonatos Junior de Italia, en Palermo y Módena, pilotada por Massimo Masserini. En ambas ocasiones, derrotó a las Condor de Moto Guzzi.

Después llegó la guerra, y con ella se interrumpió la producción civil hasta finales de 1945. En 1946 aparecieron tres versiones distintas de la Saturno: Sport, Turismo y Competition. Las tres versiones eran prácticamente idénticas, salvo por la puesta a punto del motor. Tenían distribución ohv y la misma cilindrada que se utilizó en la serie V en los años anteriores a la guerra. Sin embargo, por lo demás, el motor de la Saturno era considerablemente distinto. La San Remo, que era la más especializada, hizo su debut en 1947, y desarrollaba 35 CV a 6.000 rpm.

La Saturno, diseñada por Giuseppe Salmaggi, con sus motor monocilíndrico ohv, se fabricó en tres versiones: Sport, Turismo y competición. Esta es una Sport de 1952.

La actualización más importante le llegó a la gama Saturno en 1950, cuando se introdujeron horquillas telescópicas, cubo de aluminio con freno de tambor en la rueda delantera y un diseño más moderno. Un año después, se cambió las suspensión trasera, instalando dos amortiguadores verticales. El modelo de carreras con estos cambios recibió el nombre de Corsa, y se fabricó de 1951 a 1956. Hubo también un diseño de Franco Passoni: una Saturno con doble árbol de levas, aunque sólo llegaron a fabricarse dos unidades (1952-1953). Otra versión de la Saturno fue la Cross, fabricada entre 1952 y 1956.

En cuanto al modelo de carretera, siguió en producción a partir de 1952 e

incorporó horquilla telescópica, doble basculante y cubo de aleación en la rueda delantera.

Las últimas dos Saturnos (modelos Sport) se vendieron en 1960, aunque se habían fabricado el año anterior. En total, se fabricaron más de 6.450 unidades de la Saturno, y 170 de ellas eran modelos de carreras.

Motor: monocilíndrico vertical, 2v, ohv, 498,76 cc, (84 × 90 mm), refrigeración por aire
Potencia: 18 CV a 4.500 rpm; modelo Sport: 22 CV a 5.000 rpm
Caja de cambios: 4 velocidades, pedal
Transmisión secundaria: cadena
Peso: 186 kg
Velocidad máxima: 120 km/h, Sport: 130 km/h

GILERA B300 TWIN

La Gilera B300 fue la sensación de la 31 Exposición de Milán, celebrada a finales de 1953. Sus 305,3 cc de cilindrada (60 × 54 mm) no parecen una opción muy común. Sin embargo, obedece al deseo de Gilera de elegir la cilindrada que más conviene a cada modelo particular, al margen de guiarse por otras limitaciones de capacidad arbitrarias. En todo caso, esta práctica le daba la ventaja de estar seguro de poder utilizar varios componentes de la 150 (lanzada al mercado un año antes en versiones Turismo y Sport, incluyendo los mismos 152,68 cc y 60 × 54 mm).

En su aspecto general, la bicilíndrica seguía la línea de los modelos más pequeños, con horquilla telescópica, doble amortiguador, suspensión trasera por brazo basculante y frenos de tambor con cubo de aleación. La llantas eran de aleación ligera, igual que los silenciadores fabricados por Gilera. Aunque no tenía gran potencia (12 CV a 5.800 rpm la primera serie), la B300 presentaba la ventaja de ser excepcionalmente ligera, fácil de arrancar y con buena flexibilidad. Cuando la revista *Motor Cycling* probó una de estas motos en diciembre de 1954, sus exper-

La B300 ohv de dos cilindros hizo su aparición en la Exposición de Milán de 1953, y se siguió fabricando hasta 1969. En la fotografía, una máquina de la serie 2, fabricada a comienzos de los años sesenta.

tos declararon que la velocidad máxima del modelo era de 113 km/h, pero que se trataba de una turismo, no una deportiva.

Buena parte del motor también tenía características que habían aparecido por primera vez en las 125/150 ohv de un cilindro: válvulas paralelas, embrague multidisco, cigüeñal armado e iluminación por dinamo. Los cilindros estaban inclinados hacia delante en ángulo de 10° con respecto a la vertical.

La 300 Extra (y también la más pequeña 250 Export) fueron presentadas en noviembre de 1955 en la Exposición de Milán, y empezaron a venderse a principios de 1956. El cambio más notable con respecto a la serie original era el asiento doble, que reemplazaba al individual provisto de amortiguación. Más tarde, este modelo adoptó silenciadores de acero al cromo fabricados por Silentium, que reem-

plazaban a los de Gilera, con cuerpo de aleación.

Además de la Europa continental (la pequeña bicilíndrica nunca se exportó al Reino Unido), la Gilera B300 se vendió en los Estados Unidos desde comienzos hasta mediados de los años sesenta. La producción se detuvo finalmente en 1966.

Motor: bicilíndrico en paralelo, 2v, ohv, 305,3 cc (30 × 54 mm), refrigeración por aire
Potencia: 15 CV a 6.800 rpm
Caja de cambios: cuatro velocidades, pedal
Transmisión secundaria: cadena
Peso: 150 kg
Velocidad máxima: 125km/h

GILERA 500 GP FOUR   1954

La llegada de Geoff Duke en 1953 supuso para Gilera una bocanada de aire fresco. El equipo de ingenieros de la firma comenzó con pruebas inten-

Una Gilera Grand Prix tetracilíndrica de 500 cc de las que montaban los pilotos de la fábrica, incluyendo al campeón de mundo Geoff Duke a mediados de los años cincuenta.

sivas, incorporando algunas de sus sugerencias. El resultado fue el modelo «nortonizado», muy parecido a la Norton Featherbed. Las características del motor eran las mismas.

En 1954, el motor fue modificado. El ingeniero Franco Passoni se concentró en el diseño del motor. La carrera del pistón se aumentó de 58 a 58,8 mm, lo que proporcionó al modelo un volumen

de 499,504 cc. Al modificar el colector de aceite el motor pudo ocupar una posición más baja en el bastidor, pero la altura libre inferior se aumentó al poner lo tubos de escape más cerca del motor. Se amplió el ángulo de las válvulas y se modificó su diámetro.

Passoni utilizó cigüeñales armados, formados por varias piezas, y se dio una relación de transmisión más.

También se instaló una magneto Lucas con imán giratorio. La 500 tetracilíndrica GP de Gilera consiguió así su diseño definitivo. En 1956 apareció otra tetracilíndrica más pequeña, la 350 (349, 66 cc, 46 × 52,6 mm). Entre 1949 y 1963, Gilera ganó 38 carreras de Gran Premio con motos de un solo ocupante y ocho con sidecar con sus modelos de cuatro cilindros, y seis campeonatos del mundo en la categoría de 50 cc.

Motor: tetracilíndrico en línea, 2v, dohc, 499,49 cc (52 × 58,8 mm), refrigeración por aire.
Potencia: 70 CV a 10.500 rpm
Caja de cambios: 5 velocidades, pedal
Transmisión secundaria: cadena
Peso: 150 kg
Velocidad máxima: 260 km/h

GILERA CI CROSS   1981

Gracias a los éxitos cosechados por Elmeca-Gilera (ver sección de marcas), Piaggio autorizó a Gilera para fabricar una pequeña remesa de modelos de campo y contratar los servicios de pilotos.

Para ello, se contrató a un especialista en motores de dos tiempos, el holandés Jan Witteveen, que se puso a trabajar en el proyecto en 1980. Pronto estuvo diseñada una 125 refrigerada por agua. En lugar de diseñar un motor nuevo, Jan Witteveen aplicó sus conocimientos al motor Gilera ya existente (utilizado por Elmeca-Gilera para ganar el título italiano de Motocrós de 1978 con refrigeración por aire), aumentando su eficacia. De esta forma, se conservaron las dimensiones de diámetro y carrera del cilindro del motor desarrollado por Elmeca (54 53,6 mm).

Una de las máquinas de motocrós de 125 de Witteveen con refrigeración líquida participó en los campeonatos de Italia y del mundo en los años 1981 y

La C1 Cross y la C1 Enduro (esta última en la fotografía) eran básicamente la misma máquina con pequeños detalles que las diferenciaban. Ambas fueron diseñadas por el holandés Jan Witteveen.

1982, pilotada por Michele Rinaldi, con relativo éxito. El modelo de serie, pilotado por Rinaldi, tenía suspensión trasera con monoamortiguador. La versión CI Competizione Cross se distinguía por el doble amortiguador trasero (Corte Cosso), pero utilizaba el motor con refrigeración líquida. También se lanzó una versión enduro del modelo de serie, la EI. En 1983, el modelo CI se convirtió en C2, con una línea nueva y monoamortiguador, como el modelo de serie.

Gilera fabricó además una bicilíndrica 125 de motocrós en 1981, con 36 CV a 12.000 rpm.

Motor: monocilíndrico vertical, dos tiempos, 122,75 cc (54 × 53,6 mm), refrigeración líquida
Potencia: 32 CV a 10.000 rpm
Caja de cambios: 6 velocidades, pedal
Transmisión secundaria: cadena
Peso: 85 kg
Velocidad máxima: 140 km/h

GLORIA
Inglaterra 1931-1933. Motocicleta ligera con motor Villiers de 98 cc.

GLORIA
Italia 1948-1955. Focesi fabricaba ciclomotores y una motocicleta ligera de 123 cc.

GN
Italia 1920-1925. Giuseppe Navone ensamblaba motocicletas con motores de dos tiempos y 346 cc y numerosos componentes de procedencia inglesa.

GNADIG
Alemania 1925-1926. Franz Gnadig fabricó una máquina de 50 cc ohv con transmisión por eje. Se dice que su motor, fabricado por Gnadig, fue la base del primer motor fabricado posteriormente por la compañía Kuhne.

GNOM
Alemania 1921-1923. Motor auxiliar de 63 cc.

GODIER GENOUD
Francia años ochenta. Esta firma fabricaba modelos de carreras y motocicletas deportivas de grandes prestaciones con motores Honda y Kawasaki de hasta 1.300 cc. La 1134R tenía una potencia de 120 CV a 8.500 rpm, pesaba 241 kg y alcanzaba una velocidad máxima de 260 km/h.

GOEBEL
Alemania (Bielefeld) 1951-1979. Estos ciclomotores tenían motor Sachs de 49 cc.

GOETZ
Alemania 1925-1935. Una producción muy limitada (tan sólo se fabricaron 79 máquinas, y casi todas por pedido) con una amplia variedad de motores.

GOGGO
Alemania (Dingolfing) 1951-1954. Estos escúter, más conocidos como micro-coches Goggomobil) de Hans Glas tenían motores Ilo de dos tiempos y 123, 147 y 173cc.

GO-KART
Estados Unidos 1959. Una diminuta y ligera mini-bike (25 kg), la Big Bear Scramble.

GOLD-RAD
Alemania (Colonia) 1952-1981. Estos ciclomotores tenían motores de 49 cc fabricados por otras firmas.

GOLEM
Alemania 1921-1923. Más un modelo que una marca. Se trata de una máquina con forma de escúter fabricada por vez primera por DKW y posteriormente por Eichler.

GILERA DAKOTA 350

1986

La primera vez que el público tuvo ocasión de conocer la nueva generación de modelos de cuatro tiempos diseñados por el ingeniero Lucio Masut fue en la Exposición de Milán de 1985. La veterana marca italiana no sólo contó con uno de los *stands* más grandes de la muestra; presentó además el modelo más llamativo: la trail Dakota 350, que ofrecía además la promesa de un modelo mayor en preparación.

En la Dakota 348 cc (80 × 69 mm) monocilíndrica se utilizaron todos los avances conocidos, incluyendo refrigeración líquida, culata con cuatro válvulas, doble lumbrera de escape, dos carburadores Dell'Orto de 25 mm, doble árbol de levas accionado por correa dentada, un eje de balance (accionado directamente desde el cigüeñal por medio de engranajes), embrague multidisco con funcionamiento hidráulico, caja de cambios de cinco velocidades y encendido electrónico y arranque eléctrico, ambos de fabricación japonesa. También disponía de un pistón forjado y el cigüeñal estaba hecho de una sola pieza y contaba con rodamientos antivibración. Con toda esta tecnología, sorprendía un poco que toda esta alta

tecnología sólo pudiera desarrollar 33 CV a 7.500 rpm. Por motivos de ventas, Gilera decidió fabricar una máquina dual, una trail para uso en carretera y también *off-road*, ya que, en ese momento las ventas de motocicletas como las Yamaha se estaban disparan-

do en toda la Europa continental, si bien no tanto en el Reino Unido.

Para dar respuesta a los defectos de su modelo (falta de potencia), Gilera introdujo una versión de 500 (492 cc, 92 × 74 mm) en 1987. Simultáneamente, se ofreció una versión ER de la 350, con un

Diseñada por Lucio Masut, la Dakota 348 cc (80 × 69 mm) hizo su debut en noviembre de 1985. Disponía de refrigeración líquida, cuatro válvulas y árboles de levas accionados por correa dentada.

depósito más pequeño y los dos radiadores protegidos por paneles de plástico. Estos dos cambios permitían al piloto ocupar una posición algo más adelantada y, en consecuencia, más cómoda.

Con un peso en seco de 147 kg para ambos modelos, la Dakota era una de las motocicletas más pesadas en su clase. Sin embargo, el motor básico era muy robusto y el bastidor cuadrado basado en modelos de enduro podía permitir aún un mayor desarrollo del motor en el futuro.

El resultado fue la XRT 600, que debutó a finales de 1987.

Motor: monocilíndrico vertical, 4v, dohc, 348,89 cc (80 × 69,4 mm), refrigeración líquida
Potencia: 39 CV
Caja de cambios: 5 velocidades, pedal
Transmisión secundaria: cadena
Peso: 148 kg
Velocidad máxima: 145 km/h

GILERA NUOVO SATURNO

1988

La Nuovo Saturno, que apareció por vez primera en la Exposición de Milán de 1987, era una clásica deportiva que utilizaba la tecnología más moderna. Puede decirse que era un proyecto italo-japonés, pues fue encargada por la compañía nipona C. Itoh. Después de la Exposición de Milán, el prototipo se presentó en la Exposición de Tokio en diciembre de 1987.

El diseño de esta Gilera era obra de Sandro Colombo, ingeniero de Arcore, y del técnico japonés N. Hagi Wara. Para convertir la Saturno monocilíndrica en este moderno modelo deportivo, se tomó como base el motor de 492 cc de la Dakota.

Con un peso de 135 kg, la Nuovo Saturno tenía un bastidor tubular de acero y brazo basculante de aluminio con ajuste excéntrico para la cadena de la transmisión secundaria.

Todos los componentes eran de la mejor calidad: los reposapiés, el freno trasero y la palanca del cambio de velocidades estaban hechos de aluminio, igual que el robusto pedal de arranque. La horquilla delantera de 40 mm tenía un recorrido de 120 mm. En la parte trasera la suspensión corría a cargo de un monoamortiguador ajustable estilo competición con 130 mm de recorrido.

La Nuovo Saturno fue un proyecto italo-japonés. Utilizando el motor de la Dakota 492 cc se fabricó esta moderna deportiva.

Otros detalles de sus características incluían semicarenado, manillar bajo de competición, pedales retrasados, asiento individual también inspirado en modelos de carreras y un tubo de escape de alta tecnología que terminaba en un silenciador.

El motor colgaba literalmente del bastidor y permitía un fácil acceso. Con 45 CV, su potencia a la rueda era de 36,5 CV. Alcanzaba una velocidad de 178,5 km/h. Además del italiano y el japonés, se vendió también en el mercado británico.

Motor: monocilíndrico vertical, 4v, dohc, 492 cc (92 × 74 mm), refrigeración líquida.
Potencia: 45 CV
Caja de cambios: 5 velocidades, pedal
Transmisión secundaria: cadena
Peso: 140 kg
Velocidad máxima: 178,5 km/h

GILERA GFR 250 GP RACER 1992

En 1991 Piaggi (propietaria de Gilera) había creado una división de competición con el fin de promocionar el nombre de la firma (algo parecido a la Honda Racing Corporation), y cuya finalidad

El modelo de carreras de alta tecnología GFR 250, aparecido en 1992, se fabricó para desafiar al dominio japonés en las competiciones de 250 cc. Tiene una potencia de 85 CV y puede alcanzar los 265 kpj.

principal era la de diseñar y fabricar prototipos de carreras. Al frente de la división se puso a Frederico Martín, antiguo jefe de diseño de Bimota.

En la Exposición de Milán de 1991, se anunció que Gilera participaría en el World Road Racing Championship de 1991 en la categoría de 250 cc, con los pilotos Carlos Lavado (ganador de 19 GP en esa misma clase) y Jean Phillipe Ruggia, con una nueva bicilíndrica en V de 75° muy parecida a sus dos rivales, la

Honda y la Yamaha. El nuevo modelo contaba con dos carburadores Mikuni o Dell'Orto (también se probó con inyección de gasolina), admisión por válvula de láminas (diseñada por el ingeniero sueco Harold Bartol) y válvulas de escape de accionamientos electrónico, caja de cambios de seis velocidades, eje de balance y cubiertas del motor realizadas en magnesio. Se utilizó un cigüeñal simple de una sola pieza para evitar deformaciones a regímenes muy altos del motor. El bastidor Delta estaba hecho de aluminio y provisto de suspensión Kyaba en ambas ruedas. En la rueda delantera, horquilla delantera invertida está unida a una pipa de dirección regulable en ángulo.

Pero Gilera y Martini no lograron el éxito con la GRF, a pesar de que su potencia (85 CV) era idéntica a la de la Honda NSR que ganó el campeonato.

Motor: bicilíndrico en V, 2 tiempos, válvulas de láminas, 249 cc (56 × 50,7 mm), refrigeración líquida
Potencia: 85 CV a 13.000 rpm
Caja de cambios: 6 velocidades, pedal
Transmisión secundaria: cadena
Peso: 95 kg
Velocidad máxima: 266 km/h

GILERA RUNNER SCOOTER 1998

Hubo buenas noticias para los numerosos entusiastas de todo el mundo que creían que el nombre Gilera se había perdido a finales de 1993. Desde ese año, Gilera ha ido resurgiendo de sus cenizas fabricando una nueva gama de modelos y alcanzando la cabeza en el sector de los escúter con su Runner de refrigeración líquida. Escúter no es una palabra que muchos hubieran asociado con el nombre Gilera, pero en los albores del siglo XXI, las ventas de esta clase de vehículos se han disparado nuevamente.

La publicidad de Gilera anuncia que la serie Runner (disponible en tres tamaños distintos: 50, 123,4 y 175,8 cc) «combina por vez primera el carácter práctico y sencillez de un escúter con la rigidez y maniobrabilidad de una motocicleta hecha y derecha».

Ya en el pasado, varias máquinas han intentado salvar el abismo que separa los escúter de las motocicletas (por ejemplo la Galleto de Moto Guzzi), y ésa es aún una asignatura pendiente.

Pero lo que realmente diferencia a la nueva Gilera de los intentos anteriores de los años cincuenta es la ventaja de la moderna tecnología. Entre las características de la Runner se incluyen: basti-

El escúter Runner se fabrica en tres tamaños de motor: 50, 125 y 180 cc. Este último alcanza los 120 km/h. Todos ellos tienen cambio automático.

dor muy rígido, horquilla invertida delantera, ruedas con llanta de aleación y perfil bajo, un potente freno de disco delantero accionado hidráulicamente y un elegante diseño de carenado con líneas muy aerodinámicas.

La Runner de mayor tamaño (la 180) es capaz de alcanzar una velocidad máxima de 120 km/h. Las tres versiones utilizan motores con refrigeración líquida, un solo cilindro, bomba de aceite automática, encendido electrónico (CDI) y la posibilidad de elegir entre arranque tradicional a pedal o por pulsador eléctrico, además de batería de 12 voltios.

Desde 1999, las Runner 50 y 125 han constituido la base del Gilera Runner Trophy, una carrera internacional de un solo modelo en la que participan más de 200 pilotos de toda Europa.

La competición está organizada en dos clases, dependiendo del motor (10 y 180 cc), en colaboración con Malossi, especialistas en puesta a punto de motores.

Motor: monocilíndrico horizontal, 2 tiempos, 175,8 cc (65,6 × 50 mm), refrigeración líquida
Potencia: 21 CV a 8.000 rpm
Caja de cambios: cambio automático por variador continuo de velocidad
Peso: 115 kg
Velocidad máxima: 120 km/h

GILLET-HERSTAL

Desde el principio, Gillet-Herstal fabricó motores con caja de cambios integrada, primero de dos tiempos y luego de cuatro, como este modelo de 1930 con 499 cc y distribución ohv.

ESTA FIRMA, FUNDADA por Léon Gillet, fue uno de los principales fabricantes de Bélgica. Su primera motocicleta fue diseñada por Fernand Laguesse y comenzó a fabricarse en 1920. Tenía un motor de dos tiempos y 301 cc con caja de cambios integrada de dos velocidades, que estaba colocada por delante del cárter, de modo que la polea de la transmisión secundaria quedara tan lejos como fuera posible de la rueda trasera. Se escogió esta posición para evitar en lo posible los resbalones de la correa de la transmisión. Además, el modelo incluía magneto montada en la parte delantera, bastidor en U invertida y horquilla delantera de paralelogramos deformables.

A finales de 1920, la compañía añadió otro modelo con sidecar, para el que utilizó un motor MAG bicilíndrico en V con 750 cc; y en 1922, se añadió a éste otro modelo de 996 cc. Por entonces, el diámetro del cilindro se había ampliado para lograr una capacidad de 347 cc, y la firma había comenzado a competir en distintas pruebas. En 1924, Laguesse diseñó un motor de dos tiempos con refrigeración líquida, los cilindros opuestos y un cigüeñal simple de una sola pieza. Uno de los pistones estaba unido al cigüeñal de la manera convencional, mientras que el otro se unía a él por medio de dos bielas prolongadas.

Otro modelo tenía un motor de dos tiempos y 347 cc provisto de válvula giratoria, un eje principal y tres engranajes primarios, que proporcionaban la desmultiplicación de la caja de cambios, además de un cárter muy compacto para favorecer la compresión primaria. Pilotando dos de estas máquinas por todo el mundo, Françaís Andrieux y Robert Sexé promocionaron la firma en el año 1926 y posibilitaron la aparición de un nuevo modelo, el Tour du Monde. Por entonces, se había girado la posición del compacto motor en el bastidor, de modo que la magneto pasó a la parte trasera, el escape a la delantera y el eje de la caja de cambios adoptaba una posición más favorable para la transmisión a cadena.

En 1926, hizo su debut un modelo con motor ohv de 499 cc, con caja de cambios integrada. El motor estaba calado verticalmente en un bastidor convencional, que con los años terminó por adoptar un depósito de gasolina sobre el tubo superior, mejor horquilla delantera, pedal para el cambio y frenos de mayor tamaño. En 1928, Van Obirbeek entró a trabajar procedente de FN, y fue encargado del diseño de motores de competición. El resultado de su trabajo fue un trío de motores con caja de cambios integrada, distribución ohv y cilindradas de 348, 499 y 582 cc, con árboles de levas accionados por ejes verticales y engranajes cónicos, y la magneto colocada en la parte de atrás. Con estos modelos y otros con distribución ohv, la marca ganó numerosas carreras y batió varios récords tanto con motos de un ocupante como en la categoría de sidecar. En 1930, aparecieron nuevos modelos que incorporaban motores de 398 y 499 cc con válvulas laterales, además de un 346 cc ohv; todos estaban calados en ángulo y con caja de cambios integrada. En 1932 se unió a ellos un 547 cc, que al año siguiente se aumentó hasta 600 cc, pero con el motor montado verticalmente en el armazón. Después llegaría otro 600 ohv. Los duros años de la depresión económica sólo permitieron incorporar a la gama una sencilla motocicleta ligera de 166 cc, dos tiempos y tres velocidades. Después se sumó un modelo de 100 cc y otro de 123 cc, y estas máquinas de pequeña capacidad más los modelos monocilíndricos de cuatro tiempos constituyeron la base de la gama de Gillet-Herstal hasta 1939.

A mediados de los años treinta, la firma suministraba motocicletas al ejército, y esta relación daría lugar al modelo 720, que sólo se fabricó con sidecar. Tenía un motor bicilíndrico en V con 708 cc y dos tiempos, con caja de cambios integrada provista de cuatro velocidades y marcha atrás, con transmisión a cadena a la rueda trasera y por eje desde ésta a la del sidecar.

Después de la guerra, la firma continuó fabricando algunos de los modelos de cuatro tiempos, ahora con horquilla telescópica, y a finales de 1946, anunció el modelo Superconfort, con motor de dos tiempos y 239 cc, con suspensión trasera y una línea más moderna. Después de éste, llegaron varios muy similares, y pronto la suspensión trasera se aplicó a toda la gama. Los motores de dos tiempos tenían capacidades a partir 125 cc, y en 1953 se añadió un escúter, que en realidad era un Bernardet fabricado bajo licencia.

En 1955, Gillet se fusionó con FN y Sarolea en un intento por sobrevivir en el mercado. En 1956 se lanzó un ciclomotor, un proyecto de fabricación bajo licencia del que participó todo el grupo. Gradualmente, la producción fue cayendo hasta que finalmente se interrumpió en 1960.

Un Gillet-Herstal de los años treinta con caja de cambios integrada, y el motor ohv que utilizó durante muchos años. Este tipo de motor también se presentaba en distintas capacidades.

GITAN

ITALIA 1950–1985

LA MARCA GITAN ERA una amalgama de GI (del nombre Gino) y TAN (del nombre Tansini), fundador de la firma. Su fábrica estaba situada en el principado italiano de San Marino, y al principio se dedicaba a la producción de un modelo basado en la DKW RT125 monocilíndrico de dos tiempos y otro modelo de 160 cc de cuatro tiempos ohv de un solo cilindro y con caja de cambios integrada.

La máquina de dos tiempos era la más popular, y empleaba horquilla delantera tipo hoja y suspensión trasera por émbolo. Más tarde se introdujo una versión más moderna con horquilla telescópica y brazo basculante.

En 1955 llegó la monocilíndrica de cuatro tiempos y 175 cc con válvulas accionadas por varillas empujadoras y caja de cambios integrada.

Más tarde, a finales de los años cincuenta, Gitan fue pionera en la industria motociclista italiana con la fabricación del modelo Grillo, muy semejante al modelo de Honda que había batido el récord de ventas, la C50 Cub, con bastidor abierto de acero estampado.

Durante los años sesenta, Gitan se mantuvo en el mercado. Fueron unos años en que muchas pequeñas firmas italianas fueron a la quiebra, pero Gitan logró sobrevivir concentrando su producción en máquinas de 50 cc. Hay que destacar en ellas los modelos más utilitarios utilizados como medio de transporte diario, con alguna que otra motocicleta ultraligera que ayudaba a que el

Con sede en el principado de San Marino, Gitan ofrecía varias máquinas, incluida ésta basada en la DKW RT125 monocilíndrica de dos tiempos, fabricada a mediados de los años cincuenta.

nombre de Gitan siguiera sonando entre los aficionados al motociclismo. Esta tendencia continuó a lo largo de los años setenta, aunque por entonces muchas otras compañías habían vuelto ya al diseño y producción de motocicletas de al menos 125 cc.

Al final, su decisión de no producir ningún otro modelo que no fuera de 50 cc trajo consigo el final de la marca. Llegaron los años ochenta y con ellos la recesión de la que Gitan no pudo recu-

perarse, pues por entonces carecía del capital necesario para invertir en nuevos modelos. La compañía desapareció en 1985.

La Gitan 125 Sport tenía un motor de dos tiempos con admisión mediante el movimiento del pistón, horquilla de paralelogramos deformables en forma de lámina y suspensión trasera por émbolos. Su velocidad máxima era de 100 km/h.

GRASETTI
Italia 1952-1965. Modelos de dos tiempos con motores fabricados por la propia firma de 123 y 148 cc.

GRATIEUX
Francia 1919-1921. Estos modelos radiales de dos tiempos eran fabricados por una firma más conocida por sus motores para aviones.

GRAVES
Inglaterra (Sheffield) 1914-1915. La Graves Speed King era una máquina fabricada para Graves por Omega en Wolverhampton con motor JAP de válvulas laterales y 293 cc.

GREEN
Inglaterra (Londres, posteriormente Bexhill) 1919-1923. Esta firma fabricaba motores refrigerados por agua, sobre todo monocilíndricos. Más tarde se dedicó a convertir motores con refrigeración por aire en modelos refrigerados por agua.

GREYHOUND
Estados Unidos (Búfalo, Nueva York) 1905-1907. Las máquinas de esta pequeña firma ensambladora utilizaban motores Minerva y MMC.

GRG
Italia (Turín) 1926-1927. Se unieron dos motores monocilíndricos Della Ferrera de 175 cc para dar lugar un bicilíndrico de 350 cc. Esta firma también fabricaba motores auxiliares.

GRI
Inglaterra 1921-1922. G. R. Inshaw diseñó estas máquinas de 350 y 500 cc fabricadas por MacRae & Dick.

GRIGG
Inglaterra 1920-1925. Después de empezar con un escúter de dos tiempos y 200 cc, Grigg fabricó una gran variedad de máquinas de hasta 1.000 cc con sus propios motores, tanto de dos como de cuatro tiempos.

GRIMPEUR
Véase LE GRIMPEUR

GRIMSHAW
Inglaterra (Sunderland) 1908. Este monstruo de dos cilindros en V y 2.596 cc tenía una potencia de 20 CV. La máquina pesa tan sólo 150 kg.

GRINGO
Estados Unidos 1973-desconocida. Estas máquinas de motocrós y pista tenían motores monocilíndricos de dos tiempos y 248 y 358 cc.

GORI

ESTA MARCA FUNDADA por Giancarlo Gori se dio a conocer por sus excelente motos de campo: motocrós, enduro y trial. Gori también fabricó modelos para niños y un par de ultradeportivas de 125 cc: un modelo de carreras y una de carretera.

La de carreras, que utilizaba un motor alemán Sachs puesto a punto de dos tiempos y caja de cambios de seis velocidades tuvo mucho éxito en pruebas de subidas en cuesta; Guido Valli se convirtió en campeón nacional italiano en los años 1974 y 1975 en su Gori 125 con motor Sachs. Después de esto, Gori ofreció una versión personalizada de esta misma motocicleta. Sus características eran: 123,6 cc (54 × 54 mm), relación de compresión de 13:1, carburador Bing de 34 mm, encendido Motoplat, suspensión Marzocchi, freno de tambor delantero Fontana y tubo de escape con cámara de expansión. Con una potencia de más de 24 CV a 11.600 rpm, la Gori de ascenso alcanzaba una velocidad máxima de casi 185 km/h.

La versión para el público, conocida como 125 Sport Valli Replica, utilizaba el mismo motor Sachs, pero estaba provista de carenado integral, freno delantero de doble disco, llantas de aleación y una línea más estilizada. Era la motocicleta deportiva de serie más rápida en la categoría de 125 cc fabricada en Italia, muy próxima a un modelo de carreras, con una velocidad máxima declarada de 148 km/h.

Esta Gori 1.250 enduro de 1978 tenía un motor de dos tiempos fabricado por Hiro. Entre sus características, cabe destacar la horquilla delantera de gran recorrido.

En 1980, Gori ofreció modelos de motocrós y enduro de 125 y 250 cc, con motores de dos tiempos fabricados por Hiro. La 125 RG (enduro) tenían una caja de cambios de seis velocidades, amortiguadores traseros Sachs Hydra, carburador Dell'Orto de 30 mm con filtro de aire herméticamente cerrado, horquilla delantera con gran recorrido, rue-das Metzeler, palancas Megura y guardabarros, depósito y paneles laterales hechos de plástico irrompible. La versión de motocrós tenía faros y un motor con una puesta a punto más fina.

SWM adquirió Gori en 1980. La nueva firma, Go-Motor se hundió en 1985 con SWM, ambas a causa de la recesión de los años ochenta.

Guido Valli se convirtió en campeón nacional italiano en la prueba de ascenso en cuestas de 1974 y 1975, en ambas ocasiones con una Gori 125.

En 1980, cuando este modelo de trial de 250 cc se fabricó, Gori se había concentrado en la fabricación de modelos para el mercado *off-road*.

GNOME & RHÔNE

FRANCIA 1919–1959

GNOME & RHÔNE, más conocidos como fabricantes de aviones, comenzaron a producir motocicletas con un modelo fabricado bajo licencia diseñado por la británica Bradshaw con motor ABC bicilíndrico plano. En 1923, Gnome & Rhône empezó a producir su propia gama de monocilíndricas de entre 300 y 350, y 500 cc, consideradas de muy alta calidad. A partir de 1931, la firma fabricó motocicletas bicilíndricas planas con la transmisión de eje que había inventado BMW, y una monocilíndrica de 250 cc. En 1935, su atención se desvió a la Tipo X, de 742 cc ohv. En 1939, a medida que los nubarrones de guerra iban cubriendo Europa, Gnome & Rhône presentó un modelo bicilíndrico de 800 cc y válvulas laterales destinado al ejército francés.

La producción de posguerra de Gnow & Rhône se centró en modelos de 125 y 200 cc de dos tiempos y gran calidad, pero dejaron de fabricarse en 1959.

Igual que BMW, esta prestigiosa firma francesa también tiene su historia de motocicletas con motores bicilíndricos bóxer, fabricadas durante la década de 1930. La Tipo X ohv de

1935 fue una de las motocicletas más grandes y prestigiosas fabricadas en Francia. Desarrollaba una potencia de 30 CV a 5.500 rpm, y se demostró excelente para el uso con sidecar.

Tenía una caja de cambios de cuatro velocidades, transmisión por eje y bastidor de acero prensado con horquilla de paralelogramos deformables.

Después de dejar los bicilíndricos planos en 1939, la producción de posguerra se centró en modelos de dos tiempos y gran calidad.

Durante los años treinta, esta compañía fue famosa por sus robustas bicilíndricas bóxer ohv, como esta 499 cc CV2 de 1934.

GREEVES

INGLATERRA 1953–1977

ESTA COMPAÑÍA CON SEDE EN ESSEX fue fundada por el delineante e ingeniero Bert Greeves y su primo Derry PrestonCob. Este último era minusválido, por lo que la empresa comenzó con el nombre de Invacar, dedicándose a la fabricación de coches de inválido propulsados por motores Villiers. Como pilotos experimentados que eran, Greeves y Frank Byford, director de la fábrica, realizaron un prototipo de motocicleta en 1950 con el fin de evaluar una suspensión de goma impermeable, con una carrera de 128 mm en la horquilla delantera y de 103 mm en la rueda trasera. Los modelos de 1953 tenían motor Villiers de 197 cc, y con ellos Greeves logró un gran éxito en pruebas de trial y

---

GRITZNER
Alemania 1903 y años cincuenta-años setenta. Esta fábrica de máquinas de coser fabricó durante algún tiempo máquinas con motores Fafnir. Después de la Segunda Guerra Mundial, Gritzner volvió con modelos en los que utilizaron motores Sachs de 100, 150 y 175 cc.

GRIZZLY
Checoslovaquia (Pardubice-Skrivanek) 1925-1932. Matyasch & Polak fabricaron al principio motocicletas con motores propios de dos tiempos y 250 cc, y después de 1929, modelos con motores MAG con distribución ohc.

GROSE-SPUR
Inglaterra (Londres) 1934-1939. Grose era un intermediario, y las máquinas que comercializaba eran modelos de 125 cc con motor Villiers fabricados por Carlton.

GROTE
Alemania (Berlín) 1924-1925. Se dice que dos o tres de los motores monocilíndricos de dos tiempos y 307 cc (70 × 80 mm) de esta firma podían unirse dando lugar a unos más que improbables motores bicilíndricos de 614 cc o tricilíndricos de 921 cc.

GRUCO
Alemania 1924-1925. Este ensamblador colocaba motores Kuhne en bastidores sencillos.

GRUHN
Alemania (Berlín) 1923-1932. Richard Gruhn fabricaba motocicletas ligeras con válvulas laterales y 197 cc; después produjo modelos de dos tiempos. Luego, máquinas de 175 y 197 cc ohv con transmisión por eje.

GRUHN
Alemania 1920-1926. Hugo Gruhn, hermano de Richard (arriba), también fabricaba motocicletas.

GRUTZENA
Alemania 1925-1926. Estas pesadas máquinas utilizaban motores monocilíndricos de 350 cc fabricados por Kuhne.

GS
Alemania 1920-1924. Gustav Schulze fabricaba un motor auxiliar de dos tiempos y 129 cc que también se suministraba acoplado a una motocicleta completa.

GS
Alemania (Berlín) 1923-1925. Georg Schroff fabricaba máquinas basadas en los modelos Gruhn.

Uno de los grande éxitos de la marca fue su victoria en la Six Days Trial escocesa de 1969, en la que se utilizó un modelo Anglian semejante al de la foto, con motor Villiers de 250 cc.

motocrós. Estaban fabricados con bastidor con viga de aleación de sección doble T. y la suspensión de goma siguió fabricándose hasta mediados de los años cincuenta, cuando aparecieron los amortiguadores con muelle.

En la rueda delantera, los amortiguadores de muelle fueron sustituidos por horquilla telescópica en 1968, año en que también se dotó a sus modelos de un bastidor tubular más convencional. Las máquinas Greeves se exportaron en gran

número durante los años cincuenta, así como modelos mayores de 250 cc con motores Villiers y Anzani, comprados sobre todo por las fuerzas policiales.

La Hawkstone era una máquina de cross de 197 cc a la que se dio el nombre del lugar en que se fabricaba. El ingeniero Brian Stonebridge aceptó el desafío y con sus pequeñas Greeves batió a los grandes nombres del motocrós en la categoría de 350 cc, y quedó segundo en la prueba de 500 cc.

Suele ocurrir que un éxito lleva a otro, y a Stonebridge siguió Dave Bickers, que se convirtió en el piloto oficial de Greeves y campeón europeo de 250 cc en 1962 y 1963. Al año siguiente, Greeves y Stonebridge crearon su propio

motor 246 cc para el modelo Challenger, una máquina de cross totalmente nueva que desarrollaba 30 CV a 7.500 rpm.

Se trataba de una motocicleta resistente, con neumáticos de grandes tacos en ambas ruedas, y grandes guardabarros de plástico. Sin embargo, Greeves fue víctima de la influencia de sus rivales españolas Bultaco y Montesa, y perdió su privilegiada posición en el mercado de las *off-road*.

Cuando en 1968 dejaron de fabricarse los motores Villiers, el modelo monocilíndrico de 197 cc, la East Coaster bicilíndrica y los modelos Challenger de

Trial se quedaron sin motor. A comienzos de los años setenta, en el catálogo de Greeves sólo quedaba la Griffon, que utilizaba un motor de 380 cc. La compañía dejó de fabricar cuando sus fundadores se retiraron en 1977.

Greeves ofreció horquilla telescópica por primera vez en 1967, y sus máquinas de motocrós, como esta Griffon 380 cc, ayudó a la marcha de la compañía hasta 1977.

GRIFFON

Una de las primeras Griffon con motor de 220 cc, válvula de admisión automática y engranaje reductor a la polea de la correa. Este mecanismo mejoraba el contacto de la correa y ayudaba a evitar deslizamientos.

nocilíndricos y bicilíndricos en V de la marca suiza Zedel. Los bicilíndricos se utilizaron para modelos de carreras, y en 1904 representaron a Francia en la Copa Internacional.

Los modelos de carretera siguieron utilizando motores monocilíndricos y un bicilíndrico en V, con válvulas de admisión automáticas. El bicilíndrico tenía una magneto opcional en la parte superior del motor y alojada en un receso practicado en el deposito; estaba accionada por un eje y engranajes cónicos. La

transmisión seguía siendo por correa, pero la horquilla de resortes desapareció. En 1909, el modelo monocilíndrico tenía una capacidad de 220 cc, con un engranaje reductor integrado que permitía el uso de una polea mucho más pequeña para la transmisión de la rueda trasera. Los motores Zedel y algunos diseñados por Anzani siguieron usándose después de la Primera Guerra Mundial.

Las monocilíndricas y bicilíndricas en V continuaron en los años veinte, con encendido por magneto, caja de cambios separada del motor, horquilla de paralelogramos y frenos de tambor. A finales de los años veinte, la firma entró a formar parte del grupo Peugeot y durante los años treinta y en la posguerra, la Griffon se convirtió en un modelo Peugeot con un simple cambio de logotipo.

LA PRIMERA MOTOCICLETA de Greeves fue la resistente Griffon, con horquilla de resortes, motor Clément con transmisión a correa y depósito de gasolina

montado sobre el cabezal. A partir de este modesto comienzo, la compañía empezó a trabajar en una gama de modelos propulsados por motores mo-

GRINDLAY-PEERLESS

CON SEDE EN Shakleton Road, Coventry, esta firma se había dado a conocer por sus excelentes sidecares antes de entrar en el negocio de las motocicletas en

1923. Así la firma comenzó fabricando motocicletas ligeras, como hacen casi todas la compañías, y ofreciera para empezar una enorme bicilíndrica en V

como motor Barr & Stroud de 999 cc y válvulas de camisa. Contaba además con caja de cambios Sturmey-Archer de tres velocidades con transmisión secundaria

a cadena y un magnífico acabado. Su aspecto era sorprendente, sobre todo cuando se acompañaba del sidecar deportivo Grindlay-Peerless.

A esta bicilíndrica se unió en 1924 una monocilíndrica de 488 cc ohv con motor JAP. Al año siguiente, este modelo fue reemplazado por otro con motor Barr & Stroud de 499 cc y válvulas de camisa. Después llegaron tres monocilíndricos de menor tamaño, uno con motor de 348 cc y válvulas de camisa, y los otros dos con motores JAP ohv de 344 y 346 cc. El JAP de 488 cc volvió a aparecer en 1926, año en que la marca se hizo famosa en el circuito de Brooklands.

Esto fue gracias a Bill Lacey, que saltó a la fama por su habilidad a la hora de pilotar y poner a punto los motores de sus máquinas, así como por el aspecto inmaculado de éstas. Sus triunfos comenzaron en 1926 con una Grindaly-Peerless de 344 cc con motor JAP. Dos años después, estableció el récord de la hora en 166 km (en la categoría de 500 cc), marca que aumentó a 169 km en 1929.

Los modelos con válvulas de camisa dejaron de utilizarse en 1927, cuando se abandonaron los motores de 344, 346 y 488 cc. El de mayor capacidad se amplió hasta 490 cc al año siguiente, cuando se amplió la gama para dar cabida a modelos con motor JAP bicilíndrico en V, 677 cc y válvulas laterales, y Villiers de dos tiempos de 172 cc. Todos

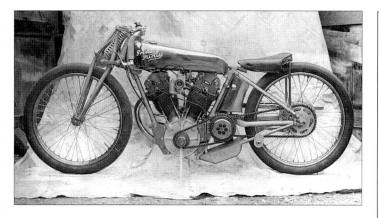

Grindlay-Peerless se hizo famosa por batir récords en Brooklands, casi siempre con modelos monocilíndricos, pero esta máquina de 1929 utilizaba un motor JAP ohv de 996 cc.

ellos llegaron hasta finales de la década, junto con un monocilíndrico ohv de 490 cc, y bicilíndricos en V de JAP con 674 cc ohv y 750 cc de válvulas laterales. El nuevo decenio añadió motores Villiers de dos tiempos y 196 y 247 cc, y un JAP de válvulas laterales de 245 cc (con varias versiones de 490 cc).

En 1921, la firma acortó su gama, abandonando los motores bicilíndricos

en V de Villiers y JAP. Mantuvo algunos JAP monocilíndricos sólo durante ese año, y volvió al motor Rudge Python (que utilizó en las capacidades 348 cc y 499 cc, incluyendo el Ulster), pero la gama de 1932 era de tan sólo tres modelos con motores Python: el Tiger Cub 248 cc ohv, y los Tiger y Tiger Chief con motor 499 cc ohv, este último con motor Ulster.

Al año siguiente se añadieron más variantes, con los modelos Speed Chief de 248 y 499 cc, además del R500 de carreras. En 1935, la firma dejó de fabricar motocicletas y derivó su producción a otros artículos.

GUAZZONI

ITALIA 1949–1979

DESPUÉS DE TRABAJAR para Moto Morini, Aldo Guazzoni estableció su propia fábrica en Via Alta Guardia 6, Milán, donde no tardó en crear una buena reputación por su calidad y carácter innovador.

Además de los acostumbrados modelos de pequeña cilindrada y dos tiempos, Guazzoni también encontró tiempo para fabricar un elegante modelo de 200 (en realidad, 191 cc) ohc en 1954. Esta motocicleta estaba provista de horquilla

telescópica, suspensión trasera por brazo basculante y bastidor de doble cuna. Con una versión preparada de 13 CV tomó parte en competiciones de larga deistancia como la popular Milano-Taranto.

En noviembre de 1959 llegó la noticia del lanzamiento de una Guazzoni monocilíndrica horizontal de dos tiempos y 175 cc, que se importó en Gran Bretaña a través de la empresa DOT, con sede en Manchester. En junio de 1960,

siguió a ésta la 125 Sport, cuyo cilindro estaba colocado verticalmente. También hubo una 98 Sport, que era básicamente la 125 pero con un cilindro de menor capacidad. A pesar de ser una atractiva trail, la 125/150 Modernly no llegó a importarse.

Más tarde Guazzoni fabricó varios interesantes modelos de válvulas de disco, en particular un modelo de carreras de 60 cc (45 × 41 mm) en 1966, al que seguiría una versión de 50 cc con la que la firma logró el campeonato senior de Italia ese año. Este éxito trajo una emocionante bicilíndrica de 125 cc para las carreras GP. Pero aunque desarrollaba 32 CV a 12.500 rpm, no podía competir con las motocicletas de la española Derbi, la japonesa Suzuki o la alemana MZ, por lo que pronto fue retirado.

Durante los años setenta, Guazzoni concentró sus esfuerzos en ciclomotores y motocicletas de 50 cc. La empresa cerró a finales de esa década.

En 1966, Guazzoni fabricó un modelo de carreras de 60 cc y válvula de disco. A éste siguió en 1969 la versión de 50 cc que ganó el campeonato Senior italiano ese mismo año.

GS MOTORI
Italia h.1950. El motor Gioello de dos tiempos se vendía por separado o también instalado en una bicicleta.

GSD
Inglaterra (Coventry) 1921-1923. R. E. D. Grant fabricó dos modelos con transmisión por eje: uno con motor White and Poppe de dos tiempos y 350 cc, el otro con un Bradsahw transversal de dos cilindros bóxer y 496 cc.

GUARALDI
Italia 1905-1916. Esta firma comenzó con un motor Fafnir de 4 CV. Más tarde utilizó otros motores también (posiblemente Sarolea) de entre 2,75 y 4 CV.

GUIA
Italia (Milán) 1950-1954. Ettore Buralli colocaba pequeños motores de dos tiempos (entre 98 y 147 cc) en bastidores tubulares convencionales y también de acero estampado.

GUIGNARD
Francia (Lyon) 1933-1938. Motocicletas ligeras de dos tiempos de 100 y 125 cc.

GUILLER
Francia 1950-finales de los años cincuenta. Ciclomotores y motocicletas ligeras, ambos de dos y cuatro tiempos, de hasta 250 cc, con motores AMC, Aubier-Dunne, Junior, Vap e Ydral.

GUIZZARDI
Italia (Turín) 1926-1932. Estas motocicletas ligeras tenían motores ohv de 125 y 175 cc. También había un modelo con distribución ohc.

GUIZZO
Italia (Bolonia) 1955-1962. Palmieri & Gulinelli fabricaron un ciclomotor de 48 cc y un escúter de 150 cc.

GULDNER
Alemania 1925. Guldner fabricó monocilíndricas de 350 y 500 cc muy parecidas a sus contemporáneas Norton, lo que permitía intercambiar sus partes.

GUSTLOFF
Alemania (Suhl) 1937-1940. Estos ciclomotores fueron diseñados por Martín Stolle y utilizaban motores de 98 cc.

G & W
Inglaterra (Liverpool) 1902-1906. Guy & Wheeler utilizaba motores Fafnir, Minerva y Peugeot.

GYS
Inglaterra comienzos de los años cincuenta. Fabricaban ciclomotores y motores de 49 cc.

HAGG TANDEM

UN INTENTO MÁS DE FABRICAR una máquina que ofreciera buena protección contra el tiempo y motor carenado. Fabricada por Arthur Hagg, esta máquina apareció en la Olympia Show de 1921 con el nombre de Hagg Tandem.

La Hagg-Tandem contaba con suspensión delantera con horquilla Biflex y el depósito de gasolina colocado sobre el largo tubo superior del bastidor.

Contaba con motor Precision de 349 cc y dos tiempos, caja de cambios Burman de dos velocidades, transmisión secundaria a correa y una larga palanca de arranque. El bastidor contaba con un tubo descendente de gran diámetro provisto de ángulos de acero en los que se apoyaban los distintos componente, y suspensión delantera y trasera.

Todos los mecanismos estaban ocultos por paneles que giraban sobre goz-

nes, para facilitar el acceso a la hora de manipular el motor. Encima de los paneles se encontraban el depósito, colocado sobre el tubo superior, y el asiento, mientras que debajo de ellos estaban los reposapiés y las protecciones para las piernas. En la parte de atrás de los paneles, el armazón se elevaba para sostener el asiento del pasajero, y se prolongaba hacia atrás hasta la matrícula. A pesar de reducir el ruido del

La protección contra el tiempo, motor de dos tiempos y suspensión trasera de la Hagg Tandem no fueron suficientes para cautivar al público. El motor con válvulas de camisa tampoco lo logró.

motor, añadir una versión más convencional y cambiar el nombre en 1923 por HT Tandem y HT Sport, las ventas de este modelo siempre fueron pobres. Dejó de fabricarse en 1924.

HARLEY-DAVIDSON

HA HABIDO POCAS MOTOCICLETAS con un aspecto o un sonido parecido al de las Harley-Davidson, y la mayor parte de ellas ya han dejado de fabricarse. La Harley es una leyenda y, como la otra gran leyenda, el Porsche, es una magnífica prueba de cómo un diseño primitivo puede irse refinando para estar siempre a la altura de modelos mucho más avanzados.

El primer antepasado de las máquinas que conocemos hoy fue una motocicleta irrepetible, creada en 1903 por tres hombres: Bill Harley la diseñó; Arthur Harley hizo los planos, y Walter Davidson la construyó. Al año siguiente fabricaron y vendieron otras dos unidades. La tía de Walter, Janet Davidson, realizó el rayado y creó el logotipo. En 1905, fabricaron otras cinco unidades. En 1906, el número aumentó a 60: al año siguiente, 100. Había llegado el momento de empezar a producir en serie. Al año siguiente, en 1908, se fabricaron 450 unidades, y un año después, en 1909, apareció la primera bicilíndrica en V, el diseño al que Harley-Davidson está inseparablemente ligada.

Aunque la compañía siguió creciendo rápidamente, al principio no estaba a

la altura de su principal rival, Indian, cuyas máquinas eran más avanzadas técnicamente y (sobre todo) más rápidas. En los tres o cuatro años anteriores a la Primera Guerra Mundial, la competencia entre ambas marcas llevó a mejoras técnicas considerables, incluida la adopción de un «motor libre», al que siguió la aparición de la caja de cambios.

La Primera Guerra Mundial fue benévola con la compañía por dos razones: en primer lugar, vendió un gran número de motocicletas al ejército, y, debido a un mejor control de sus finanzas, la firma logró mayores beneficios que la Indian. En segundo lugar, se reservó casi la mitad de la producción para el mercado civil, tratando de robar a Indian tantos clientes y distribuidores como le fuera posible. Además, creó el famoso equipo de carreras Wrecking Crew, y entre 1914 y 1921, se hizo con una posición dominante en el especializado mundo de las carreras de los Estados Unidos. Terminada la guerra, Harley-Davidson disfrutaba de una posición financiera y mercantil mucho mejor que Indian. Esta tendencia se acrecentó, haciendo que Indian quedara cada vez más retrasada de Harley-Davidson.

El famoso equipo de carreras «Wrecking Crew» en un circuito de carreras con piso de madera. Es difícil imaginarse lo peligroso que puede ser correr en una pista como esta.

Sin embargo, no todo fue bonanza para Harley-Davidson. En 1920, cada vez era más sencillo adquirir un barato automóvil, aunque fuera en el mercado de segunda mano en los Estados Unidos, un país con inmensos recursos naturales y pocos habitantes, lo que restaba atractivo a la motocicleta como medio de

transporte diario. La compañía dejó de financiar oficialmente la competición en 1921, y, aunque su mercado exterior seguía siendo fuerte durante los años veinte, ciertamente había ido decreciendo: en 1921 las Harley se exportaban a 67 países en todo el mundo, y ese número nunca fue superado.

Las ventas todavía iban bien en países como Australia, donde las enormes distancias y terroríficas carreteras podían rivalizar con las americanas, pero en general, la firma empezaba a quedarse retrasada y el aspecto de sus modelos era cada vez más anticuado. A mediados de los años treinta, los embragues accionados por pedal y los cambios de velocidad manuales se habían quedado anticuados, sobre todo porque únicamente eran adecuados para terrenos llenos de baches y líneas rectas; en cambio, cuando se trataba de una conducción ágil y en carreteras con curvas, era imprescindible disponer de un pedal de cambio con tope de fin de carrera.

Poco a poco se fueron introduciendo nuevos modelos con diseños más modernos, aunque en ocasiones éstos presentaban serios defectos: la VL de 1930 fue uno de los peores, con un bastidor muy frágil que tendía a romperse, un embrague demasiado pequeño, silenciadores que no tardaban en taponarse con el hollín, etc. Cuando todo iba bien con el nuevo modelo, como ocurrió en 1929 con la Flathead de 737 cc, éste se mantenía en producción durante mucho tiempo: su motor se utilizó en motocicletas de carretera hasta 1951, y también en el Servi-Car de tres ruedas, donde se mantuvo hasta 1974.

Mucho antes, apareció el anodino y efímero modelo bicilíndrico plano de 1919-22: su motor de 584 cc tan sólo era capaz de proporcionar al modelo una velocidad de 80 km/h en el mejor de los casos.

La Superpowered Twin de 1922, con 1.200 cc, desarrollaba 18 CV, lo que no parece mucho comparado con su contemporánea Brough Superior, cuyo motor JAP le proporcionaba probablemente el doble de potencia, con una cilindrada considerablemente menor.

La Hummer 165 cc de dos tiempos no es el tipo de máquina que suele asociarse al nombre Harley-Davidson. En cambio, esa motocicleta sigue teniendo su propio club de fans.

La monocilíndrica de 350 cc con válvulas laterales fabricada entre 1926 y 1935, tuvo más éxito en el mercado exterior que en los Estados Unidos, y como modelo Peashooter ohv, constituyó la base de una famosa moto de competición. También hubo una monocilíndrica de 500 cc, fabricada entre 1929 y 1936, que también se vendió mejor en el extranjero que en el mercado nacional.

Ya hemos mencionado la desastrosa VL. La Knucklehead ohv de 1936 fue una máquina bastante mejor una vez hubieron resuelto el problema de la lubricación inadecuada del primer modelo. En realidad, este modelo es el antecesor de la Twin Cam 88 de 1999 (pasando por la Panhead de 1948-1965, la Shovelhead de 1966-1985 y la Evolution (o Blockhead) de 1984-1999).

Esto supone un total de cinco motores nuevos en dos tercios de siglo, lo que resulta algo pobre para cualquiera que no sea un fan de Harley-Davidson. Hasta la llegada del Twin Cam no se hizo nada por resolver el problema de la defi-

La bicilíndrica de 61 pulgadas cúbicas de 1917 fue una de las máquinas más logradas de su época, pero uno se pregunta por qué después de elegir una capacidad métrica (un litro) la firma seguía facilitando la capacidad en pulgadas cúbicas.

ciente refrigeración y el exceso de vibraciones, y ni siquiera entonces se resolvieron los problemas por completo. Cualquier rediseño del modelo original habría supuesto cambiar el aspecto del motor, y para los compradores de las H-D, el aspecto siempre ha sido más importante que el rendimiento de la máquina. El rendimiento volumétrico del «totalmente nuevo» Twin Cam de 1998, con 45 CV/litro, era más propio de los años cincuenta que de finales de los noventa, y muy inferior al motor JAP más potente de los años treinta.

Con todo, se puede hablar de una línea evolutiva que se remonta a la Flathead K de 737 cc fabricada entre 1952 y 1956. Partiendo de ese modelo, la

El escúter Topper, fabricado a comienzos de los años sesenta, fue uno de los intentos fallidos de Harley-Davidson por ensanchar su mercado.

línea pasa por la Ironhead Sportster de 1957-1986 y la Evo Sportster, presentada en 1986, aunque si hemos de incluir la Flathead K (que también presentó numerosos problemas al principio), no hay razón para dejar aparte a la original Flathead 45. Lamentablemente, la KL, con sus cilindros a 60° y bielas acodadas, en lugar del sistema tradicional, nunca llegó a fabricarse. Para

cualquiera que no fuera un rabioso tradicionalista, la K no pasaba de ser la pobre sucedánea con un motor más potente. Y es que los amantes de las Harley se mostraban más y más inclinados a la tradición.

En realidad, el comprador de Harley ha buscado desde siempre una máquina con una estética atractiva, pues se imagina a sí mismo como un auténtico motero montando una motocicleta extraordinariamente fiable, incluso si no la utilizaba demasiado o apenas se encarga de su mantenimiento. Con tal de que arranque a la primera y produz-

ca el característico y maravilloso ruido de la bicilíndrica en V, la velocidad o maniobrabilidad quedan en un segundo plano.

Cada vez que la compañía ha perdido de vista esta consideración, su mercado se ha resentido, llegando incluso a amenazar la existencia de la propia firma. Cuando ha prosperado, ha sido fabricando máquinas más fiables (en particular, cuando no pierden ni gota de aceite), y prestando más atención al aspecto exterior de sus modelos.

Harley-Davidson se ha convertido en un maestro del mercado especializado mediante la política de cambios estéticos. Ha fabricado los anchos depósitos «Fat Boy», preferentemente con el velocímetro colocado sobre ellos, y también depósitos diminutos llamados «peanut» (cacahuete). Sus modelos han lucido ruedas con radios de alambre y también ruedas de plato; delgados guardabarros y otros de diseño gigantesco. Sus manillares han ido desde el más inclinado y deportivo hasta el tipo Easy Rider conocido como «ape hanger» porque parece que el piloto fuera colgado de él como un mono. Las horquillas van desde los modelos más razonables hasta los enormes diseños de las chopper. Sin embargo, los motores ape-

nas han variado, y tampoco lo han hecho los bastidores.

En 1980, por ejemplo, había 16 modelos (sin contar las variantes FLHC con o sin sidecar, pero contando los modelos Police de la FLH-80 y la FLH1200, distintos de sus hermanos civiles), con únicamente dos posibles motores: los grandes bicilíndricos en V y los bicilíndricos en V Sportster, algo más pequeños. Las únicas variaciones posibles estaban en la capacidad y grado de puesta a punto; por lo demás, ambos motores estaban claramente emparentados con los Knucklehead y Flathead 45 del pasado.

Curiosamente, como los grandes motores de 1.200 y 1.340 cc suelen desarrollar una potencia de menos de 50 CV por litro, mientras que los más pequeños, de 883 y 1.000 cc, desarrollan algo más de 50 CV por litro, el rendimiento real de ambos no es tan diferente, y algunos de los motores con menos capacidad llegan a desarrollar más potencia real que otros mayores, aunque, lógicamente, el par motor es menor.

El Sueño Americano: una motocicleta grande y pesada, con muchos accesorios y una posición de conducción recostada, ideal para largas y placenteras travesías.

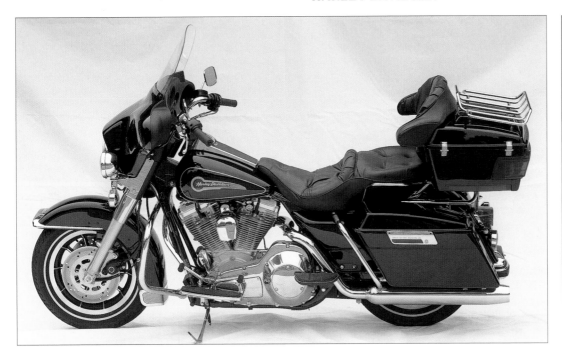

HAKO
Alemania 1924-1925. Motocicletas alemanas con motores JAP de 350 y 500 cc. Estos motores iban instalados en motocicletas casi idénticas a las HRD contemporáneas. El nombre de la compañía procedía de las iniciales del nombre Hans Korn.

HALUMO
Alemania 1923-1926. Estas máquinas alemanas de tiempos de la República de Weimar estaban propulsadas por motores fabricados por la propia firma, que inicialmente eran de dos tiempos y 147 cc, luego de 146 y 198 cc ohv.

HAM
Holanda 1902-1906. Estas motocicletas de la primera década del siglo XX eran pioneras monocilíndricas con motores Altena de 2CV.

HAMILTON
Inglaterra 1901-1907. Esta firma se hizo famosa como fabricante de motores, y también produjo motocicletas con motores monocilíndricos de entre 2,25 y 4 CV, y bicilíndricas de 4,5 CV.

HAMPTON
Inglaterra (Birmingham) 1912-1914. Estas motocicletas estaban propulsadas por motores Cross de 500 cc. Fueron unas de las primeras máquinas en adoptar la caja de cambios accionada por pedal.

HANFLAND
Alemania (Berlín) 1920-1925. Estas motocicletas utilizaban un motor de dos tiempos y 147 cc que proporcionaba la compañía Flink.

La Electra-Glide era una Duo-Glide provista de arranque eléctrico. La Duo-Glide era una Hydra-Glide (horquilla delantera hidráulica) provista de suspensión trasera.

dad, con 326 accionistas privados, ésta debió de parecerles la única solución para subsistir.

Su salida a bolsa culminó en 1968 con la absorción por parte de AMF (American and Foundry, que estaba deseosa de invertir grandes sumas de capital en la compañía, pero que, lamentablemente, no parecía capaz de entender el negocio de las motocicletas, al menos en la medida en que debe entenderse.

El resultado de la adquisición por parte de AMF fue la caída del valor de las acciones, hasta que la compra de la compañía por parte de sus ejecutivos (que tuvo lugar entre 1981 y 1982) trajo una bocanada de aire fresco a la firma.

La SS125 era un modelo de dos tiempos tan distinta de una bicilíndrica en V de cuatro tiempos como uno pueda llegar a imaginarse.

cada a Aermacchi. Constituida en sociedad anónima en 1907, la compañía siguió siendo un negocio familiar hasta que salió a bolsa en 1965. En reali-

Aparte de las todas las bicilíndricas en V, también hubo un Modelo B Hummer, copia de la DKW de la guerra que se fabricó también a finales de 1959 y en 1960; el escúter Topper de 1960-1965; las Bobcat, Ranger, Pacer y Scat de 1962-1966, que eran modelos de dos tiempos bastante corrientes; y la producción entre 1961 y 1978 de modelos Aermacchi Harley-Davidson, de la que nos hemos ocupado en la sección dedi-

Esta XR750TT de 1972 parece más una moto de los años sesenta que de los setenta, y sin embargo estaba una década por delante de la mayoría de las restantes motocicletas que Harley fabricaba por entonces.

HARLEY-DAVIDSON SILENT GRAY FELLOW

1906

Las primeras monocilíndricas tenían un acabado negro, pero en 1906 se ofreció un gris Renault con rayado rojo carmesí como opción. El nombre Silent Grey Fellow denotaba tanto el color del modelo como el uso del silenciador, inusualmente eficaz, que incorporaba.

La cilindrada exacta del modelo variaba. Según la historia oficial de la compañía, la primera monocilíndrica desplazaba un volumen de 405 cc, pero a finales de 1906 esta cilindrada se aumentó hasta los 565 cc. Otras fuentes hacen referencia a una versión intermedia de 500 cc. Con sus 565 cc, el modelo se fabricó hasta el año 1918, si bien con algunas mejoras en el mecanismo de las válvulas (se pasó de admisión automática a mecánica).

La primera motocicleta tenía un bastidor basado en el cuadro de una bicicleta, pero pronto se cambió por uno en forma de U invertida que se ilustra en la foto. Durante el proceso de fabricación, parece que también se cambió la transmisión secundaria, que pasó a ser de cadena. El encendido fue eléctrico des-

Este modelo de 1914 es típico de las primeras monocilíndricas que se fabricaron en esta época, aunque, como se ha descrito en la reseña, se llevó a cabo un programa para mejorar constantemente el modelo, que incluía, entre otras cosas, hacer que los pedales no fueran necesarios.

de un principio, por medio de tres pilas secas. En cuanto a la polea del motor, se podía elegir entre: 114, 133 y 150 mm. El consumo de combustible se anunciaba entre 2,5 y 3,5 litros por cada 100 km, y en cuanto a la lubricación, el sistema era de alimentación por gravedad.

Motor: monocilíndrico vertical, 405 cc, refrigeración por aire
Potencia: no especificada
Caja de cambios: transmisión directa
Transmisión secundaria: correa
Peso: no especificado
Velocidad máxima: 80 km/h

HARLEY-DAVIDSON FLATHEAD 45

1929

La Flathead 45 se presentó en tres versiones: la D de baja compresión, la DL de compresión estándar y la DLD de alta compresión (de ahí la gama de velocidades máximas posibles, aunque la potencia que se señala es la del modelo estándar). Los primeros modelos contaban con doble faro, y las motocicletas anteriores a 1936 (el modelo R, distinto del modelo W de después de la guerra) tenían algo más de ángulo de dirección, lo que las hacía más estables en las horribles carreteras de aquellos días.

Después de 1930 se utilizaron pistones de aleación (en lugar de fundidos), y la versión de alta compresión desapare-

La presencia de un solo faro denota que estamos ante un modelo de 1930 o posterior (en realidad, el de la foto es de 1930). Los sidecares eran todavía muy populares en aquellos días, incluso en los Estados Unidos.

ció dos años después. El único cambio significativo que tuvo lugar durante la larga vida de este modelo fue la adopción en 1936 de un sistema de recirculación de aceite, diseñado para la Knucklehead.

Estas pesadas y lentas máquinas lograron varios éxitos en carreras celebradas en los Estados Unidos, sobre todo gracias a las reglas que favorecían a las motocicletas americanas. Incluso después de que se interrumpiera la producción del modelo Falthead 45 en 1951, el motor siguió fabricándose hasta 1974 para el Servi-Car.

Motor: bicilíndrico en V, longitudinal, válvulas laterales, 743 cc (70 × 97 mm), refrigeración por aire
Potencia: 23 CV a 4.600 rpm
Caja de cambios: palanca manual, 3 velocidades
Transmisión secundaria: cadena
Peso: no especificado
Velocidad máxima: entre 105 y 120 km/h

HARLEY-DAVIDSON KNUCKLEHEAD

1936

La Knucklehead fue el primer modelo estándar de carretera con distribución ohv fabricado por Harley-Davidson, y se presentó en dos versiones: con 999 cc (realmente 988 cc) y 1.200, y con la posibilidad de elegir entre varias relaciones de compresión. El nombre, por supuesto, procedía de las protuberancias

en forma de nudillos que aparecían en su culata.

Aunque la Knucklehead era una máquina potente, con gran par motor, es fácil ver la diferencia entre ésta y la más potente serie Vicent A Rapide que apareció dos años después. La Harley todavía estaba diseñada para recorrer enormes

distancias en carreteras deficientes y a velocidades relativamente bajas, mientras que la Vincent, 59 kg más ligera y un 10 por 100 más de potencia y 32 km/h más de velocidad máxima, estaba diseñada para recorrer las mismas distancias, pero a una velocidad mucho mayor y en carreteras mejores.

El mismo año en que se lanzó la Knucklehead, apareció también una gigantesca 1.310 cc con válvulas laterales: la cilindrada era, claro está, nominal, y sus verdaderas dimensiones eran 1.281 cc, con un diámetro y carrera de 87 × 108 mm. Aparte de los problemas iniciales con la nueva transmisión de

cuatro velocidades, se trataba de una máquina excelente, aunque dejó de fabricarse durante la guerra y no volvió a aparecer una vez terminada.

Motor: bicilíndrico en V, longitudinal, ohv, 988 cc (84 × 90 mm), refrigeración por aire
Potencia: 40 CV a 4.800 rpm
Caja de cambios: 4 vel., palanca manual
Transmisión secundaria: cadena
Peso: 256 kg
Velocidad máxima: 145 km/h

¿Menos es más? No, con Harley-Davidson, más es más, aunque este modelo de 1938 es en realidad la versión «baby» de la Knucklehead, propulsado por un motor relativamente pequeño de 988 cc.

HARLEY-DAVIDSON WLA   1941

Básicamente, se trata de una WL civil con ciertas modificaciones que la hacen apta para el uso militar: un portaequipajes resistente, una funda para un fusil, luces de camuflaje antiaéreo en la parte delantera y trasera y una placa antigolpes colocada bajo el cárter. Incluía además una placa con las especificaciones e instrucciones de mantenimiento encima del depósito. Su velocidad máxima era realmente superior a los 105 km/h que figuran más abajo, ya que ésta es más bien un recomendación del ejército.

Dado que el procedimiento habitual para ponerse a cubierto implicaba abandonar la moto tumbada de lado, y que para muchos pilotos aquella era su primera motocicleta, la máquina tenía que ser virtualmente indestructible. La versión WLC (Canadian) disponía de embrague manual y pedal para la palanca de cambios, en lugar de pedal de embrague y cambio manual. Se fabricaron unas 20.000 WLC y unas 68.000 WLA, además de una variante especial, la 44-U Navy, de la que se entregaron 130 unidades pintadas de gris naval.

Dado que las Fuerzas Armadas insistieron en comprar ingentes cantidades

Las WLA originales de la guerra con todas sus especificaciones son muy buscadas hoy en día; la mayor parte de las versiones se «civilizaron» para hacerlas más vendibles.

de repuestos, la Flathead 45 todavía puede repararse hoy en día.

Motor: bicilíndrico en V, válvulas laterales, longitudinal a la marcha, 745 cc, 69.85 × 96.84 mm, refrigeración por aire
Potencia: 25 CV a 4.000 rpm
Caja de cambios: 3 velocidades, palanca manual
Transmisión secundaria: cadena
Peso: 245 kg
Velocidad máxima: 105 km/h

HARLEY-DAVIDSON PANHEAD

1948

Motor: bicilíndrico en V, ohv, longitudinal, 1207 cc (87 × 100 mm), refrig. por aire
Potencia: 50 CV aproximadamente
Caja de cambios: 4 velocidades, palanca manual
Transmisión secundaria: cadena
Peso: 255 kg
Velocidad máxima: 153 km/h

La Panhead era un modelo totalmente nuevo con válvulas accionadas hidráulicamente, culatas de aleación ligera en vez de las tradicionales de hierro fundido, y un característico aspecto «culinario» en las cajas de balancines. La teoría era que esta culata perdería calor con más facilidad que la de hierro, mientras que el sistema hidráulico eliminaría el ruido de los empujadores. La lubricación también era mejor que la de la Knucklehead, con un 25 por 100 más de fluido al mecanismo ohv, y un bar de presión. Apareció en dos versiones: 1.200 y 988 cc.

Sorprendentemente, la potencia era igual a la de los motores de 1.200 cc, aunque al año siguiente (1949) se lograron 10 CV más hurgando en los conductos de admisión y escape. Se añadió una horquilla delantera Hydraglide, a pesar de que la rueda trasera seguía careciendo de suspensión y el cambio era por palanca manual (al menos quince años anticuado). En 1952, se introdujo el pedal de cambio y embrague manual, pero la suspensión trasera apareció de serie en las grandes bicilíndricas con el sistema Duo-Glide de 1958, que en 1965 se convirtió en Electra-Glide, con arranque eléctrico. Esto fue justo antes de la aparición de la nueva Shovelhead de 1966.

Las asociaciones culinarias de las cajas de balancines se observan en esta foto de la Panhead Hydra-Glide de 1949 (horquilla delantera hidráulica, sin suspensión en la parte trasera).

HARLEY-DAVIDSON XL

1957

En 1957, 40 CV en una motocicleta de menos de 900 cc (los 883 cc de capacidad equivalen a 55 pulgadas cúbicas), era una potencia considerable. Aun así, hay que reconocer que seguía estando dos caballos por debajo que su contemporánea la BSA DBD34 Goldie, que tenía algo más de la mitad de la capacidad de la Harley y pesaba 68 kg menos. Sin embargo, la XL era más manejable

La XL Sportster podía convertirse fácilmente en una máquina deportiva; este modelo de 1957, por ejemplo, mejoraría con una manillar más bajo y un depósito de mayor capacidad.

y su comportamiento era más fiable. Un año después, la XL ganó algo de potencia gracias a una mayor relación de compresión (pistones con cabeza en forma de cúpula) y válvulas más grandes con mecanismo más ligero.

En 1959, los árboles de levas se hicieron un poco más agresivos, y en 1962 la XL Sportster se había convertido en una de las mejores y más rápidas Harley-Davidson de todos los tiempos. Además, era una de las pocas motocicletas de carretera que todavía eran fieles al original espíritu de los primeros tiempos de la firma.

En 1968, la compañía declaraba para la XL una potencia de 58 CV a 6.800 rpm, y en 1972 se aumentaron tanto el diámetro del cilindro como la carrera del pistón, dando lugar a una versión de 1.000 cc.

Motor: bicilíndrico en V, ohv, longitudinal, 883 cc (76,2 × 96,8 mm), refrigerado por aire
Potencia: 40 CV a 5.500 rpm
Caja de cambios: 4 velocidades, pedal
Transmisión secundaria: cadena
Peso: 230 kg
Velocidad máxima: 170 km/h, aproximadamente

HARLEY-DAVIDSON FLH SHOVELHEAD 1966

Motor: bicilíndrico en V, ohv, longitudinal, 1.207 cc (87 × 100 mm) refrigerado por aire
Potencia: 60 CV
Caja de cambios: 4 velocidades, pedal
Transmisión secundaria: cadena
Peso: no especificado
Velocidad máxima: 180 km/h, aproximadamente

Para que no lo olvidemos, la Shovelhead de 74 pulgadas cúbicas todavía estaba disponible en 1972 en una versión «superdeportiva» FLH con cambio manual. La idea del cambio manual en 1972 resulta casi increíble; y que alguien pueda llamar a una máquina así «superdeportiva» muestra hasta qué punto la visión que en los Estados Unidos se tiene de las motocicletas se ha ido alejando de la que comparte el resto del mundo.

La original FLH de 1966 era en esencia una Electra-Glide con un nuevo carburador, mayor relación de compresión y otro diseño en la caja de balancines. Tenía 60 CV, mientras que la FL menos potente ya alcanzaba los 54 CV, 45 CV por litro. En 1971, la FLH dio lugar a la Super Glide FX, que era 32 kg más ligera, y dejaba ver claramente su deuda con

la relativamente ligera serie Sportster y los modelos más pesados y tradicionales. Podría decirse que se trataba de la primera «custom de serie», y que más tarde generó en 1977 la FXS Low Rider con su asiento colocado a 68 cm de altura y su depósito «fat bob» (dividido en dos).

Más tarde, en 1980, llegaron cuatro nuevos modelos, con el mismo motor y, finalmente, cajas de cambios de cinco velocidades (aunque hay que reconocer que un enorme motor con un rango de par ancho necesita menos velocidades que otro más pequeño y revolucionado). Recibieron el nombre de: Tour Glide, modelo *tourer* muy pesado con todo el carenado; Sturgis, una *cruiser* con transmisión a correa; la Wide Glide, y la Fat Bob.

La Shovelhead marca el comienzo de la renuncia de Harley-Davidson a fabricar otra cosa que no sean modelos grandes y pesados.

HARLEY-DAVIDSON XLCR 1977

Los intentos de la firma por fabricar deportivas nunca han tenido éxito, aunque la XLCR es probablemente la mejor motocicleta que la Harley ha fabricado en los últimos 25 años.

Se fabricaron menos de 3.000 XLCR (CR significa Café Racer), y no resultó precisamente un éxito de ventas, aunque hoy son muy cotizadas. Este modelo es un buen ejemplo de cómo Harley-

Davidson se ha visto limitada por su propio éxito. La inmensa mayoría de sus compradores son tradicionalistas que buscan máquinas grandes y pesadas, una especie de estilo «tractor», y cuando la firma se decide a sacar algo diferente, resulta que no lo puede vender ni a los más conservadores ni a los que desprecian en general cualquier modelo Harley por considerarlo grande y pesado. Willie G. Davidson y sus dos hijos consideraban la XLCR como una de las mejores motocicletas que habían fabricado. Su motor de 999 cc estaba basado en el XL de 1957, con 883 cc y 40 CV a 5.500 rpm.

Motor: bicilíndrico en V, ohv, longitudinal, 997 cc, refrigerado por aire
Potencia: 61 CV a 6.200 rpm
Caja de cambios: 4 velocidades, pedal
Transmisión secundaria: cadena
Peso: no especificado
Velocidad máxima: 200 km/h

HARLEY-DAVIDSON SOFTAIL EVO 1984

El motor de la «Evo» (por «Evolution») de 1983 supuso un avance tan grande con respecto a la Shovelhead como ésta lo había sido en comparación con la

Panhead. En otras palabras: todo un avance en términos Harley-Davidson, y nada del otro mundo para los aficionados a otro tipo de motocicletas. En esen-

cia, se trataba de una versión de la Shovelhead con cilindro de aleación, un mecanismo de válvulas más ligero y mejor flujo de la mezcla. Pesaba 9 kg

---

HARPER
Inglaterra: 1954-1955. Esta firma inglesa fabricó el Scootamobile, que tenía motor Villiers de 198 cc.

HARRAS
Alemania (Berlín) 1919-1926. Estas máquinas alemanas eran motocicletas ligeras con motores Bekamo de 150 y 200 cc. Los motores estaban diseñados por Ruppe.

HASCHO
Alemania 1923-1926. Estas motocicletas ligeras alemanas tenían motores Villiers de 150 y 175 cc.

HASCHUT
Alemania 1929-1931. Estas máquinas alemanas de corta vida estaban provistas de motores Villiers, como era lo normal en aquella época. Los motores tenían una capacidad de 175 cc e iban montados en un bastidor convencional.

HASTY
Francia (Aix en Provence) 1930-1934. Esta compañía del sur de Francia fabricaba un motor auxiliar con una capacidad de 100 cc.

HAVERFORD
Estados Unidos 1909-1914. Estas motocicletas americanas era primitivas monocilíndricas con válvulas de admisión automáticas.

HAWEKA
Alemania (Hamburgo) 1923-1926. Máquinas deportivas fabricadas en Hamburgo a las que se instalaba motores de entre 350 y 678 cc fabricados por JAP y MAG.

---

menos que el modelo precedente con cilindro de hierro. Se dice que desarrollaba un diez por ciento más de potencia, pero un cambio en la forma de calcular la potencia, unido a los controles federales y del estado sobre la emisión de gases, nos hacen sospechar de tal incremento.

La idea que animó el diseño de la Evo era la de fabricar un motor que fuera más fiable y estanco al aceite que su predecesor. Al menos en esto, logró lo que pretendía. Quizá más importante era el bastidor Softail, un falso bastidor rígido que ocultaba la suspensión para hacer que la máquina pareciera una Harley grande pre-Dou. Tanto éxito tuvo esta idea que la Heritage Softail (1986) ocultó su horquilla (Showa) para darle el aspecto de una Hydra-Glide de los años

La «Evo» se conoce a veces como «Blockhead», aunque por alguna razón este nombre nunca ha llegado a calar hondo. Este modelo de 80 pulgadas cúbicas es de los años ochenta.

cuarenta. Tales operaciones cosméticas sirvieron para aumentar el peso del modelo, al tiempo que no favorecían la maniobrabilidad, pero eran una señal más del espíritu Harley-Davidson.

Motor: bicilíndrico en V, ohv, lontitudinal, 1.340 cc (87,3 × 100,8 mm), refrigeración por aire
Potencia: 60 CV aproximadamente
Caja de cambios: 5 velocidades, pedal
Transmisión final: correa
Peso: 273 kg, dependiendo de la versión
Velocidad máxima: 170 km/h

HARLEY-DAVIDSON TWIN CAM {1998}

En el momento de escribir esta reseña, el Twin Cam es el último motor de esta firma, pero contrariamente a lo que su nombre había anticipado, no disponía de distribución ohc. En lugar de eso, se trataba de una versión de mayor tamaño y

(probablemente) mejorada del anterior Evo bicilíndrico en V, aunque con el mismo primitivo cárter e idénticos pies de biela.

Todas las fuentes consultadas fueron extraordinariamente reticentes a la hora

de confirmar la potencia que podía medirse en su cigüeñal, aunque una de ellas declara 52 CV en la rueda trasera, lo que resulta bastante inferior a la mayoría de las motocicletas provistas de motor Evo. Se fabricó en dos versiones,

una con el motor montado en el bastidor sobre tacos de goma, y la otra con ejes de balance y sin tacos de goma y un tres por ciento menos de potencia.

La razón de haber diseñado este motor con menor diámetro que carrera parece haber sido la de poder ofrecer la opción de cilindradas cada vez mayores (inicialmente se manejó la posibilidad de 1.550 cc), mientras que la firma se asegura la posibilidad de resolver posibles defectos en versiones posteriores.

Las reacciones iniciales, como siempre, oscilaron entre la devoción incondicional de quienes aceptan cualquier decisión de Harley-Davidson, hasta la (también previsible) condena de los más conservadores que consideraban cualquier cambio, fuera cual fuese la razón, como un cambio hacia peor.

Motor: bicilíndrico en V, ohv, longitudinal, 1.450 cc (95 × 102 mm), refrigeración aire/aceite
Potencia: 65 CV (estimada)
Caja de cambios: 5 velocidades, pedal
Transmisión final: correa
Peso: 278 kg
Velocidad máxima: 177 km/h (estimada)

El motor Twin Cam perseguía (como siempre) el doble objetivo de desarrollar más potencia y lograr una pérdida cada vez menor de lubricante.

HAZLEWOOD {INGLATERRA 1911–1924}

ESTA MÁQUINA, LANZADA a finales de 1911, fue fabricada en West Orchad, Coventry, Inglaterra, por una firma establecida allí en 1876. Utilizaba un motor

JAP de 2,75 CV con transmisión por correa al cubo Armstrong de tres velocidades de la rueda trasera. Disponía además de horquilla Druid, unos frenos

razonablemente eficaces y pedales. En 1912, Hazlewood diseñó un modelo Colonial para Sudáfrica, y en 1913, añadió un modelo bicilíndrico con motor

JAP de 3,5 o 5 CV. El motor bicilíndrico de menor tamaño conservaba el cubo de la monocilíndrica, pero la de mayor capacidad introducía un eje intermedio

Una Hazlewood de 1914 con sidecar durante la carrera de Banbury, Inglaterra. Su motor JAP de 5CV era suficiente para subir las pendientes del terreno.

de cambio de velocidades accionado por cadena, mientras que mantenía la transmisión secundaria a correa. Esta línea continuó en 1914, pero al año siguiente el modelo monocilíndrico apareció con motor JAP de 3,5 CV y eje intermedio para el cambio de velocida-

des. La gama continuó así hasta 1916. Hazlewood volvió a la producción en 1920, con la misma bicilíndrica en V de 5-6 CV, 654 cc, caja de cambios de tres velocidades y transmisión a cadena y correa. En 1921, la gama se amplió con un modelo bicilíndrico en V de 976 cc que ofrecía la opción de transmisión enteramente a cadena. En 1922, la transmisión ya se realizaba sólo mediante cadena. Ese año se unieron a las bicilíndricas dos modelos monocilíndricos de 292 y 488 cc con motor JAP de vál-

La Hazlewood en reposo muestra los detalles del motor y la transmisión, aunque la característica más llamativa es el cuerpo de su sidecar, hecho de mimbre.

vulas laterales. En 1923, la gama quedó limitada al modelo de 292 cc monocilíndrico y el bicilíndrico de 654 cc. En 1924, último año de vida de la firma, sólo quedaba el bicilíndrico en V de 678 cc, con posibilidad de elegir el tipo de transmisión secundaria.

HECKER

ALEMANIA 1922–1957

ESTA FIRMA, FUNDADA por Hans Hecker en agosto de 1922, se convirtió en una de las grandes fábricas del período de entreguerras. En su producción se incluía un modelo monocilíndrico de dos tiempos y 245 cc, posteriormente de 346 y distribución ohv. En ambos casos, el motor estaba diseñado por el propio Hecker. Después llegó una gama de motocicletas propulsadas por los motores británicos JAP y una bicilíndrica en V de 746 cc con válvula de admisión sobre la de escape, con motor MAG. Durante los años treinta, Hecker fabricó un par de motocicletas ligeras con bastidores de tubo de sección cuadrada y motores Sachs de dos tiempos y 73 o 98 cc.

Detenida durante la Segunda Guerra Mundial, la producción se reanudó en 1948. Inicialmente, se limitó a un modelo: la K125 con motor Ilo de dos tiempos, un cilindro y 123 cc. Después, en 1950, llegó la V200, con un motor británico Villiers de 197 cc. También se fabricaron los modelos K175 (1951-1954), K175V (1954-1956), K200 (1953-1956) y la K250 (1953-1956). Todas estas utilizaban motor Ilo de un solo cilindro.

En el ámbito deportivo, Hecker, como muchas otras marcas alemanas contemporáneas, participó en pruebas de larga distancia, incluyendo la famosa prueba de los ISDT (International Six Days Trial). Los pilotos de Hecker ganaron varias medallas de oro a comienzos de los años cincuenta. El momento más importante llegó en los ISDT de 1954, cuando Best, miembro del Trophy Team alemán, se hizo con el oro en Gales montando una Hecker de 248 cc.

Después llegó el gran colapso de las ventas de motocicletas alemanas, acaecido a mediados de los años cincuenta.

Hecker, como muchas otras firmas, no estaba preparada para hacer frente a la agitada situación financiera de aquellos días. Después de treinta y cinco años, la fábrica dejó de existir el día 2 de mayo de 1957, aunque desde finales del año anterior no había salido ningún modelo de sus cadenas de montaje.

Esta Hecker de 1931 estaba propulsada por un motor JAP ohv de 199 cc. Posteriormente, la compañía consiguió importantes éxitos en pruebas ISDT.

HAWKER
Inglaterra (Kingston-on-Thames) 1920-1933. Harry Hawker, el pionero de la aviación, utilizaba en sus modelos motores Blackburne de 348 y 548 cc con válvulas laterales, además de los suyos propios de 293 cc y dos tiempos.

HAXEL-JAP
Inglaterra 1911-1913. Firma ensambladora inglesa, cuyo nombre ya denotaba la deuda que sus modelos tenían con la marca JAP. Sus motores eran de 293 cc.

HAZLE
Inglaterra (Londres) 1906-1911. Cripps Cycle and Motor C., de Londres, comenzaron fabricando sus máquinas en la primera década del siglo XX con motores monocilíndricos y después de dos cilindros en V, fabricados por Peugeot. Después se pasó a los motores JAP.

HB
Inglaterra (Wolverhampton) 1919-1924. La firma Hill Brothers utilizaba en sus motocicletas motores Blackburne de 350 y 500 cc, con válvulas laterales y también distribución ohv.

HEC
Inglaterra 1922-1923. Estas máquinas estaban propulsadas por motores Villiers de dos tiempos con capacidad de 250 cc. A pesar de la fiabilidad de estos motores, sus máquinas gozaron de una vida muy corta a comienzos de los años veinte.

HEC
Inglaterra 1939-1955. Autociclos fabricados en Inglaterra a los que se colocaba motores Levis de dos tiempos y 80 cc.

HEINKEL

JUNTO A CLAUDIUS DORNIER Y HUGO Junkers, Ernst Heinkel se convirtió en sinónimo del resurgir de la aviación alemana en el período de entreguerras. Fundó su compañía en 1922 y, con la importancia que los nazis pusieron en la aviación tras su llegada al poder a comienzos de los años treinta, la firma pudo realizar numerosos e innovadores diseños. Inevitablemente, no pasó mucho tiempo antes de que se pusiera en la fabricación varios de estos diseños toda la capacidad productiva de la firma para contribuir al esfuerzo de guerra.

Al terminar la Segunda Guerra Mundial, llegó para Alemania la prohibición de fabricar aviones y otros productos relacionados con la industria aeronáutica, lo que significaba que Heinkel tenía que encontrar otro producto. Eligió los ciclomotores, los escúter y los microcoches.

Después de un comienzo bastante lento, la fábrica comenzó a prosperar en 1951. Su primer producto, el escúter Tourist de 149 cc ohv, se puso en el mercado con gran despliegue publicitario en enero de 1953, seguido en 1954

El vehículo de dos ruedas más famoso de Heinkel fue su escúter Tourist. Fabricado desde 1953 hasta 1965, su producción rebasó las 100.000 unidades.

por el ciclomotor Perle de 49 cc y bastidor de aleación. Lo más sorprendente es que este modelo se diseñó y comenzó a producir en el breve espacio de seis semanas. Pero aunque era técnicamente avanzado, su alto coste impidió que se vendiera bien.

El motor del modelo Tourist se aumentó de capacidad hasta los 174 cc. En 1956, Heinkel lanzó el Kabinen (un escúter con cabina) con dirección

semejante a la de un coche, suspensión independiente y el motor del Tourist 174 cc o una versión especialmente diseñada de 198 cc. Igual que en el posterior modelo Isetta de BMW, se accedía al vehículo a través de una puerta plegable situada en la parte delantera.

En 1957, Heinkel lanzó el modelo Rolle 112, un escúter de 125 cc que no tuvo ningún éxito. Al año siguiente, Ernst Heinkel murió, y la producción del micro-car se trasladó al sur de Irlanda.

Estos vehículos después se importaron de Irlanda para el mercado británico con el nombre comercial Trojan a principios de los años sesenta.

En 1960, la Tourist se actualizó (y ese mismo año pasó a llamarse MK2), y en 1962, apareció un nuevo escúter, el llamado 150.

Ambos escúter dejaron de fabricarse en 1965, cuando la industria aeronáutica volvió a respirar sin las trabas de la posguerra. Por entonces, la producción del modelo Tourist había superado los 100.000 ejemplares.

HENDERSON

HENDERSON ATRAVESÓ distintas fases tanto en su organización como empresa como en sus productos. Fue fundada en 1912 en Detroit por Tom y William Henderson. Tom aportó la experiencia que había adquirido con los coches Winton, y William se encargó de los diseños. En 1917, vendieron la compañía a Ignaz Schwinn, que la unió a su línea Excelsior. Los dos hermanos permanecieron con el grupo hasta 1919, cuando se separaron para fundar la compañía Ace.

Todas las Henderson tenían un motor tetracilíndrico en línea montado longitudinalmente a la marcha, y transmisión secundaria a cadena. Lo que distinguió al primer modelo de todos los siguientes fue la gran distancia entre ruedas y el bastidor, que se prolongaba por delante del motor, hasta tal punto que el asiento del pasajero iba colocado delante del piloto y los resposapiés del pasajero estaban colocados a ambos lados de la rueda delantera. Otra característica llamativa del modelo era el depósito cilíndrico de combustible, con los extremos redondeados, que iba colocado entre los dos tubos superiores del bastidor y que discurría desde la pipa de dirección hasta más allá del asiento.

Los primeros motores eran de 965 cc, con válvula de admisión en la culata y de escape en el lateral del cilindro, cilindros separados montados en un cárter de apertura horizontal con los engranajes de la distribución del encendido en la parte

Las primeras Henderson tetracilíndricas tenían un bastidor muy largo, que se fabricó hasta 1915, pero también se vendía una versión con el bastidor más corto. Sólo a partir de 1912, el piloto ocupó una posición por delante del pasajero.

HECKER
Alemania (Nuremberg) 1921-1956.
Esta firma alemana siguió
la tendencia de la época,
empezando a fabricar motocicletas
con sus propios motores de dos
tiempos y 245 cc. Después pasó
a producir sus propios motores ohv
de 350 cc. Finalmente se decidió
por el uso de motores
monocilíndricos de cuatro tiempos
de JAP y MAG, así como
bicilíndricos en V de hasta 750 cc.
En sus máquinas más pequeñas,
colocaron motores Sachs se dos
tiempos. Después de la Segunda
Guerra Mundial, la compañía
utilizó motores Sachs e Ilo de varias
capacidades, entre 100 y 250 cc.

HEDLUND
Suecia 1963. Este modelo sueco
fabricado durante 1963 no parece
haber tenido una vida muy larga.
Se trataba de un modelo
de motocrós con motor dohc
y 499 cc.

HEIDEMANN
Alemania (Hannover) 1949-1952.
Esta compañía alemana fabricaba
motocicletas ligeras a las
que colocaba motores de Fitchel
& Sachs. Estos motores eran
de 98 cc, aunque otras fuentes
también aseguran que se utilizaron
motores de 123 cc.

HEILO
Alemania 1924-1925. Esta firma
alemana fabricaba máquinas
con motores propios de dos
tiempos. Sus capacidades eran
de 120 y 150 cc.

HELI
Alemania 1923-1925. Esta
motocicleta alemana utilizaba
un motor propio de 246 cc y dos
tiempos, con refrigeración por agua
y transmisión a correa.

delantera. El cigüeñal forjado se movía sobre tres cojinetes con lubricación por borboteo y el encendido era por magneto Bosch colocada en el lado izquierdo. Una manivela situada en el lado derecho facilitaba el arranque, y el embrague se encontraba en la parte posterior del cárter, accionado por engranajes cónicos. El bastidor era tubular y disponía de horquilla de resortes, y el espacio libre situado delante del motor se llenaba con una plancha de aluminio para apoyar los pies. Sobre ésta, se encontraban dos pedales, uno a la derecha y otro a la izquierda. Cualquiera de ellos servía para accionar el freno de la rueda trasera.

El punto fuerte de Henderson eran las largas distancias, lo que quedó de manifiesto cuando un modelo de 1912 dio la vuelta al mundo en el año 1913. Al año siguiente, se aumentó la capacidad hasta los 1.064 cc, se modificó la forma del depósito de gasolina dotándole de lados planos y se colocó el asiento del pasajero detrás del piloto. En 1914 llegó la opción de un cubo trasero Thor con dos velocidades. Una versión más corta se presentó en 1915, ya sin la plancha para apoyo de los pies, que se sustituyó por

reposapiés individuales situados a los lados del motor; al reducirse la distancia entre ejes, se mejoró notablemente la maniobrabilidad del modelo, que ya disponía de cubo trasero con dos velocidades.

El motor fue revisado y se añadió lubricación por bomba en 1916. En 1917 llegó una caja de cambios de tres velocidades y nueva horquilla delantera con sistema de resortes. De esta guisa, la máquina se hizo muy popular, y se utilizó a menudo para intentar batir récords de larga distancia. Ese año, la firma pasó a Schwinn, aunque las

Desde 1920, la Henderson tetracilíndrica contaba con motor con válvulas laterales y caja de cambios de tres velocidades, pero conservaba transmisión secundaria a cadena. Y todo ello montado en un bastidor y una horquilla más pesados.

máquinas experimentaron muy pocos cambios.

En 1920 se lanzó un nuevo motor con el modelo K, provisto de válvulas laterales. Durante los años veinte, la Henderson fue mejorando de acuerdo con las tendencias de la época, y continuó

Una Henderson del período 1913-1915, con su plancha delantera del motor tetracilíndrico en línea con culata en F y depósito de lados planos que se utilizó a partir de 1912.

dejando su huella tanto en las cifras de ventas como en el mundo de la competición.

En 1928, volvieron las horquillas de resortes, pero sería en 1929 cuando llegó el gran cambio: el motor volvió al uso de la válvula de escape en el lateral del cilindro y la de admisión en la culata, pero con un cigüeñal de cinco cojinetes.

Se realizaron numerosas mejoras, y el resultado fueron los moelos KJ y KL, en versión estándar y súper sport. También se modificó la línea, muy por delante del resto de modelos de competición hasta finales de los años treinta. Lamentablemente, para entonces la Henderson había desaparecido del catálogo, pues Schwinn comprendió que la Depresión iba a durar todavía unos años y que las ventas de motocicletas de la gama alta empezarían a caer. Finalmente, la firma volvió a la fabricación de bicicletas.

HERCULES

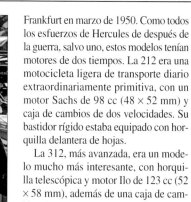

HERCULES FUE FUNDADA en abril de 1886 por Carl Marschutz. Igual que tantas otras marcas de motocicletas alemanas, su producción comenzó con un motor ioe (admisión sobre escape) montado, según era costumbre en aquellos días, en lo que podría definirse como el cuadro de una robusta bicicleta. La transmisión era directa a correa hasta la rueda trasera, y los pedales y la cadena de la bicicleta se mantenían para ayudar al motor en las pendientes más duras.

En los años que siguieron, Hercules utilizó una gran variedad de motores, entre ellos: Bark, Columbus, Fafnir, JAP, Ilo, Kuchen, Moser, Sachs, Sturmey-Archer y Villiers. En los años treinta, la firma estaba fabricando una variada gama de motocicletas de entre 73 y 498 cc, esta última con motor JAP monocilíndrico con distribución ohv. Con una versión puesta a punto de este modelo, junto con un motor 248 JAP monocilíndrico, Hercules logró numerosos éxitos deportivos. Hans Kahrmann era el primer piloto de la firma.

Hercules también se manejó bien en las carreras de larga distancia, con los éxitos de Carlchen Geffers y Rudi Grenz. Cuando los nubarrones de la guerra comenzaban a cernerse sobre Europa, se fueron abandonando este tipo de acontecimientos, y el comienzo de la Segunda Guerra Mundial, en septiembre de 1939, acabó con los éxitos de la compañía alemana.

A comienzos de 1945, las fábricas de Hercules resultaron muy dañadas por los bombardeos aliados. Las reparaciones

Una Hercules 200 monocilíndrica de dos tiempos y doble lumbrera de escape, mostrada en la Exposición de Berlín de 1933. Entre sus características, horquilla de paralelogramos y bastidor rígido.

no se completaron hasta 1948, de modo que la producción de motocicletas tuvo que posponerse hasta 1950.

Las dos primeras motocicletas Hercules de la posguerra, los modelos 212 y 312, se presentaron a la Exposición de Frankfurt en marzo de 1950. Como todos los esfuerzos de Hercules de después de la guerra, salvo uno, estos modelos tenían motores de dos tiempos. La 212 era una motocicleta ligera de transporte diario extraordinariamente primitiva, con un motor Sachs de 98 cc (48 × 52 mm) y caja de cambios de dos velocidades. Su bastidor rígido estaba equipado con horquilla delantera de hojas.

La 312, más avanzada, era un modelo mucho más interesante, con horquilla telescópica y motor Ilo de 123 cc (52 × 58 mm), además de una caja de cambios de tres velocidades y pedal de cambio. Contaba también con dos lumbreras de escape, como muchas motocicletas alemanas contemporáneas, y tubos de escape separados que discurrían a ambos lados de la máquina. Su potencia máxima era de algo más de 5 CV, lo que daba al modelo una velocidad en carretera de 76 km/h.

Aunque ninguno de estos modelos llamaría hoy la atención, en una Alemania en la que apenas había transportes aquellos modelos fueron como maná llovido del cielo. Las ventas permitieron a Hercules desarrollar nuevos modelos.

En 1951 llegaron otros tres. Dos de ellos tenían motor Sachs de 98 y 147 cc, y el tercero, Ilo de 174 cc. Los dos de mayor cilindrada tenían caja de cambios de cuatro velocidades, horquilla telescópica y suspensión trasera por émbolos, que Jurisch fabricaba para Hercules, de modo que estas motocicletas tenían el mismo tipo de suspensión que tantas otras motocicletas ligeras alemanas.

Los éxitos continuaron, lo que permitió a Hercules lanzar toda una gama de lujosas y más potentes motocicletas, que no tardó en exportar a otros países de la Europa continental. Los mejores mercados para sus productos fueron Holanda, Bélgica y Suiza.

Con una gama tan variada, muchos expertos pensaban que a Hercules le resultaría difícil causar impacto en la segunda Exposición de Frankfurt de después de la guerra, en 1953. Pero sí que la causó, con un lujoso modelo bicilíndrico de 247 cc (65 × 75 mm) con motor Ilo.

Un típico ciclomotor Hercules de los años setenta. Este modelo M5 utilizaba un motor Sachs con cilindro horizontal y suspensión en ambas ruedas. La velocidad máxima era de 45 km/h.

A finales de los años setenta, Hercules, cuyos propietarios actuales son Sachs y GKN, fabricó una línea de excelentes modelos de enduro, entre los que estaba esta GS125 ISDT de 1977.

Aunque habían aparecido muchos modelos nuevos, Hercules se mantuvo fiel a la misma gama hasta 1956, lo que demostró ser una prudente decisión. A pesar de la repentina caída de las ventas que golpeó al mercado alemán a mediados de los años cincuenta, la fábrica de Nurnbug fue mucho menos vulnerable que otras, ya que no se había embarcado en programas de ampliación o en costosos proyectos de desarrollo de nuevos modelos.

De esta forma, Hercules se mantuvo a flote mientras que muchas otras firmas se hundían sin dejar rastro. A comienzos de los años sesenta, Hercules era una de las pocas firmas que habían sobrevivido al colapso industrial de la década anterior. En realidad, incluso había absorbido a la achacosa Rabeneick en 1958. Su política había consistido en concentrarse en unos cuantos modelos propulsados por motores de menos de 100 cc, aunque la D175 (presentada a finales de los años cincuenta) todavía figuraba en su catálogo y era la base del éxito en la participación de Hercules en los ISDT.

En 1966, Hercules se unió a la Zweirad Union (en su origen, una combinación de las compañías DKW, Express y Victoria), pero esto sólo significó que Hercules, junto con las otras tres firmas,

terminó siendo absorbida cuando el enorme imperio industrial Fichtel Sachs adquirió Zweirad Union en 1969.

Pero incluso absorbida por el gigante, Hercules estaba destinada a sobrevivir, y fue la única marca de la Zweirad Union que mantuvo su propia identidad después de muchos cambios de dirección y fusiones.

El apoyo de Fichtel Sachs también permitió que Hercules lanzara en 1974 el primer modelo de serie con motor Wankel.

Otros modelos importantes de Hercules son la motocicleta militar K125BW, la gama GS de motocicletas de enduro y la K125T de carretera, con refrigeración por aire y motor Sachs de seis velocidades.

En 1976, la propia Sachs fue absorbida por GKN (Guest, Keen and Net-

tlefold). A finales de los años setenta y comienzos de los ochenta, Hercules desarrolló una línea de modelos de carretera con motor Sachs con refrigeración líquida, incluidas máquinas de 50, 80 y un prototipo bicilíndrico de 350 cc.

Actualmente, Hercules fabrica casi exclusivamente modelos de 50 cc.

Durante muchos años, Hercules ha sido proveedora de motocicletas militares para el ejército alemán. La de la imagen es una K175 BW de 1992, con tubo de escape muy alto y cadena oculta.

HERCULES W2000

Motor: Wankel de cámara giratoria, 294 cc, refrigeración por aire
Potencia: 27 CV a 6.500 rpm
Caja de cambios: 6 velocidades, pedal
Transmisión secundaria: cadena
Peso: no especificado
Velocidad máxima: 148 km/h

En 1974, Hercules fabricó la primera motocicleta de serie con motor Wankel. En un motor Wankel hay una cámara epicicloidal dentro de la cual gira un rotor (pistón) en forma de triángulo equilátero de lados curvos.

El rotor tiene un dentado interior que le permite girar excéntricamente sobre un piñón solidario a la parte fija del motor, al mismo tiempo que sus tres puntas se mantienen en contacto con la cámara.

Para evitar fugas de gas a través de los huecos que se crean entre el rotor y la cámara en las puntas del triángulo, se crearon unas placas y segmentos de cierre especiales. Al principio, este mecanismo dio muchos problemas, pero cuando la W2000 comenzó a fabricarse, el sellado del rotor ya se beneficiaba de las ventajas de la tecnología cerámica.

La licencia de Sachs con NSU (véase sección dedicada a NSU) estaba limitada a una potencia de 30 CV, lo que supuso un freno para Hercules y su proyecto W2000. La cilindrada quedó reducida a 294 cc, de modo que cuando los primeros modelos empezaron a salir de las cadenas de montaje, aquellos 27 CV a 6.500 rpm resultaron bastante desalentadores, a pesar de que la máquina contaba con una caja de cambios de seis velocidades.

A pesar de todo, la W2000 se ha ganado un lugar en la historia de las motocicletas por tratarse de la primera motocicleta de serie fabricada con motor Wankel.

En 1974, la Hercules W2000 hizo historia al convertirse en la primera motocicleta de serie con motor Wankel. El de la imagen es el prototipo original de 1970.

HESKETH

LA HESKETH ES LA RESPUESTA a una pregunta: «¿Qué ocurriría si alguien fabricase hoy una Vincent o una Brough Superior con la misma línea clásica e idéntica calidad, pero con la tecnología de que se dispone actualmente?»

Fabricar un número reducido de motocicletas de carreras a un precio elevado es relativamente común, y la Hesketh es, en efecto, una máquina pensada para la carretera y fabricada en un taller de motos de competición. En 2000, su producción

El acabado de la Hesketh, como se aprecia en el logotipo del depósito, siempre ha sido excelente. La Hesketh rivaliza con las Vincent, Sunbeam, Brough Superior, etc.

(de unas diez unidades al año) la realiza Broom Development Engineering, firma que también se encarga del desarrollo de toda clase de prototipos para grandes firmas automovilísticas, incluidos modelos de competición.

El proyecto original de Hesketh se creó en 1982, en un momento poco propicio, y pronto comenzaron a faltar los fondos necesarios. Pero la organización se mantuvo, si bien muy reducida, para poder atender a las revisiones y mantenimiento de los modelos que ya se habían vendido, y fabricar un número limitado de nuevas máquinas. El director de la organización era Mick Broom, que con el tiempo pasó a encargarse de toda la operación, cuya sede estaba todavía en Easton Neston, la antigua sede de Lord Hesketh, a quien se debía la idea de fabricar una nueva motocicleta inglesa. Los coches de Grand Prix de Hesketh había batido varios récords del mundo, y las motocicletas se aprovecharon de toda esa experiencia acumulada.

La base del proyecto era y es la V1000, una máquina de aspecto clásico y desprovista de carenado, con un acabado exquisito. Durante los primeros dieciocho años, se fabricaron unas 200 motocicletas. La versión con carenado se llama Vampire, y de ella se fabricaron unas 50 unidades durante ese mismo tiempo. Incluida en catálogo, aunque aún no ha llegado a fabricarse en el momento en que escribimos, está la Vortan, con una cilindrada de 1.100 cc y una carrera muy larga, a pesar de que el diámetro es aún mayor (95 × 78 mm), dotada de un bastidor de modelo de competición, y 27 kg más ligera que las anteriores. El motor original estaba totalmente refrigerado por aire, pero las versiones porteriores incorporaron refrigeración por aceite para el cilindro trasero, además de encendido electronico programable.

En gran medida, la Hesketh es una motocicleta hecha a la medida. Por ejemplo, ofrece la posibilidad de personalizar el asiento y la suspensión para adaptarse a las características de un piloto que mida 152 cm. Para cualquiera que mida más de 172 cm, el asiento estándar debería de ser idóneo.

Actualmente, la V1000 (el de la foto es un modelo de 1984) ha cambiado relativamente poco desde que se presentó, y al que, lamentablemente, se ha subestimado.

HILDEBRAND & WOLFMÜLLER ALEMANIA 1894-1997

ESTA FUE LA PRIMERA motocicleta que se fabricó en serie. Se calcula que se vendieron entre 800 y 2.000 unidades (dependiendo de la fuente). También es importante el hecho de que fue el primer modelo al que se aplicó el nombre de Motorrad (motocicleta). Heinrich Hildebrand y Alois Wolfmüller fueron sus fabricantes, y Hans Geisenhof se encargó de parte del diseño. Ya en 1889, Heinrich Hildebrand había fabricado, con tan sólo treinta y cuatro años y la ayuda de su hermano Wilhelm, un motor a vapor para motocicleta. Al parecer, esta máquina también se fabricó bajo licencia.

Tecnológicamente, aquel diseño no tenía ningún porvenir, y la incapacidad

de diseñar un motor más moderno y, sobre todo, más rápido, contribuyó decisivamente a la temprana desaparición de la firma. Utilizaba transmisión directa, con bielas que partían de cada uno de sus dos cilindros refrigerados por agua, uno a cada lado del bastidor y paralelos al suelo. Ambos cilindros actuaban directamente sobre la rueda trasera, que a su vez, hacía las veces de volante. A la vuelta de los pistones en el tiempo de compresión ayudaban unas correas de goma.

Un atomizador de superficie se encargaba de proporcionar la mezcla gasolina-aire, y el encendido era por tubo incandescente. El diámetro y la carrera de este motor de cuatro tiempos y vál-

Esta es una de las seis Hildebrand & Wolfmüller que se conservan, de las 1.000 que se llegaron a fabricar. Aunque tecnológicamente no tenían ningún futuro, tiene el mérito de ser la primera motocicleta fabricada en serie.

vula de admisión automática era de 90 × 117 mm, con un volumen desplazado de 1.488 cc, y una potencia de 2,5 CV a 240 rpm. El radiador de refrigeración estaba colocado en el guardabarros trasero.

El bastidor estaba hecho de doble tubo de acero. La máquina pesaba 55 kg y podía alcanzar unos 40 km/h.

HINDE HOLANDA h. 1900 y 1936-1938

ESTA FIRMA COMENZÓ como fabricante de bicicletas en Ámsterdam, pero a comienzos del siglo XX decidió probar con los transportes propulsados a motor. Su motocicleta se parecía a tantas otras con motores De Dion de 2 CV y válvula de admisión automática, un tosco carburador y encendido por batería, montado en el cuadro de una bicicleta corriente, con horquilla rígida y transmisión a correa. Los pedales de la bicicleta se conservaron, igual que el sistema de freno.

La firma no tardó en comprender que ganaba más dinero fabricando bicicletas sin motor.

En 1936, el nombre de la compañía fue resucitado por una firma con sede en Ámsterdam, que fabricaba una pequeña gama de motocicletas ligeras utilizando sencillos y eficaces motores alemanes Ilo con cilindros calados horizontalmente o inclinados en el bastidor. El encendido por magneto montada en el volante se utilizó en los modelos de 61, 98 y 118 cc, que tenían una o dos velocidades.

El más pequeño utilizaba uno de los motores Ilo más populares.

La Hinde sólo se fabricó durante tres años, y sus especificaciones eran las propias de la época: el bastidor era rígido;

la suspensión la proporcionaba una horquilla ligera de paralelogramos deformables; el encendido era directo, con la opción de incorporar un sistema de batería; los pequeños frenos de tambor esaban montados en las ruedas de radios, y el consumo de combustible era muy pequeño.

Aparcieron en el mercado muchos modelos semejantes al Hinde, por lo que su vida fue más bien corta.

A esto contribuyó además la racionalización que se produjo en la industria alemana en 1938, que hizo mucho más difícil el suministro de motores Ilo.

HEMY
Francia 1946. Motores auxiliares, originalmente con 34 cc de capacidad, y más tarde de 48 cc.

HENKEL
Alemania 1927-1932. Esta compañía se encargó de la fabricación de la Krieger Gnadig (KG) de 500 cc después de que Allright interrumpiera su producción. Allright compró Cito, que, a su vez, compró los derechos para fabricar la KG a sus diseñadores. Después de 1929, los modelos Henkel utilizaron un motor Blackburne monocilíndrico de 198 cc y válvulas laterales.

HENLEY
Inglaterra (Birmingham, después Oldham) 1920-1929. Las primeras máquinas de esta compañía tenían motores Villiers de dos tiempos y 269 cc, y Blackburne de 497 cc con válvulas laterales. Después empezaron a utilizar motores JAP ohv y de válvulas laterales y Blackburne de varias capacidades (248, 293 y 346 cc), o, si lo pedía el cliente, MAG. Finalmente, el nombre de la compañía cambió por el de New Henley en 1927, dos años antes de que dejara de fabricar.

HERBI
Alemania (Bad Liebwerde) 1928-1932. Esta compañía, con sede en Bad Liebwerde, Alemania, ofrecía a sus clientes la posibilidad de elegir motor Blackburne de 198 cc y válvulas laterales, o un motor Kuhne de 498 cc ohv y tres válvulas.

HOBART

ESTA MÁQUINA LA FABRICÓ la Hobart Bird, de Coventry, antigua firma de proveedores que comenzó fabricando un primitivo modelo, pero que en 1903 ya contaba con un modelo avanzado con el motor colocado verticalmente en un bastidor de U invertida provisto de horquilla articulada. Este modelo se siguió fabricando durante varios años, aunque hubo una laguna entre 1906 y 1910. La nueva Hobart era una motocicleta ligera de 2,5 CV, con polea regulable para la transmisión a correa, y horquilla de la marca Druid. Al año siguiente, apareció un modelo bicilíndrico de 3,5 CV y otro modelo «de señorita» con bastidor

Anuncio de la «Handy Hobart», donde se destacaba su récord conseguido en Brooklands en 1910, cuando logró un promedio de 53,26 km en la distancia de las cien millas.

abierto y el motor cerrado y más bajo. Además de sus propios motores, utilizaron también Villiers y JAP monocilíndricos y bicilíndricos.

Después de la guerra, Hobart ofreció una versión de dos tiempos con o sin suspensión trasera, además de otra con motor JAP de 292 cc y válvulas laterales, que apareció en 1920. En 1922, la fábrica lanzó nuevas motocicletas con motores Blackburne de 348 cc y JAP de 346 cc y válvulas laterales, tanto en versión de un ocupante como con sidecar. Al año siguiente, se reemplazó el motor Villiers de 269 cc por un Hobart de dos tiempos y 170 cc con caja de cambios de dos velocidades; el JAP de 292 cc se sustituyó por un Blackurne 249 cc con válvulas laterales. Todos los modelos de cuatro tiempos ofrecían varias posibilidades en cuanto a la elección de la transmisión, con dos o tres velocidades y transmisión secundaria a

Una de las primeras Hobart con su motor sujeto al bastidor, sus aletas de refrigeración paralelas al suelo y la magneto unida al cárter.

cadena o correa. En 1924, la gama se redujo al modelo JAP de 170 y dos tiempos y al de 346 cc, además del JAP de 292 cc, pero después de esto, la firma dejó de fabricar motocicletas, aunque sus motores siguieron produciéndose para otras firmas durante algunos años más.

HODAKA

HODAKA ENTRÓ EN EL MUNDO de las motocicletas suministrando motores a la marca Yamaguchi en 1962. Cuando Yamaguchi desapareció al año siguiente, Hodaka comenzó a fabricar motocicletas. Hodaka sólo vendía a los Estados Unidos. En esta operación de colaboración americano-japonesa, todo el diseño y *marketing* se realizaba en cooperación con la Pacific Basin Trading Co (Pabatco). La base de la producción de Hodaya la constituían excelentes modelos de enduro de 100 y 125 cc con motor monocilíndrico de dos tiempos y magníficas prestaciones, además de una elaboración muy cuidadosa. Esta calidad se tradujo en numerosos pedidos y recomendaciones personales, lo que hizo que lograra sobrevivir durante muchos años en el mercado más

exigente del mundo. Durante más de quince años, desafiaron con éxito al resto de competidores en el terreno de las *off-road*.

Sus modelos mixtos de los años sesenta recibieron a comienzos de los setenta la denominación de motocicletas «trail». Pero a mediados de década, el mercado empezó a ser mucho más especializado. En 1978, la desaparición de Hodaka significó el final de una sociedad mercantil única.

Fabricada para competiciones infantiles de motocrós, la Hodaka Dirt Squird 80 del año 1978 era una auténtica moto de campo a escala. Toda una moto campeona, en las manos apropiadas.

Las motocicletas Hodaka, fabricadas en Japón, solo se vendían en Estados Unidos. La de la foto es una Wombat 125 cc de trial de 1972 con motor monocilíndrico.

HOLDEN

INGLATERRA 1897–1902

LA PRIMERA MOTOCICLETA con motor de cuatro cilindros fue fabricada en Gran Bretaña en 1897 por el coronel Holden. Sus cilindros estaban colocados planos, enfrentados y dispuestos longitudinalmente a la marcha de la motocicleta. Cada cilindro tenía un pistón doble con una muñequilla en su centro que lo conectaba con un cigüeñal en el eje de la rueda trasera. Esta disposición proporcionaba una transmisión directa con una relación fija que dependía del diámetro de la rueda. Al carecer de piezas giratorias, se prolongaba una cadena desde la rueda trasera hasta el árbol de levas y al distribuidor.

Este primer motor tenía refrigeración por aire, y la mezcla la proporcionaba un atomizador de superficie controlado por una palanca montada en el manillar. El motor iba colocado en un bastidor con horquilla delantera rígida, asiento al final de un tubo vertical y una bandeja en la que iba situada la batería, detrás del pilo-

to. La rueda delantera no sólo era de mayor diámetro que la trasera, sino que además incorporaba unos pedales para ayudar al arranque. El cubo de la rueda tenía en su interior un engranaje epicicloidal para posibilitar el giro de los pedales, como el que habían utilizado las bicicletas de diez años antes.

El primer modelo alcanzaba una velocidad máxima de 39 km/h, y en 1899 fue sucedido por otro con refrigeración por agua. Se decía que este nuevo modelo desarrollaba una potencia de 3 CV a 420 rpm, y estaba tan bien hecho que comenzó a fabricarse en serie.

Sin embargo, los límites que imponía la pequeña rueda trasera, pronto hicieron que el modelo Holden estuviera técnicamente obsoleto y, desafortunadamente, 1902 fue su último año de vida.

La primera motocicleta tetracilíndrica del mundo, la Holden, tenía los cilindros dispuestos en horizontal y transmisión directa a la rueda trasera, pero sólo se fabricó durante cinco años.

HONDA

JAPÓN 1947

MIENTRAS UN GRUPO de compañías alemanas prosperaban tras la devastación de la Segunda Guerra Mundial, la industria japonesa de las motocicletas generaba más de 100 fabricantes después de 1945, los cuales aprovecharon la oportunidad de satisfacer la perentoria necesidad de un medio de transporte en medio de la devastada economía local. También supieron sacar partido de los desorbitados derechos arancelarios con que se gravaban los productos importados.

Una de estas compañías fue la Honda Motor Company, fundada por Soichiro Honda, ingeniero autodidacta que fabricó su primer vehículo a motor de dos ruedas en 1947. Soichiro Honda, hijo del herrero local, nació en Komyo, cerca de Hamamatsu, en 1906. Abandonó sus estudios a la edad de dieciséis años para convertirse en aprendiz de mecánico de coches en Tokio. Estableció su propio taller en Hamamatsu en

1922. El negocio prosperó y Soichiro decidió probar suerte en las carreras de coches, presentándose al All-Japan Speed Rally de 1936, donde estableció un récord de velocidad media que habría de durar veinte años. Un grave accidente le llevó a abandonar la competición. Uno de los aspectos que definen el éxito de su compañía es el talento que demostró para producir en gran número. Soichiro

estudió metalurgia en la escuela técnica local, y después de experimentar con varias aleaciones, comenzó la producción en serie de segmentos de pistón, actividad que realizó bajo el nombre de Tokai Seili Heavy Industries. Esta fue la principal ocupación de la empresa hasta que sus instalaciones fueron arrasadas por un terremoto ocurrido en 1945, que vino a terminar con lo que los bom-

La Benly Super Sport CB92 de 125 cc fabricada en 1961 era una motocicleta sencilla pero fiable, que preparó el camino para la consolidación de Honda en el mercado durante el resto de la década.

barderos aliados habían comenzado el año anterior. Soichiro liquidó lo que quedaba de la empresa y en octubre de 1946 creó el Honda Technical Research Institute. La base de la operación fue la adquisición de 500 motores de dos tiempos procedentes de un excedente del ejército que, volviendo a los orígenes de la industria, fueron instalados en los bastidores convencionales de otras tantas bicicletas y provistos de transmisión directa por correa a la rueda trasera. Así nacieron las primeras motocicletas Honda, que funcionaban con una mezcla de gasolina y trementina. Cuando se vendieron las 500 unidades, Honda comenzó a fabricar sus propias copias, denominadas Tipo A, que desarrollaban un modesto caballo de vapor a 5.000 rpm con su motor de 50 cc. Éste estaba provisto de carburador con válvula lateral que modificaba el venturi, válvula en el cárter para ayudar la admisión de la mezcla y magneto en el volante.

Honda no tardó mucho en fabricar un bastidor más adecuado. Al igual que las primeras motocicletas y ciclomotores de la época, estas máquinas todavía disponían de pedales, así como horquilla elástica delantera accionada por muelles. Los modelos no tardaron en evolucionar. En 1948, Honda introdujo el modelo Tipo-B, vehículo de tres ruedas con plataforma para el transporte de mercancías. La capacidad del motor se aumentó hasta los 89 cc, y, como era de suponer, este motor de mayor cilindrada se utilizó para un modelo de dos ruedas, la motocicleta conocida como Tipo-C, que conservaba la transmisión a correa. En 1949, Honda presentó el modelo Tipo-D, o Dream, que fue la primera motocicleta

Phil Read despega del suelo su Honda 888 cc tetracilíndrica en Ballaugh Bridge durante la TT de la Isla de Man, 1978.

El motor de la CB750 de 1969 era un tetracilíndrico de 736 cc refrigerado por aire, que de un plumazo puso a la industria motociclista en la era moderna.

propiamente dicha fabricada por esta firma japonesa. Estaba provista de un bastidor de acero, motor de dos tiempos y 98 cc, caja de cambios de dos velocidades y transmisión a cadena. Por entonces, era una de las mejores motocicletas que podían encontrarse en Japón, y el contable de Honda, Takeo Fujisawa se encargó de establecer toda una red nacional de distribución del producto. Muchos de los puntos de distribución eran simplemente pequeñas tiendas de bicicletas, de precaria y efímera existencia, pero que constituyeron la semilla de una próspera red de puntos de venta y mantenimiento.

De esta manera, Soichiro Honda se vio libre para concentrar toda su atención en el diseño de sus productos, y en 1950, Honda ya era la primera fabricante de motocicletas del país, concentrando casi la mitad de la producción nacional, en un momento en que la industria nipona se había embarcado en una guerra de precios caracterizada por los grandes descuentos en los productos.

A mediados de los años sesenta, Honda contaba con magníficas motocicletas de carreras de cinco cilindros y 125 cc, y de 6 cilindros y 250 cc. En la foto, el equipo de competición en Daytona, en 1965.

En 1952, aparecieron otros dos nuevos modelos. El más avanzado técnicamente era el Modelo-E Dream, basado en el bastidor y componentes del modelo D, y propulsado por el primer motor de cuatro tiempos de Honda. Se trataba de un monocilíndrico de 146 cc provisto de dos carburadores y tres válvulas por cilindro (dos de admisión y una de

La CBX1000 de seis cilindros y 105 CV, fabricada en 1978, se caracterizaba por el magnífico diseño de los colectores de escape de sus cilindros en línea.

escape), con 5,5 CV a 5.000 rpm, y disponía de una caja de cambios de dos velocidades. Su principal inconveniente era su mediocre maniobrabilidad y alto consumo de aceite. Para los clientes con menos posibilidades económicas, Honda lanzó el modelo F Cub, que era poco más que una bicicleta con un motor ligero de dos tiempos y 50 cc, que iba montado en el lado izquierdo de la rueda trasera. Con una potencia de tan sólo 1 CV a 3.000 rpm y 6 kg de peso, este motor fue todo un éxito, y pronto se convirtió en las tres cuartas partes de la producción total de la firma.

«Producir en gran número y vender barato» puede que no fuera una expresión muy japonesa, pero resumía a la perfección la política de Honda a comienzos de los años cincuenta, cuando la producción de un elevadísimo número de máquinas posibilitaba a la firma vender mucho más barato y más que la competencia. Con el fin de expandir aún más la compañía, Soichiro Honda visitó Europa y los Estados Unidos en 1952, y adquirió maquinaria por valor de más de un millón de dólares, inversión que, irónicamente, estuvo a punto de arruinar la compañía. La compra coincidió además con un bache en la economía japonesa, pero los bancos fueron lo bastante previsores como para no retirar su apoyo a Honda.

La primera máquina moderna de la firma fue el Modelo-J, que apareció en 1953, con bastidor de acero estampado, horquilla telescópica y suspensión trasera por barra de torsión. El motor era de 89 cc ohv, unido a una caja de cambios de tres velocidades con pedal de cambio. Al año siguiente, Soichiro Hon-

da asistió a las carreras TT de la isla de Man, donde asimiló muchos detalles de la última tecnología europea.

El primer motor ohc de Honda fue el de la Dream SA, lanzada en 1955, con motor integrado de 246 cc. A este modelo siguió la versión SB de 344 cc. La

La Honda CX500 Turbo de 1981 dio lugar a la moda pasajera de los motores sobrealimentados. La capacidad de esta bicilíndrica en V transversal y con transmisión por eje se aumentó a 650 cc en 1983.

evolución de ambos modelos dio lugar a la serie M, a la que se añadió una nueva horquilla en 1957. Fue por estas fechas cuando el líder del mercado japonés comenzó a explorar el mercado extranjero, y su principal oferta consistió en un modelo con bastidor abierto, que era una mezcla de ciclomotor y escúter. La Super Cub C100 de 90 cc se lanzó al mercado en agosto de 1958, y tuvo un gran impacto, tanto económica como socialmente, pues proporcionó a millones de personas en todo el mundo un modo de transporte sencillo pero respetable. Además de

La RVF de Honda dominó la Fórmula 1 y las pruebas de resistencia a mediados de los años ochenta, dando lugar a la versión de carretera RC30 (VFR750R). Estaba propulsada por un motor de 112 CV.

HERMES
Alemania 1922-1925. Esta máquina alemana estaba provista de un motor monocilíndrico horizontal de dos tiempos. Su capacidad era de 142 cc.

HERMES
Alemania 1924-1925. Estas máquinas alemanas tenían motores JAP de válvulas laterales de entre 348 y 678 cc. Sin embargo, su producción fue muy efímera.

HERO
India 1978. En sus orígenes, esta firma india se encargó de la producción de ciclomotores Peugeot fabricados bajo licencia. Desde 1988, tras la adquisición de la planta de Peugeot, ha estado fabricando ciclomotores Hero-Puch. La compañía también ha fabricado bajo licencia modelos Honda de 98 cc.

HEROS
Alemania (Zittau) 1921-1929. Esta firma alemana de los años veinte fabricó máquinas con transmisión a correa. Sus modelos estaban provistos de toda una gama de motores de dos y cuatro tiempos fabricados por la propia compañía, entre los que se encontraban varios diseños ioe (admisión sobre escape). La cilindrada de estas motocicletas era de 155, 185 y 247 cc.

HEROS
Alemania 1923-1924. Las motocicletas que se conocían como «las otras Heros» estaban propulsadas por los famosos motores DKW de 142 cc y dos tiempos.

HERTHA
Alemania 1924-1925. Estas motocicletas ligeras alemanas tenían motores DKW de 142 cc. Algunas fuentes sugieren que probablemente se utilizaron también otros motores.

**La tourer Gold Wing GL1500 fue
el buque insignia de la marca en 1991.
Tenía un motor de seis cilindros
planos refrigerados por agua
y se diferenciaba claramente de sus
predecesoras de 1975, cuyos cilindros
estaban inclinados en el bastidor. Era
una máquina de grandes dimensiones.**

económica, era una máquina práctica
pues ofrecía buena protección tanto para
sus partes mecánicas como para el ocupante, ruedas de motocicleta, motor
colocado en el centro de la máquina y
embrague automático. Esta fórmula
demostró tener mucho éxito, ya que la
C100 y sus versiones han sido las motocicletas más vendidas del mundo.

Mientras tanto, con el mercado japonés al borde de la saturación, Honda
creó su concesión estadounidense en
1959, a la que pronto siguieron otras
operaciones comerciales con Europa y
el sureste asiático. El nuevo *boom* de las
motocicletas (con las ventas en los Estados Unidos por las nubes) llegó en el
momento en que Honda había decidido

dirigir sus productos a un público no
experto en el manejo de motocicletas.
Tras la C100 llegaron las motocicletas
con bastidor abierto, todas las cuales terminaron por tener motores ohc y transmisión a cadena. La primera en estar
provista de estos avances fue la monocilíndrica de 8 CV CS90, aparecida en
1964, con cilindro y culata hechos de
aleación ligera.

La primera bicilíndrica de carretera
fabricada por Honda, la C70 de 247 cc,
se lanzó al mercado en 1957, y debía
gran parte de su diseño a las NSU
bicilíndricas que Soichiro había obser-
vado en las TT tres años antes. El motor
estaba hecho de aluminio, con una
potencia de 18 CV a 7.400 rpm, una
relación de compresión de 8,2:1, cigüe-

**La NX650 Dominator de un solo
cilindro refrigerado por aire fue una
duradera máquina con estilo trail que
ofrecía una excelente maniobrabilidad
en cualquier terreno, aunque en el
campo se demostraba algo torpe
debido a su tamaño.**

**La VFR750F de cuatro cilindros
y cuatro tiempos, tenía su motor
montado en un bastidor de viga central
hecho de aleación. Durante más de una
década, desde su lanzamiento en 1986,
fue la mejor motocicleta de su clase.**

ñal a 360 grados, lo que significaba que
los pistones subían y bajaban en su
carrera al unísono, y árbol de levas
accionado por una cadena central. La
transmisión se realizaba por medio de
una caja de cambios de cuatro velocidades y cadena. La C70 conservó la horquilla delantera de resortes, en lugar de
adoptar el diseño telescópico.

Se estaba produciendo un movimiento inexorable dirigido a la creación de
una motocicleta cada vez más avanzada
y cómoda. En 1958 llegó la C71, con
arranque eléctrico, que prescindía de la
palanca para esa función. Ese mismo
año apareció la C70 de 20 CV, una moto
de cross con bastidor tubular en lugar
del anterior de acero estampado. La
introducción de nuevas capacidades dieron lugar a la C90, que era una versión
de la C70 con 125 cc y 11,5 CV, también disponible en versión deportiva
(CB90). En lo más alto de la gama, las
C75 y CS76, de 305 cc, estaban basadas
en el diámetro del cilindro del motor de
250 cc, y su sistema de distribución ohc
relativamente nuevo, unido a sus componentes de aluminio, fiabilidad y precio razonable captaron la atención del
público cuando hicieron su aparición los
mercados europeo y americano.

La deportiva CB72 de 250 cc del año
1960 contaba con lubricación por colector dentro del cárter, cigüeñal a 180 grados, dos carburadores y relación de
compresión de 9,5:1, además de horquilla telescópica y bastidor tubular. El
resto de la gama no tardó en seguir el
ejemplo de este modelo, lo que significó la entrada de Honda en la última tendencia del diseño. Gran parte del éxito
de la compañía se derivó de sus triunfos

en competición, lo que dio lugar a motocicletas bicilíndricas de cuatro tiempos,
altos regímenes de revoluciones y magníficas prestaciones que empezaron a ser
la norma entre sus modelos de carretera. Honda participó por primera vez en
competiciones internacionales en la TT
de 1959, donde se presentó con cinco
pilotos y nueve máquinas en la categoría de 125 cc, aunque ahí no había
rival para las NSU. En 1960, una Honda tetracilíndrica de 250 terminó cuarta en la categoría del cuarto de litro, y
en 1961, aprovechando la ausencia de
la firma MV Agusta, la marca japonesa dominó en 125 y 250 cc con el
joven piloto Mike Hailwood, que se
hizo con el título. Algo parecido ocurrió en las temporadas 1962 y 1963,
con Jim Redman alcanzando la corona para Honda en la categoría de los
250 cc. En 1964, Honda logró arrebatar el título de marcas a MV Agusta en
la categoría de 500 cc. En este período
aparecieron modelos exóticos, como
uno de cinco cilindros y 150 cc, o una
250 de seis cilindros. En 1967, le llegó
a Hailwood el momento de hacerse con
los títulos de 250 y 350 para Honda, después de 136 victorias de Grand Prix.

Mientras, la compañía comenzó a
aventurarse en las grandes cilindradas
con modelos de carretera de mayor capacidad. La primera máquina japonesa que
plantó cara a los fabricantes europeos fue
la CB 450 Dream, lanzada al mercado en
1965. Tenía un nuevo motor bicilíndrico
de 445 cc y doble carburador, montado
en un bastidor de cuna convencional que
se diferenciaba de los bastidores clásicos
de Honda en que el motor estaba literalmente suspendido de la espina central.
Esta motocicleta, apodada Black Bomber, llevó los 161 km/h a un mercado
acostumbrado a ver esas velocidades en
modelos bicilíndricos en 650 cc, y preparó el camino para máquinas con un rendimiento similar fabricadas por las marcas rivales Suzuki, Yamaha y Kawasaki.

La NSR500, con un motor de dos tiempos tetracilíndrico en V y con bastidor de doble viga hecho de aleación, alcanzaba los 320 km/h. Mick Doohan dominó la categoría de 500 cc desde 1994.

La XRV750 Africa Twin fue la definitiva trail gigante de mediados de los años noventa. Como la mayoría de las máquinas de esta clase, era difícil de manejar en terrenos de campo.

Siempre terminaban apareciendo versiones menos radicales de las motocicletas más deportivas, y en 1967, Honda presentó la CD 175 bicilíndrica, dirigida a pilotos que quería dejar la categoría de 125. Tenía un solo carburador y caja de cambios de cuatro velocidades, mientras que los modelos deportivos de la gama, como la CB 175, presentaban doble carburador y caja de cambios de cinco velocidades. Después apareció el modelo CB 250, con alto régimen de revoluciones, y 30 CV a 10.000 rpm, y al que en seguida acompañaron las versiones trail CD y CL. En 1970, todos estos modelos estaban equipados con frenos delanteros de disco y un diseño mucho más redondeado que prevaleció durante buena parte de la década, hasta que la Superdream de 1977 hizo que pareciera obsoleto.

Por entonces, la CB450 Black Bomber había evolucionado hacia el modelo CB500T, aunque con motor de carrera muy larga y baja relación de compresión.

Al llegar los años setenta, Honda había diversificado su producción en dos capacidades. Entres sus modelos monocilíndricos de pequeña capacidad se encontraba el llamativo ciclomotor deportivo SS50, con una potencia de 6 CV a 11.000 rpm, y el PC50, provisto del familiar motor ohc y el clásico bastidor abierto. Entre los modelos trail se encontraban las series SL y XL, cuyas capacidades incluían los 125, 185, 250 y 500 cc. La más básica de todas era la CG125, una máquina tan simple que se estuvo fabricando en Brasil hasta finales de los años noventa.

En el otro extremo de la escala de capacidades se encontraba la CB750, que causó un gran impacto en el mundo de las motocicletas. Mientras que la C100 forjó un camino hacia unos mercados totalmente nuevos, la gran tetracilíndrica estableció una nueva categoría en cuanto a prestaciones y rendimiento, y fue decisiva a la hora de arrebatar una parte del mercado a las firmas BSA y Triumph. El secreto estaba en que la CB750 fabricada en serie incluía características que anteriormente se consideraban un lujo, como cinco velocidades, freno delantero de disco o arranque eléctrico, y las máquinas se ofrecían en todos los puntos de distribución locales a un precio muy competitivo. Además, se trataba de un modelo muy fiable, que desarrollaba 67 CV a 8.000 rpm, lo que le permitía alcanzar una velocidad de 201 km/h. Estaba alimentada por cuatro carburadores, y utilizaba la distribución de dos válvulas por cilindro que tan buenos resultados había dado a Honda, con un solo árbol de levas en la culata.

A la CB750 siguió en 1971 la tetracilíndrica de 50 CV CB500 y la CB350 en 1972. Dos años después, esta última evo-

HESS
Alemania (Eberstadt) 1925. La única tetracilíndrica en línea refrigerada por aire, con 780 cc.

HEXE
Alemania (Bamberg) 1923-1925. Fuentes contradictorias que hablan de estas motocicletas alemanas citan un motor monocilíndrico de 500 cc y válvulas laterales como único producto de la firma, pero también mencionan una gama de modelos entre los que se incluye un motor de dos tiempos con 142 o 269 cc, y un modelo monocilíndrico de 246 cc con transmisión a correa.

HIEKEL
Alemania (Leipzig) 1925-1932. Hablando de estas máquinas, varias fuentes coinciden en que tenían motor de 350 cc con triple lumbrera, pero difieren en el bastidor, que para unos era tubular, mientras que para otros era de acero estampado.

HILAMAN
Estados Unidos (Morestown, New Jersey) 1906-1915. A la primera monocilíndrica que esta firma fabricó en 1906 se unió una bicilíndrica en V después de 1912.

HIRANA
Japón 1951-1961. Hirana (también aparece como Hirano) Seisakusho fabricó el escúter Popet de 78 cc entre 1951 y 1957. Después, a partir de 1956, produjo el modelo Pop Manlee de 125 cc. Desde 1960, fabricó el modelo Pop Super De Luxe, de 175 cc y con horquilla Earles. También contaba con modelos de menos cilindrada, hasta los 50 cc. Todas sus motocicletas eran de dos tiempos.

HIRO
Italia (Milán) finales de los años sesenta. Esta firma italiana comenzó fabricando motocicletas de cross y trial. Pronto ofreció una variada gama de modelos con capacidades de hasta 350 cc.

lucionó a una 400 de cuatro cilindros, y se convirtió en el modelo más vendido de Honda. La 500 también se aumentó a 544 cc, y recibió el nombre de CB550.

En 1975, Honda lanzó su tourer de gama más alta, la Gold Wing de 1.000 cc con transmisión por eje. Su motor era tetracilíndrico plano refrigerado por agua y alimentado por cuatro carburadores, y con una potencia de 80 CV a 7.000 rpm. Debido a elementos como el radiador del agua, el modelo era relativamente pesado, 295 kg, aunque el motor horizontal mantenía el centro de gravedad bajo. El depósito de gasolina estaba colocado debajo del asiento, mientras que el falso depósito contenía el sistema eléctrico del modelo. La característica principal de esta motocicleta era su comodidad a grandes velocidades. La Gold Wing evolucionó en 1980 hacia una 1.085 cc, que en 1984 pasó a 1.182 cc, y en 1984 se convirtió en la GL1500 de seis cilindros y 100 CV. El carenado, maletas y cúpula eran obligatorios, y, para intentar superar a la Harley-Davidson, todas las comodidades estaban presentes, incluso la marcha atrás.

La respuesta de la rival Kawasaki a la CB750 había sido su modelo Z1, y para competir con ésta, Honda siguió el ejemplo de Benelli y presentó la CBX. Esta máquina de seis cilindros se lanzó en 1978, un año después de la Benelli Sei, pero el motor de la CBX contaba con 24 válvulas, desarrollaba 105 CV y permitía alcanzar los 217 km/h de velocidad máxima. Unas ventas mediocres obligaron a Honda a reformar la CBX en 1981, junto con una turismo deportiva también de corta vida con semicarenado y un motor no muy potente.

Si la bicilíndrica en V arquetípica es la de Moto Guzzi, Honda apareció con una máquina con idéntica configuración que ganó los corazones y mentes más duras de todo un ejército de trabajadores de mensajería, a los que conquistó por su fácil mantenimiento y fiabilidad.

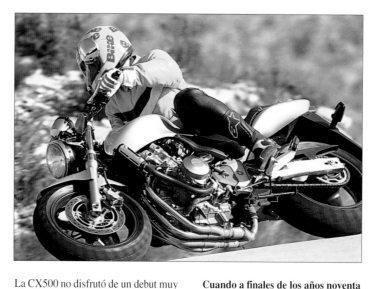

La CX500 no disfrutó de un debut muy prometedor en 1978, cuando fue apodada Plastic Maggot (larva de plástico), debido a su aspecto regordete. Estaba propulsada por un motor bicilíndrico transversal en V con 499 cc, refrigeración líquida y cuatro válvulas accionadas por varillas empujadoras por cilindro. Sus 50 CV de potencia se transmitían mediante un eje que contribuía a esa sencillez de mantenimiento. La CX650 apareció en 1984, seguida de la versión Turbo, que podía presumir de 82 CV, pero contaba con el inconveniente de su peso y la complejidad de que la CX se había visto libre. Tal como resultó después, estas motocicletas tenían tal relación potencia/peso en sus versiones estándar, que el uso de la turboalimentación se hacía del todo innecesario.

A la CX siguió una serie de bicilíndricas y tetracilíndricas en V con motores montados longitudinalmente y de

La CBR600F fue la completa deportiva a que aspiraban todos los fabricantes. Lanzada en 1987, sus ocasionales mejoras la mantuvieron siempre en posición de cabeza.

Cuando a finales de los años noventa se pusieron de moda las máquinas desnudas, Honda quitó los paneles de su modelo CBR600F y ofreció la naked Hornet por casi 2.000 libras esterlinas menos.

orientación claramente deportiva, todas las cuales utilizaban transmisión a cadena. Esta disposición favoreció el equilibrio de la máquina, la suavidad de la marcha, lo que se hace evidente cuando vemos que una tetracilíndrica en línea y una tetracilíndrica en V se pueden pilotar espalda con espalda. La primera de estas tetracilíndricas en V fue la VF750 con refrigeración líquida, lanzada en 1983. A ésa siguieron las versiones de 400 y 500 cc. En 1984 hubo también una bicilíndrica en V con refrigeración líquida, la VT250, y también el modelo VT500. Debido a los problemas con las válvulas de la VF750, Honda reemplazó la serie VF por la VFR en 1986. Para evitar los fallos de las VF, esta abanderada de las turismo deportivas utilizaba árboles de levas por engranajes. La VFR750 era tan buena que tardó doce años en ser reemplazada por la

VFR800, de 100 CV e inyección electrónica.

Las tetracilíndricas en V de Honda estuvieron en primera línea de la explosión de réplicas de modelos de carreras que ocurrió a finales de los años ochenta y llegó hasta la década siguiente, alimentada por el aumento de las «importaciones paralelas». La serie VFR de máquinas de 400 cc estaba personificada en la brillante y pequeña NC30, con carenado pintado en colores de competición y suspensión trasera por monobrazo basculante. La RC30 de 1988 y la RC45 estaban inspiradas en el modelo de competición RVF. Probablemente, la más radical de todas fue la NR750, que estaba provista de los mismos pistones ovalados que la NR500 había utilizado en competición una década antes. La NR750 tenía ocho válvulas por cilindro y desarrollaba una potencia de 125 CV a 14.000 rpm, aunque no se demostró más rápida que cualquier otra 750.

Entre las bicilíndricas en V longitudinales se incluía la enorme *off-road* XRV750 Africa Twin y la XL600V Transalp, que era una trail de mediano tamaño con 583 cc. Ambas máquinas ocupaban una posición central en esa particular parcela del mercado, tan de moda por entonces. Igualmente, la bicilíndrica en V Varadero, de 996 cc y clara orientación de carretera, reflejaba la gloria de los éxitos de Honda en el Rally de Dakar.

Un motor similar se instaló en la NTV650 de transmisión por eje, comercializada como Revere, y con el nombre Bross en las cilindradas de 400 y 650 y transmisión a cadena. Estas motocicletas eran además excelentes bestias de carga, y arrimaban el hombro ahí donde las CX abandonaban. La NT650V

Como sus homólogas japonesas, Honda desafió a las Harley-Davidson fabricando la retro VT1100 Shadow. Esta motocicleta de 1993 tenía buena presencia, pero le faltaba carisma.

Deauville de 1998 era una touring con equipamiento completo, carenado, maletas y transmisión por eje. El contraste lo ponía la VT750 Shadow, un clásico modelo custom con dos cilindros en V. Finalmente, Honda lanzó la ST100 Pan European, que no hay que confundir con esa casa con ruedas que era la Gold Wing. La pan European era el último grito en turismo deportiva de los años noventa. Contaba con un motor de cuatro cilindros en V y 1.100 cc, capaz de proporcionar una potencia de 100 CV, lo que la permitía alcanzar los 210 km/h. Con su carenado completo, tuvo mucho éxito entre las fuerzas policiales, servicios de asistencia médica y rescate, e incluso como taxi.

La motocicleta que había de convertirse en la abanderada de Honda llegó en 1987: la CBR600, que se adueñó de la categoría de las máquinas deportivas. Con un carenado integral, era tan completa como la VFR, pero estaba propulsada por un motor de cuatro cilindros en línea, con 599 cc, refrigeración líquida, doble árbol de levas y una potencia de

Steve Hislop, once veces ganador de TT, toma un curva en su RVF en el circuito de Donington, Inglaterra, en 1994. La versión de carretera derivada de ésta fue la RC45, lanzada al mercado ese mismo año.

85 CV. En los primeros ocho años de fabricación, Honda llegó a vender 100.000 unidades de este modelo, lo que la convirtió en la motocicleta más vendida del mundo. Sus principales atributos eran el fácil manejo y la manera en que transmitía su potencia, y todavía hoy es el punto de referencia de las motocicletas deportivas japonesas.

Como es ya práctica común, junto con la 600, Honda lanzó otros dos modelos semejantes en la gama CBR, aunque al lado de aquella pasaron casi inadvertidos. La CBR 750 sólo se en-

La ST1100 Pan European, tetracilíndrica en V con 1084 cc, fue muy apreciada por los amantes de las tourer para largas distancias, así como por los servicios de emergencia, para los que no era ningún obstáculo pasar mucho tiempo sobre el asiento.

contraba en «mercado paralelo» de importación, igual que la CBR100 de 130 CV, que era una magnífica turismo deportiva para largas distancias. En el otro extremo de la gama, la CBR400 era una interesante réplica del modelo de

HIRONDELLE
Francia (Courbevoie) 1921-1926 y comienzo de los años cincuenta. Esta fabricante de armas fabricó en un principio modelos de dos tiempos. Más tarde, y después de un largo tiempo fuera de la producción, se encargó de la fabricación de ciclomotores y de un escúter de 125 cc.

HIRSCH
Alemania (Berlín) 1923-1924. Esta firma alemana de comienzos de los años veinte utilizaba, al parecer, motores de fabricación propia de 150 y 128 cc, además de uno de DKW de 142 cc.

HIRTH
Alemania (Stuttgart) 1923-1926. Estas máquinas alemanas estaban diseñadas para la competición. Contaban con motores de dos tiempos y refrigeración líquida, con cilindradas de 123 y 244 cc. Contaban con la ventaja de estar hechos de aleación ligera.

HJ
Inglaterra (Birmingham) 1920-1921. Howard & Johnson, de Birmingham, utilizaban en sus máquinas motores de 269 cc. Estos motores los suministraban las firmas Villiers y A. W. Wall (Liberty).

HJH
Gales (Neath) 1954-1956. H. J. Hulsman se encargó de montar motores de dos tiempos y 147, 197 y 247 cc en bastidores convencionales. Los motores de sus motocicletas los suministraba la marca Villiers.

HKR
Alemania 1925-1926. La compañía alemana Hako (véase más arriba) fue más tarde conocida como HKR, cuyas iniciales responden el nombre de Hans, Korn, Rothenburg.

alcanzaba los escalofriantes 266 km/h, lo que ponía el modelo a la altura de los grandes coches deportivos. Y no sólo eso, sino que además tenía una maniobrabilidad inigualable. La receta de su éxito residía en los 123 CV generados por los 893 cc de su motor tetracilíndrico en línea, unidos a una gran ligereza (sus 185 kg la hacían comparable a las motos medias de 600) proporcionada por su bastidor de doble viga de aluminio.

Durante los años noventa, tuvo lugar una carrera por conseguir la motocicleta más rápida en carretera, y la siguiente contribución de Honda en este sentido fue la CBR1100 Blackbird, que se puso en venta en 1997. Se clasificó como una turismo deportiva, y carecía de la atractiva línea de la Fire-Blade. Sin embargo, con 285 km/h podía con razón reclamar el título de motocicleta más rápida. Entre sus contendientes se encontraban la Suzuki 1300 cc Hayabusa, y la Yamaha R1. Contemporánea de estos modelos fue la Honda VTR1000 Firestorm, con un motor bicilíndrico en V de 996 cc, que se diseñó pensando en competir con Ducati.

Sin olvidar sus raíces en el mercado de los modelos de transporte diario, Honda lanzó el «super escúter» Foresight de 250 cc, que tuvo un papel predominante en su gama.

carreras, aunque también este modelo fue más prolífico en el mercado gris de importación. Esta tetracilíndrica en línea era comparable a la VFR 400 de cuatro cilindros en V.

En 1992, el mundo de las motocicletas se animó con la llegada de la CBR900 FireBlade RR, que se anunciaba como la motocicleta de serie más rápida del mundo. Su velocidad máxima

La máquina que ofreció por primera vez prestaciones de motocicleta de carreras al gran público fue la CBR900RR Fireblade, que proporcionaba un gran rendimiento.

HONDA C50 SUPER CUB
1958

En ocasiones aparecen vehículos que producen un cambio radical en los medios de transporte, como el Modelo T de Ford, o el Mini. La gama de modelos abiertos de Honda pertenece a esa categoría de vehículos. El más básico fue el monocilíndrico de cuatro tiempos y 49 cc más universal, el Honda 50, que podía alcanzar una velocidad de 64 km/h, suficiente para manejarse con soltura en el tráfico urbano y en muchas situaciones rurales. La Super Cub de 50 cc, lanzada en agosto de 1958, acercó las motocicletas al gran público, no sólo en los países industrializados, sino también en el tercer mundo, donde las carreteras con un buen firme escaseaban. El diseño abierto de su bastidor añadía al modelo un carácter muy práctico, facilidad a la hora de montar, cadena oculta y un carenado propio de un escúter, con protecciones de plástico para las piernas. Como era propio de todos los modelos Honda, el Super Cub estaba muy bien fabricado y era fiable, característica fundamental en ambientes del tercer mundo. En los primeros cinco meses se vendieron nada menos que 24.000 unidades, lo que abrió las compuertas de la movilidad.

El primer modelo nuevo en recibir un motor con árboles de levas en la culata

accionados por cadena fue el CS90, con un solo cilindro de aleación y 8 CV, nacido en 1964. Su cilindro estaba colocado casi horizontal en el bastidor y el árbol de levas estaba colocado directamente en la culata. Entre las versiones de este modelo aparecieron la C70 y C90, que aportaron algo más en cuanto a prestaciones. La C110 era una versión más en la línea de las motocicletas, con el motor de la C100 colgado de un bastidor de acero estampado, mientras que la diminuta CZ100 Monkey Bike de 1960 tenía el motor y la transmisión de la C100, con ruedas de 128 mm colocadas en un bastidor rígido.

A partir de 1960, Honda vendió medio millón de estas motocicletas abiertas al año, y en 1983, la cifra total de unidades vendidas superaba los 15 millones. Este tipo de máquina se vende todavía hoy en todo el mundo, y constituye el vehículo a motor de dos ruedas más famoso de todos los tiempos.

Puede que su aspecto no sea el de una bestia salvaje, pero la Super Cub C50 causó toda una revolución. La comodidad y la fiabilidad del modelo trajeron la movilidad al común de la población.

Honda CB750 1969

En el otro extremo, la CB750 también causó impacto en el mundo de las motocicletas. Mientras que la C100 trazó el camino a seguir hacia los nuevos mercados, la gran máquina tetracilíndrica abría nuevas posibilidades en el sector de las prestaciones, y fue decisiva a la hora de arrebatar parte del mercado a marcas tradicionales como BSA y Triumph. El secreto estaba en que la CB750 incluía características que hasta entonces se había considerado verdaderos lujos. Las discrepancias en cuanto a rendimiento y maniobrabilidad quedaban a un lado frente a las innegables virtudes de la CB750. Era fiable, limpia y silenciosa, además de muy dócil a bajas velocidades. Su suave motor en ningún momento se veía forzado, y sus 76 CV de 8.000 rpm se movían cómodamente en los límites razonables de las nuevas tetracilíndricas.

El nuevo motor era relativamente sencillo y estaba basado en las características que Honda había estado utilizando con éxito durante toda una década. Sólo contaba con dos válvulas por cilindro, y el único árbol de levas estaba accionado por cadena central. Disponía de cuatro carburadores y cuatro tubos de escape. El bastidor era el convencional tubular de doble cuna con horquilla telescópica delantera. Sus

Presentada en 1979, la CB750 constituyó el primer intento de Honda por crear una máquina de gran tamaño, y tuvo tanto éxito que transformó completamente le mercado de las motocicletas de gama alta.

especificaciones se completaban con una caja de cambios de cinco velocidades, arranque eléctrico y freno delantero de disco. El motor flexible y el asiento, grande y cómodo, la hacía ideal

como moto de turismo; un modelo con una velocidad máxima de 201 km/h que no precisaba de constante atención. En realidad, el concepto de Honda de una tetracilíndrica en línea grande fue tan bien recibido que el resto de fabricantes japoneses no tardaron en copiar el modelo.

La versión de 750 cc con transmisión automática, motor de 47 CV a 7.5000 rpm y convertidor del par motor en lugar de embrague no tuvo mucho éxito, y tan sólo se vendieron unas cuantas unidades. En 1979, la original 750 con un árbol de levas había quedado superada por sus rivales, de modo que Honda fabricó la dohc de 16 válvulas con 77 CV.

Junto con ésta, llegó la CB900 de 95 CV, que podía llegar a alcanzar los 217 km/h, y que a su vez dio lugar a la CB1100R, con semicarenado y mejoras en la maniobrabilidad. Después de treinta años, la CB750 todavía se sigue fabricando.

Motor: tetracilíndrico en línea, transversal, 736 cc (61 × 63 mm).
Potencia: 67 CV a 8.000 rpm
Caja de cambios: pedal, 5 velocidades
Transmisión secundaria: cadena
Peso: 220 kg
Velocidad máxima: 200 km/h

Honda Gold Wing 1975

La Gold Wing, lanzada en 1975 con un motor de 1.000 cc y cuatro cilindros, aumentó su capacidad a 1.200 cc, cambió su nombre por el de GL1500 en 1988 y se convirtió en la reina indiscutible de la parte alta de la gama.

Con su formato con carenado integral, se convirtió en los modelos Interstate y Aspencade (años 1980 y 1982). La Gold Wing se fabricó en Ohio, Estados Unidos, y ofrecía las más exigentes especificaciones en cuanto a postura de

conducción, equipamiento y capacidad de almacenaje. Tan sólo las mejores Harley-Davidson podían competir con ella en este apartado.

Un pedal controlaba tanto el freno delantero como el trasero. Contaba con control de mandos, reloj digital y radiocasette. El motor de 1,5 litros y seis cilindros planos refrigerados por agua permitía recorrer largas distancias sin el menor esfuerzo, y en ciertos mercados donde las distancias entre distintos pun-

La original Gold Wing de 1975 era una motocicleta de aspecto bastante corriente, diseñada para competir con la Kawasaki K1. Su aspecto no delataba la comodidad que ofrecía el modelo.

tos del país eran muy grandes y las características del modelo podían apreciarse claramente (como los Estados Unidos) esta motocicleta adquirió el rango de modelo de culto.

En Europa, la ST1100 Pan European con su transmisión por eje y motor tetracilíndrico en V montado transversalmente ofrecía un tamaño más adecuado. Honda también presentó una versión naked de la GL1500 Gold Wing, que se llamó Walkyrie o F6C, y que contaba con el mismo motor de seis cilindros planos y 1.520 cc.

Motor: seis cilindros planos, 1.520 cc, refrigeración por agua
Potencia: 100 CV a 5.200 rpm
Caja de cambios: pedal, 5 velocidades y marcha atrás
Transmisión secundaria: eje
Peso: 368 kg
Velocidad máxima: 187 km/h

HONDA CBR600F

1987

Desde su lanzamiento en 1987, la CBR600F pronto se ganó el título de motocicleta polivalente. Se utilizaba para el transporte diario o turismo, terrenos en los que se movía con todo el aplomo. Igual de competente se demostraba en los circuitos de carreras, habiendo conseguido más títulos de Supersport 600 en el año 2000 que cualquier otra rival de su categoría. Sorprendió a todos los aficionados por su perfecto equili-

El original aspecto regordete de la CBR600F se estilizó en 1991, al tiempo que se aumentaba su potencia de los 95 a los 100 CV. En 1999, la máquina era completamente nueva.

brio entre velocidad, comodidad y aspecto práctico, introduciendo a lo largo de los años las mejoras necesarias en su rendimiento, que hicieron pasar de los 83 CV del modelo H hasta los 108 y 258 km/h. Su *ranking* se puso en tela de juicio con la llegada en 2000 de la Yamaha R6 y la Triumph T955.

El diseño de su innovador carenado fue evolucionando con el resto de la máquina, aunque el patrón de colores que era modificado anualmente siguió centrándose en las imágenes japonesas de los modelos de réplica. Un cambio importante en el diseño del chasis llegó en 1991, cuando se le proporcionó un bastidor de doble viga de acero más

pequeño, junto con algunos cambios, entre los que hay que destacar el tubo de escape de cuatro en uno. En 1999, se le proporcionó un bastidor de doble viga de aluminio que encerraba el motor, y se hizo que el brazo basculante pivotara directamente en la cubierta del motor.

El resultado fue un chasis más fuerte y ligero que proporcio-

Todos los años, el color de la CBR600F se cambia por otro, con un dibujo igualmente característico. Esta versión muestra uno de los dibujos disponibles en 1997.

naba al piloto una mayor respuesta. También se consiguió que el motor fuera 3 kg más ligero, al tiempo que se aumentó la potencia. Las nuevas máquinas de ese año incorporaron además un sistema de alimentación directa de aire rediseñado que alimentaba sus carburadores de 36,5 mm.

Sus magníficas prestaciones convirtieron la CBR600F en una máquina muy buscada por los ladrones, por lo que en 1999 se incluyó entre sus sistemas de seguridad un encendido codificado electrónicamente, lo que impedía poner en marcha la moto con otra llave que no fuera la original.

Motor: tetracilíndrico en línea, transversal, dohc, 599 cc, refrigerado por agua
Potencia: 99 CV a 12.000 rpm
Caja de cambios: 6 velocidades, pedal
Transmisión final: cadena
Peso: 185 kg
Velocidad máxima: 258 km/h

HONDA CBR900 RR FIREBLADE

1992

Desde el momento de su lanzamiento en 1992, la Honda CBR900 RR FireBlade elevó al categoría de las superbikes hasta un punto desconocido, y salvo por competidores como la Ducati 916 y la Triumph T955 Daytona, la CBR900 RR prometía llevar la corona de la categoría durante toda la década.

Sólo en 1998, cuando Yamaha lanzó su R1, la FireBlade sintió seriamente amenazada su supremacía. Originalmente con 893 cc, las constantes mejoras introducidas en la FireBlade de 123 CV, 16 válvulas y cuatro cilin-

Lanzada al mercado en 1992, la FireBlade dominó desde el principio la categoría de las superdeportivas, y se fueron introduciendo constantes modificaciones en la geometría del bastidor y la dirección.

dros colocados transversalmente, aportaron al modelo un rendimiento aún mayor, con una capacidad de 918 cc, al tiempo que se reajustó el bastidor de doble viga de aluminio para ganar docilidad a costa de originalidad. Las FireBlade ganaron la Production TT en tres

ocasiones consecutivas a mediados de los noventa, y dominaron en 1998 el British Production Powerbike Championship.

Motor: 4 cilindros en línea, transversal, dohc, 16 válvulas, 893 cc
Potencia: 123 CV a 12.000 rpm
Caja de cambios: pedal, 6 velocidades
Transmisión final: cadena
Peso: 185 kg
Velocidad máxima: 266 km/h

HONDA RC45 1994

El último grito de Honda en las tetracilíndricas en V fue la RC45, creada en 1994 para reemplazar la RC30 World Superbike. Su motor era un tetracilíndrico en V de 749 cc y refrigeración por agua unido a una caja de cambios de seis velocidades y montado en un bastidor doble viga de aluminio con monobrazo basculante en la rueda trasera. En gran medida, los componentes de la RC45 evolucionaron a partir de las máquinas de carreras RVF, con unos poderosos frenos de disco con pinzas de cuatro pistones, aunque la RC45 poseía un motor

Motor: 4 cilindros en V, ohv, 749 cc, refrigeración por agua
Potencia: 118 CV a 12.000 rpm
Caja de cambios: 6 velocidades, pedal
Transmisión secundaria: cadena
Peso: 189 kg
Velocidad máxima: 282 km/h dependiendo de la transmisión

completamente nuevo en el que la transmisión por engranajes de los árboles de levas partía del extremo del cigüeñal. La inyección electrónica reemplazaba a los antiguos carburadores, y el motor podía llegar a desarrollar hasta 150 CV con sólo añadirle el kit de competición, multiplicando el valor de una máquina que ya de por sí era algo fuera de serie.

La RC45 (o RVF750), lanzada en 1994 evolucionó a partir de las motocicletas de carreras de cuatro cilindros en V con sistema de inyección de gasolina, convirtiéndose en una sofisticada superdeportiva.

HONDA FES PANTHEON 125 2000

Potente, cómodo y fácil de conducir, en el año 2000, el Honda Pantheon costaba 825 libras esterlinas en el Reino Unido, y era la máquina más selecta del floreciente mercado de los escúter de última serie. Era el hermano pequeño del modelo FES250 Foresight, presentado en 1998. Aunque era uno de los escúter más pesados de su tipo, distribuía el peso en los lugares adecuados, haciéndolo más estable que cualquiera de sus competidores. Comparado con una máquina tradicional, como la Aprilia Habana Custom 125, el modelo de Honda no era precisamente una belleza. Sin embargo, el asiento era relativamente bajo y permitía a los pies del piloto adoptar varias posiciones. Estaba propulsado por un motor de dos tiempos (el llamado Active Radical Combustión) que entregaba su potencia con toda suavidad desde los regímenes más bajos de revoluciones para proporcionar una mejor aceleración que la de sus rivales de Peugeot y Yamaha. El Pantheon estaba equipado con el sistema de frenos Combined Braking System (CBS), tomado de las Honda deportivas, en el que ambas palancas de freno aportan parte de la presión al otro freno, un elemento que no es muy popular entre los moteros que prefieren decidir por sí mismos qué freno utilizar en cada ocasión. Sin duda, los estudios de mercado mostraron a Honda que el cliente que se decide por un escúter no suele ser tan exigente. Para el viaje a la oficina o la salida de fin de semana, el cómodo asiento de pasajero de la Pantheon era unas pulgadas más alto que el del conductor, y se dice que era uno de los más cómodos del mercado, a pesar de que los asideros para las manos tenían unos bordes un tanto incómodos.

Honda se introdujo en el mercado de los escúter a fines del siglo XX, con modelos como el Pantheon FES125 y el FES250 Foresight.

Motor: monocilíndrico, 2 tiempos, ohv, 125 cc, refrigeración líquida
Potencia: 15 CV
Caja de cambios: V-matic
Transmisión secundaria: cadena
Peso: 145 kg
Velocidad máxima: 113 km/h

HONGDU

CHINA ES HOY DÍA UNO de los grandes fabricantes de motocicletas. Hongdu comenzó fabricando modelos japoneses con licencia, y fue una de las primeras firmas dedicadas a esta industria en el país.

Hongdu colaboró con Yamaha, y su primer modelo fue el YG1. Tenía una capacidad de 73 cc, con un cilindro de hierro fundido colocado inclinado hacia delante y cubierto por una culata de aleación ligera. Su válvula rotativa de admisión controlaba la cantidad de mezcla que entraba en el cilindro; el encendido se realizaba mediante una magneto, y la motocicleta se arrancaba con palanca. El motor contaba con una caja de cambios integrada provista de cuatro velocidades, y colgaba del bastidor de espina central con horquilla telescópica en la rueda delantera y horquilla basculante en la rueda trasera, ruedas de radios de alambre y frenos de tambor.

Esta motocicleta estableció el patrón de la firma, y con el tiempo, la 80 fue reemplazada por una 100, que a su vez se vio sustituida por una 125. Las válvulas giratorias dieron paso a las de láminas en la admisión; los platinos fueron reemplazados por encendido electrónico, y se añadió encendido eléctrico para ayudar

Para el mercado de las motocicletas ligeras de carretera, Hongdu ofreció esta JH90 durante los años noventa, un modelo basado en uno anterior de Yamaha.

Como era típico de Hongdu, esta JH125L de 1995 estaba basada en un modelo de la serie DT de Yamaha, que gozó de gran popularidad.

al arranque por palanca. La caja de cambios fue incorporando velocidades, los bastidores tubulares ocuparon el lugar de los de espina central en algunos modelos y aparecieron los frenos de disco.

La gama abarcó durante años desde los 50 hasta los 125 cc, y en ella se incluyeron ciclomotores, pequeños escúter, escúter y motocicletas ligeras.

HOREX

FRIEDRICH KLEEMAN ESTABA al frente de la marca Horex, que dirigió junto a su hijo Fritz. Kleeman se embarcó en diversas aventuras comerciales a comienzos de los años veinte. La familia poseía una fábrica en Bad Homburg, en la que se fabricaban recipientes con patente de Rex. Además, Kleeman era el principal accionista de la Columbus Motorenwerke de Oberusel, que fabricaba motores auxiliares para bicicletas, además de otros mayores para motocicletas.

En 1923, el equipo formado por padre e hijo fundó otra compañía, esta vez con la intención de fabricar motocicletas completas.

El nombre Horex se formó con las dos primeras letras de Homburg, a las

Una Horex 596 cc de 1938, con motor Columbus de un cilindro y cuatro tiempos. Horex era propiedad de la pareja Friedrich y Fritz Kleeman, padre e hijo.

que se añadió el nombre Rex. Un año más tarde, aparecía la primera motocicleta Horex.

Como tal vez era de esperar, la recién creada Horex escogió un motor Columbus: un monocilíndrico ohv de 248cc, con una caja de cambios de tres velocidades accionada manualmente.

La transmisión secundaria era por medio de cadena, mientras que el bastidor tenía el tradicional diseño tubular de acero propio de aquellos años, con un depósito plano y asiento con amortiguación inspirado en los modelos que estuvieron de moda antes de los años treinta. La horquilla delantera se valía de un brazo oscilante suspendido de un muelle central, e incorporaba un amortiguador de fricción.

A medida que fue creciendo la demanda, lo que Horex consiguió llamando la atención del público en competiciones de pista y trial, la firma comenzó a utilizar motores de mayor capacidad. En 1930, Horex estaba sólidamente asentada en el mercado y el ritmo de producción había aumentado hasta tal punto que algunos motores tuvieron que fabricarse con licencia de Sturmey-Archer.

Además, otras marcas alemanas empezaron a utilizar cada vez más los motores Columbus, entre ellas AWD, Tornas y Victoria.

Finalmente, Horex y Columbus unieron sus intereses trasladando la producción de motores de Oberusel a Bad Homburg. Pero antes llegaría otro éxito comercial con el Ghom, un motor de 63 cc que podía instalarse fácilmente en cualquier bicicleta ordinaria.

Los años treinta trajeron más éxitos a Bad Homburg, y en esta década Horex contrató los servicios del diseñador Hermann Reeb, creador de una serie de interesantes e innovadores modelos.

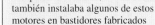

Primero llegaron dos monocilíndricos, uno de 498 cc y válvulas laterales, y el otro de 596 cc y distribución ohv. Más tarde, modelos de 198, 298 y 346 cc, todos ellos con sistema ohv.

Un sidecar Horex de 1951 con asiento individual. Gracias a su gran par motor a bajas revoluciones, los modelos Horex fueron muy populares entre los entusiastas de las tres ruedas.

Reeb creó sensación en 1932 con el diseño de dos bicilíndricas verticales de gran capacidad (598 y 796 cc) con árboles de levas en la culata accionados por cadena. La transmisión de los árboles de levas estaba en el lado izquierdo del motor, encerrado bajo una cubierta de aleación. Este resultó ser el único inconveniente del modelo: la gran cubierta de aleación impedía el correcto funcionamiento de la bujía.

Por supuesto, ya antes había habido bicilíndricas verticales, pero no como éstas.

Aunque Triumph y Edward Turner son hoy considerados los creadores del

El piloto de pruebas de Horex, Friedl Schon a los mandos de la nueva 497 cc (65 × 75 mm) bicilíndrica dohc de carreras en el circuito de Dieburg, 6 de abril de 1952.

HOOCK
Alemania (Colonia) 1926-1928. Además de importar motores Villiers para su distribución, esta compañía de Colonia, en Alemania, también instalaba algunos de estos motores en bastidores fabricados por ella misma.

HORAK
Checoslovaquia 1969. Esta compañía checoslovaca de corta vida fabricó a finales de los años sesenta motocicletas de cross. Estas máquinas estaban provistas de motores monocilíndricos desmodrómicos de 250 cc. La firma también fabricó un tetracilíndrico desmodrómico.

HORSY
Francia 1952-1953. Esta motocicleta francesa fue uno de los muchos escúter fabricados en aquella época. Éste utilizaba un motor de 85 cc.

HOSK
Japón 1955-1957. La firma japonesa Nikon Kososu Kikan fabricó la Hosk SS de 235 cc y la Hosk BC-CA de 143 cc. Ambas motocicletas tenían caja de cambios de tres velocidades y suspensión en ambas ruedas.

HOSKISON
Inglaterra 1919-1922. Esta compañía de tan sólo tres años de vida fabricó tres modelos, en los que utilizó motores suministrados por otras firmas: un Villiers de 269 cc, un 292 cc de dos tiempos de Union, y un Blackburne de 497 cc y válvulas laterales. Todos ellos estaban montados en bastidores abiertos convencionales, propios de aquella época.

Una Regina Sport de 1953 con motor monocilíndrico ohv. Ofrecía a sus propietarios unas prestaciones superiores a las del modelo estándar, con 20 CV y 125 km/h de velocidad máxima.

moderno motor bicilíndrico vertical, lo cierto es que Horex y Hermann Reeb podría reclamar haber llegado antes.

Tanto en los salones de muestras como en los circuitos, Horex cosecha un éxito tras otro a mediados de los años treinta.

Por ejemplo, no sólo presentó nuevos modelos monocilíndricos de cuatro válvulas y 500 y 600 cc, sino que la bicilíndrica paralela ohc de Reeb había aumentado su capacidad hasta los 980 cc. Pero fue un modelo ohv, la S35 de 348 cc con motor Sturmey-Archer, el que batía todos los récords de ventas de la firma.

De no haber llegado la guerra, habrían aparecido nuevos modelos. Después de 1945, Horex fue uno de los primeros fabricantes de motocicletas en Alemania en reanudar su producción, gracias, dicen algunos, a las buenas relaciones de la familia Kleeman con los americanos.

El modelo de Horex más vendido después de la guerra fue la 350 Regina, y en la primavera de 1950, hizo su debut una versión de carreras con motor monocilíndrico y distribución ohv. Este modelo seguía fielmente la línea trazada por los modelos de carretera, pero su motor había sido modificado y añadía

un carburador de competición British Amal TT y una magneto Bosch que reemplazaba al sistema de encendido estándar por batería. La Regina de carreras desarrollaba una potencia de 25 CV y era capaz de alcanzar los 161 km/h. Sin embargo, pronto se hizo evidente que, enfrentada con el sistema ohc de las Norton y las AJS de serie, las varillas empujadoras de la Horex simplemente no daban la talla.

Horex también fabricó una serie de modelos bicilíndricos de competición utilizando nombre Imperator. No hay que confundir estas motocicletas con el

modelo de carretera fabricado en serie y que llevaba el mismo nombre. La primera de las nuevas bicilíndricas debutó a comienzos de 1951, y comparada con la bicilíndrica paralela de Reeb de antes de la guerra, la motocicleta de 1951 (497 cc, 65 × 75 mm) era considerablemente más ancha. La transmisión al árbol de levas en la culata se realizaba nuevamente por medio de cadena, pero esta vez la cadena estaba alojada entre los dos cilindros verticales.

Comparada con el diseño Horex anterior, la nueva simetría del modelo ofrecía la ventaja de una refrigeración

más uniforme para los cilindros, lo que permitía al diseñador colocar las bujía en la posición convencional.

El sistema de transmisión central al árbol de levas también permitía que el propio árbol fuera más corto, lo que evitaba la posibilidad de que se doblase, con el consiguiente efecto en la sincronía de las válvulas.

También el chasis presentaba novedades comparado con el habitual en los modelos de Horex. En lugar de confiar en el motor como una parte más de sustentación del modelo, éste disponía de un bastidor de doble cuna que envolvía el motor. Y en vez de la tradicional suspensión trasera por émbolos que la firma utilizaba en los modelos de carretera, este prototipo bicilíndrico de carreras recurría un brazo basculante totalmente novedoso.

No había depósito de aceite, pues el motor utilizaba un sistema de lubricación por colector dentro del propio cárter. Pero las prestaciones del motor decepcionaron un tanto las expectativas, lo que dio lugar a un nuevo diseño que estuvo listo al año siguiente, y que debutó en mayo de 1952 en Hockenheim pilotado por Friedl Schon. El nuevo modelo con doble árbol de levas (el prototipo de 1951 contaba con un único árbol) logró una impresionante victoria, pero no pudo repetir el éxito en las series del campeonato del mundo, donde la Horex bicilíndrica solía terminar por retirarse antes del final de la prueba. Afortunadamente, Horex podía recurrir

La Resident monocilíndrica de 350 cc ohv reemplazó al modelo Regina, que había batido récord de ventas de la firma. En 1955, el modelo comenzó a producirse en serie, pero nunca alcanzó la popularidad del anterior.

Una Imperator 500 reconvertida para la competición, con motor bicilíndrico ohc, durante una competición a finales de los años ochenta. Obsérvese la ausencia de tubos de escape con grandes difusores.

al talento del ingeniero y piloto Roland Schnell, que junto con Hermann Gablenz pilotó unos modelos monocilíndricos especialmente fabricados con sistema dohc y 250 y 350 cc.

Estas monocilíndricas, parcialmente de serie, eran mucho más robustas que las bicilíndricas, y también más rápidas, y lograron muchos éxitos entre 1952 y 1954 en pruebas internacionales celebradas por toda Europa. El proyecto final de la Horex de competición fue otro prototipo bicilíndrico hoc completamente nuevo, obra del ingeniero austríaco Ludwig Apfelbeck. Apareció en 1954.

Los principales modelos de serie de Horex fabricados entre comienzos y mediados de los años cincuenta fueron la monocilíndrica Regina y la Imperator bicilíndrica.

Horex también fabricó cierto número de motos ligeras con motor Sachs de dos tiempos, incluida la Rebell 100 y el fallido y costoso escúter Rebell que tenía un motor monocilíndrico horizontal ohv y 249 cc. Horex también fabricó una nueva monocilíndrica de cuatro tiempos, la Resident, en dos capacidades: 250 y 350 cc. Las ventas cayeron en 1955 a menos de 5.000 unidades, lo que se tradujo en cuantiosas pérdidas para la compañía, que finalmente tuvo que cerrar a comienzos de 1958. A pesar de un breve renacimiento en los años ochenta, el nombre terminó desapareciendo para siempre.

Horex tuvo un breve renacimiento en los años ochenta gracias a la iniciativa de Fritz Roth. La nueva compañía fabricó modelos con motores Minarelli y Rotax. El de la foto es un modelo de 500 del año 1984, con motor monocilíndrico Rotax.

HOREX REGINA 350

1949

El modelo más vendido de Horex en el período posterior a la Segunda Guerra Mundial fue la Regina 350 ohv monocilíndrica. En muchos sentidos, ésta era la más británica de las motocicletas alemanas fabricadas entre finales de los años cuarenta y principios de los cincuenta. Gran parte del atractivo de la Regina residía en su absoluta fiabilidad, poco consumo y fácil mantenimiento. El cilindro tenía una capacidad de 342 cc (69 × 91,5 mm), y la caja de cambios estaba parcialmente integrada en el motor. Su potencia era de 15 CV a 3.500 rpm, pero lo más importante es que ofrecía al piloto un gran par motor.

Ambas varillas empujadoras estaban encerradas en un estrecho tubo colocado en el lado derecho del cilindro, lo que le daba el aspecto de una distribución de válvulas ohc con eje y engranajes cónicos. Dentro del cilindro, un pistón Mahle de tres segmentos y una relación de compresión de 6,8:1. Tanto el cilindro como la culata estaban hechos de hierro fundido, con una gran caja de balancines fabricada de una sola pieza en aluminio, lo que delataba la herencia prebélica de la marca, igual que las dos lumbreras de escape y los dos tubos de

La Regina con doble lumbrera de escape, distribución ohv y 342cc apareció a finales de los años cuarenta y se convirtió en el modelo más famoso de la compañía. Esta es una versión de 1952.

escape separados que discurrían uno a cada lado de la motocicleta. El cigüeñal disponía de una cabeza de biela con rodamiento de rodillos y tres cojinetes. El mecanismo de distribución de válvulas estaba totalmente encerrado, y se accedía a él simplemente desenroscando los tornillos y contratuercas de la tapa. La lubricación se realizaba mediante un sistema de cárter seco, con la bomba de aceite alojada debajo de la tapa de la distribución, en el lado derecho del motor. La caja de cambios de cuatro velocidades se accionaba con un pedal, y la transmisión primaria se realizaba por cadena doble de rodillos, mientras que la secundaria era por medio de cadena sencilla.

Si puede decirse que el motor de la Regina estaba influido por los diseños de antes de la guerra, no puede afirmarse lo mismo del chasis. En él se reunieron todos los avances, como horquilla telescópica bañada en aceite, suspensión trasera por émbolos y el uso del motor, caja de cambios y embrague realizando una función resistente, como parte del bastidor interrumpido. Los frenos eran de aspecto moderno, con cubo de aluminio.

En conjunto, la Regina merecía el éxito de ventas que logró. Aunque el modelo más popular fue el 350, también hubo versiones de 248 cc (65 × 75 mm) y 399 cc (74,5 × 91,5 mm). La fabricación de la Regina continuó hasta el cierre de la firma, que tuvo lugar a principios de 1958.

Motor: monocilíndrico vertical, ohv, 342 cc (69 × 91,5 mm), refrig. por aire
Potencia: 15 CV a 3.500 rpm
Versión Sport: 20 CV a 4.500 rpm
Caja de cambios: 4 velocidades, pedal
Transmisión secundaria: cadena
Peso: 145,5kg
Velocidad máxima: 122 km/h
Versión Sport: 126 km/h

HOREX IMPERATOR 400

1954

La novedosa Imperator, presentada por la firma como su buque insignia de 1954, igual que hiciera con la Regina, no tenía nada en común con la desafortunada bicilíndrica de carreras con distribución dohc y 497cc con la que Horex había hecho campaña en los años 1951 y 1952.

En realidad, lo único que ambos modelos tenían en común era el nombre, ya que la roadster de serie era una moto indudablemente superior. Es interesante destacar que la Imperator era una 400 y no una 500 (lo que se aplicaba tanto a la Regina monocilíndrica de mayor capacidad como a este modelo de dos cilindros) por la sencilla razón de que el sistema impositivo cargaba con los mismos gravámenes los modelos de 350 y 400 cc, y, en cambio, los impuestos aumentaban un 25 por 100 para la cilindrada de 500 cc.

Con sus 392 cc (61,5 × 66 mm), árbol de levas en la culata accionado por cadena, caja de cambios integrada y aspecto moderno, la Imperator no había parecido anticuada dos décadas después, cuando los fabricantes japoneses pusieron en circulación muchos miles de bicilíndricas medias similares.

En realidad, la Imperator fue probablemente la serie más moderna producida por la industria alemana de la épo-

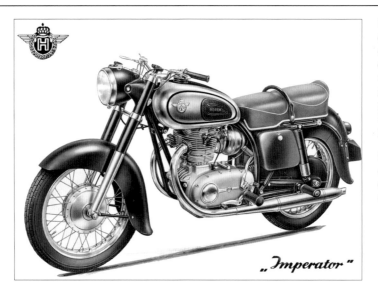

La fabricación de la Imperator bicilíndrica ohc de 392 cc comenzó en 1954. En muchos sentidos, fue precursora de las motocicletas medias japonesas que aparecieron dos décadas después.

ca, y sin duda merecía mejor suerte que la que tuvo.

En lugar de convertirse en un gran éxito comercial, esta máquina nunca lle-gó a desarrollar todo su potencial por culpa de la dramática caída de ventas que sufrió toda la industria motociclista alemana desde mediados de los años cincuenta.

La Imperator, con una velocidad máxima de 135 km/h, ofrecía una buenas prestaciones para ser lo que era, una turismo deportiva. Además, incluía entre sus características: bastidor tubular doble hecho de acero con doble brazo basculante, suspensión trasera por doble émbolo, horquilla telescópica en la rueda delantera (con la opción de una horquilla Schnell), frenos de tambor de aluminio, llantas de aleación de 460 mm, guardabarros envolventes (el trasero se podía girar sobre un gozne para facilitar la extracción de la rueda) y transmisión por cadena totalmente oculta.

La Horex bicilíndrica tenía además fama de ser una motocicleta muy cómoda gracias a la postura de conducción, el manillar plano y el lujoso asiento doble.

Motor: bicilíndrico paralelo, sohc, 392 cc, (61,5 × 66 mm), refrigeración por aire
Potencia: 26 CV a 6.500 rpm
Caja de cambios: 4 velocidades, pedal
Transmisión secundaria: cadena
Peso: 180 kg
Velocidad máxima: 135 km/h

HUMBER INGLATERRA 1896–1905 y 1909–1930

ESTA FIRMA, FUNDADA por Thomas Humber para la fabricación de bicicletas, se pasó al transporte a motor cuando comenzó a fabricar bajo licencia vehículos de tres ruedas. De sus talleres salió el excéntrico Pennington y en 1898 apareció un tándem eléctrico que circulaba al ritmo de una bicicleta. También fabricó el Ladies Motor Safety, provisto de un motor colocado detrás del tubo del asiento, así como el Olympia Tándem, un triciclo con dos ruedas delanteras entre las que se colocaba el asiento del pasajero, que estaba basado en el modelo Pennington, con el motor colgado detrás de la rueda trasera. Pero ninguno de estos esforzados diseños sobrevivió al cambio de siglo.

En 1902, Humber comenzó a fabricar motocicletas, ofreciendo dos modelos que tuvieron mucho éxito. El más pequeño de ellos utilizaba un motor de 1,5 CV colgado del bastidor, y provisto de transmisión a correa. El de mayor tamaño estaba fabricado con licencia de Phelon & Rayner, y tenía el motor montado sobre el tubo inferior del bastidor, con transmisión a la rueda trasera mediante cadena. En 1903 aparecieron nuevos modelos, todos con transmisión a cadena: el Beeston y el más económico modelo Coventry. En 1905, la firma concentró todos sus esfuerzos en la fabricación de coches, de manera que la producción de motocicletas quedó olvidada durante algún tiempo.

El nombre Humber volvió en 1909 con un modelo convencional de 3,5 CV con transmisión a correa y dos veloci-

En este triciclo Humber de 1902, el motor Phelon & Moore fabricado bajo licencia formaba parte del bastidor. El modelo contaba además con transmisión en dos fases.

dades en el cubo de la rueda trasera. Menos corriente era el silenciador, integrado en el tubo inferior del bastidor, y la horquilla delantera de resortes, cuyas palas pivotaban gracias a un soporte y los muelles situados bajo la pipa. En 1910, esta horquilla fue reemplazada por una horquilla Druid. Ese mismo año añadió un modelo ligero de 2 CV, con una versión abierta para señoritas.

Las carreras TT se trasladaron al circuito de Mountain en 1911, y Humber fabricó una nueva bicilíndrica en V de

2,75 CV con la que participó en la prueba Junior. Su peculiar motor de 339 cc tenía una biela maestra a la que se unía la segunda leva mediante una articulación. La magneto Bosch se accionaba mediante engranajes y estaba unida a la parte posterior del cárter; el carburador era un B & B, y la horquilla delantera era de la marca Druid. El nuevo modelo tuvo mucho éxito en su debut en la TT, logrando terminar en seis pruebas, en una de las cuales se alzó con el triunfo.

A comienzos de los años veinte, Humber incluyó en su catálogo esta prosaica monocilíndrica de válvulas laterales y 349 cc. Este modelo llegó tras una serie de bicilíndricas planas y una tricilíndrica.

HUCKE-RINNE
Alemania 1924-1926. Max Hucke, el conocido piloto de carreras, utilizaba motores Rinne de dos tiempos. Estos motores tenían capacidades de 124 y 174 cc, además de 247 cc. Este último motor utilizaba el sistema de aceite perdido para la refrigeración.

HUFFER
Alemania 1923-1925. Esta motocicleta ligera alemana de corta vida utilizaba toda una gama de motores con capacidades de entre 150 y 200 cc.

HULBERT-BRAMLEY
Inglaterra 1903-1906. El producto más conocido de Hulbert Bramley en los primeros años del siglo XX fue una motocicleta propulsada por un motor tetracilíndrico de Binks. Además, la compañía fabricó también motocicletas ligeras y triciclos.

HULLA
Alemania (Hagen) 1925-1932. Esta compañía alemana colocaba motores de otras firmas en sus bastidores. Estos motores eran principalmente de dos tiempos con capacidades de 200 y 300 cc fabricados por DKW, aunque también utilizó otros de JAP con válvulas laterales.

HULSMANN
Holanda (Rotterdam) 1929-años sesenta. Otro fabricante de bicicletas holandés que decidió probar con las motocicletas ligeras. Sus máquinas estaban propulsadas por motores Villiers de 123, 198 y 225 cc. Algunas fuentes sugieren que la firma también utilizó motores de otras firmas.

En 1912, se revisó el modelo de 3,5 CV y se introdujo uno nuevo de 2,75 con dos cilindros en V. La motocicleta de 2 CV se dejó como estaba. Durante los dos años siguientes, todos los modelos quedaron prácticamente igual, y en 1914 se unió a ellos uno de 3,5 CV con refrigeración por agua y diseñado para su uso con sidecar.

Sin embargo, a finales de 1913, Humber anunció un nuevo modelo con un motor tricilíndrico horizontal con los cilindros enfrentados. Este peculiar diseño se logró colocando un cilindro de 373 cc apuntando hacia delante y dos de 185 cc, que compartían una misma cámara de combustión, apuntando hacia atrás. El cigüeñal se diseñó para recibir las dos bielas de los cilindros más pequeños una a cada lado de la biela del cilindro delantero. El motor contaba con un gran volante exterior, y la magneto iba colocada encima del cárter. Este extraordinario motor estaba unido mediante cadena a una caja de cambios de tres velocidades de las utilizadas en los coches de la época. La transmisión secundaria también se realizaba por medio de cadena. Tan sólo se fabricaron una cuantas unidades de este curioso modelo.

En 1915, sólo seguía en producción el modelo de 3,5 CV monocilíndrico, mientras que el de 3 CV fue reemplazado por

un motor bicilíndrico plano de 6 CV refrigerado por agua, con caja de cambios de tres velocidades y transmisión secundaria a cadena. En 1916, sólo se fabricaba el modelo bicilíndrico, al que se unió otro de 3,5 CV y refrigeración por aire, también con caja de cambios de tres velocidades y transmisión a cadena, aunque la producción fue muy corta.

Después de la guerra, el bicilíndrico de 6 CV desapareció del catálogo de la firma, en tanto que el de 3,5 CV de dos cilindros planos fue reemplazado por una versión de 601 cc y 4,5 CV. En 1921 apareció un nuevo modelo deportivo, y en 1923, se unió a los bicilíndricos un monocilíndrico de válvulas laterales y 349 cc, que no duró mucho tiempo. A los dos monocilíndricos se sumó en 1927 un modelo ohv de idéntica capacidad, y un año después llegó una versión ohc accionada por eje y engranajes cónicos, y con magneto y bomba de aceite accionadas desde el extremo del árbol de levas. Estos tres modelos de 349 cc continuaron en el catálogo de Humber hasta el año 1930.

De 1928 hasta 1930, Humber ofreció este motor ohc de 349 cc. También vendió modelos con válvulas laterales y ohv de la misma capacidad, con bastidores y suspensión semejantes.

HUSQVARNA   SUECIA 1903

ESTA GEMA SUECA NUNCA perdió su identidad como fabricante de algunas de las mejores motocicletas *off-road* del mundo, a pesar de que recientemente su dirección fuera trasladada a Italia. Los orígenes de Husqvarna están en la fabricación de bicicletas, y sus primeras máquinas propulsadas a motor utilizaban motores Rêve, NSU y FN. Hasta 1920, la firma no fabricó su propio motor, un

bicilíndrico en V con válvulas laterales y 550 cc, aunque incluso entonces siguió importando motores de 250 y 500 cc monocilíndricos de Sturmey-Archer y

Aunque comenzó a fabricar motocicletas en 1903, Husqvarna no diseñó su primer motor hasta 1920, como el que se utilizó en esta bicilíndrica en V de válvulas laterales y 500 cc.

JAP. Mientras tanto, la capacidad del bicilíndrico propio se aumentó hasta los 992 cc, con una potencia de 22 CV. El modelo más famoso de la compañía en el año 1932 era una motocicleta de carreras propulsada por el nuevo motor de dos cilindros en V ohv y 498 cc diseñado por Folke Mannerstedt y Calle Heimdahl. Desde el momento de su aparición, este modelo supuso una amenaza para las

monocilíndricas que entonces dominaban la categoría, y no tardó en evolucionar, pasando a 348 cc y 36 CV, al tiempo que redujo su peso a 125 kg. La

Una de las primeras motocicletas después de la absorción por la firma Cagiva fue esta CR250 de 1993, que tenía todas las características de una magnífica máquina *off-road*.

bicilíndrica en V ganó el Grand Prix de Suecia en tres ocasiones sucesivas, y Stanley Woods batió el récord de vuelta de Manx en su Husqvarna en la TT de 1934.

En 1935, la compañía fabricó su primera dos tiempos, una máquina de 98 cc con dos velocidades, que sentaría el precedente de los modelos que vendrían después de la guerra. Sus modelos de dos tiempos fueron aumentando de capacidad, mientras que sólo sus modelos de cuatro tiempos eran máquinas de cross con motor Albin. El sector que más interesaba a la firma era el de la competición *off-road*, y en 1960 Husqvarna ya peleaba en pruebas mundiales. Durante la década siguiente, la firma logró nada menos que diez títulos mundiales de motocrós. La base de estos triunfos fue un modelo de 22 CV y 250 cc desarrollado a partir de un modelo de 175 cc y tres velocidades de mediados de los años cincuenta. En 1963, la llamada Husky era una de las mejores motocicletas del mundo en su categoría, y Torsten Hallman era prácticamente invencible en los campeonatos del mundo de 250 cc. La caja de cambios de cuatro velocidades estaba integrada en el motor y éste realizaba una importante función resistente como parte del bastidor tubular simple, mientras que un único tubo de gran diá-

Comparado con el exuberante logotipo que aparece en el depósito de la CR250 (página opuesta), la H coronada de esta WR Enduro 250 muestra el carácter discreto que la firma tenía en los años setenta.

metro conectaba el punto de articulación del brazo basculante con la pipa de dirección. Utilizaba frenos de tambor cónicos realizados en aleación ligera y una horquilla Norton de serie en la rueda delantera, aunque podía cambiarse por una Ceriani. En 1979, el modelo más prestigioso de la firma era el 390WR, una monocilíndrica de campo de dos tiempos, 384 cc, refrigeración por aire, seis velocidades y bastidor tubular de acero, que se fabricaba en tres versiones diferentes: motocrós, enduro y carreras en desierto. La enduro, con su faro, gran depósito de combustible, silenciador con amortiguador de chispas y soporte lateral, tuvo mucho éxito en los Estados Unidos.

La ambivalente TE610 apareció en 1998, e iba dirigida al sector de las superbikes. Estaba equipada con neumáticos de carretera y arranque eléctrico.

Posteriores avances incluyeron la refrigeración por agua y transmisión automática. En los años ochenta, la serie *off-road* de cuatro tiempos experimentó un resurgir. En 1986, el grupo Cagiva adquirió la sección de motocicletas de Husqvarna. Un año más tarde, la fabricación se trasladó a Italia, donde nació un nuevo producto. La nueva TC610 de 1992 tenía motor monocilíndrico dohc de 577 cc y refrigeración por agua, caja de cambios de seis velocidades y suspensión de la mejor calidad.

HUMMEL
Alemania 1951-1954. Esta compañía alemana de corta vida, nacida en los años cincuenta, es conocida sobre todo como fabricante de escúter. Las distintas fuentes no se ponen de acuerdo sobre los motores que la firma utilizó. Unas dicen que motores de entre 50 y 149 cc, al parecer, de Ilo. Además de escúter, Hummel también fabricó motocicletas ligeras de hasta 248 cc.

HURIKAN
Checoslovaquia 1947-1949. Jaróslav (una fuente cita el nombre Vladislav) Vlk fabricó una elegante máquina de 250 cc ohc. Otras fuentes sugieren que la compañía pudo también haber fabricado modelos de 350 cc.

HURRICANE
Japón finales de los años cincuenta-1961. la máquina más grande fabricada por esta compañía fue una 350 cc ohv monocilíndrica. En su gama se incluían motocicletas ligeras de dos tiempos y hasta 250 cc de capacidad, además del escúter Rabbit, de 90 y 125 cc.

HURTU
Francia 1903-1958. Esta firma francesa tiene una larga historia. En sus primeros días era conocida como fabricante de coches. Sin embargo, también fabricó motocicletas ligeras, como hicieron tantas otras firmas antes de la Segunda Guerra Mundial. Después de la guerra, pasó a la producción de motores auxiliares.

HUSAR
Alemania (Munich) 1923-1925. Las distintas fuentes mencionan distintas capacidades en los motores utilizados por esta compañía: unas hablan de 300 cc con válvulas laterales, y otras de 350 y 500 cc. Cualquiera que fuese la cilindrada empleada, la producción de estas máquinas con amortiguación trasera por láminas fue más bien limitada.

HUSQVARNA V-TWIN RACER

1932

Esta V-Twin de carreras de 500 cc no era una máquina sofisticada, pero se demostró capaz de batir a las monocilíndricas con motores muy preparados.

El corazón de la V-Twin era un motor de 498 cc montado longitudinalmente a la marcha y que ocupaba todo el espacio interior del bastidor, relegando el tanque de aceite a un lado de la rueda trasera. Otras características de este modelo eran: muelles ahorquillados en las válvulas y tubos de escape que se proyectaban más allá del extremo posterior de la motocicleta al menos 30 cm. El depósito de gasolina estaba colocado sobre el tubo superior del bastidor, y la horquilla delantera de paralelogramos contaba con un muelle central conectado con la pipa de dirección. En la parte trasera, frenos de tambor cónicos y rueda dentada para el agarre de la cadena. El rendimiento de la V-Twin podría haber sido mejor de lo que su mediocre maniobrabilidad permitía, a pesar de que se utilizaron en su fabricación materiales de aleación con el fin de minimizar el peso de la máquina.

Husqvarna presentó su V-Twin en 1932 y en los tres años siguientes se dedicó a introducir mejoras durante los tres años que el modelo estuvo en lo más alto de la competición.

Esta bicilíndrica demostró que podía batirse a las monocilíndricas de forzados motores. Entre sus éxitos se incluye haber vencido tres veces consecutivas en el Grand Prix de Suecia. De no haberse quedado sin combustible, el piloto Stanley Woods habría podido ganar la TT Senior de 1934, pero tuvo que conformarse con batir el récord de la vuelta más rápida.

Motor: bicilíndrico en V montado longitudinalmente, 498 cc
Potencia: 44 CV a 6.800 rpm
Caja de cambios: no especificada
Transmisión secundaria: cadena
Peso: 127 kg
Velocidad máxima: 190 km/h

HUSQVARNA TC610

1992

Después de que Cagiva adquiriese la compañía Husqvarna en 1986 y la trasladase de Suecia a Italia, la compañía sueca se encontró en posición de entrar en el mercado de los modelos de competición *off-road* con renovado vigor.

El resultado de su desarrollo fue la TC610 de 50 CV. Esta máquina se presentó en 1992, con un bastidor de cuna hecho de tubos de acero y avanzadísimo motor monocilíndrico de dos tiempos dohc, cuatro válvulas, 577 cc y refrigeración por agua, unido a una caja de cambios de seis velocidades.

En la rueda delantera, una gigantesca horquilla telescópica invertida, y en la trasera un brazo basculante provisto de monoamortiguador.

La mitad superior de la motocicleta aparecía vestida con el clásico carenado amplio, propio de esos años, que incluía

Esta V-Twin de carreras de 500 cc no era una máquina sofisticada, pero se demostró capaz de batir a las monocilíndricas con motores muy preparados. En 1934, Stanley Woods batió el récord de la vuelta en la TT Senior utilizando una de estas máquinas.

el asiento. Los dos tubos de escape eran esbeltos y asomaban muy altos, uno a cada lado del modelo, por encima de la rueda de gruesos tacos.

Motor: monocilíndrico, dos tiempos, 4 válvulas, dohc, 577 cc, refrig. por agua
Potencia: 50 CV
Caja de cambios: pedal, 6 velocidades
Transmisión secundaria: cadena
Peso: 117 kg
Velocidad máxima: dependiendo de las marchas

HYOSUNG

KOREA 1978

DESPUÉS DE LA Segunda Guerra Mundial, buena parte de Europa necesitaba desesperadamente medios de transporte, pero no se podía permitir poseer un coche propio, como ocurría en otros países. Esto es lo mismo que ocurre hoy en muchas partes del mundo. Gracias a las modernas técnicas de fabricación en serie y a la inevitable sustitución de la mano de obra por capital, muchos de los vehículos de dos ruedas que se fabricaron para dar satisfacción a esa demanda general eran vehículos sorprendentemente sofisticados e incluso deseables.

La compañía Hyosung fue uno de los fabricantes que siguió esta política y que todavía hoy siguen suministrando sus máquinas.

La Hyosung de menor capacidad estaban representadas por el escúter Prima, de 49 cc, que estaba provisto tanto de palanca como de sistema eléctrico para el arranque del vehículo, embrague y caja de cambios automáticos, suspensión en ambas ruedas (horquilla telescópica en la delantera y muelles helicoidales en la trasera) y freno de disco delantero y de tambor en la parte de atrás.

Ascendiendo en la gama de sus modelos, nos encontramos la Zephyr, un escúter urbano de 99 cc y 90 kg, al que siguió toda una serie de modelos que llegaban hasta los motores bicilíndricos en V de 250 cc. Esta diversidad explica cómo Hyosung ha sido capaz de exportar sus productos no sólo a China, sino también a Brasil e incluso a Alemania. Estos tres países representan los tres grandes mercados de exportación de Hyosung, aunque sus productos llegaban a otros 57 países en el año 2000.

La cuestión es saber durante cuánto tiempo pueden mantenerse compañías como Hyosung en el mercado de las motocicletas y si ampliarán sus horizontes a otros sectores más interesantes de la industria motociclista. Si el transporte de dos ruedas no es más que un estadio de transición, esta compañía tendrá que pasarse a la fabricación de coches o dejar de fabricar. Es posible que el elevado precio de los coches (y de la gasolina) no permita que la industria automovilística florezca en países donde su uso no está generalizado.

IFA

ANTES DE LA Segunda Guerra Mundial, el municipio de Zschopau, en Sajonia, era el hogar de las motocicletas de dos tiempos más avanzadas del mundo. En los años que precedieron al estallido de la guerra en septiembre de 1939, DKW se había ganado el respeto de otros fabricantes, sobre todo de modelos de cuatro tiempos, tanto con sus modelos de serie como con sus motocicletas de competición de Grand Prix. Cuando terminó el conflicto, la fábrica de DKW no era más que escombros, y Zschopau se encontraba en la zona este de Alemania, ocupada por el ejército soviético. Por esa razón DKW decidió refundar su empresa en Ingolstadt, en el sector occidental.

Mientras tanto, de las cenizas de la vieja planta de Zschopau renació una nueva marca de motocicletas que alcanzaría reconocimiento mundial, la IFA (Industrieverband-Farhzeugebau). Más tarde, esta firma se convertiría en la conocida MZ. La reconstrucción de las instalaciones comenzó en 1945, y al año siguiente aparecían las primeras máquinas de serie (sobre todo modelos civiles RT125 de dos tiempos). En aquellos días de la posguerra, se necesitaba cualquier cosa que tuviera un motor y ruedas, de modo que no impor-

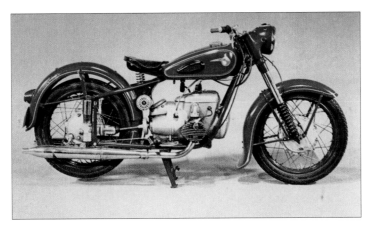

El primer modelo totalmente nuevo diseñado por IFA fue esta bicilíndrica plana de dos tiempos y 350 cc provista de transmisión secundaria por eje. Se presentó en 1954 y estuvo en producción hasta 1960.

tó que la RT125, y otros modelos DKW de antes de la guerra, fueran copiados una y otra vez. Pero a finales de los años cuarenta, IFA comenzó a desarrollar sus propias ideas, primero con el diseño de modelos de carreras. La firma recibió la ayuda de un experto en

puesta a punto de motores, el alemán Daniel Zimmerman, que modificó su propia IFA de competición por medio de una válvula giratoria accionada por el cigüeñal. Más tarde, también se unió a la compañía el ingeniero de MZ Walter Kaaden.

El primer modelo de serie completamente nuevo fabricado por IFA fue una bicilíndrica plana de dos tiempos y 350 cc con transmisión secundaria por eje, que se comercializó a comienzos de los sesenta con el logo de MZ.

IMME

DURANTE CINCUENTA AÑOS, el diseño de motocicletas se ciñó obstinadamente a los bastidores en forma de rombo con horquillas a ambos lados en las que se anclaban los ejes de las ruedas. A finales de los años cuarenta, la Imme, una de las motocicletas más ligeras de la época y que más dio que hablar, rompió con esa tradición. El diseño del modelo era muy ingenioso: el motor monocilíndrico de 99 cc y dos tiempos era de líneas nítidas y tenía forma ovalada. La Imme fue creada por Norbet Riedl, y se fabricó en la ciudad de Immenstadt, en Bava-

ria, donde el visitante podía esperar oír el sonido de los cencerros antes que el del motor de una motocicleta.

Su diámetro y carrera de 52 mm le permitían un alto régimen de revoluciones. Montado en un bastidor tubular simple, que además hacía las veces de horquilla de la rueda trasera y tubo de

La ingeniosa Imme fue obra de Norbert Riedl. Su motor de 99 cc tenía forma de huevo y estaba alojado en un avanzado bastidor con horquillas de un solo brazo tanto delante como detrás.

escape, el motor ultracompacto transmitía su potencia por medio de cadena a la rueda trasera, que a pesar de ser convencional, podía desmontarse en un instante con tan sólo aflojar tres tuercas. La caja de cambios tenía tres velocidades y estaba controlada desde la empuñadura, y la cadena estaba diseñada de modo que su tensión permaneciera constante. La rueda delantera podía desmontarse rápidamente, ya que sólo estaba sujeta por un lado.

La elasticidad del bastidor dependía de un gran punto articulado colocado entre la parte central y la posterior del bastidor, y el movimiento de este punto estaba controlado por un muelle ahusado situado debajo del asiento individual. Un bloque de goma situado dentro del muelle proporcionaba una amortiguación secundaria, y el piloto podía además controlar el grado de elasticidad del bastidor con un amortiguador de fricción regulable.

Aunque esta máquina se ganó la admiración del público por su innovador diseño, en realidad se vendieron muy pocas unidades, por lo que Riedel Motoren se vio obligada a cerrar sus puertas en 1951.

IMN

La IMN Rocket fue una de las sensaciones en la Exposición de Milán de 1956. Además de un motor bicilíndrico bóxer ohv, contaba con un bastidor extraordinariamente avanzado.

IMN (INDUSTRIA MECANICA Napolitana), con sede en Nápoles, fabricaba torpedos para la Marina italiana, pero en 1945 se decidió a fabricar una gama de motocicletas de dos tiempos de entre 49 y 248 cc.

En la Exposición de Milán celebrada en noviembre de 1956, IMN presentó su sensacional Rocket. Se trataba de una bicilíndrica bóxer (el estilo BMW) con cilindros de 52 × 46,5 mm, lo que desplazaba un volumen de gas de 199 cc.

Las válvulas estaban accionadas por varillas empujadoras; la relación de compresión del motor era de 7:1, y desarrollaba una potencia de 11 CV a 6.000 rpm. Digno de mención era el bastidor tubular al que iban atornillados

el motor y la caja de cambios formando un conjunto. Además, la parte posterior de la caja de cambios estaba sujeta a la horquilla de aleación ligera por medio de pernos, y la transmisión por eje quedaba alojada en el interior de uno de los brazos de la horquilla trasera. El conjunto de motor-caja de cambios basculaba junto con la rueda trasera, y el eje de giro constituía el único punto de contacto con el bastidor, de manera que ambas ruedas tan sólo estaban conectadas por medio de un vástago de acero de 15 mm de diámetro.

Lamentablemente, el modelo Rocket no estaba completamente desarrollado cuando se puso en venta a comienzos de 1957, y la falta de fiabilidad, combinada con el alto precio del modelo, significó el fin de la aventura para IMN.

INDIAN

INDIAN SE FUNDÓ ANTES que Harley-Davidson, y la rivalidad entre ambas firmas trajo grandes avances en ese breve período a comienzos del siglo XX en que los Estados Unidos eran líderes en el diseño y producción de motocicletas.

Las Indian siempre gozaron del favor de varias instituciones, incluidos el cuerpo de policía y el ejército. Su rivalidad con la firma Harley-Davidson es legendaria.

Sorprendentemente, esa antigua rivalidad continúa todavía hoy, incluso entre aquellos que nacieron mucho después de que se fabricaran las últimas Big Chiefs en 1955 tras el concurso de adjudicación (descaradamente amañado) que organizó la policía. En realidad, la producción en serie de las Indian había terminado en 1953. Hoy vuelven a fabricarse motocicletas con el nombre Indian; pero después de más de cuatro décadas, y numerosos pleitos, hemos

decidido incluir a la compañía que actualmente lleva el nombre Indian en un capítulo aparte.

George Hendee y Oscar Hedstrom se conocieron en 1900, y fundaron la sociedad Hendee Manufacturing Company para vender motocicletas que se comercializarían con el nombre Indian. En 1901, fabricaron seis motocicletas, de las que sólo vendieron tres. En 1915, se habían convertido en el mayor fabricante de motocicletas del mundo, con un récord anual de 31.950 máquinas.

Las primeras Indian eran monocilíndricas bien construidas y nada extraor-

El diseño del motor (inclinado hacia atrás y apoyado en el tubo posterior del bastidor era común entre las primeras monocilíndricas americanas.

dinarias, con 215 cc de capacidad, válvulas de admisión automáticas y transmisión enteramente a cadena, pero por medio de una astuta campaña publicitaria (realizada sobre todo en muestras y competiciones), pronto tenían más pedidos de los que podían satisfacer. Como todos los fabricantes con éxito en aquellos primeros días de esta industria, estaban al día de los últimos adelantos téc-

El vehículo de tres ruedas Dispatch-Tow sirvió de inspiración (y a veces de base) a los modernos triciclos. El guardabarros delantero es casi una parodia de los modelos Indian.

nicos, doblando la monocilíndrica en 1906 para conseguir una bicilíndrica en V de 42°, y ofreciendo la opción de una «bicilíndrica mejorada» de 633 cc (69,85 × 82,55 mm) en 1908. En 1910, la nueva opción era una caja de cambios de dos velocidades con un «motor libre» o embrague, aunque la ausencia de palanca de arranque o pedales significaba que la única manera de poner en marcha la motocicleta era empujándola.

En 1905, los controles pasaron a los puños del manillar, con avance-retardo de la ignición en el puño derecho y el acelerador en el izquierdo, aunque la firma que primero incorporó puños giratorios fue la francesa Millet en la década de 1890. Con mucha sensatez, Indian comprendió que la mejor manera de hacerse publicidad era en las pistas de carreras, y en 1911, en la 5.ª Isla de Man TT, derrotó a las motocicletas británicas, entrando en los tres primeros puestos.

Mientras, 1907 había visto los comienzos de la larga relación que Indian mantuvo con la policía norteamericana. Fue ese año cuando la Metropolitan Police Force de la ciudad de Nueva York adquirió dos de sus bicilíndricas. Suele atribuirse la peculiar colocación del acelerador en el puño izquierdo a la influencia de la policía, pues así permitía a los oficiales hacer señales con la mano derecha e incluso disparar su revólver. Cualquiera que tenga experiencia con ambas (motocicletas y armas de fuego) no dejará de sorprenderse ante esta idea.

El recuerdo de la Indian se centra en tres modelos: la Scout, la Chief y la Four, pero hubo muchos otros. La original bicilíndrica en V fue mejorando poco a poco, sobre todo con el modelo Powerplus de 1915: 1.000 cc, 16-17 CV en el dinamómetro, 7 CV según la valoración de la SAE (Society of Automotive Engineers). Este fue el modelo que estuvo a punto de arruinar a la compañía: las primeras 20.000 unidades que se vendieron al Gobierno de los Estados Unidos a 187,50 dólares unidad sólo trajeron pérdidas, por el pésimo control financiero y estimación de los costes de producción, lo que iba a ser una costumbre en la política de la compañía durante toda su existencia. Estas grandes bicilíndricas entraron en los años veinte como el modelo Estándar en dos cilindradas: 1.000 y 1.212 cc.

El enorme guardabarros delantero curvado se convirtió en una seña de identidad de las máquinas Indian. Otra característica distintiva era la cara colocada en su parte delantera.

Hubo también en el catálogo de la firma algunos modelos especiales de carreras, sobre todo bicilíndricas en V, aunque también alguna monocilíndrica, ya fueran para carretera, enduro o pista de madera. Estas últimas eran máquinas sin embrague, frenos y con transmisión directa y la mariposa del acelerador totalmente abierta. El único control que el piloto ejercía sobre la máquina era un interruptor de apagado. Por el contrario, algunas de las máquinas de carretera y de las que batieron récords de velocidad eran muy sofisticadas y tenían culatas con ocho válvulas.

Aunque el nombre Indian suele asociarse con motocicletas bicilíndricas en V, y por supuesto la Four, también se fabricaron otros diseños. Además del original monocilíndrico y su sucesor de 1906, que tenía 300 cc, en 1914 apareció el Modelo K Featherweight, de 59 kg, 225 cc y poca potencia. Este modelo duró sólo tres temporadas, dejando de fabricarse en 1916. Otra moto ligera fue

el Modelo O, bicilíndrica plana en línea (que era una copia de la Douglas) y estuvo en producción desde 1917 hasta 1919. La Prince, de 350 cc y válvulas laterales (opcional con distribución ohv a partir de 1926) se fabricó entre 1925 y 1929. También se fabricaron más de 1.000 bicilíndricas en V transversales con válvulas laterales y 750 cc, el llamado Military Model 841, fabricado en 1943. Todavía hoy existen cientos de estas máquinas. En los años cuarenta, Indian adquirió la compañía Torque por sus modelos monocilíndricos (claramente inferiores), que nunca llegaron a ser un éxito, y después de que se interrumpiera la producción, las monocilíndricas Royal Enfield llevaron el logotipo de Indian y se vendieron hasta 1959.

Indian también fabricó en 1931 un vehículo de reparto con tres ruedas basado en el Sport Scout, el llamado Dispatch-Tow, sin olvidar los motores fueraborda, un proyecto fallido de coche ligero y motores para aviones.

INDIAN SINGLE

Las primeras Indian monocilíndricas dejan ver claramente sus raíces en las bicicletas, con el cilindro incorporado en el tubo inferior del cuadro en forma de rombo, la horquilla rígida de la rueda delantera y el depósito de gasolina y aceite colocado en la parte posterior, donde debería estar el portaequipajes. A pesar de todo, incluía características muy avanzadas, como transmisión a cadena en lugar de correa, y carburador en lugar de un pulverizador de superficie. La lubricación se realizaba mediante goteo con mirilla, como era típico en aquellos primeros tiempos.

Las primeras máquinas estaban pintadas de un azul intenso en lugar del rojo que pronto se convertiría en su elemento distintivo. La Indian Red se presentó en 1904, último año en que el bastidor estaba inspirado en una bicicleta. La capacidad del motor también se varió:

los primeros modelos eran de 225 en lugar de 288 cc. Hasta 1903 no comenzaron a numerarse los bastidores.

El arranque del motor se realizaba mediante los pedales, sin embrague, y el empujador de válvula denotaba que

La distintiva pintura roja, que se convirtió en un símbolo de la marca Indian, no la introdujo hasta 1904, dos años después de la aparición de este modelo monocilíndrico cuya deuda con la bicicleta es más que obvia.

la compresión del motor no era muy alta. Sin frenos en la rueda delantera, un freno ridículo en la trasera y un motor carente de embrague, detener esta motocicleta no era tarea fácil, especialmente cuando uno rodaba cuesta abajo.

Motor: monocilíndrico vertical, 288 cc, refrigeración por aire
Potencia: 2,5 CV
Caja de cambios: fija, a través de eje intermedio
Transmisión secundaria: cadena
Peso: 45 kg
Velocidad máxima: 50 km/h

INDIAN POWERPLUS

En cierto sentido, la Powerplus suponía un paso atrás: ambas válvulas estaban montadas lateralmente. Por otra parte, representaba un gran paso hacia delante: su motor desarrollaba mucha más potencia que el del modelo Big Twin,

Esta Powerplus data de 1915, y fue una de las máquinas más rápidas de su época.

además de ser mucho más sencillo su mantenimiento. Lo cierto es que se convirtió en la referencia y base de la mayoría de los motores Indian posteriores. Se fabricó con un cárter de las mismas dimensiones que el anterior diseño Hedstrom, y se alojó en el mismo bastidor, a pesar de ir provisto de una caja de cambios mejorada y un embrague mucho más robusto. El modelo se ofrecía con horquilla elástica o rígida.

Este fue el motor que propulsó la Three Flag de «Cannonball» Baker de 1915 entre Vancouver y Tijuana: 2.669 km en tres días, nueve horas y quince minutos, con un único descanso de tres horas en Fresno. No sólo era una máquina más potente que cualquiera de las anteriores Indian, sino que además devolvía a la marca su reputación a la altura de las Harley-Davidson y las Excelsior, que le habían tomado ventaja gracias a su mayor potencia.

A pesar de eso, el debut de la Powerplus coincidió con el éxito inicial de los modelos de carreras de Harley-Davidson, de manera que cuando las competiciones se suspendieron en noviembre de 1915, la Powerplus de Indian ocupaba otra vez un segundo lugar.

Motor: bicilíndrico en V longitudinal, válvulas laterales, 998 cc, refrig. por aire
Potencia: 17 CV
Caja de cambios: cambio manual, 3 velocidades
Transmisión secundaria: cadena
Peso: no especificado
Velocidad máxima: 100 km/h

INDIAN SCOUT
1928

La Scout y las versiones de ella derivadas son probablemente las motocicletas más famosas de la marca Indian. La Scout se presentó en 1921 con un motor de 606 cc (que en realidad tenía 596 cc, 69,9 × 77,8 mm) que desarrollaba una potencia de unos 12 CV y alcanzaba una velocidad máxima de 90 km/h. En 1928 se lanzó la versión con motor de 750 cc, con mayor diámetro y carrera. Con la aparición de esta versión, las ventas del modelo anterior descendieron considerablemente, hasta que finalmente desapareció del catálogo de la firma en 1931.

La mejor Scout de todas (para los incondicionales de Indian) fue la 101 de 1928, diseñada y puesta en el mercado para competir con la nueva Excelsior de idéntica capacidad. Desde entonces hasta la adopción del nuevo bastidor en 1932, este modelo era (según criterios americanos), ligero, fácil de manejar y potente. En el plazo de unos meses, alguien descubrió que añadiendo un volante Chief (ligeramente fresado para que encajase en el cárter de la Scout) era posible aumentar la carrera del motor un 25 por 100, lo que le daba una capacidad de 935 cc. Las Scout que adoptaron este sistema fueron el sueño de muchos motoristas americanos de la época, y las prestaciones que llegaban a ofrecer amenazaron seriamente a la Harley-Davidson.

La famosa bicilíndrica en V Scout, lanzada en 1928, apareció en varias versiones, llegando incluso a ser una motocicleta militar. Este es el modelo 741, de 1942.

Otra variante fue el modelo Motoplane de 1932, una Scout 101 con el bastidor de la Prince monocilíndrica, colector de lubricante fuera del cárter, mejor refrigeración gracias a unas aletas más grandes y una alimentación también mejorada gracias un nuevo y mayor carburador. Después llegó la Scout Junior (o Pony) de los años de la depresión, con un motor de 500 cc, cuyas dimensiones se habían reducido hasta los 63,3 mm.

Motor: bicilíndrico en V a 42°, longitudinal, válvulas laterales, 745 cc (73 × 88,9 mm), refrigeración por aire
Potencia: 21 CV aprox.
Caja de cambios: manual, 3 velocidades
Transmisión secundaria: cadena
Peso: no especificado
Velocidad máxima: 121 km/h

INDIAN FOUR
1938

La Four nació en 1912 como una Henderson, pero la subcapitalizada compañía Henderson fue adquirida por Schwinn (que fabricaba Excelsiors), tras lo cual, William Henderson creó la Ace en 1920.

Desgraciadamente, la firma Ace se vendió con pérdidas (por entonces, la sagacidad financiera era una cualidad difícil de encontrar en la industria de las motocicletas), y Ace quebró en

La «Collegiate Four», una de cuyas últimas versiones es este modelo de 1938, fue bautizada con ese nombre en un momento en que el modelo educativo estaba mejor considerado que hoy en día.

1924. Después fue adquirida por la Michigan Motors Corporation, antes de que terminara en manos de la Indian en 1927.

Al principio, la Indian Four se comercializó con el nombre de Collegiate Four, y era básicamente una Ace cambiada de nombre. Pero con el paso del tiempo, se fue haciendo más Indian. Su motor fue siempre un 1.261 cc (que en realidad tenía una capacidad de 1.265),

pero el cigüeñal de cinco cojinetes sustituyó en 1929 al original de tres. Ya se ha mencionado el bastidor nuevo de 1932. En 1936, la antigua distribución de válvulas con admisión sobre escape fue sustituida por otra con válvula de escape sobre la de admisión.

Después, en 1938, volvió a diseñarse por completo el motor con el fin de aumentar las prestaciones y mejorar los sistemas de refrigeración y lubricación.

Se volvió a la distribución con admisión sobre escape.

En una era en que se tenía muy en cuenta la flexibilidad, el Modelo 438 se convirtió en una máquina ganadora, con una velocidad máxima de 161 km/h en su marcha más larga. Como era de suponer, al ser forzado, cuando se rodaba muy rápido durante mucho tiempo, el motor se calentaba demasiado. Se fabricaron una 12.000 Indian Four hasta mar-

zo de 1942, en que se suspendió la producción.

Motor: tetracilíndrica en línea, longitudinal, ioe, 1.265 cc (69,9 × 82,6 mm), refrigeración por aire
Potencia: no especificada
Caja de cambios: manual, 3 velocidades
Transmisión secundaria: cadena
Peso: 200 kg
Velocidad máxima: 160 km/h

INDIAN MILITARY MODEL 841

1943

La Indian 841 era, como la XA de Harley-Davidson, el resultado de un contrato con el gobierno firmado durante la Segunda Guerra Mundial. Pero mientras que la Harley-Davidson no era sino una copia de la BMW de antes de la guerra, la motocicleta fabricada por Indian era totalmente nueva y con todo el potencial de un excelente diseño. Además de una suspensión con todos los avances, tanto delantera como trasera, contaba con una caja de cambios de cuatro velocidades accionada con pedal, en lugar del cam-

bio manual que todavía se empleaba en la Harley-Davidson.

Las bicilíndricas en V con motor transversal no eran nada nuevo. Clement Ader las había fabricado ya en 1905, y a sus modelos siguieron otros como los de Spring, Stylson, Finzi, Walter y P & M. Pero el modelo de Indian ofrecía una excelente refrigeración, un centro de gravedad muy bajo y bujías muy altas (algo importante cuando había que atravesar terrenos cubiertos de agua). Moto Guzzi se aprovechó de este tipo de dise-

ño, y es difícil no sospechar que, de haber contado con el capital necesario, Indian podría haber lanzado una versión civil ohv de la 841.

Sin embargo, este no fue el caso. Con la mezcla de mala suerte y políticas erróneas que caracterizaba a Indian, su proyecto de un modelo civil de posguerra se fue al traste cuando el gobierno de los Estados Unidos se negó a pagar por las piezas de recambio.

No faltaríamos a la verdad al decir que Indian nunca se recuperó de la Pri-

mera Guerra Mundial, y que las desgracias financieras que acontecieron después de la Segunda llevaron a la compañía al borde de la quiebra.

Motor: bicilíndrico en V, transversal, válvulas laterales, 745 cc (73 × 88,9 mm), refrigeración por aire.
Potencia: no especificada
Caja de cambios: 4 velocidades, pedal
Transmisión secundaria: eje
Peso: no especificado
Velocidad máxima: 113 km/h

INDIAN CHIEF

1946

Podría decirse que la Chief era una Scout de mayor tamaño que se presentó en 1921 con un motor de 999 cc (en realidad eran 998 cc), 79,4 × 100,8 mm.

Su velocidad máxima rebasaba los 150 km/h, o 110km/h con sidecar, versión que se hizo muy popular durante los años de la Ley Seca. El modelo todavía

conservaba la lubricación por aceite perdido y las válvulas laterales. A ella se unió la Big Vhief, de 1.212 cc (en realidad 1.206 cc y 82,6 × 112,7 mm) de

1923. Como la Scout, en 1925 las Chief disponían de culata tipo Ricardo, en que una parte de la cámara de combustión entraba prácticamente en contacto con la cabeza del pistón, sistema que todavía se mejoraría en 1926.

En 1929, por vez primera se proporcionó a estas máquinas pesadas, grandes y rápidas un freno en la rueda delantera, y a partir de esa fecha, no se añadieron otros avances técnicos hasta la Segunda Guerra Mundial, período durante el cual, la Scout se convirtió en la base de la mayoría de los modelos militares producidos por la compañía.

Después de la guerra, volvieron a ponerse en producción las Big Chiefs prebélicas. Justo antes de su desaparición en 1953, estas máquinas pasaron a los 1.340 cc, aunque todavía no disponían de pedal para el cambio ni horquilla hidráulica.

Aunque las máquinas que han sufrido pocos cambios siempre tienen más atractivo para los coleccionistas y los más tradicionalistas, casi nunca abarcan un mercado lo bastante grande para ayudar a mantener a flote la firma. Mientras que las Harley-Davidson eran máquinas primitivas según la concepción europea, todavía eran más avanzadas que las Indian.

Esta Chief de 1946 se fabricó menos de una década antes de que Indian desapareciera. Apareció en 1921 con un motor de 999 cc.

Una delgada línea separa una motocicleta «clásica» de una «pasada de moda», y el cambio manual y el bastidor rígido de la Chief de posguerra estaban sencillamente anticuados.

Motor: bicilíndrico en V, longitudinal, válvulas laterales, 1.206 cc, refrig. por aire
Potencia: 40 CV
Caja de cambios: 3 velocidades, manual
Transmisión secundaria: no especificada
Velocidad máxima: 140 km/h

INDIAN

ESTADOS UNIDOS 1998

TRAS LA DESAPARICIÓN de la compañía Indian original, se realizaron varios intentos para resucitar la vieja marca, con modelos fabricados por Royal Enfields y Velocette, e incluso Ehler Industries. Hubo también una Vindian: una Indian con motor Vincent. La situación legal para dirimir quién tenía los derechos del nombre Indian se hizo cada vez más turbia, y proliferaron los pleitos. En el momento en que escribimos esto, la situación es la siguiente: la Indian Motorcycle Company, con sede en Gilroy, California, parece tener todos los derechos sobre el nombre, y ha proyectado la fabricación de 11.000 máquinas anuales (nada que tenga que ver con la clonación de Harleys).

Con el orden de salir al mercado tan pronto como sea posible, Indian no comenzó utilizando su propio motor, sino que recurrió al S & S 1.441 cc (en realidad 1.436 cc, 108 × 92 mm) bicilíndrico en V. El uso de un motor fabri-

cado por otra firma es muy común: las Brough Superior consiguieron su reputación con los motores bicilíndricos en V que fabricaba JAP, y posteriormente Matchless. Además, las Indian originales utilizaban motores fabricados por la casa Thor. Se trató de que el producto inicial fuera lo más parecido posible a las originales Indian Chief de 1953, último año en que se fabricó el modelo. Guardabarros envolventes, asiento con flecos y la tradicional cabeza de indio en el guardabarros delantero, todo ello formaba parte del nuevo modelo respetuoso con su pasado.

Se trataba, en cualquier caso, de una máquina ensamblada y no una verdadera Indian. Se habló mucho del nuevo motor propio, que la firma prometió para el año 2000. Algunos de sus componentes eran suministrados por las siguientes marcas: tubos de escape Supertrapp, horquilla delantera Showa, faros Arlen Ness y asiento Corbin. Con

295 kg de peso en seco, la máquina era tan corpulenta como elegante, con tendencia a rozar con los reposapiés en el suelo en curvas nada radicales. Como dijeron las revistas especializadas, llevaría un tiempo solucionar el problema de la maniobrabilidad.

Como ocurre con muchas otras motocicletas americanas, datos de su rendimiento tales como velocidad máxima o potencia del motor no suelen especificarse. Es el aspecto, más que ninguna otra cosa, lo que vende las grandes bicilíndricas en V en los Estados Unidos, y de eso, las Indian andan sobradas.

La política de la «nueva» compañía Indian parecía dividida entre fabricar bicilíndricas en V funcionales y modernas como esta Scout 2001, y la nostalgia de las antiguas cruiser.

IPREM

CON SEDE EN PESARO, en la costa adriática, Iprem fabricaba únicamente motocicletas de competición. Su creador fue Enzo Ridolfi, que escogió al principio la categoría de 50 cc con un modelo con motor basado en el Kreidler, con 49,64 cc (40 × 39,5 mm), cilindro horizontal y refrigeración líquida. Este motor desarrollaba una considerable potencia de 16 CV a 16.000 rpm.

En 1977, esta máquina, pilotada por Guido Manzini (además de otros reconocidos pilotos), ganó el prestigioso campeonato italiano de la categoría Senior, batiendo algunas legendarias marcas. En 1980, la Iprem 50 se había convertido en una motocicleta de reconocido prestigio mundial, hasta el punto de que Eugenio Lazzarini fue capaz de ganar el campeonato mundial de 50 cc, con victorias en las pruebas de Italia y España, una segunda posición en Spa Francorchamps, Bélgica (el circuito

Eugenio Lazzarini, piloto de Iprem, montado en su bicilíndrica plana de 124,68 cc (44 × 41 mm), dos tiempos y válvulas de disco, antes del comienzo del Gran Premio italiano de Misano, celebrado en 1980.

más rápido del calendario) y dos terceros puestos (Holanda y Yugoslavia).

Además, en 1980 hizo su debut un modelo bicilíndrico horizontal con 124,68 cc (44 × 41 mm), refrigeración líquida y válvulas de disco. Esta última creación fue obra del ingeniero Paolo Marcheselli, con el que colaboró Lazzarini.

Su primera prueba completa de Gran Prix fue en Francia, donde Eugenio Lazzarini entró en novena posición. Después, en la GP británica (en el circuito de Silverstone) este mismo piloto logró terminar en una meritoria quinta posición. Pero el mayor triunfo del equipo

Iprem llegó en 1981, cuando Lazzarini fue cuarto en el Grand Prix de Austia celebrado en el Salzburgring. Sin embargo, Iprem no pudo con los gastos

de correr en los grandes premios, y Lazzarini abandonó el equipo a finales de ese año para unirse a su rival Garelli.

ISO

FUNDADA POR RENZO RIVOLTA en Bresso en 1939, Isothermos (Iso) acababa de comenzar a producir cuando estalló la Segunda Guerra Mundial. Rivolta la reformó en 1948, dándole el nuevo nombre de Autotiveicoli SpA, y comenzó con la producción de autociclos y escúter. Las ventas se dispararon, e Iso pudo lanzar su famoso micro coche Isetta, con su motores ohv de 236 cc. Después llegaron varios acuerdos sobre licencias de fabricación, el más importante de los cuales se realizó con la alemana BMW.

Llegó después una serie de motocicletas y escúter, algunos de los cuales utilizaban el motor monocilíndrico con doble pistón y dos tiempos. Uno de estos motores se instaló en un modelo con aspecto de escúter, que tenía una cilindrada de 124,7 cc y estaba provisto de un par de pistones de 38 mm. El recorrido de los pistones era de 55 mm. A partir de este modelo, se desarrolló toda una gama de escúter y motocicletas, incluidas las Gran Turismo de 125 cc, una versión mayor de 150 (con diámetro del cilindro aumentado a 41 mm), un modelo con motor de 250 (236 cc, 48 × 2 × 64 mm), y otro de 200 (196 cc, 44 × 2 × 64 mm) provisto de transmisión

Este pequeño modelo con aspecto de escúter y pequeñas ruedas tenía un motor de dos tiempos y 123 cc, y data de mediados de los años cincuenta. Iso se concentró en la fabricación de coches de lujo en 1963.

secundaria por eje. El año 1957 vio el debut del escúter Milano, con un aspecto mucho más moderno, que utilizaba un nuevo motor monocilíndrico de dos tiempos y 146 cc (57 × 57 mm). Este modelo tenía el aspecto de un cruce entre la Vespa y la Lambretta.

En 1961, se unieron al escúter Milano varias motocicletas ohv de cuatro tiempos: dos 125 y una 175. Esta última tenía una potencia de 8 1/3 CV a 6.200 rpm y una cilindrada de 172 cc (60 × 61 mm), además de una caja de cambios de cuatro velocidades integrada en el motor. En la Feria de Muestras de Milán celebrada en abril de 1961, se presentó un modelo bicilíndrico boxer

Iso, fundada por Renzo Rivolta, fabricaba vehículos de dos, tres y cuatro ruedas. Esta motocicleta de 1953 tenía un motor monocilíndrico de dos pistones, dos tiempos y capacidad de 200 cc.

inspirado en BMW, con 492 cc y distribución ohv. Este modelo, que no llegó a fabricarse, tenían un bastidor de doble cuna, arranque eléctrico, 22,6 CV y una velocidad de 145 km/h. En 1963, la firma Iso dejó de fabricar vehículos de dos ruedas y se concentró en la producción de coches de lujo. La firma se declaró en bancarrota en 1975 y en 1979 fabricó el último vehículo.

ITALJET

ITALIA 1966

LA ITALJET PRONTO LOGRÓ un estatus de marca de culto con sus modelos Formula y Dragster Supersport Scooter de finales de los años noventa. Sin embargo, las primeras máquinas Italjet estaban propulsadas por motores CZ y Triumph cuando Leopoldo Tartarini fundó la compañía en 1966. Italjet también estuvo implicada en la fabricación de la Indian Velocette, de la que se produjeron 100 unidades entre 1969 y 1970. Esta híbrida anglo-italiana utilizaba un motor Velocette monocilíndrico ohv de 500 cc instalado en un bastidor doble con suspensión Marzocchi. El encargo lo realizó Floyd Clymer, antiguo distribuidor de Californian Indian, que tenía la intención de revivir dos nombres famosos al mismo tiempo, aunque el proyecto se vio interrumpido con su muerte en 1970. A partir de entonces, Italjet se concentró en la fabricación de mini-motos para niños, como la M5B de 47 cc con motor Moroni, un modelo de cross de 1973 que era una réplica a escala. Después, en 1977, Ducati lanzó su elegante modelo Drama de 864 cc, diseñado por Leopoldo Tartarini, con su original parte posterior en forma de cola de pato.

Italjet, fundada en 1966 por Leopoldo Tartarini, comenzó fabricando magníficas mini-motos de pequeña capacidad a partir de 1970, y de ahí pasó a los modelos de 350 cc de carretera y trial.

En los años ochenta, Italjet fabricó modelos custom de carretera de 350 cc y motos de trial tanto de dos como de cuatro tiempos.

Italjet se apuntó a la fiebre de los escúter de finales de los años noventa y principios de 2000, presentando su gama Dragster, que comprendía modelos de 50, 125 y 180 cc. La Dragster 50 sólo alcanzaba los 76 km/h, pero era una máquina decidida, provista de unos de los frenos más eficaces que se podían encontrar en el mercado. Basada en un bastidor de estilo Ducati con una amortiguación que no parecería fuera de lugar en una Buell, el motor de 50 cc de la Dragster 50 contaba con un par motor lo bastante potente como

La Formula 50 fue el modelo inicial de Italjet en su gama de avanzados escúter. Sus especificaciones deportivas se unían a una de las estéticas más atractivas del mercados.

para permitirle desenvolverse con toda facilidad en circuito urbano. La Italjet Formula F125LC de 1999 utilizaba un motor bicilíndrico de dos tiempos con 114 cc y refrigeración líquida, y aunque sólo desarrollaba 12 CV, esta potencia le permitía alcanzar los 129 km/h, a lo que ayudaba mucho su peso, de tan sólo 100 kg. En el otro extremo de la gama, Italjet también fabricó una custom café racer.

ITALKART
Italia años sesenta. Este fabricante de karts también produjo durante un tiempo mini-motos de 50 cc.

ITALMOTO
Italia (Bolonia) 1952-1954. Modelo razonablemente moderno con motor de cuatro tiempos, 160 cc y cuatro velocidades.

ITAR
Checoslovaqua (Praga) 1921-1929. J. Janatka & Spol comenzaron con un modelo bicilíndrico longitudinal de 750 cc, diseñado básicamente para el mercado militar, al que siguió una 350 cc monocilíndrica con motor propio, que no tuvo mucho éxito. Luego se pasó a los motores JAP ohv de 350 y 500 cc.

ITO IMC
Japón 1951-años sesenta. Durante la mayor parte de los años cincuenta, esta firma se basó en un motor monocilíndrico de 247cc con varillas empujadoras; en los sesenta, en un 246 cc y un 124 cc dos tiempos bicilíndricos.

IVEL
Inglaterra (Biggleswade) 1902-1905. Cuadros de bicicletas reforzados a los que se añadía toda una variedad de motores fabricados por otras firmas, comenzando con De Dion Bouton.

IVER-JOHNSON
Estados Unidos (Fichtburg, Massachussets) 1907-1915. Monocilíndricas en V fuertes y fiables con capacidad de hasta 1.090 cc.

IVO LOLA RIBAR
Yugoslavia 1956-desconocida. Esta firma fabricaba escúter Vespa de 125 con licencia.

IVY
Inglaterra 1908-1932. Los modelos de esta firma ofrecían motores de 224 cc y dos tiempos JAP, Precision y Green-Precision, estos últimos con refrigeración líquida. Más tarde, Ivy fabricó sus propios motores de dos tiempos: 225, 250, 300 y 350 cc, y al final de los años veinte, modelos de cuatro tiempos con 250 y 300 cc y válvulas laterales.

IXION
Inglaterra 1901-1903. La primera y más pequeña empresa Ixion era un fabricante de bicicletas que utilizaba en sus modelos motores De Dion Bouton y MMC.

IXION
Inglaterra (Birmingham) 1906-1923. Esta compañía, posterior y más grande que la primera, utilizaba una gran variedad de motores: Abingdon, Precision, Peco y Villiers de entre 269 y 670 cc.

ITOM

EL PRIMER PRODUCTO DE ITOM fue un motor diseñado en 1944. Con sede en Turín, esta compañía pronto se ganó una excelente reputación gracias a sus modelos de 50 cc, y posterioemente de 65 cc, todos los cuales estaban propulsados por motores monocilíndricos de dos tiempos.

A finales de los años cincuenta, la firma se apuntó al *boom* de las carreras de 50 cc, lo que finalmente llevó a que tal

Durante el boom de las carreras de 50 cc ocurrido a finales de los años cincuenta y principios de los sesenta, la Itom de 49 cc (40 × 39,5 mm) fue una de las preferidas por los pilotos privados, incluso en los campeonatos del mundo.

categoría fuera aceptada en los Campeonatos del Mundo de 1962. Los primeros modelos de competición tenían una caja

de cambios de tres velocidades, transmisión primaria por engranajes y un cambio de velocidades accionado manualmente en el puño giratorio. La Mark VII tenía cuatro velocidades, y la Mark VIII cuatro velocidades con pedal para el cambio.

Aunque la fábrica nunca se encargó de producir modelos de serie, los pilotos que montaban máquinas Itom eran siempre mayoría en cualquier prueba de 50 cc que se celebrara durante aquellos años (desde finales de los años cincuenta hasta 1963 aproximadamente), hasta que estos modelos fueron totalmente superados por las máquinas de carreras fabricadas en serie, como la Honda CR110 ohc y varias Kreidlers, por no mencionar, entre otras, las Derbi, Suzuki y Tomos.

En diciembre de 1965, la revista *The Motor Cycle* analizó uno de los modelos de 49 cc y quedo tan impresionada que escribió: «Tiene algunos inconvenientes, es cierto; pero se trata de un motor sorprendente, excepcionalmente suave, que combinado con un buen agarre compensa cualquier pequeño defecto.» Con un precio de 118 libras esterlinas, esta deportiva de 50 cc era importada

por H. H. Tooley de Londres. Unos meses más tarde, la fábrica se vio obligada a cerrar, pues el número de pedidos había descendido progresivamente, motivado, sin duda, por su falta de éxitos en competición.

Folleto de la Itom Astor Super Sport. Esta compañía, con sede en Turín, tenía una excelente reputación gracias a sus modelos de dos tiempos de 50 y 65 cc.

IZH

Imagen de la fábrica de IZH en 1947. En primer término aparece uno de los modelos de 350 cc y dos tiempos inspirados en máquinas DKW, todavía con mecanismo manual para el cambio de marchas.

IZH (EL NOMBRE ESTÁ TOMADO de Izhevsk, sede de la compañía) ha sido uno de los puntales de la producción de motocicletas en Rusia y una ferviente defensora del motor de dos tiempos. Gran parte de su tecnología estaba copiada de los países occidentales. En el caso de IZH, su modelo era la DKW alemana.

Incluso antes de la guerra y la incautación de la planta que DKW tenía en Zschopau por parte de las autoridades comunistas, la fábrica de Izhevsk había estado copiando los modelos alemanes. Más tarde, cuando Hitler puso en marcha la operación Barbarrosa en junio de 1941, los rusos utilizaron las DKW NZ350 capturadas al enemigo. Las dimensiones del motor de estos modelos monocilíndricos eran de 72 × 85 mm, con doble lumbrera de escape. La transmisión de cuatro velocidades tenía ambos tipos de cambios, manual y de pedal; el bastidor estaba fabricado a par-

tir de chapa estampada de acero con sección en U, con horquilla trasera rígida y de paralelogramos deformables en la parte delantera. Después de la guerra, la IZH inspirada en la NZ350 siguió fabricándose durante algún tiempo. En los primeros tiempos de la posguerra, las versiones de carreras utilizaban el mismo motor y componentes.

En los años sesenta, IZH ya había comenzado a fabricar motos especializadas para distintos acontecimientos deportivos, como los ISDT. Estos modelos tenían poco en común con las motocicletas de serie que constituían la principal fuente de ingresos de la firma. El rendimiento y maniobrabilidad estaba a la altura de los mejores modelos del mundo, y proporcionó a los equipos soviéticos numerosas medallas de oro.

En 1961, comenzó a fabricarse una bicilíndrica de carretera, la Jupiter. Más tarde apareció un moderno monocilíndrico, el Planeta. Ambos se vendieron mucho a los países del bloque de Europa del Este. Las exportaciones a Europa occidental, incluido el Reino Unido, comenzaron a mediados de los años setenta. Los dos modelos se convirtieron en los principales diseños de IZH.

JAMATHI

LA MARCA JAMATHI-NEDERHORST, con sede en Ámsterdam, se desarrolló gracias al esfuerzo de dos hombres: Jan Thiel y Martín Mijwaart. Ambos eran ingenieros de excepcional talento, y su primer modelo fue una motocicleta de carreras que debutó en la TT holandesa de Assen, en 1962. Pilotada por el propio Mijwaart, acabó la carrera en novena posición.

Al año siguiente, un tercer socio se unió al equipo: se trataba del afamado piloto holandés de motos ligeras Paul Lodewijkx. Éste pronto demostró su habilidad consiguiendo varios puestos importantes tanto en Holanda como en Bélgica. Los más destacados son un sexto puesto en la Grand Prix de Holanda, seguida por idéntica posición una semana más tarde en la GP de Bélgica, celebrada en el rapidísimo circuito de Ardennes.

Si alguien había creído que la temporada de 1967 de la Jamathi había sido cosa de suerte, al año siguiente Lodewijkx se encargó de disipar todas las dudas llegando segunda en las series del campeonato del mundo de 50 cc, des-

pués de haber competido tan sólo en tres de las cinco pruebas. El motor monocilíndrico de 49,6 cc era una versión con refrigeración líquida del modelo original de 1967, con válvula de disco y una caja de cambios con nada menos que nueve velocidades.

A finales de los años sesenta, Jamathi fabricó varios modelos GP de 50 cc. Entre sus características, se incluía refrigeración por agua, válvulas de disco y nueve velocidades.

En 1969, Jamathi ganó tres GP, y al año siguiente con Alt Toerson (antiguo piloto de Van Veen), la firma holandesa empató con Derbi, aunque el título fue para el equipo español, que había conseguido mayor número de victorias.

Jamathi también fabricó una gama de motocicletas urbanas, pero con motores refrigerados por aire. Fueron muy populares en el mercado nacional, aunque Thiel y Mijwaart optaron finalmente por seguir los pasos de Bultaco y Cagiva.

Un modelo Jamathi Trials de 1970, con motor de Minarelli de dos tiempos, potencia de 16 CV a 6.000 rpm, ruedas con cubos de aluminio y bastidor de cuna.

JAMES

LA MARCA JAMES FUE fundada por Harry James, jefe de una fábrica de Birmingham, cuando ya se encontraba bien establecido y a punto de retirarse. La James Cycle Company fue todo un éxito, y en 1902 emuló a muchos de sus contemporáneos colocando motores en cuadros de bicicletas convencionales. Los primeros modelos de James contaban con motores de las fábricas belgas Minerva y FN unidos al tubo inferior del cuadro, además de transmisión a correa. Hasta ahí, todo de lo más común. Pero en 1908, P. L. Renouf

diseñó para James una motocicleta totalmente novedosa. Lo más sorprendente era que las dos ruedas estaban montadas sobre ejes de mangueta, además de contar con frenos de expansión dentro del cubo de la rueda, en lo que probablemente la marca fue pionera. El motor monocilíndrico de 523 cc tenía válvula concéntrica de admisión y escape, y las aletas de refrigeración de la culata del cilindro estaban dispuestas como si de una piña se tratase. Sin embargo, los ejes de mangueta se abandonaron pronto. En 1911, James pre-

sentó un modelo avanzadísimo con transmisión enteramente a cadena, caja de cambios de dos velocidades y embrague multidisco. A este modelo siguió toda una variedad de máquinas en los años siguientes, desde pequeñas motocicletas de dos tiempos en 1913, hasta una gran bicilíndrica en V de 500 cc y válvulas laterales aparecida al año siguiente. La máquina de 599 cc se llamó modelo Perfect, y se promocionó como un modelo para sidecar, disponible en 1914 al precio de 77 libras esterlinas. El modelo sin sidecar cos-

JAC
Checoslovaquia (Horadzovice) 1929-1932. J.A. Cvach fabricó esta interesante e innovadora motocicleta monocilíndrica de 500 cc, transmisión por eje, bastidor de acero estampado y depósito de gasolina debajo del asiento.

JACKSON-ROTRAX
Inglaterra 1949-1966. Estas máquinas tenían motor JAP de 500 cc ohv montado en un bastidor diseñado por el piloto de carreras Alec Jackson.

JACK SPORT
Francia 1927-1931. Estas máquinas disponían de motor monocilíndrico JAP Jack 350 y 500 cc.

JAK
Alemania 1922-1925. Estas motocicletas ligeras estaban propulsadas por motores DKW (119 a 173 cc) y Bekamo de 129 cc.

JALE
Alemania (Munich) 1923-1925. Motorradbau Jacob Lehner fabricaba estas máquinas con capacidad de 170 cc y pistón deflector, que disponían de refrigeración por aire y por agua.

JANOIR
Francia h.1905-años veinte. En un principio, se trataba de una bicilíndrica plana de 995 cc (longitudinal a la marcha) con caja de cambios de tres velocidades. En 1921, se convirtió en una nueva versión totalmente cerrada.

JAVON
Alemania (Nuremberg) 1929-1932. J. A. Vogler era una pequeña firma ensambladora que montaba en sus propios bastidores motores de 142 cc y dos tiempos y JAP de 200 y 500 cc de cuatro tiempos.

J-BE
Estados Unidos años cincuenta. Joe Berliner comercializaba con este nombre motocicletas montadas en Europa con motores Fichtel y Sachs de 100 y 125 cc. En algunos sitios el nombre aparece también como Je-Be.

La línea de finales de los años cincuenta y principios de los sesenta incluía modelos como el Commodore 250 cc (en la foto), el Superswift con motor bicilíndrico de Villiers y el Sports Captain.

Durante los años veinte, James fabricó sus propios motores, como este de 500 cc de 1925, pero resultaba más económico adquirir los motores Villiers de mayores capacidades.

taba 63 libras, y contaba con transmisión secundaria por cadena oculta, frenos de estribo y un embrague accionado por medio de pedal, elemento preferido por los pilotos de carreras hasta los años cincuenta. En 1914, James tenía una base en Birmingham en el número 9 de Broad Street Corner, y otra en Holborn Viaduct, en Londres.

La producción de después de la guerra incluyó un pequeño autociclo y bicilíndricas en V ohv de 250, 500 y 750 cc. Utilizar motores propios resultaba una práctica muy cara, por lo que a mediados de los años treinta, James siguió la tendencia establecida por otros pequeños fabricantes británicos y encargó sus

El modelo monocilíndrico de 350 cc se fabricaba en 1928, pero a mediados de los años treinta James había limitado su producción de máquinas de 250 cc, una tendencia que siguieron otras pequeñas marcas.

motores y transmisiones a Villiers, restringiendo la cilindrada a máquinas de hasta 250 cc. Con el lanzamiento en 1938 de su modelo Autocycle (especie de bicicleta motorizada con motor Villiers de 98 cc), la línea de productos de James perdió algo de calidad, en parte por el lanzamiento del nuevo motor y en parte al reconocer la necesidad de producir medios de transporte persona-

les más económicos. Durante la Segunda Guerra Mundial, se vendieron más de 6.000 unidades, y James lanzó además el modelo ML 125 cc Military Lightweight, una motocicleta diseñada para el cuerpo de mensajeros del ejército británico.

La producción civil se reanudó en 1946, y el Autocycle demostró ser ideal en aquel clima de austeridad y restricciones de combustible. James también fabricó una versión civil del modelo ML, con acabado en granate y gris, y a medida que la gama de motores Villiers fue aumentando de cilindrada, James también se fue adaptando y añadiendo modelos adaptados a las nuevas capacidades. El modelo que James lanzó en 1949 era una máquina ideal para usar con sidecar. Sin embargo, en 1951 la compañía fue absorbida por Associated Motor Cycles, empresa a la que también pertenecía la marca Francis-Barnett, y se vio obligada a acatar la nueva disciplina e incorporar motores de dos tiempos de fabricación propia en sus modelos Cadet, Cavalier y Com-

modore. Estas motocicletas se fabricaban con bastidores de acero estampado. James también entró en el mercado de los escúter, dominado por las marcas italianas en el momento en que los ingleses llegaron. El escúter de James de 150 cc tenía el centro de gravedad bajo y un amplio espacio para el equipaje, pero era demasiado pesado y carecía de la elegancia y garbo de los diseños italianos.

Durante los años cincuenta, los modelos de James y Francis-Barnett se fueron haciendo cada vez más parecidos. James tuvo mucho éxito con una serie de motocicletas de campo. La

El depósito en forma de cuña y la exquisita carrocería utilizada por James en los años veinte eran inconfundibles, aunque el indicador era típico del período.

Commando y la Cotswold fueron modelos de campo muy populares, en tanto que entre las motos de carretera se encontraban la Commodore 250 cc monocilíndrica, y la bicilíndrica Superswift de 250 cc con motor Villiers, con su parte trasera totalmente carenada y la excelente Sports Captain. Se trataba de modelos más que aceptables, pero la invasión de las motos ligeras japonesas a mediados de los años sesenta provocó el derrumbe de la mayor parte de la industria británica. Associated Motor Cycles quebró en 1966, y James compartió su destino.

JAMES 600 PERFECT

1913

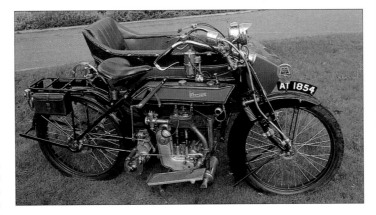

Motor: monocilíndrico, cuatro tiempos, válvulas laterales, 599 cc
Potencia: 7 CV
Caja de cambios: manual, tres velocidades
Transmisión secundaria: cadena
Peso: 164 kg
Velocidad máxima: 72 km/h

En 1913, James Motorcycles había comenzado a fabricar sus propios motores, tanto de dos como de cuatro tiempos.

Los dos principales productos de la compañía eran una bicilíndrica en V de 500 cc con válvulas laterales y una monocilíndrica de 599 cc también con válvulas laterales. Esta última mostraba el clásico diseño en forma de piña en las aletas de ventilación del cilindro y su aspecto estaba todavía basado en el bastidor de bicicleta con el depósito de combustible debajo del tubo superior, con el motor colocado sobre el tubo inferior.

Disponía de frenos de brida en la rueda delantera, ruedas de 26 pulgadas, transmisión secundaria por medio de cadena oculta, y embrague accionado por pedal. Conocida con el nombre de Perfect, también tenía una versión con sidecar.

La Perfect 599 cc era una máquina con unas magníficas prestaciones, y disponía de versión con sidecar. La de la foto es un modelo de 1914 con un asiento lujosamente acolchado.

JAP

INGLATERRA 1903–1908

J. A. PRESTWICH FUNDÓ esta firma en Tottenham, Londres, con la intención de fabricar motores. También produjo motocicletas durante un tiempo, pero después se centró únicamente en motores, cuya gama iba desde el modesto monocilíndrico de 175 cc hasta el gigantesco bicilíndrico en V de 1.000 cc. Su primer motor data de 1901, un monocilíndrico de cuatro tiempos, que al año siguiente empezó a producirse en serie.

Ese primer motor tenía unos 300 cc de cilindrada, con válvula de admisión automática en la parte superior del cilindro (hecho de una sola pieza) y cárter de apertura vertical. Tanto el motor como las motocicletas completas que comenzó fabricando se expusieron en la Stanley Show de finales de 1903. Por aquellos días, el motor tenía 3,5 CV, y con las válvulas ya dispuestas en la culata y un sistema de apertura compuesto por una varilla empujadora y un balancín, que se ocupaba de ambas válvulas. Por su parte, el diseño de la leva le permitía tanto empujar como levantar la correspondiente válvula en cada momento.

La motocicleta JAP utilizaba un bastidor BSA con horquilla elástica, en el que se montaba verticalmente el motor, con transmisión secundaria a correa. Un segundo modelo, conocido como el modelo ligero, empleaba un motor de 2,25 CV inclinado en el bastidor. En 1905 estas dos motocicletas

Durante muchos años, la firma británica JAP fabricó motores de cuatro tiempos de muchas cilindradas. Estos motores eran de uno o dos cilindros, los últimos, dispuestos en la tradicional V.

pasaron a tener 2,5 y 3,5 CV, y ese mismo año se unió a la gama un vehículo de tres ruedas. En 1906, había una monocilíndrica de 3,5 CV, una bicilíndrica en V de 6 CV y un triciclo con doble rueda delantera con motor longitudinal de 6 CV.

En 1908, la firma dejó de fabricar motocicletas y se concentró únicamente en la producción de motores.

JAWA

DE TODAS LAS GRANDES marcas de motocicletas checoslovacas de antaño, Jawa es la más conocida. Comenzó en 1929, cuando Frantisek Janecek de la Fábrica Nacional de Armas de Praga decidió que también debía producir vehículos a motor con dos ruedas. Obtuvo una licencia de la compañía alemana Wanderer para fabricar uno de sus diseños que, aunque problemático, sirvió para acuñar el nuevo nombre: Jawa (de los nombres JAnecek y WAnderer).

La siguiente fase comenzó con la llegada del ingeniero británico George Patchett, en 1930. Fue Patchett el encargado de engrandecer esta incipiente empresa con una gama de magníficos diseños, como un modelo de carreras de 500 cc con varillas empujadoras.

En 1932, Jawa presentó su primer modelo de dos tiempos, una motocicleta ligera de aspecto vanguardista con motor Villiers de 173 cc y pistón deflector. Siguió una serie de modelos de carretera con motores de dos tiempos y válvulas laterales. Salvo por los motores Villiers y Wanderer fabricados con licencia, el resto de los modelos eran obra del propio Patchett. Al estallar la guerra, Patchett regresó a Inglaterra.

Durante el conflicto, la compañía logró prepararse para los años de posguerra diseñando y desarrollando (en secreto) una nueva gama de motocicletas. Una de éstas fue la ultramoderna monocilíndrica de dos tiempos y 248 cc, con caja de cambios integrada en el motor, embrague automático (lo que se convertiría en una de las características distintivas de Jawa en sus modelos de carretera de serie), horquilla telescópica y suspensión trasera por émbolos.

En 1947, Jawa absorbió la firma rival Ogar, tras lo cual lanzó un nuevo modelo, una máquina nueva con motor bici-

En 1932, Jawa presentó su primer modelo de dos tiempos, que utilizaba un motor Villiers. La motocicleta de la foto es una 350 cc de mediados de los años treinta, y empleaba un motor diseñado por la propia firma Jawa.

líndrico de 346 cc y dos tiempos, que utilizaba algunos componentes de la monocilíndrica 248 cc. Fue también durante esta época cuando aparecieron las primeras motocicletas de carreras de después de la guerra. Estas máquinas, diseñadas por Vaclav Sklenar, eran bicilíndricas verticales de 348 y 498 cc dohv con o sin sobrealimentación.

Jawa fue nacionalizada al acabar la guerra, y se vinculó a la CZ, su antigua rival, en 1949, año en que ambas compañías quedaron bajo el control de los comunistas. En ese momento, se concedió a Jawa permiso para entrar en el mundo de las carreras. Jawa comenzó compitiendo con unas nuevas bicilíndricas en paralelo, participando en pruebas de pista y en competiciones *off-road*.

Fue entonces cuando comenzaron los años gloriosos de Jawa en los ISDT. Checoslovaquia ganó la Trophy en 1958, 1959 y 1962, y en la década siguiente se hizo con el primer puesto siete veces, en los años: 1970, 1971, 1972, 1973, 1974, 1977 y 1978, utilizando para ello Jawas monocilíndricas de dos tiempos de 250, 350 y 360 cc.

Aunque Jawa nunca fue tan brillante en las pistas de asfalto como en las pruebas de campo, también allí logró algunos

En julio de 1954, esta bicilíndrica dohc de 498 cc pilotada por Jan Koster apareció en el circuito de Zandvoort, Holanda, donde consiguió su primera victoria al derrotar a los pilotos británicos y holandeses.

notables éxitos desde comienzos de los años cincuenta hasta mediados de los setenta, empleando modelos bicilíndricos en paralelo, cuatro tiempos, dohc, y cilindradas de 500 y luego 250 y 350 cc.

La nueva 350 cc con la que Jawa comenzó a competir en los años sesenta tenía su origen en el modelo de menor cilindrada. Pero la bicilíndrica paralela dohc de 347,7 cc (59 × 63,5 mm) ahora tenía el eje vertical de la distribución de válvulas colocado entre los dos cilindros, y accionaba el árbol de levas de admisión por medio de engranajes. El árbol de levas del escape era accionado por medio de un eje horizontal que iba por la parte superior del motor. Los cilindros ya no eran de una sola pieza, sino que contaban con un cuerpo y una culata separados, ambos de aleación ligera, mientras que las camisas de los cilindros estaban hechas de acero. El colector de aceite estaba ahora localizado dentro del cárter, que disponía de profundas aletas de ventilación, método que reemplazaba al antiguo sistema de cárter seco y depósito de aceite independiente. Posteriormente, se utilizó un motor de cuatro válvu-

las por cilindro, pero no demostró ser tan fiable como el original de dos válvulas por cilindro.

Durante mediados de los años sesenta, Jawa absorbió la empresa Eso, y con ella su motor de competición, de enorme éxito, con el que la firma compitió por todo el mundo: la última versión de cuatro válvulas por cilindro todavía se sigue utilizando hoy día.

Aunque Jawa había fabricado una motocicleta urbana con motor bicilíndrico de 350 cc ohc en los años cincuenta, su producción de modelos de carretera de posguerra (con excepción del modelo de mediados de los ochenta con motor Rotax de 500 cc) se había limitado a modelos de dos tiempos, de uno y dos cilindros. Incluso hoy, Jawa se centra en la producción de modelos de dos tiempos en sus modelos más rentables.

Tras la absorción de Eso por parte de Jawa, a finales de los años sesenta, esta última se ha convertido en el mayor fabricante de motocicletas de *speedway* del mundo. La de la foto es un modelo de 1994.

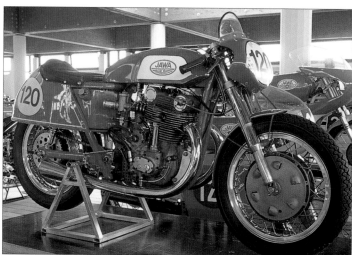

JAWA 500 OHC TWIN

AÑOS CINCUENTA

La Jawa dohc 488 cc bicilíndrica salió a la carretera en 1949. La de la foto es un modelo posterior (1955) con asiento doble y frenos de tambor.

Si los modelos Jawa de 250 y 350 cc de dos tiempos trajeron grandes beneficios a la compañía de Praga, sus modelos de cuatro tiempos le dieron prestigio en los primeros años de la posguerra.

La primera noticia de un modelo bicilíndrico con doble árbol de levas en la culata apareció en 1948. A comienzos de 1949 salieron a la carretera los primeros prototipos de esta máquina de 488 cc (65 × 73,6 mm). Los árboles de levas eran accionados por medio de ejes y engranajes cónicos. Disponían de un único carburador Jikov de 24 mm, y una caja de cambios de cuatro velocidades accionada mediante pedal.

El modelo conocido como 15/01 tardaría aún tres años en comenzar a fabricarse en serie, en 1952. La lubricación se realizaba mediante cárter seco, con una bomba de aceite y un depósito de aceite separado del de gasolina, y una capacidad de 4,5 litros. Su potencia máxima era de 26 CV a 5.500 rpm. El bastidor, basado en el de la Jawa Springer (modelo con doble lumbrera de escape, dos tiempos y un cilindro), se había reforzado para soportar la nueva potencia y peso, y disponía de horquilla telescópica con muelles bañados en aceite, además de suspensión trasera por émbolos. Con un peso en seco de 155 kg, Jawa declaraba una velocidad máxima de 140 km/h.

En la temporada de 1953, Jawa la lanzó como el modelo actualizado 15.02, con un motor más potente (28 CV) y una velocidad máxima de 146 km/h. En 1954, se añadió el asiento doble, además de unos potentes frenos de tambor.

La compañía dejó de fabricarlo en 1958.

Motor: bicilíndrico paralelo, dohv, 488 cc (65 × 73,6 mm), refrigeración por aire
Potencia: 28 CV a 5.500 rpm
Caja de cambios: cuatro velocidades, pedal
Transmisión secundaria: cadena
Peso: 156 kg
Velocidad máxima: 146 km/h

JAWA 350 GP V-FOUR

1969

El primer prototipo de la GP V-Four se terminó en junio de 1967. El motor seguía el diseño en V de las Yamaha de cuatro cilindros. Ambos cigüeñales estaban conectados mediante engranajes y se utilizaba buena parte de la tecnología desarrollada para la bicilíndrica en V de 125 cc. La admisión de la mezcla se realizaba mediante una válvula de disco, lo que era imprescindible para un perfecto funcionamiento, según decía su diseñador Zdenik Tichy. El motor de 344,5 cc (48 × 47,6 mm) tenía una relación de compresión de 16:1, y una potencia de 70 CV a 13.500 rpm. La transmisión hasta la rueda trasera se hacía por medio de una cadena, pasando a través de una caja de cambios de siete velocidades.

Al contrario que la Yamaha, la refrigeración por agua de este modelo se basaba en el principio del termosifón, y suele aceptarse la idea de que el aspecto general del motor checo era mejor que el de las tetracilíndricas japonesas.

En un principio, la máquina no era muy fiable, aunque a mediados de 1968 la tetracilíndrica en V de 258 cc había logrado terminar una prueba de Grand Prix. Con una velocidad máxima de 258 kpn, representaba el único competidor

Diseñada por Zdenik Tichy, la tetracilíndrica en V de 350 cc disponía de válvulas de disco y refrigeración por agua. La potencia era de 70 CV a 13.000 rpm.

serio de MV y Giacomo Agostini. Provisto de encendido electrónico, el motor era capaz de desarrollar 70 CV, lo que le daba unas prestaciones iguales a las de la invencible tricilíndrica MV. Cuando las pruebas de Grand Prix llegaron al circuito de Sachsenring, en Alemania del Este, muchos vieron posible que la Jawa, con Bill Ivy, pudiera alcanzar la victoria.

El intento le costó la vida al piloto y acabó con los sueños de gloria de la marca checoslovaca.

Motor: tetracilíndrico en V, válvulas rotativas, dos tiempos, 344,5 cc (48 × 47,6 mm), refrig. por agua
Potencia: 70 CV a 13.000 rpm
Caja de cambios: 7 velocidades, pedal
Transmisión secundaria: cadena
Peso: 120 kg
Velocidad máxima: 258 km/h

JAWA MODEL 6 SERIES ENDURO

La Jawa 653 era una motocicleta de enduro monocilíndrica de 350 cc, que dominó las pruebas deportivas de su especialidad en los años setenta, incluidos los famosos ISDT.

za, el cubo trasero de duraluminio estaba forjado, en lugar de fundido.

La culata, con dos bujías y provista de unas enormes aletas de ventilación, era de aleación ligera, igual que el cilindro, este último con camisa de hierro fundido. En las cabezas y los pies de las bielas se utilizaron rodamientos de agujas. El diseño del cigüeñal tenía de novedoso el estar hecho de una sola pieza. Con una tapa en el lado derecho para poder acceder a él. En el lado opuesto se encontraba el acceso a la caja de cambios integrada con cinco velocidades. Además de su rigidez, el estar hecho de una sola pieza permitía que el cigüeñal y los engranajes pudieran desmontarse sin tener que separar el conjunto del motor del bastidor.

Fabricadas para las clases 250, 350 y finalmente 500 cc, las Jawa 652, 653 y 654 de enduro dominaron los ISDT en los años setenta. Ganaron el ansiado trofeo de equipos de los años 1970-1974, 1977 y 1978, así como la prueba Vase de 1970, 1971, 1972, 1974, 1976, 1977 y 1979,

En el apartado de las enduro, las motocicletas Jawa dominaron durante los años setenta. En 1968 se probó un bastidor tubular doble que resultó tan bueno que fue inmediatamente aplicado a todos los modelos de los equipos que Jawa presentaba a los ISDT de 1969. El diseño de este nuevo bastidor constaba de dos tubos curvados bajo el motor y otros dos superiores que se prolongaban hacia atrás desde la pipa de dirección hasta el tubo de apoyo del asiento. Para proporcionar un apoyo adicional, se añadía un tercer tubo que discurría desde la base de la pipa hasta unirse con el anterior en la zona del asiento.

La horquilla delantera y el freno procedían de la máquina de motocrós de CZ, mientas que el brazo basculante estaba controlado por un par de amortiguadores. Para darle aún mayor fortale-

Motor: monocilíndrico de dos tiempos, 344 cc (78 × 72 mm), refrigeración por aire
Potencia: 36 CV a 6.200 rpm
Caja de cambios: 5 velocidades, pedal
Transmisión secundaria: cadena
Peso: 158 kg
Velocidad máxima: 150 km/h

JAWA SPEEDWAY MODEL 897

El primer motor Jawa *speedway* se desarrolló a partir del primitivo diseño de Eso, posible tras la absorción de esta última por Jawa a finales de los años sesenta.

A mediados de los años ochenta, la compañía checoslovaca había logrado convertirse en la mayor productora del mundo tanto de motores como de motocicletas *speedway*, con un 95 por 100 de su producción exportada por todo el mundo.

El motor era un monocilíndrico con un único árbol de levas en la culata, 496 cc (85 × 87 mm), cuatro válvulas y cilindro vertical y culata hechos de aleación. El pistón forjado con doble segmento estaba conectado al cigüeñal por medio de una biela forjada hecha de aleación de duraluminio, con una muñequilla del pistón con casquillo de bronce metido a presión, y anillo de acero endurecido en el cojinete de la cabeza de la biela. Los volantes estaban especialmente endurecidos, lo que permitía sustituir con frecuencia la muñequilla del cigüeñal.

El árbol de levas estaba accionado mediante una cadena sencilla. Había cuatro diferentes árboles de levas, cada uno con su altura, para que los pilotos pudieran elegir la curva de potencia que

El modelo 697 *speedway* de la firma Jawa, lanzado en 1986, tenía un motor de 496 cc, cuatro válvulas, distribución sohc y refrigeración por aire, y desarrollaba 69 CV a 8.800 rpm.

mejor se adaptaba a sus necesidades particulares.

El encendido era por magneto PAL con una batería Bosch, mientras que el carburador era un Dell'Orto de 34 mm con un filtro de aire K & N. El carburador estaba montado de manera flexible, con el fin de evitar que las vibraciones del motor afectaran a su rendimiento.

La lubricación se realizaba mediante una bomba doble, y la cantidad de lubricante podía ajustarse. El aceite (se recomendaba el uso de un aceite a base de ricino) quedaba almacenado en el tubo superior del bastidor y de ahí era extraído para lubricar todos los componentes del motor. El aceite utilizado iba a parar a un depósito especial, que era vaciado después de una o dos carreras.

Motor: monocilíndrico, cuatro válvulas, sohc, 495 cc (85 × 87 mm), refrigeración por aire
Potencia: 69 CV a 8.800 rpm
Caja de cambios: ninguna
Transmisión secundaria: cadena
Peso: 82 kg
Velocidad máxima: 129 km/h

JEFFERSON

ESTADOS UNIDOS 1911-1915

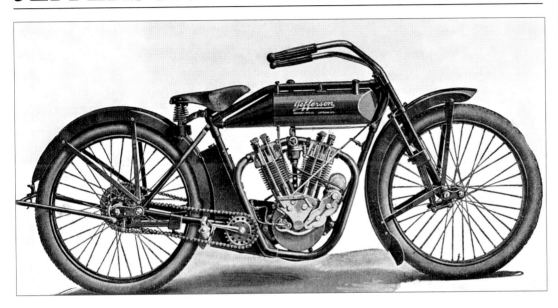

ESTA MARCA SE COMERCIALIZÓ primero como Waverly, o a veces Kenzler-Waverly, mientras que uno de sus modelos de 1912 se llamó P.E.M. en honor de Percy E. Mack, que había diseñado el motor Mack que utilizaban estas máquinas, así como el bastidor elástico y la horquilla.

Hasta 1913 no apareció el nombre Jefferson en los modelos. Sin embargo, tal confusión de nombres era algo bastante común entre los fabricantes de motocicletas en los Estados Unidos, sobre todo antes del estallido de la Primera Guerra Mundial.

Todo esto surgió porque las máquinas eran fabricadas por la Kenzler-Waverly Motorcycle Company de Cambridge, y la Waverly Manufacturing Company de Jefferson, mientras que los motores Mack eran producidos por la Universal Machinery Company de Milwaukee (las tres ciudades estaban situadas en el estado de Wisconsin).

Los motores Mack traían la marca «Mack» o «Waverly» en el cárter, independientemente, al parecer, de cuál fuera su destino final (ésta era otra de las rarezas del período), y todas estas máquinas tenían distribución ohv con válvulas paralelas en la era de los motores con culata en F.

Esta firma fabricó tanto monocilíndricas como bicilíndricas en V, y ambas motocicletas estaban basadas en un cilindro de 491 cc de capacidad.

En ambos casos, la culata y el cuerpo del cilindro se unían al cárter mediante largos espárragos, y las varillas empujadoras estaban colocadas en el lado derecho, al aire, y ascendían hasta los balancines situados en la culata.

Era un diseño que encajaba a la perfección con la disposición de las válvulas paralelas. El encendido era por magneto, y ésta estaba colocada delante del cilindro, y se accionaba por medio de engranajes.

El bastidor y la horquilla delantera eran otra muestra del inteligente diseño del modelo, que además disponía de suspensión trasera por medio de horquilla basculante, en tanto que en la rueda delantera se colocaba una horquilla de resortes.

La suspensión trasera estaba controlada por un muelle de ballesta fijo al tubo del asiento y unido al basculante por un pequeño resorte, sistema que no está lejos del moderno monoamortiguador.

La horquilla delantera estaba controlada por un par de muelles de ballesta unidos a la parte posterior de la

Esta máquina se conoció con varios nombres, pero en 1914 recibió el definitivo: Jefferson. Se trataba de un modelo avanzado con caja de cambios y suspensión en ambas ruedas.

horquilla y conectados con los resortes a través de unas pequeñas piezas.

Estas máquinas utilizaban ruedas de radios de alambre, y el freno sólo se encontraba en la trasera, pues en aquellos días, pocos pilotos en los Estados Unidos habrían pedido un freno en la rueda delantera, teniendo en cuenta el estado de las carreteras de tierra que se encontraban a las afueras de cualquier ciudad.

La transmisión en los modelos de carretera era completamente a cadena, más una segunda cadena situada en el lado derecho y cuya función era ayudar a arrancar la moto.

Los modelos de carretera podían competir en las ciudades con los modelos específicamente urbanos. Sin embargo, a pesar de ser unas magníficas máquinas, no sobrevivieron mucho tiempo debido en parte a su alto precio y en parte a la aparición del modelo-T de Ford.

JONES

DURANTE EL AÑO 1936, el prototipo de autociclo hizo su debut como nueva forma de transporte sobre dos ruedas y provisto de pedales tanto para arrancar como para ayudar al motor. Su base era un motor Villiers de 98 cc, y estaba dirigido a la parte más humilde del mercado como medio de transporte local y de mínimo coste.

Fue diseñado por G.H. Jones conjuntamente con Villiers. El motor estaba provisto de embrague. Su estructura era sencilla, con un cilindro de hierro fundido en el que no se distinguían culata y cuerpo como parte independientes, un cigüeñal que sobresalía, magneto en el volante y un embrague a cadena. Formaba parte del motor una caja de dilatación colocada bajo el cilindro.

El motor estaba montado en un bastidor abierto simple con horquilla elás-

El autociclo, que si hizo popular gracias a la compañía Jones. Se sencilla construcción y diseño hicieron que fuera copiado por muchas otras firmas hasta finales de los años cincuenta.

tica, asiento, depósito de gasolina y frenos de zapata.

El eje de los pedales discurría por dentro del eje del embrague, de modo que todo el conjunto se fijaba en el ángulo inferior del bastidor mediante tornillos.

El motor final que llegó a la cadena de montaje (comercializado como Villiers Junior) no disponía de esta característica especial, pues Jones pensó que podría resultar incómodo a la hora de pedalear, y Villiers suponía que podría doblarse en caso de caída.

El diseño pronto fue adoptado por Raynal, en 1937, seguido de otras firmas en los dos años siguientes. La mayoría continuaron después de la guerra.

De hecho, siguió utilizándose este diseño hasta finales de los años cincuenta, década durante la cual el ciclomotor se adueñó del mercado.

JONGHI

ESTA MARCA LA CREARON en Francia dos italianos: Giuseppe Remondini y Tito Jonghi. Su primer modelo tenía un motor con caja de cambios integrada de tres velocidades, 346 cc y válvulas laterales, e iba montado en un bastidor rígido con horquilla de paralelogramos deformables. El motor tenía una magneto montada en la parte posterior con un cárter hecho de una sola pieza y caja de cambios provista de placas laterales. El volante exterior y los engranajes de la transmisión primaria iban colocados

en el lado izquierdo, y la transmisión secundaria, a cadena, en el derecho. Era un diseño muy avanzado para tratarse de un primer modelo. Y es que Remondini había trabajado para Negas & Ray en Italia, donde había diseñado un motor parecido.

A este modelo pronto se unió una versión ohv, igual que había ocurrido en Negas & Ray, con componentes similares y muelles ahorquillados en las válvulas. Dejó su impronta en el mundo de la competición al ganar en 1932 el

Una típica Jonghi de después de la guerra, con su peculiar motor ohc (en lugar de un dos tiempos) y horquilla con suspensión de resortes que basculan delante del eje de la rueda (en lugar de la clásica horquilla telescópica).

Grand Prix europeo celebrado en Roma, en la categoría de 350 cc, derrotando a todas las motocicletas británicas. Todo un logro. En 1933, el modelo con válvulas laterales demostró su potencial al lograr una velocidad media de 116 km/h

durante 24 horas en Montlhèry, batiendo diez récords, otra gran exhibición de la velocidad y fiabilidad de la marca. Después llegó un motor ohc, que al principio participó en las carreras de 350 cc, y después se redujo, participando en las de 250 y 175 cc. Se amplió la gama de modelos añadiendo motocicletas ligeras que usaban pequeños motores de dos tiempos fabricados por otras marcas.

En 1936, Jonghi se unió con la firma Prester, y comenzaron a compartir sus modelos. Los ohv Flèche d'Or y Racing eran enteramente de Jonghi, salvo en el logo del depósito de gasolina. Lo mismo ocurría con su ciclomotor; de manera que ambas líneas discurrieron paralelamente hasta finales de la década. Después de la guerra, la mayor parte de la producción seguía llevando ambos nombres, y estaba formada por modelos con pequeños motores integrados de dos tiempos, cajas de cambios de tres velocidades, bastidores rígidos y horquillas de paralelogramos deformables, que más tarde se reemplazaron por horquillas de resortes. Tanto el modelo de 100 como el de 125 cc se fabricaron desde los primeros días de vida de la compañía, mientras que el de 250 cc se añadiría una década más tarde.

En 1947, Jonghi sumó a su gama un modelo de cuatro tiempos y 125 cc con una línea decididamente italiana para uso en carretera y también en competición. Tenía motor con caja de cambios integrada, un único árbol de levas en la culata accionado por engranajes que discurrían por el interior del cilindro, por su lado derecho. El árbol de levas, los balancines, las válvulas y los muelles ahorquillados estaban totalmente ocultos por una única cubierta. La magneto era accionada mediante una cadena situada en el lado izquierdo, mientras que los engranajes de la transmisión primaria que conectaba con la caja de cambios se encontraban en el lado derecho, con las marchas, en la caja de distribución. El bastidor tenía suspensión trasera por horquilla basculante.

JUNAK

POLONIA 1954–1964

DESPUÉS DE LA Segunda Guerra Mundial, el Consejo para la Mutua Ayuda Económica asignó a varios países del bloque comunista la producción de distintas clases de bienes. Checoslovaquia, la República Democrática Alemana y la Unión Soviética se encontraban entre los países en los que se fabricaron motocicletas. El único modelo de JUNAC, la M10 de 350 cc, se fabricó en Polonia.

Se especificó desde un principio que debía tratarse de un modelo de 500 cc apto para el uso militar. De alguna manera, en manos de los diseñadores Jan Ignatowicz y Stefan Porazinski, el modelo se metamorfoseó en una 350 cc ohv, presentada primero en Wroclaw en 1954, coincidiendo con el décimo aniversario de la República de Polonia. Pero la escasez de herramientas, trabajadores y preparación significó que la producción no se iniciase hasta 1956, cuando salieron de la fábrica unas 30 motocicletas, hechas principalmente a mano.

En 1957, este número aumentó hasta 253 unidades (de las 20.000 que se había planeado producir anualmente). No sería hasta 1958 cuando la SFM (Szeczin Motorcycle Factory) comenzó a producir realmente en serie. Pero por entonces, los fallos del modelo ya eran conocidos, y hablaban en su contra. Uno de los problemas era la posición de la magneto higroscópica, colocada en la parte delantera del motor, donde recibía el agua que lanzaba la rueda delantera.

Este modelo de 350 cc puede parecernos modesto, pues hoy tenemos una visión más lúdica de las motocicletas; en cambio, si pensamos que tal vez era la única opción de hacerse con un transporte familiar, la veremos de otra manera.

Otro problema (y éste muy básico) era la dinamo, que tan sólo producía una luz muy débil.

La M10 se vendió en muchos países: Bulgaria, Cuba, Hungría, Libia, Mongolia, Siria, Turquía, Uruguay, los Estados Unidos de América y Venezuela.

Pero pocas de estas máquinas se distinguieron por su rendimiento o sofisticación. A un precio de algo menos de 23.000 zloty, también perdió parte del mercado frente a las máquinas baratas que la propia Polonia importaba.

Muchos propietarios de una Junak esperaban que se introdujera alguna modificación en el modelo; por ejemplo, una dinamo de 12 voltios mejorada y encendido por batería. Se realizaron algunos cambios, como el nuevo faro incorporado en la horquilla delantera, unos guardabarros más profundos, mejores frenos, una cadena oculta y la opción de varias versiones, como el modelo de cross o el que venía provisto de sidecar.

Pero a pesar de los cambios, la producción se interrumpió en 1964. Había rumores sobre una moderna bicilíndrica llamada Iskra, destinada a sustituir al viejo modelo. Sin embargo, la nueva motocicleta nunca pasó de ser un prototipo.

Muchas fuentes se refieren también a una versión de 250 cc con el mismo motor, pero las pocas referencias que encontramos en la propia Polonia no han podido atestiguarlo, y dada la historia de la máquina y los mercados en que se había introducido, la existencia de tal modelo parece poco probable.

Las líneas simples y tradicionales de esta Junak se aprecian a primera vista en la fotografía; tan sólo con unas mínimas mejoras, podría haberse convertido en una motocicleta clásica.

JUHO
Alemania 1922-1924. Julius Hoflich fabricaba sus propias máquinas. Una fuente recoge un modelo de 148 cc con válvulas laterales y otro de dos tiempos de 195 cc, mientras que otras fuentes hablan de modelos de 147, 174 y 248 cc con válvulas laterales.

JULES
Checoslovaquia 1929-1934. Estos motores auxiliares de 120 cc también se vendían en un mismo lote junto con la bicicleta Praga.

JUNCKER
Holanda 1932-1935. Otro fabricante de bicicletas holandés con una línea suplementaria de motocicletas ligeras: con motores Illo y Villiers de 98 y 198 cc. Esta firma se fusionó con Gazelle después de la Segunda Guerra Mundial.

JUNCKER
Francia 1935-1937. Se trata de motocicletas ligeras con motores de dos tiempos de Aubier-Dunne y Stainless, con cilindradas de 124 y 147 cc (una fuente habla de motores de 98, 123 y 147 cc).

JUNIOR
Italia (Antignano) 1924-1935. Eduardo Mascagni comenzó con su propio motor monocilíndrico de 350 cc y dos tiempos; después se pasó a los motores Blackburne de 250 y 350 cc, y posteriormente a los JAP. Las fuentes consultadas difieren en numerosos detalles, pero todas están de acuerdo en que la producción se interrumpió después de su muerte, ocurrida en Abisinia.

JUNO
Inglaterra 1911-1923. Sun fabricaba la mayor parte de los bastidores de estas motocicletas, cuyos motores estaban fabricados por Villiers, Precision y JAP, entre otras firmas. Las cilindradas iban desde los 147 cc (Villiers) hasta los 770 cc de la bicilíndrica en V (JAP). Una fuente asegura que desaparecieron en 1915.

JUPP
Inglaterra 1921-1924. Esta máquina con motor Liberty de 269 cc era todo un avance.

JURISCH
Alemania 1926-1930. Esta firma fabricaba un modelo de carreras de dos tiempos con un cilindro compartido por dos pistones, refrigeración por agua y una cilindrada de 248 cc.

KAWASAKI

KAWASAKI MOTORCYCLES es en realidad parte de un enorme grupo con intereses en compañías navieras, aeronáuticas y ferrocarriles, entre otras. Aunque no ha sido la mayor de las cuatro grandes firmas japonesas que dominan el mercado, su historia y orígenes son muy diferentes del resto. La firma llegó al mundo de las dos ruedas más tarde que las otras tres, y por razones muy distintas.

Kawasaki Heavy Industries es una de las compañías industriales más grandes del mundo, y las motocicletas no representan más que un pequeño negocio dentro del conjunto de sus diferentes actividades. Sin embargo, esta situación especial es precisamente la que ha dado lugar a la producción de máquinas que han estado a la cabeza de las prestaciones, marcando el camino a seguir por otras marcas.

Debido a su llegada, relativamente tardía, al mundo de las motocicletas, Kawasaki no tuvo que sufrir muchos de los acontecimientos que sacudieron la industria motociclista japonesa en los años cincuenta, cuando la industria japonesa pasó de ser pequeña a convertirse en un gigante, el número de firmas se multiplicó rápidamente y las absorciones volvieron nuevamente a reducirlo. Esa década vio la creación de un gigantesco mercado nacional pertrechado tras unos aranceles altísimos, y el comienzo de la expansión ultramarina hacia América y Europa.

La mayor parte de las firmas japonesas de los años de la posguerra entraron en el negocio de los transportes para proporcionar a los usuarios medios de desplazamiento, como una alternativa a la costumbre de caminar o a los masificados transportes públicos, en un país

que reclamaba desesperadamente mayor movilidad. Los primeros resultados no fueron muy satisfactorios, pero pronto se aprenden las lecciones y se empieza a hacer progresos. Una vez alcanzada la estabilidad, llegó la producción, y después las competiciones en las que promocionar el producto.

Los antecedentes de Kawasaki son muy diferentes de los de Honda, Suzuki o Yamaha, pues sus orígenes se remontan a un astillero fundado por

A finales de 1972 se produjo el lanzamiento de la Z1 tetracilíndrica de 903 cc, una máquina destinada a tomar el relevo de la Honda CB750 como reina de la carretera.

Soso Kawasaki en 1878. A finales del siglo XIX, aquel lugar se había convertido en una próspera compañía que en 1901 se desvió hacia el mundo de los ferrocarriles y posteriormente las obras de ingeniería civil. En 1911, la firma estaba metida en negocios de transporte marítimo, después planchas de acero y, finamente, aviones (y por tanto, motores).

Después de la Segunda Guerra Mundial, todas sus secciones menos una se encontraban afanosamente dedicadas a la reconstrucción. La fábrica de aviones que disponía de expertos, materiales y maquinaria carecía, en cambio de un producto que fabricar. Por eso se dedicó a la producción de componentes para motocicletas para otras firmas, y más tarde, motores completos. Esta actividad mantuvo ocupada a la fábrica durante buena parte de los años cincuenta, pero en 1959 surgieron serias dudas sobre la conveniencia de seguir con el producto, ya que sus modelos comenzaban a quedarse retrasados con respecto a los de otras firmas, y sus insta-

Las tres tricilíndricas de 750 cc de Kawasaki que corrieron en la Daytona 200 de 1971. No tuvieron éxito, pues su mejor posición fue un noveno puesto. En todas las demás pruebas se mostraron más competitivas.

laciones podían emplearse para muchas otras actividades.

El factor decisivo que animó a Kawasaki a seguir produciendo motocicletas fue la imagen. O más, bien, la falta de ella. La empresa podría haber sido famosa en el mundo de las navieras, los ferrocarriles o la industria aeronáutica, pero eso no la hubiera hecho famosa para el gran público. Las motocicletas podían ser el remedio para ese anonimato, y además, eran un campo en que ya habían dado algunos pasos. De modo que decidieron continuar por ese camino. Kawasaki colaboraba con la firma Meguro, que había nacido en los días anteriores a la guerra, y había estado fabricando motocicletas que se comercializaban con el nombre Meihatsu. Hacía falta algo más grande para que el nombre Kawasaki sonara en todos los oídos; como otras antes que ella, la firma japonesa comprendió que la solución estaba en la competición. Sin embargo, al tener sus intereses sobre todo en el mercado nacional, Kawasaki rechazó la invitación para participar en las grandes pruebas europeas.

En lugar de eso, volvieron los ojos a los campeonatos japoneses de cross, para los que prepararon una máquina, y después de pintar de rojo su depósito, se hicieron con los seis primeros puestos en la clase de 125 cc. Pronto se dieron a conocer como las Red Tank (depósito rojo) Kawasaki, y la firma logró la promoción que andaba buscando. La firma no habría de olvidar aquella primera lección, pues en los años venideros adoptaron el color verde lima para sus modelos de competición, que en seguida se conocieron como las Green Meanies. Lo del color ayudaba, pero hacía falta algo más para conseguir una buena reputación. Kawasaki no tenía los años de experiencia que otras marcas habían conseguido en su desesperado esfuerzo por subsistir en el mercado. Y ahora el mercado doméstico comenzaba a estar saturado, y la necesidad de volver los ojos a los mercados extranjeros se hacía cada vez más evidente.

Como muchas otras compañías, Kawasaki comenzó con una pequeña gama de monocilíndricas de dos tiempos, empleando el mismo motor con distintas versiones. Esto le permitió ofrecer modelos de carretera y trial, unos en la línea turismo y otros en la deportiva. Con el tiempo, esto se extendió a las minimotos y los modelos de cross. Todos ellos eran semejantes técnicamente, con refrigeración por aire y el cilindro vertical ligeramente inclinado hacia delante. La admisión solía realizarse a través de una válvula con disco rotativo a un lado del cigüeñal, aunque otras era a través del pistón. De la lubricación se encargaba una bomba de aceite, mientras que el encendido se realizaba por medio de una magneto montada en el volante, que además se encargaba de cargar la batería. El motor transmitía la potencia a una caja de cambios de cua-

tro o cinco velocidades integrada en el motor, con una transmisión primaria por medio de engranajes y embrague multidisco.

La caja de cambios era del tipo progresivo, y la cadena de la transmisión secundaria estaba oculta. Este conjunto de motor y caja de cambios iba montado en un bastidor convencional de tubos de acero soldados, o un bastidor de espina central hecho de chapas de acero estampado. Todos los modelos disponían de horquilla telescópica y suspensión trasera por horquilla basculante, mientras que las ruedas eran de radios de alambre y tenían frenos de tambor.

El resto de accesorios dependía de la finalidad del modelo: los de carretera tenían asiento doble, luces, intermitentes, silenciador y claxon. Las máquinas de trial no se diferenciaban mucho, pero contaban con ruedas de campo, además de una mayor altura libre inferior y distancia entre los guardabarros y las ruedas. De esta guisa, Kawasaki fue capaz

Las cuatro grandes firmas japonesas probaron la turboalimentación en alguno de sus modelos, y las cuatro comprendieron que el desafío no ofrecía verdaderas ventajas. La de la foto es una Z1R con turboalimentación.

de fabricar una notable gama de modelos utilizando básicamente las mismas piezas. Su motor de 90 cc con caja de cambios de cinco velocidades sirvió para nada menos que 14 modelos diferentes, aunque esencialmente parecidos. Después, este motor aumentó su capacidad a 100 cc para adaptarse a los nuevos tiempos.

Esas pequeñas máquinas proporcionaron a Kawasaki una buena base para asentarse con firmeza en el negocio de las motocicletas, además de experiencia tanto en modelos de campo como en los de carretera. Sin embargo, era difícil llamar la atención del público cuando las grandes firmas ofrecían modelos similares.

Además, sus primeras tentativas para entrar en el mercado americano, realizadas en 1964, habían demostrado que no disponían de un modelo capaz de causar impacto y superar las ofertas de las otras marcas japonesas y europeas.

Para entrar en los Estados Unidos había que captar la atención del público. Por eso, Kawasaki decidió recurrir nuevamente a Meguro. Primero probaron una monocilíndrica de cuatro tiempos y 250 cc, pero este modelo no causó sensación en un país donde la

Después de la frenética H1, llegó esta H2 Mac IV de tres cilindros, que entró en el catálogo de la marca en 1975. Su motor de 748 cc era demasiado potente para el bastidor, a pesar de las mejoras que se habían introducido en la H1.

K
Alemania (Baden-Baden) 1925. Schiele & Brucksaler fabricaron motores ohc de 350 y 500 cc con culatas fijas.

K125
Rusia (Kovrovsk). Era una copia de la DKW 125 cc de antes de la guerra, con motor monocilíndrico de dos tiempos.

K & K
Alemania (Hanover) 1924-1925. Kuhlmann & Konecke fabricaban modelos de 197 cc con válvulas laterales.

KADI
Alemania 1924-1930. Las grandes motocicletas de esta firma utilizaban un motor Kuchen monocilíndrico de 498 cc ohc. Sus máquinas más pequeñas usaban un motor de 198 cc y válvulas laterales.

KANNON
Estados Unidos años noventa. Esta compañía fabrica monstruosas máquinas de 6 y 8 cilindros en V con motores Ford y Chevrolet V6 y V8. Utilizan su propia transmisión automática.

KANTO
Japón 1957-1960. Esta máquina era una modesta 124 cc de dos tiempos.

KAPISCOOTER
España años cincuenta. Escúter de tres velocidades con motor de 174 cc y varillas empujadoras.

KAPTEIN
Holanda 1938-1951. En sus orígenes, esta firma era una importadora de motocicletas francesas, pero más tarde comenzó a fabricar sus modelos de 49, 125 y 175 cc con motores basados en los Motobecane. También fabricó ciclomotores.

KARU
Alemania (Stockdorf) 1922-1924. Estas bicilíndricas planas disponían de motores Bosch-Douglas y BMW fabricados bajo licencia.

capacidad y las prestaciones lo eran todo. Después probaron suerte con un modelo de mayor tamaño, la Meguro K2 bicilíndrica de 500 cc, cuya línea era muy similar a la del modelo bicilíndrico de la firma inglesa BSA, aunque su interior fuera algo distinto.

En 1966, esta bicilíndrica se había convertido en una 624 cc W1, que pronto se volvió muy popular en Japón, convirtiéndose en el modelo más vendido de su cilindrada en el país, y favorito de las fuerzas policiales. Animada por el éxito doméstico, Kawasaki se decidió a dar el salto a los Estados Unidos. Sin embargo, el experimento resultó un desastre, pues allí se demostró incapaz de enfrentarse a la dura competencia. Corrió la voz de que la W1 no podía compararse con las grandes bicilíndricas inglesas, y a partir de ese momento, el modelo japonés desapareció de todos los salones de muestras. Kawasaki siguió fabricando sus bicilíndricas todavía hasta 1975, tanto en versiones deportivas como de turismo, pero no pasaron de ser modelos para el mercado doméstico.

La firma japonesa reflexionó profundamente sobre las demandas del cliente americano, y llegó a la conclusión de que si la velocidad era importante, la aceleración era vital. La firma comprendió que muchos de sus potenciales clientes sólo tenían un interés pasajero en modelos económicos y manejables diseñados para largas travesías. Lo que contaba realmente en la calle era ofrecer una máquina con capacidad de detención en semáforos, la rapidez de respuesta y la maniobrabilidad en los giros. Las grandes y pesadas bicilíndricas que

La más pequeña de las tricilíndricas de Kawasaki era este modelo de los años setenta con 250 cc, aparecido por vez primera en 1971 con el nombre de S1, aunque a partir de 1976 pasó a llamarse KH250. Esa versión tenía freno de disco en la rueda delantera.

ya existían en su gama nunca serían capaces de satisfacer esas necesidades, pues eran lentas y les faltaba la aceleración necesarias. Kawasaki necesitaba un modelo más rápido y alegre si quería

darse a conocer por sus prestaciones. Por tanto, la compañía decidió tomar dos caminos diferentes para llegar a un mismo objetivo.

Como medida provisional, lanzó una serie de bicilíndricas de dos tiempos, al principio con 247 cc y después 338 cc. Aparecieron en 1966, la más pequeña con motor refrigerado por aire y válvulas de disco, una caja de cambios de cinco velocidades integrada en el motor y el bastidor convencional con la tradicional horquilla telescópicas, frenos de tambor y todas las características que cabía esperar en aquellos días. Lo más importante era su capacidad para dispararse como un cohete y cubrir 400 metros en tan sólo 15 segundos, alcanzando una velocidad de 161 km/h. Eran muchas las bicilíndricas de cuatro tiempos que superaban esa velocidad, pero muy pocas podían lograrlo en un tiempo tan breve.

En pocos meses, la firma pudo lanzar una versión deportiva y una urbana, con su doble tubo de escape colocado en el lado izquierdo. El modelo fue bautizado con el nombre Samurai, y a comienzos de 1967 se unió a las dos versiones un modelo de mayor cilindrada conocido como Avenger, también en dos versiones: urbana y de carretera. Estas dos bicilíndricas, que se fabricaron hasta 1971, pusieron a Kawasaki a la cabeza de la clase, al menos en lo que a presta-

ciones se refiere. El siguiente movimiento de la firma la convertiría en líder absoluta.

En 1968, Kawasaki introdujo en el mercado su H1, un modelo de 499 cc también conocido como Mach III. Al parecer, la política era que si dos cilindros eran buenos, entonces tres serían aún mejor, sobre todo si continuaban ciñéndose al ciclo de dos tiempos. Y eso era exactamente la H1: una tricilíndrica de dos tiempos con los cilindros colocados en línea y dispuestos transversalmente a la marcha, con los carburadores montados detrás de los cilindros, de modo que la alimentación controlada por el pistón sustituía al sistema de válvulas de disco de las bicilíndricas. En el lado izquierdo de la máquina se colocó un elegante tubo de escape, mientras que los otros dos discurrían hacia atrás por el lado derecho, dándole un aspecto inconfundible al modelo, algo importante en un momento en que Agostini era dueño y señor de las pruebas de Grand Prix montando una MV Agusta de tres cilindros con una disposición semejante para los tubos de escape. El resto de la H1 era típico de aquellos años, con lubricación por bomba de aceite, un novedoso sistema de inyección electrónica y caja de cambios de cinco velocidades integrada en el motor. El bastidor era tubular, con horquilla telescópica en la rueda delantera, sus-

Kawasaki fabricó una extensa gama de pequeños modelos de dos tiempos con variadas versiones. La de la foto es una trail de 90 cc que luego fue aumentada a 100 cc y se fabricó durante muchos años.

Este modelo de carreras con dos cilindros y 250 cc de capacidad se presentó en 1975. Ganó 8 títulos mundiales en las categorías de 250 y 350 cc entre los años 1978 y 1982.

pensión trasera y frenos de tambor, lo que daba su atractivo al modelo, junto con la potencia del motor.

La Mach III era rápida, muy rápida para ser una 500, con una velocidad punta de 193 km/h y una aceleración que le permitía cubrir 400 metros en tan sólo 13 segundos. Esta aceleración unida a su pequeña distancia entre los ejes de ambas ruedas propiciaba el caballito o el humo de la rueda trasera cada vez que salía disparada de un semáforo. Pero ese problema no era nada comparado con las dificultades que se encontraba para negociar una curva cerrada: una cosa era la aceleración violenta y otra muy distinta manejar una máquina con un bastidor que a duras penas controlaba la potencia de 60 CV que el motor podía desarrollar, lo que unido a la ligereza del modelo hacía que fuera imprescindible un control extremadamente suave del acelerador.

Estas prodigiosas prestaciones traían consigo un gasto de combustible igualmente prodigioso, aunque por entonces pocos usuarios se preocupaban de eso salvo cuando tenían que ir en busca de la gasolinera más próxima. Una distancia de más de 48 km por galón británico (4,56 litros) indicaba que el piloto no estaba utilizando todas las prestaciones que el motor de su motocicleta podía ofrecerle. Pocas máquinas eran capaces de una aceleración tan frenética o una velocidad tan alta. A la H1 no tardaron

en unirse otras tricilíndricas, incluida una versión de carreras, la H1R. En 1971 llegó la H2 de 748 cc, con unas prestaciones todavía más extraordinarias, pero provista de un bastidor muy mejorado. Luego vinieron la S1 249 cc y la S2 de 346 cc, con un comportamiento algo más modesto. En 1973, esta última pasó a tener una capacidad de 400 cc, convirtiéndose en la S3. Con el paso del tiempo, y a medida que el precio del combustible iba aumentado, las tricilíndricas fueron perdiendo algo de su aspereza para hacerse cada vez más civilizadas. Después de 1976, la 250 y la 400 se quedaron solas en el catálogo de Kawasaki hasta finales de la década.

Ninguna de las dos tenía el *glamour* ni el carácter indomable de la primera Mach III.

Entre las razones que explican esta domesticación de las tricilíndricas se encuentra la decisión que tomó Kawasaki de convertirse en la dueña del mercado urbano con las más altas prestaciones. En contraste con los modelos de dos tiempos, pensaba lograr su propósito por medio de la sofisticación, y para

Esta KE100 trail apareció en 1976, basada en una versión anterior, y continuó en el catálogo de Kawasaki hasta 1997. La mayor parte de las mejoras se aplicaron a la amortiguación.

KATAKURA
Japón h.1960-finales de los sesenta. Esta compañía fabricaba motores auxiliares, ciclomotores y motocicletas ligeras. Algunos de sus motores eran interesantes (para la época), como el Silk Sel, bicilíndrico de dos tiempos y 124 cc.

KATAYAMA
Japón 1956. El único modelo fabricado por esta compañía fue el Olympus King KS, que tenía un motor de 346 cc ohv.

KATHO
Alemania 1923-1925. Las motocicletas ligeras fabricadas por esta firma tenían motor Alba de 198 cc.

KAUBA
Austria 1953-1955. Esta compañía fabricaba escúter de 98 y 124 cc con motor de Rotax-Sachs.

KC
Alemania (Magdeburgo) 1921-1924. Las fuentes consultadas no se ponen de acuerdo sobre esta compañía. Una de ellas afirma que Kirchheim fabricaba máquinas con motores BMW de 114 cc y dos tiempos y de 500 cc. Otra habla de un motor auxiliar de 105 cc y otro bicilíndrico plano de 257 cc.

KELLER
Suiza 1930-1932. Máquina fiable pero de aspecto algo anticuado, la Keller 347 cc con motor de fabricación propia no fue un éxito comercial.

KELLY
Inglaterra (Brighton) principios de los años veinte. Estas máquinas de peculiar aspecto eran una mezcla entre cuadro de bicicleta de señorita y bastidor abierto de un ciclomotor. Su transmisión era a correa.

KEMPTON
Inglaterra 1921-1922. Esta firma fabricaba motocicletas ligeras y escúter de 125 cc con motor ABC. Algunas fuentes sugieren que tal vez sus modelos fueran fabricados enteramente por ABC.

ello optó por el diseño de una máquina tetracilíndrica de cuatro tiempos con gran potencia. Se había comenzado a trabajar en el diseño en 1967, antes del lanzamiento de las tricilíndricas, pero el proyecto quedó en dique seco a causa de un inoportuno revés sufrido en 1968, justo un mes después de que la Mach III apareciera en el mercado.

Mientras Kawasaki estudiaba la reacción del público a su más extravagante oferta hecha en septiembre, Honda le tomó la delantera presentando en octubre la legendaria CB750 tetracilíndrica en Tokio. De un golpe, las intenciones de Kawasaki de fabricar una tetracilíndrica de 750 cc con grandes prestaciones, estilo y sofisticación quedaron reducidas a polvo. Pero en seguida se dieron cuenta de que, en realidad, nada se había perdido. Por una parte, era mejor dejar que fuera Honda quien tanteara el mercado con su gran tetracilíndrica con motor de un único árbol de levas, arranque eléctrico, frenos de disco y todos los accesorios. Mientras tanto, Kawasaki podía planear la manera de tomarles la delantera sabiendo de antemano a qué se enfrentaban y teniendo la posibilidad de mejorar el producto de la competencia.

El resultado de sus estudios vio la luz en septiembre de 1972 en la Exposición de Colonia, y recibió el nombre de Z1. Aventajaba a la Honda al ofrecer una cilindrada de 903 cc, dos árboles de levas en lugar de uno, el esperado encendido eléctrico, cuatro tubos de escape, frenos de disco en la rueda delantera y todos los accesorios posibles. Alcan-

zaba una velocidad de 209 km/h y se manejaba con la suavidad de cualquier máquina grande y pesada del momento, lo que significaba que era ideal como modelo de turismo, sin dejar en ningún momento de tener las prestaciones de una gran deportiva.

La Z1 se convirtió en la reina de la carretera, y pronto se empezó a trabajar en la versión de carreras, pues era rápida, fuerte y permitía la necesaria puesta a punto. También hubo una versión de 750 cc conocida como Z2 y que se comercializó en el mercado doméstico japonés, que no permitía cilindradas mayores. En 1976, la Z1 se convirtió en Z900, modelo al que se sumó la versión custom conocida como Z900LTD.

A mediados de los años setenta, la firma comenzó a ampliar su gama, especialmente en los modelos de cuatro tiempos, y cambió la codificación de los modelos. Primero, tenían un código comercial que servía para identificar la máquina y el año de fabricación y conocer sus características y datos de mantenimiento. Este código constaba de dos o tres letras seguidas de la capacidad básica y, finalmente, otra letra o número, que era diferente para cada año. El segundo código era el del modelo, y solía ser el mismo código comercial al que se quitaba el sufijo numérico, y que con el tiempo se convirtió en el código con el que se identificaba y promocionaba la máquina.

El código para los modelos de dos tiempos comenzaba por la letra K, y para los de cuatro tiempos, la letra era la Z (salvo en algunos modelos de cam-

En 1983 apareció una nueva máquina de 125 cc, la AR125. Contaba con refrigeración líquida, seis velocidades y la suspensión Uni-Trak de Kawasaki.

po cuyo código era KL). Hubo algunas excepciones que comenzaban con la letra A (en modelos de dos tiempos) y la B, E o V (en modelos de cuatro tiempos), pero la verdadera diferencia en estos últimos estaba en los códigos de serie y nombres como GPX, ZZ-R, LTD, Tengai, Eliminator o Ninja. El sistema tenía su propia lógica pero se fue haciendo más complicado con el paso de los años a medida que iba creciendo el catálogo de la marca y se lanzaban al mercado modelos con nuevos estilos. La expansión de la gama de modelos de cuatro tiempos ocurrida en

1976 introdujo la Z900LTD, primero de una larga serie de modelos custom. Los cambios eran pequeños: llantas de aleación (la trasera de 41 mm), freno de dos discos en la rueda delantera, silenciadores dobles y asientos también dobles. Con el paso del tiempo, el modelo se fue radicalizando.

También en 1976 apareció la Z750B, propulsada por un motor bicilíndrico dohc de 745 cc con los ejes de balance que ya se habían utilizado en la Z400 de 1974, modelo con un motor de 399 cc ohc. Ambas bicilíndricas tenían cinco velocidades, arranque eléctrico y un estilo y acabado muy japonés. Mientras, la línea de los modelos de dos tiempos fue inclinando hacia las motocicletas *off-road*: trail, enduro y cross, además de algunas pequeñas máquinas para los pilotos más jóvenes, con cilindradas de 90, 100 y 125 cc; esta última ha llegado hasta nuestros días con algunos cambios.

Todos los modelos de dos tiempos se beneficiaron de la participación de Kawasaki en pruebas de cross, pues los avances logrados en ese campo pronto se filtraron a las motocicletas de enduro y trail. Junto con los avances técnicos, llegó un cambio de estilo. A los clientes les gustaba ver la línea y color de los modelos de cross en sus propias máquinas de trail.

En 1977, la gran tetracilíndrica se amplió hasta los 1.016 cc para dar lugar a la Z1000 y la Z1000LTD, ambas modelos custom. A ellas se unió una nueva tetracilíndrica, la Z650B con el estilo de la Z1 e idénticas características. Después llegó la Z650 con llantas de aleación, que apenas conservaba la

La original Z1 pronto aumentó su capacidad hasta los 1.000 cc e incluso más, y apareció en versiones muy diversas. Esta de la foto es la ZX10 de 1988 con bastidor totalmente fabricado en aluminio.

estética de las custom y que tenían el mismo motor 652 cc dohc. En el otro extremo de la gama se encontraba la Z200, monocilíndrica de 198 cc ohc pensada para las necesidades diarias de transporte. De ella nació la KL250, en 1978, una monocilíndrica de 246 cc ohc lanzada para el mercado trail con un motor basado en el de la Z200, pero incorporando ciertas modificaciones para hacer posible su uso *off-road*.

Una versión de la Z400 de 1978 disponía de una caja de cambios de seis velocidades, mientras que otra verdadera custom, el modelo Z650SR o Z650D apareció con las características esperadas y un diseño entrecruzado de los tubos de escape.

Otra versión de cuatro cilindros recibió el nombre de Z1-R, con su propio

estilo y cúpula, nuevo depósito de combustible, asiento, paneles laterales y llantas de aleación. En la gama de dos tiempos, se siguió con las mismas capacidades, con modelos codificados como KH para carretera, KE para trail, KD al principio para mini-cross y posteriormente enduro, KDZ para enduro y KX para cross, hasta los 400 cc. También hubo una KV mini, una KC económica, KM de mini-trail, KT de trial y KR para un modelo de carretera inspirado en uno de competición. Un modelo de la serie KV fue la Agi, diseñada para trabajo en el campo, y que venía provista de reja y barras de protección. Los modelos de cross estaban en vanguardia de las innovaciones tecnológicas, con motores de válvulas de disco para la KX125, pero no en la KX250 o la

Los grandes modelos tetracilíndricos de trail dieron lugar a la trail KLE, aparecida en 1991. Tenía un motor de dos cilindros y chasis trail modificado para conducción en ciudad.

KX400. En 1978, las máquinas más pequeñas realizaban la admisión por válvulas de láminas. Por esas fechas, los modelos mayores habían desaparecido del catálogo.

En 1979 se incluyeron en la gama nuevos modelos de cuatro tiempos, con la monocilíndrica trail KLX250 que terminó convirtiéndose en una motocicleta de enduro que también podía usarse fuera del campo. En la clase 250 cc de carretera, apareció la Z250A con motor de dos cilindros ohc y 249 cc, en lugar del esperado modelo monocilíndrico, y recibió el nombre de Scorpion. Se añadieron otras dos bicilíndricas de 400 cc, una con un suave estilo custom, y la otra mucho más radical. También se lanzó otra tetracilíndrica: la Z500B de 498 cc y dohc, una magnífica motocicleta al más puro estilo Kawasaki. Hubo también una Z750D de cuatro cilindros, aunque sólo se vendió ese año y en Sudáfrica. La Z1000 presentó cambios y mejoras notables, y fue seguida de una versión con transmisión por eje que demostró ser igual de rápida, con una velocidad

En 1993, Scott Russell ganó el titulo del mundo de Superbikes con su Kawasaki 750 cc de cuatro cilindros, aunque al año siguiente tuvo que ceder ese puesto a la Ducati bicilíndrica.

KENI
Alemania (Berlín) 1921-1923. Esta compañía fabricaba motocicletas ligeras de dos tiempos con motores de varias cilindradas: 145, 158 y 164 cc.

KENILWORTH
Inglaterra 1919-1924. Esta empresa fabricaba un modelo de escúter con transmisión a correa, provisto de motor Norman 142 cc ohv, Villiers 269 cc de dos tiempos y JAP 293 cc con válvulas laterales. Puede que Kenilworth también fuera el nombre de un modelo convencional con motor JAP.

KENZLER WAVERLEY
Estados Unidos (Cambridge, Wisconsin) 1910-1914. Estos modelos monocilíndricos y bicilíndricos en V se caracterizaban por el uso temprano de motores con distribución ohv. Estaban relacionados con Jefferson.

KERRY
Inglaterra 1902-1915 y h.1960. Se dice que la primera generación de estas máquinas (1902-1910) se fabricó en Bélgica con motores Kelecom (y posiblemente FN) para la East London Rubber Company. La siguiente generación (1910-1915) fue fabricada por Abingdon con motores monocilíndricos de 499 cc y bicilíndricos en V de 670 cc, y la tercera generación (finales de los años cincuenta), estaba formada por ciclomotores de 49 cc fabricados en Italia.

KESTREL
Inglaterra 1903–1904: Minerva y (posiblemente) motores MMC de 211 cc fueron lo empleados por esta firma de corta existencia.

KG
Alemania (Suhl, después Colonia, y después Mabendorf) 1919-1932. Los hermanos Krieger y Franz Gnadig comenzaron con modelos monocilíndricos de 503 cc ioe de transmisión por eje. Después se pasaron a un diseño más avanzado con motor 499 cc ohv, fabricado por Cito. En 1924, Cito atravesó por dificultades financieras y fue absorbida por la Köln Linderthaler Metalwarenfabrik, lo que dio lugar a Allright-KG. Cuando se detuvo la producción, Paul Henckel, que había trabajado para Cito, compró la maquinaria y los derechos y creó Cito-KG en 1927. Cada nueva generación tuvo menos éxito que la anterior, y se mostraba más obsoleta.

La Kawasaki tetracilíndrica de los años noventa demostró ser una motocicleta de carreras muy competitiva, al principio como un modelo supersport con su kit de carreras, y después como modelo de carreras genuino.

máxima de 217 km/h. En 1979, la noticia más sorprendente en el ámbito de los modelos de cuatro tiempos fue la presentación de la Z1300, un modelo gigantesco con 1.286 cc, seis cilindros, refrigeración por agua, caja de cambios de cinco velocidades y transmisión secundaria por eje. Era grande y pesada, básicamente una turismo rápida, más que una deportiva, igual que la Honda CBZ o la Benelli Sei, ambas de seis cilindros.

La KX80 de cross junior se añadió a las dos tiempos con dos posibles capacidades, 79 y 83 cc, y más tarde, también con la posibilidad de elegir una rueda delantera de dos tamaños diferentes. La KDX llegó en 1980, una auténtica moto de enduro basada en la combinación de la KD175 con la nueva tecnología de

cross. Al mismo tiempo, se modificó la suspensión trasera de los principales modelos de la serie KX, empleando un nuevo sistema denominado Uni-Trak, que había sido desarrollado en las máquinas de Grand Prix que habían

ganado varios títulos en las categorías de 250 y 350 cc. En 1980, Kawasaki contaba con nada menos que seis modelos de carretera de 250 cc: tres monocilíndricos, dos bicilíndricos y un tetracilíndrico de dos tiempos, lo que creaba

cierta confusión. Lo mismo puede decirse de la siguiente cilindrada: tres Z400 bicilíndricas a las que se unieron los modelos Z440 de 444 cc en varias versiones, una de ellas con el uso de correa dentada en la transmisión secundaria. Para aumentar la gama, llegaron la tetracilíndrica Z400J y dos Z550 de 554 cc, mientras que la Z750 de cuatro cilindros siguió vendiéndose junto con una versión custom. Luego llegó la Z750, una custom de dos cilindros. La inyección electrónica de combustible apareció en la Z1000, pero con un éxito limitado. A ésa se sumó la Z1300, con carenado y todo lo necesario para el transporte de equipaje.

En 1981, llegaron dos modelos de dos tiempos y 50 cc en el formato carretera y trail, y luego una versión de 80 cc, seguida de una verdadera proli-

La enorme VN1500 de dos cilindros en V, de 1987, a la que se sumó la VN800, una versión más pequeña, en 1995. Ambas seguían el mismo estilo de moto cruiser basada en la Harley-Davidson.

feración de modelos de cuatro tiempos entre los que cabe destacar las bicilíndricas Z305. Más importante fue la Z550H, más conocida como GPZ, que incorporó la suspensión Uni-Track a los modelos de carretera. A ella se unió pronto la GPZ750. El otro cambio importante de ese año lo protagonizó la KX125, que pasó a tener refrigeración líquida, algo que pronto adoptó toda la línea KX, y después la línea enduro. De aquí nació la AR125 de 1983, con refrigeración líquida y muchas características derivadas de los modelos de carreras en pista, incluida la suspensión Uni-Trak. En el otro extremo se encontraba la serie Z1100, en sus distintas versiones deportivas y turismo.

En 1984 llegó un modelo importante: la ZX900R, que en los Estados Unidos se comercializó como Ninja. También hubo una versión de 750, la KL600, un modelo monocilíndrico, con refrigeración líquida, cuatro válvulas y un estilo enduro que destacaba toda la naturaleza ambivalente de una gran trail. La firma también ofreció una Z750 Turbo.

En el terreno de las dos tiempos, se lanzó la bicilíndrica KR250, réplica de una moto de carreras basada en las máquinas con válvulas de disco que habían ganado 8 títulos mundiales. Más tarde sería sustituida por la KR-1, con dos cilindros paralelos, pero los días de las grandes dos tiempos ya habían quedado atrás, y la compañía prefirió concentrar sus esfuerzos en modelos de cross, enduro y trail, y conservar tan sólo una máquina de carretera: la KH125, destinada a cubrir

las necesidades de transporte diario y barato.

La línea Kawasaki de las superdeportivas, deportivas, turismo y custom de cuatro tiempos se fue desarrollando paralela a la de los modelos trail y *off-road*. Entre los modelos custom hay que mencionar la LTD450, aparecida en 1985, que utilizaba la mitad del motor de la Ninja. Aparecieron versiones más pequeñas de la Ninja de cuatro cilindros con bastidor perimétrico, mientras que las tetracilíndricas GT con transmisión por eje se convirtieron en las preferidas por los pilotos de mensajería.

En 1985 Kawasaki lanzó un nuevo estilo

Una moto nueva para un nuevo siglo: la Kawasaki ZX-12R con su motor de 1.199 cc. Está a la altura de las mejores superdeportivas.

Con el paso de los años, la gama de modelos de cross de Kawasaki ha ido creciendo hasta incorporar máquinas de entre 60 y 500 cc. La de la foto es una KX125 de 1999 mostrando de lo que es capaz.

de motocicleta custom: la VN750, con motor bicilíndrico en V, cuyo nombre comercial era Vulcan. Este modelo reunía refrigeración líquida, ocho válvulas, ejes de balance internos, motor montado sobre tacos de goma, transmisión por eje y todo el estilo de una custom.

Al mismo tiempo, apareció la ZL900 Eliminator, que utilizaba algunos de los componentes de las tetracilíndricas y las custom. Era una nueva veta de modelo urbano a explotar.

Todas estas tendencias se fueron haciendo más sofisticadas. Un resultado de esta política fue la VN15, una bicilíndrica en V con 1.471 cc, así como toda una serie de modelos Eliminator. A finales de los años ochenta, todavía haría su debut un nuevo tipo de motocicleta: la retro, que combinaba la nueva tecnología con un estilo del pasado, como respuesta a la nueva demanda de modelos revival.

De los modelos existentes, los de la línea KL recibieron el nombre Tengai.

La ZX-6R fue un fuerte competidor de la clase de 600 cc en 2000, con su capacidad de 599 cc, seis velocidades y un chasis estilizado, que originaron una máquina altamente competitiva.

En 1990, comenzó a utilizarse un nuevo código para la línea de superdeportivas, el ZZ-R, aplicado a todos los modelos entre 250 y 1.100 cc. Al mismo tiempo, se amplió la gama retro, mientras que la líneas ZXR se convirtió en un modelo de edición limitada destinado a competición.

Un estilo aún más sencillo se empleó en el modelo Estrella de 1992, con un motor de 249 cc y línea de los años cincuenta, que se vendió muy bien en el mercado nacional. Dos años más tarde, la original Ninja fue reemplazada por una nueva versión con nuevas características, aunque la demanda del público hizo que en 1996 volviera a ponerse en el mercado la Ninja, que se vendió junto al nuevo modelo.

Ahora había menos modelos totalmente nuevos. Se producían cambios constantes en las custom, las cruiser, retros y Ninja, que iban incorporando los últimos avances tecnológicos, mientras que el dibujo del modelo indicaba el año de fabricación. Los frenos antibloqueo se hicieron estándar a partir de 1996 en varios modelos. En 1997 apareció un nuevo tipo de máquina, la ER-5, que utilizaba un motor bicilíndrico de 499 cc y un bastidor tubular de

estilo antiguo, sin adornos y una línea retro, lo que combinado con unas grandes prestaciones, convirtió el modelo en un éxito de ventas.

En 1998, Kawasaki incluyó en su catálogo la primera cuatro tiempos de 125 cc. En lo más alto de la gama, la gran bicilíndrica en V, un modelo Classic Tourer que se comercializó con el nombre de Vulcan Nomad en los Estados Unidos. En 1999, se unió a ella la Drifter, con dos diferentes motores, que incluía detalles de antes de la guerra. Ese mismo año, la gama retro también volvió los ojos al pasado con el modelo W650, que hacía recordar la W1 de 1966, con su motor con distribución ohc accionada por eje y engranajes, pero con

las ocho válvulas de los modelos modernos. De los modelos de dos tiempos sólo quedaba una trail, pero las enduro y cross seguían siendo tan competitivas como siempre.

El nuevo siglo vio cómo Kawasaki abarcaba todos los rincones del mercado, como siempre había tratado de hacer.

KAWASAKI W1 1966

La Kawasaki W1 estaba basada en la Meguro K2 bicilíndrica, e igual que este modelo, se parecía mucho a la BSA A7 bicilíndrica, tanto en el diseño en general como en la cubierta de la distribución de válvulas.

Internamente se distinguía de las BSA A7 bicilíndricas por poseer bielas

La versión WISS de la Kawasaki bicilíndrica de 624 cc se construyó en los años 60. La serie tuvo mucho éxito en Japón pero fracasó en el mercado americano.

hechas de una sola pieza y un cigüeñal compuesto de tres partes, pero el mecanismo de las válvulas y el accionamiento de la magneto y la dinamo eran muy similares. Los parecidos continuaban con la caja de cambios separada del motor, el bastidor, la suspensión y las ruedas.

La W1 fue todo un éxito para Kawasaki en el mercado doméstico japonés, pero fracasó estrepitosamente en los Estados Unidos, pues sus prestaciones no estaban a la altura de los modelos rivales.

La W2SS fue un intento por remediar esta circunstancia. Aparecida en 1967, esta máquina disponía de dos carburadores y en ella se apreciaba un notable cambio de estilo.

En 1968 llegaron la W1SS y la W2TT, con tubos de escape elevados que discurrían por el lado izquierdo de la máquina. Ninguna de ellas sobrevivió a 1971, pero al año siguiente apareció la W3, para el mercado japonés, que se fabricó hasta 1975.

Motor: bicilíndrico paralelo ohv, 624 cc (74 × 72,6 mm)
Potencia: 50 CV a 6.500 rpm
Caja de cambios: 4 velocidades, pedal
Transmisión secundaria: cadena
Peso: 180 kg
Velocidad máxima: 175 km/h

KAWASAKI SAMURAI A1 1966

La Samurai era la alternativa que Kawasaki diseñó para el mercado estadounidense, pues ofrecía una gran aceleración, a pesar de no ser tan rápida como la W1. Tenía un motor bicilíndrico de dos tiempos y 247 cc con admisión por válvulas de disco y un carburador a cada lado. La caja de cambios de cinco velocidades estaba integrada en el motor, y todo el conjunto se colocaba en un bastidor de cuna con suspensión en ambas ruedas. Éstas eran de radios de alambre y disponían de frenos de tambor. Los adornos y añadidos eran los típicos de la época en las marcas japonesas, y hablaban de la calidad del producto.

La primera Kawasaki de grandes prestaciones fue la A1 Samurai de 247 cc, una bicilíndrica de dos tiempos. Pronto se unió a ella la A7 Avenger, de 338 cc.

A1 pronto recibió la compañía de la A1R, un modelo de carretera, y en 1967 apareció la urbana A1SS, con ambos tubos de escape colocados en el lado izquierdo y manillar arriostrado. También se lanzó una bicilíndrica de mayor tamaño, la Avenger A7 de 338 cc, que era más rápida y tenía mejor aceleración. A finales de 1967 llegó la esperada A7SS y una edición limitada de la A7R de carreras, ambas bicilíndricas. Todas las bicilíndricas de carretera llegaron hasta finales de 1971, pero antes de esa fecha habían sido superadas por otros modelos.

El modelo fue todo un éxito, y dejaba atrás a las máquinas de mayor tamaño al arrancar en los semáforos, lo que hablaba de las prestaciones de Kawasaki. La

Motor: bicilíndrico paralelo, dos tiempos, 247 cc (53 × 56 mm), refrigeración por aire
Potencia: 31 CV a 8.000 rpm
Caja de cambios: 5 velocidades, pedal
Transmisión secundaria: cadena
Peso: 145 kg
Velocidad máxima: 169 km/h

KAWASAKI H1   1968

A finales de 1968, Kawasaki introdujo importantes mejoras en el rendimiento de sus modelos con la H1, vendida en Japón con el nombre 500-SS, y conocida en el resto del mundo como Mach III. Sus prestaciones superaban a las de casi cualquier otro modelo. Tenía un motor de 499 cc, tres cilindros y dos tiempos colocado transversalmente en el bastidor, y provisto de caja de cambios de

La indómita H1 Mach III tricilíndrica se presentó en 1968. Cambió radicalmente el concepto de prestaciones que se tenía en los días de las bicilíndricas de dos tiempos. Lo peor era su deficiente manejabilidad.

cinco velocidades integrada. El resto de la máquina era lo que cabía esperar en un modelo japonés de aquellos días. El motor desarrollaba una potencia de 60 CV, con un gran tirón en la curva de potencia.

La Mach III era violenta en carretera, con una increíble aceleración y una velocidad máxima próxima a los 193 km/h. En las curvas, el comportamiento no era muy fiable.

Con el paso del tiempo, la H1 fue perdiendo ese carácter salvaje. Antes de 1976, se había unido a ella otras tricilíndricas, comenzando con la H1R de carreras (1970), seguida de las S1 de 249 cc, la S2 de 346 cc, y la H2 de

748 cc (que seguían el formato de la H1, ofreciendo gran potencia y un consumo desmesurado). El modelo más grande cosechó grandes éxitos en competición. Después de 1975, la H2 desapareció, pero la más pequeña de tres cilindros (con la S3 de 400 cc habiendo sustituido a la S2 en 1973) llegó hasta 1980, año en que dejó de fabricarse.

Motor: tricilíndrico, dos tiempos, 498,8 cc (60 × 58,8 mm), refrigerada por aire
Potencia: 42 CV a 7.000 rpm
Caja de cambios: 5 velocidades, pedal
Transmisión secundaria: cadena
Peso: 152 kg
Velocidad máxima: 196 km/h

KAWASAKI Z1

1972

Como contraste a la indómita H1 llegó en 1972 la refinada Z1. Esta máquina colocó a la firma japonesa en la cabeza de las prestaciones.

Denominada «King of the Road» (rey de la carretera), la Z1 hacía justicia a su sobrenombre, marcando la pauta de lo que había de ser una superbike, y afianzando para siempre el nombre de Kawasaki como sinónimo de grandes prestaciones. Siguió el patrón de la Honda CB750, presentada en 1968, un mes después de que saliera al mercado la tricilíndrica H1.

La Z1 salió en septiembre de 1972 y ofrecía más que su rival. Su motor tetracilíndrico de 903 cc tenía doble árbol de levas, arranque eléctrico y cuatro carburadores. El motor era un todo compacto y susceptible de ser puesto a punto, con cinco velocidades y todo lo necesario para alcanzar los 209 km/h.

Sólo para Japón, apareció también la Z2, de 746 cc, y la policía del país utilizó ambas versiones, provistas del equipamiento necesario. En 1976, el modelo se había convertido en la Z900, a la que se unió una versión custom. Pero este fue su último año, pues en 1977 ambas fueron reemplazadas por la serie Z1000.

Motor: tetracilíndrico transversal dohc, 903 cc (66 × 66 mm), refrigerado por aire
Potencia: 82 CV a 8.500 rpm
Caja de cambios: 5 velocidades, pedal
Transmisión secundaria: cadena
Peso: 230 kg
Velocidad máxima: 220 km/h

KAWASAKI Z1300

1979

A finales de los años setenta, Kawasaki tenía un nuevo objetivo: ponerse a la altura de las Honda CBX y la Benelli Sei, ambas con seis cilindros. Una vez más, se buscaba el tamaño por encima de todo, pero para algunos el resultado fue excesivo. El modelo Z1300 tenía 1.286 cc, con seis cilindros, refrigeración líquida y disposición transversal a la marcha, además de doble árbol de levas, cinco velocidades y transmisión por eje. Las llantas eran de aleación, y los frenos de disco. El resultado era una máquina enorme ideal como modelo *touring*.

Esta seis cilindros tenía todo el equipamiento que podía esperarse de una

Después de fabricar una tetracilíndrica de mayor tamaño que la Honda CB750, a Kawasaki le tocaba ahora repetir la gesta con la Z1300, de seis cilindros. Su tamaño y peso eran enormes, y estuvo en el catálogo de la firma durante toda una década.

máquina tan completa, por lo que experimentó pocos cambios durante los diez años que estuvo en el catálogo de la firma. En 1980 le hizo compañía una versión con maletas y baúl, aunque el modelo sólo se comercializó durante dos años, pues los compradores preferían elegir por sí mismos el equipamiento extra de su motocicleta.

Con todo, Kawasaki no se dejó intimidar y en 1983 lanzó una turismo semejante, la Voyager, que sólo se comercializó en el Reino Unido. Su motor disponía de inyección digital del combustible, detalle que incorporaron todas las versiones al año siguiente. Así llegó hasta 1989, último año en que se fabricó.

Motor: seis cilindros transversales, dohc, 1.286 cc (62 ×71 mm), refrigeración líquida
Potencia: 120 CV a 8.000 rpm
Caja de cambios: 5 velocidades, pedal
Transmisión secundaria: eje
Peso: 295 kg
Velocidad máxima: 225 km/h

KAWASAKI GPZ900R NINJA

1984

En 1984 ya se pedía el lanzamiento de una nueva versión de la antigua serie GPZ: el resultado fue la Ninja. El código del modelo era GPZ1100: una máquina con motor totalmente nuevo. Sus cuatro cilindros estaban colocados transversalmente en el bastidor, con refrigeración líquida. La cadena de la transmisión de los árboles de levas iba desde un extremo del cigüeñal, y el alternador estaba montado detrás de los cilindros. El modelo contaba con 16 válvulas, cuatro en la culata de cada cilindro. Contaba también con eje de balance en el cárter y caja de cambios integrada con seis velocidades. El motor soportaba también la presión como una parte más del bastidor de viga central. En la rueda delantera, la horquilla más avanzada, y en la trasera, sistema Uni-Trak. Las llantas eran de aleación y los frenos eran de

Otra clásica, la GPZ900R Ninja. Se fabricó durante diez años, se retiró y finalmente reapareció a petición del público, que añoraba sus grandes cualidades en carretera.

disco. Además, tenía un carenado al más puro estilo GPZ. La gran Ninja fue una de las motocicletas más famosas fabricadas por esta firma japonesa. El modelo dejó de fabricarse en 1993, aunque la demanda del público obligó a Kawasaki a relanzarlo en 1996 y 1997.

Motor: tetracilíndrico transversal, dohc, 16 válvulas, 908 cc, 72,5 × 55 mm, refrig. líquida
Potencia: 115 CV a 9.500 rpm
Caja de cambios: 6 velocidades, pedal
Transmisión secundaria: cadena
Peso: 228 kg
Velocidad máxima: 270 km/h

KAWASAKI ZXR750

1989

En 1989, cuando se fabricó la ZXR750, se ofrecía un kit de competición. Más tarde, Kawasaki comprendió que era más sencillo fabricar dos versiones, una de pista y otra de carretera.

dor con los mejores amortiguadores regulables. El doble faro estaba integrado en el carenado, que además disponía de dos entradas de aire que llevaban el aire fresco a la caja del filtro del aire a través de dos tubos.

Al principio, el modelo se ofreció con un kit de competición opcional, de modo que el comprador podía preparar su moto como un modelo de carreras. Sin embargo, en 1991 las diferencias eran tan grandes que la firma ofrecía dos versiones distintas: una para carretera y la otra, una máquina de producción limitada que incorporaba todos los componentes especiales de competición.

La Kawasaki ZXR750 inauguró una línea de modelos más pensados para la competición que para la carretera. La línea estaba basada en una máquina deportiva que ya existía. En realidad, la primera de ellas derivó del modelo enduro de competición originado a partir de una motocicleta de carretera. Se trató de que el producto conservara la línea del modelo de competición. Esto significaba incorporar un motor de 748 cc con doble árbol de levas, refrigeración líquida para sus cuatro cilindros, una caja de cambios de seis velocidades y un basti-

Motor: tetracilíndrico transversal, 16 válvulas, 748 cc (70 × 48,6 mm), refrigeración por aire
Potencia: 92 CV a 10.000 rpm
Caja de cambios: 6 velocidades, pedal
Transmisión secundaria: cadena
Peso: 205 kg
Velocidad máxima: 275 km/h

KAWASAKI KX250

1999

Este modelo de motocross tenía una larga historia, pues databa de 1974, fecha en que reemplazó a los modelos de 1968. La primera KX250 guardaba poca relación con la actual máquina, pues tenía refrigeración por aire, tubo de escape bajo y doble amortiguador en la suspensión trasera. En 1978 llegó un motor con válvula de láminas, tubo de escape elevado y una suspensión muy

La KX250 de 1998 es el resultado de un desarrollo paulatino a lo largo de muchos años. Este modelo tiene refrigeración líquida, válvula de láminas y un bastidor dotado de una sofisticada suspensión.

KOCH
Checoslovaquia 1934-1935. Estas máquinas eran monocilíndricas avanzadas de 348 cc ohc, creadas por J. F. Koch, antiguo diseñador jefe en Praga (véase **JFK**).

KOEHLER–ESCOFFIER
Francia 1912-1957. Esta firma francesa fue la primera compañía que fabricó en serie bicilíndricas en V ohc, a las que colocaba motores de fabricación propia de 996 cc. También fabricó un modelo de 500 cc monocilíndrico, y adquirió motores de 350 y 500 cc ohv de las firmas Chaice y MAG, así como un 300 cc de válvulas laterales y de 250 cc de dos tiempos fabricados por Villiers. Después de la Segunda Guerra Mundial, la firma puso en venta ciclomotores con motores Villiers de 100, 125, 175 y 250 cc.

KOFA
Alemania 1923-1925. Esta firma ensambladora utilizaba motores de dos tiempos y 283 cc fabricados por otras compañías.

KOHOUT
Checoslovaquia 1904-1906. Esta compañía fue la primera fabricante de motos checa, y utilizaba motores Minerva y Fafnir de 2,75 CV para sus modelos.

KOLIBRI
Alemania 1923-1930. El Kolibri era un motor auxiliar de dos tiempos y 110 cc, que también se vendía incorporado a una bicicleta.

KOMAR
Polonia h.1958-1968. Estas máquinas polacas eran ciclomotores de 50 cc.

KOMET
Alemania 1902-1905. Esta compañía fue en sus orígenes un fabricante de bicicletas que extendió sus actividades a las motocicletas. Fabricaba bajo licencia motores Ixion de dos tiempos de 1 y 4 CV.

mejorada, elemento este último de vital importancia para que un modelo de cross tenga éxito.

La suspensión trasera se modificó sustancialmente en 1980, cuando apareció el sistema Uni-Trak tanto en la KX250 como en la más pequeña KX125. Este sistema luego pasó a otros muchos modelos. Ambas motocicletas adoptaron discos de frenos en la rueda delantera en 1982, el mismo año en que la KX125 pasó a tener refrigeración líquida (la KX250 la incorporó al año siguiente). En 1985 apareció un motor totalmente revisado, un freno de disco en la rueda trasera en 1986, mayor diámetro del cilindro en 1987, horquilla invertida en 1989, bastidor perimetral en 1990, otro aumento de diámetro en el cilindro en 1992 y sistema revisado Uni-Trak en 1994.

Motor: monocil., dos tiempos, válvulas de láminas, 249 cc (66,4 × 72 mm), refrigeración líquida
Potencia: 54 CV a 8.500 rmp
Caja de cambios: 5 velocidades, pedal
Transmisión secundaria: cadena
Peso: 97 kg

KRAUSER

ALEMANIA 1976

MIKE KRAUSER SE HIZO FAMOSO fabricando maletas de alta calidad para las BMW bicilíndricas planas, además de ser distribuidor de la firma alemana. Su interés en las carreras de motos le llevó a desarrollar una culata de cuatro válvulas para la BMW Rennsport. Después de este trabajo, llegó un encargo para los modelos de carretera de 1 litro de capacidad.

La culata Krauser para estos modelos conservaba las cualidades de la BMW bicilíndrica plana, mejorándolas hasta tal punto que lograba aumentar su potencia. Además de eso, se lograba reducir la anchura total del motor en 35 mm, gracias a lo compacto del nuevo diseño.

A comienzos de los años ochenta, Krauser comenzó a fabricar su MKM 1000. Se trataba de una máquina completa provista de bastidor tubular de diseño enrejado compuesto de numerosos tubos soldados, que lograba elevar el motor 25 mm. En este bastidor se colocó el motor R100RS de BMW con su caja de cambios de cinco velocidades y transmisión secundaria por eje. Se aumentó la distancia entre ejes gracias a la horquilla telescópica de BMW; se

La Krauser MKM1000 con su bastidor tubular, motor BMW R100RS de serie y accesorios especiales.

colocaron llantas de aleación, freno de doble disco en la rueda delantera y de disco sencillo en la trasera.

A este conjunto se añadió un depósito de combustible de 21 litros hecho de aluminio colocado bajo una carrocería que se prolongaba hacia atrás incorporando el asiento y llegando hasta la cola de la moto, e incluía un carenado más bajo que el estándar R100RS. Y todo ello con un acabado a juego. Se fabricaron unas 200 unidades de este modelo, bien en forma de kit o como máquinas completas, y Krauser continuó

Mike Krauser participó en carreras con sidecar, para las que fabricó sus propios motores. El de la foto es un modelo típico, con el motor colocado detrás del piloto.

ligado al mundo de las carreras y a la fabricación de motocicletas especiales para carretera.

KREIDLER

ALEMANIA 1951-1982

DURANTE MUCHOS AÑOS, Kreidler se llamó a sí misma «reina de los modelos pequeños», una referencia a su dedicación a las máquinas de 50 cc tanto en modelos de serie como en lo que a

La compañía Kreidler, con sede en Kornwestheim, al norte de Stuttgart, se hizo famosa con sus modelos de 50 cc, como esta Scooterette R50 de 1956 que desarrollaba 2,3 CV.

motocicletas de competición se refiere. Pero en 1982, cuando las estrella austriaca Stafan Dorflinger ganó el título del mundo pilotando una Kreidler, la cuenta de la firma alemana se aumentó a seis, un nuevo récord en la clase más pequeña. El récord se asentó para siempre cuando la categoría de 50 cc fue sustituida por la de 80 cc unos meses más tarde.

Los conocimientos de la compañía en aleaciones, tubos y técnicas de forja dio lugar a un próspero complejo industrial en la ciudad de Kornwestheim, al norte de Stuttgart. La fabricación de motocicletas para Kreidler en 1951 no pasaba de ser una actividad secundaria: los grandes beneficios que obtenía la compañía provenían de los metales semiprocesados que suministraba a las industrias alemanas. Su primer modelo fue el ciclomotor K50, con un motor de dos tiempos y 49 cc (38 × 44 mm) de gran

calidad, prueba de los conocimientos que la firma tenía en el tratamiento de metales. Por todo lo demás, esta motocicleta seguía el patrón más convencional: bastidor abierto, tubo de escape típico de las motocicletas, suspensión en ambas ruedas y arranque a pedal.

La demanda del modelo K50 pronto llevó a la fabricación de una versión de lujo, la K51. Más tarde, en 1955, las dos máquinas originales se fundieron para dar lugar a la Scooterette R50, que utilizaba la misma caja de cambios de dos velocidades accionada desde el puño giratorio. Otra innovación de ese mismo año fue el cilindro de aleación ligera con el interior endurecido al cromo.

En 1957 llegó el modelo de serie más famoso de Kreidler, el Florett. La versión de competición, la Renn Florett, fue utilizada en la primera participación de Kreidler en circuito en 1959, y no era más que una Florett estándar de la que

Desde finales de 1960, buena parte del programa de competición de Kreidler fue dirigido por la compañía holandesa Van Veen. Esta Van Veen de 50 GP es de mediados de los años setenta.

se habían eliminado los guardabarros, hecho descender el manillar y puesto a punto el motor. El piloto más famoso de la marca fue Hans Georg, que más tarde sería campeón del mundo con Suzuki, y que se unió a Kreidler en 1960, trabajando en su departamento de investigación y desarrollo. Ese mismo año, Anscheidt se convirtió en piloto de la fábrica y ganó la Moto Cup de Hockenheim. Su victoria iba a ser el preludio del exitoso primer año de Kreidler en competición.

La Renn Florett de 1961 era muy parecida al modelo de serie, salvo por el uso de un carenado de tipo delfín y una diferente puesta a punto del motor. Capaz de desarrollar 8 CV a 12.000 rpm, esta máquina alcanzaba los 121 km/h, velocidad que demostró ser suficiente para ganar la Coupe d'Europe con Anscheidt a los mandos de la máquina.

En 1962, Kreidler presentó al recién creado campeonato del mundo FIM de 50 cc una nueva motocicleta que utilizaba válvulas de disco y doble carburador. Anscheidt ganó el primer Grand Prix, celebrado en España, aunque finalmente terminó la temporada detrás de Ernst Degner, piloto de Suzuki.

Una característica técnica interesante del nuevo modelo era su caja de cambios de cuatro velocidades accionada con pedal, lo que permitía al piloto nada menos que 12 relaciones gracias a un multiplicador de velocidad externo de tres velocidades controlado desde el puño giratorio. Al contrario que el bastidor de 1961, derivado del diseño de serie, el bastidor tubular de 1962 estaba fabricado con cromo-molibdeno del utilizado en la industria aeronáutica. Se tardó casi tanto tiempo en perfeccionar el carenado como en diseñar el resto de la motocicleta. Para ello se utilizó el túnel

Una Kreidler 50 GP de entre 1977 y 1978. Esta máquina representaba la evolución del modelo anterior de 50 cc GP de los años sesenta.

KOMET
Rusia años cincuenta. Se trataba de modelos de carreras con motores bicilíndricos planos de 500 cc y transmisión por eje. La Komet 2 era un modelo para un solo ocupante, mientras que la Komet 3 disponía de sidecar.

KONDOR
Alemania 1924-1925. Estas máquinas se podían encontrar con motores Ideal de válvulas laterales (3 CV) o Simpex de dos tiempos (3,5 CV).

KOSTER (KS)
Alemania (Schwerin) 1923-1925. Motocicleta de aspecto extraño con un bastidor entre tubular y de acero estampado. Tenía motor de 123 cc Bekamo o de 144 cc de Cockerell (dos tiempos).

KOVROVETZ
Rusia (Kovrov) principios de los años sesenta. Esta máquina disponía de un bastidor entre tubular y de acero estampado, y motor de dos tiempos. El motor de 175 cc desarrollaba una potencia de 8 CV a 5.000 rpm. También había un modelo de 125 cc.

KR
Alemania (Munich) 1924-1925. Esta compañía fabricaba bicilíndricas bóxer con motor BMW, y también una bicilíndrica en V con motor MAG de 998 cc. Algunas fuentes hablan de su relación con Karu.

KR
Alemania (Munich) 1922-1924, o 1930-1933. Karl Ritzinger ensambló un pequeño número de motocicletas. Las fuentes consultadas difieren en cuanto a las fechas y los motores utilizados. Una de ellas habla de motores de 150 cc y dos tiempos, en tanto que otra menciona motores de cuatro tiempos y 200 y 250 cc.

KRAM-IT
Italia (Arcore) finales de los años setenta-desconocida. Se trata de máquinas de trial y modelos semejantes con motores Minarelli (50 y 80 cc) y Rotax (125 y 250, y después 300 cc). Más tarde, la firma adoptó el nombre HRD, con el que fabricó modelos deportivos.

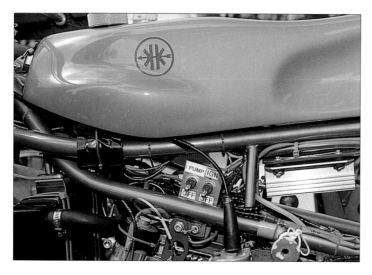

de viento de Stuttgart, dentro del cual los ingenieros de Kreidler colocaron al propio Anscheidt en posición de conducción. Más tarde, el piloto comentó que aquellas sesiones diarias en el túnel aerodinámico eran mucho más duras que pilotar la propia máquina durante una carrera.

Durante los años siguientes, Kreidler y Anscheidt estuvieron con frecuencia en cabeza de los campeonatos, pero

La Van Veen Kreidler de serie de 1973 desarrollaba una potencia de 17,5 CV a 16.000 rpm. Con su cilindro horizontal refrigerado por líquido, podía alcanzar los sorprendentes 200 km/h.

rías de 50, 75 y 100 cc (siempre con el mismo motor de 49 cc).

La primera motocicleta Kreidler de carreras con refrigeración líquida apareció en 1969, aunque en aquella fecha era todavía un prototipo. En cooperación con el equipo de la holandesa Van Veen, Kreidler logró lanzar una nueva máquina en 1971. Desarrollada por Jorg Moller, esta motocicleta tenía un bastidor completamente nuevo y motor refrigerado por agua que desarrollaba 17,5 CV. El resultado fue la consecución del primer título mundial que conseguía una marca alemana en la historia de los campeonatos. Lo logró el piloto holandés Jan de Vries. Desde entonces, Kreidler dominó cómodamente la categoría, venciendo en los campeonatos de 1973, 1974, 1975, 1979, 1981 y 1982. Todavía se batirían nuevos récords cuando un modelo de Kreidler llamado Black Arrow estableció una nueva marca mundial de velocidad en 50 cc con 228 km/h en 1977. El piloto que lo logró fue Henk Van Kessel, con una motocicleta preparada por Piet Plompen.

En la Exposición de Colonia de septiembre de 1978, Van Veen Sport, con sede en Duderstadt, presentó la Gelandesport. Esta máquina de endu-

ro de 50 cc desarrollaba una potencia de 12 CV y empleaba un bastidor muy rígido y ligero formado por un entramado de tubos de distintas longitudes. Otro producto de la misma firma fue la KVV «schoolboy» de cross. Ambos modelos utilizan un chasis fabricado a mano.

A finales de los años ochenta, Kreidler todavía seguía en competición. Comercialmente, la compañía comenzaba a enfrentar dificultades financieras, y las ventas habían descendido en 1981 hasta su punto más bajo. En un desesperado esfuerzo, la firma presentó una serie de nuevos modelos, incluida la Sport Mofa Flott (ciclomotor rápido) de 24 CV y tres velocidades, con bastidor tubular de espina central, ruedas del tipo Honda Comstar y el familiar motor horizontal con cubierta revisada. También hubo una gama de motocicletas ligeras de 80 cc (en realidad de 79,8 cc): la Florett 80, la 80E y 80L, además del modelo trail Mustang 80. Kreidler también creó un prototipo diseñado por Target Design, los creadores de la famosa serie Katana de Suzuki. Sin embargo, ninguno de estos intentos logró detener la caída en picado de la compañía. Kreidler finalmente se liquidó en el verano de 1982.

KREIDLER FLORETT

1957

La Florett fue, indudablemente, el modelo *street* más famoso de Kreidler, aunque durante muchos años se describiera como un *peso mosca*. Hizo su debut en 1957, presentando un motor con un solo cilindro colocado horizontalmente, con capacidad de 49 cc (40 × 39,5 mm) y tres velocidades.

Se fabricó con y sin pedales, y por tanto podía comercializarse como ciclomotor o motocicleta.

Desde los tiempos de la Imme, a comienzos de los años cincuenta, ningún fabricante alemán había vuelto a utilizar un motor monocilíndrico plano. En común con otros modelos de Kreidler, el interior del cilindro de la Florett tenía un tratamiento de endurecimiento al cromo, y la caja de cambios todavía se accionaba por medio del puño giratorio.

Una característica llamativa del modelo era el bastidor de acero estampado, junto con unos profundos guardabarros, cadena totalmente cubierta y motor cubierto sólo parcialmente, características que daban a la Florett un aspecto totalmente distinto al de cualquier otro ciclomotor-motocicleta de aquella época.

Aunque su bastidor seguía teniendo el aspecto de U abierta, el depósito de la gasolina y el asiento (bien individual o doble) sólo estaban separados por un

pequeño hueco. Completaba sus características una suspensión propia de una motocicleta, con horquilla Earles en la rueda delantera y brazo basculante en la trasera, frenos de tambor con cubo de aluminio y refrigeración del motor por ventilador.

Con su aspecto de auténtica motocicleta, la Florett era capaz de alcanzar los 80 km/h, y presentaba un diseño

excepcionalmente moderno, que se haría tan popular y perdurable que la fábrica decidió obsequiar a todos los dueños de uno de estos modelos con más de 100.000 km con un alfiler de corbata de oro macizo con el distintivo de Kreidler.

Con la Florett, Kreidler fue capaz de explotar un mercado apenas explorado, el de las máquinas de 50 cc fiables y

El modelo más famoso de Kreidler fue la Florett. Lanzada en 1957, esta máquina ultraligera de 49 cc estaba disponible en dos versiones: motocicleta ultraligera y ciclomotor.

económicas que, con aspecto de motocicletas, costaban sólo una parte del precio de éstas.

Kreidler también obtuvo con este modelo éxitos en competiciones de velocidad y carreras de larga distancia como los ISDT (los Seis Días de Trial Internacionales).

El modelo tuvo una enorme aceptación popular, tanto en el mercado nacional como en Holanda, donde se vendieron 100.000 unidades hasta el año 1971. La Florett perduró (al menos de nombre) con la introducción de un modelo ultraligero de 79,8 cc (46 × 48 mm), hasta que la fábrica fue cerrada a comienzos de los años ochenta.

Motor: monocilíndrico, dos tiempos, 49 cc (40 × 39,5 mm), refrigeración por aire
Potencia: 3,5 CV a 6.500 rpm
Caja de cambios: 3 velocidades, pedal
Transmisión secundaria: cadena
Peso: 84 kg
Velocidad máxima: 80,5 km/h

KREIDLER 50 GRAND PRIX 1962

La primera Kreidler 50 Grand Prix llegó el primer año en que se celebraban los campeonatos del mundo de la clase 50 cc. Esta motocicleta fue diseñada a partir de la Renn Florett de Hans-Georg Anscheidt que ganó la Coupe d'Europe.

Aunque basada en el motor de serie de la Florett, la máquina de 1961 se había modificado al añadir alimentación por medio de válvula rotatoria, doble carburador Dell'Orto y una caja de cambios de seis velocidades. Con una potencia declarada de 8 CV, este modelo ultraligero de 49 cc (38 × 44 mm) con un único cilindro horizontal y motor de dos tiempos era capaz de alcanzar los 129 km/h.

En 1962, el equipo de competición dirigido por Johannes Hilber rediseñó el motor para su entrada en los campeonatos del mundo de Grand Prix. Siguió utilizando la disposición horizontal del cilindro, y para ganar la mayor cantidad de cilindrada permitida por las normas de la competición, el tamaño del motor se aumentó a 49,9 cc, con una nuevas dimensiones de diámetro y carrera de 40 y 39,7 mm, respectivamente. El cuerpo del cilindro estaba hecho de aluminio, endurecido con un tratamiento de cromo, y sobre él se habían practicado unos diminutos agujeros. La idea era conseguir que estos pequeñísimos orificios retuvieran cierta cantidad de aceite para ayudar a la lubricación del interior del cilindro. En realidad, Kreidler fue la primera firma de motocicletas alemana que utilizó este sistema, que había sido desarrollado por Porsche para sus coches de altas prestaciones.

Los dos carburadores Dell'Orto fueron reemplazados por un par de dispositivos Bing especialmente fabricados (uno por cada válvula rotativa). La potencia se transmitía por medio de una caja de cambios de 12 velocidades. En realidad, sólo había cuatro velocidades, pero el resto de relaciones se conseguían mediante un multiplicador externo de tres velocidades accionado desde el puño giratorio del manillar.

El bastidor de la versión de 1961 fue reemplazado por uno nuevo hecho de tubos fabricados con la más alta tecnología aeronáutica. Se conservó la horquilla delantera Earles, así como el bra-

Hans Georg Ansheidt sobre su Kreidler de 50 cc durante la TT holandesa de 1964. Aunque era una marca competitiva, Kreidler tuvo que esperar a los años sesenta para ganar el campeonato del mundo.

KRASNY-OKTOBR
Rusia 1930-1934. La Krasny-Oktobr (Octubre Rojo) de 296 cc se había basado en una máquina DKW contemporánea. Fueron las primeras grandes motocicletas de serie en la historia de la Unión Soviética.

KRIEGER (ORIGINAL KRIEGER)
Alemania 1925-1926. Los hermanos, de KG, fabricaron varias máquinas basadas en los modelos de esta firma. Entre ellas se incluía una 500 con transmisión por eje y un modelo con motor Blackburne de 350 cc. Se sabe que también suministraban bastidores a otras firmas.

KROBOTH
Alemania (Seestal-Lech) 1949-1954. Escúter con motores Sachs de entre 100 y 175 cc fabricados por el ex piloto checo Gustav Kroboth.

KRS
Alemania (Berlín) 1921-1926. Esta compañía era otra pequeña ensambladora de las que proliferaban en el Berlín de aquellos días. Las fuentes difieren sobre el tipo de motores que utilizó KRS.

KRUPP
Alemania (Essen) 1919-1921. Escúter de muy poco éxito con motores de 185 y 198 cc montados sobre la rueda delantera. Esta compañía también era famosa por su acero y sus armas.

KSB
Alemania 1924-1929. Firma ensambladora que instalaba una gran variedad de motores (incluidos DKW, Kuhne, Blackburne y JAP, de capacidades entre 150 y 500 cc) en sus propios bastidores.

KUHNE
Alemania 1928-1929. Esta compañía fabricaba motores ohv de 350 y 500 cc. Después fabricó un motor desmodrómico.

zo basculante y el doble amortiguador de la suspensión trasera.

Uno de los grandes problemas de esta máquina era mantenerla pegada al suelo, pues tan sólo pesaba 54 kg, aunque el diámetro del freno delantero se había aumentado para compensar su mayor velocidad, de unos 145 km/h.

También se concedió gran importancia al carenado con el fin de lograr una mayor penetración aerodinámica a altas velocidades. En 1963, el modelo contaba con un nuevo chasis doble, horquilla

telescópica delantera más robusta y también una mayor potencia (12 CV), todo lo cual ayudó a Anscheidt a conservar su título de subcampeón del mundo, la misma posición que había conseguido en 1962.

Decidida a ganar la corona mundial en la temporada de 1964, Kreidler se presentó con una máquina prácticamente nueva. El motor incluía numerosos cambios, como un nuevo cilindro, un embrague más fuerte refrigerado por aire y una nuevo escape con cámara de

expansión. Además, se redujeron las doce velocidades del motor a tan sólo seis, con un multiplicador doble accionado por cable. También era nuevo el bastidor (una celosía de tubos de acero), la horquilla delantera y los frenos, más potentes. Con 14 CV, la máquina alcanzaba los 160 km/h.

Lamentablemente, tampoco estos cambios fueron suficientes, pues por entonces Honda y Suzuki también habían fabricado motos más rápidas. De manera que Kreidler tuvo que esperar

hasta que los japoneses abandonaron la competición en esa categoría a finales de los años sesenta para ganar el título del mundo.

Motor: monocilíndrico, válvula de disco, 49,9 cc (40 × 39,7 mm), refrigerado por aire
Potencia: 14 CV a 11.500 rpm
Caja de cambios: 6 velocidades en motor, con multiplicador de 2 velocidades, pedal
Transmisión secundaria: cadena
Peso: 58 kg
Velocidad máxima: 160 km/h

KTM

AUSTRIA 1953

CUANDO KTM FABRICÓ su primera motocicleta en 1953, las iniciales significan Kraftfahrzeuge Trunkenpolz Mattinghofen. En 1955, la K pasó a significar Ernst Kronreif, que se unió como socio de Hans Trunkenpolz.

Las primeras KTM fueron modelos de 98 cc con motor Rotax; a éstos siguieron ciclomotores, escúter y motocicletas ligeras que utilizaban motores Puch, Sachs y Rotax de dos tiempos tipificados en la Tarzan 125 de 1957.

Uno de sus primeros modelos de competición tenía un motor bicilíndrico ohc de 125 cc basado en el de la MV Agusta de cuatro tiempos. KTM se limitó a fabricar ciclomotores entre 1960 y 1965, y en 1967 lanzó un modelo 100 con motor Sachs de 97 cc, muy parecida a la Honda CB77, y que se vendió en los Estados Unidos con el nombre de Hansa. Después comenzó a fabricar motos de cross con motores propios.

A finales de los años sesenta, KTM comenzó a fabricar motocicletas de cross, y una década más tarde, cuando se lanzó esta 250 cc, la firma se había convertido en sinónimo de motos *off-road*.

En 1977 ganó el campeonato de Motocross de 250 cc con el piloto soviético Gennady Moisseyev.

La firma tuvo que soportar una crisis económica a comienzos de los años noventa.

Una vez recuperada, comenzó a fabricar una amplia gama de máquinas *off-road*, incluida una 125 cc de dos tiempos trail y las series 193, 297 y 368 cc de dos tiempos, sin olvidar las 398, 539 y 625 cc de cuatro tiempos de las categorías enduro y supermoto. Esta última categoría, inventada en Francia, consiste básicamente en modelos *off-road* con neumáticos de carretera. A esta categoría se adapta perfectamente la KTM Duke.

Las KTM de carretera, como la LC4 Supermoto y la 625 cc Kike estaban

Después de sobrevivir a una crisis a comienzos de los años noventa, KTM lanzó una amplia gama de modelos *off-road*, incluida esta Sting de dos tiempos y 125 cc.

provistas de arranque eléctrico y neumáticos de carretera. En 1998, KTM cambió de dirección, y en 1999 se creó en Mallory Park, Leicestershire, Inglaterra, el circuito KTM para adiestramiento de pilotos. En 2000, KTM estaba desarrollando su propio motor bicilíndrico en V.

La KTM Adventure se lanzó en 1997, y su mercado de clientes potenciales quedó inmediatamente restringido a pilotos de más de 180 cm de estatura, dada la estratosférica altura a la que estaba colocado el asiento (95 cm).

KTM 620 EGS-E ADVENTURE

1997

La KTM 620 EGS Adventure, caracterizada por sus dibujos y la altura del asiento, es una máquina para los más intrépidos. Aunque su comportamiento *off-road* es excelente, puede resultar incómoda en trayectos largos.

La Adventure, una máquina divertida con un excelente potencial en carreteras secundarias, compartía su motor con sus hermanas la LC4 enduro y Duke. Era famosa por su fácil manejo y maniobrabilidad, conseguida gracias a una suspensión SP de largo recorrido. Además, estaba provista de pantalla y protectores para las manos, además de un colosal depósito de gasolina con capacidad para 28 litros, que le proporcionaba una gran autonomía para recorridos de larga distancia.

Los defectos eran un asiento demasiado rígido y unos tubos de escape que colgaban demasiado bajos. La razón de esta disposición era poder colocar maletas de equipaje para las travesías todo-terreno. Lo paradójico era que la Adventure resultaba una máquina incómoda para trayectos largos en los que no podían hacerse frecuentes paradas.

Además, la Adventure estaba provista de un ordenador electrónico de competición que permitía al piloto calcular las distancias entre los puntos de descanso.

Para los pilotos de menor estatura, la mejor opción era una KTM de ocho válvulas y cuatro tiempos 400 LSE (Low Seat, Electric Star), tan bien fabricada como la anterior, aunque carecía de las ventajas de una gran *touring* como la Adventure.

Motor: monocilíndrico, 609 cc, refrigeración líquida
Potencia: 50 CV
Caja de cambios: 5 velocidades, pedal
Transmisión secundaria: cadena
Peso: 166 kg
Velocidad máxima: 153 km/h

KTM 200 EGS

1999

La principal diferencia entre ambas máquinas era que la EGS disponía de una bomba de aceite accionada por medio de engranajes y un asiento un poco más mullido.

La máquina ligera (que tan sólo pesaba 98 kg) era propulsada por un motor monocilíndrico de dos tiempos y 193 cc.

Como tal, esta motocicleta debía gran parte de su agilidad y agarre a la suspensión WP diseñada por la propia KTM.

Con unos componentes de la más alta calidad, las motocicletas KTM no resultaban baratas, pero no hay que olvidar que las máquinas especializadas siempre resultan más caras.

Motor: monocilíndrico, 193 cc, refrigeración líquida, 2T
Potencia: 80 CV
Caja de cambios: 5 velocidades, pedal
Transmisión secundaria: cadena
Peso: 98 kg
Velocidad máxima: 129 km/h

KTM DUKE II

La edición de 2001 de la Duke II de KTM presentaba un estilo con líneas de lo más modernas, como el doble faro vertical.

na terminaba en una curiosa luz trasera de forma muy apuntada, flanqueada por dos llamativos silenciadores de aleación en tono mate. La Duke II incorporaba todo tipo de instrumentos en su panel y un magnífico sistema de luces. Su asiento resultaba bastante cómodo. La suspensión era de WP, pensada para adap-

tarse a una gran variedad de terrenos, y el diseño general y la calidad de fabricación de la máquina colocaban a la Duke II en lo más alto de su clase.

Motor: monocilíndrico, 248 cc, refrigerado por aire
Potencia: 50 CV
Caja de cambios: 5 velocidades, pedal
Transmisión secundaria: cadena
Peso: 145 kg
Velocidad máxima: 145 km/h

La Duke de 620 cc de 1996 fue la primera versión de carretera de KTM de su gran trail Supermoto, cuya segunda encarnación apareció en 1999. La Duke, con el motor LC4 de 640 cc refrigerado por agua, utilizaba un bastidor de doble cuna de cromo-molibdeno, y estaba equipada con llantas de aleación de doce palos, en lugar de los tradicionales radios de alambre de los modelos *off-road*. Su

línea era igualmente innovadora en un sector del mercado donde las carrocerías tienden al minimalismo. La cúpula delantera recordaba la cabeza de un insecto, y el extremo trasero de la máqui-

Además de su evidente potencial *off-road*, la original supermoto Duke de KTM podía también hacer el papel de guerrero urbano, con su aspecto agresivo.

KYMCO

TAIWÁN HA SIDO durante muchos años centro de producción de motocicletas japonesas. Se realizaban determinadas operaciones de ensamblaje de componentes, aunque los motores se montaban en Japón. Las firmas ensambladoras de Taiwán se encargaban principalmente de

los cubos, las ruedas, el cableado eléctrico y los manillares, lo que les proporcionó una experiencia y conocimientos técnicos que les ha permitido conocer al detalle el funcionamiento individual de los componentes y aprender las técnicas de fabricación.

Kymco se decidió a fabricar máquinas completas, que luego eran enviadas a Italia, además de venderse en su propio mercado nacional. Kymco optó desde un principio por la sencillez, con motores de 50 cc de dos tiempos, y de 125 y 150 cc de cuatro tiempos, todos

ellos derivados de los motores Honda. Estos motores se colocaban después en ciclomotores y pequeñas motocicletas con estilo y acabado adaptado a la demanda del momento. También fabricó escúter, la mayoría con motor de 50 cc.

Los escúter tenían una línea muy moderna, y especificaciones técnicas como encendido electrónico, lubricación automática y arranque eléctrico en muchos casos. La suspensión delantera de los escúter podía basarse en un sistema de resortes que basculaba delante del eje de la rueda, o en la clásica horquilla telescópica, y todos ellos contaban con suspensión trasera. Las pequeñas ruedas de plato de los escúter disponían de frenos de tambor o disco, en algunos casos con una combinación de disco delantero y tambor trasero. Para comercializar estos modelos se utilizaron nombres como: Dink, Filly, Heroism, Movie, Vivio, People, Sniper y Top Boy.

Igual que la mayoría de los modelos Kymco, esta Sector 125 se basaba en una Honda anterior monocilíndrica para el diseño de su máquina de 4 tiempos y 5 velocidades.

LA MONDIALE

BÉLGICA 1923–1934

ESTA MARCA, QUE APARECIÓ a finales de 1923 y comenzó a fabricar en Bruselas, se hizo famosa por el uso de un bastidor y horquilla de acero estampado. Su primera máquina fue un modelo de dos tiempos y 308 cc, cuyo motor estaba oculto por ambos lados con paneles laterales que se prolongaban hasta la rueda trasera. El asiento anatómico estaba colocado sobre el depósito de combustible, que ocupaba una posición muy baja, y debajo del cual se encontraba el arranque del profundo guardabarros trasero.

Si el diseño del bastidor era poco habitual, tampoco puede decirse que el motor fuera precisamente convencional. Se trataba de un motor invertido, con el cilindro inclinado hacia delante y el cigüeñal en línea con el bastidor, pero en ángulo, de modo que se proyectaba hacia abajo. El gran volante colocado en la parte trasera accionaba un eje transversal por medio de un disco de fricción que ofrecía la posibilidad de cinco diferentes relaciones.

Disponía de pedal transversal de arranque, y la transmisión secundaria se realizaba mediante una cadena totalmente encerrada. Este diseño poco habitual fue adoptado por Fondu de Vilvorde a finales de 1925, que siguió

fabricando la máquina en varios estilos con motores de 350 cc de Blackburne y JAP, bien con válvulas laterales o distribución ohv. En 1926 apareció una versión Sport, con nuevo bastidor que utilizaba la tecnología del acero estampado para dar lugar a un chasis tubular. El motor vertical convencional y la caja de cambios accionada por cadena quedaban ahora a la vista, y el asiento aparecía montado en la parte superior del bastidor.

Este mismo bastidor se utilizó en el modelo Tourisme de 1927, que disponía de un motor Villiers bicilíndrico de dos tiempos y 344 cc colocado en línea. Este motor incorporaba un embrague y un engranaje helicoidal que accionaba la caja de cambios de tres velocidades integrada en el conjunto del motor. Al año siguiente apareció un nuevo motor Chaise de 500 cc. En 1929, la compañía presentó en la Exposición de París un modelo con transmisión por eje, y otro con bastidor niquelado, motor La Mondiale de 350 cc y cinco velocidades. En 1930 y 1931, la firma participó en carreras TT, aunque el primer año sus modelos sólo lograron una vigésima posición en la categoría Junior. La compañía continuó innovando, y en 1931 lanzó un modelo con motor de dos tiempos y 350

cc con cigüeñal longitudinal a la marcha y caja de cambios integrada en el motor.

Al año siguiente llegó otro modelo con motor Villiers de 148 cc, seguido de un 350 cc con el depósito de gasolina colocado sobre el tubo superior del bastidor. A ellos se unió toda una gama de modelos con motor de cuatro tiempos y cilindradas de 350, 500 y 600 cc con válvulas laterales, además de otros con 350 y 500 cc con distribución ohv. Todos estos motores los fabricaba Sturmey-Archer.

Sin embargo, eran tiempos difíciles, sobre todo para una firma que había arriesgado invirtiendo todo su capital en proyectos innovadores. Los bastidores de acero estampado habían quedado anticuados, y los precios de estas máquinas eran cada vez más altos. Los compradores las contemplaban con admiración, pero a la hora de comprar buscaban algo más convencional.

En los dos años siguientes, la gama de La Mondiale se redujo, y en 1934 llegó el final de esta interesante compañía.

Un modelo de 1931 con motor de dos tiempos y 350 cc, y caja de cambios integrada. Obsérvese el característico bastidor, propio de las motocicletas Mondiale.

LAMAUDIERE

FRANCIA 1900–1903

UNA DE LAS FIRMAS FRANCESAS más misteriosas es ésta, también llamada Lamaudiere et Labre, que existió durante un breve período a comienzos del siglo veinte. En aquellos días el conocimiento del motor de combustión interna, relativamente nuevo, era muy imper-

fecto, y aún no se entendían en profundidad los diversos factores que contribuían al desarrollo de su potencia. Lo que sí se entendía era que más potencia significaba mayor velocidad, récords, éxitos en competición y un negocio próspero. Pero cómo se llegaba ahí era

todavía algo oscuro. Los motores todavía contaban con válvulas automáticas de admisión y un rudimentario carburador, y sistemas de encendido muy poco fiables controlados por vacuorregulación. Algo sí estaba claro: cuanto mayor fuera la capacidad del motor, mayor era

---

L-300
Rusia 1932-años cuarenta. Los militares rusos utilizaron con frecuencia estas motocicletas de 294 y 346 cc de 2T y de 350 cc de 4T. Todas ellas estaban basadas en modelos DKW.

L & C
Inglaterra (Londres) 1904-1905. Estas motocicletas estaban propulsadas por motores De Dion Bouton, Minerva y Antoine.

LABOR
Francia 1908-1960. En un principio, se trataba de un modelo monocilíndrico de 350 cc. El renombre resurgió con Alcyon, con motocicletas ligeras de 2T y un ciclomotor de 4T, y en 1954 un modelo de 250 cc ohc.

LADETTO (LADETTO & BLATTO)
Italia (Turín) 1923-1932. Emilio y Giovanni Ladetto comenzaron con un modelo de 2T y 125 cc. Después de que Angelo Blatto se uniera a ellos en 1927, se añadieron otros motores, incluido un 175 cc ohv de cuatro tiempos y uno de 250 cc de válvulas laterales. Obtuvieron varios éxitos en competición hasta que Blatto abandonó la firma en 1930.

LADIES PACER
Inglaterra (Guernsey) 1914. Un motor JES propulsaba este modelo de bastidor abierto (de señorita).

LADY
Bélgica (Sainte Mariaberg) 1925-1938. Motor convencionales con variedad de motores: Blackburne, JAP, MAG, Riege Python y Villiers, de entre 175 y 500 cc.

LAFOUR & NOUGIER
Francia (Nimes) 1927-1936. Sus bastidores incorporaban motores de entre 100 y 500 cc fabricados por Aubier-Dunne, JAP, Train y Villiers.

LA FRANCAISE
Francia 1936-años cincuenta. Antes de la Segunda Guerra Mundial, esta marca fabricaba motos ligeras de entre 100 y 350 cc, de dos y cuatro tiempos. Después de la guerra, un modelo ligero de 100cc. Más tarde, en 1948, un modelo de 49 cc con varilla empujadora, motos ligeras de 169 y 175 cc de 4T (1949), y finalmente, en 1953, una moto ohc de 250 cc.

LAG
Austria 1921-1929. Liesinger Motorenfabrik AG comenzó con motores auxiliares de 118 y 148 cc; de ahí pasó brevemente a motores de 2T de 250 cc; finalmente, desde 1927, motores de 2T de 350 cc.

la potencia. Los motores fueron aumentando de tamaño a pesar de los rigurosos límites de peso de la competición. Sólo posteriormente se llegó a comprender que la eficacia del motor era la clave.

La Lamaudiere fracasó porque tan sólo se preocupó de buscar una gran cilindrada en una era en que las motocicletas de carreras se habían convertido en grandes monstruos y rodaban en pruebas especiales sobre pistas peraltadas.

El modelo de Lamaudiere tenía un motor grande y tosco montado en un bastidor de bicicleta modificado, provisto de horquilla rígida. Contaba con transmisión directa a correa, un asiento montado en un bastidor auxiliar colocado sobre la rueda trasera, pedales y una enorme rueda dentada para la cadena que le proporcionaba la relación precisa para las velocidades. En 1903, todos estos modelos estaban siendo reemplazados, y no tardaron en desaparecer completamente.

Esta Lamaudiere de 1902 se diseñó para la carrera París-Madrid, por lo que era menos extrema que el modelo fabricado para las pruebas en circuito peraltado.

LAMBRETTA

ITALIA 1946

FERDINANDO INNOCENTI estableció su propio taller a la de edad de tan sólo dieciocho años. En 1922, con treinta y uno, se trasladó a Roma, donde desarrolló métodos para mejorar la fabricación de los tubos de acero. Nueve años más tarde volvió a trasladarse, esta vez a las afueras de Lambrate, donde fundó una acería que sería la base de su futuro imperio. Pero la planta de Lambrate quedó destruida durante la guerra, de modo que tuvo que enfrentarse no sólo a la desalentadora tarea de la reconstrucción, sino que además tuvo que encontrar un espacio lucrativo en el mercado del acabado de metales, donde poder colocar sus productos. El resultado de sus esfuerzos terminaría convirtiéndose en uno de los mayores éxitos del mundo de las dos ruedas de la posguerra: la firma Lambretta. La idea de fabricar escúter nació cuando alguien comprendió que Italia estaba devastada, y que la gran prioridad en aquellos días era encontrar un medio de transporte barato, y de que había muchas empresas dispuestas a proporcionarlo.

De modo que Innocenti se decidió por el escúter, y en 1946 presentó su primera Lambretta, el modelo A. No tardó en comprender la importancia que la publicidad tenía en su proyecto de biciclo, por lo que autorizó la fabricación de modelos especialmente diseñados para batir récords, y de una motocicleta de carreras con motor monocilíndrico de dos tiempos y 123 cc (52 × 58 mm): la 2T. Esta máquina debutó en 1949 e incluía admisión por la lumbrera del pistón, un carburador Dell'Orto, una caja de cambios con cuatro velocidades y, lo más interesante, transmisión secundaria

por eje a la rueda trasera. En 1950, la producción de la fábrica de la via Pitteri en Milan había alcanzado los 300 escúter diarios, y además se acababa de

A comienzos de los años cincuenta, Lambretta creó esta soberbia motocicleta de carreras de dos cilindros en V dohc y 250 cc, que además tenía transmisión por eje.

lanzar otros dos modelos nuevos: la 125C y la LC. Ese mismo año, Lambretta batió nuevos récords en Montlhery, Francia. A comienzos del año

El primer escúter de Lambreta, el modelo A, apareció en 1947. Comparada con su rival Vespa, la Lambretta no tenía carrocería sobre el motor.

siguiente, su archirrival Vespa contraatacó, pero Lambretta devolvió el golpe con un modelo especialmente fabricado, totalmente aerodinámico, y pilotado por Romolo Ferri, que alcanzaba los 195 km/h (algo incréble tratándose de un escúter).

Al mismo tiempo, se firmó un acuerdo con la compañía alemana NSU para la fabricación del escúter Lambretta en ese país. Este acuerdo duró hasta 1956, cuando NSU comenzó a fabricar su propio escúter Prima. En junio de 1951 apa-

La Lambretta tipo F de 125 cc fue el último escúter que la compañía fabricó sin chasis. Entre marzo de 1954 y abril de 1955, se fabricaron más de 32.000 unidades.

La SX200 fue el escúter más potente de la firma, y se fabricó entre 1966 y 1969. Utilizaba una versión revisada del freno delantero de disco de la TV3 175.

La serie LD se fabricó entre 1954 y 1958, con motores de 125 y 150 cc. Más de 414.000 unidades salieron de la fábrica, ocupando el segundo lugar en cantidad después de la serie Li.

reció el secreto mejor guardado de la compañía: una nueva motocicleta de carreras con motor de dos cilindros en V y 250 cc (véase apartado). En la Exposición de Milán de 1954, Lambretta presentó un ciclomotor de 48 cc y dos velocidades con suspensión tanto en la rueda delantera como en la trasera. Sin embargo, nunca se llegó a vender en las cantidades que la firma había supuesto. Después del modelo LC llegó el LD, pero quizá el modelo más importante de todos fuera la serie Li, que llegó a finales de 1958. Estos modelos se podían elegir entre un motor de 124 o 148 cc. A comienzos de ese año, la compañía había lanzado al mercado la TV 175, un modelo de lujo con motor de 170 cc y una velocidad próxima a los 97 km/h.

Después de 1962, las ventas de escúter cayeron rápidamente. Aunque Lambretta trató con todas sus fuerzas de luchar contra esta tendencia del mercado lanzando varios modelos nuevos (Cento 100, GT200, SX200 y Starstream de 122 cc), el esfuerzo de una sola

firma fue insuficiente para detener la caída. En realidad, el debilitamiento de este sector del mercado no resultó tan decisivo, ya que desde mediados de los años cincuenta Innocenti contaba con tres divisiones: una que fabricaba escúter, otra dedicada a los tubos de acero, y una tercera especializada en maquinaria, incluyendo prensas y herramientas. Gran parte de los productos de las otras dos divisiones fueron a parar a la

Las Lambretta se han fabricado en muchos países, entre ellos Italia, India y España. Uno de los últimos modelos es esta motocicleta de 50 cc del año 1977.

industria de los automóviles, suministrando a la mayoría de las firmas italianas y también a Ford y Volkswagen.

En 1961, Innocenti probó fortuna en la fabricación de coches, primero con modelos británicos fabricados bajo licencia, como el Austin A-40. En su momento álgido, la empresa daba trabajo a 7.000 empleados, pero tras la muerte de su fundador, ocurrida en junio de 1966, la falta de un liderazgo claro llevó a la empresa a una grave situación financiera en 1975. Innocenti recurrió al gobierno italiano, y finalmente la compañía quedó bajo la dirección de Alejandro de Tomaso. A finales de los años setenta, al menos una de las plantas de producción de Innocenti en Milán estaba fabricando motores bicilíndricos en V V35/50 Moto Guzzi para otra sección del imperio comercial de Tomaso (véase Moto Guzzi). Los escúter Lambretta todavía se fabrican hoy en día, bajo licencia, en la India y España.

LA GALBAI
Italia 1921-1925. Todas sus máquinas estaban propulsadas por motores propios de 2T 276, 301, 347 cc (estos tres, monocilíndricos) y uno bicilíndrico en V de 492 cc.

LAGONDA
Inglaterra (Staines) 1902-1905. Fabricaba vehículos de tres ruedas antes de pasarse a las motos con motores De Dion Bouton y Minerva. Después también fabricó coches.

L'ALBA
Italia (Milán) 1924-1926. Esta firma fabricó versiones italianas de modelos de 198 cc con válvulas laterales.

LA LORRAINE
Francia 1922-1925. Estas motos ligeras utilizaban sus propios motores de 2T de 98 y 125 cc.

LAMPO
Italia 1925-1930. En un principio, fabricaba motocicletas ligeras de 2T y 98 cc. Después de 1926, modelos de dos y cuatro tiempos de 125, 175, 200 y 250 cc. En 1928, aparecieron versiones de 250 cc con varillas empujadoras Comfort, Supersport y Super Comfort.

LANCER
Inglaterra (Coventry) 1904-1905. Utilizaba motores de entre 2 y 3,5 CV de Minerva y MMC, y probablemente también motores propios.

LANCER
Japón 1957-comienzos de los años sesenta. Al principio, una moto ligera de 2T. Después, una 250 cc con motor transversal de dos cilindros en V y varillas empujadoras, que además contaba con transmisión por eje.

LANCO
Austria (Viena) 1922-1926. La Erdburger Maschinenfabrik era más conocida por sus motores alternativos y turbinas de vapor. También fabricó bicilíndricas en V de hasta 1.000 cc con motores MAG, modelos monocilíndricos con motor propio de 569 cc, en versiones Touring de válvulas laterales y Sports con empujadores.

LANDI
Italia 1923-1926. Lamberto Landi utilizaba motores Train o los suyos propios de 122 y 172 cc de 2T.

LANGFORD
Estados Unidos 1915. Una de las últimas motocicletas con motor de vapor. Las bielas estaban conectadas directamente con la rueda trasera.

LA PANTHERRE
Francia 1928-1932. Estas máquinas convencionales estaban propulsadas por motores JAP de 350 y 500 cc.

LAPIERRE
Francia años cincuenta. Ciclomotores de 50 cc.

LAMBRETTA 250 V-TWIN RACER

De todas las motocicletas italianas de carreras de la era clásica, ninguna tiene una historia más extraña que la 250 bicilíndrica de Lambretta. Esa historia se remonta a finales de los años cuarenta cuando las ventas de escúter habían comenzado a dispararse en Italia, y varios fabricantes de motos de ese país, incluido Moto Guzzi, habían puesto sus ojos en este mercado. Segura de que habría de encontrar una gran competencia, Lambretta decidió enviar a Guzzi y otros fabricantes el mensaje de que era capaz de fabricar motocicletas. Resultado de este empeño fue una de las motocicletas pequeñas con más gusto diseñadas. La Lambretta 250 V-twin (bicilíndrica en V), que se presentó en junio de 1951, era obra del ingeniero Giuseppe Salmaggi (que con anterioridad había diseñado también la Gilera Saturno).

Esta bicilíndrica en V tenía el cigüeñal longitudinal a la marcha, y los cilindros colocados en un ángulo de 90°. La culata estaba hecha de aleación y fundida en una sola pieza con la caja de levas, que contenía el árbol de levas simple y los mecanismos de accionamiento de las válvulas, que incluía dos válvulas por

La Lambretta de carreras 250 cc de dos cilindros en V se fabricó como advertencia a otros fabricantes de motos como Moto Guzzi.

cilindro, muelles de válvulas de triple espiral y balancines regulados por dos pequeñas cuñas. El accionamiento del árbol de levas se realiza a través de un eje y engranajes cónicos de corte recto con cojinetes de bolas. Cada leva estaba sujetada por un cojinete de rodillos, con un cojinete de bolas en el extremo de la transmisión y otro en el otro extremo. Los cojinetes de rodillos se utilizaban en los balancines.

Montada en el extremo más adelantado del cigüeñal estaba la magneto del volante, y encima de ésta, el mecanismo del cuentarrevoluciones. La lubricación se hacía por cárter seco, con un colector de aceite provisto de aletas y colocado debajo del asiento. Otras características eran: caja de cambios de cinco velocidades, transmisión secundaria por eje, frenos de tambor y horquilla telescópica en la rueda delantera. Se probaron en esta máquina dos tipos de suspensión: barra de torsión con amortiguadores de

fricción, y una con amortiguadores hidráulicos en la parte trasera. Una de las características más interesantes era el bastidor de espina central compuesto por un único tubo de gran diámetro que se proyectaba hacia abajo hasta las orejetas de acero estampado que se prolongaban hacia delante proporcionando el apoyo principal del motor.

En la parte delantera no había, por tanto, ningún tubo. La creación de Salmaggi nunca llegó a competir, a pesar de haber demostrado que era una motocicleta muy rápida.

Motor: bicilíndrico en V a 90°, transversal, sohc, 247 cc (54 × 54 mm), refrig. por aire
Potencia: 30 CV a 8.000 rpm
Caja de cambios: 5 velocidades, pedal
Transmisión secundaria: eje
Peso: no especificado
Velocidad máxima: 190 km/h

LAMBRETTA TV 175 SERIES 3 SCOOTER

Aunque la Maserati 235 cc de 1957 y el Autocycle de 1962 fabricado por la desconocida Midget Motor llegaron primero, la TV 175 Serie 3 de Lambretta (de 1962) fue el primer vehículo a motor de dos ruedas fabricado en serie que dispuso de frenos de disco en la rueda delantera. La TV (Turismo Veloce) se lanzó en 1957 con el nombre de Serie 1. La idea era ofrecer a los clientes una máquina más rápida y lujosa que la Vespa 150 Gran Sport. Desgraciadamente para Lambretta, aunque el modelo y el momento eran los adecuados, la Serie 1 TV no estaba del todo desarrollada y carecía de la necesaria fiabilidad.

Innocenti pronto reemplazó la defectuosa Serie 1 por la Serie 2, que se presentó en enero de 1959, dieciséis meses después de haberse presentado la anterior. La Serie 2 tenía un nuevo motor con unas dimensiones de diámetro y carrera de 62 × 58 mm. En pleno desarrollo de la Serie 2, se sustituyó el carburador de 23 mm por otro de 21 mm que permitía un funcionamiento más suave del motor.

El escúter TV 175 Serie 3 de Lambretta, lanzado en 1962, hizo historia por ser el primer modelo de biciclo con motor que se fabricó de serie con frenos de disco en la rueda delantera.

Pero sería finalmente la Serie 3 la que realmente definió a la familia TV y atrajo hacia ella la atención general. Para empezar, tenía la línea de la nueva Slimline Lambretta. Contaba con amortiguadores hidráulicos para proporcionar suavidad a la marcha, y el carburador de 21 mm de la Serie 2 se reemplazó por un modelo Dell'Orto de 20 mm. Pero lo que realmente la distinguió de sus rivales fue el freno de disco accionado mecánicamente que

incorporaba a su rueda delantera. Este freno supuso el uso temprano de un sistema que se generalizaría a mediados de los años setenta. Sin embargo, Lambretta se dio cuenta de que muchos clientes potenciales estaban preocupados por la complejidad y fiabilidad del mecanismo. Con todo, fue una decisión atrevida y que se demostró acertada cuando se aplicó en la industria de las motocicletas y también de los automóviles.

Motor: monocilíndrico horizontal, dos tiempos, 175 cc (62 × 58 mm), refrigerado por ventilador
Potencia: 8,6 CV a 6.750 rpm
Caja de cambios: 4 velocidades, cambio en el puño giratorio
Transmisión secundaria: cadena cubierta
Peso: no especificado
Velocidad máxima: 99 km/h

LAURIN & KLEMENT

IMPERIO AUSTRO-HÚNGARO 1899-1908

A MEDIADOS DE los años ochenta, el mecánico Vaclav Laurin y el librero Vaclav Klement comenzaron a fabricar bicicletas en Mlada Bolesav, en lo que era parte del vasto Imperio Austro-húngaro (hoy Checoslovaquia). Sus modelos Slavia se vendían magníficamente, tanto que en 1898 adquirieron una fábrica mayor. Al año siguiente comenzaron a fabricar motocicletas, al principio propulsadas por motores Werner montados sobre la rueda delantera, y en 1903 con motores monocilíndricos y bicilíndricos en V con su propio diseño Laurin & Klement montados en el interior del bastidor. Estas máquinas se comercializaron con el nombre Slavias en el mercado nacional, aunque fuera de él se conocieron como Republics, salvo en Alemania, donde les dieron el nombre de Germanias y se fabricaron bajo licencia por la firma Seidel & Naumann. La primera máquina de cuatro cilindros llegó en 1905, cuando Laurin & Klement comenzaron a fabricar coches. Siguieron motores para la aviación y una amplia gama de vehículos comerciales, y en 1909 la fabricación de motocicletas se interrumpió definitivamente. Sin embargo, la compañía siguió expandiéndose hasta después de la Primera Guerra Mundial, que originó la desintegración del Imperio Austro-húngaro y redujo drásticamente su hasta entonces amplio mercado. En 1925, Skoda adquirió la firma y utilizó el logotipo de Laurin & Klement hasta 1927. Los socios fallecieron en 1930 y 1938, después de haber permanecido hasta el final al lado de Skoda.

Arriba: Laurin y Klement fabricaron su primer biciclo con motor en 1899. Poco después apareció el modelo TB (en la fotografía), con el motor instalado en el interior de su bastidor.

En 1903, la compañía se encontraba fabricando bicilíndricas en V, como este modelo CCR de 1905, el mismo año en que la compañía comenzó a fabricar coches.

LAVERDA

ITALIA 1949

LOS ORÍGENES DE LAVERDA se remontan a 1873, cuando Pietro Laverda fundó una compañía dedicada a la fabricación de maquinaria agrícola en la ciudad de Breganze, en el montañoso noreste de Italia. En 1948, su nieto, Francesco, decidió fabricar su propia motocicleta.

En un principio no estaba en su mente la idea de producir motocicletas para luego venderlas, sino que tan sólo pensaba en su uso personal. Al contrario que la mayoría de las pequeñas motocicletas de la posguerra italiana, la creación de Laverda era una cuatro tiempos. Esta

primera obra tenía un motor monocilíndrico de 74,75 cc (46 × 45 mm) ohv con caja de cambios de tres velocidades integrada en el motor y cambio por medio de pedal. Todo un año de trabajo invirtió Francesco Laverda en su prototipo, pues hasta fundó él mismo el pistón en

La Laverda 125 Enduro con motor Husqvarna se lanzó en la Exposición de Milán de noviembre de 1977. También había una versión de 250 cc de la misma motocicleta.

la cocina de su casa. Cuando la máquina hizo su primera aparición, varios amigos de Laverda, entre los que se encontraba el cura local, le encargaron una para ellos. Esto fue lo que convirtió a Laverda en fabricante de motocicletas, y en 1951 ya habían salido de sus manos unas 500 unidades. Ese mismo año, como modo de hacer publicidad de su marca a escala nacional, Laverda preparó una de sus motocicletas para la prestigiosa carrera de larga distancia Milano-Taranto. Aunque tuvo que retirarse, al año siguiente la fábrica preparó cuatro motos de 75. En 1953, Laverda consiguió el oro, logrando los primeros catorce puestos en su clase.

Después llegó el aumento de cilindrada, hasta 98 cc. Por entonces, el dominio de Laverda en la Milano-Taranto se había extendido también a la categoría de los 100 cc.

Sin embargo, en 1956 los días de competición de la firma italiana iban a terminar, tanto en aquella carrera como en el Giro d'Italia. Aunque Laverda fabricó versiones de las máquinas utilizadas en la Milano-Taranto (con el código MT), la marca de Breganze decidió retirarse de la competición para concentrar todos sus esfuerzos en la producción de modelos de serie. Gracias a sus distintos intereses comerciales, entre los que se contaba la fundición, la fabricación de segadoras y caravanas, Laverda fue capaz de sobrevivir a la recesión que sacudió la industria italiana de las motocicletas a mediados de los años sesenta. El descenso en las ventas, propiciado por la aparición de coches bara-

La 250 2TR enduro de 1977 utilizaba el mismo motor de 249,9 cc (68 × 68 mm) monocilíndrico que la Chott. El diseño y la manufactura eran de Laverda

tos como el Fiat 500, acabó con firmas como Aero Caproni, Parilla y Rumi.

Laverda también entró muy pronto en el mundo de las grandes cilindradas. El prototipo original de su famosa línea de bicilíndricas en V fue un modelo ohc de 654 cc (75 × 74 mm), que se presentó en el Earls Court Show de Londres en noviembre de 1966. Su motor tenía un cigüeñal de 180° con cuatro cojinetes, cadena de dobles rodillos oculta, un único árbol de levas en la culata con cadena triple para la transmisión primaria, un embrague de cinco platos y caja de cambios de cinco velocidades. Los cilindros de aluminio estaban ligeramente inclinados y disponían de camisa de hierro, en tanto que la culata era de una sola pieza, con cámaras de combustión hemisféricas.

Un año después de su debut, la Laverda bicilíndrica había aumentado su cilindrada hasta los 743,9 cc, lo que había conseguido ampliando el diámetro del cilindro hasta 80 mm. Igual que había hecho en años anteriores con sus pequeñas monocilíndricas, Laverda eligió hacer publicidad de su nueva bicilíndrica de 750 tomando parte en competiciones de larga distancia. En 1969, una Laverda 750S ganó las 24 Horas de Oss, victoria que repetiría en 1970.

En 1971, se lanzó la especializada (y costosa) 750 SFC. La SFC era una auténtica motocicleta artesanal diseñada con el solo propósito de ganar carreras. Hasta que su producción se interrumpió a mediados de los años setenta, el modelo fue adquiriendo una gran reputación por su resistencia, a pesar de que no siempre conseguía ganar.

La primera vez que se vio una Laverda con un motor de más de dos cilindros fue a finales de 1969, en la Exposición

de Milán. La nueva máquina, una tetracilíndrica, creó gran sensación en el público, pero la firma se había apresurado y la producción no pudo satisfacer la enorme demanda de modelos. Este prototipo no era más que eso: una máquina única hecha a mano, que en su versión original resultaba además demasiado pesada y lenta. Las medidas del cilindro eran de 75 × 74 mm (iguales que las de la bicilíndrica de 650), pero aparte el tamaño del motor, su diámetro y carrera, y la disposición transversal, casi todo lo demás fue modificado antes de que comenzara a fabricarse en 1973. En el ínterin, el ingeniero de Laverda Luciano Zen realizó meticulosos experimentos, como probar árboles de levas dobles y sencillos, además de distintos sistemas de transmisión.

Cuando por fin llegó el modelo de serie, las válvulas se accionaban por un doble arbol de levas accionado por una cadena sencilla situada entre el segundo y el tercer cilindro. La máquina se dio a conocer como 3C (3 cilindros). Entre sus características incluía tres carburadores Dell'Orto, transmisión primaria a cadena, caja de cambios de cinco velocidades, encendido electrónico Bosch y una velocidad máxima de 220 km/h. Lamentablemente, el diseño todavía necesitaba otro año para estar completamente desarrollado, lo que trajo a sus usuarios todo un rosario de problemas mecánicos y eléctricos.

La mayor parte de estos problemas técnicos ya se habían resuelto en 1975, y para entonces los enormes frenos de tambor de Laverda se habían sustituido por frenos de doble disco Brembo. La 3C se convirtió en 3CL, y luego en uno

Laverda comenzó su aventura con las motocicletas en 1949, después de que Franceso Laverda fabricara un prototipo monocilíndrico de 75 cc ohv en su tiempo libre. El resultado fue tan bueno que en seguida recibió pedidos.

Uno de los modelos más apreciados de Laverda, la Montjuic 500. Esta máquina del año 1982 es una Mark II con carenado montado en el bastidor y diseño renovado.

La nueva 1000 RGS, que primero apareció en la Exposición de Milán de finales de 1981, tenía un cigüeñal a 120° en lugar del clásico a 180°.

de los grandes modelos de Laverda, la Jota (nombre acuñado por el importador británico Roger Slater).

Los años de gloria de Laverda transcurrieron entre finales de los años setenta y principios de los ochenta, con modelos como la Jota, Montjuic, RGS y V6. Durante este perídodo, la compañía también consiguió considerables éxitos tanto en carreras de enduro como de deportivas, utilizando sus modelos de tres cilindros. Laverda también fabricó una serie de modelos de dos tiempos, incluyendo la Chott, una máquina de carretera cara (y también una de *off-road*) con un motor diseñado por la propia Laverda. Otro proyecto fueron las motocicletas de 125 y 250 cc con motor Husqvarna, una de enduro y otra de cross. Finalmente, llegaron los modelos de carretera de 125 y 175 cc que utili-

La 650 Sport de 1994 disponía de un motor bicilíndrico paralelo de 668 cc refrigerado por aire, un motor inspirado en el de la Alpino, pero actualizado con inyección electrónica de combustible.

LEGNANO
Italia (Milán) 1954-1968. Comenzó con ciclomotores de motores Sachs, Minarelly y Mosquito. Más tarde (1967) incluyó una motocicleta de cross de 175 cc.

LE GRIMPEUR
Francia (París) h.1900-1932. Fabricaba máquinas de gran capacidad: bicilíndricas en V con motores de Aubier-Dunne, Chaise, JAP, MAG y Stainless. También fabricó algunas motocicletas pequeñas antes de ser absorbida por Dresch.

LEIFA
Alemania 1924-1925. El fabricante de estas máquinas con motores de 148 cc y válvulas laterales puede que hubiera sido naviero.

LELIOR
Francia 1922-1924. Fabricaba modelos bicilíndricos planos de 174 cc y una monocilíndrica de 2T inspirada en la Evans.

LEM
Italia 1974. Ciclomotores y mini-bikes para los más jóvenes.

LENOBLE
Bélgica 1954. Fabricaba el escúter Koniki, completamente cerrado.

LEONARD
Inglaterra (Londres) 1903-1906. Estas máquinas estaban propulsadas por motores Fafnir, Minerva y MMC.

LEONARDO FRERA
Italia (Tradate) 1930-1934. Máquinas convencionales con motores JAP de 173 y 348 cc de estilo italo-británico.

LEONE
Italia (Turín) 1948-mediados de los años cincuenta. Esta firma fabricaba en un principio modelos de 50 cc y dos tiempos, y más tarde una motocicleta ligera de 75 cc.

LEOPARD
Alemania (Magdeburg-Neustadt) 1921-1926. Se dice que era una compañía de un solo modelo con cilindradas de 250, 300 y 350 cc, al principio de dos tiempos, y más tarde de cuatro.

LEPROTTO
Italia (Turín) 1951-1954. Monocilíndricas de 125, 160 y 200 cc, de dos y cuatro tiempos.

LETHBRIDGE
Inglaterra 1922-1923. Modelos con motores Villiers de dos tiempos y 247 o 269 cc.

La Ghost Strike de Laverda, con un motor de 668 cc, se presentó a finales de 1996. La Strike utilizaba un bastidor de viga de aleación, y disponía de un pequeño carenado.

zaban motores alemanes Zundapp refrigerador por aire y posteriormente por agua.

Sólo las máquinas propulsadas por motores Zundapp tuvieron un éxito comercial.

A mediados de los años ochenta, Laverda fabricó la Lesmo de 350 cc, tres

cilindros y dos tiempos. El prototipo con motor integrado hizo su única aparición pública en la Exposición de Milán de 1985.

Tenía un motor utilizado por primera vez en los modelos de carreras DKW 350 GP de mediados de los años cincuenta, y se diseñó para que fuera la respuesta italiana a la recién creada Honda NS400.

Tenía válvula de láminas para la admisión, cilindros de aluminio galvanoplastiado, refrigeración líquida, seis velocidades y armazón de viga de alea-

ción, además de una velocidad máxima de 201 km/h.

Durante los siguientes ocho años, Laverda se encontró metida en una crisis detrás de otra hasta 1993, año en que Francesco Tognon, el magnate de los negocios, se hizo con el control de la firma y relanzó el nombre.

Las nuevas Laverdas de 1994 (versiones de serie de la 650 Sport) utilizaban un motor basado en las antiguas Alpino/Montjuic, modificado y ampliado hasta los 668 cc. En 1997, apareció la nueva 750S con refrigeración líquida. En su versión estándar, esta bicilíndrica de 748 cc (83 × 69 mm) de cuatro válvulas por cilindro, ohc, desarrollaba 80 CV. Posteriormente, en 1997, llegó

la versión Formula, con motor muy afinado.

Tognon dejó la firma en 1998, justo después de que empezara la producción de una tricilíndrica totalmente nueva con refrigeración líquida, con la que la compañía pretendía volver a la categoría de las superbikes.

Tristemente, Laverda no encontró el dinero necesario para desarrollar perfectamente este modelo. La firma fue absorbida por Aprilia en 2000.

La versión final de la Laverda 750SF fue la Serie 3, aparecida en 1976, con llantas de cinco radios de aleación y triple freno de disco Brembo.

LAVERDA 750 SFC

1971

La primera Laverda bicilíndrica 750 hizo su debut en la Exposición de Milán de 1967.

En 1969, la compañía con sede en Breganze había decidido volver a entrar en la competición para dar publicidad a su nuevo modelo (como había hecho previamente con sus monocilíndricas ohv de pequeña capacidad), y en 1970 ya había ganado no sólo las 24 Horas de Oss, sino también (lo que era aún más importante), la prestigiosa carrera de 500 km de Monza en la que participaban máquinas de serie.

La SFC (C de competición) se lanzó en 1971 como una versión para pruebas de resistencia de la serie SF de Laverda. La máquina parecía destinada a ganar su primera prueba, la agotadora 24 Horas de Barcelona, por las curvas y recodos de Montjuic. Aunque derivada de la SF, la 744 cc (80 × 74 mm) SFC contaba con un importante número de innovaciones.

Su motor estaba mejor reglado y disponía de una bomba de aceite más grande y mayores cojinetes. Aunque el armazón utilizaba la misma geometría básica de la SF touring, con una espina central de cuatro tubos de 40 mm de la que colgaba el motor, ofrecía un aspecto distinto a la vista.

El chasis incorporaba un semicarenado de competición, asiento individual y controles retrasados. El tubo de escape del tipo dos en uno era prácticamen-

te de competición. En 1974, hizo su debut una nueva generación de SFC.

Se reconocía a simple vista por sus tres discos de freno hidráulico Brem-

La versión final de la 750 SFC apareció en 1975-1976, la Serie 18000 con encendido electrónico, tubo de escape dos en uno y triple freno de disco.

bo (el modelo original utilizaba unos enormes frenos de tambor diseñados por Laverda e incorporados en ambas ruedas), horquilla delantera con los tubos más robustos, cubo de magnesio en la rueda trasera y una línea totalmente actualizada. En un principio, se utilizaron ruedas de plato y de radios de alambre, pero más tarde se impusieron las llantas fundidas en una sola pieza.

La última modificación que se hizo a la SFC fue el encendido electrónico. La producción total fue de 549 unidades, y su último año de fabricación fue 1976.

Motor: bicilíndrico paralelo, dohc, 744 mm (80 × 74 mm), refrig. por aire
Potencia: 70 CV a 7.500 rpm
Caja de cambios: cinco velocidades, pedal
Transmisión secundaria: cadena
Peso: 205 kg
Velocidad máxima: 212 km/h

LAVERDA JOTA 1976

La Jota fue la primera motocicleta de serie que alcanzó los 225 km/h. Se convirtió en una leyenda gracias a sus altas prestaciones tanto en carretera como en la pista de carreras.

A FINALES DE LOS AÑOS setenta y principios de los ochenta, la palabra Jota inspiraba admiración o temor en el mundo del motociclismo, dependiendo de que uno fuera propietario de la ultra rápida tricilíndrica de Laverda (o estuviera pensando en serlo), o bien pilotara una máquina de la competencia. Dicho de otra forma, la Laverda Jota era el modelo de serie más rápido que se fabricaba en el mundo. Su nombre no fue decisión de la propia fábrica, sino que se lo puso Roger Slater, por entonces importador y distribuidor británico de Laverda, y que había tomado de un vigoroso baile español. La 3C (E), en la que se inspiró la Jota, había sido la versión más afinada de la estándar 3C.

La primera Jota oficial llegó a las instalaciones que Slater tenía en Bromyard, en la rural Herefordshire, en enero de 1976. Se trataba de una motocicleta de serie y concebida en un principio para ser distribuida solamente en el Reino Unido. Comparada con la 3C (E), la Jota la aventajaba en los tres discos de freno, llantas de aleación, un conjunto modificado de asiento y cojín, y brazo basculante con cojinetes de agujas.

En agosto de 1976, Motor Cycle publicó los resultados de unas pruebas en carretera donde se demostraba que la Jota había logrado una marca de 225 km/h de velocidad punta, y una media de 221,8 km/h, lo que la convertía en el modelo más rápido de cuantos la revista había publicado en sus años de historia. Este dato transformó de inmediato a la Jota en un modelo de referencia, siendo la motocicleta más deseada por todos los pilotos.

Por entonces, la demanda de motocicletas siempre era mayor que la capacidad de producción. La situación no empezó a cambiar hasta 1976, aunque lamentablemente, no todos los cambios fueron para mejor, y el resultado fue todo un rosario de problemas técnicos. En 1980 ya se habían resuelto todos los problemas mecánicos del modelo. A finales de ese año, Laverda introdujo en la Jota un embrague hidráulico, lo que supuso todo un adelanto comparado con el tradicional embrague accionado desde el puño, cuyo accionamiento resultaba demasiado duro, aunque en realidad la Jota no se había diseñado pensando en los trayectos urbanos, sino en la carretera o la pista de competición.

El año 1982 contempló la aparición de la Jota 120, que utilizaba un cigüeñal a 120° tomado del modelo RGS. Este nuevo cigüeñal proporcionaba una transmisión de potencia más suave. Sin embargo, debido a la recesión que el mundo de las motocicletas sufrió a principios de los años ochenta, el modelo 120 nunca llegó a venderse en el número que se había planeado, y su producción se interrumpió en 1982.

Motor: tretracilíndrico dohc, 981 cc (75 × 74 mm), refrigerado por aire
Potencia: 79 CV a 8.000 rpm
Caja de cambios: 5 velocidades, pedal
Transmisión secundaria: cadena
Peso: 233 kg
Velocidad máxima: 225 km/h

LAVERDA V6 1978

La Laverda V6 fue uno de los diseños más ambiciosos de su tiempo. Desgraciadamente, también fue uno de los proyectos más caros y a punto estuvo de suponer para la firma una carga económica imposible de soportar. Aunque apareció tan sólo como un prototipo enduro de carreras, el verdadero propósito era proporcionar a Laverda una nueva gama de modelos.

El proyecto comenzó en el verano de 1976 y, como el propio Piero Laverda diría más tarde, era el prólogo de toda una gama de bicilíndricas, tetracilíndricas y hexacilíndricas en V, que cubrirían una gama de capacidades de entre 250 y 1.200 cc. El plan era crear una serie de modelos basados en un conjunto de componentes básicos, con culatas de cuatro válvulas, refrigeración líquida y transmisión secundaria por eje.

El diseño de la V6 (como el del resto de motores asociados de la llamada serie modular) se puso en manos del antiguo ingeniero de Maserati, Giulio Alfieri, y el diseñador jefe de Laverda, Luciano Zen. Oficialmente, Alfieri trabajaba para Laverda en calidad de asesor especialista, pero en la práctica, él y Zen formaban un equipo.

La base ideal para la serie modular de motores era un diseño V6 a 90°, ya que esta disposición también podían compartirla los modelos de dos y cuatro cilindros, lo que reduciría el coste de producción.

El primer y único modelo completo que se lanzó fue la V6 para carreras de resistencia, que apareció en 1978, con motor de 995,89 cc (65 × 50 mm) y casi 139 CV. Su debut en competición tuvo lugar ese mismo año en la Bol d'Or de Francia, en el circuito Paul Ricard, donde alcanzó la increíble velocidad de 283 km/h en la recta Mistral, 32 km/h más rápida que cualquier otra motocicleta del circuito. Sin embargo, después de ocho horas, el eje de la transmisión falló, y tuvo que retirarse.

La sorprendente V6 de Laverda desarrollaba 139 CV a 10.000 rpm, y podía alcanzar los 283 km/h. Pero los altos costes de su desarrollo pusieron en peligro el futuro de la compañía.

A pesar de su velocidad, el peso y maniobrabilidad del modelo marcaron su final.

En términos técnicos, la V6 demostró que Laverda era capaz de fabricar la motocicleta más avanzada del momento. Incluso así, el proyecto hizo peligrar la continuidad de la firma.

Motor: seis cilindros en V, dohc, 4 válvulas por cilindro, 995,89 cc (65 × 50 mm), refrigeración por agua
Potencia: 139 CV a 10.000 rpm
Caja de cambios: 5 velocidades, pedal
Transmisión secundaria: eje
Peso: 216 kg
Velocidad máxima: 283 km/h

LECH

POLONIA 1929–1932

AUNQUE LA LECH SÓLO estuvo en producción durante menos de tres años, vale la pena mencionarla por tratarse de la primera motocicleta fabricada en Polonia. Fue idea de Waclaw Sawicki, un industrial polaco, y Wladyslaw Zalewski, ingeniero que había regresado a Polonia después de emigrar a los Estados Unidos. La motocicleta se presentó por vez primera en Poznan.

La Lech de 5 CV y dos cilindros en V (el motor había sido íntegramente fabricado por la propia firma) desplazaba un volumen de mezcla de unos 500 cc, y era un diseño muy avanzado, con pistones de aleación ligera, culatas

desmontables y una magnífica lubricación, aunque el pie de la biela estaba ensamblado y se montaba sobre cojinetes de rodillos, al estilo tradicional. Algunos componentes del modelo eran importados, como los rodamientos, los carburadores y el sistema eléctrico Bosch, pero por lo demás, la mayor parte de la motocicleta era de fabricación polaca.

El resto de componentes no eran tan innovadores como el motor, con un depósito plano de anticuado diseño y sin frenos en la rueda delantera, aunque disponía de dos sistemas de frenado independientes en la rueda trasera,

un freno de tambor y otro de cinta. Tal vez si, en lugar de visitar los Estados Unidos, Zalewski hubiera estado en Gran Bretaña (donde los frenos estaban más desarrollados), las cosas habrían sido diferentes. Con todo, en 1930 la máquina fue rediseñada y se le instaló un freno delantero (de tambor) y un depósito de combustible sobre el bastidor.

En aquel período lo normal era una caja de cambios de tres velocidades, igual que la ausencia de amortiguación en la parte trasera del modelo. Una velocidad máxima de 120 km/h da idea de que la máquina estaba más diseñada

para sobrevivir en las horribles carreteras de aquellos años que para batir récords de velocidad.

No está claro qué fue lo que terminó con la fabricación de la Lech. Sin duda, la depresión económica fue un factor determinante, pero en una Polonia predominantemente agrícola, hubiera sido de esperar que un avance técnico tan importante como la primera motocicleta nacional hubiera sobrevivido a aquellos años. De hecho, sólo se fabricó un reducido número de unidades (varias docenas, en el mejor de los casos) antes de que la producción quedara definitivamente interrumpida.

LECTRA

ESTADOS UNIDOS 1998

POR 4.000 DÓLARES en el año 1998 (más tarde 4.500 más los gastos de transporte en barco) los californianos (entre otros) podían disfrutar de una Lectra alimentada por batería fabricada por Electric Motorbike (EMB Incorporated).

Esta pequeña máquina con transmisión a cadena y pequeñas ruedas pesaba 104 kg a causa de las baterías 104 Ah (sin plomo) que precisaba para funcionar.

Necesitaba además unos frenos potentes para tratarse de un modelo tan lento: disco flotante delantero de 190 mm con doble pinza, y de tambor de 100 mm en la rueda trasera.

El motor de 24 voltios (reluctancia variable), de un diseño extraordinariamente avanzado generaba 3 CV continuos, 8 CV con máxima aceleración. En septiembre de 1999, en las Woodburn Electric Drag Races, la Lectra estableció un par de récords del mundo (bas-

La Lectra era un modelo grande y pesado (104 kg) debido a las enormes baterías que, además, tan sólo le daban una autonomía de 40 km.

tante especializados) en los 200 m: unos 15 segundos, con una velocidad final de 64 km/h.

La velocidad máxima del modelo estaba en torno a los 80 km/h, pero llevar a la máquina a ese terreno durante mucho tiempo probablemente habría acabado con la autonomía del modelo, declarada en 64 km, a pesar del frenado retroactivo, que suministraba potencia a la batería cuando el modelo circulaba cuesta abajo o cuando reducía de velocidad.

En realidad, la mayoría de los usuarios afirman que una distancia de 40 km, o incluso menos, entre cada recarga, era una cifra más cercana a la realidad.

La vida de la batería de este modelo se estimaba en 14.500 km, y el tiempo

de recarga para un modelo estándar en los Estados Unidos era de unas cuatro horas y cuarto. Curiosamente, el circuito de recarga era multivoltaje y multi-

frecuencia: 90-260 v, 47-63 Hz. La etiqueta «cero emisión» no era muy acertada: después de todo, la electricidad que alimentaba a la Lectra tenía que proceder de algún sitio (casi siempre de la quema de combustibles fósiles en una central, o la alternativa nuclear, todavía peor recibida).

En el certificado que se concede a cada propietario se aseguraba que era la primera motocicleta eléctrica del mundo, lo que, por cierto, no es correcto. Ome (1920), Bullo (1924-1926), Socovel (1938) y Solo (años cincuenta) ya habían fabricado este tipo de máquinas. Sin embargo, la Lectra suponía un intento por fabricar un modelo moderno que incorporase ideas innovadoras, apartando el desarrollo de las motocicletas del clásico motor de combustión que gotea aceite.

La VR 24 Blue es una extraña mezcla de línea deportiva con las pedestres prestaciones de los modelos eléctricos.

LEVIS

INGLATERRA 1911–1940

ESTA FIRMA TENÍA su fábrica en Stechford, Birmingham, dirigida por los hermanos Butterfield. A comienzos de 1911, se vio a Howard Newey, diseñador de Levis, montando un pequeño modelo de dos tiempos que además podía llevar pasajero, y que carecía de pedales. Esta máquina pronto estaba en el mercado, vendiéndose al principio con el nombre de Baby, más tarde conocida como Popular (nombre que con el tiempo se acortó quedando en Levis Pop). Y es que ciertamente era popular, sobre todo entre los pilotos noveles, pues se trataba de una máquina muy sencilla: simplemente un motor de dos tiempos con 211 cc, encendido por magneto y transmisión directa a correa. Dentro del motor se encontraba un cigüeñal fabricado de una sola pieza. La lubricación, en cambio, era por goteo y el aceite estaba en un depósito

La Levis Pop de 1924, un modelo sencillo distinto del resto de motocicletas de dos tiempos. Era fácil de pilotar y proporcionaba a sus propietarios años de servicio fiable.

El motor de dos tiempos de una Levis 247 cc de 1928. Este motor se utilizó en la mayoría de los modelos Levis; tenía tres velocidades, transmisión a cadena y lubricación mecánica.

especial separado del resto, para evitar un problema tan corriente en esos días como la mezcla del aceite y la gasolina. Había también un modelo de señoritas con bastidor abierto, y una versión más pesada, de 269 cc con horquilla Druid.

El modelo mayor aumentó su tamaño en 1914, pasando a tener 293 cc. En 1915 apareció una versión con dos velocidades, y un modelo de 349 cc. Sin embargo, fue la Popular la máquina más querida por el público, y prueba de ello es que en 1919 y 1920 ésta era la única versión que aún se fabricaba. Luego llegaron una 247 cc TT, en 1921. La firma había conseguido los tres primeros puestos en la TT Junior de 250 cc de 1920, fue segunda en 1921, y volvió a ganar en 1922, batiendo a franceses y belgas.

La sencilla Pop se siguió fabricando hasta 1924, pero se fueron añadiendo otras versiones más complejas: tenían caja de cambios y precisaban un motor alternativo cuya capacidad se aumentó hasta 247 cc. De esta forma se perdió la simplicidad del motor original.

En 1926, 247 cc era la única capacidad que seguía fabricándose. Aparecía en dos versiones, que se aumentaron a tres y a las que se unió en 1927 un modelo con motor de cuatro tiempos, 346 cc y distribución ohv.

En 1929 llegó otro motor: 247 cc, dos tiempos. Con el cambio de década, los nuevos motores pasaron a ser de cuatro tiempos.

El modelo 247 cc de dos tiempos continuó en fabricación durante años, y a él se unió toda una gama de motores de cuatro tiempos con cilindradas de 247, 346 y 498 cc, la mayoría con distribución de válvulas ohv. A partir de 1937, también se fabricó un modelo con motor 591 cc. En 1939 apareció un modelo con motor 346 cc con válvulas laterales, pero antes, en 1934, ya había aparecido un modelo con motor 247 cc ohc. El árbol de levas era accionado por medio de una rueda dentada, y conservaba el sistema de lubricación por aceite perdido que la firma empleaba para los modelos de cuatro tiempos, aduciendo que la aplicación de aceite limpio y fresco era beneficiosa y reducía el desgaste del motor.

Durante la década en que estuvieron en producción, los modelos siguieron las tendencias generales de aquella época; la factura de sus motocicletas fue siempre buena, aunque no llegaron a producirse en gran número.

Los que las conocían lamentaron que dejaran de fabricarse en 1940.

LIBERATOR

FRANCIA h.1900–FINALES AÑOS VEINTE

DESDE UN PRINCIPIO, Francia marcó el camino del transporte privado gracias a unas leyes liberales que permitían su desarrollo. Algo parecido ocurrió en Alemania y Bélgica. Por tanto, fue en estos tres países donde se gestó esta industria y donde comenzó la fabricación de componentes y máquinas completas. Estos países se convirtieron en proveedores de otros, y se mantuvieron a la cabeza de la técnica.

También fue en Francia donde los hermanos Werner diseñaron un modelo con el motor colocado verticalmente en el bastidor, por delante de los pedales. Liberator fue una de las muchas firmas que siguieron sus pasos, comenzando con bastidores de bicicleta y motores de firmas como Antoine o Sarolea, de Bélgica, transmisión a correa y frenos de bicicleta.

Esta firma también fabricó triciclos, muy populares, con el motor conectado al eje trasero, pero estas inestables máquinas pronto pasaron de moda. La motocicleta, a la que luego se colocó un sidecar (después de haber probado con coches de tres ruedas y quads) demostró ser la mejor respuesta a las necesidades del momento, y su desarrollo continuó. Se encargaban de proporcionar la potencia motores monocilíndricos y bicilíndricos en V; con el tiempo, llegaron las cajas de cambios y las transmisiones a cadena, y los bastidores comenzaron a diseñarse para soportar el nuevo peso de los motores, y se les dotó de horquillas de paralelogramos deformables, la forma de suspensión más común en aquellos años.

En los años veinte, el destino de las firmas fabricantes comenzó a depender de las políticas comerciales. Liberator fue una de las compañías que se hundió con la crisis económica de la Gran Depresión.

LILAC

JAPÓN 1949-1967

LA GAMA DE MOTOCICLETAS Lilac fue creada por la compañía Marusho, propiedad de Marashi Ito. Los primeros modelos lanzados al mercado fueron monocilíndricas ohv de 148 cc con caja de cambios de dos velocidades y chasis de acero estampado. Más tarde aparecieron versiones actualizadas con características más modernas, como bastidores tubulares de acero y horquillas delanteras Earles. Algunos modelos incluso contaban con transmisión automática y convertidor del par motor.

En 1953, el modelo Baby, de 90 cc ohv y transmisión secundaria por eje se

La gama de motocicletas Lilac fue fabricada por la compañía Marusho, propiedad de Marashi Ito. En la foto, una MF39 bicilíndrica en V con 300 cc.

convirtió de inmediato en un éxito de ventas. Este éxito dio lugar a toda una serie de motocicletas con transmisión por eje, características que con el tiempo se convirtió en rasgo distintivo de la marca. La primera de estas motocicletas con los dos cilindros opuestos horizontalmente tenía una capacidad de 339 cc y utilizaba varillas empujadoras. El modelo llegó al público en 1954. Justo a tiempo para la presentación de

la temporada de 1959 llegó la bicilíndrica en V de 247 cc. Tenía un estilo parecido al de la posterior Moto Guzzi V7/V75 de finales de los años sesenta y principios de los setenta, con un bastidor de doble cuna, horquilla telescópica en la rueda delantera y brazo basculante para la suspensión de la rueda trasera. Más tarde se presentó un mode-

La MF39 tenía un motor bicilíndrico en V con ángulo muy cerrado, distribución ohv, alternador en la parte delantera y transmisión por eje. La suspensión contaba con horquilla telescópica y brazo basculante.

lo mayor de 288 cc, que se venció dentro de la gama Lilac con el nombre de MF-39 Tipo 300.

En 1964 llegó una nueva bicilíndrica con cilindros opuestos horizontalmente (nuevamente con transmisión secundaria por eje), a la que se denominó R92 (en un intento por emular a la BMW). Este modelo se exportó a los Estados Unidos, donde se comercializó con el nombre de Marusho Mágnum. No trajo ningún beneficio a Lilac, pues su fiabilidad era más bien escasa. Lilac nunca se recuperó del golpe, y en 1967 Marusho tuvo que cerrar, llevándose a Lilac con él.

LINTO

ITALIA 1967–1970

LA PRIMERA MOTOCICLETA de carreras Linto (llamada así por su diseñador, Lino Tonti) era un modelo ligero de 75 cc ohc, aparecido a comienzos de los años cincuenta. La Linto de 500 cc, la impresionante máquina de carreras, fue el resultado de la colaboración entre el diseñador Tonti, el piloto de carreras y fabricante Humberto Premoli y el piloto Alcide Biotti.

Era una máquina curiosa, fabricada a partir de la unión de dos Aermacchi Ala d'Oro monocilíndricas de 250 cc (72 × 61 mm, 248 cc), con un cárter común, lo que daba lugar a una bicilíndrica de 496 cc. Sorprendentemente, el motor no tenía los cilindros dispuestos en V, sino en paralelo (con gran separación), y levantados unos 10° sobre la horizontal. Igual de curioso fue el uso de un motor con empujadores en una época en que predominaban las distribuciones ohc, de árbol de levas en la culata.

No le faltaba potencia. La Ala d'Oro desarrollaba 32 CV a 10.000 rpm, y Tonti logró algo muy difícil: duplicar la potencia doblando el motor, con un resultado de 61 CV a 9.800 rpm. Todas las partes móviles del cárter estaban integradas con la caja de cambios de seis velocidades. La suspensión era conven-

Tomar dos motores de 32 CV y unirlos en una sola motocicleta para dar lugar a un modelo de 64 CV es más difícil de lo que parece. Sin embargo, Lino Tonti lo consiguió.

cional: horquilla telescópica delante, brazo basculante detrás. El aspecto de la motocicleta era clásico, con un enorme depósito de combustible que llegaba hasta la parte delantera de la rueda trasera, dejando el hueco necesario para el angosto asiento del piloto.

En la temporada 1969, Tonti logró estrujar al motor otros 3 CV, con lo que ya eran 64 CV: dos auténticas Ala d'Or. Y también logró disminuir el peso, que pasó de 142 a 134 kg, lo que logró cambiando el pesado depósito por uno más ligero hecho de fibra de vidrio. Alberto Pagani logró la segunda posición en el GP de Alemania del Este celebrado ese año, detrás tan sólo del gran piloto Giacomo Agostini, que pilotaba una MV Agusta. Después de aquello, la Linto no consiguió grandes proezas.

LLOYD

INGLATERRA 1903–1922

LA LLOYD MOTOR ENGINEERING CO. de Monument Road, Birmingham, comenzó a fabricar en 1903 motocicletas que llevaban el nombre de su propietario, W. J. Lloyd, fabricante de componentes que estuvo relacionado con Quadrant durante un tiempo. Sus primeras máquinas se crearon a partir de las piezas de repuesto que tenía en almacén.

Al principio se usaron motores Steven, y los modelos eran el reflejo de los tiempos, con potencias de 2,5 y 3,5 CV. Los motores se montaban en bastidores tradicionales con horquillas con tirantes y la transmisión era directa a correa. En 1908 sus máquinas se comercializaban con el nombre LMC, y al motor de 3,5 CV se unió otro de 2,25 CV bicilíndrico vertical sin aletas de refrigeración. En 1912 apareció una monocilíndrica de mayor cilindrada, a partir de 1914 provista de una caja de cambios de dos velocidades. En 1915 se lanzó otro modelo bicilíndrico en V con varias opciones para la transmisión, incluida la de caja de cambios con transmisión por eje, fabricada a partir de 1916.

En 1919, Lloyd volvió a la carga con un modelo monocilíndrico de 587 cc y

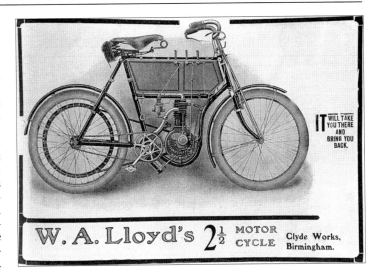

W. A. Lloyd's 2½ MOTOR CYCLE Clyde Works, Birmingham.

IT WILL TAKE YOU THERE AND BRING YOU BACK.

un bicilíndrico en V de 842 cc, ambos con caja de cambios de tres velocidades. En 1920 sólo quedaba en producción el modelo bicilíndrico, que también se fabricaba para la exportación con un depósito de mayor capacidad y diferente suspensión. En 1921 llegó una bicilíndrica en V de 960 cc, a la que se unió un modelo más pequeño. Ambos siguie-

La Lloyd de 2,5 CV, con su válvula automática de admisión, válvula de escape lateral, transmisión a correa y horquilla con tirantes.

ron fabricándose durante un año con transmisión totalmente a cadena. La opción de transmisión a correa sólo estaba disponible para el modelo de 842 cc.

LUBE

LA COMPAÑÍA LUBE, con sede en Bilbao, es una de los primeros fabricantes españoles de motocicletas, y durante muchos años estubo vinculada a la NSU alemana. Luis Bojarano, director de Lube, fabricó modelos utilizando motores NSU de dos y cuatro tiempos, que colocaba en bastidores propios. Las cilindridas iban desde los 49 a los 247 cc. Sólo cuando NSU abandonó definitivamente la fabricación de motocicletas, la firma española comenzó a producir modelos con sus propios motores, todos los cuales eran de dos tiempos.

El famoso ingeniero especializado en este tipo de motores, Hermann Meier, pasó una temporada en la fábrica de Bilbao durante 1962 y 1963 antes de unirse a Royal Enfield, donde se hizo responsable del desarrollo de la motocicleta de carreras GP5. El primer trabajo de Meier para Lube fue una 124 cc (56 × 54 mm) completamente nueva con admisión a través de la lumbrera del pistón y diseño integrado. Con una relación de compresión de 10:1 de su pistón alemán Mahle, el motor desarrollaba una potencia de 18 CV. Esta máquina debutó en el Grand Prix de España de 1962,

pero demostró que no era rival para las últimas motocicletas japonesas e italianas. En 1963 se fabricó un nuevo motor con válvula de disco accionada desde el cigüeñal, tres lumbreras de transferencia y refrigeración líquida. El escape apuntaba hacia delante, de manera que las entradas de agua estaban colocadas a ambos lados de él, y la salida del agua se encontraba en la parte trasera de la

culata, que también se refrigeraba por medio de este sistema.

Después de que Meier dejara Lube, la firma fabricó una bicilíndrica de dos tiempos y 246 cc diseñada para la competición. Tenía refrigeración por aire, con grandes aletas de ventilación tanto en los cilindros como en las culatas, embrague seco, carburadores en ángulo muy pronunciado y cinco velocidades.

Lube fue una de las marcas pioneras de la industria motociclista española. Esta B25 monocilíndrica de 124 cc, con dos lumbreras de escape data de 1950.

Hizo varias apariciones en 1965, incluyendo el GP de España. Hay que mencionar que el primer piloto de Ossa, Santiago Herrero, comenzó su carrera deportiva pilotando máquinas Lube.

LUTECE

ESTA FIRMA CON SEDE en Colombes, Seine, fue una de las muchas que aparecieron después de la Primera Guerra Mundial, pero que no logró sobrevivir a los avatares de los turbulentos años veinte.

Lutece se recuerda sobre todo por su línea de máquinas pesadas que procedían de un país que se había decantado por las motocicletas ligeras. También se recuerda por el uso de un gran motor bicilíndrico vertical en unos años en que la tónica era la disposición en V. Hubo algunas excepciones, pero el diseño en V se adaptaba tan bien al bastidor como el monocilíndrico, y había llegado a aceptarse como el formato idóneo, pues también estaba mejor equilibrado que

un monocilíndrico o un bicilíndrico vertical a 360°.

La firma decidió entrar de golpe en el sector más alto del mercado presentando un lujoso modelo propulsado por un motor bicilíndrico vertical de un litro de capacidad, dispuesto longitudinalmente a la marcha. Esta disposición le permitía una transmisión directa hacia el

embrague y la caja de cambios, de la que partía el eje con que se transmitía la potencia a la rueda trasera. Y todo ello colocado en un robusto bastidor de doble cuna provisto de suspensión delantera y trasera.

Su estilo tenía algo de la línea americana, y su enorme tamaño recordaba a muchas de las máquinas que en aquellos días se importaban de los Estados Unidos. Era un modelo ideal para uso con sidecar, pero el precio jugaba en su contra. Nunca llegó a ser un gran éxito comercial, y la demanda fue decreciendo gradualmente.

Lutece fabricó motocicletas hasta 1926. Se dice que su último modelo antes del cierre definitivo de la fábrica fue un ciclomotor con un motor de dos tiempos de 100 cc y transmisión por correa.

La lujosa Lutece tenía un motor bicilíndrico vertical longitudinal a la marcha, además de transmisión por eje, bastidor de doble cuna y suspensión en ambas ruedas. Era un modelo innovador, pero demasiado caro.

MAFFEIS

ITALIA 1903–1935

BERNARDO Y CARLO MAFFEIS, de Milán, fueron pioneros en la industria italiana y estuvieron vinculados a la firma belga Sarolea antes de empezar a fabricar sus propias motocicletas. Dado que Carlo utilizó una Sarolea en las primeras competiciones italianas, no era sorprendente el hecho de que ambos escogieran esta marca de motor para su primer modelo, pues era el que mejor conocían, aunque por lo demás, la motocicleta fuera bastante primitiva.

Carlo siguió compitiendo en los años anteriores a la Primera Guerra Mundial, y sus máquinas de carreras siguieron el modelo que marcaba la época: motores monocilíndricos y bicilíndricos en V diseñados por ellos mismos, en lugar de emplear los motores de Sarolea. Estos motores se colocaban en sencillos bastidores rígidos con horquillas de tirantes, depósito cilíndrico y transmisión directa a correa, lo que era suficiente para las polvorientas e irregulares carreteras de la época.

Los modelos de carretera estaban mejor equipados para el uso general, con horquillas elásticas. Desde comienzos de los años veinte, el producto principal de la firma fue un motor bicilíndrico en V con 339 cc, encendido por magneto, caja de cambios de tres velocidades y transmisión secundaria por medio de cadena. Este modelo pronto dejó de fabricarse, y durante los años veinte la firma volvió a recurrir a los motores británicos Blackburne de 250, 350 y 500 cc con válvulas laterales o distribución ohv.

Hacia 1931, Cesare Galimberti comenzó a fabricar y comercializar las Maffeis, ahora muy mejoradas, utilizando motores Blackburne y JAP, una combinación que continuó hasta 1935, año en que dejaron de producirse.

Carlo Maffeis sentado en una de las motocicletas que llevaban el nombre de la familia; el año era 1912. Participó con ella en distintas carreras e intentos de batir récords.

Las Maffeis eran muy básicas, con horquillas de tirantes, transmisión directa a correa y sin guardabarros. En la foto vemos una de ellas en las precarias condiciones de carrera de la época.

MAGNAT-DEBON

FRANCIA 1902–1958

ESTA FIRMA, FUNDADA en Grenoble en 1893 por Joseph Magnat y Louis Debon para fabricar bicicletas, se convirtió en representante de De Dion, y utilizó sus motores en una motocicleta fabricada en 1902. Tres años más tarde, el modelo adoptó un diseño con el motor inclinado y paralelo al tubo inferior del bastidor.

Primer plano de un motor de 500 cc ohv de una motocicleta Magnat-Debon de 1955, con su culata de aleación ligera. Esta compañía también utilizó motores de Moser y Moto-Rêve.

Contaba el modelo con válvulas laterales, magneto accionada por engranajes colocada detrás del cilindro y transmisión directa a correa tensada por una polea. El motor iba colocado en un clásico bastidor en forma de rombo, con suspensión delantera proporcionada por una horquilla de paralelogramos deformables. También fabricó un modelo de 2 CV con válvula automática de admisión, que después pasó a 2,75 CV, con válvulas laterales y, en algunos casos, la compañía utilizó motores Moser o Moto-Rêve, además de los suyos propios.

MABECO
Alemania (Berlín) 1923-1927. Max Bernhard & Co. comenzó fabricando copias de la Indian Scout con 600 y 750 cc, utilizando motores de Siemens & Halske, pero después de un pleito con Indian, la compañía se disolvió y volvió a aparecer con el nombre de Mabeco. De esta guisa fabricó bicilíndricas en V de 996 cc ohv para competición, así como monocilíndricas con doble pistón y 350 cc con licencia de Garelli.

MABON
Inglaterra (Londres) 1904-1910. Modelos pioneros con motores MMC y Fafnir colocados en bastidores de bicicleta reforzados.

MACAL
Portugal década de 1980. Ciclomotores y motocicletas ligeras, incluidas máquinas de trial con motores de 50 cc.

MABRET
Alemania 1927-1928. Esta firma ensambladora utilizaba motores Kuhne de válvulas laterales y ohv de 350 y 500 cc.

MACKLUM
Inglaterra 1920-1922. Este escúter incororaba un motor Union (o tal vez Peco) de dos tiempos y 292 cc de capacidad.

MACO
Alemania 1921-1926. Esta firma fabricaba máquinas de dos tiempos propulsadas por motores DKW, así como modelos de válvulas laterales con sus propios motores de 200 cc.

MACQUET
Francia (París) 1951-1954. Estas máquinas de 125 y 175 cc utilizaban motores Ydral de dos tiempos.

MADC
Suiza 1901-1905. Esta compañía fabricaba el motor auxiliar Motosacoche, que se conoce como el precursor de MAG.

En 1912, la firma utilizó la misma disposición para un motor de 400 cc con válvulas en la culata accionadas por balancines montados transversalmente y empujados por varillas al aire que discurrían por el lado derecho del cilindro. En 1914, la gama había aumentado con la incorporación de un modelo de dos cilindros en V ohv y con magneto colocada en la parte delanera. Todos los modelos mantenían por entonces la transmisión a correa. El 400 cc aumentó hasta 500 cc, y los monocilíndricos participaron con éxito en competiciones. Magnat-Debon tuvo algunas ideas innovadoras, y experimentó con un tipo de horquilla telescópica y con un freno para la rueda trasera que actuaba sobre la parte interior de la llanta, actuando como si de un freno de tambor se tratase.

Después de la Primera Guerra Mundial, la firma introdujo nuevas monocilíndricas con válvulas laterales y en la culata, además de algunos modelos de dos tiempos, pero, como ocurrió con tantas otras compañías, Magnat-Debon no pudo sobrevivir a los años duros de la depresión económica y en 1923 fue absorbida por Terrot. Desde entonces, Magnat-Debon siguió la línea de Terrot, una tendencia que aumentó con el paso de los años a pesar de que, al principio, Magnat-Debon utilizaba motores Blackburne, mientras que Terrot utilizaba JAP.

Sus modelos siguieron las tendencias dominantes en los años de entreguerras, con motores monocilíndricos de entre 175 y 500 cc, lubricación por cárter seco, depósito de combustible montado sobre el tubo del asiento, caja de cambios separada del motor, cuatro veloci-

El modelo de 1955 con su motor con caja de cambios integrada, suspensión trasera por horquilla basculante y freno de tambor en la rueda delantera.

dades, cambios en el pedal basculante, transmisión a cadena, bastidores rígidos y horquillas de paralelogramos deformables. Hubo versiones de competición,

y las modas de los depósitos y motores con doble lumbrera de escape se aplicaron con todo el rigor y talento franceses.

Después de la Segunda Guerra Mundial, los modelos Magnat-Debon cada vez se parecían más a los Terrot, con una gama que iba desde los ciclomotores hasta una monocilíndrica ohv de 500 cc con caja de cambios de cuatro veloci-

dades integrada en el motor. Con el tiempo llegaron los modernos sistemas de suspensión. También hubo un escúter, pero no era más que un Terrot con el logotipo de Magnat-Debon, un motor de dos tiempos y 98 cc y dos velocidades, o de 125 cc y tres velocidades.

En 1958, la firma Magnat-Debon ya había desaparecido.

MAGNI

ITALIA 1977

NACIDO EN 1920 CERCA de Arcore, hogar de la famosa marca Gilera, Arturo Magni trabajó para Gilera antes de separarse de ella acompañado del ingeniero Pietro Remor a comienzos de los años cincuenta par unirse a la firma MV Agusta, donde trabajaría durante el siguiente cuarto de siglo. Allí trabajó como mecánico, ingeniero y finalmente jefe de equipo hasta finales de 1976. Después fundó la marca Magni, en 1977.

Al principio, esta compañía era principalmente una proveedora de componentes (para los propietarios de MV), proporcionando ruedas, kits de conver-

Una Magni MB2. Propulsada por un motor BMW R100RS bicilíndrico bóxer con transmisión secundaria por eje, esta motocicleta hizo su debut en la Exposición de Colonia celebrada en septiembre de 1982.

sión de transmisión a cadena, elementos para puesta a punto y bastidores.

Desde comienzos de los años ochenta, Magni comenzó a trabajar con otras marcas, sobre todo Honda, BMW y Moto Guzzi. La primera máquina de éstas fue una MHI basada en la Honda, que utilizaba no sólo el motor tetracilíndrico japonés CB900, sino también la horquilla Honda, su basculante, amortiguadores, frenos y tubo de escape. Estas máquinas se fabricaban únicamente para la exportación, y en 1981 Magni produjo un total de 150 unidades MHI y el posterior modelo MH2.

Después llegó la MB2, propulsada por un motor MBW R100RS bicilíndrico bóxer, que hizo su debut en la Exposición de Colonia celebrada en septiembre de 1982.

El éxito de la Magni BMW llevó a la presentación tres años más tarde de la Magni con motor Moto Guzzi, el modelo Le Mans. Esta motocicleta apareció por primera vez en la Exposición de Milán de noviembre de 1985, con un motor Le Mans IV. Este modelo podía pedirse con el motor estándar de Moto Guzzi 1.000 (948,8 cc) bicilíndrico en

A finales de 1985, Magni presentó su primer modelo con motor Guzzi. Esta Magni Sfida data de 1990 y tiene un estilo clásico más que moderno.

V, o una versión exclusiva con un motor 1.100 (1.116,87 cc).

El precio del modelo con motor 1.000 en 1986 era de 5.750 libras esterlinas en el Reino Unido, precio que aumentaba en 300 libras con el motor 1.100.

Era una motocicleta cara, pero ofrecía la posibilidad de pilotar una de las motocicletas más exclusivas y emocionantes del mundo, fabricadas por alguien que había logrado vivir en su vida con las motocicletas experiencias que la mayoría de los aficionados sólo podían

soñar. Desde mediados de los años ochenta, Moto Guzzi ha sido el motor preferido en todos los proyectos de Magni.

MAICO

ALEMANIA 1935–1987

ESTA FIRMA, FUNDADA con el nombre de Maisch & Co, que se abrevió en Maico, fabricó modelos de carretera, *off-road* y pista, llegando a alcanzar un éxito considerable. Maico comenzó en 1935 utilizando un motor Ilo de 118 cc instalado en una sencilla motocicleta ligera. A este primer modelo se unió otro de 143 cc, y en 1929 llegó una especie de ciclomotor que utilizaba un motor Sachs de 49 cc.

Maico pasó al Estado en 1938, y durante los años de la guerra fabricó piezas para aviones.

Después de la guerra, la firma pudo volver a producir motocicletas, y en 1948 fabricó un primer modelo con motor Maico, un sencillo motor de 123 cc de dos tiempos con doble tubo de escape y caja de cambios de tres velocidades integrada en el motor, horquilla telescópica delantera y suspensión trasera por amortiguadores.

Al modelo de 125 cc pronto acompañó otro de 150 cc, pero la verdadera innovación llegó en 1950 con el lanzamiento de la Mobil en la Exposición de Reulingen. Su estilo y cerramiento era

Una Maico 173 cc de serie para los ISDT de 1953, con el diseñador jefe Ulrich Pohl a la derecha y el piloto Karl Westphal a la izquierda. Ambos ganaron medallas de oro ese año.

La Maico Taifun, que apareció a finales de 1953 con capacidades de 348 y 400 cc. El motor bicilíndrico de dos tiempos, oculto bajo el chasis envolvente, contaba con caja de cambios integrada.

telescópica con sistema hidráulico. Las ruedas de plato de 14 pulgadas tenían su guardabarros debajo del propio chasis envolvente. En la posición más retrasada de la máquina, se incorporaba una rueda de repuesto.

La Mobil era más que un escúter, venía equipada con pantalla, compartimento para equipaje cerrado con llave, intermitentes y, con el tiempo, equipo de radio. Al principio sólo contaba con el motor de 148 cc y tres velocidades pero en 1954 apareció la opción de motores de 174 o 197 cc, ambos con cajas de cambios de cuatro velocidades. El motor de 174 cc prontó pasó a las motocicletas, y fue éste el modelo que se modificó para ser utilizado en los ISDT como parte del equipo alemán Trophy, que ganó años después la competición.

A finales de 1953, Maico dio otra sorpresa con su modelo Taifun o Typhoon, que tenía un motor bicilíndrico de 348 cc (con opción de 400 cc) de dos tiempos con caja de cambios de cuatro velocidades integrada accionada por transmisión de engranajes helicoidales. El motor contaba con dos carburadores. De la suspensión se encargaban una horquilla de resortes en la rueda delantera y una horquilla basculante en la trasera. El guardacadena de aleación ligera encerraba la transmisión secundaria a cadena doble. Los cubos de las ruedas

Izquierda: Una Maico de cross de finales de los años setenta, disponible con motores de 247 y 348 cc, cinco velocidades y la suspensión propia de la época. También había una versión enduro con faros.

el propio de un escúter, pero debajo se contaba el bastidor tubular de acero con un motor y caja de cambios sujetos en un bastidor auxiliar que oscilaba sobre un punto situado bajo el cárter y que se prolongaba hacia atrás hasta llegar a la rueda. La suspensión trasera corría a cargo de dos muelles al aire y un mono-amortiguador hidráulico. En la rueda delantera, se instalaba una horquilla

Abajo izquierda: Una MD250 modificada para Fórmula 3 en la TT de la isla de Man de 1974, en la que las válvulas de disco y seis velocidades realizaron un gran papel.

Maico incluyó en su catálogo esta monocilíndrica de competición RS125 de comienzos de los años setenta. Demostró ser un modelo competitivo que utilizaba válvula de disco, refrigeración por aire y caja de cambios de seis velocidades.

alojaban los frenos de tambor, mientras que los reposapiés del asiento posterior estaban colocados en la cubierta del motor y se desplegaban con un solo movimiento. Lo que realmente hizo famoso a este modelo fue el grado en que estaban ocultas todas sus partes, lo que le daba el aspecto limpio de una motocicleta.

En 1955, la Mobile fue sustituida por el modelo Maicoletta. Su motor era de 174 o 247 cc, al que luego se unió un tercero de 277 cc. Este modelo permaneció en el extremo más alto del mercado de los escúter, ofreciendo más prestaciones y lujos, además de una mejor maniobrabilidad que la mayoría. El motor de 247 cc era la versión no preparada del modelo de motocrós lan-

A mediados de los años ochenta, el modelo de enduro de Maico poseía un avanzado sistema de suspensión y un motor de 247 o 488 cc. Estaba basado en el modelo de motocross.

zado por Maico en 1954, y también se utilizó en la turismo Blizzard que se unió a los modelos de 174 cc. Durante este período, Maico realizó una breve incursión en el sector de los automóviles, comenzando con la serie Champion, sin éxito.

La firma entró en el mercado de los ciclomotores con el modelo Wiesel, que tenía un bastidor con tubo simple, dos velocidades y suspensión en ambas ruedas. A finales de los años cincuenta, ésta se encontraba sumida en problemas

financieros, que iba salvando gracias sobre todo al incremento de ventas de los modelos *off-road* propiciado por sus actuaciones en los ISDT.

En 1961, la suerte cambió para Maico cuando ganó el contrato para suministrar a Alemania del Este con un gran número de modelos de 250 cc. Por el contrario, la venta de motocicletas empezó a caer en picado, en tanto que la de escúter se mantuvo durante algunos años. Parecía claro que era el momento de lanzar una nueva generación de modelos. Los principales fueron una 125 cc con alimentación por válvula de disco y caja de cambios de cinco velocidades integrada en el motor, y un modelo de 50 cc. Además, a los modelos réplica de ISDT se unió toda una gama de motocicletas de enduro. Fue la máquina de 125 cc la que llevó a Maico nuevamente a la competición de pista, al principio con un modelo modificado de seis velocidades, y más tarde con refrigeración por agua y una victoria de Grand Prix en 1972. En 1971, la línea de carretera añadió un modelo de 250 cc con refrigeración por aire, válvula de disco y seis velocidades. Era una máquina rápida y dócil.

Otro contrato militar llegó en 1975 para el suministro de modelos de 250 cc. Los modelos de carretera dejaron de fabricarse en 1983, quedando en el catálogo tan sólo la línea *off-road*, que siguió fabricándose incluso después de 1987, año en que la firma fue vendida a una nueva compañía.

MAICO MD250 {1974}

La MD250 fue producto del desarrollo de modelos de carretera anteriores y una 125 cc monocilíndrica de competición que había aparecido en 1968. Esta máquina contaba con refrigeración por aire, motor con válvula de disco y el carburador montado en un lado del cárter. El modelo tenía una caja de cambios de seis velocidades integrada en el motor, que iba colocado en un bastidor tubular.

El trabajo realizado con este primer modelo dio sus frutos en la gama de cross, y condujo al diseño de la MD250 de 1971, con carrera de pistón corta, válvula de disco, refrigeración por aire y caja de cambios de seis velocidades integrada en el motor, que iba colocado en bastidor tubular convencional con horquilla telescópica en la rueda delantera y suspensión trasera por medio de horquilla basculante, ruedas de radios

Una Maico MD250 con su línea de carretera, las aletas de refrigeración dispuestas radialmente en la culata y el cuerpo del cilindro, un diseño típico de esta compañía.

de alambre y frenos de tambor. Era una elegante máquina de carretera. En 1974 se añadieron aletas de refrigeración dispuestas radialmente en la culata. Del único cilindro del motor partían dos tubos de escape, y la rueda delantera se vio beneficiada con la utilización de una

horquilla italiana, frenos también italianos e intermitentes.

La máquina era rápida, excepcionalmente dócil y tenía unos magníficos frenos. Su cómoda posición de conducción permitía al piloto cubrir largas distancias con facilidad, y en las curvas podía

alcanzar gran velocidad. La Maico MD250 siguió en producción hasta 1978.

Motor: monocilíndrico vertical, dos tiempos, válvula rotativa, 245 cc (76 × 54 mm), refrigeración por aire.

Potencia: 27 CV a 7.800 rpm
Caja de cambios: integrada, 6 vel., pedal
Transmisión secundaria: cadena
Peso: 127 kg
Velocidad máxima: 155 km/h

MALAGUTI
ITALIA 1930

ESTA FIRMA DE San Lázaro Di Saverna (Bolonia) fue fundada en 1930 por Antonio Malaguti para la fabricación de vehículos a pedales y accesorios.

Llegó entonces la Segunda Guerra Mundial, e Italia entró en el conflicto del lado alemán en junio de 1940. El norte industrial italiano sufrió la presión de las fuerzas aliadas contra las potencias del Eje durante los años 1944 y 1945, a pesar de que los italianos se habían rendido en septiembre de 1943.

Cuando volvió la paz, Italia se encontraba en un estado lamentable.

Pero Malaguti se dedicó en los años de las posguerra a tratar de satisfacer

Malaguti siempre ha concentrado sus esfuerzos en la fabricación de motocicletas ligeras, escúter, ciclomotores y vehículos a pedal. En la foto, un ciclomotor NF50 con cuatro velocidades, que data del año 1977.

una demanda creciente de sus vehículos, que ahora incorporaban los famosos motores auxiliares Mosquito de Garelli.

A estos motores siguieron en los años cincuenta los alemanes Sachs de 48 cc, utilizados durante varios años. Luego llegaron motores italianos como el Franco Morini.

Durante la década de los sesenta, se fabricaron numerosas motocicletas ligeras (con motores de hasta 125 cc) y ciclomotores.

Con los años setenta llegó la decisión de concentrarse al ciento por ciento en el mercado de los 50 cc.

La compañía decidió buscar clientes en mercados extranjeros. Esto significaba que las máquinas Malaguti comenzaron a verse rodando en las carreteras de países como Francia y en Gran Bretaña. Por ejemplo, en Gran Bretaña, se vendió la máquina ultraligera de enduro Calvacone durante la segunda mitad de la década.

Uno de los modelos más conocidos de la firma Malaguti es la Cavalcone; la de la foto es una versión de motocross de 125 cc utilizada a mediados de los años setenta.

A mediados de los años ochenta, la firma contaba con 150 trabajadores y fabricaba 25.000 unidades al año. Los años noventa vieron cómo estas cifras se multiplicaban por dos, y también contemplaron la aparición de los primeros escúter. Esa tendencia continúa hoy en día, y Malaguti es ahora una de las firmas importantes en el mercado europeo de los escúteres.

MALANCA
ITALIA 1956–1986

CREADA EN 1956 POR Mario Malanca en Pontecchio Marconi, Bolonia, la marca Malanca es conocida por su tradicional línea de modelos bicilíndricos de dos tiempos tanto para carretera como para competición. Los momentos de gloria en competición llegaron entre los años 1973 y 1976, cuando Otello Buscherini logró varias victorias en las series del campeonato del mundo en la categoría de 125 cc.

La máquina de Buscherini utilizaba un motor bicilíndrico de 123,5 cc (43,8 × 41 mm) con refrigeración líquida, válvula de disco, que desarrollaba 36 CV a

14.000 rpm. Fue una de las pocas motocicletas capaz de plantar cara a las máquinas de Yamaha y Morbidelli. Buscherini perdió la vida trágicamente en un accidente ocurrido durante el Grand Prix italiano de 1976, mientras montaba su propia Yamaha 250 cc. El desafío de Malanca murió con él.

A finales de la década de los setenta y comienzos de los ochenta, las bicilíndricas de 124,9 cc (43 × 43 mm) se hicieron famosas por su gran rendimiento, sobre todo en la versión con refrigeración líquida. La «ob one 125» era *il primo della classe* (la primera de su clase)

La trail Malanca 125 cc Mark de mediados de los ochenta se diferenciaba por utilizar refrigeración líquida y un motor de dos cilindros. Su velocidad máxima era de 120 km/h.

con 25 CV y una velocidad de 151 km/h.

Pero, lamentablemente, este éxito no tuvo continuidad. A mediados de los ochenta llegó una nueva generación de máquinas de 125 cc con un rendimiento extraordinario: Aprilias, Cagivas y Gileras. De la noche a la mañana, la bicilíndrica de Malanca había quedado atrasada, y las ventas comenzaron a descender.

En 1985, en un intento por promocionarse y ganar clientes, la compañía se decidió a patrocinar a Marco Lucchi con una bicilíndrica especial de competición de 250 cc de capacidad. Su rendimiento estaba a la altura de las mejores máquinas, pero la campaña publicitaria no fue suficiente para salvar a la empresa del desastre económico. La fábrica cerró finalmente en 1986.

La street bike de serie más rápida fabricada por Malaca fue la «ob one Racing» de 150 km/h, de 1980. Las máquinas de Aprilia y Cagiva pronto hicieron que el modelo quedara anticuado.

MAMMUT

ALEMANIA 1925–1933

ESTA FIRMA NO HAY que confundirla con la compañía de la posguerra que tenía el mismo nombre y estuvo fabricando en Alemania entre los años 1953 y 1956, ni tampoco con la motocicleta fabricada por Friedl Munch en 1966 y comercializada en algunos mercados con el nombre Mammoth. La Mammut que nos ocupa ahora fue una compañía que existió en el período de entreguerras y que se creó originalmente con la intención de fabricar máquinas-herramientas.

Mammut llegó al mundo de las motocicletas durante los años veinte con un modelo que seguía las líneas propias de aquel tiempo. Estaba propulsado por un motor Baumi de dos tiempos y 198 cc con caja de cambios separada y transmisión a la rueda trasera por medio de cadena, todo

En 1931, el modelo con motor JAP de 198 cc tenía la magneto en la parte posterior. Mammut instalaba sus motores en bastidores de acero estampado con horquillas también hechas de este mismo material.

Una de las primeras Mammut, con motor JAP de 346 cc y válvulas laterales, con caja de cambios separada y transmisión enteramente a cadena. El bastidor rígido contaba con horquilla Druid.

ello colocado en un bastidor tubular muy básico provisto de horquilla de paralelogramos deformables, ruedas de radios de alambre y unos frenos precarios.

La compañía pronto añadió nuevos modelos con distintos motores, entre los que se incluían de 197 y 246 cc de dos tiempos y fabricación propia.

También hubo motores de cuatro tiempos de JAP y Blackburne (británicas) y de MAG (suiza), con capacidades que iban de los 200 a los 500 cc. Más tarde llegaron los motores Villiers, aunque el resto de las motocicletas siguió siendo el clásico hasta 1929.

A partir de ese año, la firma utilizó bastidores de acero estampado para sus máquinas. Estos bastidores estaban fabricados bajo licencia de la firma británica Coventry Eagle, que había adoptado este tipo de bastidor el año anterior. En ellos podía colocarse toda una gama de motores ligeros, y debido a su gran versatilidad, su uso continuó hasta 1933, cuando la producción quedó definitivamente interrumpida, posiblemente debido a la negativa de seguir trabajando con los británicos.

MARS

ALEMANIA 1903–1958

ANTES DE LA Primera Guerra Mundial, los motores suizos Zedel y los alemanes Fafnir fueron los utilizados en la fábrica que la empresa Mars tenía en Nurnburg. Más tarde, en 1920, el ingeniero jefe, Franzenberg, diseñó uno de los modelos más famosos de la compañía, *Der Weisse Mars* (La Mars Blanca), con bastidor de sección cuadrada hecho a partir de planchas de acero estampado soldadas y remachadas. Su motor (fabricado para Mars en exclusiva por Maybach, famosa fábrica de motores de coches y aeronáuticos) era un bicilíndrico plano de 965 cc con válvulas laterales, con los cilindros dispuestos longitudinalmente a la marcha. En un pirncipio, esta motocicleta se vendió bien, pero Mars comenzó a tener dificultades económicas en 1924 en los tiempos de la hiperinflación alemana, y la producción tuvo que interrumpirse en 1926. Más tarde, Karl y Johann Muller, dos de los principales ingenieros en la fábrica de Mars, reabrieron la fábrica tras encontrar apoyo financiero. Al no poder utilizar el nombre de Mars durante mucho tiempo, estas máquinas aparecieron con el logo MG. A finales de los años veinte y durante toda la década de los treinta, se utilizó una gran variedad de motores, incluyendo Sturmey-Archer, JAP, Villiers y los alemanes Sachs.

La producción de posguerra, ahora con el nombre original Mars, se reanudó en 1950 cuando Rudi Albert, diseñador jefe con Allright y Phanomen, se unió a la firma suiza. Su primer proyecto, lanzado al mercado en 1950, fue la S50, una sencilla ultraligera con motor

Sachs de 98 cc. Pero la creación más notable de Albert para Mars fue la Stella, con líneas muy bajas y un motor de mayor tamaño. Hizo su debut en 1951 con ruedas de 40 cm y motores Sachs de 150 o 174 cc.

El modelo final, la DS 175, se fabricó hasta 1957, fecha en que la firma se encontró nuevamente en apuros económicos. Mars tuvo que cerrar en junio de 1958, y su gama de modelos fue recogida por Gritsner-Kayser.

Diseñada por Rudi Albert en 1950, la Mars S50 era un modelo ultraligero propulsado por un motor Sachs de dos tiempos y 98 cc. El modelo tenía el aspecto de una motocicleta de gran tamaño.

MARTIN

INGLATERRA 1911–1915 y 1920–1921

HARRY MARTÍN ERA un conocido competidor del circuito de Brooklands, y participó en la TT desde sus comienzos, en 1907, hasta 1921. A finales de 1910, su fábrica de Croydon comenzó a fabri-

car dos máquinas, una tourer de 4 CV y una motocicleta de carreras de 2,75 CV. Ambos modelos tenían motor JAP; el de la tourer era un motor estándar, y el del modelo de carreras, un motor con la carrera del pistón acortada y válvula de admisión en la culata. Similares en su aspecto, ambas tenían transmisión secundaria a cadena, bastidor rígido y horquilla elástica, pero el modelo de carreras disponía de más marchas y era más ligero y corto que el otro.

En 1912, apareció un modelo de carreras de mayor tamaño y dos versiones: una versión monocilíndrica, y la otra una bicilíndrica en V con la carrera corta y nuevamente válvula de admisión en la culata. En el año 1913 había seis modelos en el catálogo de la firma. Todos contaban con transmisión secun-

daria a cadena, pero la transmisión podía solicitarse también a correa. Sólo una bicilíndrica en V se encontraba en el catálogo de 1914, y en 1915 sólo seguían en producción las motocicletas ligeras.

Un modelo Martín Tourist Trophy. Esta máquina estaba disponible con motores bicilíndricos en V de JAP de 770 o 996 cc, con transmisión a correa. En la gama de la firma también se incluían monocilíndricas.

En julio de 1920 se anunció que iba a reanudarse la producción en la fábrica de A. G. Miller, en Willesden, trabajando con una gama de modelos con motores MAG. En 1921 la firma participó en las TT, con modelos monocilíndricos de 293 cc y válvulas laterales de JAP, provistos de carburadores Claudel Hobson (una extraña elección) y cajas de cambios Albion y Burman, respectivamente. La producción disminuyó y la firma tuvo que desaparecer por segunda vez.

MARTINSYDE

INGLATERRA 1919–1923

MARTÍN & HANDASYDE era una firma aeronáutica que se pasó a la fabricación de motocicletas después de la Primera Guerra Mundial. La firma apuntó desde el principio al mercado de sidecares de alta calidad y escogió fabricar su propio motor bicilíndrico en V. Para tal fin adquirieron un diseño de Howard Newman, cuyo nombre aparecía en las motocicletas al principio: un bicilíndrico en V de 677 cc con la válvula de escape encima de la de admisión. El motor estaba conectado a una caja de cambios de tres velocidades fabricada con licencia de AJS, con transmisión a cadena y los componentes clásicos de aquella época, como horquilla de paralelogramos deformables.

En 1920 se añadió un motor monocilíndrico de 498 cc con escape sobre admisión, pero la producción decreció mucho al año siguiente debido a una caída generalizada de las ventas. En 1922, apareció una bicilíndrica en V de 738 cc, la Quick Sic, y al año siguiente se lanzó una monocilíndrica de 347 cc con el cilindro colocado verticalmente y dos versiones: Sport y Touring. Todos los modelos siguieron teniendo encendido por magneto, tres velocidades, transmisión a cadena y horquilla de paralelogramos deformables.

Martinsyde tenía un motor suave y silencioso, y una buena caja de cambios. La producción se vio interrumpida en 1923, cuando el negocio entró en una crisis irreversible. Los creadores de la firma habían comprendido que el mercado de calidad no era el más sencillo

Una Martinsyde de 1921 con motor bicilíndrico en V de 677 cc que utilizaba una distribución con válvulas de escape sobre las de admisión. Incorporaba además una caja de cambios de tres velocidades.

de satisfacer. La firma BAT se hizo con el stock y los derechos de fabricación, y siguió produciendo máquinas hasta 1925, que se comercializaron con el nombre Bat-Martinsyde.

E. H. Gifford en una Martinsyde de 678 cc en Brooklands en 1922. La marca tuvo mucho éxito, consiguiendo el primer premio por equipos en la única prueba de las 500 millas de motocicletas.

MAS

ITALIA 1920–1956

LA FIRMA MILANESA MAS (Motoscafo Anti Sommergibile), fundada por Alberi Seilig, no sólo fabricaba vehículos civiles, sino también máquinas militares.

Esta compañía incluso llegó a competir con éxito en los ISDT, donde ganó varias medallas de oro con sus modelos de 123 cc y distribución ohv.

Un enorme número de modelos diferentes salieron al mercado durante los años treinta, con motores que iban desde los 248 cc con válvulas laterales hasta un monocilíndrico de 568 cc también con válvulas laterales.

La mayoría de estos motores tenían los cilindros inclinados. Seiling abandonó la firma en 1938 para crear la fábrica Altea, una empresa que sólo sobrevivió hasta 1941.

Mientras tanto, Mas firmó un contrato con el ejército italiano, al que suministró monocilíndricas de 498 cc ohv. Después de la Segunda Guerra Mundial, el primer nuevo modelo aparecido fue la Stella Alpine, de 122 cc ohv, con refrigeración por succión de aire, como des-

MARIANI
Italia 1930-1934. Esta máquina era un diseño único de 500 cc con válvulas laterales, con dos versiones: de dos y tres válvulas, y para gasolina o diesel. El papel de la tercera válvula se ha explicado de varias formas contradictorias.

MARIANI
Italia 1924-1928. Motocicleta ligera de dos tiempos. Las fuentes no se ponen de acuerdo sobre su cilindrada: 125 o 175 cc.

MARLOE
Inglaterra (Birmingham) 1920-1922. Esta firma era una pequeña ensambladora de motores de 350 cc de la firma Precision (y también Blackburne) y de 500 cc de Blackburne.

MARLOW
Inglaterra (Warwick) 1920-1922. Estas máquinas solían tener motor Villiers de 269 cc, aunque también se podían encargar de 350 y 500 cc de JAP.

MARMAN
Estados Unidos, años cuarenta. Ciclomotor americano con transmisión a correa y motor bicilíndrico plano de dos tiempos y 110 cc.

MARMONNIER
Francia (Lyon) 1947-1951. Motocicletas ligeras de dos tiempos con motores Aubier-Dunne de 125 y 175 cc.

MARS
Inglaterra 1905-1908. Estas máquinas solían tener motores Fafnir y Minerva colocados en bastidores de bicicleta reforzados.

MARS
Inglaterra (Coventry) 1923-1926. Motocicletas bien fabricadas que disponían de depósito de gasolina sobre la barra superior del bastidor en fecha tan temprana como 1923. Los motores eran Villiers, JAP, Barr & Stroud y Bradshaw, y tal vez otros, sobre todo de 250 y 350 cc.

cribía la revista *Motor Cycle* en su artículo sobre la Exposición de Milán de 1946. El sistema era una idea totalmente innovadora: el cilindro estaba fundido con dos cilindros concéntricos, de modo que el interior estaba unido al exterior por medio de aletas verticales.

Este inspirado diseño fue idea de Guidetti, y su objetivo era proporcionar una refrigeración eficaz a bajas velocidades. Su funcionamiento sería parecido al de un motor cuando la máquina está parada; es decir, el propio motor se encargaba de su refrigeración.

A pesar de todo, aun contando con este sistema ingeniosamente diseñado, la Stella Alpine no fue un éxito comercial.

Después llegó un prototipo de 492 cc con motor bicilíndrico paralelo y único

árbol de levas en la culata, aunque el modelo nunca llegó a fabricarse en serie. Hubo también máquinas de 175 cc con distribución ohv y ohc a comienzos de los años cincuenta, pero no se vendieron tan bien como se esperaba.

La firma se vio obligada a vender modelos de 125 cc y dos tiempos, y un escúter de 49 cc con motor alemán Sachs.

Finalmente, Mas tuvo que cerrar en 1956.

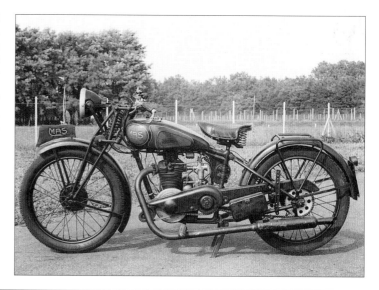

Este modelo Mas data de finales de los años veinte y es típico de la marca en aquellos días. Mas también fabricó motocicletas para el ejército italiano.

MASERATI

ITALIA 1953–1961

DE LOS SEIS HERMANOS MASERATI, hijos de un ingeniero ferroviario de Voghera, cerca de Milán, cinco se convirtieron en ingenieros: Alfieri, Bindo, Carlo, Ernesto y Ettore. Carlo, el mayor, se dedicó a pilotar motocicletas, y ganó varias pruebas entre 1899 y 1900 con una Carcano, que él mismo había diseñado, fabricado y pilotado para el marqués Cancano de Anzano del Parco. También pilotó coches y trabajó como ingeniero para Fiat, Bianchi y Junior. Murió en 1911.

Alfieri trabajó como piloto de pruebas para Isotta-Fraschini y también corrió para la marca. Bindo también trabajó para Isotta y, desde 1910 hasta 1913, Alfieri y Ettore pasaron mucho

tiempo en la fábrica argentina de Isotta. De vuelta a Italia, Alfieri, junto con Bindo y Ettore, crearon Officine Alfieri Maserati SpA en Bolonia, en 1914.

Durante Primera Guerra Mundial, Maserati fabricó bujías y puso a punto motores de avión. En 1919, el más joven, Ernesto, se unió a la firma. Desde entonces hasta finales de los años cuarenta, Maserati se concentró en la fabricación de coches, pero a partir de 1938, la base de operaciones estuvo en Bolonia, tras la absorción por parte de Adolfo Orsi, industrial de Módena que mantuvo en su puesto a los hermanos Maserati con contratos de diez años.

Después de la Segunda Guerra Mundial llegó el traslado a Módena, nuevos

coches GP y una nueva aventura: la fabricación de motocicletas. Esto empezó en 1953 con un modelo de dos tiempos y 123 cc (52 × 58 mm) ohv, y otro ohv de 158 cc (60 × 56 mm), este último provisto de varillas empujadoras ocultas. En 1954, se unió a estos modelos toda una gama de monocilíndricas ohv de gran cilindrada (una 175 y una 200 cc) muy parecidas a la 158 cc.

En la Exposición de Milán de finales de 1955, Maserati sorprendió a todos al presentar lo que ellos mismos denominaron la primera motocicleta de serie con freno de disco delantero. El modelo disponía de un motor nuevo de 246 cc ohv (70 × 64 mm) de un solo cilindro, que además contaba con transmisión primaria por engranajes helicoidales dobles y sistema de doble encendido. Más tarde llegaría un modelo de carreras de 50 cc.

Después de 1961, Maserati se dedicó exclusivamente a la fabricación de carísimos supercoches.

El fabricante de coches Maserati también produjo motocicletas entre los años 1953 y 1961. Este modelo de 1935 hizo historia al convertirse en la primera motocicleta con freno de disco.

Además de sus modelos de cuatro tiempos, Maserati también fabricó otros de dos, incluida esta Competizione de 1956 de 49 cc.

MAUSER

ALEMANIA 1924–1927

EN EL PERÍODO POSTERIOR a la Primera Guerra Mundial, la demanda de armas en la Mauserwerke in Oberndorf am Neckar no era muy grande, de modo que la compañía decidió dedicar una parte de la producción a los vehículos. Comenzó con el estrambótico modelo Einspurauto, un coche de vía única descrito por un experto alemán como *ein karossiertes Motorrad* (una motocicleta con carrocería), y es que carrocería no le faltaba, montada en un bastidor doble de acero estampado. La estampa del modelo ya es bastante elocuente, con sus ruedas estabilizadoras. Algunas fuentes dicen que estas ruedas eran desplegables, pero no parece probable que el piloto pudiera subir y bajar las ruedas además de realizar todas las otras tareas necesarias para pilotar una motocicleta como aquella.

En realidad, esta máquina era mucho más segura de lo que parecía y, una vez en marcha, funcionaba bastante bien. El verdadero problema era lograr convencer a alguien de que eso era cierto, si pensamos sobre todo en el enorme y extraño manillar en forma de D, diseñado para todo menos inspirar confianza. El otro problema es que se trataba de un vehículo pensado para carretera, y carecía de maniobrabilidad a baja velocidad. En consecuencia, tendía a dar bandazos a la hora de detenerlo, lo que podía resultar algo más que incómodo en una calle abarrotada, compartida además con caballos que tiraban de los vehículos de reparto.

Tenía un motor monocilíndrico de 510 cc con válvulas laterales montado horizontalmente delante de la rueda trasera, y con transmisión totalmente a cadena. Su rendimiento era muy pobre, ya que el motor desarrollaba tan sólo

10 CV a 3.400 rpm, insuficiente para mover los 290 kg del modelo. Habría sido interesante comprobar cómo negociaba las curvas rápidas con las ruedas traseras estabilizadoras.

A pesar de todo, cuando Mauser decidió dejar de fabricarlo después de menos de tres años en el mercado, Gustav Winkler, también de Oberndorf am Neckar, se hizo cargo de la producción hasta

El coche de un solo sentido (Einspurauto) siempre ha llamado la atención, pero pocos han logrado fabricar un modelo convincente. Mauser lo intentó, pero fracasó.

1932. A finales de los años veinte, se comercializaba el modelo Monotrace francés, que era en realidad un Mauser fabricado bajo licencia.

McEVOY

INGLATERRA 1926–1929

EN CIERTO SENTIDO, EL PEDIGRÍ de esta compañía con sede en Derby es más interesante que la mayoría de los productos salidos de su fábrica.

Dicho esto, las mejores McEvoy, con su motor Anzani bicilíndrico en V de ocho válvulas y 1.000 cc, eran máquinas muy potentes y rápidas, incluso para nuestros días. Desprovistas de sobreali-

La McEvoy 500 cc tetracilíndrica en línea ohc se fabricó justo antes de que la empresa quebrara en 1929. Ofrecía unas prestaciones excelentes, pero tendía a calentarse en exceso.

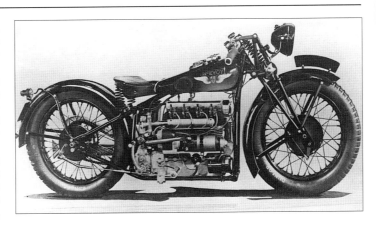

MARSEEL
Inglaterra (Coventry) 1920-1921. Este escúter disponía de un motor monocilíndrico horizontal de 232 cc.

MARSH
Estados Unidos (Brockton, Massachussets) 1901-1920. Desde un principio, el motor y el bastidor de esas máquinas formaban un todo unitario, y en el modelo de 1902, que pesaba 40 kg, el motor monocilíndrico de 244 cc tenía el tubo del asiento integrado. Después de que la compañía fuera absorbida por Metz, sus máquinas se comercializaron con el nombre de MM, que significaba Marsh-Metz.

MARTIN
Inglaterra (Londres) 1911-1922. Harry Martín, el piloto de carreras, logró la marca de 97 km en una hora con una motocicleta con motor JAP de 250 cc en el circuito de Brooklands en 1909. Este modelo comenzó a fabricarse en serie dos años después con motores de hasta 500 cc de JAP y Precision.

MARTIN
Japón 1956-1961. Esta firma fabricaba motocicletas de hasta 250 cc. La 250H era una bicilíndrica de dos tiempos y 244 cc.

MARTINA
Italia (Turín) años treinta. Esta máquina utilizaba un motor estándar JAP de 175 cc, pero también podían encargarse con otros motores, a gusto del cliente.

MARTIN-JAP
Inglaterra (Londres) 1929-1957. Durante años, esta compañía fue una de las grandes fabricantes de motos de carreras, que solían incorporar motores JAP de 350 y 500 cc.

MARTINSHAW
Inglaterra 1923-1924. Esta extraña máquina inglesa estaba propulsada por un motor Bradshaw de 350 cc con refrigeración por aceite.

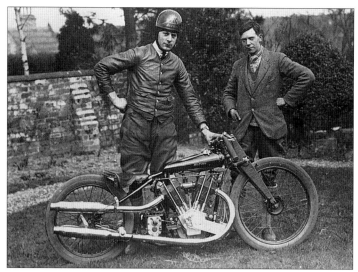

distribución ohc y refrigeración por aire. Las máquinas de serie, sin embargo, iban desde las grandes bicilíndricas de ocho válvulas con sobrealimentación, pasando por modelos de dos cilindros con alimentación normal por aspiración y cuatro válvulas, hasta los motores monocilíndricos más sencillos de 498, 348 y 248 cc de Blackburne y JAP, e incluso un Villiers de dos tiempos y 172 cc.

Todos los modelos eran de carácter deportivo, y en su fabricación se aprovechó la experiencia adquirida en competición, pero el rendimiento que podía extraerse de sus motores estaba limitado.

Los motores bicilíndricos de menos tamaño desarrollaban unos 45 CV, lo que era casi igual a la potencia de la Vicent Rapide, y montados en los ligeros bastidores de la época, proporcionaban unas prestaciones sorprendentes en modelos de esa potencia, si bien los frenos resultaban terroríficos comparados con los de hoy en día.

Las motocicletas McEvoy eran comparables a las Brough Superior en algunos aspectos, como su acabado, pero las prestaciones de las McEvoy eran superiores.

mentación, podían desarrollar hasta 60 CV. Michael McEvoy, que comenzó trabajando para Rolls-Royce, era un experto en sobrealimentadores y puso en práctica todos sus conocimientos. Después de trabajar en el mundo de las motocicletas, representó a Zoller en Inglaterra.

La empresa fue financiada por Cecil Allerhead Birkin, hermano del famoso piloto de carreras Tim Birkin. El ingeniero jefe, George Patchett, había llegado a McEvoy procedente de Brough Superior. Los tres (McEvoy, Birkin y Patchett) eran también fervientes competidores: George Patchett montaba una sobrealimentada McEvoy-JAP de 996 cc en la temporada 1926-1927, y en

Motocicletas de carreras McEvoy, como este modelo de 1926, seguían la costumbre clásica de colocar un enorme y potente motor en un bastidor muy pequeño.

1927 Birkin murió en un accidente mientras entrenaba para los ISDT. Su muerte llevó a la desaparición de la fábrica, pues era él quien aportaba el capital.

A pesar de eso, antes de que la fábrica cerrase, McEvoy fabricó prototipos de lo que iban a ser los verdaderos motores McEvoy, entre ellos un monocilíndrico ohc de 346 cc con tres válvulas, y (todavía más sorprendente) un tetracilíndrico en línea de 500 cc con

MEGOLA

LA FIRMA MEGOLA MOTOREN Aktiengesellschaft de Munich, fundada en 1921, fabricó unas 2000 unidades de estas estrambóticas máquinas. La empresa tomó su nombre de las dos primeras letras de los apellidos de los socios fundadores: Teilhaber Meixer, Fritz Cockerell, que para este fin escribió su nombre como Gockerell, y Herr Landgraf. Antes de que este último se uniera a la empresa, Meixer y Cockerell habían fundado Mego en 1920.

El motor radial de cinco cilindros tenía un diámetro y carrera de 52 × 60 mm, con un volumen todal de 637 cc. En un principio, su potencia era de entre 6-8 CV, aunque posteriormente se logró que desarrollara hasta 14 CV a

La posición del motor de la Megola queda clara en esta fotografía; tanto como el apoyo delantero, único modo de permitir que el motor siguiera funcionando cuando la máquina estaba parada.

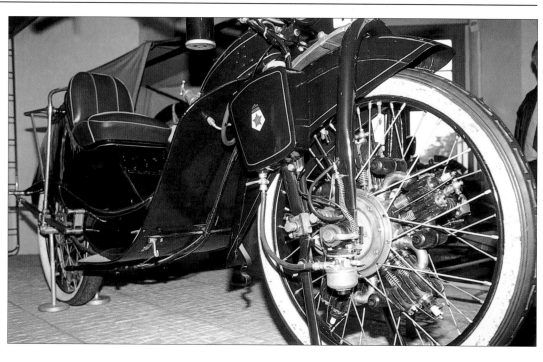

4.800 rpm. En la práctica, esta potencia se veía luego reducida por la relación fija del cambio con satélites, sin embrague ni caja de cambios, a un máximo de 800 rpm en la rueda delantera. Las relaciones del «cambio» podían modificarse sustituyendo la rueda delantera por otra de distinto tamaño. El arranque de la motocicleta se realizaba empujando, aunque al parecer también podía hacerse colocando un soporte para la rueda delantera y haciéndola girar con un fuerte empujón sobre los radios; después sólo había que retirar el soporte delantero.

Para facilitar el mantenimiento (era frecuente tener que descarbonizar el motor cada 2.000 o 3.000 km) los cilindros podían extraerse sin tocar los radios de la rueda delantera.

También contribuía a la comodidad el uso de cámaras de aire con diámetro interior variable del tipo Dunlop, que podían extraerse sin necesidad de tener que quitar la rueda. Pegado a la horquilla delantera había un depósito de combustible auxiliar, encargado de alimentar el carburador, que estaba colocado enfrente de la magneto. Este depósito se llenaba por medio de una bomba desde un segundo depósito de mayor tamaño

que ocupaba una posición más convencional.

La horquilla delantera contaba con un muelle de láminas, y algunos modelos contaban con muelles semielípticos para la parte trasera.

El bastidor era de chapa de acero estampada, unidad mediante soldadura y remaches, con asiento anatómico en los modelos turismo y más deportivos en

Las versiones «deportivas» de la Megola se distinguen a simple vista por el sillín convencional, en nada parecido al asiento tipo coche de los otros modelos.

los restantes, estos últimos provistos de líneas más agresivas. Por extraño que parezca, Megola logró varios éxitos deportivos con el equipo formado por Baunhofer, Stelzer y Tommasi.

MEGURO

JAPÓN 1937–1964

LA COMPAÑÍA MEGURO comenzó a funcionar en 1924, produciendo piezas para automóviles y la industria de las motocicletas.

Meguro se convirtió en fabricante de motocicletas en el año 1937, con el modelo Z-97, una monocilíndrica ohv de 498 cc, un diseño básicamente de inspiración británica, con un gran diámetro e igualmente larga carrera.

Junto con Rikuo, Asahi y Cabton, Meguro fabricó motocicletas para las fuerzas armadas japonesas durante la Segunda Guerra Mundial.

Terminado el conflicto, Meguro continuó su política de fabricar modelos de estilo británico, con diseños bien monocilíndricos ohv, bien bicilíndricos paralelos ohv, con cilindradas que iban desde los 248 cc hasta los 651 cc, este último, copia evidente de la BSA A10.

Meguto también estuvo muy relacionada con el gigante industrial Kawasaki Heavy Industries, que en aquel momento no fabricaba todavía motocicletas completas, pero en cambio suministraba motores a otras compañías, incluida Meguro.

A finales de los años cincuenta, Meguro fabricó este modelo Senior 650 cc basado en la BSA A10 Golden Flash. Más tarde, la firma se fusionó con Kawasaki.

A finales de los años sesenta, Meguro se afilió oficialmente a Kawasaki Aircraft. Este lazo quedó reforzado en 1961, con el intento de fusionar Meguro y Kawasaki en una sola firma con sede en Tokio.

A mediados de 1961, se creó Kawasaki Auto Sales, y en 1962, las motocicletas Meguro inundaron el mercado

nacional y el de exportación. Mientras, se ponía en venta el primer modelo de Kawasaki, la B8 de 124 cc, con motor monocilíndrico de dos tiempos.

El diseño de este modelo se basaba en la experiencia de Meguro.

El nombre Meguro sobrevivió hasta 1964, momento en que Kawasaki se consolidaba como fabricante de moto-

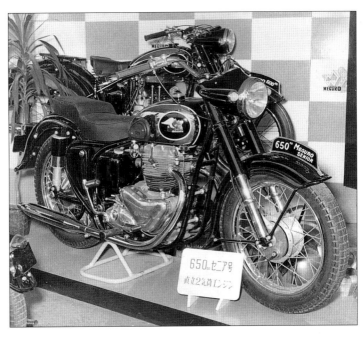

MARVEL
Estados Unidos 1910-1913. Glenn Curtiss suministraba los motores monocilíndricos y bicilíndricos en V de estas máquinas.

MAS
Alemania 1923-1924. Esta firma era otra de tantas fabricantes de pequeños motores de dos tiempos (183 cc).

MASCOTTE
Francia 1923-1924. Motocicletas ligeras con motores propios de 175 cc y válvulas laterales.

MASON & BROWN
Inglaterra 1904-1908. Estas motocicletas pioneras estaban propulsadas principalmente por motores De Dion-Bouton y Antoine.

MASSARINI
Italia (Piacenza) 1923-1924. Motocicletas ligeras con motores de cuatro tiempos de 125 y 175 cc.

MASSEY (Massey–Arran)
Inglaterra 1920-1931. E. J. Massey, que también diseñó las primeras máquinas HRD (vistas anteriormente) ensamblaba motocicletas con motores Villiers, JAP, Bradshaw y Blackburne de entre 175 y 500 cc, que después comercializaba con su propio nombre.

MAT
Checoslovaquia (Praga) 1929-1930. Se trataba de una tetracilíndrica formada a partir de la unión de dos bicilíndricas, como una Square Four. La MAT de 500 cc también tenía transmisión por eje.

MATADOR
Inglaterra 1922-1927. Bert Houlding diseñó estas máquinas de 350 cc que utilizaban motores Bradshaw refrigerados por aceite y Blackburne con refrigeración por aire.

MATADOR
Alemania 1925-1926. Estas motocicletas ligeras tenían motores propios de 269 cc.

cicletas independiente. A pesar de todo, el primer intento de Kawasaki por entrar definitivamente en el mer-

cado llegó con la W1, una 624 cc (74 × 72.66 mm) desarrollada a partir de un modelo de Meguro, que a su vez

era una copia de la británica BSA A10. En fecha tan tardía como los años setenta, Kawasaki seguía ofre-

ciendo modelos basados en aquella primera W1.

MERAY

EN UN TIEMPO, MERAY fue la primera marca húngara, pero después de la Segunda Guerra Mundial, la industria de las motocicletas en Hungría fue nacionalizada, y Meray, junto a algunas otras firmas, fue reemplazada con un conjunto de empresas que pertenecían a la industria estatal. Meray tenía su sede en Budapest, donde fabricaba una sólida gama de modelos que iban desde los 175 hasta los 1.000 cc. En general, Meray solía comprar los motores a otras

firmas especializadas, así como las cajas de cambios y otros componentes como dinamos, luces y equipo eléctrico. También importaban los cubos y cadenas, así que puede decirse que más que una empresa fabricante era una ensambladora, aunque algunas partes sí eran de fabricación propia.

De Gran Bretaña llegaban los motores Villiers, Blackburne y JAP, de Austria los Puch, y de Suiza los Moto-Rêve, que también procedían de la fábrica que

esta firma tenía en Gran Bretaña. Los motores Villiers eran de dos tiempos, con magneto en el volante, y el resto tenían válvulas laterales o distribución ohv, también con encendido por magneto. Eran modelos bastante convencionales, con transmisión primaria a cadena, con una caja de cambios separada, y transmisión secundaria también a cadena. Los bastidores solían ser tubulares, con el clásico diseño en forma de rombo, aunque algunos también eran de

cuna. A finales de la década, todas las máquinas disponían de horquillas de paralelogramos deformables, ruedas de radios de alambre y frenos de tambor.

A mediados de los años treinta, Meray fabricó sus propios motores monocilíndricos de cuatro tiempos con capacidades de 346 y 496 cc. Estos motores eran muy semejantes a los que ya estaban utilizando, y con ellos llegaron hasta finales de la década, y durante toda la Segunda Guerra Mundial, hasta 1944.

MERKEL

La Merkel, como esta versión de dos cilindros en V, fue siempre una máquina bien construida y técnicamente avanzada. Desde 1909, se dio a conocer con el nombre Flying Merkel.

bién tenía el motor en una posición más adelantada. La suspensión trasera apareció en 1906: horquilla basculante con los muelles colocados en los muelles en los tubos superiores, al estilo monoamortiguador. Sin embargo, en la rueda delantera todavía utilizaba una horquilla rígida.

En 1908, la firma fue absorbida por la Light Manufacturing & Foundry Company, que trasladó la planta de fabricación de las Merkel a Pottstown, Pennsylvania. La mayor parte de la línea de 1909 estaba basada en la Merkel con transmisión a correa. Algunas de las máquinas se comercializaban con la marca Merkel-Light. El único modelo Light que siguió en fabricación continuó con el motor Thor, fabricado por Aurora con licencia de la firma Indian. En los Estados Unidos era común antes de la Primera Guerra Mundial que varias marcas utilizaran el motor que otras firmas fabricaban bajo licencia.

Fue durante 1909 cuando el nombre Flying Merkel comenzó a utilizarse en la publicidad de la reestructurada compañía, que dedicó buena parte de sus recursos a la competición como forma de dar a conocer sus modelos. Esto permitió contratar a pilotos experimentados, y al poco tiempo sus máquinas estaban compitiendo con las Indian e incluso estableciendo récords.

Sin embargo, en 1911 Merkel fue adquirida por la Miami Cycle & Manufacturing Company de Middletown,

LA PRIMERA MERKEL estaba basada en una bicicleta estándar con el bastidor reforzado con un tubo a la altura de la pipa de dirección. El pequeño motor con distribución de válvulas en F estaba montado sobre el tubo de refuerzo e inclinado para apoyarse sobre el tubo

inferior del bastidor, al cual iba unido por medio de abrazaderas. El motor disponía de transmisión a la rueda trasera por correa provista de polea tensora. Su tubo de escape estaba conectado con el tubo inferior por una salida en la parte superior del tubo del asiento.

La Merkel se fabricaba en Milwaukee, Wisconsin, y en 1903 disponía de un bastidor en U con el motor inclinado. Cuatro años más, tarde, el motor se colocaba verticalmente en el bastidor, aunque esta disposición la adoptó primero el modelo de carreras, que tam-

El motor bicilíndrico en V de la Merkel estaba colocado en un bastidor en U y disponía de transmisión enteramente a cadena. Estas características, entre otras, la convertían en una motocicleta muy deseada, tanto antes como hoy día.

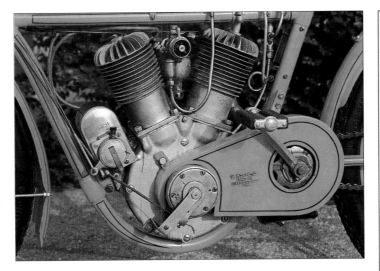

Ohio, que trasladó su producción a esa ciudad, abandonó la competición y cambió el nombre del modelo por el de Flying Merkel. Después cambió la horquilla delantera por un modelo telescópico en el que el muelle de la suspensión estaba colocado dentro de la pipa de dirección, y siguió fabricando monocilíndricas y bicilíndricas en V.

En 1913, el tubo del asiento se había agrandado, haciendo las veces de depósito de gasolina; además, se adoptaron válvulas de admisión mecánicas, algunos modelos incorporaron transmisión a cadena, y se mejoró e hizo descender la línea general del bastidor, el depósito y el asiento.

El último año de Merkel fue 1915. Fue entonces cuando se ofreció finalmente una transmisión de dos velocidades, en lugar de la velocidad única de que había dispuesto. Al mismo tiempo, se incorporó al motor un pedal de arranque. Poco después, el mercado de las motocicletas se fue reduciendo, y la fabricación de la Merkel se interrumpió.

MILITAIRE

ESTADOS UNIDOS 1911–1922

ESTE DISEÑO PASÓ POR muchas manos pero fue un fracaso comercial, debido en parte a la insistencia de la firma en comercializarlo hasta el final con la denominación de coche de dos ruedas. No cabe duda de que era una motocicleta, si bien de unas dimensiones descomunales y con muchas de las características propias de un coche. Y mientras estos detalles no resultaban atractivos a los compradores de motocicletas, los propietarios de coches la miraban con la admiración que produce todo lo novedoso, pero en ningún momento se les pasaba por la cabeza meter una de ellas en su garaje.

La historia comenzó en Cleveland, Ohio, con un prototipo del año 1910 cuya fabricación estaba basada en técnicas propias de los coches: comenzando con un chasis de acero estampado y con una larga suspensión delantera basada en una horquilla de resortes, aunque rígida en la rueda trasera. Contaba con dirección al centro del cubo, volante en lugar de manilla y rueda con radios de madera, además de un par de pequeñas ruedas auxiliares en la parte trasera que

La Militaire, con ruedas auxiliares estabilizadoras, motor de cuatro cilindros en línea, bastidor de acero estampado y dirección al centro del cubo.

La Militaire tetracilíndrica se fabricó desde 1913 hasta 1922, al principio con válvulas laterales. A partir de 1920, el motor contaba con distribución ohv, además de otros adelantos.

se hacían descender para estabilizar la máquina cuando estaba parada. El modelo estaba propulsado por un gran motor monocilíndrico con culata en F, refrigeración por ventilador y encendido por magneto. El motor se conectaba a través de un embrague con un eje, y de ahí con la caja de cambios, que conectaba con la rueda trasera por medio de una cadena. El combustible se alojaba en un depósito colocado detrás del asiento.

La refrigeración por agua se empezó a utilizar en 1912, pero hasta 1913 no hizo su debut la definitiva Militaire con su motor de 68 pulgadas cúbicas, cuatro cilindros en línea con embrague integrado y caja de cambios de tres velocidades con una palanca de cambio semejante a la de los coches. El arranque era eléctrico, la transmisión secundaria por eje y engranajes cónicos, y la horquilla delantera, un modelo muy mejorado. Un manillar sustituía al antiguo volante de dirección, y el depósito de gasolina se había vuelto a colocar sobre el motor. Seguía siendo un coche con ruedas, y venderlo como tal no era sencillo mientras no se resolvieran sus problemas iniciales. La compañía comenzó a pasar por dificultades económicas, y en 1914 fue trasladada a Búfalo, Nueva York. Se introdujeron algunas mejoras en la línea del modelo y la caída de la firma se hizo vertiginosa. En 1917, ésta se trasladó a Jersey City, New Jersey, y cambió su nombre por el de Militor. Entonces se presentó la oferta al ejército estadounidense, que realizó algunos programas de prueba y concluyó que el modelo no ofrecía grandes ventajas.

A pesar de todo, se exportaron a Europa algunas unidades, donde demostraron no estar hechas para los fangosos terrenos de Flandes.

En 1919, se produjo un nuevo traslado a Springfield, Massachussets, y al año siguiente a Bridgeport, Connecticut. Allí, con un nuevo motor de 87,5 pulgadas cúbicas y distribución ohv el modelo adoptó su forma definitiva. Su línea mejoró considerablemente y se añadió suspensión trasera con muelles de cuarto de elipse, al tiempo que se simplificó la suspensión delantera. Todas las máquinas salieron a la venta con sidecar. El diseño no se había probado adecuadamente, por lo que su fiabilidad era más bien escasa y complicaba el problema de la garantía. La compañía quebró en 1922.

MILLER-BALSAMO ITALIA 1921–1959

ESTA COMPAÑÍA, fundada en Milán por los hermanos Ernesto, Edgardo y Mario Balsamo, fue una de las grandes fabricantes de motocicletas de Italia. Su primer modelo fue una dos tiempos de 123 cc. Después llegó la popular 174 cc ohv con motor suizo Moser. En los años treinta, Miller-Balsamo fabricó varios modelos con motores británicos, especialmente el Rudge (Python), con cilindradas de entre 174 y 498 cc. La firma cosechó éxitos tanto en carreras como a la hora de establecer nuevos récords.

Propulsada por un motor británico Rudge de 174 cc ohv, esta aerodinámica Miller-Balsamo batió varios récords de velocidad en 1932. También se fabricaba una versión para competición en pista.

Justo antes del estallido de la Segunda Guerra Mundial, la compañía fabricó una máquina totalmente nueva que utilizaba un motor monocilíndrico de 246 cc ohv, y otra totalmente cerrada propulsada por un motor de dos tiempos y 200 cc.

La firma milanesa fue una de las primeras en volver a la producción una vez acabada la guerra, y una de las primeras motocicletas fue la Jupiter, que llevaba el concepto de la protección aerodinámica a un nuevo plano. Utilizaba un motor de 246 cc con distribución ohv. Lo que llamaba la atención del modelo no era sólo la disposición de sus paneles; además, la Jupiter empleaba una suspensión trasera hidráulica y horquilla delantera de aire comprimido. Otra característica era el indicador de marcha

Arriba: Miller-Balsamo fue una marca pionera en el cerramiento del motor de las motocicletas, como muestra esta motocicleta ligera Schermata de 98 cc de finales de los años treinta.

Abajo: Típica Miller-Balsamo de los años treinta, esta Sport BS8 de 250 cc disponía de distribución ohv, doble lumbrera de escape, tubo de escape muy alto y horquilla delantera de paralelogramos deformables.

accionado desde la caja de cambios, que permitía visualizar un número en el tablero para indicar al piloto en qué marcha estaba. Otra innovación era la liberación de la compresión, que unida por engranajes al pedal de arranque, funcionaba automáticamente cada vez que se abatía el pedal. La bestia negra de la inaccesibilidad se había evitado ingeniosamente utilizando paneles muy grandes, cada uno con un resorte de seguridad accionado por muelle para que el desarmado fuera más sencillo. Además de la Jupiter, la gama de 1947 incluía una versión naked y una 200 cc de antes de la guerra totalmente actualizada.

En 1950, la gama se había aumentado, y a la Jupiter se unían unos modelos convencionales de 125, 200 y 250 cc de dos tiempos, además de una turismo de 250 cc y cuatro tiempos.

Sin embargo, incluso con el lanzamiento de un nuevo modelo de 169 cc ohv a comienzos de los años cincuenta, la vieja firma dejó de existir en 1959, convirtiendo a la Miller-Balsamo en una de las primeras bajas de la industria motociclista italiana de la posguerra.

MINARELLI

ITALIA 1957

Una Minarelli bicilíndrica con refrigeración por agua y válvula de disco, parecida al modelo con que Angel Nieto ganó el campeonato del mundo de 125 en los años 1979 y 1981.

LOS ORÍGENES DEL ENORME imperio Minarelli, que fabrica motores para muchos pequeños fabricantes italianos, se remontan a 1951, año en que Franco Morini y Vittorio Minarelli fabricaron el modelo Gabbiano (gaviota) de 125 cc propulsado por un motor monocíndrico de dos tiempos.

Pronto siguió a éste el modelo Vampire, con distribución ohv y motor de 200 cc, que se vendió con el nombre FMB y, desde 1956, FBM suministró a otras compañías motores de cuatro tiempos que iban de los 48 a los 174 cc.

Morini dejó la compañía en 1957 para crear la firma fabricante de motores Franco Morini, momento en que adoptó el nombre de F. B. Minarelli, aunque más tarde desaparecerían las letras FB.

En los años sesenta, Minarelli desarrolló un modelo para batir récords con motor de 175 cc, y a comienzos de los setenta, suministraba motores con muy variadas cilindradas, entre ellos uno de 49 cc y una sola marcha, destinado a la industria italiana de los ciclomotores; también modelos con varias marchas de 125 y 175 cc, que se instalaban en motos *off-road*. Estos motores se vendían tanto a firmas nacionales como extranjeras.

En 1979 y 1981, la gran estrella española Angel Nieto ganó el campeonato del mundo de 125 cc con una motocicleta que tenía un motor bicilíndrico paralelo con refrigeración líquida y válvulas de disco, que había sido diseñado por el alemán Jorg Moller, un especialista en motores de dos tiempos.

También se fabricó para la competición un modelo monocilíndrico de 50 cc, igualmente con admisión por válvula de disco y refrigeración líquida, aunque este nunca llegó a conseguir los éxitos de su hermano bicilíndrico.

Finalmente, Minarelli vendió a Garelli las máquinas que, una vez puestas a punto, sirvieron para ganar varios títulos mundiales de 125 cc hasta que la firma se pasó a los modelos monocilíndricos a finales de los años ochenta.

Minarelli nunca ha fabricado motocicletas de serie, y en lugar de eso ha preferido suministrar motores a otras firmas fabricantes. Sus éxitos deportivos han puesto de manifiesto que, de desearlo, la firma italiana podría fabricar motocicletas completas para vender al gran público.

Pier Paolo Bianchi, campeón del mundo de 125 cc en 1976 y 1977, consiguió el tercer puesto en las series de 1978 con esta Minarelli. El motor era obra del alemán Jorg Moller.

MINERVA

MINERVA FUE FUNDADA por Sylvain de Jong para fabricar bicicletas y, desde muy temprano, colaboró con De Dion-Bouton. En 1900, de Jong adquirió un motor Lüthi y después una licencia de ZL para la fabricación de este pequeño motor de 211 cc con válvula de admisión automática. Al año siguiente, Minerva tenía ya su propia motocicleta, con un motor que colgaba del tubo inferior de un cuadro convencional de bicicleta y transmisión por correa a la rueda trasera.

Muchos otros fabricantes de motocicletas comenzaron a demandar estos

motores, y pronto se unieron a ellos otros modelos. En 1903, la motocicleta lucía un motor montado verticalmente en el bastidor, y al año siguiente Minerva estaba ofreciendo modelos monocilíndricos de 2, 2,75 y 3,5 CV. También ofreció un motor bicilíndrico en V que desarrollaba 7 CV, y que se utilizó en modelos de carreras, y en 1906 otro bicilíndrico en V de 4,5 CV de carretera, ambos con transmisión a correa y (al principio) horquilla reforzada, que no tardó en dar paso a otra con suspensión, en 1908. Las cilindradas eran de 345 y 433 cc para los monocilíndricos y 577 cc para el bicilíndrico, pero la producción se interrumpió en 1909, cuando la firma había vendido 25.000 motores.

Minerva también fabricó coches hasta 1939. El nombre de la marca reapareció en 1939 con un escúter de 150 cc (que era en realidad una MV Agusta fabricada bajo licencia) y un triciclo con una sola rueda trasera y doble asiento, que se presentó como novedad en la Exposición de Bruselas. Minerva dejó de existir en 1954.

Minerva es más conocida como suministradora de motores a muchas de las primeras firmas, pero también fabricó sus propias motocicletas en los comienzos, así como durante su breve regreso en los años cincuenta.

MIVAL

METALMECÁNICA ITALIANA VALTROMPIA SpA de Gardone Val Trompia Brescia era en sus orígenes un fabricante de máquinas-herramientas. También fabricó motores durante algunos años, al principio de 125 cc y dos tiempos, y en 1954 lanzó el triciclo Messerschmitt, un microcoche fabricado con licencia. La versión italiana era diferente del original alemán: el diseño de la carrocería se alteró, y contaba con un motor Mival de 172 cc en lugar del original Sachs de 191 cc.

La compañía hizo historia en 1956 cuando presentó una nueva motocicleta de 125 cc con distribución ohv y caja de cambios de cinco velocidades, el primer modelo roadster equipado de esta forma.

Mival fabricó varios modelos de competición. En los ISDT de 1950, la compañía presentó un equipo que contaba con la presencia de Eric Oliver, campeón de carreras de sidecar, y Olga Keve-

los, la famosa piloto de trial. En pruebas como la Milano-Taranto, Mival presentó una rápida monocilíndrica de cuatro tiempos y 175 cc. Pero, más famosa por sus modelos de cross, Mival fabricó a finales de los años cincuenta una gama de exóticas monocilíndricas de 250, 350 y 500 cc dohc con cinco o seis velocidades.

En 1966, un año antes de que la firma dejara de fabricar motocicletas, Mival ofreció diez modelos, desde el ciclomotor Presa Diretta hasta la motocicleta Principe de 200 cc ohv, o la Water Kart, propulsada por un motor propio de dos tiempos y 125 cc. En 1967, Mival volvió a fabricar herramientas.

La firma italiana Mival se dio a conocer sobre todo por su gama de exóticos modelos dohc de cross de 250, 350 y 500 cc (en la foto, una de estas últimas). Tenían caja de cambios de cinco o seis velocidades.

MM

LA MARCA MM, con sede en Bolonia, comenzó a fabricar en 1924 con un modelo de carreras de dos tiempos y 125 cc. Se usaron estas iniciales por el nombre de sus fundadores: Mario Mazzetti y Alfonso Morini.

Este modelo de dos velocidades era pilotado por el propio Morini, que no sólo era dueño de la compañía, sino también su primer piloto. Los éxitos en competición no llegaron inmediatamente. En 1927, la MM 125 causó sensación cuando ganó el GP italiano celebrado en el circuito de Monza.

A partir de 1930, la categoría de 125 cc fue perdiendo importancia tras el cambio en el código de la circulación italiano, y MM desvió su atención de los motores de dos tiempos a los de cuatro. El primero de estos modelos de 175 cc ohv no tardó en hacerse popular, y pronto fue seguido por una versión deportiva con árbol de levas en la culata accionado por cadena.

A comienzos de los años treinta, MM, igual que el resto de las compañías industriales del mundo, tuvo que hacer frente a la Gran Depresión. A pesar de

Una MM Corsa de 1926 con motor monocilíndrico de dos tiempos y 123 cc (52 × 58 mm), con cilindro horizontal, encendido por magneto y carburador colocado lateralmente.

todo, logró lanzar nuevos modelos de carretera y competición con distribución ohc accionada a cadena, que iban desde los 174 hasta los 344 cc. La transmisión a cadena siguió siendo una de las características de la mayoría de los modelos de MM hasta los años cincuenta.

En diciembre de 1936, el piloto de MM Luigi Bonazzi batió varios récords del mundo en la prueba Florencia-Pisa con el modelo de 344 cc. En circuito, Bonazzi y Dorini Serafina, junto a otros pilotos, lograron también considerables éxitos.

Una MM (Mazzetti Morini) de carreras con motor de 125 cc y dos tiempos, del mismo tipo que la utilizada por Alfonso Morini cuando ganó en 1927 el GP de Italia. Obsérvese la posición del piloto en las rectas.

En 1937, Alfonso Morini dejó MM para establecer su propia compañía (Moto Morini).

Durante la Segunda Guerra Mundial, MM sufrió los bombardeos aliados, y en 1945 era poco lo que quedaba de las antiguas instalaciones. De algún modo, Mazzetti se las arregló para volver a poner en pie la fábrica cuando todo parecía estar en su contra.

Las primeras motocicletas de esta nueva etapa llegaron en 1947, y eran modelos de 350 y 500 cc, aunque en realidad se trataba de modelos anteriores a la guerra que habían sido rediseñados. En 1950, la motocicleta de 350 cc disponía ya de horquilla telescópica y suspensión trasera por amortiguadores. Lamentablemente, MM no pudo recuperar la fama que había adquirido antes de la guerra, y finalmente cerró en 1957.

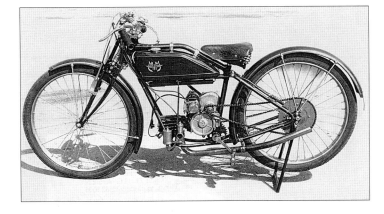

MOLARONI

ITALIA 1921–1927

ESTA ES OTRA DE LAS firmas italianas fundadas por hermanos después de la Primera Guerra Mundial, aunque no estaba destinada a sobrevivir al cambio de década. Molaroni tenía su sede en Pesaro, y sus primeros modelos eran motocicletas monocilíndricas de 300 cc con el motor montado verticalmente en el bastidor, y bicilíndricas planas de 600 cc montadas longitudinalmente a la mar-

cha. El modelo bicilíndrico tenía el mismo diámetro y carrera de pistón que el de un cilindro, así que se trataba de una doble monocilíndrica que utilizaba un cárter común. Ambos motores tenían encendido a magneto con sistema Bosch y sistema de lubricación semiautomático. Por lo demás, eran modelos propios de aquella época, con bastidor rígido, horquillas elásticas y transmisión ente-

ramente a cadena. Con el tiempo, la monocilíndrica de 300 cc fue actualizada y mejorada, y pronto se unió a ella un modelo de 345 cc, que era en esencia la misma máquina pero con un diámetro mayor del cilindro, aunque se conservaba la carrera del pistón. Con el fin de aumentar un poco la gama, a los modelos de cuatro tiempos se añadieron otros de dos tiempos, que utilizaban motores

MB
Estados Unidos (Búfalo, NY) 1916-1920. Esta máquina fue una bicilíndrica paralela de 750 cc con transmisión por eje.

MBA
Italia 1976-años ochenta. Morbidelli de Pesaro y Benelli de Urbino colaboraron para producir un modelo de carreras de 125, y posteriormente ciclomotores con motor Sachs.

MBM
Italia (Cesena) 1974-1981. Ciclomotores y escúter ligeros con motores de 50 cc.

MBR
Italia (Bolonia) 1924-1926. Esta máquina era una bicicleta con motor de dos tiempos y 124 cc.

MC
Checoslovaquia (Praga) 1924-1927. Se trata de una pesada y bien construida motocicleta con sidecar, que estaba propulsada por un motor JAP bicilíndrico en V de 1.000 cc con válvulas laterales.

MCB
Suecia 1960-1975. Monark Crescent Bolaget se remonta hasta 1902 a través de varios cambios de nombre de compañía. Fabricaba sobre todo ciclomotores y motocicletas ligeras de dos tiempos con motores Sachs y Franko-Morini.

MCC
Inglaterra (Londres) 1903-1910. Motor Castings Ltd. fabricaba motores con licencia de Minerva, y también adquiría otros de otras compañías.

MCKECHNIE
Inglaterra (Coventry) 1922. Esta magnífica máquina estaba propulsada por un motor bicilíndrico plano de 688 cc fabricado por Coventry-Victor.

MCKENZIE
Inglaterra (Londres) 1921-1925. Aunque McKenzie tenía su sede en Shafesbury Avenue, sus modelos de dos tiempos y 169 cc los fabricaba Hobart en Coventry.

Blackburne importados de Inglaterra. De éstos, el motor de 350 cc era el más utilizado, aunque también se emplearon otros con válvulas laterales o válvulas en la culata. El diseño de todos los modelos, con caja de cambios separada del motor, transmisión totalmente a cadena, horquilla de paralelogramos deformables y frenos de tambor en ruedas de radios de alambre, era el clásico de estos años. Las luces llegaron gradualmente; muchos modelos se vendieron sin ellas, y su instalación posterior era opcional; su alimentación era por acetileno, en lugar de batería. A nadie sorprendió que fuera retirada del mercado.

MONARK

SUECIA 1927–1975

LA FIRMA QUE INTRODUJO el nombre Monark fabricó su primera motocicleta en 1913, y entre 1920 y 1925 produjo motocicletas ligeras bajo la bandera de Esse. En 1927, se adoptó el nombre Monark, que presentó toda una gama de modelos con motores monocilíndricos Blackburne de 250 y 600 cc provistos de válvulas laterales y distribución ohv. A mediados de los años treinta, Monark había vuelto su atención al mercado de los ciclomotores, diseñando máquinas propulsadas por motores Ilo de 98 cc y dos tiempos. Durante la Segunda Guerra Mundial, la compañía suministró a los militares suecos motocicletas con motores Albin de 500 cc ohv y cuatro tiempos. Estas máquinas ensambladas por Monark estaban basadas en un diseño de Husqvarna. Después de la guerra, la producción volvió a las máquinas con motores Ilo de 50 y 250 cc. Monark no tardó en convertirse en el primer fabricante de su país. En 1959 ganó el campeonato del mundo de motocross con un modelo que incorporaba un motor Albin de 500 cc, única máquina de cuatro tiempos fabricada por Monark después de 1945. El mismo motor Albin se colocó en las máquinas de cross Lito, de corta vida, aparecidas a comienzos de los años sesenta. En 1960, Monark absorbió la antigua firma Nymans Verkstäder, que se encargaba de ensamblar la Royal Enfield Bullet en Suecia con el nombre de NV. En la adquisición de MN, Monark también se hizo con el control de las firmas Crescent y Apollo, a las que rebautizó como Monark Crescent

Este modelo de carreras monocilíndrico de 125 cc del año 1973 era típico de la filosofía Monark: una motocicleta ligera con un pequeño motor.

Entre las máquinas de carreras de Monark fabricadas a comienzos de los setenta, se encontraba esta 500 cc tricilíndrica, que vemos en acción en 1973.

Bolagen o MCB. Las motocicletas fabricadas por Monark en los años sesenta y setenta eran motos ligeras de dos tiempos con motores Sachs y Morini de entre 50 y 175 cc. Además de modelos *off-road*, la compañía también lanzó sus propios modelos de carreras en pista a comienzos de los setenta, pero la falta de ventas trajo la desaparición de la compañía en 1975.

MONDIAL

ITALIA 1936–1979 y 1987

LA HISTORIA DE MONDIAL se remonta a 1929 cuando cuatro hermanos (Carlo, Ettore, Giuseppe y Luigi) fundan la firma FB (Fratelli Bosselli) representante milanesa que comenzó distribuyendo modelos GD de dos tiempos, y posteriormente CM de cuatro tiempos. Uno de los hermanos Bosselli, Giuseppe, se hizo famoso pilotando una CM con la que ganó la medalla de oro en los ISDT de 1935. En 1936, FB había adquirido unas instalaciones industriales en Bolonia y comenzaba a fabricar vehículos de reparto de tres ruedas, ingluyendo un modelo con un motor de 600 cc y una carrera de pistón muy larga.

Cuando Italia entró en guerra en junio de 1940, FB pudo seguir fabricando sus triciclos, pero en 1944 se vio obligada a huir abandonándolo todo cuando los alemanes que se retiraban ante el avance aliado arrasaron el lugar. A pesar de eso, uno de los hermanos, Giuseppe, el que había ganado los ISDT, comprendió en seguida que en la Italia de posguerra habría necesidad de medios de transporte baratos. Giuseppe, que acababa de heredar de su padre el título de conde, volvió a levantar su fábrica, ahora en Milán, capital de la comercial e industrial Italia septentrional. Igual que el Conde Agusta, Guiseppe Bosselli se dio cuenta de que las carreras servían para hacer publicidad de sus modelos. Por tanto, su primera máquina de la nueva firma, llamada FB Mondial, fue un modelo de carreras con un solo cilindro y distribución dohc.

Esta máquina, diseñada por el ingeniero Alfonso Drusiani, estaba destina-

da a hacer famoso el nombre Mondial, ganando los tres primeros campeonatos del mundo de 125 cc (1949, 1950 y 1951). No sólo marcó una nueva tendencia, sino que además se convirtió en toda una leyenda.

Para clientes especiales se fabricó una versión con un solo árbol de levas en la culata, pero carecía de la potencia y velocidad del modelo original.

Los éxitos en competición también ayudaron al desarrollo de los modelos de carretera. En la Exposición de Milán de 1951, el stand de Mondial exhibía una nueva motocicleta ohv de 200 cc. Este modelo se convirtió en parte importante de la historia de la firma, pues constituyó la base sobre la que se fabricó toda una gama de modelos con motor provisto de varillas empujadoras.

En la misma exposición se presentó también la versión actualizada de la primera Mondial urbana de 125 cc ohv, basada en el modelo de carreras, con motor de dos tiempos de 125 y 160 cc.

La Exposición de Milán de 1952 dio a conocer no sólo una nueva versión del modelo 200, sino también el primer escúter de Mondial, que utilizaba una adaptación del recién salido motor de dos tiempos de 160 cc, con cuatro velocidades y caja de cambios integrada. En la versión escúter de este motor, la cubierta simétrica en forma de pera del

Una Sport 125 de alta compresión del año 1951. Desarrollado a partir del modelo estándar Roadster, esta máquina era más rápida, pero todavía conservaba el sistema de válvulas accionadas por empujadores, en lugar de la distribución sohc de los modelos de carreras.

cárter que encerraba la transmisión primaria, el generador y el motor del arranque eléctrico (que no se utilizaba en las versiones para motocicleta) se prolongaba hacia atrás, dando lugar al brazo basculante de la horquilla. Por tanto, el motor, la transmisión y la rueda trasera formaban un subconjunto que basculaba controlado por los dos amortiguadores traseros.

El armazón doble estaba formado de tubos soldados, mientras que para cerrar el chasis y formar el suelo se empleaban planchas de acero. Pero aunque era un modelo técnicamente avanzado, este escúter sufrió el mismo destino que el modelo Cruiser de Ducati, presentado al mismo tiempo: ambos eran demasiado pesados y caros para cautivar la atención del público.

A mediados de los años cincuenta, Mondial cosechaba éxitos en las pruebas de larga distancia, como la Milano-Taranto o el Giro d'Italia. En esta última

La primera motocicleta urbana de FB Mondial (una 125 cc ohv monocilíndrica) hizo su debut en 1949. Tenía horquilla delantera de palas y suspensión trasera por amortiguador.

carrera, Remo Venturi fue el triunfador absoluto en la edición de 1954 con una Sport 175 ohc.

Por esas mismas fechas, el ingeniero Drusiani fabricó varios modelos nuevos de carreras, entre ellos una avanzada 149 cc (53×56 mm) dohc de dos cilindros, cuyo peso excesivo le impidió estar a la altura de la competición. Serían dos modelos monocilíndricos los encargados de hacer revivir los días de gloria de la compañía.

El año 1957 fue tal vez el mejor para la firma Mondial. Con un modelo de 125 cc y siete velocidades (todavía monocilíndrico) y una nueva monocilíndrica dohc de 249,1 cc (87,5 × 56,4 mm) que

MDS
Italia (Milán) 1955-1960. Los hermanos Scocciamaro comenzaron fabricando una motocicleta ligera de 65 cc ohv. Después pasaron a modelos de 70, 75 y 80 cc, y hasta un escúter de 65 cc.

MEAD
Inglaterra (Birmingham) 1922-1924. Estas máquinas estaban propulsadas por motores Precision, Villiers y Wall de entre 1,75 y 3,75 CV.

MEAD
Inglaterra (Liverpool) 1911-1916. La firma Precision suministraba los motores de 200, 500 y 600 cc; JAP, los monocilíndricos de 300 cc, y y los modelos bicilíndricos en V de 750 y 1.000 cc eran de Premier. Es posible que esta última también fabricase motocicletas completas para Mead.

MECCANICA NVB
Italia (Milán) 1956-1957. Estas máquinas de la firma italiana eran modelos ligeros con motores de dos tiempos de 50 y 150 cc de capacidad, y también de cuatro tiempos y 125 cc.

MEIHATSU
Japón 1953-1961. Estas máquinas japonesas de los años cincuenta estaban equipadas con motores monocilíndricos de dos tiempos y bicilíndricos de 125 y 250 cc.

MEISTER
Alemania (Bielefeld) 1949-1959. Esta firma fabricaba motocicletas ligeras con motores Ilo o Fitchel & Sachs de 100, 125, 150 y 175 cc. También fabricó un escúter con un motor de 50 cc.

MEIYER
Holanda (Korbgeflecht) h. 1901. Esa máquina era un escúter (con sillín) equipado con arranque manual y transmisión por correa.

En 1953, los clientes de Mondial podían adquirir esta monocilíndrica ohc de 175 cc, provista de horquilla telescópica y suspensión trasera por brazo basculante.

cesco Villa entre los años 1963 y 1965. En los últimos modelos de serie se utilizaron motores alemanes Sachs, desde mediados de los años setenta, entre los que destacaba un excelente V778 de siete velocidades para la modalidad de enduro.

Pero estos años finales habían sido muy difíciles para Mondial, y la firma cerró sus puertas el 31 de diciembre de 1979.

Sin embargo, con ayuda de los hermanos Villa, la marca volvió a aparecer a finales de 1987. Su gama incluía vehículos *off-road*, una super deportiva de 125 cc y la Gran Prix 125 de competición. Esta efímera aventura terminó en 1989.

---

se fabricaba con cinco, seis o siete velocidades, y que alcanzaba una velocidad máxima de 220 km/h, Mondial ganó ambos títulos del mundo. En la clase más pequeña, el triunfador fue Tarquinio Provini, mientras que el inglés Cecil Sandford se hizo con la corona de 250 cc.

Tras esos capítulos de gloria, Mondial, junto con Gilera y Moto Guzzi,

Un modelo Sport Lusso de 1956. Esta máquina era más barata de fabricar y también de adquirir que los modelos de carretera de FB Mondial con motor de cuatro tiempos. Sin embargo, tenía muchas de las virtudes de aquellos.

anunció su retirada de las carreras de Grand Prix a finales de 1957. Su abandono se explica por la caída de ventas en el mercado de las motocicletas, tanto en Italia como en el extranjero, propiciada por el auge del coche como transporte familiar alternativo.

Al contrario que muchas otras firmas, Mondial sobrevivió al bache económico y siguió fabricando toda una gama de modelos de dos tiempos y de distribución ohv con cilindradas hasta los 250 cc.

Incluso lanzó un escúter de 75 cc llamado Lady que, con sus numerosos accesorios y llamativos colores estaba dedicado al mercado más juvenil.

De 1960 en adelante, el conde Bosselli se fue retirando gradualmente a su refugio de la playa, dejando el negocio en manos de su sobrino. Fue él, en realidad, quien presidió el declive de la compañía en los años sesenta y setenta. El momento culminante de este período llegó con un nuevo proyecto en el mundo de la competición, plasmado en los modelo RS125 y 250, de dos tiempos, diseñados y pilotados por Fran-

El modelo FB Mondial GP monocilíndrico dohc de 249,1 cc con que Cecil Sandford ganó el campeonato mundial. Los pilotos podían elegir entre cinco, seis o siete velocidades.

El famoso logotipo de FB (Fratelli Bosselli) Mondial. Esta firma tuvo el honor de ganar los tres primeros campeonatos del mundo de 125 cc (años 1949, 1950 y 1951).

MONDIAL 125 GRAND PRIX 1949

FB Mondial tuvo el honor de ganar el primer campeonato del mundo de 125 cc en el año 1949. En realidad, la marca retuvo el título en 1950, e hizo lo mismo en 1951.

La motocicleta que logró estos éxitos era un modelo revolucionario, para aquellos días. Había sido creada por Alfonso Drusiani, hermano de Oreste Drusiani, el diseñador jefe y cofundador de la compañía CM.

Cuando hizo su debut en 1948, casi nadie había oído hablar todavía de los dobles árboles de levas en la culata de un modelo de tan poca capacidad. Sin embargo, en un terreno hasta entonces dominado por los modelos de dos tiempos, la dohc Mondial barrió a sus oponentes, entre los que se contaban las afamadas MV Agusta y Moto Morini.

La transmisión hasta los árboles de levas se realizaba por medio de un eje vertical y engranajes cónicos, todo ello situado en el lado derecho del cilindro. Las válvulas, inclinadas en un ángulo de 80°, se valían de muelles ahorquillados colocados al aire. Tanto el cilindro como la culata estaban hechos de aluminio, con camisa y el asiento de la válvula hechos de acero. La transmisión primaria a la caja de cuatro velocidades, integrada en el motor, se realizaba por engranajes de corte recto. La relación de

compresión era de 9,7:1 (el máximo posible que en aquellos días permitía un combustible con un octanaje de 80). El motor desarrollaba casi 11 CV a 8.600 rpm. En aquel tiempo, la mayor potencia que sus rivales podían extraer de los motores de dos tiempos era de 10 CV.

El conde Giuseppe Bosselli, jefe de la fábrica, vio como su máquina triunfaba en su debut GP de 1948, pilotada por Francesco Lama, antiguo campeón italiano en la categoría de 500 cc.

Un mes más tarde, y todavía sin carenado, esta misma máquina fue utilizada por Gino Cavanna (el monje volador) para batir el récord de velocidad con un modelo de 125 cc en las pruebas de la milla y el kilómetro (desde parado) con una marca de 130 km/h en un kilómetro.

Con la potencia aumentada hasta los 13 CV a 9.500 rpm y una velocidad máxima de 145 km/h, la Mondial venció en cuantas pruebas tomó parte durante el año 1949, incluido el campeonato del mundo de 125 cc, con Alberto Pagani sobre la máquina. Mientras, Cavanna, ahora con un modelo con carenado, aumentó su récord del kilómetro hasta los 161 km/h.

En 1951, el motor monocilíndrico dohc ya desarrollaba 16 CV a 12.000 rpm

La FB Mondial dohc 125 GP monocilíndrica usada por Carlo Ubbiali para ganar el campeonato del mundo en 1951. Desarrollaba 16 CV a 12.000 rpm.

en el que sería su último año en competición. Y aunque fue vencido por MV y NSU, Mondial podía presumir de ser triple campeona del mundo, además de haber sido la primera marca en conseguir tal corona.

Motor: monocilíndrico, dos tiempos, dohc, 123,5 cc (53 x 56 mm), refrigeración por aire
Potencia: 13 CV a 9.500 rpm
Caja de cambios: pedal, cuatro velocidades
Transmisión secundaria: cadena
Peso: 98 kg
Velocidad máxima: 163 km/h

MELDI
Italia 1927-1937. Estas máquinas eran modelos de carreras propulsados por motores JAP y Rudge Python, con capacidades de 250, 350 y 500 cc.

MEMINI
Italia 1946-1947. Los modelos de esta firma italiana, también conocida como Memini Electra, utilizaban motores propios de dos tiempos.

MENON
Italia (Veneto) 1930-1932. Esta fábrica de bicicletas fue fundada en 1875, pero no fabricó motocicletas hasta mucho más tarde. Sus modelos eran propulsados por motores JAP de 175 y 200 cc.

MENOS
Alemania (Berlín) 1922-1923. Esta máquina totalmente cerrada utilizaba un motor bicilíndrico plano de 618 cc con refrigeración por agua. Era muy parecido al modelo Aristos (véase).

MERCER
Inglaterra 1961. A. C. Mercer fabricó un modelo de seis cilindros dispuestos radialmente, que al parecer no tuvo ningún éxito comercial.

MERCIER
Francia 1950-1962. Esta compañía fabricaba motocicletas ligeras y miniescúter provistos de motores ydral y Villier de entre 100 y 175 cc, además de los ciclomotores con motor Lavalette.

MERCO
Alemania (Berlín) 1922-1924. Esta compañía (su nombre completo era Mercur-Motoren-GmbH) fabricaba modelos de 200 cc y dos tiempos con motores propios.

MERCURY
Inglaterra (Dudley) 1956-1958. Esta firma fabricaba ciclomotores y escúter provistos de motores Villiers de entre 50 y 100 cc. Los nombres de los modelos eran eclécticos, y entre se ellos se contaban: Dolphin, Whippet, Hermes y Pippin.

MONDIAL CONSTELLATION 200

La primera Mondial con un motor 200 hizo su debut a finales de 1951. Al contrario que los grandes modelos de carreras GP de la firma, ésta tenía varillas empujadoras en lugar de doble árbol de levas en la culata.

Un año más tarde, en la Exposición de Milán de 1952, llegó una nueva 198 cc (62 × 66 mm) monocilíndrica, todavía con distribución ohv. En gran parte, era una tourer con caja de cambios integrada en el motor que desarrollaba 12 CV a 6.000 rpm.

Una característica llamativa de su diseño era el pedal de arranque, que se accionaba hacia delante y estaba colocado en el lado derecho del motor, junto con el tradicional pedal de cambio italiano, lo que daba a esa parte del modelo un aspecto bastante completo. Por el contrario, el lado izquierdo del motor, con su cubierta redondeada (que ocultaba el enorme volante) era casi espartana.

El bastidor era sencillo, de doble cuna con suspensión trasera por brazo basculante, mientras que en la rueda delantera incorporaba una horquilla telescópica con los muelles en baño de aceite. Este modelo, cuyo nombre era Conste-llation, utilizaba lubricación por colector dentro del cárter, encendido por batería, asiento doble y suspensión trasera oculta. El motor estaba hecho de aleación, y el guardabarros era envolvente. La curva del manillar se había diseñado pensando más en la comodidad que en una postura aerodinámica, pero con un límite de velocidad de 105 km/h, el rendimiento no era una consideración prioritaria. En lugar de eso, el fin de la Constellation era proporcionar a su dueño un medio de transporte diario con estilo y bajo consumo de combustible. En comparación con otros muchos nombres que han tomado parte en competiciones (Ducati, MV Agusta, Gilera, Moto Guzzi), las cifras de ventas de Mondial son más bien modestas.

Pero nadie duda de la excelente calidad de su fabricación en comparación con sus rivales.

Motor: monocilíndrico, tres válvulas, 198 cc (62 × 66 mm), refrigerado por aire
Potencia: 12 CV a 6.000 rpm
Caja de cambios: pedal, 4 velocidades
Transmisión secundaria: cadena
Peso: 112 kg
Velocidad máxima: 104 km/h

MONET-GOYON

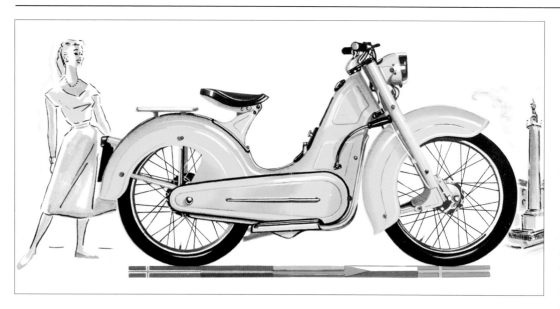

Monet-Goyon fabricó este escúter Starlett desde 1953, con un motor Villiers de 99 cc y dos velocidades oculto bajo un moderno chasis.

SE TRATA DE UNA INTERESANTE firma que utilizó motores Villiers y MAG durante muchos años, aunque comenzó con un modelo llamado Wall Auto Wheel, un motor que venía listo para colocarse en uno de los lados de la rueda trasera de una bicicleta convencional. Después de la Primera Guerra Mundial, la compañía fabricó un triciclo que utilizaba un modo de propulsión semejante, con motor de cuatro tiempos montado en el lado derecho de la rueda trasera de plato, mientras que la parte izquierda estaba conectada con los pedales.

Este triciclo, diseñado para personas inválidas, tenía un asiento de mimbre, parte delantera de bicicleta y un motor

Los motores Villiers de dos tiempos fueron muy utilizados por Monet-Goyon en sus modelos, pero algunas de sus motocicletas utilizaron también motores MAG de válvulas laterales.

Villiers de dos tiempos y 147 cc. Este mismo motor también se utilizó para una máquina semejante a un escúter y una motocicleta ligera con transmisión a correa y horquilla delantera basculante. El escúter se dio a conocer con el nombre de Vélauto, y apareció una versión Super con un motor Villiers de 269 cc.

Desde 1926, Monet-Goyon añadió modelos de cuatro tiempos con motores MAG de 346 y 496 cc, con distribución ohv o válvula de admisión en culata y de escape en el lateral del cilindro.

A comienzos de los años treinta, la firma fabricó su propio motor de 350 cc y válvulas laterales, que siguió usándose durante dos décadas. También hubo motores monocilíndricos ohc, pero era de la firma Koehler-Escoffier, empresa absorbida por Monet-Goyon en 1929. Este motor estaba inclinado hacia delante, con árbol de levas accionados por ejes y engranajes, todo ello en el lado derecho, mientras que la magneto, que estaba detrás del cilindro, era accionado por una cadena que enganchaba con el extremo izquierdo del cigüeñal.

En los años treinta, la gama seguía formada por modelos de dos tiempos desde 147 cc y de cuatro tiempos de hasta 500 cc, estos últimos con válvulas laterales o en la culata. Se utilizaron con ellos cajas de cambios de dos, tres o cuatro velocidades, y también disponían de horquillas delanteras de paralelogramos y depósitos sobre el tubo superior del bastidor. En 1932, se añadió a la gama un ciclomotor de 100 cc y dos tiempos, con el motor montado muy bajo en un bastidor abierto provisto de horquilla delantera de paralelogramos deformables, al que pronto se unió toda una gama de ciclomotores de 100 cc basados en el mismo motor.

Después de la Segunda Guerra Mundial, la firma continuó usando motores Villiers para sus modelos ligeros, que había estado fabricando bajo licencia desde mediados de los años treinta, y continuó con el 350 cc de cuatro tiempos en sus dos variantes: válvulas laterales y distribución ohv.

En los años cincuenta, se añadió el escúter Starlette, totalmente cerrado y con motor Villiers de 99 cc, mientras que en 1956 llegó la Pullman 125, provista de un motor Villiers de 122 cc con caja de cambios de tres velocidades, colgado de un bastidor de espina central provisto de horquilla telescópica delantera y suspensión por monoamortigua-dor en la rueda trasera. Todas las partes del motor estaban ocultas tras paneles laterales que tan sólo dejaban al aire el cárter y parte de la rueda trasera, mientras que la delantera estaba oculta por una rejilla. El resultado era un diseño muy a la moda.

Sin embargo, ni siquiera con esta impresionante máquina Monet-Goyon entró en la nueva década, la de los años sesenta.

MONTESA ESPAÑA 1945–FINALES DE LOS OCHENTA

UNO DE LOS FABRICANTES de motos de trial más conocidos internacionalmente es Montesa, firma fundada en 1945 por Francisco Bultó y Pedro Permanyer. Sorprendentemente, sólo hubo una marca española de cierta entidad que fabricaba antes de que apareciera Montesa. Nos referimos a Sanglas, que había estado produciendo motocicletas pesadas para la policía desde el año 1942, y que fue absorbida por Yamaha en 1981.

El primer producto que ofreció Montesa fue una motocicleta de dos tiempos y 98 cc, a la que siguió una 125 cc en 1946, los dos modelos de competición de trial. Quizá porque su orografía se presta a ello, España es el país que más marcas de motocicletas de trial ha producido: Ossa, Bultaco, Merlín, Gas Gas, Mecatecno y Mototrans: todas ellas participaron de un mercado próspero.

Francisco Bultó siguió su propio camino, y en 1958 fundó Bultaco (su hijo Ignacio sería cofundador de Merlín en 1982), pero Montesa siguió fabricando máquinas *off-road* propulsadas por motores de dos tiempos y 123 cc de fabricación propia.

En 1962, la compañía lanzó el modelo Impala de 175 cc, que se convirtió en una de las máquinas de más éxito y lon-

Desde el comienzo, la producción de la compañía se dedicó fundamentalmente a modelos de trial, aunque también se puso en el mercado alguna máquina de carretera.

geva vida del país. Tal fue su popularidad que dio lugar a una versión de carreras y un modelo con motor de 250 cc. Al mismo tiempo, Montesa estaba ya fabricando modelos de carretera con motores de dos tiempos de entre 49 y 349 cc.

En 1968, Montesa imitó la Sherpa de Bultaco y lanzó la Cota 250 cc de trial, que, junto con su rival, dominó por completo este sector del mercado.

En 1973, apareció la Cota 172, con seis velocidades. Esta máquina era una versión de la Cota 123 con cilindro de mayor diámetro y, aunque era una competente máquina *off-road*, la potencia desarrollada por su motor monocilíndrico de 158 cc no resultó suficiente para las competiciones de trial más exigentes.

A finales de los años setenta, el mercado de las motocicletas se derrumbaba, y el relanzamiento de la Impala en 1981 coincidió con la absorción de la compañía por parte de Honda. Aunque esta adquisición aseguraba la supervivencia de la firma, y ahora se viera convertida en una planta de ensamblaje de Honda para motocicletas de pequeña cilindrada, la gama Montesa quedó limitada a un único modelo de trial, la Cota. Esta es una motocicleta de aspecto soberbio, y a la vanguardia de la tecnología de entonces.

El puntal económico de la producción de carretera de la firma Montesa durante los años sesenta y setenta fue la Impala de dos tiempos y 175 cc, una de las motos más longevas fabricadas en España.

MONTESA COTA

La Montesa Cota de los años noventa, una motocicleta de competición de trial sin ninguna otra pretensión, se basaba en un chasis Verlicchi de doble viga hecho de piezas de aluminio fabricadas por estampado y extrusión. La horquilla delantera era telescópica e invertida, y de la suspensión trasera se encargaba un único amortiguador progresivo. Ambas ruedas incorporaban frenos de disco. Sobre el bastidor, que se prolongaba en un guardabarros trasero, estaba colocado el depósito de la gasolina, así como el asiento, del perfil más bajo posible. Debajo del guardabarros estaba el tubo de escape del motor monocilíndrico de 258 cc y refrigeración por agua. El

motor, con caja de cambios integrada, contaba con una transmisión de seis velocidades. El peso total del modelo era de 83 kg, lo que da idea de su agilidad.

Motor: monocilíndrico, 258 cc, refrigerado por agua
Potencia: 54 CV
Caja de cambios: 6 velocidades, pedal
Transmisión secundaria: cadena
Peso: 83 kg
Velocidad máxima: 145 km/h

Una obra maestra de la ingeniería minimalista, la Cota 304 es un ejemplo de moto de trial de finales de los ochenta: compacta, robusta y relativamente ligera

MONTGOMERY

MONTGOMERY, QUE COMENZÓ a producir en 1904, se concentraba en el sector de los sidecares e iba añadiendo motocicletas para ofrecer el equipo completo. Estas motocicletas al principio estaban construidas en Bury St. Edmund's, Suffolk, y el modelo de 1905 tenía un motor bicilíndrico en V que desarrollaba 5 CV, y contaba con un sidecar hecho de mimbre, que podía separarse de la motocicleta en tan sólo dos minutos (según se decía). Además, en algunos modelos, ambos componentes estaban unidos por piezas flexibles que permitían negociar las curvas con más facilidad. En un anuncio, Montgomery mostraba un modelo con un sidecar a cada lado de la motocicleta.

Durante algunos ños, Montgomery continuó añadiendo nuevas motocicle-

tas para completar la gama de sidecars que ofrecía a su público. En 1911, tras el traslado a Coventry, las motocicletas se ensamblaban en las nuevas instalaciones con piezas de otras firmas que se instalaban en bastidores propios.

En 1913, la firma presentó una motocicleta con un motor Coventry-Victor de dos cilindros planos y 689 cc, diseñado para sidecar. Su transmisión era por correa directa y tres velocidades en el cubo de la rueda trasera, pero con una gran polea montada en el árbol de levas. En las otras máquinas, los bastidores dobles, que disponían de horquilla Biflex, envolvían el motor. En 1915, el motor aumentó su cilindrada hasta 708 cc, pero

La Montgomery Greyhound estaba provista de un motor JAP ohv de 677 cc. En un principio, sólo se fabricó durante el año 1931, pero volvió al catálogo de la compañía en los años 1933 y 1934.

Montgomery adoptó la moda de inclinar la posición del cilindro. Este modelo de 1929 tenía un motor JAP ohv de 346 cc y caja de cambios de tres velocidades.

el resto siguió igual. Después de la guerra, fabricó una gama de modelos, desde un 147 cc de 2T hasta un bicilíndrico en V de 996 cc y varias versiones, unas para uso con sidecar y la mayoría con tres velocidades y transmisión a cadena. También fabricaba una horquilla delantera con muelle de ballesta para las grandes bicilíndricas que además vendía a otras compañías como Brough-Superior y Coventry EAgle. Después de su modesta participación en la TT, comenzó a utilizar motores ohv fabricados por JAP y Anzani.

A finales de 1925, la fábrica fue presa de un incendio, lo que detuvo la producción durante un tiempo. Durante los años treinta, Montgomery ofreció las misma líneas de modelos con motores Villiers y JAP. Lo que sí varió fue la cilindrada. Muchos modelos tenían nombres caninos: Greyhound, Terrier, Retriever, Bulldog.

Los modelos de cuatro tiempos iban desde los 247 hasta los 994 cc, con válvulas laterales o distribución ohv, y las máquinas fueron progresando y añadiendo depósitos sobre el tubo superior y pedal para el cambio de velocidades. Los modelos de dos tiempos, con cilindradas que iban desde los 98 hasta los 247 cc, eran sencillos La Segunda Guerra Mundial acabó con la producción en 1940. La firma no volvió a fabricar motocicletas.

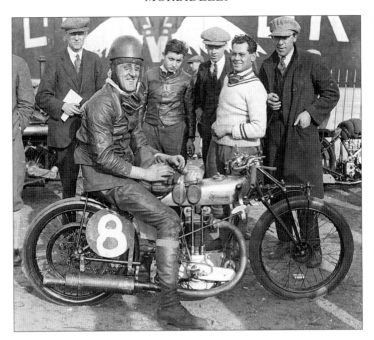

Montgomery con motor JAP de 490 cc, después de ganar una carrera de una sola vuelta en 1924. Completó la prueba con una impresionante velocidad media de 125,5 km/h.

MORBIDELLI ITALIA 1968

GIANCARLO MORBIDELLI, nacido en 1938, sintió desde niño pasión por las motocicletas, en particular las de carreras. Su adolescencia transcurrió durante los años cincuenta, edad de oro de la industria motociclista italiana y sus equipos de competición.

Durante los años sesenta, el joven Morbidelli creó una próspera fábrica de maquinaria para carpintería en su ciudad natal de Pesaro, en la costa adriática, a poca distancia de la fábrica de Benelli.

Una combinación de entusiasmo, espíritu comercial y deseo de conseguir publicidad para su negocio llevó a Giancarlo a tomar parte en competiciones de motocicletas en 1968, año en que corrió con una Benelli 60 modificada y una Motobi que Luciano Mele había utilizado para ganar el título italiano junior.

A partir de estos humildes comienzos, creció un equipo que llegó a ganar seis campeonatos mundiales durante la década de los setenta.

La primera motocicleta fabricada enteramente por Morbidelli apareció a finales de 1968, cuando Giancarlo decidió diseñar su propia 50 cc de carreras con ayuda de Franco Ringhini, que acababa de dejar la fábrica Guazzoni. Esta máquina, que empezó a competir al año siguiente, era una monocilíndrica de

49,8 cc (40 × 39,8 mm) con motor de dos tiempos, admisión por válvula de disco y refrigeración líquida. Al año siguiente, nuevamente con Ringhini, se fabricó una 124 cc (121 cc, 44,4 × 39,8 mm). Este modelo también utilizaba válvula de disco en la admisión y refrigeración líquida. Ambas motocicletas contaban con seis marchas.

Los meses siguientes se pasaron en investigación y pruebas en pista. En 1972, Gilberto Parlotti conmocionó el mundo de la competición no sólo por terminar en cada una de las cuatro series en que tomó parte, sino por conseguir además dos gestas, con un segundo y un tercer puestos.

La siguiente prueba se celebró en la isla de Man, prueba que en aquellos momentos todavía contaba para el cam-

peonato del mundo. Después de ir liderando la prueba en pésimas condiciones meteorológicas, el piloto de Trieste, de treinta y cuatro años, perdió el control de su Morbidelli y murió en el acto.

Este accidente tuvo profundas consecuencias en el equipo Morbidelli y en la competición en general. Parlotti había estado probando en secreto una nueva tetracilíndrica de 350 cc, que fue inmediatamente desechada. Tardaría mucho en volver a aparecer una tetracilíndrica de Morbidelli. La muerte de Parlotti tuvo como consecuencia que se abandonase el circuito de la isla de Man como prueba del campeonato del mundo.

Hasta 1974 Morbidelli no se recuperó de la muerte de Parlotti. Entonces, con un nuevo ingeniero, Jorg Moller, y

Gilberto Parlotti ganó las primeras cuatro pruebas de los campeonatos del mundo de 125 del año 1972 con su bicilíndrica de Morbidelli. Después murió en un fatal accidente ocurrido en la TT de la Isla de Man.

un nuevo piloto, Paolo Pileri, el equipo logró el subcampeonato en la categoría de 125 cc. La nueva bicilíndrica de Moller, todavía con válvulas de disco, desarrollaba 42 CV a 14.200 rpm.

Este iba a ser el comienzo de un período de grandes éxitos, que comenzó con el triunfo de Pileri al conseguir el título mundial en 1975. Este éxito trajo consigo numerosos encargos de clientes particulares, deseosos de tener una réplica del modelo, de manera que se levantó una nueva fábrica en colaboración con Benelli Armi (la compañía fabricante de armas que pertenecía a la familia Benelli). Las nuevas máquinas se comercializaron como Morbidelli-Benelli Armi (MBA). Estas máquinas eran auténticas réplicas de modelos de carreras, pero la puesta a punto de los motores no era tan afinada, lo que producía unos 5 CV menos.

Después llegó el turno de Pier-Paolo Bianchi, compañero de equipo de Pileri, que ganó el título mundial en 1976. En la edición de 1977, más de la mitad de la parrilla de 125 GP estaba formada por motocicletas Morbidelli (o MBA). A finales de ese mismo año, Bianchi volvió a conseguir el título. Además, Morbidelli también se hizo con el título de 250 cc, gracias a la pericia de su piloto, Mario Lega. Esta última máquina había hecho su aparición por primera vez a mediados de 1976 cuando, pilotada por Pileri, había quedado en segunda posición detrás de la Harley-David-

son de Walter Villa. La bicilíndrica de 249,7 cc (56 × 50,7 mm) conservaba la línea clásica de Morbidelli, con refrigeración líquida, válvulas de disco y seis velocidades.

Aunque Eugenio Lazzarini se convirtió en campeón del mundo de 125 cc en 1978 (esta vez con una MBA), la suerte del equipo Morbidelli había comenzado a menguar, con nuevos modelos de cuatro cilindros de 350 y 500 cc que nunca llegaron a tener las prestaciones de sus hermanos de menor cilindrada. La 125 MBA de carreras siguió fabricándose hasta finales de los años ochenta, cuando la FIM decidió que la clase de 125 sólo podía contar con modelos monocilíndricos.

Más tarde, en 1994, Morbidelli presentó una nueva motocicleta turismo de lujo con un motor de ocho cilindros en V y 850 cc, además de transmisión por eje. Pero el alto precio de este modelo diseñado por Pininfarina, unido a una línea más bien insípida y nada atractiva, hizo que fracasara desde su aparición en los salones de exposiciones. Ni siquiera el rediseño de Bimota pudo hacer algo por salvar el modelo.

En 1994, Morbidelli presentó una turismo de lujo con motor de ocho cilindros en V y 850 cc, con un diseño realizado por Pininfarina. La de la foto es la versión rediseñada por Bimota. Ninguna de las dos tuvo éxito.

MOTOBÉCANE (MOTOCONFORT) FRANCIA 1922–1984

LA FIRMA MOTOBÉCANE fue el mayor productor francés de motocicletas durante muchos años y se recuerda por una gama de máquinas fiables y discretas, y el ciclomotor Mobylette. El primer prototipo de esta compañía fundada por Abel Bardin y Charles Benoît se fabricó en 1922. Desde el principio, Motobécane mostró que el modo de mantenerse en el negocio y conseguir beneficios consistía en fabricar un modelo sencillo en grandes cantidades.

Ese primer modelo tenía un motor de dos tiempos de 175 cc con encendido por magneto accionada mediante cadena, un carburador orientado hacia delante unido a un colector que se curvaba hacia la derecha del cilindro, bujía en la parte posterior de la culata y un descompresor en la parte delantera. La transmisión a la rueda trasera se reali-

Una de las monocilíndricas más conseguidas de Motobécane durante los años treinta fue este modelo de 500 cc ohv con caja de cambios integrada, lanzado en 1934.

zaba por medio de correa, y el conjunto del motor iba colocado en un sencillo bastidor convencional con una versión para señoras, y una horquilla delantera basculante.

En 1929, la compañía había vendido más de 150.000 unidades de este modelo. Poco cambiaron las cosas hasta 1928, cuando la gama se amplió para incluir más y mejores versiones. También aparecieron máquinas con motores Blackburne de cuatro tiempos y 348 y 495 cc, con válvulas laterales o distribución ohv.

En 1930, apareció un modelo mucho más complejo, con un motor de cuatro cilindros en línea, 500 cc, válvulas laterales y caja de cambios integrada. La transmisión era por eje y todo el conjunto se encajaba en un bastidor mucho más sólido.

Este modelo se revisó en 1931, y se le incorporó un motor de 750 cc ohc tetracilíndrico y entró en el catálogo de Motoconfort. La producción de motores de cuatro tiempos estaba muy limitada, y confirmaba que la mejor opción comercial la constituían los modelos pequeños, baratos y producidos en grandes cantidades. Durante los años treinta, la firma fabricó toda una gama de monocilíndricos, incluido un ciclomotor. Entre sus avances técnicos se contaban las culatas con cuatro válvulas y las cajas de cambios integradas en el motor.

Después de la Segunda Guerra Mundial, la gama volvió a incluir modelos de cuatro tiempos, con horquillas telescópicas y suspensiones traseras con amortiguadores.

El modelo más importante de la posguerra fue el Mobylette de 1949, con su sencillo motor de 2T, 50 cc y transmisión por correa o cadena. El primer modelo contaba con las características más simples, pero los siguientes tenían cambio automático, relación de engranaje automática, horquilla telescópica delantera, suspensión trasera por amortiguador, horquilla basculante en la rueda trasera y frenos muy mejorados.

Otros modelos fueron apareciendo y desapareciendo del catálogo de la firma,

Arriba: Una LT3 de los años setenta, con motor de dos cilindros y 125 cc, dos tiempos, cinco velocidades, bastidor de espina central y suspensión en ambas ruedas.

Abajo: El ciclomotor Mobylette, lanzado al mercado en 1949, se mantuvo en producción durante muchos años, con grandes cambios. Fuera de Francia se fabricaba bajo licencia.

mientas que el ciclomotor seguía ahí. Entre los primeros se encontraba un bicilíndrico vertical, un escúter fabricado a partir de 1951 y, posteriormente, un modelo tricilíndrico de dos tiempos y 350 cc.

En los años setenta se desarrolló una bicilíndrica de 125 cc que finalmente llevó a la compañía a la competición,

logrando un segundo puesto en el campeonato del mundo.

Lamentablemente, la caída en las ventas acabó con esta buena racha, y ni siquiera las ventas de la Mobylette pudieron enderezar la situación. En 1984, Motobécane vendió el negocio a Yamaha, que siguió produciendo motocicletas en la fábrica.

MEZO
Austria 1923-1926. Medinger era un piloto de carreras que (como tantos otros de aquel período) sacó provecho de su fama ofreciendo modelos ensamblados provistos de motores Villiers y JAP. Sin embargo, la producción de estos modelos se vio comprometida por el accidente que Medinger sufrió en la TT de Austria del año 1924.

MF
Alemania (Nuremberg) 1922-1925. Esta compañía, la Fahrzeugfabrik Max Fischer, ofrecía modelos propulsados por un motor BMW de 500 cc y dos cilindros planos, o por motores Blackburne de un cilindro y 350 y 500 cc.

MFB
Alemania (Hamburgo, posteriormente Munich) 1923-1924. Esas máquinas se caracterizaban por sus bastidores de madera en los que se colocaban motores Nabob de 198 cc y JAP de 293 cc. Cuando la firma original quebró, Hoco (con sede en Munich) se hizo cargo de la producción.

MFB
Italia (Bolonia) 1957-1964. Ciclomotores y motocicletas ligeras. Estas últimas utilizaban motores monocilíndricos de dos tiempos y 75 y 125 cc, así como un monocilíndrico ohv de 175 cc.

MFZ
Alemania (Berlín-Kopenick) 1921-1928. Máquinas excelentes, aunque algo anodinas, con motores de fabricación propia de hasta 350 cc. Los modelos monocilíndricos de esta compañía de 175 y 250 cc fueron las primeras máquinas alemanas de esas capacidades con distribución ohv.

MGC
Francia 1927-1929. Marcel Guignet et Cie. Utilizaban bastidores de aleación ligera y componente también del mismo material, y propulsaban sus máquinas con motores Chaise y JAP de 250, 350, 500 y 600 cc.

MOTOBI ITALIA 1950–1976

A FINALES DE 1949, uno de los hermanos Benelli, Giuseppe, dejó la firma familiar para crear su propia empresa. El nombre que utilizó fue el de Moto B Pesaro (que pronto se abrevió en Motobi). La joven firma debutó en la Feria de Primavera de Milán, celebrada en abril de 1950. El primer modelo fue una roadster propulsada por un motor de dos

tiempos, monocilíndrico horizontal de 98 cc, que recordaba el diseño de la alemana Imme. El éxito de ventas que alcanzó posibilitó el lanzamiento de toda una gama de modelos similares, con motores de mayor cilindrada.

El primer modelo de dos cilindros apareció en 1952. Conocido como Spring Lasting, tenía un motor de 200

cc con caja de cambios integrada, y no tardó en ampliar la cilindrada hasta los 250 cc. Ambas bicilíndricas demostraron unas excelentes prestaciones, gracias al motor con admisión por válvula rotativa. En junio de 1955, la bicilíndrica de 250 cc pilotada por Silvano Rinandi ganó la carrera Milano-Taranto en la categoría de 250. Luego llegó el cam-

bio, al pasar a los motores de cuatro tiempos, con un par de modelos monocilíndricos de 123 y 172 cc, todavía con disposición horizontal de los cilindros. El modelo mayor, llamado Catria, cosechó grandes éxitos, tanto en exposiciones como en carreras.

Giuseppe Benelli murió en 1957. El control de la compañía pasó a manos de sus hijos, Luigi y Marco. Éstos se reconciliaron con el resto de la familia (véase el capítulo dedicado a Benelli), y ambas firmas se unieron en 1963, aun-

Una versión de competición de la Motobi 172 cc ohv monocilíndrica horizontal. Estas máquinas ganaron nada menos que 10 campeonatos junior de Italia entre los años 1959 y 1972.

que Motobi mantuvo su independencia tecnológica durante varios años.

Las máquinas Motobi dominaron la categoría a partir de 1959, cuando una de las monocilíndricas de 172 cc ganó el campeonato junior de Italia. Desde entonces hasta el año 1972, la firma ganó otros nueve campeonatos. Además, se dio vida a una nueva versión de 203 cc ampliando el diámetro del cilindro hasta los 67 mm.

Durante los años sesenta, el ingeniero suizo Werner Maltry también realizó varios modelos especiales de carreras basados en las Motobi, incluida una bicilíndrica de 490 cc (74 × 57 mm) con seis velocidades, que ganó los campeonatos nacionales de subidas en cuesta.

MOTO GUZZI

LOS DUEÑOS DE UNA MOTO GUZZI tienden a considerar su máquina de manera parecida a como un padre afectuoso e inteligente considera a su hijo, revoltoso pero adorable: toleran sus faltas, pues éstas están más que compensadas por sus virtudes, y sin embargo, reconocen que esas faltas existen.

Por supuesto, todo ha cambiado. Ya no son amarillos nueve de cada diez cables del soporte eléctrico de los modelos. Los paneles de los modelos con carenado cuadran perfectamente y hace tiempo que dejaron de vibrar. Y ya no es posible cambiar el color de la motocicleta simplemente dejándola aparcada al sol durante unos días. Pero ninguno de estos defectos se ha ocultado en las Moto Guzzi, y como son modelos fabricados con pasión, y no vulgares electrodomésticos, están provistos de un carácter cada vez más raro de ver en nuestro mundo moderno. Como lo expresaba la propia firma: «Las prestaciones se pueden medir, pero las sensaciones hay que experimentarlas.»

Como ocurre con muchos fabricantes tradicionales, un buen número de modelos se han basado en un abanico relativamente pequeño de motores. En realidad, las mayores Moto Guzzis de carretera son simples variaciones sobre dos temas: el monocilíndrico horizontal y el bicilíndrico en V transversal. En realidad, mucha gente desconoce el resto de ofertas de la firma, salvo en el terreno de la competición, donde el famoso motor bicilíndrico en V a 120°

La monocilíndrica plana en su versión militar. El de la foto es un modelo de 500 cc de 1937, que no fue uno de los grandes éxitos de la marca desde el punto de vista estético.

A pesar de su aspecto relativamente saturado, como es el caso de este modelo de carreras de 1929, las líneas de las clásicas Moto Guzzi siempre han sido muy limpias. El motor preferido por los puristas era el monocilíndrico plano.

de 1933 y el V8 de 1955 son tan conocidos como los longevos y afamados monocilíndricos Norton. La firma fue fundada por dos jóvenes, Carlo Guzzi y Giorgio Parodi. Guzzi tenía 31 años cuando en 1920 se fabricó el prototipo GP (Guzzi Parodi). Antes de que comenzara la producción en serie del modelo, en 1921, el nombre había cambiado a Moto Guzzi. Giorgio Parodi no parecía especialmente interesado en que

La monocilíndrica de dos tiempos de después de la guerra (la de la foto data de 1949) ofrecía un medio de transporte básico, más que características deportivas, pero su aspecto era muy bueno para la época.

el nombre de la firma llevara sus iniciales, y además no hay que olvidar la posible confusión de éstas con Grand Prix. Hubo un tercer nombre, Giovanni Ravelli, asociado desde finales de la Primera Guerra Mundial al proyecto de la nueva fábrica de motocicletas, pero murió en un accidente de aviación justo antes de que terminara la guerra. Los tres jóvenes se habían conocido en la recién creada Fuerza Aérea italiana. El logotipo de Moto Guzzi, que muestra un águila con las alas extendidas, fue elegido en recuerdo de Giovanni Ravelli.

La Normale fue el primer diseño que siempre irá asociado al nombre Moto Guzzi: una monocilíndrica de 500 cc con 88 mm de diámetro y 82 mm de carrera, lo que daba una cilindrada real de 498 cc. El cilindro iba colocado horizontal al suelo. Esta monocilíndrica plana estaría en fabricación hasta el año 1976, con distintas variaciones y versiones, la mejor de las cuales fue la Falcone.

El otro diseño clásico de Moto Guzzi fue el bicilíndrico en V a 90° dispuesto transversalmente. Fue concebido inicialmente para un vehículo militar que era un cruce entre el moderno triciclo ATV y la Kettenrad de la Segunda Guerra Mundial. Con su volante de dirección, diseño de triciclo y ruedas traseras poco desarrolladas, no es nada sencillo hacer una descripción. Fue bautizado con el nombre de mulo mecánico. Al contrario que el mulo (cruce entre un burro y un caballo), esta bestia mecánica que vivió entre 1960 y 1963 es el

Uno de los mejores pilotos de todos los tiempos (Stanley Woods) en una de las mejores motos (la Moto Guzzi V 8), en uno de los mejores circuitos (Monza, Italia), en 1956.

antecedente de una motocicleta, la V7 de 1967, y toda una generación de modelos posteriores con cilindradas entre los 350 y los 1.000 cc.

Además de estos dos diseños, hubo también un buen número de monocilíndricas de menor tamaño. La P175 de antes de la guerra, del año 1932, utilizó el primer motor ohv de carretera (recordemos que las monocilíndricas más

Incluso cuando las máquinas tenían un estilo muy convencional, como esta 350, Guzzi siempre ha demostrado un estilo y elegancia propios.

grandes utilizaban una distribución con admisión por encima de escape), pero el progreso del diseño de motocicletas había sido tal que ésta desarrollaba tan sólo un CV menos que la original Normale: 7 en lugar de 8. La PE250 (1934-1939), con una potencia de 9 CV, era en realidad más potente que el modelo original de 500 cc. Estas monocilíndricas planas, con estilo semejante al del modelo original, evolucionaron dando lugar a los modelos Egretta, Ardetta y Airone.

El otro pequeño monocilíndrico clásico aparecido después de la Segunda Guerra Mundial fue el Lodola. Inicialmente (1956-1958) con motor de 175 cc ohv, pero posteriormente (1959-1966) uno de 235 cc con varillas empujadoras. Este fue el último diseño de Carlo Guzzi, pero el cilindro estaba inclinado en un ángulo de 45°, en lugar de estar pla-

MGF
Italia (Milán) 1921-1925. Motocicli Garanzini Francesco utilizaba sobre todo motores ohv de 250, 350 y 500 cc, que adquiría de la firma Blackburne, además de sus propios motores de dos tiempos y 142 cc. Todos los modelos tenían una versión Touring y otra Sport.

MGF
Alemania (Berlín) 1923-1931. La Gesellschaft fur Verbrennungsmotorem Muhlbauer & Co fabricaba sus propios motores de dos tiempos y doble lumbrera de escape, con cilindradas de 122, 140, 173 y 198 cc, además de motores Bekamo de dos tiempos bajo licencia. También suministraba motores a otras firmas, además de fabricar motocicletas completas en sus instalaciones de Berlín.

MG-TAURUA
Italia 1933-años cincuenta. Vittorio Guerzoni comenzó con motores Train de dos tiempos y 175 cc, pasando después a los de 250 y 500 ohv (más tarde, modelos ohc), además de fabricar autociclos con motor Sachs. Después de la Segunda Guerra Mundial, sus motores iban de los 75 a los 200 cc, tanto de dos como de cuatro tiempos.

MIAMI
Estados Unidos 1905-1923. Esa máquina bastante sencilla estaba provista de un motor monocilíndrico de 298 cc y disponía de pedales.

MICHAELSON
Estados Unidos (Minnesota) 1910-1915. Estos modelos utilizaban motores propios de dos cilindros con válvula de admisión sobre la de escape y cilindradas de 500 y 1000 cc, así como transmisión enteramente a cadena.

MICROMA
Francia 1947. Messrs Mignob, Croleak y Malaprade prestaron sus nombres a este modelo monocilíndricos de tres válvulas (una de admisión, dos de escape) que ellos mismos diseñaron para Gillet.

MIDGET
Estados Unidos años cincuenta-comienzos de los sesenta. Entre sus modelos se incluía el Autocycle, segundo vehículo de dos ruedas estándar en incorporar un freno de disco en la rueda delantera.

Desde 1967, el sello de Moto Guzzi ha sido el motor bicilíndrico transversal. La de la foto es una S3 de 750 cc del año 1975. Los grandes discos de freno delanteros permitían frenar la máquina con toda facilidad.

mo un prototipo en la Exposición de Génova de 1950, y pasó a la producción en serie ese mismo año, con un motor de 160 cc (62 × 53 mm). Al aumentar el diámetro de su cilindro en 3 mm en 1952, pasó a tener una cilindrada de 175 cc. En 1954 volvió a incrementarse su capacidad, aumentando ahora su carrera en 5 mm.

En 1961, el modelo se rediseñó sustancialmente, y fue provisto de arranque eléctrico. Dejó de producirse en 1965, después de quince años. Igual que el Velocette LE, con el que guardaba cierto parecido, la idea no tuvo mucho éxito en su día, pero hoy se ha convertido en todo un clásico. Las ruedas, relativamente grandes, proporcionaban más seguridad de conducción que un escúter normal, en tanto que la rueda de repuesto, curiosamente montada, retenía todo el encanto de su tiempo. La Stornello se introdujo como un modelo de 125, pero más tarde aumentó su cilindrada hasta los 160 cc, antes de desaparecer en 1975. Nunca fue una motocicleta que despertara grandes pasiones, pero hay que decir en su defensa que ofrecía toda la magia de Guzzi a un precio muy razonable.

Después de la guerra, Moto Guzzi cambió completamente de estilo. En un país que se encontraba muy necesitado de medios de transporte, la firma comprendió que era prioritario concentrarse

Izquierda: El diseño del modelo es algo muy personal. Algunas personas opinan que los semi-escúter de Moto Guzzi tienen la belleza de los diseños en que lo primero es lo funcional.

no, de manera que algunos puristas de Guzzi lo miraron con cierto desprecio.

En realidad, hubo otros dos modelos monocilíndricos de Guzzi que merecieron el estatus de modelos clásicos: el estrambótico Galletto (Gallito) y el Stornello. El Galletto apareció primero co-

Abajo izquierda: La Centauro 992 cc de finales de los años noventa tenía, en opinión de los puristas, un estilo demasiado recargado, pero se vendió muy bien en el mercado de las motocicletas de capricho.

Esta Daytona 1000RS de 1996 era una motocicleta mucho más resuelta que la Centauro, aunque fue víctima de la moda (obsérvese el diseño del tubo de escape).

en pequeños modelos, como el diminuto Guzzino de 64 cc, que más tarde sería sustituido por el Zigolo, inicialmente de 98 y después de 110 cc. La Guzzino no es la motocicleta más pequeña fabricada por Guzzi (comparte ese dudoso honor con las motocicletas Dingo de 49 cc y los ciclomotores Trotter).

Es mejor que pasemos por alto las motocicletas Benelli que durante algún tiempo se vendieron como Guzzis tras la adquisición realizada por De Tomaso en 1970, aunque en sí eran modelos interesantes. La monocilíndrica de 125 cc puede que no fuera un modelo sorprendente, pero las de cuatro tiempos (primero de 350 y luego de 250 cc) eran motocicletas fascinantes.

En cualquier caso, los años en que De Tomaso estuvo al frente no lograron cambiar la compañía totalmente, y en 1993 la dirección fue asumida por Finprogetti, lo que hizo que las cosas mejorasen. El 14 de abril de 2000, 79 años después de la fundación de la compañía (el 15 de marzo de 1921), ésta se vendió a Aprilia.

Resumiendo, Moto Guzzi, como tantos otros fabricantes, se vio obligada a renunciar a buena parte de las innova-

ciones técnicas, como nuevos motores, refrigeración por agua, etc, para seguir fabricando un producto que sus incondicionales pudieran reconocer. Igual que Harley-Davidson fabrican bicilíndricas en V longitudinales y BMW hace bicilíndricas bóxer, Moto Guzzi es la marca de las bicilíndricas en V transversales.

Es sorprendente el punto hasta el que se han logrado desarrollar estos viejos

Parece que los fabricantes siempre se muestran deseosos de aumentar la capacidad de los viejos motores. Esta V11 Sport de 1999 es un 50 por ciento mayor que su antecesor del año 1967.

motores, sobre todo en el caso de BMW, que ha sido rediseñado completamente. Sin embargo, parece que a este respecto, en más de un sentido, hemos llegado al final de un proceso.

MOTO GUZZI NORMALE 1921

Aunque el prototipo original tenía un árbol de levas en la culata accionada por cadena, y cuatro válvulas, la motocicleta de serie fue un modelo de dos válvulas con admisión sobre escape. Esto fue antes de que los depósitos sobre el tubo superior del bastidor se convirtieran en la norma, de modo que la máquina tiene un aspecto bastante anticuado. No era roja (como posteriormente) pero sí disponía de un gran volante externo, que es una de las características distintivas de las grandes monocilíndricas más clásicas. Ver el volante girar mientras se escucha el ronroneo del motor es una experiencia hipnótica.

Un par de meses después de la fundación de la compañía, ésta comenzó a tomar parte en competiciones. Al cabo de seis meses, en la Targa Florio, la nueva marca conseguía la primera de la lista de 3.329 victorias que Moto Guzzi conseguiría hasta el año 1957, fecha en que abandonó la competición.

La primera de todas: esta Normale de 1921, con su motor ioe (admisión sobre escape) se lanzó el primer año de fabricación de la marca Moto Guzzi. Desarrollaba 8 CV y alcanzaba los 80 km/h.

Motor: monocilíndrico ioe, 498 cc (88 × 82 mm), refrigeración por aire
Potencia: 8 CV a 3.000 rpm
Caja de cambios: 3 vel., palanca manual
Transmisión secundaria: cadena
Peso: 130 kg
Velocidad máxima: 80 km/h

MOTO GUZZI GTW 1935

El modelo Normale dio paso al Sport 14, seguido del Sport 15, todavía con admisión sobre escape, pero con más de 13 CV de potencia. Esto se consiguió gracias a una relación de compresión muy alta (aunque de momento era tan sólo de 4,5:1) y, sobre todo, a un régimen de revoluciones más alto. La potencia máxima se lograba a 3.800 rpm en lugar de 3.000.

Moto Guzzi fue adoptando progresivamente la suspensión trasera, que hizo su debut en este modelo (primero apareció en 1928, con amortiguadores de fricción) y el cambio de marchas en el pedal, con el movimiento oscilante de talón-dedos del pie.

La GTW apareció en 1935, año en que una máquina con el bastidor elástico ganó por primera vez la TT, un modelo que combinaba todos los demás avances que Moto Guzzi había realizado con su distribución de válvulas en la culata, con una potencia que puede parecer modesta hoy día, pero que no lo era en aquellos años.

Sin duda era más que suficiente para mover esta ligera y elegante máquina a una velocidad que, hace algunos años, era de competición.

Los otros modelos de la misma serie figuraban en el catálogo de la firma con los nombres GTV, GTC y GTLC, que una vez desarrollados se convirtieron en los legendarios modelos Condor (1938), Dondolino y Gambalunga. La Dondolino (por no hablar de las prestaciones de la Gambalunga) rebasaba los 160 km/h, aunque la cifra que solía mencionarse era 170 km/h.

Motor: monocilíndrico ioe, 498 cc (88 × 82 mm), refrigerado por aire
Potencia: 22 CV a 4.500 rpm
Caja de cambios: 4 velocidades, pedal
Transmisión secundaria: cadena
Peso: 180 kg
Velocidad máxima: 130 km/h

MOTO GUZZI GUZZINI — 1946

Cualquier modelo de dos tiempos y poca capacidad hubiera parecido indigno de figurar en el catálogo de Moto Guzzi (menos aún uno de 65 cc), pero al acabar la Segunda Guerra Mundial se produjo una masiva demanda de transporte motorizado, aunque el dinero escaseaba. Numerosos fabricantes produjeron motocicletas ligeras de bajo coste en un intento por satisfacer la demanda, pero pocas ofertas estuvieron tan bien estudiadas y diseñadas como las de Guzzi.

Las culatas y cilindros de aleación ligera (con camisa de acero fundido) hacían descender el peso, y además facilitaban la pérdida de calor. Las ruedas eran relativamente grandes (66 cm), más propias de una bicicleta que de una motocicleta. Se vendieron más de 200.000 unidades, y hasta era posible comprar en proveedores especializados un kit de conversión para aumentar la cilindrada de los modelos de cuatro tiempos, junto con una diminuta bomba de aceite que sustituyera a la lubricación con mezcla de gasolina y lubricante en proporción 20:1 de los motores de dos tiempos.

La disponibilidad de este kit debió ser lo que animó al diseño de la versión de 73 cc del Cardellino, con 2,6 CV y 45 × 46 mm, que había sustituido al Guzzino en 1954. Este modelo contaba con un bastidor reforzado y ruedas de 59 cm. El Cardellino experimentó otro aumento de capacidad (ahora hasta los 83 cc), tres años antes de que se interrumpiera la producción.

En cualquier caso, la Guzzino-Cardellino había sido reemplazada en esencia por la Zigolo de 98 cc, que apareció en 1953. Todavía era un motor de dos tiempos y válvulas rotativas, pero completamente rediseñado e instalado en un armazón de acero estampado. Con 4 CV, su velocidad declarada era de 75 km/h. El modelo Sport de 1954 alcanzaba los 90 km/h.

La Serie II de la Zigolo (1958) fue especialmente interesante por sus cilindros cromados y hechos de aleación ligera. Al mismo tiempo, la relación de la mezcla gasolina/aceite era ahora de 50:1. Un año más tarde, en 1960, el volumen desplazado por el pistón se había aumentado hasta los 110 cc, lo que se había conseguido aumentando tanto el diámetro como el recorrido. La Zigolo sobrevivió de esta forma hasta 1966.

Motor: monocilíndrico, dos tiempos, válvula rotativa, 64 cc, refrigeración por aire
Potencia: 2 CV a 5.000 rpm
Caja de cambios: 3 velocidades, palanca manual
Transmisión secundaria: cadena
Peso: 45 kg
Velocidad máxima: 50 km/h

MOTO GUZZI FALCONE — 1950

La Falcone es la prueba de que los modelos de carreras de ayer se convierten en los de carretera de hoy. Cuando se introdujo, era básicamente un motor GTW montado en un bastidor bajo y muy mejorado. El depósito de combustible tenía una capacidad de 17,5 litros, y su manillar recto y estrecho estaba tan lejos de los grandes cuernos de las motocicletas pesadas americanas de la época como pueda imaginarse. La primera versión realizada de la Falcone no fue, como cabría esperar, un modelo más rápido, sino uno más lento, con válvulas y carburador de menor tamaño, una relación de compresión más baja y una transmisión secundaria también más baja. Todo esto reducía la potencia máxima a menos de 19 CV a 5.300 rpm, y la velocidad máxima a 120 km/h, aunque el piloto nunca iba a saber a qué velocidad estaba circulando, pues los modelos estándar no disponían de velocímetro. Esta sustitución de 1954 se llamó Falcone Turismo. La antigua Falcone había sido rebautizada con el nombre de Falcone Sport.

Sorprendentemente, estas dos máquinas clásicas permanecieron prácticamente inalteradas durante casi una década, con su magneto y dinamo separadas, y palancas de freno y embrague invertidas. Aunque la Falcone Turismo fue relanzada en 1963, los cambios introducidos seguían siendo mínimos, y finalmente dejó de fabricarse en 1967.

El problema era que nadie, salvo la propia Moto Guzzi, quería que el modelo desapareciera, y por eso la firma se vio obligada a relanzarla a petición popular. Como más tarde descubriría BMW cuando intentó introducir la Brick, los motoristas odian los cambios, y no sólo los aficionados: también la policía y las fuerzas armadas suelen mantenerse fieles a lo que ya conocen. Como resultado, apareció una Nuovo Falcone, aunque su lanzamiento fue lento, penoso y no se puso en venta hasta 1971.

Se trataba de una máquina muy diferente, con lubricación por colector dentro del cárter, camisa del cilindro hecha de acero y cilindro de aleación ligera, conjunto de válvulas totalmente cerrado, igual que el volante (mejor y de mayor tamaño), freno delantero con doble zapata delantera, sistema eléctrico de 12 voltios (incluso con la opción de arranque eléctrico) y un bastidor totalmente nuevo. La potencia declarada (con mucho optimismo) era de 30 CV a 5.000 rpm y, como la Nuovo era unos 15 kg más pesada que su predecesora, es difícil que alcanzara más allá de los 140 km/h.

El resultado era una máquina que se quedaba entre dos aguas. Funcionalmente se aproximaba a lo que necesitaban las fuerzas de seguridad, pero había perdido gran parte del carácter clásico de la vieja máquina, sobre todo el volante externo; además, el tubo de escape era francamente feo. La Falcone Sahara de 1974 era algo más romántica (en gran parte, se trataba de una versión más civil de la austera máquina militar) pero ni siquiera se importó oficialmente a Gran Bretaña, uno de los mercados más obvios para esta clase de productos. La línea Falcone se abandonó en 1976.

Motor monocilíndrico plano de la Falcone. El nombre Falcone sobrevivió durante un cuarto de siglo y fue uno de los modelos más populares de Moto Guzzi.

Motor: monocilíndrico ioe, 498 cc (88 × 82 mm), refrigeración por aire
Potencia: 23 CV a 5.500 rpm
Caja de cambios: pedal, 4 velocidades
Transmisión secundaria: cadena
Peso: 180 kg
Velocidad máxima: 137 km/h

Moto Guzzi Lodola 175 — 1956

La Lodola fue uno de los últimos diseños de Carlo Guzzi, y ocupa un lugar algo extraño en el panteón de Moto Guzzi. Todo el que ha tenido uno de estos modelos alaba la suavidad de su manejo y su ligereza (si bien no suele mostrar el mismo entusiasmo por su sistema eléctrico o su acabado), pero 9 CV no es una potencia impresionante en un modelo de 175 cc ohc. Quizá sea esta la razón por la que se aumentó su capacidad a 235 cc en 1959, y se sustituyó su caro árbol de levas en culata accionado por cadena por un sistema más económico ohv provisto de varillas empujadoras. La potencia aumentó hasta los 11 CV (a 6.000 rpm), un 20 por 100 más, lo que compensaba con creces el aumento de peso de 6 kg.

También es significativo el hecho de que en 1957, un año después del lanzamiento de la Lodola, Moto Guzzi dejó la competición tras 25 años de éxitos. La Lodola era, definitivamente, una *touring*, no una máquina deportiva.

Motor: monocilíndrico ohc, 175 cc (62 × 57,8 mm), refrigeración por aire
Potencia: 9 CV a 6.000 rpm
Caja de cambios: 4 velocidades, pedal
Transmisión secundaria: cadena
Peso: 109 kg
Velocidad máxima: 115 km/h

Esta es la versión original de la Lodola, con motor ohc de 175 cc, en lugar del modelo posterior, mucho menos interesante desde el punto de vista técnico, pero más práctico, que disponía de un motor de 235 cc con varillas empujadoras.

Moto Guzzi V7 — 1967

En este modelo, la V del nombre hacía referencia a la disposición de los cilindros, y el 7 a su capacidad (muy aproximada) en decilitros. Desde sus comienzos, la idea parece haber sido utilizar el motor de la mula mecánica, reemplazando al de las Falcone de la policía y el ejército. También se consideró utilizarlo en un modelo «baby» de Fiat, aunque el proyecto nunca llegó a realizarse. El primer prototipo instalado en una motocicleta llegó en la Exposición de Milán de 1965, pero una crisis financiera impidió que el nuevo modelo saliera a la venta antes de 1967, año en que la SEIMM absorbió a la firma.

Los tiempos cambian... Hoy, pocos pilotos adoptan esta postura para sacar a sus máquinas todo el rendimiento.

MINEUR
Bélgica (Herstal) 1924-1928. Esta firma belga ensamblaba máquinas de 250 y 500 cc con motores de otras compañías, incluido uno de la Bradshaw.

MINIMARCELLINO
Italia (Milán) 1969. Esta compañía fabricaba una de las mejores motocicletas ligeras plegables. El nombre del modelo era Super America.

MINIMOTOR
Italia (Turín) 1945-años cincuenta. Esta compañía fabricaba toda una serie de motores auxiliares de dos tiempos con cilindradas que iban de los 49 a los 88 cc, además de la mini-bike Motominima de 49 cc. Sus motores también se fabricaban bajo licencia en Inglaterra.

MINISCOOT
Francia 1960–1962: Esta máquina era un pequeño escúter plegable dotado de un motor de dos tiempos de 75 cc.

MINNEAPOLIS
Estados Unidos (Minneapolis) 1901-1915. Esta compañía fue la fabricante de unos modelos monocilíndricos sorprendentemente avanzados (y posiblemente también bicilíndricos en V) con dos marchas y transmisión a cadena. También fabricaban triciclos de reparto.

MIRANDA
Alemania (Dortmund) 1951-1954. Esta máquina era un escúter con un motor Sachs de 173 cc o Kuchen de 198 cc.

MISHIMA NAINENKI
Japón 1955-finales de los años cincuenta. Estas motocicletas japonesas eran muy avanzadas en comparación con las que otras firmas fabricaban en los años cincuenta. Se trataba de modelos de 250 cc ohv y posteriormente de 125 cc y dos tiempos.

MISTRAL
Francia 1902-comienzos de los años sesenta. Esta compañía fue un fabricante sorprendentemente longevo de motocicletas ligeras. Después de la Segunda Guerra Mundial, se especializó en la producción de ciclomotores, y también vendió sus motores de 49 cc a otras firmas.

Parece que el objetivo era la accesibilidad y de mantenimiento, incluso cuando las soluciones resultaban extravagantes. Los cilindros con revestimiento no pueden retocarse para ampliar el diámetro, sin embargo se desgastan muy lentamente y pueden reemplazarse fácilmente.

Moto Guzzi también tomó prestados muchos elementos de BMW: la V7 es, después de todo, una BMW con los cilindros inclinados en ángulo de 45°. Los alternadores en muchos de los modelos bicilíndricos en V de Guzzi y BMW son intercambiables, y el embra-gue tipo coche y transmisión por eje son muy parecidos, tanto en el concepto como en la realización.

El motor, con un régimen de revoluciones muy moderado, transmite su potencia con gran suavidad. El modelo no tardó en encontrar también una gran acogida entre los civiles, aunque, por supuesto, éstos buscaban algo más de potencia. Y pronto se les dio lo que pedían. La V7 Special de 1969 tenía un diámetro mayor, ahora de 83 mm, lo que proporcionaba una cilindrada de 785 cc, y además fue ligeramente retocado para lograr los 45 CV a 6.000 rpm.

Más tarde, en 1971, llegó la V7 Sport, con un diámetro ligeramente menor que la anterior (82,5 mm) que introducía el modelo en los límites de la competición (los 750 cc), un árbol de levas mejorado y un carburador Dell'Orto de 30 mm, lo que permitía desarrollar 52 CV a 6.300 rpm. Junto con este modelo se encontraba el 850GT de 78 × 83 mm, con su larga carrera, un auténtico modelo de 844 cc con una potencia de 51 CV a 6.000 rpm.

La primera versión de 1.000 cc fue la V1000 Convert, con un largo cigüeñal y diámetro de cilindro de 88 mm, esta vez con camisa de acero. La característica más extraordinaria de este Old Grey Goose era su transmisión automática de dos velocidades, que no tenía muchos partidarios, aunque a aquellos a quienes les convencía, se enamoraban de ella.

Motor: bicilíndrico en V, transversal, ohv, 704 cc, 80 × 70 mm, refrigeración por aire
Potencia: 40 CV a 5.800 rpm
Caja de cambios: 4 velocidades, pedal
Transmisión secundaria: eje
Peso: 234 kg
Velocidad máxima: 170 km/h

MOTO GUZZI V50 1977

Las bicilíndricas «baby» de 350 cc (en la fotografía) y las de 500 cc fueron motocicletas policiales muy populares. Si hubieran estado tan bien fabricadas como diseñadas, se habrían acercado a la perfección.

Mientras algunas bicilíndricas en V transversales se iban haciendo más grandes, otras iban disminuyendo su cilindrada. En 1977 se lanzó la V50 y su hermana pequeña, la 346 cc (66 × 50,6 mm), V35. La clase 350 cc había perdido parte de su atractivo anterior, pero la 500 cc ofrecía la misma potencia (nomi-nal) que una Vincent Rapide, aunque su capacidad era la mitad.

A primera vista, fuera de las salas de exposiciones, la V50 era casi perfecta, y en realidad se manejaba de maravilla, aparte el punto plano durante la aceleración en que el motor parecía perder fuerza. Lamentablemente, el modelo también demostró poseer casi todos los defectos antes mencionados en otros modelos de la marca. La pintura perdía color o se levantaba; el sistema eléctrico era una pesadilla; era propensa a la oxidación, y varias juntas de aceite no cumplían su función. De haber estado bien fabricada, esta motocicleta podría haber sido una de las mejores máquinas de todos los tiempos, pero, por desgracia para Moto Guzzi, no lo estaba.

La V50II de 1979, fabricada en las antiguas instalaciones de Lambretta, no fue mejor que la anterior, y cuando en 1980 apareció la V50III, el daño ya era irreparable. El aumento de capacidad a 643 cc (80 × 64 mm) que se hizo con la V65 de 1981 no sirvió para convencer a los clientes, y cuando la compañía volvió a intentarlo (esta vez hasta los 743 cc) aumentando la carrera del pistón a 74 mm, el público reaccionó con indiferencia.

Las versiones de la pequeña bicilíndrica que sí llamaron la atención fueron la V35TT y la V65TT. La doble T significaba Tutte Terrano (Todo Terreno), y no Tourist Trophy. Aparecieron en 1984, compartiendo los mismos componentes básicos que la serie III, al menos aquellos de los que se habían eliminado los defectos.

La 750NTX fue la derivada de la V75 en la misma serie (80 × 74 mm), pero la Quota se basó en los motores de mayor cilindrada.

Motor: bicilíndrico en V, transversal, ohv, 490 cc (74 × 57mm), refrigeración por aire
Potencia: 45 CV a 7.500 rpm
Caja de cambios: 5 velocidades, pedal
Transmisión secundaria: eje
Peso: 168 kg
Velocidad máxima: 170 km/h

MOTO GUZZI 850 LE MANS III 1981

La Le Mans era el producto lógico de la evolución de la V7 Sport y sus sucesoras, la 750S (1974) y la S3 (1975). Apareció en 1976 con una potencia declarada de 71 CV a 7.300 rpm, y era la respuesta de Moto Guzzi a la R90S de BMW. En su posterior versión, estuvo codo con codo con la R100RS.

El motor estaba considerablemente retocado, de manera que, a pesar de tener una relación de compresión más baja, desarrollaba más potencia a una velocidad menor del motor, mientras que cumplía la normativa sobre emisiones que los modelos anteriores no podían cumplir.

La Le Mans 1000 apareció en 1984 con un motor de 949 cc (88 × 72 mm), con válvulas y carburadores grandes y una relación de compresión más alta,

Motor: bicilíndrico en V, transversal, ohv, 844 cc (83 × 78 mm), refrigeración por aire
Potencia: 76 CV a 6.200 rpm
Caja de cambios: 5 velocidades, pedal
Transmisión secundaria: eje
Peso: 206 kg
Velocidad máxima: 210 km/h

que le permitía una potencia de 86 CV en el cigüeñal, así como una velocidad máxima de 225 km/h.

Este modelo fue el último de las superbikes de los años setenta. La producción de la firma acabó a comienzos de los años noventa.

La Le Mans fue la respuesta de Moto Guzzi a la R90S de BMW y se fabricó en varias versiones durante más de una década.

MOTO GUZZI CALIFORNIA JACKAL

2000

Pasar de una Le Mans III a una California Special puede suponer toda una decepción, sobre todo teniendo en cuenta la cantidad de posibilidades diferentes que ofrece la gama de 2000. Moto Guzzi dice que la Centauro es la auténtica descendiente de la V7, el modelo más cercano a una motocicleta «universal».

Pero hay muchas otras máquinas, como la enorme Quota 1100 ES *off-road*, la California Especial con carenada integral y la V11 Sport «Café Racer», todas ellas provistas de un motor de 1.064 cc (92 × 90 mm) derivado del longevo bicilíndrico transversal.

La Jackal, sin embargo, es un ejemplo excelente del concepto de Moto Guzzi como juguete. En esencia, es una California desprovista del carenado, con una horquilla ligeramente más corta que la del modelo con carenado, pero aun así, demasiado alta y ancha para una conducción seria. Es posible alcanzar los 200 km/h de velocidad máxima que dice su ficha técnica, pero conducir la

moto incluso a 160 km/h durante mucho tiempo sería un castigo para el cuello y los brazos debido a la posición del pequeño sillín.

La publicidad de la compañía describe la Jackal como «dirigida al sector del mercado juvenil más preocupado por la moda».

Esto significa, en pocas palabras, que es una máquina para admirar, o para utilizar en distancias cortas y jugar a ser un «duro motero», pero en absoluto es una verdadera turismo ni está diseñada para correr.

No es culpa de Moto Guzzi; en realidad, es sólo una muestra de cómo está el negocio de las motocicletas a comienzos del siglo XXI.

Afortunadamente, hay en el mercado otras opciones para aquellos que usan su moto para desplazamientos largos o para ir a gran velocidad (o ambas cosas). La Daytona RS, con sus 102 CV (declarados) a 8.400 rpm producidos por un motor de 8 válvulas y 992 cc (90 × 78 mm) no es rival para ninguna de

Lo mejor que se puede decir de la California Jackal es que hacía justicia a su aspecto. No era ni una verdadera turismo, ni una motocicleta deportiva.

las últimas réplicas de carreras fabricadas por los japoneses, pero tanto aquella como la Sport Corsa 1100 (90 CV), ambas con una velocidad máxima de 230 km/h, ofrecen una velocidad más que suficiente para la mayoría de los usuarios, al menos en autopista.

Motor: bicilíndrico en V, transversal, ohv, 1.064 cc (92 × 80 mm), refrigeración por aire
Potencia: 74 CV a 6.400 rpm
Caja de cambios: 5 velocidades, pedal
Transmisión secundaria: eje
Peso: 264 kg
Velocidad máxima: 200 km/h

MOTO MORINI

ITALIA 1937

ALFONSO MORINI NACIÓ en la ciudad universitaria de Bolonia en 1892. A la vista del tipo de vida que llevó, bien podríamos describirle como un hombre que se hizo a sí mismo.

Su primera creación llegó en colaboración con Mario Mazzetti, con MM (Morini Mazzetti) en 1924, pero Mario dejó la firma en 1937 para fundar una compañía a la que puso su propio nom-

bre. El primer producto de Moto Morini no fue una motocicleta, sino un vehículo de tres ruedas. Con el estallido de la guerra, la producción se centró en equipamiento militar, incluidos compo-

---

MITCHELL
Estados Unidos (Racine, Wisconsin) 1901-1906. Además de fabricar coches, esta compañía produjo motocicletas con un motor de 345 cc inclinado hacia atrás. Este motor se instalaba en el bastidor reforzado de una bicicleta convencional.

MIYATA
Japón 1909-1964. Antigua firma japonesa que fabricaba toda una gama de motocicletas con motores de hasta 500 cc. Sin embargo, no exportaba sus productos.

MIZUBO
(Véase **CABTON**).

MJ
Alemania 1924-1925. Esta firma fabricó bicilíndricas planas de 600 y 750 cc, ambas con refrigeración por agua y por aire. También suministró motores a otras firmas ensambladoras. Además de esto, MJ fabricó modelos experimentales con motores de 249 cc y dos tiempos. Finalmente, la firma fue absorbida por Mehne.

MJS
Alemania 1924-1925. Estas sencillas motocicletas utilizaban motores propios de dos tiempos y 245 cc.

ML
Argentina años setenta. Esta máquina se fabricó al principio con un motor de dos tiempos y 100 cc. Después pasó a 125 cc, 175 cc, y finalmente utilizó un motor Jawa.

MM
Estados Unidos 1905-h.1914. La American Motor Company comenzó fabricando motocicletas con motores monocilíndricos Thomas antes de pasarse a los monocilíndricos y bicilíndricos en V de muchas otras firmas.

M & M
Inglaterra 1914. El omnipresente motor Villiers de 269 cc y dos tiempos era el encargado de propulsar estas motocicletas ensambladas.

MMM
Alemania 1925-1927. Esta compañía alemana fabricaba monocilíndricas de dos tiempos de 148 cc.

Lanzada al mercado en 1946, la primera motocicleta Morini de después de la guerra fue esta 123 cc (53 × 58 mm) de dos tiempos con lumbrera de admisión en el pistón. Esta versión, con horquilla telescópica, data de comienzos de los años cincuenta.

nentes para la aviación, la mayoría de los cuales se realizaban en aluminio fundido.

La fábrica, situada en Bolonia, se encontraba en el corazón de uno de los centros de fundición de metales no ferrosos más importantes del mundo, razón por la que estuvo sometida a terribles bombardeos aéreos. A finales de 1943, la planta de Morini había sido parcialmente destruida pues, aunque Italia se había rendido, Bolonia era aún parte del territorio italiano controlado por los alemanes.

En 1945, acabado el conflicto, Alfonso Morini pudo finalmente dedicarse a reconstruir su dañada fábrica, lo que hizo magníficamente, pues Morini fue una de las primeras firmas en volver a producir después de la guerra. La primera máquina de posguerra, lanzada al mercado en 1946, mostraba claramente la influencia de la alemana DKW RT125 de antes de la guerra, con su motor de dos tiempos. Igual que la máquina alemana, la nueva Morini tenía alimentación por lumbrera a través del pistón y caja de cambios de tres veloci-

dades integrada en el motor. Completaba el modelo una horquilla delantera de paralelogramos deformables, suspensión trasera por émbolo y ruedas de 48 cm.

También se fabricó una versión de carreras, con la que la firma participó en pruebas de Grand Prix, y que también se vendió a clientes particulares.

A finales de 1948, se comenzó a trabajar en el diseño de un modelo roadster monocilíndrico inspirado en la Jawa 246 cc, con doble lumbrera de escape. Presentado en 1949, este modelo se promocionó exclusivamente como una turismo, aunque el mismo motor se utilizaría también para una serie de vehículos de tres ruedas.

Ese mismo año, Morini tomó parte en los primeros campeonatos del mundo de 125 cc. Aunque la ganadora fue FB Mondial, Morini fue su principal rival. Mondial había utilizado un motor de cuatro tiempos con doble árbol de levas en la culata. Morini entendió en seguida lo acertado del diseño y también fabricó un modelo de cuatro tiempos, aunque el suyo tenía un único árbol de levas en la culata.

Uno de los primeros ejemplos del modelo Gran Premio GP de 250 cc. Como todas sus versiones, ésta utilizaba un motor dohc. Fue una de las mejores motocicletas de carreras de todos los tiempos.

Entre 1947 y 1949, Moto Morini ofreció este modelo de carreras para particulares con motor de 125 cc. Igual que su hermana de carretera, estaba inspirada en el diseño de la alemana DKW RT125.

La nueva Morini de carreras debutó en 1950, ganando el campeonato senior de Italia en la categoría de 125 cc. Sin embargo, no era lo bastante rápida para competir en GP.

En 1951, se puso al día la monocilíndrica ohc de 123,1 cc (52 × 58mm) con árbol de levas accionado por cadena, y su potencia pasó de 12 a 14 CV.

En 1952, el motor se había convertido en dohc, y la potencia había aumentado hasta 16 CV. Morini se vio recompensada cuando Emilio Mendogni ganó la primera carrera GP para la firma en el circuito de Monza. También fue primero en la última carrera de la temporada, celebrada en España. MV Agusta había mejorado su mecánica, y NSU acababa de entrar en la competición; a pesar de todo, Morini no causó gran sensación, aunque Mendogni había ganado los campeonatos de Italia. En cuanto a la producción en serie, Morini había estado muy activa, desarrollando un modelo de 175 totalmente nuevo con distri-

bución ohv y caja de cambios integrada. Su primera aparición en público fue en la Exposición de Milán celebrada a finales de 1952. A finales de 1952, se lanzaba al mercado otro modelo semejante.

En 1954, se fabricó para Medogni una versión mayor de la 125 de carreras, con la intención de que el piloto ganara para Morini los campeonatos senior de Italia. La fábrica logró un éxito comercial, lo que propició la producción de una nueva gama de modelos de carretera de 175 cc ohv.

La nueva 175 se lanzó al mercado en 1955. En realidad, eran tres los modelos: la Briscola, la Tressette y la Settebello, los tres nombres tomados de juegos de naipes populares en Italia.

Del trío, la Settebello era el modelo con mayores prestaciones, y se demostró muy capaz en competición y en carretera.

A partir de la Settebello se diseñó un modelo con prestaciones todavía

La elegante Tresette de 1958. Este modelo 172 cc ohv de dos cilindros incorporaba silenciadores Silentium, manillar de competición muy bajo unido directamente a la horquilla y llantas de aleación, entre otras características.

MMV-Z
Unión Soviética (Minsk) 1951-
desconocida. Esta compañía
soviética fabricaba motocicletas
muy básicas, al principio la M1A,
y después (1975) la potentísima
Minsk de 125 cc, que desarrollaba
12 CV a 6.000 rpm. Esta compañía
también produjo este modelo en
versiones deportivas *off-road*.

MOAG
Alemania (Berlín) 1924.
Motocicleta muy avanzada en
comparación con otras que se
fabricaban en aquellos años. Tenía
un bastidor Electrón, motor ohv,
caja de cambios de cinco
velocidades, transmisión
enteramente a cadena y
refrigeración por aire o agua.

MOBILE
Inglaterra 1913. A.V. Roe, famosa
firma aeronáutica (AVRO) fabricó
este escúter que utilizaba un motor
Villiers de 350 cc.

MOCHET
Francia 1950-1955. Esta compañía
francesa fabricaba motocicletas
ligeras de dos tiempos con motores
Ydral de 125 y 175 cc, además de
camionetas ligeras de reparto.

MOFA
Alemania 1920-1925. Motores
auxiliares de 70 y 148 cc, que
también se instalaban en las
máquinas completas que fabricaba
la firma alemana.

MOHAWK
Inglaterra (Londres) 1903-1905 y
1920-1925. En los años pioneros
del motociclismo, este fabricante
de motocicletas utilizaba motores
de 2,5 y 3 CV. Más tarde, empleó
motores Villiers (269 cc), JAP
(350 cc) y Abingdon (500 cc),
bicilíndricos en V de JAP (300
y 77 cc) además de motores
bicilíndricos americanos de dos
tiempos y 154 cc.

mejores, la Rebello. Rebelde de nombre y también por su naturaleza. Mientras que la Settebello y sus hermanas, a pesar de tener éxito, eran todavía modelos sencillos con varillas empujadoras, las características técnicas de la Rebello no eran en absoluto las propias de un modelo de serie. Cuando se presentó en la primavera de 1955, era uno de los modelos más avanzados del mundo.

Además de unas medidas de diámetro y carrera de 60 × 61 mm, la Rebello tenía un motor monocilíndrico ohc accionado por cadena y caja de cambios de cinco velocidades.

A mediados de 1957 llegó el debut de una monocilíndrica todavía más potente, si bien estaba basada en la Rebello, que estaba diseñada para competir en GP. La Gran Premio se probó por primera vez en 1956. Tenía una cilindrada de 246,7 cc (69 × 66 mm) y desarrollaba una potencia de 25 CV (frente a los 22 CV de la 175). Cuando hizo su aparición en el circuito de Monza en septiembre de 1957, su potencia había aumentado hasta los 29 CV a 10.000 rpm y disponía de doble árbol de levas en la culata. Desde ese momento hasta fina-

En 1985, Moto Morini lanzó la Camel 501. Tenía un motor de 507 cc, bastidor tubular de sección cuadrada, cilindros recubiertos de nikasil y suspensión trasera por monoamortiguador.

les de los años sesenta, la Gran Premio disfrutó de una larga serie de victorias, tanto en los campeonatos del mundo como en las pruebas italianas. Entre sus pilotos se contaban: Tarquinio Provini, Giacomo Agostini y Angelo Bergamonti.

En cuanto a la producción en serie, la Feria de Muestras de Milán de la primavera de 1959 vio la presentación de la Corsaro. Derivada de la Sbarazzino de 98 cc, que había tenido grandes éxitos en los tres años anteriores, la Corsaro disponía de un motor ohv de 123 cc (56 × 50 mm) capaz de desarrollar

La Moto Morini bicilíndrica en V de 1981, con cinco velocidades y 478,6 cc (69x64 mm). No era mucho más rápida que la 350 cc, pero tenía mejor par motor a mitad de revoluciones.

101 km/h. La Corsaro se siguió fabricando hasta los años setenta, y dispuso de motores de 150 y 160 cc. El fundador Alfonso Morini murió en 1969.

A partir de entonces, la dirección de la fábrica corrió a cargo de su hija Gabriella, hasta que fue absorbida por el grupo Cagiva a finales de los años ochenta. A comienzos de los setenta, la

La Dart 350 de 1988 era una mezcla inteligente de dos culturas, donde se combinaba el chasis de la Cagiva 125 Freccia con el motor Morini 350. También fue la primera Morini fabricada tras la absorción por Cagiva.

pero nunca llegó a las cadenas de montaje.

A principios de los ochenta, los modelos de trial Camel (500 cc) y Canguro (350 cc) se vendieron muy bien. La 500 de carretera se fabricó en dos versiones, con 5 y con 6 velocidades, y aparecieron varios modelos custom con motor bicilíndrico en V. Ese mismo motor utilizaría el primer modelo fabricado después de que la firma pasara a manos de Cagiva en 1987. Este era el modelo Dart, que se fabricó con dos cilindradas: 350 y 400 cc.

Lamentablemente, Cagiva no se decidió a desarrollar Moto Morini igual que hiciera con su rival boloñés, Ducati, lo que precipitó su desaparición. Sin embargo, cuando Cagiva optó por vender Ducati, parecía posible que la vieja marca volviera a relanzarse, igual que los hermanos Castiglioni habían hecho con MV Agusta.

fábrica de Bolonia logró grandes triunfos en los ISDT, con varias medallas de oro. Morini siempre había tenido fama de fabricar motocicletas de gran calidad, pero ninguno de sus diseños puede compararse con la serie de bicilíndricas en V que comenzó con la 350 de comienzos de los setenta.

Diseñada conjuntamente por Diana Marchesini y Franco Lambertini, la fabricación empezó a principios de 1973, y con ella, una nueva era en la historia de la firma. La base de su motor bicilíndrico en V con ángulo de 72° eran

sus cámaras de combustión Heron y el árbol de levas accionado por correa. Esta bicilíndrica en V, y la motocicleta que la sucedió, hicieron la fortuna de Morini durante el siguiente cuarto de siglo.

A partir de la 350 (una turismo deportiva) llegó el modelo Sport, con prestaciones superiores, freno de disco en la

El modelo custom de Moto Morini, la Excalibur 501, apareció en 1986. Esta motocicleta tenía un motor de 507 cc, posición de conducción muy baja, asiento doble y llantas tipo Comstar.

rueda delantera y llantas de aleación, tanto en los modelos de 350 como en las versiones Sport.

Luego llegaron las 500 y 250 de dos cilindros en V, así como dos monocilíndricas de 125 y 250 cc.

En todas ellas se utilizaba inteligentemente el diseño modular, que significaba que ciertas partes eran intercambiables, lo que ayudaba a reducir costes de producción.

En la Exposición de Milán de noviembre de 1981 apareció una versión turbo de la bicilíndrica en V de 500 cc,

Una Settebello Formula 3 de carreras. Es del mismo tipo que la que utilizó Giacomo Agostini durante la primera parte de su carrera, con un motor puesto a punto, frenos Oldani y horquilla Ceriani.

MOTO MORINI SETTEBELLO

1955

La primera Morini ohv hizo su debut en la Exposición de Milán celebrada en noviembre de 1952. Este modelo tenía un motor con caja de cambios integrada, cuatro velocidades, una caja de cambios muy ágil, horquilla telescópica, brazo basculante y doble amortiguador trasero.

En 1955 se introdujo un diseño revisado con tres distintas versiones: la Briscola, la Tressette y la Settebello. Ésta se ganó enseguida el favor del público. El

hecho de que se tratara de un modelo deportivo enloqueció a los expertos, que ardían en deseos de probarla, y se convirtió en el sueño de los aficionados. La

Settebello era una excelente máquina de carretera.

En su versión estándar, venía equipada con manillar bajo unido directamente a la horquilla, motor puesto a punto (con un árbol de levas especial y un pistón de alta compresión), un gran carburador Dell'Orto, frenos de disco con cubo cónico de aluminio, llantas de aleación, depósito de 18 litros con forma de bulbo y guardabarros ligeros hechos de acero estampado.

Su motor de 172,4 cc (60 × 61 mm) tenían un cilindro de hierro fundido, y el cárter soportaba el peso de la máquina, como una parte más del bastidor. La cubierta del motor estaba realizada en acabado mate para facilitar la refrigeración.

En su versión estándar, la Settebello podía alcanzar los 145 km/h, una velocidad excelente para aquellos días, lo que hacía de ella una máquina muy competitiva en las carreras de máquinas deportivas, principalmente en Francia e Italia.

Muchos principiantes utilizaron la monocilíndrica ohv de Morini para comenzar sus carreras como pilotos, incluso el gran Giacomo Agostini, que

Una Settebello de 1955. En su versión estándar, esta monocilíndrica tenía un motor ohv de 172,4 cc con caja de cambios integrada, y podía alcanzar los 145 km/h, una velocidad sorprendente para la época.

fue campeón del mundo en 15 ocasiones.

Además de su velocidad, la Settebello también poseía un magnífico agarre y maniobrabilidad, por lo que se encontraba a sus anchas en circuitos ligeros, llenos de baches, donde su ligereza y

maniobrabilidad le daban ventaja sobre modelos más potentes, incluso bien entrada la década de los sesenta.

Motor: monocilíndrico, 2 válvulas, ohv, 172,4 cc (60x 61 mm), refrigeración por aire
Potencia: 17 CV a 8.000 rpm
Caja de cambios: 4 velocidades, pedal
Transmisión secundaria: cadena
Peso: 129 kg
Velocidad máxima: 145 km/h

MOTO MORINI 250 GRAN PREMIO 1963

La lucha de Tarquinio Provini por ganar el campeonato del mundo de 250 cc en 1963 con su Moto Morini dohc monocilíndrica contra todo el equipo Honda, liderado por Jim Redman se recuerda

todavía hoy como una de las grandes batallas de David contra Goliat de la historia del motociclismo.

Provini se había unido a Morini, procedente de MV, en la temporada de

Una Gran Premio 250 de 1963 del mismo tipo que la máquina con que Tarquinio Provini estuvo a punto de conseguir el campeonato del mundo de ese año.

1960. En los tres años siguientes, la combinación de su talento como piloto y el paciente desarrollo de un modelo monocilíndrico de 246,6 cc (69 × 66 mm) con doble árbol de levas (a cadena) y seis velocidades había dado lugar a una dinámica sociedad.

En 1962, la combinación Provini-Morini ganó el campeonato senior de Italia, además de lograr otros éxitos en suelo extranjero (tanto que Alfonso Morini dio luz verde para intentar el asalto al título mundial de 250 cc en 1963.

Pero ni el propio Alfonso habría imaginado lo cerca que iba a estar el título en la décima prueba del campeonato.

Después de toda una temporada de competición, Tarquinio Provini terminó en segundo lugar tras Jim Redman y su poderosa Honda tetracilíndrica. El decepcionante segundo puesto fue una

combinación de mala suerte (cancelación de la GP francesa, problemas mecánicos en Holanda y la imposibilidad de conseguir un visado por Alemania del Este), y la decisión de no participar en la TT de la isla de Man.

Además, perdió el título por tan sólo dos puntos. La gran diferencia fue que Redman compitió en la TT (que ganó) y también en la GP de Alemania del Este.

Sin embargo, Provini y Morini tuvieron la gran satisfacción de derrotar a Redman en Monza; en el tortuoso circuito español de Montjuic Park, Barcelona; en la rapidísma pista de Hockenheim de Alemania Occidental, y en el duro Autódromo de Buenos Aires, Argentina. De esta forma, demostraron la adaptabilidad del modelo. Además, Provini volvió a ganar el campeonato italiano.

Después de esto, Provini dejó la firma para unirse a Benelli en 1964, y fue reemplazado por el joven Giacomo Agostini. «Ago» venció a Provini en la disputa del título italiano de ese mismo año, aunque más tarde también él dejaría la firma para pasarse a MV Agusta.

El desarrollo final de la monocilíndrica ohc, que Angelo Bergamonti pilotó para conseguir otro título italiano en 1967, añadió aún más potencia a la máquina.

Además, el diámetro y carrera del cilindro fueron modificados, pasando del original 69 × 66 mm de los años cincuenta a 72 × 61 mm, lo que le daba una cilindrada de 248,36 cc (en tiempos de Provini).

Aparte, se había probado con diseños de culatas con tres y cuatro válvulas, y con un sistema desmodrómico. Con todo, el que había logrado los éxitos en

competición era el tradicional y sencillo sistema de dos válvulas.

La Gran Premio monocilíndrica con dos árboles de levas en culata se retiró finalmente en 1967.

Motor: monocilíndrico, dos válvulas, dohc, 248,36 cc (el primer motor 246,6 cc) (72 × 61 mm), refrigeración por aire
Potencia: 36 CV a 10.500 rpm
Caja de cambios: 6 velocidades, pedal
Transmisión secundaria: cadena
Peso: 113 kg
Velocidad máxima: 225 km/h

Moto Morini 3¹/₂

1973

Este modelo se comenzó a vender a principios de 1973 (después de haberse presentado como prototipo en la Exposición de Milán de 1971). La bicilíndrica en V 3,5 es uno de los diseños clásicos de los años setenta.

Obra de Dianni Marchesini y Franco Lambertini Junior, esta bicilíndrica en V a 72° con 344 cc (68 × 57 mm) estaba por delante de sus rivales gracias al uso de culatas Heron.

Estas culatas se habían utilizado en el coche de carreras Repco Brabham que ganó el campeonato de Formula 1 de 1966, y por modelos parecidos de Jaguar y Ford, aunque antes de la 3¹/₂ nunca se había utilizado en una motocicleta.

Básicamente, el principio Heron consistía en utilizar culatas planas y válvulas paralelas, no inclinadas, de manera que la cámara de combustión se forma en la corona del pistón.

El motor de la 3¹/₂ también incluía otras innovaciones técnicas, como el árbol de levas accionado por una correa dentada, el cigüeñal forjado de una sola pieza, ignición transistorizada y numerosas piezas de aluminio fundido. Comparada con los 90° de la Ducati, los 72° de la Morini significaban que la longitud del motor no obligaba a aumentar la distancia entre ejes. El ángulo permitía que el cigüeñal pudiera colocarse en la parte alta del cárter, en la unión de la V. En cualquier caso, era necesario separar los cilindros en la base para dejar sitio. Este tipo de disposición se conoce en mecánica como descentrado, y en la 3¹/₂ el objeto era dar un descentramiento positivo a uno de los cilindros y negativo al otro. El motor con caja de cambios integrada, transmisión primaria por

Puesta a la venta en 1973, la Morini 3¹/₂ era obra de la colaboración entre Dianni Marchesini y Franco Lambertini Junior. Su motor de dos cilindros en V a 72° tenía una capacidad de 344 cc.

engranajes helicoidales, embrague multidisco en seco y seis velocidades estaba alojado en un sencillo bastidor de doble tubo. Al principio, los radios de las ruedas eran de alambre, tanto para el modelo estándar como para la 3¹/₂ Sport, pero a mediados de los setenta, se

añadió un freno de disco en la rueda delantera y llantas de aleación.

La Morini bicilíndrica en V se fabricó en dos versiones, con distintas capacidades (250 y 500 cc), además de monocilíndricas de 125 y 250 cc.

Todos los modelos disponían de culatas Heron, así como de otros componentes que proporcionaban a sus dueños las ventajas de un diseño modular (por ejemplo, facilidad para encontrar piezas de repuesto y facilidad de mantenimiento).

Motor: bicilíndrico en V, 3 válvulas, ohv, 344 cc (68 × 57 mm), refrigerado por aire
Potencia: 36 CV a 8.000 rpm
Caja de cambios: 6 velocidades, pedal
Transmisión secundaria: cadena
Peso: 154 kg
Velocidad máxima: 161 km/h

Moto Morini 500 Sei V

1982

En la Exposición de Milán de 1975, Morini presentó dos nuevos diseños: una monocilíndrica de 250 y una bicilíndrica en V de 500, ambas derivadas de la bicilíndrica en V 3¹/₂. La última de ellas se describió en la revista *Motor Cycle* como «una de las motocicletas más bellas de la muestra de Milán».

Entre las características técnicas de la 500 se incluía una cilindrada de 478,6 cc (69 × 64 mm), relación de compresión de 11,2:1 y una potencia de 46 CV a 7.500 rpm. La caja de cambios tenía cinco velocidades. Además, incorporaba llantas de aleación, tres discos de freno y un cárter seco ultraligero, de tan sólo 15 kg. La nueva monocilíndrica tenía 239 cc y una velocidad máxima de 129 km/h.

A comienzos de los años ochenta, Morini lanzó nuevas versiones de su diseño modular, incluida una de 239 cc con dos cilindros en V, y una monocilíndrica de 123 cc.

En 1981, la mayoría de las bicilíndricas en V (excepto la 3¹/₂ estándar) lucían un acabado en color rojo, cubiertas del motor y tubos de escape en color negro, y llantas de aleación doradas. En 1982 llegó la Sei V, que era una versión con seis velocidades de la 500, con dos modalidades: Sport y Touring.

El motor de seis velocidades de la 500 se había utilizado primero en otra máquina con la que la firma participó en los ISDT de 1980, que luego pasó a

La Sei V, versión con seis velocidades de la bicilíndrica en V 500 cc, llegó en 1982. Su motor de seis velocidades se había utilizado antes en la motocicleta con que Morini se presentó en 1980 a los ISDT.

fabricarse en serie con el nombre de Camel, una motocicleta trail de estilo enduro, con horquilla delantera de largo recorrido y suspensión trasera con doble amortiguador.

En 1985, la 500 (en estilo trail sólo) había mejorado notablemente el diseño de su culata. Las válvulas eran de mayor tamaño y estaban más separadas; el tamaño del carburador también había aumentado, y el diámetro de los cilindros pasó a medir 2 mm más, de modo que la cilindrada era ahora de 507 cc.

En su versión estándar, alcanzaba los 171 km/h, lo que era un excelente registro para un modelo de campo. También lucía suspensión trasera por monoamortiguador. Sin embargo, la 500 de carretera sólo se fabricó con doble amortiguador. La motocicleta con motor de 507 cc se comercializó con el nombre 501. La producción de la Sei V se interrumpió a mediados de los ochenta. Desde entonces, sólo se ofrecieron versiones *custom* y *off-road*.

Motor: bicilíndrico en V, 2 válvulas, ohv, 478,6 cc (69 × 64 mm), refrigeración por aire
Potencia: 46 CV a 7.500 rpm
Caja de cambios: 6 velocidades, pedal
Transmisión secundaria: cadena
Peso: 140 kg
Velocidad máxima: 177 km/h

Motom

ITALIA 1947–1966

DURANTE LOS AÑOS DE BONANZA de la industria motociclista italiana de posguerra, la firma milanesa Motom fue una de las firmas de vanguardia en el suministro de motocicletas ligeras sencillas de fabricar, baratas de mantener y de pequeña cilindrada.

Motom, que no tenía ni un nombre famoso ni un equipo de tetracilíndricas de competición con que hacerse publicidad, disponía al menos de una modernísima planta de producción de la que salían modelos de alta calidad.

Las instalaciones de Motom (las más modernas maquinas, modernos edificios, y hasta su propia pista de pruebas cubierta) eran el ideal al que aspiraban el resto de firmas italianas.

Peter Inchley, tumbado sobre el depósito de su monocilíndrica ohv 50 cc durante una carrera de resistencia en Snetterton, Inglaterra, en 1961. En esta prueba estableció un nuevo récord de vuelta, con una velocidad de 90 km/h.

Su primer modelo, como tantos otros fabricados en aquellos años, fue una 49 cc ohv con motor auxiliar de 40 × 39,8 mm.

A mediados de 1948, Motom ya fabricaba sus propias máquinas completas, con el mismo motor. A continuación llegó el modelo Delfino de 163 cc,

medio escúter, medio motocicleta, con distribución ohv y refrigeración por ventilador, que hizo su debut en la Exposición de Milán de 1950.

En 1952, Dalmasso, con una versión puesta a punto de la máquina de 49 cc logró un promedio de 75 km/h en la prueba de un kilómetro desde parado, batiendo el récord de la categoría. Además, Giovanetti, piloto de Motom venció en la categoría de 50 cc del Giro d'Italia (3.057 km durante seis días, corriendo en carreteras convencionales), con un promedio de casi 64 km/h.

Pero el mayor logro deportivo de Motom llegó en abril de 1958 en Monza, cuando batió varios récords de velocidad y resistencia.

Lo más sorprendente de todo fue el consumo medio del modelo: 232 km con tan sólo 4,5 litros).

Antes de eso, un nuevo modelo de 98 cc había hecho su aparición en 1955, con un motor ohc y cilindro colocado horizontalmente. La revista *Motor Cycle* la describió como "la motocicleta más avanzada de Italia".

Este mismo modelo también sería un éxito comercial en 1956, colocando a Motom en quinto lugar de ventas detrás de Vespa, Lambretta, Guzzi y Garelli.

Sin embargo, a finales de la década, las ventas de motocicleas comenzaron a descender, igual que ocurrió en otros países europeos, debido a la competencia de los coches pequeños.

Motom trató de responder a ese revés de las ventas exportando sus modelos, algo que hacía por primera vez en la historia de la compañía.

Pero aunque a comienzos de los sesenta aparecieron nuevos modelos, incluido uno con motor alemán Zundapp, Motom cerró sus puertas en 1966.

MOTO-RÊVE

ESA FIRMA FABRICABA motocicletas y también suministraba motores a otras firmas, primero monocilíndricos, y más tarde bicilíndricos en V, actividad que constituía la base de su negocio. Todos sus motores tenían válvulas de admisión automáticas y transmisión directa a correa, típico de la época. En 1910, la compañía añadió una bicilíndrica vertical de 297 cc, montando dos monocilíndricas longitudinalmente con magneto en la parte delantera, embrague, engranajes cónicos y cadena a la rueda trasera, que incorporaba un engranaje planetario de dos velocidades. Tanto la magneto como el carburador los fabricaba Moto-Rêve.

El resto de la gama de 1910 comprendía bicilíndricas en V de 275, 297 y 334 cc, y una monocilíndrica de 240 cc, todas ellas con dos velocidades y transmisión a correa. Las bicilíndricas seguían utilizando un motor montado sobre la barra de fondo. Moto-Rêve tomó parte en las carreras TT de 1910, y modificó el motor bicilíndrico para la clase junior, añadiendo válvulas de admisión mecánicas, además de árboles de levas y balancines adecuados. El modelo senior tenía un motor bicilíndrico ohv bastante fiable, pero los problemas con la correa de transmisión la dejaron en vigésimo quinta posición.

El esfuerzo que suponía la competición trajo sus frutos en la gama de modelos de 1912, máquinas nuevas propulsa-

La Moto-Rêve de 1913 tenía horquilla de paralelogramos con muelles laterales y otros adelantos tanto en motor como en transmisión.

Monocilíndrica Moto-Rêve de principios del siglo XX, con válvula de admisión automática, magneto en la parte delantera, transmisión a correa y sencilla horquilla de resortes.

das por motores de dos cilindros en V y 340 y 499 cc ohv, y también monocilíndricas de 300 cc. Con estos modelos, Mot-Rêve llegó a la Primera Guerra Mundial. Justo antes de que estallara el conflicto, la firma colaboró con una sucursal inglesa que fabricaba la motocicleta Alp. Después de la guerra, Moto-Rêve siguió en el negocio hasta 1925.

MOTOSACOCHE

SUIZA 1899–1956

FUNDADA por los hermanos Armand y Henri Dufaux, fue la firma suiza más famosa de cuantas fabricaron motocicletas. También suministró motores a otras compañías, comercializados con el nombre MAG. En sus comienzos, también utilizó el nombre HADC, abreviatura del nombre de la compañía. Introdujo el nombre Motosacoche en el período eduardiano, cuando el modelo era básicamente un motor auxiliar unido al cuadro de una bicicleta.

El nombre significaba «motor en una alforja». Su motor de 211 cc tenía válvula de admisión automática y encendido por batería, que fue sustituido en 1907 por una magneto, con el engranaje hiperbólico accionado a partir de uno de los volantes. El motor encajaba en un bastidor de bicicleta en forma de rombo con transmisión a correa, con un rodillo de tensión que también hacía las veces de rudimentario embrague. El motor quedaba oculto tras unos paneles laterales. La firma no tardó en ofrecer un modelo con bastidor provisto de horquilla elástica.

Al modelo con motor auxiliar se unió una motocicleta de dos cilindros en V y 423 cc, y en 1909 comenzó a utilizarse

Motosache no tardó en añadir más modelos convencionales a su gama, como esta bicilíndrica en V, con caja de cambios separada, transmisión enteramente a cadena y horquilla de paralelogramos deformables.

con un modelo Royal-Enfield otro motor Motosacoche más pequeño, de 297 cc con dos cilindros en V. Esta asociación puso en contacto a Osborne de Lissa, gerente de los hermanos Dufaux en Londres, con la firma británica.

En 1911, el motor auxiliar se aumentó hasta los 241 cc, y se le dotó de válvulas de admisión mecánicas y una transmisión de la magneto más simple. Ese año nació la Motosacoche Acacias Geneva, o MAG, como proveedora de motores para otros fabricantes de motocicletas. Su gama se extendía de los 350 a los 500 cc, para los modelos monocilíndricos, y hasta los 1.000 cc para los

Conocida como proveedora de sus motores MAG para otras firmas, Motosacoche se hizo famosa por su motor auxiliar de 211 cc, que se fijaba al bastidor de una bicicleta.

bicilíndricos en V. Estos motores se vendieron a muchas marcas en la mayor parte de los países de Europa.

En 1912, los monocilíndricos ofrecían opcionalmente una válvula de escape especial patentada por De Lissa. El muelle de la válvula se colocaba ahora encima de la cabeza de la válvula, de manera que desaparecía la tensión en el vástago. Para esto, la cabeza de la válvula se prolongaba hacia arriba como un cilindro a través de la culata, con un segundo asiento de la válvula en la parte superior, con diámetro mayor que el asiento principal. El muelle se apoyaba en el cilindro con un tornillo regulador en la parte superior para ajustar la compresión. Los dos asientos de las válvulas estaban pulidos de forma que sellaran como uno solo. Este diseño se estandarizó en 1913, pero después se abandonó.

La firma continuó con sus motores auxiliares y los motores MAG con válvulas laterales, válvula de admisión en culata y de escape en el lateral, o bien ambas válvulas en la culata. En su gama de motocicletas se utilizaron todas estas distribuciones, y los modelos se modificaban según las tendencias del momento.

Durante algunos años, la firma utilizó el cambio Enfield de dos velocidades, pero después de la Primera Guerrra Mundial se pasó a un cambio separado del motor. Lo que sí continuó utilizando hasta mediados de los años veinte

Una gigantesca Motosacoche de 1932 con motor bicilíndrico en V de 846 cc y válvulas laterales, caja de cambios Hurth de cuatro velocidades y horquilla delantera de resortes de estilo americano.

fueron los frenos sobre la llanta ornamentales.

A comienzos de los años treinta, sus máquinas tenían ya frenos de tambor, depósitos de gasolina sobre el bastidor, y todos los componentes propios de la época. En entreguerras, la firma fabricó varios modelos de carreras con distribución ohc para clientes selectos. Estas máquinas consiguieron algunos éxitos. Motosacoche siguió produciendo su gama habitual hasta 1939.

Después de la guerra, la compañía lanzó un modelo radical, con motor de 200 cc y válvulas laterales, transmisión a correa, engranaje de multiplicación regulable y otras innovaciones, aunque pronto se dejó de hablar del modelo. En 1953, sacó una máquina de 250 cc con

árbol de levas en la culata, motor con un solo cilindro vertical y cambio de cuatro velocidades integrada. Su línea era moderna y sus prestaciones, buenas.

Dos años más tarde, salió una versión de cross. Sin embargo, éste fue el último diseño de la compañía, que desapareció al poco tiempo.

MOTOTRANS

ESPAÑA 1957–1983

Una Mototrans Forza 350 de 1979. Era propulsada por un motor monocilíndricro ohc de Ducati, arranque eléctrico, freno de disco delantero y sistema eléctrico de 12 voltios.

MOTOTRANS COMENZÓ fabricando Ducatis italianas bajo licencia a finales de los años cincuenta. Esto se debió a las severas restricciones sobre la importación impuestas por el régimen de Franco, que protegía los productos españoles prohibiendo la importación de productos extranjeros, especialmente las motocicletas. Ducati y otras marcas,

como Moto Guzzi y MV Agusta, se fabricaban en el propio país.

Barcelona, sede de tantos fabricantes de motocicletas españolas, fue elegida como ubicación y, como Ducati había logrado varias victorias en el famoso circuito de Montjuic Park, Mototrans pronto se estableció como una de las grandes marcas del motociclismo español,

posición que mantuvo durante 25 años. Los primeros modelos se fabricaron en 1957 y eran, al menos al principio, copias de las versiones italianas. Las primeras motocicletas fueron monocilíndricas de 175 cc Sport con distribución ohc. A mediados de los años sesenta, Mototrans comenzaba a fabricar sus propios diseños. Dos de éstos fueron

motocicletas de carreras, la monocilíndrica 285, que compartieron Bruno Spaggiari y Giuseppe Mandolini cuando ganaron la carrera de las 24 horas de Barcelona en 1964 con récord de velocidad incluido, y la MT250 de 248 cc (44,5 × 40 mm) de cuatro cilindros.

Esta última había sido diseñada por un antiguo ingeniero de Benelli, Renato Armaroli.

Más tarde, a comienzos de los años setenta, Mototrans fabricó una versión de cinco velocidades de las Ducati ohc de 125 y 160 cc, y una versión de la 250 cc monocilíndrica con nuevas dimensiones de diámetro y carrera (69 × 66 mm), la 24 Horas. También hubo una serie de modelos de dos tiempos, entre ellos la Mini, la Pronto y la Senda.

Una versión nueva de la familiar monocilíndrica con árbol de levas en la culata llegó en 1976, con la nueva Electrónica 300 cc. A esta siguieron la Strada 250 cc, la Forza 350 cc (touring) y la Vento (sport). Algunas de estas Ducatis españolas tenían características técnicas que nunca se utilizaron en los modelos italianos, como las llantas de aleación, el arranque eléctrico y el sistema eléctrico de 12 voltios.

En 1978, Mototrans presentó su primer modelo totalmente español, la MTV 406,61 cc Yak 410, que no tenía ninguna deuda con la firma de Bolonia. En todo caso, parecía más japonesa que europea, con una línea parecida a la de la Suzuki SP 370, que acababa de aparecer.

Hacia finales de 1981, Mototrans se encontró con insalvables escollos financieros, y, a pesar de reiniciar la producción en 1982, desapareció en 1983.

En 1980, la fábrica Mototrans había fabricado este modelo deportivo de 350 llamado Vento, que disponía de frenos de disco en ambas ruedas, llantas de aleación y una línea muy moderna.

MUNCH

ALEMANIA 1966–AÑOS OCHENTA

FRIEDEL MUNCH FABRICÓ una motocicleta de gran éxito y muy limitada producción, por el sencillo procedimiento de probar toda una serie de motores, a cual mayor y más potente, de cuatro cilindros en línea con refrigeración por aire, de los utilizados en los coches NSU. Estos motores se montaban transversalmente en el bastidor de una motocicleta.

Munch había trabajado con Horex, y buena parte de sus mastodónticas motocicletas estaban hechas a partir de componentes de Horex, aunque más tarde se introdujeron las horquillas Marzocchi y los frenos Brembo. Esta máquina con transmisión a cadena era realmente fea: era evidente que el motor NSU no se había diseñado para mostrarse claramente en el bastidor de una motocicleta. No se puede negar que el modelo tenía una gran potencia y un magnífico par motor. Recordemos que a comienzos de los sesenta el término «superbike» no existía y las motocicletas bicilíndricas de 750 cc eran las más rápidas que se conocían. Los únicos motores de serie mayores eran los bicilíndricos en V de Harley-Davidson, que más parecían de tractor que de motocicleta.

No está claro cuándo fabricó Munch su primera motocicleta (hacia 1966). Al principio podían adquirirse con motores de 996 cc, y más tarde apareció una versión de 1.177 cc, que desarrollaba 88 CV. Después de esto llegó un modelo de 100 CV con inyección de combustible. Otro modelo, que se fabricaba de encargo, tenía un motor de 1278 cc, inyección de combustible, y podía alcanzar los 104 CV a 7.500 rpm.

Nuevamente, se desconoce la fecha precisa en que se fabricó ésta última máquina, pero lo más probable es que fuera a comienzos de los años ochenta. Mucho antes de eso, por supuesto, era

Arriba: Para tratarse de un motor que no había sido diseñado para mostrarse al aire, el NSU tetracilíndrico resultó ser bastante atractivo.

Abajo: Cuanto más se mira a la TSS 1200 de 1972 más rara parece. Obsérvese en particular el enorme disco de freno delantero y la rueda trasera.

posible adquirir máquinas mucho más ligeras y elegantes, equipadas con motores expresamente diseñados para motocicleta y que desarrollaran la potencia hasta entonces asociada a los modelos de carreras. Estas máquinas proporcionaban la misma clase de aceleración y una velocidad máxima superior.

La Munch-4 (como se conoció por aquellos días) pesaba cerca de 270 kg y tenía la misma línea aerodinámica que una catedral. Hubo un prototipo de 700 cc, dos tiempos y tres cilindros en 1973, pero nunca llegó a fabricarse en serie.

Hoy en día, la Munch-4 y la Mammut son motocicletas de culto muy buscadas, potentes, bien fabricadas e inconfundibles, que todavía se pueden (más o menos) montar.

MV AGUSTA

ITALIA 1945–1978 y 1998

EL NOMBRE AGUSTA HA ESTADO durante mucho tiempo asociado a la industria aeronáutica y hoy día es el primer fabricante de helicópteros del mundo y uno de los más importantes del mundo. Si añadimos MV (Mecánica Verghera) al nombre Agusta, estaremos hablando de una leyenda de las motocicletas, pues para muchos entusiastas, hablar de esa firma es como hacerlo de un Ferrari de tan sólo dos ruedas.

MV, fundada por el conde Domenico Agusta, fabricó su primera motocicleta en 1945, un pequeño modelo de 98 cc y dos tiempos, y ya a mediados de 1950 había lanzado el primero de sus atractivos modelos tetracilíndricos, una máquina de carreras. Esta motocicleta era obra de Piero Remor, que se había unido a MV Agusta el invierno anterior, procedente de Gilera, y Arturo Magini, un mecánico de modelos de competición.

La MV de 1950 tenía un motor cuadrado de 54 × 54 mm, lo que daba una cilindrada de 494,4 cc. Su relación de compresión era de 9,5:1; disponía de doble árbol de levas en culata, y sus cuatro cilindros se alimentaban a través de un par de carburadores Dell'Orto de 28 mm (uno para cada par de cilindros). Su peso era de 118 kg, y su motor de cuatro marchas desarrollaba una potencia de 50 CV a 9.000 rpm, lo que le permitía alcanzar una velocidad máxima de casi 206 km/h. Esto la hacía más rápida que cualquiera de las bicilíndricas AJS Porcupine o la monocilíndrica dohc de Norton.

La primera motocicleta de MV Agusta fue esta monocilíndrica de dos tiempos y 98 cc con admisión a través del pistón. Hizo su debut en 1945.

Modelos clásicos de carreras MV alineados. Desde la izquierda: una monocilíndrica dohc de 1953, una tetracilíndrica de 1958 y otra de 1960.

En aquellos días, muchos se preguntaron cuánto de Gilera había puesto Remor en la nueva MV. En realidad, MV era tan parecida que, de haber vivido en la sociedad actual, Gilera habría buscado en los tribunales alguna clase de compensación legal. Remor era consciente de que una copia exacta no habría sido aceptada, de modo que introdujo algunos cambios para que ambos modelos se diferenciaran. El más aparente fue el uso de transmisión secundaria por eje en lugar de cadena, y suspensión por barra de torsión, tanto delante como detrás. Otra diferencia consistía en que las palancas del cambio de marchas se fabricaban a ambos lados de la máquina. Esta curiosa disposición, probablemente usada por primera y última vez en este modelo, obligaba al piloto a usar los talones, empujando hacia abajo en el lado izquierdo para pasar a una marcha más larga, y en el lado derecho para cambiar a una más corta. Se trata de un sistema innecesario y complicado. Considerado retrospectivamente, tan sólo proporcionaba argumentos a los que consideraban aquella peculiaridad técnica como una mera cortina de humo para ocultar el hecho de que era una reproducción casi exacta del motor de Gilera.

El resto de modelos de carreras que MV fabricó en aquellos primeros días

Una MV Agusta 125 cc TEL Sport de 1951, con motor de dos tiempos y cuatro marchas, encendido por magneto en el volante, horquilla telescópica y suspensión trasera por brazo basculante.

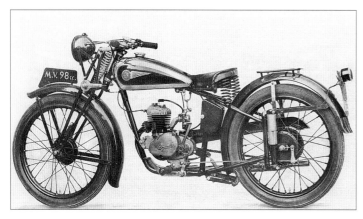

La 150RS (Rapido Sport) se fabricó entre 1959 y 1965, y utilizaba un motor ohv con caja de cambios integrada y dos silenciadores.

eran todos de 125 cc, al principio de dos tiempos y luego de cuatro. Estos últimos tenían doble árbol de levas en culata y también con un solo árbol. En realidad, se trataba de uno de los modelos de carreras de 123,5 cc (53 × 56 mm) que dieron a MV su primer título mundial cuando el inglés Cecil Sandford se hizo con el campeonato de 125 cc en 1952.

Igual que ocurría con las motocicletas de carreras de menor capacidad, las primeras MV de serie eran sobre todo modelos de dos tiempos. La primera fue una monocilíndrica de 98 cc que, aunque había sido diseñada durante la guerra, no apareció hasta 1945. El nombre Vespa se había abandonado después de que Piaggio reclamara haberlo registrado antes para su gama de escúter.

A finales de los años cuarenta, la serie de «98» se había convertido en «125», con versiones tanto de competición como de carretera. Además, MV había empezado a producir toda una familia de escúter con motores de dos y cuatro tiempos.

A finales de 1952, MV Agusta presentó un nuevo modelo de carretera con motor monocilíndrico de 172,3 cc (59,5 × 62 mm) ohc de cuatro tiempos, que se fabricó en varias versiones, incluida la CSS Supersport, aunque se dio a conocer comúnmente como Disco Volante, y también el modelo Squale (Tiburón), de carreras.

Otro diseño importante que debutó el año 1953 fue la Pullman, que se vio en público por primera vez en la Exposición de Bruselas de ese mismo año.

Era una máquina inconfundible, propulsada por un longevo motor de dos tiempos y 123,5 cc, que combinaba con éxito las mejores características de las motocicletas y los escúter, y que se vendió en grandes cantidades.

En 1954, MV ofreció su primer modelo ohv. Esta primera serie tenía una cilindrada de 123,6 cc (54 × 54 mm) y un solo cilindro. Con ella nació una gama que se iría ampliando año tras año: en 1956, 246,6 cc (62 × 66 mm); en 1958, 83,2 cc (46,5 × 49 mm); y 172,3 cc (59,5 × 62 mm); en 1959, 150,1 cc (59,5 × 54 mm); y 301 cc (74 × 70 mm); en 1962, 231,7 cc (69 × 62 mm); en 1964, bicilíndrica 166,3 cc (46,5 ×

La 600 Quatro fue la primera tetracilíndrica de serie fabricada por MV. Pero entre 1965 y 1972, sólo se produjeron 135 unidades.

49 mm); en 1966, bicilíndrica 147 cc (53 × 56 mm), y finalmente otra bicilíndrica de 348,9 cc (63 × 56 mm) en 1970.

Hacia finales de los años cincuenta, con la llegada de coches pequeños y económicos como el Fiat 500, la producción de motocicletas descendió drásticamente en Italia. Pero gracias a su vuelta a los motores de aviones (por medio de un convenio de licencia con Bell Helicopters), MV se encontró en una posición mucho más ventajosa que la mayoría de sus rivales, que dependían exclusivamente de la venta de motocicletas, ciclomotores y escúter. MV también fabricó un ciclomotor

La última de las Mv Sport 350 ohv de dos cilindros en paralelo fue esta Ipotesi, que comenzó a fabricarse en 1975.

(entre 1955 y 1959) e incluso un nuevo escúter llamado Chico. Este último, vendido entre 1960 y 1964, utilizaba un motor monocilíndrico recién diseñado, de dos tiempos y 155,6 cc (57 × 61 mm), con el cilindro colocado horizontalmente.

Sin embargo, desde comienzos de los años cincuenta hasta finales de los setenta, MV se dio a conocer fuera de Italia gracias a sus éxitos deportivos, con un equipo de motocicletas que iban desde las monocilíndricas de 125 cc hasta un modelo de seis cilindros y 500 cc, además de bicilíndricas, tricilíndricas y tetracilíndricas. Pero iban a ser los modelos de cuatro cilindros los que cautivarían el corazón de innumerables aficionados de todo el mundo.

Los éxitos de MV Agusta en los circuitos de carreras no han sido igualados por ninguna marca. La firma ostenta el récord de número de campeonatos mundiales en todas las categorías, salvo 50-80 cc. La lista de los pilotos que corrie-

En la primavera de 1972 se anunció otra versión de la MV750 tetracilíndrica urbana, la extraña GT.

Hocking, Mike Hailwood, Giacomo Agostini y Phil Read, por nombrar sólo algunos.

Los récords de MV incluyen: 75 campeonatos del mundo (de pilotos y marcas), 270 victorias de Grand Prix, y nada menos que 3.027 carreras internacionales.

La primera tetracilíndrica urbana, la R19 de 1950, no pasó de ser un prototipo presentado en una exposición. Posteriormente, en 1965, el conde Agusta dio por fin su autorización para fabricar en serie una tetracilíndrica. Lamentablemente, el resultado sería el horrendo modelo 600 touring, de 591,8 cc (58 × 56 mm), del que sólo se vendieron 135 unidades en siete años de fabricación. La 750S, mostrada por primera vez en la Exposición de Milán de 1969, era un modelo mucho mejor que la anterior. A ésta siguieron las 750 GT, 750 SS, 750 (789 cc) America y Monza 837 cc.

Antes de que su producción se interrumpiera en 1978, las máquinas MV se habían exportado a nada menos que 53 países, incluidos los Estados Unidos, el Reino Unido, Argentina, Australia, Francia, Alemania y España. Un buen cliente de la firma fue el rey de Jordania. Aunque MV fabricó varios interesantes prototipos, su principal producción estaba centrada en modelos monocilíndricos y bicilíndricos con varillas empujadoras, lo que contrasta llamativamente con sus elegantes modelos multicilíndricos de competición (las tetracilíndricas de

ron con las máquinas «de fuego» incluye los nombres de estrellas como Les Graham, Ray Amm, Dickie Dale, Bill Lomas, John Surtees, John Hartle, Gary

carretera nunca se vendieron en grandes cantidades). Sin embargo, hay que recordar que durante gran parte de la vida de la compañía, las motocicletas no pasaron de ser un medio de transporte; la palabra «superbike» no había sido inventada todavía.

Por el contrario, MV se mantuvo fiel a una fórmula que había demostrado tener éxito: la de los modelos de carretera básicos con varillas empujadoras. A comienzos de los años setenta, la mayoría de estos modelos habían incorporado cajas de cambios de cinco velocidades; después, a mediados de esa década, se produjo el cambio en las cubiertas del motor y las aletas de refrigeración, que pasaron de ser redondas a adoptar una forma cuadrada.

El fin de la producción de motocicletas se aceleró por la muerte en febrero de 1971 del alma-máter de la firma, el conde Agusta. Tras su muerte, el gobierno italiano intervino, obligando al grupo Agusta a concentrar sus esfuerzos productivos en el sector de la aviación.

Posteriormente, en los años ochenta, los hermanos Castiglioni compraron el nombre MV y, con ayuda de un brillante diseñador llamado Massimo Tamburini, se puso manos a la obra para crear una auténtica obra de arte, la F4 inspirada en la tecnología Ferrari, que se lanzó al mercado en 1998 con grandes elogios del público.

Una Magni-MV 850 de finales de los años setenta, con difusores divergentes curvos y *chain driven conversion*.

MV Agusta 500 Four
1956

La primera MV de carreras tetracilíndrica de 500 cc apareció en 1950, pero fue en 1956 cuando el diseño despegó realmente, asistido por una combinación de mejoras técnicas y la contratación del inglés John Surtees. Tan competente en su versión de serie como en la pista, su llegada al mercado marcó un punto de inflexión en la historia de MV.

Aunque 1955 no había sido un año muy favorable en cuanto a resultados en la clase 500 cc, los ingenieros de MV habían logrado notables éxitos en la mejora técnica de sus modelos. El carenado fue una de las partes más desarrolladas, y el bastidor fue rediseñado completamente para proporcionar un centro de gravedad más bajo. Se abandonó la horquilla delantera Earles, que fue sustituida por horquilla telescópica fabricad por la propia MV. Se probaron varios amortiguadores traseros (MV y también británicos del tipo Girling). Se equipó al freno delantero de enormes tolvas de aire, y además se rediseñó el depósito de combustible para dar al modelo una línea más alargada y baja.

En 1951 se había probado a usar cuatro carburadores (anteriormente sólo se utilizaban dos). En 1952, se revisó el motor anterior, y se pasó de la transmisión secundaria por eje a un sistema a cadena. El cambio de velocidades, antes colocados a ambos lados de la moto, ahora se había convertido en una sola palanca convencional colocada en el lado izquierdo. En 1955, se había aumentado la potencia hasta 65 CV a 11.000 rpm. En 1956 volvió a aumentarla la potencia, esta vez a 67 CV a las mismas revoluciones.

El campeonato del mundo de 500 cc, celebrado a seis mangas, lo ganó Surtees

MV Agusta ganó por primera vez el campeonato del mundo de 500 cc con su modelo tetracilíndrico en 1956. Esta máquina se despidió en 1965, después de haber ganado ocho títulos mundiales.

con su MV. Sin embargo, esa victoria no la logró con su modelo nuevo de 1956, sino con el de 1955. En la última sesión de entrenamiento, Surtees había chocado con una vaca en el kilómetro 59 del circuito, un tramo de carretera de montaña. Tuvo suerte de no salir malherido, pero la motocicleta quedó demasiado dañada y no pudo estar lista para la carrera. Surtees ganó las dos pruebas siguientes, celebradas en Holanda y Bélgica, y después tuvo un nuevo accidente con su MV tetracilíndrica más pequeña (de 350 cc) y además se rompió un brazo. Pero con tres ganadores distintos en las tres siguientes carreras, el piloto de MV había hecho lo necesario para conseguir la corona del mundo de 500 cc.

Surtees también ganó el título de 500 cc en 1958, 1959 y 1960, antes de que le tocara el turno a Gary Hocking en 1961. Mike Hailwood ganó cuatro campeonatos seguidos: de 1962 a 1965.

La Four se retiró para dejar paso a un nuevo modelo tricilíndrico, con el cual Giacomo Agostini continuó encadenando victorias para MV, logrando el título en 1966. Esta sería la primera de una larga serie de victorias conseguidas con el modelo de tres cilindros. A pesar de todo, la verdadera responsable de colocar a MV en un lugar preeminente en la competición fue la 500 Four.

Motor: tetracilíndrico, 2 válvulas, 497,5 cc, dohc (53 × 56 mm)
Potencia: 67 CV a 11.000 rpm
Caja de cambios: cinco velocidades, pedal
Transmisión secundaria: cadena
Peso: 118 kg
Velocidad máxima: 233 km/h

MV Agusta 350 Three
1965

La tricilíndrica 350 MV Grand Prix hizo su debut en público en 1965. Este modelo se había propuesto a finales de los años cincuenta, y llegó como respuesta a la entrada de Honda en 1962 en la clase 350 cc Grand Prix con su motocicleta Four de 285 cc, y posteriormente con otra máquina de mayor tamaño.

Una vez que llegaron las motocicletas Honda, la vieja tetracilíndrica 350, basada a su vez en un modelo de 500 cc, pronto fue retirada. Esta decisión dejó al piloto Mike Hailwood con sólo el modelo de mayor cilindrada, con la que

La nueva 343.9 cc dohc de cuatro válvulas por cilindro hizo su debut pilotada por Giacomo Agostini (en la foto) en 1965.

ganó la Blue Ribbon Senior durante cuatro años, hasta que dejó MV para unirse a Honda en 1965.

Ese año final llegó una combinación totalmente nueva para circuito de Grand Prix: Giacomo Agostini y la tricilíndrica MV Agusta. El sueño del conde Domenico Agusta, propietario de la firma, siempre había sido presentar un piloto italiano sobre una motocicleta italiana en las clases altas (350 y 500 cc).

Agostini («Ago») se había hecho famoso con la pequeña compañía Moto Morini, al ganar en 1964 el campeonato italiano senior en la categoría de 250 cc. Ese año había batido nada menos que a Tarquinio Provini con su tetracilíndrica Benelli. El piloto no tuvo dudas a la hora de firmar por MV.

La nueva MV era un modelo de 343,9 cc (48 × 46 mm) con el motor transversal y los cilindros inclinados 10° hacia delante.

Otras características de esta sorprendente máquina eran: una transmisión de siete velocidades, ruedas de radios de alambre (46 cm) con llantas Borrani de aleación, un depósito de 16 litros y cuádruple freno de tambor delantero de 240 mm, de una enorme potencia.

Con sus 62 CV a 13.500 rpm, la nueva MV tricilíndrica podía finalmente desafiar al domino japonés en la categoría. Con una velocidad máxima de 241 km/h, no sólo era una máquina tan rápida como su hermana de cuatro cilindros, sino que su ligereza y mayor rela-

ción de potencia/peso hacían de ella una motocicleta superior.

La pareja formada por Agostini y la nueva tricilíndrica tuvieron un sensacional debut de Grand Prix. El titular de la revista *Motor Cycle* del 1 de mayo de 1965 rezaba: «Agostini hace pedazos a Redman». La crónica seguía: «Invicto en la última temporada en las carreras de 350 cc, el primer piloto de Honda, Jim Redman, ha encontrado un rival en Giacomo Agostini y su nueva tricilíndrica de MV». La competencia fue tan frenética que Redman terminó chocando, mientras que el compañero de escudería de Agostini, Mike Hailwood, con una de las viejas tetracilíndricas, fue el único piloto que se libró de ser doblado en la prueba de las 96 millas.

Agostini llegó a ganar 15 títulos mundiales, todo un récord; la mayoría de ellos pilotando en 350, y posteriormente en la categoría de los 500 cc, con versiones de la gloriosa Three de MV.

Motor: tricilíndrico, 4 válvulas, dohc, 343,9 cc (48 × 46 mm), refrigeración por aire
Potencia: 62,5 CV a 13.500 rpm
Caja de cambios: 7 velocidades, pedal
Transmisión secundaria: cadena
Peso: 116 kg
Velocidad máxima: 240 km/h

MV Agusta 350 Sport
1970

La serie de bicilíndricas de 350 se presentó oficialmente en la Exposición de Milán, celebrada en noviembre de 1969. Estas máquinas se habían desarrollado a partir de la antigua serie 250, que había comenzado a fabricarse en 1967. El equipo de ingenieros de MV creó un motor de mayor cilindrada aumentando el diámetro del cilindro de 53 a 63 mm, y dejando la carrera en 56 mm, lo que daba un volumen desplazado de 348,9 cc.

Se comercializaron varias versiones de la 350 B, la más popular de las cuales fue la S (Sport). Los primeros modelos tenían encendido por batería, pero en 1972 se presentó al público una versión rediseñada de la Sport con encendido electrónico. Este modelo se dio a conocer como Sport Elettronica.

También hubo una GT (Gran Turismo) y una GTE (Gran Turismo Elettronica, con encendido electrónico); una Scrambler, con doble tubo de escape colocado muy alto en el lado izquierdo, y una GTE diseñada para la policía, con

La serie 350 cc bicilíndrica se lanzó en 1969. Se comercializaron varias versiones de las 350 B con cubierta del motor redondeada, la más popular de las cuales fue la S (sport), que vemos en la foto.

maletas, barras de protección, cúpula, sirena e indicadores de dirección.

La última versión de la Sport con encendido electrónico disponía (igual que algunas de las tetracilíndricas) de un carenado muy parecido al que usaban los modelos de carreras de tres y cuatro cilindros de aquellos años.

Aunque la 350 estaba basada en la 250, su estilo era mucho más moderno y deportivo, incluso el de la versión turismo (salvo la primera entrega de modelos GT, que seguía fielmente la línea de la 250, con sus guardabarros de sección cuadrada). En cuanto al motor, su aspecto era pulcro e impecable, más parecido a un dos tiempos que a un ohv. La culata y el cilindro eran de aluminio y disponían de dos carburadores Dell'Orto. La lubricación, como era costumbre en MV, era del tipo con cárter húmedo con una bomba accionada por engranajes.

La caja de cambios de cinco velocidades y embrague húmedo multidisco estaban integrados en el motor, mientras

que el cambio, accionado con el pie, estaba colocado en el lado izquierdo. Todos los modelos incorporaban frenos de tambor en el cubo de la rueda, tanto delante como detrás.

La serie 350 B, de estilo redondeado, fue reemplazada en 1975 por el nuevo modelo Ipotesi. Esta máquina todavía empleaba válvulas accionadas por varillas empujadoras, pero con cubiertas y aleteado del cilindro y culata con ángulos. La versión 350 V tenía un diseño muy moderno, con llantas de aleación y tres discos de freno. También hubo una versión GT con dos discos en la rueda delantera y freno de tambor en la trasera, además de ruedas de radios de alambre. Dejó de fabricarse en 1978.

Motor: bicilíndrico paralelo, 2 válvulas, ohv, 348,9 cc (63 × 56 mm), refrigeración por aire
Potencia: 28 CV a 8.400 rpm
Caja de cambios: 5 velocidades, pedal
Transmisión secundaria: cadena
Peso: 149 kg
Velocidad máxima: 155 km/h

MV Agusta 750S
1971

Aunque la 750S se presentó por primera vez en el stand que la compañía tenía en la Exposición de Milán celebrada en noviembre de 1969, no se puso a la venta hasta el año 1971. La espera mereció la pena, pues, al contrario que su hermana mayor, la 600, la «S» tenía todo el estilo y belleza de una auténtica tretracilíndrica de MV Agusta.

Finalmente, la firma italiana acertó, casi dos décadas después de su primer prototipo de carretera (la R19 de 1950). Comparada con la 600, lanzada a mediados de los sesenta y que apenas encontró demanda en el mercado, la 750S era una sorprendente máquina, impecable y

viva, con sus característicos colores rojo, blanco y azul.

Como era de esperar en una tetracilíndrica de MV, su punto fuerte estaba en el motor, que ahora además estaba complementado con unas características propias de un modelo urbano: línea «café-racer», con manillar de competición corto y bajo, reposapiés muy retrasados para permitir una postura aerodi-

La 750S, que hizo su debut en la Exposición de Milán de 1969, comenzó a fabricarse en 1971. Este modelo de 1973 muestra el carenado opcional de serie que ofrecía la firma.

námica, sillín deportivo con tope en la parte trasera (de color rojo), cuádruple tubo de escape cromado con silenciadores a juego y enormes frenos de tambor fabricados por Grimeca, con cuádruple zapata en la rueda delantera. Todo el conjunto estaba adornado profusamente con cromados y acero inoxidable.

El motor de 743 cc (65 × 56 mm) dohc y cuatro cilindros tenía un acabado de fundido en arena. Además de la «S», también se fabricó una pequeña cantidad de versiones turismo GT y super-deportivas SS.

Todavía hoy nadie sabe con certeza qué hizo que el conde Agusta diera marcha atrás en su política. Pudo se la falta de ventas de las 600, el deseo de fabricar una máquina que estuviera a la altura de la marca, o simplemente sentido común. La verdad que se esconde detrás del Tipo 214 (nombre oficial de la 750S) nunca llegará a conocerse, pues el conde murió de un ataque al corazón en 1971.

La razón más probable sería el lanzamiento la CB750 tetracilíndrica de Honda, presentada en la Exposición de Tokio de octubre de 1968. En 1965, MV se había distinguido por ser la primera fábrica en presentar una moderna tetracilíndrica transversal, la 600, pero Honda había lanzado una máquina muy comercial. Las ventas de la CB750 pasaron de las 61.000 unidades durante los tres primeros años sólo en los Estados Unidos, mientras que la producción total de la tetracilíndrica de MV durante los años sesenta y setenta probablemente no pasó de las 2.000 unidades.

Motor: tetracilíndricos, 2 válvulas, dohc, 742,9 cc (65 × 65 mm), refrigeración por aire
Potencia: 65 CV a 8.500 rpm
Caja de cambios: 5 velocidades, pedal
Transmisión secundaria: eje
Peso: 230 kg
Velocidad máxima: 201 km/h

MV Agusta 125 Sport

1975

Tras la introducción de la nueva Sport 350 (conocida como Ipotesi) con sus líneas angulosas, tres discos de freno y llantas de aleación, la dirección de MV también puso en producción una modernizada Sport 125 ohv monocilíndrica.

Salvo por las cubiertas y las aletas de refrigeración cuadradas, el motor era muy semejante al anterior, con el mismo diámetro y carrera (53 × 56 mm) que la compañía con sede en Verghera había utilizado en su primera 125 de dos tiempos, y que continuó durante años en varias máquinas que utilizaban varillas empujadoras.

Sin embargo, el resto de la motocicleta era totalmente nuevo. El bastidor, por ejemplo, era de doble cuna, en lugar del bastidor auxiliar de «plátano» utilizado anteriormente.

En la 125, se prefirieron las ruedas de radios convencionales, en lugar de las llantas de aleación que incorporó el nuevo modelo 350 S. El freno trasero era de tambor, en tanto que el delantero disponía de un solo disco de 230 mm.

Con su bastidor plateado, su carrocería roja y tubo de escape negro, la 125 Sport tenía el aspecto de una máquina de grandes prestaciones, aunque sus propietarios quedaron decepcionados. Su rendimiento no era mejor que el de la anterior MV 125 con empujadores, y su velocidad máxima no excedía los 115 km/h.

Presentada en 1975, la rediseñada 125 Sport fue la última de las monocilíndricas ohv de 123,5 cc fabricadas por MV. Se distinguía por su freno de disco y bastidor de doble cuna.

Igual que la 350S Ipotesi, la 125 Sport de 1975 podía adquirirse con carenado pagando una cantidad extra; este carenado, de color rojo y plata, estaba basado en el de los modelos de carreras de tres y cuatro cilindros de aquellos años.

El motor de 123,5 cc tenía una relación de compresión de 9,8:1, un carburador de guía cuadrada Dell'Orto de 22 mm, caja de cambios integrada de cinco velocidades, embrague multidisco húmedo, transmisión primaria por engranajes, lubricación por colector dentro del cárter y un sistema de encendido electrónico por magneto en el volante del tipo Dansi.

Otros detalles técnicos de la pequeña MV incluían: depósito de combustible de 19 litros, sillín de longitud regulable, pinza de freno Scarab con dos pistones y un disco de freno de hierro fundido de 230 cm, y en la rueda trasera un freno de tambor de 136 mm.

Las llantas eran Borrani, de aleación, con sección de 2,75, y neumáticos de 46 cm, tanto en la delantera como en la trasera.

Motor: monocilíndrico, 2 válvulas, 123.5 cc (53 × 56 mm), refrig. por aire
Potencia: 12 CV a 8.500 rpm
Caja de cambios: 5 velocidades, pedal
Transmisión secundaria: cadena
Peso: 103 kg
Velocidad máxima: 115 km/h

MV Agusta F4 1998

Aclamada por muchos como la más moderna Superbike, la MV Agusta F4 bien podría haber sido una Cagiva, una Ducati o una Ferrari. El hecho de que sea una MV es un apropiado homenaje para una de los más extraños proyectos en el diseño de motocicletas.

La saga F4 surgió como resultado de las conversaciones entre Claudio Castiglioni, jefe de Cagiva, y su diseñador jefe, Massimo Tamburini, ayudados ambos por Piero Ferrari, hijo de Enzo Ferrari, y por los dueños de Ferrari, Fiat.

Los primeros rumores sobre una Superbike totalmente nueva ingeniada por Cagiva comenzaron a circular a comienzos de los años noventa. Después, durante el lanzamiento del nuevo coche Ferrari 465 GT, se mostró por error una fotografía del nuevo motor. Claudio Castiglioni no tuvo más remedio que admitir que estaban desarrollando un nuevo motor en colaboración con Ferrari, y que tanto Castiglioni como Pieri Ferrari ya habían realizado pruebas con el prototipo.

El bache económico que atravesó Cagiva a mediados de los años noventa retrasó el desarrollo del proyecto secreto de investigación que se realizaba en San Marino, pero en la primavera de 1998, llegó la primera muestra de la máquina tanto tiempo esperada. Para empezar, su logo era el de MV Agusta

Aclamada por muchos como la más moderna Superbike, la F4 de MV Agusta comenzó a fabricarse en 1998. Su diseño era obra de Massimo Tamburini, también responsable de la Ducati 916.

(Cagiva había adquirido el nombre comercial en los años ochenta). Después de vender Ducati a la sociedad financiera americana TPG, no habría sido posible utilizar el nombre Ducati.

En cuanto a la motocicleta, no sólo se colocaba a la cabeza de todos los modelos de serie del mundo por su diseño, sino que además incorporaba numerosas novedades técnicas.

El motor, con sus cuatro válvulas por cilindro, 749,8 cc (73,8 × 43,8 mm) con doble árbol de levas en culata, cuatro cilindros transversales y refrigeración líquida, contaba con la ventaja de la última inyección electrónica y sistema de encendido diseñados por Weber-Marelli, una caja de cambios de seis velocidades que podía extraerse (tipo casete) y una radical culata radial. El bastidor de la F4 está hecho de una combinación de acero y aluminio, mientras que el monobrazo basculante es de aluminio fundido, y la pipa de dirección es multirregulable en ángulo. La suspensión delantera cuenta con una horquilla invertida especialmente fabricada por Showa. El amortiguador de la dirección montado transversalmente en el bastidor es de la marca Tamburini, así como el tubo de escape que sale por debajo del colín.

El equipo de Massimo Tamburini diseñó un innovador sistema de luces delanteras, con dos faros con reflectores polielipsoidales, que dan a la F4 su aspecto inconfundible, al tiempo que le permite tener un carenado muy estrecho para mayor penetración aerodinámica. El acabado de la F4 es magnífico. Se unen un estilo elegante y esbelto con unas prestaciones (supera los 272 km/h) que la hacen deseable por cualquier entendido en motocicletas deportivas.

Motor: cuatro cilindros en línea, 4 válvulas, dohc, 749,4 cc (73,8 × 43,8 mm), refrigeración líquida
Potencia: 126 CV a 12.200 rpm
Caja de cambios: 6 velocidades, pedal
Transmisión secundaria: cadena
Peso: 180 kg
Velocidad máxima: 272 km/h

MZ/MuZ ALEMANIA 1953

Los orígenes de MZ y su moderna sucesora MuZ se remontan a los años que siguieron a la Primera Guerra Mundial, con el nacimiento de la marca DKW en 1919. Veinticinco años después, DKW se había convertido en una de las marcas de motocicletas más importantes que han existido.

Igual que el resto de compañías alemanas, DKW fue bombardeada durante la Segunda Guerra Mundial. La paz en mayo de 1945 trajo consigo nuevos problemas. Las instalaciones que MZ tenía en Zschopau quedaron muy dañadas por los bombardeos aliados, y además quedaron en el sector soviético cuando Alemania fue dividida. Entre los años 1945 y 1946 la fábrica fue completamente desmantelada por orden de la administración militar soviética. Después de haber fabricado durante un tiempo en Wilischthal, la firma comenzó a preparar su vuelta a Zschopau, que tuvo lugar en 1949.

Sin embargo, antes de que esto ocurriera, el régimen comunista logró nacionalizar todas las grandes empresas, entre ellas DKW, y el día 1 de julio de 1948, la propiedad de la planta de Zschopau pasó a la recién creada Industrieverwaltung Fahrzenbau (IFA). Después de tener que resolver interminables

Una MZ BK350 bicilíndrica plana de dos tiempos del año 1957. Lanzada en 1952 con el nombre comercial de IFA. Esta máquina lograba una velocidad máxima de 117 km/h.

MZ dominó algunas pruebas como los ISDT durante casi toda la década de los sesenta. En la foto vemos la escuadra de 1964, con sus monocilíndricas de dos tiempos ES/G especialmente preparadas.

problemas, la producción se reanudó en mayo de 1950 con el nombre comercial IFA. Su primer modelo fue una DKW RT125 totalmente revisada.

El primer «nuevo» diseño fue la BK350, lanzada en 1952. Todavía era un modelo de dos tiempos, semejante en aspecto a la BMW de aquellos días, con sus cilindros enfrentados horizontales, horquilla telescópica, suspensión trasera por émbolo, transmisión final por medio de eje y palanca de arranque que se accionaba lateralmente. Su motor de 349 cc con lumbrera en el pistón desarrollaba una potencia de 17 CV, con una velocidad máxima de 117 km/h. Estuvo en fabricación durante siete años, hasta 1959.

Por entonces, IFA ya comercializaba sus modelos con el nombre MZ, es decir, Motorraderweke Zshopau. El nombre MZ se había utilizado por vez primera en 1953, cuando el ingeniero Walter Kaaden creó el departamento MZ Sport para el desarrollo de motocicletas de competición, tanto para pruebas de carretera como de resistencia en campo. Aunque estas primeras motocicletas *off-road* al principio no eran sino modelos de carretera provistos de neumáticos de tacos, las de competición en pista eran auténticas máquinas especializadas, con admisión por válvula de dis-

co y una potencia de primera clase. En 1955, la 125 cc de carreras de un solo cilindro, dos tiempos y válvulas de disco desarrollaba una potencia de 15 CV y podía alcanzar los 152 km/h.

Al año siguiente, un joven llamado Ernst Degner se unió al equipo MZ. No sólo se iba a convertir en el piloto más importante de la década siguiente en el sector oriental, sino que a finales de 1961 llegó a derrotar al gigante japonés, Suzuki, en el circuito de Suecia.

En el catálogo de 1960, MZ incluyó varios modelos de serie, entre los que estaban la 125/3, ES 175 y 250, ES 250, con sidecar, y las ES 175G/250G; estas dos últimas eran versiones personalizadas inspiradas en los modelos con que la firma se había presentado a los ISDT.

En cuanto a la 125/3, se trataba de una RT125 actualizada, ahora con una potencia de 6,5 CV a 5.200 rpm, mientras que la caja de cambios tenía una velocidad más, es decir, cuatro. El equilibrio de la

Una típica y funcional MZ TS de dos tiempos, de finales de los años setenta y principios de los ochenta. Este modelo estaba disponible con motor de 125, 150 y 150 cc.

gama llegó con la adopción de una moderna suspensión trasera por medio de brazo basculante, además de la horquilla delantera del tipo Earles. Sin embargo, la transmisión secundaria a cadena ahora aparecía totalmente oculta (como el resto de la gama), con un guardapolvo de goma, detalle que caracterizaría a las motocicletas MZ durante treinta años.

Después de la marcha de Ernst Degner, Alan Shepherd, Mike Hailwood y, posteriormente, Derek Woodman fueron los pilotos de MZ en pruebas de Grand Prix. También corrieron para la firma pilotos locales, como Horst Fugner, Walter Musiol y el húngaro Lazlo Szabo. El primer piloto de MZ de finales de

MOWE
Alemania 1903-1908: Motores fafnir (en forma de V de 5 CV y de 3¹/₄ CV y otros sencillos de 3¹/₂ CV) eran los que equiparon a estas máquinas pioneras de la misma compañía que después constituiría las motos Walter.

MOY
Polonia (Katowicze) 1937-1940: De la propia empresa, con un motor de 175 cc de dos tiempos en una estructura de acero estampado.

M & P
Francia últimos años de la década de 1920, años 30: Aubier-Dunne de 100 y 125 cc de dos tiempos en estructuras convencionales.

MP
Italia (Turín) 1934-1935: Mario Penazio instaló motores de propiedad de 350 y 500 cc en sus propias estructuras de acero estampado.

MPH
Inglaterra (Birmingham) 1920–1924: Un motor Wall de 269 cc de dos tiempos conducía esta máquina ligera por medio de una caja de cambios de dos velocidades.

MR
Italia (Turín) 1924–1926: La Officien Mechaniche Romeo Raimondi empleaba motores Train, la mayoría de 98 cc, y más tarde de 147 cc, en sus máquinas ligeras.

MR
Francia 1926–1955: Mandille et Roux durante muchos años fabricó máquinas ligeras (incluyendo motocicletas auxiliares y ciclomotores) con motores de fabricación propia de Aubier-Dunne, Fitchel & Sachs e Ydral

MR
Polonia 1930-1950: En un principio, un escúter de dos tiempos, para terminar siendo un ciclomotor de 500 cc.

MT
Austria 1925-1937: El Motorradwerk Max Thun fabricó principalmente máquinas deportivas, y algunas de competición, a pesar del hecho de que importaban Villiers. Motores para la producción de motocicletas incluían Villiers de 150 a 350 cc y JAP de 500 y 750 cc, junto con Blackburne y MAG.

MT
Italia 1949-1953: Teresio Muratore fabricó máquinas con motores de 250 cc de dos cilindros paralelos con leva superior siguiendo su propio diseño pero en pequeña producción.

los años sesenta fue Heinz Rossner, que en más de una ocasión fue ayudado por el inglés Peter Williams y el italiano Silvio Grassetti.

En las pistas de tierra, MZ aventajaba a sus rivales en pruebas como los ISDT (International Six Day Trial), que dominó durante buena parte de los años sesenta, con modelos ES especialmente preparados. Con la «G» (que significaba Gelandermotor, es decir, máquina *off-road*) estos modelos compitieron en las cilindradas de 175, 250 y 300 cc, donde consiguieron grandes éxitos. En los años

La MuZ Skorpian de altas prestaciones, y producción limitada, podía alcanzar los 200 km/h con su motor Yamaha de cinco válvulas y su chasis de diseño británico.

setenta, las motocicletas checas Jawa (véase) se hicieron dominadoras de los ISDT, igual que MZ había hecho en la década anterior. Sin embargo, en los años ochenta, la compañía de Alemania Oriental reapareció con una nueva máquina. La prueba, ahora conocida como ISDE (International Six Day Enduro), había cambiado a favor de las máquinas de cross. MZ respondió a este cambio lanzando una nueva motocicleta con motores refrigerados por aire y agua, dos amortiguadores traseros colocados en ángulo, horquilla con eje delantero, carenado de plástico (incluido el depósito de combustible) y una altura libre inferior extraordinariamente grande. Más tarde se presentó una nuevo 500 cc con refrigeración líquida, suspensión trasera por monoamortigua-

Esta Silver Star Classic con motor Rotax de cuatro tiempos, rebautizada con el nombre de MuZ en 1992, fue uno de los primeros modelos fabricados bajo la nueva dirección de la firma.

dor, brazo basculante de sección cuadrada, freno delantero de disco y horquilla invertida.

Al contrario que sus hermanas de trial, durante los años sesenta las motocicletas de carretera disponían de horquilla delantera Earles, lo que daba a los modelos un aspecto sólido y proporcionaba gran comodidad a la conducción, lo que se veía contrarrestado por un ángulo de giro propio de los tradicionales modelos *touring*.

Para compensar esto, en 1969 MZ introdujo un nuevo modelo: la ETS 250

Trophy Sport. De hecho, fue con uno de estos modelos con el que la compañía celebró en 1970 su motocicleta número un millón. Aunque todavía utilizaba el motor monocilíndrico de 247 cc, la nueva máquina era 4 kg más ligera y su aspecto era mucho más deportivo, al menos en comparación con modelos anteriores. La ETS fue reemplazada a comienzos de los años setenta por la TS250 de cinco velocidades, que se fabricaría durante toda una década, hasta que fue sustituida por el modelo ETZ en 1983.

La ETZ es la definitiva MZ asequible de carretera, y aunque ofrecía sólo una potencia extra de 2 CV (21 en lugar de 19) comparada con la TS250, contaba con varias mejoras notables, como el sistema de frenos, mejorado gracias a un freno de disco Brembo de 280 mm en la rueda delantera. También se ofreció una versión con disco de 301 mm. En julio de 1983, MZ fabricó su motocicleta número dos millones, una ETZ 250. Además de ésta, también se comercializaron los modelos TS y ETZ con motores de 125 y 150 cc.

Se ofreció además un kit para la MZ 250, al principio para las pruebas MZ-Cup. Este kit estaba formado por un nuevo cilindro, una culata, tubo de escape, pistón y caja de cambios. Con este kit, MZ declaraba una potencia de 44 CV, y transformaba el modelo de transporte diario en una máquina capaz de proporcionar sensaciones de competición a un precio razonable. Las MZ de competición también fueron populares en otros países europeos durante los años ochenta y noventa, incluido el Reino Unido. Después de la caída del Muro de Berlín, y el paso de las industrias

El prototipo Kobra de 1994 utilizaba un motor bicilíndrico paralelo Yamaha TDM 850. Ofrecía unas prestaciones magníficas y una imagen de motocicleta de competición.

antes estatales al trust Keutsche Trehand en septiembre de 1990, comenzó la rápida decadencia de MZ. Las ventas cayeron en picado hasta tal punto que en 1991 MZ quebró.

Cuando el 1 de julio de 1992 se formó una nueva compañía Motorrad und Zweirddwerk (MuZ), el número de empleados había pasado de los 3.000 a los 80. La antigua fábrica de Zschopau se había abandonado a favor de una planta mucho más pequeña en Hohn-dorf, a nueve kilómetros y medio de las antiguas instalaciones.

El plan original exigía romper definitivamente con la vieja gama de modelos de dos tiempos. Sin embargo, en 1990 se había concedido una licencia para la fabricación de la serie ETZ en Turquía. Además, en Alemania se iba a fabricar una nueva 125, la Saxon Star. MuZ se concentró en una nueva gama de modelos con motores Yamaha y Rotax de cuatro tiempos.

En agosto de 1996 saltó la noticia de la quiebra de MuZ. La compañía Hong Leong, con sede en Malasia, adquirió la firma y anunció la inyección de ocho millones de libras para el desarrollo de nuevos modelos, así como su decisión de mejorar la Skorpian monocilíndrica con motor Yamaha de cinco válvulas.

En el año 2000, la gama de MuZ incluía motocicletas *off-road* de la más alta calidad, comparables con cualquiera de las mejores.

MZ 125/250 GP RACERS AÑOS CINCUENTA–SESENTA

La historia deportiva de MZ comenzó en 1951 cuando un especialista alemán en puesta a punto de motores, Daniel Zimmermann, modificó un modelo creado por él mismo y basado en una DKW RT125 fabricada por IFA, utilizando una rudimentaria válvula de disco accionada por el cigüeñal. Zimmermann también cambió el diámetro del cilindro y la carrera del pistón, que pasaron de 52 × 58 mm a 54 × 54 mm. Aunque el diseño básico era obra de Zimmermann, quien lo perfeccionó fue el ingeniero Walter Kaadan, que lo convirtió en una máquina excelente.

En 1953, Kaaden creó el departamento MZ Sport para modelos de competición, tanto en pista como *off-road*, y a finales de los años cincuenta, la firma ya estaba fabricando una 123 de 20 CV y una 250 de dos cilindros que conseguía los 36 CV.

En 1959, MZ contrató a su primer piloto extranjero, la estrella suiza Luigi Taveri. Durante los siguientes quince años, una larga lista de pilotos no alemanes corrieron con las motocicletas de Kaaden, entre ellos Gary Hocking, Alan Shepherd, Mike Hailwood, Derek Woodman y Silvio Grassetti. También en 1959 llegó uno de los grandes avances técnicos, cuando Kaadan adoptó una tercera lumbrera de transferencia (diseñada para evitar que el segmento del pistón Dykes dañara el cilindro). Esta mejora, junto con una puesta a punto más exhaustiva, aumentó la fiabilidad del motor y añadió dos caballos de potencia a la monocilíndrica 125. En 1960, la 123,6 cc (54 × 54 mm) con motor de seis velocidades desarrollaba 23 CV a 10.700 rpm, mientras que su velocidad máxima había aumentado

En 1961, la MZ monocilíndrica de competición GP con válvulas de disco desarrollaba una potencia de 25 CV a 10.800 rpm. Esta fue la primera vez que se superó la mágica frontera de los 200CV/litro.

hasta 180 km/h. Al año siguiente, la potencia subió hasta los 25 CV (se rompió finalmente la mágica barrera de los 200 CV/litro) y la velocidad llegó a 193 km/h.

El año siguiente, 1961, fue un año de controversia, cuando el primer piloto de MZ, Ernst Degner, abandonó la firma después de la GP de Suecia. Esto permitió a Tom Philips, piloto de Honda, conseguir el título mundial con una victoria en la última prueba celebrada en Argentina.

Muchos pensaron que Degner entregó a su nueva marca, Suzuki, los secretos de MZ. Lo cierto es que la compañía japonesa ganó el recién creado título de 50 cc al año siguiente, con Degner como piloto.

En cuanto a Kaaden y su equipo, no se recuperaron de este duro revés. Aunque en 1962 hicieron su debut versiones con refrigeración por agua de la monocilíndrica 125 y la bicilíndrica 250, después de 1961, las mejores posiciones de MZ en los campeonatos fueron tres terceros puestos: en 125 cc con Derek Woodman (1965) y en 250 cc para Alan Shepherd (1964) y Heinz Rossner (1968).

Motor: monocilíndrico dos tiempos, válvula de disco, 123,6 cc (54 × 54 mm), refrigeración por aire
Potencia: 25 CV a 10.800 rpm
Caja de cambios: 6 velocidades, pedal
Transmisión secundaria: cadena
Peso: 75 kg
Velocidad máxima: 193 km/h

MZ WANKEL AÑOS SESENTA

A comienzos de los años sesenta, el equipo de ingenieros de MZ ideó un nuevo proyecto que, aunque nunca llegó a las cadenas de montaje, conserva todavía todo su interés técnico e histórico. Se trataba de una serie de prototipos con motor Wankel, que culminó con la KKM 175W con refrigeración líquida (1963) y la KKM 175L (1965) refrigerada por aire. Ambas máquinas eran obra del ingeniero jefe de desarrollo, Herbert Friedrich, y seguían fielmente el concepto creado en NSU en la Alemania Occidental por Felix Wankel, padre del motor con pistón rotatorio.

El primer prototipo de MZ con motor Wankel contaba con transmisión por eje y refrigeración por agua. El motor siguió refrigerándose con aceite, y el resto de componentes se basaron en la ES 250 de ese época. En 1965, la fábrica de Alemania del Este presentó un prototipo más avanzado refrigerado por ventilador, pero nunca llegó a fabricarse en serie.

El diseño MZ incorporaba pistones rotativos colocados transversalmente a la marcha, hábilmente integrados en un motor con cubiertas de aspecto convencional y caja de cambios de cuatro velocidades accionadas con pedal.

Su tubo de escape tenía una forma curiosa debido a la posición atípica del escape del cilindro, en la parte superior de éste. La KKM 175L desarrollaba 24 CV a 5.750 rpm y podía alcanzar una respetable velocidad de 129 km/h.

Aunque en 1965 se afirmó que la MZ Wankel era todo un éxito desde el punto de vista tecnológico, la fábrica dejó aparcado el proyecto y se concentró en

motores convencionales de dos tiempos. La principal razón fue el coste de producción: MZ habría necesitado invertir en un rediseño completo de las cadenas

de montaje, nueva maquinaria y además una licencia de NSU para comenzar la producción. Cuando consideramos que las primeras motocicletas Wankel no

A comienzos de los años sesenta, MZ iba una década por delante de sus rivales en el diseño de una motocicleta urbana con motor Wankel. Sin embargo, la firma nunca llegó a producir su modelo de 174 cc.

empezaron a fabricarse hasta una década después (Hercules W2000 y Suzuki RE5) y que ambas supusieron un engorro financiero para sus compañías, empezamos a pensar que MZ hizo bien al no querer el honor de ser la primera marca en producirlas.

Motor: monocilíndrico rotativo, 174 cc, refrigerado por aire
Potencia: 24 CV a 5.750 rpm
Caja de cambios: 4 velocidades, pedal
Transmisión secundaria: cadena
Peso: no especificado
Velocidad máxima: 130 km/h

MuZ Skorpian

1993

La primera MZ completamente nueva fue la Skorpian, propulsada por un motor monocilíndrico Yamaha con cinco válvulas, 660 cc, refrigeración por agua y árbol de levas en la culata. Fue obra de un equipo de diseño del Reino Unido, Richard Seymour y Dick Powell. Su estudio de Londres presentó varias versiones de la Skorpian básica y también un prototipo de la Kobra, una superdeportiva que utilizaba un motor Yamaha TDM 850 bicilíndrico.

El modelo principal fue la Skorpian Sport, con semicarenado que dejaba a la vista el motor y el bastidor. Al principio se ofreció en tres colores distintos: amarillo, negro y verde. Con una potencia de 48 CV (34 CV en la versión limitada para pilotos principiantes) las características técnicas de la Skorpian Sport incluían: bastidor tubular de acero Delta, horquilla telescópica delantera de 41 mm, llantas de aleación de 43 cm, frenos de disco en ambas ruedas, arranque eléctrico, caja de cambios de cinco velocidades, suspensión trasera con monoamortiguador y sistema eléctrico de 12 voltios.

No tardaron en aparecer nuevas versiones, como la naked Skorpian Tour, un modelo *off-road*, y la más radical Skorpian Replica, con carenado completo.

Además de contar con mayor potencia, la Replica exhibía horquilla delantera invertida fabricada por la firma holandesa White Power, que ofrecía nada menos que 20 posibles regulaciones diferentes para la compresión del amortiguador y ocho para el rebote. La suspensión trasera con monoamortiguador era también de White Power. Entre otros componentes de primerísi-

La primera verdadera MuZ fue la Skorpian, propulsada por un motor monocilíndrico Yamaha de 660 cc y refrigeración por agua. Desarrollaba una potencia de 48 CV a 6.500 rpm.

ma calidad podemos nombrar: frenos Brembo con pinzas Goldline de cuatro pistones para el doble disco delantero semiflotante de 180 mm (en lugar de sencillo en los otros modelos) en la rueda delantera, y un solo disco trasero de 240 mm con pinza de dos pistones. En comparación con la Sport, la Replica

disponía de unos neumáticos más anchos (120/60 delantero y 160/60) trasero, mientras que la Sport utilizaba 110/70 delante y 150/60, respectivamente.

La fábrica aseguraba que la Replica podía alcanzar los 200 km/h, o 208 km/h con su kit opcional de puesta a punto. Su peso en seco era de 165 kg, unos 5 kg más ligera que la Sport, lo que era sorprendente, teniendo en cuenta que contaba con carenado completo en lugar del semicarenado de morro puntiagudo de la Sport.

En la popular clase Supermono, varias Skorpian de competición han conseguido éxitos en toda Europa, tanto en manos de pilotos privados como con equipos de firma.

Motor: monocilíndrico, ohv, 5 válvulas, 660 cc (100 × 84 mm), refrigerado por agua
Potencia: 48 CV a 6.500 rpm
Caja de cambios: 5 velocidades, pedal
Transmisión secundaria: cadena
Peso: 170 kg
Velocidad máxima: 174 km/h

NERACAR

ESTADOS UNIDOS 1921–1923
INGLATERRA 1923–1927

ERA UN DISEÑO AMERICANO fabricado en Syracuse, Nueva York, y más tarde bajo licencia en Kingston-on-Thames, Surrey. Esta máquina tenía un bastidor monocasco, con el piloto sentado en una posición muy baja detrás de un enorme guardabarros delantero y grandes reposapiés. El bastidor estaba hecho de acero estampado, con sección en U y una horquilla de resortes unida al cubo de la rueda. A la vista tan sólo estaba el cilindro. El depósito de combustible era cilíndrico y estaba debajo del sillín. Sobre el cubo trasero actuaban dos frenos de tambor. El modelo americano tenía un motor de dos tiempos de 211 cc colocado longitudinalmente a la marcha, con el volante conectado a una rueda de fricción en ángulo recto y que se movía sobre su superficie. Este mecanismo era controlado por una palanca. La transmisión a la rueda trasera era a cadena.

La Neracar era innovadora, pero en aquellos días las motocicletas estaban en franco declive en los Estados Uni-

dos. Sin embargo, encontró un buen mercado en Gran Bretaña, al principio con un motor de 211 cc, y en 1923 uno de 285 cc. Para aumentar su limitada potencia, en 1925 apareció un motor Blackburne de 348 cc con válvulas laterales unido a una caja de cambios de tres velocidades. Al año siguiente, se añadió un modelo con motor Blackburne ohv para conseguir mejores prestaciones, pero las ventas de esta motocicleta nunca fue-

Las principales características de la Neracar eran su asiento bajo, los reposapiés de plataforma y la dirección al centro del cubo. Los primeros modelos tenían un depósito de gasolina cilíndrico colocado debajo del asiento.

La extraña Neracar, con motor Blackburne de 348 cc con válvulas laterales y una caja de cambios convencional de tres velocidades.

ron muy numerosas y Sheffield Simplex se encontró en dificultadas económicas, lo que provocó el cierre de la compañía en 1927.

NEW HUDSON INGLATERRA 1902–1933 y 1940–1958

ESTA FÁBRICA DE BICICLETAS de Birmingham situada en Icknield Street comenzó su línea de motocicletas utilizando los primeros motores De Dion, pero pronto dejó el mercado de los vehículos a motor. Volvió a aparecer a finales de 1910. Ese año, la compañía contaba en su catálogo con dos modelos de diseño más bien convencional que utilizaban motores JAP de 2,5 o 3,5 CV con transmisión a correa, horquilla Druid y varias opciones para la transmisión. Al año siguiente, añadió su propio motor

de 3,5 CV, y en 1913 abandonó el uso de motores JAP para incluir uno propio de 2,75 CV. En 1914 apareció otro motor de 6 CV, y ese mismo año, presentó una motocicleta ligera con motor monocilíndrico de dos tiempos y 211 cc. Esta máquina y la monocilíndrica de 3,5 CV estuvieron en producción hasta 1916.

En 1922, llegó una monocilíndrica de cuatro tiempos y 594 cc, y al año siguiente desapareció el modelo de dos tiempos y se lanzaron modelos de 346

y 496 cc. En 1924, apareció una motocicleta de 346 cc ohv, a la que se unió en 1926 otros modelos de 490 y 594 cc. El modelo de mayor cilindrada no tardó en desaparecer de la gama, pero las otras motocicletas trajeron para New Hudson el mejor año en 1927, cuando Jimmy Guthrie acabó segundo en la TT Senior y Bert le Vack batió varios récords en Brooklands.

A finales de la década, había un modelo de válvulas laterales y 249 cc, la Ixion, que se vendía a un precio muy

Arriba: New Hudson fabricó toda una gama bastante convencional de monocilíndricas verticales durante los años veinte. La de la foto es el modelo 90 de 1929 con motor de 596 cc.

Izquierda: La New Hudson bicilíndrica en V con motor de 6 CV apareció en 1914. Se trataba de un motor de fabricación propia con tres velocidades.

Arriba: Un modelo deportivo de 1929 con motor ohv de 496 cc y componentes bastante convencionales. En 1931, la compañía adoptó motores inclinados, pero su fabricación se abandonó después de 1933.

Derecha: New Hudson volvió en los años cuarenta con su autociclo, que se fabricó hasta 1958, bajo la dirección de BSA.

asequible. Sin embargo, la gama fue rediseñada en 1931, añadiéndose motores inclinados con elementos parcialmente ocultos. La mayoría de los modelos, tanto estándar como de lujo, utilizaban motores de 346 cc con válvulas laterales y ohv; de 496 cc ohv, y

de 548 cc con válvulas laterales. Hubo también versiones especiales ohv, y se pasó a cubrir los motores con paneles laterales que ocultaban el cárter y la caja de cambios. Hubo tableros de instrumentos sobre el depósito de gasolina y también palancas manuales para el cambio de marchas. Pero, los motores inclinados se empezaban a pasar de moda;

era más difícil instalar el carburador y la cuba de nivel constante. Tampoco tuvo gran aceptación la tendencia de cubrir los motores, y los nuevos presentaron problemas. Los efectos de la Depresión se sintieron en la compañía New Hudson, pero la firma continuó produciendo hasta 1933.

El nombre reapareció en 1940 con un autociclo provisto de motor Villiers de 98 cc. En 1945, la firma era parte del grupo BSA. En 1949, se revisó el autociclo, que pasó a utilizar un motor Villiers de 99 cc 2F, con el que continuó hasta que volvió a ser modificada en 1956. Con su forma definitiva, sobrevivió hasta 1958.

NEW IMPERIAL

INGLATERRA 1903–1939

NEW IMPERIAL, CON SEDE en Birmingham, Inglaterra, fue una más de las compañías que comenzó su andadura en la industria de las motocicletas. Su fundador fue Norman Downs, que había adquirido el negocio de bicicletas Hearl and Tonks. Bajo su dirección, New Imperial comenzó a fabricar motocicletas en 1903. Aunque más tarde se asoció su nombre a motores innovadores de fabricación propia, todos sus primeros diseños utilizaban motores de

entre 246 y 996 cc, sobre todo de Precision (más tarde Beardmore Precision) y JAP.

«New Imp», como se conoció cariñosamente a la firma, compitió por primera vez en la TT Isla de Man de 1913, con una triste participación de un modelo con motor JAP de 293 cc. El primer «éxito» en competición llegó nueve años más tarde, con otra máquina con motor JAP, esta vez de 348 cc, que consiguió la vuelta más rápida en la Junior

TT, con una marca de 90,86 km/h. El piloto fue el legendario Bert le Vack, responsable del diseño tanto del motor Junior como de su compañera, la Lightweight con motor de 248 cc. A pesar de su velocidad, ninguna de las dos motocicletas demostró ser fiable.

Dos años después, Eddie Twemlow consiguió para New Imperial una espectacular doble victoria en las carreras Junior y Lightweight (250 cc), volviendo a ganar la Lightweight en 1925. Al año siguiente, New Imperial comenzó a fabricar sus propios motores, completando una gama de modelos de carretera monocilíndricos, sólidos y poco atractivos, con dos sistemas de distribución de válvulas: ohv y válvulas laterales. La gama culminó en modelos como la Blue Prince de 350 cc, que alcanzaba los 120 km/h.

En cambio, el momento de mayor esplendor para New Imperial llegó en los años treinta. En 1932, cuando más duro era el azote de la Depresión, Downs se embarcó en una aventura para poner al día casi todos los modelos de la gama, para lo que utilizó avanzados motores de nuevo diseño. Esta nueva disposición, relativamente novedosa y común a la mayoría de los modelos modernos, el motor contaba con una caja de cambios integrada y unida a él por engranajes. La primera máquina de este tipo fue la Unit Minor 150, que también contaba con una dinamo accionada por engranajes y todo el sistema de válvulas oculto bajo una cubierta. En 1933, se unieron a ella la 250 Unit Super, 350 Unit Plus y la Unit Major,

Bob Foster en su motocicleta de carreras de 250 cc en 1936, tras ganar la TT Lightweight Isla de Man. En esta prueba logró un récord de velocidad de 118,84 km/h.

de 500 cc y con una velocidad máxima de 128 km/h. En 1938, la práctica totalidad de modelos (más de veinte) que formaban la gama de New Imp contaba ya con caja de cambios integrada en el motor. Ese mismo año, se introdujo la suspensión trasera, que utilizaba un basculante triangulado al estilo de la Vincent.

Durante algún tiempo, las motocicletas de carreras de la firma continuaron con la caja de cambios separada del motor. Magníficas y atractivas con su color plateado, estas máquinas estaban muy bien construidas, y eran en general muy rápidas. La más rápida de todas fueron las bicilíndricas en V de 497 cc (algunas con sobrealimentación), que Len Horton logró uniendo dos motores monocilíndricos en un único cárter. Pilotada por el propio Horton y «Ginger» Wood, se decía

Una dos tiempos modelo «Señora» de 1919. Modelos como este, que utilizaban un motor fabricado por otras firmas, fueron la norma durante los primeros años de New Imperial.

que eran aterradoras sorteando los baches en el circuito peraltado de Brooklands. Pilotando en 1934 una de estas máquinas, Wood se convirtió en el primero en lograr recorrer con una multicilíndrica británica más de 160,9 km en una sola hora, con una media de 164,5 km/h.

En 1932, Leo Davenport había conseguido otra victoria para New Imperial en la Lightweight TT, seguido un año más tarde por Charlie Dobson, que consiguió un meritorio segundo puesto. Pero el momento más dulce llegó en la Lightweight TT de 1936, cuando una New Imp pilotada por Bob Foster se convirtió en la última motocicleta británica de cuatro tiempos que ganaba la prueba, logrando además batir el récord en nada menos que dos minutos. Lo más sorprendente es que esta motocicleta, diseñada por Matt Wright a partir de la 250 cc Unit Super no utilizaba una tecnología muy avanzada para su tiempo: sin sobrealimentación, provista de bastidor rígido, y con sólo dos válvulas accionadas por empujadores, en lugar de la ya común distribución ohc.

Se esperaba que estos éxitos en TT mejorarían las ventas de los modelos de carretera de New Imperial, pero lamentablemente no fue así. La compañía perdió a su decidido impulsor, Norma Downs, que en 1937 murió tras una enfermedad, situación que se agravó cuando más tarde Wright se pasó a AJS. La debilitada compañía fue absorbida en 1939 por la Ariel-Triumph de Jack Sangster. No volvieron a fabricarse New Imperials, aunque se hicieron planes para el lanzamiento de una nueva Triumph 3T con los colores distintivos de New Imperial.

NIMBUS

DINAMARCA 1919–1958

LA NIMBUS, FABRICADA en Copenhague por Fisker & Nielsen, era una motocicleta basada en un estilo anterior, que estuvo en producción hasta casi la era moderna. Aunque eduardiana por su carácter, esta máquina logró sobrevivir lo bastante como para contemplar el Sputnik y el comienzo de la era espacial.

Desde los primeros años del siglo XX, muchos fabricantes habían metido con calzador motores de cuatro cilindros en bastidores de carretera, especialmente FN (en Bélgica), Henderson (en los Estados Unidos) y Wilkinson (en el Reino Unido). Todas estas máquinas tenían el precio de modelos de lujo: eran las superbikes de aquella época. Y la Nimbus era, con diferencia, la más codiciada de todas.

El fundador de la compañía, Peder Anders Fisker, era un ingenioso diseñador que había creado con anterioridad la compañía Nilfisk, fabricante de motores eléctricos y, posteriormente, aspiradoras. Desde sus comienzos, dio prioridad en todos sus diseños a la calidad sobre el diseño.

Fisker fabricó su primer prototipo de motocicleta en 1917, y comenzó la producción en serie dos años más tarde. Conocida como la Kokkenror Nimbus, esta motocicleta disponía de un motor de cuatro cilindros con válvula de admisión sobre la de escape, basado en la FN. Este modelo, exquisitamente fabricado, contaba con varias características muy innovadoras, como un enorme bastidor tubular de espina central y suspensión trasera por brazo basculante (treinta y cinco años antes de convertirse en estándar). Aunque su salida no era verdaderamente rápida, la Kokkenror era muy buena en pruebas de resistencia, como la carrera entre París y Copenhague que se celebró en 1922. A pesar de que los años trajeron algunos cambios al modelo, el dise-

Con su bastidor abierto hecho de tubo de acero remachado y primitivo motor longitudinal de cuatro cilindros, la Nimbus era un anacronismo que sobrevivió casi hasta la era moderna.

ño básico se mantuvo hasta la última moto Nimbus: cuatro cilindros en línea colocados longitudinalmente a la marcha, con transmisión secundaria por eje. Fisker era un hombre ascético, de carácter opuesto al cambio por el cambio.

Hasta que cesó la producción en el año 1928, se fabricaron unas 1.300 Kokkenror, y la compañía se embarcó en el ambicioso plan de fabricar nuevos modelos en una nueva planta de producción que era capaz de dar salida a 1.000 motocicletas cada año. Tal como resultó después, sólo se fabricó un modelo, mucho más barato de producir que la Kokkenror, y en un número muy inferior. La MkII, lanzada en 1934, era un modelo mucho más utilitario. En él había desaparecido la suspensión trasera, mientras que su bastidor tubular de acero aparecía curiosamente remachado. La MkII lucía horquilla telescópica del propio Fisker, en lo que se adelantó varios meses a BMW, siendo, probablemente, la primera marca en utilizarla.

El nuevo motor de 750 cc era también muy avanzado: cuatro cilindros con un único árbol de levas en la culata, válvulas inclinadas y cámaras de combustión hemisféricas. El árbol de levas estaba accionado por ejes y engranajes cónicos, mientras que el cigüeñal giraba sobre dos enormes rodamientos de bolas y cabezas de biela del tipo circular dividido en dos partes. Como ocurría con el modelo anterior, la caja de cambios de tres velocidades transmitía la modesta potencia de la Nimbus a través de un eje a la corona dentada y el piñón del cubo trasero.

Se trataba de un sistema que nunca llegaría a utilizarse con un modelo de mucha potencia. La entrada de aire se realizaba a través de un único y pequeño carburador de 26 mm fabricado por la propia Nimbus. La refrigeración de la pieza de hierro fundido en la que se alojaban los cuatro cilindros, muy pegados unos a otros, era necesariamente pobre, ya que cada uno de ellos calentaba el aire del otro. Además, los engranajes de las válvulas se encontraban a la vista, y el cigüeñal tendía a torcerse cuando el régimen de vueltas era muy alto. La potencia del modelo estándar (y la Nimbus nunca fue un modelo dado a las puestas a punto) era de 22 CV a unas tranquilas 4.500 rpm, lo que no estaba mal cuando la moto se pilotaba con breves acelerones de hasta 96 km/h, pero una conducción prolongada a muchas revoluciones hacía que la culata se alabeara como un plátano.

A pesar de eso, la MkII siguió fabricándose, casi sin variaciones, hasta 1958, de modo que casi cualquier componente de una Nimbus de 1956 podía colocarse sin problemas en un modelo veinte años más antiguo, y viceversa. Los cambios que se hicieron en el modelo fueron mínimos, y sólo afectaron a sus frenos y otros elementos auxiliares. Hasta el final de su vida, la MkII conservó su parte trasera sin amortiguación. Fue siempre un modelo muy particular en lo que a la comodidad de su marcha se refiere, como en casi todos los demás aspectos. Durante los años cincuenta, se diseñó un nuevo modelo propulsado por un motor de cuatro cilindros y válvulas rotativas, aunque nunca llegó a producirse en serie.

Sin embargo, al menos en Dinamarca, la Nimbus fue una moto que gozó de un considerable éxito. En total, se produjeron unas 12.000 MkII, y en 1939 este modelo suponía el cuarenta por ciento de todas las motocicletas matriculadas en Dinamarca. Era dura, económica (4,7 litros a los 100 km) y sencilla de mantener, y podía tirar con facilidad de un sidecar. La MkII se hizo muy popular entre los repartidores y militares daneses.

Incluso después de que en 1958 cesara la producción de motocicletas, la firma siguió fabricando piezas de repuesto. Aunque hacía esto para no faltar a su

obligación con el ejército danés, todavía a finales de los años sesenta cualquier cliente podía conseguir una Nimbus fabricada de encargo a partir de piezas.

Tanto la policía como el ejército danés utilizaron la Nimbus hasta llegados los sesenta. Esta versión militar data de 1949, aunque es ligeramente distinta de la primera MkII de 1934.

NORMAN
INGLATERRA 1939–1962

NORMAN, FIRMA FABRICANTE de bicicletas en Ashford, Kent, entró en el mundo de los vehículos de motor en 1939, presentando dos modelos: la Motobyke (un autociclo), y la Lightweight (una motocicleta de 122 cc), ambas propulsadas por motores Villiers. El autociclo disponía de horquilla rígida, pero en 1940 se le unió una versión De Luxe con horquillas Webb, además

Los primeros modelos Norman de dos cilindros llevaban motor Anzani de 242 cc, pero a partir de 1958, utilizaron motores Villiers de dos tiempos y 249 cc. Éste es un modelo B4 Sports de 1961.

del modelo Carrier, de menos marchas, así como una versión de 98 cc de la Lightweight. Ese mismo año, Norman también fabricó autociclos para Rudge, pero la producción se interrumpió en 1946.

Después de la Segunda Guerra Mundial, la compañía retomó el hilo de la producción, todavía con motores Villiers. Por entonces, la gama tan sólo estaba compuesta por el Autocycle de 98 cc y la Motorcycle de 122 cc. En 1949, estas dos máquinas se convirtieron en los modelos C, con Villiers 2F de 99 cc, y B1, con motor Villiers 10D de 122 cc. Pronto se unió a ellos el modelo B2, que contaba con motor Villiers 6E de 197 cc, con ambos modelos B en versión estándar y de lujo. En 1951 también apareció el modelo D, propulsado por el motor Villiers 1F de 99 cc, y en 1953 llegó la suspensión trasera para dar lugar a los modelos B1S y B2S, mientras que la B1 se convirtió en el modelo E, y apareció una máquina de competición, la B2C con motor de 197 cc.

Los modelos E y B2 llegaron hasta 1954, año en que la 8E sustituyó a la 6E. La D y la B2C se fabricaron hasta 1955, año en la que B1S cambió sus motores por el Villiers 30C de 147 cc.

También se introdujo un modelo bicilíndrico, al modelo TS, que utilizaba un motor Anzani de 242 cc. Ese año también vio las primeras horquillas de resortes Armstrong, que se convirtieron en estándar para todos los modelos a partir del año siguiente. En 1956 la B2S se añadió al catálogo con motor Villiers 9E de 197 cc, mientras que la 8E siguió fabricándose hasta 1958, y se añadió la B2C/S (versión de la B2C con un motor 9E). La B1S se presentó en 1957 con la alternativa del motor Villiers 31C de 148 cc, y ambas continuaron hasta 1959. En 1957, la mayoría de los modelos se cerraron en su parte trasera.

La bicilíndrica cambió su motor por el Villiers T2 de 249 cc en 1958, dando lugar al modelo B3, al que se unió en 1959 el B3 Sports. También apareció la B2S Sports, de 197 cc y que utilizaba los mismos componentes deportivos del modelo anterior. En 1961, las bicilíndricas fueron modificadas y se convirtieron en los modelos B4, mientras que las máquinas de competición fueron sustituidas por la B4C Trial con el motor 9E o el Villiers 32 A de 246 cc, y por la B4C Scramble, como el motor Villiers 34 A. Sólo las bicilíndricas sobrevivieron hasta 1962, año en que la firma

dejó de fabricar motocicletas.

En 1956 apareció el ciclomotor Nippy, con un motor Sachs 48 cc y basado en un diseño de Continental. En 1959, se unieron a él una versión propulsada por un motor Villiers 3K de 50 cc y el modelo Lido, con el motor oculto tras un atractivo carenado. Estos modelos fueron seguidos por versiones mejoradas, pero en 1961 la firma se trasladó a Smethwick, tras la absorción por Raleigh Industries. Durante 1962, año final de la compañía, se fabricaron

ciclomotores basados en modelos de Raleigh, pero la producción se interrumpió, con lo que murió el nombre Norman.

NORTON INGLATERRA 1902

JAMES LANSDOWN NORTON —«PA» para todos— fundó la compañía en 1898, encargada de suministrar componentes, muchos de ellos para la Clement-Garrard. En 1902, Norton fabricó sus primeras motocicletas, que utilizaban motores Clement y más tarde Peugeot. Con una bicilíndrica en V con motor Peugeot de 690 cc, Rem Fowler ganó la primera TT de Manx, alcanzando una velocidad media de 58,3 km/h en una distancia de 270 km. En las cuatro

Después de numerosas tribulaciones, Tem Fowler ganó la primera TT de la Isla de Man con esta máquina, una bicilíndrica en V con motor Peugeot de 690 cc, 6 CV, de 1907.

horas y 38 minutos que duró la prueba para el ganador que incluía el reventó de una rueda a 97 km/h, dos caídas en curvas muy cerradas, y el cambio de bujías media docena de veces. Los primeros motores de fabricación propia de

Norton aparecieron unos meses después: un bicilíndrico en V que era básicamente un Peugeot mejorado, y un monocilíndrico de 475 cc (82 × 90 mm), que se fabricaron en 1908. En 1909, el monocilíndrico pasó a tener una cilindrada de 660 cc (82 × 125 mm), el legendario «Big Four», cuya denominación se refería a la estimación en CV hecha por el RAC (Royal Automobile Club). «Pa» Norton tenía mucha fe en los motores con gran carrera de cilindro, de modo que se ejercía menos presión sobre el pie de la biela, aunque eso significaba aumentar la velocidad del pistón a determinadas velocidades del motor. En los años siguientes, se fabricó toda una gama de motores con el diámetro menor que la carrera: 496 cc (82 × 94 mm), 633 cc (82 × 120 mm) y 490 cc (79 × 100 mm). También se fabricó un pequeño número modelos anteriores a la guerra con una cilindrada de 154 cc (55 × 75 mm).

La primera crisis financiera llegó entre los años 1911 y 1912, y en vísperas de la Primera Guerra Mundial, las motocicletas Norton ya tenían un aire bastante anticuado, con transmisión directa a correa y sin marchas (a menos que el cliente optase por el cubo Armstrong con tres velocidades). En el circuito de Brooklands lograron un sorprendente número de récords de velocidad. En abril de 1914, Daniel O'Donovan se convirtió en el primer hombre en superar los 129 km/h en una máquina de 500 cc: 130 km/h en la prueba del kilómetro. Hasta 1914, la compañía no anunció la presentación de máquinas con embragues, cajas de cambios y transmisiones enteramente a cadena.

No está claro hasta qué punto la firma produjo durante la Primera Guerra Mundial, pero no hay duda de que Norton no se benefició de los contratos de material bélico que disfrutaron otras grandes marcas, aunque parte de su producción sí fue a parar a Rusia, en vísperas de la revolución. La antecesora de la longeva 16H se presentó en 1916: era básicamente un modelo TT de 490 cc con caja de cambios Sturmey Archer de tres velocidades y la posibilidad de elegir una transmisión totalmente a cadena o una combinación de cadena y correa. Dos años más tarde, la Brooklands Special se vendió con un certificado que aseguraba que la máquina había cubierto la distancia de 1 km a una velocidad de 121 km/h. ¿De dónde sacaba George Grough sus ideas?

Después de la Primera Guerra Mundial, la Big Four y la 16H fueron los dos

El motor monocilíndrico vertical de 500 cc ha quedado asociado para siempre a Norton, ya sea a partir de 1927 (derecha), 1938 (abajo, derecha) o en la versión de trial de 1950 (extremo inferior).

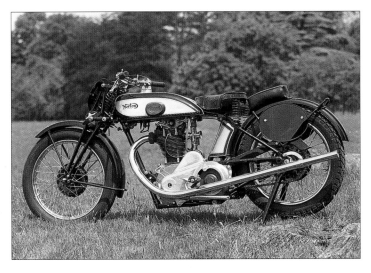

modelos que ayudaron a salir adelante. Aunque la TT de 1920 la ganó una Sunbeam, Norton colocó 9 máquinas entre las primeras 14 posiciones, todas ellas modelos deportivos estándar, no especiales de carreras. En las carreras de ese año y el siguiente, ganaron en Brooklands y en muchos otros circuitos. El Modelo 18, una versión con distribución ohv del motor 16H se presentó en la temporada 1923 (finales de 1922), y la marca siguió acumulando récords mundiales. Pero quizá la más importante de todas sus victorias fue el triunfo en la Senior de 1924, un año antes de que «Pa» muriera de cáncer. En 1926, la firma volvió a reorganizarse financieramente.

El modelo de carreras CS1 ohc apareció en 1927. En 1928 llegó una superdeportiva, todavía con diámetro y carrera de 79 × 100 mm. Esta máquina fue la que sostuvo económicamente a Norton a lo largo de los años treinta. En los años cuarenta llegaron la Big Four y la 16H en versión militar, todavía con el mecanismo de válvulas al aire, pero la apoteosis de la Norton monocilíndrica llegó en 1950, con la inmortal Manx Norton 498 cc. Esta máquina debería haber sido superada por las bicilíndricas, tetracilíndricas y modelos de hasta ocho cilindros en V con los que llegó a enfrentarse, pero siguió ganando carreras hasta los años sesenta.

Desde 1949, esta máquina encontró un rival dentro de la propia firma: la Dominator bicilíndrica. Cuando se presentó, la «Dommie» de 500 cc tenía 29 CV y un

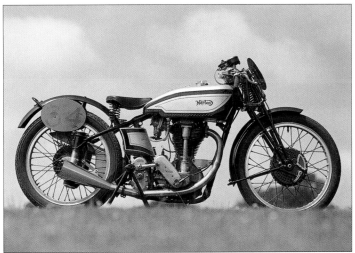

bastidor corriente y pesado, pero en 1952 se cambió su bastidor por uno Featherbed, dando lugar a la Dommie 88, cuya maniobrabilidad compensaba con creces su escasa potencia. Incluso

Es difícil decidir qué década conoció los mejores modelos Norton, pero muchos consideran que fue la de los años treinta: esta «cammy» de 500 cc es del año 1938.

así, fueron muchos los que colocaron en este bastidor un motor Triumph, más potente, dando lugar al modelo Triton. Por esas fechas, Norton se convirtió en parte de AMC, otra muestra de sus problemas financieros.

La absorción por parte de AMC no fue una mala para Norton, y es probable que la mejor de las Dommies fuera la de 1962, la 650SS, con un motor más grande y potencia de 49 CV, una magnífica combinación de potencia, maniobrabilidad en curvas y suavidad (razonable). La Atlas de 1964, con 750 cc, fue un paso más en el desarrollo del modelo

Durante muchos años, las grandes y pesadas monocilíndricas de cuatro tiempos y 500 cc estuvieron eclipsadas por los modelos de dos tiempos de trial y de cross. Con todo, es innegable el encanto de máquinas como esta 500T de 1950.

NETTUNIA
Italia 1950-1953. Estas máquinas eran modelos de dos tiempos y 125 y 160 cc de gran calidad, aunque algo anodinas.

NEVA
Francia 1926-1927. Estas motocicletas francesas eran monocilíndricas con motor Anzani de 350 cc.

NEVAL
Unión Soviética 1945-... Esta máquina fue una de las copias soviéticas de la BMW de antes de la guerra. Tiene también muchas semejanzas con la Ural, Cossak y Dneipr.

NEVE
Alemania (Neumunster) 1924-1926. Esta firma también se conoció con el nombre de Neve-Ilo, después de que se colocaran en sus bastidores convencionales motores Ilo de 132 y 170 cc.

NEW COMET
Inglaterra (Birmingham) 1905-1932. Antes de la Primera Guerra Mundial, esta firma utilizó toda una gama de motores de JAP, Peco, Presision y Villiers. Más tarde se produjo un paréntesis entre 1918 y 1931 (para otros, entre 1924 y 1931), después del cual se fabricaron motocicletas con motores Climax de 293 y posteriormente Villiers de 198 cc.

NEW COULSON
Inglaterra 1923-1924. Anteriormente conocida como Coulson (véase), esta compañía renació en 1923 para fabricar algunas máquinas más con la característica suspensión trasera por muelles de ballesta. La mayoría de ellas tenían motor Liberty de dos tiempos y 269 cc, aunque algunos modelos de carretera utilizaron motores Blackburne de 350 y 500 cc con refrigeración por aire y Bradsaw con refrigeración por aceite. También hubo modelos de carreras con motores JAP.

NEW ERA
Estados Unidos (Dayton, Ohio) 1908-1913. En esta vanguardista y excéntrica motocicleta, el motor de este modelo se encontraba debajo del asiento, y el depósito de gasolina estaba colocado sobre la rueda trasera. El bastidor era semiabierto.

NEW ERA
Inglaterra 1920-1922. El motor estándar de estas máquinas era un Dalm de dos tiempos y 311 cc. También podían encargarse motores JAP y Precision.

Una magnífica 650SS de 1966. Lamentablemente, estos años supusieron un serio revés para Norton, que nunca llegó a recuperarse de la mala racha.

La «Nemesis» V8 de 1.500 cc fue uno de los más prometedores proyectos de la industria de las motocicletas, un sector que es lamentablemente famoso por sus prometedores proyectos fallidos.

Aunque las Norton suelen asociarse a los motores monocilíndricos de 500 cc, sus bicilíndricas paralelas también eran máquinas formidables, desde los primeros modelos de los años cincuenta hasta las últimas versiones de la Commando (en la fotografía).

La Rotary en su versión deportiva en 1990. Su rendimiento fue bueno (llegó a ganar en 1992 la TT de la Isla de Man) pero no lo bastante para asegurar la continuidad de Norton.

(Norton dejó de fabricar monocilíndricas ese año), y la Commando (1968) era en esencia un motor Atlas en un bastidor mejorado, provisto de sistema «Isolastic» que aislaba al piloto de las vibraciones del motor. Este bastidor precisaba mantenimiento, pero cuando estaba en buenas condiciones, su funcionamiento era extraordinario.

Hubo modelos menores: Jubilees de 250 cc (1958), varias 350 cc, versiones de trial, etcétera, pero la única que suele recordarse es la versión monocilíndrica ES2 con varillas empujadoras y 500 cc, que dejó de fabricarse en 1974. También se recuerda que cuando AMC se derrumbó en 1966, Dennis Poore recogió los pedazos para formar Norton Villiers Triumph (NVT), y siguió fabricando el modelo Commando durante algunos años, incluida una 850 (que era demasiado grande para un motor diseñado para 500 cc, lo que producía una vibración parecida a la de las Harley-Davidson) y la desastrosa versión Combat, con el mismo defecto.

Cuando se liquidó esta generación en 1978, un motor rotativo fue el encargado de mantener vivo el nombre de la firma durante otros quince años. En primer lugar, hubo un modelo Interpol 2 de policía (muy admirada por aquellos que la llegaron a pilotar), seguida de versiones civiles como la Classic y la Commander, y finalmente la F1, que era una réplica de un modelo de carreras. El problema era que no se fabricaban en número suficiente como para que resultaran rentables, o tal vez su precio no era lo bastante alto. De esta manera desapareció el nombre Norton, que había estado vivo a lo largo de casi cien años.

NORTON

1902

Aunque la Norton Energette tenía una caja de cambios de dos velocidades, carecía de embrague. La incorporación de elementos tan avanzados como las cajas de cambios no se produjo en las Norton en los primeros años. La prime-ra motocicleta de esta firma se fabricó en 1902, lo que echa por tierra su afirmación de ser unos de los primeros fabricantes. Norton se fundó en 1898, pero Marston (fabricante de las Sunbeam) fue fundada en el siglo XVIII.

Motor: monocilíndrico, aise, 169 cc, refrigerada por aire
Caja de cambios: dos velocidades, palanca manual
Transmisión secundaria: correa
Velocidad máxima: 32 km/h

NORTON INTERNATIONAL

1936

El antepasado de la Inter se remonta a la CS1 de 1927, pero en 1929 el modelo fue rediseñado por Walter Moore, que había abandonado NSU. Ese año, el motor Carrol de 29 CV lograba una velocidad de unos 160 km/h. Todo el mecanismo de las válvulas quedó oculto bajo una cubierta en 1930. Acababa de nacer la Norton ohv («cammy») que dominaría la competición en las décadas siguientes.

El nombre International (que casi siempre se abrevia en Inter) hacía referencia a dos modelos: el 500 cc Modelo 30, y el 350 cc Modelo 40 (en reali-

La «Inter» evolucionó sin cesar, y por tratase de una motocicleta muy popular, estuvo poniéndose al día constantemente. La de la foto es un modelo de 1952.

Motor: 490 cc (79 × 100 mm), monocil., refrigeración por aire
Potencia: 40 CV a 6.000 rpm
Caja de cambios: 4 velocidades, pedal
Transmisión secundaria: cadena
Peso: No especificado
Velocidad máxima: 175 km/h (110mph)

dad, una 348 cc, 71 × 88 mm), presentados en septiembre de 1931 para la temporada de 1932.

Esta máquina evolucionó constantemente a lo largo de los años treinta, adoptando para los modelos de serie la tecno-logía que había demostrado su fiabilidad en la competición. Por ejemplo, en 1936 se probó por vez primera la suspensión trasera por émbolos en los modelos de carreras; en 1938, este sistema era ya estándar en todos los modelos Inter.

NORTON 16H

1942

El nombre 16H (Modelo 16, Home) apareció por primera vez en el catálogo de 1932, y se escogió para diferenciar este modelo de la 17C (Modelo 17, Colonial), aunque el motor era un diseño de la Primera Guerra Mundial. Era tan primitivo que, hasta 1922, sus propietarios tenían que limar los vástagos de las válvulas para ajustar la holgura necesaria.

La 16H incorporó un depósito sobre el tubo del bastidor (en lugar del depósito plano tradicional) en 1929; en 1932, el tubo de escape se cambió de lado; en 1935, se añadió al modelo una caja de cambios de cuatro velocidades; finalmente, en 1938, se adoptó el escape llamado «Cow's Udder» (ubre de vaca), considerado por el público como el silenciador más horrendo que

Motor: monocilíndrico, válvulas laterales, 490 cc (79 × 100 mm), refrigeración por aire
Potencia: 12,5 CV
Caja de cambios: 4 velocidades, pedal
Transmisión secundaria: cadena
Peso: 177 kg
Velocidad máxima: 110 km/h

La 16H (que significa Modelo 16, Home) fue un diseño primitivo y muy longevo, aparecido en 1921. Sirvió durante la Segunda Guerra Mundial y desapareció en 1954.

jamás se haya montado en motocicleta alguna.

La versión de la guerra todavía contaba con sistema de válvulas al aire (que se cubriría después de la guerra, aunque esta máquina desaparecería hasta el año 1954) y aunque era extraordinariamente primitiva, o tal vez por eso mismo, tenía una reputación de estar hecha «a prueba de soldados». Resulta curioso pensar que muchas de estas máquinas volvieron a pintarse con colores vivos después de la guerra para su uso civil. Las fuerzas armadas compraron más de 100.000 de estas máquinas.

NORTON MANX 1950

Posiblemente, el mejor modelo de Norton de todos los tiempos, la Manx tenía un motor inspirado en la International. La de la fotografía es un modelo de 348 cc del año 1957.

modelo Inter, con la carrera del pistón corta adoptada en 1938; pero lo que realmente daba entidad a esta máquina era su bastidor tipo «pluma», diseñado por los hermanos McCandless. Desde su introducción, esta máquina se convirtió en el punto de referencia de todos los competidores. Norton ganó las TT de 1952 (tanto la Senior como la Junior), ocupando las tres primeras posiciones en ambas carreras, y ello gracias al bastidor ultraligero. También ayudaron a la victoria un perfecto control de la máquina y el gran diseño del motor, obra de Leo Kuzmicki, que había sido piloto de combate y dio clases sobre motores de combustión interna en la universidad de Varsovia.

Hay dos razones para explicar las variables en las especificaciones de esta motocicleta. En primer lugar, con motores al límite de su potencia disponible en un momento dado, la potencia de salida exacta varía. En segundo lugar, las Manx solían ponerse a punto para conseguir algo más de potencia, y se les quitaba el carenado para aumentar su ligereza. Y, también muy importante, se fabricaron durante un largo período de tiempo. John Tickle compró en 1969 los derechos y fabricó algunas unidades; después Unit Equip se los compró a John Tickle, y en 1994, Molnar Manx volvió a adquirirlos, comprándoselos a aquél. Aunque la compañía se dedicó principalmente a la venta de motores, también fabricó máquinas completas con bastidores de fabricación propia.

El resultado fue que, a lo largo de un período de más de cincuenta años, estas legendarias motocicletas deleitaron a muchos espectadores y pilotos, primero en competiciones con modelos de altísima calidad (la última victoria importante fue el Grand Prix de Yugoslavia de 1969) y más tarde en competiciones clásicas. Una de las últimas Manx en buenas condiciones podía alcanzar una velocidad de 217 km/h.

El motor era básicamente un modelo de dos tiempos desarrollado a partir del

Motor: monocilíndrico, ohc, 498 cc (82 × 94,3 mm), refrigerado por aire
Potencia: 45-50 CV a 6.500-7.000 rpm
Caja de cambios: 4 velocidades, pedal
Transmisión secundaria: cadena
Peso: no especificado
Velocidad máxima: 200 km/h

NORTON DOMINATOR 1949

La Dommie apareció primero con un bastidor bastante tosco y pesado provisto de una rudimentaria suspensión trasera, derivado de modelos de antes de la guerra. Otra característica prebélica eran sus frenos, absolutamente inadecuados. La potencia no era mucha, ya que el motor se había diseñado para funcionar con un tipo de gasolina de muy bajo octanaje, y la relación de compresión era de tan sólo 6,75:1. El reglaje de la distribución, en cambio, era muy suave, lo que hace pensar que Norton se reservaba una baza.

Por otra parte, hay mucho que decir en el tema de la suavidad: la primera Dommie fue la más suave de toda la serie. Con este modelo podía conseguirse una velocidad de crucero de

La Dommie comenzó siendo un modelo bastante «tibio» y anodino: la versión que realmente hizo famosa a esta motocicleta fue la Dommie 88 de 1952, con bastidor Featherbed.

entre 104 y 113 km/h casi en cualquier carretera, y una velocidad máxima de 145 km/h con un poco de concentración.

Motor: Dos cilindros en línea, dohc, 497,5 cc (68 × 68,5 mm), refrig. por aire.
Potencia: 54 CV
Caja de cambios: cuatro velocidades, cambio en el pedal
Transmisión secundaria: cadena
Peso: 140 kg
Velocidad máxima: 210 km/h

NORTON COMMANDO 1968

El motor Dommie de 500 cc daría paso a los 600 cc (la 99), luego a los 750 cc (la Atlas), y en el proceso de aumento de cilindrada había aumentado también la tendencia progresiva a las vibraciones.

La solución fue montar el motor con el sistema Isolastic, de modo que motor, caja de cambios y brazo basculante formaban un conjunto unitario, junto con los tubos de escape y la rueda trasera, todo ello ensamblado en un nuevo bastidor tubular simple con soportes de goma que aislaban el bastidor (y al piloto) de las vibraciones de su motor bicilíndrico hipertrofiado.

El resultado fue una máquina con buen aspecto, magnífica aceleración y gran velocidad, además de una soberbia maniobrabilidad, siempre que los soportes de goma del sistema Isolastic estuvieran en buenas condiciones. Pronto reemplazó a la Atlas, y no tardaron en aparecer versiones: la Commando S (1969) para el mercado americano (con horquilla muy larga, depósito de pequeño tamaño y tubos de escape de gran calidad) y la Roadster (1970), una S con tubos de escape convencionales. La máquina original fue la Fastback.

Las versiones de competición con 68 CV aparecieron en 1970. En 1971 llegaron la odiosa Hi-Rider, con mani-

Esta Commando es una 750S de 1969. El mercado americano exigía que las Norton tuvieran manillares muy altos y horquillas de grandes dimensiones.

llar muy alto, y la Fastback LR con depósito de gran capacidad (25 litros). Una innovación menos deseada de 1971 fue el motor Combat de 65 CV; cuando se forzaba, este motor tendía a romperse. La versión de 1973, la 850 con 829 cc era una 750 con unas dimensiones de 77 × 89 mm y una potencia de 60 CV, con relación de compresión baja. Aun-

que la nueva Interstate alcanzó en las pruebas una velocidad de 194 cc, la vibración volvía a convertirse en un problema. Después de 1974, todas las Commando utilizaban un motor 850.

Motor: Dos cilindros en línea, dohc, 497,5 cc (68 × 68,5 mm), refrig. por aire.
Potencia: 54 CV
Caja de cambios: cuatro velocidades, pedal
Transmisión secundaria: cadena
Peso: 140 kg
Velocidad máxima: 210 km/h

NORTON COMMANDER ROTARY 1988

La historia de la última Norton (uno de sus modelos más famosos) es totalmente imprevista. La investigación fue iniciada en 1969 por BSA y pasó a NVT en 1973, cuando esta firma adquirió BSA. En 1983, casi por accidente, se había convertido en un prototipo policial factible y refrigerado por aire: la Interpol II. En 1987, volvió a pasar a una nueva compañía, la Phillipe Le Roux, en cuyas manos se transformó en Commander, con refrigeración líquida en la primavera de 1988. Todavía se desarrolló más para convertirse en una versión de competición con una potencia de 145 CV a 10.000 rpm (y 304 km/h). Este modelo desapareció poco después de la última victoria de Norton en la Senior de 1992.

Y así es como las Norton han de recordarse: campeonas en la primera TT de la isla de Man en 1907, y ganadoras de las Senior de 1924, 1926, 1927, 1931, 1932, 1933, 1934, 1936, 1937, 1938, 1947, 1948, 1949, 1950, 1951, 1952, 1953, 1954, 1961 y 1992, esta última victoria con su última motocicleta de carreras. Y todo esto sin tener en cuenta las competiciones Junior, con sidecar,

La Rotary Classic tiene el aspecto de una motocicleta convencional (algo que es difícil de ver en un modelo con motor rotativo); a pesar de todo, resulta demasiado radical para un mercado conservador.

las GP y las Formula 750, lo que no está nada mal como récord.

Motor: Wankel con dos rotores, 588 cc, refrigeración líquida
Potencia: 85 CV a 9.000 rpm
Caja de cambios: 5 velocidades, pedal
Transmisión secundaria: cadena
Peso: no especificado
Velocidad máxima: 200 km/h

NEWMOUNT
Inglaterra (Coventry) 1929-1933. Los bastidores y los motores de cuatro válvulas fabricados por Rudge Python con cilindradas de 350 y 500 cc utilizados en las máquinas más potentes eran de fabricación inglesa, pero muchos otros modelos fabricados por esta compañía contaban con motor Zundapp de dos tiempos y cilindradas de 200, 250 y 300 cc.

NEW PARAGON
Inglaterra 1919-1923. Estas inconfundibles máquinas tenían sus propios bastidores con muelles de ballesta y motores monocilíndricos de fabricación propia de dos tiempos con cilindradas de 235, 347 y 500 cc. También se conocían sencillamente como «Paragon».

NEW RAPID
Holanda 1933-1936. Esta firma ensambladora utilizaba una variada gama de motores de dos y cuatro tiempos, desde los más modestos Villiers hasta los poderosos Rudge Python de 500 cc y cuatro válvulas.

NEW RYDER
Inglaterra (Birmingham) 1913-1922. Antes de la Primera Guerra Mundial, esta firma utilizaba motores monocilíndricos y bicilíndricos en V Precision; posteriormente empleó los omnipresentes Villiers de dos tiempos y 269 cc.

NEW SCALE
Inglaterra (Manchester) 1909-1925. Harry Scale fabricó las motocicletas Scale antes de la Primera Guerra Mundial; después de la guerra, sus máquinas pasaron a llamarse New Scale. Se trataba de máquinas ensambladas convencionalmente, con motores de 350 y 500 cc de Blackburne, Precision y Bradshaw, mientras que en el modelo de carreras utilizó un Cart ohc de 350 cc.

NEWTON
Inglaterra (Manchester) 1921-1922. Esta máquina era en esencia un Villiers de dos tiempos y 269 cc montado en un bastidor barato.

NFK
Alemania 1924-1925. El nombre de esta compañía aparece como NFK y también como NKF. Se trata de máquinas que utilizaban un motor Bekamo de dos tiempos fabricado bajo licencia.

NEW DEAL
Francia 1951-1954. Esta efímera firma francesa se encargaba de la fabricación de ciclomotores.

NSU

NSU (NECKARSULM Stickmachen Union) es junto a BMW y DKW una de las marcas de motocicletas más famosas en Alemania. Durante la primera mitad del siglo XX, NSU estuvo a menudo a la vanguardia del diseño, las innovaciones técnicas y los métodos de producción, por no hablar de sus éxitos deportivos, antes y después de la Segunda Guerra Mundial.

La historia de NSU comienza en 1873 cuando dos ingenieros, Heinrich Stroll y Christian Schmitt, crearon un negocio encargado de la fabricación y reparación de máquinas de tricotar. Al principio, la compañía tuvo su sede en Riedlingen, pero no tardó en trasladar sus instalaciones a la ciudad de Neckarsulm.

Al morir Christian Schmitt a la edad de treinta y nueve años, su cuñado, Gottlob Banzhaf se hizo cargo de la firma, y fue él quien la introdujo en el mundo de las motocicletas.

En 1900, variados experimentos habían llevado a la fabricación de un prototipo, cuya producción comenzaría al año siguiente. A pesar de su dureza, la máquina era realmente rudimentaria, con un motor suizo ZL (Zedal) montado en posición inclinada en el centro del bastidor. La potencia del motor llegaba a la rueda a través de una transmisión directa a correa, y los pedales y la cadena permitían mover la máquina cuando el motor no estaba funcionando. Pero muy pronto NSU comenzó a diseñar sus propios motores: toda una gama de bicilíndricos en V con cilindradas que iban de

los 496 a los 996 cc. Estos motores se montaban en bastidores tubulares.

Casi inmediatamente, la compañía reconoció la importancia de las competiciones como banco de pruebas para sus innovaciones tecnológicas. En fecha tan temprana como 1905, NSU fabricó una máquina de carreras propulsada por un motor de 402 cc. Ese mismo año, la firma abrió una oficina de ventas en Inglaterra (Londres). Las ventas de sus modelos superaron las predicciones más optimistas; el público británico llegó a comprar casi una cuarta parte del total de la producción que Alemania exportó en 1906.

Martín Geiger, director británico de NSU, pilotó uno de sus modelos, quedando quinto en las primeras TT de la isla de Man, celebradas en 1907. Al año siguiente, el piloto de NSU, Liese, consiguió una velocidad de 109 km/h, que se consideró como récord mundial, aunque por entonces no se registraban oficialmente los récords. En 1909, Lingenfielders registró una marca de 124 km/h a las afueras de Los Angeles, lo que suponía un nuevo récord. Esta hazaña permitió a NSU entrar en el lucrativo mercado americano. Batir marcas mundiales se convirtió en una práctica habitual durante los primeros cincuenta años

Las primeras motocicletas NSU llegaron en 1901, propulsadas por un motor suizo ZL (Zedal). Pero pronto NSU se pasó a los motores de diseño propio, como el monocilíndrico que utilizaba este modelo de 1906.

de la historia de NSU. Estas gestas culminaron con los 336 km/h de Wilhelm Herz conseguidos en Bonneville Salt Flats, UTA, en agosto de 1956, pilotando una NSU bicilíndrica sobrealimentada con doble árbol de levas en la culata.

Con el estallido de la Primera Guerra Mundial en 1914, el mercado de la exportación se hundió. NSU comenzó a producir municiones. Después de la guerra, la compañía volvió rápidamente a las motocicletas, y en 1922 sus fábricas se encontraban ya en plena producción, con más de 3.000 empleados en nómina.

La planta de Neckarsulm era pionera en técnicas de «producción en serie» en la industria alemana. En 1929 el famoso diseñador británico Walter Moore dejó la compañía Norton para unirse a NSU. Esto produjo una agria polémica: se decía que los diseños que Moore llevó a NSU eran en realidad de Norton. Sin embargo, el diseñador inglés siguió trabajando con la firma

En 1938, NSU presentó esta avanzada bicilíndrica paralela dohc de 348 cc y provista de sobrealimentación, diseñada para competir en pruebas de Grand Prix. Después de la guerra, con un motor de 500 cc, este modelo se utilizó para lograr batir récords mundiales.

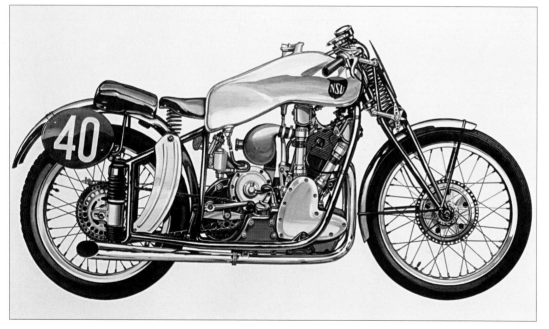

NIBBIO
Italia (Milán) 1949–1953: Estos escúter italianos se produjeron en un principio con 98 y 125 cc en un motor de dos tiempos. Sin embargo, los modelos de 98 cc dejaron pronto de fabricarse.

NICHOLAS
Inglaterra 1911–1915: Esta empresa inglesa era un emsamblador de motores de un caballo y medio de potencia.

NICKSON
Inglaterra (Preston) 1920–1924: Ademas de motores de 350 y 500 cc para Bradshaw (válvula superior) y Blackburne (válvula lateral), esta empresa inglesa también fijaba Villiers de dos velocidades con una capacidad de jasta 269 cc.

NIESNER
Austria 1905–1911: Fafnir y Minerva monocilíndricas y bicilíndricas en V eran los motores incluidos en estas máquinas austriacas.

NINON
Francia 1931–1935: Ésta era una compañía de ensambladores responsables de incorporar válvulas sencillas superiores JAP.

NIS
Alemania 1925–1926: Una de las innumerables compañías ensambladoras de mediados de los años veinte de muy corta vida. Se distinguió por emplear motores con válvulas laterales de 300 cc y de dos velocidades.

NISSAN
Japón 1951–1956: Más conocido por la fabricación de coches, Nissan también produjo escúter con una capacidad de 60 cc.

NKF
Ver **NFK**

NLG
Inglaterra 1905–1912: North London Garage creyó en la fabricación de poderosos motores en V bicilíndricos. Aunque produjeron monocilíndricos de 500 cc y bicilíndricos en V de 750 cc para el uso de carretera, emplearon también un motor de 2.913 cc JAP en una carrera en 1907 (o posiblemente 1909), mientras que un motor de 944 cc de Peugeot se empleó en otra.

alemana durante una década, hasta que en 1939 estalló la Segunda Guerra Mundial. No todos los diseños que Moore realizó para NSU eran modelos

En agosto de 1956, Wilhelm Herz fijó un nuevo record absoluto de velocidad en 337,02 km/h (210,64 mph) con su máquina bicilíndrica NSU de 500 cc.

de cuatro tiempos. En realidad, una de sus máquinas más famosas fue la Quickly (véase) de dos tiempos y 98 cc (49 × 52 mm). Entre los años 1936 y 1953, se fabricaron un total de 235.411 unidades.

El momento álgido de producción en el período de entreguerras llegó para NSU en 1938, fecha en que se fabrica-

Un par de Sportmax monocilíndrica de este tipo fue empleada por HP (Happy) Muller para ganar la Copa del Mundo de 250 cc de 1995.

ron 62.619 motocicletas; esta cifra no se mejoraría hasta 1950.

Durante la Segunda Guerra Mundial, NSU fabricó miles de motocicletas y

bicicletas para el ejército alemán, además de piezas para aviones; pero su producto más curioso de esta época fue el Kettenrad (motocicleta oruga). Se trataba de un pequeño vehículo para el transporte de personal, que disponía de la rueda delantera y sistema de dirección de una motocicleta, mientras que en la parte trasera disponía de una oruga en cada lado. La potencia la proporcionaba un motor de coche Opel con cuatro cilindros, 1478 cc (80 × 74 mm) y refrigeración por agua. Con un amplio número de relaciones de transmisión (seis marchas hacia delante y dos retrocesos), la Kettenrad podía usarse tanto en carretera como en campo. Como era uno de los pocos vehículos verdaderamente todoterreno de la Alemania de después de la guerra, esta máquina se fabricó hasta 1948.

Al contrario que la mayoría de las fábricas, NSU reinició la producción casi inmediatamente después de la gue-rra, y en 1948 su recuperación se vio acelerada al utilizarse sus instalaciones como centro de reparaciones del ejército de los Estados Unidos.

Albert Roder fue designado diseñador jefe en 1947. Bajo su dirección, NSU creció rápidamente. Una de sus primeras creaciones fue una motocicleta ligera con motor ohv de 98 cc (50 × 50 mm). Llamada Fox 4, esta máquina se convirtió en precursora de toda una gama de nuevos diseños que llegaron en la década siguiente. Utilizaba un bastidor de acero estampado con horquilla delantera de resortes patentada por Roder. Fue todo un éxito de ventas. Comenzó a fabricarse en 1949, y no tardó en aparecer una versión de competición, la Sportfox.

También a finales de 1949, NSU firmó un acuerdo de licencia con la firma italiana Innocenti para la fabricación del popular escúter Lambretta. Entre 1950 y 1956, NSU fabricó 117.000 ejemplares. Posteriormente, NSU fabricaría su propio escúter: la Prima.

A comienzos de los años cincuenta llegaron nuevos modelos: la Fox 2, propulsada por un motor de dos tiempos de 123 cc (52 × 58 mm); la Lux, con motor de dos tiempos y 98 cc (62 × 66 mm); y, aun más importante, la Max, de 247 cc (69 × 66 mm). El motor ohc de la Max era totalmente nuevo, con un tipo de mecanismo de distribución único en el mundo de las motocicletas. El sistema se llamó Ultramax, y fue patentado por su diseñador Albert Roder, que recibía un royalty por cada motocicleta vendida.

A comienzos de los cincuenta también llegaron los éxitos de NSU en competición y consecución de récords, con pilotos como Wilhelm Hetz, Werner Hass y HP (Happy) Muller.

Pero el modelo de serie más famoso de NSU fue sin duda el ciclomotor Quickly, del que se vendieron (en todas sus versiones) nada menos que 1.1 millones de unidades en tan sólo una década. Diseñado por Roder, el Quickly llegó al mercado en un momento en que la curva de ventas era todavía ascendente. En realidad, el Quickly merece el título de «padre del moderno ciclomotor», aunque cuando apareció, el término «ciclomotor» todavía no estaba acu-

ñado, y el modelo recibía todavía el nombre de autociclo.

Uno de los avances técnicamente más interesantes de los años cincuenta fue el motor Wankel. NSU estuvo en vanguardia de este tipo de tecnología y, en realidad, otras compañías como Mazda, Suzuki, Norton y Hercules tuvieron que pagar derechos de licencia para utilizarlo.

Los primeros contactos de NSU con Felix Wankel llegaron en 1951, cuando el jefe de proyectos de la firma, D. Froede, que había estado investigando en su propio diseño de un motor rotativo, se vio necesitado de información en tecnología de sellado. Como Wankel había

estado trabajando en esta área durante la guerra, concretamente en las válvulas de disco rotativo para motores de torpedos de la armada alemana, el intercambio de información entre ambos fue muy provechoso.

Producto de esta colaboración fue un acuerdo por el que Wankel, Frode y NSU se convertían en socios, lo que permitió continuar con las investigaciones en secreto durante el resto de los años cincuenta. Después del anuncio oficial de la fabricación del motor Wankel, hecho en 1961, el proyecto ocupó gran parte de la actividad y energía de NSU durante los años sesenta, tanto, que a punto estuvo de acabar con la compañía.

El inglés Walter Moore se unió a NSU en 1929. A lo largo de los años treinta, la compañía alemana fabricó toda una gama de monocilíndricas ohc como este modelo con sidecar de competición de 494 cc del año 1934.

Al parecer, la dirección de NSU, preocupada con la gama de coches Prinz con transmisión a las ruedas traseras y con la comercialización de las licencias del motor Wankel, dejó estancado el desarrollo de sus propias motocicletas, que se vio interrumpida en 1963.

Sin embargo, sería el coche RO80 presentado en 1967, ganador de varios premios, el que precipitaría la ruina de la firma de Neckarsulm.

El RO80 combinaba un motor Wankel de dos rotores, tan suave como la seda y con una potencia de 115 CV, con una línea ultramoderna que hace veinte años no se hubiera considerado anticuada. Desgraciadamente para el RO80, y sobre todo para NSU, el coche presentó serios problemas, como un gran consumo de combustible o el desgaste prematuro de las puntas de los rotores.

En 1969, los severos costos de las garantías de los clientes insatisfechos llevaron a NSU a un serio atolladero económico. El 10 de marzo de ese año, la firma NSU, tan grande en otro tiempo, dejó de existir como una compañía independiente. La absorción por el gigante Volkswagen significó que ya no habría más coches ni motocicletas NSU.

NSU (Neckarsulm Strickmachen Union) fabricó una amplia gama de motocicletas de gran calidad entre los años 1901 y 1963. Hoy, la firma es parte del imperio Volkswagen.

NMC
Japón comienzos de los años cincuenta-comienzos de los sesenta. Motocicletas ligeras japonesas más bien convencionales de 125 y 175 cc.

NOBLE
Inglaterra (Londres) 1901-1906. Noble, que pronto se pasó a la posición del cilindro de New Werner (sobre el eje de los pedales), utilizó sus propios motores, además de otros de De Dion-Bouton, Minerva, MMC y Coronet, desde 2,75 a 4,5 CV.

NORBRECK
Inglaterra (Wellingborough) 1921-1924. Los motores estándar colocados en estas máquinas eran Villiers o Arden de dos tiempos; el catálogo incluía también la opción de motores Blackburne de 350 y 500 cc. Las horquillas de acero estampado eran poco comunes en aquellos años.

NORDSTERN
Alemania 1922-1924. Esta compañía era otra de tantas firmas alemanas de corta vida que fabricó modelos de dos tiempos con motores propios.

NORICUM
Austria-Hungría (República Checa) 1903-1906. Se trataba de motocicletas Cless y Plessing con distinto logo (véase), que se vendían en territorio checoslovaco.

NORLOW
Inglaterra 1919. Esta máquina inglesa era una escúter con el motor colocado sobre la rueda delantera.

NOUGIER
Francia 1947-h.1960. Esta compañía fabricaba modelos rápidos y tecnológicamente avanzados: monocilíndricos dohc y bicilíndricos con varillas empujadoras, al principio de 250 cc y posteriormente de 350 cc. También llegó a fabricar una tetracilíndrica con refrigeración por ventilador. La monocilíndrica de carreras y 175 cc del año 1957 llegaba a alcanzar los 160 km/h. La velocidad máxima declarada por la firma era de 155 km/h.

NSU MAX/SPORTMAX

La serie de monocilíndricas Max de NSU fue una de las motocicletas alemanas que se recuerdan con más cariño. La gama estaba formada por los modelos: Max, Supermax, Special Max y la Sportmax de competición. El primer modelo de la serie, la Max, hizo su debut en septiembre de 1952. Igual que otras máquinas, ésta utilizaba un heterodoxo motor monocilíndrico ohc de 247 cc (69 × 66 mm).

Con su bastidor de acero estampado y horquilla delantera de resortes, la máquina no ocultaba su deuda con los modelos Lux y Fox, pero el motor con árbol de levas en la culata era una novedad de Albert Roder. Éste contaba con un mecanismo de distribución de válvulas único: el sistema Ultramax, que movía su árbol de levas por medio de largas bielas ocultas en una cavidad situada en el lateral del cilindro. En sus extremos, estas bielas disponían de un ojo que rodeaba los discos de excéntrica de contrapeso que estaban conectados al piñón y al árbol de levas de la

La familia de monocilíndricas Max de NSU estaba formada por los modelos Max, Supermax (en la foto, un modelo de 1955), Special Max y la versión deportiva Sportmax.

culata. Cuando giraba el motor, los discos de excéntrica transmitían el movimiento alternativo que se transfería al mecanismo de distribución de válvulas. Se utilizaban muelles de vávulas ahorquillados, y todo el mecanismo estaba encerrado bajo una cubierta.

En 1952, sólo se fabricaron 62 unidades del modelo Max, pero la producción fue cogiendo el ritmo en 1953, año en que NSU fabricó unas 24.000 unidades.

En 1955, la Max se actualizó, incoporando frenos de tambor al cubo de aluminio de la rueda y un depósito de gasolina de mayor capacidad. Con estos cambios, el modelo cambió su nombre por el de Special Max. Ese mismo año, la compañía empezó a fabricar en número limitado una versión de competición, la Sportmax, y Hermann Peter Muller logró el título mundial de 250 cc con una máquina que era parcialmente un modelo de serie. En los años siguientes, la Sportmax fue pilotada por nombres

famosos, como John Surtees y Mike Hailwood, por nombrar sólo dos de los más relevantes. La Sportmax tenía una potencia de 28 CV a 9.000 rpm, y podía alcanzar los 200 km/h.

En 1956, se anunció la presentación del modelo definitivo de la familia Max. La Supermax se diferenciaba de los modelos anteriores tanto en su motor como en ciertos detalles del chasis. El cambio más notable fue la adopción de suspensión trasera con brazo basculante y doble amortiguador, que era del tipo utilizado en el modelo *off-road* Gelandemax, de 1953. La potencia del motor se había aumentado hasta los 19 CV a 6.500 rpm. NSU declaraba para este modelo una velocidad máxima de 127 km/h.

Cuando en 1963 salió de la cadena de montaje la última Supermax, la firma había fabricado casi 100.000 unidades de la familia Max en once años.

Motor: monocilíndrico dos válvulas, ohc, 247 cc (69 × 66 mm), refrigeración por aire
Potencia: 18 CV a 6.750 rpm
Caja de cambios: 4 velocidades, pedal
Transmisión secundaria: cadena
Peso: 155 kg
Velocidad máxima: 133 km/h

NSU QUICKLY

Diseñada por Albert Roder, el modelo Quickly fue en muchos sentidos el primer ciclomotor del mundo. Era un elegante y largo artilugio con ruedas de 26 pulgadas y neumáticos de 5 cm, bastidor de espina central hecho de acero estampado, pedales y suspensión delantera por hoquilla de resortes.

El primer modelo, la Quickly N, llegó en 1953. Cuando cesó la producción en 1962, se habían vendido casi 540.000 unidades de esta versión N. Si a esta cifra sumamos la de las distintas variantes, el sorprendente total es de 1,111.000 unidades, lo que convierte al modelo en el primero del mundo en superar el millón de unidades vendidas.

Esta máquina con motor monocilíndrico de 49 cc (40 × 39 mm) fue el ciclomotor por excelencia hasta la llegada de la Honda cub. Su éxito radica en la combinación del estilo, calidad y precio, una fórmula que en su día ningún otro fabricante del mundo podía copiar.

El peso era de 37 kg, y tenía un depósito de combustible de 2,8 litros. La potencia del motor era de 1,4 CV a 5.200 rpm, y la caja de cambios de dos velocidades se accionaba a través del puño giratorio. Poseía unos eficaces frenos de tambor, y además disponía de sistema completo de luces, rejilla portaequipajes y soporte.

En el Reino Unido, se realizó en 1955 una carrera de 1.408 km entre Lands End y John O'Groats, a la que se dio mucha publicidad. El piloto Tim Wood completó el épico recorrido en 37 horas y 51 minutos, con una velocidad media de 37,26 km/h. El consumo total de combustible fue de 28,35 litros.

Las versiones del modelo fueron las S, L, TT, TTK y la Quickly Cavallino, una motocicleta ligera con bastidor tubular de acero provisto de viga central, horquilla telescópica y suspensión trasera con doble amortiguador.

Motor: monocilíndrico dos tiempos, 49 cc, (40 × 39 mm), refrigeración por aire
Potencia: 1,4 CV a 5.200 rpm
Caja de cambios: 2 velocidades, controlada desde el puño giratorio
Transmisión secundaria: cadena
Peso: 36 kg
Velocidad máxima: 51 km/h

Entre 1953 y 1962, se fabricaron más de 1,1 millones de ciclomotores Quickly. Todos ellos utilizaban un motor monocilíndrico de dos tiempos y 49 cc.

NSU RENNMAX 1952

La Rennmax 250 dohc bicilíndrica paralela fue, un muchos sentidos y hasta la llegada de la tetracilíndrica de Honda, la máquina más carismática de su clase. El diseño de su motor era muy cuidado y atractivo. Se tardó tres años en realizar, y cuando apareció lo hizo con varias versiones. Al contrario que la Rennfox 125 monocilíndrica diseñada por Roder, la R22 Rennmax era obra del Dr. Walter Froede, y en contra de la creencia popular, el motor era totalmente nuevo y no estaba inspirado en ningún otro anterior de NSU.

La primera serie apareció en la primavera de 1952, y tenía en común con la Rennfox monocilíndrica y la R54 500 tetracilíndrica (diseñadas ambas por Roder) las medidas del cilindro: 56 × 56 mm. Con un volumen desplazado de 247,34 cc, su potencia era de 25 CV a 9.000 rpm; esta potencia se mejoró hasta los 29 CV a 9.800 rpm a finales de esa misma temporada.

El diseño del motor contaba con caja de cambios integrada. No tardó en solucionarse el problema que las cabezas de la biela (hechas de aleación ligera) presentaban a regímenes altos del motor. Para ello se utilizó aluminio de gran calidad y aplicando un acabado anodizado a las superficies de contacto. Tanto la culata como los cilindros estaban hechos de aluminio, y los dos árboles de levas estaban accionados

desde el lado derecho del motor por unos ejes en forma de Y, igual que las bicilíndricas paralelas sobrealimentadas 350/500. Una característica de esta primera Rennmax era el uso de muelles de torsión en las válvulas, que pronto fueron sustituidos por muelles de horquilla. El bastidor tubular doble hecho de acero contaba con suspensión trasera por brazo basculante y horquilla delantera.

En 1953, apareció un nuevo bastidor de espina central hecho de acero estampado, en el que el motor quedaba sin ningún tipo de apoyo, salvo en la parte trasera. Esta es la primera diferencia que salta a la vista entre ambas versiones, además de la horquilla de resortes, el depósito envolvente de aluminio y el diminuto carenado que utilizaba el último de ellos. El motor estaba más afinado, lo que producía una potencia de 32 CV a 10.000 rpm, convirtiendo a la Rennmax en un potencial campeón, como demostró ser cuando Werner Haas la pilotó para convertirse en el primer alemán que ganaba un título mundial. Ese año, Haas ganó dos campeonatos mundiales (125 y 250). NSU decidió poner al día la Rennmax para la temporada de 1954, haciéndola 5 kg más ligera que la de 1953, que pesaba 117 kg. La diferencia más notable en el motor estaba en la transmisión del árbol de levas,

La versión de 1953 de la Rennmax 250 cc dohc GP bicilíndrica utilizaba un bastidor de acero estampado, horquilla de resortes y chasis de aluminio.

que se trasladó al lado contrario del motor y pasó a accionarse por medio de un único eje que actuaba sobre el eje de la leva de admisión. El movimiento se transmitía al lado del escape mediante engranajes rectos.

El nuevo motor era más corto y ligero que su predecesor, pero sus dimensiones eran de 55,9 × 50,8 mm, y además añadía una marcha más, lo que hacía un total de seis. La potencia era ahora de 36 CV a 11.200 rpm, con una velocidad máxima de 216 km/h.

Werner Haas ganó dos de los tres campeonatos mundiales en que participó (1953 y 1954) pilotando una Rennmax 250. En 1954, ganó las cinco primeras pruebas de las siete de que constaba el campeonato, pero se retiró a finales de año.

Motor: bicilíndrico paralelo, dos válvulas, dohc, 249,3 cc (55,9 × 50,8 mm), refrigeración por aire
Potencia: 36 CV a 11.200 rpm
Caja de cambios: 6 velocidades, pedal
Transmisión secundaria: cadena
Peso: 117 kg
Velocidad máxima: 217 km/h

NUT

ESTA MARCA CON SEDE en South Benwell, Newcastle-upon-Tyne tomó su nombre de las iniciales de la ciudad en que nació. Fue financiada por la firma Angus Sanderson, y su director, Hugh Mason, promocionó el nombre compitiendo con su amigo Robert Ellis, que terminó en sexta posición en la TT Junior de 1912 utilizando una moto-Rêve bicilíndrica en V de 344 cc.

La gama de la compañía en 1913 sólo utilizaba motores JAP, con un monocilíndrico de 3,5 CV y bicilíndricas en V de 2,5 y 3,5 CV. Fue la bicilíndrica más pequeña de 345 cc la que ambos amigos utilizaron en la Junior TT de ese año. Mason sufrió un grave accidente en los entrenamientos, pero a pesar de todo terminó ganado la prueba. NUT se concentró en la fabricación de bicilíndricas en V, y creó toda una gama que se ampliaba desde los 2,75 hasta los 8 CV en 1916.

Después de la guerra, la compañía se trasladó a Derwenthaugh y continuó fabricando bicilíndricas en V, que usaban sus propios motores con cajas de cambios Sturmey-Archer de tres velocidades. Sin embargo, después de per-

En 1923 sólo había en el catálogo de NUT una motocicleta, pero con diferentes versiones. Todas ellas disponían de un motor bicilíndrico en V con válvulas laterales y 700 cc.

En 1913, año en que la compañía ganó los TT Junior de la Isla de Man, la gama NUT sólo utilizaba motores JAP. La de la foto es una de las bicilíndricas que se ofrecieron en 1914.

der el apoyo financiero durante algún tiempo, la firma empezó a comercializar sus productos con el nombre Hugh Mason & Co. Ltd, antes de que una etapa de prosperidad estableciera finalmente el nombre NUT Engine & Cycle Company en 1923.

La producción fue afectada por todos estos cambios, reduciéndose al modelo bicilíndrico en V con válvulas laterales y 700 cc, que estaba disponible en varias versiones para satisfacer las distintas demandas del público, incluso colonial. El distribuidor londinense Maudes Motor Mart era el único concesionario que la marca tenía en 1924, y durante algún tiempo se encargó de promocionar sonoramente sus productos. En 1927, se reemplazó el familiar depósito cilíndrico pintado de color avellana por un depósito plano, y en 1928, llegó el depósito sobre el bastidor.

Ese mismo año se añadió un modelo con motor Villiers de dos tiempos y 172 cc, además de otro modelo deportivo bicilíndrico con válvulas laterales y 747 cc con un motor puesto a punto. En 1929 llegaron nuevas monocilíndricas y

bicilíndricas en V, las cuales constituirían la base del catálogo de firma en la siguiente década. En esta gama había monocilíndricas de 346 cc con válvulas laterales y ohv, bicilíndricas en V de 496 y 692 cc ohv, y una bicilíndrica en V de 746 cc con válvulas laterales. Todos los motores, especialmente preparados para NUT por la firma JAP, se colocaban en bastidores convencionales con cajas de cambios Burman y horquillas Brampton. Todos los modelos estaban equipados con componentes de gran calidad. La compañía se trasladó, de modo que en el

catálogo de 1930 no se incluyeron modelos, aunque la gama estuvo disponible a finales de ese año, y la compañía la mantendría durante dos décadas. En 1933, los dos modelos de 346 cc fueron reemplazados por una ohv de 245 cc, a la que se unieron dos bicilíndricas en V con distribución ohc, de 496 y 692 cc. Es poco probable que algunos de estos modelos llegaran a fabricarse, pues eran más caros de producir que la línea que ya existía, que tampoco era precisamente barata. La producción se interrumpió definitivamente ese mismo año.

OEC

INGLATERRA 1901–1954

LA OSBORNE ENGINEERING COMPANY de Portsmouth fue una firma fabricante de motocicletas, que comenzó con motores importados Minerva. Durante años, su gama no despertó demasiado interés, pero en 1920, John Osborne tomó el mando de la compañía de manos de su padre, Frederick, y la reputación de la firma aumentó. En 1921, OEC empezó a fabricar motores y motocicletas Blackburne, comercializadas con el nombre OEC. Blackburne. El modelo más pequeño utilizaba un motor Villiers de 147 cc, y el mayor, una bicilíndrica en V, utilizaba motores JAP de hasta 998 cc.

OEC se hizo famosa por su sistema de dirección «duplex», diseñado en 1927 por Fred Wood. Este curioso mecanismo fue uno de los factores que contribuyó a que se conociera la firma

Una Commander OEC de 1938. Se aprecia claramente su pecualiar sistema de dirección «duplex», que proporcionaba a la máquina una estabilidad sin precedentes.

Detalle de una Commander de 500 cc de 1938. El motor Clubman de 500 cc ohv estaba, en realidad, fabricado por Matchless.

como «Odd Engineering Co» (Industrias Raras Co). Entre otras, se incluía un modelo de 998 cc con sidecar, el llamado «Taxi», que en lugar de manillar tenía volante. El sistema dúplex era pesado, pero más rígido que la horquilla de resortes, lo que proporcionaba a la motocicleta mayor estabilidad a gran velocidad y algunas de las ventajas de los complejos diseños con dirección al cubo.

No es sorprendente que un bastidor así consiguiera récords de velocidad.

En los años treinta llegaron los modelos de carretera con motores monocilíndricos de entre 248 y 498 cc y bicilíndricos de hasta 998 cc, entre los que se incluía la heterodoxa Atlanta-Duo.

El sistema de dirección dúplex se hizo estándar en máquinas como la Commander 500 con motor Matchless

Una OEC de competición bicilíndrica en V con motor JAP de 996 cc y sin carenado. Las bicilíndricas de OEC obtuvieron varios récords mundiales de velocidad.

(que alcanzaba los 129 km/h), aunque también se fabricaron algunas versiones con horquilla de paralelogramos deformables. En 1938, las Commander también incorporaron suspensión trasera con amortiguador regulable y un desplazamiento de la rueda de hasta 50 mm.

La fortuna de OEC comenzó a languidecer tras las Segunda Guerra Mundial. El modelo estrella de 1952 fue la ST2 Tourer, propulsada por un humilde motor Villiers de dos tiempos y 197 cc. Hubo también un modelo de competición *off-road*, la ST3, que disponía de un ingenioso sistema de tensado de la cadena, pero esto es todo lo que se puede decir de las innovaciones de OEC. El toque de difuntos sonó para la firma inglesa en 1954, con la aparición de la Apollo, una Ducati V4.

OK (OK-Supreme)

INGLATERRA 1899–1939

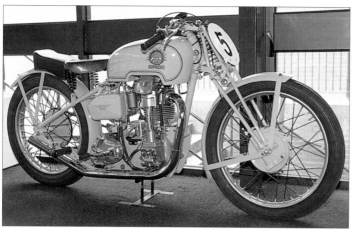

Esta preciosa «cammy» OK-Supreme de carreras data de 1934. Igual que la Lighthouse de carretera, el árbol de levas era accionado por engranajes cónicos.

TT en la categoría Lightweight. Pero la obra maestra de OK iba a aparecer en 1930.

La TT30 Lighthouse era una motocicleta con árbol de levas accionado por engranajes cónicos y 249 cc. Había sido diseñada por Ray Mason y fabricado

para OK en Gloucester. Sin embargo, era muy delicada y cara de fabricar, y poco más tarde la compañía volvió a los diseños ohc más simples con un modelo conocido como Silver Cloud, y las máquinas «Dauntless» con motores JAP de 250 y 350 cc.

Poco antes del estallido de la Segunda Guerra Mundial, también se presentó una máquina más utilitaria de 250 con válvulas laterales y 10 CV, la SV/39, que resultó ser el último modelo fabricado por OK.

FUNDADA EN 1882 con el nombre de Bicycle-makers Humphreys and Dawes, la compañía cambió su nombre por el de OK en 1899. En un principio, sus modelos tenían motores De Dion y Minerva, y más tarde llegaron los Precision y los Green. Ernie Humphreys, entusiasta de las carreras, llevó por primera vez su motocicleta OK-Precision a los TT en 1912, consiguiendo una tercera posición en la categoría Lightweight. En 1913, llegó un modelo de 346 cc con refrigeración líquida y motor Green, seguido de una de las pocas bicilíndricas de la firma, propulsada por un motor bóxer ABC longitudinal a la marcha. Después de la Primera Guerra Mundial, aparecieron las primeras motocicletas de dos tiempos de fabricación propia, además de los modelos con motores Blackburne de 247 y 347 cc. Posteriormente, se presentaron modelos

con motores JAP y Bradshaw refrigerados por aceite.

El primer éxito importante de OK en competición llegó en 1922, cuando Wal Handley consiguió el récord de la vuelta más rápida en la TT de la isla de Man (categoría Lightweight), con una marca de 82 km/h. Ese mismo año, ganó el GP del Ulster, y en 1923 volvió a lograr la vuelta más rápida en los TT, con una marca de 87 km/h.

En 1927, Humphreys compró la parte de Charles Dawes, añadiendo «Supreme» al nombre de la compañía. En el plazo de un año, Frank Longman había dado validez a su promesa de ganar la

El gran Walter Rusk en su OK-Supreme 250 cc ohc en la TT de 1938. Por entonces, las mototocicletas del otro lado del océano dominaban en la categoría.

OLLEARO

ITALIA 1923–1952

ESTA FIRMA, FUNDADA por Neftali Ollearo y con sede en Turín, pudo empezar fabricando un pequeño y sencillo modelo de dos tiempos, que pronto fue reemplazado por una gama mucho menos convencional. Lo que distinguía estas máquinas era el uso de motores monocilíndricos ohv que contaban con caja de cambios integrada y transmisión por eje a la rueda trasera. Las cilindradas de los motores iban de los 175 a los 500 cc, la más pequeña incluida también en el catálogo de la firma como modelo dos tiempos.

El resto de las motocicletas seguían la práctica de aquellos años de incorporar un bastidor rígido y horquilla elástica. Los accesorios fueron cambiando con el paso de los años, con frenos de tambor de mayor tamaño y ruedas de radios de

alambre, depósito sobre el bastidor, sistema de luces eléctrico y un bastidor más sólido. En 1932, la más pequeña de sus máquinas disponía de caja de cambios de cuatro velocidades, y en 1934 se colo-

có también tanto en los modelos de 350 como en los de 500 cc. Ese año también llegó un vehículo de tres ruedas en el que la posición del conductor era literalmente la de un piloto de moto en el inte-

El modelo básico de la gama Ollearo de principios de los años treinta, con su motor de dos tiempos y 175 cc y fabricación convencional. Otros modelos tenían transmisión por eje y caja de cambios integrada en el motor.

rior de un coche. Era un modelo muy espacioso, característica al parecer diseñada para acomodar las carnosas formas de los sacerdotes rurales italianos.

La línea de modelos adoptó horquilla telescópica a finales de los años treinta, y tras la Segunda Guerra Mundial se incluyeron algunas mejoras. Se añadió a la gama un motor de dos tiempos y 45 cc que podía colocarse en el bastidor de una bicicleta, respuesta común a las necesidades de transporte en los primeros años de posguerra.

OLYMPIC

INGLATERRA 1903–1905 y 1919–1923

ESTA MOTOCICLETA, creada por F. H. Parkyn, fabricante de bicicletas de Wolverhampton, era un modelo primitivo y básico que se presentó por vez primera en la National Cycle & Motor Show celebrada en el Cristal Palace a finales de 1903. Esta máquina estaba propulsada por un motor MMC de 2,75 CV con válvula automática de admisión, encendido por batería, montado verticalmente en un bastidor clásico de aquella época, con horquilla rígida, frenos de bicicleta y transmisión a correa. La fabricación de estas máquinas fue muy limitada, y se abandonó hacia 1905.

El nombre de la firma volvió en 1919 con un modelo ligero de gran calidad. El modelo disponía de un motor Verus de 269 cc con lubricación por borboteo y encendido por magneto. El motor estaba colocado verticalmente en el bastidor y disponía de caja de cambios de dos velocidades y transmisión secundaria a correa. Este modelo se fabricó también al año siguiente, cambiando su motor por un Orbit de 261 cc. En 1921, el Orbit fue sustituido por un Villiers de

dos tiempos y 269 cc, y con él llegaron los primeros Blackburne de cuatro tiempos, con cilindradas de 269 y 348 cc, aunque la transmisión y otros componentes siguieron siendo comunes a todos los modelos.

Esta gama de motocicletas duró un año más, pero en 1923, Olympic utilizó los Villiers de dos tiempos y 292 cc y los JAP de cuatro tiempos, con distintas opciones de transmisión primaria, aunque la secundaria siguió siendo por

Una Olympic de dos tiempos de comienzos de los años veinte, con motor Verus de 269 cc, caja de cambios de dos velocidades y transmisión mixta con cadena y correa. Un modelo sencillo y efímero.

correa. El frecuente cambio de motores realizado por esta firma sugiere que sus finanzas estaban algo menguadas; por eso no sorprende que dejara de fabricar al año siguiente.

OPEL

ALEMANIA 1901–1907 y 1921–1930

OPEL FABRICABA bicicletas y máquinas de coser, y en 1898 añadió coches a su producción. Las motocicletas llegaron en 1901, ofreciendo una línea de monocilíndricas convencionales, que se siguió fabricando hasta 1907. Después de la Primera Guerra Mundial, Opel volvió a las motocicletas con un motor de 138 cc y válvulas laterales que se vendía para ser instalado en el lado izquierdo de la rueda trasera de una bicicleta. La compañía comenzó a ofrecer un modelo completo de motocicleta provista del

motor antes mendionado y un bastidor reforzado y provisto de horquilla de resortes. El tubo superior del bastidor que se inclinaba hacia abajo después del depósito de gasolina pasaba por debajo del asiento. El depósito era cilíndrico con un morro cónico y terminado en ángulo en su parte posterior.

Luego llegaron motocicletas ligeras con motor de 148 cc y caja de cambios de dos velocidades, y en 1926 una monocilíndrica de válvulas laterales de 499 cc, y una versión ohv en 1928. Ambas reci-

Una Opel Motoclub de 1929, con bastidor de acero estampado, horquilla bastulante delantera y motor ohv de 500 cc.

bieron el nombre de modelo Motoclub; sus bastidores eran de acero estampado con un diseño de Ernst Neumann-Neander. Se construyeron en la fábrica Diamant, como la EO, con bastidor de aleación ligera. Opel utilizó horquillas basculantes Neander, caja de cambios no integrada y frenos de tambor.

ONAWAY
Inglaterra 1904-1908. Esta motocicleta de curioso aspecto tenía un asiento anatómico de mimbre y bastidor bajo, se propulsaba con un motor Kelecom bicilíndrico en V de 5 CV, o un Berkley bicilíndrico paralelo

ONOTO
Francia 1934-1938. Modelos de dos tiempos y entre 100 y 175 cc bastante corriente. Utilizaban motores Aubier Dunne.

OPRA
Italia (Roma) 1927-1929. La Oficien di Precisione Romani Automobilistiche fabricaba lo que podría haber sido el primer modelo tetracilíndrico transversal refrigerado por aire, 490 cc y 32 CV a 6.000 rpm. También había una versión de 30 CV con refrigeración por agua. Este modelo evolucionó convirtiéndose en la Rondine 4 y la Gilera 4.

OR
Italia (Milán) 1928-1931. La Oficine Riunite di Costruzioni Meccaniche comenzó con un motor auxiliar; de ahí pasó a una motocicleta ligera de 175 cc.

ORAM
Italia 1949. La Oficine Ricostruzione Automobili e Motocicli fabricó una motocicleta ligera de 125 cc.

ORBIT
Inglaterra (Wolverhampton) 1913-1924. Antes de 1914, esta firma fabricaba un modelo de 350 cc con válvulas laterales. Después de la guerra, fabricó una motocicleta de dos tiempos y 261 cc. También utilizaban, previo pedido, motores de otros fabricantes, con tal de que su nombre empezara por B: Barr & Stroud, Blackburne y Bradshaw.

OREOL
Francia (Puteaux) 1903-1914. Esta firma fabricaba sobre todo bicilíndricas en V con motores Moto-Reve, Zedel y otras marcas. Parece que la monocilíndrica de 333 cc diseñada para batir récords y pilotada por Cissac tenía motor propio.

ORIENT
Estados Unidos 1900-1906. La Waltham Manufacturing Co. fabricaba estas primitivas máquinas, que utilizaban motores Aster colocados detrás de la pipa de dirección, con el depósito de combustible sobre el guardabarros trasero. Es posible que se fabricasen hasta 1910.

ORIGAN
Francia 1929-mediados de los años cincuenta. Esta firma fabricaba modelos de dos tiempos y 100 y 175 cc, con motores de Aubier-Dunne, así como un modelo de cuatro tiempos con motor AMC.

OSSA

ESPAÑA 1949–1985

EL INDUSTRIAL MANUEL GIRO era propietario de una compañía grande y rentable dedicada a la fabricación de proyectores y material cinematográfico. Gran aficionado a las motocicletas, pudo ver cumplido su sueño de crear su propia marca de motocicletas.

En los días anteriores a la guerra, Giro había sido piloto, al principio en trazados urbanos y posteriormente en circuitos de carreras. Pero el estallido de la Guerra Civil Española, en 1936, terminó con todas las actividades anteriores de tiempos de paz, incluidas las competiciones de motocicletas.

La guerra terminó en 1939, y dado que España no podía adquirir del extranjero ninguna forma de transporte (a causa de la Segunda Guerra Mundial), Giro se asoció con otros emprendedores españoles para comenzar a fabricar sus propias motocicletas. Giro realizó el diseño de una 125 cc de dos tiempos; aunque nunca pasó de ser un prototipo, su creador siempre defendió que su motor terminó siendo utilizado por la joven firma Montesa, que lo convirtió en la base de su primer modelo fabricado en serie.

En vista del éxito de Montesa, Giro se decidió a fabricar otro modelo. No debe extrañarnos que se tratara de una monocilíndrica de dos tiempos con 123,6 cc de capacidad (54 × 54 mm) y, al contrario que los modelos de Montesa de aquella época, contaba con lumbrera de escape central. Con una potencia de 5 CV a 4.500 rpm, la pequeña Ossa, equipada con una caja de cambios de tres velocidades, podía alcanzar los 75 km/h.

Después de este primer modelo llegó una serie de máquinas utilizadas para transporte diario y también versiones especialmente preparadas para competir en los ISDT (International Six Day Trial) de los años cincuenta.

Diseñada por Eduardo Giro, la Ossa Sport 175 de 1965 alcanzaba los 145 km/h. Estas motocicletas lograron la primera y segunda posición en las 24 Horas de Barcelona de ese año.

En 1954 apareció una 125 mejorada, seguida en 1958 por una versión de mayor tamaño con un motor de 149 cc (58 × 56,4 mm). Ese mismo año llegó un modelo de carretera de cuatro tiempos y 175 cc, de clara influencia italiana. Pero en 1959 la firma volvió a los modelos de dos tiempos, con una nueva versión deportiva de la 125.

El comienzo de la década de los sesenta no fue una buena época para la industria motociclista española, e igual que otros fabricantes, Ossa vio cómo sus ventas caían drásticamente. Fue entonces cuando Eduardo Giro se unió a la firma de su padre. Su talento ya lo había demostrado cuando, a la edad de quince años, había diseñado y fabricado un motor de avión a escala. Este pequeño motor giraba a 18.000 rpm y constituyó la base de su primer diseño comercial: un modelo monocilíndrico de dos tiempos y 158,5 cc (58 × 60 mm) que se convertiría en la columna vertebral de la firma Ossa durante los siguientes años.

Después de este llegó, en 1965, un 175 cc (60,9 × 60 mm), la 230 cc (70 × 60 mm) en 1966, y posteriormente (1972) la Yankee bicilíndrica 488,5 cc (72 × 60 mm), que era en realidad la suma de dos monocilíndricos. Finalmente, en 1975 se presentó un monocilíndrico de 244,3 cc (72 × 60 mm).

La mayoría de estos motores no sólo se utilizaron en los modelos de serie sino también en las máquinas de competición, en pista de carreras, motocross y trial.

El primer uso del nuevo motor diseñado por Eduardo Giro para competición llegó en 1965 con la introducción de la Sport 175. En su versión de carretera, esta máquina era capaz de alcanzar los 145 km/h, desarrollando 19 CV a 7.200 rpm. En las 24 Horas de Barcelona de ese mismo años, dos de las nuevas máquinas Ossa lograron la primera y segunda posición.

Animado por este éxito y comprendiendo que estaba desperdiciando 75 cc de capacidad, el siguiente paso de Ossa fue aumentar la capacidad de su modelo hasta los 230 cc. La victoria total de Ossa en las 24 Horas de Barcelona llegó en 1967, con una Sport 230 pilotada por Carlos Giro y Luis Yglesis. El récord que establecieron en la distancia de las 662 vueltas se mantendría inalcanzable durante varios años.

Ossa también había comenzado a desarrollar una máquina de Grand Prix, pilotada por Santiago Herrero.

Por entonces Ossa, como Bultaco y Montesa, había comenzado a interesarse en las motocicletas deportivas de campo, espoleada por la drástica caída doméstica en las ventas de modelos urbanos propiciada por la llegada de una avalancha de coches fabricados con licencia de Fiat por Seat, el fabricante estatal de coches español.

En esas fechas, la clase 250 cc de motocross había conseguido la categoría de campeonato mundial, y eso suponía abrir un nuevo mercado, sobre todo en los Estados Unidos, para los modelos trail y enduro. Además, Bultaco y Montesa ya estaban fabricando motocicletas de trial y exportándolas a muchos países, incluida Gran Bretaña.

Mick Andrews se convirtió en la primera estrella internacional de Ossa en pruebas de trial, y a comienzos de los años setenta, con Andrews en su momento de mejor forma, la firma ganó los titulos británico y europeo de trial.

Ossa fabricó esta máquina de cross de 250 cc como parte de su creciente interés en los modelos deportivos de campo. Esta, en concreto, es del año 1978.

Se vendieron cientos de réplicas de estas máquinas. Andrews también corrió para Ossa en varias pruebas de enduro y cross.

La famosa MAR (Mick Andrews Replica) de Ossa se anunció para la temporada 1972, y pronto estaban saliendo de la fábrica de Barcelona 300 unidades mensuales.

Sin embargo, en 1973, Andrews se pasó a Yamaha, donde se empleó en tareas de desarrollo, aplicando, obviamente, los conocimientos adquiridos en la firma española.

La segunda mitad de la década de los setenta no fue una buena época para Ossa, aunque en 1975 había hecho su debut un prototipo de trial de 310 cc (65 × 77 mm). Este modelo comenzó a fabricarse en la siguiente temporada.

En marzo de 1978, Ossa fue rescatada por el gobierno español de sus problemas financieros, pero a partir de ese año hasta su desaparición a mediados de los años ochenta, las dificultades económicas supusieron un freno para el desarrollo de sus modelos. Y aunque Mick Andrews volvió a la firma, no pudo repetir los momentos de gloria del pasado.

Ossa fabricó su última gama de modelos de trial en 1983. Varios años atrás ya se había abandonado la producción de modelos de cross.

En cuanto a las máquinas de carretera, comenzó a fabricarse una nueva Ossa, la Urbe (una versión moderna de la Leader de Ariel). Pero ni siquiera esto pudo detener la caída en picado de la marca.

El final de la compañía familiar llegó en 1984. Reapareció como Ossamoto,

Esta Ossa 350 Trial de 1976 utilizaba un motor monocilíndrico de dos tiempos con lumbrera en el pistón y cinco velocidades, que desplazó al motor de 310 cc (65 × 77 mm).

una cooperativa formada por los propios trabajadores que, igual que la Triumph británica, no logró el éxito esperado y desapareció a finales de 1985. Así acabó la vida de la marca del emblema en forma de trébol.

OSSA 250 GP 1969

La primera participación de la 250 GP fue en el Grand Prix de España, en 1967, cuando Carlos Giri logró la sexta posición. Pero el creador de la máquina, Eduardo Giro, no estaba contento con aquel resultado, y en 1968 contrató al campeón español Santiago Herrero. Ese año se dedicó principalmente a desarro-

llar el modelo y, en el caso de Herrero, a familiarizarse con los circuitos extranjeros.

El corazón de cualquier motocicleta es su motor, y Eduardo Giro se pasó del tracional diseño Ossa con lumbrera de admisión en el pistón al diseño con válvulas de disco, que ofrecía mejores

prestaciones. El motor de 249 cc (70 × 65 mm) contaba con un cilindro provisto de siete aletas de ventilación tan grandes que a juzgar por su parte superior, uno diría que se trataba de una 500 cc y no de una 250 cc. Su enorme carburador Amal de 42 mm estaba colocado en el lado izquierdo del cár-

ORION
República Checa (Slany) 1902-1933. Esta firma fabricaba monocilíndricas y bicilíndricas en V en los primeros años de la industria de las motocicletas. Después de 1918, comenzó a producir una monocilíndrica de dos tiempos y 350 cc y otro modelo también monocilíndrico con doble pistón y 596 cc. Después de 1927, fabricó máquinas de 500 cc con sistemas de distribución ohv y ohc, además de un modelo de 600 cc con válvulas laterales. Todos los motores estaban diseñados y fabricados por la propia firma.

ORIX
Italia (Alessandria) 1949-1954. Esta compañía fabricaba escúter de 125 y 175 cc, y una motocicleta ligera de 175 cc, todos ellos con motores ilo de dos tiempos.

ORMONDE
Inglaterra 1900-1906. Motores Kelecom y Antoine propulsaban estas máquinas pioneras, algunas de las cuales estaban parcialmente cerradas.

ORUK
Alemania 1922-1924. El nombre de este modelo se debe al sistema de transmisión directa por eje que utilizaba (Ohne Riemen Und Kette, es decir, «sin cadena y sin correa»). El motor de 189 cc con válvulas laterales estaba montado junto a la rueda trasera.

OSA-LIBERTY
Francia (Argenteuil) 1926-1932. Además de motores propios de dos tiempos y 175 y 250 cc, esta firma utilizó motores JAP de 350 y 500 cc que Staub fabricaba en Francia bajo licencia.

OSCAR
Italia (S. Andrea di Sesto) 1965-1982. Esta firma fabricaba ciclomotores y motocicletas ultraligeras.

OSMOND
Inglaterra (Birmingham) 1911-1924. Antes de la Primera Guerra Mundial, esta firma fabricaba monocilíndricas con motor Precision de 500 cc; después de la guerra, motocicletas ligeras con motores de dos tiempos fabricados por otras marcas y con cilindras de 102, 108 y 200 cc (según la fuente), además de uno de dos tiempos de 239 cc de fabricación propia.

OVERSEAS
Inglaterra (Birmingham) 1909-1915. Estas motocicletas sólidas, diseñadas (como su nombre sugiere) para la exportación a las colonias del Imperio británico, tenían motores bicilíndricos en V de 842 cc y fabricación propia.

ter. Aunque en 1969 el motor generaba 42 CV a 11.000 rpm, una gran ventaja del modelo consistía en que la potencia útil comenzaba a tan sólo 6.500 rpm, por lo que su caja de cambios de seis velocidades demostraba ser más que suficiente.

Su primera prueba fue en el circuito del Jarama, en Madrid, donde Herrero logró una victoria; todo indicaba que sería capaz de repetir su actuación en el Grand Prix de Alemania Occidental, celebrado en Hockenheim una semana después, pero los problemas con el encendido le hicieron quedar a un lado. Su motor volvió a fallar dos meses más tarde, en Brno, Checoslovaquia. Hasta ese momento, había conseguido otros dos triunfos (Francia y Bélgica), un segundo puesto (Alemania Oriental) y dos terceros (isla de Man y Holanda). En realidad, en Spa Francorchamps, Bélgica, el promedio de Herrero fue de 188,74 km/h, más rápido incluso que el subcampeón de 500 cc. Sus posibilidades de hacerse con el título del mundo

En 1969, el piloto de Ossa Santiago Herrero consiguió una magnífica tercera posición en el campeonato mundial de 250 cc, pilotando esta monocilíndrica con válvulas de disco y refrigeración por aire.

se esfumaron al sufrir un accidente en el Grand Prix del Ulster, en agosto de 1969.

En la temporada de 1970, la potencia de su máquina había sido aumentada hasta los 45 CV, que lograba con un motor todavía refrigerado por aire, aunque ya se estaban haciendo pruebas para un sistema de refrigeración por agua.

Cuando el piloto español ocupó su lugar en la parrilla de salida en la TT de la isla de Man de 1970, muchos ojos se clavaron en el elegante chasis monocasco de la Ossa monocilíndrica. Pero la tragedia iba a llegar en la última vuelta, cuando Herrero perdió el control de la motocicleta. Moriría poco después por las heridas sufridas en el accidente. Tras su muerte, la firma Ossa decidió

abandonar las carreras de Grand Prix, en señal de respeto a su piloto.

A pesar de todo, las actuaciones de los años anteriores habían demostrado que la Ossa 250 GP era una de las pocas motocicletas capaces de ganar con un presupuesto bajo.

Motor: válvula rotativa, dos tiempos, 249 cc (70 × 65 mm), refrig. por aire
Potencia: 42 CV a 11.000 rpm
Caja de cambios: 6 velocidades, pedal
Transmisión secundaria: cadena
Peso: 99 kg
Velocidad máxima: 229 km/h

OSSA MICK ANDREWS REPLICA
1971

A comienzos de los años setenta, la Mick Andrews Replica (MAR) 250 cc era una de las mejores motocicletas de trial en pruebas de un día.

En 1970 Andrews y la marca española pusieron patas arriba el mundo del trial con sus primeras tres victorias consecutivas en los Six Day Trial de Escocia. Sin embargo, cuando Ossa debería haberse beneficiado de las ventas del modelo MAR, la fábrica de Barcelona se inundó, retrasando la producción un año, lo que supuso para la firma un serio revés financiero, el primero de muchos semejantes.

La Mick Andrews Replica fue anunciada en España por Manuel Giro en octubre de 1971. Su motor de 244 cc (60 × 72 mm) desarrollaba una potencia de 17 CV a 6.500 rpm. El encendido estaba fabricado por Motoplat, la caja de cambios tenía cinco velocidades y la transmisión primaria se realizaba por medio de una cadena doble. Su éxito supuso que la Mark 2 no llegara hasta 1975, con cambios mínimos. En 1976 apareció una Mark 3, lo que demostraba que Ossa había empezado a quedarse anticuada.

Motor: monocilíndrico, dos tiempos, 244 cc (60 × 72 mm), refrigeración por aire
Potencia: 17 CV a 6.500 rpm
Caja de cambios: 5 velocidades, pedal
Transmisión secundaria: cadena
Peso: 95,5 kg (con sistema de luces)
Velocidad máxima: 105 km/h

La Mick Andrews Replica (o MAR, para abreviar) fue, en su momento álgido, una de las mejores motocicltas de trial del mundo. Las primeras máquinas que Ossa fabricó para trial llegaron en

1967, pero quien realmente puso a Ossa en el mapa de las carreras de trial fue el piloto británico Mick Andrews, primero en conseguir tres victorias consecutivas en los famosos Six Day Trial de

Escocia, pilotando un modelo de dos tiempos. También dio a esa modesta marca los títulos británico y europeo de trial, además de otros muchos premios internacionales.

P & M (PANTHER) INGLATERRA 1904–1968

LA FAMOSA FIRMA DE Yorkshire fundada por Joah Carver Phelon y Richard

Las motocicletas P & M, como este modelo de 500 cc de 1916, fueron utilizadas por el ejército británico en la Primera Guerra Mundial. Su transmisión totalmente encerrada fue todo un acierto.

Moore, con sede en Cleckheaton, se dio a conocer como P & M, nombre que derivaba de las iniciales de los apellidos de sus creadores. A finales de 1903, se unieron para dar forma definitiva a la P & R que Phelon había creado con Harry Rayner en 1901, conservando su característica distintiva: el tubo inferior del bastidor fue sustituido por un motor

Alineadas para los ACU Six Days de 1913 aparecen W. J. M. Sproulle, P. Shaw y W. C. Drake sobre sus motocicletas P & M. Los tres consiguieron medallas.

inclinado. La transmisión se realizaba por medio de un sencillo engranaje de dos velocidades, utilizando dos cadenas primarias para dos relaciones diferentes,

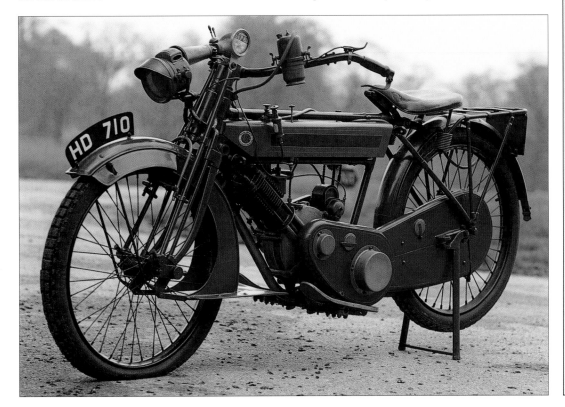

PA
Bélgica (Lieja) 1921-1929. En un principio, Praillet utilizaba motores Blackburne de 250, 350 y 500 cc, pero en 1925 comenzó a fabricar sus propios motores: uno de dos tiempos y 250 cc, y otro de 350 cc. En los dos últimos años de vida de la firma, se utilizaron motores JAP y MAG de 350 y 500 cc, siempre a solicitud del cliente.

PAGLIANTI
Italia 1954-1962. Esta firma fabricaba ciclomotores de 49 cc, y en 1959 miniescúter con motor de 75 cc. Todos los modelos eran de dos tiempos.

PALLION
Inglaterra 1905-1914. Esta compañía era una ensambladora que utilizaba motores Fafnir, JAP, Minerva y Villiers.

PALOMA
Francia comienzos de los años cincuenta a finales de los sesenta. Desde un principio, esta firma fabricó ciclomotores de 49 cc. En 1954 llegó un escúter de 70 cc con grandes ruedas, y en 1955, escúter de 75 y 125 c, y un modelo entre ciclomotor y motocicleta ligera, con 60 cc de cilindrada.

PAM
Estados Unidos 1923. Esta firma americana fabricó dos modelos de cuatro tiempos: una 225 cc monocilíndrica y una bicilíndrica de 200 cc.

P & P
Inglaterra (Coventry) 1922-1930. Packman & Poppe fabricaron máquinas deportivas (con motores JAP de entre 250 y 1.000 cc) y la extraña Silent Three, con un motor Barr & Stroud con válvulas de camisa, chasis cerrado y buena protección para el piloto contra el barro de las carreteras. Su diseñador fue Ealing Poope, hijo de el dueño de la firma.

P & S
Véase **PEARSON & SOPWITH**

PANNI
Véase **PANNONIA**

PANTHER
Alemania 1903-1907. Estas típicas máquinas pioneras tenían motores monocilíndricos Fafnir, montados en bastidores de bicicletas reforzados.

nación que más tarde se convertiría en el nombre de la firma.

En 1923 sólo estaba en catálogo el modelo de 555 cc, pero al año siguiente apareció la primera máquina de M & M con motor ohv de 499 cc. Fue diseñada por Granville Bradshaw de ABC, y disponía de una caja de cambios de cuatro velocidades, que más tarde se convirtió en opcional. Los frenos sobre la llanta, meramente decorativos, fueron sustituidos por auténticos frenos de tambor. Con los cambios en el sistema de lubricación llegó la ampliación del cárter para dar cabida al colector del aceite, otra característica que sobreviviría hasta el final de la firma. El modelo antiguo dejó de fabricarse en 1925, de modo que en la temporada de 1926 sólo había tres modelos ohv.

A finales de 1926, la firma acaparó la atención del público en la exposición de la Olympia con su Panthette, una bicilíndrica en V transversal de 242 cc. Se trataba de otro diseño Bradshaw con caja de cambios integrada, ambas transmisiones realizadas por engranajes y encerradas en una cubierta horizontal. El sistema de válvulas en la culata contaba con muelles de hojas. La horquilla era del tipo Brampton, y el motor colgaba del bastidor con viga central hecha de acero forjado. Desgraciadamente, era demasiado avanzada y cara para la mayoría de los potenciales clientes, por lo que no se vendió en gran número.

En 1928 entró en el catálogo un modelo de carreras con motores Villiers de dos tiempos y 247 cc y con los componentes de la Panthette. Este modelo sí se vendió bien. Ese mismo año apareció la monocilíndrica de 549 cc, que tendría una larga vida. La línea de modelos de dos tiempos se aumentó en 1929 con la llegada de dos modelos, de 147 y 196 cc (los llamados Redwig) que también podían adquirirse con motores puestos a punto.

En 1931, el modelo de 600 cc incorporó doble faro. En 1932, se introdujo el modelo de 249 cc. El motor tenía el cilindro inclinado y colector de aceite dentro del cárter, pero el bastidor era convencional, de doble tubo. En 1933 se añadió una versión de 348 cc. Desde un punto de vista comercial, la gran noticia fue el acuerdo con el distribuidor londinense Pirce & Clarke. En 1939, P & C recibió un gran número de motocicletas del modelo 250, que se habían fabricado con el depósito y los guardabarros de

que se seleccionaban por embragues; la transmisión secundaria se realizaba por medio de cadena.

Los componentes de las primeras motocicletas P & M eran los típicos de aquellos años, pero los modelos se distinguían por tener el motor inclinado y caja de cambios de dos velocidades. La compañía pronto se hizo un nombre y, a partir de 1907 su modelo monocilíndrico se convirtió en el único puntal de

la firma hasta entrados los años veinte, con excepción de una motocicleta ligera que estuvo en el catálogo tres años a partir de 1910.

Durante la Primera Guerra Mundial, los vehículos P & M se utilizaron como correos, e inmediatamente después de la guerra la firma sólo fabricaba un modelo. En 1922 se añadió un nuevo diseño con motor de 555 cc, que conservaba el motor inclinado y contaba

En la gama Panther siempre hubo modelos de gran capacidad. Esta 645 cc con motor inclinado se unió a la versión de 594 cc en 1959.

con cuatro velocidades, lo que se consiguió combinando las dos velocidades ya existentes en modelos anteriores con un eje intermedio.

En su versión deportiva, este modelo recibió el nombre de Panther, denomi-

color rojo, y las vendieron a precio reducido como modelo Panther. Aunque el modelo fue motivo de muchas bromas, demostró ser una máquina excelente, que además ganó el pretigioso Maudes Trophy de 1934.

Ese mismo año llegó una Red Panther de 348 cc y varios modelos Stroud de trial en ambas capacidades. Estos modelos (junto con una versión de la Red Panther de 498 cc lanzada en 1938 y las grandes monocilíndricas) hicieron que P & M llegara con gran éxito hasta el estallido de la guerra en 1939. Entre los avances que incorporaban se incluía un bastidor elástico que utilizaba muelles de ballesta, motores verticales y un motor bicilíndrico en línea ohv con doble cigüeñal. Sin embargo, ninguno de estos adelantos llegó a las cadenas de montaje, pues la firma tuvo que dedicarse a la producción de material bélico.

Después de la guerra, P & M volvió a aparecer con tres monocilíndricas, muy en la línea de su catálogo de antes de la guerra. En 1947 aparecieron las horquillas telescópicas Dowty Oleomatic, y en 1949, los dos modelos más pequeños adoptaron cilindros verticales. A ellos se unió una versión de trial, el modelo Stroud, que disponía de ambas cilindradas. En 1954 se había introducido la horquilla telescópica y la suspensión trasera, pero para esa fecha, los modelos Stroud ya habían desaparecido. En 1956, las monocilíndricas se

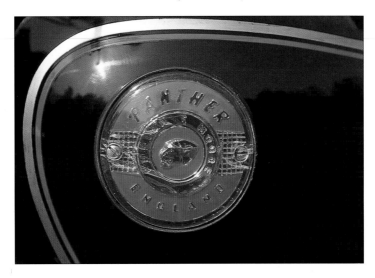

acompañaron de motocicletas ligeras con motores Villiers de 197 cc, a las que pronto siguieron versiones monocilíndricas de 246 cc y bicilíndricas de 249 cc. En 1959, se presentó la bicilíndrica de 324 cc, pero lo más importante fue la llegada de una versión de 645 cc de la monocilíndrica de mayor tamaño.

A finales de 1959, la firma lanzó el escúter Princess, propulsado por un motor Villiers de 174 cc, y que compartía los paneles laterales con Dayton y sun. Esta línea llevó a P & M hasta la década siguiente, pero con la llegada del Mini, el mercado comenzó a contraerse, sobre todo en el apartado de los mo-

El logo de plástico de la Panther se dejó ver por primera vez en los años cincuenta, y siguió apareciendo en las grandes monocilíndricas y en las de dos tiempos pequeñas hasta que la compañía quebró en 1968.

delos con sidecar. Panther tuvo que llamar al síndico de quiebras a finales de 1962, y la gama comenzó a disminuir rápidamente. Desde 1965 en adelante, P&M ofreció tan sólo un modelo bicilíndrico y la monocilíndrica de gran cilindrada, fabricando cada vez menor número, hasta que la producción se interrumpió en 1968.

PANTHER MODEL 100 1954

La característica que P & M mantuvo a lo largo de toda su historia fue el uso del motor en lugar del tubo inferior del bastidor. En 1924, la compañía adoptó el sistema de distribución ohv para su motor de 494 cc, un diseño que todavía podía observarse en su máquina de 1968. Durante todo el tiempo transcurrido entre ambas fechas, el tamaño del motor fue aumentando de los 594 cc del Modelo 100, pasando después a los 645 cc del modelo 120. Este motor era el corazón de todas las máquinas fabrica-

das por la compañía. Era duro, robusto, fiable y duradero, además de ser ideal para tirar de un sidecar. Aparte de ser un elemento más del bastidor, el motor incluía lubricación semiseca, con el aceite alojado en una prolongación delantera del cárter y una leva de baja compresión para suavizar el arrancado

El Modelo 100 Panther de 594 cc apareció en el catálogo en 1932. En 1954 incorporó suspensión trasera. El modelo se fabricó hasta 1963.

en un momento en que el arranque se hacía generalmente por medio de un pedal de largo recorrido.

El resto de la máquina seguía la tendencia de la época: al principio, bastidor rígido con horquillas de paralelogramos deformables; posteriormente, se hicieron estándar las culatas con doble lumbrera de escape y el doble sistema de escape. La horquilla de paralelogramos se sustituyó en 1947 por un modelo telescópico del tipo Dowty Oleomatic, con pernos de orejeta, que podía invertirse para su uso con sidecar. En 1954 llegó la suspensión trasera por horquilla basculante, pero la versión con bastidor rígido se siguió fabricando hasta 1957. En 1959, cuando el Mini acaparaba el mercado que antes ocupaba el sidecar, llegó el Modelo 120.

Motor: 594 cc monocilindro inclinado (87 × 100 mm), refrigeración por aire
Potencia: 23 CV a 5.000 rpm
Caja de cambios: 4 velocidades, pedal
Transmisión secundaria: cadena
Peso: 185 kg
Velocidad máxima: 120 km/h con sidecar

PANTHER
Alemania (Braunschweig) 1933-mediados de los setenta. Antes de 1939, esta firma fabricó modelos Ilo y Sachs de dos tiempos de 73 y 98 cc. Después de la guerra, la firma fabricó ciclomotores y motocicletas ligeras (incluida una Sachs de 175 cc), que se vendió en Inglaterra con el nombre «Leopard». Hacia los finales de la compañía, sólo fabricaba ciclomotores de 49 cc.

PAQUE
Alemania (Augsburg) 1921-1925. Después de comenzar con un motor auxiliar de 140 cc, Paque fabricó una gama de máquinas entre las que se incluían modelos ohv de 100 y 200 cc, ohc de 200 cc, y una de 497 cc y válvulas laterales, todas ellas monocilíndricas. Los motores Paque también se vendieron a otros fabricantes.

PARAGON
Inglaterra 1919-1923. Esta máquina era una monocilíndrica de dos tiempos y 350 cc.

PARAMOUNT-DUO
Inglaterra 1926-1927. Se trata de una motocicleta con aspecto de escúter, con doble asiento anatómico y motores monocilíndricos de 490 cc y bicilíndricos en V de 990 cc, tanto de Blackburne como de JAP.

PARIS-FRANCE
Francia (París) 1934-1959. Motocicletas ligeras corrientes y molientes de 100 y 175 cc.

PARVUS
Italia (Milán) 1921-1926. Los primeros motores auxiliares de esta firma eran de dos tiempos y 104 cc, y su diseño era muy peculiar. Desde 1923, la compañía también fabricó motocicletas ligeras de 125 cc.

PASCO
Australia (Melbourne) 1919-1922. McRae y Pasco fabricaban máquinas pesadas y sólidas para las irregulares carreteras australianas. Tenían motores monocilíndricos JAP de 550 cc o bicilíndricos en V de 750 cc, todos ellos con válvulas laterales.

PASQUET
Francia 1932-1939. Estas motocicletas se propulsaban con motores Aubier-Dunne de dos tiempos de 100 y 125 cc.

PANNONIA

LAS MOTOCICLETAS Pannonia se fabricaron, junto con las Danuvia, Tundei y Panni, en la fábrica estatal Csepel, en Budapest. La producción comenzó en 1951, con las primeras monocilíndricas de dos tiempos, semejantes a las Jawa.

Como ocurría con otras muchas fábricas de la Europa del Este durante esa época, Pannonia vendía sus productos con diferentes nombres. Por ejemplo, en los Estados Unidos, sus motocicletas se comercializaban con el logotipo White.

Una Pannonia húngara de 250 cc de mediados de los años sesenta. Esta monocilíndrica de dos tiempos se comercializó en el mercado americano con el nombre White.

A comienzos de los años sesenta, la marca no sólo diseñó una bicilíndrica 250 (246 cc), también de dos tiempos, sino también un buen número de máquinas *off-road* de competición. Con estas últimas, la firma logró más de un título nacional de cross. Tanto los modelos monocilíndricos como los bicilíndricos

se vendieron en los Estados Unidos con el nombre White, pero allí se encontraron con el problema de que los potenciales clientes desconocían por completo el producto.

Al menos, compañías como Jawa y CZ contaban con la ventaja de haber conseguido títulos en competiciones internacionales, pero la firma húngara no podía permitirse los gastos de una empresa así. Finalmente, los distribuidores americanos terminaron gastando más dinero en su campaña de publicidad del que luego recuperaron con las

Una Pannonia bicilíndrica de 246,8 cc de 1963. Estas máquinas estaban fabricadas en la fábrica estatal Csepel de Budapest, y se vendían a los países comunistas.

ventas. Algo parecido ocurrió en los demás mercados occidentales. Sin embargo, en el bloque de países del Este, Pannonia fue todo un éxito, al menos hasta principios de los años setenta. A partir de entonces, las ventas comenzaron a descender y la producción se interrumpió en 1975.

PANZER MOTORCYCLES

LAS CONNOTACIONES de la palabra «Panzer» son inquietantes, pero la realidad es bastante diferente. El nombre Panzer en realidad hace referencia al motor «Neo-Pan», una versión revisada y actualizada del original bicilíndrico en V «Panhead» de Harley-Davidson, por lo que no guarda ninguna relación con el tanque alemán.

La historia de esta marca, declaradamente retro, es un tanto inestable. Mientras peleaba en los años cincuenta y

La longitud e inclinación de la horquilla de la Digger ST dejan claro que en esta máquina es más importante la apariencia que las prestaciones, aunque éstas tampoco son malas.

comienzos de los sesenta por darse a conocer en los mercados, la firma se concentró casi exclusivamente en iconos de los años cincuenta: James Dean en «Rebel Without a Cause», Marlon Brando en «The Wild Bunch» y Marilyn Monroe.

Como suele ocurrir, la publicidad de este tipo de modelos hace más referen-

cia a un estilo de vida que a las características técnicas de la motocicleta. Sin embargo, Panzer parece ser una motocicleta pesada estándar, mejor construida que muchas de ellas y sacrificando

***Easy Rider* tiene mucho que ver con esta «Billy Bike» de Panzer, cuyo estilo encierra toda una gama de símbolos.**

muy poco de la fiabilidad y manejabilidad que se exige a un modelo moderno (al menos desde el punto de vista de las grandes bicilíndricas en V americanas)

en el intento de recrear el pasado. Después de analizar esta motocicleta, los críticos admiten que al menos tiene la misma aceleración y frenada que las

Harley-Davidson de 2000, lo que significa que, para lo que suelen ser las grandes bicilíndricas en V, la máquina es bastante buena.

PARILLA

ITALIA 1946–1967

GIOVANNI PARRILLA (obsérvese que la segunda «r» se omitió en el nombre de la marca para evitar problemas de pronunciación) nació en el sur de Italia en 1912, después de que la familia Parrilla hubiera emigrado de Barcelona, España. Cuando él tenía tres años, la familia se trasladó a Mantova, en el norte, antes de trasladarse definitivamente a Milán, donde Giovanni pasó su adolescencia.

La primea iniciativa empresarial de la familia Parrilla fue un pequeño taller a las afueras de la ciudad, donde reparaban bombas de inyección de motores diesel, además de distribuir bujías de la firma Bosch.

El paso para convertirse en fabricantes de motocicletas lo dieron poco después de la guerra, en 1946, cuando Giovanni Parrilla se puso a diseñar y fabricar su propia motocicleta de carreras. Cuando ésta hizo su debut en Lecho, con Nino Grieco como piloto, el 1 de octubre de 1946, aquella máquina se convirtió en el primer modelo totalmente italiano que tomaba parte en una carrera después de la guerra.

En muchos sentidos, la nueva motocicleta mostraba todo el entusiasmo de Giovanni Parrilla por las motocicletas británicas (el árbol de levas Norton, en

particular) que en aquellos días hacían furor en el mundo.

La nueva motocicleta (con el nombre Parilla) fue diseñada por Giuseppe Salmaggi, creador de la Gilera Saturno en 1939.

Las instrucciones que tenía Salmaggi eran las de fabricar una máquina con las mismas características que las Norton. El resultado no fue una motocicleta de carretera más, sino tambien una superdeportiva, ambas con motor monocilíndrico ohc de 246,3 cc (66 × 72 mm), con el árbol de levas accionado por un eje y engranajes cónicos.

Después de un exhaustivo programa de pruebas, la fabricación de la Corsa (Racer), junto con su hermana de carretera, comenzó en 1947, tras su aparición en la Exposición de Milán, donde despertaron un gran interés.

La Corsa disponía de enormes frenos de tambor de 260 mm en ambas ruedas. Pronto estos frenos recibieron el sobrenombre de *padellone* (gran sartén). Con una potencia de 18 CV, su velocidad máxima era de 148 km/h. Más tarde, se fabricó otro modelo de carreras con doble árbol de levas, la Bialbero, con motores de 250 y 350 cc. En 1950, la industria de las motocicletas estaba en

La primera monocilíndrica hi-cam de Parilla hizo su debut en la Exposición de Milán celebrada a finales de 1952. El modelo se llamó Fox 175, y se puso en venta a comienzos de 1953. En la década siguiente se vendieron miles de estas motocicletas.

pleno auge en Italia, pero lo mejor estaba aún por venir, con un número de matriculaciones en 1951 de 1.112.500, contando motocicletas, triciclos, escúteres y motores auxiliares (400.000 más que el año anterior).

Animada por estos éxitos de ventas, la firma Parilla lanzó toda una gama de nuevos modelos. Primero, para la temporada 1950, llegó un modelo monocilíndrico de dos tiempos con cilindradas de 98 y 124 cc; después, en enero de 1952, apareció la prestigiosa bicilíndrica ohv de 348 cc (62 × 58 mm). A finales de 1952, Parilla hizo debutar al primero de sus modelos hi-cam (árbol de levas en la culata), en el que las válvulas eran accionadas a través de unas cortas varillas empujadoras colocadas en el lado derecho del cilindro. Con una capacidad de 174 cc, este modelo, conocido como Fox, fue el primero de una familia de máquinas similares fabricadas

PATRIA
Alemania (Solingen) 1925-1950. En 1927, esta firma fabricaba máquinas deportivas de competición con motores Rocanova ohc de 250 y 350 cc. Desde entonces hasta 1949, sólo fabricó ciclomotores. Después añadió nuevos modelos de 100 y 123 cc con motores Imme y Sachs. Hans May, el propietario, murió en 1950.

PAUVERT
Francia (Lyon) 1933-1940. Esta compañía fabricaba motocicletas ligeras de dos tiempos y entre 100 y 200 cc

PAWA
Alemania (Berlín) 1922-1923. Este extraño diseño alemán disponía de paneles metálicos cubriendo el bastidor, asiento anatómico, gran distancia entre ejes, un pésimo motor de 226 cc y dos tiempos, transmisión por cadena a la rueda trasera y un embrague multidisco bañado en aceite.

PEARSON & SOPWITH
Inglaterra 1919-1921. Tom Sopwith, pionero de la aviación y diseñador de la Sopwith Camel, también fabricó motocicletas, en las que utilizaba motores Dalm de 318 cc y dos tiempos, JAP de 293 cc y válvulas laterales, y Blackburne de 499 cc y también válvulas laterales.

PEBOK
Inglaterra (Londres) 1902-1909. Los modelos de esta firma, en su día importante, eran de fabricación propia y varias cilindradas.

PEERLESS
Estados Unidos (Boston) 1913-1916. Eran los años en que las máquinas americanas dominaban el mercado de las motocicletas, y las Peerless monocilíndricas y bicilíndricas en V tenían motores con válvula de admisión sobre la de escape, potencia entre 4 y 8 CV y transmisión por eje.

PEERLESS
Inglaterra (Birmingham) 1913-1914. La International Manufacturing Co utilizaba motores Veloce de 292 y 499 cc en sus máquinas.

PEGASO
Italia 1956-1964. La sociedad Italiana Motori fabricaba estas motocicletas ligeras de 48 cc, que se vendieron en gran número.

PEM
Estados Unidos 1910-1915. Esta compañía americana tan sólo fabricaba monocilíndricas con motores propios de 4 CV y distribución ohv.

durante los siguientes quince años. Giovanni Parrilla creyó que la fórmula hi-cam también le proporcionaría la manera de entrar en el mundo de la competición. Conocido como *camme rialzata* (árbol de levas elevado), el primer prototipo hi-cam de competición hizo su debut en el Grand Prix de Italia, celebrado en Monza en septiembre de 1952. En este motor (diseñado por Salmaggi y su ayudante, Alfredo Bianchi) el árbol de levas se encontraba en el lado contrario al que después ocuparía en el resto de modelos, tanto de carreras como de carretera. El primer diseño no pasó de ser un propotipo, pues al año siguiente fue reemplazado por una nueva máquina monocilíndrica de Gran Prix con doble árbol de levas en la culata y 125 cc. En esta última motocicleta, la transmisión del árbol de levas había

sido recolocada en el mismo lugar que en el modelo Fox, en el lado derecho del motor, y empleaba un sistema de cadena triangular para accionar el doble árbol de levas. Este segundo proyecto también fue rechazado al poco tiempo. La gama de modelos de competición sobre asfalto quedó entonces limitada a una combinación de la antigua Bialbero en versiones puestas a punto de los modelos de carretera con árbol de levas en la culata.

En cuanto a los modelos *off-road*, Parilla también dedicó gran esfuerzo a las pruebas de trial de larga distancia, como la International Six Day Trial, consiguiendo éxitos a finales de la década.

Además de su famosa gama hi-cam de modelos de carretera y, por supuesto, la bicilíndrica paralela ohv 350,

La famosa monocilídrica hi-cam de Parilla. Utilizaba un sistema de válvulas accionadas por cortas varillas empujadoras colocadas en el lado derecho del motor.

entre los modelos de serie de Parilla cabe mencionar: el ciclomotor Parillino de 49 cc (38 × 44 mm), la Levriere (Galgo), que era un escúter de dos tiempos y 153 cc (60 × 54 mm), y la heterodoxa Slughi (Galgo del desierto).

La Slughi era obra de Piero Bossaglia, pues Salmaggi y Bianchi habían dejado la firma. El proyecto original de Bossaglia se había valido de motores de dos y cuantro tiempos. Sin embargo, cuando el primer diseño llegó por fin a las cadenas de montaje a finales de los años cincuenta, sólo se fabricó el modelo de cuatro tiempos, al principio con un

motor de 98 cc ohv. Unos meses más tarde, se unió a él el modelo de 114 cc y dos tiempos. Mientras que la Slughi y su hermana naked, la Olimpia, tenían un cilindro horizontal, la nueva Street Scrambler 125 disponía de un motor monocilíndrico vertical ohv.

A finales de los cincuenta, Parilla exportaba sus motocicletas a todos los rincones del mundo, llegando incluso a países tan distantes como Japón. La marca también publicaba su propia revista, *Il Levriere* (El Galgo), cuya primera edición había aparecido en julio de 1959.

Cuando se celebró la Exposición de Milán a finales de ese año, en el stand de Parilla se encontraba un invitado de honor: Ernest Wise, de la recién nombrada importadora de la American Parilla, Cosmopolitan Motors.

A comienzos de los años sesenta se difundió la noticia de que el diseñador jefe de Parilla, Bossaglia, estaba trabajando en un modelo de carreras totalmente nuevo, con motor de 125 cc y válvulas de disco. Aunque se empezó a construir poco después, el proyecto duró varios años, de modo que cuando estuvo lista, la motocicleta ya era un modelo anticuado antes de empezar a competir. Fue esta dilación (en contraste con la forma de trabajar de la firma en la década anterior) lo que precipitó la caída de Parilla. Su decadencia se refleja en la decisión de su fundador de vender el negocio a una sociedad inversionista. Durante algún tiempo, Parilla tuvo varios éxitos compitiendo en los Estados Unidos, pero ni siquiera la entrañable monocilíndrica con caja de cambios integrada y árbol de levas en la culata pudo mantener a flote la compañía, a pesar de que a mediados de los años sesenta, este modelo se estaba fabricando para la categoría 250-247 cc (69 × 68 mm).

Parilla dejó de fabricar motocicletas en 1968, aunque el nombre continuó gracias a la comercialización de los motores Parilla Kart, que tuvieron gran éxito.

PARILLA BIALBERO 1948

En 1947, se comenzó a trabajar en el modelo de carreras Parilla Bialbero (con doble árbol de levas). Obra de Giuseppe Salmaggi, esta motocicleta se desarrolló a partir de una monocilíndrica ohc de carreras y un modelo supersport. Cuando debutó en 1948, esta motocicleta logró una marca de 160 km/h, con una potencia de 21 CV a 8.500 rpm.

Igual que las versiones de un solo árbol de levas, la transmisión al árbol de levas de la culata de la recién llegada se hacía por medio de un eje vertical y engranajes cónicos. También

había una serie de engranajes que accionaban el árbol de levas de admisión y de escape mediante piñones. Cada leva disponía de una corona de rodillos en un extremo de la transmisión, y un anillo guía en el otro extremo. Los árboles de levas accionaban éstas por medio de balancines con el extremo plano; los muelles de las válvulas eran de horquilla, y quedaban totalmente al aire. La caja de la transmisión del doble árbol de levas se encontraba colocada sobre la culata, igual que en el modelo Manx de Norton. Tanto la culata como el cuerpo del

cilindro estaban hechos de aluminio fundido, este último revestido con una camisa de hierro fundido.

El pistón de tres segmentos y relación de compresión de 7,8:1 disponía de una cámara de gran tamaño, en tanto que la biela de acero tenía un doble refuerzo tanto en el pie como en la cabeza, con un cojinete de rodillos cerrado en la cabeza.

Para reducir peso, Salmaggi diseñó de aleación las cubiertas del motor, incluido el cárter. Esto significaba que su peso en seco quedaba reducido a tan sólo 115 kg.

Una característica a destacar de la Bialbero era su flexibilidad, sorprendente tratándose de un modelo de carreras. La potencia del motor era generada a un régimen tan bajo como 3.500 rpm.

En 1950, se unió a la 250 una versión de 349 cc. Su debut llegó en marzo de ese año, en Marsella, Francia, donde fue pilotada por Nello Pagani.

Una de las nuevas 350 cc, junto con la más pequeña Bialbero, se envió a Alemania para que fuera pilotada (con gran éxito) por Hermann Gablenz y Roland Schell en los circuitos de toda Europa

Una Parilla «Bialbero» dohc de 246,3 cc; este modelo monocilíndrico de carreras data de 1949, y se desarrolló a partir de un modelo sohc anterior.

durante los dos años siguientes. Otros éxitos conseguidos por las Parilla de doble árbol de levas fueron: la victoria de Piero Cavaciutti en la Milano-Taranto de 1950 en la categoría de 250 cc, y varios puestos de cabeza en pruebas de Grand Prix con el veterano piloto de la firma Nino Grieco.

La Bialbero promocionó el nombre de Parilla tanto en Italia como en el extranjero.

Motor: monocilíndrico dohc, 246,3 cc (66 × 72 mm), refrigerado por aire
Potencia: 21 CV a 8.500 rpm
Caja de cambios: 4 velocidades, pedal
Transmisión secundaria: cadena
Peso: 115 kg
Velocidad máxima: 162 km/h

PARILLA 175 SPORT   1956

En 1952, se desarrolló a partir de la Fox toda una familia de modelos monocilíndricos hi-cam. De todos ellos, el que más éxito tuvo fue la 175 Sport, lanzada en 1956, que siguió fabricándose durante toda una década.

Como el resto de monocilíndricas hi-cam, la 175 Sport era un modelo heterodoxo que utilizaba un sistema de válvulas accionado por medio de cortas varillas empujadoras situadas en el lado derecho del motor. Estos cortos empujadores estaban inclinados y unidos a un único árbol de levas accionado por cadena montado en la parte superior del cárter de distribución. La tensión de la cadena se mantenía gracias a un tensor del tipo Weller.

El ángulo de las válvulas era de 90°, y el cigüeñal disponía de una cabeza de biela con rodamiento cerrado y un pie de biela de bronce fosforado. Del ajuste de los balancines se encargaba un sen-

cillo sistema de tornillo y tuerca de autobloqueo, y los muelles de las válvulas eran de tipo helicoidal.

El cambio de marchas y el pedal de arranque estaban ambos situados en el lado derecho. La caja de cambios tenía cuatro velocidades y los engranajes de la transmisión primaria eran de corte helicoidal.

La Gran Sport (modelo todavía más deportivo) y la posterior MSDS Formula 3 cosecharon numerosos éxitos en las competiciones italianas. En 1957, por ejemplo, Parilla ganó el famoso Giro d'Italia en la categoría de 175 cc; con el piloto de la firma, Giuseppe Rottigni, pilotando una Gran Sport, logró un pro-

La Parilla MSDS 175 monocilíndrica data de 1957. Esta máquina era una versión con motor especial puesto a punto de la Sport, y era capaz de alcanzar los 160 km/h.

medio de 97,25 km/h en las nueve mangas (2.043 km) de la prueba. De las 240 máquinas que tomaron la salida, sólo 100 lograron terminar esta dura maratón.

Con la puesta a punto de la Gran Sport y la MSDS, la Parilla hi-cam podía alcanzar los 160 km/h, lo que la igualaba a los modelos de Formula 3 de Ducati, Moto Morini y Motobi.

En los años sesenta, el motor 175 cc aumentó, primero a 199 cc (64 × 62 mm), y posteriormente a 247 cc (64 × 62 mm). Esta última versión tendría mucho éxito en los Estados Unidos.

No sólo la Parilla 250 pilotada por Ron Grant terminó en segunda posición en el Grand Prix de Estados Unidos de 1964, sino que además Norris Rancourt se apuntó todo un rosario de victorias entre 1962 y 1965. Por entonces, la bicilíndrica de Yamaha TDI dejaba atrás incluso a las más rápidas monocilíndricas de cuatro tiempos. La máquina de Rancourt no era un modelo de fábrica, sino que había sido puesta a punto por el fanático de las motocicletas Orrin Hall.

Además de las versiones con mayor cilindrada, la 175 continuó fabricándose, y todavía estaba en venta en Europa cuando la fábrica cerró sus puertas en 1967.

Motor: monocilíndrico 2 válvulas, ohv, 174 cc (59,8 × 62 mm), refrigerado por aire
Potencia: 14 CV a 7.800 rpm
Caja de cambios: 4 velocidades, pedal
Transmisión secundaria: cadena
Peso: 129 kg
Velocidad máxima: 125 km/h

PENNINGTON
Inglaterra 1897. E. J. Pennington era un ingeniero y estafador americano que vendió un diseño sin valor alguno a un consorcio de ingenuos y ambiciosos británicos por la cantidad de 100.000 libras esterlinas.

PENTA
República Checa 1992-1994. Esta máquina era un modelo diseñado para competiciones *off-road*, con motor de 125 cc y refrigeración por agua.

PER
Alemania (Stockheim) 1924-1926. Kurt Passow desarrolló la Per a partir de la Pawa, vista anteriormente. El bastidor de acero estampado era muy cerrado. Disponía de doble asiento de gran tamaño. El motor de dos tiempos y 308 cc se amplió posteriormente a 342 cc. En teoría, el motor admitía varios tipos de combustible, pero en la práctica no funcionaba bien con ninguno de ellos.

PERIPOLI
Italia 1957-... Junto a la motocicleta ligera Giulietta de 100 cc, esta firma fabricó en 1962 ciclomotores con moto Demm. Las máquinas posteriores (incluido un nuevo escúter Giulietta) utilizaron motores de 50 cc.

PERKS & BIRCH
Inglaterra 1899-1901. También conocida como Perks, esta firma pionera utilizaba motores monocilíndricos de 222 cc fabricados por Victoria, que colocaba en sus vehículos de dos y tres ruedas.

PERMO
Alemania 1952-1954. Esta firma fabricaba ciclomotores propulsados por motores Victoria de 32 cc.

PERNOD
Francia 1899-1905. Esta firma francesa colocaba sus propios motores de 1 CV detrás de la rueda trasera.

PERNOD
Francia h.1980. Esta compañía productora de anís patrocinaba un modelo de carreras de 250 cc.

PERSCH
Austria (Graz) 1922-1925. Estos motores auxiliares de 110 cc también se comercializaban con los bastidores Krammer.

PERUGINA
Italia (Castel del Piano) 1953-1962. Giuseppe Menicucci, que también se encargó de BMP, fabricó máquinas de 125, 160, 175 y 250 cc con motores propios de dos y cuatro tiempos.

PARILLA SLUGHI/OLIMPIA

La Slughi (Galgo del desierto), que primero se presentó como prototipo en la Exposición de Milán de finales de 1957, fue diseñada por Piero Bossaglia.

Se fabricó en varias versiones: con motor de dos y cuatro tiempos, y también se comercializó una versión revisada conocida como Olimpia. La base del diseño era un bastidor de espina central hecho de acero estampado, que se extendía formando la base del sillín y llegaba hasta el guardabarros trasero. El motor horizontal estaba suspendido de la viga central, quedando oculto tras paneles extraíbles colocados a ambos lados (sin paneles en la versión Olimpia), y que continuaba hacia atrás hasta más allá del cubo de la rueda. El movimiento de la horquilla tubular trasera estaba controlado por bloque de goma oculto dentro del propio armazón.

Estéticamente, la Slughi tenía un cierto parecido con la Chimera de Aermacchi, que había sido la estrella en la Exposición de Milán de 1956. Tal era el parecido que incluso tenía el mismo motor ohv horizontal con caja de cambios de cuatro velocidades integrada en el motor.

La Parilla Olimpia de 1959 utilizaba un motor ohv de 97,7 cc refrigerador por aire y con un cilindro vertical. También se ofreció una versión de dos tiempos y 114 cc.

Aún más, la Chimera había sido diseñada por Alfredo Bianchi, antiguo ingeniero de Parilla.

Pero mientras que la Chimera fue un modelo que no se vendió bien, la Parilla, más pequeña y barata, encontró un gran mercado en el sector del transporte diario. Además, la principal desventaja de la Chimera (su falta de protección) se había cuidado en el diseño de la Slughi, que disponía de elegantes barras para proteger las piernas y una pantalla de gran tamaño que, igual que aquéllas, podía desmontarse con facilidad.

Los primeros modelos Slughi se pusieron en venta en 1959, y disponían de un motor de 97,7 cc (52 × 46 mm) con varillas empujadoras. Este mismo motor fue el que se utilizó en la versión Olimpia.

Más tarde, los modelos Slughi/Olimpia fueron provistos de motores 125 de

dos tiempos (en realidad 114 cc) o del original «98» de cuatro tiempos. El motor de menor cilindrada se vendió mejor que la versión mayor de dos tiempos: más del doble de unidades.

El diseño del motor en ambas versiones era muy ordenado e ingenioso. Ambos compartían el resto de componentes, incluida la caja de cambios, el embrague y el sistema eléctrico, lo que evidentemente reducía costes de producción. El consumo del motor de cuatro tiempos era increíblemente bajo. La

máquina era capaz de recorrer 100 km con tan sólo 2,3 litros.

Motor: monocilíndrico horizontal ohv, 97,7 cc (52 × 46 mm), refrig. por aire
Potencia: 6,5 CV a 7.200 rmp
Caja de cambios: 4 velocidades, pedal
Transmisión secundaria: cadena
Peso: 78 kg
Velocidad máxima: 85 km/h

PARILLA WILDCAT SCRAMBLER

En su día, la Parilla Wildcat Scrambler de 247 cc fue la máquina más potente de su clase. Lamentablemente, su excesivo peso hacía que su rendimiento no fuera el esperado.

Parilla fabricó el modelo Wildcat Scrambler específicamente para su importador americano, Ernst Wise de Cosmopolitan Motors, y utilizó la versión de 247 cc (68 × 68 mm) del vete-

rano y famoso motor *hi-cam*. Wild Scrambler fue el nombre que Cosmopolitan dio a la motocicleta, presentada por vez primera como prototipo en la Feria de Muestras de Milán, que se

celebró en la primavera de 1961. Se había concebido como una serie de máquinas de competición, diferente de la «Street Scrambler», por lo que aparecía con de escape libre, sin luces,

guardabarros reducidos, horquilla Marzocchi de cross, un sofisticado sistema de filtración de aire, una gran rueda dentada para la cadena, cuentavueltas y neumáticos de tacos Pirelli del tipo «Motocross». El motor y los frenos habían recibido una puesta a punto especial y el modelo podía desarrollar una potencia de 30 CV.

Tales prestaciones eran más propias de un modelo de competición en pista que de una máquina de campo. Sin embargo, aunque la Wildcat tenía un comportamiento tan sólo discreto en terreno seco y rápido, no iba nada bien con suelos embarrados, donde se necesitaba par motor con pocas revoluciones.

En línea recta, la Parilla Wildcat era probablemente el modelo de cross más rápido de su tiempo (al menos en la clase 250), pero como verdadera máquina de campo, dejaba mucho que desear. En buena parte, esto se debía a su peso: era considerablemente más pesada que sus rivales de dos tiempos de Greeves y cotton.

El bastidor se había modificado considerablemente con respecto al modelo estándar de carretera, con todos los refuerzos necesarios para su nueva tarea; esto tampoco ayudó precisamente a hacer más ligero el modelo.

Por lo que se recuerda la Parilla Wildcat es por su magnífico sonido: un rugido profundo y a la vez suave que, comparado con el clásico traqueteo de los modelos de dos tiempos, era sencillamente maravilloso.

Motor: monocilíndrico, dos tiempos, ohv, 247 cc (68 × 68 mm), refrigerado por aire
Potencia: 31 CV a 8.500 rpm
Caja de cambios: 4 velocidades, pedal
Transmisión secundaria: cadena
Peso: 125 kg
Velocidad máxima: 121 km/h

PATON

ITALIA 1958

En 1967, Angelo Bergamont, pilotando una de la bicilíndricas dohc de Paton, derrotó al campeón del mundo, Giacomo Agostini, ganando el campeonato Senior de Italia en la categoría de 500 cc.

al final, cada uno siguió su propio camino: Tonti se unió a la firma Bianchi, y Pattoni se quedó con la compañía, fabricando toda una gama de motocicletas de carreras durante cuatro décadas.

Uno de los primeros clientes de Pattoni fue Stan Hailwood, cuyo hijo Mike estaba dando sus primeros pasos en el camino que le llevaría a conseguir toda una colección de campeonatos y el reconocimientos mundiales. Hailwood hijo logró con su Paton un séptima posición en la TT de 125 cc del año 1958. Después llegó el primer modelo bicilíndrico, primera máquina que Pattoni fabricaba en solitario. Su mejor resultado fue una tercera posición en la TT de 250 cc

LOS ORÍGENES DEL NOMBRE se remontan a 1957, cuando FB Mondial, junto con Guzzi y Gilera, abandonaron las carreras de Grand Prix. Esta decisión dejó sin trabajo a un buen número de expertos ingenieros.

Giuseppe Pattoni, mecánico jefe de la escuadra de FB Mondial, fue uno de

ellos. Junto con otro empleado de la misma firma, el diseñador Lino Tonti, Pattoni creó un modelo de carreras de 124 cc dohc, que se vendió tan sólo a clientes selectos en la temporada de 1958.

El nombre Paton deriva de las tres primeras letras, y las letras segunda y tercera de los apellidos de ambos, aunque

Una máquina de carreras Paton Grand Prix con motor tetracilíndrico de dos tiempos, 492 cc y refrigeración líquida, presentada en la Exposición de Milán de 1991. Desarrollaba una potencia de 125 CV a 10.000 rpm.

PERUN
República Checa 1904-1924. Antes de la Primera Guerra Mundial, esta firma fabricaba grandes monocilíndricas y bicilíndricas en V, con potencias que iban de los 3,5 hasta los 4,5 CV. Después de la guerra, la compañía fabricó motores auxiliares.

PETERS
Inglaterra (Isla de Man, después Londres) 1919-1925. El motor de esta máquina hacía las veces de tubo delantero del bastidor, y el depósito de combustible (que envolvía la pipa de dirección) era el tubo superior. La transmisión a correa tenía una relación variable, y el motor de fabricación propia desplazaba un volumen de mezcla de 346 cc (76 × 76 mm).

PG
Italia 1927-1931. Giuseppe Parina diseñó estas monocilíndricas ohv: la efímera 125 y la longeva 175.

PGO
Taiwán 1964. Motocicletas ligeras y escúter; buena parte de la tecnología utilizada en sus modelos estaba fabricada bajo licencia de Peugeot y Vespa.

PHANOMEN
Alemania 1903-1940. En los primeros años de esta industria, la firma fabricó durante algún tiempo modelos bicilíndricos en V y probablemente monocilíndricos de 4 y 6 CV. Después de un largo paréntesis, la firma volvió a la producción de motocicletas en los años treinta, primero con bicicletas con motor de 74 cc, y posteriormente con motocicletas ligeras provistas de motores Sachs de 100 y 125 cc.

PHANOMEN
Alemania 1950-1958. Al parecer, esta compañía no tenía ninguna relación con la anterior. Comenzó fabricando motocicletas ligeras propulsadas por motores Fitchel & Sachs de 125, 150 y 175 cc. Más tarde utilizó motores Ilo de 200 cc. También fabricó ciclomotores.

PHANTOM
Alemania 1921-1928. Durante sus primeros cinco años de vida, esta firma utilizó motores de fabricación propia de 150, 200 y 250 cc con válvulas laterales; más tarde añadió motores JAP de válvulas laterales de entre 175 y 500 cc.

PHASAR
Inglaterra años ochenta. Modelo derivado de la futurística Quasar, la Phasar disfrutó de tanto éxito como su predecesora.

de 1964, con el piloto Alberto Pagani. Con la ayuda de un escocés que vivía en Liverpool, Bill Hannah, este modelo se fue desarrollando, pasando primero a 350 y más tarde a 500 cc. Las útlimas 500 desarrollan una potencia de 65 CV en su versión de dos válvulas, mientras que la versión deportiva de cuatro válvulas por cilindro con su doble árbol de levas en la culata alcanzaba los 70 CV. En 1967, el piloto de Paton, Angelo Bergamonti, derrotó al campeón del mundo, Giacomo Agostini, ganando el campeonato Senior de Italia en la categoría de 500 cc.

La bicilíndrica siguió al pie del cañón hasta los años setenta, pero en 1976 Patoni diseñó una 492 cc (45 × 50 mm) con refrigeración líquida, dos tiempos y cuatro cilindros.

En 1984, un nuevo modelo despertó el interés del público: una máquina con doble cigüeñal y cuatro cilindros, producto de la unión de dos motores bicilíndricos colocados uno encima del otro, con los cilindros separados en ángulo de 115°.

Durante veinte años, Pepino Pattoni, como se le conocería en los *paddocks* de GP, siguió batallando con ayuda de Gianemillo Marchesani. Tras la muerte de este último en accidente de coche a comienzos de los años ochenta, su lugar fue ocupado por el hijo de Pattoni, Roberto.

PEERLESS

INGLATERRA 1902–1908

ESTA MÁQUINA DE BREVE VIDA era en realidad una Bradbury bajo otra denominación, que se producía en las mismas instalaciones de Oldham, Lancashire. Igual que Bradbury, el modelo estaba basado en un diseño de Birch, con el cárter envolviendo el tubo inferior del bastidor y el eje de los pedales. Una compuerta en el lado izquierdo permitía la instalación del cigüeñal con el cilindro y la culata fundidas en una sola pieza y colocados verticalmente.

La capacidad del motor era de 377 cc, con el diámetro ligeramente mayor que la carrera. La mezcla la proporcionaba un carburador Longuemare, y del encendido se encargaba una bobina Bassée-Michel, con la palanca del encendido montada en el tubo superior del bastidor. Con una potencia de 2,5 CV, el motor giraba a 1.500 rpm, y transmitía el movimiento a la rueda trasera por medio de correa en V con una relación de 4,5:1. El modelo disponía de pedales para el arranque y también para ayudar en las cuestas.

En este diseño, el motor estaba instalado en el bastidor clásico en forma de rombo y rígido. En la parte delantera, se había dispuesto una horquilla reforzada y primitivos frenos de bicicleta que actuaban sobre la llanta, mientras que la rueda trasera contaba con un simple freno de contrapedal. Este modelo pionero se completaba con guardabarros, manillar y asiento muy estrechos, y en su cárter se podían leer inscritas las palabras «Badbury» y «Oldham».

A pesar de todo, la Peerless tenía unas prestaciones aceptables para su tamaño y fecha de fabricación, de modo que Bradbury siguió fabricando durante algunos años.

Esta práctica de aumentar las ventas sacando al mercado marcas aparentemente rivales se practica en los primeros años de esta industria igual que se practica hoy día.

PEUGEOT

FRANCIA 1899

MÁS CONOCIDA como fabricante de coches, Peugeot comenzó produciendo bicicletas en 1885 y bicicletas con motor en 1899. Los hermanos Peugeot se iniciaron en esta industria construyendo su propio motor con válvula de admisión atmosférica en 1903, y en 1906 se pasaron a una gama de bicilíndricas en V de 345, 726 y 994 cc, que vendieron a otros fabricantes.

La producción de coches empezó en 1907, y en 1913 ya habían aparecido sus avanzadas bicilíndricas paralelas de carreras con motor de 500 cc, que disponían de cuatro válvulas por cilindro y árboles de levas en la culata. Tras la Primera Guerra Mundial apareció una sofisticada bicilíndrica en V y una moto ligera de dos tiempos, a mediados de los años veinte, Peugeot fabricaba máquinas monocilíndricas de 350 cc con válvulas laterales y cajas de cambio integradas en el motor. A éstas siguieron monocilíndricas de 125 y 500 cc. Aunque la de dos tiempos siguió en catálogo, la bicilíndrica de carreras de 500 cc se descartó en 1927. Se diseñaron motocicletas utilitarias con motores integrados de cuatro tiempos y válvulas laterales, muy bien construidas y baratas (dos características imprescindibles en el mercado al que estos modelos iban dirigidos).

Después de la Segunda Guerra Mundial, la producción no se reanudó hasta 1949. Ésta consitía en una línea de ciclomotores, el escúter S55 (con rejilla de carga sobre la rueda delantera), una monocilíndrica de 125 cc y una bicilíndrica de 350 cc, y todos los modelos con motores de dos tiempos. La gama de motocicletas de Peugeot fue una víctima de la recesión de la industria de las dos ruedas, y su producción se detuvo en 1959. Los ciclomotores eran otra historia, y su fabricación siguió dando beneficios. En 1980, Peugeot había comenzado a fabricar motocicletas nuevamente, con un modelo de 80 cc y

El escúter Zenith Sport de 1997 fue una de las ofertas de Peugeot para el dinámico y creciente mercado de este tipo de transportes. La compañía era líder en este sector.

trabajando en colaboración con Gilera para diseñar y fabricar una máquina de 125 cc. Estos proyectos no tuvieron el éxito esperado, al contrario que el escúter con motor Honda, que resultó mucho más atractivo para el público.

Peugeot se encontraba entra las marcas líder del mercado de los escúter de finales de los noventa y comienzos de 2000. Entre sus productos se encontraban el Elyseo 100 y 125P, un modelo funcional y sin lujos, con un asiento relativamente alto (830 mm) y perfectamente equipado, además del modelo Vivacity y el popular Speedflight.

La gama de motocicletas de Peugeot llegó a finales de 1959. Por el contrario, sus ciclomotores, como este 103S de 50 cc del año 1978, fueron siempre un negocio rentable.

PIAGGIO

ITALIA 1946

LA COMPAÑÍA QUE FABRICA los escúter Vespa tiene muchos años de historia. Esta firma, fundada en 1884 en Genova por un joven de veinte años llamado Rinaldo Piaggio, y concebida como una empresa de ingeniería en general, prosperó en los campos de la industria naviera, el ferrocarril y, a partir de 1915, la aviación. Durante los años treinta, Piaggio fabricó bombarderos e hidroaviones para las fuerzas aéreas italianas, además de fundar la primera línea aérea comercial del país. Rinaldo Piaggio fue recompensado con un lugar en el senado de la nación, y cuando falleció en 1938, sus hijos Armando y Enrico hicieron cargo de la compañía. Sin

La primera Vespa, cuyo nombre es la forma italiana de «avispa», llegó en 1946. Este modelo con asiento individual tenía un faro integrado en el guardabarros delantero.

En los años sesenta, el escúter era el transporte de moda entre los jóvenes, y la Vespa demostró ser más atractiva que su hermana Lambretta. La de la foto es una 125 TS monocilíndrica de dos tiempos.

embargo, como muchas otras fábricas, la planta que Piaggio tenía en Pontedera fue destruida en 1945 por una combinación de acciones de sabotaje de los alemanes y los bombardeos aliados.

La reconstrucción de posguerra llevó a la compañía en una dirección totalmente distinta: proporcionar transporte de dos ruedas. Enrico Piaggio encargó el proyecto al ingeniero aeronáutico Corradino d'Ascanio. El prototipo estaba ya en marcha a finales de 1945, y se trataba de un diseño verdaderamente revolucionario. Al contrario que la mayoría de las motocicletas convencionales, la máquina creada por Piaggio carecía de bastidor, y en su lugar ofrecía un chasis de piezas de acero unidas por soldadura eléctrica por puntos, con las partes mecánicas encerradas en un cuerpo rechoncho, y protección para las piernas del conductor. El motor monocilíndrico de 98 cc y dos tiempos se unía a la rueda trasera mediante una transmisión por engranajes totalmente ocul-

PHILLIPS
Inglaterra 1954-1964. Esta filial de Raleigh fabricaba ciclomotores.

PHOENIX
Inglaterra 1900-1908. Además de utilizar motores Minerva de 211 y 345 cc, es posible que esta empresa fundada por J. V. Hooydonk, famoso piloto, también fabricaba motores propios.

PHOENIX
Inglaterra 1955-1964. Escúter con una sorprendente gama de motores Villiers con capacidades desde 150 a 323 cc.

PHONIX
Alemania (Neuheim an der Ruhr) 1933-1939. Véase **RMW:** las motocicletas son idénticas.

PIANA
Italia 1923-1931. Gualterio Piana comenzó con motores Villiers de dos tiempos y 147 cc; más tarde añadió otros de la misma firma y mayores cilindradas, y JAP de cuatro tiempos y entre 250 y 500 cc. Después de 1928, se utilizó un motor propio ohv de 250.

PIATTI
Bélgica 1955-1958. El escúter Piatti se fabricó en Inglaterra con un diseño del italiano Vincenzo Piatti, y se comercializó en Bélgica. El motor era monocilíndrico de dos tiempos y 125 cc.

PIAZZA
Italia 1924-1934. Antonio Piazza comenzó con motores auxiliares de dos y cuatro tiempos, al principio de 125, y posteriormente de 175 cc. En 1927, la firma se pasó a las motocicletas ligeras, primero ohv y luego con un diseño opcional de una sola válvula. Puede que también fabricase un modelo con motor JAP de 500 cc.

PIERTON
Francia 1922-1925. Firma ensambladora que ofrecía gran variedad de motores desde 100 hasta 500 cc de Aubier Dunne, Blackburne, JAP, Train y Villiers. También recibió el nombre de Pietron.

PILOT
Inglaterra 1903-1915. Esta firma comenzó con motores JAP y Precision de entre 200 y 620 cc, y más tarde ofreció sus propios dos tiempos de 318 cc.

PIOLA
Italia 1919-1921. Extraño modelo bicilíndrico plano con una sola válvula por cilindro y motor de 620 cc.

La Liberty 125 fue la oferta de Piaggio al próspero mercado de los escúter en 1997. Las llantas con radios de huso le daban cierto aire de ciclomotor.

ta, y la palanca de cambio de marchas se encontraba en el puño giratorio izquierdo del manillar. La suspensión era por medio de un monobrazo basculante en la rueda trasera y eje de mangueta en la delantera, lo que permitía cambiar las ruedas con gran rapidez cuando era necesario.

El nombre se tomó de la palabra que en italiano significa «avispa», y el primer modelo comenzó a fabricarse en abril de 1946. Ese primer año se vendieron 2.484 unidades, y otras 10.000 en 1947. La Vespa un millón salió de la cadena de montaje en 1956, y en 2000 ya se habían fabricado más de 15 millones de unidades, convirtiendo a Piaggio en el tercer gran fabricante de biciclos a motor. Sus escúter se fabricaron bajo licencia en Alemania desde 1950; por la Douglas de Bristol, para el Reino Unido, y por ACMA en Francia. Pronto llegaron los modelos con mayor cilindrada. En 1948 llegó una versión de cuatro velocidades y 125 cc, junto con una desgarbada versión de tres ruedas. El modelo G apareció en 1953, con un cambio accionado por cable que sustituía al original de palanca. En 1955 llegó otro

La NRG Extreme OT adoptaba un estilo en consonancia con la moda de la época, con la pequeña pantalla del manillar acabada en pico y faros en forma almendrada.

modelo, el GS150 con 150 cc de cilindrada, cuyas ruedas eran ligeramente mayores (25 cm), y disponía de caja de cambios de cuatro velocidades y un diseño del manillar que incorporaba el velocímetro en el centro. Los modelos derivados de la GS150 fueron especialmente populares entre los *mods* británicos de comienzos de los sesenta, y aunque a menudo se decoraban con todo tipo de adornos y aditamentos cromados, la forma y proporciones básicas del modelo GS150 permaneció como la Vespa clásica.

En 1962, la gama incluía los modelos 125, 150 Sportique y GS160, seguidos en 1964 por la 90 Standard, y en 1965 por la SS180, con faro rectangular. La 90 estaba también disponible en la línea Super Sport, con rueda de repuesto y caja de herramientas colocada debajo de la plataforma. Por estas fechas, Piaggio introdujo su sistema Automatic Fuelmix, que controlaba la mezcla de aceite y gasolina dependiendo de la posición de la mariposa de admisión. En 1969, Piaggio absorbió a la firma Gilera, que acabaría cerrando, inesperadamente, en 1993.

En 1972, apareció el modelo estrella de Vespa: la Rally Electronic 200 con motor VSA de 12 CV, 50 cc y caja de cambios de tres velocidades. En 1978, toda la gama de Vespas recibió un profundo lavado de imagen, como demuestran los modelo PX 125 y 200, aunque su línea básica siguió siendo la misma, a pesar de que se buscaron líneas más planas y angulosas. Estos escúter evolucionaron hacia la Serie PK en 1983, y se unieron a ellos la PK80, que tenían arranque eléctrico, y la T5, aparecida en 1986. En 1991, Piaggio empezó a comercializar una nueva gama de escúter con el chasis de plástico. El primero de estos modelo fue el Sfera, galardonado con el Compasso d'Oro al diseño. Una versión 125 de la Sfera tuvo el honor de llevar el primer motor de cuatro tiempos fabricado por Piaggio. Siguieron los modelos Zip y Free de 50 cc, y la agresiva Typhoon, lanzada en 1993. La Zip estaba disponible con motor de dos tiempos y 50 cc, mientras que la Skipper 125 de 1995 fue el primer escúter totalmente automático fabricado en esa capacidad. Todavía mayor era la Hexagon, una máquina muy cómoda y que se ofrecía con cilindradas de 125 y 180 cc, ambas de dos tiempos, o con una motor Honda 250 cc de cuatro tiempos. Reconociendo su herencia, Piaggio se volvió al

Con más carrocería que una Harley, la Piaggio X9 500 era una máquina muy grande para tratarse de un escúter, y necesitaba un permiso de conducir de auténtica motocicleta.

mercado retro con su modelo ET2, lanzado en 1996. Esta máquina recuperaba el aire de sus antecesores de los años sesenta, y a pesar de tener sólo 50 cc de cilindrada estaba equipada con inyección de combustible para que el funcionamiento fuera más suave. Más tarde, también se fabricó con motor de cuatro tiempos. En 2000, el modelo superior de Piaggio fue la X9 250, un gran escúter monocilíndrico que necesitaba un permiso de moto para poder conducirlo, y que proporcionaba una extraordinaria comodidad y diseño ergonómico. Carecía de palancas o cerraduras externas, y todo lo que había que hacer para ponerla en marcha era introducir la llave en el contacto. Las palancas para abrir el compartimento para los dos cascos situado bajo el asiento y el tapón de la gasolina estaban colocadas en la parte interna del carenado, bajo una solapa, un detalle muy sofisticado.

VESPA GS150   1955

La motocicleta que tipificó la firma Vespa fue uno de los primeros modelos, aparecido tan sólo diez años después de que esta compañía diseñara su primer escúter. Piaggio lanzó su Vespa GS150 en 1955, y esta máquina evolucionó gracias a las actualizaciones realizadas en su sistema eléctrico y componentes auxiliares, realizadas a lo largo de cinco fases, hasta llegar a 1962, año en que el modelo VS5 fue sustituido por la GS160. La primera GS150 tenía el manillar integrado en el carenado, pero los cables del freno y el embrague todavía quedaban al aire, como en los modelos anteriores. Igual que todas las Vespas, la GS150 incorporaba protección para las piernas, guardabarros delantero que giraba lateralmente con la rueda, y los clásicos abultamientos uno a cada lado de la sección central. El motor monocilíndrico de 150 cc y dos tiempos estaba alojado en el interior del abultamiento de la derecha, mientras que en la izquierda el espacio estaba reservado para la batería y el equipaje. Los escúter siempre se han visto como un transporte básicamente juvenil, y la GS150 se convirtió en un modelo de culto entre los *mods* británicos de principios de los años sesenta, como se mostraba en la película *Quadrophenia*.

Los abultamientos laterales de la Vespa a menudo se cromaban, y se adornaba la máquina con toda suerte de parafernalia. Luego, en convoy, las Vespas y Lambretas, engalanadas de igual manera, se desplazaban los fines de semana a los centros turísticos de la costa británica.

Motor: monocilíndricos, dos tiempos, 150 cc
Potencia: 8 CV
Caja de cambios: 4 velocidades
Transmisión secundaria: eje
Peso: no especificado
Velocidad máxima: 104 km/h

PIAGGIO TYPHOON   1995

A finales del siglo XX, los frustrados propietarios de coches empezaron a pasarse al transporte de dos ruedas. Uno de los primeros modelos en la jungla urba-

La Piaggio Typhoon de 1997 ofrecía extras opcionales, como pantalla, apoyo lateral, caja superior y protector para el faro.

na fue la Typhoon 125 de Piagio. Este escúter, lanzado al mercado en 1995, fue muy apreciado por los más estilistas y los automovilistas cansados de los atascos. Su motor monocilíndrico de 123,5 cc, dos tiempos y refrigeración por aire ofrecía una velocidad máxima de 100 km/h, frenos progresivos, una excelente maniobrabilidad gracias a sus ruedas de 10 pulgadas y transmisión automática. Debajo del asiento había sitio suficiente para guardar un casco.

Motor: monocilíndrico, dos tiempos, 123,5 cc
Potencia: 11,9 CV
Transmisión secundaria: eje
Peso: 96 kg
Velocidad máxima: 100 km/h

PIRATE
Estados Unidos (Milwaukee) 1911-1915. Estas máquinas bastante anticuadas tenían pedales, aunque los motores en sí (monocilíndricos ioe y bicilíndricos de entre 3 y 8 CV) eran modernos.

PIROTTA
Italia (Milán) 1949-1955. Esta firma fabricaba ciclomotores de entre 40 y 75 cc. Más tarde, en 1954, ofreció una motocicleta ligera de 160 cc que en versión Sport decía alcanzar los 115 km/h.

PITTY
Alemania del Este 1955-finales de los años sesenta. Estos escúter estaban propulsados por motores MZ de dos tiempos y 147 cc.

PMC
Inglaterra (Birmingham) 1908-1915. La Premier Motorcycle Company de Birmingham (que no hay que confundir con la de Coventry) parece que sólo utilizaba motores JAP de hasta 1.000 cc.

POINARD
Francia 1951-1956. Estos escúter y motocicletas ligeras de hasta 250 cc utilizaban motores de dos tiempos de las firmas Aubier Dunne e Ydral, y de cuatro tiempos de AMC.

POINTER
Japón 1946-1962. Esta olvidada compañía, en otro tiempo importante, se especializó en motores de dos tiempos de hasta 250 cc.

POLENGHI
Italia 1950-1955. Esta firma italiana de corta vida fabricaba ciclomotores.

POSDAM
Italia (Turín) 1926-1929. Los hermanos Possi se asociaron con Da Milano (de ahí el nombre) para fabricar su primera 150 cc con transmisión a correa, a la que siguieron una 125 cc y una 175 cc con transmisión a cadena. Tenían tanto de motocicletas ligeras como de bicicletas motorizadas.

POTTHOFF
Alemania 1924-1926. Esta firma utilizaba motores Norman ohv de 185 cc, en lugar de los clásicos de dos tiempos, algo poco frecuente en aquellos días.

POUNCY
Inglaterra 1930-1938. Estas motocicletas de simpático nombre eran propulsadas por motores monocilíndricos Villiers de dos tiempos con cilindradas de hasta 350 cc.

PIAGGIO HEXAGON

1999

Sólo los que estén dotados de buena memoria recordarán que Triumph fabricó la Tigress TW2 ohv de dos cilindros y 249 cc y BSA la Sunbeam (idéntica a la anterior) en 1959, pero el moderno super escúter llegó cuando Yamaha lanzó su Majesty de 250 cc, en 1997. Piaggio instaló el motor monocilíndrico de dos tiempos y 250 cc de Honda en su modelo Hexagon de 1999. Un chasis espacioso y ruedas pequeñas, unidos a un peso relativamente alto (140 kg) no hacían de este modelo una máquina ideal para uso en autopistas, pero detalles como el receptáculo para el teléfono móvil o elementos de protección contra la lluvia añadían un toque de innovación. Su capacidad de almacenaje era mínima, con tan sólo un pequeño maletero en la parte trasera y un limitado

En 1999, Piaggio siguió el ejemplo japonés y colocó un motor monocilíndrico de Honda, con cuatro tiempos y 250 cc de cilindrada en su modelo Hexagon GT para dar viada un moderno superescúter.

espacio detrás del carenado. La hermana pequeña, la Hexagon de 125 cc, era una máquina mejor diseñada, que podía alcanzar los 100 km/h del modelo mayor, aunque no disponía del mismo acabado que aquella.

Motor: monocilíndrico, 4T, 250 cc
Potencia: 18 CV
Transmisión secundaria: eje
Peso: 140 kg
Velocidad máxima: 100 km/h

PIERCE

ESTADOS UNIDOS 1909–1913

ESTE NOMBRE APARECIÓ en las primeras motocicletas de cuatro cilindros fabricadas en los Estados Unidos, de cuya producción se encargó la firma fabricante de coches Pierce Arrow, con sede en Buffalo, Nueva York.

Estos modelos estaban destinados al sector más alto del mercado, en un momento en que parecía claro que la firma americana no tenía intención de competir en precio con otras marcas. Eran motocicletas fáciles de distinguir gracias sobre todo a sus bastidores, cuya parte principal estaba formada por tres tubos de 89 mm de diámetro que además hacían la función de depósito de combustible y de aceite. Este diseño era común a ambos modelos.

La tetracilíndrica estaba basada en un diseño de la firma belga FN, pero su motor de 42,5 pulgadas cúbicas era del tipo en T, con las válvulas de admisión

Tanto la Pierce tetracilíndrica como la monocilíndrica estaban provistas de un bastidor hecho de enormes tubos que hacían las veces de depósitos de gasolina y aceite. El modelo monocilíndrico utilizaba una transmisión por correa, mientras que en el de cuatro cilindros estaba provisto de eje.

a la izquierda y las de escape a la derecha, cada una con su propio árbol de levas accionado por engranajes. El motor seguía el modelo de cárter partido horizontalmente para alojar el cigüeñal de tres rodamientos y el cilindro, con la culata atornillada a éste. La culata tenía una línea de tapas de las válvulas a cada lado. Las que estaban sobre las válvulas de admisión son las que llevaban las bujías, mientras que las de escape contaban con tapones obturadores. En el centro se disponía otra línea de

tapas: las de los extremos llevaban los cables de la bujía de encendido. Tanto la magneto como el distribuidor se accionaban por medio del engranaje de la distribución del encendido, y estaban colocados en la parte de delante, en tanto que el carburador se encontraba detrás del bloque del cilindro, sobre un tubo que discurría hasta el colector tubular de admisión, dispuesto en el lado izquierdo del motor. Los cuatro tubos de escape estaban conectados a un silenciador colocado hacia abajo, en la parte derecha de la motocicleta.

El motor estaba instalado longitudinalmente en el bastidor y colgaba entre el tubo inferior y el del sillín, ambos de gran tamaño. La transmisión era directa por un eje que llegaba hasta la caja de engranajes cónicos colocada en el cubo de la rueda trasera. De esta forma, no eran necesarios ni embrague ni la caja de cambios. Para arrancarla era necesario empujarla, o bien usar los pedales, después de colocarla sobre el soporte de la rueda trasera. La suspensión delantera era por horquilla de resortes, y el freno actuaba

El motor de la Pierce monocilíndrica era un sencillo diseño con válvulas laterales y la magneto colocada en la parte delantera. Este modelo de 1911 tenía pedales de bicicleta para el arranque.

sobre el cubo de la rueda trasera, ya que en los Estados Unidos los pilotos no utilizaron frenos delanteros durante mucho tiempo debido al mal estado de las carreteras que había más allá de los límites de las ciudades.

En 1910, la tetracilíndrica fue provista de un embrague multidisco y una caja de cambios de dos velocidades, características técnicas que pronto se aplicaron al modelo monocilíndrico. Éste tenía un motor con válvulas laterales y transmisión directa a correa, pero conservó su especial bastidor, horquilla delantera de resortes y pedales. La máquina de cuatro cilindros ofrecía una transmisión suave de la potencia, sin vibraciones hasta los 96 km/h, aunque lamentablemente su precio estaba por encima de la media. Su mercado siempre fue muy reducido.

La compañía cerró en 1913, cuando las ventas dejaron de compensar la inversión y los gastos de fabricación.

POPE

ESTADOS UNIDOS 1911–1918

ESTE NOMBRE APARECIÓ por primera vez en 1911 en máquinas fabricadas en Westfield, Massachussets, y pertenecía a una firma que formaba parte de la fábrica de coches Pope. Anteriormente, la sección de motocicletas de esta compañía había trabajado con el nombre American Cycle Manufacturing Company, y, como tal, había vendido modelos idénticos bajo ese nombre comercial y también utilizando los nombres Cleveland, Columbia, Crescent, Imperial, Monarch, Rambler y Tribune. Otras dos compañías independientes también habían usado el nombre US.

Vender bajo varios nombres comerciales resultaba muy beneficioso. En cualquier ciudad, cada concesionario podía montar su propia exposición, lo que aumentaba el número de ventas. Cada representante contaba con una potencial clientela, pues la gente empezaba a familiarizarse con el transporte sobre dos ruedas.

Además, cada representante conocía perfectamente las máquinas que vendía, incluso si los motores o transmisiones que llegaban a sus manos eran nuevos. La línea Pope comenzó con un sencillo modelo monocilíndrico con culata en F y transmisión a correa, al que siguió otro bicilíndrico en V de 61 pulgadas cúbi-

Desde sus comienzos en 1912, la Pope bicilíndrica en V tuvo un motor ohv (algo raro para una firma importante), magneto en la parte posterior y suspensión trasera por émbolos.

cas, aparecido en 1912. Si el monocilíndrico no pasaba de ser una moto más de la época, el modelo bicilíndrico era todo lo contrario: distribución ohv y suspensión trasera por émbolo, dos características muy raras entonces. Normalmente, cuando había válvulas en la culata, éstas eran solamente las de admisión, y tan sólo en motocicletas de competición o marcas desconocidas.

La suspensión trasera tampoco se utilizaba mucho por entonces, y lo común era algún tipo de horquilla basculante. La línea de la bicilíndrica Pope era convencional, con el motor montado en bastidor tubular con horquilla delantera de resortes controlada por un muelle de ballesta colocado bajo la cabeza de la

La línea Pope comenzó en 1911 con esta monocilíndrica con culata en F y magneto en la parte anterior del motor, transmisión a correa y horquilla de resortes.

horquilla y conectada con las monturas de la mangueta de la rueda por medio de un soporte a cada lado de la rueda. Tenía una velocidad, transmisión secundaria a cadena y pedales, con un freno que actuaba sobre la rueda trasera. En cuanto a la suspensión trasera, cada lado de la mangueta de la rueda estaba sujeto con abrazaderas a vástagos impulsores colocados en los lados del bastidor en U.

Un resorte tensor estaba colocado encima de cada miembro del bastidor, y el émbolo subía hasta la parte superior del muelle, donde quedaba fijado, de modo que el movimiento ascendente de la rueda hacía extenderse a los muelles mientras los vástagos se deslizaban a través de los miembros del bastidor. En modelos posteriores, este método fue variando, utilizándose resortes de compresión que actuaban en ambas direcciones.

En 1914, la bicilíndrica estaba disponible con dos velocidades, y dos años más tarde, apareció una caja de tres velocidades, al tiempo que se siguió fabricando el modelo con una única velocidad para aquellos que se inclinaban por esa opción. La Pope se siguió fabricando con estas características hasta 1918.

PRINETTI & STUCCHI

ITALIA 1898–1926

UNA IMPORTANTE firma italiana de comienzos del siglo XX fue Prinetti & Stucchi, que había comenzado fabricando bicicletas. Esta compañía se pasó al transporte motorizado en 1898, con un triciclo propulsado por un motor De Dion, como era costumbre en aquellos años, colocado tras el eje trasero.

Un aprendiz que trabajó en el proyecto fue Ettore Bugatti, que con sólo diecisiete años estaba destinado a hacer-se famoso por sus magníficos coches. Bugatti tomó el diseño del triciclo y le añadió un segundo motor con el fin de doblar su potencia, y lo presentó a varias carreras locales, en las que obtuvo notables éxitos.

Prinetti & Stucchi también fabricó *quads*, basados en esencia en el triciclo, pero con nueva horquilla, que sujetaba las dos ruedas delanteras y el asiento, colocado entre ambas. Bugatti utilizó uno de estos modelos como base para el diseño de su primer coche, en el que colocó nada menos que cuatro motores De Dion, dos en la parte de delante y otros dos en la de detrás del eje trasero.

La firma se pasó a las motocicletas, con motor monocilíndrico, transmisión a correa y horquilla elástica o rígida. En 1902, la compañía cambió su nombre por el de Stucchi y, con el tiempo, todos los elementos de sus máquinas fueron evolucionando, añadiéndose caja de cambios, transmisión a cadena, componentes más resistentes y mejores frenos.

Después de la Primera Guerra Mundial, la firma añadió a su gama bicilíndricas en V de varias cilindradas, pero las ventas fueron cayendo y aunque se pasó a la producción de monocilíndricas de cilindrada media, Stucchi sólo sobrevivió hasta mediados de los años veinte.

PUCH

AUSTRIA 1903–1987 e ITALIA 1987

LA VIDA DE LA MARCA PUCH es muy compleja y aunque Johann Puch fabricó su primera motocicleta en 1903, el trasfondo de la historia recuerda al de la firma sueca Husqvarna, que comenzó fabricando armamento. Aunque hoy las motocicletas Puch las produce Cagiva en Italia, la firma austriaca pertenece a otra compañía italiana, Piaggio.

Puch se fusionó con la Austro-Daimler en 1928, y con Steyr en 1934. Austro-Daimler y Steyr se encontraban en dificultades económicas y su supervivencia dependía de la próspera Puch AG. Las tres tenían un mismo accionista mayoritario, un banco de Viena que hacía las veces de fideicomisario.

La relación de esta compañía con la industria armamentística llegó a través de Steyr, la más antigua de las tres firmas, fue fundada en 1864 por Josef Werndell y con sede en la ciudad de Steyr. Como esta firma ya poseía varias plantas de producción de armas, no fue ninguna sorpresa que la nueva sociedad surgida de la fusión siguiera dedicándose a esta industria. La compañía no tardó en convertirse en la mayor productora de armas de toda Europa. En 1890, contaba con más de 9.000 empleados y facturaba más de 540.000 fusiles anualmente. En 1894, añadió a su producción la de bicicletas, sector que pronto abarcó gran parte de la producción total de la empresa.

El estallido de la Primera Guerra Mundial significó para Steyr una gran expansión, pero cuando terminó el con-

La Puch S4 de mediados de los años treinta utilizaba un motor de dos tiempos y 250 cc, y fue uno de los modelos con más éxito que la compañía austriaca fabricó en el período de entreguerras.

flicto, Austria comprendió que había elegido el bando equivocado, lo que supuso la pérdida de buena parte de su territorio y la prohibición sobre la fabricación de armamento.

Como resultado, Steyr impulsó la fabricación de bicicletas y coches, pero se vio muy afectada por la Gran Depresión, que llevó a su fusión en 1934.

Austro-Daimler, la segunda compañía del grupo, se había creado en 1899 para la fabricación de coches a partir de los componentes salidos de la planta de la alemana Daimler. Pronto, su fundador, Josef Eduard Bierenz, empezó a fabricar coches completos bajo licencia.

En 1906, se unió a Bierenz el legendario diseñador Ferdinand Porsche. No tardaron en aparecer autobuses, camiones y vehículos militares en el catálogo de la firma, que pasó a fabricar únicamente coches después de la Primera Guerra Mundial. En 1928, llegó la fusión con Puch.

Puch fue fundada por Johann Puch en Graz en 1891, y estaba destinada a la fabricación de vehículos a pedal. En 1903, Puch lanzó su primera motocicleta, seguida en 1910 por el primer automóvil Puch.

En las primeras carreras en carretera (hasta 1905), las motocicletas Puch estuvieron muy activas, pero el modelo con más éxito fue sin duda la Gordon Bennet de 1906. Se trataba de una bicilíndrica en V de cuatro tiempos y 904,7 cc (80 × 90 mm) con transmisión secundaria a correa y 3,5 CV. Estas máquinas, pilotadas por Nikoden y Obruba, lograron la primera y segunda posiciones en la European International Cup de 1906. La firma también se presentó a la TT de la isla de Man, pero todas las motocicletas con que participaron en la categoría Senior los años 1913 y 1914 tuvieron que retirarse.

Cuando estalló la guerra en 1914, Puch se había consolidado como uno de los grandes fabricantes europeos, pero ese mismo año, Johann Puch murió repentinamente.

La primera línea de monocilíndricas con doble pistón y dos tiempos, la LM (Light Motorcycle), diseñada por Giovanni Marcelino, hizo su debut en 1923. Este diseño iba a constituir para Puch la base sobre la que creó el resto de motocicletas durante más de medio siglo. El primer modelo era de 122 cc, pero la cilindrada aumentó muy pronto hasta los 250 cc. Puch también cosechó importantes éxitos en pruebas deportivas celebradas por toda Europa a finales de los años veinte y durante toda la década de los treinta.

En 1931, se lanzó una 500, lograda doblando el modelo de 250 cc para crear una bicilíndrica con cuatro pistones, dos en cada uno de los cilindros. Puch también fabricó una 800 cc con válvulas laterales y el motor de cuatro cilindros opuestos horizontalmente. Este modelo apareció en 1936. Luego, en 1938, llegó la Anschluss, y unos meses más tarde, el comienzo de la Segunda Guerra Mundial.

Después de la guerra, Puch continuó con su familia de monocilíndricas con doble pistón, tanto para modelos de competición como para los urbanos. Su exportaciones llegaron a toda Europa y Norteamérica. En los Estados Unidos, se comercializaban con los nombres Allstate y Sear.

A finales de los años cincuenta, llegó un nuevo modelo con motor de 49 cc refrigerado por ventilador y bastidor de acero estampado. Puch fabricó un gran número de unidades de este modelo, y también lo hizo la firma yugoslava Tomos, con licencia de Puch, durante muchos años.

En la Exposición de Colonia de 1966, Puch reemplazó finalmente sus viejos modelos monocilíndricos de doble pistón. El primer modelo de la nueva línea fue la M125, un modelo de carretera con un motor de 123,5 cc (54 × 54 mm) monocilíndrico, con caja de cambios de cinco velocidades y una culata con un diseño sorprendente, con las aletas de ventilación colocadas radialmente para facilitar la refrigeración y eliminar la distorsión.

Una Puch SG de 1962 monocilíndrica de dos pistones y dos tiempos. La firma Granz desarrolló este motor durante casi medio siglo.

A partir de esta primera máquina llegó toda una serie de modelos, la mayoría para competición en carretera y campo.

El motor Puch tuvo éxito sobre todo en su versión de trial (junto con los de Greeves y Dalesman), y el modelo de cross pilotado por Harry Everts ganó el título mundial de 250 cc en 1975. También hay que mencionar las motocicletas Friggerio-Puch de enduro, que se vendieron a finales de los años setenta y principios de los ochenta.

La línea más famosa y rentable de Puch, sin embargo, fue la de los ciclomotores Maxi, que fueron récord de ventas en todo el mundo durante los años setenta.

Luego llegaron los años ochenta, y con ellos el comienzo de una gran recesión que afectó profundamente a la industria de las dos ruedas. Aunque Puch no se hundió, quedó muy dañada. Esta situación terminó con una fusión con el gigante italiano Piaggio, propietario de las marcas Vespa y Gilera, en 1987. Poco después de esto, Puch dejó de fabricar en Austria. Piaggio también concedió una licencia a un fabricante checo para la producción de la venerable Maxi.

A finales de los años setenta y comienzos de los ochenta, la compañía italiana Friggerio desarrolló toda una gama de excelentes motocicletas Puch de enduro provistas de motor Rotax de 500 y 600 cc.

PREMIER

Inglaterra (Coventry) 1908-1915. En los primeros años del siglo XX, Premier presumía de ser el mayor fabricante de bicicletas del mundo. Esta firma produjo motocicletas entre 1908 y 1915, así como triciclos ligeros de reparto (hasta comienzos de los años veinte). A partir de 1914, la compañía se conoció como Coventry-Premier. Después de comenzar con motores White & Pope, la firma desarrolló el suyo propio de 548 cc con dos cilindros en V de 90°. En 1910, lanzó un motor monocilíndrico de 499 cc; en 1912, una versión revisada del motor de 548 cc, y en 1914 un bicilíndrico en V de 998 cc basado en la unión de dos monocilíndricos, al estilo Vincent. Las motocicletas ligeras de Premier fueron utilizadas por los Aliados durante la Primera Guerra Mundial.

PREMIER

Austria-Hungría/República Checa (Eger) 1913-1933. La fábrica alemana Premier se trasladó en 1913. Después de un modelo monocilíndrico de 350 cc, en 1923 llegaron motocicletas de dos tiempos de 269, 350 y 500 cc, con motores JAP. Después de 1927, se utilizaron motores propios monocilíndricos (de 350 y 500 cc) y bicilíndricos en V (de 740 cc).

PREMO

Inglaterra (Birmingham) 1908-1915. Premier/PMC utilizó este nombre comercial para algunos de sus modelos, que al principio llevaban motores Minerva, y más tarde monocilíndricos y bicilíndricos de JAP.

PRESTER (JONGHI)

Francia 1926-finales de los años cincuenta. Prester comenzó con motores Aubier-Dunne de dos tiempos de hasta 250 cc, y Chaise de cuatro tiempos y 500 cc con transmisión por eje. Esta firma se fusionó en 1939 con Jonghi, y fabricó un rentable modelo de cuatro tiempos y 350, junto con otro de carreras con doble árbol de levas en la culata. Después de la Segunda Guerra Mundial, también fabricó motocicletas ligeras de hasta 250 cc y un escúter de 125 cc.

PRESTO

Alemania (Chemnitz) 1901-1940. Más conocida por sus coches, la firma Presto fabricó máquinas pioneras con motores Zedel, Minerva y Fafnir, y más tarde, Alba. En los años treinta, Presto se concentró en ciclomotores con motores de Sachs de 75 y 100 cc.

PUCH SGS 175/250

La gama de monocilíndricas con doble pistón SGS de Puch, fabricada en las cilindradas de 175 y 250 cc (en la fotografía aparece una de las versiones con mayor cubicaje) se extiende a lo largo de los años cincuenta y sesenta.

LAS PUCH SGS 175 Y 250 fueron el último estadio en el desarrollo de su motor monocilíndrico de doble pistón. La ruptura de Puch con el por entonces convencional diseño de culata en F llegó en 1923 con el modelo Harlette, de un cilindro cuya cámara era compartida por dos pistones.

El modelo de Puch se diferenciaba del anterior de Garelli y el posterior Triumph (TWN), ambos también mono-cilíndricos con doble pistón, en que los cilindros no subían y bajaban al unísono. La esencia del sistema de barrido de Puch consistía en que ambos pistones compartían una misma culata y participaban en los dos tiempos del motor. La lumbrera de escape se encuentra en uno de los cilindros, y la de transferencia en el otro.

En la Puch, ambos pistones compartían una biela en forma de Y, de modo que en cuanto la biela comenzaba el primer tiempo del motor, uno de los pistones iba «por delante» del otro. Este pistón se ocupaba de controlar la lumbrera de escape.

De esa forma, la lumbrera podía cerrarse y abrirse más temprano, lo que daba tiempo de sobra para que los gases escaparan antes de que la lumbrera de transferencia quedara abierta.

Con el motor monocilíndrico de dos pistones no hacía falta un deflector en la corona del pistón, pues la propia pared compartida del cilindro hacía las veces de deflector. Esto permitía que los pistones fueran más ligeros y estaban libres de distorsiones producidas por el calentamiento desigual en su superficie. Además, el punto fuerte de este motor era su facilidad para transmitir la potencia suavemente en todo momento, y con unos magníficos niveles de consumo de combustible, como si se tratase de un motor de cuatro tiempos. El motor de 248 cc con caja de cambios integrada del mode-lo SGS hizo su debut en 1948. El diseño se actualizó en 1953; contaba con horquilla telescópica, suspensión trasera por brazo basculante y bastidor de acero estampado.

Con una potencia de 16,5 CV, la Puch monocilíndrica de doble pistón se vendió en los Estados Unidos con el nombre de Allstate a partir de 1954.

Motor: monocilíndrico con doble pistón, dos tiempos, 248 cc (78 × 45 × 2), refrigerado por aire
Potencia: 16,5 CV a 5.500 rpm
Caja de cambios: 4 velocidades, pedal
Transmisión secundaria: cadena
Peso: 163 kg
Velocidad máxima: 115 km/h

PUCH MAXI

Motor: monocilíndrico, dos tiempos, 48,8 cc (38 × 43 mm), refrigerado por aire
Potencia: 2,2 CV a 4.500 rpm
Caja de cambios: automática, de una sola velocidad
Transmisión secundaria: cadena
Peso: 44 kg
Velocidad máxima: 48 km/h

Si la alemana NSU Quickly fue el ciclomotor de fabricación europea más vendido durante los años cincuenta, el honor de ese título en los años setenta corresponde a la austriaca de Puch Maxi.

El modelo Maxi, famoso en todo el mundo, se comenzó a producir en 1968 en la fábrica que Puch tenía en Graz. El modelo original tenía una potencia de 1,8 CV a 4.500 rpm, y la transmisión era automática, con una sola velocidad. En toda Europa, la reacción que suscitó el recién llegado escúter fue muy favorable, y los clientes parecían conforme con su precio de salida. De esta forma, la Maxi se convirtió durante algunos años en el transporte motorizado de dos ruedas más vendido en Europa, además de ser un hito en la historia de la marca aus-triaca. Fueron muchas las versiones fabricadas, y estuvo en producción en Austria durante casi veinte años, antes de que Puch fuera absorbida por Piaggio a finales de los años ochenta. Incluso entonces, continuó fabricándose bajo licencia en Checoslovaquia.

El secreto del éxito de la Maxi, como había ocurrido con la Quickly de NSU, estaba en la calidad de su construcción, que garantizaba un uso fiable durante muchos años. El modelo estaba tan bien hecho que el acabado de las soldaduras, las piezas fundidas, la pintura y los cro-mados era comparable al de cualquier modelo del mercado. Para un uso urbano, era una máquina de primera clase: ligera, veloz y manejable. Además, era extraordinariamente económica, con un consumo de 2,2 litros a los 100 kilómetros, lo que la convertía en un transporte realmente económico.

Todas las Maxi tenían el mismo motor de dos tiempos de 48,8 cc (38 × 43 mm) con admisión a través del pistón y cilindro horizontal. El ciclomotor de Puch tenía un peso de 44 kg, caja de cambios automática y embrague centrífugo. En un principio, se fabricó con bastidor rígido, pero muchos modelos posteriores incorporaron brazo basculante y doble amortiguador trasero. La mayoría de las versiones tenían un sillín individual, pero en algunas, el asiento doble era estándar. Finalmente, como ocurría con muchos otros modelos de la época, el arranque se realizaba mediante los pedales, lo que resultaba en una posición de los pies de atrás hacia delante.

La Maxi nunca tuvo mucho glamour, pero siempre fue un modelo muy funcional y un sinónimo de fiabilidad.

Una Puch Maxi Sport LS de 49 cc y dos tiempos, de 1978. Entre sus características técnicas se incluía un cilindro horizontal y sus pensión trasera por doble amortiguador.

PULLIN-GROOM INGLATERRA 1920–1925

TRAS HABER GANADO la TT Senior de 1914, Cyril Pullin dedicó los siguientes cuarenta años de su vida al diseño de peculiares modelos, el primero fue la Pullin-Groom, fabricada con S. L. Groom. Lo que distinguía a esta máquina de tantas otras era su bastidor, que ocultaba el motor y estaba hecho de dos piezas de acero estampado soldadas, provistas de paneles de acceso, y en cuyo interior se encontraban los depósitos de

Suspensión trasera y la horquilla delantera basculante eran las características de esta Pullin-Groom de 1920, junto con caja de cambios epicicloidal de dos velocidades.

gasolina y aceite. La máquina tenía una horquilla rígida hecha de piezas de acero estampado, y suspensión trasera a base de una horquilla basculante.

Ambas ruedas, de radios de alambre, podían desmontarse con rapidez y facilidad, y eran intercambiables, aunque tan sólo la trasera contaba con freno de tambor, que podía accionarse con la mano o con el pie. Ambas ruedas estaban protegidas por guardabarros muy profundos. La compañía fabricó su propio motor de dos tiempos y 200 cc, con cilindro horizontal, encendido por magneto en el volante y alimentación a través de una válvula que combinaba el control del combustible y el del lubri-

cante. La caja de cambios era epicicloidal de dos velocidades, con transmisión enteramente a cadena.

Se trataba de un ingenioso diseño, muy alabado, pero tal vez demasiado avanzado para algunos pilotos de aquella época. Desapareció hasta 1923, pero fue resucitado por The Pulin Motor Cycle Company. El motor aumentó hasta los 310 cc, y la transmisión se hizo convencional, con una caja de cambios de dos velocidades y a cadena. El modelo se empezó a comercializar a principios de 1924, y la marca incluyó en 1925 cilindradas de 348 y 368 cc, antes de que este ingenioso modelo desapareciera definitivamente.

QUADRANT

Tom Silver en su Quadrant al final de la prueba de trial disputada entre Glasgow y Londres en mayo de 1903. Salvo por una pausa para dormir, esta carrera de 643 km se realizaba sin paradas.

LA FIRMA QUADRANT, dirigida por W. J. Lloyd y con sede en Sheepcote Street, Birminghan, tomó el camino común de tantas otras, ofreciendo una motocicleta con un motor Minerva colocado en el tubo inferior de un bastidor de bicicleta reforzado. Pronto se añadió un triciclo con doble rueda delantera, y en 1903, la compañía había montado un motor de su propio diseño en un bastidor en U. Una palanca se encargaba de controlar la mariposa de la admisión, el encendido, el avance del encendido y el empujaválvulas. Este diseño obedecía al propósito de hacer una máquina más sencilla de manejar, lo que incrementó el número de ventas. En 1904, Quadrant añadió a su catálogo un nuevo triciclo con dos motores de 2,5 CV, montados uno a cada lado de un embrague, y que ofrecía la posibilidad de utilizarlos por separado o en combinación. En 1904 también se introdujo el uso de una horquilla delantera de resortes para algunos de sus modelos.

La firma se trasladó a Earlsdon, Coventry, en 1908, año en que presentó un nuevo motor de 550 cc. Este motor tenía válvulas en la parte anterior y posterior del cilindro dispuestas en forma de T, de manera que precisaba de dos árboles de levas, uno para cada válvula. La transmisión a las válvulas se hacía por medio de engranajes y se prolongaba hacia atrás hasta la magneto. El cárter estaba hecho de una pieza fundida, con una puerta en el lado derecho, también hacía las veces de cárter interno de

la distribución. Esta moto tenía transmisión por correa, con la opción de una caja de cambios Roc de dos velocidades y horquilla de resortes en la rueda delantera. En 1910, la válvula de escape se

desplazó para ocupar una posición más convencional, al costado del cilindro, pero la de admisión siguió igual durante algunos años más.

En 1911, se añadió una motocicleta ligera de 2 CV, además de un modelo de 4 CV diseñado para uso con sidecar. En 1913, apareció una bicilíndrica en V con mejores prestaciones: tenía 7 CV, válvulas de admisión en culata, cambio de dos velocidades, transmisión a cadena y una horquilla con muelle central. En 1914, hubo una monocilíndrica con transmisión a correa y 4,5 CV, y a finales de ese año llegó un nuevo modelo de dos tiempos con caja de cambios de dos velocidades y 2,5 CV.

Después de la guerra, Quadrant se dedicó exclusivamente a los modelos monocilíndricos, introduciendo una máquina de 565 cc con caja de cambios Sturmey-Archer de tres velocidades y la posibilidad de elegir la transmisión: a cadena o una combinación de cadena y correa. A finales de 1920, se unió a este modelo una versión de 654 cc,

seguida un año después por una de 490 cc con un nuevo motor de válvulas dispuestas paralelamente y transmisión a cadena. En la primavera de 1923, se añadió una versión de 624 cc muy parecida a la anterior. Por entonces, la compañía había abandonado la idea de colocar las válvulas de admisión en la parte posterior del cilindro. A finales de 1924, se unió un modelo ohv de 490 cc, basado en el motor de válvulas paralelas, pero con las válvulas colocadas verticalmente.

Este modelo deportivo no duró ni un año, pero Quadrant hizo otro intento en 1926, con un motor rediseñado de válvulas en la culata y 499 cc. Este modelo tenía doble lumbrera de escape, frenos de tambor de 178 mm, y un cambio de tres velocidades fabricada por Bruman. Esta máquina, con las versiones de 490 y 642 cc de válvulas laterales, sobrevivió hasta 1927, última temporada en que pudo seguir ostentando el título de fabricante de la motocicleta británica más antigua.

Una de las monocilíndricas de Quadrant de los años veinte, cuando la compañía ofrecía toda una gama de modelos de entre 490 y 624 cc, principalmente con válvulas laterales.

QUASAR

INGLATERRA 1976–1983

QUAGLIOTTI

Italia 1902-1907. El fundador de esta efímera compañía italiana se llamaba Carlo Quagliotti. Su firma se encargó de la fabricación de motocicletas con motores Peugeot. Varias fuentes aseguran que Quagliotti utilizaba dos tipos de motores. Lo que parece claro es que utilizó motores monocilíndricos, y es posible que también empleara bicilíndricos en V. La característica en común de todos ellos es que utilizaban transmisión totalmente a cadena y eje intermedio.

OBJETIVAMENTE, LA QUASAR lo tenía todo. Era rápida, fiable y económica, y probablemente el vehículo de dos ruedas más seguro que se haya fabricado. Ken Leaman y el difunto Malcom Newell diseñaron esta máquina a principios de los años setenta, seguramente con una inversión de Royce Creasey: en aquellos días, Bristol era el centro mundial en lo que a motocicletas avanzadas se refiere. Su motor de 850 cc refrigerado por agua tenía el origen más pedestre que pueda imaginarse: el triciclo Reliant. Su potencia era tan sólo de 41 CV a 5.500 rpm, pero gracias a una excelente línea aerodinámica, podía alcanzar los 176 km/h, con una velocidad de crucero tan sólo algo inferior. La caja de cambios de cuatro velocidades estaba conectada a la rueda trasera por medio de un eje Kardan con junta universal y engranaje de dentadura espiral. El sistema de frenos contaba con tres discos de 241 mm, dos delante y uno detrás, cada uno de ellos con pinzas Lockheed de doble pistón.

Con su espacioso bastidor tubular Reynolds 531, especialmente diseñado para ofrecer una máxima protección en caso de accidente y un motor de automóvil con refrigeración por agua, emparentado con el Austin Seven, la Quasar era un modelo pesado, con 318 kg, y a pesar de eso, sorprendentemente económico (tan sólo 3,75 litros a los 100 km). El modelo tenía unas prestaciones parecidas a las de la Royal Enfield Bullet, con dos terceras partes de su velocidad punta, la mitad de peso, y algo más de una tercera parte de su potencia. No sería desacertado describirla como el mejor modelo turismo jamás fabricado, con excelente protección contra el viento, lo

que proporcionaba una gran comodidad cuando se pilotaba a alta velocidad.

Pero únicamente se fabricaron veinte unidades. Siete se vendieron entre los años 1976 y 1980, cuando Romarsh Special Products, en la cercana Calne, se encargó de la producción: la firma fabricó otras diez unidades antes de que fuera declarada en quiebra en 1982. Las tres unidades restantes fueron fabricadas por John Malfoy, jefe del proyecto Quasar, a partir de las piezas de recambio compradas al síndico de quiebras. Y eso fue todo.

Pueden mencionarse dos o tres razones por las que el proyecto fracasó. En primer lugar, los automovilistas son muy conservadores, y la Quasar era como un coche de dos ruedas, no una motocicleta, desde el parabrisas de cristal hasta el limpiaparabrisas que la ley inglesa obligaba a incluir. El segundo problema era su precio. Los clientes que adquieren

La Quasar parecía un modelo interesante en reposo, pero en movimiento era fascinante, si bien las ruedas, desde nuestra moderna perspectiva, nos parecen algo escuálidas.

una motocicleta como un artículo de lujo suelen estar más interesados en la imagen que en las prestaciones del modelo o las innovaciones técnicas, y los que compran motocicletas como un medio de transporte difícilmente pueden permitirse máquinas tan caras.

En tercer lugar, la Quasar era sencillamente demasiado práctica. En concreto, el motor no tenía ningún glamour, y aunque era ideal para largas travesías, no ofrecía la aceleración de vértigo que los clientes comenzaban a demandar. Paradójicamente, el modelo hubiera tenido una mejor acogida con un motor menos potente y transmisión automática, lo que lo habría separado más aún de sus raíces como motocicleta, aunque un motor más potente y una caja de cambios de cinco o incluso seis velocidades, y una reducción de peso (sólo en interés del *marketing*) habrían tenido, si cabe, más éxito todavía.

La Quasar es otro de los innumerables proyectos frustrados que pueblan la historia de las motocicletas. Sin embargo, hay que reconocer que su potencial era mayor que el de la mayoría, como también lo fue su pérdida.

La Quasar merecía más éxito del que obtuvo. Posiblemente, la compañía prestó demasiada atención a su mecánica y menos de la debida al *marketing*.

RABENEICK

A COMIENZOS DE LOS años treinta, igual que Alemania, el resto de países occidentales se estaba recuperando de la peor recesión económica de la historia. Por entonces, August Rabeneick daba los últimos toques a una nueva marca de motocicletas. La firma comenzó a funcionar en Bielefeld en 1933. En los años de entreguerras, se concentró en la fabricación de motocicletas ligeras, generalmente propulsadas por motores de dos tiempos Sachs.

Después de la guerra, Rabeneick fabricó máquinas con mayor cilindrada, incluida una cuatro tiempos con dos cilindros opuestos, que lanzó en 1951. La compañía también produjo y comercializó una amplia gama de modelos de dos tiempos con motores Ilo o Sachs, que iban de los 98 hasta los 247 cc, incluido un interesante modelo con motor Illo de 244 cc y dos cilindros paralelos, la F250/2, que estuvo en producción entre los años 1951 y 1957.

Pero tal vez la Rabeneick más sorprendente fue la que incorporaba un motor monocilíndrico Swiss Universal de 250 cc, cuatro tiempos, distribución ohv y transmisión secundaria por eje. Este modelo debutó en 1953 en la Exposición de Frankfurt, y se vendió en

Arriba: la Viñeta Super 4 de 50 cc es una motocicleta ligera lanzada en 1960, que utilizaba un motor Sachs de dos tiempos y horquilla del tipo Earles.

Abajo: Uno de los diseños finales de la compañía fue este ciclomotor de principios de los años sesenta, propulsado por un motor Sachs.

número muy limitado debido a su alto precio. El motor de 247 cc (70 × 64 mm) de la Rabeneick Universal tenía una relación de compresión de 9:1, y desarrollaba unos respetables 15 CV. Contaba con horquilla telescópica con amortiguamiento por aceite, suspensión trasera por brazo basculante y sillín doble fabricado por Denfeld.

Más tarde, en 1956 y 1957, el mercado alemán sufrió otra grave recesión en la industria de las motocicletas. Rabeneick no logró sobrevivir a la crisis.

Después de 1958, la compañía de Bielefeld se concentró en la producción de máquinas más pequeñas, y en 1962 su modelo mayor era la LM 100/4, una motocicleta ligera con un motor Sachs de 98 cc. El resto de la gama eran todos modelos de 50 cc: el ciclomotor Saxonette, la Viñeta Super 4 (cuatro velocidades) y la Super 5 (cinco velocidadese), así como el escúter R50.

En 1963, Rabeneick fue absorbida por la firma Hercules, que a su vez formaba parte del grupo Zweirand-Union desde 1960. La planta de Rabeneick de los años setenta fue utilizada por Fitchel & Sachs.

RAJDOOT

INDIA CUENTA CON UNA considerable industria motociclista que suministra transporte a una vasta población, y en la mayor parte de los casos, las compañías de ese país se fundaron con el fin de fabricar bajo licencia modelos de las firmas europeas y japonesas. Aunque muchos de estos modelos eran básicamente de dos tiempos y pequeña capacidad, la primera motocicleta que se fabricó fue la Royal Enfield Bullet de 1955, que, hasta la fecha, sigue fabricándose y se exporta a Gran Bretaña.

Rajdoot comenzó fabricando copias de la polaca WFM de 175 cc, un modelo monocilíndrico de dos tiempos, que a su vez derivaba de la DKW RT125 del año 1935, igual que otros conocidos modelos fabricados en Inglaterra, Japón, Rusia y Estados Unidos. Estaba propulsado por un sencillo motor de tres lumbreras con caja de cambios integrada en el motor y accionada por pedal. Este motor se colocaba en un bastidor tubular provisto de horquilla telescópica y horquilla basculante trasera, y contaba con ruedas de radios de alambre y frenos de tambor.

El modelo era sencillo, algo tosco y muy fiable, y por tanto ideal para el mercado doméstico, donde un destornillador y una llave inglesa constituyen un buen equipo de herramientas. El mismo motor también se utilizó para un escúter, y este nivel de tecnología demostró más que adecuado durante dos décadas.

En los años ochenta, Rajdoot pasó a fabricar la Yamaha RD350, con motor bicilíndrico de dos tiempos y refrigeración por aire. Este modelo se produjo bajo licencia, y pronto introdujo a la compañía en los secretos de la lubricación por bomba, las válvulas de admisión de láminas, los frenos de discos, las seis velocidades, y, llegado el momento, el encendido electrónico. Más tarde llegaron otros modelos de Yamaha con pequeños motores monocilíndricos, todos idealmente diseñados para satisfacer la creciente demanda que había en la India de un medio de transporte privado de pequeña capacidad, fiable y fácil de mantener.

RALEIGH INGLATERRA 1901–1906, 1920–1933 y 1958–1971

ESTA FIRMA DE NOTTINGHAM era famosa por sus bicicletas mucho antes de que comenzara a fabricar motocicletas. Posteriormente absorbió a la firma Sturmey-Archer para fabricar con su nombre motores y cajas de cambios. La primera motocicleta de Raleigh se fabricó en 1901, con un motor Schwann importado, que iba colocado sobre la rueda delantera, a la que llegaba la correa de la transmisión.

Este modelo pronto fue reemplazado por otro con motor de 3 CV montado verticalmente delante de los pedales; la nueva motocicleta también incorporaba un bastidor más robusto que la mayoría de los que se fabricaban por entonces. Aunque la horquilla era rígida, sí ofrecía la opción de tres posibles transmisiones: a correa, una caja de cambios de dos velocidades, o transmisión a cadena con dos fases y un embrague. Además, la firma Raleigh ofreció también un triciclo con dos ruedas delanteras propulsado por un motor de 3,5 CV y refrigeración por agua. La reputación de la motocicleta aumentó cuando G. P. Mills estableció un nuevo récord en la carrera que unía Land's End con John O'Groats, registrando un tiempo de 51 horas, a pesar de las numerosas pausas que tuvo que hacer. El motor no dio ningún problema, y toda la carrera fue una verdadera hazaña.

Sin embargo, la caída en las ventas llevó a Raleigh a abandonar la producción de motocicletas durante unos años después de 1906, para dedicarse nuevamente a las bicicletas.

En 1920, la firma regresó con un modelo interesante y totalmente nuevo provisto de un motor bicilíndrico plano de 698 cc, con válvulas laterales y dispuesto longitudinalmente a la marcha de la máquina. Contaba además de una caja de cambios Sturmey-Archer de tres velocidades, transmisión a cadena y suspensión trasera por muelle de ballestas. En 1922, a la bicilíndrica plana se unieron modelos de 348 y 399 cc, con dos o tres velocidades y transmisión secundaria a correa. A éstos siguieron versiones con transmisión enteramente a cadena hasta el año 1924, en que el bicilíndrico plano fue sustituido por modelos bicilíndricos en V de 798 cc. Ese año, Raleigh demostró su fiabilidad cuando el piloto Hugh Gibson hizo una demostración a lo largo de la costa británica y la piloto Marjorie Cottle, que pilotó en solitario en la dirección contraria. En 1925, llegó un modelo de 348 cc con distribución de válvulas en la culata.

La gama de 1930 tenía modelos con válvulas laterales de 225, 248, 297 y 495 cc, además de máquinas con distri-

Una Raleigh de 1929 con motor de 348 cc ohv, y doble lumbrera de escape. Esta máquina también aparecía en el catálogo de la firma con motor de 496 cc. Ambos modelos tenían cajas de cambios de tres velocidades.

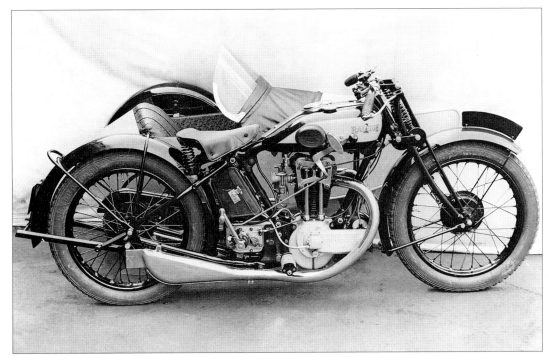

bución ohv de 348 y 495 cc. Los dos más pequeños fueron retirados del catálogo, y el resto recibió nuevos motores inclinados en 1931, mientras que en 1932 llegó una máquina de 598 cc y válvulas laterales. A finales de 1933, Raleigh dejó de fabricar motocicletas, pero siguió produciendo bicicletas y un triciclo que había lanzado en 1930. Estos últimos dejaron de fabricarse en 1935, de modo que durante muchos años, la compañía concentró su producción en las bicicletas.

Raleigh regresó en 1958 con un ciclomotor de 49 cc que utilizaba un motor de dos tiempos Sturmey-Archer, con transmisión por correa a un eje intermedio.

El motor había sido fabricado por BSA y al año siguiente se añadió una versión con embrague.

A finales de los años sesenta, Raleigh cambió de curso y reemplazó su propio ciclomotor por un modelo de Motobécane fabricado bajo licencia, junto con una copia de la Mobylette francesa. Estos modelos aparecieron con toda una variedad de formas y versiones; durante la década siguiente, apareció y desapareció casi una docena de modelos,

Desde 1924 hasta 1927, Raleigh incluyó una bicilíndrica en V de 798 cc en su gama. Contaba con válvulas laterales, caja de cambios de tres velocidades y la magneto colocada en la parte delantera.

todos los cuales utilizaban el mismo motor básico e idéntica transmisión (con excepción del modelo Wisp). A finales de los años sesenta, la mayoría de estos modelos ya habían desaparecido, aunque uno de ellos, la Runabout, logró sobrevivir hasta 1971.

Además de los ciclomotores, Raleigh incluyó en su catálogo de 1961 el escúter Roma.

Sin embargo, esta motocicleta era en realidad una Orsetto de 78 cc fabricada en Italia por Bianchi, con un simple cambio de nombre. Como ocurrió con tantos modelos de la época, llegó a un mercado en recesión, por lo que fue retirada después de 1964, dejando tan sólo los ciclomotores para representar a la firma durante la década de los setenta. Después, Raleigh volvió a la fabricación de bicicletas.

RATIER FRANCIA 1955–1962

ESTABLECIDA EN 1945 como CMR, esta firma fue rebautizada con el nombre Cemec en 1948, y se convirtió definitivamente en Ratier en 1955. Las motocicletas que fabricaban estaban basadas en los modelos bicilíndricos planos de BMW, pero con el tiempo sus diseños se fueron afrancesando. Mientras que en 1955 BMW adoptó la horquilla delantera de resortes y horquilla basculante para la rueda trasera, Ratier eligió un

concepto más moderno de horquilla telescópica delantera y horquilla trasera basculante, con una línea que BMW no incorporaría hasta después de 1969.

Dos modelos se encontraban en su catálogo, con motores de 494 y 594 cc, válvulas en culata, encendido por batería y doble carburador. La caja de cambios de cuatro velocidades estaba integrada en el motor, y el eje de la transmisión unía a aquella con la rueda

trasera por el brazo derecho de la horquilla. El bastidor contaba con un moderno sistema de suspensión, y los frenos de tambor actuaban sobre el cubo de ambas ruedas. El faro aparecía colocado sobre la horquilla o integrado en ella.

El principal cliente de Ratier fue la policía francesa, de manera que la mayoría de las motocicletas se fabricaban con sillín individual y equipo de

radiotelefonía. Algunas viejas motocicletas Cemec cambiaron su logo por el de Ratier, y finalmente tan sólo se fabricaron 600 unidades. En los Estados Unidos, este modelo se promocionó como la motocicleta oficial de escolta del presidente Charles de Gaulle, y para ese mercado, así como para el doméstico, Ratier colocó en ella un sillín doble. Sin embargo, en 1962, la producción se interrumpió.

READING-STANDARD ESTADOS UNIDOS 1903–1924

CON SEDE EN READING, Pennsylvania, esta firma entró en el mercado con una copia exacta de un modelo Indian, con su motor retrasado para formar parte del tubo del asiento, y el depósito de giba de camello (que contenía el combustible y también el aceite) colocado sobre el guardabarros trasero. Como ocurría con otros muchos modelos de aquellos años, el motor era un Thor con culata en F, de la firma Aurora, colocado sobre el ángulo de los pedales, cuyo mecanismo estaba situado en el lado derecho. En el izquierdo se encontraba una rueda dentada intermedia doble para la transmisión, unida con cadena al motor y con una segunda cadena a otra rueda dentada de menor tamaño colocada en la rue-

da trasera. De esta forma, la motocicleta contaba con transmisión enteramente a cadena con dos fases.

En 1905, el depósito de aceite y el de gasolina se separaron. El primero pasó a ocupar un lugar debajo del asiento, en tanto que el segundo se colocó sobre el tubo superior del bastidor. Se añadió suspensión delantera, con una horquilla que oscilaba sobre la corona inferior, provista de un tope de goma. En julio de 1906 apareció un río de máquinas que fueron pilotadas hasta la cima del famoso Pike's Peak, una hazaña que ningún otro fabricante pudo repetir durante algunos años.

En 1907, el motor se cambió por otro con válvulas laterales, primero en los Estados Unidos, aunque éste siguió for-

mando parte del tubo del asiento. Al año siguiente se añadió un motor bicilíndrico en V, con culata en F. Lo más característico de este nuevo motor era que disponía de levas en ambos lados, el izquierdo para el cilindro delantero y el derecho para el trasero. La firma también lanzó un triciclo con doble rueda delantera, entre las que iba colocado el asiento, que podía ser de dos tamaños diferentes. El modelo estándar contaba con los mismos elementos que la motocicleta, con la horquilla sustituida por una instalación que unía ambas ruedas.

En 1909 llegó un bastidor en U y horquilla delantera de resortes, con el motor monocilíndrico colocado verticalmente, mientras que en los modelos bicilíndri-

cos se añadieron válvulas laterales. En 1911 se solucionó el problema de las marchas ofreciendo un cubo trasero provisto de dos velocidades. El tamaño y peso del cubo fueron aumentando a medida que lo hacía la potencia del motor, lo que comprometía el equilibrio de la motocicleta. En 1912, se introdujo un engranaje reductor y un embrague integrado en el motor. Al año siguiente llegaron los frenos de tambor. En 1914 se diseñó un bastidor más bajo. En 1916 apareció finalmente la caja de tres velocidades. En 1917 se reforzaron tanto el bastidor como la horquilla delantera, y ese mismo año se ofreció opcionalmente un sistema de luces eléctrico. En 1920, se revisó el motor bicilíndrico y

Reading-Standard probó suerte con modelos menos comunes, pero sus motores monocilíndricos ohv no tuvieron éxito. También lanzó una motocicleta de carreras con árbol de levas en la culata, básicamente un modelo Cyclone, que

tampoco tuvo suerte. Los modelos de carretera cambiaron poco a partir de 1920, pero la limitada producción llevó a la absorción de la firma en 1923 por Cleveland, que vendió todas las piezas de su stock al año siguiente.

Este modelo se fabricó en 1912; por esos años, Reading-Standard había dejado de producir su copia de La Indian. El nuevo motor era vertical, y la suspensión contaba con horquilla de resortes.

REGAL

INGLATERRA 1912–1915

Una Regal con motor bicilíndrico en V de Precision. Esta firma solía utilizar para sus modelos motores monocilíndricos de Precision o de Green, además de uno de dos tiempos, fabricado por Peco.

ERNEST SMITH & WOODHOUSE, de Birmingham, utilizó el nombre Regal para sus motocicletas, a menudo combinado con el del motor que las propulsaba.

La gama de 1912 estaba formada por modelos turismo de 2,5 y 3,5 CV, además de una monocilíndrica de 4,5 CV con engranaje de multiplicación regulable, para uso con sidecar. Todos los modelos adoptaron el nombre Regal-Precision (por la firma que proporcionaba los motores), y eran máquinas convencionales, en términos de fabricación y prestaciones.

Regal participó en la TT Senior con dos motocicletas diferentes: una con motor Precision ohv refrigerado por aire, con correa de transmisión a un cubo de tres marchas Sturmey-Archer y horquilla de resortes. La segunda, con motor refrigerado por agua, válvulas

RAP
Holanda 1955-años setenta. Esta compañía fabricaba ciclomotores con motores Rex, y posteriormente Puch.

RASSER
Francia 1922-1923. Un modelo con motor de dos tiempos y 100 cc, montado en un bastidor nada convencional de acero prensado.

RATINGIA
Alemania 1923-1925. Esta máquinas eran las típicas motocicletas ligeras de 170 y 195 cc, pero en lugar de un motor de dos tiempos, contaban con válvulas laterales.

RAVAT
Francia (Saint Etienne) 1898-años cincuenta. Al principio, esta firma fabricaba modelos de cuatro tiempos, con cilindrada de hasta 500 cc, y también utilizaba pequeños motores de dos tiempos.

RAY
Inglaterra (Nottingham, posteriormente Leicester) 1922-1925. Esta firma comenzó utilizando motores propios de dos válvulas y 193 cc, y más tarde (a partir de 1924), también incluyó motores Villiers-Jardine de 172 cc.

RAYNAL
Inglaterra 1914-1953. En un principio, esta firma fabricaba máquinas con motores de dos tiempos de Villiers y Precision, y en los años veinte, el omnipresente motor Villiers de 269 cc. A partir de finales de los años treinta, también fabricó una motocicleta con motor Villiers de 98 cc.

READY
Bélgica 1924-1939. Belgian Readies ofrecía una amplia gama de motores de hasta 500 cc, fabricados, según algunas fuentes, por JAP, Blackburne, MAG y Rudge-Phyton, además del Villiers de dos tiempos.

REBRO
Inglaterra 1922-1928. Se trata de una motocicleta ligera muy básica con motor Villiers de 150 cc y dos tiempos.

RED STAR
Bélgica (Antwerp) 1902. Esta máquina pionera tenía un motor Minerva de 211 cc.

REFORM
Austria (Viena) 1903-1905. Se dice que Thein & Goldberg (véase) utilizaron motores Monarch (de Birmingham) y Fafnir para sus motocicletas Reform. Tanto la transmisión primaria (eje intermedio) como la secundaria eran a cadena.

colocadas verticalmente en la culata y dos radiadores, uno a cada lado de la camisa exterior del cilindro, hecha de cobre.

En 1912, Regal consiguió varios éxitos en el circuito de Brooklands. La compañía continuó utilizando motores de otros fabricantes.

En 1913, había dos modelos Regal-Green, con un motor de 3,5 CV con válvulas en la culata y transmisión a elegir.

Las máquinas Regal-Precision de 2,75 , 3,5 y 4,25 CV siguieron ese mismo diseño, pero las dos más pequeñas tenían caja de cambios de tres velocidades, y la mayor contaba con transmisión secundaria a cadena. En 1914, se unió a la Regal-Green una Regal-Peco de dos tiempos y 349 cc. Un modelo Peco de dos tiempos y 225 cc apareció en 1915; su motor era de dos cilindros en V, y tenía una potencia de 4,25 CV. Este fue el último modelo de la firma Regal.

RENÉ-GILLET

FRANCIA 1898–1957

LAS PRIMERAS MÁQUINAS fabricadas por René-Gillet eran básicamente bicicletas a las que se había incorporado un motor en la horquilla delantera. La reputación de la compañía se consolidó con las motocicletas bicilíndricas en V de 500 cc lanzadas en 1903, cuya capacidad se aumentó progresivamente: primero a 750 cc y finalmente a 996 cc. A menudo con sidecar, estas motocicletas fueron utilizadas por el ejército francés, donde se sacó todo el provecho a su gran potencia. Además de las bicilíndricas en V, René-Gillet también fabricó monocilíndricas con válvulas laterales y 346 cc. Después de la Segunda Guerra Mundial, la producción se limitó a pequeños modelos de 98 y 250 cc de dos tiempos, hasta que finalmente la compañía cerró en 1957.

Las motocicletas René-Gillet tenían fama de ser muy resistentes, y fueron las escogidas por el ejército francés, pues eran ideales para uso con sidecar. La de la foto es un modelo de 1936.

REX (REX-ACME)

INGLATERRA 1900–1933

LA COMPAÑÍA REX, QUE COMENZÓ fabricando coches en Birmingham, Inglaterra, en 1899, se trasladó a Coventry con el cambio de siglo. Allí los hermanos Williamson, Billy y Harold, fabricaron sus primeras motocicletas utilizando sus propios motores de uno y dos cilindros, principalmente un bicilíndrico en V de 456 cc y válvulas laterales, y otro de 726 cc con admisión sobre escape. Fabricaron sus primeras horquillas telescópicas en 1906 (lo que ayudó a Gilly Heaton a conseguir una tercera posición en la primera TT de la isla de Man un año más tarde). También fabricaron una máquina de carreras bicilíndrica de dos tiempos y 470 cc. A pesar de esto, los Williamson perdieron la compañía en 1911, pero el indomable Billy no se rindió y fundó la marca Williamson, famosa por sus bicilíndricas planas de 1.000 cc y refrigeración líquida.

Bajo la dirección de su nuevo propietario, George Hemingway, Rex continuó fabricando sus propios motores,

produciendo también una línea Rex-JAP para las motocicletas de la vecina Premier. El estallido de la guerra impidió el desarrollo definitivo de una sofisticada bicilíndrica de 952 cc con transmisión enteramente a cadena. En 1919, la firma se hizo con el control de la vecina Coventry-Acme, adoptando el nombre Rex-Acme dos años más tarde. En 1926, su gama incluía al menos quince modelos diferentes, con capacidades que variaban entre los Villiers de 172 hasta los JAP bicilíndricos en V de 746 cc.

La reputación de la compañía se debía sobre todo a los éxitos de Wal Handley, un piloto que se había dado a conocer montando para OK en las carreras TT de la isla de Man de 1922 y 1923. Menos de un mes después de conseguir la vuelta más rápida en la TT de 1923, Hand-

El legendario Wal Handley, felicitado tras terminar segundo en la TT Senior de Isla de Man de 1926 con una Rex-Acme de dos cilindros en V y 498 cc, con motor fabricado por Blackburne.

ley ya era piloto de Rex-Acme, con la que ganó los Grand Prix de Bélgica y Ulster. Fue el primero en conseguir dos triunfos de TT en una sola temporada: ganando en 1925 en la Junior (350 cc) y en la categoría de motocicletas ligeras (250 cc), prueba que volvería a ganar en 1927. Aunque Rex-Acme se presentó en 1926 con una bicilíndrica en V de 498 cc ohv, no logró destacar en las grandes cilindradas. Rex-Acme fue incapaz de convertir sus éxitos deportivos en éxitos de ventas, y no pudo recuperarse de la gran depresión de los años treinta. En 1932, declarada en quiebra, fue adquirida por el fabricante de sidecar Mills-Fulford, que interrumpió la fabricación de motocicletas al año siguiente.

RICKMAN

INGLATERRA 1959–1975

En 1970, la Rickman Interceptor era una de las superbikes más deseadas. Su potencia la generaba el motor de 736 cc de la Royal Enfield Constellation.

res y produjo una motocicleta completa conocida como Interceptor. Su chasis estaba magistralmente realizado, con tubos de acero Reynolds 531 bronce-soldados. El precio de salida de la motocicleta era de 550 libras esterlinas, y su peso, de 160 kg (43 kg menos que la Constellation estándar).

La cualidad de los componentes de la Interceptor (incluidas las horquillas y unos de los primeros discos de frenos modernos, ambos realizados por la propia Rickman) llevaron a una revista francesa a describirla como «el Rolls-Royce de las motocicletas».

En total, se fabricaron unas 205 Interceptors, pero la historia no terminó ahí. A comienzos de los años setenta, algunas tetracilíndricas japonesas, como la Honda CB750, tenían mucha potencia pero su maniobrabilidad no era muy buena. En 1974, comenzando con la CB750, Rickman adaptó el bastidor de la Interceptor para dar a tales máquinas la maniobrabilidad que se merecían.

A partir de 1975, la compañía se dedicó a la fabricación de accesorios, dejando a un lado los bastidores.

RICKMAN, FUNDADA por los hermanos Dereck y Don Rickman, se dio a conocer sobre todo por sus máquinas *off-road*, pero más tarde se ganó una sólida reputación por sus bastidores de gran calidad para modelos roadster y de carreras. La filosofía de la compañía (basada en la creencia de que «había muchos buenos motores y buenos bastidores en los años sesenta, pero no solían verse juntos a menudo») fue combinar la resistencia con una gran ligereza. El resultado fue el chasis «Metisse» en el que se colocaron varios motores fabricados por otras firmas.

Inicialmente, se vendieron simplemente como «kits» de chasis, pero desde 1970 hasta 1974, la firma fabricó 12.000 modelos *off-road* completos con motores Bultaco y Zundapp de 125 y 250 cc de dos tiempos, convirtiendo a Rickman durante un breve tiempo en el mayor fabricante de motocicletas de Gran Bretaña. Al principio, la compañía mostró poco interés por las máquinas de carretera. Sin embargo, cuando Royal Enfield dejó de fabricar, quedaron sin utilizar 200 motores Constellation Serie II de 736 cc. Rickman compró estos moto-

Esta Rickman CRE Endurance de 1980 tenía un motor totalmente cerrado con doble disco de freno en la rueda delantera, otra gran cualidad de esta máquina.

RIDLEY

LA RIDLEY OBEDECE A una idea genial: crear una gran bicilíndrica a escala reducida. Los fabricantes aseguran que su tamaño es tres cuartas partes el de un modelo grande, mientras que el peso es de tan sólo de una tercera parte (por «modelo grande» se refieren a las Harley-Davidson y motocicletas semejantes. En cualquier caso, uno esperaría que una motocicleta de estas dimensiones pesara por lo menos la mitad que una de las grandes.

Con una potencia de 25 CV producidos por su motor bicilíndrico en V a 90°, y 570 cc (72 × 70 mm), el motor estándar de la Ridley no está en absoluto forzado, y su transmisión automática variable y enteramente a correa (o primaria a correa y secundaria a cadena), hacen que la transmisión de la potencia sea extraordinariamente suave, por lo que la motocicleta es muy sencilla de manejar. Sus ruedas de 305 mm parecen quizá demasiado pequeñas, desde el punto de vista estético, pero son lo bastante grandes para permitir unas prestaciones iguales a las de un modelo grande. El peso total es de 116 kg, a pesar de contar con arranque eléctrico, frenos de disco hidráulicos en ambas ruedas, y todos los complementos modernos. En realidad, esta diminuta «moto de placer» ofrece la misma potencia que un modelo de carreras de los años veinte o que una de las más rápidas monocilíndricas de 500 cc de los años cincuenta.

La primera motocicleta fabricada por la compañía fue la Cruise-Aire, de 1997-1998, a la que siguieron la Big Boar y la Speedsters, en 1999.

En el año 2001, la Signature Series One disponía de un motor puesto a punto de 33 CV, lo que permitía al modelo alcanzar los 130 km/h. La velocidad máxima del modelo estándar es de 120 km/h. Al describir el motor, no se dice que sea un «diseño de Ridley», sino que «está fabricado por Ridley».

La Ridley, cuya sede está en Oklahoma City, es un interesante giro en la tecnología clónica de las Harley-Davidson, pero un europeo no puede dejar de imaginarse lo que la compañía podría hacer colocando un motor de 33 CV en una «verdadera» motocicleta con una ruedas del tamaño normal.

Es difícil reprimir una sonrisa o un gesto de interés al mirar una Ridley: se trata de una motocicleta tremendamente divertida, con unas prestaciones sorprendentes.

RIKUO

DURANTE LOS AÑOS VEINTE, con el *boom* de las exportaciones, Harley-Davidson creó la Harley-Davidson Sales Company de Japón, con toda una red de distribuidores, agencias y puntos de venta de repuestos.

La firma de Milwaukee, Wisconsin, pronto obtuvo tal reputación en el país asiático que se convirtió en la motocicleta oficial de la policía estatal. Por esas mismas fechas, una compañía totalmente diferente, la Murate Iron Works, comenzaba a fabricar copias del Modelo J de 1922 de Harley-Davidson, aunque la calidad era algo pobre. Más tarde, Murata fabricaría la Beguro, una lejana precursora de las modernas Kawasakis.

Sin embargo, con el desastre de Wall Street en 1929 y el yen muy afectado por la tremenda recesión económica, las exportaciones de Harleys prácticamente se hundieron. Fue precisamente en ese momento cuando Alfred Childs, director del proyecto Harley en Japón, se hizo la pregunta obvia: «¿Por qué no fabricar aquí la Harley?»

La casa matriz al principio se mostró escéptica, pero fue tal la insistencia de Child que no tardó en empezar a funcionar la fábrica ultramarina de Harley en Shinagawa, cerca de Tokio. Esta planta, que contaba con las herramientas, planos, proyectos y los conocimientos de Milwakee, se convirtió por entonces en la fábrica más moderna del mundo.

Al principio, muchos de los componentes se importaban, pero en 1935 Shinagawa estaba ya fabricando motocicletas completas, principalmente el Modelo VL de dos cilindros en V, válvulas laterales, tres velocidades y 1.216 cc.

En 1930, este modelo se había convertido en la motocicleta oficial del Ejército Imperial japonés. Más tarde, cuando el ejército se convirtió en el poder civil, rechazó la oportunidad de utilizar la nueva ohv Knucklehead, prefiriendo la durabilidad de la bicilíndrica de válvulas laterales.

Fue entonces cuando la corporación Sankyo se hizo con el control de la fábrica y comenzó a vender «Harleys» japonesas con el nombre de Rikuo. La bicilíndrica de 1.216 cc se convirtió en la Rikuo Modelo 97.

Más tarde, cuando Japón se preparaba para la guerra, Harley se decidió a reducir pérdidas y liquidó sus existencias. Como la demanda militar iba en aumento, sobre todo después de la invasión de China en 1937, Rikuo buscó en Nihon Jidosha (Japan Combustion Equipment Co.) un subconcesionario para la fabricación de sus modelos. Las nuevas máquinas eran versiones de 1.311 cc del Modelo 97 de Rikuo, y se llamaron Kuro Hagane (Hierro Negro). Esta relación terminó al finalizar la guerra: la fábrica de Niho Jirosha estaba en Hiroshima.

Con el nombre Rikuo también se fabricaron motocicletas entre los años 1953 y 1962. Sus modelos eran monocilíndricas de 250 y 350 cc, además de bicilíndricas en V de 996 y 1.200 cc.

Además de las «Harleys japonesas» de dos cilindros en V de los años prebélicos, con el nombre Rikuo se fabricó en los años cincuenta toda una gama de modelos monocilíndricos de 248 y 348 cc inspirados en motocicletas BMW.

RIXE

ALEMANIA 1934–1985

ORIGINALMENTE, RIXE se dedicaba a la fabricación de bicicletas, y su primera motocicleta apareció en el momento en que los nazis subían al poder en Alemania, en los años treinta. Desde entonces hasta el estallido de la guerra en 1939, esta firma comercializó toda una gama de modelos con motores Sachs de 73 o 98 cc.

Después de la guerra, en 1949 Rixe ofreció una amplia gama de motocicletas desde la austera K98 de 98 cc, hasta la línea de motocicletas ligeras con una sofisticada deportiva de 79 cc con refrigeración líquida de 1985, fecha del cierre de la fábrica. Entre estas dos fechas, Rixe produjo muy diversos modelos.

En los años cincuenta llegaron los modelos KT125 (1950-1952), K98 (disponible hasta 1959), KT150 (1953-1955), R175 (153-1956), R200 (1953-1954), R250/2 (1953-1954), RS250/2 (1954-1958) y finalmente RS175 (1955-1959).

En los años sesenta, sus modelos experimentaron un cambio de cilindrada, incluyendo varios ciclomotores con motor Sachs; uno de ellos estaba especialmente adaptado para realizar funciones de reparto, con mucho espacio

El último proyecto de la compañía, la RS80W de 1982, estaba propulsado por un motor Sachs de 79 cc. Esta excelente máquina, capaz de alcanzar los 80 km/h, no pudo evitar que la compañía cerrara en 1985.

para mercancías en la parte trasera. También hubo dos motocicletas de la clase 100, nuevamente con motor Sachs. La RS100 Tourer tenía horquilla Earles, sistema de escape muy bajo, guardabarros envolventes, cadena totalmente cubierta, manillar alto y baúl trasero. Su versión deportiva era la RS100 Sport, que no sólo disponía de un motor preparado, sino que había aumentado la capacidad de su depósito hasta los 13,5 litros, incorporaba tubos de escape más altos, un manillar mucho más bajo y guardabarros deportivos.

En los años setenta, la producción de Rixe se concentró exclusivamente en ciclomotores y mokicks (motocicletas de 50 cc), todos ellos con motores Sachs.

Después, en 1982, Rixe introdujo una nueva gama de motocicletas, liderada por la RS80W, que estaba propulsado

La Rixe RS100 de 1962 tenía un motor puesto a punto, un depósito de mayor capacidad (13,5 litros), tubo de escape más alto, manillar plano y guardabarros deportivos de acero.

por un motor Sachs 80SW refrigerado por agua y 79 cc (46 × 48 mm), que proporcionaba una potencia de 8,5 CV a 6.000 rpm, lo que le permitía alcanzar una velocidad máxima de 80 km/h. Este modelo también disponía de cinco velocidades, bastidor doble, llantas de aleación, portaequipajes trasero, doble disco de freno delantero, instrumentos a juego y un característico acabado plateado.

Sin embargo, durante la recesión en la venta de motocicletas que tuvo lugar en los años ochenta, la fábrica de Bielefeld, junto a otras tan conocidas como Kreidler y Zundapp, encontró muy difícil seguir a flote.

REX

Suecia 1908-1957. Después de varios éxitos con los motores Motosacoche, Rex fabricó un motor propio de dos cilindros en V, aunque pronto lo abandonó a favor de los motores Villiers y JAP de entre 150 y 750 cc. Todo esto ocurría antes de la Primera Guerra Mundial. Una vez terminada la guerra, Rex se pasó a las motocicletas ligeras, y después de la Segunda Guerra Mundial, fabricó toda una gama de modelos con motores Ilo, Husqvarna y Sachs de dos tiempos y cilindradas entre 125 y 250 cc.

REX-JAP

Inglaterra (Birmingham) 1908-1915. Como su nombre sugiere, esta firma fabricó motores JAP de entre 300 y 1.000 cc, que después colocaba en bastidores Rex (supuestamente).

REYNOLDS-RUNABOUT

Inglaterra 1919-1922. Este elegante escúter tenía ruedas de tamaño medio (unas 13 pulgadas) y asiento anatómico colocado sobre un motor totalmente cerrado. Este motor podía ser de la firma Liberty (269 cc) o, porteriormente, de JAP (350 cc.).

RHONSON

Francia 1952-1958. Estos ciclomotores y motocicletas ligeras tenían motores con cilindradas hasta 123 cc.

RHONY-X

Francia (Lyon) 1924-1932. Es difícil decir el número de máquinas que se vendió de cuantas aparecían en el catálogo de esta firma: había modelos de dos tiempos con 100, 185, 250 y 350 cc, y de cuatro tiempos de 250, 350 y 500 cc. Los motores utilizados eran LMP, Stainless, Chaise y JAP.

RIBI

Alemania (Berlín) 1923-1925. Monocilíndricas relativamente avanzadas con sistema ohv y cilindradas de 200 y 250 cc.

RIEJU

España 1952-... Esta firma comenzó fabricando una motocicleta ligera de 175 cc con motor AMC de cuatro tiempos, y posteriormente se pasó a un modelo de 125 cc y bastidor abierto. Finalmente, fabricó ciclomotores y máquinas con menos de 100 cc.

ROKON

ESTA FIRMA CON SEDE en Keene, New Hampshire, fabricaba una estrafalaria motocicleta que combinaba la tracción a sus dos enormes ruedas. Las primeras tenían un motor Chrysler marino de dos tiempos, de 131 cc, que se arrancaba con cordón de tiro; el cambio contaba con tres velocidades y embrague automático. Mediante una cadena, la potencia se transmitía desde la caja de cambios al extremo trasero del tubo superior del bastidor, donde un eje transversal dividía la transmisión en una cadena hasta la rueda dentada de la rueda trasera y un eje

Rokon con tracción a las dos ruedas. Tenía unos enormes cubos en forma de tambor y rodadura de tractor.

hasta el tubo superior. En la pipa de dirección, una junta cardánica se encargaba de transmitir el movimiento de la dirección a la horquilla, y conectaba con un segundo eje transversal que por medio de una cadena se unía con la rueda dentada de la rueda delantera.

Ambos ejes transversales contaban con engranajes en su interior para posibilitar la transmisión. El bastidor era

tubular, con el motor instalado horizontalmente y la caja de cambios colocada detrás de él, lo que le daba una magnífica altura libre inferior. La única suspensión del modelo la proporcionaban los propios neumáticos, de gran diámetro y baja presión. Contaban éstos con bandas de rodadura de tractor, y estaban provistos de llantas de aleación ligera en forma de tambor, lo que les permitía transportar agua y gasolina. Cuando estaban vacías, funcionaban como cámaras de flotabilidad. En cuanto al sistema de freno, la motocicleta disponía de un único

Una Rokon de aspecto más convencional, de los años setenta. Esta máquina de trail contaba con un tubo de escape muy alto, para uso en campo.

disco mecánico colocado en el eje transversal delantero que detenía ambas ruedas. Esta extraña máquina podía trepar por las pendientes más empinadas. Se fabricó en varias plantas, con ocasionales interrupciones en la producción. Más tarde llegó una versión con motor Sachs de dos tiempos y 340 cc, que contaba con transmisión automática.

ROTAX

ROTAX COMENZÓ COMO una pequeña empresa industrial familiar fundada a comienzos del siglo XX en la ciudad alemana de Dresde, y dedicada a la fabricación de componentes para las ruedas traseras de las bicicletas. Un siglo más tarde, Rotax, con sede en Gunskirchen, Austria, es uno de los primeros fabricantes mundiales especializados en motores.

En 1920, la compañía se convirtió sociedad anónima. Comenzó a fabricar motores en los años treinta, cuando pasó a manos de Fitchel & Sachs. Todavía establecida en suelo alemán (ahora en Schwenfurt), Rotax se implicó en la fabricación de componentes para torpedos que le encargaban las fuerzas armadas, actividad con la que continuó hasta la Segunda Guerra Mundial.

Durante la guerra, Rotax trasladó su planta a Austria debido a los continuos bombardeos, y en 1947 se volvió a trasladar, esta vez a la ciudad de Gunskirchen. Al principio bajo control gubernamental y posteriormente vendida a una

compañía privada con sede en Viena, la firma Rotax acabó en manos del Bombardier Group, con sede en Canadá. Esta fusión dio lugar a Bombardier-Rotax, y en la planta austriaca se comenzaron a

fabricar una variadísima gama de motores, no sólo para motocicletas convencionales, sino también para motos de nieve y vehículos agrícolas. La producción de la fábrica Rotax en el año 1970 fue de

Esta Rotax bicilíndrica de 496,7 cc hizo su debut en el Gran Prix de Austria celebrado en mayo de 1973. El motor estaba basado en el de la motocicleta canadiense de nieve Bombardier.

267.300 motores, y en las instalaciones trabajaban más de 1.000 empleados.

Rotax comenzó a interesarse por el mundo de las carreras a finales de los años sesenta, cuando se fabricó una 125 cc para que fuera pilotada por Heinz Krinwanek, que terminó quinta en los campeonatos del mundo de 1969. Fue una bicilíndrica de 500 cc con refrigeración líquida, utilizada en pruebas individuales y también con sidecar, la que mantuvo el ritmo de competición de la firma a principios de los años setenta. Este motor se había desarrollado a partir de la moto de nieve Bombardier.

A comienzos de los ochenta, Rotax se disponía a romper el monopolio japonés en la competición de 250 cc con su Modelo 266 de 247 cc (54 × 54 mm), provisto de un motor bicilíndrico en línea, con válvulas de disco. Este motor, diseñado por Hans Holzleitner, fue ofrecido a muchas de sus firmas clientes, como Armstrong, Aprilia y Cobas. A finales de los ochenta llegaron las versiones de 500, 600 y finalmente 650 cc, todas ellas monocilíndricas con cuatro válvulas y refrigeración por aire. Una variante de este motor también la utilizaron marcas como MZ y Jawa.

En los últimos años, Rotax ha jugado un papel determinante en el auge de la marca Aprilia, suministrándole sus motores de dos y cuatro tiempos.

Una Rotax Supermoto. Tenía motor de 649 cc (100 × 81 mm), cuatro válvulas y refrigeración por aire. Su potencia máxima era de 68 CV, y su velocidad punta, 217 km/h.

ROVER

INGLATERRA 1902–1925

EL NOMBRE ROVER evoca imágenes del arquetipo de coche británico conducido por nuestro tío preferido. Pero de la misma forma que contemporáneos como Humber, el fundador de Rover, John Kemp, comenzó fabricando bicicletas en 1877 en West Orchad, Coventry. El nombre Rover se acuñó en 1884. En 1888, Starley fabricó un prototipo de triciclo eléctrico, y la Rover Cycle Company se fundó en 1896.

Al año siguiente, se importaron motores Peugeot para hacer una prueba de

Esta Rover de 1911 con 3,5 CV se fabricó después de que la firma inglesa comenzara a producir coches. La potencia la proporcionaba un motor JAP de dos cilindros en V o uno Rover monocilíndrico de válvulas laterales.

fiabilidad, y la primera motocicleta Rover con motor de 2,75 CV apareció en 1902. Estaba propulsada por un motor de 300 cc y válvulas laterales, pero fue un proyecto muy efímero, pues la producción se interrumpió en 1905, cuando tan sólo se habían completado

El nombre Rover se asocia más con la fabricación de coches, pero en 1915, el logo de la compañía adornaba esta motocicleta de 3,5 CV.

1.250 unidades. Rover volvió a reanudar la producción de motocicletas en 1910. Eran modelos con motores bicilíndricos en V de JAP, con una cilindrada de 676 cc y válvulas laterales, diseñados por John Greenwood. A partir de 1915, se utilizaron transmisiones de tres velocidades fabricadas por Ariel, y a partir de 1918, también se emplearon motores bicilíndricos en V de JAP.

En 1923, Rover empezó a fabricar motores monocilíndricos ohv con caja de cambios integrada y cilindradas de 250 y 350 cc; pero después de 1925, la firma inglesa sólo fabricó coches.

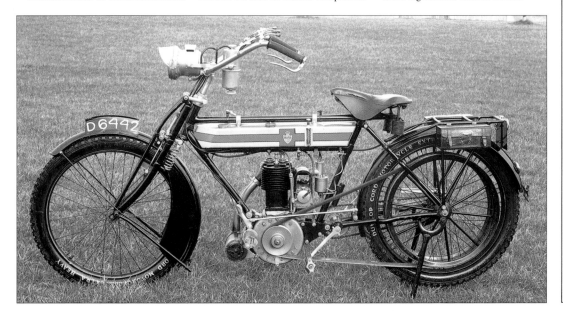

ROYAL ENFIELD INGLATERRA 1901–1970

LA ENFIELD CYCLE COMPANY tenía su sede en Redditch, cerca de Birmingham, y fabricó sus primeras máquinas en 1899. En realidad, éstas eran triciclos y cuadriciclos propulsados por motores De Dion, Minerva o MMC, y fueron seguidas dos años más tarde por bicicletas con motor. La compañía probó un diseño en el que el motor estaba montado delante de la pipa de dirección.

En 1910, después de un paréntesis de cinco años en que no se fabricaron motocicletas, Enfield lanzó una bicilíndrica en V con motor de MAG y 2,25 CV, anticipo del Modelo 180, que se fabricó en 1912 y se comercializó con sidecar y un motor JAP bicilíndrico en V con válvulas laterales y 770 cc, además de transmisión de dos velocidades y cadena. La 180 llamó la atención por la introducción de una especie de amortiguador de goma integrado en el cubo de la rueda trasera, que reducía los tirones repentinos de la transmisión, haciendo que los cambios de velocidad fueran más suaves.

En 1913, la compañía presentó una motocicleta innovadora. Esta vez, el motor era bicilíndrico en V con válvula de admisión sobre la de escape, 425 cc y 4 CV. No sólo se trataba de un motor fabricado por la propia Royal Enfield, sino que además estaba provisto de una bomba de aceite automática, que contrastaba con las tradicionales bombas manuales que requerían el cebado ma-

Desde 1924, los motores fabricados por Royal Enfield de 350 cc con válvulas laterales y distribución ohv (como este modelo Sports de 1927) reemplazaron a los omnipresentes motores JAP.

nual. Para hacerlo todavía más atractivo, se lanzó en seguida una versión de 350 cc y otra de 225 cc de dos tiempos.

Royal Enfield seguía fabricando bicicletas, que suministró a los Aliados durante la Primera Guerra Mundial, además de una pequeña cantidad de motocicletas con sidecar propulsadas por un motor JAP, que fueron utilizadas como ambulancias y también para instalar en ellas una ametralladora. La producción de posguerra se centró en una bicilíndrica en V con motor Royal Enfield de 976 cc, además de un modelo de dos tiempos y 225 cc.

En 1924, la 350 cc con motor JAP fue sustituida por un modelo con motor Royal Enfield de 350 cc en dos versiones: con válvulas laterales o con distribución ohv. Tres años después, la capacidad del modelo se aumentó hasta los 488 cc, se incorporó una caja de cambios de cuatro velocidades, y se hizo que buena parte de sus componentes coincidieran con los de la bicilíndrica en V. Una década después, la capacidad de la bicilíndrica en V había aumentado hasta los 1140 cc. Mientras, en 1928, la firma había lanzado una máquina de 225 cc con válvulas laterales, junto con

un modelo llamado Cycar provisto de un motor de dos tiempos y 146 cc.

El eslogan de Royal Enfield decía «Fabricada como un cañón», y es que la reputación de la compañía venía de sus piezas de artillería. Mientras que muchos competidores quebraron durante la

Depresión de comienzos de los años treinta, Royal Enfield sobrevivió, gracias a la estabilidad de su administración y dirección.

Desde sus primeros días, la firma fue dirigida por Robert Smith, cuyo hijo, el mayor Frank Smith, estuvo al frente de la misma en los años sesenta. Los tres hermanos Smith destacaron en pruebas de trial, hecho que se reflejaría en la posterior producción de Royal Enfield, con magníficos modelos *off-road*. A finales de los años veinte, la firma había contratado a dos diseñadores de gran talento: Ted Pardoe, que diseñó la gama Bullet, y el director de desarrollo, Tony Wilson-Jones, que además era piloto de trial.

Unos de los modelos más famosos de Royal Enfield fueron los de la gama Bullet, lanzada en 1930: máquinas con un solo cilindro inclinado hacia delante y una capacidad de 350 y 500 cc. Tres años después, la gama se amplió, dando cabida a una motocicleta de 250 cc, y en 1934 una de 500 cc provista de cuatro válvulas en la culata. Este modelo se conoció como Modelo JF, de 1936, y su cilindro estaba colocado verticalmente. Además de experimentar con un diseño

Uno de los modelos más conocidos de la compañía fue la Bullet, que contaba con una sofisticada suspensión en ambas ruedas. La de la foto es un modelo de 350 cc del año 1955.

de cuatro válvulas en la culata, la firma también probó con un modelo con doble lumbrera de escape.

La producción durante la Segunda Guerra Mundial estuvo destinada casi exclusivamente al ejército Aliado, con una total de unas 55.000 motocicletas, comparable a las 49.700 motocicletas fabricadas por Trumph, a pesar de que su fábrica de Blitz fue destruida, o con las 130.000 unidades aportadas por BSA. La mayoría de las Royal Enfield eran modelos de 350 cc con válvulas laterales WD/C, o con distribución ohv WD/CO, mientras que la Royal Navy recibió el modelo 570 cc con válvulas laterales.

Además de la Enfield 250 cc, la compañía también fabricó la Flying Flea, con un motor de dos tiempos y 125 cc, que podía plegarse y lanzarse en paracaídas metida dentro de un recipiente de lata para proporcionar transporte inmediato a los paracaidistas. Por cierto, que el diseño de esta máquina era una copia de una DKW, proporcionado en 1939 a la Royal Enfield por un importador holandés de aquellas máquinas alemanas, a quien la DKW se negaba a suministrar hasta que despidiera a sus empleados judíos.

Mientras que Triumph trabajaba desde su «Tin Tabernacle» después de que

Esta Conti GT 250 ejemplifica la trayectoria de Royal Enfield después de ser absorbida por el Smith Group. Esta firma invirtió grandes sumas en los modelos de 250 cc para las carreras de GP.

su fábrica de Coventry fuera destruida, Royal Enfield utilizó durante la guerra unas instalaciones subterráneas conocidas como «The Cave» (La Cueva), que estaba situada en Bradford-on-Avon, en Inglaterra.

Cuando terminó la guerra, la firma continuó trabajando en sus instalaciones subterráneas. Además, Royal Enfield volvió a comprar al ejército buena parte de su producción de guerra, motocicletas que una vez remozadas volvió a poner en el insaciable mercado de posguerra.

El primer nuevo modelo de Royal Enfield fue una bicilíndrica paralela de 500 cc diseñada por Ted Pardoe y concebida para competir con la Speed Twin de Triumph. La Royal Enfield de 25 CV y 500 cc incorporó el sofisticado y ro-

Como las motocicletas de otros grandes fabricantes, las Royal Enfield más grandes se vendían con estos voluminosos carenados Airflow, con guardabarros a juego. La de la foto es una Crusader 250 de 1958.

busto brazo basculante y suspensión trasera de la Trials Bullet de 346 cc. La 500 también disponía de horquilla telescópica con baño de aceite. La 500 se siguió fabricando hasta 1958, año en que fue sustituida por una versión de 750 cc que estuvo en producción hasta principios de los años setenta. La 500 se exportó a los Estados unidos en grandes cantidades. Allí también se comercializó con el logotipo de Indian.

La suspensión trasera de Royal Enfield con brazo basculante desempeñó un

La compañía introdujo la Interceptor 736 cc en 1964 en forma de prototipo. Derivada de la Meteor, la Interceptor bicilíndrica se fabricó hasta 1970.

papel fundamental en los éxitos que la compañía consiguió en pruebas de trial en los ISDT de 1951 y 1953. La Bullet 350 fue pilotada con gran éxito por la estrella del trial Johnny Britain, convirtiéndose en la motocicleta de referencia en trial a principios de los años sesenta.

La gama de Bullet fue el mayor éxito de ventas de Royal Enfield, pero para hacernos una idea del volumen de ventas de la firma, diremos que en trece años tan sólo se fabricaron 9.000 unidades.

Al mismo tiempo, en 1952 la producción de Royal Enfield era muy variada, incluyendo un modelo de 125 y dos tiempos, y la bicilíndrica Meteor de 692 cc. Con la desaparición de Vincent,

la Meteor se convirtió en la motocicleta más grande fabricada en el Reino Unido, y ganó popularidad al convertirse en la motocicleta preferida para uso con sidecar. También tenía cierta tendencia a perder algo de aceite y a vibrar a altas velocidades. A pesar de todo, la Meteor tuvo muchos éxitos en su versión para carreras de resistencia, sobre todo en manos de Syd Lawton. Un par de años después, hicieron su debut nuevas monocilíndricas ohv de 250 cc, que a su vez fueron sustituidas en 1957 por los modelos Crusader, con caja de cambios de cuatro velocidades integrada en el motor.

En 1964, los modelos de la gama más

alta eran las Crusader Sport (129 km/h) y las Continental GT de cinco velocidades. Esta última deportiva fue muy popular entre el público más joven, que sacaba provecho al límite de 250 cc para los pilotos noveles.

Esta motocicleta suponía un trampolín para la Meteor Minor 500 cc bicilíndrica, disponible con un nuevo diseño realizado en el túnel aerodinámico y provista de carenado Sportflow, que era una versión más pequeña del Airflow de fibra de vidrio que se colocaba en las máquinas mayores.

A comienzos de los años sesenta, la industria motociclista británica había entrado en recesión, y la línea Bullet se

dejó de fabricar en 1962, cuando Royal Enfield fue absorbida por el Smith Group.

Esta compañía realizó una fuerte inversión en el modelo de carreras GPS 250 cc y en la Turbo de 250 cc con motor Villiers. Pero en 1967, la fábrica cerró y todo el material y equipo de fabricación de la Bullet de 350 y 500 cc se vendió a la firma india Madras, que en seguida reanudó la producción.

Desde 1968, la compañía sobrevivió como Enfield Precision bajo el control de la Norton Villiers, trabajando en Bradford-on-Avon, Inglaterra.

La Meteor evolucionó convirtiéndose en la Interceptor bicilíndrica de 736 cc, que logró una gran reputación, pero fue el último producto de la firma. Sin embargo, desde 1970, Enfield Precision se dedicó en exclusiva a contratos con el ejército, y su última remesa de motores bicilíndricos se instaló en bastidores Rickman.

Las Royal Enfield fabricadas por Madras todavía se venden en el Reino Unido, y aunque la calidad no es la misma de antes, el volumen de ventas es mucho mayor que en los días de apogeo, cuando se fabricaba en el Reino Unido. La Bullet demostró ser lo bastante dura para soportar las condiciones de las carreteras en la India, y entre sus características actuales incluye sistema eléctrico de 12 voltios y toda clase de indicadores.

ROYAL ENFIELD JF   1936

Es un error común creer que la culata multiválvula es un invento moderno: igual que otras motocicletas, la Royal Enfield JF de 1936 tenían cuatro válvulas en la culata de su motor monocilíndrico de 499 cc.

La JF fue muy popular debido a la suavidad de sus transmisión y a lo económico de su motor. Sin embargo, la culata multiválvula era más cara de fabricar que una culta convencional provista de tan sólo dos válvulas, por lo que se dejó de producir para reducir costes. Como era de suponer, el modelo de dos válvulas no tenía el brío ni la suavidad de su predecesor. La JF disponía de bastidor rígido, varillas empujadoras total-

mente ocultas y un tubo de escape cromado acabado en cola de pez.

Motor: monocilíndrico, 499 cc, refrigerado por aire
Potencia: 19 CV
Caja de cambios: 3 velocidades
Transmisión secundaria: cadena
Peso: 165 kg
Velocidad máxima: 128 km/h

El modelo JF de 1936 era una máquina monocilíndrica de 500 cc provista de culata con cuatro válvulas, lo que permitía una transmisión de la potencia mucho más suave y un consumo menor.

ROYAL ENFIELD TRIALS BULLET

AÑOS CINCUENTA

La compañía comenzó a fabricar los nuevos modelos Bullet en 1949, y la línea duró hasta 1963, aunque en el año 2000 el modelo estándar de 346 cc lo sigue fabricando la firma Madras. Su motor con un solo cilindro de aleación y distribución ohv estaba equipado con depósito integral de aceite, igual que los modelos de antes de la guerra, colocado en la parte posterior del motor. La gama Bullet se basaba en un nuevo bastidor con suspensión trasera por brazo

basculante, que demostró tener mucho éxito en las máquinas *off-road*. La Trials Bullet estaba equipada con una suspensión diferente y horquilla telescópica, frenos de tambor de pequeño diámetro, tubo de escape alto, un diseño especial en los guardabarros, llantas y neumáticos, y un motor especialmente puesto a punto.

Esta motocicleta de trial fue una de las que más éxitos obtuvo en los años cincuenta.

Esta Trials Bullet de 350 cc del año 1959 tenía horquilla telescópica con doble baño de aceite y suspensión trasera por brazo basculante, lo que la convertía en una excelente máquina.

Motor: monocil., 346 cc, refrig. por aire
Potencia: 17 CV
Caja de cambios: cuatro velocidades
Transmisión secundaria: cadena
Peso: 141 kg
Velocidad máxima: 105 km/h

ROYAL ENFIELD CONTINENTAL

1964

La efímera Continental GT apareció en 1964, y estaba basada en los modelos Crusader 250 de 1956 y Crusader Sports Continental. Estaba diseñada como motocicleta deportiva sin grandes prestaciones, una típica café-racer del período, e hizo las delicias de los aficionados. Su atractivo residía tanto en lo práctico del modelo como su estética. Contaba con manillares muy bajos de competición, un depósito basado en los modelos de carreras y tubo de escape completamente recto. Con una velocidad máxima de 138 km/h, la Continental GT podía dejar atrás con facilidad a cualquier escúter de la época, y a pesar de eso, era un modelo permitido para noveles.

La caja de cambios de cinco velocidades de la Continental fue reemplazada en 1966 por una nueva versión con seis velocidades, pero el modelo fue abandonado por completo cuando al año siguiente la firma fue absorbida por Norton Villiers.

Motor: monocil., 248 cc, refrig. por aire
Potencia: 26 CV
Caja de cambios: 5 y 6 velocidades, pedal
Transmisión secundaria: cadena
Peso: 136 kg
Velocidad máxima: 138 km/h

La Continental GT de 1964 fue la culminación de una gama de modelos con motor de diámetro mayor que la carrera, 250 cc, un solo cilindro y cinco velocidades. La gama había comenzado en 1956 con el Crusader Sports.

RONDINE
Italia (San Martino) 1952-1957. Motocicletas ligeras con motor Sachs de 125 y 150 cc.

RONDINE
Italia 1968-comienzos de los años setenta. Modelos *off-road* de competición con motores de dos tiempos y 48 cc.

ROSELLI
Italia 1899-1910. La original Lilliput tenía un motor de 1 CV colocado delante de los pedales. Las máquinas posteriores aumentaron su potencia a 2,5 CV.

ROSSLER & JAUERNIGG
Austro-Hungría (Aussig) 1902-1907. Estaban propulsadas por motores propios de un cilindro y bicilíndricos en V de 2 y 4 CV. Los bastidores eran elásticos.

ROTARY
Japón principios de los cincuenta-1961. Modelos de 2T y 125 cc.

ROUSSEY
Francia 1948-1956. Inicialmente, fabricaba un motor auxiliar, posteriormente moto ligeras de hasta 175 cc y un escúter refrigerado por agua.

ROVETTA
Italia (Brescia) 1900-1906. Giovanni Rovetta diseñó varias máquinas, además de motores refrigerados por agua y un motor auxiliar.

ROVIN
Francia 1920-1934. Roual de Rovin comenzó con motores de 2T y 100, 125 y 175 cc, y en 1924 diseñó un motor de 2T y tres pistones con bomba de aceite, especial para modelos de carreras. En 1929, compró la San-Sou-Pap y añadió a línea motores de 4T, con JAP y MAG de 500 cc. También fabricó motocicletas para batir marcas, coches ligeros y hasta compitió personalmente con algunas de sus máquinas.

ROVLANTE
Francia 1929-1935. Motos ligeras de 2T y 100 y 125 cc.

ROWILL
Francia (Rouen) años cincuenta. Estos ciclomotores estaban provistos de motores Vap y Scoutex.

ROYAL ENFIELD

LA BULLET (NINGÚN aficionado necesitará una descripción) es una de las más grandes y a la vez subestimadas motocicletas del mundo: prácticamente indestructible, dócil hasta en las peores carreteras, extraordinariamente atractiva e infinitamente reparable. Con un consumo declarado de 3,8 litros a los 100 km, es una antiguo fósil viviente, un recordatorio de por qué, en otro tiempo, las motocicletas británicas dominaban en el mundo, y también de por qué fueron perdiendo terreno frente a las marcas japonesas.

En 1955, la Madras Motor Company comenzó a importar motocicletas Royal Enfield Bullet completas a bajo precio; con el paso del tiempo, cada vez se fueron fabricando en la India más componentes del modelo, hasta que finalmente toda la motocicleta se producía en el país asiático. Cuando Royal Enfield dejó de fabricar motocicletas en Gran Bretaña (1971), la Bullet siguió en producción en India.

La compañía ha llegado incluso a afirmar que «hoy en día la suya es la única motocicleta británica que se fabrica en el mundo», lo que resulta un poco exagerado.

A comienzos del nuevo milenio, incorporó algunas innovaciones, como el sistema eléctrico de 12 voltios, pero la Bullet seguía siendo básicamente el mismo modelo que en 1955 se exportó a India,

más de cuarenta años atrás. La Bullet conservaba todas las virtudes, y también todos los defectos, de una clásica monocilíndrica británica de los años cincuenta. Su inconveniente más serio: era inconcebiblemente lenta en comparación con otras motocicletas fabricadas un par de décadas más tarde. Su motor de 346 cc (única versión en fabricación hasta los años ochenta) era, y es, un monocilíndrico de dos tiempos con un largo recorrido (70 × 90 mm) y dos válvulas, con una relación de compresión de tan sólo 7,25:1, lo que le proporcionaba una potencia de 18 CV a 5.625 rpm, para un peso de 163 kg. Desde luego, no son las prestaciones de una superdeportiva.

El segundo indicio que delata la edad del modelo es la frecuencia con que necesita ser revisada: era necesario, por ejemplo, ajustar los balancines y limpiar el mecanismo del interruptor de contacto cada 800 km; y una vez al mes, o cada 2.000 km, se hacía precisa una lubricación general.

La Bullet tenía además su propia idiosincrasia: aunque el cambio de marchas estaba en el lado derecho, el mercado americano lo había estandarizado en el lado izquierdo.

Su funcionamiento era primero hacia arriba y después hacia abajo, es decir: uno hacia arriba, tres hacia abajo, cuando muchos usuarios esperaban uno

hacia abajo y tres (o cuatro) hacia arriba. En caso de no haber bastantes neutras, el modelo disponía también de un selector de neutra accionado con el talón.

La compañía actualizó el modelo, aunque lentamente. Con la introducción del sistema eléctrico de 12 voltios, también se mejoraron los frenos, que finalmente utilizaron doble zapata delantera. En 1984, respondiendo sobre todo a las demandas de los distribuidores, se comenzó a fabricar una versión de 500 cc, con una diámetro de 84 mm (todavía con el diámetro menor que la carrera). El aumento de potencia del nuevo motor fue menos del que

Esta Bullet de 1986 conserva aún el aspecto de su antepasada inglesa, fabricada un tercio de siglo antes, y seguía siendo igual de deliciosa de pilotar.

cabría esperar: tan sólo un 22 por 100 más, lo que suponía 22 CV, si bien a un régimen de tan sólo 5.400 rpm, con una relación de compresión muy baja (5,5:1). Sin embargo, el par motor se incrementó en más de un 27 por 100, lo que proporcionaba una transmisión de la potencia extraordinariamente suave y una velocidad máxima de algo más de 125 km/h (5 km/h más que la versión anterior). En fecha tan temprana como 1990, hubo ya un prototipo con distribución ohc, aunque tan sólo en la cilindrada de 250 cc.

Antes de los años noventa, nada de esto importaba mucho, ya que la firma nunca había tenido que competir a la hora de vender sus productos. Sin embargo, con la liberalización del comercio indio, los clientes ya no estaban dispuestos a esperar (a veces durante meses) para adquirir una Bullet, cuando podían, sencillamente, comprar otra motocicleta, a menudo de una marca japonesa.

Con el fin de aumentar su competitividad, la compañía fue creando progresivamente toda una red de contactos, entre los que se contaba el legendario nombre de Fritz Egli en Suiza, que estuvieron de acuerdo en fabricar versiones más rápidas del motor, con cilindradas de 535 y 642 cc. La caja de cambios también se pasó al lado izquierdo, de

Una Bullet 350 de 1995, con guardabarros de trial, neumáticos de tacos y sillín individual. No hay que descartar la posibilidad de que esta motocicleta alcance su centenario en 2055.

modo que las marchas fueran «al revés» (una abajo, tres arriba).

Otras estrategias incluían la investigación de una transmisión de cinco velocidades de la firma Criterion Engineers del Reino Unido, y, lo que pareció una herejía, el asesoramiento por parte de estilistas. El desafío actual consiste en mantener el atractivo clásico de la Bullet, incorporando a la vez las innovaciones necesarias, y en concreto, reducir sus necesidades de mantenimiento. Actualmente, se diría que la motocicleta vivirá para celebrar su centenario. Si en el lejano año 2055 todavía en algún lugar del mundo se fabrican motocicletas que utilicen motores de combustión interna que funcionen con la vieja gasolina, apostaríamos a que la idolatrada Bullet será una de ellas.

RUDGE

LA RUDGE BICYCLE FACTORY llevaba cuatro décadas produciendo cuando fabricó el primer prototipo de motocicleta en 1910. La compañía se había fundado en Wolverhampton en 1868, pero (como proclamaba orgullosamente su logotipo) las motocicletas se fabricaban en Coventry. En realidad, unas cuantas se fabricaron en Hayes durante los últimos años en que la firma inglesa produjo motocicletas, pero esto no es más que un comentario curioso.

Para tratarse de tan legendaria compañía, fabricó muy pocos modelos, e incluso aquellos que le dieron fama solían actualizarse con tan sólo una o dos innovaciones añadidas al conservador (y hasta diríamos anticuado) diseño original. Las primeras Rudges, diseñadas por John Pugh, eran rápidas y muy bien construidas, aunque no muy originales. Las monocilíndricas de 500 cc presentaban válvula de admisión por encima de la de escape, lo que por entonces se consideraba una tecnología moderna, sin llegar a ser innovadora. El diámetro del cilindro era algo menor que la carrera (85 × 88 mm, lo que le daba una cilindrada de 499 cc). Igualmente, las horquillas elásticas eran modernas, pero su uso ya se había generalizado a muchas otras marcas y modelos. En cambio, el mecanismo de arranque sí era novedoso: unos pedales, conectados al motor por medio de cadena, se utilizaban para arrancar el motor, después de lo cual podía plegarse y quedaban recogidos, sirviendo de reposapiés.

Las Rudges se convirtieron en foco de atención cuando, el 25 de mayo de 1911, Victor Surridge consiguió completar el circuito de Brooklands a 107

El diseño de la culata de esta «Special» de los años treinta se aprecia con claridad en este primer plano: una buena refrigeración añadía prestaciones al modelo.

km/h y cubrió 97,5 km en una hora. Fue la primera motocicleta de 500 cc en conseguir algo así. Ese mismo año, Rudge presentó varias máquinas a la TT Senior de la isla de Man, y aunque sólo dos terminaron (vigésimo primera y vigésimo segunda posiciones), aquel fue el anuncio de la primera Rudge verdaderamente legendaria, la Muti, con su engranaje de multiplicación regulable (gracias a un motor de diámetro variable y poleas en la rueda trasera). En realidad, ni siquiera este modelo era totalmente nuevo: la famosa «molinillo de café» de Zenith, la Gradua, ya presentaba un mecanismo parecido desde 1908.

Después de la introducción de la Multi, hubo muy pocos cambios durante la menos una década, debido, en parte, a la

Esta Rudge «Rapid» de 1937 data de los días del declive y caída de esta compañía, en otro tiempo importante. Aún así, se trataba de un modelo atractivo y relativamente rápido.

Primera Guerra Mundial, y además (como ocurrió con muchas otras compañías) porque su situación económica era muy delicada y no había dinero suficiente para introducir innovaciones. Una segunda posición en la TT Senior de 1913 ayudó, pero ni siquiera la victoria de Cyril Pullin en la Senior de 1914 logró animar las ventas de la firma, dado el estado de la industria motociclista durante los cinco años siguientes. En vísperas de la guerra, apareció una bicilíndrica en V, pero el proyecto no llegó a cuajar, y tras la declaración de paz, la Multi monocilíndrica con válvula de admisión sobre la de escape siguió vendiéndose con cilindradas de 499 y 750 cc.

Por definición, la Multi dependió de la transmisión a correa, y a comienzos de los años veinte, este sistema ya se consideraba anticuado, de manera que Rudge dio otro gran salto hacia delante, lanzando la Four en 1924. El número cuatro (four) se refería tanto al número de válvulas en la culata como a las velocidades de la caja de cambios; ambas cosas dieron al modelo una considerable ventaja sobre los modelos de competición de dos válvulas y tres velocidades. En realidad, la caja de cambios de cuatro velocidades había aparecido un año antes en una bicilíndrica en V de 998 cc, pero Rudge siempre fue más conocida por sus monocilíndricas, sobre todo las de 85 × 88 mm. Las primeras Fours tenían válvulas paralelas, pero en 1927 las de competición ya incorporaban válvulas de escape dispuestas radialmente, lo que facilitaba el fluido de los gases y aumentaba la superficie de las válvulas. Estos modelos incluían depósitos sobre el tubo superior del bastidor, lo que les daba un aire mucho más moderno. Fue la versión de 1928 la que ganó el Grand Prix del Ulster de 1928 por tan sólo 183 metros, estableciendo un récord de velocidad de 128,87 km/h (primera victoria en una carrera internacional de ese tipo en que se superaban los 129,75 km/h, lo que originó el nombre de la más famosa entre las Rudge, la Ulster).

El diseño de este motor aún se desarrolló más, con capacidades de entre 250 y 500 cc, modelos que marcaron el momento álgido de la firma. En su versión de 250 cc y provista de válvulas radiales sobre la culata semiesférica, las Rudge lograron la primera y segunda posiciones en la TT de motos ligeras de la isla de Man, celebrada en 1931, y hubieran conseguido también la tercera si en la motocicleta del jefe de carrera (Ernie Nott) no se hubiera aflojado una contratuerca del balancín en la última vuelta, cuando llevaba cuatro minutos de ventaja a su compañero de equipo Graham Walker. Sin herramientas con que apretarla, la mantuvo en su sitio sujetándola con el dedo hasta el final de la vuelta. Aún así, terminó en cuarta posición.

El diseño auténticamente radial (con un verdadero bosque de balancines) se utilizó únicamente en los modelos de 250 y 350 cc, mientras que la 500 cc conservó un diseño híbrido, con válvulas de admisión paralelas y las de escape abiertas en abanico. Hubo también un modelo de dos válvulas laterales y 250 cc, anunciado en 1929 con el reclamo: «logrará 80 km/h y se mantendrá a 64 km/h indefinidamente», lo que estaba bastante lejos de la leyenda Ulster. Rudge no sólo vendió sus excelentes motocicletas, sino también motores de cuatro válvulas comercializados con el nombre Python para otros fabricantes tanto en Inglaterra como en el extranjero.

Lamentablemente, el mundo de las carreras resultaba demasiado caro, e incluso cuando Rudge se encontraba en su momento álgido, se vio inmersa en

una suspensión de pagos y dicen que estuvo a punto de ser comprada (lo que no parece muy probable) por His Master's Voice, la compañía fabricante de radios y gramófonos. Para su eterno buen nombre, HMV siguió fabricando motocicletas de gran calidad, que comenzaban a mostrar detalles técnicos tan sofisticados como lubricación por presión, pedal de cambio con tope de fin de carrera y sistema de válvulas encerrado bajo una cubierta. Pero después de la temporada de 1932, la firma no volvió a participar en carreras oficiales. El Graham Walker Syndicate formado por Graham Walker, Ernie Nott y Tyrell Smith, compitieron con motocicletas

Rudge pero como un equipo privado en los años 1933 y 1934, y Tyrell Smith siguió haciéndolo (con éxito) en 1935, pero el fin de los días de gloria de Rudge se selló en la temporada de 1936 con la muerte de John Pugh, que había sido el puntal de la compañía desde que ésta comenzara a fabricar motocicletas.

A pesar de eso, aparecieron nuevos proyectos: una ohc de 350 cc, y otra ohv de 250 cc (sólo con dos válvulas), diseñadas como posibles modelos «Don R» para el ejército. También hubo un autociclo de 98 cc con motor Villiers de dos tiempos, pero que al final se vendió como modelo de Norman, no de Rudge.

Lo atrevido de este modelo TT de 1930 queda patente si observamos el tamaño de los frenos, temerariamente inadecuados a los ojos de cualquier piloto moderno.

A pesar del potencial militar de la motocicleta de 250 cc, la Segunda Guerra Mundial acabó definitivamente con la fabricación de las motocicletas Rudge. La compañía se dedicó a producir aparatos de radio durante la guerra. Con todo, durante los 28 años es que estuvieron en producción, las Rudge fueron unas de las estrellas en el firmamento de las motocicletas.

RUDGE MULTI
1911

Las marchas de la Multi funcionaban de una manera sencilla pero ingeniosa. El motor y las poleas de la rueda trasera tenían dos rebordes que se cruzaban en forma de V y en los que se insertaba la correa de la transmisión. Si ambos rebordes se acercaban, el diámetro de la polea aumentaba; si se separaban, disminuía. Mediante este ingenioso siste-

ma, el diámetro real de las dos ruedas podía variarse de tal manera que la tensión de la correa se mantenía constante, pues al tiempo que una aumentaba, la otra disminuía, lo que proporcionaba las distintas relaciones de transmisión.

El cambio se accionaba con una palanca manual de amplio radio. Aunque en teoría la relación de transmisión

era infinitamente variables (dentro de los límites de diámetro máximo y mínimo de ambas poleas) un conjunto de muescas fijas en la palanca de cambios permitía poner ciertas relaciones sin necesidad de que el piloto mantuviera la mano sobre la palanca.

Algunos historiadores han especulado innecesariamente acerca del número

exacto de muescas, pero la verdad, que se sepa, es que rondaban entre las 19 y 23, y que nadie puede ya decir si el número obedecía a preferencias personales, al tipo de motor, o sencillamente a la casualidad. Lo último es lo más probable, pues la diferencia entre 19 y 23 pasos sería, en realidad, totalmente irrelevante.

Motor: monocilíndrico ioe, 499 cc
(85 × 88 mm), refrigerado por aire
Potencia: no especificada
Caja de cambios: infinitamente variable
Transmisión secundaria: correa
Peso: no especificado
Velocidad máxima: no especificada

**La Multi apareció en 1911, y en 1922 todavía se fabricaba.
La gama total de marchas (infinitamente variable),
seleccionadas por una palanca colocada junto al depósito, no tenía tantas como
su nombre puede sugerir.**

RUDGE FOUR
1924

El impacto de la Four con transmisión enteramente a cadena, después de tanto tiempo con el modelo Multi (de 1911 a 1923), debió de ser enorme. Las primeras máquinas todavía tenían depósito plano y no era ése el único detalle obsoleto: cajas de cambios separadas del motor, freno sobre la llanta totalmente decorativo colocado en la parte trasera de la rueda, bastidor rígido en su parte trasera, lubricación por aceite perdido y mecanismo de distribución de válvulas totalmente al aire. Pero los dos tubos de escape de gran diámetro que desde el cilindro vertical discurrían uno a cada lado de la máquina eran muy llamativos, como lo era también el silenciador de aluminio fundido en el que podía verse la leyenda «RUDGE FOUR».

La «Four» debía su nombre, lógicamente, al número de marchas (algo muy infrecuente en aquellos días, cuando tres marchas era la norma incluso entre las deportivas).

La Four se introdujo en versiones de 350 y 500 cc, y sería una versión de 350 cc con la que Col y Mrs. Stewart cubrieron la distancia de 2.093,98 km en 24 horas, con una velocidad media de 87,24 km/h, gesta que sirvió para romper todo un rosario de marcas. Sin embargo, la 350 cc fue descartada al año siguiente, dejando tan sólo la 500 cc.

Motor: monocilíndrico ohv, 499 cc
(85 × 88 mm), refrigerado por aire
Potencia: 25 CV aproximadamente
Caja de cambios: 4 velocidades, palanca manual
Transmisión secundaria: cadena
Peso: no especificado
Velocidad máxima: 150 km/h

RUDGE ULSTER

Desde 1927, la Four ha tenido el depósito de gasolina colocado sobre la barra superior del bastidor y frenos de gran tamaño (para su tiempo). El nombre Ulster llegó con la victoria de Grand Prix obtenida en el Ulster en 1928, aunque el año más grande de este modelo (y de la firma Ridge) fue 1930, cuando ganó la TT del Ulster (Graham Walker), la TT de Holanda (Ernie Nott), el Grand Prix de Alemania (Tyrell Smith), el Grand Prix de Checoslovaquia (nuevamente Tyrell Smith) y las 200 millas en solitario de Brooklands (Ernie Nott). Esta última victoria se convirtió en un hito por tratarse de la primera vez que alguien ganaba las 200 millas de Brooklands logrando una velocidad superior a 160 km/h, con un promedio de 161,05 km/h.

Estas victorias estaban muy lejos de la posiciones segunda y tercera que

La más grande de todas las Rudge, aunque los devotos de la Multi no están de acuerdo: la inmortal monocilíndrica Ulster, que aquí vemos en la versión de 1936.

Rudge logró por toda Europa, y si bien no pretendemos menospreciar la pericia de los tres pilotos, el hecho de que las victorias estuvieran tan uniformemente repartidas sugiere que las motocicletas que los tres pilotaban tuvieron mucho que ver con sus éxitos.

Aunque Rudge contaba con una sensata política de ventas de réplicas de la Ulster, la compañía mantenía todavía un modelo que no era de competición, la 500 Special, que en realidad era una versión devaluada de la Ulster, a pesar de ser una máquina rápida para aquella época. La Ulster dejó de fabricarse en 1933.

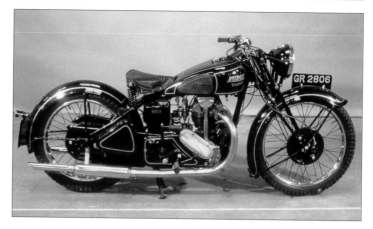

Motor: monocilíndrico ohv (85 × 88 mm), refrigerado por aire
Potencia: 33 CV aproximadamente
Caja de cambios: 4 velocidades, palanca manual

Transmisión secundaria: cadena
Peso: no especificado
Velocidad máxima: 170 km/h

RUMI

OFFICE FONDERI RUMI fue fundada por Donnino Rumi en Bérgamo, justo antes de comenzar la Primera Guerra Mundial.

Durante el período de entreguerras, la compañía produjo máquinas textiles, y durante la Segunda Guerra Mundial se especializó en el diseño y fabricación de un diminuto submarino para dos pasajeros y también torpedos, lo que explica que un ancla forme parte del logotipo de la compañía.

Después del conflicto, igual que hicieron otras firmas, como Agusta y Macchi, que habían fabricado equipo militar, Rumi comenzó a producir motocicletas.

El primer modelo tenía un motor de dos cilindros verticales en V, de dos tiempos, con cigüeñal a 180°. Con un volumen de gas desplazado de 124,68 cc

(42 × 45 mm), este motor se iba a convertir en el sello característico de Rumi a lo largo de toda su vida como fabricante de motocicletas y escúter.

En 1950, la compañía exhibía sus productos a un mercado internacional, tanto en la Exposición de Génova como en la de París, y al año siguiente Rumi hizo su debut deportivo en los ISDT (International Six Day Trial) de 1951.

En enero de 1952, la marca de Bérgamo lanzó una versión deportiva con doble carburador Dell'Orto, un motor puesto a punto y horquilla de resortes de marca patentada.

Rumi se dio a conocer con su escúter Formichino (hormiguita). Como las motocicletas, utilizaba un motor bicilíndrico horizontal de dos tiempos.

La Rumi Junior 125 Gentleman de dos cilindros era un modelo rápido de carretera o una motocicleta de carreras. Con el kit de competición, sobrepasaba los 160 km/h.

Con 8 CV a 7.000 rpm, Rumi declaraba una velocidad de 116 km/h. La deportiva sólo era el principio.

Pronto llegó toda una gama de nuevas motocicletas gracias a su ecléctico diseñador, Giuseppe Salmaggi.

Una de estas máquinas fue la bicilíndrica de competición con motor de 247,36 cc (54 × 54 mm) dohc con transmisión secundaria por eje. Otra fue el

primer escúter de Rumi, la Scoiattolo (Ardilla). Pronto siguieron a éstas una nueva 125 de competición, versión de 175 y 200 cc de la bicilíndrica horizontal de carretera con 125 cc. En 1954, llegó la Rumi definitiva, el escúter Formichino (Hormiguita).

Esta máquina se convirtió en un récord de ventas, y también ganó la carrera francesa de resistencia Bol d'Or en varias ocasiones. El motor que se utilizó para propulsar la Junior Gentleman (modelo híbrido entre deportivo y de carreras) le permitía alcanzar los 160 km/h con el kit de competición.

SANGLAS

ESPAÑA 1951–1981

DESDE LA FUNDACIÓN de la compañía en Barcelona en el año 1951 hasta su adquisición (y desaparición) por parte de Yamaha en 1981, el modelo más importante de Sanglas fue la monocilíndrica de 500 cc de aspecto sobrio, vendida sobre todo a la policía española.

Los primeros modelos de Sanglas incluían monocilíndricas ohv de 248, 347 y 423 cc, todas ellas con cajas de cambios de cuatro velocidades integradas en el motor y transmisión enteramente a cadena. La línea no experimentó muchos cambios hasta 1962, cuando la firma añadió (bajo el nombre comercial Rovena, no Sanglas) una gama de modelos con motores de dos tiempos fabricados por Zundapp e Hispano-Villiers con cilindradas que iban de los 49 a los 325 cc. Estos modelos se fabricaron hasta 1975. Desde 1978 hasta 1981, Sanglas produjo también una bicilíndrica de 392 cc con motor Yamaha. Fue esta alianza lo que pudo acabar con el proyecto de una monocilíndrica de cuatro válvulas y doble árbol de levas en la culata accionado por correa, y una impresionante cilindrada de 747 cc, cuya presentación se había planeado para el año 1978.

La Sanglas definitiva es la monocilíndrica 500S de 496 cc (89,5 × 79 mm), que desarrollaba una potencia de 32 CV

Derecha: La 500-S lucía orgullosa en su panel lateral que el modelo se detenía con frenos de disco.

Arriba y abajo: Una tardía pero «auténtica» y atractiva Sanglas (arriba): la monocilíndrica 500-S de 500 cc, del año 1978. Este fue el año de la alianza con Yamaha, cuyo fruto fue una efímera Sanglas 400 bicilíndrica, con motor Yamaha y aspecto verdaderamente pedestre (debajo).

SACHS
Alemania años treinta. Fitchel & Sachs comenzó fabricando motores para otras firmas a comienzos de los años treinta. Sus cifras de producción eran asombrosas. Sachs absorbió varias marcas a finales de los años cincuenta, entre ellas Hercules y Victoria. Su primera motocicleta la fabricó en 1980.

SACI
Brasil (Sao Paulo) 1959-años sesenta. Fabricó un escúter con motor Sachs de 175 cc y una motocicleta de trial.

SADRIAN
España 1956-1963. Fabricaba motos ligeras con motores Hispano-Villiers de 125 y 200 cc, y triciclos de reparto.

SALIRA
Bélgica 1955-principios de los sesenta. Motos propulsadas por motores Villiers de entre 100 y 200 cc.

SALSBURY
Estados Unidos 1946-mediados de los cincuenta. Uno de los escúter de posguerra con motor de válvulas laterales y 150 cc, con refrigeración por ventilador.

SALTLEY
Inglaterra 1919-1924. Ensambladora que producía motos con motores Villiers de 269 cc, Blackburne de 500 cc y Vulcanus de 350 cc.

SALVE
Italia (Milán) 1925-1926. Societa Automotociclette Lombardo Veneto-Emilia. Colocaba un motor propio de 496 cc y válvulas laterales de diseño avanzado en un bastidor moderno.

SANCHOC
Francia 1922-1924. Colocaba motores de dos tiempos en pequeñas motocicletas (de 100 a 250 cc) y de válvulas laterales para motores de hasta 350 cc.

SAN CHRISTOPHORO
Italia 1951-1954. Fabricaba motocicletas ligeras de 2T y 125 cc típicas de aquellos años.

S & G
Alemania (Nurnberg) 1926-1932. Scharer & GroB fabricó monocilíndricas de válvulas laterales y 350, 500 y 600 cc; entre sus modelos posteriores hizo motos de 2T y 175 y 200 cc. También fabricó triciclos de reparto.

a 6.700 rpm, suficiente para propulsar una motocicleta esbelta, permitiéndole alcanzar los 160 km/h, a pesar del peso añadido del arranque eléctrico. Las motocicletas policiales, como suele ocurrir, eran una versión más «suave», con 27 CV a 6.000 rpm y una velocidad máxima de 144 km/h. Su cilindro vertical con aleteado cuadrado es muy llamativo, pero el aspecto de la máquina mejora con las tradicionales ruedas de radios de alambre, en lugar de las llantas de aleación que se colocó en sus modelos S2; igualmente, los frenos de tambor de 180 eran mucho más atractivos que los discos de la S2.

Aunque eran máquinas de gran calidad y manejabilidad y tenían un diseño moderno en la fecha en que desaparecieron, estas grandes monocilíndricas

La S2 de 1980 se hubiera vendido mejor con un estilo retro que con su estilo moderno. Su diseño fue un vano intento por participar del mercado juvenil.

tenían un aspecto algo anticuado, y ofrecían más al mercado de los nostálgicos que al de los pilotos jóvenes, los amantes de la velocidad o al cliente que buscaba un modelo económico y funcional. Lamentablemente, la comercialización del modelo no fue muy perspicaz, quizá porque Sanglas había disfrutado de un mercado doméstico protegido del exterior durante demasiado tiempo. Estas máquinas merecían más fama de la que disfrutaron, pues no son muchas las monocilíndricas clásicas que ofrezcan una velocidad de 160 km/h.

SANYANG

TAIWÁN 1962

Basada en el scooterette Honda, la Sanyang 80KC8E contaba con el habitual motor monocilíndrico ohc de 72 cc con caja de cambios integrada de tres velocidades.

cleta preferida en las carreteras locales. En los años siguientes aparecieron modelos más sofisticados. Sin embargo, la oferta de la compañía siempre estuvo basada en la pequeña cilindrada, entre 50 y 125 cc, lo que adaptaba perfectamente al mercado del sureste asiático.

Los escúter se fabricaban con las mismas cilindradas que las motocicletas, y una vez en producción permanecían en el catálogo de la firma durante muchos años sin apenas modificaciones. A pesar de eso, fueron llegando innovaciones técnicas como encendido electrónico, arranque eléctrico, frenos de disco y bomba de lubricación en sus modelos de dos tiempos. Los cambios estéticos fueron mínimos, y se limitaron al trabajo de pintura, dejando intactos el resto de componentes.

ESTA ES OTRA MÁS de las firmas que comenzaron ensamblando piezas del bastidor para Honda. En Taiwán proliferaron las compañías dedicadas a este tipo de actividades realizadas para empresas japonesas. Al principio, su trabajo estaba limitado a tareas sencillas en las que utilizaba componentes fabricados en Japón, pero con el tiempo Sanyang fue extendiendo su actividad hacia tareas más complejas. Más tarde comenzó a fabricar algunos componentes muy específicos, con lo que adquirió los conocimientos necesarios tanto en producción como en montaje.

Las motocicletas llevaban su propio logotipo, pero, por lo demás, no pasaban de ser versiones pequeñas de modelos de la antigua gama Honda. Finalmente aparecieron los pequeños modelos de dos tiempos, pero la fiable scooterette, con su motor ohc y tres velocidades, siguió siendo la motoci-

Sanyang ofrecía la 125CB1 como su modelo de motocicleta de pequeña cilindrada. En esencia, se trata de una Honda CB125 con un motor ohc de 122 cc y cinco velocidades.

SAROLEA

BÉLGICA 1896–1963

Como su rival FN, Sarolea comenzó en la industria bélica. La fábrica producía armamento de precisión antes de pasarse a las bicicletas, y posteriormente a las

motocicletas. La firma fue fundada por Mainson Sarolen en la ciudad de Lieja en el año 1850, y llegó a convertirse en una de las compañías pioneras en la, en

otro tiempo, floreciente y próspera industria motociclista belga.

Igual que FN (y Minerva), Sarolea tuvo una gran campaña publicitaria en

el extranjero. Los primeros modelos estaban propulsados por una mezcla de motores monocilíndricos y bicilíndricos en V de hasta 750 cc, todos los cuales se

S & N
Alemania 1901-1908. Laurin
& Klement concedían licencia para
fabricar sus motos a S & N, además
de aportar parte de sus piezas.

SAN-SOU-PAP
Francia 1923-1936. «San soupapes»
(sin válvulas) hacía honor a la verdad
en las primeras máquinas
de 100 y 250 cc, pero no en los
últimos modelos JAP y MAG de 4T
con 250 y 500 cc.

SANTAMARÍA
Italia 1951-1963. Ciclomotores y
motos ligeras deportivas con motores
Sachs y Zundapp de hasta 150 cc.

SANYO
Japón 1958-1962. Estas deportivas
utilizaban motores propios de 250 cc.

SAR
Italia (Regio Emilia) 1920-1925.
La Societa Reggiana Motocicli
comenzó con una bicilíndrica plana
de 500 cc, en versiones Sport (ohv)
y Touring (válvulas laterales), el
primero con una velocidad de
150 km/h. En 1924, se añadió
un modelo monocilíndrico.

SAR
Alemania 1925-1930. Motos
de 2T y 125 y 200 cc. Algunos dicen
que comenzó a fabricar en 1928.

SARACEN
Inglaterra 1967-1973. Motos de
competición *off-road* con motores
Sachs de hasta 200 cc, y Mickmar
de 250 cc.

SARENKA
Polonia 1961-h.1970. Modelo de 2T
con motor DKW de 123 cc montado
en bastidor de acero estampado WSK.

SARTORIUS
Alemania 1924-1926. Pequeña firma
ensambladora con motores Kuhne:
197 cc de válvulas laterales para los
modelos utilitarios, y 350 cc ohv
para la moto de más prestaciones.

SATAN
Republica Checa 1929. Máquina
propulsada por motor inclinado de
550 cc de fabricación propia, ni se
vendía ni corría como el demonio.

SATURN
Inglaterra 1925-1926. Fabricaba
modestas monocilíndricas de 2T
y 350 cc, con motor propio.

SATURN
Alemania 1921-1927. Fabricaba
una interesante gama de productos,
desde un motor auxiliar de 150 cc
y válvulas laterales, hasta un 250 cc
de 2T, un 350 cc ohv y un 500 cc
con válvulas laterales y dos cilindros
en V.

compraban a otras firmas. Después de
la Primera Guerra Mundial, la firma lanzó una gran ofensiva publicitaria, y para
promocionar sus modelos decidió entrar
en el mundo de la competición. Su primer éxito importante llegó en 1923,
cuando Sarolea ganó no sólo la prestigiosa carrera de resistencia Lieja-Niza-Lieja, sino también el Grand Prix de
Bélgica. Este triunfo se logró con un
modelo monocilíndrico ohv con cilindro vertical, la 23M, que logró una sonada victoria en el Giro de Italia, una
carrera muy exigente en la que participaban la mayoría de los fabricantes
europeos. El piloto italiano Guido Premoli logró con su 23M una victoria
enormemente popular, con Luigi Arcangeli en tercera posición, Erminio Visoli
séptimo, Dall 'Oglio decimotercero y
Gambarini decimoctavo. Sarolea ganó
además el premio por equipos.

Durante 1925, Sarolea dominó totalmente la competición doméstica, ganando el título nacional, además de otras 23
carreras importantes en Italia. Nuevamente, la base de este triunfo fue el
motor de probada calidad con un cilindro vertical, 493 cc (80,5 × 97 mm), con
carrera larga, varillas empujadoras y
caja de cambios de tres velocidades
separada del motor y con cambio por
pedal (esto último no era muy normal
en aquellos días). Otras características
de la 23M de carreras eran bastidor de
cuna simple hecho de tubos de acero,
parte trasera rígida y suspensión delan-

**La primera motocicleta de carreras
de Sarolea que se hizo famosa fue
la 23M 500 monocilíndrica,
de mediados de los años veinte. En la
foto se muestra la monocilíndrica de
competición de 350 cc, del año 1936.**

tera, además de frenos de tambor en
ambas ruedas.

La última creación de carreras de la
marca llegó en 1926, cuando Sarolea
envió un equipo oficial para competir en
el Tour de Italia. Después de dominar
ampliamente en las cuatro primeras etapas, las Sarolea fueron apartadas de la
carrera por gente de la localidad que
arrojó clavos en la carretera. A pesar de
todo, los belgas lograron ganar el Gentleman's Championship italiano (para
versiones de modelos estándar) celebrado ese año. Sarolea anunció entonces su retirada de la competición.

Todos sus éxitos en las carreras hicieron que el nombre de Sarolea se oyera
en todas partes, al menos en Europa, y a
partir de entonces, cada año se vendieron más de 20.000 máquinas hasta finales de los años veinte. Después, en octubre de 1929, llegó la Depresión,
provocada por la caída de Wall Street en
Nueva York. Sarolea , como otras com-

**Durante muchos años, Saroela fue
una de las grandes compañías
europeas fabricantes de motocicletas,
tanto para carretera como para pista
de carreras. La monocilíndrica ohv
de 493,6 cc data de 1933.**

pañías europeas, resultó muy afectada
por la recesión económica. Sin embargo, gracias a una gestión sensata, logró
sobrevivir, y en 1932 presentaba un
modelo utilitario de dos tiempos fácil
de fabricar y muy asequible. Sarolea no
había olvidado su pasado deportivo, y
continuó fabricando motocicletas como
la Monotube, una monocilíndrica de
500 cc y grandes prestaciones con un
motor ohv y una velocidad máxima de
128 km/h.

Con un horizonte lleno de nubarrones, los ingenieros de Sarolea empezaron a diseñar motocicletas militares para
el ejército belga, incluida una 980 cc de
válvulas laterales y dos cilindros horizontalmente opuestos, que podía usarse
sola o con sidecar. Después de 1945,
Sarolea continuó fabricando sus tradicionales monocilíndricas ohv de hasta
600 cc, y en 1950 se introdujo una nueva serie de modelos liderada por una
bicilíndrica paralela de cuatro tiempos
y 498 cc. En el otro lado de la gama se
encontraba una práctica motocicleta
ligera de 125 cc y dos tiempos.

A mediados de los años cincuenta,
Sarolea estaba comenzando a pasar por
problemas, por lo que llegó a un acuerdo en 1955 con las fábricas belgas FN y
Billet-Herstal. En 1956 se lanzó un ciclomotor con motor alemán Ilo de dos tiempos y 49 cc. En 1960, después de nuevos
problemas financieros, Sarolea se fusionó con Gillet-Herstal. La fabricación de
motocicletas Sarolea terminó en 1963.

SCOTT

ESTA FIRMA COMENZÓ a fabricar motocicletas en 1908, al principio en las instalaciones que tenían en Bradford los hermanos Jowett, que más tarde se harían famosos por sus coches. Las primeras Scott utilizaban un bastidor patentado, cuyo diseño permanecería inalterado hasta 1930, y un nuevo motor de 333 cc con refrigeración líquida, dos tiempos, dos cilindros paralelos, que desde entonces quedaría asociado al nombre Scott (algunos de los primeros modelos tenían refrigeración por aire).

Alfred Angas Scott fue un genio con espíritu emprendedor y uno de los grandes innovadores en los primeros años del motociclismo. En fecha tan temprana como 1897, ya había patentado un tipo de freno de pinza, un bastidor triangular, válvulas rotativas de admisión (el equivalente de las modernas válvulas en motores de dos tiempos), una caja de cambios integrada en el motor, el primer pedal de arranque y muchas otras cosas. La patente de su primer motor es del año 1904. Este motor bicilíndrico de dos tiempos iba instalado en su bicicleta Premier, e incluso sirvió para propulsar un pequeño barco, el Petrel.

El motor Scott original de 330 cc no tardó en ver aumentada su cilindrada a 450 cc, con versiones posteriores de 498 y 596 cc. Todos ellos respetaban el diseño «clásico» Scott, con cigüeñal de dos rodamientos y la transmisión conectada a un volante central. El líquido refrigerante circulaba a través de un gran radiador en forma de panal (otra patente de Scott) con efecto natural termosifónico en lugar de bomba.

Para cuando la compañía se trasladó a sus nuevas instalaciones de Shipley en 1912, la «dos tiempos aulladora» había conseguido ya toda una sucesión de éxitos deportivos. Las bicilíndricas de Scott habían demostrado, medio siglo antes de que lo hicieran las japonesas, que la ligereza y simplicidad de los motores de dos tiempos eran características a tener muy en cuenta. Además de innumerables victorias en pruebas de trial y ascenso, las máquinas Scott ganaron la TT Senior de isla de Man en

1912, y otra vez en 1913, pilotadas por Frank Applebee y Tim Wood respectivamente.

Las primeras Scott utilizaban una sencilla y eficaz transmisión. La primera máquina con tres velocidades apareció en máquinas TT en 1926, y posteriormente en modelos de carretera tanto de 498 como de 596 cc. Sin embargo, cuatro años antes el propio Alfred Scott había muerto con tan sólo cuarenta y ocho años a causa de una neumonía contraída mientras practicaba espeleología.

El genio de Alfred Scott todavía está presente en muchos de los detalles que en las modernas motocicletas pasan inadvertidos, como esta primera palanca de arranque, que data de 1910.

Aunque la atención de Scott se había ido concentrando progresivamente en proyectos ajenos al mundo de las motocicletas, con su muerte, gran parte de la iniciativa de la firma desapareció, y Scott empezó a tener problemas por la competencia, cada vez más agresiva, de los motores de cuatro tiempos. En 1931 se hizo llamar al síndico de quiebras.

Albert Reynolds, un industrial de Liverpool, se propuso salvar la compañía, pero Scott, subcapitalizada, nunca llegó a recuperarse de sus problemas financieros y de la pérdida de su líder. Los planes para el lanzamiento de una bicilíndrica de 650 cc nunca llegaron a cuajar. Sí llegó a las cadenas de montaje un proyecto aún más ambicioso: una tricilíndrica de dos tiempos y 986 cc, aunque sólo se fabricaron unas cuantas unidades. En 1938 apareció una Clubman's Special de 596 cc; aunque su velocidad máxima de 144 km/h despertó cierto interés, el estallido de la

Una Scott de los años treinta. Este período estuvo plagado de dificultades para la compañía, empezando con la visita del síndico de quiebras en 1931. La marca nunca llegó a recuperarse.

guerra impidió que llegara a las calles.

La producción de la Flying Squirrel de 596 cc con bastidor rígido continuó después de la guerra. Por desgracia, en aquellos momentos llevaban la batuta los modelos bicilíndricos paralelos de cuatro tiempos, de manera que las ventas fueron más bien escasas y la producción se interrumpió antes de un año. A pesar de todo, la historia no termina aquí. Cuando la famosa fábrica de Shipley cerró, los derechos de Scott pasaron a la compañía Aerco Jigs and Tools, de Matt Holder, con sede en St. Mary's Row, Birmingham.

Uno de los problemas de Holder era su pasión por acumular los restos de otras firmas. Además de Scott, llegó a poseer los derechos de Royal Enfield, Velocette y Vincent, lo que distraía su atención.

De alguna forma, Aerco continuó fabricando Squirrels en pequeño número, casi por pedido, y una Flying Squirrel con bastidor provisto de brazo basculante. La compañía anunció la

Aunque las motocicletas conservaron el nombre Scott hasta los años setenta, perdieron gran parte de su carácter con la muerte del creador de la firma, en 1922. En los años treinta, la compañía agonizaba.

aparición de un nuevo modelo de 500 cc, la Swift, para la temporada 1958, pero tan sólo se fabricaron seis prototipos de esta máquina.

Otro prototipo apareció en 1963, con un motor de 344 cc, seguido por una motocicleta de carreras experimental, que llegó en 1965, y otro modelo de

carretera (498 cc) en 1969. La última Scott fabricada por Aerco data de 1972. Entre 1972 y 1979, se fabricaron unas 140 Silk especiales de carretera cerca de Derby, todas las cuales utilizaban un motor Scott modificado, montado en un bastidor Spondon.

SCOTT FLYING SQUIRREL 1929

Ya en 1923, Scott había probado la transmisión de tres velocidades, aunque el sistema sólo se perfeccionó en 1926, y únicamente para los modelos TT. Un año más tarde, la nueva transmisión se aplicó también a las moto de carretera. Todas las bicilíndricas Scott, con transmisión de tres velocidades, tenían fama a finales de los años veinte de ser unas de las mejores motocicletas, y de ellas, los modelos «TT Replica» eran los más apreciados.

La más llamativa fue la Flying Squirrel. En 1929, ésta contaba con un motor de carrera muy larga, como el que Tommy Hatch utilizó en las TT de Isla de Man en 1928 para quedar en tercera posición.

La Flying Squirrel de tres velocidades está considerada por muchos como la mejor motocicleta de carretera fabricada por Scott. Este modelo de 596 cc data de 1928.

Estas máquinas tenían dos versiones: la de 498 cc (RZ) y la de 596 cc (RY). En la versión de carreras sin silenciador, la más pequeña podía desarrollar 24 CV. El bastidor era triangular, y el motor, montado en él, reforzaba la sensación de solidez. La parte trasera era rígida, pero en la delantera lucía una horquilla con sistema muy parecido al de paralelogramos deformables, aunque en realidad era más una horquilla telescópica.

En 1930, se revisó el diseño de las lumbreras y el cigüeñal; el motor pasó a ser «Powerplus» PZ (500 cc) y PY (600 cc). Las versiones TT Replica dejaron de fabricarse en 1934, pero el motor continuó hasta entrados los setenta, aunque con la introducción de culatas desmontables (DPZ y DPY) desde mediados de los años treinta.

Motor: bicilíndrico paralelo, 2T, 498/596 cc (66,6 / 73 × 71,4 mm), refrigeración líquida.
Potencia: hasta 24 CV a 5.000 rpm
Caja de cambios: tres vel., palanca manual
Transmisión secundaria: cadena
Peso: 165 kg
Velocidad máxima: 137 km/h

SAUND
India 1962-1988. Versiones basadas en el modelo de 100 cc de DKW.

SCARAB
Italia 1967-1985. Motos de Ancilotti para competición *off-road*, con motores de 50, 125 y 250 cc de Sachs, Hiro y Franco-Morini.

SCARABEO
Italia (Noale) 1968 -. Italianas de competición *off-road* procedían de Aprilia, con motores de 50 y 125 cc.

SCHEIBERT
Austria (Viena) 1911-1913. Su motor estaba en la pipa de dirección, al estilo de la Original Werner.

SCHICKEL
EE UU (Stanford, Connecticut) 1912-1915. El bastidor de aleación ligera de esta moto alojaba un gran monocilíndrico de 2T.

SCHLIHA
Alemania (Berlín) 1924-1933. Al principio se trató de un modelo de 2T y 175 cc. Más tarde, estas motos eran de 200, 300, 350 y hasta 500 cc.

SCHMIDT
Alemania 1921-1924. Esta motocicleta ligera tenía un motor de fabricación propia de 200 cc con válvulas laterales. La firma también fabricaba un motor auxiliar.

SCHNELL-HOREX
Alemania 1952-1954. «Schnell» se refiere tanto a la velocidad como a Roland Schnell, piloto/diseñador de motos de carrera. Basada en Horex, estas monocilíndricas de 250, 350 y 500 cc tenían árbol de levas en culata accionado por cadena, y se vendían a clientes especiales.

SCHURHOFF
Alemania 1949-1953. Ciclomotores con motores de 50 cc de Sachs e Illo, y motocicletas con motores Illo de hasta 175 cc.

SCHUTT
Alemania 1933-1934. Los modelos de 2T y 200 cc de Paul Schutt tenían bastidores Duralumin.

SCHUTTOFF
Alemania 1924-1933. Fabricaba sus propios motores de 250, y posteriormente de 350 y 500 cc, tanto con válvulas laterales como con distribución ohv. En 1933, fue absorbida por DKW.

SCOTT 3S

El diseño tricilíndrico de dos tiempos realizado por Bill Cull tenía el potencial para convertirse en una de las superbikes de la era. Originalmente concebida como un prototipo de 747 cc, cuando la motocicleta estuvo lista para ser presentada al público en la Feria de Olympia de 1934, se había convertido en un mastodonte de 986 cc.

El motor con refrigeración líquida que se había instalado en esta máquina tenía un cigüeñal a 120° alojado en cubiertas de aleación de magnesio, y estaba unido a un embrague de coche y una transmisión de cuatro velocidades. Este diseño habría sido ideal para una transmisión secundaria de eje, pero en lugar de engranajes cónicos, ésta se realizaba con una sencilla rueda dentada y una cadena.

Por lo demás, contaba con horquilla de paralelogramos de Webb y suspensión trasera por brazo basculante de DMW. El combustible iba alojado en depósitos tipo alforja, situados sobre la rueda trasera, al contrario que las máquinas de la exposición, que alojaban el combustible debajo del tubo superior del bastidor.

El primer modelo salió de las cadenas de montaje en 1936, a un precio, nada barato, de 115 libras esterlinas.

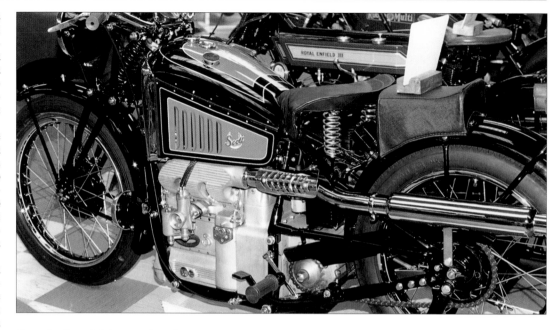

En total, sólo se fabricaron ocho unidades.

Aunque años más tarde, en 1959, se fabricó una serie de motores 3S tricilíndricos para uso marítimo, presentados en la Boat Show del Reino Unido, pero tampoco éstos llegaron a producirse en serie.

Motor: tricilíndrico, dos tiempos, 986 cc, (75 × 68,25 mm), refrigeración líquida
Potencia: 40 CV aproximadamente
Caja de cambios: 4 velocidades, pedal
Transmisión secundaria: cadena
Peso: 222 kg
Velocidad máxima: 153 km/h

En 1938, la sorprendente 3S tricilíndrica de 986 cc fue uno más de los fallidos intentos de la firma por lanzar una nueva gama de motocicletas Scott. Una versión de este motor para uso marino apareció brevemente en 1959.

SCOTT SQUIRREL

La Squirrel de 1950 fue una de las últimas máquinas fabricadas en las instalaciones que Scott tenía en Shipley. Posteriores versiones, como este modelo de 1957, se fabricaron en Birmingham hasta 1972.

ba de los problemas por los que atravesaba la compañía; cuando ésta cerró su planta de Shipley, la compañía llevaba veintisiete años muerta.

Los últimos modelos Squirrel todavía continuaban confiando en el familiar motor de dos tiempos y 596 cc, y también utilizaba pistones deflectores.

Los trabajos que empezaban a realizarse en la MZ de Alemania del Este (antiguamente DKW que, irónicamente, en una ocasión había utilizado los diseños de Scott) estaban a punto de revolucionar la tecnología del motor de dos tiempos. Pero ni Scott ni sus sucesores iban a poder repartirse las ganancias.

Motor: bicilíndrico paralelo, dos tiempos, 596 cc (73 × 71,4 mm), refrigeración líquida
Potencia: 30 CV a 5.000 rpm
Caja de cambios: 3 velocidades, pedal
Transmisión secundaria: cadena
Peso: 170 kg
Velocidad máxima: 137 km/h

No es sorprendente que la Squirrel de posguerra no fuera muy diferente a la Flying Squirrel de mediados de los años treinta, pues en el fondo se trataba de la misma máquina. Los primeros modelos fabricados después de la Segunda Guerra Mundial continuaron utilizando horquillas de paralelogramos deformables, aunque más tarde fueron sustituidas por horquillas telescópicas Dowty, mientras que el encendido por batería sustituyó a la vieja magneto/dinamo. Por lo demás, había poco en el nuevo modelo que el propio Alfred Scott no hubiera reconocido a simple vista lo que era una prue-

SEARS

ESTADOS UNIDOS 1912–1916

LA FAMOSA FIRMA SEARS ROEBUCK se dedicó brevemente a la comercialización de motocicletas antes de la Primera Guerra Mundial, y volvió a aparecer en los años cincuenta, vendiendo motocicletas austriacas Puch en los Estados Unidos bajo el nombre Allstate. En esta ocasión, Sears se implicó tan poco en el proceso de fabricación como en 1912: a principios de siglo, sus máquinas procedían de la firma Spacke, de Indianápolis, el resto del proceso de fabricación, incluido el ensamblaje de los componentes, lo realizaba la Excelsior Cycle Company de Chicago. Esta no era la famosa compañía del mismo nombre y con sede también en la ciudad de Chicago, sino la oscura empresa que producía las motocicletas De Luxe y las clónicas De Luxe, vendidas con los nombres de Crawford, Dayton y Eagle, además de Sears. Este tipo de operaciones en que los mismos productos se comercializaban con distintos logotipos, fue muy común en los Estados Unidos en los años anteriores al estallido de la Primera Guerra Mundial.

Se vendían tanto monocilíndricas como una bicilíndrica en V de 1.147 cc, y sus motores Spacke con culata en F presentaban peculiaridades en el sistema de distribución de las válvulas. El árbol de levas estaba a un lado del motor y era accionado desde el cárter mediante engranajes hiperbólicos; el segundo conjunto de engranajes estaba en el extremo anterior, unido a la magneto, que se colo-

Esta Sears monocilíndrica muestra el eje de transmisión que unía la magneto con el motor Spacke. También contaba con levas para las válvulas, algo poco corriente.

caba en la parte delantera del cárter. En las monocilíndricas, las válvulas eran accionadas mediante dos levas convencionales, mientras que la bicilíndrica en V se empleaban levas de ranura, que movían unos pequeños balancines, conectados a su vez con las válvulas (a través de empujaválvulas para el escape, y empujaválvulas más varillas empujadoras para la admisión). El cigüeñal doble tampoco era corriente, pues disponía de una biela maestra para el cilindro posterior, mientras que la biela del cilindro anterior estaba subordinada a aquélla.

Ambos motores iban colocados en un bastidor en U con horquilla de paralelo-

La Sears bicilíndrica en V tenía 1.147 cc y un peculiar sistema de válvulas. La fabricaba Excelsior y se vendía con cuatro nombres diferentes.

gramos en los modelos monocilíndricos y de resortes con muelle de ballesta en los modelos bicilíndricos. Este muelle iba fijado a la fija inferior, y de ahí se proyectaba hacia delante, con un brazo de apoyo que descendía desde su parte delantera hasta el eje de la rueda por ambos lados de ésta. La transmisión secundaria era directa a cadena y estaba diseñada de tal modo que ambos mode-

los contaban con una transmisión de una única velocidad, mecanismo de arranque a base de pedales, que además servían para ayudar a la máquina en los ascensos. El depósito de combustible estaba colocado entre los dos tubos superiores del bastidor, y el del aceite iba colocado detrás del tubo del asiento, justo delante del guardabarros trasero. El freno actuaba sobre la rueda trasera, como era la costumbre americana en esos años. El resto de detalles eran los típicos del período. En 1914, la monocilíndrica adoptó horquilla de resortes en la rueda delantera, y los dos modelos llegaron así hasta 1916.

SEELEY

INGLATERRA 1966–1981

COLIN SEELEY ERA, y es todavía, un hombre de gran talento: vendedor de motocicletas a los dieciocho años, campeón nacional en carreras de sidecar (dos veces), jefe del equipo ganador del campeonato, y fabricante de motocicletas de carreras y urbanas (y hasta de coches de carreras Brabham). Después de sus éxitos en carreras de sidecar con máquinas propulsadas por motores Matchless (y BMW), Seeley compró en 1966 los derechos de fabricación de la AJS 7R de AMC (Associated Motor Cycles) y la G50 de Matchless, modelos ambos de carreras. A partir de la primera Seeley-Matchless con su bastidor Mark 1, el imperio Seeley, que en su momento álgido llegó a dar empleo a un

La superbike Seeley-Honda de 1978 utilizaba un motor tetracilíndrico de 1.000 cc. Entre sus características, cabe destacar el freno de triple disco y las llantas de aleación.

Una Seeley G50 de 1970. Esta monocilíndrica sohc de carreras con motor de 496 cc utilizaba un motor basado en un diseño de Matchless de los años cincuenta, con el resto de los componentes fabricados por Seeley. Esta motocicleta fue la última de las grandes monocilíndricas británicas.

total de tan sólo 67 trabajadores, fabricó una vasta gama de motocicletas que culminó con la Seeley-Honda TL200 de trial, del año 1980.

Entre esas dos fechas, hubo una URS tetracilíndrica con bastidor Seeley diseñada para competición en solitario (también hubo modelos URS con sidecar) en 1967, seguida de la Mark 2 con bastidor Steeley (nuevamente con los motores monocilíndricos 7R o G50), y la Jun-Seeley de 1969, con un motor bicilíndrico instalado en un bastidor Mark 3. Después, en 1970, llegó la QUB (Queens University Belfast) de un solo cilindro, dos tiempos y 500 cc, cuyo motor estaba diseñado por el Dr. Gordon Blair. Sin embargo, la máquina que más éxito tuvo fue la Yamsel (motor bicilíndrico de dos tiempos de Yamaha/bastidor Seeley).

En 1971, la firma Ducati encargó a Colin Seeley la fabricación de un bastidor para su nuevo modelo GP de dos cilindros en V y 500 cc. Ducati también decidió equipar sus motocicletas de serie con un sistema de ajuste de la cadena que había sido desarrollado por Seeley. También en 1971, un bastidor Seeley sirvió para corregir los defectos de maniobrabilidad de la Suzuki TR500. Ese mismo año, el modelo de carretera Condor de Seeley, que utilizaba un motor monocilíndrico G50, hizo su debut. En 1972 llegaron nuevos encargos; los bastidores Seeley se utilizaron en la Westlake bicilíndrica paralela de 750 cc, así como en la tricilíndrica de dos tiempos y 750 cc de Kawasaki.

La Seeley Monoque de 1973, con un motor bicilíndrico de Suzuki, utilizaba ruedas, freno de disco y horquilla fabricados por Seeley. En esos mismos años, el motor tricilíndrico de 750 cc de Suzuki se colocó en la motocicleta que hasta entonces había llevado el TR500.

Entre mediados y finales de los años setenta, Seely colaboró con Honda, y esos años de trabajo en común dieron lugar a la Honda tetracilíndrica Dixon-Seeley de 1975, un modelo de carretera con cilindrada de 820 cc, árbol de levas en la culata, y posteriormente a la Superbike Seeley-Honda.

Los éxitos con estas máquinas propiciaron el desafortunado proyecto de fabricar las monocilíndricas de cuatro tiempos Seeley-Honda TL200 de trial. Sólo 300 unidades salieron de las cadenas de montaje, y el proyecto se convirtió en un gran fracaso financiero que terminó con quince años de dominio de Seeley como fabricante de motocicletas.

SERTUM

ITALIA 1922–1951

ESTA FAMOSA FIRMA milanesa fabricaba instrumentos de precisión, pero en 1922 su dueño, Fausto Alberti, decidió entrar en el mundo de las motocicletas. El primer diseño de la compañía fue un modelo con motor de 174 cc y válvulas laterales, al que pronto siguió una versión más barata con motor de dos tiempos y 119 cc. A partir de entonces, entre mediados y finales de los años treinta, Sertum fabricó toda una gama de robustas y fiables monocilíndricas y bicilíndricas, no sólo con válvulas laterales, sino también con distribución ohv. La compañía de Milán también se dedicó a la competición, especialmente los ISDT (International Six Days' Trial) y carreras de larga distancia como la Milano-Taranto.

Después de la guerra, Sertum fue una de las primeras firmas italianas en volver a la producción, y en la Exposición de Milán de 1947 pudo presumir de ser el único fabricante italiano que participó en los ISDT de ese año. En la exposición, Sertum mostró dos modelos básicos: una monocilíndrica de 250 cc ohv con horquilla de paralelogramos y bastidor elástico, y otro modelo similar con 500 cc de capacidad. También hubo una bicilíndrica vertical de 500 cc, pero la firma no se decidía a llevarla a la cadena de producción. La motocicleta más sorprendente en el stand de Sertum fue una

Una de las bicilíndricas verticales con válvulas laterales con que Sertum participó en los ISDT de 1939, celebrados en Salzburgo, Austria, en vísperas de la Segunda Guerra Mundial.

nueva deportiva de 250 cc con bastidor de acero estampado.

Al año siguiente, junto con Gilera, Bianchi, Parilla y Moto Guzzi, Sertum fue responsable del 97,74 por 100 de todas las matriculaciones de motocicletas en el país transalpino, mientras que los 33 fabricantes restantes tuvieron que dividirse el 2,26 por 100 restante.

Tristemente, después de ocupar esta privilegiada posición, las ventas comenzaron a caer y Sertum se vio obligada a cerrar sus puertas. Sertum fue la primera víctima de la industria motociclista italiana de después de la guerra.

Una Sertum monocilíndrica de 250 cc y válvulas laterales. En 1951, la famosa marca milanesa se convirtió en la primera víctima de la recesión italiana en la industria motociclista.

SILK

INGLATERRA 1971–1980

GEORGE SILK, VECINO DE DERBY, había sido siempre un entusiasta de Scott, pero en 1971 dio un paso más al inscribirse en el Manx Grand Prix especial para modelos con motor Scott, celebrado en 1971. El bastidor de su primera motocicleta era un tosco diseño de doble cuna fabricado por la firma local (Spondon Engineering) bajo la dirección de un antiguo piloto, Bob Stevenson.

Silk fabricó varias máquinas con motor Scott antes de decidirse a utilizar un motor propio. El diseño de este motor era similar al Scott, con refrigeración por agua, dos cilindros, dos tiempos y 653 cc, con pistones deflectores y transmisión primaria desde el centro del cigüeñal. Una de estas máquinas se mostró en la London Racing and Sporting Show en enero de 1972, pero su fabricación en serie no comenzó hasta 1975. Comercializada con el nombre

700S, entre 1975 y 1980 se vendieron un total de 138 unidades.

El cigüeñal de la 700S estaba sujeto por una combinación de dos rodamientos de dos cojinetes de bolas y cuatro de

La motocicleta Silk, con sede en Derby, Inglaterra, tenía un motor bicilíndrico de dos tiempos con refrigeración líquida. Estaba basada en un antiguo modelo Scott, pero actualizado.

SESSA
Italia (Milán) 1951-1953. Dos motos ligeras con motor Ilo de 150 cc.

SETTER
España 1954-1956. Motos ultraligeras con un motor propio de 60 cc.

SFM
Véase **JUNAK**

S-FORTIS
República Checa 1929-1931. Motos de 600 cc con varillas empujadoras y aspecto británico y motores Sarolea.

SFW
Alemania 1924-1926. Además de motores propios de 2T y 200 cc, también ofrecía bicilíndricos planos de 500 cc de BMW.

SGS
Inglaterra (Macclesfield) 1926-1933. Gleave Engineering fabricaba las motos de carreras y deportivas Gleave Special, con motores JAP de 250 y 500 cc de 4T, y Villiers de 2T y 175 y 250 cc.

SHANGHAI
China 1964-desconocida. Comenzó con dos modelos copiados otras firmas. La Donghai 750 A estaba provista de sidecar y su motor recordaba al 750 cc de BMW; el otro modelo era una monocilíndrica de 2T basada en la CZ de 250 cc.

SHARRATT
Inglaterra 1920-1930. Estaban provistas de motores JAP de entre 300 y 1.000 cc, y algunos Villiers y MAG,

SHAW
Inglaterra 1898-1909. Sydney Shaw fabricó su primera motocicleta Gazelle de 250 cc y transmisión a cadena en 1898. Dejó de fabricar en 1909.

SHAW
EE UU 1901-1923. Sencillas motos con monocilíndricos propios y transmisión directa. Tenían 2,5 y 3,5 CV.

SHAW
Inglaterra 1918-1922. Este motor auxiliar de 115 cc estaba, fabricado en Galesbur, Kansas.

SHIN MEIWA
Japón 1955-mediados de los años sesenta. A la Pointer Ace de 250 cc no tardó en seguirle una Pointer de la misma capacidad; después llegaron la Senior de 123 cc, la Junior de 60 cc, la Pointer Comet de 175 cc y la Pointer de 90 cc. En 1960 toda la gama fue revisada. La última, la Pointer Sports KS1 de 1963 alcanzaba los 130 km/h con 16 CV y 125 cc.

rodillos. En el lado derecho del cárter se encontraba una bomba de aceite accionada por mariposa, así como los indicadores de infrarrojos del sistema de encendido electrónico Lumenition. La unidad número cien de la 700S salió de fábrica en noviembre de 1978. Silk siguió fabricando hasta febrero de 1980, y durante ese tiempo se fabricaron una 140 unidades de motor y caja de cambios, junto con 138 bastidores. Los primeros 30 modelos eran Mark 1, con motores pulidos, mientras que el resto fueron Mark 2, con motores parcialmente negros.

Basado en estos motores, llegó más tarde uno de trial de 325 cc, que era en esencia un 700S, pero con refrigeración por aire, caja de cambios de cuatro velocidades y un eje que proporcionaba una transmisión secundaria de doble velocidad, lo que permitía disponer de cuatro relaciones bajas para uso de trial y otras cuatro relaciones para uso en carretera.

Uno de los modelos 700S fabricados por la firma de George Silk; su motor era bicilíndrico de dos tiempos y 653 cc, con pistones deflectores.

SIMONINI

ITALIA 1973–1983

Una Simonini SF Enduro de 50 cc de finales de los años setenta. La fábrica estaba ubicada cerca del gigante automovilístico Ferrari, y se especializó en motocicletas de campo de gran calidad.

El éxito condujo a un aumento de la demanda, pero no había suficientes fondos en la compañía como para plantearse la expansión. Esto llevó en 1975 a un maridaje entre Simonini y otra compañía local, Fornetti Impianti SpA, asentada en las proximidades de Maranello. El resultado fue una fábrica totalmente nueva (aunque se conservaron las instalaciones de Torre Maina para proyectos de investigación y desarrollo) y una gama nueva de motocicletas. Los motores Kreidler y Minarelli complementaban ahora a los Sachs, al tiempo que Simonini diseñó y fabricó uno propio de 125 cc para cross, llamado Mustang. Otro modelo totalmente nuevo fue la Shadow 250 de

A finales de los años setenta se fabricó un pequeño número de 125SS monocilíndricas deportivas de carretera con grandes prestaciones y un motor de dos tiempos y 123 cc puesto a punto.

MARANELLO, CERCA DE Módena, es famosa por ser la sede del gigante de coches Ferrari, pero durante varios años en los setenta y ochenta fue también sede de la fábrica Simonini. Esta compañía, fundada por Enzo Semonini en 1973, no era al principio más que un taller en el que se fabricaban a mano un pequeño número de motocicletas de competición, casi exclusivamente para motocross. La demanda fue aumentando, y en 1974, la firma se trasladó a Torre Maina, a las afueras de Maranello.

Además de dedicarse a la construcción de motocicletas especiales de cross y un pequeño número de máquinas de enduro (cada una diseñada para satisfacer unas necesidades particulares muy concretas), la firma ofrecía kits de puesta a punto para la mayoría de las motocicletas de campo italianas. En esta fase, Simonini se valía casi exclusivamente de los motores alemanes Sachs, que, con ayuda de los componentes para puesta a punto creados por la firma italiana, demostraban ser rápidos y fiables.

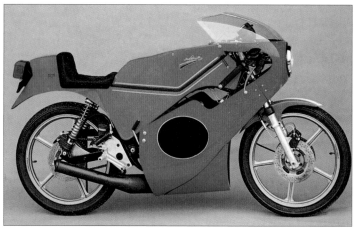

cross, propulsada por un motor Sachs de siete velocidades. Una característica de esta máquina eran sus llantas de aleación y frenos de disco en ambas ruedas.

En 1975, Giuseppe Fazioli ganó el título italiano de cross en categoría Junior 125 cc sobre una Simonini.

Al año siguiente, Sergio Franco compitió para la firma en varias pruebas del campeonato mundial de cross en 125 cc, y en 1977 también se inscribió el piloto británico Andy Ainsworth. Un equipo sueco pilotó las máquinas de Simonini en los ISDT (International Six Days' Trial) de 1977.

La compañía se amplió en 1977, presentando nuevos motores Sachs refrigerados por agua para los modelos de 50 y 80 cc. Sin embargo, a finales de los ochenta, las ventas de Simonini cayeron drásticamente.

La firma nunca se recuperó, viéndose obligada a cerrar en 1983.

SIMSON

ALEMANIA 1938

Los orígenes de la marca Simson se remontan a 1856, cuando su predecesora, la Ernst Thalmann Hunting Weapon Workds, comenzó a fabricar armamento en la ciudad de Suhl, en el bosque de Turingia, al este de Alemania. En 1896 comenzó la producción de bicicletas. Eran modelos innovadores para aquellos tiempos, provistos de ruedas neumáticas, cuando en gran parte de Europa la gente aún se trituraba los huesos montados en sus vehículos.

Mientras que muchos de los fabricantes de bicicletas se pasaron a continuación a la industria de las motocicletas, esta firma del este de Alemania se decidió por los coches. Es en este nuevo campo donde apareció por primera vez Simson-Supra, compañía que fabricó varios vehículos deportivos y turismo a mediados de los años treinta.

En 1938, Simsom lanzó su primer vehículo motorizado de dos ruedas, una

Arriba: Durante los años setenta se vendió una gran cantidad de ultraligeras Simson S50B, que fueron exportadas a todo el mundo.

Abajo: Una Simson para los tiempos modernos. La Sperber de 50 cc hizo su debut en 1997, y mostraba características muy avanzadas para lo limitado de sus prestaciones.

SHL
Polonia (Kielec) 1935-... Antes de 1939, estas máquinas utilizaban motores Sachs de 2T y 125 cc. Tras la guerra, se emplearon motores de 125, 150 y 175 cc.

SHOWA
Japón mediados de los cincuenta-principios de los sesenta. En los cincuenta, esta firma fabricaba ciclomotores de 50 cc, motos ligeras de 125 cc y un escúter de 250 cc. Más tarde, en 1961, se añadió un escúter de 125 cc. Todos sus modelos eran de 2T.

SIAMT
Italia 1907-1914. Luigi Semeria tenía veintiséis años cuando apareció la primera motocicleta con su nombre: una monocilíndrica de 260 cc. Luego llegaron las de 350 y 500 cc, y las bicilíndricas en V de 688 y 731 cc.

SIAT
Italia (Senegallia) 1924-1926. La Societa Italiana di Aplicazioni Techniche fabricaba un motor auxiliar de 75 cc, al que siguieron motos ligeras de 100 y 200 cc, ambas con motores de 2T y 4T.

SIATA
Italia 1954. En otro tiempo una firma pionera, Siata fabricaba la motocicleta ligera Dinghi, de 2T y 160 cc. También se dio a conocer con su ciclomotor Cucciolo.

SIC
Francia (París) 1921-1925. En un principio, estaban propulsadas por motores Aubier-Dunne, Train, Zurcher y posiblemente otros, con capacidades entre 100 y 350 cc. Antes de su desaparición, la firma se pasó a los DKW de 2T y 160 cc.

SICRAF
Francia 1947-1953. Estas motos ensambladas tenían entre 50 y 250 cc de Ydral y AMC (Francia).

SIDEMOTOR
Francia 1925. Combinación de sidecar y motocicleta, con el motor longitudinal en el bastidor y la transmisión entre las dos ruedas traseras.

SIEG
Alemania 1922-1930. No duró mucho la máquina de Jungst, que podía adquirirse con variedad de motores de entre 110 y 600 cc de distintos fabricantes.

SIGNORELLI
Italia 1928-1930. Motos ligeras con motores propios de 2T y 175 cc.

ultraligera con motor Sachs de 98 cc. Con la llegada de la Segunda Guerra Mundial, y la posterior división de Alemania, Simsom no pudo volver a fabricar motocicletas hasta finales de 1952.

El primero de los nuevos modelos fue la SR-1, un ciclomotor muy básico con motor de 49 cc. Se vendió bajo el nombre AWO, como ocurrió con todos los modelos Simson hasta finales de los años sesenta. El siguiente modelo fue la SR-2, que se convirtió en el vehículo de dos ruedas más vendido en la Alemania del Este en los años cincuenta y principios de los sesenta.

Después de este éxito, llegó la primera verdadera motocicleta, la AWO 325, propulsada por un motor monocilíndrico ohv de 247 cc. Era muy parecida al modelo F26 de BMW, y no sólo dio lugar a toda una serie de máquinas de carretera, sino que además fue utilizada por la firma en competiciones.

La Simson RS 250 con doble árbol de levas en culata se lanzó en 1958; era una máquina sorprendente, con la tecnología más avanzada, incluida una caja de cambios de seis velocidades. Hans Weinert ganó con ella el título nacional en los años 1958 y 1959.

Después Simson abandonó los modelos de cuatro tiempos, y desde entonces se ha concentrado sólo en las clases más bajas (con cilindradas inferiores a los 100 cc), tanto en ciclomotores, como en escúter o motocicletas.

SOKOL

LA COMPAÑÍA POLACA SOKOL fabricó al menos cuatro modelos: una monocilíndrica de 200 cc (la 200 M411), una bicilíndrica en V de 1.000 cc (la 1000 M111), y un par de monocilíndricas con gran carrera de pistón (la 500RS M311 y la 600RT M211). La más pequeña tenía un motor de 199,2 cc (62 × 66 mm) y desarrollaba una potencia de 7 CV a 4.000 rpm. Su peso era de 100 kg, y alcanzaba los 85 km/h. La bicilíndrica en V de 1.000 cc también se conocía como CWS, pero ésa es toda la información de que se dispone.

Las dos «Thumpers» tenían un cilindro alto e inclinado en el bastidor. La 500RS desplazaba 502 cc (78 × 105 mm) y (dependiendo del tipo) desarrollaba una potencia de 18 CV a 4.500 rpm o 22 CV a 5.000 rpm; su peso era de 160 kg y alcanzaba los 125 km/h. Parece que hubo también una versión deportiva de la 600RT, que tenía 575 cc (83 × 106 mm), y cuyo peso era de 146 kg, y que lograba una velocidad máxima de 110 km/h con tan sólo 15 CV. El consumo de aceite declarado era de 100 ml cada 100 km, por lo que parece que su lubricación era por aceite perdido, aunque también es posible que simplemente tuviera un consumo de aceite muy alto.

Según se dice, las motocicletas de Sokol estaban diseñadas básicamente para uso militar. Sin embargo, se cree que la compañía contaba con un verdadero programa de desarrollo y que si Polonia no hubiera sido invadida, la firma hubiera creado una interesante línea de motocicletas.

SOS

Las SOS, que siempre ofrecían un poco más que el resto de modelos británicos de dos tiempos, se fabricaron en número relativamente pequeño entre los años 1927 y 1939. En la fotografía, un modelo de 1934 con motor de 249 cc refrigerado por agua.

refrigeración por agua en cilindro y culata. Las máquinas de SOS se empezaron fabricando en Hallow, cerca de Worcester, pero a finales de 1931 la producción se trasladó a Birmingham. El modelo más deportivo de la compañía era la AA de 172 cc (57,15 × 67 mm), más tarde conocida como Brooklands. Se fabricaba en versiones de carretera, pista de carreras y trial, previa solicitud.

En octubre de 1933, el control de SOS pasó a manos de Tommy Meeten, un especialista de Villiers procedente de Redhill, Surrey. Durante 1936, Meeten abrió una distribuidora en Londres, la Meetens Motor Mecca, que se convirtió en el centro más importante de componentes de Villiers en el sur de Inglaterra durante los siguientes cincuenta años. Cuando en 1939 estalló la Segunda Guerra Mundial, Meeten ofreció sus servicios al gobierno, pero su oferta fue rechazada, tras lo cual fue cerrada la planta de Birmingham, que no volvería a abrirse.

En cuanto al dueño original, Vale-Onslow, siguió trabajando en Birmingham como distribuidor de motocicletas.

EN 1999, A LA EDAD DE cien años, el fundador de SOS, Leonard Vale-Onslow, todavía pilotaba motocicletas. El nombre de su compañía primero significaba «Super Onslow Special», y más tarde «So Obviously Superior», y sus motocicletas se consideraban máquinas exclusivas de la más alta calidad, mejores que la mayoría de los modelos de los años treinta, propulsados por motores Villiers.

Irónicamente, SOS originalmente utilizó toda una variedad de motores JAP de cuatro tiempos y Villiers de dos tiempos, pero a partir de la temporada de 1931, sólo se utilizaron los últimos, cuyas cilindradas iban de los 172 a los 346 cc.

Además, Vale-Onslow fabricó sus propios motores de 148 cc (53 × 67 mm) y 172 cc (57,15 × 67 mm) con

SPRING

BÉLGICA 1910–1924

LA SA DES ATELIERS SYSTÈME Spring, de Streupas-Angleiur et Tilff-Lieège, fabricaba en reducido número máquinas multicilíndricas de gran calidad. La primera de ellas, lanzada en 1910, tenía dos o cuatro cilindros colocados transversalmente en el bastidor en forma de V, con la transmisión muy retrasada y girada para conectar con la rueda trasera. Las motocicletas estaban diseñadas para uso con sidecar, más que individual, y se distinguían de los modelos más convencionales de la época en su uso de suspensión en ambas ruedas.

Después de la Primera Guerra Mundial, en la Exposición de Bruselas de 1920, la firma reveló un nuevo sistema de suspensión para sus modelos, basado en un bastidor de doble cuna en el que iban colocados transversalmente motores bicilíndricos en V de 498, 749 y 998 cc, con válvulas laterales en la parte anterior y magneto encima del cárter, en la parte posterior. El motor ocupaba una posición adelantada, e integraba la transmisión; su transmisión secundaria se realizaba por medio de cadena. Otra característica llamativa de los modelos eran los reposapiés de plataforma y las barras protectoras para las piernas.

Esta compañía estableció su reputación gracias a este diseño y a su magnífica ejecución, y realizó pruebas con el fin de promocionar sus productos. Sin embargo, después de algunos años, se abandonó completamente la producción cuando el mercado dejó de demandar las grandes máquinas para sidecar y se concentró en modelos más convencionales tanto para uso individual como para uso con sidecar. A pesar de todo, el nombre Spring siguió existiendo hasta 1939, pero sólo relacionado con mecánica general.

SUN

INGLATERRA 1911–1961

EN SUS ORÍGENES, SUN era un fabricante de bicicletas con sede en Birmingham, que decidió dedicarse a la producción de motocicletas en 1911. Su producción consistía en máquinas con motor Precision de 270 y 590 cc, con la adopción en 1913 de un motor Villiers con 346 cc y válvula de admisión sobre la de escape. Este curioso motor fue sustituido poco después por un Villiers de dos tiempos y 250 cc. Después de la Primera Guerra Mundial, Sun participo en la TT Isla de Man como modelos propulsados por motores Vitesse VTS (Valveless Two-Stroke, o válvula de disco rotatoria) de 269 cc, mientras que sus modelos de carretera estaban equipados con una selección de motores Villiers, Blackburne, JAP y Vitesse, que iban desde los 98 hasta los 650 cc.

Sun dejó de fabricar motocicletas en 1932, pero siguió con la producción de bicicletas. En 1948 volvió nuevamente al mundo de los biciclos motorizados, presentando el modelo Autocycle con motor Villiers de 98 cc y el escúter Sunwasp.

Durante la década siguiente, la de los años cincuenta, fabricó motocicletas, escúters y máquinas *off-road*. Igual que ocurría con tantas otras firmas británi-

La marca Sun comenzó y terminó utilizando motores de dos tiempos fabricados por JAP, Villiers, Vitesse y Blackburne.

cas, todos sus modelos empleaban motores Villiers con cilindradas no superiorres a 250 cc. Entre estos se encontraba el modelo Overlander bicilíndrico de 1957, famoso por su gran protección contra el viento.

La compañía Sun fue adquirida por Raleigh en 1961, y desde entonces sólo fabricó bicicletas.

SIL
India 1978 -. Eran Lambrettas fabricadas por la firma india cuando Lambretta dejó de producir y vendió toda su maquinaria.

SILVER PIDGEON
(*sic*) Japón principios de los cincuenta-1965. Este escúter de dudoso nombre, con su motor de 2T y 82 ó 192 cc y válvulas laterales, era fabricado por una sucursal perteneciente a Mitsubishi.

SILVER PRINCE
Inglaterra 1919-1924. Esta ensambladora utilizaba un motor Blackburne de 350 cc en su modelo estrella y Villiers de 2T y 150 y 269 cc para el resto.

SILVER STAR
Japón 1953-1958. Motos ligeras con motores propios de 125 y 250 cc ohv.

SIM
Italia (Milán) 1955-años sesenta. La Societa Italiana Motori comenzó con un ciclomotor de 48 cc y 4T, y el modelo Pegaso, con bastidor de acero estampado.

SIMCA
Francia 1935-1939. De entre una variedad de prototipos de 250, 330 y 350 cc, el Ministerio de Guerra francés encargó a esta firma 40.000 motocicletas de 350 cc y 2T, con motor bicilíndrico y transmisión por eje. Sólo se llegaron a fabricar 250 antes de que Hitler interrumpiera la entrega.

SIMONCELLI
Italia 1927-1935. Motocicletas ligeras de 175 cc, propulsadas en un principio por motores Train de 2T y posteriormente por motores JAP de 4T.

SIMPLEX
Italia (Turín) 1921-1950. Luigi Pellini (de Pellini & Ferrari) comenzó con un motor auxiliar de 124 cc, en 1927 pasó a fabricar motos ligeras de 150 y 175 cc con distribución ohv. En 1930, comenzó a utilizar mecanismo de válvulas cubierto, además de motores de más cilindrada.

SIMPLEX
EE UU 1935-1975. El popular motor industrial Clinton de 200 cc era el que propulsaba estas motos de pequeñas ruedas, diseñadas para mensajería y tareas similares.

SUNBEAM

AUNQUE SUNBEAM MOTORCYCLES nació del negocio Sunbeam Cycles de la compañía en el año 1887, los orígenes de esta empresa se remontan hasta 1790, momento en que se conocía como Marston Ltd. Su propietario, John Marston decidió convertir la Sunbeam en una fábrica de motocicletas en 1912, fecha en que muchos de sus competidores ya se dedicaban a este negocio. Otro miembro de la familia, Charles Marston, fundó Villiers Engineering en 1898 con el fin de fabricar componentes para bicicletas. Los motores Villiers jugarían un papel fundamental en la industria de las motocicletas en los siguientes cincuenta años. Una tercera faceta comercial de la familia la representaba la Marston Radiators, compañía que sobrevivía a finales de 1900 con el nombre de Marston-Excelsior. Sunbeam diseñó un prototipo de coche en 1899, y en 1901 su Sunbeam-Marbley ya estaba en el mercado. En 1905 se dividió la producción de vehículos de dos y cuatro ruedas. Los días como empresa dedicada a los automóviles comenzaron en 1909, cuando Louis Coatalen se unió a la firma.

Las motocicletas Sunbeam de 1912 tenían un acabado negro muy parecido al de sus bicicletas, con una pintura

impermeable de nueve capas desarrollada por Marston para el lacado de metales en sus utensilios de cocina. Diseñada por John Greenwood, la Sunbeam estaba propulsada por un motor fabricado por la propia compañía, con un solo cilindro, válvulas laterales y 347 cc, en el que el cigüeñal estaba equilibrado por volantes internos excéntricos. Contaba con una caja de cambios de dos velocidades y embrague multidisco, y en lugar de la tradicional correa, transmisión secundaria a cadena con cobertura en baño de aceite diseñada por Sunbeam (este sistema había sido tomado de sus bicicletas y también se utilizó en los primeros coches de la firma). Después se introdujo una bicilíndrica en V, que utilizaba motores de 770 cc fabricados por JAP, MAG y AKD, unidos a una caja de cambios Sunbeam de tres velocidades. A finales de 1913 se sumó a estos modelos una versión monocilíndrica de 499 cc. Esta máquina obtuvo una segunda posición en la TT de la Isla de Man de 1914, primer éxito en competición de la firma inglesa. Este modelo se vendió después a las fuerzas Aliadas durante la Primera Guerra Mundial, y el ejército francés lo utilizó con transmisión a correa.

El Modelo 9, una monocilíndrica ohv del año 1939, formaba parte de la nueva línea de motocicletas Sunbeam, fabricada en Londres. Por entonces, la compañía formaba parte de Associated Motor Cycles.

La Sunbeam de 1916 que se muestra en esta fotografía, con acabado negro y líneas amarillas, no era tan distinta del Modelo 5, aparecido una década más tarde. Hay que destacar que la cadena, oculta en su cubierta, disponía de baño de aceite.

John Marston murió en 1918, y su familia vendió el negocio de las motocicletas a Imperial Chemical Industries (ICI) en 1922. La fábrica de coches pasó a formar parte de la francesa Sunbeam Talbot Darracq, conservando una ilustre historia en competición. Con todo, los éxitos deportivos sobre dos ruedas incluían dos victorias en TT Senior (años 1920 y 1922). Tras la introducción de nuevas monocilíndricas ohv de 350 y 500 cc en 1923, al año siguiente, Graham Walker se convirtió en jefe del equipo de competición de la firma, con lo que ésta empezó a tomar parte en carreras europeas. La máquina que demostró mejores prestaciones fue el llamado Modelo 90: ganó las TT Senior de 1928 y 1929, y fue el último motor con dos válvulas en culata en conseguirlo.

Mientras, el motor ohc de Sunbeam demostraba ser un rotundo fracaso, y la compañía tardó en reaccionar frente a las nuevas tendencias en los modelos de carretera, como los depósitos sobre el bastidor o las horquillas de paralelogramos (siguió utilizando depósitos planos y horquillas Druid). Esta limitación pudo contribuir a que Sunbeam sobreviviera a la Depresión, aliviada en parte por la racionalización de su gama de motocicletas. Finalmente, se adoptaron depósitos sobre el bastidor y pedal de cambio con fin de carrera, mientras que se prescindió de la cubierta de la cadena con baño de aceite.

ICI vendió Sunbeam en 1937 a Matchless y, junto con AJS, entró a formar parte de Associated Motor Cycles. Las bicicletas Sunbeam se vendieron a BSA al año siguiente. La producción de motocicletas se trasladó de Wolverhampton a Londres, y en 1938 la vieja gama de Sunbeam comenzó a abandonarse progresivamente, siendo reemplazada por una nueva línea que incluía monocilíndricas ohv con el árbol de levas más alto que el cigüeñal y cilindradas de 250, 350 y 500 cc. El estallido de la guerra frustró cualquier otro adelanto. Más tarde, en 1943, Sunbeam fue absorbida por BSA, y la producción de posguerra despegó en 1946, con un modelo de aspecto soberbio, diseñado

El logotipo de la compañía siempre fue «Sunbeam», y su historia incluía la fabricación de motocicletas y también de coches, aunque ambas producciones se separaron en 1922.

por Erling Pope: la S7, que era propulsada por un motor bicilíndrico en línea de 487 cc con transmisión por eje. Esta innovadora motocicleta fue revisada en 1949, y se relanzó con el nombre de modelo S8, con buena parte de componentes de BSA. La producción se interrumpió en 1957, pero entonces se traspasó la identidad de Sunbeam a la nueva empresa de BSA, que estaba decidida a entrar en el mercado de los escúter. Las BSA Sunbeam 175 y 250 cc eran idénticas a los modelos de la colega

Los modelos S7, de 1946, y el S8, de 1949, fueron diseñados por Erling Pope. En términos de estilo y potencia, ambos eran diferentes a las tradicionales motocicletas británicas.

Triumph, pero aunque tenían el mismo nivel que los italianos, líderes del mercado, los modelos británicos no lograron la popularidad deseada.

En 1964, la marca fabricante de motocicletas Sunbeam desapareció.

SUNBEAM MODEL 90

Las primeras Sunbeam propulsadas por motores ohv de fabricación propia fueron modelos de carreras de 1923, que se fabricaron al mismo tiempo que el Modelo 5, cuyo motor era un convencional 499 cc con válvulas laterales. Las motocicletas de competición estaban basadas en los componentes de las de carretera, pero contaban con sus motores puestos a punto, además de ciertas medidas encaminadas a hacer el modelo más ligero, como prescindir de la cubierta de la cadena en baño de aceite y el sistema de luces estándar.

El Modelo 80, con un motor de 347 cc, y el 90, diseñados por John Greenwood, fueron presentados en 1924 como motos de carreras y, como tales, la comodidad era un elemento secundario. Incluso carecían del pedal de arranque, aunque cuatro años más tarde, todos sus modelos contaban con especificaciones propias de máquinas de carretera.

En el Modelo 90 de 1926, las culatas con doble lumbrera de escape eran opcionales, pero en 1927 pasaron a ser estándar. Las dimensiones de su cilindro (80 × 98 mm) eran las clásicas entre

Lanzado en 1923, el Modelo 90, con 493 cc, se presentó al principio como una motocicleta de competición. Charlie Dodson ganó la TT Senior Isla de Man de 1928 y 1929.

los modelos monocilíndricos británicos y entre sus detalles internos cabía destacar un par de árboles de levas con empujadores huecos que estaban al aire y muelles ahorquillados en las válvulas. Éstas estaban colocadas en ángulo de 90° en la culata, de acero fundido y provista de aleteado de refrigeración. Los modelos de carreras disponían de amortiguadores de dirección, y sus tubos de escape discurrían a ambos lados de la máquina para mejorar la ventilación y el fluido de los gases. Las horquillas de paralelogramos Druid y el cambio manual de tres velocidades eran comunes en modelos de carretera y de competición.

Los mejores pilotos de Sunbeam fueron George Dance, especialista en sprints y pruebas de ascenso, y Charlie Dodson, ganador de las TT Senior de 1928 y 1929 con el Modelo 90. En

1929, esta moto contaba con depósito sobre el bastidor, detalle muy vanguardista en aquellos tiempos que la distinguía de sus predecesoras.

Sin excepción, todas las Sunbeam de la época tenían un elegante acabado en esmalte negro adornado con líneas de color amarillo.

Motor: monocilíndrico, 493 cc, refrigerado por aire
Potencia: 5 CV
Caja de cambios: palanca manual, 3 velocidades
Transmisión secundaria: cadena
Peso: 136 kg
Velocidad máxima: 121 km/h

SUNBEAM MODEL S7

El Modelo S7 tenía motor bicilíndrico longitudinal de aluminio, con 487 cc y distribución ohc, caja de cambios de cuatro velocidades, transmisión por eje y bastidor doble cuna. La de la foto es una máquina de 1948.

cilindro. Su modesta potencia, 25 CV, permitía a la S7 alcanzar una velocidad máxima de tan sólo 116 km/h.

La S7 disponía de horquilla telescópica, guardabarros envolventes y unos robustos neumáticos de 127 mm de sección, además de grandes frenos de tambor. En 1949 se estilizó el diseño, dando lugar al modelo S8, con suspensión BSA y componentes y ruedas diferentes.

El Modelo S7 De Luxe fue una versión aparecida en 1950; en realidad, se trataba de una S8 con la transmisión, la horquilla delantera y los amortiguadores de la suspensión trasera de la BSA S7.

La producción del modelo continuó hasta 1957 y, aunque le siguieron algunos escúter, puede decirse que la S7 fue la última genuina Sunbeam.

Associated Motor Cycles vendió el nombre Sunbeam a BSA en 1943, que lo aplicó al modelo S7, lanzado en 1946. Diseñada por Erling Poppe, la S7 era un modelo de la más alta categoría, y representaba todo un avance con respecto a la práctica británica de la época. De su bastidor de doble cuna colgaba un enorme motor bicilíndrico de 487 cc hecho de aleación, montado longitudinalmente a la marcha, con transmisión por eje desde su caja de cambios de cuatro velocidades. El árbol de levas en la culata estaba accionado por una cadena situada en la parte posterior del bloque

Motor: bicilíndrico, 487 cc, refrig. por aire
Potencia: 25 CV
Caja de cambios: pedal, 4 velocidades
Transmisión secundaria: eje
Peso: 197 kg
Velocidad máxima: 116 km/h

SUZUKI

JAPÓN 1952

LOS MOTORES TETRACILÍNDRICOS suaves como la seda son la tónica entre los fabricantes japoneses, y, curiosamente, los orígenes de la firma Suzuki se encuentran en la industria de la seda. Su fundador, Michio Suzuki, nació en 1887 en Hamamatsu, donde todavía hoy se encuentra la fábrica.

La industria de la seda estaba extendida por todo Japón, y en 1909 Michio creó una empresa dedicada a la fabricación de telares para seda. Habría que esperar hasta el año 1937 para que Suzuki creara un prototipo de motor y firmara un acuerdo para la fabricación del coche Austin 7 bajo licencia. Sin embargo, el país se encontraba en guerra, y Suzuki se vio obligado a producir material para la artillería japonesa. Una vez acabada la guerra, Suzuki comenzó nuevamente a fabricar telares, pero la escasez de seda obligó a la fábrica a dirigir su producción hacia la maquinaria agrícola y los calentadores.

Con sesenta años, Michio Suzuki era plenamente consciente de las ventajas del transporte motorizado, y se decidió a fabricar una bicicleta motorizada. El prototipo del motor estuvo listo en 1951: era un modelo de dos tiempos y 36 cc, y podía adaptarse al bastidor de una bicicleta mediante abrazaderas, de modo que quedaba colocado sobre el tubo inferior, en la base del bastidor de rombo. En junio de 1952, se vendió la primera Suzuki, conocida como «Power Free». En marzo de 1953, apareció la Diamond Free, modelo que ganó en la prueba de ascenso al monte Fuji celebrada ese mismo año. El primer modelo de carretera reconocido como tal fue la Colleda, que apareció en mayo de 1954. Esta monocilíndrica de cuatro tiempos y 90 cc también ganó la prueba de ascenso al monte Fuji en una carrera en la que participaban otros 85 modelos. En 1955, la Colleda ST de 125 cc iba a mostrar el camino a seguir por la fábrica japonesa. En 1957 se abrió una nueva planta, lo que permitía a Suzuki acercarse a su rival Honda en cuanto a volumen de producción. Mientras, Shunzo Suzuki, hijo del fundador de la firma, estaba viajando por los Estados Unidos, de donde volvió convencido de que el mercado norteamericano ofrecía un gran potencial para sus productos.

En 1959, Suzuki fabricó un modelo especial de competición, la Colleda RB de 125 cc, con caja de cambios de cuatro velocidades, horquilla telescópica y brazo basculante. Este modelo logró un quinto puesto en las carreras de Asama, por detrás de las máquinas Honda. Inci-

Lanzada en 1963, la T10 de 250 cc estaba provista de bastidor de acero estampado y utilizaba un motor bicilíndrico de dos tiempos con caja de cambios de cuatro velocidades.

A comienzos de los años sesenta, Suzuki dejó su huella en Occidente gracias a sus éxitos en competición. Este modelo de carreras es la RS67 de 125 cc, del año 1967.

Las Suzukis tricilíndricas de dos tiempos GT750J y GT750B heredaron buena parte de la tradición deportiva de la firma, y produjeron un gran impacto.

tada por Soichiro Honda, Suzuki decidió tomar parte en la TT de la isla de Man de 1960.

Las carreras no producían los ingresos esperados, por lo que Suzuki, junto a otras marcas japonesas, empezó a incluir en su producción las pequeñas motocicletas de transporte urbano. Modelos típicos de esta tendencia fueron las series K y M, monocilíndricas de dos tiempos de comienzos de los años sesenta, fabricadas en gran número. De las K10 y K11 se vendieron más de 500.000 unidades. Uno de los atractivos de estas máquinas consistía en su sistema de inyección de aceite, que evitaba al piloto el engorroso trabajo de tener que preparar la mezcla de aceite y gasolina, como ocurría con otros modelos de dos tiempos como la Vespa y la Lambretta. Las Suzuki disponían de un depósito de aceite separado, que suministraba el lubricante necesario a través del sistema CCI (Controlled Crankshaft Inyection, es decir, inyección controlada del cigüeñal), dependiendo del régimen de revoluciones y la apertura de la mariposa del acelerador.

En 1964, las series K y M fueron reemplazadas por la B 100P, o «Bloop», tan popular que se fabricó hasta media-

La RE5, con motor rotativo Wankel de 497 cc y magníficas prestaciones, fue presentada en 1974, pero no gozó del favor de los aficionados debido a su alto consumo.

La Suzuki T305 de 1968 y la R316 eran versiones mejoradas de la longeva bicilíndrica de 250 cc, y permanecieron en producción hasta 1973.

dos de los años setenta, cuando ya era conocida como B120 Studente (estudiante). La versión más pequeña, la A100 de 1967, seguiría en el catálogo de Suzuki hasta entrados los años ochenta. Otros modelos de principios de los sesenta eran la Twinace y la T10 de 246 cc, modelo evolucionado a partir de la Colleda TT de dos cilindros del año 1956. La T10 de 1963 estaba equipada con arranque eléctrico e indicadores de dirección, elementos que reforzaban la idea japonesa de fabricar motocicletas de transporte diario cómodas y funcionales.

En el terreno de la competición, las incursiones de Suzuki en las TT Isla de Man de los años 1960 y 1961 sólo lograron una decimoquinta posición. El primer piloto de Suzuki era Mitsuo Itoh, que se convertiría en jefe del equipo de carreras. Sin embargo, cuando el piloto de Alemania del Este, Ernst Degner, abandonó a la firma MZ en 1961, Suzuki pudo contar con todos los detalles de la tecnología del motor de válvulas rotatorias de la firma alemana. Desde ese momento, nada pudo ya detener el avance de Suzuki, y Dagner ganó el campeonato del mundo de 50 cc en 1962, mientras que el piloto neozelandés Hugh Anderson logró el título de 125 cc en los años 1963 y 1965. Hasta finales de esa década, la serie de 50 cc estuvo en poder de Suzuki, cuyos pilotos, Anderson y Hans-Georg Anscheidt, añadieron otros cuatro títulos más al palmarés de la firma japonesa.

La gama de motocicletas de carretera de Suzuki no había contado con modelos deportivos hasta 1966, cuando la firma lanzó su primera motocicleta de esas características, la T20 Super Six, conocida como X6 en los Estados Unidos. La máquina estaba propulsada por un nuevo motor bicilíndrico de dos tiempos alojado en un bastidor tubular de acero, con cilindros de aleación y carburadores de 24 mm, además de caja de cambios de seis velocidades. Para ahorrar peso, en ella se omitió el arranque eléctrico. La Super Six desarrollaba 29 CV y era capaz de alcanzar los 145 km/h, estableciendo unos nuevos

La DR350 de 1991 era la motocicleta de campo de gama media fabricada por Suzuki, y un buen modelo entre las modalidades *on* y *off-road*. Combinaba la velocidad con la ligereza y agilidad.

límites en la categoría de 250 cc. Esta motocicleta benefició el mercado de exportación de la marca japonesa, y la compañía se aprovechó del éxito para lanzar el modelo T200 y un año más tarde, la T500 Cobra (capaz de los 177 km/h), que en los Estados Unidos se llamó Titan. La T500 siguió en fabricación hasta 1977 como modelo GT500; ese año se incorporó al modelo freno de disco delantero e inyección electrónica.

En 1972, la popular bicilíndrica de 500 recibió la compañía de un par de tricilíndricas de dos tiempos, la GT380 y la GT550, ambas con cajas de cambios de seis velocidades, junto con las GT125 y GT185 de dos cilindros, que disponían del carenado «Ram Air», especial para la refrigeración de los cilindros. La GT550 duró hasta 1977, y la GT380 dos años más.

La primera verdadera máquina trail

La RG500 con refrigeración por agua y válvulas de disco, se estrenó en competición en 1974, pilotada por Barry Sheene.

de Suzuki fue la TS125 de 1971, un modelo mixto que podía utilizarse en carretera y en terreno *off-road*, y que engendró toda una familia TS de modelos trail, que incluía las TS50 y TS100 con admisión por válvula rotativa, además de las TS250, TS185 y TS400. Esta última dejó de fabricarse al poco tiempo, pero las máquinas de menor cilindrada fueron perfeccionándose a lo largo de los años ochenta y noventa.

Unas de las máquinas clave de la gama fueron las GP100/125, que sustituyeron a la vieja B120 en 1978. Suzuki se especializó en motores de dos tiempos, que colocó en sus ciclomotores de 50 y 70 cc con bastidor abierto. En el otro extremo del catálogo, Suzuki buscó un motor con un consumo más eficaz que el dos tiempos con refrigeración por aire para sus máquinas más grandes como la GT 750 tricilíndrica de 1971, conocida como «Kettle» (tetera) en el Reino Unido y «Water Búfalo» en los Estados Unidos, por su sistema de camisa de refrigeración a base de agua. En 1974, la firma probó un motor rotativo en el fallido modelo RE5, que demostró ser más pesado que el de la GT750 debido a su sistema de refrigeración por agua, y menos económico en el consumo de combustible, a pesar de su menor potencia. La única alternativa que quedaba eran los motores de cuatro tiempos, y durante la segunda mitad de la década, Suzuki reemplazó todos sus motores de dos tiempos de la gama

La serie RF estaba disponible en formato 600 y 900 cc, y representaba el esfuerzo de Suzuki por entrar en el mercado de las sport/tourer. Con 125 CV, valía lo que costaba.

más de ser más ligera y por tanto fácil de volver a poner en marcha en caso de caída. La SR125 era todavía mejor en este sentido. En cuanto a motos básicas de carretera, Suzuki también ofreció la custom FN250/400 y la GS125, monocilíndricas de cuatro tiempos con un solo árbol de levas en la culata.

La gama GSX, que personificaba el modelo de deportiva de Suzuki, se lanzó en 1980 con los modelos GSX1100 y 750, de 100 CV. Ambos tenían la nueva culata de cuatro válvulas TSCC (Twin Swirl Cumbustion Chamber, es decir, «doble cámara de combustión turbulenta»), con cámara de combustión de perfil cuadrado, configurada para maximizar la turbulencia y mejorar la combustión. Todas las máquinas incorporaban horquilla telescópica y amortiguador regulable por aire, además de un enorme faro rectangular. Al año siguiente, se lanzó el modelo Katana, provisto de manillar muy bajo y un pequeño carenado para protección del piloto, que disponía de una gama de motores tetracilíndricos de 16 válvulas de entre 250 y 1100 cc.

A partir de 1983, el motor tetracilíndrico de 550 cc también tenía cuatro válvulas por cilindro, y aumentaba su potencia hasta los 65 CV. Este motor iba en un nuevo bastidor de aleación y sección cuadrada, con semicarenado, suspensión trasera por monoamortiguador y horquilla antihundimiento. Los motores bicilíndricos también incorporaron culatas con cuatro válvulas. A semejanza de otras firmas fabricantes de motores, Suzuki presentó su XN85 Turbo, con turboalimentador en el motor tetracilíndrico refrigerado por aire. Los 85 CV resultantes no parecían justificar lo complicado del mecanismo.

Las réplicas de modelos de carreras no son nada nuevo: la copias de motocicletas de Grand Prix se remontan a los

media por otros de cuatro. En 1976, llegó la GS750 con un motor de 68 CV, de cuatro tiempos, doble carburador y refrigeración por aire, similar a los productos Honda y Kawasaki, pero algo más rápido. Su bastidor era más rígido que el de Honda, y la maniobrabilidad de la máquina algo mejor. En 1977, Suzuki aprovechó el éxito de la GS750 para lanzar la GS1000 de 997 cc, la máquina más grande que la firma japonesa había fabricado hasta el momento. Su potencia era de 87 CV, y podía alcanzar los 217 km/h. Disponía además de suspensión regulable y una maniobrabilidad igualmente buena. En 1981, los modelos GS deportivos fueron retirados a favor de la serie GSX de cuatro válvulas, mientras que la turismo GS850 con transmisión por eje fue sustituida por la GS1000G (1980), y ésta por la 1100G (1983).

Otro modelo esencial de Suzuki fue la GS400 bicilíndrica con dos válvulas, refrigeración por agua y un eje de balance accionado por engranajes, que dio lugar a la GS425 de 1979, la GS450 de 1980 y la GS500 de 1989. Representaban la motocicleta básica: eran baratas, fiables y con unas prestaciones estándar. A la cabeza de las motocicletas trail de cuatro tiempos de Suzuki en 1984 estaba el modelo DR600, con culata de cuatro válvulas y dos bujías, que desarrollaba 44 CV. En 1987, apareció la DR750, que no tardó en evolucionar hacia el modelo DR800 de 780 cc, que era el modelo monocilíndrico más grande del mercado. Pero una mayor cilindrada no significa necesariamente un

La Bandit 600 llegó en 1995; era una asequible y polifacética motocicleta, propulsada por un motor tetracilíndrico GSXR600 de 80 CV con refrigeración por aceite.

La VS800 Intruder y la VZ800 Marauder, ambas bicilíndricas en V, eran una concesión de Suzuki al mercado de las Harley e Indian.

mejor rendimiento *off-road*, y la DR350 que se introdujo en 1991 tenía un tamaño que la hacía mucho más manejable en terrenos difíciles y embarrados, ade-

Lanzada en 1999, la SV650S de dos cilindros en V estaba destinada a reemplazar a la Bandit, de línea más tradicional, como modelo polifacético de su catálogo.

primeros tiempos del motociclismo. Mediados los años ochenta, Suzuki presentó su serie de carretera GSX-R, que estaba muy cerca de los modelos diseñados para competiciones de resistencia de principios de esa década. Suzuki ya había establecido un loable récord con la RG500 tetracilíndrica de motor cuadrado en las carreras de Gran Prix de finales de los setenta y principios de los ochenta, con las actuaciones de Barry Sheene, Keith Heuwen, Graeme Crosby y Franco Uncini (y posteriormente Kevin Schwantz) con la tetracilíndrica en V RGV500.

La victoria de Suzuki en el World Endurance Championship de 1983 fue el preámbulo para el lanzamiento de la GSX-R en septiembre de 1984. Su motor ligero tetracilíndrico estaba montado en un nuevo bastidor de viga de aluminio, y estaba refrigerado en parte por aire y en parte por aceite. Las sucesivas revisiones mejoraron considerablemente el motor, y en 1998 llegó el modelo 750 contaba con una potencia de 135 CV y un motor refrigerado por agua.

Desde su lanzamiento, la GSX-R750 estableció nuevas pautas en el mundo de la moto, convirtiendo las réplicas de carreras en un popular tipo de motoci-

cleta. Tuvo mucho éxito como modelo deportivo y, cambiando algunos de sus componentes, podía utilizarse para competición en superbikes y superstock. Fue seguida de versiones de 250, 400 y 600 cc, y aunque las más pequeñas eran retenidas debido a las limitaciones impuestas por el mercado japonés, en Europa el modelo de 600 cc tuvo gran éxito en la categoría de las Superdeportivas de 600. En un nivel más mundano, se encontra-

La TL1000S nació en 1997. Una 996 cc que alcanzaba 256 km/h con motor bicilíndrico en V. Se hizo famosa por la vibración de su tren delantero, lo que la abarató en el mercado de segunda mano

ban la GSX600F y 750 sport tourer, introducidas para competir con la Honda CBR600, que fue profundamente revisada en 1998.

La GSX-R1100 de 1987 no estaba tan forzada como su hermana, la 750, y disponía de una banda de potencia más ancha, lo que la hacía más adecuada para uso diario, si bien su velocidad máxima era también de 249 km/h. La imagen es muy importante en el mercado: el diseño de la GSX-R se basaba en los modelos diseñados para pruebas de resistencia, de manera que la RG250 imitaba la bicilíndrica en V de dos tiempos para Grand Prix que la firma lanzó en las cilindradas de 250 y 500. En

La GSX-R1000 era una superdeportiva con el corazón de una réplica de carreras. Apareció en 1986. Su bastidor era de aleación, y el motor tetracilíndrico con refrigeración líquida pasó de los 1.052 a los 1.127 cc.

1990, Suzuki presentó la RGV250, una bicilíndrica en V con 60 CV, que alcanzaba los 217 km/h.

En 1995, Suzuki introdujo la que iba a convertirse en el punto de referencia de la firma: la Bandit 600, una motocicleta polifacética con una versión de 80 CV del motor GSX-R600 con refrigeración por aceite, montado en un bastidor tubular de acero. Su línea era una mezcla de retro, cruiser y réplica de un modelo de carreras, con posición de conducción erguida, y disponible con semicarenado. La Bandit 1200 también estaba disponible en formato sin carenado o con semicarenado. A finales de 1999, la propia Suzuki lanzó una alternativa más ligera a su Bandit 600: la SV650 con dos cilindros en V, que se vendió en versión naked o con semicarenado.

En 1997, cuando todos los fabricantes japoneses podían desafiar a las firmas europeas y norteamericanas, Suzuki lanzó la bicilíndrica en V TL1000, pensada para competir con la Ducati. Estaba propulsada por un motor bicilíndrico en V de 125 CV, inyección de gasolina, ocho válvulas y doble árbol de levas en la culata.

La TL1000 no sólo era más barata que la Ducati, sino además más fácil de manejar, y más emocionante que la Honda VTR1000 Firestorm. En 1998, Suzuki presentó la TL1000R, más potente, y antesala de la superbike de dos cilindros en V.

A finales de los años noventa, el mercado de los escúter estaba en plena actividad, y aparecían constantemente nuevos modelos de todas las marcas.

Suzuki, en 1998, anunció el superescúter Burgman de 250 cc. La compañía japonesa lanzó en 1999 una edición de 400 cc, que a comienzos del nuevo milenio era el escúter de mayor cilindrada en el mercado, y que ofrecía a sus usuarios unas increíbles prestaciones, con una velocidad máxima de 161 km/h. El modelo GSX1200R Hayabusa (una superdeportiva bautizada con el nombre de un halcón japonés), era capaz con su motor de 173 CV de doblar la velocidad del superescúter.

La Hayabusa, lanzada ese mismo año, podía pasar de 0 a 97 km/h en 2,75 segundos, y llegar a los 225 km/h en 10 segundos.

SUZUKI T20 SUPER SIX

1966

La T20 Super Six se presentó en 1966 y sirvió para lanzar a Suzuki al mercado internacional.

Conocida en los Estados Unidos como X6, esta máquina estaba propulsada por un motor bicilíndrico paralelo de dos tiempos y 250 cc, con refrigeración por aire y caja de cambios de seis velocidades (de donde le viene el nombre). El motor incorporaba un sofisticado sistema de lubricación llamado Posi-Force, y desarrollaba una potencia de 29 CV a 7.500 rpm, alcanzando los 153 km/h.

El motor estaba inclinado hacia delante y montado en un bastidor de doble cuna con horquilla telescópica y grandes frenos de tambor, lo que proporcionaba al modelo un buen manejo y ligereza. Estéticamente, no era nada del otro mundo, con los laterales del depósito y los

tubos de escape cromados, y los guardabarros bicolores, aunque el diseño del faro era algo estrambótico. Curiosamente, con el modelo se proporcionaba una bomba para inflar los neumáticos.

Motor: bicilíndrico paralelo, dos tiempos, refrigerado por aire
Potencia: 29 CV a 7.500 rpm
Caja de cambios: seis velocidades, pedal
Transmisión secundaria: cadena
Peso: 138 kg
Velocidad máxima: 153 km/h

La T20 Super Six, o X6, como se dio a conocer en los Estados Unidos, alcanzaba los 144 km/h. Fue la primera auténtica deportiva de Suzuki. Disponía de un bastidor tubular de acero y un motor nuevo de 247 cc.

SUZUKI GS1000 1978

Las prestaciones de la GS1000, lanzada al mercado en 1978, igualaban incluso a las de la legendaria Z1 de Kawasaki. Por eso marcó el patrón de las nuevas motocicletas deportivas de ese período, gracias a su excepcional manejabilidad y su poderoso motor tetracilíndrico de 997 cc, entre cuyas prestaciones podríamos mencionar el doble árbol de levas y cuatro válvulas por cilindro. Tomaba como base el tosco bastidor tubular de cuna de acero, con suspensión regulable y doble disco de freno en la rueda delantera, llantas de aleación y neumáticos de grandes dimensiones. La GS1000 demostró ser un modelo cómodo y fiable, estable a altas velocidades y relativamente ágil en las curvas. Su manillar de diseño recto exigía una postura de los brazos más adelantada que otras motocicletas, y su estilo no tenía nada de especial, a pesar de los tubos de escape cromados tipo megáfono. Era ligeramente más lenta que su hermana de 750 cc, la GS750 Four, intro-

ducida un año antes y capaz de 201 km/h, crucero de 145 km/h, siempre que fuera provista del adecuado carenado de cúpula. En su versión de competición, con el carenado apropiado y la puesta a punto

Lanzada en 1978, la GS1000 era la Suzuki de mayor cilindrada la marca, y demostró que las motos japonesas de grandes dimensiones también podían tener gran maniobrabilidad.

realizada por Yoshimura, la GS1000 llevó a Wes Cooley al primer puesto del título de Superbikes de Estados Unidos de 1980.

Motor: tetracilíndrico transversal, dohc, 8 válvulas, 997 cc (70 × 64,8 mm), refrigerado por aire
Potencia: 87 CV a 8.000 rpm
Caja de cambios: cinco velocidades
Transmisión secundaria: cadena
Peso: 241 kg
Velocidad máxima: 217 km/h

La GS1000 esaba propulsada por un motor tetracilíndrico con doble árbol de levas en culata, ocho válvulas, 997 cc y refrigeración por aire.

SUZUKI GSX-R750 1985

La GSX-R750 («R» por «Race»), presentada por Suzuki en 1985, dio lugar a toda una generación de réplicas de motocicletas de carreras. Muchos pilotos deseaban emular a sus ídolos del mundo de las carreras, y la GSX-R750 era lo más parecido a una de aquella máquinas de principios de los años ochenta que tanto éxito habían tenido bajo la dirección del jefe de equipo Hervé Moineau.

Increíblemente rápida y provista de una gran maniobrabilidad, la GSX-R750 superaba a cualquier otro modelo de serie que hubiera en el mercado, gracias a unas prestaciones diseñadas para rodar a gran velocidad.

El motor era tetracilíndrico, con doble árbol de levas en culata, 16 válvulas y refrigeración por aceite y cajas de levas de magnesio. Su potencia de 100 CV la

alcanzaba a 10.500 rpm, con un par motor a 7.000 rpm. Este motor, que le permitía una velocidad de 233 km/h, estaba alojado en un bastidor perimetral o tridimensional de aluminio que pesaba la mitad que el de la antigua GSX750, y la parte delantera montaba una sólida horquilla de 41 mm de diámetro y doble disco de freno. Buena parte de la motocicleta estaba oculta tras un carenado de carreras en cuya parte anterior se incorporaba un par de faros, y decorado con el nombre de la firma.

La máquina de carretera estaba equipada con un cómodo asiento posterior y un tubo de escape perforado de cuatro en uno, colocado más bajo que en el modelo de carreras.

Durante los años siguientes, el chasis se fue refinando para dotar a la GSX-R750 de una mejor maniobrabilidad, y en 1992 se le proporcionó un motor de 116 CV refrigerado por agua y montado en un bastidor más rígido con horquilla invertida y un carenado más elegante. Aunque tenía pocos componentes en común con el modelo original, la GSX-R750 conservaba el mismo espíritu.

Motor: tetracilíndrico transversal, dohc, 16 válvulas, 749 cc (70 × 48,7 mm), refrig. por aceite (posteriormente por agua)
Potencia: 100 CV a 10.500 rpm
Caja de cambios: cinco velocidades, pedal
Transmisión final: cadena
Peso: 176 kg
Velocidad máxima: 233 km/h

La primera auténtica réplica de carreras fabricada por una firma japonesa, la GSX-R750, se lanzó en 1985. Este modelo adquirió categoría de culto.

SUZUKI GSX1300R HAYABUSA 1999

La línea llamativa y algo corpulenta de la Suzuki GSX1300R Hayabusa oculta el verdadero potencial de la máquina de carretera más rápida del mundo. Se sugirió que sobre esta máquina se podía alcanzar la mágica velocidad de las 200 millas a la hora (322 km/h). Las pruebas realizadas demostraron que tal proeza era posible.

La Hayabusa tenía un motor tetracilíndrico transversal de 1.299 cc, 16 válvulas y 173 CV. El mecanismo de distribución de válvulas disponía de ocho varillas empujadoras al final del cigüeñal, el doble que en la 750. Este motor con refrigeración por agua estaba basado en el de la última 750. La inyección

de combustible para cada uno de sus cilindros estaba individualmente controlada por microprocesador, lo que mejoraba el equilibrio entre los cilindros, evitando caídas en la potencia en situaciones de arranque en frío y altas temperaturas. Una válvula de charnela en la caja del filtro de aire y activada por ordenador controlaba el flujo de aire a través de la gama de revoluciones, cerrándose a menos de 4.000 rpm y reduciendo la entrada de aire; a más de las 4.000 rpm, la válvula se abría totalmente, permitiendo la entrada total del aire.

Igual que la GSX-R750, la Hayabusa hacía uso del sistema SRAD (Suzuki

Ram Air Direct) que mejoraba la potencia en el límite más alto de revoluciones. El estrecho faro permitía que las entradas de aire del carenado estuvieran colocadas lo más cerca posible de la línea central de la motocicleta, lo que permitía el paso de un volumen mayor de aire. En el otro extremo del ciclo de combustión, y para no contravenir la legislación sobre emisiones, el modelo disponía de dos catalizadores colocados

En 1999, la motocicleta más rápida en carretera era la GSX 1300R Hayabusa, que llevaba el nombre de un halcón capaz de alcanzar los 320 Km/h cayendo en picado.

delante de los árboles de levas, y del sistema PAIR (Pulsed-secondary AIR), que llevaba el aire hacia las válvulas de escape, diluyendo los hidrocarburos y el monóxido de carbono.

La Hayabusa estaba montada alrededor de un bastidor de doble viga de aluminio, con suspensión delantera por horquilla telescópica invertida regulable de 43 mm, y monoamortiguador progresivo en la parte trasera. Suzuki aseguraba que la Hayabusa tenía un 15 por 100 más de rigidez que el modelo GSX-R750 tanto en el bastidor como en el brazo basculante. Para satisfacer las necesidades del modelo, Bridgstone amplió su gama BT56, habiendo presentado quince combinaciones diferentes de neumático, basándose en un neumático trasero 190. Los ingenieros de Suzuki se decidieron por el BT56 tipo J, que se convirtió en el único neumático recomendado para esta motocicleta. Sus medidas son: 198 mm de ancho, con un radio de curvatura de la banda de rodadura más pequeño, que en 1999 ostentaba el honor de ser el neumático más plano y más ancho del mercado.

Para lograr los 322 km/h, se prestó gran atención a los aspectos aerodinámicos del modelo. La Hayabusa tenía que ser capaz de cortar limpiamente el aire. Los ingenieros de Suzuki utilizaron el túnel de viento para lograr la forma más «resbaladiza», para lo que era necesario prestar especial atención a la forma del guardabarros delantero. Éste desviaba el aire hacia los laterales del carenado, que estaban tan adelantados como era posible para ayudar a que el aire discurriera con facilidad hacia la parte trasera de la moto. La placa inferior que cubría el cárter del motor se prolongaba hasta la rueda trasera para eliminar la resistencia aerodinámica en la parte inferior de la motocicleta, mientras que la parte superior del carenado

SWM

se beneficiaba de la forma afilada del faro, y hasta la parte anterior de los espejos retrovisores estaba diseñada aerodinámicamente para conseguir una mayor penetración. El carenado de la Hayabusa culminaba con la joroba trasera ya vista en la TL1000R, con el inconveniente de no poder ofrecer la misma capacidad de almacenaje que la bicilíndrica. Suzuki no dio a la GSX1300 Hayabusa la clasificación de modelo «R». El modelo tampoco estaba pintado con los tradicionales colores blanco y azul del resto de modelos GSX-R.

Motor: tetracilíndrico, 16 válvulas, 1.299 cc, (81 × 63 mm), refrig. líquida
Potencia: 173 CV a 9.800 rpm
Caja de cambios: seis velocidades
Transmisión secundaria: cadena
Peso: 215 kg
Velocidad máxima: 322 km/h

SWM ITALIA 1971–1985

SWM (SPEEDY WORKING MOTORS) fue uno de los grandes éxitos comerciales de la industria motociclista italiana de los años setenta, pero su vida en lo más alto fue relativamente efímera. Fundada por Pietro Sironi, SWM fabricó una serie de máquinas *off-road* extraordinariamente competitivas, para las modalidades de cross y enduro. Muchas de las últimas fueron también las preferidas de los adolescentes italianos amantes del estilo (y con posibilidades económicas),

durante la segunda mitad de la década los setenta, cuando la motocicleta de enduro se convirtió en todo un símbolo de la era. Junto con la firma austriaca KTM, SWM fue una de las pocas marcas en ganar medallas de oro en los ISDT (International Six Days' Trial) y a la vez circular por las calles de nuestras ciudades.

Esta motocicleta utilizaba un motor alemán Sachs o austriaco Rotax (cuando la mayoría de las marcas italianas uti-

SWM (que significa Speedy Working Motors) fue fundada en 1971 por Pietro Sironi. En la fotografía se muestra el modelo 125TC de trial, del año 1978.

lizaban motores domésticos de Minerelli, Franco Morini o Hiro). SWM creció rápidamente. En realidad, su crecimiento fue la causa de los problemas por los que atravesó la compañía en sus últimas años.

En los años ochenta, SWM adquirió la firma rival Gori, lo que le llevó a una situación de superproducción en el mercado de las motocicletas de campo. Cuando en 1981 y 1982 tuvo lugar la gran recesión en esta industria, la firma quedó en una situación muy peligrosa.

Acosado por las crecientes deudas, su presidente, Pietro Sironi, se vio obligado a cerrar el negocio en 1985, y aunque ese mismo año volvió a formar la compañía bajo el nombre de SVM, ésta se fue a pique definitivamente en 1987.

Además de modelos de enduro y trial, SWM también fabricó motocicletas para carreras de cross, como esta RS250MC de 1977, propulsada por un motor monocilíndrico de 247 cc y dos tiempos fabricado por Rotax.

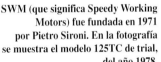

SUPER-X
Estados Unidos 1924-1930. Estas motocicletas americanas tenían motores Schwinn de dos cilindros en V con válvula de admisión por encima de la de escape. Muy parecidas a las Excelsior/American-X.

SUPPLEXA
Francia 1922-1932. Estas motos estaban propulsadas por motores JAP de hasta 1000 cc. Eran famosas por su gran distancia entre ejes.

SUPREMOCO
Inglaterra 1921-1932. Esta firma ensambladora utilizaba motores de entre 250 y 350 cc de una variedad de fabricantes. La misma fábrica produjo la Defu-All.

SUQUET
Francia 1929-1934. Motos ligeras con motores Dunne de 100 y 125 cc.

SUT
Alemania 1921-1927. Esta gama de motocicletas ligeras utilizaba motores propios de válvulas laterales y con admisión sobre escape, con una sorprendentes variedad de cilindradas: 148, 172, 197 y 247 cc.

SUZY
Francia 1932-1933. Esta motocicleta con motor semicerrado utilizaba un motor Chaise de 500 cc con árbol de levas en la culata.

SWAN
Inglaterra 1911-1913. Máquina poco convencional con un chasis remachado hecho de acero y aleación ligera, parte del cual ocultaba el motor Precision de 500 cc y válvulas laterales.

SWIFT
Inglaterra (Coventry) 1898-1915. Esta firma, relacionada con Starley y Ariel, es un buen ejemplo de la unidad de criterios en la industria de las motocicletas en el Reino Unido. Después de comenzar con motores De Dion-Bouton, Swift se pasó a los White & Poppe, además de utilizar también motores propios de dos cilindros en V y hasta 768 cc de capacidad.

SIMPLES
Inglaterra 1913-1922. Estas motocicletas ensambladas utilizaban motores Dalm de dos tiempos y 311 cc.

SYPHAX
Francia 1952-1953. Motocicletas ligeras con motores AMC y Aubier-Dunne de dos tiempos (entre 100 y 175 cc), y AMC ohv (125 y 175 cc).

463

TAURUS

ITALIA 1933–1966

A mediados de los años cincuenta, se presentó una nueva Taurus monocilíndrica ohv de 250 cc. No sólo contaba con caja de cambios integrada en el motor, sino también horquilla telescópica.

integrada en el motor, así como horquilla telescópica en la rueda delantera y suspensión trasera por brazo basculante y doble amortiguador.

Indudablemente, era una máquina diseñada para el transporte diario y no para el entusiasta del deporte. Esta falta de pretensiones deportivas se reflejó en las ventas: aunque la compañía logró sobrevivir hasta 1966, no alcanzó el nivel de ventas que le hubiera permitido seguir produciendo.

DURANTE SUS TREINTA Y TRES años de existencia, Taurus fabricó varios modelos propulsados por motores de dos y cuatro tiempos. En 1938, también lanzó una máquina excelentemente realizada con motor monocilíndrico dohc de 499,34 cc (85 × 88 mm), diseñada tan sólo para competición, y que si se hubiera desarrollado un poco más habría podido suponer una amenaza para fabricantes como Bianchi, Gilera o Moto Guzzi. Pero la falta de fondos y el estallido de la Segunda Guerra Mundial se aliaron para sellar su destino.

Taurus luchó para ponerse nuevamente en pie una vez terminada la guerra, y a finales de los años cuarenta ya estaba produciendo a cien por cien de su capacidad. Sin embargo, todavía había ciertos problemas, entre ellos la dificultad para encontrar componentes con que satisfacer la demanda productiva, así como el creciente número de nuevas compañías que entraban en el mercado (entre ellas, Aermacchi, Ducati y MV Agusta).

La firma comprendió que necesitaba diseños más modernos, y a mediados de los años cincuenta llegó una nueva monocilíndrica ohv de 250 cc. Esta motocicleta disponía de caja de cambios

Taurus comenzó a fabricar motocicletas en 1933. En ocasiones, su logotipo se escribía con caracteres romanos.

TERROT

FRANCIA 1902–1961

CHARLES TERROT FABRICABA triciclos y *quads* propulsados por motores De Dion antes de crear su primera motocicleta en 1902, en la que utilizó un motor suizo Zedel con el cilindro inclinado hacia delante pero las aletas de refrigeración paralelas al suelo, estilo muy utilizado durante algunos años. Siguió a esta primera motocicleta un modelo bicilíndrico en V en el que el cilindro trasero estaba colocado verticalmente, con el delantero inclinado, y las aletas dispuestas igual que en el modelo monocilíndrico. Ambas máquinas disponían de transmisión a correa y horquilla basculante en la rueda delantera. Las máquinas posteriores contaron con tres velocidades en el cubo de la rueda trasera. Después de la Primera Guerra Mundial,

la compañía de Terrot fabricó una gama de modelos de dos tiempos utilizando un motor de fabricación propia provisto de un gran volante externo, además de otros de cuatro tiempos con válvulas laterales o distribución ohv fabricados por JAP y Blackburne. Todos los modelos incorporaron las tres velocidades, y, a finales de los años veinte, también depósito de combustible sobre el bastidor y horquillas de paralelogramos deformables.

Terrot participó en la TT de la Isla de Man de finales de los años treinta utilizando sus monocilíndricas ohv. En la foto se ve al español Manuel Simo a punto de empezar la carrera en la categoría Lightweight (ligeras) en 1936.

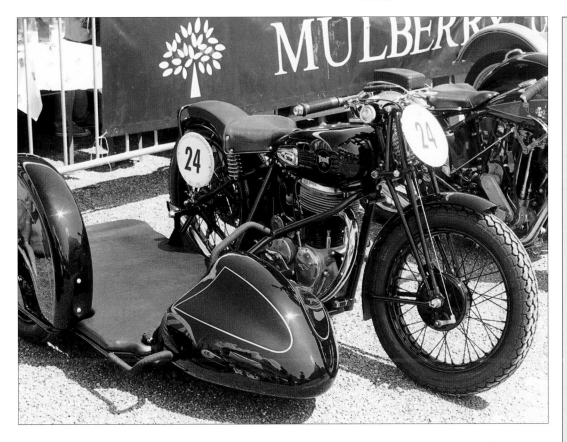

TANDON
Inglaterra 1948-1957. Estas máquinas, convencionales pero fiables, utilizaban motores Villiers de dos tiempos y 123 y 322 cc, principalmente monocilíndricos, aunque también había algunos bicilíndricos verticales. Tandon también fabricó el ciclomotor Talbot, con motor Trojan.

TAPELLA-FUCHS
Italia 1953-1957. Estos ciclomotores estaban provistos de motores Fuchs.

TARBO
Italia (Bolonia) 1967-desconocida. Tartarini combinó su nombre con el del lugar en que se fabricaban estas motocicletas, que en realidad eran versiones italianizadas de Jawa, desde ciclomotores hasta bicilíndricas de 350 cc.

TAS
Alemania (Saargebie). Además de motores de dos tiempos y 200 cc (una fuente dice que eran de 173 y 248 cc), TAS utilizaba otros de cuatro tiempos y 350 y 500 cc, al principio de Gnome et Rhone, y posteriormente de MAG.

TAU
Italia (Milán). Esta firma fabricaba modelos de dos tiempos y pequeña capacidad (125 y luego 1.000 cc), sobre todo para *off-road*. Más tarde se añadió una bicilíndrica de 250 cc, que desarrollaba 38 CV a 8.000 rpm.

TAURA
Italia (Turín) 1927-1930. Giulio Doglioli comenzó fabricando motocicletas ligeras propulsadas por motores JAP de 175 cc, y en 1929 pasó a los motores JAP de 500 cc y válvulas laterales, y los Blackburne de 350 cc ohv.

TAUTZ
Alemania 1921-1923. Esta motocicleta de bastidor abierto tenía un aspecto muy llamativo y elegante, y utilizaba un motor DKW de 120 cc, y posiblemente también de 200 cc.

TAVERNIER
Francia 1921-1923. Las motocicletas de esta firma ensambladora utilizaban motores de Blackburne, JAP y Zurcher, de entre 175 y 500 cc.

TECNOMOTO
Italia 1968-desconocida. Estas diminutas máquinas tenían motores Minarelli de 50 cc.

En los años treinta, Terrot añadió motores de fabricación propia con caja de cambios integrada, encerrada en la cubierta cilíndrica en la que se prolongaba el cárter, y que podía girarse para hacer ajustes en la cadena de transmisión. En cuanto a la nueva gama, el mecanismo de distribución de las válvulas estaba totalmente oculto, y el generador se accionaba por medio de una cadena tendida desde el extremo izquierdo del cigüeñal y colocada por detrás del cilindro, en tanto que los contactos del ruptor se encontraban en el cárter de distribución.

En 1932, apareció un ciclomotor de 100 cc, el mismo año del lanzamiento de la bicilíndrica en V de 680 cc con válvulas laterales, cuya cilindrada se aumentó hasta 750 cc en 1934. A finales de los años treinta, la gama incluía pequeños modelos de dos tiempos con válvulas laterales o distribución ohv y

cilindradas entre los 175 y 500 cc, además de la bicilíndrica en V de 750 cc.

También hubo una línea de máquinas de competición con motores ohv de 175, 250, 350 y 500 cc. Estos modelos eran bastante parecidos entre sí, y disponían de un carburador Amal y encendido por magneto; también contaban con caja de cambios de cuatro velocidades y bastidor rígido con horquilla de paralelogramos con muelles laterales.

Después de la Segunda Guerra Mundial, Terrot siguió con su modelo de dos tiempos y 100 cc y un modelo ohv con caja de cambios de cuatro velocidades integrada en el motor. En 1951 se añadió un escúter de 98 cc, cuyo cuerpo rechoncho evocaba la imagen de un coche americano.

El acabado de este modelo solía ser bicolor, y disponía de suspensión en ambas ruedas, con las horquillas ocultas. El motor original estaba conectado a una

Una francesa Terrot de 1939 con sidecar. Esta máquina estaba propulsada por un motor monocilíndrico ohv.

caja de cambios de dos velocidades, aunque versiones posteriores de 125 cc incorporaron una caja de cambios de tres velocidades. Estas máquinas evolucionaron dando lugar al modelo Scooterrot, que tenía una caja de cambios con engranaje preselector.

Las monocilíndricas de mayor tamaño siguieron utilizando horquilla telescópica y suspensión trasera por émbolo, que más tarde sería reemplazada por un sistema de horquilla basculante. La línea Talbot incluía el motor integrado ohv de 500, que se fabricó hasta finales de los años cincuenta, mientras que el al de 125 cc se le unió otro de 175 cc. En 1954, la firma se unió a Peugeot; en 1961, Terrot dejó de fabricar motocicletas.

TESTI

ITALIA 1951–1983

HASTA QUE LA CAÍDA en las ventas ocurrida a principios de los años ochenta acabó con esta firma, Testi disfrutó de un considerable éxito durante más de treinta años en el ferozmente competitivo mercado de las motocicletas ultraligeras y los ciclomotores. Esta compañía, con sede en Bolonia, utilizó varios motores Sachs, Franco Morini y Mina-

relli. Entre los modelos más conocidos de Testi podemos nombrar la Trail King, la Corsa 2000 de 125 cc con motor Minarelli, y el moderno ciclomotor deportivo Champion Special P6.

Pero la máquina más interesante de Testi fue, sin duda, la Militar de ocho velocidades. Se trataba de una motocicleta militar con un motor Minarelli

refrigerado por ventilador, con una capacidad de 49,6 cc (38,8 × 42 mm), en cuya lista de accesorios se incluía un dispositivo para el transporte de esquíes, funda para un arma de fuego (que en tiempos de paz servía para el transporte de cañas de pescar), faro antiniebla e incluso una bombona para el inflado rápido y reparación de los neumáticos.

La Militar fue utilizada por los ejércitos italiano y finlandés.

La gama de modelos de 1980 fue la más amplia de Testi, con diez máquinas, todas las cuales utilizaban motores de 500 cc. Además de los modelos Militar y Champio Special, se presentó la Monocross Corsa CR (de motocross), la Monocross Regolarita (enduro), Amico (un escúter), Pull (un ciclomotor de ruedas pequeñas), Cricket (ciclomotor de lujo), Mini Cricket (ciclomotor), Comfort (ciclomotor de tres velocidades) y OKD V1 (ciclomotor de transporte diario). La más potente era la Monocross Corse CR de 15 CV, que debía pilotarse en posición de carreras para mantenerse en la banda de potencia. En Alemania Occidental, la organización Roth vendió máquinas Testi con el nombre Horex, igual que hizo en el Reino Unido el grupo Mick Walker.

La Executive Cross de enduro de Testi se lanzó en el año 1974, y estaba equipada con un motor monocilíndrico Minarelli de dos tiempos y 125 cc.

THOR

LA THOR FUE FABRICADA por la Compañía Aurora Automatic Machinery Company, de Aurora, Illinois, que entró en el mundo de las motos en 1902, año en que comenzó a fabricar motores para Indian. Este contrato permitió a la firma suministrar ese mismo motor también a otras compañías, lo que dio lugar a un buen número de clones de Indian, todos los cuales utilizaban idéntico motor Aurora, incluyendo una Thor de 1903.

Entre las restantes se encontraban: Manson, Moto-Racycle-Rambler, Reading-Standard y Warwick. El contrato con Indian duró hasta 1907, y Aurora continuó suministrando motores a otras firmas durante uno o dos años más.

La primera Thor era una Indian clonada con culata en F, con válvula de admisión automática, con el motor muy retrasado formando parte del tubo del asiento, pero colocado encima del ángulo de los pedales, donde todavía se conservaban éstos, y su cadena en el lado derecho. En el lado izquierdo había una doble rueda dentada intermedia; esta rueda estaba conectada al motor por medio de una segunda cadena y a una segunda rueda dentada de menor tamaño colocada en el eje de la rueda trasera. Este sistema proporcionaba a la máquina una transmisión totalmente a cadena dividida en dos fases. Como de

costumbre, el depósito de joroba de camello alojaba el combustible y el aceite, y estaba colocado sobre el guardabarros trasero. El bastidor, en forma de rombo, disponía de horquilla rígida.

En 1909, Thor colocaba el motor verticalmente, y lo instalaba en un bastidor en forma de U provisto de horquilla elástica. También había cambiado la transmisión a la rueda trasera, que ahora se realizaba directamente. Ese año, Thor introdujo una bicilíndrica en V con un cilindro vertical y el segundo inclinado hacia delante en ángulo de 45º. La doble magneto estaba colocada en el mismo ángulo en la parte posterior del cárter, mientras que el carburador se situaba detrás del cilindro trasero. Desde ahí discurría un largo tubo de admisión hasta el colector localizado entre los cilindros y que alimentaba a ambos. Este modelo tenía el mismo bastidor en U y la horquilla elástica.

En la bicilíndrica en V de 1911 ya se instalaron válvulas de admisión mecánica sobre la culata, que eran accionadas por varillas empujadoras, curvadas para evitar tropezar con las aletas de ventilación. Además, al carburador se pasó a una posición mejor, entre los dos

El motor de la bicilíndrica en V de Thor de 1913 ya no tenía el cilindro trasero dispuesto verticalmente. Por entonces, Thor ya era una marca asentada y de gran calidad, aunque en 1915 dejaría de fabricar motocicletas.

cilindros. La bicilíndrica se volvió a revisar en 1912, cuando el motor se inclinó hacia atrás, de manera que los cilindros quedaban inclinados hacia detrás y hacia delante del modo corriente, mientras que las varillas empujadoras pasaron a ser rectas.

Al mismo tiempo, la magneto se desplazó a la parte anterior del cárter, y se rediseñó todo el mecanismo de las válvulas para dotarlo de una línea más limpia.

En 1914, la capacidad de la bicilíndrica aumentó de 1.000 a 1.245 cc. Sin embargo, la producción de motocicletas se interrumpió en 1915. Muchos fueron los nombres que aparecieron sobre el cárter de los motores Aurora, incluyendo el del propio fabricante y el del Thor, y algunas veces el de la marca que los adquiría.

TOHATSU

JAPÓN 1949–1964

LA HISTORIA DE ESTA compañía se remonta a 1922, cuando el Takata Motor Institute comenzó a investigar con diversos tipos de motores de combustión interna. En los años de entreguerras, la empresa continuó expandiéndose, y en mayo de 1939 cambió su nombre por el de Tokio Hatsudoki, o Tohatsu, en forma abreviada. Durante los años de la guerra, la compañía se convirtió en uno de los grandes suministradores de generadores para las fuerzas armadas japonesas, y sus fábricas de Tokio y Osaka seguían ilesas tras el conflicto.

La producción de después de la guerra se centró en bombas de incendios y motocicletas, estas últimas comercializadas con el nombre Tohatsu. En 1957, la firma contaba con una línea de cuatro modelos urbanos con cilindradas de 86, 123 y 199 cc, todos ellos monocilíndricos de dos tiempos con admisión por el pistón.

Las ventas crecieron hasta que en 1961 la producción de motocicletas de Tohatsu representaba el tres por ciento del total vendido en el próspero mercado doméstico. Pero la compañía comprendió que para seguir avanzando

había que seguir los pasos del gigante Honda, y fabricar motocicletas de carreras.

Ese año, la Exposición de Tokio vio el lanzamiento de los primeros modelos de carreras Tohatsu: un par de motocicletas de cross (125 y 250 cc) además de una de 50 cc para competición en pista. Esta última, la Runpet CR50, contaba con un motor monocilíndrico de dos tiempos, que producía 7 CV a 12.000 rpm. Entre otros detalles, el modelo incluía una caja de cambios de cuatro velocidades con relaciones muy próximas, y un bastidor de viga con horquilla telescópica en la parte delantera. Los ingenieros de Tohatsu también habían estado desarrollando un modelo bicilíndrico de 124 cc (43 × 43 mm) con cinco velocidades. Su velocidad máxima era de unos 145 km/h.

El modelo de carreras definitivo de Tohatsu fue esta bicilíndrica 49,8 cc (31 × 33 mm), la única bicilíndrica de esa cilindrada que se vendió al gran público.

Tohatsu (Tokio Hatsudoki) fabricó toda una serie de modelos de competición y carretera con grandes prestaciones. La Runpet Sport de 60 cc (1962) desarrollaba 6,8 CV a 10.800 rpm.

Este proyecto llevó a los definitivos modelos de carreras de Tohatsu: una bicilíndrica de 49,8 cc (31 × 33 mm) y una 125 totalmente nueva, que disponía de un novedoso cárter de apertura vertical formado por tres piezas, que permitía al usuario acceder al motor con un mínimo de herramientas.

A la singularidad de la construcción del motor se unía el diseño de un chasis innovador. Mientras que otros fabricantes japoneses, como Suzuki y Yamaha, producían bastidores tubulares convencionales con un único tubo superior, Tohatsu creó un ingenioso bastidor doble con dos tubos superiores, que proporcionaba un agarre extraordinario. En realidad, muchos años después de que el motor original dejara de ser competitivo, los bastidores de Tohatsu seguían alojando diferentes motores, una tendencia que continuó hasta bien entrados los años setenta. Igual que sucedía con su hermana mayor, la Tohatsu 50 era la única motocicleta bicilíndrica de su cilindrada ofrecida al público.

El futuro campeón del mundo (en 1969, con una Kawasaki 125 cc) Dave Simmonds fue, probablemente, el piloto más famoso de Tohatsu, logrando numerosas victorias con ambas bicilíndricas, la de 50 y la de 125 cc.

En el Grand Prix japonés de 1963, Tohatsu anunció la creación de un equipo de competición (con Simmonds a la cabeza) para la temporada europea de 1964. Lamentablemente, este proyecto sólo fue un sueño, pues en los meses

siguientes Tohatsu se encontró sumida en una nueva crisis financiera.

Finalmente, en febrero de 1964, esta compañía (o al menos su división de motocicletas) tuvo que liquidar. Las motocicletas de carreras, piezas de repuesto, planos y herramientas, se vendieron a John Honda (nada que ver con

el otro señor Honda), que creó Japan Racing Motor Cycles. Nunca se reanudó la fabricación de los modelos de carretera de Tohatsu, aunque corrió el rumor de que los derechos para fabricar la gama de modelos de 1964 habían sido adquiridos por el gobierno chino de Formosa (ahora Taiwán).

Mientras, después de que la fábrica cerrara sus puertas, casi todos los ingenieros de Tohatsu se había ido pasando a la compañía hasta entonces rival Bridgestone, cuyos modelos siguientes se beneficiaron de los conocimientos tecnológicos que éstos habían adquirido en su anterior fábrica.

TOMOS YUGOSLAVIA 1954–1995

CON SEDE EN LA PEQUEÑA ciudad pesquera de Koper (ahora en Eslovenia) al sur de Trieste, en la costa adriática, la compañía estatal Tomos creció fabricando máquinas con licencia de la austriaca Puch, y coches con licencia de la francesa Citroën.

Tomos llamó la atención en los mercados extranjeros en 1961, cuando la FIM organizó el campeonato de la Coupe d'Europe (Copa de Europa) para motocicletas de 50 cc. Esta prueba sirvió como primer paso para que la categoría adquiriese un rango mundial, lo

La Tomos 90 Electronic de finales de los años setenta utilizaba un motor monocilíndrico de dos tiempos basado en un diseño de Puch, frenos italianos Grimeca y bastidor de cuna.

que logró al año siguiente. En 1961, se celebraron un total de ocho vueltas para la Coupe d'Europe: tres en Bélgica, dos en Alemania y una en Holanda, España y Yugoslavia. Kreidler y Tomos eran las favoritas para conseguir el título, que finalmente fue para Hans-Georg, que corría para Kreidler; sin embargo, el

equipo yugoslavo completó una excelente actuación, logrando una victoria en el rapidísimo circuito alemán de Hockenheim.

En 1962, los ingenieros de Tomos, decididos a conseguir el título del mundo, crearon un modelo totalmente diferente. Esta máquina, cuyo código de referencia era D7-62 (siete velocidades, año 1962), contaba con un motor totalmente nuevo con cilindro vertical y, algo sorprendente, un pistón sin segmentos. Aunque este diseño fue un fracaso, Tomos perfeccionó el modelo anterior,

con el que compitió con mucho éxito en la categoría de 50 cc hasta que la categoría desapareció finalmente a principios de los años ochenta. El último campeón europeo, Zdravko Matulja, logró la victoria en 1982 con una Tomos.

Durante muchos años, Tomos mantuvo una sección en Holanda (su mejor mercado extranjero), desde donde distribuyó su producción de ciclomotores a Europa, incluido el Reino Unido. Sin embargo, las luchas en la antigua Yugoslavia sellaron el destino de la firma a mediados de los años noventa.

Una Tomos de carreras de 50 cc, con la que la fábrica yugolslava compitió en el campeonato Coupe d'Europe de 1966.

TORNAX ALEMANIA 1922–1955 y 1982–1984

TORNAX SE FORJÓ UNA gran reputación en los años anteriores a la Segunda Guerra Mundial como fabricante de motocicletas de gran calidad. Utilizaba en sus modelos motores JAP y Columbus (Horex). Esta empresa de Wuppertal-Langerfeld también diseñó y fabricó pequeños coches deportivos, que se vendieron entre 1934 y 1936, con un motor DKW de dos tiempos y tres cilindros.

Después de la guerra, esta firma no volvió a producir hasta 1948, cuando su nuevo propietario, Ernst Wewer, llevó a cabo una profunda reorganización. Ese

mismo año, apareció la nueva gama de modelos Tornax, propulsados por motores Ilo monocilíndricos de dos tiempos y 125 y 175 cc.

A diferencia de otras motocicletas contemporáneas, las de Torax tenían

Reformada tras la Segunda Guerra Mundial por Ernst Wewer, la famosa marca Torax ofreció una nueva gama de modelos, entre los que estaba esta monocilíndrico de dos tiempos, doble lumbera de escape y 175 cc, del año 1954.

Durante los años ochenta, la resucitada marca Tornas fabricó una gama de pequeños modelos de dos tiempos, como esta RX80 trail propulsada por un motor de 79,81 cc y seis velocidades.

una línea elegante y nada austera. Ambos modelos se vendieron bien, no sólo en el mercado doméstico, sino también en Bélgica y Holanda. Pero en 1952, la dirección de la firma se había dado cuenta de que el mercado fácil se estaba terminando, y que el futuro de la firma comenzaba a estar amenazado.

Un intensivo y caro programa de desarrollo dio lugar a las nuevas máquinas con motores Ilo de 200 y 250 cc (la segunda era una bicilíndrica paralela). Sin embargo, el modelo estrella, y al que se dedicó la mayor parte del presupuesto, fue la bicilíndrica de cuatro tiempos y 250 cc, con válvulas accionadas por varillas empujadoras. Desgraciadamente, aunque esta motocicleta se vendió

razonablemente bien, Tornax no fue capaz de amortizar los gastos del proyecto.

Esta situación llevó a una crisis de liquidez, y junto con la firma Hoffman, Tornas se convirtió en una de las primeras víctimas de la recesión que iba a diezmar la industria de las motocicletas

en Alemania. La compañía se cerró en 1955. Casi tres décadas más tarde, el nombre volvió a surgir brevemente en unas máquinas de 50 y 80 cc que utilizaban componentes italianos, entre ellos un motor Minarelli. Esta línea se lanzó en 1982, pero dos años más tarde, ya pertenecía al pasado.

TRITON

INGLATERRA 1952

TRITÓN NO ERA UNA MARCA. Es decir, lo era, pero estaba fabricada por cientos, tal vez incluso miles, de fabricantes, principalmente jóvenes que trabajaban en el cobertizo o en una habitación de su casa. La premisa era muy sencilla. El bastidor Featherbed de Norton, diseñado por los hermanos McCandless, que no sólo era el más cómodo del mercado, sino también el que permitía una conducción más suave de la máquina, y

que era utilizado en la inmensa mayoría de las máquinas Norton, incluso algunas de las más lentas y pesadas.

El bastidor de Triumph no era un remiendo del Featherbed, pero su bicilíndrica paralela de 500 cc tenía un precio asequible y un magnífico motor, mejor que el de la mayoría de los modelos de Norton, salvo, claro el modelo Manx. En realidad, la Manx algunas veces proporcionaba bastidores, ya que

Depósito de aleación, asiento con tope trasero, ningún peso innecesario: la Triton, con su bastidor Featherbed y su motor Triumph, era una motocicleta para los más puristas.

Norton no estaba dispuesta a vender motores Manx al primero que quisiera fabricar, por ejemplo, una tetracilíndrica de carreras con sillín individual. Los clientes se veían obligados a comprar las

motocicletas completas, y después, si era su intención, se deshacían de los bastidores.

Añadamos a esto la casi inevitable combinación de motores reventados y bastidores doblados (el motor utilizaba de un bastidor doblado, o el bastidor todavía aprovechable de un motor quemado) y uno tenía la oportunidad de fabricar una motocicleta rápida, suave y de gran maniobrabilidad. Así nació la Triton: TRIumph, norTON.

Podría decirse que había tantas características técnicas de Tritons como motocicletas. Además de la combinación de Triumph y Norton, estas máquinas incorporaban toda clase de piezas, dependiendo de las partes aprovechables de las máquinas «donantes», de lo que su constructor tuviera a mano o «gorronear» a sus amigos, o incluso lo que pudiera permitirse comprar en el mercado de segunda mano, como guardabarros de aleación, manillares de competición, suspensiones traseras y sillines (aunque muchas Triton disponían de sillines caseros sólo aptos para jóvenes sin problemas de espalda y a los que importaba más la velocidad que cualquier otra consideración). Los tubos de escape eran todo lo libres que la polic

Isla de Man, y un par de vueltas sobre una Triton en el famoso circuito durante el «Mad Sunday» (domingo loco) en que se permite el acceso a todos los aficionados. Un paraíso para los moteros.

local permitía (en el caso de que lograran detener al piloto de una Triton, claro). Lo normal era aumentar en mayor o menor medida la admisión de mezcla, así como aligerar la máquina todo lo posible, eliminando todos los elementos superficiales del modelo. Ahí donde era posible, se taladraban los componentes para restarles peso (más de una palanca de arranque se rompía por llevar demasiado lejos esta manía, aunque es verdad que el verdadero aficionado podía

Existen numerosas versiones libres del logo de Triton, pero lo cierto es que las últimas Triton carecían de logo, mostrando desnudos sus depósitos de competición hechos de aleación ligera.

pasarse sin la palanca de arranque, prefiriendo arrancar la moto con el tradicional método del empujón). Los frenos utilizados en las Triton iban desde los más temerarios hasta los kit de competición con doble zapata delantera.

El hábitat natural de las Triton era la carretera North Circular de Londres y (sobre todo) la Ace Café, punto habitual de reunión de estas motocicletas que acabarían recibiendo el nombre de «café racers» en los días en que sus dueños hacían carreras de un café a otro. Con la perspectiva actual, podemos decir que las Triton no tenían una gran velocidad punta, y además, en los tiempos ante-

Si cruzamos una Triumph y una Norton, el resultado es una Triton. Afortunadamente, el motor de una Thunderbird en un bastidor Featherbed no da lugar a una Thunderbed.

riores a las autopistas, no había demasiadas carreteras públicas donde uno pudiera alcanzar el mágico límite de las 100 millas por hora (161 km/h), ni siquiera a las cinco de la mañana de un día de verano, cuando no había ningún tráfico. Con todo, las Triton eran unas motocicletas de primera, y probablemente la que tenía mejor maniobrabilidad de cuantas se fabricaron a partir de piezas de otras motos.

Otras muchas fueron creadas por este curioso procedimiento de mezcla de estilos, pero sólo la Triton se ganó el derecho de ser considerada en sí misma una marca, tanto por su calidad como por la cantidad de unidades que aparecieron. La Norvin, con su motor Vincent en un bastidor Norton, pudo tener una calidad semejante, pero su número fue mucho menor, y no puede compararse con el de las Triton. Incluso hoy, hay jóvenes que encuentran un viejo motor Triumph y un bastidor Norton y fabrican una Triton totalmente nueva.

TRIUMPH

INGLATERRA 1885

LA LARGA HISTORIA DE TRIUMPH se divide en cuatro períodos. El primero comienza con el fundador de la compañía, Siegfried Bettmann, y abarca los años comprendidos entre 1885 y 1936. A éste sigue un segundo período, en que está al frente de la firma Edward Turner (1936-1973). Después viene la breve fase Norton-Villiers-Triumph, que lleva a la formación de Meriden Workers' Co-operative, que va de los años 1973 hasta 1984. El renacimiento de la antigua compañía comienza en 1990 con John Bloor como propietario, y con máquinas muy modernas saliendo de las

cadenas de producción de Hinckley. De nuevo en 1883, Siegfried Bettmann llegó a Coventry procedente de Nuremberg, Alemania, y junto con su socio Mauritz Schulte, no tardó en empezar a fabricar bicicletas Triumph en su fábrica de Much Park Street. Triumph puso en el mercado su primera motocicleta en 1902: un modelo con bastidor de bicicleta reforzado propulsado por un motor belga Minerva de 239 cc. La potencia desarrollada por este motor era de 2,5 CV a 1.500 rpm, y su velocidad punta era de 40 km/h. Triumph también utilizó motores ingleses JAP y Fafnir.

En 1906, Triumph había trasladado sus instalaciones a Priory Street. Las máquinas que fabricaba por entonces estaban basadas en un bastidor de bicicleta muy mejorado con transmisión directa a correa desde un motor monocilíndrico de válvulas laterales y 363 cc. En 1907, Jack Marshall logró una segunda posición con su Triumph de 3,5 CV, entrando detrás de la Matchless de Charlie Coolier en la primera TT de la isla de Man en la categoría de monocilíndricas. Marshall ganó en esta misma categoría en 1908, con la vuelta más rápida a una velocidad de 68,36 km/h. Otros pilotos

de Triumph quedaron en tercera, cuarta, quinta, séptima y décima posiciones, lo que llevó a la compañía a diseñar un modelo TT Racer, que entró en el catálogo de 1911. Ese mismo año, llegó la presentación del modelo Hub Clutch de 499 cc, que puso fin a las sacudidas del arranque. La horquilla delantera tenía un sistema basculante con muelle, con gozne en la base de la pipa de dirección, y controlado por un muelle horizontal anclado en el tubo del manillar.

En 1914, cuando estalló la Primera Guerra Mundial, el Ministerio de la Guerra encargó a Triumph la fabricación de 100 motocicletas para uso militar; a lo largo del conflicto, se llegaron a utilizar unas 30.000 Triumph. La mayoría de ellas eran del Tipo H, con una potencia de 4 CV y transmisión por correa; estas máquinas, conocidas como «Trusty Triumph», estaban propulsadas por un motor estándar de 550 cc, con válvulas laterales, una caja de cambios Sturmey-Archer de tres velocidades, y transmisión primaria a cadena.

El modelo Tipo SD de después de la guerra, con 5,5 CV, no era muy distinto del modelo H de 550 cc, aunque la antigua transmisión a correa de éste se sustituyó por un sistema de cadena, complementado por un sistema SD accionado por muelle: un mecanismo de amortiguación incorporado en el embrague, y que permitía una transmisión más suave de la potencia del motor. Por entonces ya se habían eliminado los pedales, y se había incorporado un pedal de arranque.

En 1922, Triumph lanzó el modelo Tipo IR Fast Roadster de 499 cc, también llamado «Riccy», diseñado por los especialistas en motores Ricardo & Co. Su avanzado diseño incluía una culata de cuatro válvulas y pistón de aluminio. La potencia que desarrollaba era de 20 CV, logrando una velocidad punta de 121 km/h. En 1923, la sección de motocicletas de la firma fue adquirida por Coventry Cycles, y Triumph dedicó todo su esfuerzo a la producción de coches,

La Tiger 100, lanzada en 1939, utilizaba el bastidor Speed Twin, en el que iba colocado un motor bicilíndrico paralelo, que ofrecía unas magníficas prestaciones y una suave aceleración.

Como todos aquellos primeros fabricantes, Triumph se sirvió para sus primeros modelos motorizados de bastidores de bicicleta reforzados, como vemos en esta motocicleta de 1903 propulsada por un motor Minerva.

con un modelo de coche ligero llamado Super Seven de entre 10 y 20 CV, diseñado para competir con el Austin 7. La producción de motocicletas aumentó entonces hasta las 1.000 unidades semanales, con la nueva Tipo TT de 500 cc en lo más alto de la gama de 1927. Su motor había sido diseñado por Victor Horsman, piloto en Brooklands y distribuidor de Triumph. Por entonces, esta motocicleta comenzaba a parecerse más a los modelos modernos que a una bicicleta motorizada.

Cuando la Depresión de los años treinta hizo descender drásticamente las ven-

tas, Triumph contrató los servicios del afamado diseñador Valentine Val'Page, de Ariel, para crear una gama totalmente nueva de motocicletas monocilíndricas ohv de 250, 350 y 500 cc, una bicilíndrica vertical ohv de 650 cc, y una motocicleta ligera con distribución ohv y 147 cc. Estos modelos disponían de cajas de cambios de cuatro velocidades. El modelo de carreras de 500 cc se fabricaba en tres versiones diferentes: las llamadas 5/2, 5/5 y 5/10. La bicilíndrica vertical de 650 cc (que recibió el nombre de 6/1) disponía de un motor con varillas empujadoras alojado en un bastidor doble reforzado, con horquilla de paralelogramos en la parte delantera y grandes guardabarros. En 1933, este modelo ganó el prestigioso Maude's Trophy al completar los ISDT (International Six Days' Trial) con sidecar.

La producción de Triumph durante la guerra se especializó en la 3TW 350 cc y válvulas laterales, una máquina utilizada por los correos, como estas WRNS (Women's Royal Naval Service). La producción inicial de este modelo fue de 300 unidades semanales.

Col Claude Holbrook relevó a Siegfried Bettmann en el cargo de director y se lanzó con Alfa Romeo a la aventura de fabricar la Triumph Gloria Dolomite, una versión fabricada en Coventry del deportivo de Alfa Romeo 8C 2300 Monza. A cambio, Alfa Romeo recibió los derechos para la fabricación de la 6/1 bicilíndrica vertical, aunque sólo llegaron a fabricarse tres Gloria Dolomites. Triumph había fabricado 17.000 coches Super Seven en siete años, pero ahora la sección de coches se había separado de la que fabricaba motocicletas. Ésta última se vendió el 22 de enero de 1936 a John Young (Jack) Sangster, de Ariel Motorcycles, por algo más de 41.000 libras esterlinas. Bettmann, que por entonces contaba setenta años de edad, ya se encontraba retirado, pero Sangster le devolvió su antiguo puesto de director en la recién formada Triumph Engineering, lo que garantizaba las buenas relaciones con sus antiguos proveedores de componentes. Bettmann murió en 1951, a la edad de ochenta y ocho años.

Edward Turner había sucedido a Val Page como diseñador jefe de Ariel en 1932, y en 1936 Sangster contrató sus

servicios como director general. Turner, nacido en Londres en 1901, se había establecido como distribuidor de Velocette después de la Primera Guerra Mundial. Fue contratado por Sangster para encargarse de los dibujos en Ariel, y popularizó la gama Red Hunter de Val Page utilizando colores para los depósitos y añadiendo cromados a los tubos de escape. Para Turner estaba claro que la estética que había funcionado para las Red Hunters también lo haría para las monocilíndricas Triumph (las 2/1, 3/2 y 5/5), que se rediseñaron convirtiéndose en las Tiger 70 de 250 cc; 80, de 350 cc; y 90, de 500 cc. Se organizó una gran operación de ventas en los Estados Unidos alrededor de la distribuidora Johnson Motors Inc. de Bill Johnson, con sede en Pasadena.

La obra maestra de Edward Turner fue el modelo Speed Twin, lanzado en julio de 1937. Desarrollaba una potencia de 27 CV a 6.300 rpm, y una velocidad de 150 km/h. Su precio era de 75 dólares. El acabado estándar de esta motocicleta era en un tono granate conocido como amaranto, con cromado en el depósito de gasolina, el tubo de escape, el faro y las llantas, además de finas líneas doradas y paneles también en color granate en los laterales del depósito de gasolina. En su parte interna, las llantas (19 pulg., delantera; 20 pulg., trasera) estaban decoradas de la misma forma, y el efecto general era sensacional. Los éxitos en competición también estaban a la vuelta de la esquina: en 1938, la Speed Twin logró el Maude's Trophy, una carrera cronometrada entre Land's End y John o'Groats, que recorría toda la costa de Gran Bretaña de suroeste a noreste.

La versión deportiva de la Speed Twin, la plateada Tiger 100, se anunció para 1939. Su aceleración y suave marcha, junto con su fiabilidad, hacían de ella una máquina muy codiciada. Fue seleccionada por la Policía Metropolitana de Londres como motocicleta de servicio, y preparó el terreno para la fabricación de modelos bicilíndricos paralelos británicos del período de posguerra. Además, sirvió como base para toda la gama de Triumph durante más de cuarenta años. El formato de la Speed Twin se utilizó con motores de 250, 350 (3T), 500 (5T), 650 (6T) y 750 cc. Sus rivales tardaron años en ponerse a la altura de estas máquinas.

En 1939, la horquilla delantera de paralelogramos deformables de la Speed

La Terrier 149 cc de 1952 encarnaba las últimas tendencias estilísticas de sus hermanas mayores, pero con un motor mucho más pequeño, lo que suponía un gran ahorro de combustible.

El primer modelo que lució la nueva estética de posguerra, con faro integrado aerodinámico y cuentakilómetros fue la T6 Thunderbird, presentada en 1950. En la foto, una máquina de 1956.

Twin fue sustituida por una horquilla telescópica. La versión deportiva, la Tiger 100, incluía además lumbreras pulidas, pistones de hierro forjado y con la falda recortada, y una relación de compresión mayor (8:1). Este modelo sustituyó a la Tiger 90 en la gama Triumph, y era tan atractiva como la Speed Twin, con dos tubos de escape tipo megáfono. En 1939, el jefe de diseño de motores de Triumph, Freddie Clarke, logró igualar el récord de Brooklands en la categoría 750 cc con una Tiger 100; su registro: 189,93 km/h, marca que no sería batida, ya que el circuito dejó de utilizarse.

La producción de Triumph durante la guerra se volcó principalmente en material bélico, entre el que se incluía un cabrestante para un avión remolcablancos, accionado por un motor Speed

La T20S Tiger Cub, en producción desde 1954 hasta 1974, también estaba disponible en versión de trial con la denominación de T20C/S.

Una de las motocicletas con más éxito de Triumph fue la tricilíndrica Trident de 750 cc, conocida como Slippery Sam, un modelo de carreras que cubrió a todos de aceite en la Bol D'Or de 1970.

1963 y 1975. La T160 Trident y la efímera Hurricane (ambas de tres cilindros) estuvieron en producción entre 1968 y 1976. También hubo modelos monocilíndricos de pequeña cilindrada, como la Terrier y la Tiger Cub, que se fabricaron entre 1953 y 1974. Las grandes bicilíndricas fabricadas por Meriden Cooperative and Devon fueron sobre todo Bonnevilles, producidas entre 1976 y 1988. Llegó a continuación la era de las tricilíndricas y tetracilíndricas Hinckley, desde 1991 hasta nuestras fechas.

La primera motocicleta que recibió el motor con caja de cambios integrada fue la 3TA, una bicilíndrica de 350 cc también conocida como Twenty-One. Por su acabado, el motor parecía estar hecho de aleación, en combinación con la caja de cambios. Ésta fue la primera vez que Triumph recurría al uso generalizado de paneles. El área colocada entre el asiento doble y la rueda trasera estaba cubierto por un carenado curvo, y el gran guardabarros delantero estaba inspirado en los carenados tipo «bañera». La primera Tiger con caja de cambios integrada fue la T100A de 1961, que también contaba con carenado completo, aunque en 1964 la 3TA

Twin de 500 cc. En mayo de 1940, Triumph se encontraba fabricando motocicletas 3TW para el servicio de mensajeros del ejército, con un ritmo de producción de 300 unidades semanales. Sin embargo, en la noche del 14 de noviembre de 1940, el centro de Coventry fue bombardeado masivamente por los alemanes. La fábrica que Triumph tenía en Priory Street no escapó a las bombas. El equipo que no quedó inservible se trasladó temporalmente a una fundición en Warwick, y la firma estaba nuevamente fabricando motocicletas en junio de 1941. Entre 1941 y 1942 se levantó una nueva planta a las afueras de Coventry, en Meriden, y en 1944 su producción había alcanzado las 11.000 unidades.

Las 3T, 5T Speed Twin y Tiger 100 de antes de la guerra sobrevivieron hasta después de que ésta finalizase, compartiendo la mayoría de sus componentes. El primer modelo de posguerra totalmente nuevo fue la Trophy 500 cc, a la que siguió la 6T Thunderbird, anunciada en 1950. Esta fue la primera motocicleta que lució la nueva estética de la firma, que incorporaba faro integrado aerodinámico. En 1951, Jack Sangster vendió Triumph a BSA por algo menos de 2,5 millones de libras esterlinas. Turner, que poseía un diez por ciento de las

acciones de Triumph, siguió al frente, y ambas firmas continuaron siendo competidoras.

Las Triumph de después de la guerra están consideradas como bicilíndricas pre-integradas (la caja de cambios aún no forma totalmente parte del motor), y se fabricaron entre 1946 y 1962. Entre ellas se incluyen los modelos Tiger y las primeras Thunderbird. Después de la incorporación de la caja de cambios al motor de la máquina en 1957, y hasta 1974, la producción consistió en pequeñas bicilíndricas integradas. Motocicletas como la T100A Tiger y la Daytona son un buen ejemplo. Las grandes bicilíndricas integradas, como la Thunderbird y la Bonneville, se fabricaron entre

El modelo de carreras Privateer Taylormade Racing de 1995 estaba basada en la Daytona 900. La firma también lanzó su propia serie Speed Triple Challenge.

TORPEDO
Austria-Hungría/República Checa
(Kolin) 1903-1912. Esta compañía,
curiosamente autosuficiente,
fabricaba incluso sus propios
carburadores. Los motores eran
monocilíndricos de 3,5 y 4 CV, y
bicilíndricos en V de 6 y 8 CV.

TORPEDO
Inglaterra (Barton on Humber)
1910-1920. F. Hooper utilizaba
motores monocilíndricos y
bicilíndricos de Precision con
cilindradas de 300, 350 y 500 cc.

TORPEDO
Alemania (Geestemunde) 1901-
1907. Ernst Weichelt adquiría para
sus modelos los clásicos motores:
Fafnir, Minerva y Zedel, entre
otros.

TORPEDO
Alemania (Rodelheim bei
Frankfurt) 1928-1956. Antes de
la Segunda Guerra Mundial, estas
máquinas estaban propulsadas por
motores Blackburne de válvulas
laterales y 200 cc; tras la guerra,
comenzó a utilizar motores Sachs
e Ilo de 125, 150 y 175 cc.

TORROT
España 1960-1985. Esta firma
fabricaba ciclomotores. El nombre
es una adaptación al español de
Terrot, de la cual empezó siendo
una filial la marca española.

TOWNEND
Inglaterra 1901-1904. Se trata de
unas máquinas monocilíndricas
pioneras.

TOYOMOTOR
Japón 1957-comienzos de los años
sesenta. Parece que la inspiración
de estas bicilíndricas de dos
tiempos y 250 cc se encontraba
en Adler.

TRAFALGAR
Inglaterra 1902-1905. Esta firma
fue pionera en la fabricación de
sidecares, que al principio
acompañaban a motocicletas
propias con motores MMC y
Minerva.

TRAFFORD
Inglaterra 1919-1922. El único
modelo fabricado por esta
compañía utilizaba el famoso motor
Villiers de dos tiempos y 269 cc.

había recortado su carenado, y en 1966
éste ya había desaparecido por completo.

En 1959, mientras que las motocicletas lucían sus carenados «de bañera»,
Triumph entraba en el mercado de los
escúter, con la Tigress de uno y dos
cilindros. La Tigress TS1 estaba propulsada por un motor de dos tiempos,
172 cc y refrigeración por aire, basado
en un diseño de BSA Bantam, en tanto
que las TW2 y TW2S utilizaban motores bicilíndricos ohv de 249 cc, idénticos a los contemporáneos Sunbeams
que fabricaba BSA. Sin embargo, los
escúter de Triumph nunca alcanzaron la
popularidad de sus rivales italianos. La
TW2 se siguió fabricando hasta 1964, y
la TS1 hasta un año después. En 1962,
Triumph lanzó la Tina de 100 cc. Esta
máquina era más pequeña que la Tigress, y contaba además con transmisión
automática.

En 1955, se fabricó un motor
Triumph especial y se colocó en el largo «Cigar» (Puro) diseñado por el teja-
no Johnny Allen, que medía 4,27 metros
de longitud. Este motor le permitió
alcanzar la velocidad de 311 km/h en las
salinas de Utah. Una NSU aumentó el
récord hasta una marca de 340 km/h al
año siguiente, y Allen volvió unos meses
más tarde para recuperar su plusmarca
con un registro de 344 km/h. Otra
máquina con diseño aerodinámico y
propulsada por un motor Triumph volvió a Bonneville en 1962, y Bill John-

son (no el distribuidor de Pasadena)
mejoró el récord anterior con una marca de 361,41 km/h. La localización de
estos éxitos era de vital importancia, así
que cuando se buscó el nombre para una
nueva máquina de 650 cc y doble carburador, la firma se decidió por «Bonneville».

La T120 Bonneville se presentó en la
Earl Court Show de Londres de 1959, y
causó auténtica sensación. Los clientes
aprovecharon en seguida sus potenciales prestaciones, y la T120 fue la fuerza
dominante en la categoría de modelos
de carreras de serie durante muchos
años. Malcolm Uphill ganó la TT de isla
de Man en 1959, con una velocidad de
160,92 km/h, logrando la primera vuelta de la historia por encima de las 100
millas/hora (161 km/h), y Uphill y Tait
compartieron una Bonnie para lograr el
honor de ganar las 500 millas de
Thruxton en 1965. Este éxito dio lugar
a una edición limitada de la conocida
como Thruxton Bonneville, una ganadora habitual que desarrollaba 54 CV
a 6.500 rpm, y alcanzaba los 225 km/h.

A comienzos de los años sesenta,
hubo tres máquinas en la gama de
Triumph pensadas tanto para uso deportivo como turismo, y las cajas de
cambios de la 6T Thunderbird, TR6
Trophy y T120 Bonneville pasaron a
integrarse en el motor en 1963. Tres
años después llegaron los sistemas eléctricos de 12 voltios, seguidos en 1968
por los frenos delanteros de doble zapa-

**La original T150 Trident se anunció
en 1968; estaba propulsada por un
motor tricilíndrico de 58 CV, con su
llamativo depósito e inconfundibles
tubos de escape.**

ta en la Bonneville, que se cambió por
un freno de disco en 1973.

A finales de los años sesenta, las versiones *off-road* de la Trophy y la Bonneville llegaron al mercado de los Estados Unidos, con tubos de escape muy
altos y ruedas gruesas. La Bonnie especial para el mercado americano, la
T120TT, era una moto de cross sin la
menor concesión para su uso en carretera. Igualmente, la versión norteamericana de la Trophy, la TR6C, se fabricó
para uso *off-road*, y hasta hubo características especiales para los distintos estados del este y el oeste del país.

Con la jubilación de Jack Sangster
como presidente de BSA en 1961, Bert
Hopwood volvió a Meriden como
director general, después de haber
pasado catorce años en Norton. Entre
tanto, Triumph se había dado cuenta de
la amenaza que representaban las compañías japonesas, con su gran nivel de
calidad, enorme volumen de producción y, lo más importante, bajos precios
en los salones de muestras. Edward
Turner viajó a Japón en 1960 para visitar Honda, Yamaha y Suzuki, y quedó
impresionado por los niveles de meca-
nización y el uso de las pistas autorro-
dantes en las que se realizaban las prue-

La TT600, lanzada en 1999 para entusiasmo de los entendidos, llevó a Triumph hasta lo más alto del sector más competitivo de las deportivas de 600 cc, compitiendo con la Honda CBR600.

bas de los modelos. Triumph nunca había conseguido fabricar mil unidades de un modelo concreto en una semana; por el contrario, los japoneses estaban logrando estas cantidades en sus modelos de menor cilindrada y en un solo día.

En respuesta a la Honda CB 750, Bert Hopwood y Doug Hele diseñaron un nuevo motor de tres cilindros para el nuevo modelo Triumph de 1965, cuyos depósito y terminación habían sido diseñados por la firma británica Ogle. La forma del depósito de combustible era semejante a un molde de pan, y por razones obvias, el silenciador acampanado y el triple tubo de escape recibieron el nombre de «Ray Guns». El refrigerante del aceite estaba montado en la parte superior delantera del bastidor, y aunque el motor tricilíndrico pesaba 18 kg más que el de la bicilíndrica 650, el nuevo motor encajaba a la perfección en el bastidor estándar. Los frenos eran similares a los de la Bonneville, y no tan adecuados para una máquina tan pesada. Con todo, el motor fue un éxito, y permitía a la máquina alcanzar una velocidad de 193 km/h. Triumph ganó la partida a Honda, pues su Trident Triple se lanzó en septiembre de 1968, justo un mes antes que la Honda CB 750. La Trident podía vencer a cualquiera de las grandes japonesas gracias a su mejor maniobrabilidad, y en las rectas era tan rápida como cualquiera de ellas. Las

Las primeras Trophy salidas de la planta de Hinckley eran modelos deportivos, pero a mediados de los años noventa, el modelo se había convertido en una magnífica tourer, disponible con motor tricilíndrico de 900 cc o tetracilíndrico de 1200 cc.

Trident ganaron dos veces la Isla de Man en Formula 750, y la Trident que ganó la Bol d'Or de 1970 en el circuito de Paul Ricard recibió el sobrenombre de «Slippery Sam», después de haber llenado de aceite a todas sus rivales. La Slippery Sam ganó también las Production TT de 1971 y 1972. La Trident evolucionó al mismo tiempo que sus hermanas bicilíndricas; entre las modificaciones más importantes se incluyó un nuevo bastidor en 1971, en el que el tubo superior y el del sillín hacían las veces de depósito de aceite; también se incorporó al modelo una caja de cambios de cinco

velocidades, y freno de disco en la rueda delantera en 1973.

En julio de 1973 Triumph fue arrastrada a la fusión de BSA con Norton-Villiers, que dio lugar a la NVT. (Norton-Villiers tuvo su origen en la antigua corporación Associated Motor Cycles, desaparecida en 1966, y que arrastró en su caída a marcas como AJS, Francis Barnett, James, Matchless y Norton.) La intención de NVT era cerrar la planta que Triumph tenía en Meriden y que los restantes modelos de Triumph (T100R, TR5T, T120V y T140V) se trasladaran a la fábrica de Small Heath que BSA

poseía en Birmingham. Por entonces, BSA había dejado de fabricar sus propias motocicletas y, en lugar de su Rocket 3, estaba produciendo la Trident T150V, y más tarde la T160V. Con su freno trasero de disco, cambio en el lado izquierdo y arranque eléctrico, estas motocicletas gozaron de gran popularidad entre los cuerpos policiales, y la T160V siguió fabricándose hasta 1977, año en que NVT se vino abajo.

Enfrentados a una política de despidos masivos y a entregar su línea de productos a una marca rival, los furiosos empleados de Triumph decidieron tomar cartas en el asunto. En lugar del pretendido cierre, las puertas de Meriden se cerraron desde el interior en septiembre de 1973, y la plantilla comenzó una sentada de 18 meses. Durante este tiempo, muy pocas motocicletas salieron de las cadenas de montaje, casi todas Bonnevilles T120V. El gobierno del Partido Laborista se mostró receptivo a las reivindicaciones cooperativistas de los trabajadores, y en marzo de 1975 Meriden Motorcycles se convirtió en una realidad. El gobierno concedió un préstamo de 4,2 millones de libras esterlinas y la fábrica volvió a abrir sus puertas una vez más.

Los nuevos modelos de Meriden de 1976, la TR7V Tiger y la T140V Bon-

tricilíndrico de 750 cc y tetracilíndrico de 1.000 cc, y finalmente las Trophy de turismo con motores tricilíndrico de 900 cc y tetracilíndrico de 1.200 cc. La producción fue lenta al principio, con tan sólo ocho motocicletas semanales de media (muy lenta si comparamos estos datos con la producción de 1996, cuando cada seis minutos salía de sus cadenas de montaje una nueva motocicleta, y la producción total era de 15.000 unidades). Los seis modelos de la gama tenían muchas características en común: bastidores, depósitos de gasolina, y determinados componentes del motor y las marchas.

En 1993, se resucitó otro nombre del pasado, con el lanzamiento de la Tiger 900. Su estética era la de una motocicleta de enduro, con dibujos vanguardistas sobre el depósito y el carenado, ambos de plástico. A este modelo siguió la Trident Sprint, que era en realidad una Trident 900 con un aspecto muy mejorado gracias al diseño aerodinámico de sus paneles de la parte posterior y los laterales, además de la cúpula con los dos faros redondos de la Daytona. Junto con la Trident, la Sprint fue posteriormente equipada de un sistema de aluminio para la suspensión trasera, regulable en rebote y precarga, por si era necesario cargar la motocicleta más de lo normal. La Trophy se sometió a un lavado de cara en 1995, y se colocaron paneles laterales más robustos y doble

neville, tenían que adaptarse a la rigurosa legislación de la Environmental Protección Agency americana. Ambas motocicletas utilizaban el familiar motor de 744 cc (con dos carburadores para la Bonneville y sólo uno para la Tiger); la palanca de cambios estaba colocada en el lado izquierdo, y además se añadió freno de disco en la rueda trasera. En 1977, Triumph recibió 1 millón de libras de GEC, y Meriden pudo hacer borrón y cuenta nueva a finales de 1981, cuando el Gobierno Laborista canceló la deuda de la cooperativa. Esto permitió a Triumph convertirse en sociedad anónima, con toda su plantilla como accionistas.

Un nuevo modelo, la TR7T Tiger Trail, se presentó en 1981 a la Exposición de París. Esta motocicleta todavía conservaba el viejo bastidor y el motor de 744 cc, pero el tubo de escape se había elevado y se habían colocado ruedas de tacos. Se volvió a introducir el modelo Thunderbird, ahora con un motor de 649 cc y carrera corta, con un solo carburador, además de freno de tambor en la rueda trasera. Sin embargo, a mediados de 1983, se había terminado el dinero de Meriden, y el liquidador sacó a subasta la planta y toda su maquinaria. La fábrica finalmente fue derruida para construir una urbanización. El nombre Triumph fue adquirido por un joven emprendedor llamado John Bloor, que levantó una nueva fábrica Triumph en un terreno de cuatro hectáreas situado en Hinckley, entre Coventry y Leicester, donde se diseñó toda una nueva gama de motocicletas. En septiembre de 1990, las nuevas Triumph se presentaban en la Exposición de Colonia, con la Trophy 1200 a la cabeza de

En 1996, Triumph presentó su bastidor de viga hecho de aluminio extruido, que reemplazaba al anterior de espina central de acero. Este nuevo bastidor se colocó en los modelos T595 Daytona y T509 Speed Triple, que es la que se muestra en esta foto.

la gama. En total, había tres pares de modelos: Trophy, Daytona y Trident, que estuvieron listos para lanzarse al mercado en septiembre de 1991. Los seis modelos de la línea eran: la *naked* Trident tricilíndrica de 750 cc y la también tricilíndrica de 900 cc; las dos Daytonas con carenado integral y motores

La estética cruiser de comienzos de los setenta está encarnada en la Hurricane X75 de 1973, con sus tubos de escape de «megáfono», anchas horquillas y motor BSA Rocket.

TRAGATSCH
República Checa 1946-1949. El autor del famoso libro *Complete Illustrated Encyclopaedia of the Worlds's Motorcycles* fabricaba motocicletas de carreras en pista con motores JAP de 350 y 500 cc.

TRANS AMA
Italia (Pesaro) años setenta. Estas máquinas deportivas para práctica *off-road* tenían motores de 50 cc (Minarelli), 125 y 250 cc (Hiro); la firma también fabricaba ciclomotores y versiones de carretera de las motocicletas de carreras, así como minibikes para niños.

TREBLOC
Inglaterra 1922-1925. El motor de 63 cc que propulsaba estas máquinas se distinguía por su extraña cilindrada y por el hecho de ser fabricado por la propia firma.

TREMO
Alemania 1925-1928. Curiosamente, estas máquinas utilizaban motores propios de 308 cc y válvulas laterales y también con distribución ohv.

TRENT
Inglaterra 1902-1906. Esta motocicleta tenía las características típicas de los primeros años: un motor de 207 cc montado en un bastidor de bicicleta reforzado.

TRESOLDI
Italia (Milán) h.1980... Máquinas deportivas para práctica *off-road*, para niños, con motores de 50 y 80 cc.

TRESPIDI
Italia 1926-1930. Peolo Trespidi diseñó y fabricó modelos de dos tiempos con motores propios, al principio de 250 cc y posteriormente también de 175 cc.

TRIANON
Alemania 1922-1926. Esta firma fabricante de bicicletas también produjo motocicletas con motores propios de 232 cc y dos tiempos.

TRIBUNE
Estados Unidos 1903-1914. Oscura firma pionera que, al parecer, utilizaba motores Aster y Thor.

faro. Los carenados diseñados por John Mockett habían nacido de las pruebas realizadas en el túnel de viento, y daba a la Trophy una identidad única en la categoría *touring*.

Triumph presentó su Thunderbird de estilo retro en 1994. Tuvo tanto éxito que Triumph se decidió a lanzar un modelo similar: la Adventurer, con el mismo bastidor pero estética cruiser con sillín individual, guardabarros trasero muy levantado, manillar muy alto, tubos de escape de «megáfono» y uso generalizado de los cromados.

Desde 1996, la gama incluía una versión limitada de la Daytona 900, más rápida y ligera, conocida como Super III. Contaba con culata Cosworth fundida y acabada a mano, con levas de gran desnivel, freno delantero de disco con pinzas de aluminio de seis pistones y doble disco flotante. Sólo se fabricaron 805

unidades, y el coste adicional sobre una Daytona estándar ascendía a la friolera de 5.500 libras. La Speed Triple caféracer apareció en 1995, basada en el bastidor de la Daytona con un mínimo carenado y propulsada por el motor tetracilíndrico 900. Este máquina sirvió de inspiración a una serie de modelos de carreras fabricadas en el Reino Unido, conocida como Speed Triple Challenge, con participaciones en los principales circuitos, a menudo en las grandes pruebas como el Gran Prix británico.

En octubre de 1996, Triumph presentó en Colonia dos innovadores modelos. Uno de ellos era la nueva Daytona T595, una superdeportiva con un motor tricilíndrico de 955 cc colocado en un sorprendente bastidor ovalado perimetral tubular hecho de aleación. La otra era la T509 Speed Triple, con el mismo bastidor pero con el

aspecto urbano que le daba la ausencia de carenado frontal. El nuevo motor tricilíndrico de inyección de combustible y 955 cc desarrollaba 128 CV a 10.200 rpm, con un excelente par motor de 72,3 libras/pie.

En este momento, la Daytona podía rivalizar con los grandes iconos de la tecnología punta, como la Honda 900 Fireblade y la Ducati 916. Con sus 915 cc, el motor tricilíndrico de la T509 tenía 3 mm menos de diámetro en los cilindros que la Daytona, pero ambos modelos contaban con cajas de cambios de seis velocidades y un sofisticado sistema de inyección de combustible que era superior al de cualquier otro modelo de serie del mercado.

Esta gama se actualizaba constantemente, con revisiones generales de ciertos modelos como la Tiger de trail, que volvió a lanzarse completamente nueva

en 1999. Entre las nuevas motocicletas se incluía la Sprint ST (lo bastante buena como para desafiar a la Honda VFR750 en la categoría de las sport-tourer), y la tetracilíndrica T600, que se anunció en noviembre de 1999 y estaba diseñada para competir directamente con la Honda CBR600, decana de la popular clase deportiva de los 600 cc.

En 2000, Triumph había fabricado más de 90.000 motocicletas, y la producción de la fábrica alcanzaba las 100 unidades diarias, que había sido el máximo de capacidad en la primera planta de Hinckley.

Se prevé que a mediados de 2002 abra la nueva fábrica que comenzó a construirse en mayo de 1999, asentada en un cercano complejo industrial. Esta planta ocupará más de 46.452 metros cuadrados, y tendrá una producción de unas 50.000 motocicletas anuales.

TRIUMPH FAST ROADSTER 1922

Triumph introdujo la «Fast Roadster» Tipo IR en 1922. Su culata estaba diseñada por los especialistas en pistones y cámaras de combustión Ricardo & Co, y tenía una distribución de válvulas

La Tipo IR «Fast Roadster» de Triumph estaba basada en los componentes tradicionales, como los de las SD que se muestra en la foto, con un motor de 499 cc diseñado por los especialistas Ricardo & Co.

accionadas por empujadores, con bujías situadas en el centro y las válvulas colocadas en ángulo de 90°. El pistón estaba hecho de aluminio, y discurría por el interior de un cilindro de acero; el carburador estaba conectado a un único colector de admisión, mientras que los gases de escape circulaban a través de dos tubos.

El bastidor de la IR y el resto de componentes estaban tomados directamente del Modelo H, aunque la horquilla

delantera de paralelogramos basada en un diseño Druid estaba muy mejorada. La potencia del motor era de 20 CV, lo que permitía alcanzar una velocidad máxima de 121 km/h. El Tipo IR se conoció cariñosamente como «Riccy»

El motor «Riccy» contaba con cuatro válvulas accionadas por varillas empujadoras, una bujía situada en el centro, pistón de aluminio, un colector de admisión y doble colector de escape.

(en honor de Harry —posteriormente Sir Harry— Ricardo, el conocido «gurú» de la mecánica), y utilizaba el nuevo motor de 500 cc.

En 1927, el Tipo TT desplazó al Tipo IR en la gama de Triumph. El motor de dos válvulas del TT había sido diseñado por Victor Horsman, piloto en Brooklands. Este motor contaba con válvulas en la culata y doble lumbrera de escape, con mecanismo de válvulas y balancines completamente cerrado y lubricado, y la tradicional caja de cambios progresiva de tres velocidades. Los frenos actuaban sobre el cubo de la rueda y eran del tipo de expansión interna, mientras que la nueva horquilla delantera incorporaba grandes discos de fricción y amortiguador de dirección.

Motor: (Tipo R) monocilíndrico, cuatro tiempos, cuatro válvulas en culata, 499 cc, refrigeración por aire
Potencia: 20 CV
Caja de cambios: 3 velocidades
Transmisión secundaria: cadena
Peso: 109 kg
Velocidad máxima: 121 km/h

TRIUMPH SPEED TWIN 1937

La obra maestra de Edward Turner fue la Speed Twin, que debutó en julio de 1937. Su fuerte era la ligereza; pesaba 171 kg, 2,3 kg menos que la monocilíndrica Tiger 90, con la que compartía bastidor. Sin embargo, resultaba 5 libras más cara. Además, con doble tubo de

escape escondido debajo del motor, era ligeramente más estrecha que aquélla, lo que le permitía tumbar más.

El cilindro y la culata eran de hierro fundido, el cigüeñal de una sola pieza disponía de volante central, las bielas eran de aleación, con las cabezas de

metal antifricción. Los dos árboles de levas se localizan delante y detrás del bloque, mientras que el mecanismo de válvulas estaba montado en un alojamiento de aleación separado y atornillado a la culata, y era accionado por medio de varillas empujadoras coloca-

das dentro de tubos de cromo que discurrían a lo largo de los cilindros. Los dos pistones subían y bajaban al mismo tiempo: Turner los había diseñado así pensando que de esta forma la carburación era más eficaz que en los cigüeñales de dos muñequillas, y el equilibrio

Después de que Triumph fuera adquirida por Jack Sangster en 1936, el cambio de dirección estuvo dirigido por Edward Turner, que basó su nueva política en el modelo de 500 cc Speed Twin. En la foto, una de estas motocicletas de 1938.

era mayor que en los modelos monocilíndricos de igual capacidad. El piñón del árbol de levas de admisión también se encargaba de accionar el sistema de luces Lucas Magdyno y la bomba de aceite de doble émbolo. El tablero de instrumentos estaba montado en baquelita y colocado en la parte superior del depósito. Incluía un interruptor de luces con tres posiciones, amperímetro e indicador de la presión de aceite.

En su acabado estándar, la Speed Twin era espectacular, con depósito, tubos de escape, faros y llantas cromados, pintura de amaranto y líneas doradas. Esta motocicleta también ganó el Maude's Trophy en 1938. Tal fue el éxito del modelo que lideró la línea Triumph durante más de cuarenta años, siendo fabricado en las cilindradas: 250, 350 (3T), 500 (5T), 650 (6T) y 750 cc. Las primeras Speed Twin se conocían

como modelos de seis tornillos, por la forma en que el cilindro se unía al cárter. Cuando la máquina alcanzaba su velocidad máxima, estos seis tornillos tendían a aflojarse, pero en 1939 se solucionó el problema. Al mismo tiempo, se reemplazaron las viejas horquillas de paralelogramos por otras telescópicas. En 1939, se anunció la versión deportiva, la Tiger 100. Tenía una relación de compresión mayor (8:1) que la Speed Twin, e igualó el récord de la clase 750 cc en Brooklands con un registro de 189,93 km/h.

Motor: bicilíndrico paralelo, 498 cc (63 × 80 mm), refrigerado por aire
Potencia: 27 CV a 6.300 rpm
Caja de cambios: Triumph 4 vel., pedal
Transmisión secundaria: cadena
Peso: 171 kg
Velocidad máxima: 150 km/h

TRIUMPH BONNEVILLE 1959

Lanzada en el Earl Court Show de 1959, la poderosa T120 Bonneville disponía de un motor bicilíndrico de 650 cc con doble carburador, y se convirtió en uno de los principales modelos de carreras durante muchos años. Cuando hizo su debut, la «Bonnie» contaba con el tradicional faro integrado aerodinámico, sin ningún tipo de carenado, y que podía quitarse cuando el modelo se utilizaba en competición.

La caja de cambios integrada fue una característica más de este modelo a partir de 1963. La mayor parte de los componentes internos del motor siguieron siendo los mismos; tan sólo se modificó el cárter, que se hizo un poco más largo para poder alojar la caja de cambios, como en las máquinas de menor cilindrada. La T120 recibió un sistema eléctrico de 12 voltios y un nuevo dibujo en el depósito en 1966. Dos años más tarde, se equipó con frenos delanteros de doble zapata, para mejorar su respuesta a la frenada; en 1973, éste fue sustituido por un freno de disco en la rueda delantera.

La Bonnie especial para los Estados Unidos, la llamada T120TT, era una seria motocicleta de cross totalmente inadecuada para uso en carretera. Para competir con la serie AMA, con sede en los Estados Unidos, se fabricó en 1970 una pequeña serie de T120RT de competición, que utilizaban motores con el diámetro del cilindro agrandado para conseguir una capacidad de 744 cc. Gene Romeo pilotó una de estas máquinas para conseguir en 1970 una victoria, y llegó en segunda posición al año siguiente. En un gran relanzamiento de 1971, se colocó el motor bicilíndrico de la TR120R en un bastidor totalmente nuevo. En este nuevo bastidor, el tubo superior y el del sillín hacían las veces de depósito de aceite, lo que, paradójicamente, traía consigo elevar la posición del piloto, afectando negativamente el

centro del gravedad. También se añadió una horquilla más esbelta y cubos cónicos en las ruedas, además de intermitentes. Los cambios cosméticos del modelo también incluían nuevos paneles laterales y silenciadores de megáfono.

La T120 Bonneville fue crucial en las ventas de la firma, sobre todo en América. Sus prestaciones se fueron mejorando progresivamente, con un nuevo bastidor en 1971 y un motor en 1973.

TRIPLE-H
Inglaterra 1921-1923. Hobbis, Hobbis y Horrell utilizaban un motor John Morris de dos tiempos y 250 cc para se sencilla motocicleta ligera.

TRIPLETTE
Inglaterra 1923-1925. Esta máquina tenía un motor Villiers de 150 cc y dos tiempos montado en bastidor de bajo presupuesto.

TRIPOL
República Checa 1925-1926. Este fabricante de bicicletas también produjo algunas motos con motores Villiers de 250 cc y dos tiempos.

TRIUMPH
Estados Unidos (Detroit, Michigan) 1912. Esta filial de la firma inglesa fabricaba monocilíndricas de 550 cc con válvulas laterales.

TROBYKE
Inglaterra 1958-años sesenta. Escúter de diminutas ruedas con un motor Clinton de dos tiempos y 98 cc.

TROPFEN
Alemania (Osnabruck) 1923-1924. Tropfen era una compañía fabricante de dirigibles, que fabricó una motocicleta con forma de dirigible, totalmente cerrada y con posibilidad de elegir varios motores. Las fuentes varían, pero se habla de las 250, 300, 350 y 770 cc, principalmente (o todos) de dos tiempos. No tuvo gran éxito comercial.

TSUBASA
Japón 1950-1960. Esta compañía fabricaba sobre todo una monocilíndrica ohc de 250 cc, y más tarde también de 125 cc, ambas con motores propios.

TURKHEIMER
Italia (Milán) 1902-1905. Además de importar máquinas de otras firmas, Max Turkheimer ensamblaba motocicletas de 1,25 CV a las que ponía su propio nombre.

La Bonneville fue el sostén de la producción deportiva de Triumph entre 1960 y 1983. La antorcha volvió a encenderse con el lanzamiento de una versión retro en 2000.

La Bonneville recibió el nombre de T140 en 1973, año en que recibió el nuevo motor, al principio de 725 cc, y posteriormente, cuando pasó a 744 cc, se denominó T120RT. También se realizaron variaciones en las culatas. Todas las Triumph tenían ahora la opción de una caja de cambios de cinco velocidades (lo que se indicaba con el numeral romano V en su lista de características técnicas, como en T140V), mientras que se conservaron las cajas de cambios tradicionales y el resto de componentes de la T120. Por estas fechas, la Bonneville luchaba por estar a la altura de la nueva ola de grandes tetracilíndricas japonesas, como la Honda CB750 y Suzuki GT750, que comenzaban a acaparar el mercado con modelos más baratos y de gran fiabilidad.

Durante los dieciocho meses de sentada de los trabajadores de Triumph, sólo una pequeña cantidad de modelos salió de sus cadenas de montaje. Estas máquinas eran sobre todo T140V.

La nueva T140V Bonneville de 1976 utilizaba el ya familiar de 774 cc con doble carburador, pero la palanca de cambios se pasó al lado izquierdo, y se añadió un disco de freno en la rueda trasera. Al año siguiente, Triumph lanzó una edición especial de la Bonneville para conmemorar el veinticinco aniversario de la reina. Tan sólo se fabricaron 2.400 unidades, con acabado rojo, blanco y azul. Un modelo mejorado, la T140E, se introdujo en Estados Unidos en 1978. Estaba provista de una nueva culata y carburación más eficaz, más adecuada para adaptarse a la legislación americana sobre emisiones. En el Reino Unido, esta motocicleta sustituyó a la T140V en 1979, cuando adoptó el encendido electrónico. La T140ES estuvo equipada con arranque eléctrico a partir de 1981, y el modelo Executive apareció en 1980, con el carenado Sabre, alfojas y baúl Sigma. Triumph lanzó otra edición especial para celebrar el matrimonio del príncipe Carlos con Lady Diana Spencer. Este modelo se llamó T140 Royal, y contaba con llantas de aleación y carburadores Bing. El motor montado sobre tacos de goma para absorber las vibraciones se probó en las Bonneville policiales, y comenzó a fabricarse en 1982, junto con un motor de ocho válvulas enteramente hecho de aluminio y alimentados por dos carburadores Amal, que se colocó en la T140 TSS Bonneville. También se puso a la venta una versión custom, la T140 TSX, con colores más brillantes, sillín de doble altura y manillar alto. A comienzos de 1983 se anunció otra nueva bici-líndrica con ocho válvulas, refrigeración por agua y árboles de levas en la culata accionados por cadena. Esta máquina recibió el nombre de Phoenix 900. El motor se llamó «Diana» y actuaba como un componente más del bastidor, que además estaba provisto de monoamortiguador trasero, llantas de aleación, frenos de disco y horquilla telescópica en la rueda delantera.

En su versión final, la Bonneville fue fabricada por la empresa Racing Spares de Les Harris, con sede en Newton Abbot. Les Harris recibió una licencia de cinco años para la producción de las Bonneville. Aunque el bastidor y componentes eran prácticamente los mismos de antes, las piezas del motor estaban fabricadas en los nuevos tornos CNC, lo que garantizaba una mayor precisión. Siguieron utilizándose pedales de arranque y carburadores Amal, mientras que entre los nuevos componentes se incluían: horquilla Paioli, instrumentos Veglia y frenos Brembo, todos ellos de fabricación italiana. Las últimas de las Devon Bonneville se pusieron a la venta en 1988.

Motor: (T120) bicilíndrico paralelo, 650 cc (71 × 82 mm), refrigerado por aire
Potencia: 46 CV
Caja de cambios: cuatro velocidades, pedal
Transmisión secundaria: cadena
Peso: 183 kg
Velocidad máxima: 177 km/h

TRIUMPH TRIDENT

1990

Motor: (T375) tricilíndrico, 750 cc, 12 válvulas, ohv, refrigerado por agua
Potencia: 90 CV
Caja de cambios: cinco velocidades, pedal
Transmisión secundaria: cadena
Peso: 209 kg
Velocidad máxima: 201 km/h

La Trident sin carenado fue una de las primeras Triumph fabricadas en Hinckley, con su bastidor de espina central de acero y motores tricilíndricos de 750 y 900 cc. Fue la base de la gama modular de la firma.

El renacimiento de la Triumph comenzó en septiembre de 1990, cuando se presentó la nueva gama en la Exposición de Colonia. El modelo de presentación fue la Trident sin carenado, disponible en dos versiones: motores tricilíndricos Triple de 750 y 900 cc, llamados T375 y T309, respectivamente. Las seis motocicletas de la gama modular compartían muchas partes, como el bastidor, el depósito de combustible y ciertos componentes del motor y la transmisión. El motor tricilíndrico tenía doble árbol de levas en la culata, refrigeración líquida, con cárter de apertura horizontal y cilindros con camisa húmeda. Contaba con cuatro válvulas por cilindro montadas en la culata de una sola pieza, y accionadas por cadena colocada en el lado derecho del cigüeñal, a través de un hueco practicado en el fundido del cuerpo. El encendido electrónico se activaba desde el mismo lado del cigüeñal, mientras que el filtro de aceite se encontraba debajo del cárter. El cigüeñal de una sola pieza estaba unido a un eje de balance que absorbía las vibraciones y estaba colocado delante del cigüeñal. Las relaciones de compresión eran de 11:1 en los motores con carreras más corta, y 10,6:1 en los de carrera larga. Los carburadores Mikuni de 36 mm utilizaban gasolina sin plomo. Los frenos de disco eran de la firma Nissin, con discos de 296 mm y pinzas de doble pistón en la rueda delantera, y un solo disco de 255 mm en la rueda trasera. También se utilizaba una horquilla telescópica de 43 mm fabricada por Kayaba, mientras que la suspensión trasera corría a cargo de un monoamortiguador de la misma marca.

En octubre de 1994, la Trident era la motocicleta más vendida de Triumph, por detrás de la Trophy. La Trident Sprint, lanzada ese mismo año, era básicamente una Trident 900 con elegantes paneles aerodinámicos en los laterales y parte trasera, y una pequeña pantalla con el doble faro redondo estilo Daytona. Tanto la Sprint como la Trident se equiparon más tarde con suspensión trasera hecha de aluminio, regulable en precarga y rebote del amortiguador, lo que las hacía capaces de llevar gran peso extra. La Sprint también estaba disponible en las versiones Executive y Sport. Ambas incluían los accesorios adecuados, como tubos de escape imitación de carbono o manillares muy bajos.

TRIUMPH T595 DAYTONA 1997

La innovadora T595 Daytona, introducida en el Mercado en 1997, volvió a poner a Triumph en la cima entre los grandes fabricantes de motocicletas del mundo. Se distinguía de sus predecesoras modulares, las T309 y T400 Daytona, por tener como base un bastidor curvilíneo formado por tubos ovalados de aluminio diseñado por Chris Hennegan. Casi tan radical como su bastidor era la nueva versión del motor tricilíndrico Hinckley de la T595, también de tres cilindros y con una capacidad de 955 cc y una potencia de 128 CV a 10.200 rpm, con un enorme par motor. Las cubiertas del motor de la T595 estaban hechas de magnesio, para darle ligereza, y el cigüeñal, la caja de cambios y el embrague también eran de material ligero. La cubierta de la rueda dentada de la caja de cambios era de plástico, y los pistones de aluminio también estaban perforados para hacerlos más ligeros. La Daytona estaba equipada con un sofisticado sistema de inyección de gasolina, superior al de cualquier otra motocicleta de serie; además, contaba con caja de cambios de seis velocidades. El brazo basculante era de un solo brazo y estaba colocado en el lado izquierdo de la motocicleta, lo que dejaba libre el derecho para colocar el tubo de escape de tres en uno, y dejaba a la vista la rueda Brembo de tres palos, vestida con un neumático Bridgestone BT56 de gran agarre. Tanto la suspensión delantera como la trasera estaban realizadas por la firma japonesa Showa, con horquilla delantera de 45 mm totalmente regulable y amortiguador trasero. Los frenos Nissin contaban con pinza de cuatro pistones delante y dos detrás.

La T595 no tardó en compararse con los grandes símbolos de la última tecnología, como la Honda 900 Fireblade y la Ducati 916, y con un precio de 9.800 libras esterlinas, era tan sólo 500 libras más cara que la Fireblade, y 3.000 más barata que la Ducati. En 1999, la T595 fue reemplazada por un nuevo modelo, la 955i, una superdeportiva con refrigeración líquida, doble árbol de levas en culata, tres cilindros en línea y 995 cc de cilindrada. El diámetro y la carrera de su pistón era de 79 × 65 mm, y la relación de compresión, de 11,2:1. El sistema de alimentación era por inyección electrónica secuencial multipunto, y el alojamiento de la mariposa era de 41 mm de diámetro. La transmisión se realizaba por medio de una caja de cambios de seis velocidades y un embrague húmedo multidisco.

En la lista de mejoras del nuevo modelo se incluía un árbol de levas de escape modificado, alojamientos de las mariposas revisados y nuevo sistema de desvío del flujo de aire, un nuevo reglaje del motor, nuevos tubos colectores de escape, una nueva caja del filtro del aire, nuevo cableado y también nueva pintura.

En 1996, Triumph puso muy alto el listón con su Daytona T595 con bastidor de aluminio, que demostró estar a la altura de las punteras Honda Fireblade y Ducati 916.

Motor: tricilíndrico, ohv, inyección de gasolina, 955 cc (79 × 65 mm), refrigerado por agua
Potencia: 128 CV
Caja de cambios: 6 velocidades, pedal
Transmisión secundaria: cadena
Peso: 198 kg
Velocidad máxima: 257 km/h

TULA
Unión Soviética h. los años setenta. Este escúter utilizaba un motor monocilíndrico de dos tiempos y 200 cc.

TUNTURI
Finlandia 1956... Esta firma fabricante de bicicletas (muy caras) también produjo ciclomotores con motores Puch de 50 cc, algunos de los cuales tenían una línea muy atractiva.

TVS
India, 1976. Esta firma comenzó fabricando ciclomotores Garavus de 50 cc bajo licencia; más tarde (años ochenta) adquirió una licencia para fabricar tecnología Suzuki; finalmente, a partir de 1993, fabricó un escúter de 60 cc de diseño propio.

TX
Alemania 1924-1926. El bastidor de estas motocicletas con motores Bekamo de 132 y 174 cc y dos tiempos tenía un enorme tubo superior que hacía las veces de depósito de combustible, y en el que se integraba la pipa de dirección.

TYLER
Inglaterra 1913-1923. Antes de la Primera Guerra Mundial, este fabricante utilizaba el omnipresente motor Villiers de 269 cc y posiblemente el Precision de 198 cc. Después de la guerra, cambió su nombre por el de Metro y Metro-Tyler, y utilizó su propio motor de 269 cc.

TYM
Taiwán h.1970. Se trata de un híbrido entre escúter y ciclomotor, con un motor de 50 cc.

TYPHOON
Suecia 1949-1951. Este modelo bien diseñado de 200 cc y dos tiempos utilizaba un motor propio, diseñado por Folke Mannerstaedt, famoso por sus modelos de carreras Husqvarna.

TYPHOON
Holanda 1955-comienzos de los años sesenta. Estos ciclomotores de varios fabricantes tenían motores de 50 cc.

TRUMP

INGLATERRA 1907–1923

FRANK A. MCNAB, HOMBRE importante de la firma Trump, corrió con gran éxito en Brooklands en mayo de 1909, estableciendo un nuevo récord de la hora con una marca de 77 km.

Como la compañía utilizaba motores JAP, sus máquinas algunas veces llevaron el nombre Trump-JAP. En 1910, su modelo de 3,5 CV se ofreció también con un nuevo motor bicilíndrico en V de 6 CV, ambas motocicletas con horquilla Druid y transmisión a correa. A ellas se unieron en 1913 dos bicilíndricas en V de 3,25 y 8 CV, y en 1914 una Trump-Peco con un motor de dos tiempos, 349 cc, dos velocidades y transmisión a correa. En 1915, se añadió a la lista una versión de 208 cc.

Una de las primeras Trump preparadas para competición. Estas máquinas obtuvieron numerosos éxitos en Brooklands.

Trump volvió a aparecer a mediados de 1921 con el nombre Trump Motors Ltd., con un modelo deportivo bicilíndrico en V de 976 cc con motor JAP; pronto se unió a éste un monocilíndrico con motor JAP de 548 cc y válvulas laterales, con la opción de una caja de cambios Sturmey-Archer con las marchas muy próximas. En 1922, la gama de Trump estaba formada por monocilíndricas de 292, 346 y 490 cc con válvulas laterales, además de bicilíndricas en V de 747 y 976 cc, también con válvu-

las laterales. Al año siguiente, la monocilíndrica de 346 cc apareció en dos versiones: estándar y deportiva; además, a las dos bicilíndricas se añadió otra con

motor Anzani de 994 con distribución ohv. Este fue el esfuerzo postrero de Trump. McNab se retiró a comienzos de 1923.

TWN (TRIUMPH)

ALEMANIA 1903–1957

AUNQUE ESTA COMPAÑÍA se conocía como TWN (Triumph Werke Nurnberg) en los mercados de exportación alemanes para evitar confusión con la marca Triumph británica, en más de un sentido la Triumph alemana tenía tanto derecho a ese nombre como su homóloga británica. Fueron dos alemanes, Siegfried Bettmann y Maurice Schulte, los que fundaron la compañía de Coventry en 1897. Durante los primeros años, su producción estuvo concentrada en las bicicletas, pero en 1902 apareció su primer modelo con motor. Al año siguiente, 1903, cuando Triumph ya había entrado plenamente en el negocio de las motocicletas, la firma decidió abrir una fábrica en la ciudad alemana de Nurnberg.

En los primeros tiempos, la mayor parte de las Triumph alemanas contaban con motores y componentes que proporcionaba la fábrica de Coventry. Este acuerdo se prolongó hasta 1929, cuando ambas firmas se separaron. Tras la ruptura, la planta de Nurnberg empezó a fabricar sus propios motores de 198 y 294 cc de dos tiempos, que utilizó junto a los suizos MAG de entre 347 y 742 cc. Muy pronto, TWN logró una licencia de MAG para fabricar también estos motores en Alemania.

En 1931, la empresa de Nurnberg contrató los servicios de Otto Reitz, al que se ofreció el puesto de diseñador jefe. A él se deben la mayor parte de los modelos que TWN creó en los veinticinco años siguientes. Uno de sus diseños más interesantes fue un motor de 198 cc con transmisión por eje y caja de cambios integrada en el motor, y todo ello

colocado en un bastidor de acero estampado. Tales características en una máquina de tan poca cilindrada no eran comunes en aquellos años. TWN también participó en competiciones, con monocilíndricas de 348 y 493 cc ohc, pilotadas por Fleischmann y Ley, entre otros.

A finales de los años treinta, casi toda la producción de la compañía estaba controlada por las autoridades militares. Entre los modelos fabricados en aquellos años destaca la primera monocilíndrica con doble pistón y dos tiempos (modelo BD250), que contaba con dos pistones unidos por una sola biela bifurcada, y cuya capacidad era de 248 cc (2 × 45 × 78 mm). Sólo la Wehrmacht compró más de 12.000 de estas motocicletas, que en su versión militar recibieron el nombre de BD250 W. Durante la guerra, Triumph también desarrolló varios prototipos de escúter: un modelo con motor de 125 cc que podía lanzarse en paracaídas, y una NSU con motor TWN para transporte de personal, aunque ninguno de los dos proyectos pudo llevarse a las cadenas de montaje antes de que acabara la guerra.

TWN fue una de las primeras compañías que volvió a fabricar después de la Segunda Guerra Mundial. La mayor parte de su producción a finales de los

La firma alemana Triumph, que en los mercados de exportación se comercializó como TWN, introdujo la Boss 350 en marzo de 1953. Esta motocicleta utilizaba un motor monocilíndrico de doble pistón, dos tiempos y 344 cc.

años cuarenta se centró en dos modelos: la BDG 125 y la BDG 250. Ambas eran descendientes directas del mismo motor monocilíndrico de 248 cc con doble pistón, con doble tubo de escape y transmisión secundaria por medio de una cadena totalmente oculta. Salvo por la sustitución de la horquilla delantera por un modelo de paralelogramos deformables en 1949, estas motocicletas tenían las mismas características que las máquinas de antes de la guerra.

La BDG 125H de 123 cc (2 × 35 × 62 mm) monocilíndrica con doble pistón se lanzó en 1950, y fue el primer producto salido de la fábrica de Nurnberg en que se empleó suspensión trasera por émbolo. Un año más tarde apareció una nueva versión, la A 250. Durante los meses siguientes, la firma se dedicó a desarrollar una nueva máquina con mayor capacidad, la 350 Boss, que hizo su debut en la Exposición de Ginebra en marzo de 1953.

El motor de la Boss era totalmente nuevo, todavía monocilíndrico con doble pistón. Su capacidad era de 344 cc (2 × 53 × 78 mm), y empleaba cilindros con revestimiento de cromo. Empleaba dos carburadores para garantizar (o eso aseguraba TWN) que ambos pistones estuvieran perfectamente refrigerados por la entrada de gases fríos. También disponía de dos tubos de escape, aunque la salida del escape sólo estaba localizada en la cavidad del pistón izquierdo. Parte de los gases de escape salían por el tubo de la izquierda, mientras que el resto pasaban por un conducto interior que atravesaba la parte delantera del cuerpo del cilindro, y de ahí a una lumbrera de escape situada en el lado derecho. Los tubos de escape estaba especialmente fabricados por Eberspacher para TWN, y habían sido diseñados para mejorar el rendimiento y a la vez reducir el ruido. Esta innovación llevó a TWN a ser conocida como «fabricante de la motocicleta que susurra».

En julio de 1953, la compañía celebró su 50 aniversario como fabricante de motocicletas, y para conmemorarlo lanzó el modelo Cornet de 197 cc (2 × 45 × 62 mm). La característica más llamativa del modelo era su suspensión trasera por brazo basculante, primera vez que se utilizaba en un modelo TWN. La horquilla telescópica en baño de aceite y el robusto bastidor proporcionaban al modelo una comodidad inigualable.

En 1956, la Cornet se actualizó con sistema eléctrico de doce voltios e interruptor de arranque. Sin embargo, al año siguiente TWN (junto con Adler) fue absorbida por Grundig, y a partir de entonces sólo fabricó material de oficina.

En julio de 1953, TWN celebró su 50 aniversario, y para conmemorarlo lanzó el modelo Cornet de 197 cc. Ésta fue la primera motocicleta TWN con suspensión trasera por brazo basculante.

UNIVERSAL

SUIZA 1928–1964

LAS PRIMERAS MOTOCICLETAS de la marca Universal se fabricaron utilizando el nombre Helvetia y un motor de dos tiempos y 190 cc fabricado por PA. Pronto la compañía empezó a utilizar su verdadero nombre, combinando toda una variedad de motores de dos y cuatro tiempos de Anzani, Ilo y JAP (y también el Python de Rudge). Universal también produjo motos propulsadas por un motor de 248 cc Python y un bicilíndrico en V de JAP con 996 cc. A media-

A mediados de los años sesenta, cuando el fin de Universal estaba ya próximo, la firma lanzó una monocilíndrica de 250 cc que conservaba la transmisión por eje y otras características de sus bicilíndricas.

ULTIMA
Francia (Lyon) 1908-h.1960. Esta firma comenzó con motores monocilíndricos y bicilíndricos JAP, y también otros desde Aubier Dunne hasta Zurcher. La línea de los años treinta incluía monocilíndricas de 250 y 350 cc, y una bicilíndrica en V de 500 cc. Después de 1945, la compañía se concentró en motocicletas ligeras de dos tiempos y 125, 175 y 200 cc, con motores propios.

UNDERSLUNG
Estados Unidos 1912. Esta estrambótica máquina tenía un bastidor muy bajo formado por dos tubos paralelos, un asiento muy bajo y dirección por medio de un volante de coche. Además, contaba con ruedas auxiliares a cada lado de la rueda trasera para evitar caídas.

UNIBUS
Inglaterra 1920-1922. Este escúter totalmente cerrado tenía un motor Precision de cuatro tiempos y 269 cc, y era fabricado por la Gloster Aircraft Co. con materiales y técnicas de la industria aeronáutica.

UNION
Suecia (Charlottenberg) 1943-1952. Esta marca deportiva sueca utilizaba motores JAP de entre 350 y 500 cc.

UNIVERSELLE (UNIVERSAL)
Alemania 1925-1929. Estas máquinas estaban propulsadas por un motor de fabricación propia que pasó de 183 a 197 cc, y finalmente a 247 cc.

URAL
Rusia 1976. Este nombre comercial fue utilizado por la firma Irbit para comercializar en los países occidentales sus modelos de dos cilindros opuestos horizontalmente e inspirados en BMW.

URANIA
Alemania 1943-1939. Estas motocicletas ligeras las producía un fabricante de bicicletas.

UTILIA
Francia 1929-1936. Sachs, Duten y Train suministraban los motores de dos tiempos (y la propia Utilia fabricaba algunos de ellos), mientras que Chaise, JAP y LMP proporcionaban los de cuatro tiempos para la línea de esta firma. Sus cilindradas iban de los 100 hasta los 500 cc.

dos de los cincuenta, Universal fabricaba sus propios motores de 680 y 990 cc bicilíndricos en V con válvulas laterales para el ejército suizo.

Tras la guerra, la firma introdujo un nuevo modelo con motor bicilíndrico plano ohv y cambio integrado. Se trataba de un diseño extraordinariamente cuidado, con un solo carburador, sistema eléctrico y filtro de aire completamente cerrado, transmisión secundaria por eje, bastidor de doble cuna, horquilla telescópica y suspensión trasera por émbolo. Visto por vez primera en 1946, el modelo de 500 cc también se ofrecía con válvulas laterales.

Típica Universal bicilíndrica plana; 580 cc, transmisión por eje, bastidor de doble cuna, suspensión trasera por émbolos y sillín individual.

Más tarde, la bicilíndrica aumentó de volumen hasta los 580 cc y se unió a ella una monocilíndrica de 250 cc con características semejantes. A principios de los años cincuenta, había un modelo bicilíndrico de dos tiempos y 250 cc con motor Ilo, y uno monocilíndrico muy parecido con motor Sachs de 147 cc. Con el tiempo, Universal se concentró en bicilíndricas planas, que fabricaba, sobre todo, para el ejército y la policía.

UT

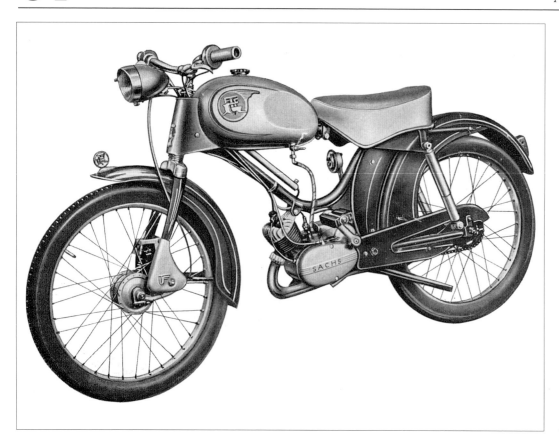

Un ciclomotor UT de mediados de los años cincuenta con motor Sachs. Comparado con la mayoría de sus rivales, este modelo presentaba la ventaja de contar con suspensión en ambas ruedas.

nombre KTN, e hicieron su debut en 1951.

En 1953, cuando se dispararon las ventas, UT hizo un esfuerzo para aumentar su producción, que coincidió con el lanzamiento del modelo KTV 175, provisto de suspensión en ambas ruedas. El éxito de este proyecto llevó a la introducción de una versión de mayor cilindrada, la KTV 200. Aparecieron tres nuevos modelos con suspensión trasera por brazo basculante, en contraste con los bastidores de las KTV con émbolos. Estos modelos eran: las TS 200, TS 250 y TS 252 (la última con dos cilindros).

La TS 175F y la TS 175J llegaron en 1955; 1956 trajo la VS 100, que como las TS 175J y la VS 252 bicilíndrica, utilizaba un motor Sachs. Sin embargo, a partir de 1957, las ventas cayeron en picado y Universal pasó los dos años siguientes liquidando el resto de sus existencias.

UNA DE LAS MARCAS ALEMANAS importantes y más desconocidas fue la UT, que al principio fabricaba su propio motor monocilíndrico horizontal de 246 cc y dos tiempos. Después, para ahorrar costes de producción y acelerar la introducción del modelo, empezó a utilizar motores de firmas como Bekamo, Blackburne y JAP (las dos últimas suministraban motores ohv monocilíndricos de gran capacidad). Al mismo tiempo, a finales de los años veinte, esta compañía obtuvo una gran publicidad al tomar parte en carreras por toda Alemania, con pilotos tan sobresalientes como Blind, Frenzen y Kohfink.

Después llegó la Depresión, pero de alguna forma UT se las apañó para capear el temporal, pasándose a los motores Bark y Kuchen para sus modelos de serie. Durante la guerra, UT dejó de fabricar motocicletas. Cuando más tarde volvió a esta industria, sus primeros modelos utilizaron motores monocilíndricos Ilo de dos tiempos y 123 y 174 cc. Estas motocicletas se comercializaron con el

Una UT de gama alta, la VS 525 de 1955. Su carácter de devoradora de kilómetros se lo daba un motor Ilo de dos cilindros y dos tiempos.

Van Veen

HOLANDA/ALEMANIA 1975–1982

EL HOLANDÉS KENK VAN VEEN comenzó sus actividades en el mundo de las motocicletas como importador de Kreidler para su país. Tuvo tanto éxito que a finales de los años sesenta se encargó de le gestión del equipo de carreras de Kreidler.

Durante parte de los años setenta, las Van Veen Kreidler demostraron ser unas de las motocicletas de 50 cc más rápidas del mundo, con pilotos como Alt Toersen, Jan de Vries, Angel Nieto y Rudolf Kunz, que no sólo consiguieron varios títulos del mundo, sino que también batieron más de un récord de velocidad

La Superbike Van Veen OCR 1000 de finales de los años setenta fue un proyecto de colaboración entre alemanes y holandeses. Estaba propulsada por un motor Wankel.

en Elvington, Yorkshire. Más tarde, a finales de los setenta y principios de los ochenta, Van Veen creó una nueva fábrica en Alemania para producir su propia Superbike, que recibió el nombre de OCR 1000. El modelo utilizaba un motor de dos rotores Wankel con 996 cc y refrigeración líquida, desarrollado en colaboración con Audi y NSU (las patentes pertenecían a NSU, y Audi se involucró en el proyecto porque su casa matriz, el VW Group, había adquirido NSU en 1969). Con su caja de cambios de cuatro velocidades fabricada por Porsche, la suspensión desarrollada especialmente por Koni y un sistema de frenos de la firma italiana Brembo, la OCR 1000 era una auténtica Eurobike, con componentes de varios países europeos.

Esta motocicleta se fabricaba sólo previo pedido y totalmente a mano, por lo

que se vendieron muy pocas unidades. Una de las últimas se entregó en 1982. Pero por sus méritos mecánicos, era uno de los mejores vehículos que hayan llevado motor Wankel, demostrando (al contrario que muchos otros) una gran durabilidad. Esta máquina de 100 CV tenía una sorprendente aceleración y todavía hoy es muy apreciada por los entendidos. Hoy día, cuando alguna de ellas se pone en venta, alcanza unos precios desorbitados.

Van Veen también fabricó, en Alemania, un limitado número de motocicletas de competición Grand Prix Replica de 50 cc, y desde 1978, la Gelandesport (Off-road Sport), una motocicleta de enduro de 12 CV y 49 cc. En 1979, este modelo cambió su nombre por el de GS50. La producción se interrumpió en 1981.

Velocette

INGLATERRA 1904–1971

ESTA COMPAÑÍA FAMILIAR fue fundada por Johannes Gutgemann, que se había establecido en Birmingham, Inglaterra, en 1884 para eludir el servicio militar en su Alemania natal. En un principio, Gutgemann tomó el nombre John Taylor, y con el título de Isaac Taylor & Co, estableció un negocio de fabricación de pas-

tillas. Más tarde, a principios de los noventa, comenzó a fabricar bicicletas en Gret Hampton Street. Tras unirse a William Gue, las bicicletas que fabricó a partir de 1896 llevaron el nombre comercial Hamptom. En 1900, Taylor Glue Ltd. también fabricaba calesas de dos ruedas y triciclos con doble rueda

delantera, que fueron sus vehículos propulsados a motor.

En 1904, adquirió la firma Kelecom Motors de Londres, que había fabricado motocicletas con motores propios de 3 CV montados en un bastidor fabricado por Taylor Gue. Un año después, la firma pasó a llamarse Veloce, y a pesar

VAGA
Italia (Milán) 1925-1935. Estas máquinas, que se fabricaban en Milán, utilizaban motores ingleses de cuatro tiempos con una cilindrada de 175 cc, y que suministraban distintas firmas: Blackburne, CF (ohc) y posiblemente JAP. Sin embargo, una fuente asegura que la compañía también fabricó una motocicleta con un motor de dos tiempos y 125 cc.

VAL
Inglaterra (Birmingham) 1913-1914. Esta compañía inglesa de Birmingham se dedicaba sobre todo a la fabricación de sidecar. A pesar de eso, algunas fuentes se refieren a ella como fabricante de motocicletas, con motores JAP de 500 cc. Estas motocicletas, sin embargo, no eran en absoluto el interés prioritario de la firma.

VALENTI
Italia (Milán) 1978-desconocida. Esta compañía fabricante de motocicletas tenía su sede en Milán y fue una de las principales fabricantes de pequeños modelos deportivos diseñados para uso *off-road* durante la prolífica década de los años setenta. La compañía también montaba motores Honda de 80 cc en sus máquinas.

VALIANT
Estados Unidos 1964-1965. Esta efímera motocicleta ligera americana utilizaba motores Clinton de 125 cc, que guardaban cierto parecido con los motores instalados en las segadoras de césped.

del nuevo motor de 2 CV, Taylor Gue cayó en bancarrota en 1905.

Gutgemann reanudó la producción de bicicletas con el nombre Veloce en Spring Hill, Birmingham. En 1910, conjuntamente con sus hijos Percy y Eugene, volvió nuevamente a la industria de las motocicletas, utilizando un motor de 276 cc diseñado por Percy, con caja de cambios integrada de dos velocidades. Este motor se fabricó en Spring Hill, mientras que el chasis se realizó en la cercana Fleet Street. (En 1908 Percy había fundado New Veloce para la fabricación de coches, pero el proyecto no tuvo éxito). El nuevo modelo resultó demasiado novedoso para el gusto del público, de manera que se añadió un modelo más convencional con motor de 500 cc y comercializado como VMC (Veloce Motor Company).

La primera motocicleta que llevó el nombre Velocette fue un modelo de 1913 con motor de dos tiempos y 206 cc. Gut-

Aunque Velocette está asociada principalmente con las carreras de 350 cc, este modelo de 500 cc logró con el piloto Stanley Woods una segunda posición en las TT Senior de la Isla de Man de 1937 y 1938.

gemann/Taylor también tuvo algún que otro episodio con sus nombres. Gutgemann había conseguido la nacionalidad británica en 1911, de modo que decidió cambiar el apellido familiar por el de

Goodman en 1917. La llegada de la Primera Guerra Mundial desbarató el plan de la firma para diseñar un bicilíndrico en V, por lo que su gama estuvo compuesta tan sólo por máquinas de dos tiempos y pequeña cilindrada hasta mediados de los años veinte. Primero llegaron las D1 y DL1, de 220 cc (la L indicaba que el modelo era para señoras, «ladies», y tenía por tanto un bastidor abierto que permitía su uso con falda). En 1919, una versión del modelo D1 logró la medalla de oro en la ACU de los seis días.

Sin embargo, a pesar de sus ocasionales escarceos con motores bicilíndricos, escúter y extraños modelos de dos tiempos en los años siguientes, el nombre Velocette ha quedado asociado a los clásicos motores monocilíndricos de cuatro tiempos. El primero de éstos llegó en 1925. También diseñado por Percy Goodman, se trataba de un monocilíndrico de 348 cc con distribución ohc, e iba a convertirse en la base de los modelos más galardonados de la firma. Curiosamente, el nombre con que se comercializaron las primeras motocicletas fue Veloce, aunque éste pronto cambió por el de Velocette, mucho más llamativo. Tres modelos Velocette tomaron parte en la TT Junior (350 cc) de 1925, aunque se retiraron. Un año más tarde, Alec Bennett se desquitó ganando sobre su «Velo», con una velocidad media de 107,34 km/h y logrando sobre el segundo una ventaja de 10 minutos. Ese mismo año, después de haberse mudado a Aston, Birmingham, la compañía se ubicó en las antiguas instalaciones de OK Supreme en Hall Green, donde permanecería hasta el final.

A partir de 1925, se vendieron versiones de carretera de la máquina con distribución ohc; todos estos modelos llevaban el nombre K. A finales de ese año apareció una versión deportiva, capaz de alcanzar los 129 km/h: la inmortal KSS, que se fabricó sin modificaciones durante veintitrés años. Desde 1928, esta motocicleta (junto con sus hermanas KS, KE y KES) estuvo provista del primer pedal de cambio con tope de fin de carrera, diseñado por el ingeniero Harold Willis.

En 1929, se ofreció al público una versión de carreras fabricada en serie, la KTT, que logró los ocho primeros puestos en la Manx Grand Prix del año siguiente, una especie de TT amateur. No es sorprendente que este modelo se

Desde los años veinte hasta los cincuenta, la KTT ohc fue una magnífica motocicleta de carreras que se vendía directamente al público. Esta es una de las últimas versiones de la gama, la Mk8 KTT, del año 1948.

VALLS
España (Barcelona) 1955. El único modelo de esta compañía recibió el nombre de V125. Esta motocicleta ligera tenía un motor monocilíndrico plano de dos tiempos con 125 cc de cilindrada. La vida de este modelo fue de tan solo un año.

VALMOBILE
Francia 1956. Esta motocicleta francesa fabricada durante los años cincuenta era en realidad un escúter diseñado para poder plegarse. Estaba equipado con un motor de 125 cc de capacidad.

VAP
Francia 1949-principios de los años setenta. Esta compañía cuenta con una larga y variada carrera, que se extiende a lo largo de cuatro décadas. Fabricaba ciclomotores, que en un principio estuvieron provistos de motores de 98 cc. Sin embargo, más tarde la compañía redujo la capacidad de sus modelos, fabricando máquinas con motores de 50 cc. Además, también produjo motores auxiliares.

VAREL
Alemania 1952-1953. Firma de corta vida con sede en Alemania. Sin embargo, duró lo bastante para fabricar ciclomotores y mini-escúter. Algunas de sus máquinas eran motocicletas ligeras con motores de 100 cc, y todas ellas tenían motores de dos tiempos. Los motores de 43 cc los fabricaba la propia Varel, mientras que los de 100 cc los suministraba Mota.

convirtiera en la motocicleta de carreras clásica de toda una generación, tan sólo igualada por los modelos International

La estética Velo estaba asociada al color negro con una delgada línea dorada, tanto como a las monocilíndricas ohc y ohv, como vemos en un detalle de esta MAC 350.

y Manx de Norton. Pero incluso al más alto nivel, el récord en pista de Velocette era sorprendente si tenemos en cuenta que se trataba de una compañía pequeña: en total, ocho victorias en las TT Junior entre los años 1926 y 1949. Aunque Velocette siempre estuvo asociada la clase 350 cc, Stanley Woods pilotó un extraño prototipo de 495 cc que logró la

La 350 MAC se presentó en 1954, un año antes de que se fabricara en serie este modelo. Obsérvese el silenciador acabado en «cola de pez».

segunda plaza en las TT Senior (500 cc) de los años 1937 y 1938. Woods también logró el récord de la vuelta más rápida con una 348 cc en la TT de 1936.

dricas de carreras que llegaban de Italia, pero Velocette seguía aferrada a sus deportivas monocilíndricas, con su clásica pintura negra y líneas doradas. En los sesenta, la firma creó las que se consideran el arquetipo de las motocicletas británicas de carretera, la Viper 350 cc y la Venom 500 cc. Derivadas de la MAC y MSS respectivamente, estas máquinas evolucionaron hacia modelos más potentes, las llamadas Clubmans y Thruxton Velos. Junto con la Gold Star de BSA, estas motocicletas se convirtieron en la expresión definitiva de la monocilíndrica deportiva británica.

Sin embargo, a finales de los sesenta, el mercado demandaba más de los fabricantes. Lo que finalmente hundió Velocette en febrero de 1971 fueron los costes de desarrollo, y en concreto, los del escúter Viceroy. Como muchos otros productos de Velocette, esta bicilíndrica de dos tiempos con válvula de admisión de láminas estaba muy por delante de su tiempo, pero lamentablemente se convirtió en el último esfuerzo realizado en la planta de Hall Green.

La Venom ohv, con la estética de las «Clubmans» se presentó en 1958, convirtiéndose en precursora del estridente modelo Thruxton. La de la foto data de 1961.

Por si era poco, Velocette también reclamó el honor de haber obtenido el primer campeonato del mundo en la categoría de 350 cc, lo que logró en el año 1949 y revalidó en 1950 con los pilotos Freddie Frith y Bob Foster, respectivamente. A principios de 1921, los modelos de carretera con reglaje especial de Velocette batían todo tipo de récords. Precisamente, cuarenta años después, la firma obtuvo una nueva marca en Montlhèry, Francia, fue la primera motocicleta de 350 cc que lograba un promedio de 100 millas a la hora (161 km/h) durante 24 horas. Además de fabricantes, los Goodman eran fanáticos de las motocicletas, y si la firma familiar tuvo que soportar un obstáculo financiero (apenas obtuvo beneficios en ningún momento de su historia), éste fue su desmedida afición a las carreras.

Por supuesto, también hubo otros modelos Velocette más modestos. En 1928 salió al mercado una versión del antiguo modelo monocilíndrico de dos tiempos, el llamado modelo U; y al año siguiente apareció una versión superdeportiva llamada USS, que en 1930 fue reemplazada por el modelo GTP de 249 cc y larga vida.

En un intento por ampliar su gama, la firma lanzó ese mismo año un modelo de 350 cc y distribución ohv llamado KTP, aunque debido a sus múltiples problemas no tuvo ningún éxito. El catálogo de la compañía se completó con la llegada del modelo Velocette MOV de 248 cc ohv, aparecido en 1933.

La MOV fue seguida doce meses después por una motocicleta semejante, la MAC de 349 cc, y a continuación por la MSS, de 495 cc, en 1935. Estos modelos sirvieron para compensar la obsesión de los Goodman con las motocicletas de carreras, que culminó en la ambiciosa 'Roarer' bicilíndrica de 500 cc. Esta máquina no pasó de ser otro de los grandes proyectos británicos frustrados por la prohibición de la sobrealimentación en la competición, llegada tras la guerra. En 1938, otro proyecto, el Modelo O de dos cilindros paralelos, tampoco llegó a las cadenas de montaje.

Durante los años que siguieron a la Segunda Guerra Mundial, las fábricas se volcaron en modelos más sencillos, a pesar de lo cual, Velocette mostró en más de una ocasión su necesidad de ofrecer algo diferente al resto, lo que culminó con la novedosa (y malograda) LE, fabricada con bastidor monocasco. Esta idea llevó a la Valiant refrigerada por aire y al modelo Vogue con aire de escúter, ninguno de los cuales logró gran éxito entre el público.

En 1950, las monocilíndricas ohc ya no estaban a la altura de las multicilín-

La Viceroy de 250 cc fue otra intento fallido conseguir un modelo rentable durante el boom de los ciclomotores de los años sesenta. Era excelente, pero muy cara (200 libras esterlinas) y le faltaba un tanto de aire italiano.

VELOCETTE 250 GTP

1930

El éxito deportivo que disfrutó Velocette se consiguió gracias a motocicletas diseñadas para el gran público, como la GTP de carretera, lanzada en 1930. Aunque este modelo era indudablemente más modesto que sus compañeras ohc, la GTP tenía el acabado y dimensiones de una genuina motocicleta, y su calidad era mayor que la de la mayoría de las máquinas británicas de dos tiempos de aquellos años.

Su motor refrigerado por aire contaba con pistones deflectores en lugar de la tecnología de barrido en bucle que más tarde desarrolló Schnurle; respira-

ba a través de un solo carburador, pero disponía de dos tubos de escape. El encendido se realizaba por batería y la novedosa dosificación de aceite estaba unida al grado de apertura de la mariposa. En un principio, se presentó con culata y cuerpo del cilindro de hierro, además de caja de cambios de tres velocidades, pero en 1935 ya contaba con un motor de aluminio y un pedal de cambio con cuatro velocidades. Aunque la producción se interrumpió en 1940, todavía después de 1945 se fabricaban algunas GTS para el mercado de exportación.

A pesar de ser una máquina de dos tiempos, la GTP 250 era todo un clásico. Este modelo es de 1936, un año después de que la palanca manual de cambios con tres velocidades fuera reemplazada por un pedal con cuatro velocidades.

Motor: monocilíndrico de dos tiempos, 249 cc (63 × 80 mm), refrigerado por aire
Potencia: no especificada
Caja de cambios: pedal, cuatro velocidades
Transmisión secundaria: cadena
Peso: no especificado
Velocidad máxima: 97 km/h

VELOCETTE 250 MOV

1933

Durante los años treinta, las motocicletas más espectaculares de Velocette eran sus modelos ohc, aunque resultaban caros y difíciles de fabricar. El primer intento de Eugene Goodman para crear un modelo más económico de cuatro tiempos fue una máquina de 350 cc y válvulas laterales, cuyo rendimiento resultó desalentador. La MOV ohv, presentada en 1933, fue el siguiente paso lógico. El nombre procedía del tipo M, Overhead-Valve (es decir, válvulas en la culata).

La 250 MOV fue el prototipo que hizo posible el diseño de los posteriores modelos ohc. En esta fotografía, la leyenda del *trial* David Jones muestra su adaptabilidad a terrenos escabrosos.

VASCHETTO
Italia (Turín), no se dispone de fechas. Las máquinas de Giuseppe Vaschetto estaban propulsadas por motores que la firma italiana compraba a Mercury. Estos podían ser de dos capacidades: 250 o 500 cc.

VASCO
Inglaterra 1921-1923. Estas monocilíndricas inglesas de dos tiempos contaban con motores de oscuro origen. En un principio, utilizaban motores Orbit con cilindrada de 269 cc, aunque éstos fueron posteriormente reemplazados por Broler de 349 cc.

VASSENA
Italia 1926-1929. Se trata de una bicicleta italiana fabricada por Pietro Vaseena a la que se añadía un motor con una capacidad de 125 cc.

VATERLAND
Alemania 1933-1939. Esta compañía de tan sonoro nombre fabricaba motocicletas ligeras, cuyos motores tenían cilindradas de 100 y 120 cc y eran suministrados por la firma Sachs.

VAUXHALL
Inglaterra 1922-1924. Además de ser un famoso fabricante de coches, esta firma inglesa hizo sus escarceos en el mundo de las motocicletas durante un breve período, creando toda una gama de modelos con motores tetracilíndricos longitudinales y transmisión por eje, con una cilindrada de 931 cc. Una característica de estos modelos eran sus enormes estribos.

VECCIETTI
Italia 1954-1957. Estos ciclomotores fabricados en Italia durante los años cincuenta tuvieron una vida muy corta. Estaban provistos de motores Victoria de 40 cc.

Se trataba de un diseño con el árbol de levas situado muy por encima del cárter, aunque no sobre la culata. Este diseño perduraría hasta el final de la compañía. Los árboles de levas eran accionados por engranajes, y estaban montados encima del cárter de la distribución, en el lado derecho del motor, lo que permitía el empleo de varillas empujadoras muy cortas y rígidas. El motor estaba alojado en un bastidor diseñado originalmente para el modelo de 350 cc y válvulas laterales, con horquilla de paralelogramos fabricada por Webb y parte trasera rígida.

La MAC 349 cc (MAF cuando se fabricaba para el ejército británico) era en esencia una MOV con la carrera del cilindro alargada hasta los 96 mm, mientras que la MSS de 495 cc era una MAC con un diámetro de cilindro de 81 mm. Aunque la MOV reapareció brevemente después de la Segunda Guerra Mundial (desapareciendo en 1948), tanto la MAC como la MSS siguieron en producción, siendo rediseñadas en 1953 y 1954 respectivamente, y provistas de suspensión trasera por brazo basculante. A pesar de su falta de elegancia, la MOV y sus versiones de mayor cilindrada fueron los mayores éxitos comerciales de Velocette.

Motor: monocilíndrico ohv, 248 cc (68 × 68,25 mm), refrigerado por aire
Potencia: no especificada
Caja de cambios: pedal, cuatro velocidades
Transmisión secundaria: cadena
Peso: 125 kg
Velocidad máxima: 116 km/h

Velocette KSS

1925

La K «Super Sports» surgió de las grandes hazañas de Velocette en las carreras TT. Hermana de las KTT de carreras, la Mk 1 de principios de los años treinta ofrecía unas prestaciones prodigiosas y un funcionamiento libre de vibraciones sorprendente en aquellos días. En 1995, dejó de fabricarse, pero al año siguiente apareció una versión revisada, la Mk 2 (junto con una hermana *touring*, la KTS), con un motor muy mejorado y menos dado a las pérdidas de aceite. Lamentablemente, su motor con árbol de levas en culata accionado por engranajes cónicos resultaba demasiado caro de fabricar, y aunque reapareció después de la guerra como único modelo *cammy* de carretera de 1946, tuvo que ser retirado dos años después. Desde entonces, el único modelo ohc de Velocette fue la KTT, auténtica motocicleta de carreras, que culminó en la Mk 8.

Motor: (Mk 1) monocilíndrico ohc, 348 cc, (74 × 81 mm), refrigeración por aire
Potencia: no especificada
Caja de cambios: pedal, cuatro velocidades
Transmisión secundaria: cadena
Peso: 191 kg
Velocidad máxima: 129 km/h

Si la KTT fue una de las motocicletas de carreras más de 350 cc más deseadas por el público, la KSS fue su equivalente entre los modelos de carretera. La de la fotografía es una de las últimas Mark I de 1934.

Velocette LE

1949

La curiosa LE, que apareció en 1949, era un intento prometedor pero fallido de aportar algo de elegancia al sector de las motocicletas de transporte diario. Aunque se trataba de un modelo con válvulas laterales, estaba propulsada por un silencioso motor de 149 cc (192 cc a partir de 1950) con unas características sorprendentemente innovadoras: refrigeración líquida, cilindros opuestos horizontalmente, cigüeñal de cuatro cojinetes, culatas de aleación y palanca de arranque. Lejos de contar con un bastidor convencional, su chasis monocasco de hoja de chapa incorporaba los guardabarros y protecciones de las piernas. Era un modelo enormemente económico (2,2 litros a los 100 kilómetros), tranquilo y práctico. Sin embargo, aunque tuvo algún éxito como vehículo policial, por lo que se refiere al público en general, Velocette tuvo prácticamente que regalarlas.

A pesar del fracaso del modelo LE, Velocette utilizó el mismo motor en varios modelos. El primero de ellos, la Valiant de 1956, era una motocicleta mucho menos radical, con refrigeración por aire y casi el doble de potencia. A ésta siguió la Vogue, que retomaba el concepto de motocicleta totalmente cerrada, pero en esta ocasión era fabricada de fibra de vidrio. Por desgracia, se vendió tan mal como sus antecesoras.

Motor: bicilíndrico plano, válvulas laterales, 149 cc (44 × 49 mm), refrigeración líquida
Potencia: 6 CV a 6.500 rpm
Caja de cambios: pedal, tres velocidades
Transmisión secundaria: cadena
Peso: 120 kg
Velocidad máxima: 89 km/h

Todavía cincuenta años después, queda claro que la LE «Noddy Bike» ejemplificaba el carácter más original de Velocette.

VELOCETTE VENOM THRUXTON

1965

Con una historia tan orientada al mundo de las carreras, Velocette no podía resistirse a fabricar modelos especiales de grandes prestaciones. En 1958, incluso la Venom más básica, podía adquirirse con extras de competición como ruedas, carburadores, encendido, tubos de escape, cuentarrevoluciones y cajas de cambios con relaciones muy próximas. La «Thrucky» era en realidad un modelo de serie que utilizaba los componentes capaces de ofrecer unas prestaciones más altas. Estaba derivada del modelo Clubman, algo menos potente, que a su vez era una Venom con un reglaje especial. El nuevo nombre celebraba la victoria lograda en 1964 por una máquina semejante en la prestigiosa prueba de las 500 millas (800 km) en el circuito de Thruxton, en Hampshire. Desde mediados de 1965, se vendieron unas 1.000 réplicas de la Thruxton.

El motor era una versión puesta a punto del Venom ohv estándar de 499 cc. Entre las modificaciones del nuevo modelo cabe mencionar un carburador Amal de competición, pistones de alta compresión, culatas especiales con válvulas de admisión más grandes, un flujo de gases muy mejorado y una distribución de válvulas muy mejorada. Tenía caja de cambios de relaciones muy próximas, manillar muy bajo de competición, reposapiés muy retrasados, sillín con tope trasero y depósito de gran capacidad.

Aunque fueron muchas las Thruxton que tomaron parte en competiciones, otras se utilizaron como motocicletas de carretera.

El momento álgido en la vida de este modelo llegó en 1967, cuando ganó la primera TT para modelos de serie en la categoría de 500 cc. En este prueba, su

La Thruxton Venom de 500 cc era descendiente de motocicletas de carreras de resistencia. Para muchos aficionados, representaba la más pura e innovadora Velocette ohv deportiva.

velocidad media fue de 144,66 km/h. Con el reglaje de competición, una buena Thruxton era capa de alcanzar los 193 km/h, magnífica marca incluso para las más rápidas bicilíndricas.

Motor: monocilíndrico ohv, 499 cc (86 × 86 mm), refrigerado por aire
Potencia: hasta 41 CV a 6.500 rpm
Caja de cambios: pedal, cuatro velocidades
Transmisión secundaria: cadena
Peso: 177 kg
Velocidad máxima: 171 km/h

VELOSOLEX

FRANCIA/HUNGRÍA 1946

CUANDO EL FUNDADOR DE Velosolex murió, sus hijos vendieron la compañía a Yamaha, que la cerró poco después. Afortunadamente, una empresa húngara compró toda la maquinaria y reanudó la producción de los modelos Velosolex, unos de los mejores vehículos motorizados de dos ruedas de todos los tiempos.

En los primeros cincuenta y cuatro años de producción, se fabricaron más

Las primeras Velosolex de 45 cc, como este modelo de 1948, no hacían grandes concesiones a la estética, pero su motor de 0,5 CV a 2.000 rpm ofrecía una velocidad de 30 km/h.

de ocho millones de unidades, con escasas modificaciones, y no parece que en el futuro inmediato de la firma haya muchos planes de cambios, ni siquiera en lo que se refiere a sus ruedas de 9 pulgadas.

Las principales diferencias entre un modelo del año 2000 y uno de 1946, aparte de las variantes geográficas para cada mercado específico, se encuentran en la sección cuadrada del bastidor (en lugar de circular) adoptada en los años sesenta, y en que al principio su motor de escasísima potencia podía funcionar con una mezcla de gasolina y aceite de entre 1+30 y 1+50.

Con un depósito de tan sólo 1,4 litros, la Velosolex todavía es capaz de recorrer la increíble distancia de 100 kilómetros. Cuenta con un diminuto sistema eléctrico de seis voltios, que le permite utilizar un faro delantero con una bombilla de 15 vatios y una luz trasera de 4 vatios.

Alguien describió genialmente el aspecto de esta motocicleta como «una bicicleta muy robusta con un gigantesco caracol muerto encima del guardabarros delantero».

La Velosolex carece de un embrague en el sentido más convencional del tér-

mino; el suyo podría describirse más bien como un «motor libre» de estilo tradicional. Para empezar, la máquina está provista de pedales, y, una vez que se pone en marcha, la transmisión por fricción al motor se acciona por medio de una palanca. Además, el conjunto produce un curioso zumbido, incluso en las pendientes más empinadas, donde en ocasiones es necesario hacer uso de los pedales, dependiendo de la inclinación y peso del ocupante. En las paradas, entra en acción un embrague automático centrífugo. Dispone además de un descompresor.

En casi toda Europa, la Velosolex no se encuentra sujeta a las tasas y limitaciones de las motocicletas convencionales (como seguros, etc.), ya que está considerada (con razón) más como una bicicleta que como una auténtica motocicleta. Después de haber gozado del favor popular durante más de dos generaciones, a pesar de su aspecto poco elegante, la Velosolex se relanzó a finales de los años noventa con el aire de un barato, ecológico y moderno transporte urbano.

En términos de economía, una máquina para un solo ocupante con un consumo así de combustible sería compa-

Las últimas (y todavía en uso) Velosolex tienen algo más de estilo que el modelo original, pero siguen siendo un vehículo utilitario.

rable a un minibús que llevara entre seis y diez pasajeros, o un autobús de dos pisos con menos de veinte viajeros. La durabilidad, casi infinita, de un vehículo ligero como la Velosolex significa que la energía consumida en su fabricación y el coste de los materiales empleados se amortizan inmediatamente; incluso podríamos asegurar que este modelo es más ecológico que cualquier ciclomotor eléctrico.

VICTORIA

ALEMANIA 1899–1966

LA FÁBRICA DE BICICLETAS Victoria, fundada en Nurnberg por Max Frankenburger y Max Offenstein, comenzó a funcionar en 1886. Después de trece años muy rentables, la firma se pasó a la producción de motocicletas. Las primeras máquinas de Victoria que utilizaron motores de combustión interna uti-

lizaban motores monocilíndricos Fafnir o Zedel. Estos modelos se vendieron hasta 1918 sin apenas cambios, pero después de la guerra la producción se centró en una serie de modelos propulsados por un motor de dos cilindros horizontalmente opuestos con una capacidad de 493 cc. Como sugiere su dis-

posición, Victoria utilizó motores fabricados por BMW, que no eran los tradicionales bicilíndricos planos transversales a la marcha, sino los primitivos M2B15 con disposición longitudinal.

En 1923, cuando la BMW con sede en Munich decidió fabricar motocicletas completas, Victoria contrató al antiguo

diseñador de BMW, Martín Stolle, que diseñó toda una familia de nuevos motores ohv. Estos motores se fabricaron para Victoria en la planta de Sedlbauer, en Munich. A finales de los años veinte, Victoria adquirió esta fábrica, donde siguió produciendo sus motores bicilíndricos planos de 498 cc, a los que más tarde se sumó una versión de 598 cc.

Stolle siguió con Victoria durante otros dos años, y después le sucedió Gustav Steinlen. En 1925, Steinlen diseñó la primera motocicleta alemana de carreras con sobrealimentación, que utilizaba un motor bicilíndrico plano de 498 cc. También en este modelo los cilindros estaban dispuestos longitudinalmente. En 1926, una de estas máquinas estableció el récord alemán de velocidad en 167 km/h.

Los nuevos modelos monocilíndricos llegaron en 1928; utilizaban motores Sturmey-Archer de entre 198 y 498 cc, con cilindros verticales. Victoria también empleó una versión ohv de un motor Sturmey-Archer fabricado por Horex

Victoria fue una de las firmas pioneras en la industria alemana de las motocicletas. Este modelo de 1901 dispone de cilindro vertical, una sola velocidad y transmisión secundaria a cadena.

(Columbus) bajo licencia. Además de los esfuerzos de Stolle, Victoria también confió en los diseños de Albert Roder y Richard Kuchen. Entre los modelos de serie fabricados durante el período de entreguerras había varios modelos de dos tiempos, con cilindradas que iban de 98 a 198 cc, un monocilíndrico con admisión sobre escape y 497 cc, y algunos bicilíndricos ohv diseñados por Stolle. Estas motocicletas utilizaban bastidores triangulares de acero estampado y cajas de cambios integradas en el motor.

Durante la Segunda Guerra Mundial, Victoria se concentró en su modelo monocilíndrico de cuatro tiempos, la KR35WH, que se fabricó durante todo el tiempo que duró el conflicto y fue muy utilizada por la Wehrmacht. Después de 1945, la producción comenzó con modelos de dos tiempos y pequeña capacidad, desde un motor de 38 cc (para instalarse en una bicicleta convencional) a una motocicleta de 247 cc, la KR25 Aero. Como otros fabricantes del período, Victoria no tardó en descubrir que la demanda sobrepasaba a la oferta, y a finales de los años cuarenta la firma ya se encontraba produciendo a toda su capacidad.

En 1951 apareció una 250 muy mejorada, pero la mejor noticia fue el lanza-

Varios modelos Victoria, incluida la KR9 de 1937, utilizaban bastidores triangulares de acero estampado y motores completamente cerrados con cajas de cambios integradas.

Las primeras máquinas de Victoria con motor de combustión interna utilizaban motores monocilíndricos Fafnir o Zedel, y se vendieron hasta 1918.

miento de una máquina completamente nueva de menor cilindrada, la KR125 Bi-fix. Su motor monocilíndrico de 123 cc (51 × 60 mm) desarrollaba una potencia de 4,5 CV a 3.000 rpm, y podía alcanzar los 80 km/h. Después llegó la

primera motocicleta de cuatro tiempos fabricada por Victoria después de la guerra, la V35 Bergmeister. Este modelo con dos cilindros dispuestos en una V muy cerrada apareció en 1951.

La Bergmeister no se puso en venta hasta 1953, cuando ya había llegado al mercado la KR26 Aero. Este modelo, con doble lumbrera de escape, un cilindro y dos tiempos, se comercializó en dos versiones: deportiva y turismo. Ese mismo año, en la Exposición Internacional de Frankfurt, Victoria presentó un escúter llamado Peggy. No sólo era un modelo lujoso, sino también práctico, con gran protección aerodinámica y un robusto motor de 198 cc horizontal (nuevamente de dos tiempos). Otras características de este modelo incluían: ruedas de 16 pulgadas, horquilla delantera de resortes y suspensión trasera por brazo basculante.

Una nueva motocicleta ligera, la Vicky III, hizo su debut en 1954. Aunque clasificada como un ciclomotor, este diseño estaba mucho más cerca de un escúter, y en realidad una Vicky aca-

IA - 14062

Una Aero de 250 cc fabricada en 1938. Después de la guerra, la producción de Victoria se concentró en máquinas de pequeña capacidad. Por aquellos días, el modelo Aero era el de mayor tamaño de la firma.

aumentado, y los pequeños coches empezaban a estar al alcance de muchos consumidores.

En un intento por detener la caída, Victoria llegó a un acuerdo con la firma Parilla. A las motocicletas que utilizaban el motor del fabricante italiano se les llamó Victoria-Parillas. Tras un período de indecisión, la empresa alemana también decidió relanzar el escú-

ter Peggy, pero con el mismo motor que la nueva motocicleta Swing. La nueva Peggy contaba con un eje trasero «motriz» y cambio de marchas por medio de un pulsador. También recién llegados en 1956 fueron los ciclomotores Avanti y Tonyl y el micro-coche Spatz.

Desgraciadamente, todas estas nuevas propuestas no lograron mantener a flote la firma Victoria. En 1958, la compañía se unió a las firmas DKW y Express para formar la Zweirad Union. Desde entonces hasta 1966, se siguieron fabricando modelos como el Avanti, Peggy y Vicky, tanto para uso doméstico como para la exportación.

bó en primera posición en una carrera de escúter en Merano, Italia, ese mismo año.

La carrera, celebrada en los Alpes tiroleses, atrajo a participantes de toda Europa. El ganador, Wilhelm Steiner, cubrió la distancia de 376 millas (605 km) utilizando únicamente 8,6 litros de combustible. La Vicky tenía un motor monocilíndrico de dos tiempos y 48 cc de capacidad (38 × 42 mm), con palanca manual de arranque y caja de cambios de dos velocidades.

A la Exposición de Bruselas que tuvo lugar en junio de 1955, la firma Sparta (por entonces el mayor fabricante de

motocicletas holandés) presentó una nueva motocicleta: un interesante modelo de 250 cc con un motor Victoria KR26 Aero, que sustituía al antiguo motor Ilo. Ese mismo mes llegó la noticia de una nueva Victoria 200, la KR21 Swing.

En 1956, la industria de las motocicletas en Alemania se estaba volviendo inestable; el nivel de vida había

A finales de los años cincuenta, Victoria se limitó a fabricar motocicletas ligeras y ciclomotores. Un modelo clásico de aquellos tiempos fue la Avanti de 50 cc, de 1959.

VICTORIA V35 BERGMEISTER

1951

La V35 Bergmeister tenía un motor con dos cilindros en una V muy cerrada (28°), caja de cambios de cuatro velocidades accionada a cadena y transmisión secundaria por eje. Victoria aseguraba que podía alcanzar los 130 km/h, pero

La Bergmeister era una buena motocicleta, y sus únicos fallos fueron el enorme tiempo que se dedicó a su desarrollo, el elevado precio y la reducida capacidad de su motor (350 cc).

batería y los componentes del sistema de encendido. El modelo tenía varias características llamativas, como el árbol de levas accionado por engranajes y localizado en la V que formaban los cilindros, y los tubos de las varillas empujadoras, integrados en los cuerpos de los cilindros y las culatas.

El bastidor era muy moderno, con horquilla telescópica y suspensión trasera por brazo basculante. Las ruedas de 19 pulgadas disponían de frenos de tambor en el cubo de 180 mm, de gran eficacia. Tan sólo tenía un defecto: después de su lanzamiento, la motocicleta no estuvo en venta durante dos años.

En realidad, fue el modelo Bermeister el que estuvo a punto de quebrar la compañía, pues tardó cuatro años en desarrollarse antes de eliminar por completo los problemas de vibración del motor. Las primeras motocicletas Bermeister se pusieron a la venta en 1953, y fueron muy bien recibidas. Sus mag-

lo que realmente impresionaba del modelo era la ancha banda de potencia que desarrollaba su motor de 347 cc. Sobre el papel, 21 CV a 6.300 rpm no daban mucho de sí, pero no era raro ver a esta Victoria bicilíndrica en V tiran-

do de un sidecar. El carburador Bing de 26 mm y el filtro del aire quedaban completamente ocultos entre los dos cilindros casi pegados y el diseño elegante de su enorme cárter. Oculta bajo otro carenaje estaba la dinamo Noris, la

níficas prestaciones sólo se vieron un tanto empañadas por la reacción algo lenta de la mariposa del acelerador. Sin embargo, no apareció el temido par de reacción, que por entonces aquejaba a la mayoría de los motores transversales. Ni siquiera con la máquina parada y el ace-

lerador a tope se producía ninguna reacción.

La Bergmeister era una buena motocicleta; sus únicos inconvenientes: un precio elevado, un período de desarrollo demasiado largo y su cilindrada, de tan sólo 350 cc.

Motor: Bicilíndrico en V, ohv, 347 cc (64 × 54 mm), refrigerado por aire
Potencia: 21 CV a 6.300 rpm
Caja de cambios: 4 velocidades, pedal
Transmisión secundaria: eje
Peso: 176,5 kg
Velocidad máxima: 130 km/h

VICTORIA SWING 1955

La Victoria Swing fue una de las motocicletas alemanas más atípicas fabricadas en el período de posguerra. Hizo su aparición en 1955, con un motor con caja de cambios integrada y diseño extraordinario avanzado, inspirado en un escúter anterior. Su motor monocilíndrico estaba montado casi horizontalmente en un bastidor de doble cuna. El motor de 197 cc (65 × 60 mm) se encontraba firmemente anclado por una barra de hierro fundido con nervios en su interior, que en el otro extremo servía de soporte a la rueda trasera. La rueda estaba unida al eje de la caja de cambios de cuatro velocidades por una transmisión a cadena tensada por una polea tensora excéntrica. Para proporcionar al modelo suspensión en la parte trasera, el motor basculaba sobre el bastidor por debajo del cárter. La parte superior del bastidor y el guardabarros trasero estaban hechos por piezas estampadas y soldadas entre sí, con refuerzos para soportar la montura en que se apoyaban los dos amortiguadores traseros regulables. Como este sistema basculante impedía el uso de un cambio de marchas controlado por pedal, se instalaron pulsadores en la parte izquierda del manillar para

realizar tal función. La parte trasera del motor estaba oculta bajo paneles extraíbles unidos al bastidor.

De la suspensión delantera se encargaba una horquilla de resortes, unida por tirantes a un puente en el que se instalaba un muelle helicoidal, con amortiguador coaxial colocado delante de la pipa de dirección. En su parte superior, la horquilla presentaba un pequeño carenado en cuyo centro se encontraba el faro y el cuentakilómetros. Ambas ruedas tenían llantas de 16 pulgadas y neumáticos de 3,25 de sección.

Entre otros detalles, el modelo incluía doble asiento y un enorme, aunque poco eficaz, silenciador. Desde 1956, sus prestaciones aumentaron, incluyendo un indicador de combustible de funcionamiento eléctrico y luces de freno.

Sin embargo, lo más innovador del modelo Swing fue su método de cambio de marchas. En un pequeño panel colocado en el lado izquierdo del manillar, el piloto podía cambiar de marchas con sólo apretar un pulsador. El sistema era realmente simple, basado en un potente electroimán que accionaba el empujador del selector de marchas. Incluso disponía de un circuito de emer-

En 1956, apareció la Swing, un modelo revolucionario. Esta monocilíndrica de dos tiempos 197 cc disponía de un pulsador para el cambio de marchas, además de una suspensión trasera única.

gencia en caso de que la batería estuviera descargada.

Es una lástima que esta novedosa máquina apareciera en un momento en que la industria de las motocicletas se encontraba en recesión. De no ser así, podría haber alcanzado un éxito mucho mayor, y no habría desaparecido a finales de 1962. La Swing también podría haber servido de inspiración para otros diseños posteriores: una pérdida, no sólo para Victoria, sino para el mundo de las motocicletas.

Motor: monocilíndrico horizontal, 2T, 197 cc (65 × 60 mm), refrig. líquida
Potencia: 11,3 CV a 5.300 rpm
Caja de cambios: 4 vel., cambio por pulsador
Transmisión secundaria: cadena cubierta
Peso: 131 kg
Velocidad máxima: 97 km/h

VIBERTI
Italia 1955-finales de los años sesenta. Esta firma italiana fabricó principalmente ciclomotores de 50 cc, además de motocicletas ligeras de 125 cc de capacidad.

VICTA
Inglaterra 1912-1913. Esta firma ensambladora inglesa utilizaba motores monocilíndricos Precision de 500 cc.

VICTORIA
Escocia (Glasgow) 1902-1926. Esta empresa de Glasgow fue responsable de la fabricación de máquinas de gran calidad. Utilizaban una variada gama de motores monocilíndricos y bicilíndricos en V, de dos y cuatro tiempos, y con cilindradas entre 125 y 700 cc, suministrados por las compañías inglesas Villiers, JAP, Blackburne y Precision.

VICTORY
Italia 1950-1955. Estas motocicletas ligeras italianas tenían motores Villiers de 10 y 125 cc.

VILLOF
España 1951-1961. Además de utilizar motores de dos tiempos suministrados por Hispano-Villiers, Villof también fabricó sus propios motores, cuyas capacidades iban de los 75 a los 125 cc.

VINCO
Inglaterra 1903-1905. Estas pioneras motocicletas inglesas estaban propulsadas por motores de 211 cc, que suministraba la firma Minerva.

VINDEC-SPECIAL (VS)
Inglaterra 1903-1914. Sorprendentemente, estas máquinas no guardan ninguna relación con la firma Vindec: precisamente, el nombre VS se adoptó en 1909 para evitar confusiones. La South British Trading Co. importaba motocicletas que eran, en realidad, Allrights (véase) cambiadas de nombre, fabricadas en Colonia, Alemania.

VILLA

FRANCESCO VILLA y su hermano menor Walter eran pilotos de categoría mundial. Francesco era además un notable ingeniero, especializado en motores de dos tiempos.

Después de trabajar para FB Mondial y Montesa, su primer proyecto por cuenta propia fue el diseño de una motocicleta de carreras monocilíndrica de 125 cc, que se vendió al público; el modelo tenía un motor cuadrado de 54 × 54 mm (aunque el prototipo había utilizado un motor de 56 × 50 mm). Contaba con refrigeración líquida y admisión por válvula de disco, y desarrollaba una potencia de 30 CV a 11.200 rpm. Su velocidad máxima era de 190 km/h.

Los hermanos Villa, Francesco y Walter, no sólo fueron pilotos consumados, sino que fabricaron sus propias motocicletas. La de la foto es un modelo de carreras de 50 cc de 1969.

No tardaron en unirse a este modelo de carreras en pista otros siete modelos de campo. Todos ellos eran monocilíndricos con refrigeración por aire y alimentación controlada por el pistón, y se encontraban disponibles en versiones de trial y cross, con capacidades de entre 50 y 250 cc. Otra máquina de competición que Villa fabricó en esos años fue una motocicleta de carreras con un solo cilindro, válvulas de disco y cilindradas de

174 o 247 cc, pensadas para las pruebas de Formula Junior italianas. También hubo una bicilíndrica en V de 125 con los cilindros dispuestos en ángulo muy cerrado, y hasta una tetracilíndrica de 250 cc. Este modelo de mayor cilindrada, diseñado para pruebas de Grand Prix, fue víctima de las restricciones de la FIM. A partir de ese momento, las Villa desaparecieron de las competiciones GP.

Las motocicletas Villa participaron en todas las pruebas clásicas, y fueron pilo-

Una Villa 250 MC (Moto-Cross) de 1983, con motor de 247 cc y refrigeración líquida, horquilla Marzocchi de gran recorrido y suspensión trasera por monoamortigugador.

tadas no sólo por los hermanos, sino también por pilotos tan famosos como Mandolini y la estrella británica Charles Mortimer, lo que trajo gran publicidad para la firma italiana durante los años setenta. Desde entonces, Villa se ha concentrado sobre todo en la fabricación de motocicletas de cross y enduro, últimamente con refrigeración líquida, además de bastidores monocasco. A pesar de eso, la compañía de Monteveglio también ha ofrecido motocicletas urbanas, como los modelos Daytona e Italia, de 125 (de carretera), la Scrambler 125 (trail), y la Rommel 350 (trail). La empresa John Burdon Engineering, de Cleveland, exportó los modelos *off-road* a Inglaterra durante los años setenta.

VINCENT

SE HA DISCUTIDO MUCHO sobre si la Vincent es la mejor motocicleta del mundo. Aunque tiene sus defectos (y como dejó de fabricar en 1955 es, lógicamente, más lenta que otras más modernas), hay miles de aficionados a las motocicletas, tal vez cientos de miles, que a la pregunta de «¿cuál es la mejor motocicleta de todos los tiempos?» responderían sin dudarlo, «la Vincent».

¿Por qué? Por decirlo en pocas palabras, en un modelo Vincent se reúnen todas las virtudes. En primer lugar, el aspecto de esas motocicletas (al menos de los modelos de las Series B y C) es inmejorable: una estudiada combinación de esmalte negro, aleación ligera de tonos grises, brillantes cromados y acero inoxidable; un motor enorme, pero sin un solo gramo de peso innecesario.

En segundo lugar, una vez que se ha arrancado el motor (lo que no es fácil, con un pedal de arranque que ha tirado

para atrás a más de un piloto menudo), emite el evocador e inconfundible sonido de las bicilíndricas en V. Y en tercer lugar, la sensación de pilotar una de estas motocicletas...

Considerado desde un punto de vista actual, los 55 CV (la potencia de una Shadow de la Serie B) resultan algo modestos, pero no hay que olvidar que se trata de una motocicleta muy ligera. La conducción, con su bastidor de articulación central y ángulo del sillín constantemente variable, resulta algo rara al principio, pero pronto se convierte en algo natural, más parecido a montar un caballo que a pilotar un motocicleta. Con una velocidad de unos 177 km/h en tercera marcha y más de 193 km/h en la última relación, resulta una motocicleta

No podemos encontrar nada tan alejado a una motocicleta Vincent clásica como esta Firefly del año 1954 de 48 cc con motor auxiliar.

VIPER
Inglaterra 1919-1922. A pesar de su nombre (víbora), a esta máquina ensamblada con motor JAP de 293 cc y válvulas laterales le faltaba mordiente.

VIRATELLE
Francia 1907-1924. Esta firma ensambladora francesa de carácter individualista utilizaba una variada gama de motores suministrados por otras firmas.

VIS
Alemania 1923-1925. El modelo con motor monocilíndrico propio de dos tiempos y 250 cc tuvo mucho más éxito que su otra máquina, con un motor bicilíndrico plano de dos tiempos y 500 cc, también de fabricación propia. En este último, el cilindro trasero tendía a calentarse demasiado.

VITTORIA
Italia 1931-1980. Antes del estallido de la Segunda Guerra Mundial, Vittoria era una firma ensambladora que utilizaba toda una variedad de motores de distintas capacidades, desde 100 hasta 500 cc. Estos motores los suministraban Sachs, JAP, Kuchen y Rudge Python. Después de la guerra, la compañía fabricó sobre todo pequeños modelos de dos tiempos con menos de 100 cc.

VOLLBLUT
Alemania 1925-1927. Estas motocicletas alemanas estaban diseñadas para uso deportivo. Estaban provistas de motores Blackburne de 250 y 350 cc con distribución ohv.

rápida incluso para nuestros días, si es que encontramos una carretera lo bastante larga.

Es más, la Vincent todavía sigue rodando. Para recorrer 100.000 millas (161.000 km) probablemente necesitará sustituir los neumáticos y cadenas de vez en cuando; puede que también tenga que cambiar los tubos de escape algo oxidados, y seguramente deberá volver a forrar el embrague. Pero lo cierto es que no tendrá que cambiar el motor, siempre que éste haya tenido las revisiones que recomendaba el fabricante. Sin embargo, es posible que tenga que retocar el motor a los 300.000 y 800.000 kilómetros. La vida del bastidor se estima en unos 1,6 millones de kilómetros.

También verá que cuando necesite repasar la motocicleta el equipo necesario es ridículamente pequeño. Philip Vincent también pensó en esto, y deliberadamente redujo al mínimo los diferentes tipos de tornillos y tuercas, de manera que todos pudieran ser ajustados con un puñado de herramientas. En el motor, todo está diseñado para que el trabajo sea sencillo.

Y aún hay más. Quizá usted no esté interesado en someter a su máquina a tal prueba, pero algunos sí quisieron modificarla para batir récords del mundo, razón por la que Vincent tenía el récord de la milla tanto en motocicletas como en sidecares. Quince años después de que Vincent hubiera dejado de fabricar, la Super Mouse con sobrealimentación todavía era capaz de recorrer el primer cuarto en 8,5 segundos, con una velocidad final de 273,1 km/h.

De modo que no sólo fue la motocicleta más rápida de su tiempo, y logró numerosas marcas de velocidad, sino que también era la más fiable y la más sencilla de reparar. ¡Una extraña combinación! No debe sorprendernos que los aficionados sigan diciendo que la Vincent es la mejor motocicleta del mundo, incluso cuando muchos de los que lo afirman hayan nacido años después de que se fabricaran las últimas Vincent.

La historia de la firma comienza con la compañía HRD. En 1928, Conrad Vincent, padre de Philip Vincent, aportó la cantidad de 30.000 libras esterlinas para la compra de HRD y financiar la fabricación de una nueva máquina.

La principal característica de la primera Vincent-HRD era el bastidor elástico. El motor era un JAP de 500 cc y un solo cilindro, aunque más tarde también se ofreció con motores Rudge Python y Sport Python. Se vendieron muy pocas unidades de este primer modelo: 24 en 1929, 36 en 1930, 48 en 1931 y 60 en 1932. En 1934, Vincent presentó su nueva monocilíndrica de 500 cc con motor

La Vincent Grey Flash de 35 CV, que era una versión de carreras de la monocilíndrica Comet, floreció en los días en que estaba de moda el carenado completo o carenado «de cubo de basura».

propio, que alcanzaba una velocidad de entre 130 y 160 km/h en sus versiones Meteor (básica), Comet y TT.

El origen de la bicilíndrica en V fue, curiosamente, la superposición de dos dibujos del motor, con cilindros cuyo eje no pasaba por el eje de la manivela (diseño que permitía una mejor ventilación que el método tradicional). El resultado fue la Rapide Serie A, presentada en la Olympia Motor Show de Londres de 1936. Este modelo continuó hasta 1939, y tras la guerra fue seguido por las máquinas de las Series B, C y D. Entre otros productos de Vincent, lanzados sobre todo para liberar de deudas a la firma, se encontraba un vehículo de tres ruedas, el motor Picador, para un avión teledirigido, el motor auxiliar Firefly (que precisaba de «ayuda pedal») y un motor industrial de dos tiempos (también instalado en lo que hoy llamaríamos una moto acuática, utilizado entre 1956 y 1958). Además, Vincent también fue distribuidora de la NSU Quickly. Finalmente, ninguna de estas iniciativas resultó un éxito.

VINCENT RAPIDE

1936

Se dice que el ángulo de 47,5° de la llamada «plumber's nightmare» (pesadilla del plomero) fue elegido para que el nuevo motor pudiera alojarse en un bastidor ya existente. Así nació la leyenda de esta motocicleta. Sin duda, la Rapide Serie A, fabricada entre 1936 y 1939, tenía sus fallos. El embrague era demasiado duro y con tendencia a patinar, y la máquina tenía la dudosa virtud de compartir su aceite con todo el entorno. El par motor en las marchas intermedias estaba descompensado con respecto a la caja de cambios o el embrague. Por el contrario, los frenos eran sorprendentemente buenos (lo que no puede decirse de las Brough Superior, su gran rival), y la primera prueba de velocidad que se realizó con la máquina sorprendió con un registro de 174 km/h.

Cuesta recordar, ya que todos hemos visto alguna vez una Serie A, que sólo se fabricaron 78 de estas máquinas, de las cuales tal vez sólo sobrevivan dos terceras partes. Con todo, comparadas con las Rapide posteriores, éstas eran unos modelos muy poco sofisticados. Los modelos de la Serie B de después de la guerra (1946-1950), Serie C (1948-1954) y Serie D (1954-1955) tenían una V con un ángulo de 50° e incluían un sistema de lubricación por conductos internos (y mucho más estancos).

Motor: bicilíndrico en V, longitudinal, ohv, 998 cc (84 × 90 mm), refrigeración por aire
Potencia: 45 CV a 5.300 rpm
Caja de cambios: pedal, cuatro velocidades
Transmisión secundaria: cadena
Peso: 206 kg
Velocidad máxima: 190 km/h

Las Rapide de la posguerra (la de la foto es un modelo Serie C de 1951) eran motocicletas muy superiores a las de la Serie A de antes de la guerra, y mucho menos propensas a perder aceite.

VINCENT SERIES C BLACK SHADOW
1948

Hay muy pocas diferencias entre la Serie C Rapide y la Serie C Black Shadow. La relación de compresión se aumentó en el segundo modelo, pasando de 6,45:1 a 7,3:1 (truco muy conocido entre los aficionados a las puestas a punto).

El carburador era 1,5 mm mayor, con lo que pasaba a medir 28,58 mm, con un surtidor ligeramente distinto. Las lumbreras se habían alisado, y las bielas estaban pulidas. Es decir, tan sólo sutiles toques de afinado. Hoy en día, la mayor parte de estas modificaciones se hacen en cualquier motocicleta estándar de altas prestaciones.

El resultado fueron 10 CV extra, lo que significaba un aumento del veinte por ciento del potencial de la Rapide.

Además de eso, las enormes y elegantes cubiertas del motor se esmalta-

ron de negro, lo que no se hizo para conseguir un mejor rendimiento (la pérdida de calor de la cubierta de aleación desnuda era igual de buena), sino simple-

mente para avisar a los enterados que estaban ante la motocicleta más rápida del mundo. En aquellos días no había limitaciones de velocidad en las carre-

teras. Ni tampoco había en Gran Bretaña autopista alguna: aún faltaba una década para eso. La última Black Shadow Serie C se fabricó en 1953.

Motor: bicilíndrico en V, longitudinal, ohv, 998 cc, 84 × 90 mm, refrigerado por aire
Potencia: 55 CV a 5.700 rpm
Caja de cambios: pedal, cuatro velocidades
Transmisión secundaria: cadena
Peso: 208 kg
Velocidad máxima: 201 km/h

Los rasgos distintivos de la Shadow eran sus cubiertas esmaltadas de color negro y el velocímetro que marcaba 242 km/h.

VINCENT SERIES C COMET
1948

Citando las palabras de un antiguo distribuidor de Vincent, «Quizá sea sólo media Vincent, pero es la mejor media motocicleta del mundo». Las monocilíndricas de 500 cc quedaron lógica-

mente eclipsadas por las bicilíndricas en V, pero eran máquinas excelentes (además de rápidas), sobre todo la versión Grey Flash (1949-1951), con una potencia de 35 CV a 6.200 rpm y 27 kg más

ligera, y capaz de alcanzar los 177 km/h, aunque el pie de la biela, de aluminio, no era muy de fiar.

La bicilíndrica en V Rapide/Shadow de 1.000 cc estuvo disponible desde

1948 hasta 1955 en la versión con reglaje más fino, el modelo llamado Lightning, con un motor que desarrollaba 70 CV a 5.600 rpm gracias a sus poderosos árboles de levas, una relación de compresión más alta, carburadores que habían pasado de los 28,58 mm de la Shadow a los 32 mm, y mucha mano de obra artesanal. También pesaba 35 kg menos que la Shadow, y 4,5 kg menos que una Comet 500 cc estándar. Esta última se fabricó hasta 1954.

Motor: monocilíndrico ohv, 499 cc (84 × 90 mm), refrigerado por aire
Potencia: 28 CV a 5.800 rpm
Caja de cambios: pedal, cuatro velocidades
Transmisión secundaria: cadena
Peso: 177 kg
Velocidad máxima: 145 km/h

La Comet de 500 cc, que en la foto vemos en su versión Serie C de 1949, no parece excesivamente rápida desde nuestro moderno punto de vista, pero era una sólida devoradora de kilómetros.

VINCENT BLACK PRINCE 1954

La Black Prince era una Shadow totalmente cerrada, con el aire medieval de un caballo de guerra con su gualdrapa. Sorprendentemente, pesaba sólo 6 kg más que el modelo sin carenado, la Rapide Serie D, y únicamente 1 kg más que la Shadow Serie C. La Black Knight era una Black Prince con un motor de Rapide, en lugar de Shadow.

La Serie D fue la última de la gama, lo que en parte se debió a la política argentina. El padre de Philip Vincent

no fue capaz de sacar su capital de aquel país, y además perdió un contrato con la policía argentina en 1948 (antes de esto, Vincent había estado vendiendo diez máquinas semanales a este país). La compañía cayó en bancarrota en 1949, y aunque se recuperó, la triste verdad era que a pesar del alto precio al que se vendían sus máquinas, la firma perdía dinero con cada venta, y el público demandaba modelos cada vez más rápidos.

Motor: bicilíndrico en V, longitudinal, ohv, 998 cc (84 × 90 mm), refrigerado por aire
Potencia: 55 CV a 5.700 rpm
Caja de cambios: cuatro velocidades, pedal
Transmisión secundaria: cadena
Peso: 209 kg
Velocidad máxima: 185 km/h aprox.

Ni siquiera los mejores fotógrafos hacen justicia a la belleza de las motocicletas; hay que ver personalmente la Black Prince Serie D para apreciar su auténtica magnificencia.

VOMO
Alemania 1922-1931. Estas motocicletas alemanas tuvieron un relativo éxito en términos de longevidad, pues se fabricaron entre los años veinte hasta entrados los años treinta. Se trataba de motocicletas ultraligeras con motores de dos tiempos.

VON MEYERBERG
Alemania 1893. Uno de los primeros ejemplos de biciclos alemanes propulsados por motor de vapor. Su único cilindro estaba colocado debajo del asiento.

VORAN
Alemania 1921-1924. Esta motocicleta alemana, que se fabricó durante los años veinte, era un modelo ligero de dos tiempos y triple lumbrera. Su motor tenía una capacidad de 143 cc.

VOSKHOD
Rusia 1966. Nombre comercial de estas motocicletas de dos tiempos fabricados por la empresa Kovrov. Los primeros modelos estaban basados en la RT125 de la alemana DKW. La capacidad se aumentó después hasta 175 cc.

VOYAGER
Inglaterra h. 1990. Esta motocicleta inglesa fue otro intento de la Quasar/Pasar, y estaba equipada con un motor Reliant. Aunque era un modelo totalmente funcional, resultó demasiado radical para el mercado, a pesar de su asiento abierto.

VULCAN
República Checa 1904-1924. Estas máquinas fabricadas en la República Checa eran idénticas a las Perun (véase arriba).

VULCAN
Inglaterra 1922-1924. Esta extraña motocicleta se caracterizaba por disponer de varios motores, tanto de dos como de cuatro tiempos; los primeros, de 250 cc, y los de cuatro tiempos, de 300 cc.

VINDEC

VINDEC FUE EL NOMBRE utilizado por los hermanos Brown de Londres, proveedores de componentes y accesorios, además de fabricantes de la motocicleta Brown. El nombre Vindec apenas se promocionó o utilizó hasta finales de 1914, cuando apareció un modelo de dos tiempos y 225 cc con cambio de dos velocidades y transmisión mixta de cadena y correa. Al mismo tiempo, los Brown presentaron una bicilíndrica en V con válvula de admisión en culata, magneto Bosch y varias opciones para la transmisión. La dos tiempos estuvo en catálogo hasta 1916, cuando la bicilíndrica en V recibió un motor JAP de 6 CV.

Tras la guerra, la compañía promocionó una monocilíndrica de dos tiempos y 225 cc, a la que se sumó en 1920 una bicilíndrica en V con motor JAP de válvulas laterales y 976 cc. Estos modelos continuaron en producción hasta 1922; al año siguiente, el modelo de dos tiempos fue reemplazado por otro con motor JAP de 292 cc y válvulas laterales. Como los hermanos Brown eran mayoristas, es probable que casi todas las Vindec fueran modelos adquiridos de otras firmas, a los que se cambiaba el logo; además, los modelos Vindec de esta etapa muestran un poderoso pare-

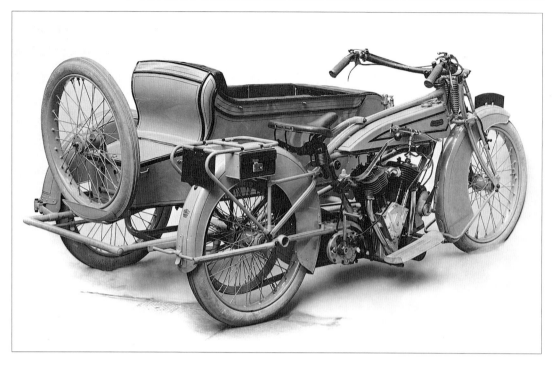

cido con los de la fábrica Rex-Acme.

En la temporada de 1924, sólo un modelo de 170 cc y dos tiempos se unió al monocilíndrico de JAP; el bicilíndrico volvió en 1925 con un motor de vál-

vulas laterales y 292 cc. Esa temporada también se lanzó otra motocicleta ligera de dos tiempos (147 cc). La JAP de 300 cc llevó el nombre Vindec hasta 1929, su último año de vida.

Una elegante Vindec bicilíndrica en V de 1915 con sus tres velocidades, transmisión a correa y sidecar de época completo con su rueda de repuesto, algo característico de Vindec durante aquel período.

VULCAAN

ESTA FIRMA HOLANDESA, a veces escrita Vulkaan, tenía su sede en Venray y sus raíces en la industria de las motocicletas, como tantas otras compañías de ese país. Por entonces, igual que hoy, la bicicleta era un medio de transporte muy popular gracias a lo llano del terreno en aquel país y a la benevolente actitud del gobierno.

Antes de la Primera Guerra Mundial, Vulcaan decidió entrar en el mercado

de las motocicletas con una gama de modelos propulsados por motores monocilíndricos y bicilíndricos en V, ambos con válvulas laterales. La compañía tenía una relación muy estrecha con la firma suiza Zürcher & Lüthi, que fabricaba la gama Zedel, y fue aquí donde acudieron en busca de inspiración. Con gran variedad de motores para elegir, el resto de sus máquinas se fabricó con componentes muy resisten-

tes que Vulcaan podía diseñar y producir sin dificultad. Los modelos eran bastante convencionales, con bastidor tubular, horquilla de paralelogramos, ruedas con radios de alambre, transmisión a correa y unos frenos más bien insuficientes.

En años posteriores, Vulcaan realizó algunos motores utilizando una combinación de piezas de Zedel y otras de fabricación propia. La producción de

motores se hizo más difícil a medida que avanzaba la guerra, aunque las instalaciones de la compañía estaban preparadas para el resto del proceso, teniendo en cuenta que había sido una fábrica de bicicletas. Con el tiempo, las existencias de piezas de Zedel se acabaron, y la producción tuvo que detenerse. La firma continuó fabricando bicicletas, y en el período de posguerra importó motocicletas de Gran Bretaña.

WANDERER

WANDERER FUE UNA de las primeras marcas de esta industria, y sus primeras máquinas fueron fabricadas por Winkelhofer & Jaenicke en Sajonia. Eran los clásicos modelos, con su motor monocilíndrico montado verticalmente en un bastidor en U, y transmisión a correa a la rueda trasera. El motor de 308 cc tenía válvula automática de admisión y encendido por magneto, colocada delante del cilindro. El carburador estaba colocado en la parte trasera, al final del

colector de admisión. El resto del diseño estaba formado por horquilla, frenos y sillín y un bastidor de bicicleta reforzado.

La gama de Wanderer se amplió a más modelos monocilíndricos, además de algunos bicilíndricos en V de varias capacidades. Las válvulas laterales sustituyeron a las automáticas, y los componentes se fueron haciendo más robustos y pesados a medida que las motocicletas adoptaban la estética clá-

sica de antes de la Primera Guerra Mundial. Durante este período, la compañía ofreció suspensión trasera en algunos de sus modelos, con un sistema basculante controlado por muelles helicoidales.

Después de la Primera Guerra Mundial, llegó una monocilíndrica ohv de 185 cc con el cilindro horizontal, aunque más interesante fue la gama de bicilíndricas en V, todas ellas con cambio integrado en el motor y distribución ohv o válvulas laterales (algunas de estas

últimas contaban hasta con ocho válvulas). El bastidor de las bicilíndricas era doble: dos barras paralelas al suelo que, pasando por encima del cárter, llegaban hasta el eje de la rueda trasera. La suspensión delantera estaba a cargo de una horquilla de resortes, y la transmisión secundaria se realizaba a cadena.

En 1928, toda la gama fue sustituida por un modelo monocilíndrico con transmisión por eje. Su motor de 498 cc tenía distribución con válvulas en la

culata, y el cigüeñal se disponía longitudinalmente al bastidor, e iba conectado a una caja de cambios de tres velocidades con cambio de marchas por
palanca manual, eje de salida con freno
de banda contráctil en su parte delantera y por enganche en la caja de engranajes cónicos en la parte trasera. El
motor iba colocado en un bastidor doble
rígido hecho de acero estampado, provisto de horquilla de resortes en la parte delantera, controlada por un muelle
de ballesta. Contaba además con frenos
de tambor de grandes dimensiones, y el

depósito de la gasolina estaba situado
debajo de la parte superior del bastidor.
También disponía de batería, iluminación eléctrica y bocina. El cuentakilómetros estaba accionado desde el extremo delantero de la caja de cambios,
mediante un eje de salida.

Lamentablemente, este innovador
modelo llegó en un momento muy inoportuno.

La Wanderer no pudo sostenerse, y
fue adquirida por una compañía rival
alemana, la NSU, para la cual estuvo
fabricando una motocicleta ligera con

motor Sachs. Sin embargo, el modelo
monocilíndrico con transmisión por eje,
los planos y todo el equipo de producción fueron vendidos a F. Janacek, de
Praga, que comenzó a fabricar la Jana-
cek-Wanderer. Pronto se abrevió el
nombre de este modelo: Jawa, comienzo de una marca nueva.

**Una Wanderer bicilíndrica en V de
1911. Por entonces, el modelo tenía
horquilla de resortes, y su eficacia se
había mejorado añadiendo algunos
cambios en la transmisión**

WERNER

FRANCIA 1897-1908

LOS HERMANOS WERNER eran franceses de ascendencia rusa que vivían en
París y trabajaban como periodistas.
Pronto llegó su relación con los transportes motorizados; su primer intento
combinaba una bicicleta con un motor
Labitte montado horizontalmente sobre
la rueda trasera, a la que se conectaba
por medio de una cadena.

No fue más que un primer experimento, pero en 1897 la firma comercializó un modelo revisado con motor de
116 cc y 0,75 CV, montado sobre la rueda delantera de una bicicleta. El motor

**Famoso dibujo sobre azulejos, uno
de los muchos que se encuentran en
la Michelin House de Londres. Éste
muestra una Werner compitiendo
en la carrera París-Viena de 1902.**

LE PNEU
MICHELIN
BOIT L'OBSTACLE

PARIS-VIENNE
1902

BUCQUET sur WERNER

Los hermanos Werner pronto se dieron cuenta de la inestabilidad de sus primeras máquinas, en las que el motor estaba montado sobre la rueda delantera; de ahí la New Werner que aparece en la fotografía.

tenía válvula de admisión automática, encendido por tubo incandescente, sistema de carburación de superficie y transmisión a la rueda delantera por medio de una correa retorcida. Este método lograba una transmisión más suave que la de otros diseños, aunque la disposición hacía que la máquina resultara pesada en la parte delantera (y la máquina se incendiaba a la menor caída a causa del sistema de encendido). La potencia era pequeña, por lo que se hacía necesario el uso de pedales.

Esta máquina se vendió con el nombre de motocicleta, y pronto se sustituyó en ella el encendido por tubo incandescente, colocando una batería para el encendido. Sin embargo, el modelo seguía siendo muy inestable por el peso en su parte delantera, lo que se hizo aún más patente en 1899, con la aparición de un motor de 217 cc, más pesado que el anterior, y que ofrecía mayor potencia. Ese año también se empezó a fabricar con licencia en Gran Bretaña en la planta de Coventry.

Resolver los problemas de distribución del peso requería un cambio radical en el modelo. El resultado llegó en 1901 cuando los hermanos Werner presentaron la «New Werner», que establecería el diseño básico de sus motocicletas durante décadas. Consistía en colocar el cilindro delante del eje de los pedales, haciendo que el cárter fuera una parte más del bastidor, en concreto, el punto en que se unían los dos tubos de la V. Se colocó un segundo tubo encima del cilindro para dar mayor solidez a la estructura en forma de rombo. Con este diseño, habían hecho descender el centro de gravedad del modelo, que ahora

se encontraba entre las dos ruedas, con lo que la distribución del peso se veía muy favorecida. Pronto otras marcas utilizaron, bajo licencia, el mismo diseño, que estaba protegido por derechos de patente. El bastidor de bucle, que discurría por debajo del cárter, surgió del deseo de eludir estos derechos de patente; en él, ya no eran necesario elementos intermedios que mantuvieran unido el bastidor.

La nueva motocicleta Werner contaba con motor de 225 cc (posteriormente pasó a 262 cc) que conservaba la válvula automática de admisión, pero contaba con un nuevo sistema de lubricación por bomba manual y un carburador de líquido pulverizado. El bastidor mejorado seguía pareciendo el de una bicicleta, y en él se conservaba también la horquilla rígida delantera, que en años posteriores se vio reforzada. Los pedales se retrasaron para dejar más espacio al cárter, y conservaron su cadena a la rueda trasera. Los frenos eran mínimos, con bloque que actuaba sobre la llanta de la rueda trasera y frenos de bicicleta con pinzas en la rueda delantera.

Werner comenzó a triunfar en competiciones de carretera en 1902, con Bucquet corriendo en el Circuit du Nord y en la París-Viena. Labitte también apareció en esta última carrera, en la que ambos pilotaron dos máquinas de 2 CV y lograron el primer y segundo puesto en la categoría de motoci-

Un anuncio de Werner de octubre de 1903; en él se muestran los detalles del motor, los controles, el carburador, la bancada del motor y la transmisión a correa.

cletas. En 1903, Werner contaba ya con cuatro modelos inscritos en la infausta carrera París-Madrid, que tuvo que ser detenida en Burdeos a causa de los accidentes. Bucquet, Maillar y Rivierre, de Francia, y Arnott, de Inglaterra, corrían con Werner, y Bucquet acabó en primera posición con una motocicleta de 3,5 CV. Esta máquina había sido desprovista de todo accesorio innecesario para cumplir las restricciones sobre el peso de los modelos; por eso, carecía de guardabarros, aunque conservaba un freno de cinta en la rueda trasera.

Los modelos de 1904 fueron las Tourist de 2 CV; 2,75 CV para la París-Viena y 3,25 CV para la París-Madrid, con un diseño parecido al de modelos anteriores. En la gama de 1905 apareció un modelo con una horquilla de resortes en la rueda delantera; estaba basada en la horquilla reforzada, a la que se habían añadido los resortes en la base de la horquilla, con la rueda sostenida en la parte delantera de éstos, y muelles tensores en la parte trasera; éstos estaban conectados a unos salientes en los tubos de la horquilla y se estiraban cuando la rueda se elevaba. La

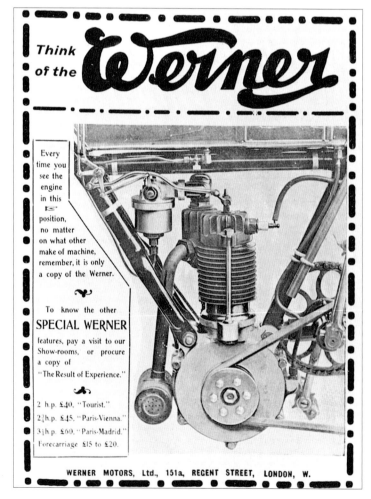

novedad de la gama de 1905 fue un motor bicilíndrico vertical de 3,25 CV o 4 CV, con los cilindros uno al lado del otro y las válvulas de escape y el árbol de levas en la parte delantera. Como los pistones se elevaban y caían alternativamente, el motor tenía un cigüeñal a 180°, al revés que otros modelos bicilíndricos posteriores, en que ambos pistones se movían al unísono. Las válvulas de admisión seguían siendo automáticas, pero estaban accionadas por una palanca que variaba su elevación y al mismo tiempo introducía un trozo de tela metálica en

el tubo de admisión para evitar el petardeo. Por lo demás, era una copia de los modelos de un solo cilindro, con transmisión a correa y la opción de horquilla elástica. La motocicleta Werner no progresó mucho más. Con todo, en 1906, la firma instaló un motor bicilíndrico en un vehículo de tres ruedas de transmisión con doble cadena con dos ruedas dentadas de distinto tamaño, lo que permitía contar con dos velocidades.

Tristemente, los dos hermanos, que tanto habían contribuido al desarrollo básico de las motocicletas, no lograron

Esta Werner es un modelo de 1902 con las características típicas de aquel período. Los grandes depósitos de gasolina se colocaban entre los tubos del bastidor; los modelos carecían de cualquier forma de suspensión.

que su empresa prosperase. Invirtieron una considerable suma de dinero, que esperaban recuperar con los beneficios de la firma, pero el negocio fracasó. La fábrica de motocicletas Werner desapareció, quedando tan sólo una sección dedicada a la fabricación de coches, que también tuvo que cerrar en 1914.

WERNER

1901

Motor: monocilíndrico vertical, válvula de admisión automática, 225 cc (64 × 70 mm), refrigerado por aire
Potencia: 2 CV
Caja de cambios: transmisión directa
Transmisión secundaria: correa
Peso: 41 kg
Velocidad máxima: 40 km/h

Antes de que apareciera el diseño New Werner, había un debate sobre la posición que debía ocupar el motor en la motocicleta. Los hermanos Werner habían probado a colocarlo sobre la rueda delantera con transmisión a cualquiera de las ruedas. Había tres posibles soluciones. Una de ellas consistía en colgar el motor del tubo inferior del bastidor (o colocarlo sobre él) utilizando unas abrazaderas, con la transmisión a la rueda trasera, bien directa o bien con una o más poleas tensoras. La segunda solución (menos utilizada) era la de colgar el motor detrás de la rueda trasera o bien unirlo a la parte trasera del tubo del asiento, bien en la parte más baja (cer-

ca del eje de los pedales) o en la más alta. Una tercera solución consistía en integrarlo en una de las dos ruedas. Todas estas opciones se exploraron, pero el original diseño Werner demostró ser el mejor en la mayor parte de las motocicletas.

Esta Werner de 1901 muestra, en su modo rudimentario, la posición del motor que adoptarían en adelante la mayoría de los fabricantes. Este modelo de 2 CV era capaz de alcanzar una velocidad de 40 km/h con su motor de 225 cc.

WESLAKE

ESTA FIRMA, CON SEDE EN RYE, Sussex, era más conocida por fabricar culatas para coches. Después, a mediados de los años setenta, Weslake llevó su experiencia al mundo de las dos ruedas y fabricó un motor de carreras. El éxito obtenido con este motor hizo que pronto se utilizase en pruebas de campo y carreras en pista.

Uno de los proyectos de Weslake fue el motor para esta motocicleta de carrera corta, provista de dos motores de 850 cc, ambos con sobrealimentador, que funcionaban con un combustible especial.

El motor Weslake era monocilíndrico, con 495 cc, cuatro válvulas y una robustez que le permitía soportar las cargas generadas por las altas relaciones de compresión. También estaba pensado para resistir un uso intenso, en carreras de que sucedían con mucha frecuencia. A pesar de las cuatro válvulas, sólo disponía de un carburador y un único tubo de escape, con las lumbreras unidas internamente.

El motor conservaba el sistema de lubricación por aceite perdido, con una bomba externa unida por tornillos al cárter de la distribución, mientras que el encendido podía ser electrónico o por

platinos alimentados por batería. Desde un principio, el motor Weslake fue todo un éxito, y no tardó en dominar en las carreras. Más tarde, y a petición de los pilotos, también aparecieron un monocilíndrico y un bicilíndrico con árbol de levas en la culata, y un bicilíndrico en V de 998 cc y distribución ohc que se utilizó en pruebas con sidecar sobre hierba, y que tenía culatas con cinco válvulas.

En los años setenta, la compañía colaboró con John Caffrey para la fabricación de la Weslake Vendetta. Su motor era bicilíndrico vertical con ocho vál-

Weslake estubo envuelta en numerosos proyectos, como el de la motocicleta de carrera en pista que vemos en la fotografía. La compañía suministraba los motores bicilíndricos de 500 cc y doble árbol de levas en la cualta.

vulas y 492 cc, y contaba con una caja de cambios de cinco velocidades y un bastidor de doble cuna. Más tarde llegaron versiones de mayor cilindrada, pero Weslake se concentró principalmente en los motores, sin preocuparse demasiado del desarrollo de los bastidores.

WHITE & POPPE

LA FIRMA WHITE & POPPE, con sede en Coventry, fue más famosa sobre todo por sus motores para motocicletas, aunque la máquina más recordada por el público es una Sunbeam diseñada por el hijo de uno de los fundadores. Desde 1902, White & Poppe encontró un gran mercado para sus motores en la creciente industria de los automóviles y motocicletas. Esta firma también fabricó motocicletas completas, entre las que

destacan las bicilíndricas verticales de 498 cc y las de dos tiempos y 347 cc.

El heredero más notable de la firma fue Erling Poppe, que comenzó a diseñar motocicletas en 1922. El objetivo de Poppe era mejorar aspectos de la motocicleta como la emisión de ruidos, la comodidad o la limpieza, y dedicó algún tiempo al diseño de coches y vehículos pesados antes de crear su primera gran obra: la Sunbeam S7. Desde 1943, el nombre

Sunbeam perteneció al grupo BSA, y Erling Poppe fue contratado por la división de fabricación de autobuses de la Bristol Tramways para que diseñara una nueva motocicleta para la posguerra. El resultado fue la S7, y en cierto sentido, el volumen y estilo de la máquina delatan sus actividades previas como diseñador. El motor bicilíndrico en V de 487 cc, dispuesto longitudinalmente, estaba sólidamente atornillado al bastidor, y en las

pruebas realizadas se encontraron tales vibraciones que, aunque las primeras motocicletas se vendieron con este formato, no tardaron en aparecer los tacos de goma que aislaban el motor del bastidor, lo que evitaba las vibraciones.

Con todo, la Sunbeam S7 de Poppe y las versiones derivadas de ella (De Luxe y S8) que aparecieron a partir de 1949, fueron consideradas como el arquetipo de la motocicleta del *gentleman*.

WHIZZER

LA MARCA WHIZZER COMENZÓ con un sencillo motor de 138 cc con válvulas laterales montado en el bastidor de una bicicleta, con el carburador colocado detrás del motor y el escape con un colector provisto de aletas de ventilación. El motor tenía transmisión primaria a correa hasta un rodillo de fricción colo-

cado debajo del eje de los pedales y en contacto con el neumático de la rueda trasera, lo que permitía pedalear sin el menor esfuerzo y a un bajísimo coste.

Después de la guerra, apareció una motocicleta completa, con el mismo motor colocado en una posición muy baja y el cárter provisto de un gran vo-

lante en el lado izquierdo. El piñón de arranque se hacía girar por medio de un sector dentado que formaba parte del pedal de arranque. Del motor partía una correa hasta la polea tensora colocada muy alta, entre el asiento y los tubos superiores del bastidor. De aquí partía una segunda polea hasta la rueda trase-

ra, de modo que la polea tensora actuaba sobre ambas correas. En esta transmisión se incorporaba un embrague. El bastidor era rígido, pero la horquilla contaba con un sistema de muelles que le permitían bascular; este primer sistema se sustituyó unos años después por una horquilla telescópica.

Un segundo modelo Whizzer, que conservaba buena parte del modelo original, utilizaba un bastidor Schwinn con horquilla telescópica. El motor estaba montado más alto, y ahora la transmisión era directa por medio de correa; se conservaban, además, los pedales. Durante más de diez años, la Whizzer gozó de gran popularidad, hasta que llegaron de Europa y Japón los nuevos ciclomotores y motocicletas ligeras.

Una curiosa Whizzer, en su versión de los primeros años de posguerra, con un bastidor de bucle Schwinn, motor de válvulas laterales de 138 cc y transmisión a correa en dos fases.

WILKINSON

INGLATERRA 1908–1915

La TAC de 1908 con refrigeración por aire fue una versión rediseñada de la motocicleta militar de reconocimiento con gran distancia entre ejes y que fue (comprensiblemente) un gran fracaso.

LA ELEGANTE WILKINSON es la máquina más excéntrica que uno pueda imaginarse. La primera excentricidad la encontramos ya en su fabricante, la compañía Wilkinson Sword de Londres, una longeva firma dedicada a la fabricación de cuchillos militares (hoy, hojas de afeitar). Podrían hacerse bromas sobre lo afilado de sus modelos, pero lo cierto es que no resulta sencillo pasar de los cuchillos a las motocicletas.

O tal vez no sea tan raro: el modelo original de 1908 fue diseñado por O. G. Tacchi pensando en un vehículo militar de exploración, lo que al menos está relacionado con el ejército y la fabricación de armas. También es excéntrico porque es difícil imaginarse un escenario de guerra en el que la marca Wilkinson pudiera prosperar. En realidad, los pedidos militares no llegaron como se esperaba, a pesar del cañón Maxim, que formaba parte del modelo.

La TMC de 1911 con refrigeración líquida fue el más razonable de los diseños de Wilkinson, aunque no dejaba de ser una máquina algo estrafalaria.

De manera que esta máquina de cuatro cilindros y válvula de admisión sobre la de escape no tardó en volver a diseñarse, dando lugar al modelo TAC (Touring Auto Car). La primera versión tenía un volante para la dirección, en lugar del tradicional manillar, lo que debía de ser toda una experiencia a la hora de la conducción. El motor tenía una capacidad de 676 cc, con refrigeración por aire. En

1911, el modelo volvió a diseñarse, de donde nació la TMC (Touring Motor Cycle), con un motor de 848 cc refrigerado por agua, una elección mucho más lógica para un motor tetracilíndrico dispuesto longitudinalmente al bastidor. El depósito de agua estaba detrás de la pipa de dirección, mientras que el de combustible se encontraba sobre la rueda trasera. Sobre el tubo superior del bastidor podía verse la mirilla del sistema de lubricación por aceite perdido. El aceite era bombeado desde su depósito por medio de un pedal. El modelo no disponía de freno delantero, pero en cambio tenía doble freno de tambor en la rueda trasera. Sí contaba con suspensión en ambas ruedas, con una horquilla Saxon y muelles de un cuarto de elipse en la parte trasera.

Aunque la TMC no sobrevivió a la Primera Guerra Mundial, el motor se utilizó en el coche Deemster.

WINDHOFF

LOS PRIMEROS MODELOS de esta firma tenían motores de dos tiempos y cilindradas de 122 y 173 cc, con pistón de aspiración secundario y un cilindro horizontal. Estos motores se fabricaban con licencia de Bekamo. Eran máquinas convencionales, con caja de cambios separada del motor, transmisión enteramente a cadena, bastidor rígido, horquilla de paralelogramos deformables y frenos de tambor. En 1927, la compañía introdujo un nuevo diseño sensacional, con motor de 746 cc con árbol de levas en la culata, cuatro cilindros en línea y refrigeración por aire. El motor formaba la base de la máquina. El cambio, de 3 velocidades, era manual, y partía un eje de transmisión hasta la rueda trasera, que estaba sujeta por un par de tubos que partía del bloque del motor de aleación. En la parte delantera, el modelo contaba con una horquilla de resortes

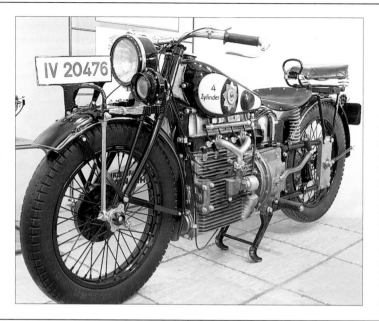

La enorme Windhoff de 1929 con transmisión por eje y motor tetracilíndrico en línea, que actuaba como base del bastidor y conectaba la pipa de dirección con la parte trasera del modelo.

controlada por un par de muelles de ballesta. Este modelo se vendió mal, y una segunda versión de 996 cc no pasó de la fase de prototipo. En 1929, ambas fueron reemplazadas por un modelo bicilíndrico plano con motor de válvulas laterales y 996 cc, con caja de cambios integrada y transmisión por eje. El bastidor era parecido al de las tetracilíndricas, aunque se añadían barras para reforzar el conjunto, y la misma horquilla de resortes en la parte delantera. Los años de la Depresión obligaron a Windhoff a fabricar bajo licencia motores Villiers para motocicletas ligeras.

WOOLER

JOHN WOOLER FUE un hombre con una idea fija; pasó casi medio siglo tratando de lanzar una serie de motocicletas únicas. Habría sido más sencillo (y lucrativo) mostrarse un poco más conformista, pero Wooler estaba decidido a hacer las cosas a su manera o a no hacerlas. Su primera motocicleta era una dos tiempos con pistones de dos cabezas, fabricados así con el fin de evitar la compresión del cárter. Este motor se montaba horizontalmente y disponía de un sistema de relación variable controlado por una correa. Tanto en la rueda delantera como en la trasera, el modelo incorporaba un sistema de suspensión por émbolo. En 1911, John Wooler diseñó y fabricó una bicilíndrica plana con

motor de 348 cc ioe (válvulas de admisión sobre escape) montado longitudinalmente. En 1923, este modelo se actualizó con distribución ohv. Wooler presentó sus motocicletas a la TT de la isla de Man: máquinas pintadas de amarillo brillante que pronto se ganaron el apodo de «plátanos voladores».

En 1926, Wooler fabricó un motor ohc de 500 cc con los árboles de levas colocados en el extremo superior de los ejes verticales. Los empujadores y balancines horizontales transmitían el movimiento a las válvulas, y el cilindro contaba con doble lumbrera de escape. Ese mismo año, Wooler compró la marca P & P de Londres, creada en 1920 por Erling Poppe (que más

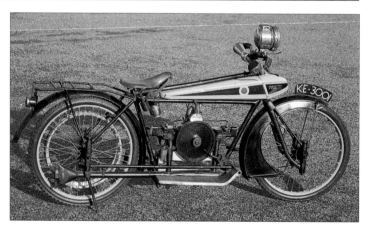

tarde diseñaría la Sunbeam S7) y Gilmour Packman. Sin embargo, la Depresión diezmó el número de ventas, y Wooler se vio obligado a cerrar P & P en 1930.

Poco más se oyó de John Wooler hasta 1945, pero lo cierto es que no se olvidó de las motocicletas, y, por descontado, sus últimos diseños no eran nada corrientes.

Esta vez se trataba de un motor tetracilíndrico plano, con los cilindros colocados por parejas, una a cada lado del cárter. Esta disposición ya era por

La primera motocicleta de Wooler fue un modelo de dos tiempos con pistones de doble cabeza. El motor, montado horizontalmente, tenía un sistema de relación variable accionado por correa.

John Wooler era un hombre con ideas propias. Sus diseños eran únicos en muchos sentidos. Esta bicilíndrica plana con motor de 348 cc data de 1920.

sí misma bastante extravagante, pero lo más sorprendente era la forma en que los pistones se unían al cigüeñal: por medio de bielas, un segmento en forma de T, una biela principal y muñequillas de pistón. Las válvulas estaban montadas en paralelo. La primera motocicleta de posguerra tenía una curiosa suspensión doble, pero el modelo final de 1956 estaba provisto de una horquilla telescópica y el tradicional brazo basculante en la parte trasera. La muerte de John Wooler, ocurrida ese mismo año, significó el fin del modelo.

WSK

POLONIA 1947–1995

EL PRIMER MODELO DE LA MARCA polaca WSK estaba inspirado (como tantos otros de todo el mundo) en la RT125 de la alemana DKW. El diseño de Hermann Weber ha sido uno de los más copiados en la historia del motociclismo, y una de las razones es que, con Alemania derrotada, otros países pudieron reclamar sus creaciones como botín de guerra. En el caso de la RT125, este botín fue una excepcional obra de ingeniería.

Cuando se creó en 1947, WSK era una firma estatal. Al principio, su gama constaba de un único modelo con motor monocilíndrico de 123 cc y dos tiempos basado en el DKW; pero a mediados de los años cincuenta, se unió a éste un modelo similar de 175 cc. Estas motocicletas se fabricaban principalmente para el mercado doméstico, y sólo se exportaban a otros países comunistas, incluida la Unión Soviética. Se vendie-

Una WSK 175 cc monocilíndrica. Este modelo trail clásico de fabricación polaca del año 1977 tenía horquilla telescópica, suspensión trasera por brazo basculante y tubo de escape muy alto.

ron bien, aunque no tanto como los modelos de otras marcas de aquel lado del Telón de Acero como CZ, Jawa y MZ. Pero, igual que ellas, WSK concentró su producción en máquinas funcionales y baratas, tanto de adquirir como de mantener. De cuando en cuando, sus modelos se exportaban a países occidentales, pero sólo en pequeños números.

En 1977, Roy Cary de Barron Eurotrade (Hornchurch, Essex) firmó un acuerdo con WSK para que la firma polaca suministrara ciertos componentes de una motocicleta de 125 cc que se emsamblaría en el Reino Unido, utilizando un motor italiano Minarelli de dos tiempos, cinco velocidades e inducción por el pistón. Esa extraña colaboración no fue un éxito de ventas, y Barron dejó de fabricar, concentrándose en sus concesiones de importación de máquinas italianas. Después de los años setenta, no volvió a aparecer ningún nuevo modelo de WSK, aunque la firma sobrevivió hasta 1995.

A finales de los años setenta, la compañía británica Barron fabricó una serie de motocicletas utilizando componentes de WSK, o en algunos casos (como en el modelo de la fotografía) el motor WSK de 175 cc.

YAMAHA

PARECE MÁS QUE PROBABLE que el hombre cuyo nombre da identidad a millones de motocicletas nunca llegara a pilotar ninguna de ellas. Torakusu Yamaha murió en 1916, y es muy posible que nunca hubiera visto una motocicleta. Nacido en Nagasaki en 1851, Yamaha comenzó siendo aprendiz de relojero, después aprendió a fabricar material médico y se trasladó a Hamamatsu en 1883, donde trabajó como ingeniero por cuenta propia. Un encargo para reparar el órgano de un colegio llevaría a la creación de la dinastía musical Yamaha. Su negocio de los instrumentos musicales se llamó Nipón Gakki, y no tardó en convertirse en una empresa de gran éxito, cuyo logo estaba formado por tres diapasones. Muchos años después de la muerte de su fundador, y después de que la firma hubiera sobrevivido a varias huelgas, un terremoto y numerosos cambios de dirección, el presidente de Yamaha, Genichi Kawakami, decidió utilizar en 1948 la planta de tiempos de la guerra para fabricar pequeñas motocicletas para el

La XS1100 de 1978 con transmisión por eje fue la primera gran tetracilíndrica de Yamaha, pero no tuvo éxito: el bastidor no era lo bastante fuerte para soportar los 95 CV de su motor con doble árbol de levas.

floreciente mercado nacional. Mientras que otras firmas que comienzan en el negocio de las motocicletas pecan por exceso de prudencia, Nipón Gakki contaba con el respaldo de una sólida fundación financiera, y se tomó con calma la creación de una nueva fábrica a la vez que perfeccionaba su primera motocicleta. La recién creada sección de motocicletas recibió el nombre de Yamaha en

honor del fundador de la compañía. No contando con ningún modelo japonés que seguir, Nipón Gakki se fijó en la RT125 de DKW, la cual, curiosamente, también había sido el modelo en que se inspiró BSA a la hora de diseñar su Bantam y Harley-Davidson cuando ideó su modelo Hummer. La primera Yamaha fue la YA1 de 125 cc, lanzada al mercado en 1955 y fabricada a razón de 200 unidades mensuales. Al año siguiente, se presentó una versión de mayor capacidad (175 cc), y la serie YA se siguió fabricando hasta principios de los años setenta. Cuando decidió diseñar una motocicleta de 250 cc, Yamaha se fijó en la Adler MB250 bicilíndrica, y la YD1, con bastidor de acero estampado, cuya única concesión a la Adler estaba en la disposición del motor y las dimensiones.

La compañía fabricó una versión de competición de la YD1 con bastidor tubular ligero y un motor de carrera muy corta. Con esta motocicleta, los pilotos de Yamaha lograron las tres primeras posiciones en las carreras de 250 cc celebradas en Asama en 1957, además de quedar en segunda y tercera posiciones en la categoría de 125 cc. Haciendo bueno el dicho de que los éxitos en competición se traducen en éxitos de ventas, la YD1 alcanzó una gran popularidad entre los aficionados. Yamaha fue el primer fabricante japonés que compitió en los Estados Unidos, y comenzó a participar en pruebas europeas de Grand Prix en 1961, con una séptima posición en el GP francés en las categorías de 125 y 250 cc. Por entonces, Yamaha había comprado la compañía Showa (sin rela-

La YDS2 de 250cc del año 1963 (y sus sucesoras) fue el modelo de carretera más importante de Yamaha en los años sesenta. En 1973, esta motocicleta se convirtió en la serie RD.

ción alguna con la fabricante de suspensiones) y heredado su motocicleta de carreras de 125 cc, de cuyas válvulas de disco aprendieron mucho los ingenieros de Yamaha.

Igual que Suzuki se basó en la tecnología de dos tiempos, Yamaha también fabricó motocicletas con este tipo de motores para modelos de carreras y también utilitarios. En 1966, apareció la bicilíndrica UL1, que podía alcanzar los 113 km/h en su versión estándar y probablemente el doble con el kit de carreras. Simultáneamente, apareció una serie de bicilíndricas de 250 cc, comenzando con la YDS1 de 1959, que se convirtió en la YDS2 en 1962 y en 1964 pasó a ser la YDS3. Después de pasar por el modelo DS7, estas motocicletas básicas de carretera se convirtieron en 1973 en la serie RD. La serie TD estuvo formada por máquinas listas para la competición, e incluía el modelo 250 cc TD1 (de 1962), mientras que la serie FR 350 cc evolucionó en 1969 hacia la TZ con refrigeración líquida.

La primera época de grandes éxitos de Grand Prix de Yamaha llegó en los años sesenta, en las clases más pequeñas. EN 1963, Yamaha volvió a las GP europeas con su RD56 de 250 cc y 45 CV, y logró su primera gran victoria en GP en el rapidísimo circuito belga de Spa-Francorchamps. Siguieron a esta victoria dos segundos puestos en Assen y la isla de

Man. Pero el mayor logro estaba tan sólo a un año de distancia, y en 1964 y 1965 Phil Read dio a Yamaha el título mundial de 250 cc con la bicilíndrica paralela RD56 (primera vez que lo ganaba una motocicleta de dos tiempos). Las dos temporadas siguientes fueron para Mike Hailwood y Honda, pero Yamaha volvió a conseguir los títulos de 125 y 250 cc en 1968.

Para aprovechar la fiebre de las motocicletas *off-road* que estaba barriendo los Estados Unidos, Yamaha anunció en 1968 su modelo DT1. Antes de la llegada de esta práctica motocicleta de campo, los modelos trail japoneses habían sido meras adaptaciones de sus hermanas de carretera, con tubos de escape más altos y ruedas con tacos. La DT1 (DT=Dirt Trail) estaba propulsada por un motor monocilíndrico de dos tiempos y 175 cc que podía alcanzar una velocidad de crucero en carretera de 97 km/h y era a la vez totalmente apta para uso *off-road*; desprovista de faro y con el kit de carreras que la fábrica proporcionaba, este modelo se convertía en una buena opción de competición. El resto de fabricantes no tardaron en ofrecer modelos semejantes, y Yamaha fue aumentando su gama de motocicletas todoterreno con la DT50 y la

A partir de la DT, en 1977 se lanzó la monocilíndrica XT500 trail, que abría un nuevo mercado de motocicletas *off-road*. Sin embargo, era demasiado pesada.

DT400. Un paso intermedio en esta línea fue la DT175, en producción desde 1973 hasta 1985, y que representaba una alternativa sensata entre las máquinas de 200 y 400 cc, pues era más ágil en el campo y también más económica. En 1974, Yamaha ofrecía una motocicleta exclusivamente de cross, la YZ250.

En 1969, Yamaha lanzó su modelo de cuatro tiempos y dos cilindros verticales, la XS1, que era la de mayor cilindrada que había fabricado hasta la fecha. Deliberadamente, esta motocicleta invadía el terreno tradicionalmente ocupado por modelos británicos como la T120 Bonneville. La XS1 estaba propulsada por un motor de 653 cc con distribución ohc unido a una caja de cambios de cinco velocidades y arranque eléctrico, pero era inferior en agarre y maniobra-

La FZR750 nació a partir de la FZ750 de 1985, la primera motocicleta que contó con cinco válvulas por cilindro. La FZR1000 de 1989 tenía válvulas de escape accionadas electrónicamente.

bilidad. No tardó en aparecer un modelo revisado, la XS650, más fácil de manejar y que se utilizó como motocicleta deportiva en el esotérico mundo de las motocicletas *off-road* con sidecar y *flat-track* de los Estados Unidos, continuando en producción hasta principios de los años ochenta. Yamaha probó con una versión de 750 cc equipada con contrapesos contragiratorios en la parte posterior del cárter para reducir la vibración, pero éstos sólo lograron disminuir las prestaciones de la máquina, por lo que fueron retirados al poco tiempo.

Las letras RD significaban «Race Developed», y la RD200 que apareció en 1973 fue pionera en el uso de válvulas de láminas en un modelo de serie, sustituyendo a las convencionales lumbreras en el pistón.

y económica. La gama RD constaba de versiones de 125, 200, 250 y 350 cc, y los dos modelos de mayor capacidad tenían caja de cambios de seis velocidades, también utilizada por la TZ de carreras. Las RD fueron rediseñadas en 1975; entre otros cambios, incorporaron un depósito y un sillín más cuadrados, además de un acabado con diferente dibujo.

Al año siguiente, la RD350 se transformó en la RD400, y en 1978 se le proporcionó encendido electrónico. Sin embargo, la aguerrida RD de dos tiempos terminó por desaparecer en 1980, cuando la normativa estadounidense sobre emisión de gases la dejó fuera de competición. A mediados de los setenta, Yamaha sorprendió con su bicilín-

drica XS500. Entre sus características técnicas cabe mencionar: doble árbol de levas en la culata, cuatro válvulas por cilindro y un eje de balance para reducir las vibraciones. El motor desarrollaba 48 CV a 8.500 rpm, lo que le permitía una velocidad máxima de 175 km/h. Sin embargo, la pesada XS500 presentaba problemas con la maniobrabilidad y las prestaciones, y quedó eclipsada por sus hermanas menores, las bicilíndricas XS. Éstas eran la XS360 (1976) y la XS250, que incluían un único árbol de levas en la culata, cigüeñal a 180°. La 360 aumentó el diámetro de sus cilindros para dar lugar a la XS400, que estaba provista de un bastidor de espina central, doble árbol de levas en la culata y suspensión trasera por monoamortiguador, y se fabricó hasta 1983.

A finales de los años setenta se abrió un nuevo mercado para las grandes motocicletas *trail*, y la esperada XT500 llegó en 1977. Tenían un motor monocilíndrico de cuatro tiempos, con un solo árbol de levas en la culata, dos válvulas,

En el otro extremo de la escala, era obvio que Yamaha se vería obligada a poner en el mercado motocicletas utilitarias de transporte diario, parecidas a las que Honda y Suzuki ya fabricaban, con pequeñas válvulas de láminas, dos tiempos y bastidor abierto. El ejemplo perfecto de estos modelos fueron las V50 y V80, provistas de cajas de cambios automáticas con dos y tres velocidades. En estos modelos de dos tiempos, la mezcla de aceite y gasolina se realizaba automáticamente, y ambos modelos ocultaban la cadena de la transmisión secundaria. Más tarde serían reemplazados por las T50 y T80, y en 1972 Yamaha lanzó el ciclomotor deportivo FS1, que combinaba un motor con válvulas de disco y la estética de una motocicleta: una mezcla atractiva para el público adolescente. A pesar de la limitación de 48 km/h en el Reino Unido, el modelo se vendió hasta finales de siglo con dos nombres: FS1 (con frenos de tambor) y FS1DX (con frenos de disco).

La serie RD o «Race Developed» sustituyó a la longeva YDS en 1973, utilizando una versión mejorada de la alimentación por válvulas de láminas (sistema conocido como «Torque Induction»), en lugar de las convencionales lumbreras en el pistón, con la principal ventaja de una banda de potencia más ancha. En el caso de la nueva RD250, ésta comenzaba en 4.000 rpm, en lugar de 6.000 rpm, lo que la hacía más dócil

La SR500 era la versión de carretera de la XT500 trail, y contaba con sistema eléctrico de 12 voltios, válvulas más grandes y carburadores también más grandes.

YALE
Estados Unidos 1902-1915. En un principio, esta compañía estadounidense fabricó un modelo monocilíndrico en el que el motor estaba montado sobre los pedales en un bastidor de bicicleta reforzado. Más tarde, la compañía produjo una bicilíndrica en V con transmisión enteramente a cadena, con dos velocidades y 950 cc.

YAMAGUCHI
Japón 1952-1964. Los modelos Yamaguchi, de nombre siempre confuso, procedían originariamente de Japón, y comenzaron con la Super 200 y la Super 100, ambas de dos tiempos y cilindradas de 83 y 60 cc respectivamente. Sin embargo, el Modelo 600 de 1956 estaba provisto de un motor con 147 cc de capacidad. El motor más grande fabricado por esta máquina fue el T92 de cuatro tiempos y 250 cc, que apareció al poco tiempo. La Super 350 tenía un motor de 125 cc, y la cilindrada del ciclomotor AP10 era de 50 cc. En algunos lugares se da como fecha de inicio de esta compañía el año 1941, aunque probablemente se trata de un error.

449 cc y un carburador, pero carecía de arranque eléctrico. Su equivalente de carretera era la SR500, que utilizaba el mismo motor pero con válvulas más grandes, además de disco delantero y sistema eléctrico de 12 voltios, en contraste con el de la XT, de 6 voltios.

En 1977, Yamaha lanzó la XS750, su primera motocicleta de cuatro tiempos que tuvo éxito entre el público, y que sirvió de trampolín para el asalto a la incipiente categoría de las superbikes. El motor era un tricilíndrico dohc de 747 cc con transmisión por eje, lo que facilitaba las tareas de mantenimiento, si bien limitaba sus prestaciones deportivas. Tres años más tarde, la capacidad del modelo se aumentó (y con ella su rendimiento) hasta los 826 cc, con 79 CV a 8.500 rpm. La XS850 podía superar en 24 km/h los 177 km/h de su predecesora, y disponía de suspensión regulable, tanto en la rueda trasera como en la delantera, lo que la hacía más fácil de manejar. En 1983 fue sustituida por la XJ900, con motor tetracilíndrico.

Mientras tanto, las bicilíndricas de carreras de dos tiempos fabricadas por

La XS1 de 1969, diseñada para rivalizar con modelos británicos como la Bonneville, era una bicilíndrica vertical de cuatro tiempos, con distribución ohc y 653 cc. Tras resolver los problemas iniciales con su maniobrabilidad, esta motocicleta se convirtió en el modelo XS650.

Yamaha se habían hecho con un nombre en el mundo de las carreras, ganado el campeonato mundial de 250 cc en cuatro ocasiones (1970, 1971, 1972 y 1973). En los tres años siguientes, las Yamaha también ganaron el título de 350 cc, lo que también lograron en dos ocasiones en la categoría de 125 cc y una en la de 500 cc (1973). Kenny Roberts llevó la corona de 500 cc para Yamaha entre los años 1978 y 1980.

La LC, o «Elsie», era una reencarnación de la RD, con contornos más redondeados que su predecesora, y lan-

La YZ400 de cross descendía de la YZ250 de 1974, primer modelo en incorporar una suspensión trasera de gran recorrido colocada debajo del asiento.

zada en Europa con motor bicilíndrico de dos tiempos con refrigeración líquida, lo que le proporcionaba un motor más tranquilo y una temperatura más constante que el de la vieja RD. Todavía utilizaba válvulas de láminas y caja de cambios de seis velocidades, con tacos de goma para aislar el motor del

bastidor y una nueva suspensión trasera por monoamortiguador, basada en la del modelo YZ de cross. La LC resultó ser particularmente efectiva para la competición de modelos de serie, logrando la victoria en las categorías 250 y 500 cc en la primera TT en que participó. En 1982, se introdujo su mayor innovación, un sistema llamado Yamaha Power Valve System (YPVS), que consistía en una lumbrera de escape variable, cuyo tamaño y posición se modificaba automáticamente dependiendo de las revoluciones del motor y que aumentaba la potencia hasta 59 CV a 9.000 rpm. El mismo sistema se aplicó a la RD500LC de 499 cc y cuatro cilindros en V, cuya potencia era de 80 CV y que alcanzaba una velocidad máxima de 217 km/h, calculada para participar de los éxitos de Kenny Roberts en carreras de Grand Prix. El motor contaba con un par de cigüeñales y cuatro carburadores, mientras que las cuatro válvulas YPVS estaban mecánicamente conectadas y eran activadas mediante un servomotor.

Yamaha tardó en unirse a sus rivales en la fabricación de tetracilíndricas de cuatro tiempos, y tras sus poco convincentes bicilíndricas y tricilíndricas verticales, su siguiente gran modelo de cuatro tiempos fue la TR1, que apareció a finales de 1980. Estaba propulsada por un motor de dos cilindros en V a 75°, 981 cc, un solo árbol de levas en la culata y dos válvulas por cilindro; su bastidor estaba basado en la estructura de columna central de acero, y disponía de transmisión a cadena totalmente cubierta, un cárter de apertura verti-

La V-Max de 1985, fabricada alrededor de un gigantesco motor tetracilíndrico en V 1200 con refrigeración líquida, era una *custom* de gran potencia, aunque de dudosa maniobrabilidad.

cal y caja de cambios de cinco velocidades. Era una *roadster* tradicional, con sistema electrónico para el reglaje del encendido y suspensión trasera por monoamortiguador como únicas concesiones a la tecnología más sofisticada. Su compañera de gama fue la Virago 740 cc, con transmisión por eje y estética *custom*, que fue lo bastante bien recibida como para que Yamaha se decidiera a ofrecer versiones de 125, 250 y 1.100 cc.

La XZ550, presentada en 1982, era una motocicleta con un carácter potencialmente más aventurero; tenía un motor bicilíndrico en V a 70°, con 552 cc, refrigeración líquida y doble árbol de levas y cuatro válvulas por culata, cada una con doble lumbrera de escape. Sorprendentemente, disponía de un eje de

Para los admiradores de estilo clásico americano, la Drag Star 1100 ofrecía calidad en la fabricación, buenas prestaciones y un precio justificado, aunque cacería del verdadero carácter.

balance suspendido de los tubos superiores del bastidor de cuna; también contaba con transmisión por eje y horquilla delantera con eje no giratorio. No se puede decir que fuera un modelo agradable a la vista, y sus prestaciones eran poco menos que enervantes. Más convencional fue la serie XJ, que salió al mercado al mismo tiempo. Entre estas tetracilíndricas dohc se encontraban la XJ550, la XJ650 y la XJ750. Igual que Honda había hecho con su CX, Yamaha proporcionó a su XJ650 un turbosobrealimentador para crear la

XJ650 Turbo, una forma de proporcionarle la potencia de un motor de grandes dimensiones. Como suele decirse, cuanto más grande mejor, y la XJ900 de 1983 resultó ser un modelo *tourer* más flexible (y bastante más sencillo). Estaba propulsada por un motor tetracilíndrico dohc de 853 cc, con doble árbol de levas en culata, refrigeración por aire y transmisión por eje. En su versión FJ900, con la capacidad aumentada hasta los 891 cc para lograr 91 CV, esta moto todavía podía exhibirse en los salones de muestras a la vuelta del siglo XX. La FJ1100 de 1984 causó todavía más sensación, y, habiendo incrementado en 1986 la capacidad de su motor para dar lugar a la FJ1200, todavía en el año 2000 era considerada como una de las mejores *tourers* para largas distancias que se podían encontrar en el mercado de segunda mano, a pesar de que hacía tiempo que había dejado de fabricarse. Contaba con motor tetracilíndrico refrigerado por aire y con transmisión por eje, que podía desarrollar 125 CV y alcanzar los 238 km/h, con suspensión trasera por monoamortiguador, bastidor de aleación, chapa protectora bajo el cárter y cúpula. En 1991, se ofrecía con ABS opcional.

En 1991, Yamaha puso en el mercado una tetracilíndrica de pequeño tamaño, la Diversión 600. Se trataba de un modelo sin grandes pretensiones, que utilizaba un motor inclinado hacia delante refrigerado por aire, con 600 cc de capacidad, dos válvulas por cilindro y disponible en dos versiones: *naked* y con semicarenado. Pero si la Diversión era algo sosa, la V-Max era impresionante. Presentada en 1985, esta poderosa motocicleta de culto rezumaba agre-

sividad, con su mastodóntico motor de V4 de 1.198 cc con refrigeración líquida que parecía llenar cada rincón del bastidor. Este motor, que por su tamaño parecía el de un coche, estaba adaptado de la gran tourer XVZ12 de Yamaha, y provisto de carburadores, válvulas y muelles de válvulas de mayor tamaño, además de un cárter con todos sus componentes reforzados.

Las motocicletas trail de la firma llegaron con motores monocilíndricos de cuatro tiempos. El modelo más representativo de la gama era la XT550, con un motor de cuatro tiempos, doble carburador y 558 cc, y su hermana menor, la XT400. Tras éstas llegó la XT600 y la XT600Z Ténère, que aprovechó la popularidad de que disfrutaban pruebas como el París-Dakar. Entre las características imprescindibles de este modelo se encontraba un depósito de gran capacidad y suspensión con recorrido muy largo. En 2000, Yamaha había refinado el concepto del modelo versátil de doble función hasta el punto de que la XT600E se había convertido en la mejor motocicleta de su clase que podía encontrarse en el mercado. Sin embargo, la XT350, más ligera, era más adecuada para uso *off-road*. La SRX600 de carretera utilizaba el mismo motor monocilíndrico de 600 cc con cuatro válvulas de la XT, y gozaba de popularidad entre los aficionados a las carreras.

En 1985, Yamaha atacó el mercado

La YZF600R Thundercat, con el bastidor de aluminio Deltabox creado por Yamaha, era un modelo cómodo de pilotar y muy manejable, aunque no tenías las prestaciones de sus rivales directos.

Los modelos de Yamaha suelen ir precedidos por las letras DT, XJ, YZ o FZ, aunque a veces aparecen modelos que no pertenecen a una gama determinada y utilizan un nombre independiente, como esta WR400F *trail* de 1998.

de las deportivas con la FZ750. Su motor tetracilíndrico de 749 cc con refrigeración líquida, cinco válvulas por cilindro, estaba inclinado hacia delante en ángulo de 45° para conseguir un centro de gravedad más bajo y un funcionamiento óptimo de sus válvulas de admisión y escape. Estaba alimentado por cuatro carburadores, y desarrollaba 106 CV gracias a una curva de par muy plana. Dos años después, la compañía confirmó su supremacía en la clase con la FZR1000 Genesis. El motor de esta máquina estaba en un bastidor de aleación de sección cuadrada llamado Deltabox, que permitía un asiento más bajo y mejor manio-

brabilidad. La capacidad del motor aumentó a 1.002 cc para alcanzar los 135 CV, lo que le permitía una velocidad de 266 km/h. El bastidor Deltabox no era el único elemento nuevo que Yamaha lanzó a finales de los ochenta.

En 1989, se presentó el «EXUP», nombre que respondía a Exhaust Ultimate Power Valve, y que consistía en una caja en el colector de escape que controlaba la onda de presión de gases, y que se aplicó a la gama FZR. Esta gama incluía ahora la 750, con bastidor Deltabox, y la nueva FZR600, de 90 CV y 16 válvulas, ideada para competir con la Honda CBR600. Por debajo del límite de los 400 cc se encontraba la FZR400R, una réplica de modelo de carreras con la popular estética FZR. En 1996, se revisaron los modelos FZR600 y 1000, y se rediseñaron los modelos Thundercat y Thunderace, dos modelos muy atractivos provistos de carenado integral. A finales de los ochenta, las más pequeñas de Yamaha,

La FZS600 Fazer, lanzada en 1998, era una ganga, con su motor tetracilíndrico, 16 válvulas, 94 CV y doble árbol de levas en culata. Este modelo aportaba velocidad y maniobrabilidad.

sición Genesis. Su identidad era una mezcla de gran trail, roadster con semicarenado y deportiva, una estética que Yamaha describió como «New Sport». La TRX850 era un producto derivado de las *café racer* con el mismo sistema de transmisión.

Yamaha acabó el siglo XX con tres motocicletas que marcaron un hito: la YZF-R1 y R7, presentadas en 1998, y la R6, que se lanzó al año siguiente.

La R1, con 1.000 cc y 150 CV se convirtió en el estandarte de las superdeportivas, pues era más compacta, ligera y potente que cualquiera de sus rivales.

La nueva R7 era un motocicleta superdeportiva con un motor extraordinariamente avanzado y un chasis desarrollado con la tecnología con que Yamaha diseñaba sus modelos de carreras de

Grand Prix y Superbikes.

En el campeonato mundial de superbikes de 1998, Noriyuki Haga realizó varias magníficas carreras con su YZF750SP, y la R7 ofreció al piloto de superdeportivas la oportunidad de probar la sofisticada tecnología de un modelo de carreras en una motocicleta que se vendía al gran público. Sin embargo, esto tenía su precio, y la YZF-R7 costaba en 1999 la friolera de 21.000 libras esterlinas en el Reino Unido.

El activo mercado de los modelos deportivos de 600 cc se vio agitado por la llegada de la Yamaha YZF-R6, con 120 CV, cuya velocidad máxima de 274 km/h la convirtió en líder de la categoría en términos de velocidad. Esta motocicleta podía entrar en las curvas con un ángulo de hasta 56° con respecto a la vertical, y su motor podía alcanzar las 15.500 rpm, y su irresistible potencia a mitad de revoluciones le permitía manejarse con soltura en cualquier terreno.

como la TZR125, utilizaban principalmente motores monocilíndricos de dos tiempos con válvulas de láminas, en bastidores Deltabox, con o sin carenado. La TDR250, de dos cilindros y dos tiempos, ofrecía la estética de una motocicleta trail y las prestaciones de un

modelo de carretera.

Se aprovechaba de la posición lograda por la TDM850, y era capaz de alcanzar más de 161 km/h sobre el asfalto. La TDM llegó en 1990, con un bastidor Deltabox y un motor bicilíndrico de 849 cc y cinco válvulas en culata con dispo-

YAMAHA YR5 350

1970

El éxito de la gama YDS de 250 cc en los sesenta dio lugar a la primera bicilíndrica de 350 cc, la YR1. Más tarde, en 1970, apareció la elegante YR5 350, con motor bicilíndrico paralelo refrigerado por aire, que desarrollaba una potencia de 36 CV, suficiente para hacer rodar un modelo tan ligero a 153 km/h. También tenía la ventaja de una gran maniobrabilidad y unos excelentes frenos; además, su fiabilidad era extraordinaria. La YR5 350 salió con un precio muy competitivo, lo que la hizo muy popular. Sus descendientes fueron: la RD350 de seis velocidades (1974) y la RD400 (1976) capaz de rodar a 161 km/h. Estos modelos dieron lugar a la RD350LC, de 198, que incorporaba refrigeración líquida y monoamortiguador, y la YPVS, o modelo Power Valve,

de 1983, que a mitad de revoluciones desarrollaba 53 CV. La RD350LC F2 aún se fabricaba a mediados de los noventa en Brasil.

Motor: bicilíndrico paralelo, 2T, válvulas de láminas, 347 cc (64 × 54 mm), refrig. por aire
Potencia: 36 CV a 7.000 rpm
Caja de cambios: pedal, cinco velocidades
Transmisión secundaria: cadena
Peso: 150 kg
Velocidad máxima: 153 km/h

La gama YR de Yamaha apareció en 1967, con una línea de modelos de dos tiempos y mayor capacidad, el primero de los cuales estuvo provisto de cárter de apertura horizontal y cilindros con cinco lumbreras.

YAMAHA YZR500

1984

Motor: cuatro cilindros en V a 80°, dos tiempos, válvulas de láminas, 498 cc (56 × 50,6 mm), refrigeración por agua
Potencia: 165 CV a 12.500 rpm
Caja de cambios: pedal, seis velocidades
Transmisión secundaria: cadena
Peso: 130 kg
Velocidad máxima: 306 km/h

La YZR fue la motocicleta que dominó la categoría de Grand Prix de 500 cc entre los años 1984 y 1993, llegando a ganar seis campeonatos del mundo.

Además, sirvió de base para la ROC y las tetracilíndricas en V con bastidor de Harris. Wayne Rainey relevó a Eddie Lawson, ganando tres copas para Yamaha, mientras que el francés Christian Sarron triunfó en 1984 en los campeonatos del mundo de 250 cc con una Yamaha TZ bicilíndrica. Kenny Roberts logró varios títulos del mundo pilotando una Yamaha, y más tarde también como jefe de equipo.

Los éxitos de la firma con tetracilíndricas en V de 500 cc comenzaron en

1982 con la OW61 con válvulas de disco pilotada por Roberts. La YZR, con su sistema de alimentación por válvulas de láminas, fue presentada en 1984 como modelo OW81. utilizaba un motor con dos árboles de levas en culata accionados por los mismos engranajes, un diseño que ya habían utilizado antes Suzuki y Cagiva, y que dejaba a la Honda NSR como la única verdadera tetracilíndrica en V. La potencia de la YZR fue aumentando gradualmente con el paso de los años hasta los 180 CV. Su basti-

dor siguió siendo el clásico de una Gran Prix de 500, basado en una gruesa doble viga de aluminio, con suspensión Ohlins, firma especializada propiedad de Yamaha. Aunque la YZR no haya sido siempre la más rápida, siempre ha sido dócil y muy buena en conjunto.

Entre las grandes motocicletas de competición de los años setenta se encontraba la gama TZ de Yamaha, que iba desde la bicilíndrica TZ250 hasta la TZ750 de cuatro cilindros. Después de ganar su primera carrera de 700 cc en

1974, dominó las carreras de Formula 750 durante el resto de la década. La tetracilíndrica TZ750 ganó cuatro títulos F750, incluyendo una victoria en Daytona en 1982. Giacomo Agostini

ganó para Yamaha el primer campeonato del mundo de 500 en 1975 montando una tetracilíndrica. Pero el piloto con más éxito fue Kenny Roberts, que consiguió los títulos de 1978, 1979 y 1980.

La YZR500, presentada en 1984, logró seis campeonatos del mundo hasta el año 1993. Eddie Lawson, que aparece en esta fotografía (izquierda) junto a su máquina de 1986, ganó tres de ellos.

YAMAHA FJ1200 1986

Los ingredientes para una motocicleta *touring* ideal son: una buena autonomía, comodidad, un buen par motor en velocidades cortas, gran capacidad para almacenar el equipaje y protección contra el viento. La JF1200 poseía todas estas características: un enorme asiento, gran depósito de combustible, semicarenado, placa protectora bajo el cárter, y buena potencia en regímenes de revoluciones medios y bajos. En las pruebas realizadas en carretera, esta motocicleta a menudo aventajaba a rivales como la GPZ1100 de Kawasaki, la BMW K1100 y la Triumph Trophy 1200. Su maniobrabilidad era mejor que la de la Kawasaki, era más rápida que la BMW y menos pesada que la Triumph. La potencia de la FJ1200 provenía de su motor con doble árbol de levas en culata, y cuatro cilindros transversales ligeramente inclinados para dar a las lumbreras su posición ideal y lograr un óptimo centro de gravedad. Este motor se ganó la reputación de ser imposible de quemar, y algunos miembros FJ Owners' Club hablaban de motocicletas que habían recorrido hasta 120.000 millas (193.121 km) sin necesitar nada más que una revisión rutinaria. Esta gran Yamaha, lanzada en 1986, llevaba con toda comodidad sus maletas y toda clase de equipaje.

Motor: tetracilíndrico, dohc, 1.188 cc, refrigerado por aire
Potencia: 125 CV
Caja de cambios: pedal, cinco velocidades
Transmisión secundaria: cadena
Peso: 238 kg
Velocidad máxima: 238 km/h

La FJ1200, una soberbia *tourer* para largas distancias, se fabricó entre los años 1986 y 1994. Era una máquina de extraordinaria fiabilidad; sus prestaciones se mejoraron en 1988 al incluir ruedas de 17 pulgadas y mejorar sus frenos.

YAMAHA XT600E

1985

La decana de las grandes monocilíndricas trail era la Yamaha XT600E, que había evolucionado a partir de la serie DT «Dirt-Trail» de 1976, perfeccionándose a lo largo de 25 años hasta convertirse en la mejor máquina *on/off-road* del mercado. Aunque alcanzaba los 161 km/h sobre el asfalto y disponía de un sillín cómodo para largas distancias, su línea aerodinámica y posición de conducción hacían disminuir sus prestaciones por encima de los 121 km/h. El asiento estaba más bajo que en versiones anteriores, y el motor monocilíndrico refrigerado por aire era más esbelto que el de sus rivales con refrigeración por agua. Aunque no era tan potente como la Aprilia Pegaso o la Kawasaki KLR650, el motor con doble carburador y cuatro válvulas de la XT600E transmitía su

potencia con mayor suavidad, gracias a su eje de balance accionado por engranajes, que minimizaba los tirones de la transmisión. Con los accesorios que la

fábrica vendía para realizar reglajes del motor, el comprador podía aumentar los 45 CV del modelo estándar. En carretera, y provista de ruedas adecuadas, como las Avon Gripster, la XT600E entraba en las curvas con toda seguridad. En campo, no tenía la excelente maniobrabilidad de la DT125R. Los paneles de plástico resistían bien las caídas. A partir de 1995, se introdujeron algunos cambios, mejorando los colores de la pintura, el depósito de combustible y el freno delantero.

La categoría de las grandes *trails* fue creada por el modelo XT600E, que demostró ser mejor *off-road* que su rival, la Honda Dominator.

Motor: monocilíndrico ohc, 595 cc, refrigerado por aire
Potencia: 45 CV
Caja de cambios: seis velocidades
Transmisión secundaria: cadena
Peso: 155 kg
Velocidad máxima: 161 km/h

YAMAHA YZF-R1

1998

El buque insignia con que Yamaha entró en el siglo XXI, la R1, estaba propulsada por un motor de cuatro cilindros en línea y cuatro tiempos, con cinco válvulas por cilindro. Su bastidor de última tecnología incluía suspensión delantera por horquilla telescópica y trasera por brazo basculante y monoamortiguador.

En la parte delantera llevaba montado un doble disco de freno de 298 mm. En 1998, la R1 fue nombrada «motocicleta del año» por lectores y críticos de revistas especializadas de muchos países, y en 1999 se convirtió en el modelo más vendido de Europa en la categoría de superdeportivas de más de 600 cc. A partir de 2000, la estrella de la serie YZF-R fue rediseñada, incorporando

más de 150 nuevos componentes, lo que la convertía en punto de referencia de todas las motocicletas deportivas.

Motor: cuatro cilindros en línea, cuatro tiempos, 20 válvulas, 998 cc (74 × 58 mm), refrigeración líquida
Potencia: 150 CV a 10.000 rpm
Caja de cambios: pedal, seis velocidades
Transmisión secundaria: cadena
Peso: 175 kg
Velocidad máxima: 286 km/h

No hay duda de que la R1 de 150 CV es todo un hito, creando nuevos patrones de maniobrabilidad y prestaciones en las superdeportivas. Sus hermanas R6 y R7 eran tan impresionantes como ella.

YAMAHA YP125 MAJESTY

1999

La oferta de Yamaha con más éxito dirigida al emergente mercado de los escúter a la vuelta del siglo XX fue la YP125 Majesty. Sus buenas cualidades de maniobrabilidad la convertía en un serio rival de las Honda y Piaggio. Su velocidad máxima era de 105 km/h, con un asiento relativamente alto, 774 mm. El diseño de la Majesty era atractivamente agresivo, con más peso en la parte delan-

tera que la Honda Pantheon. Al ralentí, su brioso motor monocilíndrico de cuatro tiempos tenía un sonido suave, pero tendía a emitir ciertas vibraciones a través de la horquilla y el asiento. El freno delantero era especialmente eficaz y de suave tacto, pero el trasero parecía de madera. En conjunto, la Majesty era una máquina bien construida, a pesar de ciertos pequeños defectos.

La Majesty 125 cc con motor monocilíndrico de cuatro tiempos era una buena inversión; y si bien la versión de 250 cc era ideal para carretera, la de 125 cc era una máquina excelente para transporte diario.

Motor: monocilíndrico, cuatro tiempos, ohc, 125 cc
Potencia: 10 CV a 8.000 rpm
Caja de cambios: automático
Transmisión secundaria: no disponible
Peso: 128 kg
Velocidad máxima: 105 km/h

ZANELLA

DE ENTRE TODAS LAS MARCAS sudamericanas, Zanella es la única que está completamente en poder de sudamericanos, y que fabrica y pilota sus propias motocicletas de competición. Otras firmas tienen sus accionistas en otros continentes, o sólo fabrican modelos de carretera y campo.

Los hermanos Zanella son de origen italiano: de Belluno, al norte de Venecia. En 1948, dejaron su país natal para establecerse en Argentina. Ese mismo año crearon Zanella, una firma especializada en metalurgia. Más tarde, en 1955, comenzaron a fabricar componentes para la creciente industria nacional del automóvil.

Dos años después, en 1957, empezaron a trabajar en sus primeras motocicletas, que eran italianas en un ochenta por ciento. Al año siguiente, los hermanos Zanella firmaron un acuerdo de licencia con la compañía italiana Cecceto para fabricar una motocicleta de dos tiempos y 100 cc.

En 1959 comenzó la construcción de una nueva planta, que estuvo completa al año siguiente. En 1960 apareció la primera máquina Zanella totalmente fabricada en Argentina.

La exportación de motocicletas a Paraguay (y camionetas de tres ruedas)

empezó en 1961. En 1963, Zanella ya enviaba motocicletas a otros países de Sudamérica y también a los Estados Unidos. Además, la compañía empezó su programa de competición con la venta de motocicletas de carreras «personalizadas».

A mediados de los años sesenta, Zanella contaba con toda una gama de

Los italianos hermanos Zanella se establecieron en Argentina en 1948 y comenzaron a fabricar motocicletas en 1957. La de la foto es un modelo 200 J-R de 1986.

modelos, incluida la famosa SS125 de carretera y una versión mayor con motor de 168 cc (60 × 59,6 mm). Sus modelos, que adoptaron el sistema de refrigeración líquida, dominaron la competición nacional durante veinte años.

Zanella llegó a Europa a principios de los años ochenta, con una motocicleta de competición Grand Prix de 80 cc; también apareció la Exposición Bienal de Milán. Como resultado, Zanella firmó un acuerdo con Cagiva para que la firma italiana distribuyera su ciclomotor en Italia. Como contrapartida, también se importaron muchas motocicletas italianas en Sudamérica.

Durante los años ochenta, Zanella comenzó una política de exportación, en la que incluía su participación en carreras europeas con un nuevo modelo de 80 cc. Además, presentó su ciclomotor de 49 cc en la Exposición de Milán en 1987.

ZENITH

ZENITH COMENZÓ EN LONDRES con una de las más extrañas máquinas, la llamada Bicar, que se anunció como «la revolución de las motocicletas». El diseño apareció por vez primera en 1905 en el Cristal Palace Show londinense, donde recibió el nombre de Tooley Bicar en honor a su creador; de su presentación se encargó Britton & Harley, de Great Yarmouth. En julio de ese año, el modelo se había mejorado considerablemente, y fue fabricado por la Zenith Motor Engineering Co. de Londres.

La Bicar tenía un bastidor muy novedoso, con un tubo principal que iba des-

---

ZEDEL
Francia 1902-1915. Zurcher und Luthi eran famosos por sus motores, pero su filial francesa, Zedel, fabricaba motocicletas completas de 2 y 3,5 CV, ambas con motores monocilíndricos y bicilíndricos en V.

ZEGEMO
Alemania 1924-1925. Este diseño de Hans Knipp (que antes había trabajado para Zetge) estaba propulsado por un motor Baumi de 248 cc y dos tiempos.

ZEHNDER
Suiza 1923-1929. El nombre de esta firma se hizo famoso gracias a sus modelos (a menudo muy rápidos) de dos tiempos y 110, 150 y 250 cc. La compañía fue absorbida por la firma alemana Standard en 1928, pero continuó fabricando motocicletas en Suiza.

ZEHNER
Alemania 1924-1926. Otto Dehne diseñó este modelo de 197 cc y válvulas laterales.

ZENIT
Italia 1954-1956. AMC (Francia) suministraba los motores de 125 y 175 cc que propulsaban estas máquinas ensambladas.

ZEPA
Italia (Regio Emilia) hacia los años cincuenta. Se desconocen las fechas exactas de fabricación de esta motocicleta, pero el motor de 38 cc que la propulsaba también se vendía como motor auxiliar.

de el eje de la rueda trasera hasta la rueda delantera y de nuevo hacia atrás. Debajo del tubo, a cada lado, discurría un segundo tubo encargado de soportar el peso del piloto y el motor, que colgaba de unos soportes con el fin de eliminar la vibración. El modelo utilizaba un sistema de dirección sobre el cubo de la rueda y eje fijo, de manera que no había horquilla delantera en el sentido convencional. Además, el manillar estaba conectado al eje de la rueda por medio de soportes. El motor era un Fafnir de 3 CV, con el sistema de embrague llamado de «motor libre», transmisión a la rueda trasera por correa y frenos de tambor. Zenith también ofrecía un Tricar, con motor de 5 CV y dos velocidades, dos características que no tardó en ofrecer opcionalmente el modelo Bicar.

La compañía era dirigida por Freddi W. Barnes, que en 1907 patentó su sistema Gradua Gear, en el que se combinaba una polea variable en el motor con el movimiento de la rueda trasera para mantener la tensión correcta de la correa. Este sistema se valía de un conjunto de bielas conectadas a una palanca manual que permitía cambiar de marcha con un solo movimiento y resultó tan útil en los ascensos que algunos organizadores prohibieron que en sus competiciones participaran máquinas fabricadas por Zenith, que sacó un gran beneficio de su 'inaccesible' patente.

Pero antes de que esto ocurriera, la Bicar ya había sido revisada, convirtiéndose en el modelo Zenette, con una línea propia de aquellos años, pero que conservaba el bastidor elástico de la Bicar. Se le añadió una horquilla delantera reforzada y el sistema Gradua Gear.

A finales de 1908, se unió a la Zenette un modelo con horquilla elástica y que gracias a su menor peso era todavía más eficaz en las pendientes. A finales de año, la compañía se trasladó a Weybridge, Surrey, cerca del Brooklands, circuito en el que Freddie Barnes logró batir el récord de la Test Hill a principios de 1909. La nueva ubicación trajo más prosperidad a la firma.

En 1910, se hizo una revisión a fondo del modelo, adoptando la horquilla Druid clásica. La Zenette siguió vendiéndose ese año, y la gama de 1911 incluyó también el nuevo modelo Zenette Gradua, con motores JAP de uno o dos cilindros en V. Durante ese año, la prohibición de copiar el sistema Gradua Gear sirvió para promocionarlo como un método ideal para subir pendientes. Aunque en 1913 aparecieron más modelos, volvió a haber una revisión general de la gama en 1914, todos ellos con eje intermedio accionado por cadena montado en la parte anterior del cárter, embrague y pedal de arranque. El eje intermedio disponía de una polea de gran tamaño que se unía a la rueda trasera mediante una larga correa, y se conservaba el sistema Gradua Gear. Todos los motores eran ahora bicilíndricos fabricados por JAP.

Durante 1914, la firma se trasladó a Hapmton Court, Middlesex, y después de la guerra se reanudó la producción con motores JAP bicilíndricos, todavía con el eje intermedio y el sistema Gra-

Una interesante Zenith provista de motor monocilíndrico refrigerado por agua. Los radiadores estaban colocados a ambos lados del cilindro.

En 1914, el catálogo de Zenith sólo incluía modelos con motores JAP de dos cilindros en V, incluido el 550 cc de la fotografía. La transmisión se realizaba con el famoso sistema Gradua Gear, con cadena y correa, o enteramente a correa.

dua Gear. En noviembre de 1919, apareció otro modelo bicilíndrico plano con motor de 346 cc y el mismo tipo de transmisión.

En 1921, se lanzó un modelo con motor Bradshaw de 494 cc y refrigeración por aceite; este modelo no tardó en ofrecer dos opciones: sistema Gradua Gear o una caja de cambios Sturmey-Archer de tres velocidades y transmisión enteramente a cadena. Esta opción se ofreció en casi todos los modelos en 1921. En 1923, el catálogo de la firma se amplió con modelos monocilíndricos

convencionales. La transmisión a cadena estaba a la orden del día en 1924, y se abandonaba el sistema Gradua Gear. La firma puso en venta una nueva gama de monocilíndricas y bicilíndricas en V típicas de aquella década, y que fue aumentando de año en año. Uno de los modelos lanzados en 1924 utilizaba un motor Bradshaw monocilíndrico con distribución ohv. En 1926, se utilizaron motores Blackburne de 1926, JAP monocilíndricos de 490, y JAP bicilíndricos en V de 680 y 980 cc. En 1927 se añadió una motocicleta ligera, que al año siguiente fue retirada y sustituida por otra con motor Villiers de dos tiempos y 172 cc.

La compañía no había olvidado su pasado deportivo, y en 1928 O. M. Baldwin estableció el récord de velocidad con un registro de 200 km/h pilotando una Zenith-JAP de 996 cc. Dos años más tarde, Joe Wright utilizó otra Zenith y no la OEC, como se había anunciado, para elevar la marca hasta los 241 km/h.

Sin embargo, en 1930 Zenith no vendía muchas máquinas, y al poco tiempo la compañía fue adquirida por Writer's, un importante comerciante de Londres. En 1931, el nuevo propietario redujo el catálogo a unos cuantos modelos, todos con motores JAP, pero pronto lo aumentó nuevamente, añadiendo también motores Blackburne durante algunos años. El formato convencional y tal vez un poco anticuado continuó caracterizando a las motocicletas Zenith durante el resto de la década, hasta la llegada de la Segunda Guerra Mundial. Después de la guerra, sólo se fabricaba un modelo: una bicilíndrica en V con motor JAP de 747 cc y válvulas laterales, con estética algo obsoleta y horquilla Druid. Con el tiempo, poco antes de que la producción se interrumpiera definitivamente en 1950, esta horquilla se sustituyó por la telescópica Dowty Oleomatic.

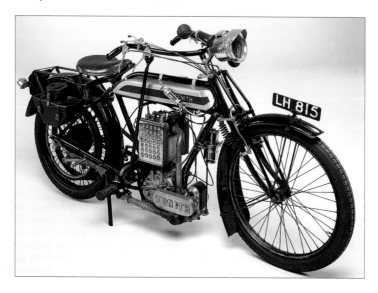

ZENITH GRADUA

1910

ZEPHYR
Inglaterra 1922-1923. Este motor de dos tiempos y 131 cc se vendió en dos versiones: como motor auxiliar y también instalado en una motocicleta ligera.

ZETA
Italia 1947-1954. Este escúter, con sus ruedas de 33 mm, estaba propulsado inicialmente por un motor Cucciolo de 48 cc; es posible que después utilizara un Ducati de 60 cc.

ZETGE
Alemania 1922-1925. Una fuente asegura que esta máquina tenía un motor de dos tiempos y 150 o 175 cc, mientras que otras fuentes hablan de monocilíndricas de 500 cc con válvulas laterales y bicilíndricas de 600 y 750 cc.

ZEUGNER
Alemania 1903-1906. Esta firma ensambladora utilizaba una gama de motores de distintas firmas: Fafnir, FN, Minerva, Peugeout y Zedel.

ZEUS
Austro-Hungría (República Checa) 1902-1912. Estas máquinas eran monocilíndricas de 3 y 3,5 CV, y bicilíndricas de 4 y 4,5 CV. También se vendieron con el nombre Linser, en honor de su diseñador, Christian Linser.

En la era eduardiana, las motos tenían una transmisión directa a correa que unía el motor con la rueda trasera, y por tanto una relación de transmisión fija.

Para solucionar el problema se recurrió a poleas ajustables en el motor, pero esto significaba tener que detenerse para poder cambiar a la relación menor, y volver a hacerlo una vez se terminaba la ascensión. Freddie Barnes diseñó un sistema llamado Gradua Gear que ponía remedio al inconveniente.

En 1910, el Zenith original se había refinado, con una palanca colocada en la parte superior del depósito de gasolina, que hacía girar un eje con un engranaje cónico. Éste engranaba con otro eje que

se proyectaba hacia atrás por el lado derecho del bastidor y que a su vez estaba conectado a otro eje semejante colocado a la izquierda. Estos dos ejes hacían mover la rueda hacia delante y hacia atrás, movimiento que estaba conectado con la polea del motor, de modo que cuando ésta se contraía o expandía, también lo hacía la rueda trasera para mantener constante la tensión de la correa de transmisión. Este cambio infinitamente variable en realidad funcionaba con relaciones de entre 3:1 y 9:1, lo que suponía una gran ventaja en competición, tanto que la marca Zenith no era admitida en determinadas carreras. Todo esto revertía en una gran publicidad para la firma,

Este modelo de 1921 bicilíndrico en V de 680 cc tenía la opción de arranque a la carrera y transmisión por correa o bien pedal de arranque y transmisión combinada de cadena y correa.

y pronto los anuncios incidieron en el aspecto «prohibido» de la motocicleta.

Motor: monocilíndrico vertical, válvulas laterales, 499 cc (85 × 88 mm), refrig. por aire
Potencia: no especificada
Caja de cambios: palanca manual, variable
Transmisión secundaria: correa
Peso: 82 kg
Velocidad máxima: no especificada

ZUNDAPP

ALEMANIA 1921-1984

ZUNDERUND APPARATEBAU, más conocida por Zundapp, fue fundada en septiembre de 1917, comenzando como una aventura entre tres firmas distintas en mitad de la Primera Guerra Mundial. Con sede en Nurnburg y más de 1.800 empleados, el estímulo de esta empresa fue la producción de guerra, a la que contribuyeron con mechas para piezas de artillería. Al finalizar la guerra, la compañía se esforzó por encontrar un producto necesario en aquellos años.

Zundapp fue adquirida por Fritz Neumeyer en 1919, y el problema de encontrar un producto con gran demanda quedó resuelto en 1921, cuando fabricó su primera motocicleta, precursora de los

tres millones de máquinas que saldrían de sus cadenas de montaje en los sesenta y tres años siguientes. El primer modelo fue la Z22, que utilizaba un

motor de 211 cc británico Levis de dos tiempos. En octubre de 1922, ya se habían fabricado 1.000 unidades. Neumeyer pronto se dio cuenta de que el prestigio

Zundapp fabricó toda una serie de bicilíndricas con los cilindros horizontales opuestos, tanto para uso civil como militar. Esta máquina es de la Segunda Guerra Mundial.

Durante los años treinta, Richard Kuchen diseñó las primeras bicilíndricas planas de Zundapp, con capacidades de 398 y 498 cc. También creó este modelo tetracilíndrico de 598 cc.

de la firma dependía en buena parte de su implicación en la competición. La primera Zundapp participó en las pruebas de fiabilidad en el norte de Baviera en septiembre de 1921; su piloto fue el campeón alemán Metsch, que se convertiría en una leyenda de la organización Zundapp con sus hazañas en los años veinte.

En noviembre de 1924, ya se habían añadido a la gama otros modelos propulsados por el motor Zundapp, entre ellos uno que utilizaba 249 cc basada en el original Levis. A comienzos de ese año, Zundapp encargó la construcción de una moderna cadena de montaje, de cuyas cintas transportadoras salieron más de 10.000 motocicletas antes de que terminara el año. El público alemán comenzó a comprar motocicletas masivamente en 1924. A este *boom* había colaborado una carrera nacional de diecisiete días que había despertado el interés de millones de aficionados, y en la que Zundapp logró auténticas proezas.

A partir de 1926, Zundapp estableció sucursales en las ciudades importantes

Esta versión de la KS601 con brazo basculante se fabricó en 1958, expresamente para la firma importadora americana Berliner Corporation de New Jersey.

del país, empezando con Berlín; con este sistema, pronto contó con una red nacional de distribución.

En 1928, después de varios récords de ventas, las cuatro plantas que Zundapp poseía en Nurnburg quedaron inundadas, lo que llevó a construir una nueva fábrica en Nurnburg-Schweinau. Cuando ésta abrió al año siguiente, fue aclamada como la más moderna del mundo. En tan sólo siete años, Zundapp había crecido a partir de cero y ocupaba un lugar de importancia entre los grandes líderes del mercado. En abril de 1929, la firma logró un nuevo récord de producción con un total de 4.200 unidades. Un par de meses más tarde, Hans-Friedrich Neumeyer se unió a la compañía, pero a finales de año las ventas habían caído en picado, rozando las 300 unidades mensuales.

La Gran Depresión había llegado. Más de 5,5 millones de alemanes estaban sin trabajo. Zundapp, al contrario que la mayoría de las firmas del sector, sobrevivió, lo que se debe en gran parte a la inteligente política de dirección de la familia Neumeyer.

En 1933, Zundapp estaba logrando una recuperación asombrosa. Por entonces estaba fabricando sus primeras bicilíndricas horizontalmente opuestas de cuatro tiempos, con capacidades de 398 y 498 cc, a la vez que lanzaba una tetracilíndrica plana de 598 cc. Estos modelos eran obra de Richard Duchen, y se presentaron como motocicletas algo estrambóticas, pero tuvieron gran éxito.

En 1934 se lanzó una dos tiempos. El modelo se llamó Derby, y tenía 174 cc con 5,5 CV y un nuevo sistema de barrido de gases en tres fases. Este sistema se incorporó más tarde a otros modelos Zundapp de dos tiempos.

Durante unos años, las ventas crecieron tan rápidamente que los distribuidores se quejaban de falta de suministros. Zundapp no era capaz de fabricar motocicletas con la suficiente rapidez. Además, a finales de los años treinta, los compromisos militares comenzaban a gobernar en la vida industrial de la Alemania de Hitler. A pesar de eso, Zundapp lanzó varios modelos nuevos, incluida la KS600 de dos cilindros planos, con un motor de 597 cc. Otro modelo, la DS350, se convirtió en la primera motocicleta de la marca en ofrecer pedal para el cambio de marchas.

A partir de marzo de 1940, todos los pedidos civiles fueron anulados pero, al contrario de lo que ocurrió con otras firmas rivales, Zundapp conservó buena parte de sus instalaciones dedicadas a la fabricación de motocicletas. También fue capaz de celebrar la fabricación de su motocicleta número 250.000, una KS750 que salió de la cadena de montaje el 13 de marzo de 1942.

La KS 750 fue diseñada expresamente con fines militares. Estaba unida a un sidecar con transmisión mediante un diferencial de bloqueo. El motor era un bicilíndrico plano refrigerado por aire, y el cambio disponía de dos conjuntos de cuatro marchas, tanto hacia delante como hacia atrás. Junto a la similar BMW R75, la KS750 fue una de las motocicletas alemanas más importantes de la Segunda Guerra Mundial.

En 1945, Zundapp había perdido una tercera parte de sus instalaciones. El ejército americano de ocupación tomó posesión de su principal bloque de oficinas, sus talleres de reparación en instalaciones de mantenimiento, y sólo quedaron 170 de los 4.000 trabajadores que la fábrica había tenido en 1944. La producción de motocicletas no se reanudó hasta el verano de 1947, con algunos modelos anticuados de antes de la guerra. La primera motocicleta totalmente nueva fue la DB201, una monocilíndrica de dos tiempos.

Luego apareció la KS600, que recordaba a las bicilíndricas planas que Zundapp fabricaba antes de la guerra. Con su bastidor de acero estampado, cambio

A finales de los años setenta, Zundapp fabricó los modelos KS125 y KS175 (esta última se muestra en la fotografía). Ambos modelos utilizaban motores de dos tiempos con refrigeración líquida. Laverda también utilizó estos mismos motores.

por palanca manual y pedal interconectados, y estética clásica, el modelo pronto dio paso a una máquina más deportiva, la KS601 (apodada «elefante verde»), en 1951. Su motor de 597 cc (75 × 67,6 mm) ohv desarrollaba 28 CV, con una velocidad máxima cercana a los 141 km/h, lo que la convertía en la motocicleta urbana más rápida fabricada en Alemania hasta la fecha.

Estas bicilíndricas planas también eran ideales para tirar de un sidecar, versiones que por entonces tenían gran demanda. Una KS601 podía alcanzar los 120 km/h, y también era capaz de lograr grandes éxitos en pruebas de larga distancia como los International Six Days' Trial.

Durante muchos años, Zundapp obtuvo considerables éxitos en los ISDT. Esta GS125 de enduro con motor monocilíndrico de dos tiempos es de 1972.

Zundapp trasladó sus instalaciones a Munich a comienzos de 1950, y bajo la dirección del Dr. Mann Zundapp fue haciéndose cada vez más fuerte. Su política se centró principalmente en los modelos de dos tiempos y pequeña capacidad, y en 1959 se fabricó la última de las bicilíndricas KS601. Uno de los modelos más vendidos de Zundapp fue el escúter Bella, del que se fabricaron 130.680 unidades. En cuanto a motocicletas, la Elastic (llamada así por su

Una Zundapp KS 750 de 1939 con sidecar Stoppa. Tenía un motor bicilíndrico plano, y fue una de las mejores motocicletas alemanas de la Segunda Guerra Mundial.

sofisticado sistema de suspensión) fue también un éxito de ventas, y se ofreció con varias cilindradas diferentes.

La 200S llegó en 1955, precursora de toda una familia de motocicletas que sustituyeron a la gama de modelos Elastic. La 250 Trophy S final se fabricó en los años sesenta.

Durante muchos años, Zundapp logró numerosos éxitos deportivos en los International Six Days' Trial y en otras pruebas, proporcionando además las máquinas con que el equipo de Alemania Federal ganó los deseados trofeos Trophy y Vase. Al contrario que otras marcas, Zundapp no se vio muy afectada por la caída en las ventas que se produjo en la industria de las motocicletas alemanas a finales de los años sesenta. En 1965, las ventas de ciclomotores, motocicletas ligeras y escúter alcanzaban cifras históricas para la firma de Munich, y como resultado se hizo gran esfuerzo en el terreno deportivo: pruebas de trial de un día y acontecimientos de enduro, además del récord mundial en Monza en 1965.

Zundapp, con Gustav Franke, se convirtió en campeona europea de trial ese mismo año. La primera motocicleta

Zundapp de serie con refrigeración por agua fue la KS50 de 1972. La compañía también presentó a la Exposición de Colonia celebrada en septiembre de 1976 la bicilíndrica KF350 con refrigeración por agua y dos tiempos, aunque tan sólo se trataba de un prototipo. Esta avanzada máquina de excelente diseño

nunca llegó a fabricarse, aunque sí se puso en venta la KS125, con refrigeración líquida, a la que siguió la KS175 de mayor capacidad.

Estos motores también los utilizó la firma italiana Laverda desde 1977 hasta mediados de los años ochenta. Después de las 115.000 unidades de 1977, las

ventas de Zundapp disminuyeron en los siguientes años. En 1981, las ventas cayeron hasta menos de 60.000 unidades, y en la Exposición de Colonia de 1982, la firma hizo el último esfuerzo, pues había perdido más de un 41 por 100 con respecto al año anterior.

Y esto a pesar de los nuevos modelos como la KS80 y la RSM de carreras de 80 cc que batió el récord del mundo, una monocilíndrica horizontal con 30 CV de potencia a 14.800 rpm, que podía alcanzar la increíble velocidad de 219 km/h. Zundapp incluso ganó en 1984 (nuevamente con Stefan Dorflinger) el título mundial de 80 cc, pero la compañía fue declarada en bancarrota poco antes de la Exposición de Colonia de ese año.

La firma encontró en la República Popular de China un comprador para su maquinaria, existencias y diseños.

El campeón del mundo Stefan Dorflinger ganó el título mundial en 1984 pilotando su Zundapp RSM (en la que colaboró Krauser), que podía alcanzar los 219 km/h.

ZUNDAPP KS601 {1951}

La Zundapp bicilíndrica plana, con su caja de cambios con cadena y rueda dentada, había estado en venta desde comienzos de los años treinta, obra del legendario diseñador alemán Richard

Kuchen. Incluso hubo una tetracilíndricas plana antes del estallido de la Segunda Guerra Mundial. Durante el conflicto, Zundapp fabricó el modelo militar KS750, que junto con la BMW R75, fue

uno de las motocicletas alemanas más famosas de la guerra.

Una vez terminada ésta, la compañía fabricó la KS600, que con su bastidor de acero estampado, horquilla de para-

lelogramos y parte trasera rígida, resultaba un modelo extraordinariamente anticuado. Pero los entusiastas de Zundapp pudieron volver a pilotar un modelo de bandera con la presentación en

1951 de una nueva versión deportiva del diseño bicilíndrico plano, la KS601, que pronto recibió el sobrenombre de Elefante Verde, debido a su dureza y color.

La KS601 tenía un motor de 597 cc (75 × 67,6 mm) con distribución ohv y un carburador Bing de 25 mm para cada cilindro; contaba además con pistones de acero fundido y culatas de aleación ligera. Su potencia era de 28 CV a 4.700 rpm, con un sistema eléctrico de 6 voltios y 90 vatios.

La caja de cambios con cadena y polea tenía cuatro velocidades y se accionaba mediante un pedal; estaba

Con un sidecar de una sola plaza, la KS601 Green Elephant de 597 cc podía alcanzar los 120 km/h. En versión sin sidecar, su velocidad máxima aumentaba hasta los 141 km/h.

integrada en el motor y disponía de transmisión secundaria mediante eje. La suspensión trasera era por émbolo, y la delantera, por horquilla telescópica. Con una velocidad máxima de 145 km/h (sin sidecar), la Green Elephant era la motocicleta de serie más rápida que por entonces se fabricaba. Todavía más impresionante era su habilidad para tirar de un sidecar, con el que podía rodar a más de 120 km/h. Fue la versión con sidecar que más admiración despertó, y con la que ganó varias medallas de oro durante los años cincuenta en los International Six Day Trial.

La KS601 era una máquina soberbia, en muchos sentidos superior a la BMW R51/2, pero los intentos de Zundapp por igualarse a BMW en las salas de muestras se vieron frustrados cuando en 1955 esta marca lanzó su serie R50/60 con horquilla Earles.

Zundapp dejó de fabricar bicilíndricas planas en 1959, cuando la última Green Elephant salió de la cadena de montaje a finales de año. Se habían fabricado un total de 5.500 unidades de este modelo. Cuando el famoso escritor y periodista deportivo alemán Ernst Leverkus buscó un nombre para su rally de invierno, se decidió por Elephant Rally, un adecuado tributo a una de las mejores motocicletas fabricadas en ese país.

Motor: bicilíndrico plano, dos válvulas, ohv, 597 cc (75 × 67,6 mm), refrigerado por aire
Potencia: 28 CV a 4.700 rpm
Caja de cambios: pedal, cuatro velocidades
Transmisión secundaria: eje
Peso: 202 kg
Velocidad máxima: 141 km/h

ZWEIRAD-UNION
Alemania 1958-1974. En 1958 se fusionaron tres firmas: DKW, Express y Victoria. La compañía Hercules se unió varios años más tarde, en 1966. Estas cuatro empresas terminaron formando parte de Fitche & Sachs. Fueron responsables de la fabricación de modelos de dos tiempos (principalmente con motores de 50 y 100 cc) provistos de bastidores de acero estampado.

ZWERG
Alemania 1924-1925. Esta firma alemana de corta vida fue otro fabricante clásico de aquellos años, responsable de motocicletas ligeras de dos tiempos con motor propio. Las capacidades de los motores que movían sus máquinas eran de 147 y 187 cc.

ZWI
Israel (Tel Aviv) 1952-1955. Esta efímera compañía tenía su sede en Israel a principios de los años cincuenta. Fue fundada por el piloto húngaro Stefan Auslaender. Utilizaba en sus motocicletas motores JAP y Villiers con 123 cc de capacidad.

ZZR
Polonia 1960-desconocida. Las fechas exactas de esta compañía son un tanto difíciles de conseguir, pero lo que dejan claro las fuentes consultadas es que se dedicaba a la fabricación de ciclomotores.

ZUNDAPP BELLA   1953

Uno de los modelos de Zundapp que más se vendieron fue el escúter Bella, que hizo su debut en mayo de 1953. Denominado Bella Motor Roller, esta máquina resultó todo un éxito para la compañía, con su diseño básico prácticamente inalterado hasta 1964, año en

que se llevaban fabricadas 130.680 unidades del modelo, con varias versiones, en sus once años de vida.

El primer modelo fue el Bella 150, o R150, con una cilindrada de 147 cc (57 × 58 mm), con 7 1/3 CV, un carburador Bing de 20 mm y una velocidad

máxima de 80 km/h. Su motor de dos tiempos con lumbrera, tenía un pistón de hierro fundido y tres segmentos, y culata de aleación.

La Bella contaba con transmisión primaria por engranajes y una caja de cambios de cuatro velocidades integrada en

Un escúter Zundapp R200 Bella de 1954. Estaba propulsado por un motor monocilíndrico de dos tiempos y 198 cc. Este modelo presentaba varios cambios con respecto a la versión original con motor de menor cilindrada.

el motor y pedal oscilante de cambio. La transmisión secundaria era mediante cadena, totalmente encerrada bajo una carcasa que oscilaba con la suspensión trasera por brazo basculante.

En esta suspensión se utilizaban además muelles helicoidales al aire, controlados por un único amortiguador hidráulico. La rueda delantera estaba montada en una horquilla telescópica con eje portador delantero, y el diámetro relativamente mayor de sus llantas de aleación de 12 pulgadas utilizaban un neumático con sección de 3.50. Disponía además de frenos de tambor de 150 mm.

El bastidor era convencional, formado básicamente por un tubo inferior de gran diámetro y dos grandes elementos centrales que se arqueaban por encima del motor y la rueda trasera. Sobre este bastidor básico se disponía un chasis de acero estampado que ofrecía una gran protección tanto en la parte delantera como en la trasera. Incluido en el cuerpo del chasis estaba un depósito de com-

bustible con capacidad para 8,5 litros. Un conducto de refrigeración permitía que el aire que entraba por la parte delantera fuera dirigido hacia la parte superior del cilindro, saliendo por la rejilla de ventilación colocada detrás del asiento del piloto. Podía añadirse un asiento para un pasajero. A los lados de la rueda trasera estaban sujetas con goznes unas rejillas de aluminio que, una vez extendidas, se convertían en soportes para unas alforjas. Opcionalmente, podía instalarse una rueda de repuesto con su soporte.

En mayo de 1954, se habían vendido más de 10.000 escúter Bella, pero para hacer frente a las peticiones de los usuarios, que reclamaban mejor aceleración y algo más de velocidad máxima, Zundapp lanzó el R200, propulsado por un motor de 198 cc (64 × 62 mm) con varios cambios con respecto a la versión original.

Motor: monocilíndrico, dos tiempos 147 cc, (57 × 58 mm), refrigerado por aire.
Potencia: 7,3 CV a 6.000 rpm
Caja de cambios: pedal, cuatro velocidades
Transmisión secundaria: cadena, totalmente oculta
Peso: 158 kg
Velocidad máxima: 80 km/h

Zundapp B250 Concept

1953

En la Exposición Internacional de Frankfurt de 1953, Zundapp acaparó buena parte de la atención, pero no fue por su escúter Bella o su motor Elastic 250, sino gracias a una bicilíndrica totalmente nueva con cilindros opuestos horizontalmente y 247 cc (54 × 54 mm), la B250.

Aunque por entonces se confiaba en que el modelo empezara a fabricase en la primavera siguiente, éste nunca llegó a las cadenas de montaje. La idea no superó la fase de prototipo, lanzado a bombo y platillo con el único fin de atraer publicidad a la firma.

La B250 había sido influida por una Hoffman 250 bicilíndrica plana aparecida en 1951, y Zundapp la fabricó con la única intención de llamar la atención, pues su producción habría resultado demasiado cara.

El motor de la 250 Zundapp bicilíndrica tenía un diseño excepcionalmente nítido, con sus culatas de aleación y cilindros con camisas rectificables de hierro fundido. Las dimensiones del diámetro y la carrera eran idénticas, y los pistones de tres segmentos permitían una relación de compresión de 6,8:1. Su potencia con doble carburador Bing de 24 mm era de 18,5 CV a 7.000 rpm.

Tal vez, la característica más sobresaliente del modelo (que solemos encontrar sólo en modelos caros de gran capacidad) era el uso de transmisión secundaria por eje. Las cabezas de las bielas contaban con rodillos de aguja parecidos a los de la KS601 Green Elephant. A la parte anterior de su cigüeñal de tres cojinetes se unía el eje del inducido de la dinamo Noris DC. La caja de cambios de cuatro velocidades estaba unida con bridas a la parte posterior del cárter, y la transmisión se realizaba a través de un embrague de coche con un solo plato. La caja de cambios, como la de las bicilíndricas planas de mayor cilindrada, era del tipo con cadena y polea, unida mediante cadena doble.

El novedoso diseño del bastidor permitía que el motor bicilíndrico plano transversal se encontrara situado bajo dos tubos de gran diámetro y muy separados entre sí, que desde la pipa de dirección se prolongaban hacia ambos lados de la motocicleta. Por su extremo posterior, los tubos terminaban por encima y ligeramente delante del eje de la rueda trasera, formando el soporte superior de los amortiguadores traseros. Como los puntos de anclaje del motor se encontraban próximos al plano horizontal que atravesaba el eje del cigüeñal, los diseñadores aseguraban que tal disposición contrarrestaba los efectos del par motor.

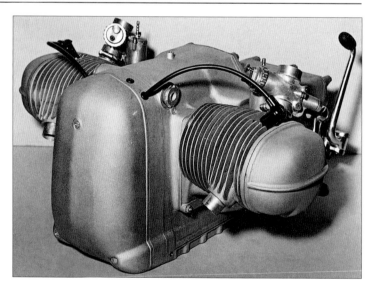

El motor bicilíndrico horizontalmente opuesto, con 247 cc y distribución ohv que Zundapp diseñó para su B250 de 1953. Esta motocicleta no pasó de su fase de prototipo, y se fabricó únicamente para atraer la atención de la prensa.

Los frenos de tambor de aluminio de ambas ruedas eran de 180 mm, las llantas de 16 pulgadas y los neumáticos con sección de 3.50 Entre otros componentes, cabe señalar su depósito de 15 litros,

Motor: bicilíndrico plano, dos tiempos, ohv, 247 cc (54 × 54 mm), refrigerado por aire
Potencia: 18,5 CV a 7.000 rpm
Caja de cambios: pedal, cuatro velocidades
Transmisión secundaria: eje
Peso: no especificado
Velocidad máxima: no especificada

el profundo guardabarros delantero y la parte trasera de la motocicleta, casi totalmente cerrada, colocada detrás del motor.

GLOSARIO

Abocinamiento Conducto de admisión con forma abocinada con que cuentan algunos carburadores.

Abocinamiento Tubo en forma de trompa diseñado para facilitar la entrada de aire al carburador.

Abrazadera Jubilee Nombre de una marca de abrazaderas para manguera.

ABS Sistema de freno antibloqueo

AC Corriente alterna (la producida por un alternador)

Aceite monogrado Tipo de aceite cuya viscosidad viene determinada por un número SAE.

Aceite multigrado Aceite cuyas características de viscosidad vienen determinadas por dos o más números SAE.

Aceite perdido (por) Sistema de lubricación, generalmente en motores de dos tiempos, en el que el aceite no vuelve a un circuito después de haber engrasado los componentes.

Admisión Introducción de la mezcla de gasolina y aire en el motor. En su sentido más literal, esta entrada se produce por empuje de la presión atmosférica.

Aguja del surtidor En un carburador, la aguja que se eleva o desciende variando el flujo de combustible.

Aire de impacto Uso de las tolvas de aire de la parte delantera de la motocicleta para introducir presión en la caja del filtro de aire.

Aise Motor con válvula automática de admisión y válvula de escape lateral (Auto Inlet, Side Exhaust)

Alambre de seguridad Alambre de gran resistencia, generalmente de acero, que se usa para asegurar ciertos elementos, evitando que se suelten.

Aleta/aleteado Apéndices de refrigeración colocados en los cilindros, el cárter, los tambores de freno y algunos componentes eléctricos.

Alforjas El par de elementos para almacenar el equipaje, que se colocan uno a cada lado de la rueda (generalmente de la rueda trasera).

Alta tensión Fase secundaria de alto voltaje en un sistema de encendido.

Alternador El generador de electricidad en la mayoría de las motocicletas, que produce una corriente alterna.

Altura libre inferior Distancia entre el punto más bajo del bastidor de la motocicleta y el suelo.

Amortiguación con rebote Tipo de amortiguación que resiste la tendencia del muelle a retroceder después de la compresión.

Amortiguador Mecanismo que ralentiza el movimiento relativo de determinados componentes. Suelen ser hidráulicos, aunque antiguamente también se usaban amortiguadores de fricción.

Amortiguador Resorte o mecanismo destinado a compensar o disminuir el efecto de los choques o sacudidas bruscas.

Amortiguador de chispas Componente del silenciador diseñado para reducir el riesgo de incendio en algunas motocicletas *off-road*.

Amperímetro Aparato que mide la intensidad de una corriente eléctrica.

Ángulo de avance Indica la inclinación del eje delantero de dirección con respecto a la vertical.

Ángulo de dirección Ángulo que forma el eje de dirección con respecto a la vertical u horizontal.

Ángulo de dirección Inclinación de la horquilla delantera con respecto a la vertical.

Ángulo de lanzamiento Véase *Ángulo de avance*.

Ángulo de viraje Desviación (máxima) que puede alcanzar la rueda delantera cuando toma una curva.

Anillo de cable Elemento en forma de rosca, generalmente de goma, que evita el roce de los cables eléctricos al pasar éstos por un agujero.

Anillo de deslizamiento Uno de los varios anillos metálicos conductores unidos al eje de rotor en el alternador, que periódicamente cambia la dirección del flujo de corriente.

Arandela Disco, generalmente de metal, colocado debajo de una tuerca o de la cabeza de un tornillo para evitar que éstos puedan corroerse, aflojarse o fundirse.

Arandela con saliente Arandela con una o más protuberancias que pueden ser aplastadas con un martillo contra el lado plano de la tuerca, con el fin de asegurar ésta.

Un artesanal motor de pequeña capacidad de después de la Primera Guerra Mundial. Puede verse una caja de cambios de dos velocidades, todavía con correa de transmisión. Este motor pertenece a una motocicleta Calthorpe.

Formación de soldados con sus motocicletas Ariel 350 cc W-NG. Estos vehículos militares se fabricaron por miles y se vendieron con gran éxito a las Fuerzas Armadas británicas durante la Segunda Guerra Mundial.

Arandela de bloqueo Arandela provista de un mecanismo que impide el aflojamiento.

Arandela de empuje Arandela con pestañas, de modo que impide el desplazamiento lateral de un eje.

Arandela de resorte Arandela de muelle de acero.

Arandela Thackaray Arandela de resorte con triple espiral.

Árbol con rampa Árbol de levas provisto de rampa silenciadora.

Árbol de levas Eje generalmente provisto de resaltes de levas que controlan la apertura de las válvulas, bien directamente o a través de algún mecanismo intermedio.

Asiento de la válvula Pieza de un metal muy duro insertada en el cuerpo de aluminio de la culata, donde se asienta la cabeza de la válvula en el momento del cierre.

Avance del encendido Grado de adelanto con que la chispa del encendido precede al punto muerto superior, necesario porque la combustión no es instantánea, sino que necesita un determinado tiempo para producirse.

Balancín Pieza móvil alrededor de un eje, que transforma un movimiento alternativo rectilíneo en otro circular continuo.

Banda de potencia Gama de revoluciones por minuto subjetivamente definida por encima de la cual un motor entrega una fracción de su potencia máxima.

Banda de rodadura Parte del neumático que está en contacto con la carretera, y cuyo dibujo está diseñado para desalojar el agua.

Banda de Squish Delgada sección de una cámara de combustión en la que la mezcla está más comprimida por el pistón que en el resto de la cámara.

Barrer Sacar del interior del cilindro los gases quemados en la combustión.

Barrido en bucle Procedimiento de barrido utilizado en motores de dos tiempos, que consiste en hacer entrar los gases a través del pistón (por las lumbreras de transferencia), dirigiéndolo lejos de la lumbrera de escape (en ese momento abierta), de modo que la mezcla fresca empuja a los gases ya quemados a salir del cilindro.

Barrido Schnurle Véase *Barrido en bucle*.

Bastidor auxiliar Bastidor secundario unido al cuerpo principal del vehículo. En las motocicletas, suele referirse a la parte trasera, que sustenta el sillín.

Bicilíndrica plana Disposición tipo bóxer de un motor en que los dos cilindros están opuestos en ángulo de 180° (por ejemplo: BMW, Douglas, etc.)

Bicilíndrico en V Motor de dos cilindros cuyos ejes forman entre sí un ángulo; por lo general, las cabezas de las dos bielas comparten el mismo muñón del cigüeñal.

Biela Barra de metal que une el pistón al cigüeñal.

Bobina Hilo conductor aislado y arrollado repetidamente que convierte la corriente de bajo voltaje en corriente de alto voltaje necesaria para el encendido de la bujía.

Bobinado Arrollamiento de un hilo conductor en un solenoide o generador.

Bomba de aceite Procedimiento mecánico para enviar por presión el aceite a diversos puntos del motor.

Bomba de aceleración Elemento del carburador que enriquece la mezcla combustible-aire cuando se abre repentinamente el acelerador.

Bombilla halógena Bombilla que utiliza un elemento de la familia de los halógenos, por ejemplo, yodo, para aumentar la intensidad luminosa.

Borne Botón de metal en el que se unen los hilos conductores de un aparato eléctrico.

Brazo basculante Elemento de la suspensión trasera que pivota en un extremo y sostiene la rueda en el otro. En muchos casos, sería más correcto hablar de «horquilla basculante», siempre que la rueda sea sostenida por ambos lados. Trabaja conjuntamente con los amortiguadores, absorbiendo el impacto de los baches del terreno.

Bronce fosforado Aleación de cobre, estaño y plomo, que por sus características resulta ideal para los cojinetes del pie de la biela.

Bruñir Lograr un acabado pulido por método abrasivos; se aplica por lo general al interior de los cilindros.

Bujía En motores de combustión interna, el dispositivo donde salta la chispa eléctrica que inflama la mezcla explosiva comprimida.

Caballete Apoyo lateral abatible utilizado para sostener la motocicleta.

Caballito Fenómeno que ocurre en los vehículos con tracción trasera (sobre todo las motocicletas), cuando la rueda delantera se levanta del suelo por efecto de la aceleración.

Cabeza de la biela Abertura en la parte inferior de la biela y su muñequilla del cigüeñal.

Cabeza hueca Aplicado a un tornillo, aquel que presenta en la cabeza un receso en forma hexagonal para ser apretado con una llave Allen.

Cable En una motocicleta, por lo general se refiere a un cable Bowden provisto de una camisa externa flexible e interior de acero flexible, que transmite el movimiento (por ejemplo, al embrague) o la rotación (cuentakilómetros).

Cable de llegada Cable conductor corto, generalmente provisto de conector, que está unido permanentemente a un componente eléctrico.

Cables de alta tensión Los cables que van desde la bobina de encendido hasta el distribuidor, y los que van desde el distribuidor hasta cada una de las bujías.

Cadena con junta tórica Cadena de la transmisión secundaria que utiliza juntas tóricas para sellar su engrasado.

Cadena triple Cadena con tres hileras paralelas de rodillos.

Caja de balancín Receptáculo que contiene el mecanismo de los balancines.

Caja del filtro de aire Antecámara en que se encuentra el aire que alimenta el motor; es un elemento muy importante para su correcto funcionamiento

Calar Detenerse un motor por sobrecarga.

Calibrador de separaciones Pieza metálica de precisión con una galga, utilizada para medir pequeñas separaciones entre piezas.

Calibre de nonio Calibrador provisto de una regla metálica con una rama de medición fija y un cursor corredizo para medir pequeñas longitudes y espesores, así como diámetros exteriores e interiores.

Calor latente Calor necesario para que un sólido pase a estado líquido, o un líquido a estado gaseoso. El calor latente del metanol proporciona una excelente refrigeración a los motores.

Calzo Pieza delgada de una medida precisa que, introducida entre dos componentes, aumenta la distancia de separación entre ambos.

Cámara de combustión El espacio (generalmente en la culata del cilindro) situado por encima del pistón donde comienza la combustión.

Cámara de expansión En los sistemas de escape en motores de dos tiempos, tramo bulboso diseñado para maximizar los impulsos de la presión de gases, mejorando el rendimiento del motor.

Camisa Revestimiento interior desmontable; suele referirse al revestimiento de acero en el interior de un cilindro de aleación.

Camisa húmeda Camisa de cilindro que entra en contacto con el líquido de refrigeración.

Capa de gel Fina capa de resina plástica que cubre los paneles de fibra de vidrio, dándoles un acabado uniforme.

Capas al sesgo En los neumáticos, sistema que consiste en colocar transversalmente las capas de hilos, al contrario que en los neumáticos radiales.

Carburador Dispositivo (que funciona por lo general con el principio de Venturi) utilizado para mezclar el combustible y el aire en la proporción que permite la correcta combustión.

Carga lenta Hace referencia a la carga lenta y continua de una batería, que se hace con corriente muy pequeña.

Carga previa Ligera compresión aplicada a un muelle desde el momento de la instalación. Esta carga previa no afecta a las características del muelle.

Carrera de la válvula Altura hasta la que la válvula se desplaza en el movimiento que realiza entre su posición de cierre total hasta la de abertura total.

Carrera larga (de) El término se aplica a los motores en que la carrera del cilindro es más larga que el diámetro.

Carreras en arena Las que se realizan en circuitos trazados en la playa.

Carreras sobre hielo Competición que tiene lugar en pistas ovaladas de hielo; las motocicletas disponen de neumáticos con puntas metálicas.

Cárter Alojamiento generalmente dividido en dos en el que se localiza el cigüeñal (y a menudo la caja de cambios).

Cárter de válvulas Tapa que da acceso a todo el mecanismo de distribución de las válvulas.

cc Centímetro cúbico; unidad de medida para calcular la capacidad o cilindrada de un motor.

Chapeado Recubrimiento electrolítico de una superficie metálica.

Chaveta de media luna Pieza de acero con forma de media luna, que permite fijar algo a un eje.

Chorro de arena Método de desoxidación o decapado de ciertos componentes. También utilizado como método de endurecimiento. Este método también se realiza con perlas de cristal (menos agresivo).

Ciclomotor Vehículo de dos ruedas provisto de un motor de pequeña cilindrada y pedales auxiliares.

Cigüeñal Eje que convierte el movimiento rectilíneo de los pistones en movimiento curvilíneo.

Cilindrada Capacidad de los cilindros en un motor de explosión.

Cilindro Alojamiento cilíndrico en el que se desplaza el pistón.

Cilindro director (o maestro) Depósito y bomba del líquido en un sistema hidráulico.

Cilindro esclavo (subordinado) Pequeño cilindro situado al final de un sistema hidráulico, y responsable de accionar las zapatas de freno cuando recibe la presión del cilindro maestro, situado al otro extremo del sistema hidráulico.

Cinc Metal de color blanco azulado y estructura laminosa, que se utiliza en la galvanización.

Clásica El término hace referencia a las motocicletas fabricadas antes de 1931.

Clip en W Llamado así por su forma, es el pasador de seguridad que mantiene el faro sujeto a su soporte.

Cojinete de empuje Aquel que tiene rebordes o pestañas en ambos lados, de modo que impide que un eje (p. e.) se desplace lateralmente.

Cojinete de rodillos Cojinete que en lugar de bolas está provisto de rodillos cilíndricos.

Cojinete del cigüeñal Cojinetes en el bloque motor cuya función es sostener el cigüeñal.

Cojinetes lisos Cojinetes de fricción que envuelven sus componentes móviles en una película microscópica de aceite lubricante.

Colector Uno o más conductos que conectan una serie de agujeros uniéndolos en una sola salida.

Colector de lubricante Depósito de aceite colocada debajo del cárter o formando parte de él, en los motores con lubricación por colector.

Colector de lubricante fuera del cárter Sistema de lubricación en motores de cuatro tiempos, en el que el aceite se aloja en un depósito especial, en lugar de hacerlo en el interior del cárter.

Colector en el cárter Se dice de los motores que recogen el aceite de la lubricación en un depósito situado en la parte inferior del cárter, en lugar de disponer de un depósito alejado del motor.

Colín Parte trasera del carenado de una motocicleta.

Conectador para engrase a presión Pequeña válvula unidireccional que inyecta aceite en un cojinete.

Cono invertido Prolongación de algunos megáfonos de escape con un estrechamiento muy pronunciado en la dirección del megáfono.

Contratuerca Tuerca auxiliar que se superpone a otra para evitar que ésta se afloje por efecto de la vibración.

Control de la tracción Sistema electrónico que reduce la potencia que llega a la rueda trasera en caso de que ésta patine. No es muy común en motocicletas.

Convergencia Aplica a la moto con sidecar, hace referencia a la trayectoria paralela que han de seguir la rueda de la motocicleta y la del sidecar.

Convertidor del par motor Unidad en una transmisión automática, semejante al acoplamiento hidráulico, que transmite la fuerza de giro del cigüeñal al eje de salida de la transmisión.

Convertidor estático Dispositivo eléctrico utilizado para transformar la corriente alterna en corriente continua.

Corredera En un carburador, el pistón que abre el venturi y regula el flujo de gasolina que entra.

Costado Pared lateral del neumático, que se encuentra entre el talón y la banda de rodadura.

Cuatro tiempos Funcionan así los motores con el ciclo Otto (llamada así por su inventor, Dr. Nicholas Otto), que requiere cuatro acciones por cada impulso motor.

El motor bicilíndrico en V es un rasgo distintivo de la legendaria marca Harley-Davidson. Este motor con doble árbol de levas data de 1998, y constituye la última encarnación de tan afamado diseño.

Cubo Parte central de la rueda en la que se unen los radios o palos.

Cubo sobre resortes Suspensión de las Triumph de los años cincuenta, en que los muelles están colocados en el cubo de la rueda.

Cuello de cisne Tubo en forma de S que une el sidecar a la motocicleta.

Cuentarrevoluciones Instrumento utilizado para medir la velocidad de rotación de un motor.

Culata Parte superior del motor. En los motores de dos tiempos, no es más que un plato de metal invertido provisto de una bujía; en motores de cuatro tiempos, contiene además las válvulas y, por lo general, árboles de levas.

Culata de garza Tipo de culata de un cilindro en la que la cámara de combustión está formada por el propio pistón, por ejemplo, Morini.

Culata plana Culata que ofrece una cámara de combustión plana.

CV Caballos de vapor; unidad práctica de potencia desarrollada por un motor.

Deflector de aceite Anillo diseñado para expulsar el aceite de una zona determinada del motor.

Densímetro de líquidos Instrumento utilizado para medir la densidad de un líquido, por ejemplo, cuando se quiere saber la estado de carga de una batería.

Descentramiento Hace referencia a los ejes o ruedas que no están bien alineadas.

Desmodrómico Sistema de válvulas en el que un árbol de levas (en lugar de un muelle) controla la apertura de las válvulas, como en muchas Ducati.

Detonación Explosión producida por el encendido prematuro en un motor.

Diámetro interior Diámetro del hueco del cilindro.

Dilatación Característica que tiene casi todos los materiales de aumentar su volumen por efecto del calor.

Dinamo Sencillo mecanismo para convertir el movimiento de rotación de un eje en electricidad; ahora prácticamente no se utiliza en motocicletas.

Dinamómetro Instrumento destinado a medir la potencia de un motor.

Diodo Zener Semiconductor utilizado en las motocicletas británicas durante muchos años como regulador de voltaje. Cuando el voltaje que pasaba a través del diodo Zener alcanzaba un punto determinado, este elemento la desviaba a tierra, evitando la sobrecarga de la batería.

Dirección al centro de la rueda Sistema de dirección en el que el eje del movimiento de la rueda se encuentra en el interior del cubo de ésta.

Disipador térmico Masa generalmente metálica que se utiliza para absorber el calor de otro componente (por ejemplo: frenos, rectificador, etc.).

Distancia entre ejes Es la distancia que hay entre el eje de la rueda delantera y el de la trasera.

Distribución de válvulas Véase *Sincronización*.

Distribución del peso Relación entre el peso que soporta la rueda delantera y la rueda trasera de una motocicleta.

Doble zapata principal Freno de tambor en que hay dos levas actuando sobre las zapatas, y por lo tanto, dos zapatas principales.

dohc Doble árbol de levas en la culata (Double Overhead Camshaft)

Eje Pieza cilíndrica alrededor de la cual gira un cuerpo o que gira con él.

Eje cardánico Transmisión final por medio de eje que se utiliza en algunas motocicletas.

Eje de ranura Eje acanalado que permite el movimiento longitudinal pero no radial de un elemento complementario.

Eje intermedio Eje de la caja de cambios paralelo al eje principal, en que se coloca el tren fijo de engranajes.

Eje primario El eje principal, generalmente el de la caja de cambios.

Elasticidad variable (de) Muelle que varía su longitud dependiendo de los incrementos de carga.

Embrague Dispositivo utilizado para controlar la transmisión de la potencia del motor a la caja de cambios, generalmente mediante platos de fricción.

Empobrecer Hacer que la proporción de combustible en la mezcla gasolina-aire sea más pequeña.

Empujador Varilla de metal utilizada para transmitir movimiento, como en los levantaválvulas.

Encendido por tubo incandescente Primitivo sistema de encendido en el que se calienta un tubo de platino mediante un quemador de alcohol.

Encendido prematuro Preignición.

Endurecimiento Técnica, basada generalmente en el calor, en procesos mecánicos o químicos, para hacer más resistente un material.

Enduro Modalidad de carreras de motocicletas en campo sobre un circuito desigual.

Enfriado brusco Término utilizado en tratamiento de metales y cámaras de combustión; donde una gran zona metálica

La X75 Hurricane de Triumph tenía el aspecto de una cruiser tan común entre las motocicletas de los años setenta. Utilizaba un motor fabricado por BSA.

está en contacto con los gases de la combustión, hay que evitar la preignición.

Engranaje anular En motores con cigüeñal longitudinal, el conjunto de engranajes que une éste con el motor de arranque.

Engranaje de la distribución Engranajes que transmiten el movimiento a las válvulas y/o el encendido.

Engranaje helicoidal Engranaje unidireccional en que los dientes de una rueda encajan en una rosca semejante a la de un tornillo; se encuentra, por ejemplo, en los velocímetros.

Engranaje intermedio Engranaje interpuesto entre otros dos para evitar el trabajo excesivo de éstos.

Engranajes helicoidales Engranaje cuyos dientes están cortados en ángulo con respecto a la línea central del mismo.

Engranajes primarios Tren de engranajes que transmite el movimiento desde el cigüeñal a la caja de cambios.

eoi En un motor, válvula de escape sobre la admisión (Exhaust Over Inlet)

Erosión por arco eléctrico Procedimiento que consiste en arrancar materiales duros de otros más blandos bombardeando con chispas de alta tensión.

Escape El tubo que conduce los gases de la combustión fuera del motor.

Escariadora Herramienta de forma cónica o cilíndrica provista de dientes de corte longitudinal, y que accionada manual o mecánicamente sirve para dar a los agujeros un acabado de precisión.

Escariar Rectificar las dimensiones de un cilindro para que pueda alojar en su interior un pistón mayor.

Escofina encorvada Pequeña lima de dientes diminutos, utilizada en el retocado de las lumbreras de un motor.

Espacio libre Holgura determinada por el tornillo de reglaje situado en el árbol de levas; la medida de este espacio libre está en parte determinada por la dilatación de los componentes.

Espiga Protuberancia corta y cilíndrica de un elemento, diseñada para encajar en la cavidad de otro componente.

Espigas del segmento En el pistón, pequeñas sujeciones de los segmentos que evitan que éstos giren, sobre todo en los motores de dos tiempos.

Espina En el bastidor de una motocicleta, el principal elemento sustentador o columna vertebral.

Esquinero Pieza utilizada para reforzar cualquier estructura abierta, como por ejemplo el conjunto de la pipa de dirección.

Estabilizador de la dirección Tirante de unión colocado entre la dirección y el bastidor.

Estanco al gas Hace referencia al sellado o junta que impide el paso de los gases; usado especialmente al hablar de la separación entre la culata y el cuerpo del cilindro.

La Aprilia RS250 se consideró la mejor superbike «en miniatura» del mercado. Sus frenos y maniobrabilidad eran los de una motocicleta de carrera.

Estridera Palanca o plataforma fija o articulada con charnela, en la que el piloto o el pasajero apoya el pie.

Estroboscopio Instrumento que, conectado al circuito secundario, emite destellos de luz brillante al unísono con la chispa de la bujía. Dirigiendo estos destellos de luz a las marcas de reglaje del encendido, éstas parecen quedarse congeladas. Así se determina el reglaje ideal del encendido.

Fade Disminución de la capacidad de frenada, generalmente por recalentamiento de los frenos.

Falda Parte del pistón que queda por debajo de los segmentos y el bulón.

Faro integral Faro que contiene la lente, el filamento y el reflector en una sola pieza.

Ferodo Compuesto a base de tejido de amianto entrelazado con hilos de latón prensado y moldeado, con que se forran las zapatas de los frenos de tambor.

Fibra de carbono Compuesto muy ligero y resistente hecho de delgados filamentos de carbono entretejidos y unidos en una pieza mediante resina epoxídica.

Filtro del aire Una pantalla, generalmente de papel o goma espuma impregnada en aceite, que impide el paso del polvo al motor

Flotador Pieza flotante de un carburador, que actúa como válvula de cierre de la gasolina.

Flujo laminar Tendencia de los fluidos a adherirse a una superficie sólida próxima y lubricarla. Este principio se refiere tanto a la mezcla en el conducto de admisión, como a la aerodinámica de las motocicletas.

Freno de disco Freno en que las pastillas de fricción son presionadas contra el rotor.

Freno de tambor Freno en que unas zapatas de fricción se mueven radialmente presionando el interior de un cilindro (tambor).

Freno motor Efecto de frenado que ejerce el motor.

Fricción estática Resistencia inicial al movimiento, especialmente en los sistemas de suspensión.

Funda guardapolvo Cobertura protectora flexible que suele envolver el conjunto de la suspensión.

Fundido en arena Procedimiento para formar piezas vertiendo metal fundido en un molde de arena.

Galga normal de alambres Forma convencional de medir el diámetro de los alambres, en que los números más bajos indican un grosor mayor.

Gatillo Seguro de una rueda trinquete.

Girdraulic Sistema de horquilla de paralelogramos patentado por Vincent, en el que se usan palas de aleación ligera y amortiguación hidráulica.

GP Grand Prix; también, un tipo de carburador de carreras Amal.

Grand Prix Carrera de motocicletas que comenzó en Francia en 1913 pero que no se convirtió en campeonato mundial hasta 1949.

Grasa lubricante Mezcla de jabón metálico y aceite lubricante.

Gripado Agarrotamiento del motor debido a que el pistón se ha quedado atascado dentro del cilindro; esto se debe a un sobrecalentamiento o falta de lubricación.

Guardabarros Pieza acanalada y curvada, diseñada para evitar que las salpicaduras de barro de las ruedas lleguen al piloto o al resto de la máquina.

Guía Componente que dirige, alinea o posiciona otro, por ejemplo, la de las válvulas.

Helicoil Marca comercial dada a un tipo de rosca utilizada para reparar piezas de aleación o reforzar una unión.

Hemi Motor cuya cámara de combustión tiene forma de media esfera.

Hidráulico Mecanismo que se vale de la presión creada por un líquido que pasa a través de un conducto u orificio; por ejemplo, en los frenos de las motocicletas y en los sistemas de amortiguación.

Higrómetro Instrumento utilizado para medir la humedad.

Higroscópico Sustancia que atrae el agua, como la mayoría de los fluidos de frenos.

Histéresis Literalmente, retraso. Aplicado a la goma de los neumáticos, los compuestos con alto grado de histéresis tienen menos rebote interno y proporcionan más agarre.

Horizontalmente opuesto Disposición de un motor con pares de cilindros enfrentados en ángulo de 180° (por ejemplo, BMW Boxer).

Horquilla En la caja de cambios, la pieza que se encarga del desplazamiento de los cubos sincronizadores para la selección de las velocidades.

Horquilla de paralelogramos deformables Suspensión delantera formada por dos barras rígidas y unos resortes de unión colocados en la pipa de dirección, que permiten el movimiento de la horquilla.

Horquilla invertida Aquella en que las barras de deslizamiento están en la parte superior, y las botellas en la inferior. En teoría, son más rígidas que las convencionales, además de más ligeras.

Hugger Guardabarros trasero ligero de tipo deportivo que acompaña a la rueda en sus desplazamientos verticales. Por ejemplo, los modelos de Harley-Davidson con gran altura libre inferior.

Hunting Irregularidad de funcionamiento del motor a pocas revoluciones.

IE Inyección electrónica.

Importación gris (productos del mercado gris) Motocicleta importada en un país que oficialmente no importa tal modelo.

Importación paralela Importación de productos fuera de los canales de distribución negociados contractualmente con el fabricante.

Inercia Incapacidad de los cuerpos de modificar por sí mismos el estado de reposo o movimiento en que se encuentran. Todo en un motor (los pistones, incluso el aire que entra en el carburador) está sometido a la inercia.

Inoxidable Acero resistente a la corrosión, a menudo no magnético y que contiene en torno a un veinticinco por ciento de aleación de otros metales, por ejemplo, cromo.

Instrumento Dispositivo utilizado para medir o controlar una determinada función de la máquina.

Integrado Hace referencia a un tipo de motor en el que la caja de cambios forma parte integrante del conjunto, y está alojada en el cárter.

Inyección de combustible Sistema de dosificación e introducción de combustible por medios mecánicos o electro-mecánicos, ahora común en muchos motores.

Inyector Aparato que divide el combustible en gotas pequeñísimas y lo distribuye en la carga de aire contenida en el conducto de admisión o en la cámara de combustión.

ioe «Inlet Over Exhaust»; motor con válvula de admisión en la culata y válvula de escape lateral.

ISDT Antiguo nombre de los modernos ISDE, los International Six Day Enduro («Seis días internacionales de enduro», una prueba *off-road* internacional por equipos).

Isla de Man Isla situada en el mar de Irlanda, que acogió por primera vez carreras de motocicletas en 1905, y desde 1907 ha sido sede de competiciones TT.

Isócrono Que ocurre al mismo tiempo que otra cosa, por ejemplo, las fases de admisión y escape en motores de 2T.

Isolastic Nombre del sistema creado por Norton en su modelo Commando en el que el motor y el brazo basculante están montados en taco de goma.

Jampot En argot, término con que se designaba el sistema de amortiguación trasero en las motocicletas AJS y Matchless de los años cincuenta.

Juez Encargado de la seguridad (por lo general no remunerado) en una carrera.

Junta cardánica Unión flexible con doble articulación que permite la transmisión del movimiento rotatorio entre dos ejes que están formando ángulo.

Junta elástica obturadora Sustancia hecha de amianto, goma, cartón, metal blando, etc., colocada entre dos piezas metálicas para asegurar el sellado de la unión.

Junta obturadora Sellado que se coloca entre dos piezas; puede ser de papel, metal, plástico o composite.

Junta tórica Anillo sellador de goma colocado en una acanaladura, cuya función es evitar que un fluido rebase una zona determinada.

Kadenacy Efecto que utiliza las ondas de presión para mejorar el llenado y barrido de los cilindros.

Keihin Marca japonesa fabricante de carburadores.

Una motocicleta de carreras Benelli con 250 cc y distribución ohc, fabricada a finales de los años treinta. Esta máquina fue parte de un proyecto de competición.

Kevlar Fibra sintética de enorme resistencia utilizada en la fabricación de algunos componentes de motocicletas y en prendas protectoras (incluidos los chalecos antibalas).

Kikasil Procedimiento patentado para el revestimiento de las paredes de los cilindros de aleación con una mezcla de níquel y silicio de gran resistencia.

Kilovatio Unidad de potencia en el sistema M.K.S., equivalente a 1.000 vatios.

Kneeler Modelo Norton especial de 1953; también un discreto accesorio del sidecar en el que el piloto puede apoyar la rodilla.

Latigazo Ruido que produce el contacto de la falda del pistón contra la pared del cilindro. Es más audible en cilindros desgastados o en frío.

Leva Proyección excéntrica de un eje, encargada de convertir el movimiento rotatorio continuo en movimiento lateral recíproco, o viceversa.

Leva de caracol Excéntrica para el ajuste de la cadena.

Llanta Cerco metálico exterior de las ruedas, sobre el que se monta el neumático.

Llave de tubo Llave cilíndrica provista de boca cuadrada.

Lockheed Término genérico aplicado al líquido de frenos, tomado de la compañía del mismo nombre.

Loctite Líquido patentado utilizado para asegurar roscas, cojinetes, etc.

Lubricante Sustancia que se interpone entre dos superficies en contacto, con el fin de reducir la fricción.

Lumbrera Abertura de entrada o salida; se aplica a las ventanas de los cilindros en los motores de dos tiempos, y a los tubos conectados a ellas.

Luz idiota Término coloquial aplicado a los testigos luminosos que advierten de falta de aceite, de gasolina, recalentamiento del motor, etc.

Luz testigo Pequeña bombilla.

Magdyno Unidad en que se combinan la magneto y la dinamo en un solo alojamiento.

Magnesio Metal (36 por 100 más ligero que el aluminio) utilizado en ciertas piezas de las motocicletas.

Magneto del volante Magneto montada directamente sobre el cigüeñal, en lugar de ser accionado a distancia.

Magneto Tipo particular de generador de corriente empleado hace años y hoy desfasado.

Manguito (Manguera) Tubo flexible, por ejemplo, el de la canalización del líquido de frenos.

Manillar Proyecciones a partir de la columna de dirección utilizadas para la instalación de los controles y para dirigir el vehículo con las manos.

Manómetro Instrumento utilizado para medir la presión del aire o la gasolina.

Marca de referencia Número de identificación de un vehículo; también un punto de referencia para realizar un ajuste, por ejemplo, la alineación de las ruedas o el reglaje del encendido.

Marcha por inercia Fenómeno que consiste en que le motor sigue quemando combustible después de haber apagado el motor. Suele deberse a puntos calientes localizados.

Mariposa Disco giratorio que actúa como válvula de estrangulación en algunos carburadores y en la mayoría de los sistemas de admisión de la inyección de combustible.

Mástique para juntas Material aplicado en las dos caras de las juntas para ayudar al sellado.

Maudes Trophy En el mundo de las motocicletas, trofeo que se concede muy excepcionalmente para premiar hazañas extraordinarias de resistencia.

Mecanismo de distribución de válvulas Conjunto de levas, empujadores, balancines, válvulas y partes asociadas, en un motor de cuatro tiempos.

Megáfono Conducto divergente difusor en motores de cuatro tiempos.

Metal blanco Se dice de distintas aleaciones con color blanquecino y bajo punto de fusión, utilizadas sobre todo para la fabricación de cojinetes lisos.

El famoso motor monocilíndrico de Parilla con «árbol de levas muy alto». El motor prototipo hizo su debut en competición en 1952, y apareció en las motocicletas Parilla de serie ese mismo año. Su aparición dio a la firma inmediato prestigio.

Mezcla Se refiere a la mezcla de aire y combustible en un motor.

Mikuni Fabricante japonés de carburadores, que comenzó produciendo carburadores Amal bajo licencia.

Moleteado Método de estampado en banda para lograr el sombreado de una pieza.

MON Acrónimo de 'Motor Octane Number' (índice de octano).

Monoamortiguador Sistema de suspensión trasera que utiliza un solo amortiguador. Aunque el término lo creó Yamaha, hoy de uso común.

Monobloque Tipo de motor en que los cilindros están fundidos en una sola pieza, que incorpora el cárter.

Monocasco Tipo de chasis construido mediante placas soldadas formando un cajón hueco que suele contener el depósito de la gasolina.

Monocilíndrico escindido (dividido) Motor de dos tiempos en que dos pistones comparten una misma cámara de combustión.

Motocross Carrera de motocicletas en un terreno *off-road* accidentado.

Motocross des Nations Campeonato internacional de motocross por equipos.

Motor de combustión interna Cualquier motor que desarrolle su energía quemando combustible en el interior del cilindro y no en una cámara separada.

Muelle Pieza elástica, generalmente de metal, de la que se utiliza la fuerza que hace para recobrar su posición natural cuando ha sido separada de ella.

Muelle ahorquillado Muelle de una válvula, en forma de horquilla, y a menudo enroscado en el extremo cerrado.

Muelle de ballesta Muelle usado en la suspensión, formado por una o varias delgadas láminas de acero.

Muelle progresivo Muelle cuyo coeficiente de compresión disminuye con la carga.

Muñequilla Parte del cigüeñal sobre la que gira la biela con la ayuda de un cojinete o un rodamiento.

Muñequilla del pistón Tubo resistente de acero que une el pistón y el pie de la biela

Muñón Parte del cigüeñal en la que encaja el cojinete (por ejemplo, el de la cabeza de la biela).

Negativo/tierra Conexión del polo negativo de la batería a tierra.

Neumático liso Neumático muy ancho y sin banda de rodadura, lo que permite un máximo agarre; se utiliza en carreras de velocidad.

Neumático radial con cinturones Neumáticos con dos o más capas colocadas en ángulos diferentes; solución intermedia entre los neumáticos de capas al sesgo y los radiales.

Neumáticos con talón Primitivo tipo de neumático en que el borde reforzado de la cubierta encaja en la llanta.

NGK Nipón Geika Kaisha, fabricante japonés de bujías.

Nimónico Ferroaleación rica en níquel utilizada en las válvulas de escape.

Nitrometano Combustible rico en oxígeno, de bajo poder calórico.

Nitruración Proceso para endurecer el acero.

Nivelado Procedimiento que consiste en quitar metal a la parte interior de la culata para conseguir una superficie lisa.

No integrado Disposición en que el motor y la transmisión se encuentran en componentes separados.

Normalmente aspirado Se dice de un motor que se alimenta por efecto de la presión atmosférica, sin ningún tipo de admisión mecánica.

Nylocable Cable *bowden* con una funda interior «autolubricante» de nailon.

Observador Juez de una carrera, que se coloca en una de las zonas de observación para controlar el paso de los competidores.

Obturador de estanqueidad al lubricante Procedimiento utilizado para evitar que el aceite se deslice a lo largo de un eje.

Octanaje Medida en que se expresa el poder antidetonante de un carburante en relación con cierta mezcla de hidrocarburos que se toma como base.

Odómetro Instrumento que mide y registra el número de kilómetros o millas que recorre un vehículo.

ohc «Overhead Camsaft»; se refiere a los motores con árboles de levas en la culata.

ohv «Overhead Valva»; los motores con esta distribución tienen las válvulas colocadas en la culata.

Orificio de admisión Lugar de entrada (p. e., las válvulas de admisión).

Otto (ciclo de) Otro nombre para el ciclo del motor de cuatro tiempos.

Par motor Fuerza de giro ejercida por el cigüeñal.

Pasta abrasiva Compuesto abrasivo de polvo de carburo de silicio y petróleo, utilizado para rectificar válvulas y superficies de acoplamiento.

Patente Documento concedido por el Estado a un inventor para garantizarle la propiedad industrial de su invento.

Pedal de arranque Manivela que, accionada con el pie, pone en marcha el motor.

Pedal de cambio Mecanismo del cambio de marchas accionado con el pie (las motocicletas antiguas disponían de palanca manual).

Penetración Consistencia de una grasa; profundidad de una soldadura.

Pequeña carrera (de) Se aplica a los cilindros cuyo diámetro es mayor que su carrera.

Perno sin cabeza Pieza metálica cilíndrica con rosca en ambos extremos.

La Triumph 1R Fast Roadster se presentó en 1922. Esta máquina apodada «Riccy» tenía un motor diseñado por Ricardo & Co, especialistas en reglaje de motores.

Peso en seco El peso de la motocicleta sin fluidos (gasolina, aceite...)

Peso no elástico Se refiere a todos aquellos componentes de la motocicleta que se encuentran entre el suelo y los amortiguadores.

Phillips Nombre patentado de un tornillo de cruz.

Picado Ruido que emiten algunos motores con alta relación de compresión, asociado a la vibración producida por la deformación del cigüeñal.

Pie de la biela Parte superior de la biela, que se une al pistón.

Pie de rey Véase *Calibre de nonio*.

Pinza Elemento del freno de disco en el que se alojan uno o más pistones; éstos presionan la pastilla de fricción contra el rotor del disco.

Piñón de medio tiempo Engranaje o rueda dentada del cigüeñal, que por su tamaño hace que la transmisión del encendido o del árbol de levas gire a la mitad de vueltas que el motor.

Pipa de dirección Parte de un bastidor en que se sujeta la horquilla delantera.

Piroaglutinación Véase *Sinterización*.

Pistón Émbolo que se mueve en el interior de un cilindro, comprimiendo un fluido o recibiendo movimiento de él.

Plantilla posicionadora Soporte utilizado para fabricar o comprobar las dimensiones en el ensamblaje de piezas (por ejemplo, en la fabricación del bastidor de la motocicleta).

Platinos Par de contactos eléctricos mecánicamente controlados en los que se crea la corriente eléctrica para que encienda la bujía.

Pobre Se dice de la mezcla de gasolina y aire en la que la proporción de combustible es demasiado pequeña.

Poder de arrastre Término coloquial para referirse a la capacidad de una motocicleta para funcionar con mucha carga y a bajo régimen de revoluciones.

Polaridad Aplicada a los bornes de una batería, por ejemplo, nos indica si es negativa o positiva.

Policarbonato Polímero sintético; resina plástica de gran resistencia y dureza mecánica, utilizada en aeronáutica, electrónica, fabricación de cascos, etc.

Posición Werner La posición habitual (en nuestros días) de colocar el motor en el bastidor de una motocicleta. Werner era el nombre de los dos hermanos que primero lo colocaron ahí (en 1897).

Positivo-tierra Conexión eléctrica en que el polo positivo de la batería se conecta a la toma de tierra.

Potencia Fuerza motora de una máquina medida en caballos de vapor.

Pre'65 Competición de trial y cross para motocicletas anteriores a 1965.

Precesión giroscópica Efecto por el que las fuerzas giroscópicas dan a una rueda giratoria un efecto de autocentrado.

Preignición Combustión espontánea de la mezcla aire-gasolina antes de que salte la chispa.

Preintegrado Con este término se describe la disposición de un motor que en una primera versión tiene la caja de cambios separada, pero que en versiones posteriores incorpora caja de cambios integrada en el motor.

Prensaestopa Pieza metálica roscada con que se aprieta la estopa alrededor de un vástago movible de un grifo o llave de paso, para evitar la salida de líquidos y gases.

Principio de Venturi Es el principio de funcionamiento del carburador: el gas que se mueve a través de estrechamiento tiende a acelerarse cuando pasa por el punto más estrecho, creando un vacío parcial. Este vacío absorbe el fluido (gasolina) hacia el interior del venturi.

PTFE Politetrafluoretileno; un plástico con bajo coeficiente de fricción, por lo que se utiliza en la fabricación de cojinetes.

Punto muerto superior La posición más alta alcanzada por el pistón en su recorrido por el interior del cilindro. Lo opuesto a punto muerto inferior.

Puño giratorio Control giratorio del regulador (acelerador), situado en el manillar de la motocicleta.

Radiador Dispositivo que enfría el líquido del sistema de refrigeración haciéndolo circular a través de unos canales expuestos a conductos de aire.

Radial En los neumáticos radiales, el armazón está formado por capas; las que sirven de base van de un talón a otro, formando un ángulo de 90° con respecto al eje del mismo, lo que proporciona más flexibilidad y agarre.

Rampa silenciadora Declive gradual entre la base circular de la leva y su extremo.

Reflector Componente cóncavo y pulido de un faro, que recibe la luz de la bombilla y la refleja haciendo que atraviese la lente.

Refrigeración líquida Véase *Refrigeración por agua*.

Refrigeración por aceite Sistema de refrigeración que utiliza el aceite para absorber el calor del motor y trasladarlo a las superficies de refrigeración. Aunque todos los motores están, en parte, refrigerados por aceite, algunas motocicletas, como las Suzuki de la serie GSX-R, llevan este procedimiento hasta el extremo.

Refrigeración por agua Transmisión del calor de un motor a la atmósfera utilizando el agua como vehículo intermedio.

Refrigeración por aire Sistema de refrigeración en el que el paso del aire a través del motor elimina el calor producido por la combustión.

Refrigerante de aceite Radiador que contiene aceite en lugar de agua.

Régimen máximo Límite de revoluciones a las que debe funcionar un motor.

Regulador Componente electrónico que mantiene constante un voltaje deseado; a veces, la unidad de control de voltaje.

Regulador (acelerador) Mecanismo que controla la entrada, por ejemplo de mezcla, a la cámara de combustión.

Relación de compresión La relación entre el volumen de gases cuando el pistón está en el punto muerto superior y cuando se encuentra en el punto muerto inferior.

Relación de estequiometría En los motores con encendido por bujía, proporción teóricamente ideal de 14,7:1 en la mezcla de aire-combustible para una combustión perfecta.

Relación de transmisión Relación entre la velocidad de giro de dos engranajes.

Remache tubular Clavija metálica deformable utilizada para unir dos componentes.

Rendimiento térmico Relación porcentual de la potencia desarrollada por el motor y la energía potencial del combustible consumido.

Rendimiento volumétrico Comparación en tanto por ciento entre el verdadero volumen de mezcla que entra durante la carrera de admisión, y el volumen que entraría si el cilindro se llenara completamente. En la práctica, esta relación suele ser de un 80 por 100, si bien en modelos de carreras el porcentaje puede acercarse al 100 por 100.

Resistente a la tracción Material, comúnmente acero, con gran capacidad de estiramiento.

Resortes (de) tipo de suspensión delantera que utiliza una articulación oscilante con el eje de la rueda por delante del eje central.

Retroceso Breve pero a menudo violenta rotación en sentido contrario de un motor en el momento de arrancar.

Retroceso En un muelle, la vuelta a su posición inicial una vez que desaparece la carga.

Rica (mezcla) En la mezcla de aire-gasolina, hace referencia a que la proporción de gasolina con respecto a la de aire es mayor de lo normal.

Rodamiento de agujas Tipo de rodamiento formado por muchos rodillos, cuyo diámetro es más pequeño que su longitud.

Rodillera Accesorio utilizado en los trajes de los pilotos, que permite al piloto tocar el asfalto con el interior de la rodilla al tomar una curva.

Rodillos cónicos Los utilizados en un tipo de cojinetes antifricción; el uso de estos conos de acero endurecido permite que el cojinete soporte cargas radiales y axiales.

Rosca larga (de) Término que se aplica a la bujía con una distancia de 19 mm entre la arandela de sellado y el final de la rosca.

Rotativo Que tiene movimiento circular, en lugar de alternativo. Suele aplicarse a los motores Wankel.

rpm Revoluciones por minuto; la velocidad de rotación de un eje o un motor.

SAE Society of Automotive Engineers (Estados Unidos).

Sección en H Corte transversal que tiene la forma de esta letra, por ejemplo, en las bielas.

Sedimentos Depósito denso, de color negro y pastoso, procedente del aceite, que se va acumulando en el interior del motor.

Segmento Anillo metálico introducido en la acanaladura del pistón, diseñado para hacer posible el sellado de los gases o para eliminar el aceite de la superficie interior del cilindro.

Segmento de engrase Segmento del pistón, diseñado para eliminar el aceite de las paredes del cilindro.

Separación Distancia entre dos elementos; se refiere generalmente a la distancia que hay entre los contactos del ruptor o platinos.

Shorrock Marca de sobrealimentadores rotativos.

Silenciador Porción del sistema de escape encargada de reducir su ruido; hoy en día, las normas que limitan el ruido de los vehículos hacen que los silenciadores sean muy sofisticados.

Silenciador en cola de pez Silenciador terminado en una pieza plana con los bordes en cuña.

Sin cámara Se refiere al tipo de neumático que no necesita cámara interior.

Sin plomo Hace referencia al tipo de gasolina que no contiene tetraetilo de plomo, derivando su poder antidetonante de otros componentes.

Sincronización (afino de válvulas) La correcta apertura y cierre de las válvulas, y el accionamiento de la chispa de encendido. Se expresa en grados de rotación del cigüeñal o en distancia desde el punto muerto superior. El término también hace referencia al ajuste de todo el sistema.

Sinterización Procedimiento en que se utiliza polvo metálico tratado con calor y presión para formar determinadas piezas.

Sintético Sustancia formada a partir de materiales artificiales, no orgánicos. Los aceites sintéticos ofrecen una mayor durabilidad y mejor rendimiento.

Slickshift Nombre del mecanismo de cambio de marchas que utilizaba Triumph en los años cincuenta; se caracterizaba por soltar automáticamente el embrague. No debe confundirse con el sistema moderno que consiste en interrumpir momentáneamente el encendido entre los cambios de marcha.

Alfred Scott, fundador de la firma Scott, fue uno de los grandes innovadores en los primeros años de esta industria. En 1910, inventó el pedal de arranque, demostrando ir varios años por delante de su tiempo.

SLS «Single Leading Shoe». Freno de tambor con una única leva de trabajo.

Sobrealimentación Sistema de alimentación de un motor que utilizaba un turboalimentador.

Sobrealimentador Compresor de aire accionado mecánicamente, que se utiliza para forzar la admisión en los motores.

sohc «Single Overhead Camsaft», es decir, un solo árbol de levas en culata.

Solape Se refiere al momento en que las válvulas de admisión y las de escape están abiertas a la vez.

Soldadura al gas Procedimiento para unir materiales mediante el calor que se produce al quemar gases.

Soldadura de plata Tipo de soldadura con un alto contenido de este metal, lo que hace la unión mucho más resistente.

Solenoide Alambre arrollado en forma de hélice, que se emplea en varios aparatos eléctricos. Cuando circula una corriente continua se comporta como un imán.

Stárter Mecanismo que sirve para enriquecer la mezcla de gasolina en los arranques en frío.

Supresor Dispositivo eléctrico utilizado en el sistema de encendido de los vehículos para filtrar las interferencias de radio y televisión

Surtidor Orificio a través del cual pasa el combustible.

Surtidor piloto Surtidor auxiliar en un carburador, encargado de suministrar el combustible cuando el motor gira a pocas revoluciones.

Surtidor principal En un carburador, el orificio primario, de mayor tamaño, a través del que fluye el combustible.

Suspensión progresiva Sistema de suspensión en que el coeficiente de compresión del muelle decrece a medida que aumenta la velocidad de giro de la rueda.

SV «Side Valve». Véase *Válvula lateral.*

Tacómetro Aparato que indica la velocidad de rotación de un elemento mecánico, expresada por lo general en revoluciones por minuto.

Talón Borde reforzado de la cubierta del neumático, que encaja en la llanta de la rueda.

Tejado a un agua (de) El término se aplica a la cámara de combustión en una culata multiválvulas, cuya superficie superior tiene el aspecto de un tejado a un agua.

Telescópica Sistema de amortiguación utilizado en las motocicletas; está formada por dos pares de tubos, uno de los cuales se desliza dentro del otro.

Tensador automático Tensador de ajuste accionado por muelles helicoidales, que generalmente se utiliza en las correas o cadenas de los árboles de levas.

Tensador Weller Lámina tensora provista de muelle auto-ajustable; por ejemplo, en la cadena de transmisión del árbol de levas.

Termosifón Sistema de refrigeración basado en el principio de que dos columnas de agua a diferente temperatura poseen una circulación natural debido a que la columna de agua caliente pesa menos a causa de su menor densidad; por esa razón, el motor (caliente) debe estar colocado por debajo del radiador (frío).

Termostato Dispositivo conectado a una fuente de calor, que mantiene constante la temperatura. En el motor de una motocicleta, hace referencia al aparato que controla la apertura de una válvula en un sistema de refrigeración.

Tetracilíndrica cuadrada Diseño de un motor en que se utilizan dos cigüeñales y cuatro cilindros paralelos colocados cada uno en una esquina de un cuadrado imaginario; por ejemplo, en la Ariel Square Four.

Tiempo Desplazamiento lineal del pistón dentro del cilindro.

Titanio Metal gris y resistente, 43 por 100 más ligero que el acero; tan sólo se utiliza en algunos componentes exóticos de las motocicletas.

Tolerancia Máxima diferencia tolerable entre las dimensiones reales de un objeto y las teóricamente óptimas.

Tope de nivel Pieza, generalmente roscada, que señala el límite superior de llenado de fluido dentro de una cámara.

Tope del ángulo de dirección Elemento que se dispone en la dirección para limitar el ángulo de viraje de la rueda delantera.

Tornillo de ajuste Tornillo que se enrosca casi hasta la cabeza y carece de vástago liso.

Tornillo de reglaje El tornillo interpuesto entre el balancín y la varilla empujadora, y que se encarga de deter-

Desde su lanzamiento en 1987, la polifacética Honda CBR600F se impuso como una de las grandes superdeportivas de carretera y pista.

minar el espacio libre que queda entre el vástago de la válvula y el balancín.

Transmisión En general, elemento que sirve para comunicar el movimiento de un elemento mecánico a otro; en motocicletas, suele aplicarse al conjunto compuesto por la cadena que une el cigüeñal con la transmisión secundaria, ésta (que puede ser de cadena, correa o eje) y la caja de cambios y el embrague.

Transmisión a correa Sistema de transmisión en que una correa dentada flexible transmite el movimiento a la rueda (por ejemplo, en las modernas Harleys), o a los árboles de levas de la culata (Ducati), o a otros componentes como sobrealimentadores. Muchas motocicletas antiguas utilizaban una sencilla correa de cuero como transmisión secundaria.

Transmisión automática Transmisión sin engranajes utilizada sobre todo en motocicletas utilitarias, en que la potencia del motor se transmite a la rueda trasera mediante algún tipo de fluido o correas variables.

Transmisión por engranajes Un sistema en que el eje de transmisión gira en ángulo de 90° gracias a unos engranajes cónicos.

Transmisión primaria Transmisión a cadena desde el cigüeñal hasta la caja de cambios.

Trepidación Situación en que el vástago de la válvula se mueve más deprisa de lo que el muelle puede controlar, lo que hace que la válvula vibre en su asiento.

Trial Competición de motocicletas en terreno *off-road* accidentado, en donde se penaliza al piloto por poner el pie en el suelo, caer o saltarse alguno de los tramos.

Trigonic Nombre comercial que Dunlop dio a unos neumáticos de competición de sección triangular, desarrollados durante los años sesenta.

Tubos bifurcados Dos tubos que se unen en uno solo, especialmente en los sistema de escape.

Tuerca de nailon Tuerca con una pieza de nailon insertada que evita que se afloje por efecto de la vibración.

Tuerca Simmonds Precursora de la tuerca de nailon, con una pieza insertada de este material para evitar el aflojamiento por causa de las vibraciones.

Tungsteno Metal de color gris, muy duro y denso, que se usa en aleaciones con el acero y también para fabricar los filamentos de las bombillas convencionales.

Turboalimentador Dispositivo utilizado para aumentar la potencia de los motores y reducir sus emisiones reconduciendo el aire caliente de los gases de escape a través de una turbina, la cual activa una bomba que hace aumentar la admisión de aire en los cilindros.

Turbulencia Agitación desordenada de un fluido, especialmente en la admisión, donde puede llegar a producir la combustión.

Vacío constante Carburador en el que el estárter se controla mediante un procedimiento de vacío, y no con medios mecánicos, como ocurre en los carburadores de válvulas de corredera.

Válvula En general, cualquier dispositivo encargado de regular el flujo de un fluido.

Válvula de admisión automática Primitivo tipo de válvula en que la succión del pistón abría y cerraba la válvula de admisión.

Válvula de disco Tipo de válvula que utiliza un disco giratorio con una ventana para permitir el paso de los gases; a veces se encuentran en los colectores de admisión de motores de dos tiempos.

Válvula de láminas Tipo de válvula de admisión unidireccional utilizada en motores de dos tiempos; está formada por hojas flexibles que se levantan por efecto del vacío creado en el cárter cuando asciende el pistón, dejando pasar la mezcla de gasolina y aire.

Válvula de lanzadera Válvula libre para moverse hacia delante y hacia atrás; suele encontrarse en las horquillas telescópicas.

Válvula de potencia Mecanismo de escape en motores de dos tiempos, que altera la altura (y por consiguiente la duración) de la válvula de escape. Normalmente, cada fabricante pone su nombre a este tipo de mecanismo.

Válvula de resorte Válvula alternativa (por ejemplo, las de la culata) formada por una cabeza circular con un vástago alargado unido a su parte central.

Válvula enfriada al sodio Válvula hueca con una boquilla llena de sodio, que se derrite a la temperatura de trabajo, ayudando a que el calor se traslade hacia el otro extremo de la válvula.

Válvula lateral Las que se encuentran en el lateral del cilindro y por debajo de la cámara de combustión, en lugar de encima.

Válvula rotativa Válvula que se abre mediante un movimiento giratorio, en lugar de vertical.

Válvula Schrader Válvula de neumático de bicicleta del mismo tipo que se encuentra en los neumáticos de los automóviles.

Válvulas radiales Conjunto de válvulas dispuestas radialmente a partir del centro de la culata, en lugar de hacerlo paralelamente unas a otras.

Varilla empujadora (empujador) Pieza cilíndrica que entra en contacto con el resalte del árbol de levas y se mueve hacia arriba y hacia abajo según gira el árbol de levas. Véase *Empujador*.

Vaselina Producto con textura parecida a la cera y extraído del petróleo, uti-

La Matchless G80 monocilíndrica. Matchless absorbió la marca AJS en 1931, y a partir de entonces, sus diseños de modelos se fueron asimilando.

lizado para proteger los bornes de las baterías.

Velocímetro Véase *Cuentakilómetros*.

Venturi Estrechamiento en el tubo por el que pasa un gas o un líquido. Suele referirse al del carburador.

Virutas metálicas Diminutos trocitos de metal que a veces se encuentran en los motores nuevos y pueden perjudicar seriamente a su funcionamiento.

Volante Disco giratorio normalmente ensamblado al cigüeñal, que se utiliza para almacenar energía y hacer más suave la transmisión de la potencia del motor.

Volante externo Volante situado fuera del cárter, lo que le permite una mayor anchura, y por tanto más efectiva.

Volumen desplazado El volumen a través del cual se desplaza un pistón dentro del cilindro.

Vulcanización Procedimiento que consiste en combinar azufre con caucho para darle una mayor elasticidad, impermeabilidad y duración.

Wankel Nombre del motor rotatorio inventado por Félix Wankel, que funciona con un ciclo de cuatro tiempos, pero sin componentes que trabajen alternativamente.

Whitworth Nombre de un tipo de rosca bastante tosca utilizada en los tornillos de los vehículos británicos anteriores a la utilización del sistema métrico.

Zapata delantera En un freno de tambor, la zapata con su leva de trabajo, que pivota hacia el exterior en su aproximación al tambor.

Zapata secundaria En un sistema de freno de tambor, es la zapata unida al émbolo por su borde posterior.

Zona caliente Área de la cámara de combustión que se calienta en exceso, causando el encendido prematuro. A menudo se produce por la acumulación de restos incandescentes.

ÍNDICE

Los números de página en *cursiva* hacen referencia a las ilustraciones, y aquellos en letra **negrita**, a la descripción detallada de cada modelo específico. Los números de página con el sufijo «n» se refieren a las marcas de menor importancia, mencionadas en el lateral de la página.

En este índice, todos los propietarios, diseñadores y pilotos están ordenados alfabéticamente. Las compañías se mencionan aquí tan sólo cuando su nombre no coincide con el de sus motocicletas. También se incluyen algunas firmas cuando aparecen descritas en un artículo dedicado a otra firma diferente.

Sólo aparecen en este índice los nombres de aquellos modelos de los que se ofrece una información detallada en el texto.

CRÉDITOS FOTOGRÁFICOS

American Quantum Cycles: 38 (todos).

Derek Avery: 82 (ab), 83 (ab).

Roy Bacon: 27 (dos), 34 (ab), 35 (c), 51 (arr), 55 (ab), 143, 157 (ab), 158, 160 (arr), 161 (ab), 162 (arr), 163 (ab), 166 (arr), 167 (ab), 176 (ab), 177 (arr), 244 (arr.izq), 265 (arr), 285 (ab), 287 (ab), 288 (arr), 292 (ab), 293 (arr), 294 (arr), 295 (dos), 296 (arr.izq), 302 (ab), 314 (c), 315 (ab), 319 (ab), 320 (arr&ab.izq), 329 (ab.izq), 365 (dos), 410 (todos), 426 (ab), 495, 502 (ab), 503 (ab).

Murray Barnard: 24 (arr), 50 (arr), 142 (ab).

Derek Beattie: 35 (ab), 132 (c).

Big Dog: 72.

Roland Brown: 21 (ab), 44 (ab), 47 (ab), 49, 54 (c&ab), 59 (arr), 62 (arr&c), 80 (arr.izq), 81 (dos), 82 (arr), 84 (ab), 91 (arr), 99 (ab), 101 (ab), 104 (arr), 109 (c), 112 (arr), 114 (arr&ab), 117 (arr), 134 (c&ab), 141 (arr), 171 (arr), 178 (arr), 183 (arr), 186 (ab.izq), 189 (ab), 191 (ab), 200 (arr), 245 (ab), 246 (arr.izq), 248 (arr), 249 (arr), 250 (ab.dra), 252 (dos), 253 (dos), 254 (ab), 263 (arr), 269 (arr), 270, 271 (arr), 291 (ab), 292 (arr), 309 (arr), 311, 319 (arr), 329 (arr), 344 (arr), 348 (arr), 349 (arr), 351 (arr), 366 (ab), 382 (c), 385 (arr), 401 (dos), 411 (ab), 412 (arr), 454 (ab), 456 (c), 459 (ab), 461 (ab), 462 (ab), 469 (ab), 470 (arr.dra), 480 (dos), 481, 487 (dos), 490 (ab), 491 (ab), 508 (arr), 514 (ab), 515, 516 (c).

California Customs: 118 (arr).

Cannondale: 120 (ab), 121 (arr).

CSA: 140 (dos).

De Agostini: 14 (ab), 16 (arr) (dos), 18 (arr&c), 24 (ab), 25 (dos), 31 (arr), 34 (arr), 37 (dos), 45 (ab), 46 (ab), 54 (arr), 56 (ab), 58 (todos), 65 (dos), 74 (ab.dra), 77 (arr&ab), 85 (arr), 95 (arr), 97 (ab), 104 (ab), 105 (arr), 110 (ab), 112 (ab), 119 (dos), 120 (arr), 124 (ab), 125 (dos), 126 (c&ab), 128 (dos), 130 (dos), 131 (arr), 132 (ab), 135 (arr&ab), 136 (arr), 144 (ab), 145 (dos), 147 (arr), 148 (ab), 149 (dos), 150 (ab) (dos), 151, 152 (ab) (dos), 153 (dos), 154 (arr&c), 160 (ab), 163 (arr), 164 (arr), 176 (arr), 181 (arr), 190 (todos), 192 (dos), 193 (c), 195 (ab), 198 (c&ab), 200 (ab.dra), 201, 202 (arr), 203 (arr), 205 (dos), 206 (arr), 207 (ab), 208 (c), 214 (ab), 215 (c), 226 (c), 228 (todos), 231 (arr), 235 (ab), 236 (ab), 237 (ab), 238 (ab), 239 (ab), 243, 245 (arr), 262 (ab.izq), 263 (ab), 266 (c&ab), 267 (ab), 276 (arr.izq&ab), 282 (ab), 285 (arr), 286 (dos), 287 (arr), 294 (c), 298 (ab), 300 (ab), 304 (c), 305 (arr.izq&c), 308 (todos), 310 (c), 317 (arr), 320 (c), 322 (arr.dra&arr.izq), 323 (c&ab), 326 (ab), 328 (c), 330, 331 (dos), 332 (arr, c, ab.dra), 334 (arr), 345 (c), 346 (c&ab), 357 (ab), 358, 361 (dos), 366 (c), 371 (ab), 375 (dos), 376 (arr.izq&c.dra), 377 (ab), 378, 379 (arr), 380 (ab), 381 (arr&c), 386 (dos), 392 (dos), 396 (ab), 399 (dos), 409 (arr), 412 (c&ab), 413 (ab), 417 (ab), 418 (dos), 423 (arr), 425 (ab), 429 (c&ab), 437 (arr), 438 (c&ab), 439 (todos), 442 (ab), 443 (c), 445 (arr), 446 (ab), 448 (arr), 451, 452 (arr), 453 (ab), 454 (arr), 455 (arr), 461 (arr), 470 (c), 482 (arr), 498 (ab), 499 (dos), 508 (ab.izq), 509 (ab), 510 (dos), 511 (arr), 519 (dos), 521 (ab).

M. Decet: 46 (arr), 57 (ab), 91 (c), 102 (ab.izq), 103 (arr), 105 (ab).

Ducati: 184 (arr).

Excelsior-Henderson: 194 (dos).

Clive Garman: 106 (ab), 138 (ab).

Motos Geeley: 213 (dos).

Harley-Davidson: 231 (c).

Indian: 271 (ab).

Italjet: 273 (dos).

KTM: 302 (arr.izq).

Lectra: 312 (ab), 313 (arr).

Jaques Maertens: 303.

Mac McDiarmid: 20 (arr), 21 (arr), 30, 40 (ab), 41 (arr), 43 (arr), 45 (arr), 48 (c&ab), 56 (arr), 57 (arr), 60 (ab), 61 (dos), 64 (arr), 66 (arr.dra), 71 (ab), 74 (arr), 75 (dos), 78 (arr.dra), 80 (ab), 87 (arr), 92 (dos), 93 (dos), 95 (ab), 96 (ab), 97 (arr), 101 (arr), 102 (ab.dra), 103 (ab), 107 (arr), 109 (dos), 123 (dos), 137 (ab), 138 (arr), 162 (c), 167 (c), 169 (ab), 170 (arr), 173 (ab), 193 (arr&ab), 216 (arr), 229 (arr), 234 (arr), 242 (c.izq), 247 (ab), 248 (ab), 249 (c), 250 (arr&ab.izq), 251 (ab), 254 (c), 255 (dos), 256 (arr&c), 276 (arr.dra), 278 (ab), 288 (ab), 291 (arr), 328 (ab), 342 (ab), 366 (arr), 372 (arr&ab.dra), 376 (arr.dra), 380 (arr), 382 (arr.izq&ab), 383 (arr), 393 (c), 394 (arr), 400 (ab), 414, 425 (c), 446 (arr), 455 (ab), 457 (ab), 458 (arr&c), 459 (arr), 460 (dos), 462 (arr), 471 (dos), 473 (arr), 475, 476 (dos), 477 (dos), 478 (dos), 479 (ab), 486 (dos), 488 (arr), 491 (arr), 493 (ab), 498 (arr), 506 (arr), 509 (arr), 511 (ab), 512 (ab), 513 (dos), 514 (arr), 520 (arr).

Publicaciones Millers: 122 (arr), 150 (arr), 316 (arr).

Andrew Moreland: 14 (arr), 15 (ab), 26, 28, 33 (arr), 44 (arr), 48 (arr), 51 (ab), 52 (arr&ab.dra), 79 (ab), 80 (arr.dra), 84 (arr), 88 (ab), 90 (c&ab), 91 (arr), 96 (arr), 98, 99 (arr), 102 (arr), 106 (arr), 107 (ab), 108 (arr), 110 (c), 113 (arr), 116 (arr), 124 (c), 136 (ab), 137 (arr), 139 (ab), 141 (ab), 142 (arr), 169 (arr), 170 (ab), 172 (dos), 177 (ab), 178 (ab), 184 (ab), 185 (arr), 186 (c&ab.dra), 188 (dos), 191 (arr), 219 (arr), 222 (arr), 225 (ab), 229 (ab), 230 (arr), 231 (ab), 233 (dos), 234 (ab), 237 (arr.izq), 242 (ab), 246 (arr.dra&ab), 251 (arr), 257 (ab), 262 (arr), 269 (ab), 272 (ab), 276 (c), 279 (arr), 290 (arr), 294 (ab), 309 (c), 313 (c&ab), 318 (arr), 340 (ab), 344 (ab), 347 9T7m), 348 (c, ab.izq, ab.dra), 350, 352 (c), 362 (arr), 376 (c.izq), 383 (arr), 384 (arr), 393 (ab), 400 (arr), 422, 450, 452 (ab), 470 (arr.izq), 473 (ab), 474 (dos), 489 (arr), 490 (arr), 494 (arr&ab), 506 (ab), 512 (arr), 518 (arr), 520 (ab), 521 (ab), 522 (arr).

Don Morley: 31 (ab), 71 (arr), 76, 89 (ab), 90 (arr), 166 (ab), 171 (ab), 173 (arr), 196 (arr&arr.izq), 204 (ab), 232 (dos), 235 (arr), 236 (arr), 239 (arr), 259 (arr), 268 (dos), 277 (arr), 297 (arr), 298 (arr), 306 (ab), 317 (ab), 325 (arr), 337 (arr), 338 (c&ab.dra), 346 (arr), 351 (arr), 360 (ab), 364 (arr), 368 (c), 369, 379 (ab), 381 (ab), 384 (ab), 385 (ab), 390 ((arr), 406 (ab), 415 (arr), 430 (dos), 431 (ab), 432 (dos), 433 (ab), 435 (ab), 436, 437 (ab), 441 (ab), 442 (arr), 443 (ab), 444 (ab), 447 (ab), 453 (arr), 457 (arr), 467 (ab), 472 (ab), 488 (ab), 489 (ab), 492 (arr), 493 (arr), 496 (ab), 497, 501 (dos), 516 (arr&ab), 523.

Moto Hall of Fame: 32 (arr), 445 (ab), 456 (arr&ab), 466 (ab), 473 (c), 505 (arr).

Munch Technical GmbH: 363 (c).

Museo Henri Malartre: 424 (arr).

Museo Nacional del Motor, Beaulieu: 34 (c), 67 (dos), 129 (c), 135 (c), 144 (arr), 152 (arr), 160 (arr), 244 (arr), 281 (arr), 325 (arr), 326 (arr), 327 (dos), 328 (arr), 343 (arr), 360 (c), 505 (c), 506 (c), 518 (ab).

Ladislav Neubert / A. Kudlac: 78 (arr.izq&ab), 79 (arr), 88 (arr), 278 (arr), 307 (dos), 395 (ab), 502 (arr), 503 (arr).

NSU: 387 (arr).

Motos Panzer: 402 (ab.izq&ab.dra).

Piaggio: 408.

Ridley: 426 (arr).

Banco de imágenes de ciencia y sociedad: 53, 55 (arr).

SR Keig LTD: 464 (ab).

Suzuki: 458 (ab).

Matt Swindlehurst: 29 (dos).

Fotografías TRH: 15 (arr), 52 (ab), 86 (ab), 89 (arr), 129 (ab), 202 (ab), 226 (ab), 230 (ab), 261 (arr), 300 (arr), 310 (arr), 377 (arr), 394 (c).

Motoclub Vintage: 198 (arr), 203 (ab), 204 (arr), 206 (arr.izq, c, ab), 207 (arr&c), 208 (arr), 212 (ab, ab.izq, ab.dra), 282 (arr), 304 (arr), 316 (ab), 317 (c), 324 (ab.izq&ab.dra), 394 (ab), 395 (arr).

Mick Walker: 17 (ab), 18 (ab), 19 (dos), 20 (ab), 22 (arr), 23, 41 (ab), 42 (dos), 43 (ab), 50 (ab), 59 (ab), 60 (arr), 62 (ab), 63, 64 (ab), 66 (ab), 68 (dos), 69, 70 (dos), 73 (ab), 86 (arr), 100, 113 (ab), 114 (c), 115 (dos), 116 (arr), 117 (ab), 124 (arr), 131 (ab), 133 (arr), 147 (ab), 161 (arr), 164 (ab), 165 (dos), 172, 174 (arr), 179 (dos), 180 (dos), 181 (ab), 182 (arr), 183 (ab), 185 (ab), 187, 189 (c), 195 (arr), 197, 204 (c), 209 (c), 210 (dos), 212 (arr), 216 (c), 217, 218 (dos), 219 (ab), 220 (ab), 221 (dos), 223 (arr), 225 (ab), 238 (arr), 240 (arr), 247 (arr&c), 248 (c), 257 (ab), 258 (arr), 259 (ab), 260 (dos), 261 (ab), 264 (arr), 265 (ab), 266 (arr&c), 272 (arr&c), 274 (arr&ab), 275 (arr), 280 (dos), 283 (ab), 289 (arr), 296 (arr.dra&ab), 297 (ab), 299, 305 (arr.dra), 306 (arr), 310 (ab), 312 (arr), 314 (ab), 315 (arr), 318 (ab), 320 (ab.dra), 322 (ab), 324 (arr), 326 (c), 332 (ab.izq), 333 (dos), 334 (ab), 335 (dos), 337 (ab), 341 (ab), 342 (arr), 347 (ab), 349 (ab), 352 (ab), 353, 354 (c.izq, c.dra, ab.dra), 356 (arr&ab.dra), 357 (arr), 359 (arr), 360 (arr), 362 (ab), 363 (arr), 364 (ab.dra&ab.izq), 367 (dos), 368 (ab), 370 (ab), 371 (arr), 372 (ab.izq), 373, 374 (arr), 382 (arr.dra), 388 (dos), 389 (dos), 390 (ab), 391 (arr), 396 (arr), 398 (arr), 402 (arr.izq), 403, 404, 405 (ab), 406 (arr), 407 (dos), 415 (ab), 416 (arr), 428 (ab), 429 (arr), 431 (ab), 433 (arr), 438 (arr), 447 (arr&c), 464 (arr), 468 (ab), 483 (arr), 485 (arr), 494 (c), 507 (arr), 508 (ab.dra), 517 (ab), 522 (arr), 524 (dos).

Wayne Woodruff: 33 (ab), 77 (c), 94.

Mick Woollett: 32 (ab), 40 (arr), 47 (arr), 118 (ab), 126 (arr), 134 (ab), 168 (dos), 222 (arr), 222 (arr), 226 (arr), 227 (arr), 237 (arr.dra), 256 (ab), 277 (ab), 284 (dos), 289 (ab), 290 (ab), 304 (ab), 336 (dos), 338 (arr), 339, 341 (ab), 342 (c), 343 (arr), 359 (ab), 393 (arr), 419 (dos), 421 (ab), 423 (ab), 424 (ab), 434 (ab), 435 (arr), 440 (arr), 441 (arr), 444 (arr), 465 (ab), 472 (arr), 479 (arr), 500, 504 (dos), 505 (ab).

Agencia de noticias del mundo de las motos (Doug Jackson): 16 (ab), 17 (arr), 22 (ab), 35 (arr), 36 (dos), 39 (dos), 66 (c.izq), 74 (c.dra&ab.izq), 83 (arr), 85 (ab), 108 (ab), 111 (dos), 121 (c&ab), 122 (ab) (dos), 127 (dos), 139 (arr), 146 (dos), 148 (arr&c), 154 (ab), 155 (dos), 156 (dos), 157 (arr), 159 (dos), 174 (ab), 175 (ab), 196 (dos), 199 (dos), 200 (c.izq), 208 (ab), 209 (arr&ab), 211 (todos), 212 (c.dra), 214 (arr&c), 215 (arr&ab), 216 (ab), 217 (arr), 220 (arr), 223 (ab), 224 (todos), 227 (ab), 240 (ab), 241 (dos), 242 (arr), 244 (ab.izq&ab.dra), 254 (arr), 258 (ab), 262 (ab.dra), 264 (ab), 274 (arr.dra), 275 (c), 278 (c), 279 (arr), 283 (arr), 301, 302 (c), 305 (ab), 309 (ab), 321 (dos), 340 (c), 345 (arr), 355 (dos), 356 (ab.izq), 370 (arr), 374 (ab), 387 (arr), 397 (arr), 398 (ab), 402 (arr.dra), 405 (arr), 409 (c&ab), 417 (arr), 420 (dos), 427 (dos), 428 (arr.dra&arr.izq), 434 (arr), 440 (c&ab), 448 (c&ab), 449 (dos), 463 (dos), 464 (c), 466 (arr), 467 (arr), 468 (c&arr), 469 (arr), 482 (ab), 483 (ab), 484 (todos), 492 (ab), 496 (arr&c), 507 (ab), 517 (arr).